창 세 기

바이블 코어 성경 주석 강해 시리즈

BIBLE CORE SERIES

GENESIS

Yu Dong Keun (Ph.D)

Korean Edition

420-867 | 123, Buil-ro, Wonmi Gu, Bucheon City, Gyeonggi Do, Korea

창 세 기

GENESIS

유 동 근

IMC

서 문

나의 많은 강해서들이 사경회 때 전한 말씀을 녹취하여 편집한 것들인데 비해 창세기 강해서는 직접 집필한 것이다. 그것은 나의 사역 일생에서 시골에 머물며 가장 한가한 시간을 보낼 때여서 그렇게 할 수 있었다. 주님의 긍휼로 신약 전권에 대한 강해서를 출간하고 구약의 레위기와 민수기 강해서를 출간한 다음, 나는 굳이 창세기 강해서를 저술하려는 의도가 없었다. 서점에 가 보면 레위기나 민수기에 대한 강해서들은 많지 않았지만 창세기에 관해서는 이미 많은 저자들의 강해서가 나와 있었기 때문이다. 그러나 신명기 강해를 거의 마칠 무렵 창세기 강해를 쓰고자 하는 갈망이 속에서 새롭게 일어났다. 모세오경이 너무나 귀했고 내 마음을 사로잡았기 때문이다. 나는 자신이 공부하기 위해서라도 창세기 강해를 꼭 써야겠다고 생각했다.

그렇게 시작하여 많은 시간 이 말씀을 상고하고 공부하고 검토했는데, 이제 이 부족한 원고를 마무리하고자 한다(결국은 신구약 전체 강해서를 출간하게 되었다). 그리고 주님 손에 맡기며 주님의 축복하심을 바랄 뿐이다. 다른 강해서에서도 밝힌 바 있지만 나는 이 책을 저술할 때 국내외의 여러 건전한 성경학자들의 저서를 읽고 상고하면서 배우려는 자세로 인용하였다. 따라서 나는 독자 제위께서 나의 모든 강해서들을 나 자신의 개인공부용 노트로 여기며 읽어주기를 부탁한다. 물론 부족하나마 나 자신의 성경에 대한 인식과 이해와 체험의 부분도 첨가하였다. 그러기에 나는 이 책에서 어떤 깊은 신학적 논제들을 다루기보다는(나는 성경의 난제들에 대하여 변론하려는 것이 아니라 다만 내가 인식한 진리의 귀함과 진실함을 나타내고자 했다) 성경에 관심 있는 모든 사람들을 말씀을 더 사랑하도록 이끌어주며 복음적으로 접근할 수 있도록 돕기 원했다. 나는 이런 부분이 주님의 깊고 거룩한 말씀에 조금이라도 누(累)가 되지 않기를 바란다.

이 책의 초반부는 처음 믿기 시작한 분일지라도 쉽게 읽을 수 있도록 복음적으로 기록했다. 그러나 점점 갈수록 창세기에 나오는 족장들의 체험의 부분을 깊이 있게 다루지 않으면 안 되었다. 따라서 후반부는 깊은 영적 체험과 공과를 담고 있다. 또한 전반부는 한 절 한 절을 비교적 상세하게 강해하였지만 후반부의 긴 이야기를 담은 내용에 대해서는 전체적인 내용 파악과 영적 교훈에 중점을 두었다.

여러모로 부족한 점이 있겠지만, 독자들이 사랑과 이해를 가지고 읽는다면 믿음의 도(道)의 기원과 바탕이 되는 창세기 속에서 우리의 믿음의 본질이 무엇인지를 새롭게 깨달을 수 있을 것이며 피차 그리스도의 은혜를 나눌 수 있으리라 믿는다. 이 강해서를 통해 주님만이 영광을 얻으시고 또 주님께서 독자들을 한량없이 축복해주시기 바란다.

2003년 12월 1일,

2007년 7월 7일,

2012년 7월 1일

저자 유동근

차 례

창세기 강해

서론

우리에게 하나님의 말씀, 성경을 주신 하나님께 감사하자! 성경의 첫 번째 책인 창세기를 통해서 우리는 비로소 우주의 창조의 비밀과 하나님의 사람을 창조한 목적, 그리고 사람의 타락과 죄의 기원 등을 알게 되며, 이 세상에서 일어나는 모든 일의 원인을 알게 된다.

오늘 우리는 성경 중에서 가장 중요하게 여겨지는 모세오경, 그 중에서도 첫 번째 책인 창세기를 대하고 있다. 이 책은 사탄이 싫어하는 책이다. 창세기에 하나님의 천지창조의 비밀과 사람의 창조의 비밀, 그리고 사탄의 존재의 기원이 들어있기 때문이다. 그자는 자신의 존재를 드러내고 하나님의 영원하신 뜻을 밝히는 이 책이 드러내어지는 것을 싫어한다. 창세기는 사탄이 사람을 타락케 하고자 하는 거짓된 흉계와 속임수, 그에 대한 하나님의 심판이 드러나 있고 계시록은 그자의 종말과 처리가 기록되어 있다.

1 장

창세기는 성경의 첫 번째 책이다. 이 책의 원래 명칭은 첫 번째 나오는 히브리어 단어 베레쉬트(bereshith, 태초에)를 따서 '베레쉬트'라 하였는데, 구약을 헬라어로 번역한 70인 역에서는 계보, 세대, 기원, 생성을 의미하는 '게네시스(Genesis)'로 바꾸었다. '게네시스'는 히브리어로 '톨도트'이며, 창세기 2장 4절, 5장 1절, 6장 9절 등에서 사용되었다. 오늘날 우리가 사용하고 있는 '창세기(Genesis)'란 명칭은 70인 역을 라틴어로 번역한 벌게이트(Vulgate) 판과 구미 여러 번역본이 따른 '게네시스'를 우리말로 번역한 것이다.

저자는 모세이며 그는 아마도 시내 산에서 하나님으로부터 계시와 위임을 받았을 것이고 광야에서 이 책을 기록하였을 것이다. 창세기 안에는 B.C. 4004년부터 1689년까지의 역사가 기록되어 있으며 장장 2,350여 년의 역사를 망라하고 있다. 책의 제목을 '제네시스'(기원, 혹은 생성을 의미함)라고 명명한 이유는 성경 전체의 모든 영적인 일들의 기원과 시작을 담고 있기 때문이다. 천지만물의 기원, 사람의 기원, 죄, 살인, 가정, 음악, 무기, 바벨 등등의 기원이 들어 있고, 특별히 하나님의 백성 이스라엘의 기원이 있으며, 하나님의 아들 예수 그리스도의 구속 역사의 씨앗도 들어 있다.

1절, 태초에 하나님이 천지를 창조하시니라

성경의 첫 구절에서 우리는 하나님께서 하늘과 땅을 지으셨다는 말씀을 대하게 된다. 즉 오늘 우리 눈앞에 있는 천지만물은 지으신 분이 있다는 것이다. 물론 우주 가운데에는 우리 눈으로 볼 수 없는 것도 많은데 그것들 또한 다 하나님께서 지으신 것이다. 창세기 1장은 오직 땅을 중심으로 하여 그 가운데 사람의 창조를 중점적으로 기록한 것이지 하나님의 창조 전체를 기록한 것으로 보아서는 안 된다. 우리는 거기서 하늘에 있는 것들, 즉 보이지 않는 보좌들이나 정사들이나 권세들에 대한 창조의 기록을 볼 수 없다(골 1:16). 창세기 1장의 창조는 특히 보이는 세계에 관한 것이다. 그러나 하나님의 창조에는 보이지 않는 세계에 관련된 것들도 있다.

창세기 1장 1절의 하나님의 창조는 어떤 현존하는 물질을 가지고 만든 것이 아니라 무(無)에서 유(有)를 창조하신 것이다(creatio ex nihilo, 어거스틴). '창조하시니라'의 히브리어 '바라'는 오직 하나님의 창조 사역에만 쓰이는 동사이다. 주목할 만한 점은 창세기 1장의 창조에 관하여 성경은 각각 다른 동사를 사용했다는 것이다. 무에서 유를 창조하는 데 사용된 '바라'(1:1, 21, 27)가 있을 뿐 아니라, '아사'(이미 있는 것으로 지음, 1:7,15,16, 2:2)가 있고, '야찰'(토기장이가 토기를 만들 때 사용된 표현-2:7,19)이 있으며, '바나'(집을 건축하는 것에 사용된 표현-2:22)가 있다. 그러나 우리는 1절의 창조가 한 마디 말씀으로 일순간에 이루어진 것인지, 수백만 년 걸려서 완성된 것인지는 알 수 없다. 우리는 그 형태와 그 크기도 알지 못한다. 다만 1절에서는 하나님께서 광대한 우주와 지구를 지으셨다는 것을 알 수 있을 뿐이다.

우리는 천지만물의 장엄함과 조화로움을 바라보면서 감히 하나님의 창조를 부정할 수 없다. 태양과 달과 지구와 하나님께서 창조하신 뭇 별들이 각각 제 궤도를 돌면서 그 지으신 하나님을 증거하고 있다. 높은 산과 깊은 바다와 만물이 그분의 솜씨와 지혜를 말해주고 있다. 우리는 네팔의 히말라야 산과 같은 높은 산들을 대하거나 수만 길 되는 바닷속을 탐사하는 것을 볼 때 그 장엄함을 인간의 말로 다 표현할 수 없어서 다만 경탄할 뿐이다. 우리는 하나님께서 하늘과 땅을 지으신 '태초'가 언제인지 알지 못하지만 그때부터 만물과 시간이 시작되었다. '태초'라는 말은 히브리어로 '베레쉬트(bereshith)'이며, 만물과 시간의 시작(beginning)을 의미한다. 하나님의 창조가 결국 만물의 태초(베레쉬트)라는 말이다.

본 절에서 '하나님'은 히브리어로 '엘로힘(Elohim)'이며, 이 호칭은 하나님이 위엄 있으시고 전능하신 신(神)이시라는 것을 나타낸다. 또 이 단어는 '엘로하'의 복수형인 '엘로힘(-im)'으로 쓰였는데, 이는 하나님의 위격이 성부, 성자, 성령의 삼위로 되어 있으시다는 것을 암시하고 있다. 성경은 성부께서 천지를 지으실 때 성자께서도 창조의 일에 함께 참여하신 것을 말해 주고 있다(잠 8:30, 요 1:3,10). 물론 성령 하나님께서는 창조의 일을 위하여 이미 수면에 운행하고 계셨다.

우리는 이 말씀을 통해 전능하신 창조주 하나님께서 천지를 창조하셨다는 사실을 알게 된다. 우리는 하나님의 창조하심이 우주 만물의 기원이라는 것을 분명히 알 필요가 있다. 시편 14편 1절 말씀은 "어리석은 자는 그 마음에 이르기를 하나님이 없다 하도다"라고 한다. 우리는 천지만물이 실재하는 것을 바라보면서 이를 지으신 조물주를 부인할 수 없다. 우리가 사는 가옥도 설계하고 건축한 사람이 있기에 존재하는 것처럼 하늘과 땅과 그 가운데 있는 만물 또한 지으신 이가 분명 있기에 존재하는 것이다. 히브리서 3장 4절은 "집마다 지은 이가 있으니 만물을 지으신 이는 하나님이시니라"고 한다. 어떻게 건축한 자가 없는 집이 있겠는가? 중국 취푸에 가면 객가 사람들이 살고 있다. 그들의 조상이 6백여 년 전에 지은 집에서 후손들은 그냥 살고 있다. 오래된 집이지만 처음에 지은 사람이 있는 것이다. 우리가 자주 가는 이태리 나폴리의 산니타라는 마을이 있는데, 그곳에도 백 년, 이백 년 된 집들이 있다. 어떤 왕궁은 그보다 훨씬 오래 되었다. 이태리가 도시국가 형태로 존재할 때 건축된 것들이다. 오래 되었어도 우연히 생긴 건물은 하나도 없다. 세월을 거슬러 올라가면 거기에 건축자가 있다는 것을 알 수 있다.

근대 과학의 선구자 베이컨(Bacon)은 말하기를 "이 우주에는 질서와 법칙이 있다. 그러므로 거기에는 반드시 그 질서나 법칙을 있게 한 주인이 있을 것이다. 우리는 이러한 우주의 주인이 없을 것이라는 말을 믿을 수 없다."고 하였다. 위대한 국가가 있다면 거기에는 위대한 정치가, 즉 위대한 통치자가 있는 것은 너무나 당연하다. 어떤 회사에서 좋은 제품들이 쏟아져 나온다면 거기에는 훌륭한 사장이나 기획팀들이 있다는 것을 증명한다. 애플사의 스티브 잡스라는 천재적 기획자가 없었다면 그러한 놀라운 전자기기들이 나올 수 없었을 것이다. 사람이 피조물인 자기 자신의 존재는 시인하면서도 자기를 지으신 창조주가 없다고 한다면, 그는 미련한 자라고 아니할 수 없다. 어떤 것이든 보이지 않는다 해서 그 존재를 부정하는 사람은 어리석은 사람이다. 히브리서 11장 3절은 "믿음으로 모든 세계가 하나님의 말씀으로 지어진 줄을 우리가 아나니 보이는 것은 나타난 것으로 말미암아 된 것이 아니니라"고 한다. 영문을 번역하여 읽으면 "보이는 것들은 나타나 보이는 것들로 만들어지지 않았다"(흠정역)이다. 우리는 여기서 보이는 피조물들이 보이지 않는 것에 근원을 두고 있음을 알 수 있다. 이는 우주 가운데 하나의 놀라운 원칙이다.

오늘 여러분의 부모님이 생존하시지 않을지라도, 여러분이 존재한다는 것이 부모님이 계시다는 사실을 증명하고 있는 것과 같다. 보이는 여러분의 존재가 보이지 않는 어떤 근원이 있음을 증명하는 것이다. 그러므로 보이는 그 사물을 존재하게 한 보이지 않는 근원을 부정하는 것은 억지요 사람의 교만이다. 사람의 교만한 마음, 죄악된 마음이 하나님의 존재에 대한 인식을 질식시키고 있는 것이다. 자기가 최고라고 믿는 교만한 사람들은 자기 위에 아무도 없기를 바라고, 죄를 짓고 제멋대로 살고 싶은 사람들은 경찰이 없기를 바라는 것과 같다. 과연 인간이 우주 가운데 최고의 존재인가? 과연 그 이상의 존재는 없다는 말인가? 철학자 니체(Nietzsche)는 하나님을 배척하고 기독교의 사랑과 도덕을 무시했다. 그리고 그는 다윈의 적자생존(適者生存)의 사상을 사회생활에 활용하려고 힘썼다. 그는 결국 말년에 정신병자가 되어 비참한 생활을 하게 되었는데, 이는 그가 어리석은 주장을 고집했기 때문이다. 볼테르(Voltaire)는 사상가로서 회의주의자요 무신론자였는데, 그의 생애도 매우 비참하였다. 그는 자신의 생애에 대하여 "나는 이 세상에 나지 아니하였더라면…" 하면서 지옥을 없앨 수 있는 사람이 있다면 축하하겠지만 자기는 그렇게 할 수 없었노라고 고백했다. 무신론자 리치(M. F. Rich)도 영원토록 끔찍한 지옥에 가는 것보다 난로 위에서 백만 년 동안 고통받는 것이 더 낫다고 말했다. 이는 하나님을 부정하는 사람들이 은연중에 지옥에 대한 공포를 드러낸 말이다.

또한 우리는 하나님의 창조를 통해서 하나님께서 어떠한 분이신지를 알 수 있다. 그것은 어떤 작품이든 만든 사람의 됨됨이를 나타내기 때문이다. 우리가 하나님을 눈으로 볼 수 없지만 그 지으신 만물을 통해서 그분이 어떠한 분이신지를 알 수 있다. 어떤 사람들이 말하듯이 만물이 우연히 발생된 것이라면 거기에 조화와 목적이 없다. 우리가 한 쪽에서 의자 20개를 다른 쪽으로 하나씩 집어던진다면 우연히 한 두 개가 조화 있게 맞추어져 좌석 배열이 이루어질 수 있을지 몰라도 스무 개 모두가 어떤 의도가 있게 조화롭게 규칙적으로 배치될 수는 없을 것이다. 어떤 실내에 의자가 회의용으로 둥글게 배치되었거나 강의장 형태로 배치되었다면 그것을 보고 그 의자를 배치한 자의 목적을 알 수 있다.

만물도 같은 이치이다. 어떤 구상과 목적을 가진 존재가 지은 것이라면 거기에 그러한 목적과 의도와 조화의 특징이 드러나 있게 된다. 자, 우주와 만물을 보라! 사람을 보라! 모든 것이 목적이 없이 우연히 생겨난 것 같은가, 아니면 깊은 생각과 목적을 가진 어떤 존재에 의해 창조된 의미 있는 것으로 보이는가? 거기에 어떤 목적과 그에 따른 조화가 보이는가, 아니면 자연발생적인 것처럼 보이는가? 여기서 우리는 전능자이시며 창조자이신 하나님의 존재를 알 수 있다.

창조의 증거

첫째로 그분은 전능하신 분이며, 그것은 그분의 이름—엘로힘—에서도 나타난다. 그분이 전능하신 하나님(Almighty God)이 아니시라면 어떻게 무(無)에서 유(有)를 창조해내실 수 있었겠는가? 어떤 사람들은 빅뱅에 의해 우주가 생성되었다고 믿고 조물주의 존재를 부인하려 한다. 그러나 혹 빅뱅에 의해 되었다 하더라도 그 빅뱅 사건이 조물주에 의해서 되지 않았다고 말할 증거가 없다. 그러한 증거를 제시할 수 있다면 그야말로 당신은 위대한 사람이다. 거기에 우연이라는 이름을 붙일 수 있는 확고한 증명이 있는가? 물론 없다. 만일 모든 것이 전능자의 계획과 뜻에 의해 이루어진 일이라면 당신은 어떻게 하겠는가? 며칠 전 나는 TV에서 주로 중국에서 서식하는 팬더곰을 소개하는 것을 보았다. 중국 사람들은 그 곰이 너무 귀엽다 보니 자기들의 마스코트로 삼았다. 나는 그 곰의 검은 반점이 어쩌면 그렇게 눈과 입 주위를 동그랗고 예쁘게 만들었는지를 유심히 보면서 그것이 분명 조물주의 손길이라는 느낌이 강하게 들었다. 우연이라면 그 눈과 얼굴과 몸통의 색깔이 어떻게 그렇게 조화롭단 말인가? 눈과 입 주위의 반점이 몸통에도 적절하게 확대되어 놀라우리만치 정교한 조화를 이루고 있었다. 그것은 단순히 생존의 필요성을 위한 것만이 아니라 미(美)와 조화를 위한 것이다. 어떻게 우연히 그런 아름다움이 생겨날 수 있다는 말인가? 또 그것이 어찌 팬더곰뿐이겠는가? 바닷속의 물고기와 공중의 새들이 다 그러하다. 수많은 종류의 물고기의 아름다운 모습들을 잠시 감상해 보기 바란다. 이는 어떤 생존 법칙의 결과를 보여주기보다는 조물주의 신비로운 지혜와 능력을 보여주는 것이라고 여겨지지 않는가? 나는 산이며 나무며 흙이 오랜 진화를 거친 후에 어느 날 그런 아름다운 암수 생명체를 탄생시켰다고 믿지 않는다. 그렇다고 보기에는 너무도 신비롭다. 게다가 존귀하고 놀라운 피조물인 사람은 더 말할 것이 없다. 당신은 지금도 이런 피조물들이 우연히 존재할 수 있다고 보는가? 아무리 풍화작용이 계속되어도 산들과 바다와 초목들은 그토록 다양하고 조화로운 짐승이나 더욱이 사람 같은 종류를 만들어내지 못한다. 당신은 그 산천초목을 몇십억 년 그대로 두고 기다리면 오늘날과 같은 생물들이 생겨나고 멸종되고 또 생겨날 것이라고 믿는가? 아메바가 지렁이 같은 것으로 화해서 언젠가는 그 귀엽고 아름다운 팬더곰이 될 수 있다고 믿는가? 아메바나 지렁이 같은 유기물에 구멍이 두 개 생겨서 먹는 입이 생겨나고 배설하는 항문이 생겨나고 장기가 생겨나고, 먹고 배설하기를 수없이 하다 보니 사고와 정신이 생겨나며 거기에 암수가 구분되어 생식을 하고… 그 이론에 따르면 구멍 두 개가 있는 유기물이 수십억 년을 거쳐서 사람 같은 존재가 되었다는 것이다. 지렁이를 바라보며 잠시만 사색해 보라. 가능성이 있다고 보는가? 오! 그것은 전능하신 하나님의 존재와 그 창조를 믿는 것보다 훨씬 더 어렵다.

오늘날 과학이 발전하여 인공위성을 쏘아올리고 비행기를 만들어 하늘을 날고 잠수함을 만들어 바다 속을 다니게 하였으며, 스마트 폰이나 컴퓨터는 엄청난 기술과 정보력을 가지고 있다. 그러나 아무리 과학이 발전해도 작은 생명체 하나 만들지 못한다. 풀 한 포기, 나무 한 그루, 모기 한 마리, 하루살이 한 마리도 만들지 못하는 것이다. 성경에서 생명의 근원은 하나님이라고 했다. 모든 생명은 그분으로부터 나온 것이라는 말이다.

단백질이 합성되어 하나의 작은 생명체가 이루어질 확률은 불가능이라는 것이 정설이다. '생명의 기원'이라는 책에서 한 부분 인용하겠다. "생명의 기원을 말할 때 단백질의 기원을 찾으려는 것은 당연하다. 생물체의 기본 물질이 단백질이요, 단백질 없이 생명이 있을 수 없다. 현 생물체에 1조 종류의 단백질이 있고 사람 체내에만도 약 10만 종류의 단백질이 있다. 이제까지 알려진 것 중 가장 간단하면서도 번식 가능한 세포는 가축의 호흡기관에 붙어 병을 유발하는 균 PLLO인데 625종의 단백질을 갖고 있다. 단백질은 20종류의 아미노산으로 구성되어 있다. 단백질은 보통 500개 정도의 아미노산이 모여서 되었고 이 아미노산이 일정한 순서로 배열되어야만 기능을 할 수 있다. 또한 길게 늘어져 있는 것이 아니라 일정한 구조, 즉 3차원적 구조를 가져야 기능과 활성을 나타낼 수 있다. 이런 요건들이 자연적으로 만들어질 수 있는 확률은, 가장 간단한 생물체라고 할 수 있는 PLLO의 경우 625개의 단백질 중에서 이론적으로 필요한 최소한의 단백질을 124개로 본다면 400개의 아미노산으로 된 124개의 단백질이 우연히 만들어질 확률은 (10의 114승분의 1) x (10의 114승분의 1) x (10의 114승분의 1) .... 해서 124번을 곱한 숫자, 즉 10의 14,136승분의 1이다. 확률학자 Emil Borel은 10의 50승분의 1보다 낮은 확률은 일어날 수 없다고 했다."

지구라는 행성이 자전과 공전을 함으로 낮과 밤이 생기고 춘하추동, 일자와 달과 해가 생겨나는 것은 우연으로 보이지 않는다. 지구라는 곳에 생명체가 존재할 수 있도록 적절한 온도와 습도를 유지하게 만드는 것은 바다와 육지의 크기, 지구와 태양과의 거리, 또 지구와 달과의 거리도 관련이 있다. 조금만 더 가깝거나 멀어도 지구의 상황은 크게 바뀌고 만다. 바다가 조금만 더 넓거나 좁아도 마찬가지이다. 이 모든 것을 우연으로만 돌리기에는 너무나 정교하다고 느껴지지 않는가?

우주가 유지되게 하는 능력은 또 어떠한가! 우주는 하나님께서 말씀의 능력으로 붙잡고 있다(히 1:3). 과학에서는 만유인력으로 우주가 지탱되고 있다고 하지만 그 만유인력의 근원을 알지 못한다. 성경에는 그 만유인력의 근원이 보이지 않는 하나님의 말씀이라고 한다. 오늘날 과학자들이 발견해낸 것으로 보아도 성경 말씀이 참이라는 것을 알 수 있다. 히브리서 11장 3절을 다시 보자. "보이는 것(우주 만물)은 나타난 것으로 말미암아 된 것이 아니니라". 최근까지 과학자들이 물질세계를 연구한 결과, 물질이 육안(肉眼)으로 보이지 않는 입자들에 의해 이루어졌다는 것을 발견했다. 어떤 물질의 극세분(極細分) 입자를 원자(元子)라고 하는데, 그 원자는 전자(電子)로 성립된다. 그리고 더욱 나아가 전자 배후에 파동(wave)이 있다는 것을 발견했는데, 파동의 배후에는 자연 법칙으로 설명이 되지 않는 어떤 움직임이 있으며 그것을 H(에이치)라고 부른다는 것이다(박윤선 주석). 이렇게 과학도 계속 연구해 들어가면 보이는 만물의 근원에 어떤 보이지 않는 역사가 있음을 발견하게 된다. 즉 여러분이나 우리나 쪼개고 또 쪼개다 보면 극세분자로 되어 있고 그것은 사람의 육안으로는 보이지 않는 입자들로 구성되어 있다는 것이다. 3,500년 전에 쓰여진 성경에서 모든 나타난 사물들은 보이지 않는 것들로 이루어진 것이라고 하니 놀랍지 않은가!

그러므로 우주의 상황을 대충 한 번 보고서 우주의 창조자요 주재이신 하나님이 계시지 않다고 결론 내려서는 안 될 것이다. 만일 하나님이 계시지 않다고 확신할 수 있는 사람이 있다면, 그 사람이 하나님일 것이다. 그가 만일 하나님이 없다는 것을 증명하려면 보이지 않는 세계와 삼차원의 세계까지, 온 우주 만물의 오묘한 이치까지 다 꿰뚫고 있어야 하기 때문이다. 누군가 하나님이 계시지 않다고 확신한다면 그는 몇억 광년이나 걸려야 도달할 수 있는 우주까지 다 탐사해본 사람일 테니 그가 하나님이 아니겠는가? 그가 이 모든 우주를 찾아보지 않고서 어떻게 하나님이 계시지 않다고 단언할 수 있는가? 또 사후 세계에 대하여도 확인할 수 있어야 하나님의 존재 유무를 확정할 수 있는데, 그가 만일 하나님이 계시지 않다고 단언하려면 사후 세계도 다 조사해본 사람이어야 한다. 만일 그렇게 해서 하나님의 존재 유무를 확언할 수 있는 사람이라면 그는 초월한 사람이요 전지전능한 존재임에 틀림없다. 그러나 그것이 아니라면 누구든지 입을 닫아야 한다.

둘째는 무한한 다양성이다. 창조에 있어서 하나님께서는 성질과 모양이 다른 많은 종류의 사물들을 만드셨다. 그러면서도 전체적인 조화와 통일성을 갖게 하셨다. 우주 가운데서 이 지구는 아무래도 특이하다고 생각되지 않는가? 우리 인간이 오늘날까지 발견한 행성 가운데 지구처럼 아름답고 조화로운 별이 없다. 이것이 우연이라고 보는가? 단순한 우연치고는 너무나 조화롭고 정교하고 다양하다. 태양과 지구의 거리가 조금만 가까워도 지구는 뜨거워서 살 수가 없고 조금만 멀어도 추워서 살 수 없다. 습도도 마찬가지이다. 때마다 하늘에서 비가 내려 조절해준다. 낮과 밤, 춘하추동의 모든 계절이 모든 식물이나 동물이나 사람에게 다 적절하다. 소나무가 좋다 해서 산에 소나무만 있게 하지 않고 수천수만 가지 나무가 조화롭게 있게 하셨으며, 짐승도 소나 말 같은 귀하고 유용한 한두 가지 동물만 창조하시지 않고 수많은 종류의 동물을 지으셨다. 사회주의 국가의 지도자들이나 이단적인 종교의 일꾼들은 사람들을 단순하고 통일된 지배 아래 두고자 하는데, 하나님은 그렇게 좁고 획일적인 분이 아니시며 매우 다양하고 동시에 포괄적인 분이시다. 하나님은 조화와 통일성이 있으시면서도 매우 다양하신 분이다.

셋째로, 하나님은 매우 아름답고 질서 있는 분이시다. 창조하신 만물을 통해 우리는 하나님의 섬세하심과 아름다우심과 질서를 보게 된다. 우리는 그분의 창조물을 통해서 하나님이 창조의 능력을 나타내실 뿐 아니라 미(美)를 나타내시는 것을 알 수 있다. 수족관이나 동식물원에 가보면 각양 수목과 물고기와 새들과 동물들이 마치 조물주의 솜씨를 자랑하듯이 가지각색의 아름다운 자태를 뽐내고 있다. 그것들은 마치 '이래도 창조주의 존재를 부인할 테냐?'라고 강변하듯이 그들의 다양하고 아름다운 모습들을 보여주고 있다. 우리는 이로써 하나님의 성품과 지혜를 엿볼 수 있다.

어떤 사람들의 말대로 이 우주가 자연 발생적으로 이루어진 것이라면 만물은 결코 이러한 정교한 미(美)와 질서를 가질 수 없을 것이다. 더욱이 그것들의 아름다움 속에는 사람이 절대 우연이라는 생각을 갖지 못하도록 창조자의 계획과 의도와 생각과 미적 감각이 담겨 있는 것을 볼 수 있다.

넷째로는 하나님의 정확성과 정밀성이다. 자연계의 활동을 세밀히 연구하는 사람들은 천체(天體)로부터 시작해서 아주 미세한 식물에 이르기까지 매우 정교한 구조와 움직임을 가지고 존재한다는 것을 안다. 그것 역시 지으신 분의 정확하고도 정밀한 특성을 나타낸다. 해와 달과 별들, 모든 행성들이 다 정확한 궤도를 돌며 이 땅에서 사람들이 살기에 가장 적합한 환경을 조성해주고 있다.

다섯째로는 극도의 신비로움이다. 자연계에는 사람의 과학적인 연구나 관찰로는 풀 수 없는 수많은 신비로운 현상들이 존재한다. 인체뿐 아니라 작은 미물에게도 그런 신비로움은 존재한다. 머리털은 자라는데 왜 눈썹에 있는 털은 일정한 길이 이상으로는 자라지 않는가? 왜 눈과 귀는 두 개인데 코나 입은 하나씩인가? 이것은 인체의 신비 중 지극히 작은 예에 불과하다. 인체를 잘 아는 의사들은 그 신비를 잘 안다. 머리통의 뼈와 코와 귀의 뼈는 왜 각각 다른가? 어떤 부분은 부드럽고 어떤 부분은 단단하다. 땅에 기어다니는 것들이 있는가 하면 네 발로 걷는 것이 있다. 사람은 직립한다. 하늘을 우러러 볼 수 있도록 지어진 것이다. 사람이 기어다니는 존재라고 가정해보라! 만물 중에 대표적인 존재로 느껴지지 않을 것이다. 서 있는 그 자체가 모든 동물 가운데 존엄한 존재로 느껴지게 하는 그 무엇이 있다. 이런 피조물이 우연히 존재하게 된 것이라고 보는가? 그러므로 로마서에서는 "그(하나님)의 영원하신 능력과 신성이 그 만드신 만물에 분명히 보여 알게 되나니 그러므로 저희가 핑계치 못할지니라"(롬 1:20)고 말한다. 우리는 자연 현상만 보더라도 하나님의 존재를 부인할 수 없다. 우주 만물은 이와 같이 지은 분이 계시다. 우주는 창조주가 없이 저절로 존재하는 것이 아니다. 이 거대한 우주의 주인은 바로 하나님이시다. 사람은 반드시 이 우주의 주인이신 분을 알고 그분께 감사하며 영광 돌리기를 배워야 한다.

과학과 성경, 무엇이 먼저인가? 오늘날까지 아무리 과학이 발전해도 3,500년 전에 쓰여진 창세기나 여러 성경 내용을 앞서지 못한다.

창세기는 이처럼 우주의 기원을 말해주고 있다. 이 세상에는 성경 외에는 만물의 기원(基源)을 알려주는 또 다른 책이 없다. 창세기는 우주의 기원만이 아니라 생명의 기원과 인간의 기원, 그리고 인간 타락과 죄악의 근원 등을 알려준다. 창세기는 성경에서 씨앗과 같은 책이며 만사만물의 근원을 담고 있다. 오늘 인류가 갖고 있는 모든 문제와 어려움의 해법은 결국 창세기에 씨로 심겨져 있다. 오늘날 인류의 모든 복잡한 문제의 근원이 다 이 책 속에 들어 있기에 우주의 비밀과 사람의 존재의 비밀에 관하여 그 참된 의미를 알고자 한다면 반드시 창세기를 보아야 할 것이다.

나는 여기에 세상을 떠나기 전 신앙에 대해 깊은 생각을 가졌던 한 분의 질문에 대한 답변을 수록하고자 한다. 그분은 우리나라 최대 기업의 창업주였으며, 죽음을 목전에 두고 20여 가지 신앙에 대한 질문을 친히 써서 천주교 사제에게 물었다고 한다. 나는 친필로 정성스럽게 한 자 한 자 쓴 질문지 복사본을 매우 인상 깊게 읽었다.

그의 질문은 오늘날 수많은 인류가 궁금해하는 공통적인 질문일 것이라는 생각에서, 또한 적어도 내가 섬기는 교회나 성도들에게 기본적인 신앙의 질문에 대한 귀한 답변이 될 것 같아 오늘은 그의 질문을 기초로 해서 설교문을 작성해 본다(2012. 1. 22. 주일 설교). 다만 그 여러 질문 중에 내 마음에 와 닿은 부분을 중심으로 답하는 점을 이해해주기 바란다.

신앙에 대한 질문과 답변

신(하느님)의 존재를 어떻게 증명할 수 있나?
신은 왜 자신의 존재를 똑똑히 드러내 보이지 않는가?
신은 우주의 창조주라는데 무엇으로 증명할 수 있는가?

1. 신앙에 대한 추구의 태도

'신은 왜 자신의 존재를 똑똑히 드러내 보이지 않는가?' 하나님의 존재 여부에 대한 탐구이다. 하나님의 존재 여부를 탐구하는 문제는 곧 신앙의 출발이다. 이러한 신앙의 문제는 인생의 목숨과 영혼, 생의 본질을 다루는 문제이다. 다른 것은 우리 자신이 이 땅에서 살기 위한, 내 자신 밖의 것들(things)이지만 신앙은 내 자신의 존재 자체(being, self)에 관한 문제이기 때문이다. 즉 신앙은 돈이나 명예나 권세나 심지어 살고 죽는 것보다 가장 근본적이고 중대한 문제라는 것이다. 그러기에 삶의 기로나 죽음의 문턱에서 비로소 생각되어지는 것이 신의 존재 여부, 자신의 영혼의 불멸 여부, 그리고 불멸한다면 사후 세계의 문제인 것이다. 이것이 곧 신앙 문제이다. 우리의 인생에서 중대한 것은 중대하게 다루고 사소한 것은 사소하게 다루는 것이 지혜요 대원칙이라고 본다. 우선 나는 답변에 앞서 이러한 신앙의 문제는 매우 중대하게 다루어야 하고 깊이 탐구하는 자세로 좀 더 시간을 충분히 두고 접근했어야 했다는 안타까움을 전한다. 성경 말씀은 음식보다 목숨이, 재물보다 영혼이 중한 것임을 가르치고 있다(마 6:25, 눅 12:19-21). 이것이 듣기에는 쉬운 것 같지만 절대 예사로 지나칠 말씀이 아니다. 많은 이들이 유감스럽게도 음식과 재물을 위해 자신의 귀한 목숨이나 영혼 문제를 소홀히 하지 않는가! 주님은 마태복음 6장에서 공중의 새와 들의 백합화를 예로 들면서 가장 귀한 사람이 왜 그런 것들을 위해 일생 염려하며 사느냐고 제자들을 가르치셨다(25-34절).

인간 존재 외부적 존재인 세상 명예나 권력이나 돈을 얻고자 해도 '너 나에게 당장 오너라. 그러면 내가 너를 받아주겠다.' 해서 돈과 명예와 재물이 즉시 달려오는가? 성경에 의하면 하나님은 인간의 영혼과 육신을 지으신 인격신이시다. 지위가 있고 권세가 있고 지혜가 있으며 인격이 높은 인간도 저마다 행동하는 양식이 있고, 그 자신을 표현하는 특별한 방식이 있다. 창조주 하나님은 세상에서 지혜로운 자에게는 자신을 숨기시고 어린아이 같은 자들에게 자신을 나타내기를 기뻐하신다고 했다(마 11:25). 성경을 읽어보면 그 하나님은 진실로 자신의 영혼 문제를 관심하며 그분을 찾는 자들이 누군지 알고 싶어하시는 같다. 하나님은 전심으로 자신을 찾는 자에게는 어김없이 나타나시겠다고 말씀하신 것이다. "너희가 전심으로 나를 찾고 찾으면 나를 만나리라"(렘 29:13).

성경에서는 만일 사람이 너무 늦게, 죽음이나 질병의 재앙을 만나 그제서야 하나님을 찾고 부르면 때가 늦어 주님을 만날 수 없다고 경고하였다(잠 1:24-30).

2. 하나님은 그분의 존재와 능력을 나타내지 않으신 것이 아니다

성경 말씀에서 하나님은 이미 천지와 그 가운데 만유를 지으신 것으로 그분의 존재와 능력과 신성을 알리셨다(롬 1:20)고 말한다. 즉 성경은 사람으로 광대한 우주와 땅과 모든 피조물의 광경을 보고 그분을 알 수 있게 한다는 것이다(자연계시). 성경에서 하나님께 그분의 영광을 보여달라고 간구했던 사람이 있다. 이스라엘의 영도자 모세이다. 그러나 하나님은 "나를 보고 살 자가 없음이니라"고 답하셨다. 그리고 "내가 지나도록 내 손으로 너를 덮었다가 손을 거두리니 네가 내 등을 볼 것이요 얼굴을 보지 못하리라"고 하셨다(출 33:20-23). 그분이 광대한 우주를 지으신 능력의 신이실진대 약한 피조물인 우리로서는 그분을 대할 만한 역량이 없다고 보아야 한다. 구약 성경 출애굽기에서는 때때로 하나님이 나타나실 때(시내 산에서 율법을 주실 때 등) 하나님을 보려 하다가 죽을 수 있으니 그 산에 오르거나 그 지경을 범하지 말라고 경고하셨다(출 19:12, 21). 엄청난 에너지나 기(氣)를 가진 사람이 있을 때 그 옆에서 심약한 사람이 견디기가 어려운 것과 유사하다. 그분은 우주를 지으시고 모든 만물을 지으신 엄청난 능력과 신성을 가지신 분이다. 그 거룩함과 빛 앞에서 살아남을 사람이 없다는 것이 성경의 말씀이다. 따라서 첫 번째로 그분은 그 지으신 만물을 통해서 자신을 나타내셨다는 것을 알아야 한다.

3. 사도들의 하나님에 대한 증거

성경에서는 하나님이 자기를 증거하지 않으신 것이 아니라고 했다.

사도행전 14:17, **"그러나 자기를 증거하지 아니하신 것이 아니니 곧 너희에게 하늘로서 비를 내리시며 결실기를 주시는 선한 일을 하사 음식과 기쁨으로 너희 마음에 만족케 하셨느니라 하고".**

하늘에서 비를 내리신 것이 자기를 증거하신 것이고, 결실하는 계절을 주신 것이 자기를 증거하신 것이며, 사람으로 하여금 기쁜 마음으로 음식을 먹고 만족한 마음을 갖게 하신 것이 자기를 증거하신 것이라고 한다. 이것이 다 자연의 법칙이라고 생각하는가? 우연의 일치라고 생각하는가? 그러기에는 너무 현저한 질서와 목적이 들어 있어 보이지 않는가? 우연한(by chance) 일에는 조화나 목적이나 의도가 없어 보이는 법이다. 누군가가 아름답고 고풍스런 집을 지었다면, 그 집의 정교함이나 아름다움이 그 지은 사람의 솜씨와 능력을 나타낼 것이다. 히브리서 3장 4절은, "집마다 지은 이가 있으니 만물을 지으신 이는 하나님이시라"고 한다.

바울과 같은 사도들은 하늘과 땅과 만물의 조화와 그 가운데 사는 사람의 모습으로 하나님의 존재를 전하였다. 땅에서 곡식이 자랄 필요가 없다면 하늘에서 비는 우연히 내리는 것이고, 사람이 먹을 필요가 없다면 논밭의 곡식은 우연히 자라고 익는 것이다. 그리고 추수 때도 우연히 오는 것이다. 춘하추동의 계절도, 알맞은 기후나 습도도 우연한 것이니 별 의미가 없고, 바다나 육지의 모든 산물도 우연히 나오는 것이 된다. 그러나 생각해보라. 거기에 피조물의 주인공인 사람이 있기에 그 모든 것들의 존재 의미가 있고 사람의 마음이 이 모든 바다와 육지의 아름답고 풍성한 산물로 기쁨과 누림을 갖게 되는 것이 아닐까? 가을에 추수한 곡식을 먹을 때 사람의 마음은 기쁘고 만족한데, 사람의 마음이 만족케 되고 기쁜 것도 우연히 인간이란 존재가 지구상에 존재하다보니 그렇게 산물을 먹고 누리고 먹게 되었으며, 그러다 보니 기쁘고 만족하게 되는 것인가? 그 배후에 전능자의 지혜와 의도가 있어 보이는가, 아니면 모든 것이 우연한 자연발생적 현상으로만 보이는가? 성경은 하나님께서 이런 방식으로 자신을 증거하셨다고 말씀한다. 여기에 각 사람의 지성과 양심은 정직하게 답을 해야 할 것이다.

4. 성경은 과연 창조주 하나님의 말씀인가?

사람이 죽음을 앞에 두고 가장 궁금한 것은 사후에 과연 어떻게 될 것인가이다. 이에 대하여 성경은 분명한 답을 주고 있다. 죽음 이후의 일들에 관하여, 성경 말씀이 하나님의 말씀이고 하나님의 존재하심이 사실이라고 믿는다면, 그 대답은 이미 분명한 셈이다. 뒤에 나오는 8번 질문은 성경 자체에 대한 질문인데, 성경이 하나님의 말씀이라는 것을 어떻게 아느냐는 것이다.

사실 성경 외에는 인간의 창조나 존재하는 목적, 우주의 종말이나 사후 문제 등을 분명히 밝힌 책이 없다. 그리고 하나님의 존재에 관한 질문에 대해서도, 성경에는 하나님의 존재에 대해 사람들을 설득하려는 노력이 없다. 따라서 우리는 신(하나님)의 존재 유무를 논하지 않는다. 하나님의 존재에 대해서는 성경 첫 장부터 그분이 천지를 창조하셨다고 선언하고 있으니, 성경의 진실과 거짓 여부를 논할 수 있다면 그것이 오히려 합당한 논제일 것이다. 천지 만물과 사람을 창조했다는 경전이 여럿 있으면 몰라도 오직 성경만이 여호와 하나님, 예수를 자신의 아들이라고 선포하시는 삼위일체 하나님이 그 모든 것을 창조하셨다고 선포하니 말이다. 그 말씀이 진실이라면 그분의 존재나 그분의 하신 역사가 다 참되게 된다.

나는 하나님의 존재 여부에 관한 질문을 받을 때, 성경에서 말한바 하나님이 없다 하는 사람의 어리석음을 깊이 생각해보라고 권하고 싶다. 누가복음 12장에서 주 예수님은 한 부자가 일생 자신의 부를 축적하는 것만 관심하고 정작 자신의 영혼 문제는 등한시했는데, 어느 날 그가 죽게 되면 그가 축적한 것들이 다 누구 것이 되겠느냐고 하면서 이는 너무 어리석은 것이 아니냐고 하신다. 성경은 하나님이 없다 하는 사람, 이생의 재물만 관심하고 하나님에 대하여 무관심한 사람은 어리석은 사람이라고 하였다. 그 말씀 자체는 매우 단순하지만 무서우리만큼 직선적이고 단정적인 표현이다. 그리고 하나님이 없다 하는 사람들은 그 도덕성이 좋지 않다고도 말했다(시 14:1).

따라서 나는 하나님을 아는 가장 좋은 길은 성경을 읽어보는 것이라고 말하겠다. 그것이 사람의 말이 아니라 창조주 하나님의 말씀이라고 선언하고 있기 때문이다. 3500여 년 전 모세의 글로부터 시작하여 1600백 년에 걸쳐 40여 명의 기자들이 썼지만, 다 하나님의 영감(호흡)으로 쓰여진 것이라고 말한다(딤후 3:16). 그리고 그것을 후세 교회가 정경(canon)으로 인정했다. 여러분도 소위 성경으로 간주될 뻔했던 외경들이 있다는 것을 알 것이다.

그런 진위 여부를 가려내는 작업이 주후 300년 쯤에 이루어졌다. 교회의 상황은 시대적으로 부족한 때가 있었지만 그 말씀들이 하나님의 영감으로 이루어졌는지를 알아내는 자정 능력은 늘 있어왔다. 그것은 오늘날도 비슷하지만 특히 초기 교회들은 더 예민했을 것이다. 나도 교회의 사역자의 한 사람으로서 비록 많은 부분 부족한 면이 있음을 시인하지만, 어떤 것이 참 하나님의 말씀이요 참 신앙인지, 어떤 것이 거짓된 것인지는 분별해낼 수 있다는 것을 생각할 때, 이것은 참으로 오늘날도 신자들과 교회의 비밀이 아닐 수 없다. 무엇이 사과나무인지 배나무인지는 시간이 지나면서 그 열매를 보고 아는 것과 같다. 교회는 많은 시간 동안 과정을 거치면서 이것을 증명해내고 분별해냈다. 또 하나님은 이 일을 교회에 맡기셨다. 성경은 물론 사람들이 쓴 것이고 과거의 선지자들이나 사도들이 기록한 것이지만, 그 말씀 속에 하나님의 성령의 영감과 호흡이 배어 있고 거룩한 하나님의 신적 권위가 들어있음은 미천한 우리라도 어느 정도 알 수 있다. 사람이 하나님과의 영교(spiritual communication)가 가능한 존재임은 성경 처음부터 분명히 밝히고 있다. 오늘날 우리가 그 모든 말씀을 연구하고 신자들의 영적 생활에 적용해보면, 신구약 성경 66권 전체가 모두 한 성령, 한 주님, 한 하나님의 영감이며 호흡임을 확신할 수 있게 된다. 어떤 사람이 책을 여러 권 쓴다 할 때, 그 책마다 그 사람의 색채와 정감과 이성이 들어 있게 마련인 것과 같다.

그러니 성경을 읽되 깊이 읽고 연구할 필요가 있다. 깊이 탐구하며 읽으면 상기의 질문들이 자동적으로 해소될 수 있기 때문이다. 나는 이상의 질문들에 대하여 진실로 성경에 그 답이 있다고 말할 수 있다. 나는 내가 읽은 성경이 지금까지 읽어본 어떤 인간의 책과도 다르며 창조주 하나님만이 쓰실 수 있는 책이라는 것을 확실히 알 뿐이다. 그러므로 이에 대해 의문을 가진 분들에게 간곡히 권하거니와, 책 중의 책이요 신학에서 특별계시라고 말하는 성경(Bible)을 꼭 읽어보기 바란다. 그렇게 할 만한 시간이 없거나 지혜도 없다면 성경을 잘 아는 주의 종들과 선지자들에게 잘 들어보라. 나는 인생에서 펼쳐지는 모든 일을 이렇게 깊이 있고 명쾌하고 위엄있게 분명한 말로 말할 수 있는 사람이 있다면 그가 곧 하나님이 아니고 누구겠느냐고 말하겠다.

하나님은 그분의 존재에 대해서도, 그분의 인격과 성품을 알리시는 방법으로 자신을 확증하셨다. 이사야서를 보면, "구원자 이스라엘의 하나님이여 진실로 주는 스스로 숨어 계시는 하나님이시니이다"(45:15)라고 한다. 그분은 자신을 숨기시는 분이고 쉽게 자신을 드러내지 않으시는 분이라는 말이다. 이토록 광대한 우주를 창조하시고서도 한 구절로 그분이 하신 일을 말씀하신 것을 보라("태초에 하나님이 천지를 창조하시니라", 창1:1)! 우리가 어떤 사람의 글을 읽어보면 그를 알 수 있다. 그의 말을 들어보면 더욱 그를 알 수 있다. 나는 성경을 제쳐놓고서는 하나님을 알 길이 없다고 생각한다. 성경은 하나님이 곧 말씀이라고 하였다("이 말씀이 곧 하나님이시니라", 요 1:1). 하나님의 존재에 대하여 알고자 하는가? 가장 잘 알 수 있는 길은 그분의 말씀이다. 어떤 사람을 알려면 그 사람의 말을 귀 기울여 들어보아야 하지 않은가? 허황된 사람의 말에서는 그 허황됨이, 성실한 사람의 말에서는 그 성실함이 나타난다. 마찬가지로 성경(Bible)에는 천지를 지으신 참 하나님의 인격과 성품이 그대로 녹아 있다.

지금으로부터 이천여 년 전에 자신을 하나님의 아들이라고 선언한 분이 나타났다. 그분은 동정녀 마리아로부터 출생하셨다고 기록되어 있다.

마태와 요한은 3년 반이나 예수님과 함께 생활하면서 보고 들은 것을 기초로 하여 복음서를 썼고, 또 마가와 누가도 베드로와 다른 사도들의 증언을 토대로 하여 복음서를 썼다. 신약 성경의 많은 부분은 바울이 썼는데 그것이 하나님의 말씀이 되었다. 그들은 예수의 십자가의 죽음과 부활을 목격한 증인들이며, 그들이 증거한 것이 성경인데 우리는 그들의 증거를 믿는다. 그들의 증거가 거짓이라고 한다면 그들은 거짓말을 한 것이 되는데, 우리는 성경(그들의 글)을 읽으면서 그들의 성품을 알 수 있거니와 그들은 결코 거짓말을 할 사람들이 아니다. 그들의 글에는 그들의 성격이 드러나 있다. 특히 성급하고 나서기를 좋아하는 베드로는 그의 여러 번의 실패담을 가감 없이 썼다. 바울도 그가 과거 예수 믿는 사람들을 핍박하던 이야기나 다메섹에서 예수를 만나 쓰러진 이야기 등을 진솔하게 써서 읽는 우리로 그들의 인간성을 느끼게 하며 또 그들의 솔직한 인간성이 그들의 말을 믿게 한다. 그들은 부활하신 예수를 직접 보았다고 했고, 그들이 증거한 복음은 곧 예수 그리스도의 부활이다. 그리스도의 부활을 믿으면 누구든지 속죄함을 받고 구원받을 수 있다고 했다. 이런 말과 증언들은 예사로운 것들이 아니니 신중하게 읽어보고 깊이 생각할 필요가 있는 것이다.

우리는 오늘 이 시대를 살면서 그 모든 말씀을 체험할 수 있고 너무나 깊은 깨달음을 갖게 된다. 여러분은 가령 로마서 8장 10절의 "그리스도께서 너희 안에 계시면 몸은 죄로 인하여 죽은 것이나 영은 의를 인하여 산 것이니라"는 말씀을 이해할 수 있는가? 또 13절의 "너희가 육신대로 살면 반드시 죽을 것이로되 영으로써 몸의 행실을 죽이면 살리니"란 말씀을 충분히 이해할 수 있는가? 나는 성경이 아니면 이러한 말씀을 해낼 수 없다고 본다. 어떤 유명한 불교 스님이 "물은 물이요 산은 산이로다"라고 했는데, 이 말이 유명하게 되었다. 나는 그 말 자체가 그렇게 오랫동안 연구해야 할 신비로운 말은 아니라고 본다. 그러나 성경에 기록된 하나님의 말씀은 내 자신만도 30년 이상을 연구하면서 그 말씀을 따라 체험하며 살아보아도 여전히 다함이 없는 깊고 오묘한 말씀이며 하나님이 아니시라면 도저히 해낼 수 없는 말씀이라는 확신이 든다.

우리는 그 모든 진리를 실체화할 수 있음을 기쁘게 생각하며, 이러한 영적인 세계(spiritual sphere)가 분명히 존재한다는 것을 확신하며 산다. 이것은 우리가 예수를 믿기 전, 영적 세계를 접하기 전의 생활에서는 전혀 체험할 수 없었던 세계임을 간증할 수 있다. 영적 세계의 경험(혹은 성령 체험)이란 인간의 지성과 감성과 오감의 세계와는 차원을 달리한, 신비하지만 실제적인 것이다. 성경에서 믿음(faith)이란 과연 무엇인가? 이러한 영적인 세계의 실제들(realities)을 물질적인 세계에서 실체화(substantialize)하는 것이다(히 11:1). 그리스도의 피의 씻음, 그리스도와 함께 십자가에 못박힘, 성령의 충만, 성령의 인도를 따라 사는 삶 등은 영적인 세계에서 완성된 진리들이다. 성경은 우리 그리스도 안에 있는 신자들은 이미 옛 사람이 죽었다고 말한다. 우리는 이것을 물질적인 세계 속에 살면서 실제화하고 경험할 수 있다. 즉 그 말씀의 진실성을 체험하면서 산다는 말이다. 교회가 그리스도를 터(foundation)로 하여 세워진다든지, 금과 은과 보석으로 건축된다든지 하는 것들은 우리 사역자들이 교회를 세워가면서 매우 실제적으로 경험하는 것들이다.

5. 보다 구체적인 하나님의 나타나심은 예수 그리스도이다

만일 내가 어느 날 홀로 깊은 산 속에 들어가서 아름다운 새들에게 가까이 다가가 '내가 너희에게 먹을 모이를 많이 주고 지켜주고 도와줄 테니 그 대신 나랑 함께 놀자!'고 한다면, 새들은 기겁을 하고 날아가 버릴 것이다. 하물며 하나님과 피조물인 인간의 차이는 새와 인간의 차이와는 비교할 수 없을 만큼 크다. 새와 인간은 같은 피조물이지만, 하나님은 우주와 만물과 사람을 지으신, 영원하시고 전능하신 창조주이시만, 인간은 유한하고 연약한 피조물이기 때문이다. 그분이 계신 그대로 나타나신다면 사람은 다 녹아 없어지든지 기절하여 죽든지 할 것이다. 구약에서 하나님은 '나를 보고 살 자가 없다'고 하셨고 신약에서도 '아무도 하나님을 본 자가 없고 볼 수도 없으니 그분은 가까이 가지 못할 빛 가운데 계신 분이다'라고 하였다(딤전 6:16). 태양에 가까이 간다면 살아남을 자가 있겠는가?

그런데 그 창조주 하나님이 사람을 사랑하셨다는 것이다. 사람이 새에게 다가가 함께 놀기 위해서는 새처럼 몸이 작아져서 같은 깃털을 가지고 같은 소리를 내야 할 것이다. 성경에서는 어느 날 크시고 영원하시고 전능하신 하나님이, 유한하고 연약한 육신을 입은 인간이 되어 이 땅에 오셨다고 말한다. 그것을 신학적으로는 성육신(incarnation)이라고 한다. 제자들은 그분을 보고 하나님 아버지의 독생자(성경에서 하나님 아버지의 독생자란 하나님 자신을 일컫는 말이다)라고 했고, 본래 하나님을 본 사람이 없지만 아버지 품속에 있는 독생하신 하나님이 그분을 나타내셨다고 말한다(요 1:14, 18).

하나님께서는 그분의 지혜로 그 아들을 통해서 그분 자신을 선포하고 알리셨다. 그 아들(예수)은 아버지의 체현(embodiment)이신데, 하나님께서 자신을 아들(예수 그리스도)을 통하여 나타내신 것은 그분의 가장 큰 지혜였다. 성경에서는 그것을 경건의 비밀(mystery of godliness)이라고 말한다(딤전 3:16). 하나님은 사람들이 그 아들(예수 그리스도)을 보고 자신(성부 하나님)을 아는 것을 가장 기쁘게 여기신다. 그 아들은 곧 성부의 본체이시다(빌 2:6). 비록 영광의 하나님이 예수의 육신 속에 감춰어 계셨지만, 예수는 신성의 모든 충만(fullness)이 육체로 거하신 분이다(골 2:9). 즉 그분 안에 완전한 삼위일체 하나님이 충만하게 거하셨다는 것이다. 눈이 열린 자들은 그것을 보았다. 어느 날 빌립이라는 제자가 예수(하나님의 아들)에게 아버지(성부 하나님)를 보여 달라고 했다. 그러자 예수님은 이렇게 말씀하셨다. "나를 본 자는 아버지를 보았거늘 어찌하여 아버지를 보이라 하느냐"(요 14:9). 즉 아들 예수를 본 것이 곧 하나님 아버지를 본 것이라는 말이다. 따라서 하나님은 자신을 예수로 나타내신 것이다. 하나님께서 자신을 이렇게 나타내신 것은 얼마나 기이한 일인가! 그런데 성경에서는 하나님 아버지께서 이것을 지혜로운 자들에게는 숨기시고 어린 아이들에게는 계시를 통해 알게 하셨다고 말한다. 베드로는 마태복음 16장에서 나사렛 사람 예수가 하나님의 아들이요 그리스도이심을 계시로 알고 고백하였다(16-17절). 그 고백을 듣고 주 예수님은 매우 기뻐하면서 그에게 복이 있다고 하셨다. 사실 성경에서 말하는 영생을 얻는 길은 바로 유일하신 참 하나님과 그의 보내신 자 예수 그리스도를 아는 것이다(요 17:3).

6. 왜 그렇게 사람의 모양으로 오셔야 했는가?

하나님께서 자신을 나타내는 방식이 왜 꼭 성육신하여 사람이 되시는 것인가에 대해서는 또 다른 이유가 있다. 사람의 죄를 사하고 그에게 새 생명, 곧 영생을 주시기 위함이다. 예수는 인간의 죄를 대속하기 위한 구속자로 오신 것이기에 사람과 같은 모양이 되신 것이다. 인간의 죄는 오직 인간이 대신해야 한다. 물론 인간의 죄를 대속하기 위해 그분은 죄 없는 육신을 입고 오셔야 했다(하나님은 죄를 인하여 자기 아들을 죄 있는 육신의 모양으로 보내셨다,롬 8:3). 다 같은 죄인들은 각기 자기 죄를 감당해야 하기에 누구도 다른 사람의 죄를 대속할 수 없다. 그러므로 성경에서는 성령으로 잉태되어 죄 없으신 예수가 유일한 속죄양이 될 수 있다고 말하는 것이다(히 10:4-10).

하나님의 아들 예수 그리스도는 만유를 하나님과 화목하게 하고 인류의 죄를 속량하기 위해 십자가에서 죽으시고 피를 흘리신 것이며, 이 일은 인류 역사상 가장 크고 위대한 일이다.

그러면 사람의 죄란 무엇인가? 살인, 방화, 간음 등이 다 죄이지만 가장 크고 근본적인 죄는 하나님을 떠난 것, 하나님을 알지 못하는 것, 하나님을 알되 그분께 감사치 않고 영광 돌리지 않는 것이다(롬 1:21). 사람이 제 아무리 이웃이나 친구나 친척에게 잘해도 근본인 부모를 떠나서 부모를 무시하고 제멋대로 산다면 그의 모든 행함은 뿌리 없는 나무와 같다. 로마서 1장에서 바울은 수많은 악한 죄의 목록을 열거하면서 그 모든 죄들이 결국 사람이 그 마음에 하나님 두기를 싫어하므로 하나님께서도 그들을 버린 결과라고 말한다. 누가복음 15장의 탕자의 죄는 모든 재산을 창기하고 지내면서 탕진해버린 것보다 먼저 아버지 집을 떠난 것이다. 그는 아버지 집을 떠날 때 이미 탕자였다. 자식이 아버지를 떠나니 제멋대로 사는 것이다. 사람이 하나님을 모르고 제멋대로 사는 것은 다 죄이다. 그것은 과녁에서 빗나간 것이다(하마르티아, 헬). 과녁이 무엇인가? 그것은 만유의 근원이신 하나님 우리의 아버지시다. 그러므로 믿음이란 다른 것이 아니라 우리의 창조주이시며 만물의 근원이신 하나님께로 돌아가는 것이다. 그것이 피조물인 인간에게 마땅한 일이 아니겠는가? 그것을 회개와 믿음이라고 한다(행 20:21). 회개하고 믿는 자는 그의 죄를 다 용서받게 되며 하나님과 그 나라에 받아들여지게 된다. 하나님은 그분의 아들 예수를 우리에게 보내시면서 그 아들을 믿는 자는 영생을 얻으며 그분의 자녀로 받아주실 것을 약속하셨다(요 3:16, 요일 3:1).

7. 하나님은 우리에게 믿을만한 큰 증거를 주셨다.

하나님이 우리에게 주신 믿을만한 가장 큰 증거는 예수 그리스도를 죽은 자 가운데서 다시 살리신 것이다(행 17:31). 성경에서 사도들이 전한 복음은 예수께서 죽은 자 가운데서 부활하셨다는 것이다. 그리스도의 부활이 하나님을 믿을만한 증거라는 것이다. 열두 사도들은 전적으로 예수의 부활을 증거하기 위해 세워진 자들이다(행 1:22) 성경은 예수 그리스도께서 십자가에 돌아가신 것을 믿으라고 하지 않고 그분이 죽은 자 가운데서 다시 살아나신 것을 믿으라고 말한다(롬 4:24, 10:9). 그리고 그분의 부활을 마음으로 믿는 자는 구원을 얻는다고 하였다.

하나님은 죽은 자를 살리시고 없는 것을 있는 것같이 부르시는 분이다. 예수 그리스도를 죽은 자 가운데서 다시 살리셨다면 그분은 전능한 하나님이심에 틀림없다. 그분이 예수를 죽은 자 가운데서 살리셨다면 그분의 창조도 믿을 수 있는 것이다. 사실 예수님은 이 땅에 살아계실 때에도 자신이 부활이요 생명이라고 하셨다(요 11:25). 그 모든 말과 행사를 통하여 예수님은 하나님의 부활의 능력과 전지전능성을 나타내신 것이다(요 2:11, 11:42 등). 따라서 사람들이 예수를 믿는다면 하나님을 믿을 수 있게 하신 것이다(요5:24). 그분이 성령으로 처녀의 태속에 아기를 잉태되게 하실 수 있다면, 또 죽은 자를 살리시는 일을 할 수 있다면 천지 창조와 인간의 창조를 어찌하여 못 믿을 것으로 여기는가?

바울은 그리스도의 부활을 증거한 고린도 전서 15장에서 다음과 같은 말을 했다. "그리스도께서 우리 죄를 위하여 죽으시고 장사 지낸 바 되었다가…사흘 만에 다시 살아나사 게바에게 보이시고 후에 열두 제자에게와 그 후에 오백여 형제에게 일시에 보이셨나니 그 중에 지금까지 태반이나 살아 있고 어떤이는 잠들었으며 그 후에 야고보에게 보이셨으며 그 후에 모든 사도에게와 맨 나중에…내게도 보이셨느니라"(3-8절). 이 말씀을 보면 바울은 부활하신 예수를 보았고 오백여 형제들도 일시에 그분을 보았다. 바울은 이 서신(고린도 교회에 보내는 편지)을 쓸 당시에도 부활하신 예수를 본 자들 태반이 살아 있다고 했다. 분명 십자가에 못 박히고 피 흘리며 옆구리에 창을 맞고 죽으신 예수가 그 모습 그대로 다시 살아나셔서 많은 이들에게 자신의 모습을 보여주셨다면(제자 중 의심 많은 도마는 직접 만져보았다고 했다) 이것은 결코 작은 일이 아니다. 성경의 복음은 이렇게 부활을 목격한 증인들의 증언이다.

8. 이와 같이 하나님의 복음 전하는 방식은 가장 지혜로운 것이다

고린도 전서 1장에서 사도 바울은, 표적을 좋아하는 유대인들이나 지혜와 지식을 좋아하는 헬라인들에게 하나님께서는 전도의 미련한 것으로 믿는 자들을 구원하기를 기뻐하셨다고 하면서 하나님의 미련한 것이 사람보다 지혜 있다고 말한다(25절).

사도행전 17장에서는 또 "인류의 모든 족속을 한 혈통으로 만드사 온 땅에 거하게 하시고 저희의 연대를 정하시며 거주의 경계를 한하셨으니 이는 사람으로 하나님을 혹 더듬어 찾아 발견케 하려 하심이로되 그는 우리 각 사람에게서 멀리 떠나 계시지 아니하도다 우리가 그를 힘입어 살며 기동하며 있느니라…"(24-28절)고 했다.

우리는 성경에서 하나님의 존재를 전하는 사도들이 매우 간단하고 평이한 말로 그분이 창조주이심을 증거하고 있음을 본다. 성경에서는 이런 어린 아이 같은 심령이 하나님을 알 수 있다고 말하는 듯하다. 성경은 하나님이 우리 각 사람에게서 멀리 떠나 계시지 않으니 더듬어 찾아 발견할 수 있다고 말하는데, 사람들은 '하나님이 어디 계시냐? 아무 데도 보이지 않지 않는다.'고 한다. 그러나 여기서 우리는 한 가지 짚고 넘어갈 부분이 있다. 하나님이 계시면 그 존재를 보이라고 말하는 사람들은 은연중에 기적적인 역사를 바라고 있다는 것이다. 즉 전능자의 능력과 기적을 보여주면 어련히 믿게 되지 않겠느냐는 말이다. 그런데 성경에서는 이미 이루신 창조 자체가 그분의 능력이라고 말하면서 그보다 더 큰 능력의 전시가 어디에 있느냐고 답(答)하는 것이다(롬 1:20).

다른 한편으로, 사람 보기에는 미련한 것 같아도 복음을 전함으로 하나님을 알리는 것보다 더 지혜로운 방식이 없다고 말한다. 하나님께서는 그분이 사람에게 아무리 엄청난 기적을 보여주어도 강퍅한 사람은 여전히 믿지 않는다는 것을 아신다. 성경은 과거 수많은 사람들의 그러한 역사를 기록함으로 경계로 삼도록 하고 있다. 사실 이스라엘 백성은 하나님의 무수한 기적들을 체험한 민족이다. 애굽의 하수를 피가 되게 하고, 애굽의 장자에게 재앙을 내려 다 죽게 했으며, 모세가 지팡이를 들자 홍해가 갈라지고, 광야에서 모세가 한 마디 명하자 반석에서 생수가 터져 나오고, 광야 40년 동안 매일 아침 하늘에서 만나가 내려와 거의 2백만의 이스라엘 백성이 먹었으며, 또 메추라기를 보내서 고기를 먹게 했으며, 모세를 거역한 고라 당과 250 족장이 갑자기 땅이 갈라져 망하는 등 수없는 기적을 보고 경험하였다. 그럼에도 그들은 모두 광야에서 불순종하다가 엎드러져 죽었다.

신약 시대에도 주 예수님이 오셨을 때 수많은 기적을 행하셨다. 그것은 실로 전능자가 아니면 하실 수 없는 일들이었다. 많은 양의 물을 포도주로 만드신 것으로 시작하여, 물 위를 걸으신 일, 각색 병자들을 만나기만 하면 즉시 치료하신 일, 물고기 두 마리와 떡 다섯 개로 오천 명을 먹이시고도 열두 바구니를 거둔 일(두 번이나), '일어나라!'는 한 마디 말씀으로 앉은뱅이가 일어난 일, 소경의 눈을 뜨게 해주신 일 등, 제자들은 이 모든 기적들을 다 자신의 눈으로 보았다고 간증했다. 그러나 그 시대에 그것을 본 사람들이 다 하나님을 믿었는가?

죽은 나사로를 무덤에서 일으키신 것도 많은 유대인들이 보았다. 그러나 전능자의 기적을 본 사람들이 다 그분을 믿었는가? 하나님은 그것이 통하지 않는다는 것을 아신다. 그러므로 하나님은 전도의 미련한 것으로 사람들을 구원하기를 기뻐하시는 것이다(고전 1:21). 믿을 사람은 단순한 몇 마디 말을 듣고도 믿고, 안 믿을 사람은 죽은 사람을 눈앞에서 살려도 믿지 않는다는 것이 이스라엘 백성들의 체험이요, 성경의 기록이다. 따라서 우리는 하나님의 미련한 것이 사람보다 지혜롭다고 하신 말씀을 기억해야 한다(고전 1:25). 그분은 그분의 지혜로 과연 어떻게 자신을 계시하고 알려야 진정한 믿는이를 얻는지를 아신다.

9. 하나님의 통치와 행정은 거대한 경륜이 있고 여러 단계의 과정이 있기에 근시안적으로는 다 알 수 없다

1) 먼저 하나님의 인간 창조의 목적을 보자!

우리는 성경에서 하나님께서 인간을 창조하시기 전 하나님의 대적이 존재했다는 것을 알 수 있다. 그 대적 사탄의 기원은 언제인지 알 수 없지만 인간 창조 이전임은 분명하다. 사탄과 그를 따르는 자들은 천사들 가운데 일부분이고(사 14:12-15, 겔 2812-17) 그 자는 하나님의 대적자(Diabolos)이다. 그들은 수많은 천군 천사 무리 중 삼분의 일 정도에 해당하며 공중 권세 잡은 자들이 되었다. 그런데 하나님은 그 사탄 무리를 직접 처리하시지 않고 그들을 심판하고 처리하시는 일을 다른 피조물인 사람에게 맡기신 것이다. 그러나 피조되자마자 사람도 사탄의 꾐에 넘어가 타락하게 되었다.

하나님은 물질적 영역의 존재가 아니라 영(Spirit)이시고, 천사도 영적 존재이고, 사람도 영이 있는 존재이다. 성경에 의하면 하나님이 흙으로 사람을 지으시고 생기를 그 코에 불어넣으시니 사람이 생령이 되었다고 한다(창 2:7). 그때 인간에게 영혼이 생겨난 것이다. 여기서 나는 성경에 있는 비밀을 좀 말하고자 한다. 앞의 질문자는 왜 하나님은 사람이 죄를 짓도록 내버려두었느냐고 하였다. 그 답은 이렇다. 하나님은 두 종류의 피조물(영적 존재인 천사, 그리고 하나님과 교통할 수 있는 존재인 사람)에게 자유 의지를 주셨다. 그것은 하나님께는 하나의 모험이었고, 피조물 편에서는 최고의 우대였다. 그것은 그들을 단지 복종하는 기계로 만들지 않으셨기 때문이다. 그들을 창조하신 목적은 물론 하나님께서 섬김과 영광을 받고자 하시는 것이었지만, 하나님은 천사나 사람이 스스로 하나님을 택하거나 그 반대편을 택하는 것도 허락하셨다. 그리고 어느 시점에 천사장과 삼분의 일의 천사들이 하나님을 배역하여 하나님의 대적자(마귀, 사탄, 옛뱀)와 그를 추종하는 자들이 되었고, 사람 또한 그 꾐에 빠져 그 수하에 들어가게 되었다. 에덴 동산에서 있었던 뱀의 유혹과 그로 인해 인류 가운데 죄가 들어온 것은 이에 기인한다(롬 5:12). 즉 인류의 죄와 사망과 불행은 자유의지를 가진 인간의 스스로의 선택이라는 것이다(마귀에게 속은 것이지만). 하나님은 그것을 미리 아셨고, 그분의 사랑의 아들(예수 그리스도)을 보내셔서 멸망할 수밖에 없게 된 인간을 위해 십자가에 못 박히시도록 창세 전에 미리 예정해놓으셨다. 이와 같이 하나님의 극진하신 사랑은 그분의 아들을 세상에 보내시고 십자가에 못박혀 죽게 하심으로 우리 죄인을 구원하고자 하신 데서 나타났다(요 3:16. 롬 5:8).

2) 하나님의 아들은 초림과 재림을 통하여 모든 일을 완성하시게 된다

중국의 요순(堯舜) 시대에는 백성이 임금이 있는지 없는지를 모를 정도로 태평성대(太平聖代)를 누렸다고 하는데, 그렇게 백성을 다스리는 것이 가장 잘 다스리는 것이라고 한다. 우주의 창조주이신 하나님의 통치도 그 특징이 있다. 하나님의 아들의 이 땅에서의 통치는 일차적으로 토기장이로서 가난한 자들, 부족한 자들, 분별 없는 자들 가운데서 어린 아이처럼 단순하게 순종하며 믿는 자들(영광받기로 예비된 긍휼의 그릇들)을 찾으시는 것이다. 지금은 은혜의 시대이며, 누구든지 믿기만 하면 죄 사함과 구원의 은혜를 얻을 수 있다.

그렇다고 해서 하나님이 항상 이렇게 역사하시는 것은 아니다. 성경의 기록은 머지않아 그분이 왕으로서 친히 온 세상을 다스리는 때가 올 것이라고 한다. 주 예수님은 처음 이 땅에 오셨을 때에는 주로 죄 용서와 구속을 위하여 하나님의 어린양으로 오셨고, 다시 오실 때에는 심판하고 다스리시기 위해 명실상부한 왕으로 오신다. 그분은 손에 철장을 쥔 왕으로서 갖가지 흉악범들과 불법적인 카지노, 퇴폐 유흥업소, 사악한 나라들의 깡패 정치, 이 땅의 각종 부조리와 모순 등을 다 해결하실 것이다.

이것이 그분의 통치 행정의 방식이요 지혜이다. 이 모든 것들은 성경을 공부하면 더 자세히 알 수 있다. 그리고 앞에서 나온 사회나 국가의 무질서와 혼란 등에 대한 질문에 완전한 답변이 될 수 있다. 교회의 부패와 거짓 성도들의 문제도 마찬가지로 그때 완전히 심판되고 해결될 것이다. 즉 초림 때의 구속의 역사와 복음으로 해결되지 않은 것들이 재림 때의 심판으로 해결되는 것이다. 오늘은 십자가와 은혜로 사람들이 구원받는 시대이며, 다음 시대에는 복음과 십자가를 받아들이지 않은 사람들에 대하여 그리스도의 직접적인 심판과 통치가 임할 것이다.

10. 인간은 진화의 산물인가?

창조주 하나님의 존재 문제가 마음에서 해결되면 진화냐 창조냐의 문제도 자연히 해결된다. 그러나 진화 사상은 어린 시절 학교에서부터 과학적인 근거가 확고하게 서있는 학문처럼 배워왔기에 사람들의 뇌리에 사실처럼 강하게 박혀 있어서 조금 설명이 필요하게 되었다. 또 종교인들 중에도 사람이 점점 진화했고, 하나님도 사람을 오랜 진화의 과정을 거쳐서 지으셨다고 하는 사람들이 있는데, 성경은 과학과 타협하지 않는다. 지금까지 역사적으로도 과학은 성경을 따라왔다. 앞으로 과학이 더 발전하면 성경의 말씀이 진실임을 여러 부분 더 밝혀내리라 믿는다. 구약에 욥기라는 책이 있다. 성경 연구가들은 그 욥(Job)이 살았던 시대가 모세 이후가 아니라 그 이전 아브라함, 이삭, 야곱 등의 족장 시대일 것이라고 한다. 어쨌든 지금으로부터 3,500 년 훨씬 이전의 이야기일 가능성이 크다. 그 책 속에 땅(지구)을 공간에 달았다는 표현이 있고(26:7), 바람(공기)의 경중을 정하였다(28:25)는 표현이 있다.

나는 사실 뉴턴이 발견해냈다는 '만유인력(universal gravitation)'도 성경에 그 힌트가 있다고 생각한다. 욥기 38장 8절은 "바닷물이 태에서 나옴 같이 넘쳐흐를 때에 문으로 그것을 막은 자가 누구냐" 하였는데, 이 말씀의 원래 뜻은 바닷물이 육지와 분리될 때, 본래 사방으로 넘쳐흐르게 되어 있으나 지구 중심의 흡인력(만유인력)이 그것을 막았다는 것이다. 히브리어 원문으로 보면 '태'라는 말이 태아를 품고 있는 여자의 자궁을 말하는 것으로 여기서는 지구의 내부를 가리키는 것이라고 본다(Lange). "그의 능력의 말씀으로 만물을 붙드시며"(히1:3)라는 신약의 말씀도 마찬가지이다. 만물은 말씀의 능력으로 지탱되고 있다. 성경이 아니면 이미 2천 년 전에 그 누가 만물이 어떤 능력에 의해 붙들어지고 있음을 말하겠는가? 욥기 38장 14절은 "땅이 변화하여 진흙에 인친 것 같고"라고 했다. 고대 앗수르나 갈대아 인들은 원형의 로울러(예전 등사기 로울러와 비슷함)를 사용하여 인쳤는데, 그 중심축에 따라 진흙에 굴리면 무늬가 찍혀 나왔다. 이 말씀(땅이 변화하여) 속에 지구가 지축에 의지하여 자전하고 있음이 암시되어 있다.

창세기에서는 노아 시대에 대 홍수가 있었고 노아의 가족 외에는 모든 인류가 멸망했다고 말한다. 그 모든 일도 장래 화석이나 다른 것들로 증명할 수 있는 일들이다. 창세기 1장에서 해와 달과 별의 창조는 넷째 날에 이루어졌다. 그런데 해와 달과 별들 같은 광체를 창조하시기 이전에 이미 첫째 날에 빛이 있었고 낮과 밤이 구분되었다. 그렇다면 지구상에는 태양광선과 달빛을 빼고 나서 낮이 되게 하는 빛이 있어야 맞다. 이 모든 말씀들이 벌써 3500년 전 성경에 과감하게 기록되었다. 과학이 발전할 때 이런 빛 에너지 문제도 다 밝혀질 수 있으리라 본다. 아니 이미 증명된 문제일지도 모른다. 어쨌든 성경은 과학의 발전으로 말미암은 새로운 발견을 두려워하지 않는다는 것이다. 성경의 사실성은 시간이 갈수록 더 증명될 것이기 때문이다.

또한 성경은 바다의 물고기나 공중의 새 종류가 인간보다 먼저 창조된 것이라고 말한다. 화석학이나 과학에서도 이것은 동일하게 말하는 부분이 있다. 그렇지만 진화는 아니다. 하나님께서는 모든 생물을 종류대로 지으셨다.

성경은 창조주 하나님의 말씀임을 다시 한 번 말하겠다. 진화론에는 어디까지나 사람의 지능에서 나온 '추측들(speculations)'과 '가정들(suppositions)'이라는 단어가 많이 들어 있다(대표적으로 다윈은 '종의 기원'이란 책에서 많은 가정들을 내세워 이론을 전개해나갔다). 어떻게 사람의 추측과 가정에서 출발한 논리를 진실처럼 믿을 수 있다는 말인가? 그 숱한 진화과정을 화석이 다 증명하지 못한다는 것은 우리 모두가 아는 바이다. 몇 개의 화석을 들어 전 과정을 가정한다는 것 자체가 상당한 무리이다. 진화론자들에 의하면 사람은 원래 아메바 같은 존재였는데 진화되어 괴상한 포유류 물고기로 바다에서 살았던 존재이다. 그것이 수십억 년 전 어느 날 육지로 나왔고 점점 개나 말이나 원숭이에서 오스트랄로피테쿠스—삼사백만 년 전의 생물로 원숭이 비슷—로 진화되어 네엔데르탈인, 크로마뇽인 등을 거쳐 현생 인류가 되었다는 것이다.

그러나 하나님은 창세기에서 모든 생물을 그 종류(kind)대로 지으셨다고 말씀한다. 바다 속의 형형색색의 물고기의 아름다움이 그 지으신 이의 솜씨를 나타내지 않는가? 꽃들의 아름다움도 그러하고 각종 새들의 아름다움도 그러하다. 공작새의 날개는 어떤 미술가도 그렇게 배색하기가 어려울 것이다. 새들의 깃털이나 머리 위의 알맞게 붙여진 벼슬과 날개의 조화를 보면 우연히 그렇게 진화한 것으로는 결코 보기 어렵다. 짐승들도 그러하다. 말은 말의 용도대로, 개는 개의 용도대로, 소는 소의 용도대로 지어진 것 같다. 우연히 진화하다 보니 타는 말이 나오고, 쟁기질하는 소가 나오고, 또 개는 진돗개도 되고 애완견이 되었다는 것은 참 믿기 어려운 일이다.

성경은 오늘날의 인류에 대해, 하나님께서 6일 간의 창조 마지막 날에 흙으로 사람을 지으시고 생기를 그 코에 불어넣으셨다고 말한다. 성경에 의하면 사람을 인류(mankind)라 칭하는 것은 맞지 않다. 모든 생물과 짐승들은 그 종류대로 지어졌지만 사람은, 굳이 말하자면 그 과(科)가 하나님과(科)이다. 사람은 하나님의 형상과 모양대로 지음받았다고 말하고(창 1:26), 믿는 자들은 하나님의 자녀들이 되고(요 1:12, 요일 3:1), 하나님의 아들 예수 그리스도의 신부가 될 존재라고 하니 말이다. 성도들은 하나님의 집에서 영원히 하나님을 아버지로 모시고 살 존재이다. 또한 성도들은 하나님의 권속(God's household)이라고도 한다(엡 2:19).

성경에는 하나님께서 천지 만물과 특히 사람을 지으셨다는 말이 자주 나온다. 창조의 능력을 가지신 하나님의 존재를 믿는다면 창세기의 창조 역사를 왜 못 믿겠는가? 성경은 과감하게 하나님께서 한 사람을 지으셨다고 말하고, 그 한 사람에게서 온 인류가 퍼져 나왔다고 말한다. 따라서 모든 인류는 다 한 혈통에서 나온 것이다(인류의 모든 족속을 한 혈통으로 만드사(행 17:26). 이것도 생물학이 발전하면 입증이 가능하지 않겠는가?

그분은 특별히 그분의 아들 예수 그리스도의 부활로 그분의 위대한 능력을 보이셨고("죽은 자 가운데서 부활하여 능력으로 하나님의 아들로 인정되셨으니"—롬 1:4), 그분의 전지전능하심과 그분이 권세와 능력의 하나님이심을 나타내셨다. 그분은 창조 육 일의 마지막 날 사람을 흙으로 지으셨고 생기를 그 코에 불어넣으셨으며(그 코에서 생기, 호흡이 없어지면 사람은 원래대로 흙으로 돌아간다), 예수를 죽은 지 사흘 만에 부활케 하셨다. 성경은 현 인류의 조상 아담이 지금으로부터 6천 년 전에 지어졌다고 대담하게 선포한다. 다시 말하거니와 생물학과 과학이 더욱 발전한다면 이런 인류의 조상의 흔적도 역추적할 수 있지 않겠는가? 그들이 구백 세 이상씩 살았다는 것도 말이다. 나는 이 말씀을 읽는 모든 분들에게 우리가 제시한 성경 말씀들을 진지하게 숙고해보기를 부탁하는 바이다.

11. 인간이 죽은 후에 영혼이 죽지 않고 천국 혹은 지옥에 가는 것을 어떻게 믿나?

1) 성경을 30여 년 연구한 사람인 나로서, 하나님의 존재나 천국과 지옥의 문제 등에 대하여 먼저 그 말씀의 권위를 가지고 답하고 싶다. 성경을 연구하면 할수록 그 말씀의 권위를 온 존재로 느끼게 된다. 그것은 말씀 안에 있는 창조주의 권위에 대한 감각이다. 그 말씀을 읽고 어떻게 감히 하나님의 존재에 대해 의심을 품을 수 있단 말인가? 창조의 비밀은 알면 알수록 너무 신비스럽고 기이하다. 성경의 이런 내용을 쓸 수 있는 어떤 존재가 있다면 틀림없이 그는 창조주일 것이다. 구약 성경에는 어떤 말

씀을 하시고 나서 "나는 여호와니라"고 하신 것이 수백 번도 더 된다. 그분이 실존하시며 말씀하신 바로 그분이 아니라면 성경은 다 거짓되다고 말할 수밖에 없을 텐데, 이미 성경은 세계에서 가장 많은 사람이 읽고 있는 베스트셀러 중 베스트셀러이다.

2) 피조물 중 천사와 사람만이 영이 있는 존재로 지어졌다. 따라서 피조물 중 영생할 수 있는 존재는 이 둘이다. 영(spirit)이란 그 자체가 물질적인 영역이나 시간적인 영역을 초월한 존재이다. 요한복음 4장 24절에서 "하나님은 영이시니"라고 했고 고린도 후서 3장 17절도 "주는 영이시니"라고 했다. 그런데 사람도 이 영이 있는 피조물인 것이다. 그 영은 영원한 존재이므로 죽지 않는다. 그 죽지 않는다는 증거를 성경 이곳저곳에서 제시하고 있다. 가장 좋은 것은 말씀을 그대로 믿는 것이다. 거짓 없으신 하나님의 말씀이기 때문이다. 사람은 수없이 속아 살아왔기 때문에, 이것은 거짓 없으신 하나님의 말씀이니 믿으라고 해도 믿기가 어렵다고 한다. 그래서 우리는 성령께서 믿을 수 있도록 도와달라고 기도할 수밖에 없다. 사람은 영이 있는 존재이다 보니 영원(eternity)을 사모하는 마음이 있다. 영원히 살고 싶고 영원토록 존재하고 싶은 간절한 소망이 있는 것이다. 사람의 마음속에는 그러한 간절한 소망이 있는데 실지로는 없다면 그것이야말로 가장 큰 비극이 아니겠는가! 그러나 성경은 영생의 소망에 대하여 자신 있게 소개하며 복음을 전하고 있다. 간단히 말하면 '당신은 죽지 않고 영원히 살 수 있습니다! 영원히 사랑하는 자들과 축복을 누릴 수 있습니다!'라고 하는 것이다. 따라서 성경은 그리스도인의 죽음을 잠들었다고 표현한다(살전 4:13-14). 좀 긴 시간을 자는 것뿐이다. 언젠가 나팔소리가 들릴 것이고 그리스도 안에서 죽은 자들은 다 일어나게 되며 다시 질병이나 죽음이 없는, 강하고 신령하며 영광스런 몸으로 부활하게 된다.

3) 신앙생활과 체험을 통해 알 수 있다. 교회생활, 신앙생활이란 이런 영생과 부활을 미리 맛보며 누리는 생활이다. 천국이 있다는 것을 어떻게 증명하는가? 교회 생활 안에서 이것을 미리 맛보는 사람들은 말해줄 수 있으

리라! 지옥이 있다는 것을 어떻게 증명하는가? 해결하기 어려운 심각한 죄를 짓고 밤과 낮으로 무진장 괴로워하는 자들은 그 지옥의 맛을 약간이나마 미리 맛보고 있을 것이다.

진화론자 찰스 다윈(Charles Darwin, 1809-1882)은 자연계를 보고 그것이 맹목적 힘에 의해서 이루어진 것이 아니라고 하였다. 그는 그레이(Gray) 박사에게 보낸 편지에서 말하기를 "나는 이 훌륭한 우주, 특히 인간의 성품을 볼 때 그것이 맹목적 세력의 결과라고 생각할 수 없다.(I can not anyhow be contended to view this wonderful universe and especially the nature of man and to conclude that everything is the result of brute force.)"고 했다. 그는 이어서 "나는 이 세계가 우연의 결과라고 생각할 수 없다."고 하였다. 다윈은 우주에 대하여 오랜 시간 연구하고 관찰했기에, 비록 진화론을 발표했지만 그 우주의 장엄함과 섬세한 조직을 보면서 조물주의 오묘한 계획과 의도를 짐작할 수 있었던 것이다. 어떤 것이든지 오랜 시간 깊이 연구하고 생각하지 않으면 합당한 결론에 도달하지 못한다. 얄팍한 지식과 생각이 사람을 망하게 하는 것이다(시 14:1).

실상 진화론적 사고는 다윈 때(1859년, 종(種)의 기원(基源)) 와서 비로소 생긴 것이 아니다. 이미 B. C. 342-270년 때 생겨난 에피큐로스 학파(행 17:18)가 그러한 사상을 말하기 시작했다. 거기에 다윈은 과학적 검증 작업을 벌인 것에 불과하다. 에피큐로스 철학은 우리가 이미 알듯이 쾌락주의 논리이다. 그들은 이미 데모크리투스의 유물론적 원자론을 지지하며 인간의 불멸성을 부정하고 나섰던 것이다. 그들은 인간을 '원자의 우연한 덩어리'로 보았고 어떤 우연한 기회에 뭉쳐져서 인간을 형성하였다가 죽음을 계기로 해체되어버린다는 사고를 펼쳤다. 또한 우주도 원자들의 우연한 움직임에 의해 생겨났다가 해체된다고 하였다. 그리고 그들은 현재 이 우주 말고도 무한히 많은 우주가 있다고 공상하였다. 그러한 생각들은 자연히 사람으로 하여금 현생의 삶에 집착하게 하는 결과를 가져오고 쾌락주의에 빠지게 하였으며, 또한 그러한 삶을 추구하는 자들을 지지하는 철학이 되었다. 결국 고대의 진화론과 유물론은 쾌락주의를 낳았고 현대의 진화론은 공산주의와 사회주의를 부축하는 이론이 되었다고 할 수 있다. 우리는 여기서 하나님의 창조를 인정하는 이론이 가져다준 삶과 무신론과 진화론을 배경으로 한 공산주의 이론이 인류에 가져다준 피해를 비교해 볼 필요가 있다. 인간이 목적을 가지신 하나님의 지혜로 지어진 존귀한 존재가 아닌 저절로 뭉쳐져서 된 물질이라고 할 때, 그 가치는 어느 것이 높겠는가? 그러므로 성경 말씀과 같이 사람을 지으신 하나님을 인정하지 않는 것은 어리석은 것이다. 그것은 인간 스스로 인간의 가치를 낮추는 것이다. 당신은 부모를 모르는 아이들이 불쌍하다는 것을 아는가? 주인이 없는 물건은 그만큼 가치가 떨어지는 것을 아는가? 하나님은 사람을 조물주 하나님의 형상으로 만든 존귀한 존재라고 선언하시는데 정작 사람은 자신을 가치 없는 물질의 덩어리라고 말하려 하니 이것이 어리석은 것이요 자신을 스스로 멸시하고 비하하는 것이 아닌가? 심지어 진화론은 인간의 조상을 원숭이와 파충류와 아메바로 추적해 간다. 그러기에 과거 진화론과 유물론을 근거로 한 정치 체제들이 사람 죽이기를 파리를 잡거나 닭을 잡듯이 해도 아무 느낌이 없었던 것이다. 이런 이론을 누가 만들어냈는가? 인간 스스로 만들어낸 것이다.

그러나 창조주 하나님의 말씀인 성경은 하나님께서 천지 만물과 사람을 지으셨다는 말씀으로 시작하고 있다. 이것이 신앙의 기점이 아닌가? "태초에 하나님이 천지를 창조하시니라". 성경에는 더 이상의 자세한 설명이 없다. 다만 그 사실을 장엄하게 선포할 뿐이다.

창조 전 땅의 상태– "땅이 혼돈하고 공허하며"

2절, 땅이 혼돈하고 공허하며 흑암이 깊음 위에 있고 하나님의 신은 수면에 운행하시니라

1장 1절의 창조는 첫 창조로서 그 시기는 '최초(베레쉬트, bereshith)'이다. 첫 창조 당시 지구상에는 동식물이 있었고 그 모든 것들을 천사들이 관리하고 있었다고 보아야 한다. 즉 첫 창조의 중심은 천사들이라는 것이다. 이는 우리가 성경에서 천사들을 때때로 하나님의 아들들이라고 표현한 것을 보기 때문이다. 특히 가장 고대에 기록된 성경에는 그러한 표현이 들어 있다(창 6:4, 욥 1:6, 2:1, 38:7). 사람이 창조되기 이전에 하나님께 가장 친근한 피조물은 천사들이었을 것이라고 여겨진다. 천사들이 당시 이 땅의 주관자들이었을 것이라는 견해는 이사야 14장이나 에스겔 28장을 읽으면 알 수 있다(사 14:16, 겔 28:14, 16-19).

천사들이 주관자들이 되어 하나님을 섬기며 이 땅을 주관할 때 이 지구상에는 수많은 생물들이 존재하였을 가능성이 있다. 이것은 인류 역사 이전의 세계이며, 근래 지층에서 발견해낸 수만 년 전의 화석들은 고대 이전의 생물들이다. 우리는 창세기의 창조 기록이 사람에게 필요한 것만을 기록했을 뿐 시간 이전의 모든 역사를 다 망라하지 않았다는 것을 알아야 한다. 그렇지 않으면 성경에서 기묘하게 주 예수의 역사를 방해하려 들고 그러면서도 주님에 대하여 뭔가 지식을 갖고 있는 존재들인 귀신들이나 악한 영들에 대한 역사를 이해할 수 없다. 그 이전에 무엇인가가 있었다는 것은 생각할수록 분명하다. 1절("태초에 하나님이 천지를 창조하시니라")을 어떻게 보느냐는 두 가지 견해밖에 없다. 하나는 이것이 1장의 창조 전체를 대표하는 서론의 말이라는 것이고, 다른 하나는 3절 이후부터 나오는 창조보다 이전에 발생하였던 원 창조로 보는 것인데, 나는 이것을 지지하며 말하고자 한다.

오늘날 창세기에 대한 많은 책들이 창세기 1장 1절을 창세기 1장의 주제로 전제하면서 가르친다. 즉 저자가 첫 문장에서 그가 말하려는 것을 요약하여 기록한 다음 이 문장에 대한 설명을 자세히 써 내려 갔다고 보는 것이다. 다시 말해서 1절에서 하나님께서 천지를 창조하셨다고 말한 후에 그분이 어떻게 하늘과 땅과 식물과 동물과 사람을 지었는가를 하나하나 서술한 것이 창세기 1장의 창조 기록이라고 보는 것이다. 이는 창세기 1장을 전 우주에 대한 창조의 기록으로 보는 것이고 우주가 혼돈과 공허의 원시 상태로부터 창조되었다고 보는 것이다.

1장 1절에서 사용된 '창조하시니라'의 히브리어 동사는 '바라(BARA)'이다. 이 동사는 창조주이신 하나님만이 사용하실 수 있는 말로서 무에서 유를 창조하실 때에만 사용된다. 하나님은 천지를 창조하실 때 무에서 유를 창조하시는 방식으로 지으신 것이지 어떤 혼돈과 공허의 상태로부터 지으신 것이 아니니다. 하나님께서 1절에서 천지를 창조하실 때 전혀 아무것도 없는 데에서 그것들을 존재하게 하셨다는 것을 아는 것은 매우 중요하다. 그리고 그분의 첫 창조는 완전하고 질서 있게 이루어졌을 것이다(고전 14:33). 이에 대하여 이사야 45장 18절은 분명한 이해와 증명을 제시한다. "여호와는 하늘을 창조하신 하나님이시며 땅도 조성하시며 견고케 하시되 헛되이 창조치 아니하시고 사람으로 거하게 지으신 자시니라 그 말씀에 나는 여호와라 나 외에 다른 이가 없느니라". 이 구절의 '헛되이'란 말은 창세기 1장 2절의 '혼돈하고'와 동일한 히브리어 '토후'이다. 즉 하나님이 무에서 유를 창조(바라)하실 때에는 혼돈하게 창조하지 않으셨다는 것이다. 9절의 땅은 원래의 창조된 땅이 아닌 회복된 땅을 가리키는 것이다. 원래의 땅은 대홍수로 수면 아래 감추어졌고 혼돈하고 공허하게 되었다. 그렇지 않으면 2절의 '땅이 혼돈하고 공허하며'라는 말씀은 의미가 없게 된다. 셋째 날에 비로소 땅을 창조하신 것이라면 첫날 이전에는 '땅'이란 단어를 쓸 필요가 없다는 말이다.

1절에서 하나님이 태초에 하늘들과 땅을 창조하셨는데, 2절에서는 '땅'이 혼돈하고 공허하게 되었다고 말한다. 여기서 '태초에'란 말도 매우 중요하다. 우리는 이 구절을 아무것도 없는 '태초에' 하나님이 '하늘들과 땅'을 만드셨다고 읽어야 한다. 그래서 우리는 1절에는 태초에 천지를 창조하신 것이 있고(어쩌면 그 때는 오늘날의 시간 개념과 다른 무한대의 시간이 흘렀을 것이다), 2절에는 어떤 이유로 땅이 공허하고 혼돈하게 되어버린 상태가 있다고 보는 것이다. 그러므로 3절에서 시작되는 창조는 땅부터 언급한다. 땅에서 무슨 일이 있었기에 땅이 혼돈스럽게 된 것이다. 무슨 일이 있었을까? 이는 성경의 다른 부분들에서 그 힌트를 찾아내야 한다. 이사야 14장이나 에스겔 28장에는 인간 창조 이전의 사탄의 배역과 심판에 대한 이야기가 나온다. 그로 인해 이 땅에 대홍수가 있게 되었고 따라서 땅은 물 밑에 잠기며 혼돈하고 공허하게 되었던 것이다.

그러므로 하나님은 땅을 회복하려 하신 것이며 이것이 창세기 1장의 창조 기록의 중심이다. 사람들이 이 장을 이해하기 어려워하는 것은 창세기 1장의 기록을 온 우주의 창조로 보려 하기 때문이다. 그러나 창세기 1장 기록은 땅을 중심으로 한 현 세상의 창조에 대한 기록일 뿐이다. 그럴 때 무리 없이 이해할 수 있게 된다. 또한 창세기 1장은 땅을 중심으로 해서 창조가 이루어지다보니 하늘들이 생겨났다고 기록되어 있다. 따라서 1절을 3절 이후의 창조를 대표하는 서술로 본다면, '하늘과 땅'을 창조했다고 하지 말고 '땅과 하늘'을 창조했다고 해야 맞을 것이다. 어쨌든 창세기 1장의 창조는 땅과 그 가운데 사람을 중심으로 한 창조임을 부인할 수 없다. 그러기에 2절부터는 중점이 땅에 있는 것이다. 여기에는 매우 큰 비밀이 들어있고 하나님의 목적과 뜻이 감추어져 있다(마 6:10).

1절에는 첫 창조가 있고 그때 창조는 하늘에 중점이 있었을 것이다. 그러기에 하늘과 땅을 창조하였다고 한 것이다. 그 때의 하늘들에는 많은 천사들의 무리와 보좌들과 정사들이 있게 되었을 것이다. 그리고 땅도 있게 되었다. 2절의 땅이 혼돈하고 공허하며 흑암이 깊음 위에 있고 전체가 수면으로 덮여있는 상태는 천사장의 배반으로 말미암아 심판을 받은 지구의 상태를 말해준다(사 14:1-15, 겔 28:1-19, 렘 4:23-26, 사 24:1 참조). 그러므로 3절부터의 창조는 태초의 창조 이후의 수복의 창조로 보아야 한다. 이렇게 보아야 하나님께서 사탄적인 역사가 가득한 이 땅 위에 만물을 정복하고 다스릴 사람을 창조하신 목적을 이해하게 된다.

창세기 1장의 6일 간의 창조에서 사람과 생물을 제외한 대부분은 무(無)

에서 유(有)의 창조가 아니라 원래 있던 것을 보수하거나 드러낸 재창조이다. 이에 대하여 우선 창세기 1장 1절과 출애굽기 20장 11절을 비교함으로 증명해보겠다. 창세기 1장 1절은 "태초에 하나님이 천지를 창조하시니라"고 하여 '바라'의 창조를 말한 반면, 출애굽기 20장 11절에서는 이미 있는 것으로 어떤 것을 만드는 '아사'라는 동사를 사용하여 "이는 엿새 동안에 나 여호와가 하늘과 땅과 바다와 그 가운데 모든 것을 만들고 제 칠일에 쉬었음이라"고 한다. 인간은 오직 '아사'만 할 수 있을 뿐 '바라'를 할 수는 없지만, 하나님은 '바사'와 '아사'를 다 하실 수 있다. 태초에 하나님은 천지를 창조하셨고, 6일 간에 하나님은 그 가운데 모든 것을 만드셨다. 따라서 우리는 창세기 1장의 기록을, 태초에 하나님이 천지를 창조하셨는데 땅에 대홍수와 심판이 있었고 그 후 육 일 동안 '하늘과 땅과 바다와 그 가운데 있는 모든 것을 만드셨다'라고 읽을 수 있다. 베드로 후서 3장 5절의 창조의 기록은 창세기 1장 1절의 기록으로 보아야 하며, 시편 104편의 창조의 기록도 마찬가지로 창세기 1장 1절의 기록으로 보아야 합당하게 이해하게 된다. 분명한 것은 하나님은 무에서 유를 창조하는 방식으로 천지를 창조하셨으며, 그 창조는 질서 있고 아름다운 것이었다는 것이다(사 45:18, 욥 38:4-7, 시 104:5-9, 벧후 3:5).

창세기 1장의 기록에서 6일 간의 창조는 지구에 새로운 질서를 놓는 일이었지 무에서 유를 창조한 것이 아니다. (물론 '바라'의 역사도 없는 것이 아니다. 정확하게 말하면 창세기 1장에는 '바라'와 '아사'가 섞여 있다.) 땅은 2절부터 이미 거기에 있었다. 창세기 1장의 6일 간의 창조 기록은 결코 땅을 창조한 것에 대한 기록이 아니다. 다만 셋째 날에 이미 물속에 존재하고 있었던 땅을 드러나게 한 것이다. 빛이 있으라고 하시기 전, 첫째 날이 있기 전 흑암이 있었다고 말하는데, 이는 이미 어딘가 빛이 있기에 흑암이 있는 것이다. 빛이 없다면 흑암이란 의미가 없는 것이다. 첫째 날 거기에 어느 정도 빛이 있었기에 낮이 있고 저녁이 있게 된 것이다. 그분이 어두움을 밤이라 칭하셨지만 저녁의 흑암은 이미 빛의 조절 아래 있는 어둠을 가리킨다. 첫째 날에 하나님이 빛을 창조하셨다고 말하지 않는다. 단지 빛으로 어두운 땅에 비취게 하신 것이다. 같은 방식으로, 하나님은 창세기 1장의 6일 간의 창조 기록에서 하늘을 처음 창조하신 것이 아니라 다만 지구를 둘러싸고 있는, 이미 존재하던 대기권의 하늘만을 회복하신 것이다(위의 물과 아래 물을 나누심으로 그 사이에 드러난). 그러니 하늘들을 펴시고 땅의 기초를 세우신 원 창조는 1장 1절에 있다고 보는 것이 맞다. 즉 1절의 하늘들(히브리어로 '샤마임'은 복수임)을 창조하신 것은 6일 간의 창조 속에 없고 땅을 '바라'(무에서 유)로 창조하신 것도 아니다. 1절의 기록은 혼돈하고 공허한 땅, 흑암과 물로 덮인 땅을 물속에서 드러내고 수복한 일을 기록한 것이다.

오늘 우리는 성경의 전체적인 관점을 주의하면서 이러한 진리를 말하는 것이지 과학에 맞춰 말하는 것이 아니다. 우리는 만일 창세기와 지질학이나 화석 이론이 상충되는 것이 있다면 창세기를 따른다. 모세가 창세기를 기록할 때 그는 지질학을 참고하여 쓴 것이 아니라 하나님의 영감으로 썼다. 오늘 우리가 성경에서 과학과 모순된 어떤 것을 찾아낸다면, 우리는 그것을 과학의 잘못된 판단이라고 믿는다. 역대로 지질학자들의 성경을 뒤집는 많은 진술들이 결국 잘못된 것으로 드러났다. 어떤 학자는 "지질학은 실수를 범한 적이 있다."고 말했다. 성경은 과학 교과서가 아니다. 그 문체의 단순 명료함과 평범함이 더욱 창조주의 엄위함을 돋보이게 한다. 그 누가 "태초에 하나님이 천지를 창조하시니라"는 한 마디로 창조를 압축하여 말할 수 있는가? 창세기 1장 1절은 하나님이 천지를 창조하신 전능자이심을 선포하는 위대한 말이다. 그리고 2절의 시점부터는 하나님께서 그분의 위대한 창조 역사에서 사람을 중심으로 하여 새로운 경륜을 시작하려고 하신다. 하나님은 이제 사람을 중심으로 하여 모든 일을 하실 것이므로 그 이전 일은 그렇게 역점을 두고 다루실 필요가 없으셨다.

"하나님의 신은 수면에 운행하시니라"(2절下). '운행하시니라'는 원문에서 암탉이 알을 품기 위해 '파닥거린다(fluttereth)'는 뜻을 갖고 있다. 하나님께서는 땅이 혼돈하고 공허하며 흑암이 깊음 위에 있을 때 생명을 산출하시기 위해 수면에 운행하고 계셨다. 이것은 하나님께서 마치 암탉이 알을 품듯이 창조의 역사를 하시기 전에 먼저 사망의 물이 가득한 수면

위를 운행하고 계셨음을 말해준다. 즉 창조의 하나님은 사랑의 신이시다(Targums). 하나님께서는 우리에게서 생명의 역사를 기대하시면서 어둡고 죄악으로 가득한 우리를 품고 계셨던 것이다.

1절과 2절 사이의 간격

창세기 1장 1절과 2절 사이에는 긴 간격이 존재했다. 성 어거스틴 등 초대 교부들 몇몇도 동일하게 긴 간격이 있다고 했는데, 그때는 화석학이나 지질학이 없던 시대였다. 그랜트(F. Grant)라는 성경학자는 6일 간의 역사는 다만 지구에 새로운 질서를 놓는 것이지 무에서 유를 창조한 것이 아니라고 했다. 심지어 사람이나 육축, 조류 등도 이미 있는 땅의 흙으로 지은 것이다(창 2:7, 19). 땅(흙)은 6일 창조 이전 이미 존재하였다(1장 2절). 우리는 또한 많은 훌륭하고 신실한 성경학자들이 이 사실을 반대하는 것을 알고 있다. 그들은 창세기 1장의 6일 간의 역사가 최초의 창조라고 말한다. 그렇다면 3절부터의 빛이나 나흘째에 창조된 태양이나 달이나 지구 등 모든 창조물의 역사가 6000년이 되는 셈이다. 그래서 젊은 지구설을 주장하기도 한다. 또 어떤 사람들은 이 문제를 해결하기 위해 당시의 하루는 지금과 시간 개념상 다르다는 증거를 히브리어 등을 통해서 찾아내려 한다. 또 아담의 나이는 타락한 후부터 계산된 것이고 그 이전에 얼마나 세월이 지났는지 알지 못한다고 하면서 사람의 창조로부터 타락 이전까지 많은 세월이 흘렀을 것이라는 학설을 주장하기도 한다. 그러나 시간은 인간의 타락에서부터 시작된 것이 아니다. 창세기 1장 1절의 창조 이후에도 오늘날과 단위가 달라서 그렇지 무한한 시간이 지났을 것이다. 그러나 오늘날의 시간의 단위가 시작된 것은 빛이 있으라고 명하신 첫날부터일 것이다. 사람이 창조되기 엿새 전에 이미 오늘날의 '하루'라는 시간이 시작되었다. 그러므로 그날부터 시작해서 엿새 동안 만물이 창조된 것이다. 설령 태양이 생기기 전인 첫 날부터 셋째 날까지의 하루가 지금보다 길었다 하더라도 그 날의 길이를 몇십 년 혹은 몇백 년으로 계산하기는 어렵다. 그러나 어떻게 말하든 하나님이 천지를 창조하신 것에 한 치의 의혹이 없는 믿이므로 서로 간 존중하는 마음으로 연구에 임하였으면 한다.

어떤 사람들은 성경에서 '날'이라는 말을 다양하게 쓰고 있으므로(환난의 날-신 32:35, 싸우는 날-삼상 13:22, 멸망의 날-욥 21:30, 구원의 날-고후 6:2, 여호와의 날-습 1:7,14), 창조의 날 6일은 장기간이 될 수 있다고 하였다(Hodge, Shedd, Strong 등). 그러면서 핫지 박사도 직접적인 창조는 오직 창세기 1장 1절에 묘사된 행위에만 국한시키며, 그 장의 모든 나머지 사항들은 간접적인 창조로 여기고 있다. 이들은 이러한 학설을 통해서 창세기와 지질학의 일치를 증명하기도 했다. 그러나 그러한 해석은 설득력이 매우 적다. 그렇다면 질서와 조화의 하나님이 왜 제 7일째인 안식일을 하루로 계산하여 안식일을 지키라고 명하셨겠는가? 분명 그 6일은 제 7일 안식일과 동일한 하루여야 하루 안식의 의미가 있다.

현재도 보수주의자 중에 6일 간에 모든 만물이 창조되었다는 견해를 믿는 분들이 많다. Keil과 Delitzsch는 이렇게 말하고 있다. "창조의 날들이 빛과 어두움의 계속적인 교차로 측량된 것일진대 그 날들은 계산할 수 없는 기간인 수년이나 수천 년의 막연한 장시간이라 볼 수는 없으며 단지 지상의 날들을 액면 그대로 말한 것임에 틀림이 없다. 사정이 이렇게 되고 보면 처음 삼 일도 문자적인 날이었을 가능성이 짙어 보인다. 이 기간을 6일 중의 하루로 가리킨 사실은(출 20:11, 31:17) 자연적인 해석이다."(헨리 디이슨, 조직신학강론) 즉 성경은 안식일을 육 일의 하루와 동일한 날로 여겨 계산한 흔적이 있다는 것이다.

휘튼 대학의 대학원장이었던 헨리 디이슨은 계속 말하기를, "창세기 1장 1절의 원 창조와 1장의 나머지의 엿새 동안의 창조 사이에는 진정 긴 기간이 있었다고 믿는다. 쉐드(Shedd)는 말하기를 '6일 창조에 앞서 장기간(長期間)이 있었다는 설(設)은 교부들과 신학자들 사이에 일반적으로 인정되는 견해였다.'고 했다. 최초의 창조 행위는 무일자적(無日字的) 과거에서 되어진 일이며, 이 창조와 6일 창조 사이에는 수천 또는 수백만 년의 시간이 있었을 것이다."[1] 이렇듯 6일 창조 이전에 장기간이 있었다고 하는 견해는 지질학 이후의 현대 이론이 아닌 것이다. 쉐드의 말대로 간격이론은 교부

1) 신론/하나님의 창조, 헨리 디이슨.(pp257-258)

시대부터 일반적으로 인정되는 견해였던 것이다.

나는 내 고향에서 얼마 떨어지지 않은 충남 공주의 자연사 박물관을 들른 적이 있다. 그것은 세계 유일하게 한 마리 공룡의 85%의 화석을 찾아내 그 모습을 진열해놓았다. 즉 공룡 시대가 지구상에 현존해 있었다는 말이다. 또 한편 아프리카 케냐의 쿠비 포라 지역은 호모 에렉투스, 호모 하빌리스, 호모 루돌펜시스 등 고대 인류 화석이 다수 발견된 곳이다. 학자들은 이 화석들이 200만 년 전의 것으로 추측한다. 오늘 날 연대측정 기술은 많이 발전되었다. 어쨌든 그 화석들의 연대가 육천 년은 더 되었다고 보아야 할 것이다. 그러니 이렇게 여러 과학적 증거들을 두고도 창조 육천 년 설을 주장하기는 어렵다. 다시 말하지만 우리는 지질학으로부터 성경을 연구하지 않는다. 과학이나 지질학은 언제나 성경을 따라왔지 성경이 과학이나 지질학이나 인류학을 따라가지 않았다.

또 어떤 사람들은 아담의 타락 이전 상태를 영적으로 완전하게 본다. 즉 타락하기 전 아담의 몸을 영체라고 보는 것이다. 그런 상태로 아담은 건강하고 문제없이 살아 수백만 년이나 수십만 년이라는 세월이 흘렀을 것이라는 것이다. 그러다가 타락하여 오늘날과 같은 시간 속에서 나이가 들어 구백삼십 세를 살았다는 말이다.

그러나 창세기 3장을 읽을 때 우리는 아담이 타락하기 전 아직 생명나무의 실과를 먹지 못한 것을 본다. 생명나무의 실과를 먹지 못하였으므로 하나님의 생명을 얻지 못한 것이다. 따라서 아담을 영체로 보는 것은 바르지 않은 해석이다. 그러므로 아담의 나이는 피조된 때부터 계산해야지 타락한 날부터 계산할 수 없다. 그가 출생한 날은 제 6일인 창조된 날이다. 그 때로부터 아담이 구백삼십 세를 살았다고 해야 다른 족장들과 나이가 엇비슷하게 된다.

우리가 창세기 1장 1절과 2절 사이에 간격이 있다고 말하는 것은 1절의 사건과 2절의 사건이 다른 사건처럼 서술되어 있기 때문이다. 그것은 접속사 'and(그리고)'에 근거한다. '창조하시니라'(1절)와 '땅이 혼돈하고'(2절) 사이에 있는 '그리고(and)'는 땅이 혼돈한 것이 1절의 창조를 설명하기 위한 것보다는, 1절의 창조가 있은 후에 혼돈하고 공허하게 되었음을 말해주는 것이다. 그렇게 읽어야 문맥에 더 맞는다. 태초에 하나님이 하늘과 땅을 창조하셨는데, 땅이 혼돈하고 공허하게 되었다는 것이다.

예를 들어, 대한민국의 청와대를 중심으로 일어났던 10.26 사태에 대해 설명한다 하자. '1979년 10월 26일 밤에 이런 일이 있었다.'고 하면서 구체적으로 그날 밤에 있었던 일을 설명하려고 할 때 다음 문장을 '그리고'라는 말로 시작하는 것은 매우 어색하다. "태초에 하나님이 천지를 창조하시니라"가 1장의 제목이고 서론이라면 그 문장 다음에 '그리고' 혹은 '그러나'라는 접속사를 넣지 말아야 한다. 어떤 학자들은 여기 히브리어 접속사를 '그러나'로 읽는데, 그렇다면 더욱 문맥에 맞지 않는다. '10월 26일 밤 큰 일이 일어났다. '그러나' 삽교천 행사가 끝나고 대통령과 그 일행이…'라고 할 때 어색하지 않은가? 첫 문장에 대한 상황을 설명하려면 '그리고' 혹은 '그러나'를 넣지 말아야 문맥이 자연스럽게 된다. 그런데 여기서 1절을 말한 후, 2절을 말하기에 앞서 '그리고' 혹은 '그러나'라는 접속사를 썼다면, 그것은 2절이 1절 다음에 일어난 연속적인 어떤 일을 설명하기 위한 것이라고 보는 편이 훨씬 자연스럽고 설득력이 있다.

여러분은 2장 4절과 5절 사이에 접속사 'and'가 없다는 것을 주목해본 적이 있는가? 2장 4절은 그야말로 5절부터 있는 창조의 설명에 대한 제목으로 씌어진 것이다. 4절은 "천지의 창조된 대략이 이러하니라"고 한다. 그런 다음 5절은 '그리고'가 없이 바로 "여호와 하나님이…"라고 하면서 설명에 들어간다. 이것은 1장 1절과 2절의 기록된 방식과 분명 다르다.

혼돈과 공허

다른 한편에서, 우리가 성경의 용법에 비추어 2절의 혼돈과 공허의 원인을 성경의 다른 부분을 통해 찾아내는 것은 무리한 접근이 아니라고 본다. 땅이 혼돈하고 공허하며 흑암이 깊음 위에 있게 '되었다'. 왜냐하면 성경에서 혼돈과 공허가 나오면 일단 그것은 심판의 상황이기 때문이다. 거기에 흑암이 있고 혼돈과 공허가 있게 되었다면, 이는 어떤 사건이 일어났던 것으로 보아야 한다. 이는 성경의 여러 곳에서 입증이 된다. 어떤 학자들은 이 혼돈하고 공허한 상태를 창조의 원시상태라고 말했다. 거기서부터 하나님이 창조를 시작하신 것이라는 말이다. 그렇다면 하나님의 창조 이전에 우주에 무엇인가가 있었다는 말이 되는데, 그것은 어거스틴이 말한 'criatio ex nihilio'의 원칙에 위배된다. 하나님께서 무에서 유를 창조하셔야 하는데 이미 땅이 있고 혼돈하고 공허하며 흑암이 깊음 위에 있는 상태가 존재하고 거기서부터 창조가 시작되는 것이기 때문이다. 나는 하나님이 말씀으로 천지를 지으실 수 있는 분일진대 지금도 오늘날 보이는 우주와 그 가운데 모든 피조물을 말씀으로 존재할 수 있게 하실 수 있는 전능자라고 믿는다. 또한 여러분같이 아름답고 섬세한 사람도 한 마디로 존재하게 하실 수 있는 분임을 믿는다. 그러기에 그분은 죽은 자를 다시 살릴 수 있는 능력이 있으신 것이다. 창조의 능력이나 죽은 자를 다시 살리시는 능력은 다 동일한 전능자의 능력이다. 예수를 죽은 자 가운데서 살리실 뿐 아니라 앞서간 성도들이 모두 먼지나 흙으로 돌아갔어도 삽시간에 홀연히 영광의 몸을 입게 할 수 있는 능력의 하나님이시기 때문이다. 따라서 하나님의 창조가 진화를 통하지 않고는 안 된다는 사상은 하나님의 전능하신 능력을 비하시키는 말에 불과하다.

간격이론을 반대하는 자들은 이곳 2절의 동사 'was(있었다)'가 단순히 사실을 서술하는 히브리어 규칙동사라고 주장한다. 그러나 그것을 단순 서술동사로 보든지 '되었다'로 보든지 큰 차이는 없다. 이는 창세기의 저자가 혼돈과 공허의 시점부터 창조를 말하려고 했기 때문이다. 우리는 2절의 혼돈과 공허의 상태가 하나님의 간섭이 없이는 절대 있을 수 없는 것이라고 본다. 여기의 히브리어 '하예타'는 창세기 19장 26절에서 "롯의 아내는 뒤를 돌아다본 고로 소금기둥이 '되었더라'"고 할 때에 사용된 것과 동일한 단어이다. 심지어 2장 7절의 "사람이 생령이 '된지라'"에서도 '하예타'가 사용되었다. 할데만 박사나 찰머(Chalmer) 박사나 '지구 초기 시대(Earth's Earlist Age)'라는 귀한 책을 쓴 G. H. 펨버 등도 이 말이 같은 단어임을 지적한다. 이 혼돈과 공허를 창조의 기점으로 삼는다면 단순 서술동사로 읽어도 무방하다. 그렇지만 1절에서 하늘과 땅이 아름답게 창조된 후, 어느 시점에 땅의 상황이 혼돈하고 공허하며 흑암이 깊음 위에 있게 '되었다'로 읽어도 전혀 문제되지 않는다. 따라서 우리는 2절부터는 재창조의 역사를 말하며, 재창조의 역사는 복구와 회복의 역사이고 그 중심은 사람에 있다고 본다.

질서의 하나님

창세기 1장 1절이 6일 창조의 일반적인 서술이고 주제로 여긴다면(이것 또한 많은 경건한 학자들이 주장하는 학설이다), 이것은 창세기 1장을 우주 창조 전체로 보는 것이며 우주가 혼돈으로부터 창조되었다고 말하는 것이다. 그러나 우리가 조심스럽고 깊이 있게 1장을 읽고 묵상한다면 이러한 가정에 오류가 있음을 쉽게 발견할 수 있다. 하나님은 혼돈의 하나님이 아니라 질서의 하나님이시므로(고전 14:33), 애초에 창조하실 때 혼돈하고 공허하게 창조하지 않으셨다는 것을 믿어야 한다. 이는 하나님의 인격과 전능성과 덕성에 관계된다. 그분은 무엇을 하시든지 질서 있게 하시지 공허하게 만들지 않으신다. 그분이 만물을 다만 말씀으로 창조하시는 분임을 믿을진대 능력이 없으셔서 어쩔 수 없이 혼돈하고 공허한 상황이 되어 있었고, 그 상태에서부터 질서를 찾아가며 무언가를 만들었다고 하는 것은 믿기 어렵다. 하나님은 무한하고 전능하신데 처음부터 말씀으로 놀랍고 조화로운 우주를 만들 수 없어서 혼돈하고 공허한 상태를 먼저 만들고 그 다음에 질서를 잡아가면서 조화롭게 만드셔야 했을 것이라고 믿는가? 이는 그분의 전능성을 약화시키는 신앙이라고 말하지 않을 수 없다. 그분이 무에서 유를 창조하실진대 그분의 마음에 질서 있는 세계를 두시고 말씀하시면 그대로 생겨날 수 있지 않은가?

따라서 하나님이 창조하실 때 2절의 혼돈하고 공허하며 흑암이 깊음 위에 있는 그러한 낮고 혼란한 상황이라 하더라도 하나님의 섭리 없이 그냥 우연히 생길 수가 없고 그분의 허락하심 안에서 모든 역사가 되어진 것으로 보아야 맞다. 만일 그 혼돈과 공허의 상태가 하나님에 의한 것이 아니라 우연히 그렇게 되어 있었다고 가정한다면, 그것은 오히려 하나님의 창조론을 훼손하게 된다. 그럼 창조 이전에 무언가 존재했다는 말이 되고 창조 이전의 우주는 하나님의 관리 밖에 있었다는 말밖에 되지 않기 때문이다. 하나님 자신의 속성으로 보아 그분은 무엇이든지 그분의 허락하심 없이는 되도록 하지 않으신다. 그러므로 창조의 기점이 된 2절의 혼돈과 공허의 상태 사전에 어떤 상황이 있었다고 보아야 마땅하다. 2절의 상태가 우연히 된 것이 아니라 하나님의 심판으로 그렇게 된 것이라고 볼 때 모든 의문과 우려는 완전히 해결된다.

이미 존재했던 땅

또한 우리가 최소한 시인하지 않을 수 없는 것은 빛이 있으라 하신 첫날 창조 이전(즉, 6일 간의 창조 이전)에 땅이 있었다는 것이다. 도대체 지구는 언제 창조되었다는 말인가? 첫날에는 분명 빛을 지으셨고 둘째 날은 궁창을 지으셨고 셋째 날은 물로 가득 덮인 지구 덩어리에서 뭍이 드러나라고 하셨다. 뭍(육지)이 물에서 올라온 것은 지질학에서도 증명된 사실이다. 다시 말해서, 창조의 6일 가운데 땅의 창조는 없다. 거기에는 이미 물로 덮인 지구가 존재하고 있었다. 다만 첫째 날 창조 이전에 '땅'은 혼돈된 상태였고 셋째 날 뭍이 드러나라고 명한 것(9절)이 땅을 창조한 것이라면, 2절의 땅은 무엇이란 말인가? 그 땅이 지구 전체를 가리키는 말인가? 육지를 표현한 말이 아닌가? 성경의 문맥은 첫날 빛을 창조하시기 전에 땅이 있었는데 어둠 속에 있었고 물속에 잠겨 있는 것처럼 말하고 있다. 시편 104편에는 "땅의 기초를 두사 영원히 요동치 않게 하셨나이다"(5절)라고 했다. 또한 "옷으로 덮음같이 땅을 바다로 덮으시매 물이 산들 위에 섰더니(6절)"라고 한다. 여기의 땅도 창세기 1장 2절의 그 땅(earth)을 말한다. 그런데 여기서 이 땅이 바다로 덮여 있다고 말한다. 이 일이 노아의 홍수 때를 가리키는가? 계속해서 7-8절, 19-25절 등을 읽으면 그렇지 않음을 알 수 있을 것이다. 이 시편 전체에는 하나님의 창조의 사상이 배어 있다. 하나님은 땅을 이미 창조하셨고 영원히 요동치 않게 하셨는데, 옷으로 덮음같이 바다로 땅을 덮었다는 것이다.

하나님이 셋째 날에 뭍(땅)을 창조하셨다면, 2절의 땅은 어디서 나온 것인가? 그 땅은 지구 중에도 육지를 말하는 개념이 아닌가? 셋째 날에는 다만 땅이 드러나게 한 것이다. 그러므로 땅은 이미 존재한 채 물속에 잠겨 있었다. 그 물속에 있던 땅을 하나님이 셋째 날 드러나게 하신 것이라고 보아야 문맥이 자연스럽다. 셋째 날에 비로소 땅을 창조하신 것이 아니라는 말이다. 그렇다면 2절에 있는 땅은 언제 지은 것일까? 창조되지 않고 그냥 있었다고 말할 것인가? 그럼 하나님 말고 또 다른 창조주가 있다는 말인가? 그렇게 말할 수 없다. 1절에 첫 창조가 있었고, 그 뒤 2절에서 '땅'이 혼돈하고 공허하게 되었다. 이것은 매우 분명한 해석이다.

또한 욥기에는 원래 하나님께서 땅의 기초를 놓으실 때에 새벽별들이 함께 노래하며 하나님의 아들들이 다 기쁘게 소리하였다고 말한다(욥 38:4-7). 여기 욥기 38장 말씀은 땅을 처음 창조하셨을 때를 말한 것이라고 보아야 할 것이다. 분명 하나님께서 처음 땅을 창조하실 때에는 그것이 너무나 아름다우므로 새벽별들이 함께 노래하였다. 새벽별들은 천사들을 가리킨다. 천사들의 창조는 창세기에서 언급하지 않는다. 그러나 분명 하나님은 창세기 1장의 6일 간의 창조 외에도, 하늘의 보이지 않는 존재들을 창조하신 사실이 있다(골 1:16). 우리는 하나님이 수천수만의 천사들을 창조하셨을 것이라고 믿는다. 하늘의 스랍들이나 네 생물 역시 창조된 것임에 틀림없다. 그런 것들이 언제 창조되었는지, 언제부터 존재했는지는 아무도 모른다. 그러나 그런 사실이 있음은 시인해야 한다. 그러므로 창세기 1장의 6일 간의 창조 이전에 천지 간에 무슨 일이 있었을 것이라는 사상은 성경을 통해 충분하게 입증이 된다. 이미 지적한 바와 같이 창세기 1장에는 모든 하나님의 창조가 다 기록된 것이라고 볼 수는 없으며 다만 사람에게 필요한 것을 기록했을 뿐이다.

심판의 증거

욥기 38장 4절은 분명 하나님이 땅을 창조하실 때를 말한다. 도량을 정하는 문제라든지, 준승(줄)을 띄우는 문제는 그분이 땅을 창조하실 때 상당히 정교하고 섬세하게 지으셨음을 말하고 있다. 이사야 45장 18절은 "여호와는 하늘을 창조하신 하나님이시며 땅도 조성하시고 견고케 하시되 헛되이 창조치 아니하셨다"고 말한다. 그런데 그렇게 아름답고 정교하게 지어진 땅이 어떻게 그렇게 혼돈하고 공허하게 되었는가? 이사야 45장 18절의 '헛되이'란 말은 창세기 1장 2절의 '혼돈'과 히브리어가 똑같다. 둘 다 히브리어로 '토후'이다. 하나님은 '토후(혼돈)'와 '보후(공허)'의 땅을 지으신 것이 아니라는 말이다. 분명 하나님이 땅을 지으실 때는 혼돈하고 공허하게 짓지 않으셨는데 어찌 그렇게 되었는가? 거기에 어떤 이유가 있을 것이다.

구약 성경에서 혼돈과 공허는 언제나 심판의 결과이다(렘 4:23, 사 24:1-3, 34:11, 나 2:10 등). 이사야 24장 1절은 "여호와께서 땅을 공허하게 하시며 황무하게 하시며 뒤집어 엎으시고 그 거민을 흩으시리니"라고 말한다. 3절에서도 땅이 온전히 공허하게 되고 온전히 황무하게 되리라고 말한다. 에스겔 29장 9-12절은 애굽의 심판을 말한다. 9절은 애굽 땅이 황폐하고 공허하게 된다고 말하고(became a desolation and waste), 9-12절에도 황무라는 단어가 다섯 번이나 나온다. 그같이 황무함은 애굽의 죄상(罪狀)을 생각나게 하는 하나님의 벌이다. 황무함은 죄악과 심판의 상징이다.[2] 우리가 묵상하는 바는 창세기 1장 1절이 하나님의 원 창조에 대한 위대한 선포이며, 2절의 상황은 언제인지 모르는 사탄의 배역으로 인한 하나님의 심판의 상황에 처해 있었던 것이고, 사람을 중심으로 한 6일간의 창조를 위한 원시상태라고 보는 것이다.

이처럼 성경을 전체적으로 살펴봤을 때, 창세기 1장 2절에서 땅이 혼돈하고 공허하며 흑암이 깊음 위에 있었다는 것은 거기에 어떤 사건이 있었음을 알게 한다. 우리는 이에 대하여 천사장의 배역 사건에서 그 사건의 원인과 경위를 찾을 수 있는데(사 14장, 겔 28장), 그때 천사장 루시퍼와 그를 따른 삼분지 일의 천사들이 함께 하나님의 심판을 받았음을 알 수 있다. 또한 당시 이 땅에 생존하던 대다수의 생물들도 그 배역에 참여함으로 심판을 받아 몸을 잃어버리고서 물속에 있는 귀신들이 되었다. 주님 당시 귀신들이 주 예수를 알고 또 바울도 아는 것을 보면 이 존재들은 영계

2) 구약주석 에스겔서. 박윤선. p.219. 영음사. 1991

에 존재하던 영물들이어서 많은 것을 알고 있는 존재들이며, 분명 하나님의 심판을 받아 변질되고 부패하게 되고 사악하게 된 존재들이다. 그렇지 않고서야 이 우주 가운데 그런 존재들이 생겨날 가능성이 없다. 아마도 첫 창조의 모든 생물들은 무한한 시간대의 존재들이었을 것이고 천사들의 통치 아래 두어졌던 것 같다. 특히 천사장 루시퍼는 당시의 모든 창조물을 다스리는 왕이었을 것이다. 에스겔 28장에 의하면 루시퍼는 기름부음을 받은 자라고 표현되어 있으며(14절), 기름부음 받았다는 것은 하나님께 큰 위임을 받은 피조물이었음을 증명한다. 당시 그 자는 이 땅의 모든 피조물을 다스리는 영물이었을 것이고 또 그 당시 피조물들도 영적으로 루시퍼와 통할 수 있는 존재들이었기에 그의 다스림을 받을 수 있었다고 보아야 한다. 그리고 그 존재들이 몸을 잃었을 때 귀신들이 된 것으로 보인다. 이렇게 설명하지 않는다면 천사장에 대한 심판의 결과와 사탄과 악령들과 귀신들의 유래를 찾을 수 없다.

다시 정리해 보자. 우리는 성경의 여러 구절을 통해서 혼돈과 공허와 흑암의 상태는 뭔가 심판받은 표시라는 것을 알 수 있다. 따라서 2절부터의 창조는 재창조라고 할 수 있다. 하나님께서는 첫 창조에서 땅을 아름답게 창조하셨을 것이며, 그 첫 창조에서 하나님을 섬기도록 지음받은 존재들이 천사들이다. 그런데 어느 날 천사장이 자신의 영화로움과 아름다움을 보고서 마음이 교만해져 자신을 높이고자 하여 하나님을 거역했다. 이것은 성경의 기록이요 역사이다. 그 자는 마음에 이르기를 "내가 하늘에 올라 하나님의 뭇 별 위에 나의 보좌를 높이리라 내가 북극 집회의 산 위에 좌정하리라 가장 높은 구름에 올라 지극히 높은 자와 비기리라(사 14:13-14)"고 하였다. 여기서 지극히 높은 자란 분명 하나님의 독생자 그리스도일 것이다. 그 자는 하나님의 아들의 보좌와 영광을 보고 시기하였던 것이다. 그리고 당시 자기 수하의 피조물들을 선동하여 자기의 세력을 키운 것이다. 자기를 따르는 천사들과 피조물들을 가장 간교한 말로 설득하여 자신을 따르도록 하였을 것이다. 그들은 천사장과 더불어 모종의 거래를 많이 하였고 성경은 그것을 무역이라고 표현했다. 천사장은 당시 수많은 천사들을 자기 편으로 끌어들였으며 피조물들을 미혹하였는데 그때 피조물들은 거의가 그 일에 동참한 것 같다. 그 자는 당시 땅의 많은 열국을 경동시키는 일을 했을 것이다. 그리고 피조물들을 사로잡아 겁을 주며 집으로 돌려보내지 않기도 하고 땅을 진동시키기도 하였을 것이다. 이렇게 하나님을 거역하여 일어난 것이 천사장의 타락 사건이다. 이것이 창세기 1장 1절과 2절 사이에 있었던 일이라고 보여진다. 그러므로 2절 서두에 있는 '그리고' 혹은 '그러나'라는 접속사는 긴 간격을 함축하고 있는 단어이다.

이로써 우리가 결론을 내릴 수 있는 것은 태초에 하나님이 천지를 창조하셨고, 6일 동안에 땅과 바다와 그 안에 있는 모든 것을 만드셨다는 것이다(출 20:11). 베드로 후서 3장 5-7절도 동일한 것을 말하는데, 베드로는 "땅이 물에서 나와 물로 성립한 것도 하나님의 말씀으로 된 것"이라고 말한다. 이 구절의 '하나님의 말씀'은 바로 만물을 창조하신 그 말씀이 아니겠는가? 여기의 물은 노아의 홍수의 물이 아니라 창세기 1장 2절의 물이다. 이 부분은 노아 시대의 심판을 말하는 것이 아니라 말씀으로 인한 창조를 말하고 있기 때문이다. 우리는 베드로 후서 3장 5절의 '물 아래 있던 땅'이 창세기 1장 2절의 땅이라고 이해한다. 즉 땅은 원래 있었다. 그 땅이 물로 덮여 있었는데 제 삼 일에 드러나게 하신 것이다. 이 이야기가 시편 104편 5-9절에 있다. 제 삼일에 하나님께서 바다 속에다 땅의 기초를 두고 줄을 띄우고 그 때 도량을 정하신 것이 아니다. 만일 그렇다면 하나님은 깊은 물 속에서, 흑암 속에서 땅을 만들어 내신 것이 된다. 아니면 물에서 끌어내면서 줄을 띄우고 도량을 정했다는 이야기가 된다. 이것도 맞지 않은 말이다. 하나님은 어떤 일을 그렇게 하시지 않는다. 베드로 후서 3장 6절에서 그 때 세상은 물로 덮였다고 하였는데, 이는 창세기 1장 2절의 혼돈하고 공허하며 물로 덮여 있던 땅을 가리킨다. 6절의 멸망(destroy)이란 말은 당시의 심판의 상황을 알려준다. 이것이 노아의 홍수 사건이라고 보는 것은 잘못 보는 것이다. 이는 4절의 '창조'라는 말과 5절의 '말씀으로 된 것'이라는 표현으로 확인할 수 있다.

이쯤 되면 독자들은 1절이 첫 창조요, 3절부터는 재창조, 즉 첫 창조 후 심판받아 황폐케 된 땅을 복구하는 회복의 창조임을 이해하게 될 것이다. 기묘하게도 오늘날 과학자들은 수억 년 전 지구 대멸종설을 발표하고 있다. (약 2억5천만 년 전 지구상의 생물 중 90% 이상이 사라진 페름기말 멸종사건 이후 동식물이 되돌아오기까지 1천만 년이 걸린 것으로 밝혀졌다고 사이언스 데일리와 라이브사이언스 닷컴이 28일 보도했다. 중국 지질대학과 영국 브리스톨 대학 과학자들은 `대멸종'이라고 불리는 이 사건 후 생물들이 되살아나기까지 걸린 시간을 조사한 여러 연구들을 분석해 이런 결론을 얻었다고 네이처 지오사이언스지 최신호에 발표했다. '연합뉴스')

하나님은 6일 동안에 천지 만물이 다 무에서 유로 창조된 것이라고 말씀하지 않으신다. 6일 동안 무에서 유를 창조하신 것은 일부였고 대부분은 복구하여 새로운 질서를 놓는 것이었다. 앞에서 언급한 바 있지만 무에서 유를 창조하는 것에 쓰이는 히브리어 '바라'가 1장에 오직 세 번만 쓰였으며, 나머지는 히브리어로 유에서 유를 만들어내는 데 사용되는 '아사'나 '야찰'이라는 단어를 쓰였는데, 이것으로도 이 사실을 입증할 수 있는 것이다.

이 모든 말씀을 종합할 때 우리는 지구의 역사가 얼마나 되는지, 그 간격이 수억 년이 될지 수만 년이 될지 알 수 없으며, 스코필드 박사의 말대로 수없는 날자가 없는 연대(dateless past)가 지나간 것으로 보아야 한다. 1절과 2절 사이에 천사들의 타락과 관련된 대변혁 사건(cataclysmic change as the result of a divine judgement)이 있었기 때문이다(스코필드 관주성경 참고). 다만 분명하게 말할 수 있는 것은 인류의 역사는 6,000년이라는 것이다.

지금까지 말한 내용은 지질학(geology)이나 과학을 통해서 성경을 설명해보려는 노력이 아니다. 지질학이나 과학이 동이 트기 전 고대부터 이렇게 말한 사람들이 이미 있었다. '하나님의 도성(都城)'과 '참회록'을 쓴 어거스틴(Augustine)이 그 중 한 사람이다. 그의 책을 읽어보면 그가 매우 깊은 명상가였음을 알 수 있는데, 그는 이미 창조 전의 무한히 긴 시간에 대하여 명상하였다('하나님의 도성' 제11권 5장). 그들이 살았던 시대는 지질학이나 화석에 관해서는 생각지도 않을 때였다. 그럼에도 그는 세상이 창조되기 이전의 긴 간격의 시간을 생각하고 있었던 것이다. 그는 태양과 달이 생기기 전 첫 3일은 현재의 24시간과 다르다는 논리를 폈는데, 그것은 성서의 전체적 논리에는 부합하지 않은 생각이다.

그런데 하나님은 왜 그렇게 첫 창조의 기록을 간단하게 언급하셨을까? 그것은 그분이 말씀하시는 방식이라고밖에 말할 수 없다. 이는 거룩하시고 전능하신 하나님의 말씀하시는 방식인 것이다. 사람의 말과는 다르다. 하나님은 사람에게 유익하고 필요한 것만을 말씀하신다. 성경은 하나님이 하신 모든 역사를 말하는 것이 아니라 사람에게 유익한 것만을 기록한 책이다. 주 예수님의 행적을 기록할 때에도 동일한 원칙이 적용되었다. 주님이 실제로 하신 일은 4복음서에 기록된 것보다 훨씬 많다. 요한은 예수께서 제자들 앞에서 행하신 표적이 많으나 오직 이것을 기록한 것은 우리로 하나님의 아들을 믿고 영생을 얻게 하려는 것이라고 했다. 그는 또 예수의 행하신 일이 많으니 만일 낱낱이 기록해둔다면 이 세상이라도 이 기록된 책을 두기에 부족할 것이라고 말했다(요 20:30, 21:25). 성경은 이처럼 사람에게 진정 필요한 것만을 기록했다는 것을 기억해야 한다. 성경은 첫 창조를 기술하기 위해 한 절, 세상의 혼돈을 기술하기 위해 한 절만을 사용했다. J. N. 다비는 이에 대하여 그의 저서인 '성경개관'에서 다음과 같이 말했다. "그러나 역사적으로 본다면 그 계시는 부분적인 것이다. 그것은 사람의 양심과 영적인 영향력을 줄 수 있는 것만을 전달했다(But historically the revelation is partial. It communicates what is for the conscience and spiritual affections of man)." 골로새서와 성경의 여러 부분을 참고할 때 하나님은 분명 하늘에 있는 것들도 창조하셨고 천사들도 창조하셨다. 그분은 하늘의 보좌들과 주관들과 권세들과 만물들을 지으셨다고 했는데, 이는 분명 천사들을 포함하는 개념이다(골 1:16). 그러나 그분은 창세기 1장의 창조의 말씀에서 하늘에 있는 것들의 창조에 관하여는 말씀하지 않으셨다. 우리는 계시록이나 다른 성경에서 하늘에 네 생물이나 많은 보좌들이나 하늘의 성소나 장막이나 여러 피조물들이 있음을 보지만, 그것들이 어떻게 창조되었는지는 기록되어 있지 않기에 알지 못한다. 그러므로 독자들은 창세기 1장에서 창조에 관한 한 하나님이 무엇이든지 다 말씀하셨다는 생각을 갖지 말아야 한다. 심지어 땅에 있는 것들도 마찬가지 원칙이다. "그분은 특히 땅에 관련되어서 그분이 그것을 창조하셨다는 것 말고는, 현재의 형태에 관련된 것 외에는 아무것도 말씀하지 않으셨다."(다비)

역대로 이 부분에 대하여 자세히 몰라도 하나님을 경외하고 사랑하며 순종해 나가는 데 전혀 지장이 없는 수많은 그리스도인들이 있어 왔다. 다만 창조하신 사실을 믿고 알면 된다. 성경은 사람을 위한 책이다. 그러므로 이전 세상의 사탄적인 일에 관하여 자세히 언급할 필요가 없었을 것이다. 또한 성경은 하나님의 권위적인 말씀이다. 그 누가 이렇게 큰 사건을 담담하게 한두 마디로 말할 수 있단 말인가? 이는 말씀하시는 분의 엄위함과 전능성을 나타내는 것이 아닌가! 하나님으로서는 많은 구구한 설명이나 설득하는 말을 할 필요가 없으신 것이다.

심판의 원인

여기서 땅이 혼돈하고 공허하게 된 이유와 배경을 생각해보자. 하지만 먼저 성경에서는 이에 대해 역사적으로나 연대기적으로 말하고 있지 않다는 것을 밝혀둔다. 그러나 말씀의 여러 군데를 읽을 때에 그 흔적을 발견할 수 있다. 분명히 천사들은 하나님이 창조하신 존재들임에도 불구하고 ("덮는 그룹임이여…네가 지음을 받던 날로부터", 겔 28:14-15) 창세기 1장의 6일 간의 창조에는 그 천사들의 창조가 나타나지 않는다. 예레미야 4장 23-26절에서는 땅이 혼돈하고 공허한 이유가 '여호와의 앞 그 맹렬한 진노' 때문이라고 말한다. 예레미야의 그 구절은 앞으로 전개될 어떤 상황을 위하여 예언한 것이지만, 그렇더라도 창세기 1장 2절에 같은 원칙이 적용되지 못한다는 법은 없는 것이다. 거기에 혼돈하고 공허한 상황이 있었다는 말은 심판이 있었다는 말이며 따라서 여호와의 진노가 있었다는 말이다. 이사야 24장 1절과 3절에도 여호와께서 땅을 공허하게 하시고 황무하게 하신다는 말씀이 있는데, 이 역시 하나님의 심판의 광경이다. 24장 전체가 세상에 대한 예언으로서 장차 땅의 심판의 광경을 말하고 있다. 이사야 24장 말씀의 심판이 장차 어떻게 되어질 것인지를 말하는 것이라 해도, 과거 역사에 같은 원칙이 적용되는 것은 무리가 아니다.

구약 성경에 사탄의 유래에 대한 정확한 기록은 없지만, 성경 전체를 유의해서 조망할 때 창세기 1장 2절의 땅의 혼돈과 공허함이 그 사건으로 말미암았다고 말할 수 있다. 사탄에게서 기인된 것 외에는 성경에서 다른 원인을 찾을 수 없기 때문이다. 우리는 에스겔 28장과 이사야 14장에서 그 상황을 읽어낼 수 있다. 에스겔 28장 11절부터의 말씀은 거의 모든 학자들이 장래 나타날 적그리스도에 대한 것이라는 데 동의한다. 적그리스도는 사탄의 화신이므로 모든 내용이 사탄의 일들을 말한 것이라고 이해할 수 있으며 많은 말들이 사탄 자체를 말한 것이다. 다비(J. N. Darby)는 11-19절이 비록 두로를 말하고 있으나 그 안에서 은밀하게 사탄의 행위와 타락을 말하고 있다고 했다. 게벨라인 박사(Dr. A. C. Gaebelein)도 두로 왕은 적그리스도의 예표이지만 이 악한 왕의 배후에 하나의 권력, 바로 사탄이 있음을 본다고 하였다. 그는 이어서 사탄은 당시 두로 왕의 배후 권력이었으며 지금 그는 금세의 신으로서 세상의 열국을 관리하고 있다고 하였다.[3] 에스겔 28장의 두로 왕의 배후자는 이사야 14장 12절에 나오는 '아침의 아들 계명성'이다. 이 자(루시퍼)를 사탄이라고 하는 것은 오늘날에 와서 기독교의 보편적인 해석이 되었다. 17절에서는 그의 타락의 원인을 말해준다.

이사야 14장과 비교해서 이 구절을 읽는다면 사탄은 스스로 높아지려고 교만해졌고 불의가 나타났기 때문에 타락했음을 알려준다. 당시 하나님의 동산 에덴(겔 28:13)은 각종 보석 곧 홍보석과 황보석과 금강석과 황옥과 홍마노와 청옥과 청보석과 남보석과 홍옥과 황금으로 단장되었다고 했는데, 아담의 창조는 그런 것을 말하지 않으므로 이는 아담의 에덴 동산과 다른 것으로 보여진다. 천사장은 이와 같이 놀랍게 피조되어 아담 이전에 창조되었던 세상을 지배하고 다스렸던 것이다. 어쨌든 그 천사장(루시퍼)은 자신이 놀랍게 피조된 것을 보고 자신의 지위를 하나님과 같이 높이고자 반역을 하여 하나님의 심판을 받았고, 아담 이전의 세상을 황폐케 하는 원인을 제공하였으며, 결국 타락한 천사장과 그를 따르는 자들은 사탄과 그 졸개들이 되었다. 이렇게 심판을 받은 상황이 창세기 1장 2절의 땅이 혼돈하고 공허하며 흑암이 깊음 위에 있게 된 광경인 것이다.

헨리 디이슨 박사의 견해를 들어본다. "성경은 천사들의 타락의 시기에 대하여 일체 침묵을 지키고 있다. 그러나 천사들의 타락이 인간의 타락 사

3) 워치만 니 전집 1집 제 3권. p.26

건 이전에 일어난 것만은 명백하다. 그것은 사탄이 뱀의 모습으로 에덴 동산에 들어와 하와를 속여 범죄케 한 것으로 보아 그렇다. 그러나 에덴 동산에서 이런 사건이 있기 얼마나 오래 전에 사탄이 타락했느냐에 대하여 결정적으로 말할 수는 없다. … 우리가 제시하고자 하는 내용은 천사의 타락은 하늘과 땅의 창조 이후 어느 때에 되어진 것이며, 그것이 창세기 1장 2절에 묘사된 상태를 초래한 주된 원인이라는 것이다."[4] 동시에 우리는 이전 세상의 존재에 대해서 현대 과학의 연구를 완전히 무시하거나 배제할 수 없다. 가령 최근 한국 중앙일보에 실린 '호빗' 이라는 화석이 새 인류종으로 판명되었다는 기사는 다음과 같다. "BBC 방송은 미국 플로리다 주립대의 딘 포크 교수 연구팀이 인도네시아 플로레스 섬에서 발굴한 1만 8000년 전의 유골을 현생 인류인 호모 사피엔스와 가깝긴 하지만 완전히 다른 새로운 종으로 확인했다고 30일 보도했다. 종(種)의 이름은 '호모 플로레시엔시스(Homo Floresiensis)'이다. 이 섬에서 발견된 유골 9구는 성인의 키가 1m밖에 안 되고 두뇌 용량도 400cc에 불과해 영화 '반지의 제왕'에 등장하는 왜소한 종족인 '호빗(Hobbit)'족이란 별칭을 얻었다. 이들은 1만 2000년 전까지 이 지역에 살고 있었으나 화산 폭발로 멸종한 것으로 추정된다. 연구팀이 이들의 두개골을 3차원 영상으로 스캔해 두개골 안쪽에 남은 뇌의 형상을 복원한 결과 이들의 뇌는 크기만 작을 뿐 정상인의 것과 같은 형태로 나타났다. 즉 두뇌가 줄어드는 유전 질환인 소두증(microcephaly)에 걸린 사람이 아니라는 것이다. 소두증 환자는 뇌의 발육이 나쁘기 때문에 정신지체, 보행장애, 시력장애 등이 뒤따른다." 과거에 성경학자들 중에는 무엇이든지 사람과 비슷한 고대의 유인원 계통의 화석이 발견되면 그것이 사람 뼈가 아니고 돼지 뼈나 원숭이 뼈라고 하거나 또 탄소나 동위원소 연대 측정법이 잘못되었다고 하면서(물론 거기에 오차가 있을 것이지만) 창세기 1장 이전의 생물을 무조건적으로 반대하는 사람들이 많았는데, 이는 확실히 무리가 있다. 장래 더 확실한 측정법이 발견되어 거의 반박할 수 없는 연대가 계산되어 나온다면 어떻게 할 것인가? 그러면서도 기이한 것은 현생 인류의 화석은 6000년 이전의 것을 찾아 내지 못하

4) 헨리 디이슨. 조직신학강론. 생명의 말씀사. 1991. p.306

고 있다는 사실이다. 모세는 창세기를 기록할 당시 이런 과학의 발전과 그 추적을 예견하지 않고 담대히 이렇게 썼을 것이다. 그러나 과학이 성경을 뒤집지 못하고 있는 것이 기이한 일이 아닌가? 성경은 확실히 모든 것을 과학보다 앞서서 말했다. 노아가 방주를 만들었다는 이야기나 바벨탑을 하늘 높이 쌓았다는 이야기 등은 확실히 아담의 자손들이 하나님의 창조적 본성을 닮았음을 입증하기에 충분하다. 그 이전의 동물들이나 유인원 종류의 화석들이 발견되었다는 보고가 많이 있지만, 창조주의 형상을 닮아 창조적인 역량이 극대화되어 현생 인류처럼 지구 표면을 변개시킬 정도로 놀라운 창조성을 가진 피조물은 아담 세상 이전에는 확실히 없었던 것으로 보인다.

다시 말하지만, 성경에는 창세기 1장 3절에서부터 있었던 창조 이전에 1절의 창조의 세계가 있었다는 것을 입증할 만한 구절들이 존재한다. 이사야 45장 18절이나 예레미야 4장 23-26절의 구절들이 그것이다. 이사야 45장 18절은 하나님이 하늘과 땅을 헛되이 창조하지 않으셨다고 말한다. 이는 창세기 1장 1절과 2절의 말씀과 대치되는 말씀이 아닌가? 그분은 무엇이든 창조하시면 헛되이 창조하지 않으신다. 그럼으로 창세기 1장 1절의 창조는 아름답고 귀한 창조였음이 분명하다. 그런데 왜 하나님은 6일 간의 창조만을 진정한 창조로 여길 만큼 중요시하여 창세기 1장을 기록하셨는가? 그것은 이 땅 위에 사람같이 중요한 피조물이 없기 때문이요, 6일 간의 창조가 그분의 영원한 뜻을 이루기 위한 그분의 기뻐하시는 창조였기 때문이다.

"흑암이 깊음 위에 있고". 2절의 '깊음'(deep)이란 단어는 칠십 인 역(LXX)에서 무저갱과 상통하는 단어이다. 우리는 신약 성경에 나오는 귀신들이 아마 이전 세상에 살던 생물들의 영혼일 것이라고 믿는다.[5] 그렇지 않다면 그들의 출처를 성경에서 달리 발견할 수 없기 때문이다. 그것들의 시초는 창세기 1장 2절의 상황에 그 근거를 두고 있다고 해야 가장 타당성이 있다. 그것들은 본래 땅 위에 살던 존재들이었는데 몸을 잃어버려 귀신

5) ibid. p.32

이 된 것이다. 어쩌면 그것들은 지금의 인류보다 작을 수도 있고 클 수도 있다. 이에 대하여는 추측의 여지가 많지 않다. 다만 나중에 생겨난 네피림은 이전 세상의 사악한 존재들의 영혼이 인간들과 혼합하여 다시 나온 것이 아닌가라고 의심할 만하다. 그때 심판받은 악한 귀신들은 다 바다로 갔을 것이며 그러기에 요한계시록 20장에는 바다가 죽은 자들을 내어준다는 말이 있는 것이다(20:13). 그 구절에서는 유독 바다가 죽은 자들을 내어준다고 했는데, 이는 현재의 인류가 바다에 빠져죽은 것을 말하는 것은 분명 아니다. 그렇다면 땅도 죽은 자들을 내어준다고 말해야 하는데 그렇게 말하지 않고 오직 바다와 사망과 음부만을 말하기 때문이다. 이 시대에 죽어 묻힌 자들은 바다가 아니라 땅에 많다. 그러나 이 구절에는 바다가 죽은 자들을 내어준다고 말한다. 바다에서 나와 심판받게 될 이 존재들은 과연 누구란 말인가? 계시록 20장 13절은 바다가 먼저 죽은 자들을 내어주고 나중에 사망과 음부도 죽은 자들을 내어주어 각 사람이 자기 행위대로 심판을 받는다고 되어 있다. 바다가 내어주는 것은 분명 바다에 빠져죽은 사람들의 몸이 아니고 어떤 혼일 것인데, 성경은 죽은 사람의 혼은 어디에서 죽든지 음부에 들어가게 된다고 말한다. 그러므로 이 바다에서 나오는 것은 사람이 혼이 아니라 이전 세상의 존재들일 가능성이 크다. 이전 세상에 있었던 그것들부터 먼저 심판을 받고 다음은 현 세상 사람들이 심판을 받게 되는 것이다. 이것은 분명 백보좌 심판대에 나아가면 이전 세상의 존재들이 있을 것임을 암시한다. 그렇지 않으면 이 구절은 해석이 불가하다. 이렇게 해석하지 않으면 당신은 요한계시록 20장의 백보좌 심판을 합당하게 이해할 수 없다. 그 구절들을 수년간 연구한 나로서는 이러한 해석이 가장 타당하다고 말하지 않을 수 없다.

이전 세상의 광경

스코필드 박사를 비롯한 많은 성경학자들이 예레미야 4장 23-26절까지의 상황이 창세기 1장 2절의 혼돈하고 공허한 상태를 말한 것이라고 보았다. 이 구절들은 이사야 14장이나 에스겔 28장과 마찬가지로 그러한 원칙으로 해석할 수 있는 것이다. 이 구절들은 예레미야 선지자가 유다에 대한 심판 예언을 한 것이지만, 동시에 이는 그 이전 세상을 말한 것일 수 있다. 23절은 그 서술이 창세기 1장 2절과 너무 흡사하다. "내가 땅을 본즉 혼돈하고 공허하며 하늘들을 우러른즉 거기 빛이 없으며". 이는 단지 당시 유다의 상황만을 말하는 것이라고 보기에는 너무 깊은 말이다. 26절은 "내가 본즉 좋은 땅이 황무지가 되었으며 그 모든 성읍이 여호와의 앞 그 맹렬한 진노 앞에 무너졌으니"라고 한다. 이는 그 이전 세상의 광경을 암시한 구절들이라는 것이다. 이는 매우 계시적인 해석이라고 볼 수 있다. 당시의 거민들도 땅을 거처로 삼은 것이 분명하며 좋은 땅(fruitful land)과 성읍이 있었다는 것을 알 수 있다. 그런데 그들이 사탄의 미혹을 받아서 멸망한 것이며 하나님의 맹렬한 진노로 인하여 땅이 혼돈하고 공허하게 된 것이다(렘 4:23). 25절에서는 예레미야 선지자가 보니 "사람이 없으며 공중에 새가 다 날아갔으며"라고 한다. 이는 당시에 새도 있었고 사람도 존재했을 가능성을 시사한다. 과학에서 말하는 시조새 등의 현 시대의 조류가 아닌 희한한 종의 새들이 이때 존재했을 가능성이 있는 것이다.

하나님은 땅과 사람을 지으시기 전에 먼저 천사를 지으셨다(욥 38:6-7). 그리고 천사장으로 하여금 모든 천사들의 우두머리가 되게 하셨는데, 그는 당시의 에덴에 거했다. 이 에덴은 아담이 거했던 에덴과는 다른 에덴이다(겔 28:13). 에스겔 28장을 읽어보면 그곳의 에덴은 창세기 2장의 에덴과 같지 않다는 것을 알 수 있다. 그가 거하였던 당시의 에덴은 '하나님의 성산'이라고 불리웠으며, 그는 화광석(stone of fire) 사이에 거하였다고 했다. 그 고대의 에덴은 창세기 2장의 에덴보다 훨씬 아름답고 화려했던 것이다. 천사장 루시퍼는 당시 천사들만이 아니라 이 세상까지도 관리했던 것 같다. 그래서 그는 '이 세상 임금'(요 14:30)이라고 불리운 것이다. 사탄이 그렇게 불리우게 된 근거가 어디에 있으며 언제 하나님은 그를 세상의 임금이 되도록 하셨는가? 틀림없이 이전 세상이었을 것이다. 우리는 성경에서 이전 세상이 있었을 것임을 묵상해낼 수 있다. 그렇지 않다면 귀신들의 기원을 알 길이 없다.

네피림

창세기 6장의 네피림에 대하여도 "그들이 용사라 고대에 유명한 사람이었더라"고 했는데, 여기서 고대란 어느 때를 가리키는가? 이때는 아담이 창조된 지 얼마 되지 않은 때일 것이다. 언제 이들이 세상을 지배하던 영웅과 용사들이었을까? 이들은 틀림없이 아담 이전 시대의 세상에서 전쟁과 약탈, 방종과 사치, 음란과 정욕이 난무하던 때에 수많은 하수인들을 거느리고 천사장과 더불어 세상을 다스리던 주역들이었을 것이다. 이 '고대'라는 말은 히브리어로 '올람'인데, 헬라어 '아이온'에 해당하는 말이다. 따라서 '오래 전', '태고의', '영원' 등으로 번역할 수 있고, 고린도 전서 2장 7절에서는 '만세 전'에로, 누가복음 1장 70절에서는 '예로부터'로 번역되었다.

과연 네피림이란 존재가 어느 때에 유명하였는가? 아담 이후 시대에 대해 이렇게 '만세 전'이라는 표현을 사용할 필요가 있었을까? 이들을 하나님의 아들들이라고 표현한 것이나 인간과는 다른 종류의 뉘앙스를 풍기는 '네피림'이란 특이한 호칭을 사용한 것으로 볼 때, 가인이나 아벨과는 다른 특이한 존재임에 틀림없다. 후에 말하겠지만 네피림이란 '떨어지다'라는 뜻이다. 이들에 대하여 천사들을 지칭하는 '하나님의 아들들'이라고 한 것이나, 하늘로부터 떨어진 존재를 의미하는 '네피림'이라고 한 것이나 모두 아담의 자손과는 다른 유(類)임을 보여준다. 요세푸스나 저스틴, 클레멘트, 터툴리안 등은 이들을 천사들이라고 말했다. 그리고 '떨어지다'라는 어원을 생각할 때 이들은 이전 창조 세상의 존재들이라고 추측할 수밖에 없다.

이 모든 것을 종합할 때, 나는 이 네피림이란 존재가 아담 이전 세상에 존재하던 악한 존재들(6장 4절의 고대의 용사로서 유명하다는 말은 나쁜 의미로 악명을 날렸다는 뜻이다)이라고 묵상하지 못할 이유가 없다고 본다. 나는 새로운 인간 세상에 그 사악한 존재들이 들어와 불법적인 혼인을 하여 더럽힌 것을 보시고 하나님이 인간을 지으셨음을 한탄하신 것이라고 믿는다. 그렇지 않다면 그 구절들에 대한 해석을 합당하게 내릴 수 없다. 어떤 학자들은 이 부분에 대해 셋의 아들들이 가인의 딸들과 결혼한 것을 가리킨다고 보는데, 하나님께서 그것을 보시고 그렇게 한탄하시며 세상을 멸하려 하셨다는 것은 납득하기 어렵다. 창세기 6장 2절의 '하나님의 아들들'과 '사람의 딸들' 중에서 부정적인 쪽은 남자 쪽이지 여자 쪽이 아니다. "자기들의 좋아하는 모든 자로 아내를 삼은지라". 4절도 당시에 땅에 네피림이 있었고 그 후에도 "하나님의 아들들이 사람의 딸들을 취하여 자식을 낳았으니"라고 말하는데, 뭔가 네피림과 그들의 불법적인 결혼에 관계된 기록처럼 보인다. '하나님의 아들들'이 저지른 창세기 6장의 사건은 결국 노아의 홍수를 초래한 직접적인 계기가 되었으며, 하나님은 그렇게 해서 이전 세상의 사악한 종류와 결합한 부패한 세상을 다시 한 번 물로 끝내려 하신 것으로 보인다. 노아의 홍수는 단순히 타락한 아담의 세상을 끝내려는 것보다는 이전 세상의 악한 유(類)와 더불어 혼잡하게 된 세상을 끝내려고 하신 것으로 해석할 때 자연스럽다. 즉 원래 바다 속에 감금해버렸던 악하고 더러운 영들의 인간과의 불법적인 혼인을 완전히 끝내어 다시는 그런 일이 없도록 다시 한 번 그들의 처소인 물속에 가두어버린 사건이라고 본다.

당시 사탄은 그 세상을 다스리던 왕이었을 것이다. 그러기에 그를 '이 세상 임금'이라고 불렀던 것이다. 그렇지 않으면 성경에서 자주 쓰는 표현인 '만세 전부터'라는 말씀을 이해하기 어렵다(고전 2:7, 골 1:26). '만세 전'이란 '영세'와 다르다. 수많은 세월이 흘렀다는 표현이다. 다만 6천 년 전을 만세 전이라고 할 리가 없다는 말이다. 확실히 이 우주의 역사는 우리 인간이 창조된 것보다 훨씬 오래 되었음에 틀림없다. 신구약 전체에 걸쳐 하나님께서 아담의 창조 이후 사탄에게 세상의 임금이 되도록 기름부으셨다는 기록이 없다. 에스겔 28장 14절의 루시퍼에 대한 '기름부음'이라든가, '내가 너를 세우매'라는 표현을 통해서 하나님이 그를 주권자로 세우셨다는 사실을 알 수 있지만, 그러나 그 사건은 인류 창조 이후 성경에 기록되지는 않았다. 그가 자신의 지위와 영광으로 스스로 교만해졌고 반역하여 자신의 위치에 머물려고 하지 않고 자신의 보좌를 하나님과 동등하게 만들고자 했던 사건은 인류 창조 그 이전의 일임에 틀림없는 것이다. 그때 그 자는 당시의 거민들 앞에서 하나님을 모독하고 하나님 앞에서 거민들을 참소했을 것이다. 하나님은 그의 불의와 거역을 보시고 그를 하늘로부터 땅으로 내치셨다. 이때 천사들 삼분지 일이 따라서 함께 심판을 받고 그의 사자들이 되었으며 하나님은 그들을 위해 특별히 형벌의 장소를 마련하셨다. 하나님은 악한 천사들과 사탄의 영원한 형벌의 장소를 창세 전에 이미 만들어 놓으신 것이다. 그렇지 않다면 지옥을 언제 만들어 놓으셨겠는가? 분명히 하나님은 천사장의 거역을 인하여 심히 진노하신 적이 있으시며, 그자와 그를 따르는 모든 천사들을 영원히 형벌할 장소를 예비하신 것이다(마 25:41). 그곳이 소위 불못이요 오늘 우리가 말하는 지옥이다. 무저갱, 지옥 등은 하나님이 인류 창조 이전 어느 시점에 마귀와 그의 사자들을 형벌하기 위해 예비해두신 곳이다. 지옥은 원래 불신자들을 위해 만들어 놓으신 장소가 아니다. 사람은 본래 하나님의 뜻을 이루고 그분의 마음을 만족케 할 존재로 창조되었기에 지옥과는 아무 관계가 없었는데, 사람이 사탄을 따르므로 지옥까지 따라들어가게 된 것이다.

사탄이 거역하였을 때 하나님은 맹렬한 노를 발하시어 땅과 땅의 모든 피조물을 한 번에 멸하셨다(렘 4:26). 우리는 예레미야가 예언한 대로 유다 시드기야 왕 때의 멸망과 하나님의 심판을 알지만, 이 내용(렘 4:23-26)이 그 사건에 대한 직설이라고 보기는 어렵다. 이 구절들이 비록 유다에 대한 심판을 말하기는 하지만 그것은 이사야 14장이나 에스겔 28장이 당시 바벨론이나 두로에 대한 심판을 놓고 사탄의 심판을 말하던 것과 유사하다. 우리는 예레미야 4장 23절부터 26절까지에서 창세기 1장 2절의 땅이 혼돈하고 공허하게 된 그 힌트를 읽을 수 있다. 이는 여호와의 맹렬한 진노로 인한 것이라는 말이다. 하나님은 언제 진노하시는가? 성경 전체를 볼 때 하나님은 피조물들의 교만과 거역으로 인하여 진노하시는 분임을 알 수 있다. 땅이 혼돈하고 공허하며 흑암이 깊음 위에 있게 된 것은 다른 것이 아니라 사탄의 배역으로 인한 것이며 그에 따른 하나님의 맹렬한 분노의 심판에 의한 것임은 분명한 사실이다. 그렇지 않고는 혼돈과 공허의 땅이 있을 만한 제 2의 가능성이 없다.

욥기 9장 4-7절에서도 하나님이 천사장의 배역을 심판하시는 광경을 묘사한 듯한 구절을 읽게 된다. "하나님은 마음이 지혜로우시고 힘이 강하시니 스스로 강퍅히 하여 그를 거역하고 형통한 자가 누구이랴 그가 진노하심으로 산을 무너뜨리시며 옮기실지라도 산이 깨닫지 못하며 그가 땅을 움직여 그 자리에서 미신즉 그 기둥이 흔들리며 그가 해를 명하여 뜨지 못하게 하시며 별들을 봉하시며". 이 구절에서 그분이 해를 명하여 뜨지 못하게 하시고 별들을 봉하신 것이 언제란 말인가? 우리는 성경에서 아담 이후로 사람들의 강퍅함을 인하여 하나님이 해를 명하여 뜨지 못하게 하고 별들을 봉하신 것을 보지 못한다. 이는 분명 사탄이 배역했을 때 그와 그가 관리하고 있던 땅을 심판하시는 상황을 말한 것이라고 믿는다. 하나님은 이 때 사탄의 배역으로 인하여 진노하셔서 산을 무너뜨리셨는데 너무나 신속하게 하셨으므로 산들이 느끼지 못할 정도였다. 대지가 그렇게 되었을 뿐 아니라 천체도 심판을 받아 해가 완전히 뜨지 못하게 되었고 별들도 빛을 내지 못하게 되었다. 이렇게 세상은 암흑의 지경에 떨어졌으며 해가 없으니 자연히 열기가 식게 되었고 따라서 이 땅에는 빙하 시대(ice age)가 있게 되었다. 그러나 지구의 중심에 열기가 있으므로 점차 얼음이 녹았을 것이며, 그럼에도 해가 뜨지 못하고 별들이 봉해져 있었으므로 땅은 혼돈하고 공허하며 흑암이 깊음 위에 있었을 것이며 하나님의 신은 수면에 운행하였던 것이다.

욥기 9장 8-10절은 하나님의 심판에 이어 재창조의 역사를 기술하고 있다. "그가 홀로 하늘을 펴시며 바다의 높은 곳들에 다니시며"(히브리어 참조). 하늘을 펴신 것은 둘째 날 하신 일을 가리킨다. 둘째 날 하나님은 궁창 위의 물과 아래 물을 나누셨으니 그 높은 물 위에 다니신 것으로 묘사한 것이다. 9절의 '북두성과 삼성과 묘성을 만드셨다'는 것은 창조하신 것이 아니라 만드신 것(made)으로서 봉하셨던 별들을 새롭게 뜨도록 하신 것이다. 이것이 넷째 날에 하신 일이다. 이와 같이 창세기 1장의 창조는 재창조의 역사인 것이다.

웨일즈 부흥의 주역이었던 펜 루이스 여사의 젊은 동역자 스팍스(T. A. Sparks)는 원래 영국 침례교회의 목사였다. 그는 '하늘 길의 개척자들', '십자가의 중심성과 보편성' 등 여러 책을 저술하였는데, 그의 서적들에서 그는 창세기 1장의 창조를 만물의 회복의 차원에서 이해해야 함을 강조했다. 즉 그는 성경 전체가 하나님의 회복의 역사임을 강조하였으며 하나님께서 사탄에 의하여 황폐하게 된 땅을 회복하는 차원에서 창조가 시작되었다고 말한 것이다. 그의 논점을 요약하면 다음과 같다.

하나님은 하늘의 질서와 하늘의 체계와 하늘의 뜻을 이 땅으로 가져오기를 원하신다. 하나님이 원래 우주를 창조하실 때 하늘과 땅은 다 하나님을 위한 것이었다(1절의 상황). 그러나 하나님이 지으신 땅은 황폐케 되었고 공허하게 되었으며(2절의 상황), 하늘과 맞지 않게 되었는데, 이것은 사단의 타락과 창세기 1장의 창조 이후 사람의 타락으로 말미암은 것이다. 그러나 하나님은 그분의 영원한 뜻을 포기하지 않으시고 이 땅을 회복하기를 원하신다. 창세기 1장이 겉으로는 창조와 관련된 것으로 보이나 사실 창세기 1장의 창조부터 하나님이 이 땅을 회복하시는 역사다. 하나님은 무언가를 회복하신다. 주로 하나님이 역사하시는 곳은 땅이다. 하나님은 땅을 위해서 역사하신다. 왜냐하면 땅의 질서가 파괴되었고 하늘과 땅이 맞지 않게 되었기 때문이다. 우리는 이런 차원에서 마태복음 6장의 주님의 가르치신 기도도 이해할 수 있다. "뜻이 하늘에서 이룬 것같이 땅에서도 이루어지이다". 이미 하늘에는 그분의 뜻이 이루어져 있기에 이제 땅에서 이루어져야 한다. 그러므로 주님은 제자들에게 이를 위해 기도해야 함을 가르치신 것이다. 하나님은 그분의 형상을 따라 사람을 지으셨고 이 땅에 그리스도의 동반자들인 한 무리를 얻으셔서 그들이 이 땅을 다스리기를 원하셨다.

첫째 날— "빛이 있으라!"

3-5절, 하나님이 가라사대 빛이 있으라 하시매 빛이 있었고 4 그 빛이 하나님의 보시기에 좋았더라 하나님이 빛과 어두움을 나누사 5 빛을 낮이라 칭하시고 어두움을 밤이라 칭하시니라 저녁이 되며 아침이 되니 이는 첫째 날이니라

"하나님이 가라사대". 참으로 기이하고도 보배로운 일은 하나님께서 말씀하셨다는 것이다. 이는 하나님의 큰 사랑이요 은혜이다. 그분이 말씀하시지 않았다면 우리는 존재할 수도, 그분을 알 수도 없었다. "하나님이 가라사대". 이보다 큰 일은 우주 가운데 없다. 현대 과학에서 말하는 우주 생성기에 큰 소리(Big Bang)가 있었다는 것은 흥미로운 추측이다. 천지가 끝날 때에도 확실히 큰 소리로 떠나가게 될 것이다(벧후 3:10). 하나님께서는 만물을 그분의 말씀으로 창조하셨다. '하나님이 가라사대'가 만물의 시작인 것이다. 하나님의 말씀하심이 없다면 만물은 없다. 여기 있는 나 자신도 하나님의 말씀이 없다면 존재할 수 없다. 당신도 나도 하나님의 말씀에 기초하여 존재한다. 또한 하나님께서 그분의 말씀의 능력으로 당신과 나를 붙들고 계신다. 그러니 교만하지 말아야 한다. 어느 날 그분이 붙들고 있는 손을 놓으실 때 우리는 더 이상 존재할 수 없다. 그러므로 그분의 말씀을 능력의 말씀이라 하는 것이다(히 1:3). 또한 요한복음 1장에서 '말씀'은 그리스도이다. 하나님은 말씀으로 만물을 지으셨는데 그 말씀이 바로 그리스도라는 말이다. 우리는 이 비밀을 다 알 수 없다. 당신은 "하나님이 가라사대" 하고 말씀하신 그 말씀이 그리스도라는 사실을 믿을 수 있는가? 요한복음 1장에서는 그가 없이는 지은 바 된 것이 없다고 말한다. 나는 그리스도께서 하나님이 태초에 천지를 지으신 바로 그 말씀이라는 것에 큰 감동을 느낀다. 그 그리스도께서 육신을 입고 이 땅에 오신 것이다.

"빛이 있으라". 하나님께서는 창조하실 때 맨 먼저 '빛'이 있으라고 하셨다. 인류에게 일차적으로 필요한 것은 빛이다. 그리스도가 말씀이시고 그 안에 생명이 있었으니 그 생명은 사람들의 빛이라고 했다(요 1:1-4). 그러므로 그분이 '빛이 있으라'고 말씀하실 때 빛이 있게 된 것은 매우 자연스런 일이다. 우리가 만일 완전한 어두움 가운데 있다면 맨 먼저 필요로 하는 것이 빛일 것이다. 2절에서 흑암이란 단어는 특히 땅에 관련된 말이다. 즉 하나님이 땅을 심판하여 흑암이 가득하게 하신 것이다. 구약에서 하나님의 심판이 있을 때마다 흑암이 임했다(욜 3:15, 겔 32:7-8, 사 60:19, 13:10 등). 하나님이 상황을 회복하시려면 먼저 빛이 임하게 하신다. 그런데 이 구절에서 하나님은 빛이 있으라고 하셨지 빛을 창조했다고 하시지 않았다. 그분은 땅에 빛이 있게 하신 것이다("Let there be light!"). 성경은 하나님께서 첫째 날에 빛을 창조하셨다거나 만드셨다고 하지 않았다.

첫째 날에 하나님은 비로소 빛을 만드신 것이 아니라 빛이 땅에 있도록 부르신 것이다. 하나님은 이미 창조하신 빛을 감추거나 어둡게 할 수 있으시다. "하늘의 모든 밝은 빛을 내가 네 위에서 어둡게 하여 어두움을 네 땅에 베풀리로다 나 주 여호와의 말이로다"(겔 32:8). 또한 흑암 속에 빛이 있게 하실 수 있다. 이로써 우리는 첫째 날 이전에도 우주 어딘가에 빛이 있었다고 결론을 내릴 수 있다.

2절에서 흑암이 있었다고 했는데, 흑암이 깊음 위에 있었다는 것은 당시 흑암이 한정된 범위에 있었다는 것을 암시한다. "흑암이 깊음 위에 있고" 이 말씀을 잘 묵상해보라! 흑암이 전체적으로 있다는 말이 아니라 '깊음'이라는 한정된 범위에 있었던 것이다. 빛이 전혀 없는 상태에서는 흑암 자체로 의미가 없는 것이기 때문이다. 흰색이 없이 모든 것이 다 검은색뿐이라면 검은색 그 자체는 의미가 없다. 다른 밝은 색들과 더불어 있을 때 검은색은 구별이 되고 의미가 있게 되는 것이다.

그러므로 하나님이 빛이 있으라 하신 것은 심판에 의해 흑암으로 변한 지구 위에 '빛을 부르신 것'으로 보아야 한다. 온 우주가 흑암이었던 것이 아니라 주고 땅을 덮고 있었던 흑암 위로 어딘가에 존재했던 빛을 부르신 것이다. 그렇게 보아야 논리에 맞고 타당하다. 어쩌면 빛이 있으라고 명하시기 전에는 빛과 어두움이 분간하기 어려울 정도로 섞여져서 흑암의 형태로 존재했던 것 같다. 하나님께서 빛과 어두움을 '나누었다'는 말씀을 보아도 그 이전에 빛이 전혀 없었다고 말하지 못한다. 어떤 것들이 서로 섞이고 엉켜져 있지 않다면 서로를 나눌 필요가 없는 것이다. 하나님이 빛을 창조하셨다고 한 것이 아니라 빛과 어둠을 나누고 구분하셨다고 한 것은 빛이 어둠과 싸우며 어딘가에 존재하고 있었던 것으로 볼 수 있다. '천로역정'을 쓴 존 번연은 '빛과 어둠의 싸움'이란 말을 했다. 사람들은 대강 빛이 첫째 날 창조되었다고 이해하지만, 성경을 주의 깊게 연구한다면 빛이라는 존재를 이해하는 것도 그렇게 간단하지 않다는 것을 발견하게 된다. 스펄전은 그의 창세기 강해에서 하나님께서 빛과 어두움을 나누시기 전까지 어떻게 그것들이 함께 존재할 수 있었는지 도저히 이해하지 못하겠다고 말한 바 있다.

하나님은 빛을 낮이라 칭하시고 흑암을 밤이라 칭하셨다. 하나님은 첫째 날 빛과 어두움을 나누시고 분명하게 빛은 빛이라고 하시고 어두움은 어두움이라고 하셨다. 그리고 "저녁이 되며 아침이 되니 이는 첫째 날이니라"고 하셨다. 그러면 첫날은 어디서부터 시작되었는가? 흑암으로부터 시작되었다면 첫날 저녁은 너무 긴 것이 된다. 그러므로 하나님이 빛이 있으라고 하시어 낮이 생기기 전에 저녁이 먼저 있어야 했기 때문에 그 저녁은 흑암과는 구분된 어떤 상태여야 맞다. 빛과 어둠이 뒤섞여진 기묘한 상태의 흑암이었던 것이다. 그렇다면 빛이 나오기 전에도 이미 조절될 수 있는 어떤 빛이 우주에 존재했다는 말이 성립된다. 그랜트(F. W. Grant)의 말을 보기로 하자. 그는 첫째 날이 혼돈과 공허에서 시작될 수 없다고 하였다. "저녁이 되고 아침이 되니 이는 첫째 날이니라"고 하였는데, 이 아침은 바로 첫째 날의 빛이 나타난 그 때이다. 만약 첫째 날 이전에 빛이 없었다면 이 저녁은 의미가 없게 되며, 첫째 날 이전에 전혀 빛이 없었다면 저녁은 2절의 흑암이어야 하는데 그렇다면 저녁의 시작은 없는 것이 되어 버린다. 즉 저녁은 흑암과 구분이 되는, 이미 빛의 통제를 받는 어두움이라고 보아야 한다는 것이다.

태양빛 이전의 빛

3절의 빛은 해와 달과 별 같은 광체(光體)에서 나온 것이 아니다. 모세는 이미 3500년 전에 태양에서 나온 빛이 아닌 빛이 있었다고 선포했다. 어찌 이 일이 가능한가? 그는 그것을 어떻게 알았을까? 그때는 과학도 천문학도 지금처럼 발달한 시대가 아니다. 그런데 그는 빛에 대하여 이렇게 놀라운 말을 했다. 오늘날 우리가 알다시피 빛의 근원은 많다. 전기도 빛을 내게 하며 인과 라듐 등의 화학물질도 빛을 낸다. 또한 오로라(aurora)와 같은 빛도 있다. 오로라란 극지방의 초고층 대기 중에서 나타나는 발광 현상으로 북극권에서 가까운 알래스카 쪽에서는 일조시간이 짧아지는 가을부터 자주 관측된다.

최근에는 퀘이사(quasar)[6]라는 빛을 내는 천체들이 우주 가운데 40여 개가 있다고 보고하고 있다. 이런 사실들은 태양빛 외에도 다른 빛들이 있음을 증명한다. 첫째 날의 빛은 하나님이 말씀으로 불러내신 빛이지 태양이나 달의 빛이 아니다. 물론 신학자들 중에는 이 빛을 태양빛이라고 보는 사람도 있다(Bush, Murphy, Wordsworth).[7] 그러나 이들의 논리대로라면 태양은 넷째 날이 아닌 첫째 날에도 이미 존재하였다는 말이 된다.

최근 우주 가운데는 태양빛 아닌 다른 종류의 빛이 있었다는 과학적 발견이 발표되기도 했다. "은하계(은하수) 크기의 8배나 되는 우주 초기의 새로운 은하계가 발견됐다. 이런 발견은 별들이 처음엔 작은 은하계를 이루다가 점점 큰 은하계로 발전한다는 기존 이론을 뒤집는 것으로 학계의 놀라움을 자아내고 있다. 미국 천문학자들은 미 항공우주국(NASA)의 허블 망원경과 스피처 망원경을 사용해 빅뱅 이후 8억 년이 지난 시점의 우주를 관찰하다가 이 은하계를 발견했다. 이처럼 우주의 초기에 잘 발달된 대규모 은하계가 있었다는 사실이 발견됨에 따라 학자들은 은하계들과 다른 천체들의 생성 가능 시기에 관한 기존 이론을 수정해야 할지도 모른다고 우주망원경 과학연구소(STSI)의 마시모 스티아벨리 연구원은 말했다. 그는 '이번 발견은 은하계 형성 과정이 우주의 시초기(始初期)에 일어났음을 의미하는 것'이라며, '우리가 찾고 있는 최초의 빛이 더 오래 전에 있었음을 말해준다.'고 설명했다." 창세기 1장의 창조에는 첫째 날의 빛이 있고, 넷째 날의 빛이 있다. 우리는 오늘날 이런 사실들이 과학자들에 의해 점점 증명되고 있음을 보고 있다. 과학자들은 오늘날에 이르러서야 우주 가운데는 태양빛만이 아닌 또 다른 빛이 존재한다고 말한다. 성경이 이를 말하지 않았다면 감히 누구도 태양빛 외에 또 다른 어떤 빛이 있다고 말하지 못했을 것이다. 이러한 사실을 과학적으로 접근하는 것은 최근의 일이다. 2005년 11월 3일자의 보도 내용을 참고하기 바란다. (밀워키, 美위스콘신주 AP=연합뉴스)

6) 블랙홀이 주변 물질을 집어 삼키는 에너지에 의해 형성되는 거대 발광체.
7) 이상근. 구약 주해 창세기. 기독교문사. p.20

미국의 과학자들은 우주 생성 초기의 별빛을 포착하는 데 성공했다고 주장했다. 미 항공우주국(NASA) 고다드 우주비행센터 연구진은 스피처 우주 망원경을 이용해 오래 전에 소멸한 태고의 별들이 발산한 빛의 흔적을 발견했다고 과학전문지 '네이처' 최신호에 발표했다. 약 137억 년 전 빅뱅으로 우주가 탄생한 지 1억 년 만에 수소원자들이 결합해 폭발하면서 밝게 빛나는 별들을 탄생시켰으며 이런 별들로부터 나온 물질이 훗날 우리의 태양을 비롯한 항성들을 구성한 것으로 알려져 있다. 연구 보고서 대표집필자인 알렉산더 캐슐린 스키 박사는, '그러나 학자들이 이런 별들의 위치와 크기, 밝기는 물론 존재 여부조차 확신하지 못해왔다'면서 '이번에 우리가 발견한 것은 이런 별들에 관한 첫 번째 정보'라고 말했다. 연구진은 우주의 특정한 작은 부분에서 나오는 우주 방사선을 측정한 뒤 여기에서 이미 알려진 모든 은하계의 방사능 수치를 빼고 남은 부분에 이들 태초의 항성에서 나오는 방사능이 포함되어 있는 것으로 추정했다. 이는 운동 경기장에 모인 군중의 소음 총량에서 각 개인의 소음을 하나하나 제거해 단 한 사람의 목소리를 구별해내는 것과 같은 방법이다. 연구진의 결론이 정확하다면 이는 우주가 어떻게 처음 빛을 내기 시작했는지 규명하는 연구에 큰 진전을 가져올 것으로 보인다.

2006년 노벨 물리학상을 받은 미국의 메더와 스무트 박사는 빅뱅 우주론 이론주의자들이다. 빅뱅 우주론에 따르면 우주가 시작된 작은 점의 온도는 매우 뜨거웠다. 이 점이 계속 팽창하면서 온도가 내려가기 시작해 약 3000도에 도달했을 때부터 빛이 나오기 시작했다고 본다. 현재의 우주 공간은 바로 이 빛으로 가득 차 있는 것으로 본다. 과학자들은 이 빛을 우주 배경 복사라고 부른다. 우주 배경 복사는 우주 생성 초기 단계의 흔적인 셈이다. 과학자들은 우주 배경 복사를 파동(마이크로파) 형태로 관찰할 수 있다. 1989년 NASA에서는 마이크로파의 온도를 측정하기 위해 코베 위성을 발사했으며 이 실험의 총괄 책임자가 메더 박사이다. 이 연구팀은 코베의 데이터를 통해 마이크로파가 절대온도로 2.7도(섭씨 영하 270.4도)라는 사실을 밝혀냈으며 빅뱅 우주론을 입증하는 확실한 증거를 얻은 것이다. 스무트 교수는 여러 온도 데이터에 10만분의 1도씩 차이가 난다는 사실을 발견했다. 결과적으로 이 온도차로 인하여 빛이 생겨나는 것이 있고 우주 곳곳에 에너지가 달라져 여러 가지 천체의 모습이 생겨났다는 생각이다. 이런 사항들은 그야말로 최근의 연구의 결과들이다. 그러나 모세는 지금으로부터 삼천오백 년 전에 태양 빛 외에도 지구상에는 빛이 있다는 것을 말했다. 우리는 이 사실만 보더라도 성경의 권위를 인정해야 한다. 태양이 지어진 넷째 날 이전인 첫날에 하나님은 빛이 있으라 명하신 것이다. 하나님은 빛이 있는 시간을 낮이라 칭하시고 어둠이 있는 시간을 밤이라 칭하셨다. 우리는 이 비밀을 과학적으로 다 파악하고 설명할 수 없지만 전능하신 하나님이 하신 일에 대해 다만 믿을 수밖에 없다.

"저녁이 되며 아침이 되니". 유대인의 하루는 성경에 근거하여 저녁 해질 때부터 다음 날 해질 때까지로 본다. 이 창조의 날들 엿새가 오늘날의 시간과 같은가에 대해서는 여러 가지 학설이 있다. 고대 교부 중 오리겐이나 어거스틴은 다른 견해를 가졌지만 Calvin이나 Luther 등 종교개혁자들은 현재의 24시간과 같다고 보았다.

천지창조에 대입해 본 새 창조

그러면 이제 6일간의 창조를 새 창조에 적용해보자. 이는 물질세계의 창조와 영적인 창조가 동일하게 이루어지기 때문이다. "어두운 데서 빛이 비취리라 하시던 그 하나님께서 예수 그리스도의 얼굴에 있는 하나님의 영광을 아는 빛을 우리 마음에 비취셨느니라"(고후 4:6). 이 구절은 옛 창조의 역사와 새 창조의 역사를 같은 선상에 둔 말씀이다. 그러므로 거대한 옛 창조의 세계와 개인의 내적인 새 창조의 역사는 부합하는 것이라고 말할 수 있다. 1절을 우리 인간에게 대입할 때 아담과 하와의 에덴 동산에 해당한다. 그때는 모든 것이 아름다웠다. 그러나 사탄의 공격이 있었고 2절의 상황이 되어버린 것이다. 죄가 들어오고 사망이 왔으며 '혼돈과 공허와 흑암이 깊음 위에 있는' 상태가 되었다. 그런데 주님께 감사하는 것은 하나님의 영이 수면에 운행하셨다는 것이다. 이러한 새 창조의 역사를 옛 창조에 대입할 때 간격이론이 맞다는 것이 다시 한 번 증명된다. 원래는 놀라웠지만 다음은 황량하게 되었고 그런 다음 하나님의 회복의 역사가 있는 것이다.

하나님의 영이 수면 위에 운행하셨다는 것은 '(닭이) 알을 품는다'는 뜻인데, 이는 하나님께서 큰 긍휼과 사랑으로 죄인인 우리를 오랫동안 품어 오셨음을 보여주는 말씀이다. 얼마나 오랜 시간인지는 알지 못하지만 주님은 우리를 품어오신 것이다. 주님을 믿고 거듭나는 새 창조의 역사에서도 먼저 빛이 우리에게 임한다. "너희가 전에는 어두움이더니 이제는 주 안에서 빛이라"(엡 5:8). 생명의 역사에서 가장 우선되는 것은 어둠 속에 있는 사람에게 빛이 임하는 것이다.

어떤 사람에게 빛이 있다는 것은 그가 하나님의 복된 역사 아래 있다는 것을 증명하는 것이다. 그러나 어떤 사람이 어둠 속에 있다면, 오! 그에게는 하나님께서 긍휼로 빛을 비추시는 것이 필요하다. 어둠 속에 있다는 것은 사망에 처해 있는 것이요 그 상태는 혼돈과 공허이며 그에게는 아직 하나님의 말씀하심이 없다는 것이다. 어떤 사람은 많은 지식을 갖고 있음을 자랑하며 그것을 곧 빛이라고 여기겠지만, 많은 지식이 오히려 사람을 눈멀게 하는 경우가 허다하다. 어둠 속에 있는 사람은 빛 가운데 올 때 비로소 자신의 과거가 어둠 속에 있었다는 것을 알게 된다. 그러므로 사람은 누구나 교만할 수 없고 언제나 그분의 빛을 구하며 하나님을 바라볼 필요가 있다.

또한 빛은 '하나님이 가라사대' 하실 때 비로소 임하게 된다. 누구든지 하나님께서 하시는 말씀을 마음으로 순종하여 받지 않는다면 참된 빛을 얻을 길이 없다. 영적 세계에서 우리에게 가장 먼저 필요한 것은 빛이다. 빛이 없으면 사물의 진상을 밝히 볼 수 없기 때문이다. 기이한 일은 우리가 주 예수님을 믿고 거듭날 때 우리 안에 빛이 있게 된다는 것이며, 그때부터 모든 인생관과 가치관이 참되게 변한다는 것이다.

하나님께서는 빛을 창조하신 후 그 빛을 보시고 좋다고 하셨다. 하나님께서 좋다고 하시는 것은 진정으로 좋은 것이다. 하나님은 왜 빛을 좋다고 하셨을까? 빛은 하나님의 속성이기 때문이다. 하나님은 어둠을 기뻐하시지 않는다. 어둠은 빛의 반대요 마귀의 영역이기 때문이다. 그분은 빛의 근원이시며 빛들의 아버지시다(약 1:17). 만일 당신이 하나님의 말씀을 받고 빛을 얻은 사람이 되었다면 하나님은 그 빛을 보시고 좋다고 말씀하신다. 당신 속에 어둠의 요소들이 많이 있을지라도 하나님은 당신 속에 있게 된 작은 하나의 빛을 보시고 좋다고 하시는 것이다.

첫째 날의 역사에 대하여, 빛이 나타나자 자동적으로 빛과 어두움이 나누어졌다기보다는 상당한 어두움의 저항과 혼란이 있는 가운데 하나님께서 그분의 말씀의 능력으로 빛과 어두움을 나누셨다고 보아야 할 것이다. 그분의 말씀의 능력은 더 이상 어둠이 빛을 방해하지 못하게 하셨다. 그 말씀으로 하나님은 더 이상 빛과 어두움이 혼합되지 못하게 하신 것이다. 빛과 어두움은 사귈 수 없기 때문이다. 하나님의 말씀하심과 역사가 있는 곳에서는 언제나 빛과 어두움이 나뉜다. 하나님의 빛이 임하기 전에는 모든 것이 분명치 않고 무엇이 참된 것이며 무엇이 거짓된 것인지 알지 못한다. 어쩌면 어둠이 빛을 가리고 있는 것 같다. 그러나 진리의 말씀이 선포되고 빛이 비췰 때 어둠이 물러가고 사물의 진상이 드러난다.

이런 일은 영적인 세계에서 매우 실제적이다. 우리는 창세기 1장에 나타난 창조의 실제를 영적인 실제에서 증명할 수 있다. 예를 들어, 사도행전 8장에서 사마리아의 시몬이라는 마술사는 빌립의 전파를 듣고 복음을 믿었지만 베드로가 올 때 비로소 그의 본색이 완전히 드러났다. 그것은 베드로와 요한에게 있는 성령의 강한 역사에 의한 것이었다. 그는 주님을 믿었지만 아직 그 속에 불의와 악독이 가득하였다(행 8:21-23). 그 사도들이 빛의 사자로 오기 전에 시므온의 속에는 불의와 악독과 진리가 뒤섞여 있었다. 하나님의 자녀들은 어느 곳에 가더라도 빛의 사자들로서 간다는 것을 기억해야 한다. 그들이 이른 곳에서는 어디서나 빛과 어두움이 나뉘며 진상이 드러나게 된다. 이것은 특히 항상 진리의 빛 가운데 사는 자들에게 있는 일이다.

하나님은 빛을 낮이라 칭하시고 어두움을 밤이라 칭하셨다. 이제야 빛이라는 실제가 구분되어 생겨났기에 빛은 그 명칭을 갖게 된 것이다. 어둠도 그 이름을 갖게 되었다. 그 이전에 빛과 어두움이 섞여 있을 때에는 빛과 어둠이 있었을지라도 그것들은 각각 이름을 가질 수 없었다. 어두움도 하나님 손에 사용된다. 어두움이 있는 것은 빛이 더욱 귀하고 아름다운 것임을 알게 하려는 것이다. 주님은 낮의 주인이시며 또한 밤의 주인이시므로(시 74:16) 밤을 사용하여 도리어 많은 생명을 자라게 하시고 빛의 역사를 더욱 강화시키신다. 민수기 17장에서 아론의 지팡이에 싹이 나고 열매가 맺히기 위해서는 하룻밤이 지나야 했다. 사도 바울의 사역에서도 그의 부활 생명이 나타나기 위해서는 밤과 같은 깊음의 역사가 필요했다.

주님은 낮과 밤의 주인이시다. 저녁이 되며 아침이 되는 것은 모두 생명의 역사를 위한 것이다. 시편 65편 8절은 주께서 아침과 저녁이 교차되는 것을 기쁘게 만드셨다고 말한다(흠정역 참조). 하나님은 군대에서 보초가 교대하는 것처럼 아침과 저녁이 교차되는 것을 기쁘게 지키도록 약정으로 정해놓으셨다(렘 33:20). 그리고 그 주야의 약정은 파해지지 않을 것이다(렘 33:25). 이로써 날(日)이 이루어졌다. 이것이 첫째 날이다. 실상 하나님은 첫째 날의 창조에서 빛이 있으라고 하셨는데, 이를 위해 하루 종일 빛이 드러나게 일을 하셨을 것이다. 이것은 어둠과 빛을 구분하는 것이 간단하지 않은 일이라는 뜻이다. 우리가 생각하기에 셋째 날, 넷째 날, 다섯 째 날 등에는 하나님께서 수많은 피조물들을 지으시느라 큰일을 하신 것이지만 첫째 날에는 그저 한 마디, '빛이 있으라' 하시니 빛이 있었기에 그저 간단하게 이루어진 것으로 여길 것이다. 그러나 실상은 그렇지 않다. 어둠으로부터 빛을 분별해내는 이 일이야말로 대단한 사건이요 큰일인 것이다.

우리 인생에서도 빛이 비췰 때 새로운 삶이 시작된다. 그러므로 처음 빛을 받은 것은 결코 작은 일이 아니다. 그 이후에 영적으로 많은 큰 일들을 경험하게 될지라도 처음 빛을 받은 그것이 그 후의 모든 경험의 시작이기 때문이다. 그 이전의 나날은 하나님 앞에서 계산되지 않는다. 어두운 우리 마음에 그리스도의 얼굴에 있는 하나님의 영광을 아는 빛이 비췰 때 새로운 하루가 생겨난다(고후 4:6). 이와 같이 하나님의 옛 창조에서 일어났던 일들은 하나님의 새 창조에서도 동일하게 일어난다. 전에 나는 고등학교 동창들과 한 달에 한 번씩 모여 3년 간 성경공부를 한 적이 있다. 이삼십 명 정도가 참여하였는데, 어느 날 복음을 들은 한 친구가 나에게 말했다.

"오늘 나에게 한 줄기 빛이 비춰었다!" 나는 그 말을 듣고 매우 기뻤다. 복음은 단순히 성경 지식을 정신적으로 이해하는 것이 아니다. 믿음이란 영적인 이해요 깨달음이다. 그것은 마치 빛과 같다. 고린도 후서 4장 6절을 다시 한 번 묵상해보기 바란다. "어두운 데서 빛이 비춰리라 하시던 그 하나님께서 예수 그리스도의 얼굴에 있는 하나님의 영광을 아는 빛을 우리 마음에 비춰셨느니라". 나는 이 말씀을 깨닫는 데 참으로 오랜 세월이 걸렸음을 간증할 수 있다. 나는 독자들에게 '복음은 빛이다!'라는 말을 한없이 외치고 싶다.

아무리 성경을 줄줄이 외고 신학을 많이 공부하고 설교를 수십 년 했어도 빛 비췸을 못 얻었을 수 있다. 이것은 요한 웨슬리에게, 마르틴 루터에게, 한량없이 부족한 나에게도 사실이다. 어느 날 말씀의 빛이 비춰어야 한다. 주 예수님의 얼굴 빛이 우리 마음에 비춰어야 한다. 마치 하나님께서 "빛이 있으라!"하신 것처럼 말이다. 나도 솔직히 오랜 동안 설교자였음에도 죄 용서의 사실을 그렇게 실감나게 체험하지 못했었다. 그러던 어느 날 나는 내가 늘 말하던 주 예수님의 얼굴 빛이 비로소 내 마음에 비추이는 것을 느꼈다. 그분은 마치 '내가 네 죄를 사하기 위해 십자가에서 피 흘린 예수다!'라고 하시는 것 같았다. 나는 비로소 주 예수의 얼굴을 바라보았고 죄에서 해방을 받았다. 그리고 고백했다. "오, 당신이 나의 구주이셨군요! 죄송합니다. 제가 어두워서 잘 몰라뵈었습니다! 감사하고 찬미합니다. 나의 구주 예수여!"

나는 여러분이 특정한 죄를 놓고 고심해본 적이 있나 모르겠다. 죄로 인한 근심과 속박감이 없고 정죄감이 없는데 어떻게 해방과 평안과 기쁨을 맛보겠는가? 나는 소위 많은 그리스도인의 얼굴에서 진정 용서와 사랑과 동정으로 가득한 주 예수의 얼굴 빛을 대하지 못한 듯한 모습을 대할 때 안타깝다. 구원을 받는 것은 말씀을 듣는 문제만이 아니라 그 말씀의 빛을 깨닫고 보는 문제이다. 요한은 일찍이 말했다. "그(말씀) 안에 생명이 있었으니 이 생명은 사람들의 빛이라 빛이 어두움에 비춰되 어두움이 깨닫지 못하더라", "참 빛 곧 세상에 와서 각 사람에게 비취는 빛이 있었나니" (요1:4-5, 9). 그리스도는 이 땅에 큰 빛으로 오신 분이다, 그분은 다만 어두움에 빛을 비추셔서 사람들을 구원하시고 빛으로 인도하신다. "나는 세상의 빛이니 나를 따르는 자는 어두움에 다니지 아니하고 생명의 빛을 얻으리라"(요 8:12).

나는 나의 저서를 통해 처음 성경을 읽는 독자들과 복음 친구들에게 말해주고 싶다. 사람이 물질(육신)과 영혼(영, spirit) 두 가지로 만들어진 것처럼, 우리에게는 물질적인 세상만 존재하는 것이 아니라 영적인 세계가 존재한다는 것을 말이다. 하나님께서는 물질적인 세상에 빛을 주셔서 낮을 만드신 것처럼 여러분의 인생의 어두움에도 "빛이 있으라!" 하심으로 여러분이 빛 가운데 살 수 있는 새로운 시작을 주실 수 있는 분이다. 그것이 바로 구원이요 영원한 불못과 형벌에서 구출되는 길이다.

저녁이 되고 아침이 되니 첫째 날이라고 했는데, 이 첫째 날은 매우 중요한 날이다. 이 날은 캄캄하고 어두운 우리 삶에 빛이 비춰기 시작한 날이다. 빛이 비추인 후에야 우리의 하루하루가 계수되며 우리 인생의 나날이 가치 있게 변한다. 또한 감사한 것은 저녁이란 완전한 흑암이 아니고 그래도 빛의 조절 아래 있는 어둠이니, 거듭난 후에 신자에게 어둠이 있기도 하고 죄를 범할지라도 그것은 캄캄한 흑암이 아니라 조절할 수 있는 저녁 같은 어둠이라는 것이다. 그러므로 성도들은 완전히 불신자와 같이 될 수는 없다. 때로는 흑암이 있지만 이미 빛 비춤을 받았기 때문에 거기에 조금도 빛이 없을 수는 없으며 어디까지나 그것은 조절 아래 있는 어둠이기 때문이다.

둘째 날—궁창을 만드심

6-8절, 하나님이 가라사대 물 가운데 궁창이 있어 물과 물로 나뉘게 하리라 하시고 7 하나님이 궁창을 만드사 궁창 아래의 물과 궁창 위의 물로 나뉘게 하시매 그대로 되니라 8 하나님이 궁창을 하늘이라 칭하시니라 저녁이 되며 아침이 되니 이는 둘째 날이니라

궁창이란 말은 히브리어로 '라키아'이며, '확장(expanse)', '넓은 공간

(wide space)', 또는 '넓게 펼쳐진 공간'을 뜻한다. 하나님께서는 물을 공중에 있는 물과 땅 위의 물로 나누시고 그 사이에 광대한 공간을 만드셨다. 이로써 둘째 날의 창조 또한 뭔가를 새로 창조하신 것이 아님을 알 수 있다. 다만 아랫물과 윗물이 나뉘게 하신 것이다. '바라'하신 것이 아니라 '아사', 즉, 하늘 위의 물과 땅 위의 물로 나눈 것이다. 이 궁창 하늘은 1절의 하늘과 다르다. 1절의 하늘은 온 우주와 그 모든 별들을 다 가리켜 말하는 것이지만 이 구절의 하늘은 이 땅의 하늘이다. 그렇지 않으면 당신은 창세기 1장에서 하늘에 관한 단어만 가지고도 문제에 부딪히게 된다. 도대체 1절의 하늘들(heavens)은 무엇이고 8절의 궁창만을 말하는 하늘(heaven)은 무엇인가? 또 이 두 가지가 의미하는 바는 무엇인가? 창세기 1장을 이와 같이 공부하지 않으면 영원히 해결될 수 없는 난제가 수두룩하게 된다. 이 부분의 말씀 또한 1절의 말씀이 6일 전체의 창조를 대변하는 말이 아니라는 것의 또 다른 증거이다. 3절 이후의 창조는 어디까지나 이 지구를 중심으로 한, 사람 중심의 창조를 말한 것이다. 이는 1절의 태초의 천지 창조와 다른 것이다. 1절의 하늘은 우주의 모든 하늘들을 가리키는 것이고, 둘째 날의 '하늘'은 지구를 둘러싼 궁창만을 가리켜 말한 것이다. 결정적인 근거 구절은 20절로서 "땅 위 하늘의 궁창에는 새가 날으라"고 했다.

우리는 악한 귀신들이 어떻게 공중에 올라가서 공중 권세 잡은 자가 되었는지 알지 못하나 아마도 하나님이 아랫물과 윗물을 나누실 때 기회를 붙잡아 하늘의 물로 올라갔을 가능성이 있다. 에베소서 6장에 있는 '하늘에 있는 악의 영들'은 어떤 존재들을 가리키는가? 에베소서 2장 2절에서 공중의 권세 잡은 자의 우두머리는 사탄이다. 그래서 오늘날 사탄의 역사가 대부분 공중에서 시작되는 것이다. 우리는 신약 성경에서 공중과 땅 위에서 악한 영들이 역사하고 있음을 보아야 한다. 그것들은 지금 도망하여 하나님을 피해 있지만 때가 될 때 무저갱에 던져질 것이다. 그러므로 우리는 언제 어디서나 모임을 가질 때마다 기도하여 주님의 보혈로 하늘의 공기를 깨끗케 해주시라고 구할 필요가 있는 것이다. 어쨌든 창세기 1장에서 6일 중 둘째 날만은 '하나님께서 보시기에 좋았더라'가 없다. 이는 아마도 이러한 존재들이 드러났기 때문이 아닌가 싶다.

이처럼 둘째 날 궁창이 생겼다. 궁창은 하나님의 창조에서 그분이 한없이 넓으시다는 것을 보여준다. "하늘이 하나님의 영광을 선포하고 궁창이 그 손으로 하신 일을 나타내는도다"(시 19:1). 즉 끝없이 넓은 궁창은 하나님의 광대하심과 위대하심을 나타내는 작품인 것이다. 피조물인 우리 사람은 이 무한한 우주 공간을 바라보면서 하나님의 그리스도께서 얼마나 광대하고 무한하신 분인가를 알 수 있어야 한다. 당신은 그리스도께서 어떤 분이신지를 알기 원하는가? 그리스도, 그분의 광대하심은 우주의 궁창의 넓이 만큼이다. 아무도 우주의 넓이를 측량할 수 없다. 그러므로 그리스도의 사랑을 말하는 에베소서 3장에서 바울은 그 사랑의 넓이와 길이와 높이와 깊이가 무한함을 말하고 있다. 그리스도를 체험하는 사람은 누구나 그분의 사랑이 우주와 같이 광대하고 무한하시다는 것을 안다. 그것은 그분이 무한하신 분이기 때문이다. 우주가 무한하고 넓고 광대한 만큼 그리스도께서도 그러하시다. 우리가 영적으로 장성한 사람을 볼 때 그 특징은 한없이 넓다는 것이다. 마음이 편협하고 좁다는 것은 연약한 믿음과 어린 것을 나타내는 것이고, 주 안에서의 화목이 완전히 이루어지지 않은 것을 의미한다(롬 14:2, 고후 5:20, 6:11-13).

아래의 물은 강과 바다가 되었을 것이고 위의 물은 구름이나 수증기가 되어 지구를 포근하게 감싸주는 보호막이 되었을 것이다. 즉 적절한 수포대가 형성되어 태양빛을 조절해주며 사람에게 알맞은 습도나 온도를 유지해주는 장치가 되었을 것이다. 여기서 우리는 인류를 위한 최적의 온도와 생활 조건이 만들어진 것을 보는데, 어찌하여 오늘날에는 이 모든 상황이 끔찍하게 변해버렸는가? 현재까지도 여전히 '위의 물'이 존재했더라면 오늘날의 황량한 사막이나 북극이나 남극의 얼음 지대 같은 것은 없었을 것이 아닌가 추측해 본다. 우리는 이에 대한 답변을 노아의 홍수에서 발견할 수 있다. 성경을 보면 노아 이전의 사람들은 구백 세 이상을 살았다. 노아도 구백 세 이상을 살았다. 그 이유 중 하나를 이와 같은 지상의 최적 생활 조건에서 찾을 수도 있을 것이다. 물론 사람이 죄 가운데 타락하여 육체가 됨으로 향년이 줄어들었지만(사망은 죄로 말미암은 것이다, 롬 5:12), 사람이 구백 세 이상 살기 위해서는 적절한 환경도 필요했을 것이다. 불쌍한 인생은 타락하여 죄인이 됨으로 생존을 위한 최적의 환경도 잃어버리고 수명도 십분지 일 이하로 단축되고 말았다.

노아 홍수 때에 이 '위의 물'이 쏟아져 내렸을 것이다. 성경 말씀은 그 날에 큰 깊음의 샘들이 터지고 하늘(궁창)의 문이 열려 사십 주야를 비가 쏟아졌다고 한다(창 7:12). 이때 수포대를 형성하고 있던 '위의 물'이 많은 양이 땅에 쏟아졌다고 볼 수 있다. 오늘날 지구상에 너무 덥거나 너무 추운 곳들이 생겨난 것은 보호막과 같은 위의 물 층이 노아 시대 때 대부분 쏟아져 내렸기 때문이라고 말할 수 있다. 그러므로 홍수 후에 하나님께서는 이 땅에 추위와 더위가 있을 것이라고 말씀하셨다(창 8:22). 하나님께서는 사람을 보호하기 위해 만드셨던 '위의 물'로 타락한 인류를 멸하셨으며, 이제 장래의 심판은 더 이상 물이 아닌 불로 하실 것이다. 홍수를 기점으로 하여 그 이전에는 천 년 가까이 살던 인간의 수명은 사백여 년(셈의 삼대손 셀라, 사대 손 벨렉 등), 이백여 년(나홀과 데라), 일백 칠십오 세(아브라함), 일백십 세(요셉) 등으로 급격히 감소하였다. 이것은 성경의 사실성을 증명하는 데에도 큰 도움이 되며, 인류가 타락함으로 불쌍하게도 에덴에서 쫓겨나고 홍수로 심판받았으며 따라서 가장 좋은 지구상의 생활 환경을 잃어버린 이유를 아는 데 필요한 자료가 된다.

이 사실을 모른다면 구백 세 이상 살던 인류가 홍수 이후 갑자기 몇백 세씩 수명이 감소된 이유를 설명하기가 어려울 것이다. 지금도 추운 곳에 사는 민족들은 대체적으로 수명이 짧다. 더운 곳에 사는 사람들도 마찬가지이다. 심한 추위와 더위는 사람의 건강을 심각하게 손상시키며, 심지어 수명을 단축시키는 요인이 된다.

계란찜을 할 때 그릇째 물속에 넣고 중탕을 하면 계란이 골고루 익는다. 그러나 후라이팬에다 익힌다든지 장작불 위에 구우면 익은 부위는 너무 익어서 타고 안 익은 부위는 날 것으로 남아 있다. 이런 것을 방지하는 것이 '위의 물'의 효과였다. 홍수 후에 노아의 후손은 백인, 흑인, 황인으로 인종의 구분이 있게 되었다. 이런 모든 사실들이 '위의 물'과 관련된다고 보아야 할 것이다. 하나님은 둘째 날에 땅을 둘러싸고 있는 수분을 위 아래로 나누셨는데, 위의 물은 지구의 환경을 위한 일종의 보호막으로 만드셨고 아래 물은 생물과 지구 자체의 생존을 위해 저수지 역할을 하도록 만드셨다. 그러나 홍수 이후에 지구는 확실히 보호막을 잃어버렸다. 물론 이것은 하나님의 심판이요 또한 긍휼이기도 하다. 타락하여 추악하고 광포해진 인류가 몇백 살씩 산다고 상상해 보라! 나이가 들어가면서 더욱더 악해지는데 그 죄악의 관영함을 누가 감당할 수 있겠는가! 히틀러나 뭇솔리니가 지금껏 살아남아서 계속 인류를 괴롭힌다고 가정해보라. 그것은 너무도 끔찍한 일이 될 것이다.

둘째 날의 영적인 의미

이제 둘째 날의 영적인 의미를 알아보자. 원래는 모든 수분이 한데 어우러져 있어 하늘의 것과 땅의 것이 나눠지지 않은 상태였다. 바울은 우리에게 위엣 것을 생각하고 땅엣 것을 생각지 말라고 했다. 첫째 날에는 빛과 어두움이 나뉘어졌지만 둘째 날에는 위엣 것과 아래 것이 나뉘어졌다. 어떤 사람은 빛과 어두움이 나뉘어지는 것에 대해서는 좀 알지만 위엣 것과 아래 것의 차이에 대해서는 인식하지 못한다. 가령 그리스도인이 실없이 한담하거나 담배를 피우는 것을 볼 때 그것이 죄는 아닐지라도 하늘의 냄새를 맡을 수 없다. 주님은 우리가 먼저 어두움에 속한 것들을 버리기 원하시며, 그런 다음 땅에 속한 낮은 것들을 버리기 원하신다. 첫째 날의 분별은 빛과 어두움에 관련된 것이지만, 둘째 날의 분별은 하늘에 속한 것과 땅에 속한 것에 관련된 것이다. 이와 같이 하나님의 역사는 분별의 역사이다.

둘째 날의 창조 후에는 '하나님께서 보시기에 좋았더라'는 말씀이 없다. 다른 5일에 대해서는 항상 이 말씀이 있고 어느 날은 두 번이나 좋다고 하셨는데도 말이다(셋째 날, 여섯째 날). 오직 둘째 날 궁창의 창조에서만은 하나님께서 좋다고 말씀하지 않으셨는데, 그것은 둘째 날에는 위의 물과 아래 물을 나누어 궁창이 드러나게 하셨을 뿐 어떤 적극적인 창조가 없었기 때문일 것이다. 결국 아래 물은 뭍이 드러나게 하는 작업이 더 남아 있는 상태이며 궁창 또한 많은 광명체들이 그 가운데 창조되어야 할 상황이다. 하나님은 뭍이 드러나지 않고 무언가 산출되지 않은 아래 물의 상태를 보시고 아직 좋다고 하지 않으셨다. 또한 어떤 사람들의 생각처럼 이때 바다 속에 있던 악한 영들이 윗물을 따라 올라갔을 수도 있다. 그렇게 해서 공중의 권세 잡은 자들이 되었다는 것이다(엡 2:2). 사실 이렇게 해석하지 않으면 공중의 권세 잡은 악한 영이나 바다 속의 귀신들의 정체를 알 길이 없고 그 근원을 추적할 수 없다. 사탄과 귀신 무리가 존재하는 것에는 그 누구도 이견이 없으며 인간의 창조 이전에 존재했으리라는 것도 쉽게 알 수 있다. 이는 사람이 창조된 직후 그가 뱀으로 찾아왔기 때문이다. 그리고 그 존재들도 분명 하나님의 피조물이며(스스로 계신 자는 오직 하나님 한 분이다), 또한 배역과 심판으로 말미암아 그렇게 되었으리라는 추측은 의심의 여지가 없다. 그렇지 않다면 하나님이 사탄을 창조하신 것이 되는데 절대 그럴 리는 없다. 주 예수께서 오셨을 때 사람들은 그분이 누구인지 알지 못했지만 귀신들은 그분을 알아보았다(막 1:34). 귀신이란 존재는 인간 세상 이전의 어떤 존재들이며 이미 그 자들은 하나님이 존재하시는 것도 알고 있다(약 2:19). 그들도 그분의 권위와 존재를 알기에 그분을 두려워했으며, 주님이 이 땅에 오셔서 제일 먼저 하신 일도 그자들을 사람들의 몸에서 쫓아내는 것이었다. 이는 그들이 매우 특이한 존재들임을 증명한다. 그자들은 지난 날 사탄을 따라 반역하다가 심판받아 그들의 특권을 빼앗긴 또 한 종류의 영물들임에 분명하다. 이들이 만일 바다를 주 거처지로 삼고 있다면 그 날 바다가 죽은 자들을 내어주어 심판을 받게 할 것이다. 그것들이 주님을 알므로 주님도 그것들의 존재를 아실 것임에 틀림없다. 사람들은 귀신들보다 그분을 아는 데 어리석은 듯하지만 일단 주 예수를 믿으면 그것들을 쫓아내고 제압할 수 있는 권세를 부여받는다. 이는 매우 분명한 일이다(막 16:17).

창세기 1장의 모든 창조는 땅을 중심으로 한 것임이 분명하다. 아래 물과 위엣 물이란 표현도 땅을 중심으로 한 말이고, 궁창도 땅을 중심으로 한 하늘이다. 사실 넓게 펼쳐진 궁창도 '땅'에서 볼 때는 한량없이 넓지만, 전 우주와 은하계로 볼 때는 작은 한 점에 불과할 것이니 말이다. 하나님은 창조에서 이 땅을 주의하신다. 땅에는 반드시 그리스도의 권세가 세워져야 한다. 이것이 하나님이 사람을 이 땅에 두신 목적이다. 그러므로 창세기는 시작부터 거듭해서 '땅'을 말씀하시는 것이다.

셋째 날—뭍이 드러나게 하시고 풀과 씨 맺는 채소와 과목을 지으심

9-13절, 하나님이 가라사대 천하의 물이 한 곳으로 모이고 뭍이
드러나라 하시매 그대로 되니라 10 하나님이 뭍을 땅이라 칭하시
고 모인 물을 바다라 칭하시니라 하나님의 보시기에 좋았더라 11
하나님이 가라사대 땅은 풀과 씨 맺는 채소와 각기 종류대로 씨
가진 열매 맺는 과목을 내라 하시매 그대로 되어 12 땅이 풀과 각
기 종류대로 씨 맺는 채소와 각기 종류대로 씨 가진 열매 맺는 나
무를 내니 하나님의 보시기에 좋았더라 13 저녁이 되며 아침이 되
니 이는 셋째 날이니라

이제 셋째 날에 하나님은 아래의 물에 역사하시어 한 곳으로 모이게 하셨다. 모인 물은 바다가 되었고 드러난 뭍은 육지가 되었다. 이 말씀에 의하면 뭍이 드러나라고 했지 물속에서 뭍이 생겨나라고 하지 않으셨다. 이미 물속에 땅이 있었는데 그것을 드러나라고 하신 것으로 이해해야 한다. 따라서 셋째 날 역시 '바라'의 창조가 아님을 주목하기 바란다.

하나님께서는 물을 한 곳으로 모이게 하시고 뭍이 드러나라고 명하셨다. 이미 뭍은 존재했었는데 물에 잠겨 있었던 것이다. 이미 언급한 바 있는 시편 104편 말씀은 이를 묘사하고 있는데, 5절에서는 "땅의 기초를 두사 영원히 요동치 않게 하셨나이다"라고 했다. 이는 창세기 1장 1절의 원초의 창조를 말한다. 그런데 6절은 "옷으로 덮음같이 땅을 바다로 덮으시매 물이 산들 위에 섰더니"라고 한다. 이는 2절의 하나님이 사탄의 배역으로 인하여 이 땅을 심판하신 후 물이 지면을 완전히 덮은 광경을 말하는 것이다. 다음 7-9절은 셋째 날의 회복의 창조를 말한다고 봐야 한다. "주의 견책을 인하여 도망하여 주의 우레 소리를 인하여 빨리 가서 주의 정하신 처소에 이르렀고 산은 오르고 골짜기는 내려갔나이다 주께서 물의 경계를 정하여 넘치지 못하게 하시며 다시 돌아와 땅을 덮지 못하게 하셨나이다." 여기서 견책이나 우레 소리는 창세기의 하나님의 명령이다. '물이 빨리 가서'란 셋째 날 물이 한 곳으로 모인 상황이다. 오늘날 지질학은 땅이 물에서 나온 것임을 알고 있다. 이 말씀의 문맥을 잘 읽어볼 때 이를 노아의 홍수 사건으로 보아서는 안 된다는 것을 알 수 있다. 그리고 셋째 날 뭍이 드러났지만 초목이 아직 자라지 않았기에 하나님은 초목이 있게 하셨다(창 1:11-12). 여기서도 '초목을 내라(sprout, brought forth)'고 하셨지 창조하였다고 말하지 않았다. '내라'는 것은 땅 속에 이미 있는 것을 '나오라(come out)'고 명한 것인 듯하다. 성경에는 땅의 기초를 말하는데, 이는 땅(이는 지구를 말함이 아니라 육지를 말함이며, 이 구절들에서 시편기자는 땅을 바다와 대비하여 사용하였기에 이렇게 이해할 수 있다)이 물속에 있다가 다시 나올 때 무너지지 않도록 뭔가 기초를 두신 것 같다. 시편 104편 5절의 "땅의 기초를 두사 영원히 요동치 않게 했다"는 말씀은 분명 물이 들어왔다가 물러가더라도 육지의 부분들이 상하지 않고 무너지지 않도록 한 처사로 이해할 수 있다. 그렇지 않으면 땅의 기초(foundation of the earth)라는 말은 요긴한 말이 아니다. 성경만이 이런 어법을 사용하니 과학이 있기 전, 지질학이 있기 전 모세는 참으로 놀라운 말들을 써낸 것이 분명하다.

하나님은 지구 표면의 4분지 3을 바다의 넓이로 정하시고 4분지 1을 뭍으로 정하셨는데, 정확하게 말하자면 바다가 육지의 2.42 배이다. 하나님은 모래를 두어 바다의 제한을 삼아 그것으로 바다의 영원한 한계를 삼으셨다고 했다(렘 5:22). 만일 하나님께서 바다의 면적을 조금만 넓게 하셨어도 육지는 습도가 너무 높아 살기에 적합하지 않았을 것이다. 반대로 바다가 조금만 작아도 건조해서 생물체들이 생존하기 어려웠을 것이다. 이러한 적절한 넓이와 경계는 이 땅에 사람이 살 수 있도록 미리 모든 것을 의도하신 전능한 하나님의 지혜에서 나온 것이다. 당신은 무엇이든지 우연이라고 말하겠는가? 어찌 이 광활한 우주에서 지구를 제외한 다른 혹성이나 행성들에서는 생명체가 발견되지 않는가? 오늘날 사람들은 물기만 조금 있어도 생명체가 존재할 수 있다고 주장하면서 화성을 주목하고 있다. 그러나 물기도 물기 나름이다. 어느 정도가 있는지도 중요하고 그 비율도 적절해야 한다. 세월만 수백만 년, 수억만 년이 지나면 무슨 일이든지 다 일어날 수 있다고 생각하는 진화론 같은 허구적인 상상을 믿을 수 있다는 말인가? 무엇이든지 단순한 자연의 법칙이나 우연이라는 것에 맡길 수는 없는 일이다. 그렇게 생각하기에는 지구가 너무나 사람이 살기에 적합하고 알맞은 조건들로 되어 있다. 나는 독자에게 시편 104편 전체를 조용히 읽으며 묵상하기를 권하겠다. 과연 이 글이 노아의 홍수를 말한 것이 아니라 창조를 말한 것이라면, 땅은 이미 5절에 존재하였으며, 6절에서는 땅을 덮었던 그 물이 셋째 날 주의 명령에 의하여 물러가서 뭍을 드러나게 한 것이라고 결론지을 수 있다.

하나님께서는 태양이나 달이나 수천의 행성들이 생기기 전에 먼저 지구의 환경을 조성하시고 이 지구를 중심으로 모든 것을 새롭게 하셨다. 이 땅에 사람이 거주하기에 가장 적합한 환경을 만들 것을 고려하신 것이다. 우리 사람이 이러한 우주의 근원이신 하나님을 모르고 이 땅에 존재한다는 것은 도무지 이치에 맞지 않은 일이다.

둘째 날에는 '하나님의 보시기에 좋았더라'는 말씀이 없지만 셋째 날에는 두 번씩이나 좋다고 말씀하셨다. 하나님은 뭍이 드러난 것을 보시고 좋다고 하셨으며 또 각종 식물이 생겨난 것을 보시고 좋다고 하셨다. 하나님께서는 한 단계 한 단계 창조를 하시면서 그분의 사랑의 대상자가 될 사람이 이 땅에 존재할 것을 생각하고 계셨으며 그들을 위한 환경이 예비되는 것을 볼 때에 좋다고 하신 것이다.

하나님께서는 풀과 채소와 나무를 창조하실 때 종류대로 창조하셨다. 나는 이 창조도 식물의 원종(原種)이 초기의 원시 상태에서 왔다고 보는 헨리 디이슨 박사의 견해에 동의한다. 이 구절들을 읽을 때 이것이 식물의 원창조라면 뭔가 좀 맞지 않다는 느낌을 가져본 적이 없는가? "땅은 풀과 씨 맺는 채소와 각기 종류대로 씨 가진 열매 맺는 과목을 내라 하시매 그대로 되어 땅이 풀과 각기 종류대로 씨 맺는 채소와 각기 종류대로 씨 가진 열매 맺는 나무를 내니 하나님의 보시기에 좋았더라". 먼저는 질서의 하나님께서 넷째 날 태양과 달과 별들을 창조하시기도 전에 채소나 곡식이나 씨 가진 과목을 만드셨다는 점이다. 징조와 사시는 넷째 날 이후에 생겼다. 농사를 짓는 사람들도 천기나 계절을 보고 채소나 곡식이나 과목을 심는 법이다. 하나님의 6일 간의 창조를 보면 하나님께서 모든 것을 순서대로 '첫째 날' '둘째 날' 하시면서 지으셨는데, 셋째 날 채소나 과목들을 지으신 것이 그때 처음 창조된 것이라고 한다면 순서가 맞지 않다는 생각이 든다.

또 한 가지가 있다. 우리 생각에는 "하나님이 땅에다가 풀이나 채소나 과목을 창조하시니라"고 해야 할 것 같은데 "땅은…내라"(sprout, 싹트다, 싹을 내다)고 하신 것이다. 하나님은 단순히 땅으로 하여금 "풀과 씨 맺는 채소와 각기 종류대로 씨 가진 열매 맺는 과목을 내라"고 명령하셨을 뿐이다. 거기에 이미 풀이나 나무가 나올 수 있는 가능성(씨종)이 존재하고 있었던 것 같다. 그러기에 다만 나오라고 하면 되었을 것이다. 주 예수님이 이 땅에서 치유의 역사를 행하실 때도 이미 있는 것을 통해서 뭔가를 하신 경우가 많다는 것으로부터 그러한 힌트를 얻을 수 있다. 즉 이는 유에서 유를 만드신 것으로 보여지는 것이다.

하나님은 또한 '종류별로' 채소와 과목을 만드셨다. 이것은 진화론에 반대되는 말씀이다. 하나님께서는 배추는 배추의 종류대로, 무는 무의 종류대로, 시금치는 시금치의 종류대로 창조하셨다. 사과나무는 사과나무의 종류대로, 배나무는 배나무의 종류대로, 복숭아나무는 복숭아나무의 종류대로, 포도나무는 포도나무의 종류대로 창조하신 것이다. 이 '종류대로'라는 말은 진화론을 종식시킨다. 자, 어떤 말이 믿을 만한가? 이 땅의 모든 풀과 채소와 나무들이 진화론자들의 말대로 수억만 년을 거치면서 종(種)의 근본적 변천을 통해 진화되었다고 믿는가, 아니면 전능하시고 지혜로우신 하나님께서 배추는 배추, 무는 무, 사과는 사과, 배는 배의 종류대로 각기 창조하셨다고 보는가? 게다가 수많은 동물들의 종류는 어떠하며, 조류는 어떠하며, 물고기의 종류는 어떠한가? 거기에다가 사람은 또 어떠한 존재인가? 이 모든 것이 우연히 진화해서 생겨났다고 믿는가? 그렇게 믿기에는 이 모든 것이 너무나 조화롭고 계획성이 있으며 예술성이 있지 않은가?

하나하나가 그저 우연히 생겨났다고 보기에는 너무나 가치 있고 계획성 있게 보인다. 우리가 눈으로 하나님을 뵐 수 없을지라도 이 모든 것은 전능하신 하나님의 솜씨임에 틀림없다. 우리는 하나님께서 만드신 만물을 통해서 그분을 알 수 있는 것이다.

셋째 날의 영적인 의미

성경에서 삼(3)은 매우 의미 있는 숫자이다. 우리의 구주 예수 그리스도께서는 삼 일 만에 부활하셨다. 즉 3이라는 숫자는 부활의 숫자이다. 창조에서도 삼 일째 되는 날에 뭍이 드러났다. 이것은 마치 그리스도의 부활을 상징하는 것 같다. 성경에서 바다는 사망을 상징한다. 바다의 물이 한 곳으로 모이고 뭍이 드러난 것은 그리스도께서 사망의 한계를 뚫고 사흘 만에 부활하신 것을 상징한다.

우리의 영적 체험에서도 사망의 물이 제해질 때 부활의 뭍이 드러난다. 첫날은 어두움이 물러갔고, 둘째 날은 땅에 속한 것과 위엣 것이 분리되었으며, 셋째 날은 사망이 물러가고 부활 생명이 나타나게 되었다. 가령 어떤 형제가 이곳저곳 다니며 주님의 일을 한다고 하자. 그가 주님의 일을 하는 것은 좋은 것이지만 그러나 그것이 부활에 속한 것이 아닐 수도 있다. 즉 그의 일이 그의 원래 열정적인 성품에서 나온 것일 수도 있다는 말이다. 그런 봉사는 조만간 참되지 않은 결과를 가져오게 된다. 또 어떤 그리스도인이 그 아내와 자녀들을 매우 사랑한다고 할 때 그것이 옳은 것일지라도 죽음을 통과하지 않은 것이라면 그 사랑은 부활 안에 있지 않은 것이다. 하나님께서는 우리 안에서 점점 물이 감소되고 뭍이 드러나기를 원하신다.

셋째 날에는 또한 풀과 채소와 열매 맺는 나무가 창조되었다. 이것들은 가장 낮은 단계의 생명체이다. 사람이 갓 구원받았을 때, 아직 주님께 철저히 헌신되지 않은 영혼은 풀이나 채소나 나무의 단계에 있다. 그는 푸릇푸릇하여 주님을 매우 사랑하고 섬기기 원하지만 아직 세상의 많은 일과 사람에게 붙잡혀 주님을 위해 자유로이 역사할 수 있는 상태가 되지 못한다. 그럼에도 여전히 그는 나름대로 역할을 다하여 사람들에게 유익을 주고 열매를 맺을 수 있다.

넷째 날—광명체들을 지으심

14-19절, 하나님이 가라사대 하늘의 궁창에 광명이 있어 주야를 나뉘게 하라 또 그 광명으로 하여 징조와 사시와 일자와 연한이 이루라 15 또 그 광명이 하늘의 궁창에 있어 땅에 비취라 하시고 (그대로 되니라) 16 하나님이 두 큰 광명을 만드사 큰 광명으로 낮을 주관하게 하시고 작은 광명으로 밤을 주관하게 하시며 또 별들을 만드시고 17 하나님이 그것들을 하늘의 궁창에 두어 땅에 비취게 하시며 18 주야를 주관하게 하시며 빛과 어두움을 나뉘게 하시니라 하나님의 보시기에 좋았더라 19 저녁이 되며 아침이 되니 이는 넷째 날이니라

우리는 첫째 날의 빛이 밤과 낮을 나누게 하신 것을 안다. 그런데 하나님은 넷째 날 하늘의 궁창에 광명이 있어 주야를 나뉘게 하라고 하셨다. 우리는 이런 말씀의 비밀을 다 알지 못하지만 적어도 말씀 안에 어떤 비밀들이 존재함을 상상할 수 있다. 우리가 어찌 상상으로나 과학으로 이 모든 것들을 증명해 낼 수 있겠는가? 첫째 날 빛이 있어서 낮과 밤이 나누어지게 하신 것과 넷째 날에 주야를 나눈 것의 비밀을 어찌 충분히 설명할 수 있으랴? 그러나 이는 어떤 방식으로든 분명한 사실로 드러날 것이다. 어쩌면 첫째 날의 빛은 지구의 자전을 통하여 하루의 절반은 지구의 한쪽을 비추게 하고 하루의 나머지 절반은 반대쪽을 비추게 하여 낮과 밤을 있게 하시고, 넷째 날은 광명을 만드시고 그 공전을 통하여 첫째 날의 빛과 함께 하게 하여 주야를 더욱 분명히 나뉘게 하시고 징조와 사시와 연한을 이루게 하셨을 것이다.

하나님은 또 태양을 만드셨는데, 모세는 하나님이 태양을 창조했다고(바라) 하지 않고 만들었다고(아사) 기록했다. 나는 모세가 이런 단어 하나하나를 의미 없이 썼다고 믿지 않는다. 그는 분명 무에서 유를 창조할 때는

'바라'를 썼다. 그러므로 태양은 이미 지구의 첫 창조 때부터 있었던 것으로 추정된다. 즉 하나님은 태양을 아담 이전 세상의 빛으로 삼았을 것이며, 그러다가 사탄의 반역 후에 태양이 빛을 잃고 흑암에 둘러싸이게 되었을 것이다. 이사야 13장 10절 말씀을 참고하더라도 하나님은 능히 해와 달과 별들을 감출 수 있으시다. "하늘의 별들과 별 떨기가 그 빛을 내지 아니하며 해가 돋아도 어두우며 달이 그 빛을 비취지 아니할 것이로다". 또한 욥기 9장 7절에 의하면 "그가 해를 명하여 뜨지 못하게 하시며 별들을 봉하시며"라고 하신다. 즉 하나님은 능히 창조하신 태양과 별들을 뜨지 못하게 하시고 별들도 봉하실 수 있는 분이다. 그렇기 때문에 당시 하나님은 태양을 창조하신 것이 아니라 기능을 상실한 태양을 밝게 하신 것으로 보아야 한다. 그렇지만 지구의 공전과 자전 상황은 지속되고 있었을 것이다.

넷째 날이 되어서 하나님은 태양과 달과 별들을 새롭게 하여 땅에 빛을 발하도록 하신 것이다. 그렇지만 이것이 처음으로 태양과 달과 별들을 창조한 것으로 볼 수 없는 것은 땅에 기초를 놓기 전에 별들이 이미 존재하였다는 기록 때문이다. 욥기 38장 4-7절을 보면 어쨌든 땅의 기초를 놓기 전에 새벽별들이 노래했다고 기록하고 있기에 별들이 땅보다 먼저 존재하였다는 힌트를 발견할 수 있다. 셋째 날 땅이 창조된 것이고 넷째 날 별들이 창조된 것이라면 욥기 38장 4-7절은 이해하기가 불가능하다. 그렇다면 어떻게 땅이 창조되었을 때 이미 별들이 있었다는 것인가? 그러므로 모든 창조의 중심은 사람임을 알 수 있다. 사시와 징조를 알려준다는 말씀만 보아도 그렇다. 징조는 사람이 아니면 알 수 없다. 오늘날 일기 예보나 천체의 징조는 온전히 사람을 위한 것이다. 하나님은 사람이 살아가면서 이러한 일기나 천체의 현상을 통해 징조와 사시를 예측하며 생활하게 하셨다. 잠시 생각해보기 바란다. 만일 창세기 1장 3절 이후가 최초의 창조라고 한다면, 태양이 창조되기 전에, 달과 별들이 있기 전에 하나님은 풀과 채소와 열매 맺는 과목을 창조하신 것이 된다. 물론 하나님은 전능하시기에 모든 것을 하실 수 있다고 말한다면 할 말이 없지만, 그러나 하나님은 어떤 일도 상식에 어긋나게 행하는 분이 아니시라는 것도 사실이다. 태양이 전혀 작동하지 않고 달과 별들이 운행하지 않는 상황은 온도나 습도 등 많은 문제와도 관련되기 때문에 넷째 날 해와 달과 별들이 창조되기 전 셋째 날에 식물들이 땅 위에 창조된 것에 대해서는 그것이 복구의 창조라야 자연스럽게 이해가 되는 것이다.

"큰 광명으로 낮을 주관하게 하시고 작은 광명으로 밤을 주관하게 하시며". 주야가 나뉜 것은 창조의 첫날부터 있었지만(1:4-5), 여기서는 주야가 태양과 달의 지배를 받게 하셨다. 첫째 날의 빛이 주야를 나뉘게 하는 것이며 넷째 날의 태양 빛도 주야를 나뉘게 하는 것이라면 두 빛 사이에 전혀 관계가 없기가 어렵다. 하나님은 넷째 날 주야의 광명을 만드셔서 첫째 날의 빛을 그 넷째 날의 빛 안에 담으신 것이라고 본다. 누군가 창조의 사건을 설화라고 주장한다 하더라도 어떻게 이렇게 깊고 심오할 수 있으랴! 첫날의 빛으로만은 낮과 밤을 주관하기에 부족했던 것이다. 그러므로 태양과 달이 필요하다고 본 것이다. 태양이 있고 달이 있을 때 낮과 밤이 확실한 주관 아래 놓이게 되었다. 따라서 '징조와 사시와 일자와 연한을 이루게'(14절) 되었다.

오늘날까지 발견된 우주의 천체들을 볼 때 지구처럼 아름답고 다양하며 충만한 것이 없다. 하나님께서는 만물을 지으시되 지구를 중심 삼아 지으셨다. 해와 달을 지으실 때에도 이 땅을 염두에 두셨다. 어떻게 해야 만물이 가장 잘 지탱해나갈 수 있는지, 가장 적절한 온도와 습도를 유지할 수 있는지, 하나님은 모든 환경을 고려하셨다. 그리고 가장 적합한 거리에 태양을 두셨다. 태양은 지구에서 가장 가까운 항성(恒星)으로서 지구에 밤과 낮과 사시(四時)를 이루는 천체이다. 이것이 어찌 땅을 위한 하나님의 배려가 아니라고 말할 수 있는가? 여기서 우리는 창조의 비밀을 조금이나마 알 수 있다. 성경 외에 그 어떤 것을 통해서 이러한 우주의 비밀을 알 수 있겠는가? 태양이 지구와 조금만 더 가까웠어도 이 땅은 뜨거워서 살 수 없을 것이고 조금만 더 멀었어도 추워서 살 수 없었을 것이다. 인도가 가장 더울 때의 기온은 섭씨 영상 40도가 넘는다. 몽골이나 시베리아의 추운 곳은 섭씨 영하 40도 이하이다. 우리는 해외에서 선교하면서 영상 40도와 영하 40도를 모두 체험하였는데, 그것은 모두 인간의 생존의 한계점이라고 할 수 있다. 그 이상 춥거나 덥다면 인간은 버틸 수 없을 것이다. 나는 지금도 인도 델리나 체나이에서 영상 40도 이상의 온도 속에서 헉헉거리며 죽도록 고생하던 때를 생생하게 기억한다. 그보다 조금만 더 더워도 사람은 절대로 살지 못한다. 역으로 몽골이나 시베리아의 추위도 마찬가지이다. 조금만 더 추우면 냉동고가 되어 사람이 그냥 얼어버린다. 우연이라면 조금 더 온도가 내려가거나 올라가는 것이 가능해야 할 텐데 기묘하게 마지노선에서 그친 느낌이다. 진화론자나 무신론자는 지구의 온도가 일정한 범위 내에 머무는 것도 역시 우연이라고 말하겠지만, 그렇게 되면 이 우주 가운데 우연이라는 것이 너무 기묘하게 많게 된다.

그런데 이러한 양극단 사이에 존재하는 지구상의 많은 곳들은 그 기후가 사람 살기에 그렇게 적합할 수가 없다. 나는 미국 캘리포니아의 일기를 대할 때면 이런 생각을 하곤 했다. '어떤 사람더러 이 세상의 온도와 습도를 가장 알맞게 만들어 보라 한들 이렇게 최상의 조건으로 만들 수 있을까? 이렇게 알맞은 거리에 태양을 매달은 것이 과연 우연이라고 생각할 수 있는가? 이래도 창조주 하나님의 솜씨를 멸시하겠는가?' 달은 천체들 가운데서 지구에 가장 가까운 지구의 위성(衛星)으로서 지구의 해가 진 부분들을 비춰준다. 달이 없다면 밤은 너무 캄캄하여 활동하기가 불편하고 에너지가 많이 들게 되며 생존하기가 어려울 것이다. 달의 역할은 그 외에도 많다. 바닷물의 순환은 달의 인력으로 말미암는다. 밀물과 썰물이 없다면 바닷물의 순환이 이루어지지 않아 바닷물이 부패하여 수많은 문제가 생길 것이다. 그럴진대 이 모든 것들은 조물주의 지혜를 나타내는 것이 아니면 무엇이란 말인가? 어떻게 이 모든 것들이 그저 우연히 그렇게 되었다고 결론지을 수 있다는 말인가? 하나님의 창조의 지혜와 능력이 경이로울 뿐이다.

또한 하나님께서는 수많은 별들을 만드셨는데 별들을 만드신 목적도 밤을 비추기 위한 것이다. 달과 별들은 모두 밤을 위한 것이다. 하나님께서는 달이 때로는 반달이 되고 어떤 때는 초생달과 그믐달이 되어 빛의 양이 적을 것도 염두에 두셨다. 그럴 때 별빛은 부족한 달빛을 보충하여 이 땅 만물을 은은하게 비춰준다. 하나님께서 목적 없이 지으신 것은 하나도 없다.

수많은 별들도 아무 목적 없이 존재하는 것이 아니라 결국 이 땅을 위한 것이다. 하나님께서는 별들을 궁창에 두어 땅을 비추게 하셨다.

현대 과학은 별들의 세계가 무한대의 공간이라고 말한다. 우리 지구가 속한 은하계만 하더라도 약 10만 광년(1광년은 빛이 1년 걸려서 도달하는 거리)의 넓이에 수억 개의 별들이 있다고 하며 또 이러한 은하계가 천억 개가 넘는다고 하니 대우주의 공간은 실로 무한하여 이를 창조하신 하나님의 무한성을 짐작케 한다. 우리 작은 인간이 어찌 이와 같이 광대하고 무한하신 하나님을 찬양하지 않을 수 있는가? 또 어찌 하나님이 안 계시다고 단정할 수 있는가? 창조를 볼 때 그 중심은 어디까지나 사람이다. 하나님은 사람의 생존을 위해 이렇게 위대하고 큰 작업을 하신 것이다. 사람이 이런 예비(provision)를 누리고 살면서 만물을 지으신 조물주를 어찌 모른다 할 수 있을까! "그 광명이 하늘의 궁창에 있어 땅에 비취라". 당시 땅에는 셋째 날의 식물들이 발아하고 있었다고 보여진다. 그러나 빛과 열을 보내지 않으면 그 창조된 식물들이 자라는 데 문제가 있었을 것이다. 물론 이는 식물들만을 위한 것이 아니라 다섯째 날의 수중생물과 조류, 여섯째 날의 동물들, 그리고 최종적으로는 사람을 위한 것이다.

넷째 날의 영적인 의미

그러면 넷째 날의 영적인 의미를 살펴보자. 우리가 구원받을 때 우리는 주님이 누구신지, 또 교회가 무엇인지 잘 모르지만 어둠 속에 있다가 빛으로 온 것은 분명히 인식했다. 그런 다음 점차 그리스도가 누구시며 교회가 무엇인지를 더 분명히 깨닫게 되었다. 하나님께서 첫째 날 빛을 부르셨지만 그 빛은 뚜렷한 광명체가 없으므로 징조와 사시와 일자와 연한을 이루지 못하여 생명체가 성장하기가 어려웠으며 또 그 빛만으로는 충분하게 빛을 공급할 수 없었다. 그래서 하나님은 궁창에 광명체들(lights)을 있게 하신 것이다. 하나님께서 궁창에 광명체들을 만드신 주된 목적은 생명체들을 성장하게 하려는 것이다. 첫째 날의 빛이 필요하고 그로 말미암아 많은 역사가 시작되었지만, 넷째 날의 빛은 특히 만물의 생존과 성장에 긴요하게 필요한 것이다. 그러므로 넷째 날 이후로 움직이는 생물이 창조되었으며 마지막에 사람이 창조되었다. 요한 일서 1장에서는 거듭난 사람에게 여전히 빛이 필요하며 그 안에서 행해야 함을 말한다. 사도행전 26장 18절의 빛('어두움에서 빛으로')을 첫째 날의 빛에 비한다면 에베소서 5장과 요한 일서 1장에 있는 빛은 넷째 날의 빛에 비할 수 있다.

태양은 의심할 여지없이 그리스도를 예표한다. 그리스도는 우리의 태양이시다. 말라기 4장 2절에서는 그리스도가 '의로운 해'로 묘사되신다. 우리가 진정으로 주님을 따르게 되면 그리스도는 우리의 빛이 되신다. 그리고 달은 교회를 예표한다고 말할 수 있다. 달이 스스로 빛을 낼 수 없듯이 교회도 스스로 빛을 내지 못하고 다만 태양이신 그리스도를 바라보고 그 빛을 반사할 뿐이다.

별은 달빛이 감소했을 때 어두움을 밝히기 위해 빛을 비춘다. 별은 마치 성경의 이기는 자들과 같다(계 2,3장 참조). 교회가 하락하여 제 기능을 다 하지 못할 때 별들인 이기는 자들이 일어나 빛을 발한다. 구약에서 이스라엘(교회를 예표하는)이 바벨론의 포로로 사로잡혀 갔을 때 하나님께서는 여전히 다니엘과 같은 별들을 소유하고 계셨다.

역사상 아무리 교회가 흑암 가운데 있던 시대라 하더라도 하나님은 여전히 별들과 같이 빛나는 믿는이들을 소유하고 계셨다. 계시록에서 주님은 오른손에 일곱 별을 붙잡고 계신 분으로 계시되는데, 일곱 별은 일곱 교회의 사자라고 하셨다(계 1:20). 계시록의 일곱 교회는 대다수 타락하였지만 그때 주님은 그분의 손에 별들을 붙들고 계셨다.

성도들이 자라고 진보하기 위해서는 첫째 날의 어둠을 비추는 빛만이 아니라 넷째 날의 그리스도와 교회와 이기는 자들의 빛이 있어야 한다. 넷째 날의 빛은 어둠을 밝히기 위한 것보다는 주야와 사시와 징조와 연한 등을 구분하고 관장하기 위한 빛이요 만물의 성장을 위한 구체적인 빛이다. 첫째 날의 빛은 다만 어둠과 빛을 나누었지만 넷째 날의 빛은 더 나아가 '주관하는 것'이 있다. 빛은 비출 뿐 아니라 주관한다. 당신이 첫째 날의 빛만 가지고 있다면 큰 영적 진보를 갖기 어렵다. 빛이 있고 낮이 있겠지만 그 빛 가운데서 삶이 통제되는 것이 부족할 것이다. 첫째 날의 어둠은 조절할 수 있는 달빛이 없다. 따라서 어두움이 한 번 오면 캄캄할 뿐이다. 넷째 날의 빛을 얻은 성도들도 밤이 있겠으나 그 밤은 어디까지나 밤을 비추는 달빛의 조절 아래 있는 것이다.

많은 성도들이 주님을 믿었다고 하지만 지식이나 교리 속의 예수를 믿었다. 그렇다하더라도 이전 죄 속에서 헤매며 혼돈하고 공허한 삶을 살 때와는 다르다. 어느 날 참되게 주 예수를 만나게 되고 그의 마음에는 태양이 떠오르게 된다. 그리고 그 빛은 첫째 날의 빛과는 완연히 다른 빛으로 다가오게 된다. 요한 웨슬레는 참되게 주님을 만나지 못한 상태에서도 인디언들에게 복음을 전하러 다녔다고 한다. 어느 날 지중해를 건너는 배 안에서 모라비안 형제들을 만난 후로 참되게 구원을 체험했다고 한다. 그리고서 그의 생애는 빛으로 충만한 삶으로 변하였다. 우리는 첫째 날의 빛과 어두움이 분명 주님의 역사의 시작임을 알지만 의인은 점점 더 빛나서 원만한 광명에 이르게 되는 것이다.

이 빛이 분명하다면 틀림없이 영적인 노정에서 징조와 사시의 구분이 있게 될 것이며 일자와 연한이 있어 성장이 있게 될 것이다. 이처럼 참되게 그리스도와 교회와 이기는 자의 빛이 있어야만 믿는 이는 영적 생활에 징조와 사시(영적인 다양한 체험들)와 일자와 연한이 있어서 참된 성장이 가능하다. 어떤 믿는 이가 구원은 받았지만 영적 삶에 있어서 적절한 통제와 주관 하에 생활하지 않는다면 그의 성장은 가능하지 않다. 또한 그가 합당한 주관 아래 놓이려면 그리스도와 교회와 참된 성도들이 있는 교회 생활 가운데 있어야 한다. 그때서야 그는 양육을 받아 합당하게 성장하게 된다. 당신은 다만 빛을 얻은 것으로 만족하지 말라! 어쩌면 그것은 첫째 날의 빛일 것이다. 그것으로는 당신이 성장할 수 없고 하나님의 형상에까지 이를 수 없다. 그리고 만물을 정복하고 다스릴 수 없다. 또한 그러한 상태에서 여러분이 전하는 말씀은 사람들을 회개하고 진리에 이르게 할 수 있는 능력이 없을 것이다. 이는 영적으로도 매우 실제적인 문제이다. 하나님께서는 하늘의 궁창에 두 큰 광명을 지으시고 또 별들을 지으셨으며, 그것들로 주야를 주관하게 하시고 빛과 어두움을 나누게 하시고서 보시기에 좋다고 하셨다.

다섯째 날—물고기와 새들을 창조하심

20-23절, 하나님이 가라사대 물들은 생물로 번성케 하라 땅 위 하늘의 궁창에는 새가 날으라 하시고 21 하나님이 큰 물고기와 물에서 번성하여 움직이는 모든 생물을 그 종류대로, 날개 있는 모든 새를 그 종류대로 창조하시니 하나님의 보시기에 좋았더라 22 하나님이 그들에게 복을 주어 가라사대 생육하고 번성하여 여러 바다 물에 충만하라 새들도 땅에 번성하라 하시니라 23 저녁이 되며 아침이 되니 이는 다섯째 날이니라

하나님의 창조의 활동은 하나에서 다른 하나로 점차적으로 이루어졌을 뿐 아니라 하등한 것에서 고등한 것으로 전진되었다. 창세기 1장의 기록이 다만 창조에 대한 모세의 묵상이라고 볼 수 없는 이유가 여기에 있다. 이 말씀은 분명 하나님의 창조의 오묘함도 제시하고 있는 것이다. 한 단계의 창조에서 또 한 단계의 창조로 나아간 것이 분명하며 그분의 창조에는 질서와 계획이 들어있다. 다섯째 날에 하나님은 물에 물고기와 많은 생명체들을 지으시고 하늘 궁창에 새들을 지으셨다. 사도 요한은 "만물이 그로 말미암아 지은 바 되었으니 지은 것이 하나도 그가 없이는 된 것이 없다"고 하였다(요 1:3).

하늘을 나는 모든 새, 바다의 모든 물고기는 하나님께서 그 종류대로 창조하신 것이다. 그분이 창조하시지 않은 것은 하나도 없다. 이 구절의 물고기와 조류에 대하여는 다시 '바라'를 사용하였다. 그러니 어류와 조류는 없는 데서 있게 하신 것이다. 당시 바다 속에는 아무것도 없었다. 아담 이전 생물들은 다 멸종되었다. 이는 전술한 바와 같이 사탄의 배역과 하나님의 심판이 있었기 때문이다. 2장 19절에서 각종 들짐승과 새들은 흙으로 지으셨다고 했는데 어류는 무슨 재료를 사용하여 지으셨는지 알지 못한다. 창조에 있어서 조류보다 바다의 어류가 먼저이다. 이는 과학에서도 증명하는 바이다. 과학에서는 생물 가운데 수중생물이 맨 먼저라고 말한다. 성경은 과학이 있기 이전에 쓰여진 것임에도 이처럼 조금도 오차가 없이 기록된 것을 볼 때 말씀의 진실성을 더 입증할 수 있는 것이다.

21절에서는 하나님께서 큰 물고기와 물에서 번성하여 움직이는 모든 생물을 그 종류대로, 날개 있는 모든 새를 그 종류대로 창조하셨다고 부가하여 말씀한다. 생각해볼 수 있다면, 하나님은 땅 위에 사람이라는 존재를 창조하시기 위해 물 속에는 큰 물고기(고래나 상어 등)를 지으셨을지라도 큰 짐승(공룡과 같은)은 만들지 않으신 것이라고 볼 수 있다. 여기서 모세가 큰 물고기라고 표현한 것이 그런 생각을 불러일으킨다. 새도 그렇게 큰 새가 없고 땅 위의 짐승도 그렇게 큰 것이 없다. 기껏해야 코끼리가 큰 동물인데 코끼리는 사람이 부려서 타고 다닐 수 있는 정도이다. 옛 세상에서는 사람 같은 종류도 네피림처럼 컸던 것 같고 땅위 짐승들도 공룡처럼 매우 큰 것들이 활개를 치며 살았던 것 같다. 그 모든 모습이 별로 보기에 좋지 않으셨을 것이다. 창세기 2장 19절에서 새나 짐승들은 흙으로 지었다고 했는데 물고기는 무슨 재료로 지으셨는지 말씀하지 않으셨다. 새나 짐승이 흙으로 지었다고 한 것이라든지 물고기의 창조 재료가 무엇인지 밝히지 않은 것조차 성경의 정밀함을 말해준다. 어쨌든 3,500년 전에 기록된 창세기는 오늘날 과학이나 생물학이 이렇게 발전했어도 오류를 찾을 수 없이 정교한 것임을 시인해야 한다. 창조의 순서도 물고기가 먼저이고, 다음이 조류이며(조류도 참새 종류가 먼저일 것-궁창에는 새가 날으라), 다음이 짐승이고 그 마지막이 사람이다.

오늘날 하나님의 창조를 의심하는 사람이 있다면 공작새 한 마리라도 유심히 감상해보기를 권하고 싶다. 그 머리와 꼬리와 날개의 아름다운 문양은 어떤 미술가나 조각가도 구상하고 설계하여 만들기가 어려울 것이다. 새들을 보면 대개 그 머리 부분과 날개와 꼬리 부분이 멋지게 조화를 이룬다. 아주 특이한 머리를 가진 새는 거기에 아주 어울리는 특이한 모양과 색깔의 날개와 꼬리가 있는 것을 볼 수 있다. 그것은 마치 오늘날 어떤 사람들이 백화점에 가서 옷가지와 액세서리를 맞추어서 사는 것과 같다. 특정한 스타일로 꾸미기 위해서 어떤 독특한 정장을 골랐으면 또 거기에 맞는 독특한 모자를 쓰고 구두를 갖춰서 사는 것이다. 만일 한 가지라도 조화가 깨지면 어울리지 않아서 보기에 흉할 것이다. 이를 '코디네이션'이라고 한다. 나의 네 살짜리 손녀도 자주 내 컴퓨터 앞에 와서는 어린이 게임인 옷 입히기 코디 놀이를 하겠다고 조른다. 그런데 어린아이의 코디 솜씨도 제법이다. 어떤 옷에 어떤 모자, 어떤 구두, 어떤 핸드백으로 코디할 것인가? 손녀는 자기가 해놓고도 아주 잘했다고 좋아한다. 하물며 전능하시고 지혜로우신 하나님의 창조물들은 그 형태가 얼마나 조화로운지 모른다. 아주 이상하게 생긴 것들도 찬찬히 살펴보면 나름대로 앙상블의 조화를 이루고 있는 것을 발견하게 된다. 과연 하나님의 솜씨는 기이하다!

여기서 큰 물고기를 말했다고 해서 공룡이나 괴물(Tiamat)을 연상할 필요는 없다. 그런 종류는 아담 이전 세상의 생물들일 가능성이 크다(옛 세상에는 땅 위에 그런 것들이 있었을 것이다). 현재도 큰 물고기들은 얼마든지 있다. 고래나 큰 상어(고래상어는 18m까지 자란다) 중에는 아주 큰 것들도 많다. 고래(33m, 179톤까지 있다) 같은 큰 물고기나 다양한 종류의 물고기나 수많은 조류를 볼 때 지으신 하나님의 능력과 솜씨를 감상하게 된다. 그것들의 크기나 형태나 성질 등을 보면서 사람은 이를 지으신 하나님의 기묘하신 능력을 인해 그분을 찬미하지 않을 수 없는 것이다. 우리는 결코 이 모든 것이 자연 환경을 따라서 우연히 진화해 왔다고 말할 수 없다. 그렇게 말하기에는 모든 것들이 종류별로 너무 뚜렷한 특징이 있고 의미가 있고 다양하기 때문이다. 지음받은 모든 것들은 창조자의 지혜와 능력을 보여주기에 충분하다.

또한 여기서 우리는 하나님의 사랑을 본다. 하나님이 해와 달과 별들을 지으신 것도 사람을 위한 것이고(시 8:3-4) 공중의 새와 물고기를 지으신 것도 다 사람을 위한 것이다. 모든 것들은 다 맨 나중에 창조된 사람이 다스릴만하고 정복할 만한 하게 지으신 것으로 보인다. 문명국들이 새들을 보호하는 것은 새들이 사람을 즐겁게 해주고 이 땅을 아름답게 해주기 때문이다. 하나님께서는 이 땅을 사람이 살기에 알맞은 기상 조건을 갖추도록 구상하셨을 뿐 아니라 사람이 즐겁게 사는 문제도 고려하셨다.

다섯째 날의 영적인 의미

하나님의 창조의 순서는 하등 생명체에서 고등 생명체로 전진해 나가는 것인데, 이는 하나님의 질서 있고 규모 있고 계획성 있으신 정교한 성품을 보여준다.

영적인 방면에 좀 더 구체적으로 적용해 보겠다. 셋째 날의 식물의 생명은 가장 낮은 단계의 생명체로서 사람이 거듭난 후 생명은 있지만 움직일 수 없는 어린아이 같은 상태를 나타낸다. 이 단계에 있는 믿는이에게서는 영적인 활동을 기대할 수 없다. 다만 갓난아이처럼 누워서 가져다주는 우유를 마시고 자고 하면서 자라는 것이 필요하다.

그 다음 넷째 날의 물고기 생명을 보라! 매우 빠르고 활동적이다. 오히려 뒤에 나오는 육축보다 더 빠르게 움직인다. 많은 물고기들이 별 생각 없이 떼를 지어 몰려다닌다. 주님은 베드로에게 "내가 너로 사람 낚는 어부가 되게 하리라"고 하셨다. 믿는이들을 물고기에 비유하는 것은 우리가 만들어낸 것이 아니다. 갓 믿은 사람의 경우 주님에 대한 깊은 인식은 없지만 다만 사랑과 열심을 인하여 무리를 지어 이곳저곳으로 달려 나가는 것을 본다. 그러한 믿는이들이 말하자면 물고기 단계에 있는 것이다.

그 다음은 공중의 새인데, 공중의 새 역시 별 생각 없이 날아다니지만 물고기보다는 생각이 좀 있다. 새들이 물고기보다 진보된 생명임에는 틀림없다. 낚시를 갖고 고기 잡기가 쉬운가? 모이를 갖고 새를 오게 하기가 쉬운가? 그래도 낚시로 고기를 낚는 것이 더 쉽다. 이는 새가 좀 더 지능이 있기 때문이다. 물고기는 몸통과 머리 부분이 거의 구분이 없지만 조류는 구분이 분명하다. 또 뒤에 나오는 땅의 짐승들과 육축들은 이보다 더욱 진보된 생명이며, 최종적으로 사람은 하나님의 형상을 온전히 나타내는 최고 단계의 생명인 것이다.

이것은 믿는이들이 주님에 대한 인식에 있어서 영적 생명의 성장으로 인해 영적 느낌이 점점 더 풍성해져감을 나타낸다. 창조의 순서는 그 자체가 하나의 생명의 이야기이므로 영적 생명에 그대로 적용될 수 있다. 그리고 창세기 1장의 창조를 새 창조의 영적 생명에 대하여 대입할 때 1절과 2절 사이에 간격이 있었다는 것과 혼돈과 공허와 흑암이 사탄적인 역사에서 왔다는 말과 그때에 빛이 비추어 생명의 역사가 시작되었다는 우리의 설명이 맞다는 확신을 갖게 된다. 즉 이 모든 육일 간의 창조의 역사가 생명의 역사라는 것이 확실하게 입증되는 것이다.

여섯째 날—땅의 짐승과 사람을 창조하심

24-25절, 하나님이 가라사대 땅은 생물을 그 종류대로 내되 육축과 기는 것과 땅의 짐승을 종류대로 내라 하시고 (그대로 되니라) 25 하나님이 땅의 짐승을 그 종류대로, 육축을 그 종류대로, 땅에 기는 모든 것을 그 종류대로 만드시니 하나님의 보시기에 좋았더라

1. 땅의 짐승

다섯째 날에는 공중과 물이 새와 물고기의 창조로 인해 채워졌고 이제는 육지에 생물들이 창조될 필요가 있었다. 다섯째 날까지 하나님께서 하시는 일을 바라보던 천사들은 마지막 날의 역사를 기이한 눈으로 바라보고 있었을 것이다. 과연 이 땅에 어떤 피조물이 있게 될 것인가? 하나님께서는 여섯째 날에 짐승과 육축을 지으신 다음 마지막으로 모든 피조물의 면류관인 사람을 지으셨다. 이때 하나님은 사람을 지으시면서 '바라'를 사용하시어 인간이 무에서 유로 창조되었음을 분명히 나타내셨다. 사람은 창조된 존재이지 진화된 존재가 아니다. 셋째 날 하나님은 나무와 풀과 채소들을 각기 종류대로 존재하도록 명하셨다. 다섯째 날 물고기와 새들 역시 각기 종류에 따라 창조되었다. 지음 받은 것마다 다 그 종류대로 되었다.

이는 진화론과 완전 대립된다. 종류대로의 창조란 이 식물이 변하여 저 식물이 될 수 없고 이 동물이 변하여 저 동물이 될 수 없다는 말이다. 아메바가 변하여 많은 진화의 과정을 거쳐서 원숭이가 되고 그 다음에 사람이 되었다는 것은 사람이 고안해 낸 학설인데 이는 창조를 믿는 것보다 훨씬 더 믿기가 어렵다. 우리는 이러한 사람의 논리와 추측을 믿지 않고 단순히 하나님이 흙으로 사람을 지으셨다는 말씀을 믿는다. 이는 전능자 하나님의 말씀이니 믿을 수 있다. 이것이 오히려 믿기가 쉬운 것이다.

주 예수님이 성령으로 잉태되셨다는 것도 과학으로 증명할 수 없지만 사실인 것처럼 죽은 자 가운데 사흘 만에 무덤에서 부활하셨다는 것도 우리는 단순한 마음으로 믿는다. 이 모든 것은 과학으로 증명할 수 없다. 실상 우리는 오늘날도 과학으로 증명될 수 없는 많은 것을 믿으면서 산다. 당신은 소위 태몽(胎夢)이라는 것을 믿는가? 이는 아주 기이한 현상이다. 태몽은 반드시 산모가 꾸는 것도 아니다. 남편이나 멀리 있는 부모나 그의 친구나 심지어 평소에 그들이 아이를 갖는 것에 대해서 별 관심도 없던 어떤 사람이 그녀가 아이를 임신한 사실을 알기도 한다. 그런 일은 생명을 존귀히 여기시는 하나님의 역사라고 아니할 수 없다. 우리는 주 예수님이 이 땅에 오셨을 때 동방 박사들에게 알려지고 목동들에게 알려진 것에 대하여 믿을 수 있다. 보통의 아이들의 출생도 기뻐하시며 귀히 여겨 알리시려고 하시는 하나님이 그분의 독생자의 출생을 그렇게 하시지 않으셨겠는가? 하나님께서 땅에 생물을 종류대로 지으실 때 단지 그 형태만 다양하게 지으신 것이 아니라 그 성질과 모양과 먹는 음식까지도 다양하게 하셨다. 이것은 전능자의 솜씨와 지혜를 다시 한 번 감상하게 한다. 우리는 목이 그토록 기다란 기린을 보면서, 말이나 호랑이나 사자나 토끼 등 각종 동물을 보면서 너무나 상이한 모습과 성질을 가진 것에 경탄하지 않을 수 없다. 당신은 기린이 높은 곳에 있는 먹이를 먹기 위해서 수억만 년 간 노력하다가 목이 그렇게 길어졌다고 믿는가? 숲 속에는 높이 있는 것을 먹기 위해 노력하는 짐승이 기린 말고도 많을 텐데 왜 기린의 목만 그렇게 길까? 토끼는 그 나름의 특성으로 사람에게 어떤 교훈과 느낌을 주며, 말은 또 다른 용도를 갖고 있다. 거북이도 그러하다. 토끼와는 반대되는 어떤 느낌을 준다. 우리는 결코 호랑이나 사자를 길들여서 말처럼 교통수단으로 사용하지 못한다. 양은 온순하고 염소는 양보다 사납다. 양은 양의 의미하는 바가 있고 염소는 염소의 의미하는 바가 있다. 늑대는 늑대의 의미하는 바가 있고 개는 개로서 의미하는 바가 있다. 성경에서는 돼지나 개가 언급되며 또 이리도 언급된다. 이것은 하나님께서 종류대로 특성을 지니도록 짐승들을 지으셨다는 증거이다.

이 모든 짐승들의 대표하는 성질과 기질은 다 다르다. 이것은 하나님께서 짐승들을 종류대로 지으신 것을 증명해주며, 한 종류에서 자연 발생적으로 진화되었다는 것은 참으로 믿을 수 없는 말이다. 하나님께서는 어떤 것은 사육하여 집에서 기를 수 있도록 따로 육축으로 만드셨다. 어떤 짐승은 작더라도 겁이 없고 대담한 반면 어떤 짐승은 몸집이 크더라도 작은 소리에도 놀라며 겁이 많고 약하다. 그저 자연 법칙에 따라서 자기 보호 본능에 의해서 그렇게 많은 종류가 생겨났다고 말할 수 없는 것이 있다. 사람도 비슷한 경우가 많다. 몸집이 크다고 꼭 용감하거나 왜소하다고 반드시 겁이 많은 것이 아니다. 아무리 생각해도 모든 동물들이 한 종류의 변이(變異)로 말미암았다는 말은 납득이 가지 않는다.

또한 짐승들의 창조는 땅과 관련을 지어 말하고 있다. 반면 사람의 창조는 하나님과 관련을 지어 말한다. 짐승들에 관하여는 "땅은 그 생물을 종류대로 내되"라고 말한다. 거기에는 어떤 대단한 고려나 협의가 없이 그저 땅으로부터 나오는 방식으로 창조하신 것이다. 그러니 자연히 땅으로 돌아가면 된다. 또한 "땅의 짐승"이라고 땅과 관련지어 말씀하신다. 사람은 하나님과 관련지어서 말씀하시며 창조하신 것이 짐승과 매우 다른 점이다.

영적인 적용에 있어서, 식물에서 물고기로, 물고기에서 조류로, 조류에서 짐승과 육축으로 나아가는데, 조류는 뭔가 하늘로 비상(飛上)하는 체험을 나타낸다. 어려운 문제들과 이 땅의 복잡한 상황에서 주님과 함께 하늘로 초월하는 것이다. 그러나 짐승, 특히 육축은 어떠한가? 다시 내려와 성육신의 원칙으로 자신보다 부족한 성도들을 섬기고 공급하는 것이다. 이 땅의 문제들에서 초월하는 것도 귀한 것이지만 뭔가 필요로 하는 사람들을 위해 이 땅에 다시 내려와 육축과 같이 되는 것은 더 깊은 것이다. 마치 소나 말이나 양들처럼 이 땅에서 부족하고 어린 사람들을 섬기기 위해 낮아지는 것이다. 가령 바울은 율법 없는 자이지만 율법 있는 자에게 갈 때에는 율법 있는 자같이 된 것은 사람들을 섬기기 위해 자신의 높은 영적 경지에서 초등 학문의 차원으로 내려온 것이다. 이것은 우리의 영적 생명의 성장에서 대단히 필요한 체험이다.

26-28절, 하나님이 가라사대 우리의 형상을 따라 우리의 모양대

로 우리가 사람을 만들고 그로 바다의 고기와 공중의 새와 육축과 온 땅과 땅에 기는 모든 것을 다스리게 하자 하시고 27 하나님의 자기 형상 곧 하나님의 형상대로 사람을 창조하시되 남자와 여자를 창조하시고 28 하나님이 그들에게 복을 주시며 그들에게 이르시되 생육하고 번성하여 땅에 충만하라, 땅을 정복하라, 바다의 고기와 공중의 새와 땅에 움직이는 모든 생물을 다스리라 하시니라

2. 사람의 창조

성삼위 하나님의 회의

"하나님이 가라사대 '우리'의 형상을 따라 '우리'의 모양대로 '우리'가 사람을 만들고". 하나님께서는 사람을 지으실 때 '우리'라는 대명사를 사용하셨다. 하나님은 한 분이시지만 동시에 세 위격(位格)을 가지고 계신다. 이것은 우리 인간의 머리로는 이해할 수 없는 영역의 일이다. 하나님은 분명 한 분이신데 세 위격을 갖고 계시는, 즉 셋이자 하나이신 분이라는 것이다. 지금까지 다른 피조물을 지으실 때에는 하나님께서 다만 말씀으로 지으셨지만 사람을 지으실 때에는 삼위일체 하나님(Triune God))의 세 위격께서 협의하시는 가운데 창조하셨다. '…하자 하시고'라는 말씀을 통해서 사람의 창조 이전에 성삼위 하나님의 협의가 있었음을 알 수 있다. 이는 피조물 중에 사람의 위치의 중요성을 말해주며 하나님께서 사람의 창조 시에는 매우 사려 깊으셨음을 보여준다.

사람은 하등동물로부터 진화된 것이 아니라 창조되었다. 하나님은 나무나 풀이나 채소나 각기 종류대로 지으셨다. 다섯째 날의 물고기나 새들 역시 종류에 따라 지어진 것이다. 여섯째 날의 땅의 짐승들과 곤충과 육축들 또한 종류대로 지은 것이다. 그러나 사람은 하나님의 형상과 모양대로 지으신 것이다.

이 성삼위 하나님의 신중한 회의에서 둘째 위격이신 분의 성육신되심과 십자가에 못박히심으로 구속을 이루실 일까지 논의하셨을 것이다. 이는 사도행전 2장 23절 말씀에 암시되어 있는데, "그가 하나님의 정하신 뜻과 미리 아신 대로 내어준 바 되었거늘…못박아 죽였으나"에서 '하나님의 정하신 뜻'(predetermined counsel)과 '미리 아신 대로'(foreknowledge of God)란 말이 이를 뒷받침해준다. 아들 그리스도께서는 이에 찬성하셨고 그러기에 그분은 창세 전에 죽임 당하신 어린 양이시다(계 5:6). 모든 것을 미리 아시고 모르는 것이 없는 하나님께서 사람을 지으실 때 그들이 실패하여 타락할 것과 그들을 회복할 것과 이를 위해 아들이 희생제물 되실 것과 모든 역사를 이루실 것을 염두에 두시고 협의를 거쳐 사람을 지으신 것을 생각할 때 우리는 더욱더 하나님께 대한 경외심과 감사가 넘친다.

하나님의 형상과 모양대로

하나님께서 다른 피조물을 지으실 때에는 다만 종류대로 지으셨지만 사람을 지으실 때에는 조류나 어류나 짐승처럼 또 하나의 종류대로 지으신 것이 아니라 창조자 하나님 자신의 형상과 모양대로 지으셨다. 형상이라는 말은 대표의 뜻이 들어 있다. 고전 7장 11절에는 "남자는 하나님의 형상과 영광이니"라고 한다. 하나님이 사람을 그분의 형상대로 지으신 것은 그분의 영광을 나타내기 위한 것이다. 사도행전 17장 28절은 바울이 당대 어떤 시인의 말을 빌어 우리가 '신의 소생'(His offspring)이라고 하였다. 사람은 도덕이나 생각에 있어서 하나님을 닮은 점이 있다. 그러기에 우리가 성경을 읽고 하나님이 모세나 여러 선지자들에게 하신 말씀이나 일들을 읽으면 꼭 사람의 감성과 흡사한 것을 느끼게 된다. 너무나 비슷한 면이 있는 것이다. 모든 피조물이 하나님의 지혜와 능력을 나타내고 있지만, 유독 사람은 하나님 자신이 어떤 분이신가를 나타내도록 지음 받았다. 이것은 마치 어떤 재능 있는 화가가 많은 뛰어난 작품들을 그린 다음 마지막으로 자신의 자화상을 그린 것에 비할 수 있다. 다른 작품들은 그 화가의 재능과 솜씨를 나타내지만 자화상은 화가 자신을 나타내는 데에 목적이 있다. 그렇게 하나님의 모양과 형상대로 지어져 그분과 관계를 맺도록 지어진 사람이 하나님을 알지도 못한 채 죽는 것은 너무 슬픈 일이다.

여기서 '형상'(image)은 하나님의 내적인 성품과 윤곽에서 말 그대로 '이미지'를 말하고, '모양'(likeness)은 내적인 성품을 통하여 비치는 외적인 모습을 말한다. Imago Dei(하나님의 형상)란 육적 형상보다는 영적, 또는 정신적인 형상이다. 그러므로 형상과 모양이라는 말은 거의 동의어로 보는 것이 합당하다. 약간 차이가 있다 하더라도 그것은 모든 면에서 사람이 하나님을 닮은 피조물임을 강조하는 말로 쓰여진 것이 분명하다. 신약에서 믿는 이들은 그리스도의 형상을 본받도록 되어 있는데, 그 형상이 바로 여기서 말한 맏아들의 형상(the image of His Son)을 본받는다는 그 형상과 같은 말로 풀이된다(롬 8:29). 하나님이 사람을 이와 같이 그분의 형상으로 지으신 것은 사람으로 하여금 그분과 교제하도록 하기 위함임에 틀림없다. 골로새서 3장 10절은 '자기를 창조하신 자의 형상'을 말하고 있는데, 이것은 곧 하나님의 형상이요 믿는 이들이 닮아가야 할 목표이다. 로마서 6장 5절은 우리가 그리스도의 '죽음의 모양'(likeness)에 연합한 자가 되면 그분의 '부활의 모양'에 연합한 자가 될 것이라고 말하고 있다. 우리는 그리스도의 모양 안에 넣어졌고 그 모양 안에서 자라도록 접붙임을 받은 것이다. 우리가 그리스도를 믿었다는 것은 그분 안에 접붙여져 그분의 죽음의 모양과 부활의 모양을 닮고 그리스도를 본받도록 지어진 것이다(빌 3:10-11).

남자와 여자를 창조

하나님은 먼저 아담을 지으시고 그 다음 하와를 지으셨다. 이 27절에 의하면 남자와 여자를 동시에 창조한 것 같지만 동시가 아니라 남자가 먼저 지음을 받고 하와가 그 이후에 지어졌다(딤전 2:13-아담이 먼저 지음을 받고 이와가 그 후며). 이에 대한 자세한 말씀은 2장에 쓰여졌다. 여기서는 남자와 여자를 다 창조하셨다고 하였지만 2장에서는 여자는 남자의 재료를 가지고 건축했다고 표현했다. 또한 여자는 하나님이 남자를 보시고 독처하는 것이 좋지 못한고로 돕는 배필을 지어준 것이다. 그러므로 여자가 가르치는 위치나 남자를 주관하는 위치에 서는 것은 옳지 않은 것이다. 이는 하나님의 창조의 질서인 것이다. 하나님은 교회를 부르신 것이 무너진 우주의 질서를 회복하기 위함이다. 이것이 고린도 전서 11장의 내용이다. 고린도전서 11장의 내용에 의하면 여자들이 머리에 쓰는 것은 위치를 떠난 천사들을 위한 것이라고 한다(10절). 하나님은 우주 가운데 정하신 행정이 있으시다. “각 남자의 머리는 그리스도요 여자의 머리는 남자요 그리스도의 머리는 하나님이시라”(3절) 머리는 권세를 뜻하는 것이며 교회 안에서 마땅히 여자는 남자의 권위 아래 있어야 마땅한 것이다(4-5절, 고전 14:34-36, 딤전 2:11-13).

여기에서 우리가 묵상할 수 있는 것은 이것이다. 이전 창조와 전혀 다른 점인데 특히 천사의 창조는 하나에서 나온 것이 아니었을 것이라는 점이다. 하나님은 천사의 거역을 통해서 이 땅에 질서의 문제를 상당히 중요시한 것이 재창조의 역사에서 두드러진다는 점이다. 인류가 아담 한 사람에게서 나오게 하였으며, 여자는 남자로부터 나오게 한 것이다. 오늘 날 교회가 하나님의 행정과 질서를 세우는 일에 참여하지 못한다면, 주님의 역사에 크게 유용하지 못한 것이다.

하나님의 나라의 중점은 무엇인가? 질서이다. 흑암의 왕국, 사탄의 나라의 특징은 무엇인가? 혼란(chaos)이다. 즉 ‘토후’인 것이다. 주 예수님의 제자들에게 가르치신 기도 속에는 그분의 나라의 회복에 대한 것이 들어 있다. 이것이 구약의 선지자들의 예언의 중점이기도 하고 주 예수님과 사도들의 강론의 중점이기도 한 것이다. 즉 이 땅에 그리스도의 권세가 세워지는 것이다. 결국 일곱 째 천사가 나팔을 불 때(마지막 나팔), 그리스도는 재림하실 것이며 세상 나라가 우리 주와 그리스도의 나라가 되어 그분이 세세토록 왕노릇하게 된다(계 11:15).

하나님의 사람에 대한 창조는 우주의 행정과 질서에 큰 관계가 있다. “나라이 임하옵시며” “하늘에서 뜻이 이루어진 것 같이 땅에서도 이루어지이다” “권세가 아버지께 있나이다”는 모두 그 기도의 내용이 하늘의 질서와 권위, 행정에 관련된다. 율법으로는 이스라엘이 하나님의 나라가, 그 행정과 질서가 서지 않았으며 그 나라가 이루어지지 못했다. 그러나 예수 그리스도의 진리와 은혜는 그 나라를 성립한다. 율법이 이루지 못한 것을 복음이 이루는 것이다. 우리가 받은 은혜는 행정을 무효화하는 것이 아니라 도리어 하나님의 행정을 세우는 것이다. 은혜의 결과는 의가 세워지며 율법의 모든 요구가 이루어지며 하나님이 세우신 질서와 행정이 성취되는 것이다. 은혜가 없다면 아내가 남편에게 복종되기 어려웠을 것이다. 그러나 은혜는 복종을 가져온다. 은혜가 없다면 여자가 남자의 권위 아래 생활하기 어렵다. 그러나 은혜는 모든 것을 이루는 것이다. 하나님이 사람을 창조하신 것은 우주의 혼란된 질서를 바로잡는 것임을 기억하기 바란다. 복종이 먼저 이루어진 곳이 교회이며 교회가 먼저 그리스도를 머리 삼고 복종할 때 우주의 질서는 바로잡힌다(고후 10:6).

사람의 창조에 대하여

이 모든 말씀을 종합할 때 사람의 창조의 목적은 다음과 같다. 즉 사람이 하나님과 같은 존재로 지어졌으니 사람은 하나님과 교제하고 하나님을 만족케 하며 하나님의 형상과 모양이 사람을 통하여 표현되기를 원하신다는 것을 알 수 있다. 이런 하나님과의 교제는 인간의 타락으로 말미암아 단절되었으나 그리스도의 구속으로 다시 회복되는 것이 바로 구원이요 거듭남이다. 사람은 하나님의 형상으로 창조되었으므로 하나님으로만 완전한 만족을 얻게 된다. “주여 우리는 주님 자신을 위하여 창조되었고 우리의 영혼은 주의 품에 안기기까지 참된 안식이 없나이다”(어거스틴).

인간 창조에 대하여 탈무드에 이런 이야기가 있다. 인간에게는 하늘과 땅의 두 요소가 있다. 네 가지 점에서는 천사와 공통되고 네 가지 점에서는 짐승과 공통된다. 즉 언어, 지력, 직립보행 및 눈빛에서는 천사와 공통되고 음식, 배설, 생식 및 죽음에서는 짐승과 공통된다. 그러므로 하나님은 하늘의 존재는 생식작용을 하지 않고 따라서 죽지 않으나 땅의 존재는 생식작용을 함으로 죽는 존재로서 창조하셨다. 그리고 ‘나는 이 두 가지를 병합하여 인간을 만든다. 만일 그가 짐승처럼 행동하면 범죄하여 죽을 것이고, 천사처럼 청결히 하면 무한히 살리라’고 말씀하셨다. 물론 이는 진리인 성경 말씀이 아니라 탈무드의 내용이니 그저 일고(一考)하면 되지 너무 참고할 것은 없다. 그러나 사람에게 있어서 이것은 분명하니, 사람은 영원한 존재가 안에 들어 있고 유한한 존재가 밖에 있다. 사람은 그 속에 불멸의 요소가 있으니 자연히 영원을 사모하는 것이 있으며(전 3:11), 육신은 유한하며 언젠가 죽을 수밖에 없으니 이 두 가지 영역 사이에서 지극한 모순을 느끼며 살게 되는 것이다.

하나님께서 사람을 창조하실 때 그분 자신의 형상과 모양대로 지으셨으므로 사람에 대하여 목표하시고 기대하신 바가 곧 그분 자신의 형상을 표현하는 것이다. 형상이란 내적인 성향과 본성이 같다는 뜻만이 아니다. 대표성을 의미한다(고전 11:7). 즉 하나님이 사람을 지으신 것은 모든 피조물의 주인격으로 지으셨다는 말이다. 다스리고 정복하라는 것이 그 뜻이다. 사람은 하나님을 대표하여 모든 피조물을 다스리고 정복하도록 지어진 존재이다. 이것이 창조의 목적이지만 타락으로 다시 질서는 깨졌다. 메시아 왕국에서는 이 모든 상황이 온전히 회복되어질 것이다. 만물은 그리스도와 그의 성도들에 의해 합당하게 다스려질 것이다. 오늘 교회는 이러한 것을 예수 그리스도의 이름을 의지하며 합심하는 간구와 기도로 행할 수 있다. 하나님은 그분이 사람의 주인인 것처럼 사람을 모든 짐승에 대하여 주인이 되어 다스리도록 지으셨다(창 1:26,28). 이는 참으로 믿을 만한 말씀이다.

이미 구약시대에도 노아의 홍수 때 방주에 들어간 동물들을 생각해보면 알 수 있다. 그 모든 동물들을 방주에 칸칸이 집어넣어서 대홍수 1년 이상을 방주 속에 머물게 하며 다스린 것은 사람이지 다른 어떤 존재가 아니다. 분명 사람은 창세기의 기록처럼 모든 만물의 대리 통치자로 지음 받은 존재이지 동물들의 동류로서 조금 나은 부류가 결코 아닌 것이다. 인간처럼 언어를 구사하는 짐승이 있는가? 종교를 갖고 기도하고 회개하며 찬양하는 짐승이 있는가?

특히 '형상'이란 내적인 성품의 문제이므로 하나님은 사람과 영 안에서 교류할 수 있도록 사람을 지으셨고 또 밖의 모습도 그러하니 사람이야말로 안팎으로 하나님과 같아야 하고 하나님을 나타낼 수 있어야 하는 것이다. 사람 외에 어떤 짐승들도 하나님 앞에 나아가 그분의 뜻을 구할 수 없다. 사람만이 창조주의 존전에 나아갈 수 있고 그분의 뜻을 알 수 있으며 그분과 동역하여 만물을 다스릴 수 있는 존재인 것이다.

사람을 만들고 그들로…다스리게 하자

아담 이전 세상에서 다스리던 자는 실패했다. 아담 이전에 우주를 다스리도록 창조된 무리는 천사들이었다. 그들 가운데 가장 높은 지위에 있던 자가 루시퍼라는 천사장이었다. 그는 자신의 지혜와 영화로움을 보고 자리를 높이려 하다가 타락한 것이다. 하나님이 새로 고치시고 재창조하신 땅은 그자와 무관하다. 하나님은 새로 창조하신 인간에게 자유의지를 주시어 사탄의 권세 밖에서 하나님이 지으신 모든 동식물과 온 땅을 다스릴 수 있는 권리를 주셨다. 이는 원래 천사장인 사탄이 갖고 있었던 것이다. 그러기에 그의 이름이 이 세상 임금인 것이다(그자는 결국 인간을 타락하게 하여 그의 위치를 불법적으로 차지했다). 하나님은 재창조 안에서 사람을 창조하심으로 원래 천사장이 갖고 있던 그 권리를 빼앗으시고 새롭게 피조된 사람이 그것을 갖도록 하셨다. 여기에 인간의 창조의 목적이 있는 것이다. 실상 이는 하나님의 영원 전부터의 계획이었다. 하나님은 영원 전부터 그들을 택하시고 예정하셨으며 은혜 주시기로 약속하셨다(딛 1:2).

이로 보건대 사람에 대한 하나님의 계획과 뜻은 매우 깊고 크시다. 그분은 사람을 창조하시어 그분의 모든 마음의 뜻을 다 이루려 하신다. 이렇게 피조된 사람은 만물을 다스리고 정복하도록 지음을 받았는데(시 8:6-7), 이는 특히 기는 것으로 형상화된 사탄의 무리를 향한 것이다(창 1:26, 3:1). 하나님은 그분의 형상대로 지음 받은 피조물을 통하여 이전 세계를 다스렸던 존재인 천사들을 다스리며 그 심판을 집행하시는 것이다(고전 6:3). 특히 그분은 그 원수 사탄을 사람의 발밑에 두기를 원하셨다(시 110:1, 롬 16:20, 고전15:24-28). 결국 사탄이 무너뜨린 우주의 질서를 회복하여 모든 나라를 하나님의 권세 아래 굴복시키는 것이 그리스도의 위대한 사역이다. 만물은 그리스도께 굴복되며 그 아들도 결국은 만물을 자기에게 복종케 하신 이에게 복종케 된다. 그 최종목적은 "하나님이 만유의 주로서 만유 안에 계시려 하심이다"(고전15:28).

하나님이 아담을 지으셨을 때 그분은 사람이 하늘의 그분과 연합하여 사탄의 능력을 제지하고 형을 집행하는 존재가 되게 하셨다. 또는 하나님께서는 사람을 지으사 사탄이 혹 회개하기를 기대하셨는지도 모른다. 그러나 도리어 사탄은 다시 피조된 사람을 공략하여 자기의 종이 되게 하였으므로 하나님은 그 자를 저주하시며 여자의 후손이 그를 상하게 할 것이라고 말씀하셨다(3:15). 그러므로 그리스도가 오신 것이며 그분이야 말로 사탄을 상하게 하기 위해 오신 흠 없는 사람이시다. 그분은 "이 세상 임금이 오겠음이라 그러나 저는 내게 관계할 것이 없으니(요 14:30)"라고 하셨다. 그 자는 아담 이전 세상에서 세상을 다스리던 임금이었을 것이다. 우리는 창세기로부터 전 성경에 이르기까지 하나님이 사탄에게 세상의 주권을 맡기신 것을 보지 못한다. 그러나 분명 마귀는 자기 손에 세상의 권세가 주어져 있다고 하였고(마4:8-9), 주 예수님도 그 점을 부인하지 않으셨고 그를 세상임금이라고 표현하셨다. 오늘 날 성도들이 이 점을 애매모호하게 여기면 안된다.

교회의 위임은 무엇인가? 하나님 나라는 무엇인가? 우리는 이 모든 것이 원수와의 관계에서 성립한다는 것을 아는 사람이 매우 극소수임을 안다. 하나님은 인간의 창조 시부터 옛 뱀 원수를 심판하는 문제를 염두에 두셨다. 마귀는 남자로 말미암아 패배당하고 쫓겨나는 것이다(계12장 참조). 주 예수님이 교회를 세우는 문제를 최초로 언급하실 때 원수의 문제를 언급하셨다(마16:18). 하나님의 나라도 성령의 능력으로 귀신이 쫓겨나갈 때 그곳에 세워지게 된다. "그러나 내가 하나님의 성령을 힘입어 귀신을 쫓아내는 것이면 하나님의 나라가 이미 너희에게 임하였느니라"(마 12:28) 1장 2절의 '토후'(chaos)의 환경은 절대적으로 마귀로부터 온 것임을 기억해야 한다. 이것이 분명하지 않으면 인간창조의 하나님의 목적이 희미하게 된다. 하나님은 질서와 행정이 분명하신 분이고 그것이 온전한 곳이 하나님의 나라이다. 하늘의 뜻이 온전히 이루어진 것은 바로 이것이다(마6:10).

사탄은 이 질서를 깨고 혼란을 만든 장본인이다. 사람이 창조된 것은 바로 이것을 바로 잡기 위한 것이다. "땅을 정복하고 다스리라"는 것은 바로 이를 위한 것이다. 이것이 이루어진 것이 바로 왕국이다. 하나님의 권세가 세워진 곳을 말한다. 오늘 교회는 온 우주의 혼란된 상황을 바로 잡기 위해 부르심 받은 첫 열매이다. 교회가 먼저 그리스도를 머리로 하여 그 권위에 굴복할 때 하나님은 다른 것들을 정복하실 길을 얻으신다(고후10:6). 성도들이 절대적으로 그리스도를 복종하여 자신을 드리는 것이 아니면 원수를 대적할 수 없다. 계시록 12장에 의하면 마귀를 이기는 자들은 자신의 생명을 아끼지 않는 자들에 의해서이다. 오늘 하나님을 섬긴다 하지만 하나님의 행정이 무엇인지, 하나님의 질서가 무엇인지, 그분의 나라가 무엇인지를 알지 못하는 자들이 많다. 그분이 세운 권위를 어기면서, 질서를 간과하며, 심지어 깨며, 거역의 원칙으로 하나님을 섬기는 자들이 있다. 그것은 하나님의 나라에 아무런 도움이 되지 않는다. 그저 우주의 혼란의 한 부분을 부추길 뿐이다.

우리가 예수를 믿어 그분과 연합하면 우리는 사탄과 원수 관계가 성립된다. 그는 이미 하나님의 성산 에덴에 있다가 내던짐을 받은 자이며 또한 아담이 타락한 후 저주 받았고 골고다에서 심판을 받았으며 장래 그리스도께서 재림하시면 무저갱으로 던져질 것이고 천년왕국 후에는 불못에 들어가 영원히 고통을 당할 것이다. 이것이 사탄의 운명이다. 지금 주님은 사탄으로 말미암아 생긴 반역의 흔적(죄와 불의)을 완전히 소멸하고자 하신다. 그분은 이미 피를 가지고 지성소에 들어가셔서 제사장이 되셨으며 다시 오실 때 만물이 회생될 때가 이른다. 그때 그리스도는 사탄이 이전 세상에서 그의 사자들과 그렇게 했듯이 이기는 성도들과 함께 온 세상을 다스리는 참 군왕과 제사장이 되실 것이다. 당시 사탄은 세상에서 사람들을 가르치는 제사장 노릇을 하였을 텐데 그때 그는 반역하여 그들로 하나님을 거스르게 하였다. 그러나 그리스도는 왕국에서 지상의 거민들을 가르치시어 하나님을 경배하는 법을 알게 하실 것이다. 천년왕국 때는 아담이 죄를 범하기 전만이 아니라 사탄도 죄를 범하기 전의 아름다운 세상의 상황을 완전히 회복할 것인데 이는 사탄이 무저갱에 갇힐 것이기 때문이다. 그리스도는 만물을 태초의 상태로 회복하여 하나님의 원래의 뜻이 실패로 돌아가지 않게 하신 후 이 세상을 불사르시고 새 하늘 새 땅을 도래하게 하실 것이다. 그때는 오직 의로운 자들만이 그곳에 거하게 된다(벧후 3:13).

따라서 우리는 일을 할 때 항상 이 한 가지를 명심해야 한다. 과연 우리의 일로 하나님께 유익이 돌아가는가, 사탄에게 유익이 돌아가는가? 하는 점이다. 과연 영적인 세계에서 누가 이득을 보는가이다. 우리의 일이 사탄에게 손실과 치명상을 주는 것이 아니라면 겉으로 좋게 보이는 일이라 하더라도 그렇게 큰 가치가 없다. 하나님의 자녀들이 된 사람은 마땅히 마귀에 대하여 더욱 깊은 원한을 가져야 한다. 하나님은 수천 년 동안 한 가지 일을 하고 계신데 이는 구속된 성도들이 그리스도와 연합하여 사탄의 권세를 멸하는 것이다. 그분은 공의로우시며 법도를 지키시는 의로운 하나님이시므로 사람이 빼앗긴 세상을 강제로 찾으실 수 없다. 그러므로 그분의 아들로 사람이 되게 하신 후 잃어버리고 상실한 세상을 되찾아 회복하는 일을 하신다. 그러므로 우리 구원받은 사람들은 유일무이한 사람이신 예수 그리스도와 연합하여 우리의 생명과 일과 환경과 거처와 세상에서 마귀의 모든 행위를 대적해야 한다. 사탄의 교만과 총명으로 세상은 혼란과 무질서에 떨어졌다. 그러나 하나님은 피조된 사람을 구속하고 새롭게 하사 그리스도와 동역하여 사탄을 끝내고 새 하늘과 새 땅을 가져오기 원하신다. 여기에 사람의 절대적인 영은 필수적이다. 절대적이지 않은 자세는 사탄을 대적할 수 없다. 절대적인 영보다 사탄의 지위를 전복시키고 그자의 일을 무효화시킬 수 있는 것은 없다. 당신이 만일 하나님께 유용하고자 할진대 하나님을 따르고 섬기는 범사에 절대적이어야 한다. 그러면 길이 있다. 여기서 하나님은 단수의 사람을 만드실 것을 말씀하신 뒤에 즉시 복수인 '그들로'라는 대명사를 사용하여 그들이 땅에 있는 모든 것을 다스려야 함을 말씀하셨다. 즉 하나님께서는 한 사람 아담을 창조하실 때 아담 안에서 많은 사람이 출생하여 그들이 생육하고 번성함으로 이 땅을 다스리도록 계획하신 것이다. 이는 결국 교회를 통하여 이루어진다. 교회는 그리스도의 몸으로서 사탄을 대적하여 패배시키는 하나의 단체적인 실체이다. 하나님은 그리스도 안에서 많은 사람을 얻으시어 이 일을 하시고야 마는 것이다. 하나님은 이 땅에 절대적으로 그분의 위치에 선 한 무리(단체적인 몸)가 일어날 때 그분의 뜻을 온전히 이루실 수 있다. 결국 이 일은 전체의 교회가 하지 못하고 이기는 자들이 성취하고 교회는 그들로 말미암아 승리하게 되는 것이다. 이것이 하나님이 성경에서 계시하는 바이다.

이 세대의 결말은 천국복음이 전파되는 것에 의해서이다

마태복음 24장 14절은 "이 천국복음이 모든 민족에게 증거되기 위하여 온 세상에 전파되리니 그제야 끝이 오리라"고 하였다. 천국 복음의 전파는 세상의 끝(말기)과 관계가 있다. 이 말씀에 의거하면 왕국이 임하려면 먼저 말기(末期)가 와야 한다. 마태복음 24장은 그 말기의 징조에 대하여 주님이 말씀하신 것이다. 천국복음이란 무엇인가? 왕국복음은 특히 음부와 마귀의 세력과 관계가 있다. 우리는 사람의 창조나 구속의 목적이 마귀와의 깊은 연관이 있다는 것을 알아야 한다. 이 부분이 분명해지지 않으면 사람의 창조의 목적이나 인생의 존재의 의미를 잘 알지 못하게 된다.

사복음서에서 주 예수님이 하신 일을 보면 마귀의 일을 소멸하는 일을 많이 하셨다. "하나님의 아들이 나타나신 것은 마귀의 일을 멸하려 하심이라"(요일 3:8) 그분은 이 세상에서 일하실 때 사람을 향한 것보다 마귀를 향한 성분이 더 많았다. 그분이 귀신을 좇아내고 병을 고치시고 복음을 전하신 모든 일들은 겉으로 보기엔 다만 병 고침이나 복음을 전하신 것이지만 그 내적인 실상은 마귀의 일을 멸하려 하신 것이다. 그리고 이 땅에 하나님의 나라를 세우기 위한 일이었다. "그러나 내가 만일 하나님의 손을 힘입어 귀신을 좇아내는 것이면 하나님의 나라가 이미 너희에게 임하였느니라"(눅11:20) 천국복음은 이와같이 흑암의 세력을 향한 것이다. 왕국이 이르러야 이 세상을 다스리는 세상 임금과 그의 사자와 악의 영이 완전히 좇겨나고 성도들이 모든 것을 다스리게 된다. 창세기 1 장의 해석에 있어서 성도들은 사람의 창조와 관련하여 마귀의 세력을 대항하기 위한 것임을 반드시 알아야 한다. 주 예수께서 교회를 세우는 문제를 처음으로 언급하실 때도 음부의 권세를 대항하기 위한 것임을 말씀하신 것을 기억해야 한다. "또 내가 네게 이르노니 너는 베드로라 내가 이 반석 위에 내 교회를 세우리니 음부의 권세가 이기지 못하리라"(마16:18)

주 예수님은 세상의 종말의 때에 이러한 사역을 하며 복음을 전파할 사람들이 일어나게 되리라고 했다. 그들은 다만 교회를 세우고 여러 가지 사역을 하는 것이 아니라 사탄과 싸우기 위해 일어나는 것이다. 따라서 세상의 끝을 이끌어오는 사람들은 십자가로 자신의 육체를 처리하고 성령의 능력으로 마귀의 일을 처리하는 사람들이다. 이 복음은 음부를 소멸하는 복음이요, 모든 육체를 십자가에 못박고 자아가 끝내어지는 복음이요(마귀가 역사하는 영역이 육체와 자아이다), 천국복음은 성도들을 어두움의 세력에서 빛으로 들어가게 하며 진리에 복종케 하는 복음이다. 주님이 가르쳐주신 기도는 왕국을 위한 기도이다(마6:10-13). 하나님은 이 세대가 속히 끝나고 아들의 왕국이 오기를 기뻐하신다. 하나님의 자녀들은 마땅히 하나님과 동역하여 이 세대를 종말에 이르게 해야 한다. 우리는 무슨 일을 하든지 왕국의 관점을 잊어버려서는 안된다. 우리는 복음이나 교회의 봉사나 모든 것이 중요하지만 그 목적이 그 자체가 아니라 사탄에게 해를 입히고 그리스도의 왕국과 왕권이 세워지는 것임을 명심해야 한다. 천국복음을 위한 자들은 하나님의 의지와 연합하여 그분의 뜻을 위하여 자신을 십자가에 놓을 수 있는 자들이다. 오늘 하나님과 합하여 이 세대를 끝내고 왕국이 오기를 간절히 사모하여 동역하는 자들이 어디에 있는가?

정복하라…다스리라

하나님께서는 사람에게 만물을 정복하고 다스리는 특권을 주셨다. 그러므로 정상적인 그리스도인이라면 만물을 정복하고 다스리는 특징을 지녀야 한다. 이것은 특히 교회가 그러하다. 주님은 교회가 이 땅에서 만물을 정복하고 다스리기를 원하신다. 성도들은 사람이 창조 시부터 하나님의 영원한 뜻 안에서 통치권을 가진 존재라는 것에 분명해야 한다. 하나님의 계획과 사람의 만물에 대한 통치권은 관계가 있다. 사람의 통치권의 범위는 온 땅이다. 사람이 하나님으로부터 받은 명령은 "이 땅을 정복하라…다스리라"인데 그것은 이 땅에 정복하고 다스려야 할 존재가 있기 때문이라는 것을 알아야 한다. 하나님은 지으신 사람을 에덴에 두시고 다스리며 지키라고 하셨는데 이 말씀에도 사탄에 대한 것을 염두에 두신 것이다. 그렇지 않으면 지킬 필요가 있는가? 도적이 있기에 지킬 필요가 있는 것이다. 사람이 다스리지 못한 최초의 실패는 어디에 있었는가? 그것은 결국 기는 뱀을 다스리지 못한 것이다. 하나님은 사람으로 하여금 기는 것을 다스리기를 기대하셨지만 사람의 타락으로 인하여 도리어 역전이 되고 만 셈이다. 사람이 다스리게 된 것이 아니라 기는 것(뱀)이 사람을 정복하고 다스리어 그 자의 종이 되고 만 것이다. 그리스도의 십자가의 승리는 바로 이렇게 잃어버린 사람의 다스리는 지위를 되찾아 준 사건으로 이해하면 매우 분명해진다. 그리스도는 오셔서 교회를 세우시고 사람이 땅에서 무엇이든지 매면 하늘에서도 맬 것이라고 말씀하셨다. 교회는 다시금 사람의 원래의 통치권을 회복하여 온 땅을 다스리고 정복할 수 있게 하신 기관이다.

과거 성도들은 천기와 기상을 주관하고, 또 정치 상황을 변케 하는 기도를 하여 응답받은 적이 있다. 교회는 하늘과 더불어 이 땅에서 묶고 푸는 권세를 사용해야 한다. 교회가 기도로 묶으면 어떤 세력도 결국 묶이고 만다. 교회가 풀면 어떤 막힌 것, 묶여 있는 것도 풀려진다.

하나님께서는 자신의 형상대로 지음 받은 사람이 만물에 굴복하는 모습을 보기를 기뻐하지 않으신다. 특히 하나님의 자녀들이 물질의 세력에 굴복하여 종노릇 한다는 것은 하나님께 부끄러운 일이다. 성경은 장차오는 왕국에서 이기는 자들이 그리스도와 함께 모든 것을 정복하고 다스리게 될 것임을 예고하고 있다. 사람은 이 땅을 정복하고 다스리기 위해 창조된 존재이다.

땅에 기는 것

하나님께서는 사람이 땅을 정복하기 원하시며 특히 땅에 기는 것을 정복하고 다스리기를 원하신다. 땅에 기는 것 가운데에는 뱀이 있으며, 그것은 하나님의 대적자인 사탄의 화신(化身)이다. 그러므로 하나님께서는 이 땅에서 사탄이 주권을 갖지 못하게 하고 사람이 모든 것을 정복하고 다스려야 한다고 말씀하신다. 마귀의 권세가 쫓겨나고 그리스도의 권세가 이루어지는 범위가 하나님의 나라이다. 이러한 곳이 곧 천국의 실제적인 범위인 것이다. 나는 땅의 기는 것도 여섯째 날 지으신 동물들 가운데 포함되었을 것이라고 믿는다. 그러나 생명나무와 선악과도 그러하듯이 마귀의 존재는 그 이전에 오래 전부터 이미 존재하였다. 생명나무나 선악과도 에덴동산을 창설하실 때 존재하게 되었겠지만, 그 존재는 그 오래 전부터 존재한 것이다. 땅의 기는 것도 동일한 것이다. 어떻게 해서 마귀가 땅의 기는 것과 연합되었는지는 성경이 밝히고 있지 않으니 알 수 없다. 다만 우리는 그 존재가 이미 오래전에 있던 존재들임을 알 수 있다.

창세기에는 아담 이전 세상에 대하여 자세하게 말하고 있지 않다. 그러나 사탄은 하나님의 창조에 있어서도 그분의 창조를 눈 여겨 보고 있다가 하나님의 역사를 방해하기 위해 개입한 것임에 틀림없다. 우리가 창세기 1장 1절과 2절 사이의 일을 자세히 다루는 이유 중의 하나는 이 일이 분명해지지 않으면 하나님의 사람의 창조의 배경을 정확히 이해하기 어렵고 그리고 사람이 사탄에 대하여 가져야 할 강한 적대감을 갖지 못하게 되는 문제가 있다. 이는 이만 저만 손실이 아니다. 사탄은 동산에서 사람을 미혹하여 죄와 사망에 떨어지게 하였고 멸망에 이르게 한 자인데 이 자는 그 이전부터 하나님의 대적자로 존재하고 있었던 것이다.

여기에 사람의 창조의 큰 목적이 숨어있는 것이다. 사람은 사탄의 한 일을 알아야 하고 그 자의 계략을 알아야 한다. 그렇지 않으면 그 자를 정복할 어떤 생각을 갖기 어렵다. 창조 당시 사탄은 적어도 어떤 피조물을 자기의 소속으로 만들려고 하였다. 타락한 천사장의 능력으로도 그 정도는 할 수 있었던 것이다. 그 자는 꾀는 데는 한 수가 있는 놈이다(계 12:9). 창세기 3장 1절은 그저 "하나님이 지으신 들짐승 중에 뱀이 가장 간교하더라" 고 하셨다. 하나님은 뱀을 뱀같이 만드셨는데 지금도 그렇듯이 사탄 마귀는 자기와 가장 비슷한 종류와 함께 하는 특성이 있다. 거짓말을 잘하는 사람은 사탄에게 가장 가까이 있는 사람이다. 사탄은 '거짓말장이'이기 때문이다(요 8:44). 사람이 분을 많이 내다보면 사탄에게 먹힌다. 사탄은 죽이고 파괴하고 멸망시키고 따라서 분을 잘 내는 존재이기 때문이다(엡 4:26-27, 계 12:12,17). 뱀은 그 속성이 사탄과 너무 맞기에 그와 동역하게 된 것이다. 당시 뱀은 들짐승 중에 가장 간교하게 지음을 받았고 결국은 그와 속성상 비슷한 사탄과 하나가 되었다. 하나님은 그런 일을 아셨겠지만 그대로 두시고 다른 방식으로 대적을 처리할 길을 예비하셨는데, 그것은 결국 사람을 이 대적을 정복하고 다스리는 존재로 지으신 것이다.

하나님은 피조물을 통해서 피조물인 사탄을 다스리고 정복하기 원하신다. 물론 하나님은 직접 사탄을 처리하실 수 있으시다. 그러나 하나님은 사람으로 하여금 타락한 천사를 심판하고 다스리도록 하셨다. 그런데 그러한 사람이 다시 노예가 되었기에 하나님은 그리스도의 구속을 통해 사람이 원래의 창조된 지위를 회복하도록 하셨다. 복음의 목적은 다만 지옥에 가지 않고 천당 가는 것에 그치는 것이 아니라 하나님의 원래의 창조의 목적에 이르게 하는 것이다. 그러므로 그리스도인은 다만 주님을 사랑하고 복음을 전하고 주님을 위해 이 일 저 일을 하는 것에 만족할 것이 아니라 반드시 흑암의 권세를 짓밟고 사탄의 권세를 발밑에 두어야 한다.

그러려면 우리 속에 옛 뱀 사탄의 지위를 완전히 없애야 한다. 주님을 위해 복음을 전하고 일을 하며 심지어 외국에 나가서 선교를 하고 큰 희생을 할 수 있지만 사탄을 발로 밟기 위해서는 작은 육체나 자아를 보류해서는 안 된다. 그리스도의 십자가로 완전히 자신을 심판하여 처리하지 않는다면 우리는 아직도 사탄과의 일전을 하기에는 부족한 것이다. 온전히 십자가로 자신을 처리하여 온 존재를 주님께 넘겨드릴 때 성령은 우리를 의의 병기로 사용하사 대적을 멸하는 도구로 사용하실 것이다. 이는 또한 개인의 일이 아니라 단체의 일이다. 이는 창세기 1장 26절의 '그로'라는 말에 압축되어 있다. 여기의 '그로'에서 우리는 신약의 교회를 보아야 한다. 신약의 교회는 대적의 반대편에서 그를 패배시키고 그리스도의 승리와 권세를 이 땅에 주장하기 위하여 있다.

심히 좋았더라

29-31절, 하나님이 가라사대 내가 온 지면의 씨 맺는 모든 채소와 씨 가진 열매 맺는 모든 나무를 너희에게 주노니 너희 식물이 되리라 30 또 땅의 모든 짐승과 공중의 모든 새와 생명이 있어 땅에 기는 모든 것에게는 내가 모든 푸른 풀을 식물로 주노라 하시니 그대로 되니라 31 하나님이 그 지으신 모든 것을 보시니 보시기에 심히 좋았더라 저녁이 되며 아침이 되니 이는 여섯째 날이니라

29절은 사람의 식물이 언급된다. 하나님이 사람을 지으시고 처음 지정하신 식물은 채소임을 기억하자! 또한 씨가진 열매 맺는 나무이다. 이는 복숭아, 배, 사과, 자두 등 모든 씨를 안에 가진 과일들을 뜻한다. 채소와 과일이 최초의 피조물에게 식물이 되었다는 것은 매우 생각해볼 일이다. 피조된 인간에게 정해진 식물은 매우 단순했다. 오늘 날 식탁에 이런 식으로 차린다면 얼마나 간편하겠는가? 과일 나무 열매 몇 개 따서 채소와 더불어 먹는 것이다. 오늘 날도 가장 건강하게 살려면 채소와 곡류, 과일 열매만 먹는 길이라고 본다.

하나님께서는 최종적으로 사람을 지으신 후 '심히 좋았더라'고 말씀하셨다. 그것은 하나님의 창조하신 모든 것이 만족할 만큼 아름다운 것이었고 특히 하나님의 영원한 계획을 이룰 수 있는 피조물인 사람이 지어졌기 때문이었다. 실상 성경 전체의 내용은 하나님과 마지막 피조물인 사람에 관한 이야기이다. 전능하신 하나님에게 있어서 가장 중요한 관심사가 다른 것에 있지 않고 사람에게 있다는 것은 실로 기이하고 놀라운 사실이 아닐 수 없다.

그러므로 사람은 하나님의 창조에서 중심적인 위치에 있으며 하나님께서 사람을 창조하신 데에는 그만큼 깊은 뜻을 갖고 계셨다. 특히 하나님의 대적 사탄 마귀는 사람에 의해서 멸절된다. 그리고 하나님의 영원한 마음의 갈망은 사람을 통해서 이루어진다. 창세기 1장의 6일간의 창조에 있어서 사람은 하나님의 마음의 중심이며 그 사람이 지어진 것을 보시고 심히 기뻐하셨다.

사람을 창조하신 목적

하나님께서 만물과 사람을 창조하실 때에는 목적과 뜻이 있으셨다. 우리는 이것을 신약 성경 몇 군데를 통하여 알 수 있다. 계시록 4장 11절 하반절은 "만물이 주의 뜻대로 있었고 또 지으심을 받았나이다"라고 말한다. 에베소서 3장 9절은 "영원부터 만물을 창조하신 하나님 속에 감취었던 비밀의 경륜이 어떠한 것을 드러내게 하려 하심이라"고 말한다. 하나님의 창조를 말하는 이 구절들에서 '주의 뜻대로', '비밀의 경륜' 등을 말하고 있다. 즉 하나님께서는 그분의 창조에서 '그분의 뜻' 혹은 '그분의 경륜'을 가지고 계셨다는 것이다. 또한 사람의 예정과 선택을 말씀하시는 에베소서 1장 9절은 '그 뜻의 비밀'을 말하고 있으며 또 '경륜'과 '그분의 목적하신 바'(He purposed in Him)를 언급한다.

그러므로 하나님께서는 특히 사람을 창조하심에 있어서 뜻과 목적과 경륜(헬, oikonomia)을 갖고 계심을 알 수 있다. 다시 말하지만 하나님께서는 사람을 창조하실 때만큼은 더욱 생각이 깊으셨다. 그러면 하나님께서 사람을 창조하신 목적에 대하여 좀 더 살펴보겠다.

1. 하나님의 영광

사람의 창조의 목적은 하나님의 영광을 위한 것이다(사 43:7). 하나님께서는 사람을 자신의 영광을 위하여 지으셨다. 그렇다면 하나님께서 어떻게 사람을 통하여 자신의 영광을 나타내시는가를 보아야 한다. 사람의 창조를 말하는 1장 26절부터 28절까지의 부분을 주의 깊게 읽어보면 사람의 창조가 땅을 정복하고 다스리게 하려는 것임을 보게 된다. 사람은 창조될 때부터 만물을 다스리는 존재로 지어졌는데, 그 중에서도 특히 땅을 다스리고 땅에 기는 것을 다스리라고 하신 것에 유의해야 한다. 그것은 하나님의 대적 마귀를 다스리는 것을 암시하고 있으며 이 땅에 대한 권위를 사탄의 손에서 도로 빼앗아 하나님께 돌려드리는 일을 포함한다.

그러므로 성경 전체를 통해서 우리가 알 수 있는 것은 이 땅의 모든 나라에 주와 그리스도의 권세가 이루어지는 것이 가장 궁극적인 일이며 이 일에 사람이 중심이 된다는 것이다. 결국 선택된 이스라엘에게서 하나님이 원하셨던 일도 약속하신 땅을 얻는 것이었고 그 땅에 그분의 왕국이 이루어지는 것이었다. 하나님께서는 황폐하게 된 이 땅을 사람을 통하여 회복하고자 하신다. 하나님께서는 타락한 피조물인 천사를 또 다른 피조물인 사람을 통하여 심판하고 처리하고자 하신다. 이렇게 함으로써 하나님이 영광을 얻으시려는 것이다.

만일 당신이 이 사실을 정확하게 보지 못했다면 성경 전체에 걸쳐 계시된 바 사람을 향한 하나님의 뜻을 보지 못한 것이다. 사실상 성경에서 말하는 이기는 자들이란(계 2-3장) 정상적인 그리스도인이요 하나님의 창조의 목적에 도달한 사람들이다. 그들의 일은 하나님을 대신하여 사탄이 불법적으로 점령하고 있는 이 땅을 하나님께 되돌리는 것이다. 이것이 바로 하나님의 사도들이 당시에 한 일로서 하나님의 왕국을 가져오고 그리스도의 통치를 가져오는 일이다. 오늘날 그리스도인들이 영적인 전쟁을 통하여 이 땅을 주님께 돌려드리는 일을 하지 않는다면 하나님의 창조의 목적을 이루지 못하는 것이다. 마귀 사탄과 싸워 이 땅을 그리스도께 돌려드리는 전사가 되려면 우리 육체와 자아를 온전히 십자가에 못 박지 않으면 안 된다. 조금이라도 자신에게 여지를 내어주는 사람은 땅을 정복하고 다스리는 역사에 동참하지 못할 것이다.

영광이란 하나님 자신의 표현이기도 하다. 성경의 마지막 결론은 하나님과 사람이 연합된 하나의 성인데, 그 성의 빛이 영광이다. 영광은 하나님의 온전한 나타남이므로 결국 사람은 온전히 변화되어 하나님의 형상을 나타낼 것이고, 그것이 곧 하나님의 영광일 것이다.

또한 하나님은 그분의 놀라우신 창조와 선택하심, 구속하심, 그분의 능력과 지혜, 그분의 성품을 인해 찬송 받으셔야 하는데, 하나님은 사람으로 하여금 그분의 영광의 찬송이 되게 하신다(엡 1:12-14).

성도들은 결국 하나님의 영광이 되며 영광의 찬송이 되는 많은 아들들이 된다(엡 1:4). 그리스도는 맏아들이 되시고 구속받은 사람은 그분의 많은 아들들이 된다. 하나님께서는 만유의 후사가 될 많은 아들들을 필요로 하신다(롬 8:17-30).

2. 형상과 다스림

하나님은 사람을 창조하실 때 그분의 형상과 모양대로 지으셨다. 이는 사람이 그분의 형상을 닮기 위한 목적이 있는 것이다. 우리가 그분의 형상을 닮음은 그분의 많은 아들들이 되기 위함이요 그분의 배필이 되기 위함이다. 하나님은 결국 맏아들 그리스도를 닮은 많은 아들들을 이끌어 영광에 들어가게 하시는데 이것이 하나님의 우주적인 경륜이다(롬 8:29-30, 히 2:10). 새 예루살렘은 그 빛이 벽옥 같다고 하였는데 이는 하나님과 같은 모습이다(계 4:3, 21:11). 결국 하나님의 신부인 새 예루살렘은 그 모습이 하나님을 온전히 닮게 된다. 사람이 하나님의 형상을 본받음은 하나님의 원래의 창조의 목적이다.

사람의 창조에서 하나님은 또한 정복하고 다스리는 문제를 말씀하신다(1:26-28). 이는 왕권 곧 통치권을 의미한다. 사람은 창조될 때부터 왕이 되도록 지음을 받은 것이다. 우리는 이를 창세기의 맨 끝에서 볼 수 있다. 야곱이 후에 이스라엘로 변했을 때 우리는 변화된 그에게서 하나님의 형상을 볼 수 있으며 요셉 안에서 다스림을 볼 수 있다. 야곱과 요셉은 한 사람의 약전으로 나와 있다(창 37:2). 즉 창세기 후반에서 요셉의 이야기는 야곱의 한 부분을 형성한다. 우리는 이를 통해 하나님이 얻으시고자 하는 한 사람의 모형을 본다. 이로 보건대 사람에 대한 하나님의 창조의 목적은 영광스럽다. 사람은 한 면으로는 하나님을 나타내고 또 한 면으로는 만물을 정복하고 다스리는 존재로 지어졌다. 구속된 사람은 결국 하나님을 충만히 나타내며, 만물을 후사로 얻게 되며 영원히 다스리게 된다(they shall reign forever and ever, 계 22:5).

하나님의 사람에 대한 창조는 하나님의 나라를 이루는 것과 관계가 있다. 이는 성경 전체에 걸쳐 이해되어져야 할 사상이다. 첫째로 하나님은 사탄으로 얼룩진 땅(사탄의 배역으로 말미암아 이 땅은 혼돈과 공허와 흑암의 깊음 가운데 있었음)을 회복하여 그분의 통치 안에 이끌려 하셨다. 하나님은 지음 받은 사람이 그분과 온전히 연합하여 그분의 대적인 마귀 사탄의 권세를 몰아내고 그분의 권세를 세우기를 원하신다. 이것이 창조 안에 있는 하나님의 목적이요 그 결과가 하나님의 나라이다. 하나님은 사람을 창조하실 때 피조된 사람이 하나님과 하나됨으로 이 땅에 그분의 권세가 온전히 이루어져 사탄의 권세를 멸할 것을 계획하신 것이다. 이는 피조된 천사장의 존재를 피조물인 사람을 통해 처리하시려는 하나님의 계획인 것이다. 그러나 유감스럽게도 사람 또한 사탄의 유혹에 떨어져 타락해버렸다. 그러므로 사람까지 타락한 땅의 상황은 더욱 복잡하게 되었다.

이에 예수 그리스도께서는 하나님이 원래 창조 안에서 원하신 사람의 원형으로서 오셨다(우리의 형상을 따라 우리의 모양대로, 창 1:26). 그리고 "회개하라 천국이 가까웠느니라"고 말씀하셨다. 이는 당시 온 땅에 하나님의 권세가 없고 흑암이 가득하며 귀신과 사탄적인 일이 충만하였음을 암시한다. 그분은 가시는 곳마다 복음을 전하며 병을 고치며 귀신을 쫓아내셨는데 이것이 곧 그분의 하나님의 나라를 가져오는 역사였다. 성령의 능력으로 사탄적인 권세가 쫓겨나는 곳에 하나님의 나라가 임하였던 것이다. 요한 계시록은 성경의 결론으로서 마지막에 사탄이 완전히 끝나고 하나님과 사람이 영원무궁토록 새 성에서 살게 되는 것이다.

3. 왕국

창세기 1장의 창조는 왕국과 관계가 있다. 즉 하나님의 나라는 창조 시부터 하나님의 계획 안에 들어 있는 것이다. "땅을 정복하고 다스리라"는 것도 왕국으로 이해할 때 그 뜻대로 이해할 수 있다. 우리는 1장 2절의 혼란을 단순한 창조의 원시상태로 이해하면 안된다. 그 혼란(토후, chaos)은 하나님이 해놓으신 작품이 절대 아니다. 오늘 날도 어느 나라든지, 사회든지, 교회든지 혼란과 공허와 흑암의 상태가 있다면 그것은 마귀의 역사와 하나님의 심판의 결과로 볼 수 있다. 따라서 하나님이 사람을 지으신 것은 이 땅에 하늘의 선하고 아름다운 질서를 가져오기 위함이다. 창세기 1장을 읽으면서 하나님께서 혼란된 이 땅을 위해 사람을 지으신 것을 읽지 못하면 중점을 놓치게 된다. 땅에 기는 것은 바로 마귀이다. 그것과 더불어 혼란된 땅을 다스릴 존재는 사람인 것이다. 그러나 그런 사람이 마귀의 도구로 전락하고 만 것이 에덴 동산에서의 아담의 역사이다. 예수 그리스도는 왜 오셨나? 하나님의 나라를 위해 오신 것이다.

주님은 제자들에게 기도를 가르치셨다. "나라이 임하옵시며" 따라서 오늘 우리는 왕국을 위해 싸우고 기도해야 한다(마6:10). 복음서에는 주 예수님이 오셔서 교회문제보다 나라(왕국, 천국)의 문제를 더욱 많이 말씀하셨다. "가라사대 때가 찼고 하나님 나라가 가까왔으니 회개하고 복음을 믿으라 하시더라"(막1:15) 우리는 여러 죄만이 아니라 왕국을 목표로 하지 않고 그 나라를 위해 살지 않는 삶 자체를 회개해야 한다. "회개하라 천국이 가까웠느니라" 우리의 사역이 무엇을 목표로 해야 하는가를 생각해보아야 한다. 간단히 말해서 우리의 사역이 혼란의 땅에 왕국을 가져오는 사역이 아니면 무슨 가치가 있겠는가(창1:26-28). 왕국은 질서이다. 혼란과 어지러움과 흑암은 마귀의 나라의 특징이다(골1:13).

하나님이 사람을 창조하신 목적이 왕국이 이 땅에 임하는 것이다. 이 땅을 정복하고 다스리는 것이다. 우리는 교회의 좋은 질서를 위해 기도해야 한다(창1:2, 골1:13). 가정과 교회, 모든 곳에서 우리는 순복의 간증을 지녀야 한다. 모든 성도들이 권위에 대하여 순복할 수 있도록 기도해야 한다. 왕국은 곧 그리스도의 권세와 통치가 이루어지는 범위이다(고후10:6). 거역과 혼란은 이 땅에 마귀가 가져다 뿌려놓은 씨이다. 이 혼란을 제하고 하늘의 질서를 세우기 위해 교회가 부르심 받은 첫 열매이다. 하나님은 그분의 아들을 왕으로 세워놓으셨다(시2편). 그 다스림 아래 온 땅, 열국이 결국은 돌아가게 된다. 따라서 하나님이 세우신 각종 권위와 행정을 세워나가는 것이 아니면 이 땅의 질서와 왕국을 위해 전진하거나 수고하는 것이 아니다. "그러나 나는 너희가 알기를 원하노니 각 남자의 머리는 그리스도요 여자의 머리는 남자요 그리스도의 머리는 하나님이시라"(고전 11:3) 남자와 여자, 그리스도와 하나님의 관계에 있어서도 하나님은 세우신 질서가 있다. 근본적으로 남자와 여자는 동등한 부분이 있고 다 함께 존중받아야 할 인간이지만 하나님이 그분의 질서를 위한 행정적 순서가 있는 것이다. 성부와 성자도 동등한 하나님이시다. 그러나 그분의 질서에 있어서 행정적 순서를 정하신 것이다.

고린도 전서 15장은 부활의 장이다. 하나님은 그분의 왕국을 부활을 통해 완성하신다. 23절은 부활의 순차를 말한다. "그러나 각각 자기 차례대로 되리니 먼저는 첫 열매인 그리스도요 다음에는 그리스도 강림하실 때에 그에게 붙은 자요" 제 1의 왕국을 세우기 위한 부활은 그리스도이다. 부활 안에서 그리스도는 만유의 머리가 되셨다. 다음은 그분의 강림시 부활할 성도들을 말한다. 특히 그 때 이기는 그리스도인들인 것이다(계2,3장 참조). 부활한 성도들이 그리스도와 열국을 통치하게 되는 것이다. 24절은 그 다음의 부활의 순서이다. “그 후에는 나중이니 저가 모든 정사와 모든 권세와 능력을 멸하시고 나라를 아버지 하나님께 바칠 때라” 그리스도는 천년 왕국 후 불신자의 부활을 통해 그들의 거역을 심판하시고 모든 불복종하는 세력을 다 멸하실 것이다. 28절은 결론을 짓는다. “만물을 저에게 복종하게 하신 때에는 아들 자신도 그 때에 만물을 자기에게 복종케 하신 이에게 복종케 되리니 이는 하나님이 만유의 주로서 만유 안에 계시려 하심이라” 결국 만물은 아들께 복종케 되고 아들은 그 나라를 아버지께 바치시며 그분의 영원한 경륜을 이루시는 것이다.

성경에는 모든 그리스도인들은 어디서든지 복종하고 순복하는 자들임을 말하고 있다. “그리스도를 경외함으로 피차 복종하라 아내들이여 자기 남편에게 복종하기를 주께 하듯하라 이는 남편이 아내의 머리 됨이 그리스도께서 교회의 머리 됨과 같음이니 그가 친히 몸의 구주시니라 그러나 교회가 그리스도에게 하듯 아내들도 범사에 그 남편에게 복종할찌니라”(엡 5:21-24) “각 사람은 위에 있는 권세들에게 굴복하라 권세는 하나님께로 나지 않음이 없나니 모든 권세는 다 하나님의 정하신바라 그러므로 권세를 거스리는 자는 하나님의 명을 거스림이니 거스리는 자들은 심판을 자취하리라”(롬 13:1-2)

우리는 노아의 홍수의 원인이 불법적인 결혼 등, 거역과 혼란의 땅을 심판하신 것이라고 본다. 심판이 지나 간 땅의 새 권위자 노아를 거역한 함은 저주를 받았다. 함의 거역은 권위에 대한 인식의 결여였다. 그의 속에 순복의 영이 없었다는 것이다. 하나님이 이스라엘 왕국을 세우셨을 때 가장 주의하신 것이 권위의 문제였다. 사울이 폐위된 것, 순종이 없기 때문이었으며 하나님의 마음에 합한 자 다윗은 사울의 옷자락만 베어도 느낌이 예민했었다. 오늘 날 교회는 하나님의 권위와 질서를 이 땅에 가져오는 기관이다. “하늘에서 뜻이 이루어진 것 같이 땅에서 이루어지이다”

마귀와 싸우고자 하는 전사들이 일어나기 전에는 왕국이 임할 수 없다. 귀신이 쫓겨나고 질병이 치료되고 사망 세력이 제어되는 곳에 왕국이 임하게 된다. 귀신을 쫓아내고 악한 자의 궤계를 이기려면 강한 영을 필요로 한다. "그러나 내가 하나님의 성령을 힘입어 귀신을 쫓아내는 것이면 하나님의 나라가 이미 너희에게 임하였느니라"(마 12:28) 따라서 우리는 교회 안에 들어온 약함과 질병을 치료하고 쫓아내기 위해 금식하며 기도해야 한다. 의를 추구하며 의에 대하여 주리고 목마르지 않는 자들은 왕국과 관계가 없다. 불의한 자들은 하나님의 나라를 기업으로 얻지 못한다고 했다. 마태복음 5장은 왕국이 절대적으로 의와 관련이 있음을 말해준다(마5-6장 참조). 우리는 금전이나 성도들과의 관계에서나 모든 면에서 의를 추구하고 실행해야 한다. 우리의 의가 바리새인과 서기관보다 낫지 못하면 결단코 천국에 들어가지 못한다 하셨다. 너희는 그의 나라와 의를 구하라고 한다. 의가 없으면 왕국이 없다.

먹고 마시는 것을 위하여, 또 성도들 간에 비판하고 서로 멸시하며 분리하는 것은 왕국의 일이 아니다. 하나님의 나라는 평강과 희락이 있어야 한다. 모든 것을 성령 안에서 사랑과 기쁨과 화평 안에서 하는 일이 아니면 왕국이 아니다. "만일 식물을 인하여 네 형제가 근심하게 되면 이는 네가 사랑으로 행치 아니함이라 그리스도께서 대신하여 죽으신 형제를 네 식물로 망케 하지 말라 하나님의 나라는 먹는 것과 마시는 것이 아니요 오직 성령 안에서 의와 평강과 희락이라"(롬 14:15, 17)

진리를 지키고 중히 여기며 순복하는 것이 없으면 왕국은 오지 않는다. 작은 진리 하나라도 모든 것을 드려서 지키려는 자들에 의해 왕국은 임한다. 진리를 모르는데 어떻게 왕국을 가져오는가? "예수께서 대답하시되 내 나라는 이 세상에 속한 것이 아니라 만일 내 나라가 이 세상에 속한 것이었더면 내 종들이 싸워 나로 유대인들에게 넘기우지 않게 하였으리라 이제 내 나라는 여기에 속한 것이 아니니라 빌라도가 가로되 그러면 네가 왕이 아니냐 예수께서 대답하시되 네 말과 같이 내가 왕이니라 내가 이를 위하여 났으며 이를 위하여 세상에 왔나니 곧 진리에 대하여 증거하려 함이로라 무릇 진리에 속한 자는 내 소리를 듣느니라 하신대 빌라도가 가로되

진리가 무엇이냐 하더라" (요18:36-38)

계시록 12장의 이상에 의하면 이기는 자들이 일어나야 왕국이 온다. 이기는 자들이란 간단히 말해서 절대적인 사람들이다. 이생의 삶과 재물과 세상을 절반 의지하고 주님을 절반 의지하는 식은 이기는 자의 믿음이 아니다. 자아와 육체를 조금도 보류함이 있다면 전사가 되지 못하고 악한 자를 물리치지 못한다. 따라서 왕국을 위한 일꾼들이 되지 못한다. 주를 위해 죽고 주를 위해 사는 마음이 있는 자들에 의해 왕국은 온다(롬14:7-8). 죽으면 죽으리라 한 에스더 같은 여인에게서 유다국이 구원을 받게 되었다. "여자가 아들을 낳으니 이는 장차 철장으로 만국을 다스릴 남자라 그 아이를 하나님 앞과 그 보좌 앞으로 올려가더라 12:10 내가 또 들으니 하늘에 큰 음성이 있어 가로되 이제 우리 하나님의 구원과 능력과 나라와 또 그의 그리스도의 권세가 이루었으니 우리 형제들을 참소하던 자 곧 우리 하나님 앞에서 밤낮 참소하던 자가 쫓겨 났고 12:11 또 여러 형제가 어린 양의 피와 자기의 증거하는 말을 인하여 저를 이기었으니 그들은 죽기까지 자기 생명을 아끼지 아니하였도다"(계 12:5, 10, 11)

오늘 날 교회 중에 일어나는 많은 혼란들과 약함들은 왕국의 사역을 좌절시키려는 마귀의 책동에 불과함을 알고 기도해야 한다. 성도들의 약함과 질병, 작은 원망과 시비들을 결코 작은 일로 보면 안된다. 그러한 모든 것이 마귀의 혼란시키고 왕국을 좌절시키려는 어두움의 역사인 것이다. 하나님의 나라는 성령만 계시고 의와 희락과 평강이다. 예수 그리스도는 가시는 곳마다 어둠의 세력을 물리치셨다. 병을 고치고 약함을 고치시며 죽은 자를 살리시고 하나님의 나라가 가까웠으니 회개하라 하셨다. 약함과 질병에 눌리거나 져서도 안된다. 사망의 세력도 두려워해서는 안된다. 악한 자를 대적하기 위해 서로의 영을 강화시키는 것은 있을지언정, 연약한 자아를 보류하고, 성도의 연약함을 단순히 동정하는 일은 왕국을 위한 일이 아니다. 그런 것은 거기서 머물 뿐 왕국의 열매가 없게 된다. 오히려 자아와 육체를 십자가로 보내는 것이 필요하다. 강한 영으로 모든 것을 발 아래 둘 때 왕국은 오게 된다. 나는 여러분이 왕국을 위한 일꾼들이 될지언정 부지불식간에 사탄을 돕는 사탄의 사자노릇을 하지 않기를 바란다.

사탄은 속히 교회의 발 밑에 궤멸되어져야 한다(롬16:20). 성도들 모두가 분별력을 훈련하여, 원수의 속삭임 같은 말들에 귀를 기울이지 말고, 모든 교통은 진리의 빛 가운데서 행하여 질 때 유용하다. 성도들이 모든 일을 빛 가운데서 행하며 사랑과 의 안에서 행하기를 바란다. 그 나라는 의의 나라요 빛의 나라이다. 한 마디로 왕국은 그리스도이다. 그리스도가 아닌 것은 왕국이 아니다. 모든 육체는 십자가로 끝내어지기에만 합당하다.

그러려면 우리는 그리스도의 머리되심에, 진리의 말씀에 절대 굴복하는 태도를 지녀야 한다. 웨일즈의 부흥의 주역 이반로버츠가 한 동안 사라졌었다. 사람들이 물었다 한다. 어디에 갔었는가? 기도하러 갔다고 했다. 10년 여 세월이었다. 무슨 기도를 했는가 했더니 왕국을 위해 기도했다고 말했다. 어떻게 왕국을 위해 기도했는가 물었더니 "주여 세상을 구원하도록 나를 굴복시켜주소서"(Bend me Lord, to save the world!)라고 말했다. 오늘 우리를 통해 세상이 구원되지 않는 것은 교회가 그리스도의 권위에 굴복되어지지 않는데 그 원인이 있다. 세상 죄인들이 교회 성도들의 삶과 행동을 보고, 또 그리스도의 머리되심과 성령의 권위에 굴복하지 않는 모습을 보고 그들은 교회에 와서 감동을 받고서도 다시 세상으로, 죄악으로 돌아서는 것이다. 오늘 왕국이 임하고 주의 권세가 세워지기 위해서는 먼저 부르심 받은 성도들의 책임이 크다. 먼저 복종되는 무리가 있어야 복종치 않는 자들에게 길이 있는 것이다(고후10:6). 오늘 우리가 먼저 진리와 성령의 권위에 두려움과 떨림으로 복종하는 자세를 취한다면 수많은 영혼들이 주께 돌아와 엎드릴 것인데 우리는 그러한 광경을 보지 못함이 너무나 유감스럽다. 충성된 성도들이 일어나서 주님께 절대적으로 헌신하고 철저히 회개하며 굴복할 수 있다면 주님은 이 땅에 왕국을 가져오실 수 있으시다. 나는 진실로 그 날을 사모한다.

4. 그리스도의 신부와 거처

이사야 54장 5절은 "너를 지으신 자는 네 남편이시라"고 하셨다. 이는 그분의 창조의 뜻이 상호 배필이 되고자 함을 가리키는 말씀이다. 호세아 2장 19절은 "내가 네게 장가들어 영원히 살되"라고 한다. 또 아가서는 솔로몬 왕과 술람미 여자의 사랑 이야기이다. 그리스도와 교회는 결국 사랑하는 남편과 아내의 관계를 말한다(엡 5:22-32). 최종적으로 교회는 새 우주에서 그리스도의 신부가 된다(계 21:2). 이는 하나님의 영원한 마음의 갈망을 만족시키는 문제이다. 신부가 됨은 하나님의 영원한 사랑의 배필로서 그분과 마음을 함께하며 영원히 그분과 사랑을 나누는 아내가 되는 것이다(계 19:7).

사람은 하나님의 거처이고 하나님은 사람의 거처이다. 결국 하나님과 사람은 영원히 서로 안에 거하는 상호 거처이다. 새 예루살렘은 그리스도의 신부이자 영원히 하나님과 사람이 상호 거하는 도성(都城)이다(계 21:2-3). 지금도 영적 실제에 있어서 하나님과 우리는 서로 안에 거하고 있다(내 안에 거하라 나도 너희 안에 거하리라-요 15:4, 주는 대대에 우리의 거처가 되셨나이다-시 90:1, 너희가 하나님의 성전이요 하나님의 성령이 너희 안에 거하시는 것을 알지 못하느뇨-고전 3:16).

무엇보다 하나님은 사람을 사랑하심을 알 수 있다. 그분은 천사들이 타락하였을 때는 다시 구속하고 회복하지 않으셨다. 그러나 사람만큼은 타락해도 다시 되찾으려 하셨다. 그리고 사람이 하나님을 떠나고 타락해도 그 기회를 하나님의 위대한 사랑을 표현할 기회를 삼으려 하셨다. 사람이란 존재는 하나님에게 있어서 당신의 소유요 자녀요 아내와 같이 절대 포기할 수 없는 그리스도 안에 선택하고 예정하신 귀한 존재이다. 하나님의 사람에 대한 극진한 사랑에 대하여 성경은 말하고 또 말한다(요 3:16).

5. 씨 맺는 채소와 열매 맺는 나무를 식물로 주심

사람과 동물에게 원래 정하신 음식은 채소와 열매 맺는 나무, 즉 식물(植物)이었다. 그런데 노아 홍수 후에 짐승 또한 사람의 음식이 되었다(창 9:3). 하지만 하나님께서는 짐승을 먹을 수 있지만 피 채 먹지는 말라고 하셨다. 이미 이때부터 하나님은 음식을 통해서 타락한 사람은 구속의 필요성이 있음을 예시하신 것이다. 장차 오는 왕국에서는 다시 식물만이 음식이 될 것이다(사 11:6-7, 65:25). 동물의 음식은 다만 푸른 풀로서 사람의 음식과 구별된다. 오늘날 동물 세계에서 볼 수 있는 약육강식의 잔인한 상황은 타락의 영향이다. 왕국에서는 타락으로 말미암아 생겨난 동물의 잔인하고 사악한 성품이 제해진다.

6. 보시니…심히 좋았더라

하나님은 창조하신 모든 것들을 바라보셨다(behold). 지난 며칠 간의 창조에서 하나님은 보시기에(see) 좋았다고 하셨지만, 이번에는 자세히 관찰하여 보시고서 심히 좋다(exeedingly good)고 하셨다. 성령은 새 창조에 관하여도 "보라(behold)! 새것이 되었도다"(고후 5:17) 하시며 감탄사를 발하셨다. 요한 일서 1장 1절에서도 영원한 생명에 관하여 보고 들으며 주목하였다(behold)고 말한다.

창조의 일을 마치신 하나님은 그분이 지으신 것들과 특히 그분의 형상을 닮은 사람의 모양을 주목하여 보시고 심히 좋다고 하셨다. 그것은 사람이 그분의 영원한 목적을 이룰 존재이기 때문이다. 이는 2장에 나오는 안식과 관계가 있다. 안식은 다만 일을 쉬시는 문제만이 아니라 그분의 마음의 만족과도 관계가 있다. 누구든지 마음에 진정한 만족과 기쁨이 없다면 일을 하지 않더라도 안식은 없는 것이다. 구속된 우리가 하나님의 마음에 기쁨이 되는 존재라는 것을 아는 것만으로도 우리에게는 큰 위안이 되며 하나님 앞에 담대함을 갖게 된다(눅 15:7,10, 23-24). 1절과 2절 사이의 간격을 인정하지 않는 학자들은 "사탄이 우굴거리는 땅"을 보고 어떻게 심히 좋았더라고 말할 수 있는가 말한다. 그리고 천사장의 배역 사건을 아담의 창조 이후일 것이라고 말한다. 그러나 하나님은 그분이 아직 땅도 드러나지 않은 모든 것이 온전하지 않은 첫날부터 친히 지으신 '빛을 보시고' 좋았더라고 하셨다. 즉 지으신 것들을 보시고 좋았다고 하신 것이다. 또한 창세기 1장에 이미 사람의 창조를 언급하실 때 땅에 기는 것을 말씀하신 것을 주목해야 한다(26절). 땅에 기는 것 가운데는 뱀이 포함된다. 사람이 정복하고 다스려야 할 것이라면 거기에 굴복되어져야 할 세력이 있는 것이다. 다윗이 쓴 시편 8편을 보라! 온 땅에 여호와의 이름이 어찌 그리 아름다우냐고 했다. 시인의 눈은 이미 온 땅에서 모든 악이 다 굴복되고 처리된 것을 보았다. 영원하신 하나님, 알파와 오메가이신 하나님은 그분이 지으신 사람 안에서 그분의 계획과 경륜이 이루어진 것을 이미 보시고 기뻐하시며 안식하셨다. 한 유명한 모세오경 주석가도 아담이 타락한 후 하나님의 안식은 깨어졌다고 하였는데 히브리서 4장을 보라! 꼭 천희년(千禧年)이 와야 안식이 있는 것이 아니다. 오늘도 우리는 믿음으로 안식 안에 들어갈 수 있다(히4:3).

2 장

1절, 천지와 만물이 다 이루니라

이 구절에서 '만물'은 원문에서 '무리'(all their host)를 의미하므로 모든 별들, 천지간에 있는 피조물 전체를 의미한다. 이는 창조하신 만물이 천군만마(千軍萬馬)와 같이 많음을 나타낸다.

2-3절, 하나님의 지으시던 일이 일곱째 날이 이를 때에 마치니 그 지으시던 일이 다하므로 일곱째 날에 안식하시니라 3 하나님이 일곱째 날을 복 주사 거룩하게 하셨으니 이는 하나님이 그 창조하시며 만드시던 모든 일을 마치시고 이 날에 안식하셨음이더라

하나님께서는 6일 동안 창조의 일을 마치시고 일곱째 날에 안식하셨다. 전능하신 하나님이 엿새 동안 창조하시고서 우리 인간처럼 피곤하여 쉬신 것이 아니다. 그분은 다만 말씀으로 만물을 지으셨다. 그분이 안식하신 것은 지으신 일이 온전히 완성되었기 때문이요 그로 인해 만족하셨기 때문이다. 하나님은 뜻과 계획이 있으시고 역사가 있으시며 완성이 있으신 분이다. 하나님은 엿새 동안 위대한 일을 하시고 일곱째 날에 안식하셨다. 그분이 창조하신 것도 위대한 일이지만 안식하신 것 또한 위대한 일이다. 전능하신 하나님께서 일을 마치고 안식하신 것이다. 하나님은 그분이 창조하신 것을 선포하시고 안식하신 것도 선포하셨다. 그것은 창조도 우리를 위한 것이요 안식하신 것도 우리를 위한 것임을 암시한다. 하나님께서는 그분의 창조를 통해 사람이 그분을 알기를 원하시고 그분이 안식하신 것을 통해서도 사람이 그분을 알기를 원하신다. 안식이 있다는 것과 안식일을 기념한다는 것은 그 자체가 6일 동안의 하나님의 창조를 사람이 인정하고 기념하며 하나님과 함께 기뻐하고 만족한다는 뜻을 나타내기 때문이다.

그분은 사람이 그분의 안식에 참여하기 원하신다. 또한 사람이 안식하여야 한다는 것은 하나님만이 일하시는 분이고 사람은 그 일한 것을 누리라는 뜻도 포함된다. 일하는 분은 사람이 아니라 하나님이라는 것이다. 오늘날도 잘못된 신앙의 대부분의 원인은 뭔가를 하려고 하는데 있다고 보면 된다. 사람은 창조되자 곧 안식에 들어갔다. 하나님은 사람이 안식하기를 원하신다. "수고하고 무거운 짐 진 자들아 다 내게로 오라 내가 너희를 쉬게 하리라". 주 예수께서 오셨을 때도 그분은 사람들이 피곤하게 불필요한 짐을 지고 고생하는 것을 보셨다. 그분은 그들에게 '내게로 와서 쉬라'고 말씀하신다. 이것이 안식에로의 부름이다.

또 하나님은 일곱째 날을 복 주사 거룩하게 하셨다. 이는 사람으로 하여금 하나님의 위대하심과 그분이 하신 일을 찬미하고 감사드리게 하려는 것이다. 오늘날 어떤 나라에서는 위대한 업적을 남긴 사람을 기념하는 날을 지정하기도 하는데, 이는 그의 업적을 기리기 위함이다. 하나님은 크신 창조의 역사를 완성하신 다음 일곱째 날을 그분의 거룩한 날로 구별하셨다.

4절, 여호와 하나님이 천지를 창조하신 때에 천지의 창조된 대략이 이러하니라

사실 이 구절 후반의 '천지(天地)'는 '땅과 하늘들'(earth and heavens)로 번역되어야 한다. 즉 "여호와 하나님이 땅과 하늘들을 창조하신 때에"라고 하는 것이 정확한 번역이다. 이 구절에서 하늘들이 아닌 땅을 먼저 말씀하신 것은 의미가 있다. 처음 하나님이 창조하신 순서는 하늘들과 땅이지만 하나님의 창조의 목적과 중심은 땅에 있기 때문에 땅을 먼저 말씀하신 것이다. 첫 창조에서 하나님은 하늘들과 땅을 지으셨지만, 회복의 창조에서 하나님은 땅을 먼저 돌아보시고 그리고 하늘을 관심하셨다. 이 구절을 통해서도 1장의 창조가 회복의 창조인 것을 증명할 수 있다.

창세기 1장에서는 특별히 '땅'이라는 단어가 많이 나온다. 2절부터 땅이다. "땅이 혼돈하고 공허하며" 첫째 날, 둘째 날, 셋째 날 모두 그분의 창조는 땅을 향한 것이다. 26절에 하나님은 사람을 지으시면서 "땅과 땅에 기는 모든 것을 다스리게 하자"고 하셨다. 또한 28절은 "생육하고 번성하여 땅에 충만하라"고 하신다.

그분은 온 땅이 그분에게로 회복되기를 원하신다. 온 땅이 주와 그리스도의 나라가 되어야 하며 그분의 뜻이 하늘에서 이룬 것 같이 땅에서도 이루어지기를 원하신다(마 6:10). 그러므로 하나님은 하늘들과 땅을 창조하신 후에 순서를 바꾸어 '땅과 하늘들'이라고 말씀하신 것이다. 하나님의 마음 속에서는 땅이 먼저이다. 하나님은 땅에 관심이 많은 반면 사람들은 하늘에 관심이 많은 것은 기이한 일이다. 하나님은 온 땅, 모든 열국이 주와 그리스도의 나라가 되기를 원하신다.

여호와

또한 이 구절에서 '여호와'라는 호칭이 처음으로 사용되었다. '엘로힘'(Elohim)은 전능하신 하나님을 뜻하고 '여호와'(Jehovah)는 스스로 존재하시는 분을 뜻하는데, 이 해석은 출애굽기 3장 14절의 "나는 스스로 있는 자"라는 말씀에 기초한다. '여호와'의 어근은 '존재하다'(to be)라는 의미를 갖고 있으며, '여호와'란 '나는 …이다(I AM THAT I AM)'라는 뜻이다. 이 호칭은 그분만이 스스로 존재하는 분임을 나타내는 동시에 모든 것들에게 존재를 부여하시는 분임을 알려준다. 이는 하나님의 이름 중에서 가장 위대한 호칭으로서 누구에게도 양도할 수 없는 존귀하고 거룩한 이름이다. 특히 이 이름은 하나님께서 천지를 창조하시고 사람을 지으신 일을 말씀하신 때부터 사용하기 시작하셨다. 1장에서 능력으로 천지를 지으실 때도 여호와라는 이름은 사용하지 않으셨다. 그때는 다만 전능한 하나님인 엘로힘을 사용했다. 그러나 하나님이 기뻐하시는 사람이 생겨났을 때 그분은 여호와라는 이름을 사용하시면서 사람을 향하여 그분이 스스로 존재하시는 분임을 선포하신 것이다. 구약 전체에서 여호와라는 이름은 6,823

회나 사용된다.

그분은 지음 받은 사람을 보시고는 그분 자신이 모든 것을 원하시는 대로 하시는 분임을 선포하신다(엡 1:11). 이는 그분이 지음 받은 사람을 보실 때 하시고자 하는 일이 많음을 뜻한다. 다윗은 자신에게 향하신 하나님의 생각이 너무 많아 그 수가 모래보다 많다고 노래하였다(시 139:17-18). 당신은 당신을 향한 그분의 생각이 그렇게 깊고 많다는 것을 아는가? 그분은 사람을 향하여, 장래 할 일들을 생각하실 때 그 생각이 많으시다. 그러나 사람이 그 일들을 하는 것이 아니라 그분이 시작하시고 그분이 성취하신다. 그러므로 그 이름을 '여호와'라 하시는 분은 그분이 일을 행하시는 분이요 성취하시는 분이라는 뜻이다(렘 33:2).

출애굽기 6장 3절은 "내가 아브라함과 이삭과 야곱에게 전능의 하나님으로 나타났으나 나의 이름을 여호와로는 그들에게 알리지 아니하였고"라고 말씀하신다. 그분이 자신의 이름을 알리실 때는 약속하신 바를 실행하려고 나타나셨을 때이다. 그리고 이제 하나님께서 자기의 시작하신 바를 완성하셨을 때도 그러한 이름으로 나타나신 것이다. 그러므로 하늘과 땅과 사람의 창조가 완성된 상황에서 여호와로 자신을 나타내는 것은 매우 합당한 일이다.

하나님께서는 또한 이스라엘 백성을 애굽의 속박에서 구출해내실 때 그분의 이름을 '여호와'로 선포하셨다. 그러므로 이는 이스라엘의 구속자이신 면을 강조할 때 사용하신 이름이기도 하다. 출애굽기 6장 6절은 "그러므로 이스라엘 자손에게 말하기를 나는 여호와라 내가 애굽 사람의 무거운 짐 밑에서 너희를 빼어 내며 그 고역에서 너희를 건지며 편 팔과 큰 재앙으로 너희를 구속하여"라고 하신다. 이런 모든 말씀에서 우리는 그분이 여호와라고 자신의 이름을 말씀하시는 것이 너무나 친근하고 사랑스러움을 알 수 있다.

그분은 자신이 어떤 분이신지 이름을 통해 사람들에게 나타내려 하신다. 신약에서 하나님의 아들의 이름 '예수'는 '여호와'(Jehovah)와 '구원자'(Savior)가 합해진 것이다. 예수께서 우리의 구원자로 오실 때 여호와의 이름으로 오신 것은 얼마나 깊은 뜻이 있는지! 그분은 진정으로 그분이 택하신 백성을 구원하러 오셨고 다시 한 번 여호와라는 이름을 사용하셨다. '예수'(Jesus)는 참으로 귀하고 위대한 이름이다. 창조부터 구속의 모든 과정이 끝나기까지 그분은 우리의 여호와시다.

'스스로 있는 자'란 원문에서 '나는...이다'이지만 이 이름에는 스스로 영원히 계시다는 뜻도 있다. 출애굽기 3장에서 누가 모세를 보냈는가? '나는... 이다'인 분이 보냈다. 우리는 우리의 믿음에 따라 '하나님은... 이다' 사이에 첨가할 수 있다. 우리에게 '위로'가 필요하다면 하나님은 우리의 위로이시다. 우리에게 피난처가 필요하다면 하나님은 우리의 피난처시다. 우리에게 승리가 필요하다면 하나님은 우리의 승리이시다. 우리에게 안식과 평강이 필요하다면 주님은 우리에게 안식과 평강이시다. 치료가 필요하다면 주님은 우리의 치료이다. 모세는 이스라엘 백성을 애굽에서 이끌어내어 광야로 인도하기 위해 그분을 알아야 했다. 하나님은 모세에게 광야에서 '힘' '지혜' '구변' '양식' 등 모든 것이 되셨다. 우리에게 방법이 필요하다면 하나님은 우리에게 방법이시다. 여러분은 예수 외에 다른 방법을 찾지 말라! 예수 그리스도께서 '나는 곧 길이요' 라고 하셨다. 우리에게 빛이 필요하다면 하나님이 우리의 빛이시다. 다윗은 "여호와여 주의 이름을 아는 자는 주를 의지하오리니"라고 말했으며(시9:10), "하나님께 노래하며 그 이름을 찬양하라... 그 이름은 여호와시니"(시68:4)라고 하였다. 하나님은 다윗에게 "저가 내 이름을 안즉 내가 저를 높이리라"(시91:14)고 하였다. 하나님의 이름은 하나님 자신을 계시한다. 그 이름은 우리의 믿음의 터이다. 우리는 하나님의 이름을 의지하여 놀라운 일을 성사할 수 있다.

구약의 여호와가 바로 신약의 예수시다. 예수라는 뜻이 바로 '여호와 구원자'이다. 이 세상에 계실 때 예수는 그분 자신이 구약의 여호와라는 것을 시인하셨다. 그분은 "너희가 만일 내가 그 인줄 믿지 아니하면 너희 죄 가운데서 죽으리라"(요8:24)고 하셨다. 여기서 주 예수님은 그분이 바로 '나는... 이다'이신 분임을 알려주시고 있다. 주 예수님이 '나는... 이다'임을 인해 우리는 기뻐해야 한다. 그분은 우리를 위해 모든 것이 되신 분이다. 부활, 생명, 빛, 선한 목자 등이 되시기에 우리가 그분의 이름을 믿는다면 우리는 모든 것을 얻게 된다. 그분의 이름은 우리로 인생의 광야를 거쳐 가나안 땅에 들어가게 하는 이름이다.

"창조된 대략이 이러하니라". '대략'은 히브리어로 '톨도트'이며, 계보, 출생, 역사(history)를 뜻한다. 이곳에서는 역사를 의미한다고 보는 것이 옳다. 여기서 창조 역사의 한 부분을 자세히 서술하고 있는데, 그 초점은 사람의 창조에 있다. 천지창조의 중심이 사람에게 있고, 사람 자체가 하늘과 땅을 연결시키는 피조물이니 그 모든 창조를 대표할 만하다. 인간은 땅의 성분으로 지어졌지만 하늘의 성분이 들어있는, 그야 말로 하늘과 땅, 영혼과 육체가 합하여 구성된 하나의 소우주이다. 욥기에서는 "나도 흙으로 지으심을 입었은즉"(욥 33:6), "전능자의 기운이 나를 살리시느니라"(욥 33:4)라고 하여 사람에게 땅과 하늘의 요소가 다 들어있음을 말하고 있다. 또한 사람 속에는 심령(a spirit)이 있다고 말씀한다(욥 32:8, 매튜 헨리).

5-6절, 여호와 하나님이 땅에 비를 내리지 아니하셨고 경작할 사람도 없었으므로 들에는 초목이 아직 없었고 밭에는 채소가 나지 아니하였으며 6 안개만 땅에서 올라와 온 지면을 적셨더라

이 부분은 하나님께서 사람을 지으시기 전 이 땅의 상태를 말해준다. 즉 땅에 비를 내리지 아니하셨고 경작할 사람도 없으므로 들에는 초목이 아직 없었고 밭에는 채소가 나지 않았으며 다만 안개만 땅에서 올라와 온 지면을 적시고 있었다. 이 구절은 사람이 창조되기 직전의 상황을 묘사하는 것 같다. 그런데 1장에서는 셋째 날에 풀과 씨 맺는 채소와 각기 종류대로 씨 가진 열매 맺는 나무를 내라 하셨다. 하나님은 이 모든 식물들을 보시고 좋다고 하셨다. 그러나 이 구절에서는 사람이 창조되기 전에 초목이 아직 없었다고 말한다(5절). 우리는 모순된 것처럼 보이는 이 말씀을 어떻게 이해해야 하는가? 이는 1장에서 하나님의 식물의 창조가 없었다는 뜻은 아닐 것이다. 다만 사람의 창조되기 전의 황량한 초목의 상태를 말한 것이리라! 초목의 황량한 이유는 만물의 최고 대표자격인 인간이 창조되지 않았기 때문이다.

강우(降雨)가 억제된 것은 1장에서 살펴보았듯이 궁창 위의 물로 된 수포대 때문일 것이다. 지구 전체가 거의 같은 온도로 유지되었을 것이므로 그러한 수포대 아래서는 거대한 공기 덩어리들이 몰려다니지 못했을 것이며 비가 올 수 있는 조건이 갖춰지지 않았을 것이다. 다만 짙은 안개가 다소의 습기를 공급할 수 있었을 것이다. 그러나 더 충분한 수목과 과목이 자라려면 이 땅에 하나님과 함께 동역하여 경작할 인간이 필요했다. 그때서야 하나님은 비를 내릴 이유가 있게 되고 더 많은 과목과 채소가 자라게 할 수 있으시다는 말이다. 즉 이 구절은 1장에서의 채소나 과목의 창조를 무시하는 것이 아니다. 다만 사람이 창조되기 전에 이에 대한 절실한 필요성이 없었으며 동역하고 경작할 사람이 없기에 땅이 여전히 황폐한 상태에 있음을 묘사하고 있는 것이다. 그러므로 여기에서 말하는 '초목'이란 사람이 경작해야 자라는 나무와 채소를 말하는 것이며 따라서 이 구절은 사람이 창조되기 전의 지구의 상황을 묘사한 것으로 보여진다.

여기서 우리가 알 수 있는 것은 하나님에게는 동역할 존재가 필요하다는 것이다. 분명 초목은 제3일에 창조되었고, 더욱 잘 자랄 수 있도록 제4일에 광명을 갖추어 주셨다. 그러나 제6일에 사람이 나타나지 않는다면 그 초목은 잘 자랄 수 없다. 경작할 사람이 없을 때 초목은 황폐하여져서 마치 없는 것이나 다름없다. 5절 말씀은 이런 상황을 말한 것이리라! 에덴에서 사람의 할 일은 다만 경작하는 것이었다(15절). 그러므로 사람이 창조된 후 에덴의 상황은 경작하는 사람이 있고 사람이 경작함으로 초목들이 자라는 것이었다. 하나님께서는 틀림없이 이를 보시고 매우 기뻐하셨을 것이다. 하나님은 사람과 함께 에덴을 경작하기 원하셨으며, 여기에서 이미 우리는 하나님께서 사람과 동역하기를 원하신다는 것을 알 수 있다. 애초의 동역은 하나님께서는 비를 내리시고 사람은 땅에서 경작하는 것이었다. 하나님은 동산을 경작하는 일에서부터 지음받은 사람이 하나님과 동역하는 것을 배우기를 기대하셨다. 하나님께서 지금도 이 땅에 그분의 역사를 하시는데 제한을 받으시는 이유는 동역하는 사람이 없기 때문이다. 하나님은 오늘날도 그분의 역사에서 동역할 사람을 필요로 하신다. 그분은 그분과 함께 수고하며 경작할 사람들이 나타날 때에서야 성령의 비를 내리며 역사를 시작하신다. 이는 지난 교회 역사에서 증명되고 있다. 그분은 이 땅에 그분을 위한 귀한 그릇들이 일어날 때마다 성령의 비를 부으셨다. 그럴 때 수많은 사람이 소생되어 주님께 드려졌던 것이다. 교회가 오늘날 황폐한 것은 그분과 동역하여 이 땅을 경작할 사람이 없기 때문이다. 이는 주님께서는 무익하게 성령의 비를 남용하시지 않는다는 뜻도 된다. 오, 하나님은 얼마나 그분과 동역할 충성된 사람들을 필요로 하시는지! 다만 몇 명만 있어도 세상이 바뀐 것이 오늘날까지의 교회 부흥의 역사이다. 다만 피동적으로 하나님이 다 하실 것이라고 핑계대며 아무 일도 하지 않는 것은 마귀에게 속는 커다란 속임수이다. 하나님과의 교통 가운데, 성령 안에서 거룩한 뜻을 세우고 적극적으로 전진해 나아가는 자들에게 하나님은 함께 하시는 것이다.

사람의 창조

7절, 여호와 하나님이 흙으로 사람을 지으시고 생기를 그 코에 불어넣으시니 사람이 생령이 된지라

하나님은 먼저 흙으로 사람을 지으시고 그 다음 생기를 그 코에 불어넣으셨다. 사람이 흙으로 지어졌다는 것은 화학 원소로도 입증된다. 즉 흙을 구성하는 기본 요소들인 질소, 산소, 칼륨 등의 원소들이 동일하게 인간의 몸을 구성하고 있다. 그래서 사람은 흙으로부터 왔고 흙으로 돌아간다고 말하는 것이다. 우리가 묻혀야 할 땅을 우리는 모태라고 부른다(욥 1:21). 욥기 1장 21절의 '모태'는 어머니의 태가 아니라 흙을 말한다.

그러나 이 몸은 후에 변화를 받아 영광스러운 몸으로 변화된다. 이 구절에서의 창조는 옛 창조이지만 하나님은 새 창조를 통해 영원한 작품을 만들어 가신다. 오늘 우리 속에 일어나는 영광스러운 변화의 역사는 영원한 것이며, 옛 창조 속에서 새 창조가 형성되어가는 과정인 것이다. 옛 창조는 마치 새로운 건축물을 위하여 일생 지탱하여주는 부실한 '비계' 건축물과도 같다. 그 안에서 새 생명의 변화와 영광의 더 중한 것이 이루어져 가는 놀라운 새 창조의 역사가 진행되고 있는 것이다.

그러므로 사람은 먼저 자신이 흙으로 지어진 무익하고 연약한 존재임을 알아야 한다. 그러나 동시에 사람속에는 전능자이신 하나님의 생기로 말미암은 산 혼(living soul)이 있다. 인간은 하나님이 불어넣으신 생기로 인해 참으로 존귀한 존재이다. '생기'의 히브리어는 '네솨마'로서 잠언 20장 27절에서 "사람의 영(spirit)은 여호와의 등불이라 사람의 깊은 속을 살피느니라"고 할 때 '영'에 해당되는 말이다. 이것은 하나님께서 불어넣으신 생기가 사람의 영이 되었다는 것을 증명한다. 그러나 이 생기는 하나님께로부터 왔지만 성령과는 다르다. 로마서 8장 16절은 "성령이 친히 우리 영으로 더불어…"라고 말하여 성령과 우리 영을 구분한다.

이 말씀을 통해서 우리는 하나님께서 흙으로 사람을 지으시고 '네솨마'를 불어넣으심으로 사람이 산 혼(living soul, 다비 역, A.S.V)이 되었다는 것을 알 수 있다. 사람에게 있어서 혼은 인격이다. 생기는 사람의 깊은 속에 있는 영이 되었고 혼은 영과 몸을 연결하는 중간 매개체와 같은 기관이 되었다. 간단히 말해서 사람은 이 땅의 흙으로 외적인 틀이 만들어지고 영원하신 하나님으로부터 내적인 호흡을 받아 영으로 지음을 받은 것이며 영이 들어와서 인간의 몸을 살렸기 때문에 그 사람은 '산 혼'이 된 것이다. 혼은 영과 몸의 연합으로 생겨났다. 본래 몸은 죽은 것인데 영이 몸과 만남으로 제3의 혼이 형성된 것이다. 영과 몸이 완전히 연합한 후 사람은 산 혼이 된 것이다. 영은 하나님으로부터 오고 몸은 지음 받은 것이지만, 이 두 요소가 합해질 때 '산 혼'이 되었다. 천사의 특징이 영에 있는 것처럼 사람의 특징은 혼에 있는 것이다. 따라서 혼이란 말은 사람을 대표하는 말이다(출 1:5). 이 세상에 살 때에는 혼이 사람의 모든 인격이 되고 내세의 부활의 때에 영이 그의 인격이 될 것이다. 그러나 믿는 우리는 부활하신 주님과 연합하였으므로 이 땅에서도 영으로 우리를 다스리게 할 수 있다.

앤드류 머레이(Andrew Murray)는 사람의 영과 혼을 구분하여 사람의 혼의 의지와 생각에 대하여 말했고, F. B. 마이어 박사도 자신이 만일 영과 혼의 구분을 몰랐다면 자신의 영적 생명은 어떻게 되었을지 모른다고 말했다. 이 외에도 펜 루이스나 이반 로버츠나 마담 귀용 등 근세의 영적 인물 대다수가 영과 혼의 구분을 말했다. 사실 성경 데살로니가 전서 5장에서 사도 바울은 이것을 아주 분명하게 구분하여 말했다. "평강의 하나님이 친히 너희로 온전히 거룩하게 하시고 또 너희 온 '영'과 '혼'과 '몸'이 우리 주 예수 그리스도 강림하실 때에 흠 없게 보전되기를 원하노라"(23절). 이 구절의 '영과 혼과 몸'은 헬라어에서 kai(…과, and)라는 접속사로 연결되어 있다. 이것은 영과 혼과 몸, 이 세 기관이 각각 별개임을 가리킨다. 이 외에도 히브리서 4장 12절에는 '영과 혼을 찔러 쪼갠다'는 말씀이 있다. 영과 혼에 구분이 있기에 찔러 쪼개는 것이 가능한 것이다.

사람 속에 하나님의 생기(영)가 불어넣어져서 혼이 생겨난 후에 사람의 영과 몸은 혼의 일부로 병합되었다. 혼은 영과 몸을 연결하는 중간 연결고리와 같은 기관이 되었고, 사람이 거듭난 이후에 혼이 사람의 타락한 육체인 몸의 소욕을 따르면 육적인 사람이 되고 성령을 따르면 영적인 사람이 된다.

이와 같이 사람의 영과 몸은 본래 독립된 두 개의 다른 재료와 기관이지만 합해질 때 산 혼이 되었다. 그러므로 신약에는 사람의 창조 시에 몸을 지으시고 다음에 영을 지으신 것에 근거하여(슥 12:1), 또는 그 영이 몸과 결합하여 산 혼(living soul)이 된 것에 근거하여 영과 육, 또는 몸과 혼으로 구분하여 말한 많은 구절들이 있다(마 10:28, 고전 5:4-5, 고후 7:1). 영과 혼의 구분에 대하여 과거 헬라 교부들은 3분설(trichotomy)로 보았고 라틴 교부들은 2분설(dichotomy)을 말하기도 했다. 그런즉 성경에는 이와 같이 사람의 기관을 2분하여 말한 것이 있고 3분하여 말하는 것이 있다고 읽을 때 이해에 있어서 온전한 것이다.

사람은 하나의 그릇

창조된 사람은 하나의 그릇과 같다. 사람은 영이 있는 존재이지만 그 영은 하나님의 영을 담을 수 있는 기관일 뿐 사람의 영 자체가 성령은 아니다. 그러나 사람의 영은 하나님의 생기로 되어진 것으로서 가장 깊은 곳에 있는 기관이기 때문에 그것으로 하나님을 접촉하고 하나님을 경배하며 하나님과 교통할 수 있다. 하나님의 형상과 모양대로 지어진 사람은 그 자체가 아직 완전한 것이 아니며 하나님께서는 사람이 하나님을 그 안에 내용으로 충만하게 담기를 원하신다. 오늘날 많은 사람들이 사람 속에 영이 있음을 알지 못한다. 잠언에는 "사람의 영은 여호와의 등불"이라고 하였고(잠20:27), 욥기에는 "사람의 속에는 영이 있고 전능자의 기운이 사람에게 총명을 주시나니"라고 하였다(욥32:8). 사람은 영이 있기에 하나님과 교통할 수 있는 것이다. 그리고 그 영으로 하나님의 영을 담을 수 있는 것이다.

신약에서 계속 가르치는 것은 그리스도의 내주하심과 성령의 충만함이다. "오직 내 안에 그리스도께서 사신 것이라"(갈 2:20), "오직 성령의 충만을 받으라"(엡 5:18), "만일 너희 속에 하나님의 영이 거하시면…또 그리스도께서 너희 안에 계시면"(롬 8:9, 10), "내 안에 거하라 나도 너희 안에 거하리라"(요 15:4). 이처럼 신약 성경에는 하나님께서 우리 안에 거하시는 것에 관한 많은 구절들이 있다. 이 모든 구절들을 통해서 우리는 하나님께서 사람을 창조하신 목적이 피조물인 사람 속에 내주하시는 것임을 알 수 있다. 그러므로 사람이 만일 하나님을 그 속에 내용으로 충만하게 담지 않으면 공허한 그릇이요 빈 그릇이 되어버리는 것이다. 하나님께서는 사람을 하나의 그릇으로 지으셨기에 사람이라는 그릇에는 반드시 하나님이 그의 내용으로 담겨야 하는 것이다.

그러므로 주님은 신약 요한복음에서 그분 자신이 사람이 마셔야 할 영원한 생수이시며 먹어야 할 생명의 떡임을 계속 말씀하셨다. 우리가 만일 그분을 음료와 음식으로 취하지 않는다면 목마르고 배고프며 영원한 삶을 누릴 수 없을 것이다. 사람은 오직 하나님으로 채울 때에만 만족이 있다. 이것은 하나님의 창조의 목적이요 또 원리이므로 누구든지 예외가 없다. 사람의 영은 이와 같이 하나님의 영을 담을 수 있도록 지어진 기관이다. 사람에게 인내가 있고 겸손이 있고 사랑이 있지만 그것은 어디까지나 하나님의 인내와 겸손과 사랑을 담을 수 있는 그릇일 뿐이다. 아무리 참아보려고 해도 인간의 인내에는 한계가 있다. 사랑도 한계가 있고 겸손도 그러하다. 이는 다만 하나님의 것을 담기 위한 형상적인 그릇이기 때문이다.

그 속에는 참 생명과 참 인내와 참 사랑과 겸손이 들어와야 한다. 그럴 때에서야 비로소 하나님의 형상을 나타낼 수 있다.

결론적으로 하나님은 사람을 영이 있는 존재로 지으셔서 그분을 담고, 그분과 하나 되며 그분을 내적으로 알 수 있고 그분을 경배하며 그분과 교통하기를 원하셨다. 사람은 하나님과 하나 될 수 있고, 그분의 마음을 알 수 있고, 따라서 그분의 마음을 기쁘게 하고 만족케 할 수 있는 존재이다. 이는 다 사람 속에 영이 있는 것과 관계가 있다. "하나님은 영이시니 예배하는 자가 신령과 진정으로 예배할지니라". 하나님은 영이시고 사람도 영이 있는 존재이므로 하나님과 사람은 통할 수 있는 것이다. 사람에게 영이란 기관이 있으므로 사람은 하나님의 영을 담을 수 있고 상통할 수 있다. 따라서 하나님은 사람을 배필로 여기신다(사 54:5, 렘 3:14). 사람에게 영이 있으므로 하나님을 알 수 있고(히 8:11), 성령 안에서의 교통이 가능한 것이다(빌 2:1).

하나님의 성전

고린도 전서 3장 16절은 "너희가 하나님의 성전인 것과 하나님의 성령이 너희 안에 거하시는 것을 알지 못하느뇨"라고 말한다. 성경은 사람을 하나님의 성전으로 비유하였다. 즉 하나님은 사람을 지으실 때 그 안에 하나님이 거하시도록 지으신 것이다. 사람은 그 자체로 완전하지만 사실 한 가지 가장 심오한 목표에 이르도록 지어진 것이다. 성경을 알지 못한다면 사람은 자신의 존재 목적과 진정한 목표에 이르는 길을 알지 못한다. 만일 사람이 그 속에 하나님을 담지 못한다면 그는 지음 받은 목적에 이르지 못한 것이다. 사람은 하나의 그릇이요(롬 9:21), 하나님의 성전인 것이다. 그릇이라면 무언가를 담아야 하는 존재임을 암시하는 것이요 성전이라면 그 안에는 하나님이 계셔야 하는 것이다. 간단히 말해서 사람은 성경의 계시로 그 안에 하나님을 모시도록 지어진 존재이다.

구약의 성전이 세 부분으로 되어 있듯이 사람도 세 부분으로 되어 있으며 그 각 부분은 매우 동일하게 일치한다. 첫 부분은 바깥마당으로서 그곳은 사람들이 볼 수 있으며 모든 예배가 그곳에서 드려진다. 즉 사람의 가장 중요한 기능은 하나님을 예배하는 것이다. 조금 더 들어가면 성소가 있다. 성소에는 제사장만이 들어갈 수 있고 향과 떡을 하나님께 드리게 되어 있다. 그 안쪽에 있는 지성소에는 대제사장만이 들어갈 수 있으며 하나님은 오직 지성소 안에만 거하실 수 있다.

이와 같이 사람에게도 모든 사람이 볼 수 있는 육체의 몸이 있고 사람의 생각과 감정과 의지가 있는 혼이 그 속에 들어있다. 이 혼이 거듭난 사람에게는 마치 성소와 같은 것이다. 성소도 결국 하나님을 섬기는 많은 활동이 있는 곳이므로 사람이 지어진 것은 하나님을 섬기기 위한 것이다. 그리고 사람의 가장 깊은 속에는 영이 있다(욥 32:8). 이곳이 바로 성전의 지성소에 해당하는 것으로서 하나님이 거하실 수 있도록 지어진 장소이다. 이 영은 하나님과 교통하고 연합하고 예배하는 기관이다. 혼은 세상이나 기타 물질적이고 정신적인 세계를 이해하는 기관이지만 영은 오직 하나님을 알 수 있도록 지어진 기관이다. 하나님이 사람을 지으실 때 가장 중시하며 지으신 기관이 영인 것이다(슥 12:1).

데살로니가 전서 5장 23절은 그 세 부분의 순서를 '영과 혼과 몸'이라고 하였다. 몸이 먼저가 아니라 영이 먼저인 것이다. 오늘날 사람들은 오직 육신의 필요와 욕구를 최선으로 내세워 산다. 사람이 만일 육체의 소욕에 따라 살며 영은 죽은 상태로 유지한다면 가장 비천하고 유치하게 살게 된다. 그러나 가장 깊은 곳에 있는 영을 첫째로 여겨 영 안에 하나님을 모시고 하나님과 교제하며 그분의 인도를 따라 산다면 가장 고상한 삶을 살게 될 것이다. 이러한 삶을 제대로 살도록 부르심을 받은 최초의 인물이 아브라함이다. 따라서 아브라함은 고상한 삶을 개척한 최초의 사람이 되었다.

에덴에 동산을 창설하심

8절, 여호와 하나님이 동방의 에덴에 동산을 창설하시고 그 지으신 사람을 거기 두시고

에덴이 동방에 있었다고 할 때, 창세기 기자(모세)가 성지(聖地) 가까이에 있었을 것이므로 그곳을 중심으로 하여 동방이 되는 메소포타미아 지방을 가리킴을 알 수 있다. 그곳은 네 강(江)의 발원지이며 그 중 두 강(유브라데와 힛데겔-힛데겔은 현재의 티그리스)은 현재에도 존재한다.

'에덴'이란 '즐거움' 또는 '기쁨'을 뜻하며, '동산'은 70인역(LXX)에서 낙원(paradeidos)으로 번역되었다. 그러므로 에덴 동산은 즐겁고 살기 좋은 낙원이었다.

하나님께서는 다른 동물들은 어디에 살든지 그리 주의하거나 상관하지 않으신 것 같다. 원숭이들이 나무에 올라가서 살겠다면 그렇게 하게 두시고 오소리가 땅을 파고 굴 속에 살겠다고 하면 또 그렇게 하신 것 같다. 그러나 사람이 어디에서 어떻게 살 것인가에 대해서는 매우 관심하시고 주의하셨다. 하나님께서는 사람이 무엇을 먹을 것인가를 관심하시고 어디에 거할 것인가를 관심하셨다. 그러므로 사람은 무엇을 먹을까, 무엇을 마실까, 어디에 살 것인가를 염려하지 말아야 한다. 그런 것들은 원래부터 창조주께서 관심하시고 관리하시는 것들이다. 오직 타락한 사람만이 자신의 거처와 먹을 것을 위하여 염려하며 그것들을 위해 애쓰며 살아간다. 정상적인 그리스도인은 원래 상태로 회복된 자들로서 결코 의식주를 염려하지 않고 오직 하나님의 나라와 의를 구한다.

하나님께서 에덴을 기쁨과 즐거움의 동산으로 만들어 사람으로 살게 하신 것은 하나님께서 사람의 먹을 것과 입을 것과 거처를 주의하실 뿐 아니라 사람의 즐거움과 기쁨도 주의하신다는 것을 나타낸다. 하나님께서는 그분의 사람들이 기뻐하는 것을 보기 원하신다. 신약의 사도들은 성도들의 기쁨을 주의했으며, 기쁨을 돕는 자가 되기 원한다고 했으며, 거듭거듭 기뻐하라고 명했다(고후 1:24, 빌 4:4). 사람이 성령으로 충만한 결과는 시와 찬미와 신령한 노래를 부르는 삶이며 기쁨이 충만한 삶이다. 에덴은 저주가 없고 축복과 즐거움과 기쁨이 넘치는 장소였다. 이스라엘 백성들이 바벨론에서 회복될 때 그들에게는 기쁨이 회복되어 예루살렘에서 기뻐하는 소리, 즐거워하는 소리가 들려지게 할 것이라고 말했다(렘 33:11). 복음을 받은 신약의 성도들은 기쁨을 회복한 자들이다. 기쁨이 사라진 교회 생활은 그 자체가 문제가 있음을 증명하고 있다. 고린도 교회가 거짓 교사들의 가르침을 받은 결과는 기쁨을 잃어버린 것이었다. 바울 사도의 건강한 가르침과 회개케 하는 말씀을 통해 그들은 다시 기쁨을 회복할 수 있었다. 그들이 '나는 바울에게, 나는 게바에게, 나는 아볼로에게, 나는 그리스도에게'라고 외치며 서로 분쟁할 때 기뻤을 것 같은가? 결코 그렇지 않다. 그들이 분쟁하는 한 그들에게는 기쁨이 없었던 것이다. 하나님의 나라의 특징 중에는 희락(joy)이라는 것이 있다(롬 14:17).

생명나무와 선악을 알게 하는 나무

9절, 여호와 하나님이 그 땅에서 보기에 아름답고 먹기에 좋은 나무가 나게 하시니 동산 가운데에는 생명나무와 선악을 알게 하는 나무도 있더라

하나님이 사람을 창조하신 후 가장 먼저 그들의 거주할 곳(에덴)을 만드시고 다음은 그들의 먹을 것을 주의하셨다. 여기서 우리가 한 가지 반드시 기억해야 할 것이 있다. 사람이 먹어야 할 것은 육신적 생명을 위한 것만이 아니라는 점이다. 여기의 두 나무(생명나무와 선악을 알게 하는 나무)는 육적 생명을 유지하기 위한 나무가 아니라는 것이다. 사람은 육적인 인간생명을 유지하기 위한 음식만을 먹어서는 안된다. 왜냐하면 사람은 육과 영으로 된 존재이지만 영이 더욱 중요한 존재이다. 따라서 영의 음식이 더 중요하다. 주 예수님께서도 이것을 말씀하셨다. "사람이 떡으로만 살 것이 아니요 하나님의 입으로 나오는 모든 말씀으로 살 것이라"(마4:4). 이 구절에서 영의 음식에 관련된 두 나무 외에 1장 29절의 과일나무는 사과나 배나 복숭아 등과 같이 사람이 먹고 살 수 있는 과일들이었을 것이다. 요한복음 6장에 의하면 사람들은 썩을 양식과 썩지 않는 양식을 구분하여 말씀하고 있다. 주 예수님은 당시 사람들이 배를 위하여 썩을 양식을 위하여 사는 것을 책망하셨다. 이것은 오늘 날도 동일한 문제가 아닐 수 없다. 예수 그리스도께서 오신 것은 사람이 먹고 영생하도록 그분의 살과 피를 먹고 마시도록 주시러 오신 것이라고 말씀하셨다.

만일 사람이 육적 음식만을 먹고 사는 존재라면 짐승과 다를게 없다. 그러나 사람은 육의 음식만이 아니라 영의 음식을 먹어야 산다. 요한복음에는 배고픈 사람들과 목마른 사람들에게 예수 그리스도께서 생명의 떡이요 생명의 물임을 말씀하신다. 예수께서는 그분 자신이 사람이 반드시 먹어야 할 생명의 떡임을 계속해서 말씀하셨다. 사람이 창조되자마자 하나님은 사람이 먹어야 영원히 살 수 있는 생명나무를 피조된 사람에게 소개하셨다. 그것을 먹으면 영생하며 하나님의 창조의 목적에 이르지만 선악을 알게 하는 지식나무를 먹으면 반드시 죽는다고 하셨다. 이 죽음 역시 영적 죽음을 가리킨다. 나는 오늘도 독자 여러분들이 사람에게 있어서 영적 음식이 얼마나 중요한지를 반드시 깨달을 수 있기를 간절히 소원한다.

하나님은 왜 이스라엘 백성들을 이끌어 광야에 들어가게 했는가? 하나님은 그들의 음식문제에 매우 관심을 가지신 것을 알 수 있다. 애굽에서 그들은 파와 부추와 고기 등을 풍족히 먹었다. 그 때 그들은 하늘의 양식을 먹을 필요를 느끼지 못했다. 아무 것도 없는 건조한 땅 광야에 들어섰을 때 그들은 40년간 하늘로부터 만나를 내려 매일 먹게 되었다. 하나님은 그들에게 말씀하시는 듯하다. "내가 사람을 창조한 것은 썩을 양식을 먹을 존재로 지은 것이 아니다" 주 예수님도 요한복음 6장에 보면 디베랴 바닷가에서 오병이어의 기적을 행하셨다. 오병이어로 오천명을 먹이고 12바구니를 거두셨다. 그것은 무엇을 시사하는가? 이스라엘 백성의 광야를 생각나게 한 사건이다. 주 예수님은 하늘을 우러러 축사하신 것이다. 주님은 또 음식을 먹으러 찾아온 사람들에게 너희가 또 온 것은 표적을 본 까닭이 아니라고 하셨다. 그 표적은 무엇인가? 그것은 사람이 먹고 죽는 음식이 아니라 주 예수님 자신이 하늘에서 내려온 산 떡으로서 하나님은 사람에게 그 떡을 먹고 영생하기를 원하셨던 것이다.

생명이란 성경에서 가장 중요한 단어 중 하나이다. 그리스도께서는 그분 자신이 생명(요 11:25, 14:6)이라고 하셨고 생명의 떡이라고 하셨다(요 6:35). 또 그분은 자신이 이 땅에 오신 것은 사람들에게 생명을 주려 함이라고 하셨다(요 10:10). 하나님의 아들을 믿는 자에게는 생명이 있고 믿지 않는 자에게는 생명이 없다(요일 5:13). 사도 요한은 그리스도에 대하여 이 생명이 나타나신 바 된 분이라고 했으며(요일 1:2) 예수 그리스도와 참 하나님과 영원한 생명을 동등한 용법으로 사용했다(요일 5:20). 오늘날 많은 사람들이 영생을 다만 존재(existence)의 개념으로만 이해한다. 그러나 실제적으로 영생은 하나님의 생명이요, 그리스도 안에 있는 생명이며, 그리스도 자신이다(골 3:4). 우리는 이 생명을 갖고 그 나라에서 영원토록 살 수 있다. 사람은 이 생명을 가질 수 있고 현세에도 누릴 수 있다.

이 생명을 통해 우리는 그리스도를 살아낼 수 있다. 죽어서야 비로소 영생을 맛보고 누리는 것이 아니라 우리가 믿은 그날부터 이 영생이 시작되어 누릴 수 있음을 하나님께 감사하고 찬양한다. 이 생명이 있기에 우리는 하나님의 세계를 좋아하며 그 말씀의 비밀을 알기를 기뻐한다. 또한 하나님의 거룩과 의와 사랑을 실천할 수 있다. 원수도 사랑하며 이웃을 내 몸과 같이 사랑할 수 있다. 송사하여 속옷을 가지고자 하는 자에게 겉옷까지 내어줄 수 있다. 이는 다 그 생명이 있기에 가능한 것이다.

오늘날 교회는 이 생명의 운하가 되어야 한다. 사람들은 교회에 와서 생명을 얻고 산 소망을 얻을 수 있어야 한다. 그러나 과연 얼마나 많은 교회들이 생명의 모습을 갖고 있는가? 교회는 마땅히 살아서 움직이는 생명의 사람들로 가득해야 한다. 살아있는 예배, 살아있는 간증, 살아있는 기도, 살아있는 말씀이 교회의 특징이 되어야 하는 것이다. 그렇지 않으면 그 교회는 생명나무가 없는 교회이다. 당시 에덴 동산의 중앙에는 사람이 반드시 취해야 할 생명나무가 있었다. 계시록 일곱 교회 중 사데 교회는 살았다 하는 이름은 가졌으나 죽은 자였다. 죽었다는 것은 거기에 생명이 없다는 것을 뜻한다. 하나님은 죄를 미워하실 뿐 아니라 사망을 미워하신다. 그리스도는 생명이요 부활이시다. 그분이 계신 곳은 사망이 없다. 그분은 사망을 폐하시고 썩지 않을 생명을 해방하신 분이다. 개인이나 교회나 마땅히 그리스도의 부활생명으로 충만해야 한다. 이는 성도들이 그리스도와의 살아있는 관계를 갖고 있음을 증명하는 것이다. 에덴 동산의 중앙에 생명나무가 서있다는 것은 창조된 사람이 마땅히 이 나무와의 관계를 잘 가져야 함을 나타낸다.

이렇게 볼 때 우리는 창세기 2장 9절에 나타난 생명나무가 그릇인 사람이 자신 안에 담을 내용으로 받아들여야 할 생명이신 그리스도임을 알 수 있다. 마틴 루터는 이 생명나무에 대하여 문자 그대로 사람의 생명을 늘 건강하고 젊게 만드는 나무라고 하면서 말씀을 문자 그대로 믿기를 좋아했다. 칼빈(J. Calvin)은 어거스틴의 해석을 받아들여 생명나무는 그리스도의 상징으로서 실제로 존재했던 과일나무라고 해석했다. 또한 칼빈은 생명나무의 존재 의미가 무죄 상태에 있던 아담이 하나님의 은혜를 항상 기억하도록, 즉 그 과실을 먹을 때마다 하나님이 근원이심을 기억하게 하기 위한 것이라고 했다. 토마스 아퀴나스나 마틴 루터는 인간이 만일 범죄하기 전 이 실과를 먼저 먹었더라면 그대로 불멸의 몸이 되었을 것이라고 말했다.

어쨌든 한 가지 분명한 것은 아담은 생명나무를 그의 내용으로 취하는 것이 필요했다는 것이다. 3장 22절 말씀에 의하면 이 생명나무는 먹을 때 사람이 영생하는 나무이다. 하나님께서는 피조된 사람이 영생하는 생명을 얻기 원하셨다. 이 생명은 피조된 생명이 아니라 창조주의 생명이다. 피조물 가운데 사람만큼은 창조주의 생명을 얻을 수 있는 존재이다. 이것은 비밀 중의 비밀이다. 그러나 하나님께서는 그것에 관한 한 사람의 자유 의지에 맡기셨다. 이것은 오늘날 영생을 얻기 위하여 주 예수를 믿는 문제에서도 동일하다. 사람은 하나님의 아들을 믿지 않으면 생명을 얻지 못하며(요일5:12), 거듭나지 않으면 하나님 나라에 들어갈 수 없다(요3:3-6). 모든 짐승들은 지어진 상태로 "그대로 되니라"(It was so)하였지만 사람은 창조 후 하나님의 뜻과 목적에 있어서는 완성된 것이 아니다. 동물적인 인간 자체로는 완전하지만 하나님의 사람을 지으신 목적에 있어서는 아직 발전될 필요가 있었다. 고린도전서 15장 46절은 "그러나 먼저는 신령한 자가 아니요 육 있는 자요 그 다음에 신령한 자니라"고 하였으며 49절은 "우리가 흙에 속한 자의 형상을 입은것 같이 또한 하늘에 속한 자의 형상을 입으리라"고 하였다. 이것은 사람이 먼저 육있는 자로 출생하고 다음에 영적 생명을 얻을 수 있음을 말하고 있는 것이다. 따라서 학자들은 46절의 내용을 두고 발전의 법칙(the law of development)이라고 한다. 육있는 자(natural)에서 신령한 자(spiritual)로이다. 물론 육있는 자로 출생하는 것은 아담으로부터이고 영적인 자로 출생하며 그 형상을 입는 것은 그리스도로 말미암은 것이다. 45절은 "기록된바 첫 사람 아담은 산 영이 되었다 함과 같이 마지막 아담은 살려 주는 영(life giving spirit)이 되었나니"라고 하여 우리가 얻은 생명이 부활하신 그리스도(마지막 아담)로 말미암은 것임을 증명한다. 그리스도는 부활하심으로 우리에게 그분의 생명을 분여하셨다.

또한 이 생명나무가 뜻하는 바는 사람에게 있어서 주님이 주신 생명은 주님께 의존적이어야 한다는 것이다. 선악을 알게 하는 나무는 곧 지식의 나무(the tree of knowledge of good and evil)인데, 사탄은 하와를 유혹할 때 이 나무 실과를 먹는 날에는 눈이 밝아져 하나님과 같이 되어 선악을 분별하게 된다고 말했다. 지식의 나무의 특징은 독립이다. 인간의 타락은 곧 하나님으로부터 독립하는 것이다. '그리스도가 우리의 생명'(골 3:4)이라는 말은 사람에게 그리스도가 없으면 살 수 없고 행할 수 없으며 사람의 힘과 능력과 지혜와 모든 것이 그리스도이셔야 함을 의미한다. 우리의 모든 것은 생명에서 나오기 때문이다. 생명이 없다면 우리의 존재 자체가 없게 된다. 사람이 생명이 없이는 아무것도 할 수 없듯이 사람은 또한 하나님이 없이는 아무것도 할 수 없는 존재라는 뜻이다. 이는 마치 "나를 떠나서는 너희가 아무 것도 할 수 없음이라"는 주님의 말씀을 생각나게 한다. 이것이 그리스도가 우리의 생명이라는 말씀이 의미하는 바이다.

그러나 오늘날 많은 사람이 그리스도를 지식으로만 취할 뿐 그의 생명으로 취하지 않는다. 교회에 와서도 그저 그리스도에 대하여 뭔가 조금 배우고 아는 것으로 만족하는 것이다. 우리와 하나님과의 관계는 생명적인 필수불가결의 관계이지 머릿속으로 뭔가를 조금 아는 문제가 아니다. 지식은 그분을 생명적으로 의지하지 않아도 스스로 할 수 있게 한다. 생명나무를 택한다는 것은 일생에 하나님을 모든 것으로 취하고 그분의 지혜와 능력으로 산다는 것을 뜻한다. 그러나 지식은 자신이 중심이 되고 근원이 되며 모든 것을 하는데 있어서 하나님을 의지하지 않고도 가능케 하는 방법인 것이다. 그런데 하나님은 사람이 그의 내용으로 하나님을 취하는 데 있어서 그것을 사람의 자유 의지에 맡기셨지 강요하거나 강제로 하지 않으셨다. 사람은 임의로 그것을 선택할 수 있었다(임의로 먹되, 16절). 오늘날에도 하나님께서는 생명의 길과 사망의 길을 앞에 두시고 사람의 자유의지로 선택하게 하신다. 이것은 하나님께서 인간의 인격과 의지를 최대로 존중하시는 것을 의미한다. 사람은 자신의 선택에 따라 죽을 수도 있고 살 수도 있는 것이다.

다시 말하지만 선악과는 독립을 의미하는데, 이것은 선악과가 사람으로 자신의 혼을 발전시켜 하나님 없이도 이것저것을 분별할 수 있게 한다는 뜻이다. 분별하는 것 자체가 문제가 아니라 하나님을 의지하지 않고 자신의 혼을 인격 삼아 스스로 분별하는 것이 문제인 것이다. 그것이 바로 타락이다. 그러므로 타락은 사람이 이런저런 죄를 짓는 것 이전의 문제로서 사람이 하나님을 떠나 하나님에게서 독립한 것을 가리킨다. 선악과란 사람이 그것을 먹으면 하나님 없이도 이것저것을 분별하고 나름대로 선과 악을 판단한다는 말이다.

그런데 고린도 전서 2장은 영적인 사람은 모든 것을 분별한다고 했다. 그러한 분별은 성령께 의존함으로 하나님으로 말미암아 주어진 것이다. 반대로 누가복음 15장의 탕자는 자기 스스로 원하는 삶을 살고자 했다. 이는 하나님 아버지를 떠나 독립적으로 살게 된 죄인의 모습을 보여준다. 이를 선악과의 삶이요 죄악된 삶이라고 하는 것이다.

그러나 생명나무의 원칙은 사람이 하나님 없이는 아무것도 하지 않고 아무것도 할 수 없다는 의존의 원칙을 나타낸다. 이것은 주 예수님이 이 땅에서 한 가지도 자신의 임의로 행하지 않으시고 다만 아버지께서 원하시는 것을 행하신 것에서 볼 수 있다. 그것이 바로 생명나무의 원칙이다.

10-14절, 강이 에덴에서 발원하여 동산을 적시고 거기서부터 갈라져 네 근원이 되었으니 11 첫째의 이름은 비손이라 금이 있는 하윌라 온 땅에 둘렸으며 12 그 땅의 금은 정금이요 그곳에는 베델

리엄과 호마노도 있으며 13 둘째 강의 이름은 기혼이라 구스 온 땅에 둘렸고 14 셋째 강의 이름은 힛데겔이라 앗수르 동편으로 흐르며 넷째 강은 유브라데더라

먹는 음식 다음으로 중요한 것이 마시는 물이다. 물에도 두 종류가 있다. 하나는 영적인 갈증을 해결하는 물이고 다른 하나는 육적 생명을 유지하기 위한 물이다. 적어도 첫째 강 비손을 보면 그 강이 생명수의 강을 의미하는 것으로 생각해볼 수 있다. 강물이 흐른 결과 여러 가지 결과물이 있음을 말해주는 것에서 그렇게 볼 수 있다. 계시록 22장에 가면 오직 하나의 강만이 있다. 생명수의 강이다. 적어도 에덴에서는 하나의 근원에서부터 흐른 것이니 강의 근원은 하나이다. 비손이라는 첫째 강의 뜻이 값없이 흐른다는데서도 우리는 그 견해를 지지할 수 있다. 값없이 흐르는 것은 은혜의 강물을 의미하고 그 결과로 정금과 보석과 진주를 산출하기에 그러하다. 이와같이 에덴 동산에는 사람의 영적 생명을 살리는 생명나무가 있었고 생명수의 강이 흘렀다. 이것은 성경 마지막 책인 계시록에 등장하는 새 예루살렘에 다시 나타난다. 이는 성경의 일관성을 다시 한 번 증명하는 대표적인 일례이다. 그러므로 창세기 2장에 나온 이 강들은 계시록에 나오는 생명수의 강(계 22:1)을 예표한다. 생명나무는 먹기에 좋은 것이고 생명수는 마시기에 좋은 것이다. 그리스도는 우리에게 이 두 가지를 다 공급하시는 분이다. 그분은 "내 살을 먹고 내 피를 마시는 자는 영생을 가졌고 마지막 날에 내가 그를 다시 살리리니"라고 하셨으며 "내 살은 참된 양식이요 내 피는 참된 음료로다"(요 6:54-55)라고 하셨다.

주님은 또한 "나를 믿는 자는…그 배에서 생수의 강이 흘러나리라"고 하셨다(요 7:38). 이 모든 구절들을 참고할 때 우리는 생명수 강이 우리를 공급하기 위해 흐른다는 것을 알게 된다. 장래 새 예루살렘에서는 생명의 강이 하나님과 어린 양의 보좌로부터 흘러나와 온 성을 적실 것이다.

에덴의 네 강

에덴의 네 강은 온 땅을 적시고 공급하기 위하여 흐르는 하나님이 예비하신 생명의 강을 예표한다. 하나의 근원에서부터 흘러서 온 땅을 적시는 네 강의 흐름이 되었다. 하나님은 피조된 사람을 위하여 먹을 양식과 마실 음료를 중시하셨다. 새 예루살렘 안에도 생명나무의 실과가 있고 생명강이 흐른다. 예수 그리스도는 그분의 살을 우리의 양식으로 먹으라고 하셨고 그분의 피를 음료로 마시라고 하셨다. "내 살을 먹고 내 피를 마시는 자는 영생을 가졌고 마지막 날에 내가 그를 다시 살리리니"라고 하셨다(요 6:54). 하나님은 사람이 먹는 문제와 마시는 문제가 가장 중요함을 암시하고 계셨다. 잘 먹고 잘 마시면 사람은 영생한다. 결국 마시는 것은 피와 관계된다. 그리스도의 보혈은 우리에게 참된 음료로 주어진 것이다. 또한 성령도 마실 수 있는 것이다. 말씀을 먹고 성령을 마신다(고전12:13). 첫째 강 '비손'(Pishon)은 히브리어로 '값없이 흐르다'라는 뜻이다. 하나님의 생명수 강은 은혜의 강으로 값없이 흐르기에 원하는 자는 누구든지 마실 수 있다. 이 비손 강은 금이 있는 하윌라 온 땅에 둘렸으며 그 땅의 금은 정금이요 그 땅에는 베델리엄과 호마노도 있었다. 하윌라는 금의 산지이다. 값없이 흐르는 이 강의 흐름을 따라 이러한 귀한 재료들이 산출된 것이다. 베델리엄은 진주(Syriac Version 참조)이며 또한 고귀한 향료이다. 호마노는 귀한 보석의 일종이다.

구약 창세기에 이미 정금과 진주와 보석이 나오는데 이것들은 새 예루살렘의 세 가지 주된 재료와 완전히 일치한다(계 21:18-21). 신약에 와서는 교회의 건축이 나오는데 이때는 금과 은과 보석으로 나온다(고전 3:12). 은은 구속의 성질이 있는 물질이다. 아직 타락 이전에는 은이 필요가 없었기에 은 대신 진주가 등장한다. 그러나 사람이 타락한 이후는 구속의 필요성을 암시하는 은이 있는 것이다. 영세에 갈 때 다시 은은 진주로 변하여 금과 진주와 보석이 된다. 차이가 있다면 창세기 2장에는 다만 정금과 진주와 보석이 있을 따름이지만 결론인 계시록에는 이 귀한 재료들이 건축되어 조화롭게 완성된 하나의 아름다운 성이 있다는 것이다.

그렇다면 하나님께서는 창세기에서 사람을 창조하실 때 이미 하나의 목적과 그것을 이루는 구상을 갖고 계신 것을 알 수 있다. 그것은 생명수의 흐름을 온 땅에 값없이 흐르게 하여 그 흐름을 받아들인 사람들에게서 많은 귀한 재료들—금과 진주와 보석—을 얻으시고 그것들로 건축하여 하나님의 영원한 거처를 만드시는 것이다.

여기서 호마노는 구약에서 대제사장의 흉패를 장식하는 데 쓰인 것이므로, 이는 분명 하나님을 섬기는 백성 가운데서 얻고자 하시는 속성과 재료임에 틀림없다.

에덴에서 발원하여 흐르는 생명수의 강은 값없이 흐르며 그 강이 이르는 곳마다 하나님의 성의 재료인 금과 진주와 보석이 산출된다. 이 흐름은 어느 날 갈릴리로 흘러 갈릴리 어부들을 얻으셨는데 하나님께서는 그들을 산 돌로, 정금으로, 진주로 얻으신 것이다. 결국 그들은 신령한 집을 건축할 제사장들이 되었다(마 16:18, 벧전 2:5). 이는 하나님의 창조의 목적이 담겨져 있는 것이다. 하나님의 창조의 목적은 금과 진주와 보석으로 건축된 그분의 영원한 거처를 얻는 것인데 그것의 축소판이 오늘날의 교회이다. 다만 교회는 구속의 역사가 완성되기까지 진주 대신 은이 있는 것이다.

둘째 강의 이름은 기혼(Gihon)인데, 기혼의 뜻은 격류(激流) 곧 세찬 흐름이다. 이는 하나님의 생명의 흐름이 강하고 세차며 풍성함을 뜻한다. 이 생명의 흐름이 약했다면 다소의 사울같이 강퍅한 사람을 바울이 되도록 정복시킬 수 없었을 것이다. 이 강의 흐름이 세차고 풍성하기 때문에 아무리 강퍅하고 대적하는 사람이라 할지라도 이 강물을 접할 때 정복되지 않을 수 없다. 기혼 강은 구스 온 땅을 둘렀는데, 성경에서 구스는 검다는 뜻이며 검은 것을 표현할 때 구스 사람의 피부에 비유했다. 이 생명의 강은 세차게 흘러 강퍅한 사람을 굴복시킬 뿐 아니라 검은 사람을 희게 만든다. 검은 색은 죄의 색깔이고 흰색은 의의 색깔이다. 하나님께서는 이 생명의 강을 흐르게 하여 우리 새까만 죄인들을 씻어주신다. 교회에서 흐르는 생명의 강은 조용히 흐르지만 또한 세찬 흐름인 것이다.

셋째 강의 이름은 힛데겔이며 지금의 티그리스이다. 힛데겔이란 원래 아람어로서 화살을 뜻하며 신속한 힘을 가리킨다. 티그리스는 헬라어 음역이다. 힛데겔 강은 앗수르 동편에 흐른다고 하였는데, 앗수르는 이스라엘을 멸망시킬 수 있을 만큼 강대한 나라였다. 당시 앗수르에는 준수하고 강한 사람들이 살고 있었다(겔 23:6,12). 이것은 이 강이 흐르는 곳에서 이러한 사람들이 나왔음을 예표한다. 신속한 힘을 가진 이 생명의 흐름 안에서 그리스도 안의 강한 자들이 산출되며 준수한 사람들이 일으켜진다. 교회 역사가 이것을 증명하는데, 이 생명의 흐름 가운데서 어거스틴, 루터, 무디 등의 강하고 준수한 수많은 인물들이 일으켜졌다. 그들은 이전에 그런 사람들이 아니었다. 우리 한국에도 신실하게 길을 가신 그러한 분들이 많다. 그들은 원래 다 죄인이며 평범한 사람들이었다. 그러나 그들이 이 신속한 힘을 가진 생명강의 흐름을 접한 뒤에는 매우 강하고 하나님 보시기에 준수한 사람들이 되었다. 당신은 진정 준수한 사람이 되기를 원하는가? 이 생명의 흐름 안에 있으라! 이 강물은 강하고 준수한 인물들을 일으킬 유일한 흐름이다.

넷째 강의 이름은 유브라데(Euphrates)이다. 유브라데의 뜻은 '풍성한 결실'이다. 이것은 만일 우리가 이 강물의 흐름 가운데 지속적으로 머문다면 풍성한 결실이 있게 된다는 뜻이다. 유브라데 강 유역은 토지가 비옥하여 고대 문명의 발상지가 되었다. 즉 이 흐름은 결국 비옥한 땅을 만들어내어 풍성한 진리와 생명의 역사로 인한 부흥을 가져올 것이다. 이 생명강의 흐름은 준수한 사람들을 만들어낼 뿐 아니라 풍성한 결실을 거두는 역사를 가져온다.

20세기 초에 영국 웨일즈에서 이 흐름은 풍성한 결실을 거두었다. 그 흐름은 중국으로 흘렀고, 1907년에는 한국에서 큰 부흥의 역사를 이루었다. 이 모든 역사는 이 강물이 이곳저곳으로 흐른 결과이며, 이 흐름의 근원은 하나님과 어린 양의 보좌이다. 그러므로 어디서든지 부흥은 보좌에 계신 하나님으로부터 말미암는다. 실상은 이러한 생명의 흐름이 흐르는 곳이 모든 역사의 시작이요, 풍성한 결과인 것이다. 에덴의 강의 흐름은 네 갈래가 되어 하나님이 원하시지 않는 앗수르 같은 나라를 일으키기도 하였지만 마지막 계시록에는 결국 하나의 강의 흐름이 되어 새 땅을 모두 공급하게 된다.

창세기 2장에는 영이 있게 지음 받은 사람이 있고 생명나무가 있으며 생명의 강이 있다. 이는 다 연결된 개념이다. 영이 있는 사람이 생명나무를 받아들인다면 그 속에 생명 강이 흐르게 된다. 이 때에 하나님은 그분과 동역하며 에덴을 지키고 경작하는 사람을 얻을 수 있는 것이다.

경작하며 지키게 하시고

15절, 여호와 하나님이 그 사람을 이끌어 에덴 동산에 두사 그것을 다스리며 지키게 하시고

개역 성경의 '다스리며 지키다'는 원래 '경작하며(cultivate) 지키다(keep)'라는 뜻이다. 15절의 말씀은 사람의 관념과 매우 상반된다. 일반적인 사람의 관념으로는 에덴 동산이 먹고 마실 것이 풍성하고 즐거운 곳이기 때문에 어떤 종류의 일이나 봉사도 필요 없을 것이라고 생각한다. 그러나 하나님은 아담에게 동산을 '경작하고 지키라'고 명하셨다. 사람이란 존재는 기이하다. 하나님은 그들과 함께 하기를 원하신다.

여기서 '다스리다'(경작하다)라는 말은 히브리어로 '레아베다흐'인데, '일하다', '경작하다', '봉사하다'라는 뜻이다. 우리는 하나님께서 사람의 창조시부터 사람에게 경작하고 일하라고 명하신 것을 알 수 있다. 그러므로 사람이란 아무 할 일 없이 그저 매일매일 놀기만 할 때 결코 행복하지 않다. 사람이 부지런히 일할 때 비로소 행복을 느끼게 되는 것은 원래 하나님의 정하심에 따른 것임을 알자. 2장 5절에도 하나님이 비를 내리지 않으신 것은 "경작할 사람이 없기 때문이라"고 하셨다. 하나님은 사람이 그분과 동역하기를 원하셨다.

하나님께서는 사람이 창조되자마자 열심히 일하고 경작하도록 정하셨다. 은혜 안에서 하는 일은 다 기쁘고 감사한 것뿐이다. 타락한 인간이 율법 아래서 수고하는 일은 에덴에서의 경작하고 지키는 것과는 다르다. 억지로 해야 한다는 의무감과 억압 아래에서 하는 일은 은혜 안에서의 수고와는 다르다.

오늘날도 얼마나 많은 사람들이 자유를 누리지 못한 채 소위 봉사라는 일에 묶여 힘든 세월을 보내는지 모른다. 이들은 참 안식 안에서의 수고를 알지 못하므로 고통의 멍에를 지고 수고하는 것이다. 주님은 '수고하고 무거운 짐 진 자들아 다 내게로 오라'고 하시면서 '내 멍에는 쉽고 내 짐은 가볍다'고 하셨다. 주님이 맡겨서 지게 하는 멍에는 쉽고 짐은 가벼운 것이다. 뭔가 무겁게 느껴진다면 그것은 이미 문제가 있는 것이다. 주님을 사랑하는 자들은 강요에 의해서가 아니라 사랑에 의해 기꺼이 수고의 들로 달려나간다. 주를 위해 수고하는 것은 우리의 즐거움이요 누림인 것이다. 이 즐거움의 노동은 아담의 범죄 후에 수고의 노동으로 바뀌었다(3:17-19). 우리는 기쁨으로 하나님과 함께 그분의 동산을 가꾸는 자들이 되기 원한다. 사람은 피동적으로 그저 모든 것을 하나님이 다 해주신다는 종교적 관념을 버려야 한다. 그분은 적극적으로 사람이 그분과 함께 동역하여 이 땅을 경작하기를 원하신다. 여호수아의 가나안 전투를 생각해보라! 이 땅에 주님의 뜻을 위해 싸우는 무리가 있을 때 하나님은 그들과 함께 하시며 나아가시는 것이다.

여기의 '지키다'라는 말도 그렇다. 동산에는 이미 하나님의 대적자가 있어 지키지 않으면 동산을 훼손시키는 일이 발생할 수 있다. 그러므로 사람은 에덴 동산의 주인으로서 그 동산이 보존될 수 있도록 지킬 필요가 있었던 것이다. 이 '지키다'라는 말은 히브리어로 '레솨메라흐'로서 '울타리를 치다', '보존하다'를 의미한다. 적이 구멍을 뚫지 못하게 해야 한다는 뜻이다.

이것은 결혼 생활에도 적용할 수 있다. 많은 신혼 부부들이 서로 사랑하는 사람끼리 결혼하였으니 가정을 경작하거나 지키지 않아도 낙원같이 행복한 가정이 이루어질 것이라고 생각하지만 그것은 엄청난 착각이다. 가정이 더 이상 가꾸거나 지키지 않아도 항상 아름다운 낙원의 상황이 지속될 수 있으면 좋겠지만 하나님은 그렇게 말씀하지 않으셨다. 낙원 같은 에덴이라 할지라도 동산은 경작하고 지킬 때 보존되며 더욱 아름다워지는 것이다. 할 일이 없는 것을 가장 좋은 것이라고 말하지 말라! 그것은 편안한 것이 아니라 일종의 고문과도 같다. 할 수 있는 일을 성실히 하는 것이 오히려 매우 즐거운 일이다.

낙원에는 나태하게 소일하는 것이 없고 사치하고 연락하면서 무위도식하는 것이 없다. 오늘날 천국 생활을 그런 식으로 생각하는 것은 오해이다. 경작하며 지키는 것이 있는 것이다. 이러한 말씀은 그대로 교회에 적용되어야 한다. 어떤 사람들은 교회에 들어오자마자 낙원을 꿈꾼다. 그리고 낙원이 아닌 것을 보고 매우 실망한다. 그렇지만 그렇게 빨리 실망할 것도, 너무 기대할 것도 없다. 그곳에는 여전히 당신이 경작해야 할 부분이 남아있는 것이다.

물론 교회는 아름다운 에덴이지만 경작하지 않아도 되는 것은 아니다. 성도들 개개인이 교회를 자기의 동산으로 여겨 경작하고 다스려야 한다. 그럴 때 참된 기쁨의 동산의 상황을 유지할 수 있다. 또한 좋은 경작과 지킴이 있을 때 교회 생활은 점점 더 아름다운 동산으로 변하는 것이다. 동산 가운데는 생명나무가 있을 뿐 아니라 선악을 알게 하는 지식의 나무도 있음을 기억하라! 또한 뱀도 호시탐탐 노리고 있다. 교회생활의 아름다움을 파괴할 수 있는 요소들이 여기저기 도사리고 있으니 성도들은 힘써 지키지 않을 수 없는 것이다. 모든 성도들이 기쁨의 동산인 교회를 가꾸기 위해 경작하고 지킬 의무가 있음을 아는 것은 매우 중요한 일이다.

먹는 날에는 정녕 죽으리라

16-17절, 여호와 하나님이 그 사람에게 명하여 가라사대 동산 각종 나무의 실과는 네가 임의로 먹되 17 선악을 알게 하는 나무의 실과는 먹지 말라 네가 먹는 날에는 정녕 죽으리라 하시니라

여기서 하나님은 사람이 생명나무를 먹고 영원히 살든지 아니면 선악과를 먹고 죽게 되든지, 이 문제를 완전히 사람의 선택권에 맡기셨음을 알 수 있다. "네가 임의로 먹되"라는 구절에서 '임의로'라는 구절은 매우 중요하다. 우리가 임의로 하는 것은 자유가 있지만 그 책임이 뒤따른다. 무엇을 우리 임의로 할 수 있다는 말은 그 결정권이 우리에게 있다는 말이며 그 결과도 우리가 책임을 져야 하는 문제이다. 그것을 먹은 것이 우리의 책임이기 때문이다. 그러므로 사람이 하나님의 명령을 거역할 때 그 책임 소재는 분명히 사람에게 있는 것이다. 이와같이 하나님은 사람의 결정권을 매우 중요하게 보신다. 하나님은 사람을 기계로 지은 것이 아니라 자유의지를 주셔서 인간 스스로 원하는 것을 할 수 있도록 지으신 것이다.

나는 여기서 하나님께서 생명나무의 실과를 먹는 문제는 사람에게 그렇게 강조하지 않으신 것이 기묘하게 생각한다. 다만 '임의로' 먹을 수 있다고 하신다. 하나님은 오늘 날도 사람들이 당신 자신을 조금만 찾으면 찾을 수 있도록 우리에게서 멀리 떠나계시지 않다(행17:27). 오히려 살며시 숨어 계시는 듯하다(사45:15). 이 모든 것이 하나님께서 사람을 얼마나 우대하시고 인격적으로 대하셨는가를 보며 하나님의 고상하고 거룩한 인격을 볼 수 있다. 나는 내 책이 참으로 사람들에게 복음과 진리를 깨우치는데 유익을 줄 수 있다고 여기지만 아무리 친한 친구라도 억지로 사라고 권하고 싶은 마음이 없다. 다만 기도하는 마음으로 사랑하는 친구들이 알아서 구하여 읽고 진리를 깨닫는데 도움이 되기를 바랄 뿐... 그러나 어떤 이단적이고 유해한 책을 읽으려 한다면 적극적으로 말해주면서 말릴 것이다.

여기서의 죽음은 육신의 죽음에 앞서 먼저 사람의 영이 하나님과의 교통에서 단절되는 것임을 가리킨다. 아담은 선악과를 먹고도 구백 살 이상을 살았다. 그러니 그 죽음이란 분명 육신적인 죽음을 가리키는 것은 아니다. 이 죽음이란 하나님과의 교통이 끝나고 하나님에게서 분리되는 영적인 죽음을 뜻하는 것이다. 생명도 육신의 건강만을 뜻하는 것이 아니듯 사망도 육신의 사망만을 의미하는 것이 아니다. 여기서의 생명과 사망은 다 영적인 세계에서의 일이다.

여기서 하나님은 아담에게 말씀하셨다. "여호와 하나님이 그 사람에게 명하여 가라사대 동산 각종 나무의 실과는 네가 임의로 먹되 선악을 알게 하는 나무의 실과는 먹지 말라 네가 먹는 날에는 정녕 죽으리라" 이 때는 아직 하와가 지음받지 않은 때였다. 아내인 하와는 남편인 아담에게 배워서 순종해야 했다.

돕는 배필

18절, 여호와 하나님이 가라사대 사람의 독처하는 것이 좋지 못하니 내가 그를 위하여 돕는 배필을 지으리라 하시니라

이 구절은 하나님께서 아담을 보시고 하신 말씀인데, 아담은 오실 자의 표상이므로 이는 결국 하나님께서 아들 그리스도를 두고 하신 말씀이라고 할 수 있다. 창세기의 모든 이야기는 아담의 배필 문제를 포함하여 인간적이고 육적인 남녀의 결혼문제로 단순히 볼 것이 아니라 영적 비밀의 씨앗이 심겨진 것이라고 보아야 한다. 하나님께서는 마지막 아담이신 그분의 아들을 보시고 그분의 독처하는 것이 좋지 못하다고 하시면서 그를 위해 돕는 배필을 지어주겠다고 하셨다. 하나님께서 교회를 지으신 목적은 교회로 하여금 그리스도의 배필이 되게 하려는 것이다. 그러므로 그리스도께서는 그분이 하나님이신 면에서는 물론 완전한 분이시지만 또 다른 면에서는 절반에 불과하시며 배필인 교회가 더해질 때 완전하게 되신다. 그리스도는 머리시요 교회는 그분의 몸이다. 머리와 몸이 더해질 때 그분은 완전하게 된다.

하나님의 목적은 승리하신 그리스도를 얻을 뿐 아니라 승리하는 교회를 얻으시는 것이다. 또한 하나님은 영광 안에 계시는 그리스도를 원하실 뿐 아니라 영광 안에 있는 교회를 원하신다. 그리스도는 영광을 얻으시는 데에도 배필이 필요하시며 전쟁을 하는 데에도 배필이 필요하시다. 사실 성경은 그리스도께서 배필을 얻으시는 것을 기록한 한 권의 책이다. 사람은 그리스도의 배필이 되도록 창조되었으며, 그 배필이 완성되는 것으로 성경은 마쳐진다(계 19:7, 21:2, 22:17).

사람은 하나의 그릇으로 지음을 받았으며 하나님의 성전이라는 것을 알아야 할 뿐 아니라, 하나님의 배필이 되도록 지으심을 받았다는 것도 알아야 한다. 1장에서 사람은 생육하고 번성하여 땅에 충만하도록 축복을 받았으며(그러나 다른 생물들에게도 동일한 축복을 하신 것이다, 창 1:22), 더 나아가 정복하고 다스리도록 축복하셨는데 이는 인간에게만 주신 것이다(1:28).

그러나 그렇게 될 수 있는 비결은 어디에 있는가? 2장에 있는 것이다. 사람은 그 목적에 이르기 위해서는 하나님의 그릇으로서 온전히 그분을 담아야 하는 것이다. 담는 방법은 생명나무를 취하는 것인데 이는 사람이 그의 생명을 하나님으로 취하는 것을 말한다(2:9). 또한 사람이 혼자 독처하여 생활하는 것이 아니라 하나님의 배필로서 하나님과 함께 모든 것을 행할 때 정복하고 다스릴 수 있는 것이다. 아담이 배필이 필요함은 사람이 그분의 배필이 되어야 함을 암시한다.

19-20절, 여호와 하나님이 흙으로 각종 들짐승과 공중의 각종 새를 지으시고 아담이 어떻게 이름을 짓나 보시려고 그것들을 그에게로 이끌어 이르시니 20 아담이 각 생물을 일컫는 바가 곧 그 이름이라 아담이 모든 육축과 공중의 새와 들의 모든 짐승에게 이름을 주니라 아담이 돕는 배필이 없으므로

하나님께서는 하와를 지으시기에 앞서 각종 짐승과 공중의 새들을 아담 앞에 이끄셨다. 그리고 아담은 하나하나 이름을 지어야 했다. 고대 히브리인들에게 있어서 누군가에게 이름을 부여하는 것은 그에 대한 소유권이나 종주권(宗主權)을 나타내는 행위였다. 그런데 여기서 하나님이 직접 이름을 짓지 않으시고 아담에게 맡기셨다는 것은 사람이 모든 만물보다 뛰어난 존재요, 만물을 다스리는 대리권을 가진 존재임을 뜻한다. 아담은 그 모든 짐승들과 새들에게 이름을 지어 주었지만 그들 가운데 아담의 배필이 될 만한 것은 하나도 없었다. 20절 하반절에 "아담이 돕는 배필이 없으므로"라는 표현은 아담이 각종 들짐승과 공중의 새들의 이름을 지으면서 혹시 알맞은 배필이 있는가 찾은 듯 하다. 그 말씀의 원문 표현은 "아담이 자기와 맞는 적합한 배필을 발견하지 못하였다"는 뜻이다.

아름답다고 배필이 되는 것이 아니고 힘이 세다고 배필이 되는 것도 아니다. 그것들 가운데에는 아담과 유사점이 있는 동물도 있었을 것이고 사랑스러운 것도 있었을 것이다. 하지만 그것들은 아담의 배필이 될 수 없었다.

하나님은 마치 아담에게 배필을 주시기 전에 배필이 될 수 없는 것들에 대하여 확실하게 교육을 시키려고 하신 것처럼 보인다. 이러한 많은 피조물들에게 이름을 붙여주면서 함께할 수 있는 것들이 있나 살펴보았겠지만, 어떤 것들은 좋은 것 같은데 어딘가 부족하고 맞지 않으며 딱 맞는 배필이 아니라는 느낌이 들었을 것이다. 그것은 그의 진정한 배필을 만났을 때 알아보고 그를 소중히 여기는 일에 도움이 되었을 것이다.

루터는 하나님이 먼저 동물을 만드시어 아담과 같이 살게 하셨으나 그들이 그의 짝은 될 수 없었다고 말했다. 그래서 하나님은 여자를 만드신 것이다. 19절은 하나님이 동물과 조류를 사람과 같이 흙으로 지으셨다고 했다. 그러므로 사람은 이것들과도 육적으로는 통하는 바가 있다. 그러나 그들에게는 하나님의 생기를 불어넣지 않으셨기에 동물은 다만 육적인 존재일 뿐 영이 없고, 따라서 사람과는 깊은 곳에서 통하는 바가 없다. 사람만이 영이 있으므로 하나님과 교통할 수 있고 사람과도 깊이 통할 수 있는 것이다. 이런 존재가 아니면 배필이 될 수 없다. 사람은 하나님의 배필이 될 수 있도록 피조된 영광스러운 존재이다.

아담을 깊이 잠들게 하시니…갈빗대 하나를 취하고

21-22절, 여호와 하나님이 아담을 깊이 잠들게 하시니 잠들매 그가 그 갈빗대 하나를 취하고 살로 대신 채우시고 22 여호와 하나님이 아담에게서 취하신 그 갈빗대로 여자를 만드시고 그를 아담에게로 이끌어 오시니

아담이 깊이 잠든 것은 죽음을 예표한다. 여기 '갈빗대'는 히브리어에서 '첼라'인데, 구약 전체에 이 '첼라'라는 단어가 서른 다섯 번 나오며 거의 옆구리(side)를 의미하는 것으로 사용되었다. 따라서 이 단어를 갈빗대라고 단정지어 말하기에는 다소 어려운 점이 있다. 어쨌든 하나님께서는 하와를 지으실 때 다른 재료를 사용하신 것이 아니라 아담의 옆구리에서 취한 어떤 것을 사용하셨다. 그것은 그의 피와 살일 것이다. 또 뼈도 사용되었을 수 있다. 어쨌든 이는 전부 아담의 일부분이었다.

이것은 정확히 그리스도께 적용된다. 그리스도께서는 교회를 얻기 위하여 그분의 옆구리를 여시고 피와 물을 흘리셨다. 그분은 살과 피와 전부를 다 교회를 위하여 주셨다. 그렇게 해서 주님은 교회를 얻으셨다. 이 부분은 하나님께서 사람을 자기의 배필로 만드시는 방법을 암시하고 있다. 그 옆구리에서 나온 것은 바로 그분의 피요 생명인 것이다. 하나님은 그분 자신의 것을 가지고 그분의 배필을 만드신 것이다. 결국 우리는 성경에서 하나님이 자신의 배필을 만들기 위해 사람을 지으신 것이라는 비밀을 깨달을 수 있고 성경의 마지막은 이것을 완성하는 것으로 끝나는 것이다.

물론 이 비밀은 남편과 아내에게도 적용되어야 한다(엡 5:22-32). 하나님께서는 먼저 남자를 지으시고 그가 홀로 있는 것이 좋지 못하다고 하셨다. 실상 남자만으로는 절반에 지나지 않는다. 한 사람의 됨됨이를 정확하게 진단하는 길은 남편과 함께 아내를 보는 것이다. 어떤 사람은 자기 아내를 '나의 더 나은 절반'(my better half)이라고 묘사했다는데, 이것은 가장 성경적으로 아내를 인식하는 것이다. 남편은 아내를 자기의 일부로 여겨 사랑해야 한다. 매튜 헨리는 하나님께서 여자를 남자의 옆구리에서 나온 것으로 만드신 것에 대하여 매우 공감이 가는 말을 했다. 그는 하나님께서 여자를 남자의 머리에서 취한 것으로 만들지 않음으로 남자를 지배하지 못하게 하였고, 남자의 발에서 취한 것으로 만들지 않음으로 남자에게 짓밟히지 않게 하였다. 오직 여자는 옆구리에서 취한 것으로 만들어졌으므로 팔 아래서 남자의 보호를 받으며 옆구리는 남자의 심장 바로 아래 있는 것이므로 남자의 사랑을 받아야 하는 존재라고 하였다.

"여자를 만드시고". '만드시고'의 히브리어는 건축한다(바나아, build up, 22절)의 뜻이다. 이는 여자를 지으심으로 사람의 창조가 완성됨을 뜻한다. 남자만 있을 때 사람은 완전하지 않다. 또한 건축이라는 단어는 여자의 창조가 더욱 섬세하다는 것을 뜻하기도 한다. 남자는 흙으로 창조되었지만 여자는 이미 창조된 재료를 가지고 다시 한 번 더 건축한 것이기 때문이다. 말하자면 이미 지은 집의 한 부분의 재료를 가지고 더욱 섬세하게 건축했다는 뜻이다. 처음 것은 창조한 것이지만 그 다음 지어진 여자는 건축된 것이다. 이는 다 의미가 깊은 말들이다.

내 뼈 중의 뼈요 살 중의 살이라

23절, 아담이 가로되 이는 내 뼈 중의 뼈요 살 중의 살이라 이것을 남자에게서 취하였은즉 여자라 칭하리라 하니라

이는 하나님이 하와를 지어 아담에게 이끌었을 때 아담이 발한 소리이다. 영문 성경(다비 역)에는 '이번에는'(this time)이라는 말이 있다. 이것은 아담이 수많은 짐승들과 새들의 이름을 지으면서 누가 배필이 될 것인지를 고려해본 후이기 때문에 "이번에는 내 뼈 중의 뼈요 살 중의 살이라"고 크게 외친 것이다. 아담이 깨어나서 자기의 배필인 아내를 바라보니 그녀는 바로 자기의 뼈와 살로 된 존재였던 것이다. 아담에게서 나온 것만이 그의 배필이 될 자격이 있다. 하와는 아담에게서 나왔으니 아담과 하나요 모든 면에서 아담과 합하는 것이다. 그러므로 하와만이 아담의 배필이 될 수 있었다. 또한 사람은 영이 있는 존재이므로 영이 있는 사람과 사람이 서로 통하여 배필이 될 수 있는 것이다. 오늘 날 그리스도인 남편들은 자기의 아내를 자기 자신으로 보아야 성경의 계시에 맞게 아내를 보는 것이다. 내 아내는 바로 나의 몸이요 나 자신인 것이다. 주 예수님은 결혼에 대하여 이제 둘이 아니요 한 몸이 된 것이라고 하셨다(마19:6). 바울 사도는 '누가 자신의 육체를 미워하느냐'고 하였다(엡5:29).

교회도 마찬가지이다. 교회는 오직 그리스도에게서 나온 것으로만 건축되어야 한다. 그리스도에게서 나온 것이 아니라면 그것이 아무리 아름답고 힘 있고 좋아 보여도 교회의 부분이 될 수 없다. 사람의 재능이 아무리 뛰어나고 능력이 아무리 강해도 하나님께서 그리스도의 배필로 정하신 것은 인간의 것들이 아닌 그리스도에게서 나온 것들이다. 그리스도와 교회는 같은 생명, 같은 성품이 있으므로 배필이 될 수 있는 것이다.

그리스도의 비(非)구속적인 죽음

우리는 창세기 2장에서 아담의 잠든 일과 옆구리를 열어 거기서 취한 것으로 배필인 하와를 지으신 일을 통해 한 가지 귀한 사실을 읽어낼 수 있다. 그것은 그리스도의 비구속적인 죽음이다. 이때는 사람이 타락하기 이전이므로 여기서 아담의 잠든 사건은 죄인을 구속하기 위한 그리스도의 죽으심과는 관계가 없다. 에베소서 5장 25절은 그리스도께서 교회를 사랑하시고 위하여 자신을 주셨다고 말한다. 속죄 때문이 아닌 사랑으로 인하여 죽으셨다고 말하는 것이다. 그리스도의 십자가 상의 죽음은 분명 속죄를 위한 죽으심이요 그것은 우주 가운데 가장 위대하고 놀라운 일이지만 십자가의 역사는 그렇게 단순한 것이 아니다.

그분이 십자가에서 죽으심은 배필인 교회를 얻기 위한, 즉 생명을 분배하기 위한 죽으심의 방면이 있다. 그분이 자신의 것을 주셔야만 배필을 얻으실 수 있기 때문이다. 그러므로 설사 인간이 타락하지 않았다 하더라도 주님은 그분의 옆구리를 여시어 그분 자신의 성분을 사람에게 나누어주셔야 했다. 교회는 그리스도의 생명을 받아서만 건축될 수 있으므로 그분은 반드시 옆구리를 여셔야만 했다. 이는 우리 죄를 위한 죽음과는 다른 방면이므로 그리스도의 십자가의 죽음에 비구속적인 면이 있다고 말하는 것이다. 그분의 십자가의 역사는 물론 속죄를 위한 피의 구속을 위한 것이지만 더욱 깊은 면들이 있다. 레위기 1,2,3장에는 그분의 십자가의 죽음의 여러 방면을 보여주는 제물들이 소개되는데 제사 중에는 속죄제, 속건제, 화목제만이 아니라 번제도 있다. 즉 그분의 십자가에 죽으심은 속죄만을 위한 것이 아니라 하나님께 온전히 드려서 아버지의 영광을 위하는 번제의 면이 있는 것이다.

교회는 오직 그리스도

아담에게서 나온 것만이 그의 배필이 될 수 있었던 것처럼, 그리스도에게서 나온 것만이 그분의 배필인 교회가 될 수 있다. 오늘날 많은 사람들이 교회도 사람이 모이는 곳이니 어찌 인간적인 것이 가미되지 않을 수 있겠느냐고 묻는다. 고린도 전서 12장 12절 말씀은 그리스도의 몸인 '교회' 또한 '그리스도'라고 말한다. "몸은 하나인데 많은 지체가 있고… 그리스도도 그러하니라". 이 구절의 그리스도는 몸을 포함한 개념으로서 많은 신학자들도 이렇게 이해하고 읽는다. 개신교 신학자들만이 아니라 &&&The Whole Christ &&라는 책을 쓴 천주교의 예수회 신학교 교수도 같은 것을 말했다. 즉 많은 지체가 있으나 한 몸인 교회는 또한 그리스도라는 것이다. 전체적으로 그리스도를 말하려면 그의 몸인 교회까지 말해야 한다는 것이다. 이와 같이 교회가 그리스도의 몸이라는 말은 비유가 아니다.

몸이란 그 사람 자신이어야 하는 것이다. 그리스도의 몸이라고 하면서 그 안에 그리스도 아닌 다른 것들이 있다면 그것은 몸이 될 수 없다. 참된 그리스도의 몸이라면 그 안에는 그리스도가 아닌 것이나 그리스도로부터 나오지 않은 존재할 것은 절대 존재할 수 없다. 골로새서 3장 11절은 그리스도의 몸인 새 사람 안에서는 오직 그리스도만이 모든 것(Christ is all and in all)이시라고 했다. 그것은 새 사람인 교회 안에서는 오직 그리스도만이 모든 것이요 그리스도만이 그 내용이시라는 말이다.

오늘날 어떤 그리스도인 단체 안에 그리스도께로부터 나오지 않은 많은 인간적인 노력이나 재능, 사람의 방법과 일들, 사람의 의견과 체계와 조직들이 주류를 이루고 있다면 그런 단체는 결코 그리스도의 배필인 교회로 여겨질 수 없다. 재삼재사 말하지만 오직 그리스도에게서 나온 그리스도 자신만이 교회의 내용이요 그 성분이다. 오늘 어떤 사람들이 그리스도 외에 다른 것들을 가지고 교회의 내용을 삼으려 한다면 그것은 교회를 건축하는 것이 아니라 교회를 파괴하는 것이다. 이것은 매우 엄중한 일이다. 우리가 참되게 그리스도의 몸을 건축하는 길을 가려 한다면 십자가는 필수적인 것이다. 십자가의 역사는 그리스도 외의 모든 것들을 가차없이 제하는 일을 한다. 그리스도만 남기고 인간에 속한 것들과 육체와 자아를 제하는 길은 오직 십자가를 체험하는 길 뿐이다. 주님이 참된 교회를 얻으시려면 우리 각 사람이 그리스도의 십자가를 통해서 각각의 육체와 정과 욕심과 자아와 우리에 속한 모든 것을 끝내야 한다(갈 5:24). 그럴 때 각 사람 안에는 자신이 없고 오직 그리스도만이 남으시어 교회의 진정한 모습을 드러내게 될 것이다.

아가서는 그리스도와 신부인 교회에 대한 비유의 책이다. 그곳에서 그리스도를 예표하는 왕은 교회를 예표하는 신부를 보고 그녀에게 속한 모든 것이 자기 것이라고 선포한다. "나의 몰약, 나의 향재료, 나의 꿀송이, 나의 포도주, 나의 젖"이라고 하면서 그녀에게 있는 것은 다 자기의 것이라고 선포한다(아 5:1). 이는 마치 지음을 받은 하와를 보고 아담이 "이는 내 뼈 중의 뼈요 살중의 살"이라고 말하는 것과 같다. 이는 하와의 모든 것은 아담의 뼈요 살이라는 말이다. 교회는 원래 타락한 인간들이 구속함을 받아 이루지만 결국 그들은 많은 변화의 과정을 거쳐 오직 그리스도로 가득한 그릇이 되는 것이다. 이것이 교회의 건축의 사상이다. 주님은 건축된 교회에게만 그분 자신을 의탁하실 수 있다(요 2:19-24, 마 16:18-19).

교회의 건축이란 다른 것이 아니라 그리스도의 장성한 분량이 충만한 데까지 자라는 것이요, 그 안에 그리스도 외의 성분들이 모두 제해지는 것이다(엡 4:12-15). 우리는 교회에서 오직 그리스도 외에는 발견할 수 없을 정도로 자라며 건축되어야 한다. 유감스러운 것은 오늘날 교회 안에 주님 외의 많은 것을 보게 된다는 것이다. 주님은 하나님의 집에서부터 심판이 시작된다고 하였다(벧전 4:17) 그분은 그분의 교회의 불순한 것들을 정련하여 정결케 하는 일을 하시고야 만다(고전 3:12-13). 교회는 삼위일체 하나님의 성품인 금과 은과 보석만 있어야한다. 만일 인간의 기질이나 속성들이 있어서는 마지막 날에 다 태워지는 고통을 당하게 된다(고전 3:12-17).

왕국의 사상

우리는 2장에서도 하나님의 목적이 왕국에 있음을 본다. 먼저는 생명나무에서이고 다음은 강물에서이다. 하나님의 왕국은 하나님의 생명으로 이루어진다. 예를 들어 동물의 왕국은 동물의 생명을 가짐으로 참여하게 되는 것과 같다. 계시록 22장은 생명수의 강물이 어린양의 보좌로부터 흘러내린다. 보좌는 권위를 대표한다. 복종하지 않는 곳은 다스림이 없는 것이다. 성령은 하나님께 순종하는 자들에게 주어진다(행5:32). 우리는 창세기 1장이나 2장에서 하나님의 창조에서 하나님의 질서를 볼 수 있다. 첫째 날이 있고 둘째 날이 있다. 순서대로 지으셨고 모든 것을 사람의 다스림 아래 두었다. 2장에서 우리는 그 모든 것을 이루는 길이 사람이 하나님의 생명을 얻음으로 이루어진다는 것을 알았다.

또한 하나님께서 사람을 지으실 때 남자를 먼저 지으시고, 그에게 선악을 알게 하는 나무를 먹지 말라는 명령을 주셨다(16-17절). 그것은 아내 하와는 남편의 가르침을 받아 생활해야 함을 암시한다. 그러나 하와는 뱀과 대화하면서 남편에게 묻지 않았다. 질서를 어김이 타락의 시작이다. 진정한 그리스도의 왕국은 그리스도의 확장으로 이루어진다. 하와는 그리스도의 확장이다(이는 내 뼈 중의 뼈요 살 중의 살이라). 진정한 연합과 하나는 그리스도의 왕국의 특징이다. 다음의 구절들은 하나님이 정하신 질서와 행정을 말한다. "그러나 나는 너희가 알기를 원하노니 각 남자의 머리는 그리스도요 여자의 머리는 남자요 그리스도의 머리는 하나님이시라"(고전11:3) 이상의 구절은 머리(권위)의 문제를 다룬다. "남자는 하나님의 형상과 영광이니 그 머리에 마땅히 쓰지 않거니와 여자는 남자의 영광이니라 남자가 여자에게서 난 것이 아니요 여자가 남자에게서 났으며 또 남자가 여자를 위하여 지음을 받지 아니하고 여자가 남자를 위하여 지음을 받은 것이니 이러므로 여자는 천사들을 인하여 권세 아래 있는 표를 그 머리 위에 둘찌니라"(고전11:7-10) 이상의 구절은 남자가 하나님의 형상(대표)임을 말한다. 여자는 남자의 대표이다. 여자는 남자에게서 났으며 남자를 위하여 지음을 받았다.

따라서 여자는 여자의 위치가 있는 것이다. "여자는 일절 순종함으로 종용히 배우라 여자의 가르치는 것과 남자를 주관하는 것을 허락지 아니하노니 오직 종용할찌니라 이는 아담이 먼저 지음을 받고 이와가 그 후며 아담이 꾀임을 보지 아니하고 여자가 꾀임을 보아 죄에 빠졌음이니라"(딤전2:11-14) 이상의 말씀들은 사람의 창조에 있어서 하나님의 엄격한 질서와 행정을 보여준다. 오늘 날 유감스럽게도 많은 하나님의 자녀들은 성경에서 이렇게 엄격하게 선포하고 있는 질서와 행정의 말씀에 대하여 흐릿한 생각을 갖고 있는 것을 볼 수 있다. 왕국은 이러한 엄격한 질서가 깨어질 때 무너지는 것이다. 오늘 날의 교회는 천사장의 거역과 인간의 타락의 혼란을 바로잡아 이 땅에 하늘의 질서를 세우기 위해 세움을 받은 무리이다.

부모를 떠나 한 몸을 이룸

24절, 이러므로 남자가 부모를 떠나 그 아내와 연합하여 둘이 한 몸을 이룰지로다

남자가 결혼하기 위해서는 부모를 떠나는 것이 필요하고, 그리고 아내와 연합하는 것이 필요하다. 결혼하기 전에는 남자든 여자든 부모와 함께 거하며 부모의 명령과 권위 아래서 생활한다. 그러나 일단 결혼하게 되면 이제 부모의 슬하를 떠나게 된다. 이 말씀에 떠남이 있고 연합이 있다. 이것은 떠남이 없으면 연합이 이루어질 수 없다는 뜻이다. 고린도 후서 6장에서 사도 바울은 어둠과 불의를 떠나야만 하나님 아버지께서 우리를 영접하신다고 말한다. 우리가 진정으로 그리스도를 따르기 위해서는 그리스도 외의 모든 연결된 것들에서 떠나야 한다. 그것이 곧 침례요 죄악된 옛 생활을 청산하는 것이다. 이는 이삭의 아내 리브가에게서 볼 수 있다. 리브가가 이삭과 결혼하기 위해서는 아비 집을 떠나야 했다. 그녀는 아내를 구하러 온 아브라함의 늙은 종을 따라서 남편이 될 사람, 이삭을 만나기 위해 갈 때 오래 함께 살던 가족들에게 질문을 받는다. "네가 이 사람과 함께 가려느냐". 리브가는 대답한다. "가겠나이다"(창 24:55-60).

이와 같이 교회는 자신의 고향과 본토와 친척과 아비집을 떠난 자들에 의해 이루어진다. 당신의 배경이나 근본을 떠나지 못하면 그리스도의 신부가 될 수 없다. 시편 45편의 말씀도 같은 사상을 전달한다. "딸이여 듣고 생각하고 귀를 기울일찌어다 네 백성과 아비 집을 잊어버릴찌어다 그러하면 왕이 너의 아름다움을 사모하실찌라"(10-11절). 왕의 신부가 되려면 '네 백성과 아비 집'을 잊어버려야 한다. 그래야 왕이 신부를 온전히 맞고 사랑하게 된다. 바울 사도도 고린도 교회에게 같은 것을 말한다. "그러므로 주께서 말씀하시기를 너희는 저희 중에서 나와서 따로 있고 부정한 것을 만지지 말라 내가 너희를 영접하여 너희에게 아버지가 되고 너희는 내게 자녀가 되리라 전능하신 주의 말씀이니라"(고후 6:17-18). 우리가 만일 교회가 되기 위해서 떠남을 실행하지 않는다면 주님은 우리를 신부로 영접하여 사랑해 주시지 않을 것이다. 우리는 세상과 죄와 우리의 모든 과거의 종교와 우상을 다 떠나야 한다. 그리고 새로운 왕이시며 신랑이신 주님께 가야 한다. 그럴 때만이 우리는 그분께 받아들여진다. 이것은 또한 신혼의 성도들에게도 그대로 적용되어야 한다. 그리스도와 교회의 이야기는 결국 남편과 아내의 이야기이기 때문이다(엡 5장 후반 참조). 새로이 가정을 이루는 사람들은 반드시 떠남과 연합을 알아야 한다. 그럴 때 비로소 새로운 가정의 분명한 간증이 있게 되는 것이다.

여기서 한 몸을 이룬다는 말은 결혼의 연합의 견고함을 의미한다. "이제 둘이 아니요 한 몸이니 그러므로 하나님이 짝 지어 주신 것을 사람이 나누지 못할찌니라"(마 19:6). 이것은 주님이 하신 말씀이다. 일단 결혼을 했다면 그들은 더 이상 둘이 아니요 하나이다. 하나의 단위(one unit)라는 말이다. 만일 어떤 사람이 이혼을 쉽게 생각한다면 그에게 한 사람의 몸을 둘로 나누는 것이 쉬운 일이냐고 물어보아야 한다. 나는 과거에 많은 부부들이 경솔하게 이혼을 감행한 후 극심하게 고통당하는 경우를 많이 보았다. 주님의 말씀은 하나하나가 진리이다. 육신의 몸을 나누는 것이 불가능한 일이라면 둘이 한 몸 된 부부가 이혼하는 것도 가능하지 않은 일임을 성도들 모두가 볼 수 있기를 바란다.

결혼한 가정은 이 부분을 심각하게 받아들여야 한다. "이제 둘이 아니요 한 몸이라"고 했다. 어떤 아내는 결혼했으면서도 떠나지 않았으므로 한 몸의 입장에 서있지 않다. 남편과 한 몸이 되려면 다른 연결을 다 떠나야 한다. 그리고 남편과의 한 몸의 위치에 서야 한다. 만일 어떤 아내가 아직도 자기 어머니와의 연결을 떠나지 않았다면 진정한 의미에서 남편과의 한 몸의 위치에 서있는 것이 아니다.

간음이라는 것은 무엇인가? 남편이나 아내가 한 몸의 위치를 떠날 뿐 아니라 그 거룩한 연합을 깨는 것을 의미한다. 그러므로 하나님의 말씀에서 간음의 경우 이혼이 성립하는 것이다(마 19:9). 이는 이미 결혼으로 인한 한 몸의 원칙을 깼기 때문이다. 또 어떤 아내는 친구나 친척이나 다른 어떤 사람들과의 하나를 더욱 유지하고 있다. 그들과 더욱 친밀함과 하나를 이루고 있으면서 자기 남편과는 그들보다 친밀도에 있어서 떨어진다면 이 역시 한 몸의 입장에 서있지 않은 것이다. 그러한 가정은 깨지기 일보직전이요 위험천만하다.

그것은 대적에게 문을 활짝 열어놓고 들어오라고 하는 것과 같다. 성도들은 "이제 둘이 아니요 한 몸이다"라는 말을 잘 들어야 한다. 결혼이란 부모를 떠난 남편과 아내가 더 이상 둘이 아니라 '한 몸'을 이룬 것이므로 그 무엇으로도 나눌 수 없다. 아내와 남편은 한 몸이니 더 이상 가까울 수 없을 만큼 완전히 하나여야 한다. 바울은 남편과 아내의 하나는 그리스도와 교회의 연합처럼 그렇게 신비롭다고 가르쳤다(엡 5장 참조).

무죄의 상태

25절, 아담과 그 아내 두 사람이 벌거벗었으나 부끄러워 아니하니라

이것은 인류의 조상이 창조되었을 당시 순결과 무죄의 상태에 있었음을 보여준다. 시리아 역은 "그들은 수치스러운 것이 무엇인지 몰랐더라"고 말한다. 지금 이 시대에는 부끄러워하는 것이 미덕의 표시이지만 당시에는 부끄러워하지 않은 그것이 무죄와 순수함의 표시였다. 그들이 벗은 것이 부끄러운 것임을 알게 된 것은 타락한 연후였다. 타락하기 전 아담과 하와는 하나였다. 남자와 여자 둘이 한 몸을 이룬 것이다. 그러므로 부끄러울 것이 없었다. 누가 자신의 벗은 모습을 거울로 보며 부끄러워하겠나? 분리가 있을 때, 죄가 들어올 때 수치가 있게 되는 것이다.

주님은 십자가에서 우리의 수치를 담당하셨다 이는 수치가 죄와 관련이 있다는 말이다. 주의 이름을 부르는 자는 부끄러움을 당하지 않는다. 주님이 우리의 수치를 담당하셨기 때문이다. 또한 타락 이전에는 옷을 입지 않아도 기온이나 환경 조건이 사람이 살기에 모든 면으로 알맞았던 것 같다. 에덴 동산에서는 아무것도 입지 않고도 살 수가 있었다. 그러나 오늘 타락한 인간들은 옷을 입는 것이 모든 면으로 보호가 된다. 노출을 심하게 하는 것은 타락한 인간이 자신의 타락을 부정하는 행위이다. 타락한 인간에게 있어서 의복은 추위와 더위를 조절하기 위해서만이 아니라 범죄와 유혹을 방지하기 위해서도 필요한 것이다. 그러나 인류의 조상이 타락하기 전 에덴에서는 벌거벗었지만 수치를 몰랐던 것이다. 이 시대를 신학자들은 무죄시대(無罪時代)라고 한다.

2장의 중심

2장에는 생명나무와 선악의 나무가 나온다. 생명나무가 나타내는 것은 하나님의 생명을 나타내는데 이 생명은 피조되지 않은 생명이다. 피조물 중에 사람만이 피조되지 않은 생명을 얻어 살 수 있는 존재이기에 특별한 피조물인 것이다. 아담이 처음 피조되었을 때 이 생명이 없었다. 타락하기 전에 죄는 없었지만 이 생명을 얻지 못한 상태였던 것이다. 하나님이 아담에게 원하셨던 바는 무엇인가? 아담 스스로의 선택에 의하여(하나님은 사람에게 그분 자신을 선택하는데 있어서 자유의지를 주셨다), 생명나무 실과를 먹음으로 하나님과의 생명관계를 갖는 것이었다. 하나님이 아담에게 원하신 바는 사람으로서 피조된 생명을 거절하고 하나님 자신의 생명과 연합하여 날마다 그 생명을 의지하여 사는 것이었다. 이것이 바로 생명 나무의 의미하는 바이다. 하나님은 사람(아담)이 자신에게 속하지 않은 생명으로 살기를 원하셨다. 피조된 자가 피조된 생명으로 산다면 의지할 필요가 없다. 그 생명은 자존할 수 있고 독립적이기 때문이다. 피조된 자가 자기를 지으신 이를 의지하여 살고자 한다면 의지하지 않을 수 없다. 이 생명은 자신에게 있는 생명이 아니라 하나님께 속한 것이기 때문이다. 하나님이 원하시는 사람의 생활은 자신을 의지하지 않고 완전히 하나님과 연합하여 그분만을 의지하며 하나님과 매일 매일 밀접한 교통을 가져야 하는 것이다.

요한복음에는 이런 말씀이 참으로 많다. 주 예수님은 전형적인 사람 즉 인간이 살아야 할 바로 그 삶의 표준을 사신 본이었다. 그분의 육신은 죄가 없는 육신이었기에 그분은 설사 자신을 의지하여 산다하더라도 죄가 없으셨을 것이다. 그러나 그분은 스스로는 아무 것도 하지 않으셨다. 아버지께서 일하시는 것을 하시고 아버지께서 말씀하시는 것을 말씀하셨다. '나와 아버지는 하나이니라'고 하셨다. "살아계신 아버지께서 나를 보내시매 내가 아버지로 인하여 사는 것 같이 나를 먹는 그 사람도 나로 인하여 살리라"고 하신 분이 주 예수님이시다. 주님은 우리에게 "나를 떠나서는 너희가 아무 것도 할 수 없느니라"고 하셨다. 포도나무와 가지의 관계가 주님과 우리의 관계이다. 그분에게 연결되어지지 않고서 무엇을 할 수 있으랴! 열매를 맺는 일은 불가능하다. 이것이 사람의 창조의 비밀이다.

로마서 7장과 8장은 바로 이것을 말해주고 있다. 로마서 7장은 율법을 가지고 있지만 자기의 힘으로 지켜보려고 노력하는 사람이 나온다. 결과는 실패이다. 그러나 7장의 끝에 "오호라 나는 곤고한 자로다 누가 이 사망의 몸에서 나를 건져내랴"고 한다. 이는 스스로의 힘의 한계를 절감하며 손을 놓는 항복의 노래(혹은 절규)이다. 로마서 6장은 우리가 그리스도와 함께 연합하여 죽은 것을 말하지만 7장은 아직도 자신의 손을 놓지 않고 스스로의 힘으로 그 율법을 지켜보려고 하는 사람이 있는 것이다. 7장의 노력하는 사람은 많은 실패를 거쳐 자신의 한계를 알게 된 후 손을 놓으면서 8장으로 들어간다. 8장은 초두에 간단히 6장의 상황을 정리하고(1, 2절은 이미 그리스도 안에서 다 해결된 것을 말한다. 3절부터는 그 이루어진 것이 자기를 의지하지 않고 그 영을 의지할 때 이루어짐을 설명한다. 율법이 육신으로 말미암아 할 수 없는 그것을 하나님은 하시나니 곧 죄를 인하여 자기 아들을 죄 있는 육신의 모양으로 보내어 육신에 죄를 정하사 4절, 육신을 좇지 않고 그 영을 좇아 사는 우리에게 율법의 요구가 이루어지게 하려 하심이라) 자신을 의지하여 사는 삶이 아닌 성령의 인도를 따라 사는 정상적인 사람을 그려나간다.

따라서 하나님이 우리에게 주신 생명 외에는 믿는 자나 믿지 않는 자나 그 자아는 조금도 다르지 않음을 알아야 한다. 하나님은 우리가 어린 아이처럼 어떤 것이든지 그분 자신을 의지하여 살기를 원하신다. 한 마디 말이나 조그만 일 하나도 그분께 기도하고 구하며 그분의 인도와 주시는 능력으로 행하기를 힘써야 한다. 구약의 이스라엘 많은 왕들의 죄악이 무엇인가? 언제 하나님은 진노하시고 언제 하나님은 그들을 도와주시고 축복하셨는가? 그 많은 왕들의 이야기에서 공통적인 것이 그것이다. 하나님을 의지하지 않고 행한 것은 다 잘못된 것이고, 하나님께 기도하고 물으며 그분의 인도에 따른 것은 주님이 기뻐하셨다. 구약의 이스라엘로부터 수천 년의 역사를 거쳐서 인류에게 가르치신 한 가지는 바로 사람이 하나님을 의지하여 사는 존재라는 것이다.

3장

1절, 여호와 하나님이 지으신 들짐승 중에 뱀이 가장 간교하더라 뱀이 여자에게 물어 가로되 하나님이 참으로 너희더러 동산 모든 나무의 실과를 먹지 말라 하시더냐

아담과 하와가 창조된 뒤에 하나님께서는 그들에게 필요한 모든 것들을 예비해주시고 필요한 말씀을 다 해주셨다. 그것은 마치 사도들이 새로운 개척지에 가서 교회를 세운 뒤에 필요한 말씀들을 자세하게 하나하나 일러주는 것과 같다. 그렇게 세워진 교회들이 단순하고 순수하듯이 여기에 창조된 사람은 그렇게 깨끗한 상태에 있었다.

순수하고 깨끗한 사람에게는 간교한 존재가 미혹하기 위하여 늘 준비하고 있다는 것을 알면 된다. 당시 아담과 하와는 무죄 상태이고 원래의 순수한 상태였지만 이미 그곳에는 거짓과 속임수와 거역의 경력이 있는 미혹하는 자가 존재하고 있었다.

뱀은 여자에게 올 때 "나는 하나님의 대적자이다. 나는 너를 속이러 왔다."라고 말하면서 접근하지 않았다. 믿는이에게 대적이 다가올 때는 결코 자신을 분명히 밝히면서 오지 않는다. 그 자는 오히려 가장 영적인 사람처럼 나타날 것이고 그의 거짓됨을 쉽게 발견하지 못하도록 위장하여 나타날 것이다. 또한 뱀은 아담에게 접근하지 않고 속이기 쉬운 약한 여자에게 다가갔다. 사탄이 교회를 무너뜨릴 때에도 언제나 동일하게 사용하는 방법은 약한 성도를 공격한다는 것이다. 〈실락원, 失樂園〉을 쓴 밀튼(Milton)은 이때 이미 하와가 남편을 떠나 독립하고자 하는 마음이 있었다고 했다. 이것은 타락한 인간의 마음을 체험적으로 그린 것이다. 물론 여자가 남편의 권위 아래 굳건히 남아 있었다면 뱀이 접촉할 때 남편을 찾았을 것이고 미혹자인 뱀과 단독으로 위험한 대화를 하지 않았을 것이다. 그것은 또 한 면으로 그녀가 그만큼 순진하다는 것을 보여준다. 타락 전이어서 간교하고 미혹하는 것에 대한 경험이 없었으며, 따라서 분별력이나 주의성이 없었을 것이다. 사실상 하와는 뱀과 그런 대화를 할 필요조차 없었다.

여기서 뱀은 하나님께서 선포하신 말씀에 대해 그분이 지으신 사람과 논의할 자격이 없는 존재였다. 사람은 하나님께서 지으신 존재이고 따라서 그분의 소유이므로 그분이 사람에 대하여 선포하신 말씀에 대하여 어떤 말로도 의견이나 토를 붙일 위치가 아니었다. 그러나 간교한 대적자인 뱀은 사람을 자기편으로 끌어들이기 위하여 덫을 놓는 말을 하기 시작했다.

마귀도 역시 먹는 문제를 가지고 시험을 시작했다. 그것은 사람에게 있어서 먹는 문제가 얼마나 중요한가를 반증한다. 심지어 주 예수님께 조차도 마귀는 동일하게 먹는 문제로 시험을 시작했다. 주님은 요한복음 6장에서 "내 살을 먹고 내 피를 마시는 자는 영생을 가졌고"라고 하셨다. 잘 먹으면 산다. 그러나 잘못 먹으면 죽는다. 사람은 죽을 육체만을 위하여 먹는 존재가 아니다. 영혼의 양식이 있다. 주 예수님 당시의 많은 사람들도 썩을 양식을 위하여 주님을 따라 다녔다. 오늘 날도 많은 사람이 주의 길에서 벗어나며 탈선하는 것은 먹고 사는 문제, 배를 신으로 삼는 문제이며 삯군이 되는 문제이다. 이 문제에서 떨어진 사람은 절대 진실한 주의 일꾼이 될 수 없다. 그것은 구약의 발람의 길이요 신약의 참 사도들을 대적한 거짓 교사들의 일이었다. 오늘 날도 우리는 영생하는 양식, 참 양식이요 참 음료인 예수 그리스도를 먹는 것을 알아야 한다. 그분은 이 땅에 인류의 참된 양식이 되기 위해 오셨다.

사탄의 유래

여기서 잠시 사탄의 유래에 대하여 보겠다. 사탄은 하나님의 대적자이다. 그는 원래 하나님께서 지으신 천사장이었다. 천사들도 하나님의 지으신 피조물이다. 하나님이 천사들을 창조하신 것은 명백하나 창조 시기에 대하여는 어디서도 명백히 밝힌 데가 없다. 그러나 가장 가능성이 많은 것은 창세기 1장 1절의 하늘을 창조하던 때와 관련되어 있다고 보는 것이다. 하나님은 천사를 창조하시되 하늘을 만든 직후 땅을 만들기 직전에 창조하신 듯하다.

왜냐하면 욥기 38장에 하나님이 땅에 기초를 놓을 때에 하나님의 아들들이 기뻐 소리를 외쳤다고 했기 때문이다(헨리 디이슨, 〈조직신학강의〉중 천사론). 에스겔 28장을 읽을 때에도 하나님의 창조에 있어서 첫 창조의 대표는 어디까지나 천사들이었다는 것을 알 수 있으며, 그때 천사장이었던 루시퍼는 완전한 인(印)이었고 지혜가 충족하며 온전히 아름다운 존재였다. 그가 거했던 곳이 하나님의 동산 에덴이었던 것으로 보아 하나님께서는 사람을 창조하시기 전에 그분을 섬기도록 천사 무리를 지으셨다는 것을 알 수 있다. 그곳은 하나님의 성산이었으며 루시퍼는 각종 보석 곧 홍보석과 황보석과 금강석과 황옥과 홍마노와 창옥 등으로 단장되었었다. 그리고 그는 화강석 사이를 왕래하였다(아담이 지음받은 에덴과 다른 곳임을 알 수 있다). 어느 날 그는 자신의 일이 성공적으로 수행되고(무역이 풍성하여진 것으로 비유됨) 따르는 무리가 많아지자 그의 추종 세력인 삼분의 일의 천사들과 더불어 하나님을 대적하는 역모를 꾸미게 되었다.

천사장은 하늘에 올라 하나님의 뭇별 위에 자신의 보좌를 높이고자 했고 북극 집회의 산 위에 좌정하고자 하였다. 이는 하나님의 아들의 보좌를 넘보고 그 위에 자신을 높이고자 한 것인데, 이에 대해 이사야 14장 14절은 "가장 높은 구름에 올라 지극히 높은 자와 비기리라 하도다"라고 말한다. 여기의 지극히 높은 자는 의심할 여지없이 영원부터 영원까지 가장 높은 데 계신 하나님의 아들이시다. 이때 그는 하늘에서 떨어지게 되었고 하나님의 산에서 쫓겨났으며 화강석 사이에서 멸망하게 되었다. 이렇게 해서 하나님의 천사장이었던 루시퍼가 사탄이 된 것이다. 첫 창조 시 이 땅 위에는 생물들이 존재했을 가능성이 있는데, 당시 땅의 생물들은 루시퍼의 영향을 받았을 수 있다. 타락한 천사들이 그들에게 영향을 줄 수 있는 것은 천사장이 당시 모든 만물의 왕처럼 지음을 받았기 때문이고, 결과적으로 당시 존재하던 생물들이 그 자를 따랐을 것이기 때문이다. 성경에는 땅이 아담의 타락으로 저주를 받았다고 하는 말씀도 있다(창 3:17-19). 또 피조물이 타락으로 인해 탄식한다는 말도 있다(롬 8:19-22). 그러므로 천사의 죄가 창세기 1장의 최초의 창조의 파멸과 관계되었을 법하다.[8] 또한 첫 창조의 생물들이 타락한 천사들과 함께 심판을 받아 물 속의 귀신들이 되었을 가능성이 있는 것이다.

이러한 사탄은 동산에서 하나님의 형상대로 지음받은 사람을 보고 그를 자기편으로 끌어들이기 위해 의도적으로 약한 여자를 택하여 접촉을 시도했다. 사탄이 이 땅에서 성도들을 무너뜨리기 위하여 쓰는 술책은 첫째는 약한 자를 접촉하는 것이요 둘째는 속이는 것이다. 만일 당신이 의심하고 약한 상태에 있다면 사탄은 맨 먼저 당신을 찾아오게 된다. 그리고 거짓말을 늘어놓게 될 것이고 당신은 그런 말을 듣고 시험에 빠질 것이다. 그래서 주님은 사탄 마귀에 대하여 '거짓말쟁이요 거짓의 아비'라고 하셨다(요 8:44). 장래 지옥불 앞에서 또는 왕국 앞에서 슬피 우는 자들은 고의적인 죄인이나 실패자보다도 주로는 속임 당한 자들일 것이다. 그들은 사탄의 거짓에 속은 것이다. 속임 당하여 믿고 따랐는데 그것이 참 진리가 아니고 참 빛이 아니었다면 이 세상에 이보다 심각한 일은 없으리라. 뱀이 한 많은 말들('결코 죽지 아니하리라', '너희 눈이 밝아', '하나님과 같이 되어', '선악을 분별할 줄을' 등)은 다 거짓말들이다. 하와가 그 말들을 믿은 결과는 무엇이었는가? 다름 아닌 타락이요 인류에게 죄와 사망의 길을 열어준 것이다.

사탄의 계략

1절에서 뱀이 한 말은 매우 간교하여 순진한 영혼들이 걸려들기 쉽다. 하나님은 아담에게 동산의 모든 나무는 먹을 수 있으나 선악을 알게 하는 나무는 먹지 말라고 하셨다. 그런데 뱀은 하와에게 하나님이 과연 '모든 나무의 실과를 먹지 말라고 하시더냐?'고 물었다. 이것은 하나님에게서 들은 말씀과 과히 틀린 것 같지 않게 들린다. 이런 종류의 질문을 받을 때 사람은 뭔가 답하지 않으면 안 될 것 같은 느낌을 갖는다. 사탄은 우선 자기가

8) 헨리 디이슨. 조직신학강론. 1991. p.309

꺼낸 주제를 가지고 자기가 미혹하고자 하는 사람과 대화를 나누기만 하면 절반은 성공이라는 것을 잘 알고 있다. 이런 종류의 말은 오늘날에도 도처에 있다. 진리에 대하여 참되게 배운 바를 살짝 왜곡하여 속이는 말로 사람들을 미혹하고 있는 것이다. 사탄의 술책은 하나님과 관계가 멀고 진리와 무관한 어떤 말들로 성도를 미혹하는 것이 아니다. 매우 비슷하고 공감할 수 있는 어떤 주제를 끌어내어 미혹하는 작업을 시작하는 것이다.

2-3절, 여자가 뱀에게 말하되 동산 나무의 실과를 우리가 먹을 수 있으나 3 동산 중앙에 있는 나무의 실과는 하나님의 말씀에 너희는 먹지도 말고 만지지도 말라 너희가 죽을까 하노라 하셨느니라

실상 여자는 뱀에게 뭔가 말할 수 있는 위치가 아니었다. 그는 남편인 아담을 돕기 위한 배필이므로 이런 외부 존재와 대화하는 가운데 진리와 관련된 권위적인 답변에 있어서는 반드시 남편인 아담에게 물었어야 했다(고전 14:35). 그러나 하와는 이미 사탄의 계략에 휘말려 들어갔고 어느 정도는 그의 말에 영향을 받았다. 왜냐하면 그녀의 대답에 단호하고 분명한 것을 잃었기 때문이다.

이를 통해 알 수 있는 것은 사람은 잘못될 때 먼저 위치를 떠나는 일부터 한다는 것이다. 그녀는 나서서 그런 자와 대화를 할 필요가 없었다. 우리 주님은 사탄에게 "사탄아, 물러가라. 나는 오직 하나님만 섬기노라." 하시면서 하나님 편에 굳게 서셨다. 그리고 명확한 하나님의 말씀을 가지고서 단호하게 대처함으로 사탄의 미혹하는 시험을 이기셨다. 하와는 그 자의 말에 하나하나 충실하게 대답해줄 필요가 없었다.

이미 하와의 대답은 뭔가 확고하지 않았으며 하나님의 말씀에 대한 단호한 태도를 잃어버렸다. 하나님의 말씀은 '먹지 말라', '네가 먹는 날에는 정녕 죽으리라'였다. 그분의 말씀은 단호하고 명확하다. '죽을까 하노라'와 같은 애매모호한 말은 하나님의 말씀이 아니다. '여자의 머리는 남자요'라는 것은 단호한 하나님의 행정이다. 그러나 어떤 이들이 꼭 그럴까라는 하나님의 말씀에 의문을 제기하는 말을 한다. 결국 시대가 지나면서 '여자도 남자의 머리가 될 수 있다'는 말로 바뀌는 것이다. 또 하나님의 말씀은 '하나님이 짝지워주신 것을 사람이 나눌 수 없느니라'고 하셨는데 이에 대하여 사람들은 말한다. '이혼해도 괜찮을 거야. 죄를 좀 지어도 큰 문제는 없을 거야.' 하는 식의 말들, 하나님의 말씀을 강하게 부정하지는 않으면서 적당하게 얼버무리는 식의 말들은 결국 시간이 지날 때 '이혼해도 괜찮아', '그 정도의 죄는 지어도 괜찮아'로 발전하게 된다. 그러다가 나중에는 '그렇게 사느니 이혼하는 것이 낫다', '이러한 죄는 사람인 이상 짓지 않을 수 없다'로 결론이 내려진다. 왜냐하면 일단 하나님의 말씀의 엄중하고 확고한 지위를 사탄에게 내어주었기 때문이다.

여기에서 우리는 하나님의 말씀의 권위를 보아야 한다. 어느 누구도 하나님의 말씀의 권위를 약화시키고 자기 말을 들으라고 강요하거나 사람을 좌지우지할 수 없다. 하나님의 말씀만이 최고의 권위를 갖고 있다. 로마 천주교는 하나님의 말씀보다 교회의 말을 듣도록 사람들에게 권위를 행사해 왔다. 이것이 잘못이다. 성도들은 하나님의 말씀에 최고의 권위가 있다는 것을 알아야 한다. 어떤 사람도 하나님의 말씀 위에 권위를 갖지 못하며 어떤 단체나 소위 교회도 하나님의 말씀 위에 권위를 갖지 못한다. 오늘 어떤 사람이 사람이나 단체의 말을 듣고(그들이 높은 지식을 갖고 있고 영적인 것을 다루는 사람들이라 하더라도) 하나님의 말씀을 떠난다면, 그것은 본질상 동산에서 속임당한 하와의 경우와 다를 바가 없다. 사탄이 하나님의 백성들을 속이는 데 소위 영적인 단체나 사람들을 이용하는 예는 허다하다. 그러므로 성도들은 어떤 일들이나 말들을 접할 때 그저 당연하게 받아들이지 말고 반드시 하나님의 말씀과 대조해보아야 한다.

4-5절, 뱀이 여자에게 이르되 너희가 결코 죽지 아니하리라 너희가 그것을 먹는 날에는 5 너희 눈이 밝아 하나님과 같이 되어 선악을 알 줄을 하나님이 아심이니라

여자가 '죽을까 하노라'고 모호하게 대답한 것이 사탄이 거짓말을 그녀에게 주입하는 계기가 되었다. 이는 여자의 마음속에 이미 약간의 불신이 자리잡고 있었음을 증명한다. 사탄은 사람이 마음이 흔들릴 때 여지없이 거짓말을 그 속에 집어넣는다. 오늘날도 사탄에게 시험당하고 걸려드는 사람들은 이미 약해진 사람들이다. 사탄은 시간낭비를 하지 않는다. 그자는 넘어뜨릴 자가 누군지를 잘 알고 있다. 시험당하는 자가 있다면 그자는 강하게 서있는 자가 아니고 이미 마음에 흔들림이 있는 자라고 알면 된다. 뱀의 '결코 죽지 아니하리라'는 말은 하나님의 말씀을 완전히 뒤집은 것이다. 뱀은 왜 그렇게 했는가? 그것은 그녀를 하나님에게서 분리시켜 자기편으로 끌어가기 위한 것이다. 뱀은 여기서 하나님의 말씀을 뒤집을 뿐 아니라 하와로 하여금 하나님의 의도까지 의심하게 만들었다. 즉 하나님은 사람이 그것을 먹으면 하나님과 같이 되어 모든 것을 알게 되므로 감히 하나님의 위치에 이르지 못하게 하려고 금지하신다고 생각하게 만든 것이다. 이것은 뱀의 매우 간교한 유혹이었다.

사람의 타락

뱀의 말의 뜻은 '사람이 그 실과를 먹으면 유익하고 더 좋아질 수 있는데 하나님은 못 먹게 막으셨다. 그러나 나는 네게 유익하도록 먹을 수 있는 길을 열어주겠다'는 것이다. 이 말을 듣자 하와는 하나님을 의심하는 마음이 생겼다. '아, 하나님은 우리가 먹으면 그분과 같이 될까봐 그 실과를 못 먹게 하셨구나! 하나님은 우리 눈이 밝아져서 그분과 같이 선악을 분별하게 되는 것을 왜 금하셨을까?' 여기서 하와는 하나님에 대한 신뢰가 흔들렸다. 이것은 오늘날에도 원칙상 똑같다. 하나님의 사랑에 대하여 흔들리는 것이 타락의 시작이다. 이것은 하나님께서 자기를 사랑하시지 않아서 어떤 일이 생겼다고 여기는 것이고, 하나님이 자기를 사랑하신다면 그런 일이 생기지 않을 것이라는 말이다. 또한 하나님이 자기를 사랑하시지 않기 때문에 자기가 원하는 것을 주시지 않는다고 생각하는 것이다. 우리는 다만 하나님께서 지극히 우리를 사랑하셨고 또 지금도 사랑하고 계시다는 그분의 말씀을 믿을 뿐(롬 5:8, 8:32,35) 어려운 환경에서 생기는 많은 느낌들과 사탄의 거짓말들은 거절하기를 배워야 한다.

6절, 여자가 그 나무를 본즉 먹음직도 하고 보암직도 하고 지혜롭게 할 만큼 탐스럽기도 한 나무인지라 여자가 그 실과를 따 먹고 자기와 함께한 남편에게도 주매 그도 먹은지라

사탄적인 말을 들은 사람의 특징은 관점이 갑자기 바뀌는 것이다. 전에 받은 하나님의 바른 교훈에 대하여, 하나님과 하나님의 종들에 대하여 관점이 바뀌는 것이다. 그것은 그 속에 뭔가가 주입되었음을 증명한다. 사탄의 말을 들은 뒤에 여자의 생각은 급속도로 바뀌었다. 뱀과 이야기를 나누기 전에는 먹으면 죽는다는 두려움에 감히 그 나무를 쳐다보지도 않았을 것이고 따라서 그렇게 먹음직스럽게 보이지도 않았을 것이다. 그런데 뱀에게 미혹된 뒤에 그녀의 눈은 바뀌었다. 좀 전까지만 해도 먹으면 죽을 것이라고 생각했던 그 나무가 먹음직스런 나무로 변한 것이다. 하와의 눈이 변한 것은 그녀가 뱀의 미혹하는 말을 그 속에 받아들였음을 증명한다.

여기서 우리가 한 가지 알아야 할 것은 생명나무와 선악을 알게 하는 나무는 너무나 상반되는 나무이지만 사람의 상태에 따라서는 매우 유사하게 보인다는 것이다. 나는 생명나무 실과가 먹기에 좋고 보기에 아름다웠을 것이라고 믿는다(창 2:9). 그리고 선악을 알게 하는 나무의 실과는 사실은 먹기에 그리 좋은 것은 아니지만 생명나무 실과와 매우 유사한 모양을 지니고 있었을 것이다.

오늘날에도 지식의 노선은 생명의 노선과 그 차이를 발견하기 어려울 정도로 비슷한 양상을 띠고 있다. 지식으로도 생명의 모조품을 다 만들어낼 수 있는 것 같다. 그렇기 때문에 생명을 추구하던 사람도 조금만 빗나가면 속히 생명의 길을 떠나 지식을 추구하게 된다. 근래에는 거듭나는 문제, 성화의 문제, 십자가를 지는 문제 등과 같은 영적 체험까지도 지식으로 만들어 가르치는 것을 볼 수 있다.

결과적으로 사탄이 창조된 사람에게 행한 일은 속이는 것이다. 사탄의 가장 깊은 전술은 사람을 완전히 속여 파멸에 이르게 하는 것이다. 뱀이 동산에서 하와에게 행한 것은 한 마디로 말해서 '속여 탈취한 것'이다. 오늘날 그리스도인들은 사탄이 속이는 자라는 것을 알지만 자신의 건강이나 재산 등에서 손해를 보지 않는 한 아무 문제가 없는 것처럼 생각한다. 즉 속임 당하는 것에 관하여 그리 주의를 기울이지 않고 사는 것이다. 이것은 참으로 문제가 아닐 수 없다.

사탄이 하와에게 한 말은 하나님에 대한 것이 아니었는가? 그것은 하나님의 말씀에 대한 것이었고 하나님께서 하신 말씀을 근거로 한 것이었다. 그는 어떻게 보면 영적으로 유익을 주려는 것처럼 위장했다. 눈이 더 밝아지고 하나님처럼 선악을 분별하게 된다는 것이다. 신약 성경에서 사도들을 괴롭혔던 대적자들의 일은 모두가 속이는 것이었다(고전 15:33, 고후 11:13-15, 벧후 2:1). 성도들은 자신이 속임 당할 리가 없는 것처럼 스스로 과신하지 말아야 한다. 언제나 베뢰아 사람들처럼 들은 말씀을 성경과 대조하면서 어떤 가르침도 당연하게 받아들이지 않는 습관을 가져야 한다.

어쨌든 뱀의 말을 받아들인 결과로 하와는 그 실과를 따 먹었다. 그것은 하와가 사탄의 요소를 받아들였음을 의미한다. 이것은 다만 들은 것이 아니라 받아들인 것이다. 그리고 사탄은 밖에서 사람을 조종할 수 있는 입지를 얻게 되었다. 이것은 사람이 그 안에 사탄의 요소를 받아들임으로 그에게 원격 조종을 당하게 되었다는 것을 가리킨다. 에베소서 2장 2절, "그때에 너희가 그 가운데서 행하여 이 세상 풍속을 좇고 공중의 권세 잡은 자를 따랐으니 곧 지금 불순종의 아들들 가운데서 역사하는 영이라". 이 말씀에서 우리는 그 사실을 확인할 수 있다. 죄인들은 무슨 일이든지 스스로 행하는 것 같지만 실상은 공중 권세자들의 조종에 따라 움직이는 것이다. 이 부분에 대하여 벵겔은 여자는 속았고 남자는 설득을 당했다고 했는데, 내가 보기에는 둘 다 사탄의 속임수에 넘어간 것이다. 먼저 죄를 지은 사람들은 다른 사람들도 자기가 지은 죄 가운데로 끌어들이려는 속성이 있다.

사탄에게 속은 결과 아담과 하와가 한 일은 무엇이었는가? 결국 하나님께 불순종한 것이다. 하나님은 먹지 말라고 하셨는데 그들은 그만 먹어버리고 말았다. 이것이 인류의 불순종의 시작이요 타락의 시작이다.

7절, 이에 그들의 눈이 밝아 자기들의 몸이 벗은 줄을 알고 무화

과나무 잎을 엮어 치마를 하였더라

뱀이 말한 대로 그들의 눈이 밝아졌지만 그것은 하나님의 빛으로 인해 밝아진 것이 아니라 선악의 세계, 옳고 그름의 세계에서 밝아진 것이었다. 그러한 밝아짐은 하나님의 빛이 임하여 계시로 밝아진 것과 다르다. 알지 말아야 할 것을 알게 되는 것이다. 당시 고린도 교회 성도들은 거짓 교사들에게서 많은 말을 들었다. 그런 뒤에 그들의 눈은 밝아져서 전에 보지 못하던 것을 보게 되었는데, 그것은 주로 바울의 약점이나 그가 이전에 잘못 행했다고 여겨지는 것들이었다. 즉 그들은 바울이 고린도에 온다고 했다가 오지 않은 것은 그가 변덕스럽기 때문이라고 했으며, 또 바울은 열두 사도 중 하나가 아니므로 사도가 아닐 것이라고 했다. 갈라디아 성도들도 마찬가지이다. 그들도 과거에는 보이지 않던 사도의 약점들이 보이게 되었다. 즉 눈이 밝아진 것이다. 이것은 뱀의 말대로 된 것이지만 사람은 뱀의 말을 들을 때 그렇게 나쁜 방향으로 눈이 밝아지는 것이라고는 전혀 생각지 못했을 것이다.

결국 아담과 하와가 선악과를 먹은 후에 눈이 밝아져서 볼 수 있었던 것은 자기 몸의 벗은 것이었다. 그들은 전에도 벗고 있었지만 벗은 것에 대하여 아무 느낌이 없었다. 그리고 그것이 부끄러운 것이라는 느낌도 없었다. 그런데 지식의 나무를 먹고 난 후에는 전에 없던 느낌, 즉 벗은 것이 부끄러운 것이라는 느낌이 생겨났다. 사람이 타락한 후에 선악을 알게 된 것이다. 전에는 죄가 무엇인지 몰랐는데 이제는 죄를 인식하게 되었다. 이것이 바로 선악을 아는 지식의 열매를 먹은 결과이다. 그야말로 선을 알고 악을 알게 된 것이다.

이것은 타락한 사람에 대한 하나님의 보호 장치라고 말할 수 있다. 즉 타락한 후에 생겨난 양심의 작용인 것이다. 만일 사람이 타락한 후에 양심의 기능이 없다면 짐승과 다를 바 없을 것이다. 그것은 죄가 있는데도 죄에 대한 인식이 없는 것이기 때문이다. 그러나 사람 속에 죄가 들어오자 양심이 깨어나 무엇이 죄인지 무엇이 선인지를 알게 하는 것이다.

그러므로 타락한 사람은 양심의 소리에 귀를 기울이지 않으면 안 된다. 그것이 타락한 사람을 보호하는 하나의 안전장치이다. 인간은 너무나 소중한 존재이므로 하나님께 불순종하여 죄를 짓고 타락하더라도 완전히 길이 없는 상태에 버려두시지 않고 남은 하나의 기관이 작동되게 하셔서 그나마 회복될 길을 찾도록 만들어 놓으신 것이다.

오늘날 성도들은 양심을 무디게 하는 가르침을 조심해야 한다. 또한 양심을 무시하게 하는 사역자도 조심해야 한다. 많은 이단들이 사람의 양심을 가리는 가르침으로 사람들을 사냥한다. 교리적이고 이념적이고 사상적인 것이 들어오면 자연 인간의 양심은 무감각해지게 된다. 사람의 양심보다는 그러한 사상과 이념이 앞서게 되기 때문에 사람의 양심을 무뎌지게 하는 것이다. 사람의 양심은 지식에 영향을 받기 때문에 가르침에 매우 조심해야만 양심을 지킬 수 있는 것이다. 성경의 정상적이고 건강한 가르침과 믿음은 사람의 양심을 정상으로 작동하도록 회복해준다. 그러나 이단적이고 잘못된 가르침은 인간의 양심을 파선한 배와 같이 만들어버린다. 그러기에 사도는 믿음과 착한 양심을 가지라고 가르친다(딤전 1:19). 영적으로 잘 성장한 성도들의 교제 속에서 우리는 그들의 양심이 매우 착하고 건강한 것을 볼 수 있으나 잘못된 신앙자들의 양심은 그릇되어 있음을 단번에 느낄 수 있다.

그들 속에 죄가 들어오기 전에 그들은 죄가 무엇인지 모르므로 매우 순수하고 깨끗했다. 그러나 죄가 들어왔을 때 남녀가 벗은 것이 부끄러움이라는 것을 알았다. 즉 그들이 죄를 받아들인 후 몸으로 범하는 죄가 무엇인지 알게 된 것이다. 그 이전에는 몸으로 무슨 죄를 지을 수 있는가에 대해 무지했고 그만큼 순수하고 깨끗했는데 지금은 남녀 간에 부정한 행위를 하는 것이 죄라는 것을 아는 인식이 생겨난 것이다. 따라서 그들은 벗은 것을 부끄러워하게 되었지만 그들이 할 수 있는 것이라고는 아무것도 없었다. 겨우 무화과나무 잎을 엮어 치마를 만들어 가리는 것이었다.

이것이 오늘날의 종교이다. 나름대로 자신들의 수치를 가리지만 그것은 안전한 가리개가 아니다. 햇볕에 쪼이거나 어디에 부딪히면 마르거나 찢어져버린다. 오늘날 죄를 가려보려고 시도하는 종교는 많다. 그들 역시 죄에 대한 인식이 있기 때문에 수치를 가려보려고 도를 닦고 수양을 하기도 한다. 그러나 어떤 상황이 오면 그동안 무화과나무 잎을 엮어 두른 치마가 마르고 부서져 버리듯이 원래의 벗은 상태로 되돌아간다. 그러면 다시 새로운 무화과나무 잎을 엮어 가리는데 그것 또한 오래가지 않는다.

여기서 무화과나무 잎은 사람의 고안과 행위로 만들어낸 의를 가리킨다고 할 수 있다. 사람의 의(義)는 하나님의 심판의 눈을 피할 수 없다. 사람의 의는 하나님 보시기에 더러운 누더기 같으며(사 64:6) 사람은 결코 그분의 거룩한 임재 앞에 그 옷을 입고 나아갈 수 없다. 오직 그리스도의 보혈로 인한 하나님의 의의 옷이 안전하며 그 옷을 입고 우리는 하나님의 보좌 앞에 나아간다.

사람을 찾으시는 하나님

8절, 그들이 날이 서늘할 때에 동산에 거니시는 여호와 하나님의 음성을 듣고 아담과 그 아내가 여호와 하나님의 낯을 피하여 동산 나무 사이에 숨은지라

하나님은 마귀가 사람을 타락시키기 위해 바쁘게 일하고 있는 그 순간을 다 아셨을텐데 그것을 그냥 두신 것이 참 기묘하다. 모든 것을 다 아시는 하나님이 마귀의 작전과 사람의 걸려들고 있는 순간을 모르셨을 리가 없다. 그런데 하나님은 그 모든 상황을 보시고 조용히 계셨던 것이다. 이것이 무엇이란 말인가? 그것이 바로 하나님의 속성이요 인격이라고 말할 수 있다. 그분은 어떤 상황에서 조급히 나서며 당황해하시는 분이 아니다. 그분의 깊이와 높이와 길이와 넓이는 사람이 측량할 수 있는 것이 아니다.

하나님은 사람과 함께 하기를 원하신다. 우리는 성경에서 하나님께서 다른 피조물들을 그렇게 관심하시는 것을 보지 못한다. 그러나 유독 사람만큼은 지으시자마자 모든 것을 관심하신다. "여호와여 사람이 무엇이관대 주께서 저를 생각하시나이까?"(시 8:6) 하나님은 인간이 선악과를 먹고 타락한 것을 아시고서 친히 사람을 찾아 나서신 것은 날이 서늘할 때였다.

그것은 사람이 가장 공허함을 느끼고 잘못된 것을 깨달을 수 있는 날씨였다. 이는 또한 선악과를 먹은 그들의 느낌이기도 하다. 그들은 더 이상 훈훈하고 행복한 느낌을 가질 수 없었다. 죄를 범한 사람들의 상태가 이와 같다. 그들은 아직 죄가 드러나 심판받지 않았을지라도 서늘한 느낌 가운데 있게 된다.

그들은 바로 그때 여호와 하나님의 음성을 들었는데, 이제 하나님 앞에 나아갈 담대함을 잃어버린 그들은 하나님의 낯을 피하여 동산 나무 사이에 숨었다. 죄를 지은 사람의 특징은 담대함을 잃어버리는 것이다. 사람이 자신의 행한 일에 대해 많은 말로 정당성을 주장할 수 있지만, 그가 행한 것이 죄요 하나님을 거역한 것이라는 사실은 그가 하나님 앞에 담대히 나아갈 수 없다는 것으로 입증된다. 그것은 사람들 간에도 마찬가지이다. 어떤 사람들이 교회 안에서 거역을 도모하고 옳지 않은 일을 꾀할 때, 자신들의 의도와 행동에 대하여 아무리 정당성을 주장하더라도 영적으로 성숙한 권위자 앞에 설 때 그 양심이 증거하는 것이 있게 된다. 그리고 담대하게 얼굴을 들고 나설 수 없는 것이 있다. 우리는 사도행전에서 사도 바울의 행사를 보는데, 그의 행동은 그러하지 않았다. 그는 범사에 부끄러움이 없이 행하기를 힘썼다. 그는 어느 누구 앞에서도 부끄러워하거나 숨으려 하지 않았다. 이것이 양심을 따라 범사를 행하는 사람이다(고후 7:16). 그리스도의 보혈은 우리의 양심의 거리낌을 영 단번에 제해주어 담대함을 갖게 해주었다(히 9:14, 10:19).

9절, 여호와 하나님이 아담을 부르시며 그에게 이르시되 네가 어디 있느냐

하나님의 명을 거역하고 죄를 지은 아담과 하와는 동산 나무 사이에 숨었다. 불순종하여 죄를 범하고 숨은 사람을 찾아오신 분은 하나님이시다. 창조주 하나님과 피조된 사람은 서로 대화가 가능하다. 그분은 마치 집을 나간 자식을 찾으시듯이 아담을 부르셨다. 여러분은 하나님께서 사람을 부르시며 대화를 원하신다는 것을 생각해보았는가? 사람은 하나님의 찾으시며 부르시는 음성을 들을 수 있다! 이것이 잃어버린 사람을 찾으시는 하나님의 구속 역사의 시작이다. 죄를 범하여 구원이 필요한 것은 정작 사람인데도 사람은 하나님을 찾지 않았다. 오히려 하나님이 사람을 찾아 나서신 것이다. "아담아! 네가 어디 있느냐?" 이것이 하나님께서 타락한 사람을 찾으시는 첫 번째 음성이다.

오늘도 하나님은 부르고 계신다. "아무개야! 네가 어디 있느냐?" 나는 오늘도 잃어버린 양 같은 많은 영혼들이 그분의 부르시는 음성을 듣기 원한다. 어제나 오늘이나 영원토록 변치 않으시는 하나님은 오늘도 하나님을 거역하고 떠난 영혼들을 부르고 계신다. "아담아! 네가 어디 있느냐?" (Where are you, man?) 또한 이 말씀은 하나님께서 믿는 우리를 직접 대하시는 분임을 일깨워준다. 우리는 사람을 대하든 일을 대하든 하나님을 직접 대면하는 방식으로 행해야 한다. 결코 사람이나 일을 우선으로 하고 하나님을 그 다음에 두어서는 안 된다. 오늘날 많은 그리스도인들이 교회나 단체의 인도자들과의 관계를 우선으로 하고 하나님과의 관계는 뒷전으로 한 채 신앙생활을 하는데 그것은 옳지 않다. 모든 하나님의 자녀들은 직접 하나님 앞에서 생활해야 하며 그분의 부르시는 음성을 들을 수 있어야 한다.

10절, 가로되 내가 동산에서 하나님의 소리를 듣고 내가 벗었으므로 두려워하여 숨었나이다

아담은 선악과를 먹기 전에도 벗었었다. 그러나 그때는 벗은 것이 문제가 되지 않았다. 하나님 또한 그의 벗은 것을 문제 삼지 않으셨다. 그러나 선악과를 먹은 후에는 전에는 전혀 관심할 필요가 없었던 것들이 문제가 되었다. 범죄한 후 인간은 수치(벌거벗음을 알고, 7절)가 있게 되고, 두려움이 생기게 되었으며 하나님께 나아갈 담대함을 잃었다(두려워하여 숨었나이다). 주 예수의 피의 구속은 우리의 수치와 두려움을 제해주며 하나님께 나아갈 담력을 준다. 기묘한 구원이다. 죄를 범한 인류에게 구원은 필수적이다.

11절, 가라사대 누가 너의 벗었음을 네게 고하였느냐 내가 너더러 먹지 말라 명한 그 나무 실과를 네가 먹었느냐

이 모든 말씀은 아담으로 하여금 죄를 시인하고 회개하도록 도와주시는 말씀이다. 우리는 요한복음 4장에서 구주이신 하나님께서 사마리아 여인을 만나 죄를 자백하도록 도와주시는 것을 본다. 주님은 그녀에 대한 모든 것을 알고 계셨지만 한 가지 한 가지 물으시면서 그녀가 죄를 고백하도록 도와주셨다. 주님이 거기서 그녀에게 남편의 이야기를 꺼내지 않으셨더라면 그녀는 감히 자신의 가장 수치스런 그 일을 꺼내지 못했을 것이고, 따라서 회개할 기회를 잃었을 것이다. 주님은 생수를 요청하는 여인에게 남편 이야기를 먼저 내놓으셨다. 그로 말미암아 그녀는 자신의 남편에 대하여 어느 정도 말할 수 있게 되었고 주님이 더 말씀하시자('과거에 다섯 남편이 있었으나') 주님의 말씀을 시인하며('당신은 선지자로소이다') 자신의 부정함을 회개할 수 있었다.

오늘날도 주님은 여전히 성령으로 우리에게 오셔서 우리의 죄를 생각나게 하시고 죄악을 책망하는 일을 하신다(요 16:8). 이것은 하나님께서 죄인인 우리가 죄악을 버리고 하나님께 나아올 수 있도록 길을 열어주시는 역사이다. 항상 우리의 죄들을 자백하도록 도와주시는 주님께 감사드리자! 이것이 우리를 창조하신 하나님의 사랑이다. 아담은 하나님께서 이렇게 질문해주시지 않았다면 불순종하고서 그 실과를 따 먹은 것을 말씀드리기가 어려웠을 것이다. 나는 과거에 하나님은 다 아시면서 왜 아담에게 그 실과를 먹었느냐고 물으셨는지 잘 이해할 수가 없었다. 이것이 죄를 자백하고 사함을 얻고 평안을 얻으라는 하나님의 사랑이다. 복음의 음성인 것이다. 그러나 이러한 하나님의 사랑에 대한 사람의 대답은 어떠한가?

12절, 아담이 가로되 하나님이 주셔서 나와 함께하게 하신 여자 그가 그 나무 실과를 내게 주므로 내가 먹었나이다

"죄에 대한 고민도, 행위에 대한 수치감도 없고 다만 그 죄를 가리우려는 욕망만 드러낸 냉담한 표현이었다"(White). 아담은 죄를 짓자 일차적으로는 가리고자 했고, 이제 죄가 명백하게 지적되자 핑계를 대었다. 이것은 오늘날에도 흔히 볼 수 있는 바 타락한 사람들이 죄를 자백하지 않고 감추거나 다른 사람에게 돌리려고 하는 육적인 행위이다.

13절, 여호와 하나님이 여자에게 이르시되 네가 어찌하여 이렇게 하였느냐 여자가 가로되 뱀이 나를 꾀므로 내가 먹었나이다

하나님은 아담과 변론하지 않으시고 바로 하와에게 물으셨다. "네가 어찌하여 이렇게 하였느냐?" 하와는 뱀에게 죄를 전가시켰다. 죄를 지은 것을 넘어서 그 죄를 남에게 전가하는 것은 더욱더 죄를 가중시키는 것이다. 하나님께서는 회개하는 영혼을 사랑하시고 용서하신다. 인류의 조상은 범죄했을 뿐 아니라 회개할 기회를 주어도 회개치 않고 자기 죄를 남에게 전가하기에 급급했다. '뱀이 나를 꾀므로'란 말은 뱀이 자기를 잘못 인도했다는 뜻인데, 하와는 사실 뱀의 인도를 받을 하등의 이유가 없었다.

뱀에게 내리신 심판

14-15절, 여호와 하나님이 뱀에게 이르시되 네가 이렇게 하였으니 네가 모든 육축과 들의 모든 짐승보다 더욱 저주를 받아 배로 다니고 종신토록 흙을 먹을지니라 15 내가 너로 여자와 원수가 되게 하고 너의 후손도 여자의 후손과 원수가 되게 하리니 여자의 후손은 네 머리를 상하게 할 것이요 너는 그의 발꿈치를 상하게 할 것이니라 하시고

하나님은 뱀에게는 묻지도 않으셨다. 사람은 범죄했어도 용서받을 기회가 주어지지만 범죄한 사탄에게는 용서의 은혜가 주어지지 않았다. 즉 사탄에게는 죄와 심판이 최종적이고 철회 불가능한 것이었지만 아담과 하와에게는 구속의 소망이 주어졌던 것이다. "사람이 무엇이관대 주께서 저를 생각하시며"(시 8:4)라는 시편 구절은 사람이 하나님께 마땅히 드려야 할 감사의 표현이다.

1. "더욱 저주를 받아"

다른 짐승들도 인류의 타락으로 인해 저주의 영향 아래 있게 되었지만, 그러나 뱀의 경우는 더욱 저주를 받았다.

2. "배로 다니고"

배로 다니는 것은 하나님의 더 큰 저주의 표시이다. 이로써 뱀은 모든 피조물에게 두려움과 증오의 대상이 된 것이다. 여기서 우리는 하나님께서 저주를 내리시는 데에도 차등이 있음을 볼 수 있다.

3. "흙을 먹을지니라"

뱀이 먹을 수 있는 것은 흙뿐이다. 그리스도인이 사탄의 밥이 되지 않으려면 성령을 따라 부활의 영역 안에서 생활해야 한다. 만일 육체 안에 산다면 사탄의 밥이 될 수밖에 없다. 오늘날 교회 안에서도 사탄의 먹이가 되는 사람들은 십자가로 육체를 처리하지 않고 천연적인 인간 생명으로 사는 육적인 사람들이다. 뱀은 종신토록 먼지나 쓰레기로 버려야 할 것들을 먹이로 삼아야 했다.

무엇을 먹는가를 보면 그가 어떤 사람인 것을 안다. 다른 사람들이 실패하거나 잘못되는 이야기들을 듣기 좋아하고 말하고 전하기 좋아하는 사람들은 그런 것을 음식 삼는 사람들이다. 그러나 하늘에 속한 것을 듣기 좋아하고 하나님의 진리의 말씀을 배우고 전하기 좋아하는 사람들은 그 음식이 신령한 것이다. 저주를 받은 결과는 땅(세상)에 붙어살고 흙을 먹는 것이다. 오늘날 하나님을 모르는 사람들은 배로 다니며 흙을 음식으로 삼아 먹는다.

어떤 사람이 진정으로 원하는 것을 보면 그가 얼마나 하나님의 축복을 받고 있는가를 알 수 있다. 어떤 사람은 정작 중요한 기로에서 선택할 때 물질적인 축복과 안정으로 기울어진다. 어떤 사람은 진리와 하나님의 뜻

안으로 기운다. 아무리 어렵고 힘든 상황이 전개된다 하더라도 그는 주님의 원하심과 기뻐하심을 택하는 것이다. 이는 금과 은과 보석을 먹는 사람이다. 그러나 오늘날 많은 이들이 하늘의 것을 구하지 않고 티끌을 원한다. '뱀처럼 티끌을 핥으며 땅에 기는 자들'이 있다는 말씀이 있다(미 7:17). 성도들은 마땅히 위에 있는 것을 구하고 생각해야 한다. 이것이 뱀의 저주를 벗어난 삶이다.

4. "여자와 원수가 되게 하고"

여자는 일단 하와일 것이다. 하와는 동산에서 뱀의 말을 들을 때 그와 친구처럼 친근하게 대화를 나누었고 하와는 그 뱀에게 속아 넘어갔다. 결과적으로 사람에게 죄와 심판과 저주가 왔다. 하와는 시간이 지나 그 모든 원인이 뱀에게 있다는 것을 깨닫고 그를 원수로 여겼을 것이다. 따라서 그녀는 뱀과 계속 친구 관계로 지낼 수 없었다. 그녀는 하나님 앞에서 뱀을 핑계 삼았지만 뱀과 하나 되어 하나님께 대들지는 않았다. 이미 그녀가 뱀에게 핑계를 돌리는 것이 그 증거이다. 그녀는 뱀 때문에 먹었노라고 고백했다. 이는 여자가 뱀에게 속아서 먹었다는 것을 알았다는 표시이다. 사탄은 처음부터 거짓말하는 자이다(요 8장). 하와는 하나님의 심판을 받고 고통 가운데 에덴을 쫓겨나면서 뱀을 두고두고 원망하며 저주했을 것이다. 이렇게 원수 관계가 형성되었다.

신약에서 여자는 교회를 예표한다(계 12장). 계시록 12장에서 뱀은 옛 뱀이라고 불리우며 또 큰 용이라고 불리운다. 이상 가운데 나타난 해를 입은 여자의 대적자는 큰 용이었다. 용은 뱀이 인류 역사 수천 년 동안 많은 음식을 먹어치운 결과 마지막 때에 가서 매우 거대해졌다.

교회와 사탄은 영원토록 원수 관계이다. 당신이 진실한 그리스도의 제자라면 뱀과 원수 관계를 가져야 한다. 누가복음 18장의 과부를 보라! 그녀에게는 원수가 있었고 재판장에게 나아가 원수를 갚아달라고 기도했다. 그 원수가 뱀이 아니고 누구이겠는가? 결국 뱀은 여자의 후손에 의하여 치명상을 입고 끝나게 된다. 여자의 후손은 일차적으로 그리스도요, 다음은 그의 이기는 자들이다. 뱀은 십자가에서 여자의 후손에 의해 심판을 선고

받고 이기는 성도들에 의해 한 발씩 패함을 입다가 장차 이기는 성도들의 휴거된 후에는 하늘에서 있을 곳을 찾지 못하고 쫓겨나게 된다. 뱀은 인류를 범죄에 빠뜨렸지만 하나님의 구속받은 백성들은 그 자를 원수로 여겨서 언제나 대치하며 싸움을 벌이게 된다.

5. "여자의 후손은 네 머리를 상하게 할 것이요"

뱀이 약한 여자를 통해 인간을 파멸의 구덩이로 빠지게 하였으므로 하나님은 여자를 통해 그를 깨뜨릴 계획을 세우셨다. 이는 하나님의 공의롭고 합당한 처사요 심판이다. 사탄이 할 수 있는 일이 무엇이란 말인가! 그는 동산에서 사람을 파멸하기 위해 연약하고 순진한 여자를 미혹하였지만 결국 그 여자에게서 난 자에게 가장 큰 파멸을 당하게 된 것이다. 이는 하나님의 놀라우신 지혜와 공의로우신 심판이 아닐 수 없다. 그자는 결국 스스로 무덤을 파는 격이 되고 말았으며 하나님이 하시고자 하는 일에 문을 여는 일을 한 격이 되었다.

하나님이 말씀하시는 바 여자의 후손은 그리스도이시다. 그리스도는 여자에게서 나신 분이다(갈 4:4). 하나님께서는 이와 같이 인류가 타락하자마자 메시야를 보낼 것을 약속하셨다. 이것은 그분께서 아직 죄를 지은 여자와 남자를 심판하기도 전이었다. 하나님은 뱀에게 심판을 선고하시다가 그분의 위대한 계획을 선포하신 것이다. 이것이 성경에 등장하는 메시야에 대한 최초의 약속이다. 하나님은 사람을 실패하게 하고 타락하게 한 그 자에게 그리스도로 말미암아 치명타를 가하셨다. 사탄은 사람을 유혹하고서 기뻐했겠지만 그로 인해 결국 그는 저주받고 멸망당하게 된 것이다. 그러므로 동산에서 사람을 유혹한 뱀의 공작은 결국 하나님께 그 자를 심판하고 멸망시킬 입지를 드린 사건이 되었다. 즉 하나님께서 사람을 회복할 계획을 세우시는 동시에 사탄을 처리할 계획을 세우신 사건이 된 것이다. 사탄이 할 수 있는 일이 무엇이겠는가! 결코 사탄은 하나님의 지혜를 당할 수 없다. 성도들이여! 사탄의 공격을 두려워 말라! 그 자가 역사한 결과는 겉으로 보기에 큰 해를 입히는 것 같지만 결국 하나님께 더 큰 역사의 기회 드리게 되는 것이다. 그리고 그 자에게 더 큰 심판의 길이 열리는 것이다.

또한 여자의 후손은 하나님의 이기는 자들이다. 그러기에 계시록 12장에서 여자에게서 나온 아이를 사내 아이(man-child)라고 부른다. 이 구절들을 잘 읽어보면 그 사내 아이가 한 사람이 아닌 단체의 사람임을 알 수 있다. 이는 교회(여자) 중의 강한 부분(이기는 자들)이다. 그들은 그들의 증거하는 말과 어린 양의 피로 사탄의 참소를 이기고 죽기까지 자기 생명을 아끼지 않는 사람들이다. 그들이 일어날 때 사탄은 치명상을 입는다. 여자와는 원수 관계를 형성하지만 뱀의 머리를 상하게 하는 것은 결국 여자의 후손임을 아는 것은 매우 중요하다. 적당히 신앙생활하는 자세로는 사탄을 대적하지 못하고 이기는 자가 될 수 없다. 여자의 후손은 강한 자들로 이루어진다.

6. "너는 그의 발꿈치를 상하게 할 것이니라"

이것은 사탄이 그리스도의 인성을 상하게 하리라는 것이다(매튜 헨리). '발꿈치'란 문자적으로 발꿈치가 아니라 가장 작은 부분의 상처를 말한다. 이는 뱀의 '머리'와 대조되는 말이다. 머리를 상하게 한다는 것은 가장 큰 치명타를 안겨주는 것을 말하며 발꿈치는 가장 작은 손상을 말한다. 사탄은 결국 주 예수의 육신을 죽음에 넘기웠지만 주님의 몸은 썩음을 당하지 않고 사흘만에 다시 영광스럽게 부활하셨다. 이를 두고 발꿈치를 상하게 했다고 하신 것이다. 사탄은 유다로 하여금 배신하게 하고 대제사장과 공회로 하여금 그분을 십자가에 못박도록 넘겨주게 했다. 그리고 로마 군병은 그분을 십자가에 못 박았다. 이 모든 그리스도의 인성 안에서의 고난은 사탄에 의해 사주된 것이다.

뱀은 이처럼 그리스도의 발꿈치를 상하게 하지만 결국 십자가에서 뱀은 그 머리가 상하게 된다. 유대인들은 예수를 십자가에서 없애버리면 끝날 줄 알았지만 거기 못 박히실 때 그리스도께서는 정사와 권세를 벗겨내어 밝히 드러내시고 승리하셨다. 거기서 주님은 사탄의 권세를 파하시고 그 자를 심판하신 것이다. 또한 그리스도는 그곳에서 죄인들의 죄를 용서하시고 죄에서 완전한 해방을 주시며 그들로 진정한 하나님의 사랑을 알게 하시고 그분의 진정한 추종자들을 얻으신 것이다. 누가 그렇게 했는가? 뱀이 그렇게 한 것이다. 뱀이 그분의 육신을 죽음에 넘기우는 그 순간 그분은 도리어 뱀에게 치명상을 주고 그분의 진정한 제자들과 충성된 자들과 이기는 자들을 얻으신 것이다. 이기는 자들은 이 땅에서 사탄에 의해 짓밟히고 죽음에 넘기우지만 그들은 결국 부활과 휴거 후 하늘에 올라가 사탄을 쫓아내게 된다. 하나님의 놀라운 지혜를 찬양한다!

여자에게 내리신 심판

16절, 또 여자에게 이르시되 내가 네게 잉태하는 고통을 크게 더하리니 네가 수고하고 자식을 낳을 것이며 너는 남편을 사모하고 남편은 너를 다스릴 것이니라 하시고

1. "잉태하는 고통을 크게 더하리니"

하나님은 먼저 여자를 심판하셨다. 그것은 일종의 보호 장치요 공의의 판결이었다. 하나님께서 여자에게 해산의 고통을 크게 더하신 것은 그로 말미암아 구원받게 하시려는 하나님의 사랑이다. 사도 바울은 여자가 해산함으로 구원을 받으리라고 했다(딤전 2:15). 선악과를 먹고 불순종한 결과 인간은 죄인이 되어 그 속에 항상 죄의 유혹이 있는 고로 여인의 경우 해산의 고통을 통해 낮아짐과 회개에 이르는 은혜를 얻을 수 있다. 바울은 아직 시간이 있고 힘이 있는 젊은 여자들이 자칫 유혹에 빠질 수 있음을 경계하면서 젊은 여자는 시집가서 아이를 낳고 집을 다스리며 대적에게 훼방할 기회를 조금도 주지 말아야 한다고 했다. 이렇게 사람이 타락한 후 여인에게 해산의 고통을 더하신 것은 그녀가 더 큰 범죄를 저지르지 않도록 보호하려는 하나님의 지혜로운 보호 장치이다. 산고(産苦)는 여인의 최고의 고통이기 때문이다(사 21:3). 오늘날 세계적으로 모든 여인들은 아이를 적게 낳으려고 애쓰고 있다. 한국도 예외가 아니다. 따라서 여인들에게 하나님이 심판하여 명하신 보호 장치가 사라져 가고 도덕적으로 많은 범죄가 생겨나고 있다. 이것도 말세의 한 징조이다. 할 일 없는 여인들에 의해 수많은 문제들이 생겨나고 있는 것이다.

2. "너는 남편을 사모하고 남편은 너를 다스릴 것이니라"

타락한 후에 여자는 남편의 다스림 아래로 떨어졌다. 원래 여자는 남자와 하나로 연합하여 남자를 돕도록 지음받은 존재였다. 그러나 타락으로 인하여 여자는 남자에게 종속되었다. 여자는 남편을 사모하게 되었고 남편의 다스림 아래 있게 되었다. 즉 여자는 남편의 통제 아래 있게 되었다는 뜻이다. 이것은 여자가 먼저 뱀의 꾀임에 빠져 범죄하게 되었으므로 이후로는 남편의 통제 아래 두어 안전하게 보호하려는 일종의 하나님의 감호조치(監護措置)라고 할 수 있다. 그렇지만 오늘날 여인들이 이 감호조치도 벗어나려고 애쓰고 있다. 많은 젊은 여인들 사이에 결혼하지 않으려는 풍조가 늘어나고 있고, 결혼하더라도 남자의 다스림을 최대한 벗어나 나름대로의 삶과 스스로의 자유함을 구가하려는 여인들이 많아진 것이다.

여자에게 내려진 이러한 심판의 결과는 오직 그리스도 안에서만 회복될 수 있다. 갈라디아서 3장 28절은 "너희는 유대인이나 헬라인이나 종이나 자유인이나 남자나 여자나 다 그리스도 예수 안에서 하나이니라"고 한다. 그리스도 안에는 남자나 여자의 구분이 없이 하나라는 말은 더 이상 타락으로 말미암아 생겨난 구분이 없어졌다고 보아도 좋다. 그러므로 참다운 여성의 가치는 그리스도 안에서만 찾을 수 있다. 이는 그리스도의 구속으로 말미암아 죄와 심판과 타락의 결과를 다 해결하셨기 때문이다.

남자에게 내리신 심판

17-19절, 아담에게 이르시되 네가 네 아내의 말을 듣고 내가 너더러 먹지 말라 한 나무 실과를 먹었은즉 땅은 너로 인하여 저주를 받고 너는 종신토록 수고하여야 그 소산을 먹으리라 18 땅이 네게 가시덤불과 엉겅퀴를 낼 것이라 너의 먹을 것은 밭의 채소인즉 19 네가 얼굴에 땀이 흘러야 식물을 먹고 필경은 흙으로 돌아가리니 그 속에서 네가 취함을 입었음이라 너는 흙이니 흙으로 돌아갈 것이니라 하시니라

1. "네가 네 아내의 말을 듣고 내가 너더러 먹지 말라 한 나무 실과를 먹었은즉"

아담은 하나님께 변명하면서 핑계를 여자에게 돌렸지만 하나님께서는 그 말을 전혀 참고하지 않으셨다. 이것을 보면 하나님의 심판은 사람의 변명에 영향 받지 않으신다는 것을 알 수 있다. 하나님은 아담이 아내의 말을 듣고 하나님의 말씀을 거역한 것에 대해 결코 정상을 참작하지 않으셨다. 아담은 하나님의 명령을 어기면서까지 자기 아내의 말을 들어서는 안 되었다. 그것은 머리로서의 역할을 스스로 포기한 것이다. 오늘날에도 하나님의 말씀을 듣기보다 자기 아내의 말에 따라서 움직이는 남편들은 어떤 말로도 정당화될 수 없다.

2. "땅은 너로 인하여 저주를 받고 너는 종신토록 수고하여야 그 소산을 먹으리라"

원래 땅은 사람의 생존을 위해 창조되었으며 거기서 과일과 야채와 식물이 자라나 사람에게 음식을 공급하게 되어 있었다. 그러나 사람에게 공급하기 위한 땅은 아담의 타락을 인하여 저주 아래 놓였으며 소산물을 내기가 쉽지 않게 되었다. 남자는 먹기 위해 종신토록 수고하지 않으면 안 된다. 이 수고는 타락으로 말미암아 온 것이다. 그러나 그리스도의 구속은 성도들의 일을 낙원의 일로 바꿔놓는다. 주 예수님은 "수고하고 무거운 짐 진자들아 다 내게로 오라 내가 너희를 쉬게 하리라"고 하셨다. 그리스도 안에서는 일을 하지만 그 모든 일이 은혜와 사랑과 안식 안에서 이루어진다. 이는 구속의 은혜를 누리는 것이요 타락에서 벗어났다는 증거이다.

3. "땅이 네게 가시덤불과 엉겅퀴를 낼 것이라"

가시덤불과 엉겅퀴는 저주의 상징이다. 이는 땅이 저주받았다는 표시이다. 가시덤불과 엉겅퀴는 사람에게 공급과 누림을 주는 것이 아니라 사람이 경작하는 데 오히려 방해 요소가 되고 어렵게 한다. 타락한 인간에게 땅은 결코 쉽게 소산을 먹도록 허락하지 않게 되었다는 뜻이다.

4. "네가 얼굴에 땀이 흘러야 식물을 먹고"

타락 이전에는 동산에서 자연스럽게 자라는 채소를 먹었지만 타락 이후에는 사람이 밭에서 땀을 흘리며 수고해야 먹을 수 있게 되었다. 타락 이전에는 경작하고 일하는 것이 다 즐거움이었고 거기에는 땀이나 고통과 수고가 없었다. 그러나 인류의 타락은 이 모든 일을 고통과 눈물과 땀으로 수행하게 만들어버렸다.

5. "너는 흙이니 흙으로 돌아갈 것이니라"

결국 흙으로 지어진 인간은 흙으로 돌아가야 했다. 죽음으로 인간의 영과 육체는 분리되어 육체는 흙으로 돌아가고 영은 그것을 주신 하나님께 돌아간다(전 12:7). 인간은 원래 하나님의 형상과 모양대로 지어져 영생하게 되어 있었다(22절). 그러나 선악과를 먹으면 정녕 죽으리라고 하신 하나님의 말씀에 따라 죽음을 맛보게 되었다. 죄가 사람에게 죽음을 가져온 것이다. 죄가 없었더라면 죽음이 임하지 않았을 것이다. 그러나 죽음 외에는 타락한 인류에 대한 해결책이 없었다. 옛 사람에게 내린 하나님의 최종 판결은 죽음이다. 그리스도 안에는 이러한 죄와 저주로 말미암은 죽음이 없다. 그리스도인에게 있어서의 죽음은 그 자체가 부활과 영생의 문인 것이다.

20절, 아담이 그 아내를 하와라 이름하였으니 그는 모든 산 자의 어미가 됨이더라

아담은 그 아내를 하와라 이름하였는데, 하와는 히브리어로 '생명'이라는 뜻이다. 즉 하와는 생명을 산출하는 어미라는 뜻이다. 아담이 자기 아내를 이렇게 이름한 것은 그가 하나님의 최초의 복음을 들었다는 것을 시사한다.

하나님께서는 뱀을 심판하시면서 가장 위대한 복음을 말씀하셨다. 그것은 여자의 후손이 뱀의 머리를 상하게 할 것이라는 말씀이다. 아담은 이 모든 심판과 저주가 뱀으로 말미암은 것임을 알았다. 그리고 하나님이 뱀을 심판하심에 있어서 여자의 후손이 나와 그 머리를 상하게 할 것이라는 말씀을 들었다. 그때 아담은 자기의 아내가 그 여자일 것이라고 믿었다. 그는 하나님의 복음을 마음으로 영접한 것이다. 아담은 하나님께서는 자신들을 심판하시는 말씀을 하나하나 들으면서 회개했을 것이다. 그리고 그는 심판의 말씀으로 인해 위축되고 좌절한 것이 아니라 하나님의 말씀을 믿음으로 소망을 가졌을 것이다.

하나님의 말씀은 그 자체가 복음이요 소망이다. 그때 아담은 뱀을 심판하는 일에 하나님과 하나된 영을 가졌다. 그리고 아담은 자기 아내가 여자로서 후손을 낳을 자이고 그 여자의 후손이 뱀의 머리를 상하게 할 것이라고 기대했다. 그래서 자기 아내의 이름을 '산 자의 어미'라고 지은 것이다.

21절, 여호와 하나님이 아담과 그 아내를 위하여 가죽옷을 지어 입히시니라

하나님께서는 복음을 듣고 믿은 최초의 죄인에게 구속의 예표로서 양의 가죽으로 옷을 만들어 입히셨다. 하나님은 틀림없이 그들이 보는 데에서 양을 잡으셨을 것이고 피가 흘려지는 모습을 보여주셨을 것이다. 그리고 피 흘린 양의 가죽을 벗겨서 옷을 만들어 그들에게 입히셨을 것이다. 그것은 그들에게 깊은 인상을 남겼을 것이고 그는 그의 자녀들에게 그 일을 들려주었을 것이다. 아벨은 그러한 가르침을 받은 결과 양을 잡아서 하나님께 드릴 수 있었다. 나뭇잎으로 만든 옷은 더 이상 하나님 앞에 나아가게 할 수 없지만 가죽옷은 그리스도께서 보혈을 흘리심을 기초로 한 옷이므로 그 옷을 입어야만 하나님 앞에 나아갈 수 있다.

이는 인류가 타락한 후에 최초로 보여주시는 바 그리스도의 구속의 복음을 예시하는 그림이다. 그러므로 우리는 성경에 계시된 하나님이 처음부터 복음의 하나님이시며 죄인을 사랑하시고 구원하기 원하시는 분임을 알 수 있다. 창세기 3장에서 타락이 시작된 때부터 하나님은 메시아를 보내실 것과 사탄을 심판하실 것과 어린 양으로 말미암은 구속을 미리 보이셨다. 진실로 성경에 계시된 하나님은 타락한 사람을 여전히 사랑하심으로 처음부터 복음을 통해 구속을 나타내시는 하나님이시다. 구주의 보혈은 여기서부터 예견되었다.

창조된 인간은 선악과를 먹고 죄인이 됨으로 말미암아 죄의 결과인 심판과 멸망을 면할 수 없게 되었다. "네가 먹는 날에는 정녕 죽으리라"고 하셨기 때문에 그 하나님의 명령을 어긴 죄에 대한 대가를 치러야 하는 것이다. 그러나 하나님은 사람을 구하기 원하셔서 독생자를 이 땅에 보내기로 하셨다. 그 아들이 십자가상에서 피를 흘리신 것은 우리의 범죄를 인한 것이다. 그분의 피만이 우리의 죄를 씻을 수 있다(히 9:22). 그분의 보혈은 귀하고 귀하다. 그분의 보혈은 범죄하여 죽을 수밖에 없는 영혼을 담대히 하나님께 나아가게 할 수 있기 때문이다. "나의 죄를 씻기는 예수의 피 밖에 없네 예수의 흘린 피 날 희게 하오니 귀하고 귀하다. 예수의 피밖에 없네"(찬송가 184장). 성경의 처음부터 하나님은 사람을 사랑하신 흔적을 나타내신다. 하나님은 사람이 타락한 직후부터 사람을 위한 구원의 대책을 마련하시는 모습을 보이신 것이다.

죄를 사해 주시는 하나님

15절을 다시 한 번 읽자! "내가 너로 여자와 원수가 되게 하고 너의 후손도 여자의 후손(씨)과 원수가 되게 하리니 여자의 후손(씨)은 네 머리를 상하게 할 것이요 너는 그의 발꿈치를 상하게 할 것이니라 하시고"

성경에서 전능하신 엘로힘 하나님은 우리 인간의 죄를 사해주시는 하나님이시다. 예수 그리스도는 여자에게서 나셨으며 따라서 여자의 씨이신 분이다(창 3:15, 갈 4:4). 우리는 마태복음 1장에서 세 가지를 볼 수 있다. 예수는 아브라함의 씨이다. 구약에서 예언된 것이다. 아브라함의 씨이시고 다윗의 씨이시고 여자의 씨이시다. 그러한 분이 바로 그리스도이시다. 그리스도는 여자의 씨이시고 그리스도는 아브라함의 씨이시고 그리스도는 다윗의 씨이시다. 이 모두가 1장에서 증명되고 있다. 그러니 예수가 그리스도가 아닌가? 그때 태어난 예수, 마리아에게서 태어난 예수, 그가 바로 하나님이란 말이다. 어떻게 잉태되셨는가? 성령으로 잉태되셨다. 그래서 그 분의 이름이 '예수'이다.

'예수'란 구약의 여호수아와 같은 말인데 '여호와 구원자'라는 뜻이다. '여호와가 구원하신다'는 뜻이다. 그분은 '자기 백성을 저희 죄에서 구원할 자'이다. 예수가 오신 것은 당신과 나 같은 죄인을 구원하기 위해서이다.

성경은 바로 이 예수에 대하여 기록한 말씀이다. 너희가 성경에서 영생을 얻는줄 생각하고 성경을 상고하거니와 이 성경이 곧 내게 대하여 증거하는 것이로다(요5:39) 여러분은 성경이 무엇을 말하는가를 아는가? 성경은 곧 구원자 예수에 관한 책이다. 우리는 이 성경을 통해서 죄 문제를 해결할 수 있고 영생을 얻을 수 있다. 나는 독자들이 여러분의 구원의 문제를 소홀히 하지 말고 주의깊게 관심하기를 구한다. 여러분이 주 예수를 구주로 만난다면 놀라운 축복을 얻고 구원을 얻게 된다. 구원이란 그야말로 인생의 가장 크고 근본적인 문제에서 건져지는 것이다. 인생의 가장 근본적인 문제가 무엇이란 말인가? 말할 것도 없이 죄 문제이다. 우리는 왜 매사에 불안하고 초조하며 두려워하는가? 구원자를 만나지 못했고 죄 문제를 해결하지 못했기 때문이다. 예수라는 이름 자체가 "저희 백성을 죄에서 구원할 자"라는 뜻이다. 오늘 날 죄 문제를 대충 처리하고 높은 생명으로 넘어가고, 성경의 오묘한 지식세계에서 헤엄치게 만드는 단체가 많다. 그런 가운데 많은 성도들은 아직 구원을 받지 못하였다. 또 구원의 기쁨을 맛보지 못하였다.

죄 사함과 구원은 매우 관계가 있는 말이다. 신약의 모든 복음에 관련된 말씀, 구원에 관련된 말씀을 보라! 모두 죄와 관련이 있다. 주 예수께서 우리의 죄를 용서하기 원하지 않았다면 왜 십자가를 지셨겠나? 왜 그 귀한 피를 흘렸겠나? 그런데 어찌 사람들은 죄 문제를 가볍게 지나가고 보혈을 소홀하게 만들었는가? 이것이 마귀의 구원받지 못하게 하려는 궤계와 술책이 아니면 무엇인가? 사람들을 배나 지옥자식이 되게 만드는 일이 아니면 무엇이던가? 왜 다른 여러 특이하고 묘한 잇슈로 사람의 생각과 주의를 돌리게 만들고, 구원을 대강 넘어가게 만들어 일생 내적 깊은 속의 불안과 공허감을 남아있게 만들었던가? 마치 "너는 구원만 받지 말고 다 해도 좋다, 성경공부도 좋고, 찬송도 좋고, 최고봉의 진리로 무장하는 것도 좋고, 새벽기도, QT도 좋고, 양육도 좋고, 교회 생활을 성경적으로 하는 것도 좋고, 몸의 건축도 좋고, 형제 자매라고 부르며 피차 교제하는 것도 좋고, 왕국을 위해 달리는 것도 좋고, 전도와 양육과 헌신도 좋고, 새 예루살렘을 목표로 전진하는 것도 다 좋은데 죄사함과 구원만 받지 말라!"하는 것과 같다. 다른 것은 다하되 구원만 받지 말라! 하고 그 귀한 구원을 숨겨놓은 것이다. 사상누각을 짓게 하는 것과 같다. 아래 구절들을 보라! 주의 구원은 다 죄와 관계가 있다. 복음서의 저자들도, 사도행전의 사도들의 전파도, 서신서들도, 계시록도, 심지어 모세오경의 수많은 제물들이 흘린 피도 사람의 죄를 용서하는 길을 말해준 것이 아니던가?

"이것은 죄 사함을 얻게 하려고 많은 사람을 위하여 흘리는바 나의 피 곧 언약의 피니라(마 26:28)"
"주의 백성에게 그 죄 사함으로 말미암는 구원을 알게 하리니(눅 1:77)"
"세상 죄를 지고 가신 하나님의 어린양이로다(요1:29)"
"저에 대하여 모든 선지자도 증거하되 저를 믿는 사람들이 다 그 이름을 힘입어 죄 사함을 받는다 하였느니라(행 10:43)"
"그러므로 형제들아 너희가 알 것은 이 사람을 힘입어 죄 사함을 너희에게 전하는 이것이며(행 13:38)"
"그 눈을 뜨게 하여 어두움에서 빛으로, 사단의 권세에서 하나님께로 돌아가게 하고 죄 사함과 나를 믿어 거룩케 된 무리 가운데서 기업을 얻게 하리라 하더이다(행 26:18)"
"우리가 그리스도 안에서 그의 은혜의 풍성함을 따라 그의 피로 말미암아 구속 곧 죄 사함을 받았으니(엡 1:7)"
"그 아들 안에서 우리가 구속 곧 죄 사함을 얻었도다(골 1:14)"
"내가 받은 것을 먼저 너희에게 전하였노니 이는 성경대로 그리스도께서 우리 죄를 위하여 죽으시고 장사 지낸바 되었다가 성경대로 사흘만에 다시 살아나사(고전 15:3-4)"
"염소와 송아지의 피로 아니하고 오직 자기 피로 영원한 속죄를 이루사 단번에 성소에 들어가셨느니라(히 9:12)"
"이와같이 그리스도도 많은 사람의 죄를 담당하시려고 단번에 드리신 바 되었고(히 9:28)"
"모든 사람이 죄를 범하였으매 하나님의 영광에 이르지 못하더니 그리스도 예수 안에 있는 구속으로 말미암아 하나님의 은혜로 값없이 의롭다 하심을 얻은 자 되었느니라(롬 3:23-24)"

디모데 전서 1장 15절, "미쁘다 모든 사람이 받을 만한 이 말이여 그리스도 예수께서 죄인을 구원하시려고 세상에 임하셨다 하였도다 죄인 중에 내가 괴수니라"

죄인에게는 다 예수가 필요하다. 예수님은 죄인을 구원하러 오신 것이다. 그러기에 나 같은 사람도 소망이 있고 여러분도 소망이 있는 것이다. 의사에게는 전적으로 환자가 필요하듯이 예수님께는 전적으로 죄인이 필요하다. 당신이 죄인이라면 예수님을 만날 자격이 있다. 당신이 죄인이라면 구원받을 가능성이 있다. 죄인이 예수를 믿어 죄 용서함을 받고 영생을 얻는 것이다. 이것이 신약의 큰 은혜이다. 그러나 나는 죄인이 구원을 받는 문제에 있어서 사마리아 여인이나 삭개오나 많은 이들의 공통점이 자신의 죄인임을 아는 자들이요 목마른 자들임을 본다. 환자가 아닌, 건강한 자들이 의사를 찾겠는가? 치료의 은혜를 맛보겠는가? 오랫동안 환자로 고생하던 환자가 병을 낫기 위해 몸부림 하다가 완치되었을 때의 기분이 어떠하겠는가? 구원을 받고 가는 사람, 치유를 받고 가는 사람들은 병명과 문제를 정확히 아는 사람들이었다. 혈루증이며 혈루증, 중풍병이면 중풍병, 문둥병이면 문둥병, 소경이면 소경, 귀머거리면 귀머거리, 모두 분명한 병명을 갖고 주 예수님께 왔다. 오늘 날 "나는 대충 죄인입니다. 대충 나를 용서해 주십시오" 하는 사람들이 많다. 자기가 고민하고 속으로 근심하는 죄가 있을것 아닌가? 그 당신을 정죄하고 괴롭혔던 특정한 무거운 죄를 가지고 주 예수께 나아오라! 그리고 고백하기 바란다. "주 예수여 나의 스스로 무겁게 지고 있던 죄를 주 예수의 십자가 아래 놓습니다."

주 예수 당시에 구원을 받은 자들은 세리와 죄인들이 대부분이었다. 건강한 자들, 의인들은 치료를 필요로 하지 않았다. 우리는 우리의 죄의 문제를 안다. 주님 또한 우리의 모든 죄악을 아신다. 그 수많은 죄악은 우리로

하여금 근심하게 하고 좌절하게 하며 하나님을 섬길 수 있는 용기를 잃어버리게 한다. 그러나 성경은 말한다. "하물며 영원하신 성령으로 말미암아 흠없는 자기를 하나님께 드린 그리스도의 피가 어찌 너희 양심으로 죽은 행실에서 깨끗케 하고 살아계신 하나님을 섬기게 못하겠느뇨?" (히9:14) 죄의 용서는 우리를 하나님을 섬길 수 있는 담력과 당당함을 회복시켜준다. 주님은 소자에게 말씀하신다. "소자야 안심하라 네 죄사함을 받았느니라"

에덴에서 쫓아내심

22-24절, 여호와 하나님이 가라사대 보라 이 사람이 선악을 아는 일에 우리 중 하나같이 되었으니 그가 그 손을 들어 생명나무 실과도 따먹고 영생할까 하노라 하시고 23 여호와 하나님이 에덴 동산에서 그 사람을 내어보내어 그의 근본 된 토지를 갈게 하시니라 24 이같이 하나님이 그 사람을 쫓아내시고 에덴 동산 동편에 그룹들과 두루 도는 화염검을 두어 생명나무의 길을 지키게 하시니라

1. "이 사람이 선악을 아는 일에 우리 중 하나같이 되었으니"

이 말씀은 타락한 사람에 대한 하나님의 좌절감이 느껴지는 문장이다. 본래 사람은 하나님과 하나로 연합할 존재로 지어졌다. 그러나 사람이 선악과를 먹은 후 하나님은 타락한 사람이 하나님을 벗어나 나름대로 판단하고 길을 가는 존재로 여기신 것이다. 이는 매우 슬픈 말이 아닐 수 없다. "이 사람이 선악을 아는 일에 우리 중 하나같이 되었으니". 인간은 하나님이 아시는 것처럼 뭔가를 아는 존재가 되었다. 물론 그 아는 것은 맞는 것이 아니다. 하나님과는 다른 관점에서 모든 것을 아는 것이다. 그러므로 타락한 사람은 아는 것에서부터 하나님과 대립되게 되었다.

사람의 창조시에 보여졌던 성삼위일체적 표현이 이 구절에서 다시 나타난다. '우리 중 하나'라는 표현은 이해하기가 쉽지 않다. 어쩌면 성삼위 하나님께서도 선악을 아는 일에 한 분께 의존한다는 표현일 수도 있다. 아들 하나님은 모든 것을 아버지의 아심에 따라 행하시는 분으로 계시되어 있다. 이것은 심지어 하나님의 아들이실지라도 모든 것을 하나님 아버지를 의지하여 아시고자 하는데 하물며 피조된 인간이 어찌 스스로 선악을 분별하려고 나서는가를 역설적으로 표현하는 것 같다. 사람은 선악을 아는 일에 있어서 하나님을 의뢰해야 한다. 우리가 보는 대로 판단하고 옳고 그름을 논하는 것에서 많은 문제가 생긴다. 특히 교회 안에서 우리는 스스로 보는 대로 옳고 그름을 판단하지 않기를 배워야 한다. 우리는 선악을 아는 문제에 있어서 하나님을 의뢰해야 한다. 사도 바울은 그리스도와 그의 십자가에 못 박힌 것 외에는 아무것도 알지 않기로 작정했다고 말한다(고전 2:2). 우리는 경험적으로도 성도들의 상태를 보고 듣는 대로 판단하는 것이 얼마나 정확하지 않은가를 배웠다. 우리는 듣는 대로 판단하지 않는다. 듣고 아는 것이 있지만 우리는 주님을 바라본다. 후에 주님은 우리가 전에 보고 듣고 안 것이 정확하지 않은 것임을 항상 가르쳐주신다. 하나님이 보시는 성도들은 우리의 눈과 귀와 마음의 판단보다 항상 더 사랑스럽다. 그러기에 사도들은 성도들에 대하여 오래 참고 기다리며 소망을 가지라고 가르쳤다. 우리의 판단을 믿지 않기를 배우자! 사람이 하나님을 의뢰하지 않고 스스로 선악을 아는 일을 사용하는 것은 타락한 성분의 결과이다.

2. "생명나무 실과도 따먹고 영생할까 하노라"

이 말씀은 사람이 만일 불순종하여 선악과를 먹지 않고 생명나무 실과를 먹었다면 영생할 수 있었음을 시사한다. 그러나 이미 타락하여 육체가 되어버린 인간에게는 영생하는 것이 오히려 축복이 되지 않는다. 죄를 짓는 본성을 가지고 미움과 시기가 가득한 인생이 이 땅에 영원히 산다면 그것은 전혀 축복된 일이 아니다. 온갖 죄를 저지르는 육적인 몸과 고통스런 혼을 가지고 영생하는 것은 축복이 아니라 저주일 것이다. 그런 연고로 범죄한 육체는 영생하는 열매를 먹어서는 안 된다. 결과적으로 하나님은 그런 인생을 에덴에서 내어 보내기로 하신 것이다.

3. "에덴동산에서 그 사람을 내어보내어"

에덴은 타락하지 않은 사람에게는 살기에 알맞은 곳이다. 그러나 이미 타락하여 범죄한 사람은 더 이상 에덴의 축복을 누릴 수 없다. 그들은 그곳에서 쫓겨나고 싶지 않았겠지만 하나님은 내어 쫓으셨다. 더 이상 그들은 낙원의 아름다움과 하나님과 막힘없이 교제하던 영역을 누릴 수 없게 되었다. 하나님께서 이렇게 하신 것 역시 타락한 사람에 대한 깊은 배려와 그를 보호하려는 데에서 나온 조치이다. 그렇게 함으로 그들은 죄의 결과가 어떠한 것이며 자신들이 불순종하고 범죄하여 모든 특권과 자격을 잃었다는 것을 알 수 있게 된 것이다. 이것은 결국 그리스도 안에서 그것들을 다시 얻을 수 있기를 기대하고 소망하게 만든다.

4. "그의 근본 된 토지를 갈게 하시니라"

에덴에서 쫓겨난 사람은 이제 수고로이 노동하는 장소로 보내어져 열심히 토지를 갈게 되었다. 이 또한 죄 지은 사람에 대한 보호이다. 타락한 사람은 열심히 일해야 죄의 유혹을 방지할 수 있다. 많은 범죄들이 한가한 사람들에 의해 일어난다. 아침부터 저녁까지 열심히 일하는 사람들에게는 죄가 틈타기 어렵다. 하나님을 섬기는 사람들이나 나이든 사람이나 젊은 이들이나 이 점에 있어서는 동일한 원칙이 적용된다. 가장 성결한 그리스도인으로 알려져 있던 청교도들은 열심히 일하는 것이 그들의 특징이었다. 밀레의 만종은 그들의 대표적인 그림이다. 그들은 하루 열심히 일하고 저녁에 감사의 기도를 드렸던 것이다. 타락한 사람은 그 삶이 바쁜 것이 좋다.

5. "에덴 동산 동편에 그룹들과 두루 도는 화염검을 두어 생명나무의 길을 지키게 하시니라"

여기서 타락한 인간은 이제 생명나무로 나아가는 길을 잃은 것을 볼 수 있다. 그룹들은 하나님 앞에서 시위하고 있는 지성소의 수호자들로서 여기서는 생명나무를 지키고 있다. 타락한 인간에게 하나님은 여전히 긍휼있는 처분을 내리셨지만 죄는 하나님과 원수가 되므로 여호와의 사자가 화염검을 들고 죄인들이 생명나무에 접근하지 못하도록 막고 있는 것이다.

하나님께 감사드리자. 하나님의 아들 예수 그리스도께서 우리 죄를 위해 죽으심으로 이 생명의 길을 다시 열어 놓으셨으며, 이제 모든 죄인을 향해 나아오라고 부르시고 계신다. 이것은 얼마나 위대한 복음인지! 하나님은 아담을 절망 속에 몰아넣기 위해 에덴에서 쫓아내고 그곳을 화염검으로 두르신 것이 아니라 에덴을 떠난 그 참담한 상태에서 죄를 깨닫게 하여 약속의 씨를 통해 다시 생명을 얻을 수 있게 하신 것이다.

3장의 중심

로마서 5장 12절은 한 사람으로 말미암아 죄가 세상에 들어왔다고 말한다. 창세기 3장은 어떻게 인류에게 죄가 들어왔는가를 말해준다. 그러면 죄란 무언인가? 사람들은 죄가 살인, 간음, 방화, 도둑질, 사기 등을 죄라고 할 것이다. 그러나 창세기 2, 3장은 죄의 근원을 알려준다. 사람이 성경을 모르고서는 죄의 근원을 알 수 없다. 아담이 범한 죄(물론 하와가 먼저 먹었지만 하나님은 그 죄를 지은 책임은 어디까지나 아담에게 있는 것으로 보신다)는 겉으로보기에 큰 죄가 아니다. 선악을 알게 하는 실과 하나를 먹은 것이 무슨 큰 죄란 말인가? 아담은 간음하지 않았고 살인하지도 않았다. 그냥 실과 하나를 따 먹은 것이다. 그러나 그 한 번의 일이 온 인류를 죄인되게 만든 사건이다. 하나님은 아담이 지은 그 한 죄가 그 후 인류가 짓는 모든 죄의 표본으로 삼으신 것이다. 즉 인류의 모든 수천만 가지 죄는 그 본질에 있어서 아담이 동산에서 지은 죄와 같다는 말이다. 비록 죄의 유형이나 경중의 크기가 다를 수 있겠으나 그 성질과 원칙은 동일하다.

아담의 죄는 다른 것이 아니라 자신을 위한 것이며 자신의 뜻을 따른 것이다. 창세기 2장에서 하나님은 그에게 선악을 알게 하는 실과는 먹지 말라고 명하셨다. 그것을 금하셨다면 아담은 어떤 일이 있어도 자신의 생각과 뜻을 버리고 그 말씀을 순종해야 했다. 그러나 아담은 하나님의 명령을 돌아보지 않고 자신의 뜻을 세워 그 실과를 먹고 범죄하였다. 그의 죄는 다른 것이 아니라 하나님 밖에서 자신의 뜻을 좇아 행한 것이다. 선악을 분별하는 것이 왜 죄인가? 하나님을 떠나서 스스로 분별하기에 죄인 것이다. 당시 고린도 인들이 그러했다. 그들은 많은 분별과 판단이 있었지만 그들의 지혜와 총명에 의한 것이지 십자가를 거친 것이 아니었다. 즉 그들은 자신의 원래의 것을 아무 것도 아닌 것으로 돌리지 않았으며 헬라인의 지혜를 교회로 가지고 들어왔다. 그러기에 거기에 육체가 판을 치게 된 것이다.

그 실과를 먹으면 하나님과 같이 된다고 하였다. 하나님과 같이 되는 것은 좋은 일이 아닌가? 그것도 인간의 뜻으로 그렇게 되려 하기에 죄인 것이다. 아무리 인간의 생각으로 좋은 것일지라도 하나님께서 명하지 않고 뜻하지 않은 것을 임의로 시도한다면 그것은 죄의 길로 들어서는 것이다. 아담은 하나님으로부터 독립된 생각으로 그 실과를 먹게 된 것이다. 범죄는 사람을 놀라게 하는 큰 일만이 아니다. 하나님 뜻 밖에서 행한 모든 것이 다 죄이다. 여러분이 그분의 뜻을 좇지 않고 그분의 안배를 기다리지 않고 그분의 힘을 의지하지 않고 자신의 뜻이나 자신의 조급함이나 재간을 통해 행한 모든 것은 그 일이 아무리 사람이 보기에 좋은 것일지라도 하나님 보시기에는 범죄한 것이다. 여기에서 우리는 인간의 범죄의 한 원칙을 발견해 낼 수 있다. 원칙은 단 하나, 하나님을 떠나 자신을 위하는 것이다. 모든 죄악은 자신을 위한 것이며 자신이 스스로 행하는 모든 것이다. 자신이 있는 곳에 죄가 있고 자신이 없는 곳에 죄가 사라진다.

무엇이 교만인가? 자신을 높이는 것이다. 질투는 무엇인가? 다른 사람이 자신보다 높은 것을 참지 못하는 것이다. 경쟁이란 자신을 위해 투쟁하는 것이다. 화를 내는 것은 자신이 손해를 보았기 때문이다. 간음이란 자신의 정욕을 위할 뿐 남의 인생을 고려하지 않음이다. 반대로 성령의 열매를 본다면 그것들은 자아에서 벗어난 것들이다. 사랑이란 자신을 돌아보지 않고 다른 사람을 위한 것이다. 희락은 자신을 보지 않고 하나님을 보기에 얻을 수 있다. 오래참음은 자신의 어려움을 상관하지 않는 것이다. 화평은 자신의 손실을 돌아보지 않을 때 얻어질 수 있다. 겸손은 자신의 장점을 생각하지 않는 것이다. 절제는 스스로를 지키는 것이며 충성은 스스로를 하나님 앞에 지키는 것이다. 자아를 벗어남이 죄에서 벗어나는 것이니 십자가가 없이는 죄를 벗어나는 삶은 불가능하다. 사람들은 결과가 좋은가

나쁜가를 묻지만 하나님은 그 일을 누가 시작했는가, 누구의 뜻으로 행하게 되었는가, 누구의 힘과 지혜로 행한 것인가를 물으신다. 결국 구원이란 자아에서 벗어나는 것이며 창세기 12장의 아브라함은 새로운 인류의 머리로 믿음의 조상이 되었는데 이는 하나님이 원래 원하던 사람의 삶을 시작한 본을 삼으신 것이다. 그것은 그가 아브라함 스스로에 의해 산 것이 아니라, 온전히 하나님에 대한 믿음과 순종, 절대적인 의뢰로 산 것이다. 오직 믿음만이 인간의 타락의 국면을 회복할 수 있음을 하나님께 감사하고 찬양한다.

4 장

1절, 아담이 그 아내 하와와 동침하매 하와가 잉태하여 가인을 낳고 이르되 내가 여호와로 말미암아 득남하였다 하니라

'동침하매'는 원문에서 체험적으로 안다는 뜻이며, 흠정역이나 다비 역 등 영문 성경에서는 'know'(알다)로 번역했다. '가인'(Cain)이란 얻었다는 뜻이다. 이것은 하와가 가인을 얻고서 그것을 하나님의 약속의 성취로(3:15) 믿었다는 것을 의미한다. 여호와 하나님께서는 뱀을 심판하실 때 여자의 후손이 그 머리를 상하게 할 것이라고 말씀하셨다. 아담과 하와는 동산에서 쫓겨난 후에 그들이 속았다는 것과 그들이 범죄한 것이 사탄 때문이라는 것을 알고서 원수에 대한 미움을 가졌을 것이다. 생각해보라! 그들은 에덴에서 쫓겨나서 이마에 땀을 흘리게 되고 해산의 고통을 겪으면서 에덴의 달콤한 삶을 잃어버린 것에 대해서 얼마나 사탄을 미워했겠는가! 그러니 그들은 틀림없이 하나님의 말씀을 복음으로 받았을 것이다.

아마 그들은 아기를 잉태한 후 10개월을 지내면서 이렇게 말했을 것이다. "이 아이가 사내아이라면 여자의 후손임에 틀림없을 것입니다. 이 아이가 자라서 우리의 철천지 원수를 갚아줄 것입니다." 드디어 아기가 출생했고 기대하던 대로 아들이었다. 그러므로 그들은 아기가 태어난 즉시 그 이름을 가인(얻었다!)이라고 지었던 것이다. 아담은 하나님의 말씀을 믿었다. 물론 지식이 부족하여 하나님의 말씀을 나름대로 적용하긴 하였지만 그는 하나님의 말씀을 기억하고 믿었음에 틀림없다.

오늘날에도 이런 실수를 하는 사람들은 많이 있다. 2차 세계대전 때 이탈리아에서 뭇솔리니가 일어났을 때 어떤 사람들은 그가 적그리스도라고 말했다. 최근 중동에서 이스라엘과 팔레스타인이 평화 협상을 진행하고 있을 때 어떤 사람들은 그것을 보고 지금부터 7년 대환난을 계산해야 한다고 말했다. 또한 요즈음 신용카드 시스템이 나오고 바코드가 나오자 이것이 666표니 받아서는 안된다고 주장하기도 한다. 이런 것들은 예언을 시기상조적으로 잘못 적용하는 것이기는 하지만 한 면으로는 그들이 하나님의 말씀에 기록된 말세의 표징들을 알고 믿고 있다는 표시이기도 하다.

우리는 창세기에서부터 하나님의 말씀이 복음적이라는 것에 깊은 인상을 받는다. 이 부분에서 아담이 가인이라고 이름을 지은 것과 가인과 아벨의 이야기 등은 그들이 하나님의 말씀을 믿고 약속된 구원을 체험한 것을 보여준다.

2절, 그가 또 가인의 아우 아벨을 낳았는데 아벨은 양치는 자이었고 가인은 농사하는 자이었더라

'아벨'은 '공허하다'는 뜻이다. 이때부터 아담은 인생이 허무하다는 것을 느끼기 시작한 것 같다. 가인을 낳았을 때에는 흥분하여 그가 여자의 후손으로서 뱀의 머리를 상하게 할 것을 기대했지만, 가인은 자라면서 그런 인물이 못 된다는 것을 부모님에게 인식시키기에 충분했을 것이다. 남자에게서 태어난 가인은 원수를 끝낼 역량이 도무지 보이지 않았다. 그저 타락한 인생 그대로였다. 아담은 에덴에서 쫓겨나 땀을 흘리며 토지를 갈아 경작하고 가인을 낳고 기르며 가족을 부양하는 삶을 살아야 했다. 그는 때때로 에덴의 상황을 그리워했을 것이다. 그리고 가인을 낳았을 때에는 그가 자라서 그 모든 상황을 회복하고 원수를 갚아줄 것을 기대했을 것이다. 그러나 가인은 그런 인물이 아니었다. 가인이 그런 인물이 될 수 없는 것은 그가 여자에게서 태어나기는 했지만 씨가 아담으로 말미암았기 때문이다. 결국 그는 남자의 후손이었고 따라서 타락의 기운을 다 가지고 있었던 것이다. 아담은 시간이 흐르면서 이 모든 사실을 알았고, 그때 그의 마음은 공허하기 그지없었을 것이다. 그래서 아벨을 낳았을 때에는 가인을 낳았을 때와는 달리 '얻었다!' 하는 환호성이 없고 그 대신 입에서 탄식이 흘러나왔다. '헛되고 헛되다!' 그것이 바로 아벨의 이름이다.

기대했던 첫째 아들은 자라면서 오히려 사고뭉치가 되어가고 있었다. 물론 농사짓는 것이 필요했겠지만 그의 직업은 아벨의 직업만 못했다. 당시는 양을 식용으로 키우지 않았다. 다만 하나님께 제물을 드리고 그 가죽으로 옷을 만드는 것 외에는 달리 용도가 없었을 것이다. 아담은 하나님께로부터 실제로 양이 죽어야 그가 하나님 앞에 나아갈 수 있는 옷이 생긴다는 것을 배웠다. 그리고 그것은 곧 제물을 잡아 하나님께 제사 드리는 것임을 배웠다. 그래서 양을 칠 필요가 있게 된 것이다. 아벨이 종교적인 제물을 위하여 양을 치는 자가 된 것은 아담으로부터 물려받은 것이리라. 아담은 먼저 하나님께 나아가기 위해서는 양이 죽어야 한다는 것을 알았고 그래서 양을 치기 시작했을 것이다. 그때 아벨이 태어났고 그는 그 일을 하기에 적합한 인물이었다.

3-5절, 세월이 지난 후에 가인은 땅의 소산으로 제물을 삼아 여호와께 드렸고 4 아벨은 자기도 양의 첫 새끼와 그 기름으로 드렸더니 여호와께서 아벨과 그 제물은 열납하셨으나 5 가인과 그 제물은 열납하지 아니하신지라 가인이 심히 분하여 안색이 변하니

처음 성경을 읽는 사람들은 이 구절을 읽을 때 어리둥절하여 왜 하나님께서 땅의 소산으로 제물을 삼아 드린 가인의 제사는 열납지 않으시고 양의 첫 새끼와 그 기름으로 드린 아벨의 제물만 열납하셨는가에 대하여 잘 이해하지 못한다. 오히려 수고와 노력은 가인이 드린 제물에 더 많이 담겨 있을 것이다. 양은 초장에다 풀어두면 스스로 먹고 자라기 때문에 잡아서 드리기가 어렵지 않으나 땅의 소산은 그것을 거두기까지 얼마나 많은 땀과 수고가 있어야 하겠는가! 그러나 하나님께서는 오히려 양을 잡아서 드린 아벨의 제물은 기뻐 받으시고 엄청나게 수고하여 드린 가인의 제물은 쳐다보지도 않으셨다. 이 어찌된 일인가? 그것은 다름 아닌 인간의 타락으로 인한 것이다. 사람은 타락한 후에 하나님께 곧바로 나올 수 없게 되었다. 반드시 속죄의 피를 가지고서야 나올 수 있게 된 것이다. 즉 사람은 타락으로 말미암아 죄인이 되었고 죄인은 그대로는 거룩하신 하나님 앞에 나올 수 없는 존재가 된 것이다. 아벨은 이것을 깊이 인식하였다.

그러므로 그는 양을 잡아 양의 죽음을 자기의 죽음으로 여긴다는 표시로 구속의 제물을 드린 것이다. 이렇게 해서 그는 말씀의 계시에 따라 하나님을 섬기는 일에서 우리의 조상이 되었다. 그는 자기 임의로 제물을 드리지 않았다. 아벨은 자신이 타락한 죄인임을 알았고 따라서 그대로는 하나님께 나아갈 수 없다는 것을 알고 제물의 피를 의지한 것이다. 하나님께서는 오늘날에도 사람이 타락한 죄인이 되었음을 인식하기를 원하신다. 그리고 그분이 타락한 죄인을 위해 예비하신 어린 양 되신 그리스도의 피를 의지하여 그분 앞에 나아오기를 원하신다.

"먹는 날에는 정녕 죽으리라"는 하나님의 말씀에 입각해서 아벨은 타락한 사람은 죽을 수밖에 없다는 것을 인식하였다. 그러나 가인은 선악과를 먹었음에도 죽지 않을 사람처럼 행동했던 것이다. 결과적으로 아벨은 하나님 앞에서 자기의 처지를 분명히 알고 계시에 따라 제물을 드림으로 하나님께 열납되었지만 가인은 마치 아무 일도 없었던 것처럼 하나님께 제물을 드렸다가 거절당했다. 사도는 이에 대해 유다서 11절 말씀에서 '가인의 길'이라고 말한 바 있다. 그것은 육체의 길로서 하나님의 말씀에 따르지 않고 임의로 섬기는 것의 대표적인 예가 되었다. 그러므로 우리는 하나님을 섬기는 것의 엄중함을 알아야 한다. 무조건 하나님께 드린다고 되는 것이 아니다. 어떤 사람의 제물은 하나님께서 받지 않으신다. 섬긴다고 되는 것이 아니고 땀을 흘린다고 되는 것이 아니다. 거기에 육체와 사람의 의견이 있을 뿐 하나님의 계시와 인도가 없다면 하나님은 그러한 제물을 돌아보지 않으신다.

아벨이 하나님께 열납되는 제물을 드릴 수 있었던 것은 하나님의 말씀을 주의하여 들었기 때문일 것이다. 그는 아마도 부모님에게서 많은 가르침을 받았을 것이다. 아벨은 그가 들은 모든 말씀을 깊이 생각하면서 인간의 타락한 상태를 슬퍼했을 것이다. 그리고 자신 그대로는 하나님 앞에서 죽을 수밖에 없는 죄인이므로 양의 피를 의지하여 나아가야 한다는 것을 받아들였을 것이다. 믿음은 들음에서 온다. 히브리서 11장 4절은 아벨이 믿음이 있었다고 말한다. 그 믿음은 틀림없이 들은 데에서 나온 것이며 그 들은 것은 그리스도의 말씀으로 말미암은 것이다(롬 10:17). 아벨은 부모님을 통해 들을 때 모든 말씀을 진지한 마음으로 들었을 것이고 따라서 믿음을 갖게 되었을 것이다. 그래서 하나님이 기뻐하시는 제물을 드림으로 열납받은 것이다.

여기서 우리는 사람이 하나님의 말씀을 얼마나 주의 깊게 잘 들어야 하는가를 알 수 있다. 주의 깊게 들은 사람이 믿음을 가질 수 있었고 하나님께 열납될 수 있었다. 말씀을 잘 들은 아벨은 타락한 자신을 신뢰할 것으로 여기지 않고 죽은 자의 위치에 섰다. 그러나 가인은 자신이 결코 타락한 적이 없는 자처럼 자신을 신뢰함으로 제물을 드린 것이다.

가인은 결코 어떤 악한 일을 하고자 한 것이 아니다. 그러나 그는 하나님을 위하여 선한 일을 많이 하면 좋은 것이라고 생각했을 뿐 그것이 과연 십자가의 죽음을 거친 것인지, 성령의 인도하심과 시작하심은 있는 일인지는 그리 중요하게 생각지 않은 것이다. 오늘날에도 많은 곳에서 원칙상 이러한 가인의 제물들이 드려지고 있는데, 그것들로는 하나님과 아무런 관계도 맺을 수 없다.

무엇이든지 옳다고 해서 십자가의 제한이 없이, 하나님과의 교통이 없이 주장하며 남에게 강요하는 것은 영에 속한 실행이 될 수 없는 것이다. 어떤 것이 옳다하더라도 십자가를 거치는 것이 필요하며 성령의 통제와 인도하에서 이루어져야 한다. 어떤 옳다는 것일지라도 대적에게 사용될 수 있다는 것은 바리새인들로부터 배울 수 있는 바이다.

그들이 신약 복음서에서 주님과 제자들에게 주장한 내용들은 많은 면에서 구약적인 원칙에서 볼 때 틀리지 않은 것이었다. 안식일을 지켜야 한다든지, 성전을 거룩히 해야 한다든지, 모세의 율법을 중시한다든지 하는 것들이었다. 그러나 그들은 그것들을 옳다고 주장할 때 그것이 가인의 제물이 되고 거역적이 된다는 것을 생각지 못했다. 율법을 지키는 것은 옳고 그 율법 자체는 의롭고 신령하고 거룩한 것이나(롬7:12), 그것을 사람의 육체로 지키려하는 것은 그 자체가 문제가 되는 것이다. 그러므로 다른 사람들이 대부분 지키지 않는 성경의 옳은 행실을 찾아내어 지키는 것은 매우 좋은 것이로되, 그것을 누가 지키는가, 어떤 영으로 지키는가가 문제가 된다. 우리는 그리스도의 말씀을 그리스도께서 우리 안에서 이루시도록 하는 것을 배워야 한다.

"가인이 심히 분하여 안색이 변하니". 육체의 일의 결과는 분노와 시기이다. 가인은 자신의 제물은 열납되지 못했는데 자기 동생의 제물은 열납된 것을 보고 심히 분하여 안색이 변했다. 십자가를 거친 사람은 어떤 경우든 안색이 변하지 않는다. 안색이 변했다는 말 자체가 이미 그 일에 자신의 노력과 열심이 들어갔음을 말해주는 것이다. 하나님으로부터 나온 일은 그분의 인도에 따라 순종하기만 하면 되고 거기에 자신의 욕심이나 기대나 보상이 개입되지 않는다. 왜냐하면 그 일의 시작과 주체와 모든 것이 자신이 아니기 때문이다. 그러나 여기서 가인은 제물을 드리는 데 있어서 자신의 노력과 힘과 열심이 들어갔다. 거기에는 보상에 대한 기대도 있었을 것이다. 그런데 자신의 생각대로 결과가 나오지 않자 분이 나고 안색이 변한 것이다.

만일 당신의 일이 십자가를 거친 아벨의 원칙에 속한 일인지, 아니면 가인의 원칙에 입각한 일인지를 점검해보려면, 당신이 성취하려던 그 일이 누군가의 방해나 걸림돌로 인해 좌절되었을 때 당신 속에서 일어나는 느낌과 태도를 보면 된다. 그때 당신의 안색이 변하고 분이 나거나 혹은 낙심하여 물러선다면, 그것은 모두 당신이 가인의 원칙에 따라 육체로 일하고 있었음을 증명해주는 것이다. 진정으로 주와 함께 죽은 자의 위치에서 일하는 자들은 성령 외에 어떤 육신적인 느낌도 일어나지 않는다.

나는 체험적으로 십자가가 없는 봉사가 얼마나 위험한지를 안다. 오늘날 십자가가 제대로 가르쳐지는 사역은 매우 희귀한 실정이다. 그러므로 성도들 대부분이 자기의 열심으로 섬긴다. 또한 많은 교회 지도자들이 그러한 육체의 열심을 부추긴다. 그리고 성도들은 그렇게 일하도록 인정받는 것을 매우 기뻐한다. 그러다가 자기의 봉사의 대가와 평가가 제대로 이루어지지 않고 특히 사역자들에 의해 인정되지 않는다 싶으면 심히 서운해 하며 상처를 받는다. 이는 다른 것이 아니라 가인의 제사를 말미암음이다. 그러므로 그리스도인은 시작부터 십자가를 기초로 하여 섬기는 것을 배워야 한다. 이는 바로 "내가 그리스도와 함께 십자가에 못박혔나니 그런즉 이제는 내가 사는 것이 아니요"이다. 내가 아니어야 하는 것이다. 오직 성령의 인도와 능력 주심에 의해 섬겨야 한다. 이것을 기초로 하여 섬기지 않는 결과는 다 문제가 있게 된다.

우리는 2장에서 낙원에서의 일은 즐거운 것이라고 말한 바 있다. 그리스도인은 안식해야 하며 행복하고 은혜가 넘친다고 해서 아무것도 하지 않는 것이 아님을 지적했다. 그러므로 우리는 수고와 봉사가 필요한 것이다. 그러나 그리스도인의 모든 일은 억지로 하는 것이나 강요로 하는 것이 되어서는 안 된다. 무엇이든지 기쁨과 즐거움과 자원함으로 하는 것이 정상이다. 그럴 때 그것은 자신으로 말미암은 것이 아니기 때문에 아무리 많은 봉사를 하며 남이 전혀 알아주지 않을 지라도 하나도 원망스럽거나 분이 나지 않는다.

6절, 여호와께서 가인에게 이르시되 네가 분하여 함은 어찜이며 안색이 변함은 어찜이뇨

이때만 해도 사람은 하나님의 음성을 들을 수 있었다. 하나님은 가인에게 말씀하셨다. "네가 분하여 함은 어찜이며 안색이 변함은 어찜이뇨" 하나님은 말씀에 근거하지 않은 제물을 열납하실 수는 없지만 그럼에도 육신적인 사람의 반응에 대하여는 여전히 긍휼이 가득하셨으며 말씀도 하셨다. 하나님께서는 가인이 분하여 하는 것과 안색이 변한 것이 잘못된 영성의 표시임을 알기 원하셨다. 아마 그가 열심을 내어 땅의 소산으로 제물을 드릴 때에는 그것이 육체의 일인 줄 모르고 행했을 것이다. 그러나 이제 모든 일이 다 끝났을 때 하나님께서는 가인이 자신 안에서 일어나는 느낌들을 잠잠히 돌이켜보며 회개하는 계기로 삼기를 바라셨다.

7절, 네가 선을 행하면 어찌 낯을 들지 못하겠느냐 선을 행치 아니하면 죄가 문에 엎드리느니라 죄의 소원은 네게 있으나 너는 죄

를 다스릴지니라

하나님은 육적인 사람 가인에게 계속 말씀하신다. 비록 선악과를 먹고 타락한 상태였지만 피조물 중 사람에게는 관심이 많으시다는 증거이다. 인간의 육신적인 반응의 한 가지는 분을 내는 것이고 또 한 가지는 낯을 들지 못하는 것이다. 낯을 들지 못하는 것은 낙심의 표시이다. 십자가를 거치지 않은 채 뭔가를 할 때 그 일이 자신의 뜻대로 잘 되지 않으면 힘이 빠지고 낙심이 되며 자신감을 잃게 되는데, 그때 주님은 그 일이 하나님의 계시와 뜻에 따른 일이 아니었음을 알려주시는 동시에 다시 돌이켜 온전케 되는 길을 알려주신다. 7절에 대한 흠정역은 "만일 네가 잘 행하면 어찌 너를 열납하지 아니하겠느냐"이다. 이는 하나님께서 가인에게도 계속 긍휼의 말씀을 주고 계시는 것이며 제대로 행한다면 그 또한 열납될 수 있다는 말씀을 하시는 것이다. 하나님께서는 사람을 외모로 대하지 않으시고 누구든지 하나님의 말씀과 언약대로 행하는 자들은 열납하신다. 그러나 만일 선을 행하지 아니하고 계속 강퍅하게 나간다면 위험한 상황이 닥치게 된다.

'선을 행치 아니하다'라는 말은 원문에서 마음에 선한 성향이 없다는 뜻이다. 사람이 실족하지 않을 수는 없으나 선함으로 기울어지는 성향을 가지면 회개에 이를 수 있다. '죄가 문에 엎드리다'에서 '죄'는 히브리어로 '카타트'인데, 여기서는 뱀, 사탄을 가리킨다(Keil Delitzsch). 여기서 죄라는 단어가 성경에서 처음으로 나오는데, 히브리어 '카타트'는 '카타'(빗나가다, 과녁을 맞추지 못하다)에서 파생된 단어이다. 죄가 문에 엎드린다는 말은 죄의 심각한 영향력을 나타내며, 따라서 매우 조심해야 함을 미리 말해주고 있는 것이다. 이것은 가인이 돌이켜 선한 마음을 갖지 않고 계속 악한 마음 상태를 고집한다면 죄에게 붙잡히게 된다는 경고이다. 또 이것은 가인이 살인죄를 범할 수 있다는 것을 미리 경고하는 말씀이기도 하다.

'엎드리다'(crouch)는 짐승이 웅크리고 있는 모양을 묘사한다. 이와 같이 죄의 본성인 사탄은 사람의 마음 문 앞에 엎드려서 사람의 마음을 주관할 기회를 엿보고 있다. 사람의 마음속에 선한 성향이 없으면 사탄은 그 사람을 주관하기 위해 역사하기 시작한다. 그러므로 타락한 사람은 언제나 뱀의 요소인 죄가 마음 문 앞에 웅크리고 앉아서 악한 성향으로만 기울면 즉시 붙잡아 주관하여 죄를 짓게 하려고 기다리고 있다는 것을 알아야 한다. 악한 마음이란 회개치 않는 마음이요 십자가를 멀리하는 마음이요 강퍅함을 풀지 않고 고집하는 마음이다. 이런 마음을 고치지 않으면 바로 앞에서 기다리고 있는 사탄의 밥이 된다. 사도는 우리에게 분을 내어도 죄를 짓지 말라고 하셨다(엡 4:26). 분을 내는 것 자체가 죄가 되지 않을 수 있지만 분내는 것은 죄의 성향과 매우 가까우므로 조심해야 하는 것이다. 사람이 분을 품고 있을 때 죄의 뱀은 그 옆에 웅크리고 있다가 죄로 유혹하는 것이다.

마지막 구절은 가인에게 죄의 소원이 있음을 알려주시는 말씀이고 죄를 다스려야 함을 일깨우시는 말씀이다. 인간은 타락함으로 말미암아 그 속에 죄의 욕망을 갖게 되었다. 죄의 갈망은 결국 사탄의 갈망이다. 하나님께서는 가인에게 그의 속에 죄의 갈망이 있음을 말씀해주시고 그 죄를 다스려야 한다고 하셨다. 죄를 다스리는 길은 오직 하나님의 구속 역사를 신뢰함에 있으며, 아벨은 이미 그 원칙에 따라 제물을 드렸다.

8절, 가인이 그 아우 아벨에게 고하니라 그 후 그들이 들에 있을 때에 가인이 그 아우 아벨을 쳐 죽이니라

보라! 가인이 처음에는 하나님께 제사하는 좋은 일로 시작하였지만 그것이 육체의 행위에 의한 것인 이상 돌이키지 않을 경우 이렇게 심각한 죄악으로 발전될 수 있는 것이다. 여기서 가인이 아벨에게 고한 내용은 생략되어 있다. 추측컨대 가인은 그가 하나님으로부터 들은 권면의 말씀을 마음에 받아들이지 않은 상태에서 불만 섞인 투로 말했을 것이다. 그런 종류의 말이 거역의 길로 직행하는 사람들의 특징이기 때문이다. 그들은 잘못을 범한 후 권면과 책망의 말을 들을 때 그것을 회개하고 낮추고 경성하는 기회로 삼지 않고 오히려 불만을 토로한다.

70인 역(LXX)과 시리아 역과 라틴어 역에는 이 구절에 '우리 이제 들로 나가자'라는 말이 삽입되어 있다. 이것은 가인의 살인이 의도적인 것임을 시사한다. 그는 하나님의 말씀을 들었지만 들은 말씀이 하나도 유익이 되지 않았다. 가인은 전혀 선한 성향을 갖지 않았으며 시기와 분한 마음을 돌이키지 않았다. 그럼으로써 그는 결국 하나님의 말씀대로 문에 웅크리고 있는 사탄의 세력에 굴복하고 만 것이다. 그가 동생더러 들로 나가자고 말한 것은 그 속에서 죄의 세력이 그를 사로잡고 있음을 증명한다.

오늘날도 많은 성도들이 자기의 풀리지 않는 감정을 풀기 위해 마음에 맞는 사람들을 찾아 밤늦도록 말하고 또 말하지는 않는가? 이는 그들의 육신적인 시기와 분노를 풀기 위함이다. 상대의 사람들을 정죄하고 자신의 억울함을 토로하기 위함이다. 이는 형제에 대한 미움임을 알기 바란다. 신약에서 사도는 형제에 대한 미움이 곧 살인이라고 하였다(요일 3:15). 가인은 자신의 제사가 열납되지 않은 것보다도 동생의 제사가 열납되는 것을 더 참을 수 없었던 것이다. 만일 동생과 자기의 제사가 동시에 받아들여지지 않았다면 그렇게까지 시기심이 발동하지 않았을 것이다. 그러나 동생의 것은 열납되고 자신의 것이 열납되지 않자 분한 마음이 최고도로 발동했으며, 결국 동생을 죽여 없애버려야겠다고 마음을 먹은 것이다. 이것이 성경에서 시기와 살인이 연결된 이유이다(약 4:2). 그가 동생을 데리고 들로 나가면서 어떤 생각을 가졌겠는가? 참으로 끔찍하다. 사람이 시기와 분냄과 악한 생각을 풀지 않고 계속 형제를 미워하게 되면 이런 끔찍한 일을 저지르게 되는 것이다. 결국 가인은 인류 최초의 살인자가 되었다. 형이 동생을 죽인 것이다. 우리는 타락한 육체의 특징이 모두 같다는 데서 하나님의 창조와 타락을 믿을 수 있다. 아무리 착한 사람도 일단 이러한 육체의 어둠에 사로잡히면 여지없이 가인의 길로 향하게 된다. 그리고 가장 못생긴 짓을 하게 되는 것이다. 오, 얼마나 빛이 필요한지, 하나님의 긍휼은 얼마나 필요한지! 이것은 아담이 하나님의 말씀에 불순종하여 선악과를 먹은 결과로 생긴 일이며, 이와 같이 한 사람이 범죄함으로 인하여 모든 인류 가운데 죄악이 들어오게 된 것이다. 아담과 하와가 첫 아들을 낳고서 얻었다고 외치던 때의 기쁨은 순식간에 사라지고 아담의 인생은 아들을 잃는 커다란 탄식과 슬픔으로 얼룩지게 되었다.

9절, 여호와께서 가인에게 이르시되 네 아우 아벨이 어디 있느냐 그가 가로되 내가 알지 못하나이다 내가 내 아우를 지키는 자니이까

하나님은 창조하신 사람이 타락한 후 골치 아픈 문제들에 직면하신다. 이는 마치 성실한 부모와 사고뭉치의 아들과의 대화와 같다. 이것이 곧 인간 타락이 가져온 결과이다. 타락한 후 하나님과 인간의 대화는 즐거운 것이 아닌 문제 해결에 집중된다. 하나님께서 아담에게 질문하신 "네가 어디 있느냐"와 가인에게 질문하신 "네 아우가 어디 있느냐"는 하나님께서 사람에게 하신 중요한 두 가지 질문이다. 하나는 하나님과 사람의 관계이고 다른 하나는 사람과 사람의 관계이다. 하나님께서는 그분의 자녀들이 언제나 이 두 가지 질문에 대해 합당한 답변을 하기 원하신다. 다시 말하지만 하나는 하나님과 우리의 관계이고 또 하나는 이웃과 우리의 관계이다. 이 두 가지 질문에 대해 좋은 답변을 할 수 있다면 그는 건강한 그리스도인이다.

"내가 알지 못하나이다". 이는 거짓말이다. 가인은 감히 직접 하나님을 향해 거짓말을 했다. 하나님은 절대로 속임당하는 분이 아니시다(갈 6:7). 가인은 처음에는 속이고 나중에는 반항했는데, 이것은 사람에게 사탄의 성분이 주입된 결과이다. 가인은 마땅히 동생을 지켜주는 책임을 져야 했다. 그가 형이기 때문이다. 그러나 가인은 악으로 가득하여 하나님 앞에서 자신과 형제를 분리시키는 말을 했다. 이것은 심각한 말이다. 우리는 우리 주위에 있는 어린 성도들에 대하여 가장 좋은 돌봄을 줄 수 있어야 한다. 그들은 우리와 주 안에서 하나된 자들이요 그리스도의 몸 안에서 서로 지체된 자들이기 때문이다.

10절, 가라사대 네가 무엇을 하였느냐 네 아우의 핏소리가 땅에서부터 내게 호소하느니라

아벨의 피의 호소는 복수를 요구하는 호소이며(출 22:23,27, 시 107:6,28) 예수의 피는 더 나은 피로서 죄인을 용서하라고 호소하는 피이다(히 12:24). 그 피가 지금도 하늘에서 우리의 영원한 죄 용서와 아버지께 나아감을 보장하기 위해 간직되어져 있다. 아벨의 피는 하나님을 경배하다가 죽은 최초의 순교자의 피이다. 마지막 때에 다섯째 인을 뗄 때 순교자들의 피의 호소가 있고 하나님께서는 그들의 피를 신원하여 주실 것이다(계 6:10). 하나님께서는 그분을 위해 흘린 성도들의 피를 기억하신다(계 17:6). 주님은 아벨을 그분을 위해 죽은 최초의 순교자로 기억하셨다(마 23:35).

11-12절, 땅이 그 입을 벌려 네 손에서부터 네 아우의 피를 받았은즉 네가 땅에서 저주를 받으리니 12 네가 밭 갈아도 땅이 다시는 그 효력을 네게 주지 아니할 것이요 너는 땅에서 피하며 유리하는 자가 되리라

인간의 심화된 타락으로 인해 땅은 더욱 저주를 받게 되었다. 원래 하늘은 땅을 위하여 창조되었고 땅은 사람을 위해 지은 바 되었으며 사람은 하나님을 위해 창조되었는데, 사람이 하나님을 떠나 죄와 연합함으로 이 질서가 깨진 것이다. 사람이 하나님을 위해 살지 않는 이상 땅은 사람을 위해 좋은 기능을 발휘하지 않는다. 오늘날 이 땅은 점점 더 못 쓰게 되어가고 있다. 그것은 사람들이 이 땅에서 범한 허다한 죄악으로 인한 것이다. 아담의 타락으로 이 땅은 가시와 엉겅퀴를 내게 되었지만, 가인이 살인죄를 더하므로 이제는 밭을 갈아도 땅이 효력을 주지 않게 되었다. 땅에 대한 저주가 가중된 것이다. 이 땅은 이제 더 이상 사람이 살기에 좋은 곳이 아니라 피하고 방황하며 유리하는 장소가 된 것이다. 오늘날 이 땅이 갈수록 못쓰게 되는 것은 인간이 저지르는 한 가지 한 가지 죄악들과 관계있다. 지금 지구가 점점 사람이 살기에 적합하지 않은 장소가 되어가고 있는 것은 사람들이 짓는 숱한 죄악들로 인한 저주가 하나씩 더해가기 때문이리라.

죄를 범한 사람에게 있어서 이 땅은 피하고 유리하는 장소가 된다. 오늘날에도 죄를 많이 지은 사람들에게는 이 땅이 더 이상 즐거움의 장소가 아니라 피하며 유리하는 장소이다.

13-14절, 가인이 여호와께 고하되 내 죄벌이 너무 중하여 견딜 수 없나이다 14 주께서 오늘 이 지면에서 나를 쫓아내시온즉 내가 주의 낯을 뵈옵지 못하리니 내가 땅에서 피하며 유리하는 자가 될지라 무릇 나를 만나는 자가 나를 죽이겠나이다

가인에 대한 하나님의 징벌이 선포되자 가인은 어느 정도 자신이 죄 지은 것을 인정은 하지만 벌이 너무 과중하다고 원망한다. 그는 여전히 자신이 저지른 죄의 심각성을 시인하기보다는 자신에게 임할 죄의 벌과 그 형량이 중하다고 호소하는 것이다. 죄에 대한 충분한 회개의 마음이 없는 것이다. 이는 빛이 없는 사람들의 특징이다. 육체의 사람들은 자신의 죄에 대한 통절한 회개의 마음보다는 자기에게 불리하게 변한 상황만을 억울해한다. 또한 그는 이 지면에서 쫓겨난다고 말했는데, 그것은 자신의 죄벌로 인해 이 땅이 더 이상 자신의 편이 되어주지 않는다는 것에 대한 가인의 해석이다. 가인은 그것을 자신이 지면에서 쫓겨나는 것으로 여겼다. 땅은 거기서 살인하며 죄를 짓는 사람들에게는 안식처가 되지 않는다. 오히려 그러한 자들을 거절한다.

가인은 또한 그의 범죄로 인하여 자신이 하나님의 면전에서 거절된다는 것을 알았다. 이것은 자신이 지은 죄를 하나님 앞에서 해결하려는 태도가 아니라 다만 하나님의 얼굴을 더 이상 대하지 못하게 되었음을 두려워하는 것이다. 그리고 자신의 가련하게 된 처지를 스스로 동정하는 것이다. 가인은 모든 상황에서 철저히 자기중심적이었다. 타락한 육체의 사람들은 모든 생각이 자신을 중심으로 돌아간다. 자신이 죄를 지었으므로 당한 공의의 응보인 것을 생각지 아니하는 것이다. 이는 누가복음 16장의 부자의 경우도 같다. 그는 자신이 음부에 와서 고통 받는 것을 괴로워했지만 그가 지상에 있을 때 호의호식하며 하나님을 위한 삶을 살지 않은 죄에 대하여는 조금도 자책하지 않는다. 그 부자는 세상에 살 때는 자기를 위해 연락하며 호의호식하기에만 바빴고 죽어가는 사람들, 불쌍한 사람들은 거들떠보지도 않았다가 음부에 와서도 자기의 불쌍한 처지만 생각할 뿐 자신의 문제에 대해서는 돌아보지 않았다. 오직 자기의 형제들만을 생각하고 나사로를 보낼 것을 요청한 것이다. 타락한 사람은 죽어도 변하지 않는다.

가인은 이제 지면에서 쫓겨나 유리할 것을 걱정하고 사람들이 자신을 만나면 죽일까봐 염려하였다. 다른 사람의 생명을 아끼지 않고 무참하게 죽인 사람이 자기 생명에 대해서는 애착이 대단하여 남에게 죽임 당할까봐 두려워하는 것이다. 이것은 매우 아이러닉한 일이지만 사실이다. 이것이 육체로 행하는 사람의 특징이다. 그들은 자기 자신은 매우 사랑하면서도 다른 사람이 망하는 것은 대단한 일로 여기지 않는다. 역대의 독재자들이 거의 다 이런 사람들이었다. 그들은 많은 악한 일을 하고 사람의 목숨을 파리 목숨처럼 여기며 수많은 사람을 죽였지만 자신의 목숨은 지독히 아꼈다.

15절, 여호와께서 그에게 이르시되 그렇지 않다 가인을 죽이는 자는 벌을 칠 배나 받으리라 하시고 가인에게 표를 주사 만나는 누구에게든지 죽임을 면케 하시니라

하나님은 진노 중에라도 긍휼을 베푸신다. 하나님께서는 자신이 저지른 죄가 얼마나 엄청난 것인지는 모르고 그저 죄벌만 두려워서 호소하는 가인의 간구도 들어주셨다. 가인은 그렇게 엄청난 죄를 짓고도 여전히 하나님을 향했다. 그는 부모로부터 하나님과의 교통과 기도를 배웠을 것이다. 그러므로 그가 육체의 사람이고 동생을 죽인 살인자일지라도 여전히 하나님을 향하여 호소할 줄 알았던 것이다. 물론 그의 회개와 기도는 충분하지 못했고 수준에 이르지 못했다. 그러나 하나님은 가인을 죽이는 자는 벌을 칠 배나 받을 것이라고 경고하시면서 그를 보호해주셨다. 그리고 하나님은 가인이 목숨을 잃지 않도록 표를 만들어주셨다. 그것이 무슨 표인지는 모르지만 사람들은 가인이 동생을 죽인 사람이라는 것을 알았을 것이고, 또 그가 지닌 표를 보고서 그를 죽여서는 안 된다는 것도 알았을 것이다.

우리는 하나님이 크신 하나님이라는 것을 알아야 한다. 마태복음 5장에 의하면 하나님이 그 해를 악인과 선인에게 비추게 하신다고 했다. 또한 원수를 사랑하라고 하셨다. 사람은 하나님과 원수가 될 정도로 죄를 지었지만 하나님은 가인처럼 원수 같은 죄인인 우리들을 여전히 사랑하셨던 것이다. 이것은 영원하신 하나님이 사랑이시라는 것을 증명한다. 부모는 자식이 살인자일지라도 사랑한다. 우리는 그분의 사랑의 깊이를 다 헤아릴 수 없다.

여기서 한 가지 있을 법한 질문은 이때 가인을 만나서 죽이려 하는 사람들이 누구인가 하는 것이다. 이때 성경에 나타난 인물은 아담과 하와, 가인과 아벨뿐인 것 같지만 성경에서 아담의 자손이 오직 이 두 사람이라고 말한 것은 아니기 때문에 많은 다른 사람들이 있었을 가능성이 있다. 성경은 구속사적인 관점에서 필요한 인물들만 선택하여 기록한 책이라고 할 수 있다.

에덴 동편 놋 땅

16-17절, 가인이 여호와의 앞을 떠나 나가 에덴 동편 놋 땅에 거하였더니 17 아내와 동침하니 그가 잉태하여 에녹을 낳은지라 가인이 성을 쌓고 그 아들의 이름으로 성을 이름하여 에녹이라 하였더라

결국 가인은 여호와의 앞(presence of the Lord, 여호와의 임재)을 떠났다. 사실 그는 하나님 앞에 있을 때에도 그 영과 마음이 하나님과 어긋나 있었다. 하나님과 뭔가 대화하기는 했지만 그의 영은 하나님과 하나가 아니었고 언제나 불순종과 교만과 거역을 표출할 뿐이었다. 결국 그는 여호와의 임재를 완전히 떠났다. 이것이 배역자들의 발걸음이다. 거역적인 사람들은 함께 있을 때에도 늘 그 영과 마음이 권위자들에 대하여 바르지 않은 어긋난 말들을 쏟아낸다. 그러다가 어느 날 완전히, 그리고 멀리 떠나가는 것이다.

가인은 육체로 하나님께 제물을 드렸지만 여전히 하나님은 그가 죄를 짓지 않을 수 있는 가르침을 주셨던 것이다(창 4:6-7). 그가 계시가 없어서 아벨과 같은 구속의 성분을 지닌 제물을 드리지 못하고 자신의 육체의 소산으로 제물을 삼아 드렸다 하더라도 뒤에 주신 말씀을 순종하였더라면 그런 죄에 빠지지 않을 수도 있었다. 그러나 한 가지 일을 육체로 행한 사람은 두 가지 세 가지에서도 같은 형태의 죄를 범하게 되는 것이 일반적이다. 육체로 하나님을 섬기려고 하는 자들은 결국 육체의 많은 죄악들의 일을 산출한다(갈 5장 참조). 무엇보다도 그의 가장 큰 문제는 하나님의 말씀을 중히 듣지 않은 것이다. 그가 제물을 드린 것도 말씀에 입각하지 않은 자기 생각이었고 동생을 죽이게 된 것도 죄에 대하여 경고하시는 하나님의 말씀을 중히 듣지 않았기 때문이었다. 오늘날도 하나님의 자녀들의 가장 큰 문제는 하나님의 말씀을 멀리하는 것이다. 하나님의 말씀을 중히 여겨 순종함이 죄를 피하는 비결이다(시 119:9). 하나님의 가르침을 순종치 않고, 거역하고 죄를 지은 가인은 결국 하나님의 임재를 멀리 떠나 에덴 동편 놋(Nod) 땅에 거하였다. 이는 마치 누가복음 15장의 탕자를 생각나게 한다.

'거하다'(settle)는 '정착하다'라는 뜻이다. 하나님께서는 가인이 땅에서 유리하게 될 것이라고 하셨지만 가인은 보란 듯이 정착된 삶을 살고자 했다. 그럼에도 불구하고 '놋'은 '방황'을 뜻한다. 그는 육신적으로는 놋 땅에 거하며 성을 쌓고 정착하였지만 정신적으로는 안식이 없이 끝없이 방황했다. 그는 정착을 원하였지만 그 땅은 그가 정착하도록 허락하지 않았다. 하나님과 바른 관계를 갖지 않은 사람들의 행사가 다 이러하다. 그들은 자기의 원함에 따라 자유스러운 곳으로 이동하여 정착되고 안정된 삶을 꿈꾸지만 그곳에서 기다리는 것은 바라던 안정이 아니라 끊임없는 방황인 것이다. '하나님과 함께함'이 우리의 안정이다. 아무리 고생스럽고 위태한 곳이라도 주님과 함께하는 곳, 주님이 있으라는 곳이 안정된 곳이다.

그는 성을 쌓고 그것을 자기 아들의 이름인 에녹으로 불렀다. 그것은 하나님의 저주—유리하는 자가 되리라—를 자기의 수고와 공로를 통해 안식과 축복으로 바꿀 수 있다고 확신한 데에서 나온 발상이다. 그러나 여기서 '성을 쌓고'는 히브리어에서 진행형인데, 그것은 그가 아직 그 일을 완성하지 못했음을 암시한다. 가인은 에녹 성을 쌓다가 완성하지 못한 채 거기를 떠나야 했다. 우리는 그곳에서 무슨 일이 일어났는지 모른다. 다만 하나님의 예언과 의도에 어긋난 사람의 계획과 구상은 결코 이루어지지 않는다는 것을 알 수 있다. 가인은 성을 쌓고 그 성에 자기 아들의 이름을 붙이고서 그곳에 오래오래 정착하고자 했지만, 그 성이 완공되기 전에 무슨 일이 일어났고 그는 그곳을 떠나야 했던 것이다. 그는 하나님의 말씀대로 이 땅에서 피하며 유리하는 자가 된 것이다. 지금도 만일 어떤 사람이 가인의 노선에 따라 하나님을 거역하면서 육체 안에 산다면, 결국 그는 자신의 의도와 관계없이 가인과 같이 끊임없이 방황하는 인생을 살게 될 것이다.

가인의 후예들

18-22절, 에녹이 이랏을 낳았고 이랏은 므후야엘을 낳았고 므후야엘은 므드사엘을 낳았고 므드사엘은 라멕을 낳았더라 19 라멕이 두 아내를 취하였으니 하나의 이름은 아다요 하나의 이름은 씰라며 20 아다는 야발을 낳았으니 그는 장막에 거하여 육축 치는 자의 조상이 되었고 21 그 아우의 이름은 유발이니 그는 수금과 퉁소를 잡는 모든 자의 조상이 되었으며 22 씰라는 두발가인을 낳았으니 그는 동철로 각양 날카로운 기계를 만드는 자요 두발가인의 누이는 나아마이었더라

가인의 후예는 에녹, 이랏, 므후야엘, 므드사엘, 라멕, 라멕의 세 아들인 야발, 유발, 두발가인 등이다. 므후야엘이나 므드사엘은 하나님을 의미하는 '엘'자를 이름에 갖고 있는데, 이는 가인의 후예들이 비록 하나님의 면전을 떠났지만 최소한 하나님의 이름만이라도 저버리지 않으려고 했던 것 같다. 그러나 일단 하나님을 떠나면 이름만이라도 붙잡고 있으려 하는 노력은 부질없는 것이 되어 버린다. 이름 자체로는 '에녹'도 좋은 이름이지만 이 에녹은 하나님과 300년 동안 동행한 에녹과는 다른 사람으로서 가인의 아들이다. 오늘날 유럽이나 미국에서는 아직도 많은 사람들이 성경상의 이름을 차용하여 쓰고 있다. 피터, 존, 제임스, 매튜, 티모시, 앤드류, 폴,

데이빗 등이 그것이다. 그러나 그저 이름만 성경에서 따온 것일 뿐 그러한 이름을 가졌다고 주님의 진실한 믿는이들은 아닌 경우가 허다하다.

어쨌든 가인 후에 몇 대까지는 그래도 이름에서나마 하나님을 기억하고 있었다. 그러나 가인의 후예들은 시간이 지나면서 하나님과는 전혀 관계없는 삶을 살았다. 그들 가운데 라멕이 두드러진 인물이다. 가인과 에녹을 지나고 이랏과, 므후야엘을 지나서 므드사엘의 아들 라멕 때 와서는 그나마 이름에서도 세상의 냄새가 풍기기 시작했다. 라멕이라는 이름은 '능력 있는', '정복자'를 의미한다. 그는 가인의 후예 가운데 능력 있는 인물로서 두 아내를 취하였다. 하나님께서는 사람을 창조하실 때부터 한 남편에 한 아내를 원칙으로 하셨다(창 2:23-24). 주 예수님은 이 일에 대하여 창조 때부터 그러하다는 것을 확인해주셨다(마 19:5). 그러나 죄가 세상에 들어오고 사람이 하나님을 떠난 후에 사람은 하나님이 정하신 법칙 안에 머물 수 없게 되었다. 죄인들의 발걸음은 한 발씩 한 발씩 죄악의 구렁텅이를 향하여 줄달음치고 있었다. 하나님을 떠난 가인의 후예들이 했던 첫 번째 일은 결혼의 원칙을 깨뜨린 것이다. 오늘날에도 하나님을 모시지 않는 사회와 나라에는 이혼이 많고 일부다처의 행습들이 존재한다. 특히 돈 많고 역량 있고 하나님이 없는 남자들은 둘 이상의 아내를 두는 일이 허다하다. 라멕의 두 아내의 이름은 아다와 씰라인데, '아다' 라는 이름은 치장을 의미하고 '씰라' 라는 이름은 각양 색상을 의미한다. 이때 와서 사람들의 이름은 완전히 세상적으로 변해버렸다.

우리는 여성들의 이름만으로도 그녀들의 됨됨이를 알 수 있다. 한 사람은 아름답게 치장하는데 신경을 쓰고 다른 한 사람은 각양 색상을 차려입는 것을 관심했다. 여성들의 치장과 요란한 옷차림은 정욕적인 남자들을 자극한다. 한 남편이 두 아내를 소유하는 것은 무절제한 정욕을 포함하여 많은 부도덕한 일을 나타낸다. 하나님을 떠난 사람들은 자연히 자신이 육체의 정욕과 쾌락적인 삶으로 나아가게 되는 것이다. 사람들이 정욕을 위해 산다면 서로 사랑한다 하더라도 그것은 참되게 남을 사랑하지 않는 것이다. 타인에 대한 관심과 사랑도 다만 자신의 육체의 정욕에서 출발하기 때문이다. 이는 참된 사랑과 관심이 아닌 것이다. 그러므로 하나님을 중심으로 한 관계가 아니면 모든 관계는 다 자신을 위한 것이 되고 만다. 그래서 교회 안에서 성도들을 섬기는 장로나 집사를 선출할 때에는 이런 점을 주의하는 것이다. 교회 안에서 장로나 집사는 반드시 한 아내의 남편이 된 자라야 한다. 한 남자가 둘이나 셋의 아내를 두었다면, 그는 자신의 정욕을 제어하지 않는 사람이며 남을 위한 것보다는 오로지 자신을 매우 중요시하며 자신의 정욕만을 돌보는 사람이기 때문이다. 그가 만일 진정으로 남을 사랑하고 관심하며 사는 자라면 한 아내를 두고 또 다른 아내를 맞이하려 하지 않을 것이기 때문이다. 그렇게 한다면 적어도 몇 몇 사람의 인생을 매우 어렵게 만들기 때문이다.

아다는 야발과 유발을 낳았는데, 야발은 그 이름의 뜻이 '방랑자'이며 육축 치는 자의 조상이 되었다. 아벨과 같이 정상적으로 양을 치고 가축을 기르는 것은 옳은 것이다. 그러나 아마도 야발은 소나 양뿐 아니라 약대나 나귀 등을 상업적인 목적으로 쳤을 것이다. 요셉은 미디안 상고들에게 팔렸는데, 그들의 직업의 조상이 바로 야발인 것이다. 오늘날 몽골이나 에디오피아 등지에 가면 육축을 상업적으로 치는 사람들이 많은데, 그들이 바로 야발과 같은 일을 하는 자들이다.

야발의 동생은 유발이며, 유발은 '소리'를 뜻한다. 그는 형과는 달리 음악에 재능이 있었다. 그는 수금과 퉁소를 만들고 그 악기들을 사용하여 사람들을 즐겁게 해주었을 것이다. 원래 사람에게는 하나님 자신이 부(富)요 음악이요 즐거움인데, 하나님을 떠난 인간은 스스로 자신을 위해 부와 즐거움을 찾아야 했다. 즉 하나님이 없는 사람들이 외로움과 슬픔을 달래기 위해 음악을 고안한 것이다.

씰라의 아들, 즉 그들의 이복 형제인 두발가인은 동철로 기계를 만드는 기술자였다. 하나님을 떠난 사람들은 자신을 보호하기 위해 무기를 만들지 않을 수 없었던 것이다. 하나님이 사람의 보호이신데도 하나님이 없는 사람들은 불안한 나머지 각종 날카로운 무기들을 만들어 스스로 보호하고자 했다. 오늘날 미국에서는 스스로를 보호하기 위한 자구책으로 보편적으로 집에 총기를 하나씩 준비하고 있다. 그러나 신실한 그리스도인들은 그런 일이 없다. 그들은 하나님을 자신들의 보호로 삼아 의지한다. 또 두

발가인의 누이는 나아마(기쁨과 사랑스러움)이었는데, 그녀는 다른 사람들의 눈에 기쁘고 사랑스럽게 보이는 것을 주의했다. 나아마는 자신을 치장하고 꾸며서 사람들에게 매력적이고 사랑스럽게 보이고자 하여 많은 사치품들과 장신구들을 만들어냈을 것이다.

이처럼 가인의 후예들은 하나님을 떠나 에덴 동편 놋 땅에 거하면서 하나님 없는 문화를 일으켰다. 인류 문화는 하나님을 떠난 사람들에 의해 생겨난 것이다. 사실 예술도 하나님 없는 사람들이 인생의 낙과 누림을 위해 만들어낸 것이다. 또 각종 무기와 상업은 하나님 없는 사람들이 이 땅에서 생존하기 위해 발명해낸 것들이다. 우리는 인류 문화의 기원이 이미 창세기에 있다는 것을 볼 때 놀라움을 금할 수 없다. 어쨌든 인간의 문화는 죄와 관계가 있으며 일부다처를 실행한 라멕의 가정을 통하여 생겨나게 되었다고 할 수 있다. 그렇지만 피조물 중 인간만큼은 발명(일종의 창조)을 할 줄 아는 유일한 피조물이다. 이는 사람이 창조주 하나님의 형상을 따라 피조된 또 하나의 표시이다. 오늘 날까지 이 지구 상에 인간들만이 바다 속으로 터널을 뚫는다든지, 길을 내기 위해 산을 무너뜨린다든지 지구 표면을 이렇게 바꿔놓는 유일한 피조물이다.

라멕의 노래

23-24절, 라멕이 아내들에게 이르되 아다와 씰라여 내 소리를 들으라 라멕의 아내들이여 내 말을 들으라 나의 창상을 인하여 내가 사람을 죽였고 나의 상함을 인하여 소년을 죽였도다 24 가인을 위하여는 벌이 칠 배일진대 라멕을 위하여는 벌이 칠십칠 배이리로다 하였더라

라멕은 두 아내를 얻고도 부끄러움을 모르고 아내들에게 자기 자랑을 하고 있다. 그는 자기의 수치의 거품을 내뿜는 말을 하고 있다(유 13). 이것이 죄의 비참한 결과이다. 하나님을 떠난 사람, 죄악에 떨어진 사람들은 자신들이 무슨 말을 하는지 모른다. 그 말이 부끄러운 말인지도 모르고 자랑스럽게 자신의 생각을 늘어놓는다. 이런 일에 있어서 라멕이 그 대표였다. 그는 자신이 상처를 입고 젊은이에게 부상당한 것을 살인으로 보복했다고 자랑하고 있다.

오늘날에도 조직 폭력배들이 자신들의 과거의 죄악상과 얼마나 잔인하게 사람들을 죽였는가를 무용담을 늘어놓듯이 자랑하곤 하는데, 이는 그가 죄악으로 가득하다는 것을 과시하는 것이다. 그는 아마도 가인은 무고한 동생을 죽였지만 자기는 공격을 당하여 부상을 입었어도 한 사람만 죽였다고 하면서 자기의 살인을 정당화하려 했을 것이다.

그러므로 가인을 위해서는 벌이 칠 배이지만 자신을 위해서는 벌이 칠십칠 배일 것이라고 장담했다. 그는 자신이 지은 죄를 회개하는 느낌은 조금도 없고 자신의 정당성만을 입증하려 했다. 이는 그가 두 아내를 취하고 사람을 죽이는 등 온 존재가 어둠 속에 있었기 때문이다.

셋의 출생

25-26절, 아담이 다시 아내와 동침하매 그가 아들을 낳아 그 이름을 셋이라 하였으니 이는 하나님이 내게 가인의 죽인 아벨 대신에 다른 씨를 주셨다 함이며 26 셋도 아들을 낳고 그 이름을 에노스라 하였으며 그 때에 사람들이 비로소 여호와의 이름을 불렀더라

아담에게 있어서 가인이 뉘우침 없는 태도로 하나님을 멀리 떠나가서 하나님이 부재하는 인간 문화를 일으키며 부도덕한 삶을 영위하는 것을 보는 것은 매우 가슴 아픈 일이었을 것이다. 그리고 아벨을 잃은 슬픔도 컸을 것이다. 그때 하나님은 아담에게 아벨 대신 새로운 아들을 하나 주셨는데, 그 이름이 셋이다. '셋'이란 '안정된', '놓여진', '정해진'이라는 뜻이다. 아담과 하와는 아벨을 잃고 매우 비탄에 빠졌을 것이다. 그는 아벨의 죽음을 통해서 인생의 죽음으로 인한 슬픔을 최초로 맛보았다. 하나님은 아담과 하와를 위해 아벨 대신 셋을 주셨다. 하나님이 그분의 백성들에게서 한 가지 위로를 빼앗아 가신 후에는 그 대신 다른 위안을 주신다는 것을 믿자! 하나님은 그분의 신실한 자들의 노선을 결코 끊지 않으신다. 배반자의 우두머리인 가인은 유리하는 '방랑인'이 된 대신 참 교회를 이룰 셋은 안정되고 잘 놓여진 반석같이 된 것이다.

셋도 귀한 아들을 하나 낳았는데 그 이름이 에노스이다. '에노스'는 연약하고 부서지기 쉽다는 뜻이며(weak and fragile), 또한 유혹에 빠지기 쉬운 인간이라는 뜻이다. 셋 대에 이르러서는 인간이 매우 공허하다는 것을 깨달은 것이다. 그때 사람들이 비로소 여호와의 이름을 불렀다. 그것은 그때에 이르러서야 사람들이 자신들은 연약한 존재이며 부서지기가 쉽다는 것을 알고 전능하신 하나님을 신뢰하며 경배하기 시작했음을 말해준다. 사람이 언제 가장 많이 주님의 이름을 부르며 기도하는가? 몸과 마음이 병들고 힘들 때이다. 아담으로부터 인간이 타락하였지만 에노스때 와서 인간은 비로소 자신이 연약한 존재임을 인식한 것이다.

물론 이때 처음으로 기도하고 주님의 이름을 불렀다는 것은 아닐 것이다. 아담이나 아벨 때에도 그리했을 것이지만 그러나 에노스 때 와서는 뭔가 공식적으로 주님께 기도하고 경배드리는 것이 세워진 것이다. 이는 하나의 신앙상의 큰 개혁이요 기점이다(매튜 헨리). 그것은 그 때가 가인과 그 후손 라멕에게서 죄로 인한 슬픔의 역사를 보게 된 때이기 때문이다. 하나님을 떠난 사람들은 도성을 세우고 불경건과 불신을 공표하기 시작했다. 그러나 그 때 하나님을 향하여 나아가는 사람들은 하나님과 하나님에 대한 경배를 공적으로 선포했으며 이제 하나님의 사람들과 사람의 아들들의 구분이 현격하게 드러나기 시작한 것이다. 어느 때나 개혁은 불신과 타락이 극도로 표출될 때 그 반응으로 나오는 것이다. 그럴 때 부패로 나아가는 자들과 참 신앙으로 가는 자들의 구분은 매우 극명해진다. 루터 때의 카톨릭은 면죄부를 팔 정도로 부패하였다. 그러나 하나님은 가장 부패한 상황에서 가장 선명한 개혁의 역사를 시작하셨다.

4장의 중심

1) 결국 가인으로부터 시작하여 그의 후예들은 육체의 길을 걸어갔고,

그 길을 따라 발람의 어그러짐과 고라의 패역이 나오게 되었다. 그 결과는 영원히 예비된 캄캄한 흑암에 갇히게 되는 것이다(유 13절). 그런데 이처럼 악하고 비참한 결과가 하나님께 제물을 드리는 종교적인 행위에서 시작되었음을 보는 것은 매우 중요한 일이다. 갈라디아서는 성령으로 시작하였다가 육체로 마치는 경우를 보여준다. 그들이 육체에 떨어져 물고 먹는 지경에 이른 것은 악한 일로 시작된 것이 아니었다. 오히려 그 시초는 하나님을 잘 섬겨보려는 것이었다. 가인이 자신의 타락을 인정하는 증거인 양의 피를 가지고 하나님께 나아가지 않은 것처럼 갈라디아 성도들도 십자가의 죽음을 인정하지 않는 율법과 할례의 가르침을 듣고서 미혹된 것이다.

오늘날 교회도 비성경적이고 잘못되고 이단적인 가르침만 주의할 것이 아니라 성경적이라 하더라도 거기에 십자가가 없고 보혈이 없고 구주의 은혜가 없는, 인간의 노력과 방법과 행위만 가져오는 그러한 가르침은 주의하고 받지 말아야 한다. 그러한 가르침은 조만간에 가인의 육체의 일들을 가져올 것이며 발람의 어그러진 길로 몰려가게 할 것이며 고라의 패역을 낳게 될 것이다. 이러한 비참한 결과의 시초가 매우 사소해 보이는 종교적인 육체의 행위에 있었다는 것을 보는 것은 중요하다.

결국 4장은 예배로 끝난다. 에노스는 아벨의 노선을 이은 사람이다. 그는 라멕과는 근본적으로 달랐다. 라멕은 자신의 능력을 최대한 신뢰하여 인간의 번영과 문화를 이룩한 사람이지만 그 열매는 쓰디 쓴 것이다. 거기에는 전쟁과 살인 등의 참혹한 비극의 씨앗이 들어 있다. 그러나 하나님께 감사드리는 것은 하나님이 아벨 대신에 하나님 눈에 사랑스러운 씨를 하나 주셨다는 것이다. 그가 바로 에노스이며, 그는 인간의 공허함과 무익함을 알고 전능하신 여호와의 이름을 부르며 하나님을 찾았다. 여기서 인류의 타락에서 벗어나는 길을 엿볼 수 있다. 그것은 곧 인간의 무익함과 공허함을 깨닫고 여호와께 돌아가 그분의 이름을 부르는 것이다.

2) 하나님은 왜 가인의 제사는 열납하지 않으셨는가? 그것은 하나님으로 말미암은 것이 아니었기 때문이다. 아담이 타락한 후 사람은 피 없이는 하나님께 나아갈 수 없게 되었다. 가령 가정에서 자식이 부모의 말을 어

기고 나가서 큰 잘못을 저지르고 들어와서 아무 일도 없는 것처럼 아버지께 이것저것 해드린다고 할 때 합당한가? 그 불순종한 것을 마땅히 회개하고 이것 저것 시작해야 옳은 것과 마찬가지이다. 작고 큰 많은 일 가운데 하나님의 길이 있고 하나님의 뜻이 있다. 인간적인 생각과 뜻이 제 아무리 선하고 좋을지라도 그것이 하나님으로부터 말미암은 것이 아니라면 그것은 하나님께 열납되어질 수 없다. 하나님께로부터 온 것만이 하나님께로 돌아갈 수 있다. 가인이 드린 것이 예배였고 제물을 드리는 것이었지만 그것이 하나님의 계시로 말미암지 않은 것이기에 그것은 열납되어지지 않은 것이다.

5 장

아담 자손의 계보

1-2절, 아담 자손의 계보가 이러하니라 하나님이 사람을 창조하실 때에 하나님의 형상대로 지으시되 2 남자와 여자를 창조하셨고 그들이 창조되던 날에 하나님이 그들에게 복을 주시고 그들의 이름을 사람이라 일컬으셨더라

창세기 5장은 아담의 계보(히브리어로 '톨도트', 창 2:4의 '대략'과 같음)인데, 아담으로부터 노아까지의 계보를 정확하게 기록, 전달하는 것이라고 볼 수 있다. 1절에서는 아담의 계보를 말하기 전에 사람이 하나님의 피조물임을 다시 한 번 확인해준다. 인류의 시작은 하나님이지 사람이 아니다. 누가복음 1장 38절은 "그 이상은 아담이요 그 이상은 하나님이시니라"고 기록한다. 이렇게 담대하게 인류의 근원을 선포하는 책이 성경 이외에 또 있으랴! 이처럼 사람은 하나님으로부터 나온 존재이다. 그러므로 사람은 하나님을 근본 삼아 그분께 경배하고 감사드리며 살아가는 것이 마땅하다.

또 사람은 하나님의 형상으로 창조되었다. 우리는 피조된 사람을 봄으로써 하나님의 존재를 알 수 있다. 우리가 오늘 어떤 사람을 볼 때 그의 아버지를 본 적이 없지만 그의 존재가 아버지로부터 나왔다는 것을 알 수 있으며, 그의 모습 또한 아버지를 닮았을 것임을 추측해 볼 수 있다. 이와 같이 사람은 하나님으로부터 나왔을 뿐 아니라 그 형상이 하나님을 닮았다.

하나님은 사람을 지으실 때 남자와 여자를 지으셨다. 남자도 하나님의 피조물이지만 여자 또한 하나님의 피조물이다. 어떤 사람들은 남자만이 하나님의 피조물이고 그리스도의 교회 안에 남자만 존재하는 것처럼 인식하고 있지만 하나님의 말씀은 "주 안에는 남자 없이 여자만 있지 않고 여자 없이 남자만 있지 아니하니라"(고전 11:11)고 하신다. 물론 여자는 남자에게서 나왔다. 그러나 여자는 남자의 부속품이 아니다. 사도는 "여자가 남자에게서 난 것 같이 남자도 여자로 말미암아 났으나"라고 말한다. 즉 창조시에는 여자를 남자에게서 나게 하심으로 권위와 질서를 세우셨지만 이후 남자의 출생은 여자로 말미암아 이루어지게 하셨다. 이럼으로써 여자의 존재성과 위치를 합당하게 만들어 주신 것이다.

피조된 사람이 알아야 할 것은 사람은 지음을 받던 날부터 창조주의 축복을 받았다는 사실이다. 이 땅의 어떤 민족, 어떤 족속이든지, 비록 그들이 가난하고 무식하며 다른 피부색을 가졌다하더라도 우리는 그들이 하나님의 축복을 받은 존재임을 알아야 한다. 그러므로 우리는 하나님께서 그분의 형상대로 지으시고 기뻐하시며 축복하신 피조물인 사람을 함부로 멸시하거나 저주하지 않기를 배워야 한다(약 3:9). 적어도 진리를 아는 우리는 사람을 대할 때 이러한 인식이 있어야 한다. 사람은 하나님의 피조물이므로 존귀하고 주인이 있는 존재이며 하나님의 축복을 받은 존재인 것이다.

뿐만 아니라 하나님은 사람을 지으시고 그 이름을 사람(Adam, 흙, 또는 붉은 흙)이라고 지어주셨다. 아담이라는 이름은 사람이 흙과 티끌로 지음받았다는 사실을 항상 유념하도록 지어주신 것 같다. 그는 아담이라는 이름을 들을 때마다 "나는 흙에 불과하다"고 인식해야 했던 것이다. 여자도 남자에게서 나왔기 때문에 흙이기는 마찬가지이다. 그러나 여자는 흙에서 재료를 취해 좀 더 섬세하게 지어진 존재이다(히브리어 '바나', build up). 남자는 히브리어로 '이쉬'이지만 여자는 남자에게서 나왔다는 의미로 '이솨'인 것이다. 모든 짐승은 아담이 이름을 주었지만 사람만큼은 하나님께서 이름을 지어주셨다. 누군가가 어떤 사물이나 사람에게 이름을 지어주었다면 그가 그의 주인이다. 이는 부모가 자녀의 이름을 지어주는 것과 같다. 창세기의 시작, 인간의 기원과 그 족보를 말씀하시면서 하나님은 사람이 최소한 몇 가지를 알기 원하셨다. 그것은 사람이 하나님을 떠나서는 있을 수 없는 존재로서 그를 창조하신 분이 하나님이요 복을 주신 분이 하나님이요 이름을 주신 분이 하나님이시라는 것이다.

3절, 아담이 일백 삼십 세에 자기 모양 곧 자기의 형상과 같은 아들을 낳아 이름을 셋이라 하였고

여기서 '아담의 모양 곧 아담의 형상과 같은'이라는 말은 이해하기가 쉽지 않다. 그것은 하나님의 형상대로 창조된 아담의 어떠함을 말하는 것인지, 타락한 후에 죄 많고 연약하여 죽을 수밖에 없는 그 형상을 닮았다는 것인지 판단하기가 쉽지 않다. 원래 아담은 하나님의 형상대로 지어졌다. 그러나 타락한 후 시간이 지남으로 하나님의 형상을 찾아보기가 어렵게 되었을 것이다.

한가지 분명한 것은 창세기 기자는 감히 아담이 아벨 대신 얻은 셋이 하나님의 형상을 닮았다고 기록하지 않았다는 것이다. 그것은 어느 정도 아담의 타락한 본성을 염두에 둔 것이다. 그러나 아담에게는 아담을 닮지 않은 아들이 하나 있었는데 그가 바로 가인이었다. 아담은 비록 선악과를 먹음으로 인간의 타락의 시초가 되었지만 많은 세월을 살면서(930세) 후손들에게 동산에서 하나님과 함께하던 은혜로운 시간들과 어떻게 불순종하여 죄인이 되었는지를 힘을 다하여 교훈해주었을 것이다. 즉 아담은 죄인이지만 자신의 실패를 아는 자로서 회개의 느낌으로 가득한 삶을 살았을 것이다.

그러나 가인은 달랐다. 가인은 육체의 사람이었고, 그 속에 시기와 악독이 가득하였다. 그는 어쩌면 아담과 하와에게서 타락의 인자를 더욱 많이 받아 태어난 아들이었다. 오늘날도 자식이 여러 명 있을 때, 그 중 한 둘은 부모의 못난 점만을 골라서 타고나는 것과도 같다. 결국 그 사고뭉치 아들인 가인은 자기의 선량한 동생 아벨을 죽였다. 아담은 한 아들은 잃고 살인자인 아들은 멀리 떠나보내게 되었다. 그리고서 오랜 시간 아담과 하와는 아들이 없이 외롭게 살았던 것이다. 많은 세월이 지난 후 아담이 130세나 되었을 때에 하나님께서는 그에게 셋을 주셨는데, 그는 아담의 좋은 쪽의 모양과 형상을 지닌 아들이었다. 그것은 그가 타락하여 죄인이 된 아담을 닮았다는 것을 의미하는 것만이 아니라 타락한 가운데서도 하나님의 긍휼과 용서를 구하며 거역을 통하여 주어진 하나님의 심판의 말씀들에 순종하는 태도를 가리키는 듯하다. 가인과 그의 후예들은 하나님의 심판의 말씀을 지키는 노선 안에 남아 있지 않았으므로 결국 셋이 아담의 족보(결국 이는 그리스도의 족보가 되었다, 눅 3:38)를 이어가게 되었다. 아벨은 순교했고 가인은 범죄와 거역에 떨어졌으며 셋이 아담을 이어가는 족보 안에 들게 된 것이다. 셋이란 이름은 '지정된 자'(appointed one)를 뜻하는데, 이는 그가 정식으로 아담의 대를 이을 후손으로 지정되었다는 의미일 것이다.

아담의 향년—구백 삼십 세

4-5절, 아담이 셋을 낳은 후 팔백 년을 지내며 자녀를 낳았으며 5 그가 구백 삼십 세를 향수하고 죽었더라

하나님은 왜 이 최초의 사람들을 오래 살게 하셨는가? 이에 대하여 몇 가지를 생각해 볼 수 있겠다.

첫째는 지으신 사람을 사랑하시고 관심하시며 돌보시는 하나님의 주권이다. 아담은 930세를 살았는데 노아의 부친 라멕이 56세가 될 때까지 산 셈이다. 그러므로 경건한 사람 노아는 아버지로부터, 동시대의 많은 족장들로부터, 아담과 하와의 에덴 동산의 이야기며, 가인과 아벨의 이야기며, 에녹의 이야기들을 잘 전해 들었을 것이다. 우리는 계산을 통해 노아가 아담이 죽은 후 얼마 안 되어 태어났음을 알 수 있다. 아담과 에녹은 이 땅에 함께 존재했었고, 아담이 죽고 나서 얼마 안 되어 하나님께서는 에녹을 데려가신 것이다. 만일 아담이 조금만 더 오래 살았더라면 노아를 보았을 것이고 에녹이 하늘로 올라가는 것을 보았을 것이다. 우리는 아담이 에녹이나 라멕에게 지난 날의 역사를 자세히 말해주었으리라고 추측해볼 수 있다. 그러므로 라멕은 또한 노아에게 이 모든 것들을 잘 가르쳤을 것이고 그렇게 해서 노아는 당대에 의인으로 예비되고 하나님의 은혜를 얻을 수 있는 자질을 갖추게 되었을 것이다. 전 시대의 사람들은 후세의 사람들로부터 얻은 은혜를 잘 남겨두어 그들로 유익을 얻게 할 책임이 있는 것이다. 아담은 구백 삼십 세를 향수하였다. 이는 매우 장수한 것이다.

장수의 이유

하나님이 그들을 오랫동안 살도록 허락하신 것은 물론 하나님의 주권이다. 그분은 필요할 때 그렇게 섭리하실 수 있는 분이시다. 이 부분의 말씀을 묵상할 때 우리는 몇 가지 생각해볼 수 있다.

1. 그분은 사람이 생육하고 번성하기를 원하셨다. 그런데 인구가 별로 없었던 때에는 자식을 낳는 일이 가장 중요한 일이라고 볼 수 있겠다. 따라서 5장의 기록에서 그들이 나이를 많이 먹을 때까지 살면서 한 일이라고는 자식을 낳은 일이라고 기록되어 있다(10,13,16,22,26,30절). 그들은 인구의 번성을 위해 수고하는 시대의 사람들이었던 것이다. 그때 하나님은 사람들을 오래 살게 하시어 자녀들을 많이 낳게 하셨다. 또한 창조시에는 사람들에게 정하신 연한이 그렇게 길었다고 볼 수도 있다. 그리고 그렇게 정한 사람에 대한 장수의 연한이 창조시로부터 얼마되지 않은 그 시기에는 아직 영향을 발휘하고 있었다. 그러나 죄로 인하여 점점 사망의 독소가 깊어져 오늘날의 연한에 이르게 되고 70-80으로 줄어들어 버린 것으로 본다(시 90:10).

모세는 장수한 시대의 족장들의 연한도 기록하였지만 시편 90편에는 타락한 인간에 대한 짧아진 정년도 기록해 놓았다. 모세가 정신이 없어서 초기 인류의 9백 살 이상의 나이와 자기가 기록한 시편 90편의 7-80살의 나이를 혼돈하여 기록하였을리 없다. 창세기에는 그렇게 장수한 인물들을 기록하고, 자신들의 시대(출애굽기, 민수기, 신명기)에는 나이가 백 살 내외로 줄어든 것을 그처럼 정확히 기록할 수 있겠는가? 이는 인류 역사에서 창세기의 장수한 세대가 분명히 존재하였다는 것을 기록으로 믿을 수 있는 대목이다. 그럼 왜 인류의 수명이 그토록 감소하게 되었을까? 이는 틀림없이 사람의 육체와 정신 속에 점점 깊이 깃들게 된 죄로 인한 것이리라! 그러나 그 영향이 적었던 초기 인류는 그래도 오래 살았다. 기이한 것은 아무리 오래 살아도 천 년이 넘는 사람은 없었다는 것이다(므두셀라 969세로 최장수). 따라서 하나님께서 천 년 정도를 원래 인생의 수한으로 정하신 것이 틀림없다.

이는 천년왕국을 생각하면 쉽게 이해가 간다. 천년왕국 시대를 성경은 회복의 때라고도 부른다. 만물의 회복이라면 타락의 영향을 받지 않은 때를 의미하는 것이다. 이 기간이 천 년이고 이때는 백세 정도 되는 자가 아이라고 하였으며 백세가 못되어 죽는 자는 저주를 받은 것이라고 했다(사 65:20). 이때는 수한이 차지 못하여 죽은 자가 없다고 하였다. 그러니 회복의 때에 태어난 사람들은 천 년을 사는 것이 가능하다는 말이다. 하나님이 창조하신 사람은 정상적이라면 천 년 살 수 있도록 지어진 것이 아닌가 하는 생각이 든다. 그것은 기묘하게도 969까지는 갔지만 천 살이 넘는 경우가 없는 데서도 증명이 되며 거의 초기에는 9백여 세를 살 수 있었기 때문이다. 천년왕국 회복의 때에는 다시 그러한 상황이 도래할 것이다.

2. 또한 오래 살게 하신 공평하신 하나님의 섭리는 그뿐만이 아닐 것이다. 이는 사람이 아직 많지 않은 이 땅에 하나님을 아는 자들로 후세 사람들에게 하나님을 알도록 가르쳐 주기 위함이었을 것이다. 그때에는 사람에게 성경처럼 기록된 하나님의 말씀이 없었고, 오직 전 시대 사람들의 경험과 구전밖에는 없었다. 그나마 축적된 것도 부족했다고 보아야 한다. 그러므로 하나님은 사람들에게 하나님을 경배하는 법을 가르쳐줄 수 있는 방도를 생각하셔야 했다. 결국 가장 효과적인 것은 하나님을 직접 생생하게 경험한 사람들의 입을 통해서 직접 후손들에게 들려주는 것이었다. 어떻게 모세는 이 모든 것을 알고 창세기를 기록할 수 있었을까? 이는 가장 정통적인 인류의 족보를 지닌 유대인이기에 가능했을 것이며, 오래 산 자들의 구전들이 그 후손들에게 끊임없이 흘러내려오고 있었기 때문일것이다. 모세 시대까지 족장들은 구백여 살씩 살던 사람들의 흔적이 있었기에 전 시대의 이야기들을 잘 이어받아 들을 수 있었을 것이다. 아담으로부터 아

브라함까지가 이천 년이고, 아브라함과 모세의 차이는 삼백여 년 밖에 안 된다. 그러므로 모세는 아담으로부터 아브라함과 이삭과 야곱에 이르는 모든 이야기를 기록하기에 합당한 시대의 사람이라고 할 수 있다. 아담과 노아의 세대는 겨우 아홉 세대정도밖에 차이가 나지 않으며, 노아는 아담이 930살까지 살다가 죽은 후에 낳았고, 노아는 950세까지 살았으며, 홍수 후에도 삼백 오십년을 지내었으니, 아담과 노아와 아브라함 야곱 등은 세대 차이가 별로 나지 않는다. 이들의 장수는 모세로 하여금 오경을 기록하는 것을 가능케하는 매우 필요한 요소들이 되었을 것이다.

역사가 없던 시대에 사람들이 교훈을 받고 그 모든 자료를 남기는데 있어서 장수보다 더 효과적인 것은 없었다. 하나님이 그들로 장수하게 하신 것에는 이러한 이유가 있다고 보는 것이다. 공평하신 하나님이 그들에게 인생에서의 시행착오의 기회를 더 부여하셨다는 것이다. 그들에게 성경의 가르침이 없었다는 것은 적은 일이 아니다. 후대에 비하여 선진들의 가르침이 많이 남겨지지 않았다는 것도 그들에게는 큰 불이익이 된다. 그러므로 공평하신 하나님은 그들에게 시행착오를 겪을 시간을 더 부여하셨을 것이다. 하나님이 족장들과 대화하시고 관계하신 것을 보면 시간을 매우 길게 쓰신 것을 볼 수 있다(아브라함과도 10년 씩, 13년 씩). 그들은 말하자면 인생을 오랫동안 잘못 살고 난 후에 다시금 정신을 차려서 새롭게 살아볼 기회가 여러 번 있었다고 봐야 할 것이다.

그러나 지금은 그렇지 않다. 하나님의 가르침과 말씀이 이미 널리 보급되었으며 전 시대의 문헌들이나 경험들을 통해 우리가 인생을 잘 살 수 있도록 많은 가르침이 전달되었다. 그러므로 이제는 인생을 낭비할 많은 세월이 없는 세대에 우리가 살고 있다고 보아야 할 것이다. 이 시대에는 정신 차려 살지 않으면 안 된다는 경고가 그래서 필요한 것이다. 시간이 별로 많지 않은 시대에 우리가 살고 있다. 우리의 인생은 그렇게 여유를 부릴 수 없다.

3. 그들의 경건성이 오늘날보다 뛰어났을 것이기 때문이다. 그때는 아무래도 지금보다 사회가 순수했다. 오염도는 갈수록 심해지는 법이다. 우리

는 당대의 에녹이나 노아의 영성을 볼 때 그들이 얼마나 경건했는지를 알 수 있다. 그때는 지금만큼 죄들이 많지 않았을 것이다. 그러한 때문지 않고 부패하지 않은 삶들이 또한 장수와 관련이 있다. 성경에는 경건한 삶과 장수가 관계가 있음을 말하는 많은 구절들이 있다. 잠언 3장 1-2절은 "내 아들아 나의 법을 잊어버리지 말고 네 마음으로 나의 명령을 지키라 그리하면 그것이 너로 장수하여 많은 해를 누리게 하며 평강을 더 하게 하리라"고 했으며, 잠언 4장 10절은 "내 아들아 들으라 내 말을 받으라 그리하면 네 생명의 해가 길리라"고 하였다. 잠언 9장 11절은 "나 지혜로 말미암아 네 날이 많아질 것이요 네 생명의 해가 더하리라"고 한다. 원래 몸이 연약하였으나 90여세의 장수를 누린 조지 뮬러(Goerge Muller)는 장수의 비결이 경건에 있다는 의미로 세 가지를 말하였다. 첫째는 하나님과 사람에 대하여 양심에 거리낌이 없이 살 것, 둘째 성경을 사랑하는 생활을 가질 것, 셋째 하나님과 및 하나님의 일에 대하여 기쁘게 생각할 것이다(박윤선 주석 참조).

4. 첫 세대 사람들이 이렇게 장수할 수 있었던 것에는 자연적인 요인도 반드시 있었을 것이다. 당시의 땅은 오염이 없이 깨끗하여 공기와 물과 모든 것이 그러했다. 그리고 거기서 나오는 야채, 과일 모든 것이 완전히 무공해 자체였다. 지구의 온도나 천체의 지구에 대한 보호력도 지금보다 훨씬 뛰어났을 것이다. 그리고 혹자들이 말하는 바대로 자연식품을 음식과 약품으로 이용할 수 있는 지력이 아담이 그 모든 동물들을 이름을 지어준 것만 보아도 매우 뛰어났을 것이라는 생각이다. 실상 산에나 들에서 자라나는 식물이나 과일이나 약초에는 모든 질병을 다 치료할 수 있는 성분들이 다 들어 있다고 한다. 아담과 그 오래 산 족장들은 이 모든 지식들을 다 가지고 있었을 것이다. 그때는 사람의 지력이 손상을 받지 않고 깨끗했으므로 그 능력은 대단했을 것이다(매튜 헨리 주석 참조).

하나님께서 에녹을 데려가시기 이전에 정상적으로 죽은 사람은 아담 하나뿐이다. 아벨도 제 수명을 다하지 못하고 죽었다. 그때 사람들은 비로소 죽음이라는 것을 인식하였을 것이고, 얼마 지나서 하나님께서 에녹을 데려가시는 것을 보면서 하늘에 소망 두는 것도 배웠을 것이다. 이 모든 것은 성경이 없는 시대에 하나님께서 직접 많은 시간을 두고 한가지 한가지 실물로 사람들을 가르치시는 방법이었다.

족장들의 연대기적인 기록

6-32절, 셋은 일백 오 세에 에노스를 낳았고 7 에노스를 낳은 후
팔백칠 년을 지내며 자녀를 낳았으며 8 그가 구백십이 세를 향수
하고 죽었더라 9 에노스는 구십 세에 게난을 낳았고 10 게난을 낳
은 후 팔백십오 년을 지내며 자녀를 낳았으며 11 그가 구백오 세
를 향수하고 죽었더라 12 게난은 칠십 세에 마할랄렐을 낳았고 13
마할랄렐을 낳은 후 팔백사십 년을 지내며 자녀를 낳았으며 그가
구백십 세를 향수하고 죽었더라 15 마할랄렐은 육십오 세에 야렛
을 낳았고 16 야렛을 낳은 후 팔백삼십 년을 지내며 자녀를 낳았
으며 17 그가 팔백구십 오세를 향수하고 죽었더라 18 야렛은 일백
육십이 세에 에녹을 낳았고 19 에녹을 낳은 후 팔백 년을 지내며
자녀를 낳았으며 20 그가 구백육십이 세를 향수하고 죽었더라 21
에녹은 육십오 세에 므두셀라를 낳았고 22 므두셀라를 낳은 후
삼백 년을 하나님과 동행하며 자녀를 낳았으며 23 그가 삼백육십
오 세를 향수하였더라 24 에녹이 하나님과 동행하더니 하나님이
그를 데려가시므로 세상에 있지 아니하였더라 25 므두셀라는 일
백팔십칠 세에 라멕을 낳았고 26 라멕을 낳은 후 칠백팔십이 년을
지내며 자녀를 낳았으며 27 그는 구백 육십구 세를 향수하고 죽었
더라 28 라멕은 일백팔십이 세에 아들을 낳고 29 이름을 노아라
하여 가로되 여호와께서 땅을 저주하시므로 수고로이 일하는 우리
를 이 아들이 안위하리라 하였더라 30 라멕이 노아를 낳은 후 오
백구십오 년을 지내며 자녀를 낳았으며 31 그는 칠백칠십칠 세를
향수하고 죽었더라 32 노아가 오백 세 된 후에 셈과 함과 야벳을
낳았더라

족장 열 명 중에 아홉은 장수하다가 죽었으며 에녹은 죽음을 맛보지 않고 하늘로 데려감을 입었다. 라멕 이전의 족장들 가운데 마할랄렐만 구백 세를 넘지 못하고 나머지는 다 구백 세 이상을 살았으며, 라멕은 칠백칠십칠 세를 향수하고 죽었다. 라멕의 아버지 므두셀라는 자신이 매우 건강한데 비해서 아들이 좀 약한 것을 보고 강하라는 의미로 그런 이름(정복자, 강한 자)을 지어주었는지는 모르지만 그의 수명은 당시의 족장들에 비하여 백년 이백년이 짧다. 노아에 이르러서 다시 수명이 연장되어 노아는 950세까지 살았다. 노아는 의심할 여지없이 의롭고 경건한 사람이었다. 구약 성경에서는 의롭고 경건한 사람으로 노아와 욥, 그리고 다니엘을 꼽는다. 족장들의 이름은 아담으로부터 시작하여 셋, 에노스, 게난, 마할랄렐, 야렛, 에녹, 므두셀라, 라멕, 노아이다. 므두셀라는 노아의 홍수가 나던 그 해에 죽었다. 셋은 '지정된 자', 혹은 '기름부음받은 자'라는 뜻이고, 에노스는 '연약한 자', 게난은 '대장장이', 마할랄렐은 '하나님께서 찬양을 받으심', 야렛은 '하강'(下降), 므두셀라는 '그가 죽을 때 심판이 임하리라', 라멕은 '정복자', '강한 자', 노아는 '안식과 안위'라는 뜻을 갖고 있다.

죽었더라

이 계보에는 '향수하였다'는 말과 함께 '죽었더라'는 말이 있다. 이것은 마태복음에 있는 왕이신 예수님의 족보와 대비된다. 신약의 시작인 예수님의 족보에는 '낳고'만 있지 '죽었더라'는 말이 없다. 구약의 족장들은 오래 살았고 또 자녀들을 낳았지만 결국 죽었다. 그러나 신약은 믿음으로 영생을 얻은 족보이므로 낳은 것만 있고 죽은 것이 없다. 또한 우리는 이 말씀을 읽을 때에 죽음에 대비할 것을 기억해야 한다. 900세가 넘도록 오래 살아도 결국 인생은 죽기 때문이다.

에녹에 대하여

이 열 명의 족장 계보에서 가장 뛰어난 인물은 에녹이다. 성경은 그러므로 에녹에 대하여는 자세하게 기록하고 있다. 에녹은 아담의 7대손이다. 그의 특이한 점은 그가 므두셀라를 낳은 후에 300년 동안 하나님과 동행하였으며 그 후에 하나님께서 그를 데려가셨다는 것이다. 우리는 에녹에게서 사망을 이기고 승리하는 비결을 본다. 성경 이곳저곳에 있는 그에 관한 기록을 종합해볼 때, 그 비결은 첫째 하나님을 믿음으로(히 11:5) 하나님을 기쁘시게 하는 증거를 얻은 것이며, 둘째는 예언자로서 그리스도의 강림하심과 세상에 대한 심판을 증거하는 선지자의 역할을 성실히 수행한 것이며(유 14-15절), 셋째는 300년간 하나님과 동행한 것이다. 그는 이미 그때 노아의 홍수 사건을 미리 예견하고 하나님의 심판을 예언한 선지자가 되었다. 그가 노아의 홍수를 예견한 것은 자기 아들의 이름을 지은 것을 보면 알 수 있다.

1. 하나님과 동행함

에녹은 365년을 이 땅에 살았는데 이는 당시 족장들의 생애에 비하면 매우 짧은 기간이다. 오늘날의 나이로 따지면 30이나 35세에 불과하다. 그러나 그는 그의 평생토록 해야 할 하나님의 일을 일찍 완수했기에 일찍 떠날 수 있었다고도 볼 수 있다. 어떤 사람에게 일거리를 맡겨보면 집에 가져가 하루 종일을 소비하면서도 매듭을 짓지 못하는 경우를 본다. 그런 사람은 확실히 오래 살아야만 무슨 일이든 마칠 수 있다. 그러나 에녹과 같은 사람들은 정오에 일을 잘 끝낸 경우이다(스펄전). 그는 그가 이 땅에서 해야 할 간증과 예언과 주님과의 동행을 다 마치고 더 이상 이 땅에 해야 할 일이 남지 않았다. 그러므로 하나님은 에녹을 데려가신 것이다. 하나님은 곡식이 다 익으면 그냥 남겨두지 않으신다. 익은 곡식은 추수하시는 것이다. 따라서 에녹은 죽음을 맛보지 않은 채 하나님께 데려감을 당할 수 있었다. 그는 확실히 휴거의 본이다. 이 세상에서 장래 휴거되는 사람들은 에녹과 같이 하나님과 동행하는 사람이다.

에녹이 하나님과 300년간 동행한 사실은 참으로 우리에게 큰 교훈을 준다. 동행은 첫째 하나님과의 화해를 통한 친근한 교제 안에서 이루어진다. 두 사람이 합의하지 않고는 동행할 수 없기 때문이다(암 3:3). 또한 하나님과 동행함은 모든 삶이 하나님의 말씀에 근거하는 것이어야 하며 성령의 인도에 따라 범사를 결정하고 행하는 것이어야 한다. 여기에는 반드시 자신을 부인하는 것이 전제되어야 한다. 십자가를 지고서 주님을 따르지 않고는 주님과 동행할 수 없다. 하나님과 동행함은 모든 일에서 하나님의 뜻을 좇고 하나님을 기쁘시게 하는 삶을 살 때에만 가능하다. 이러한 하나님과 동행하는 삶이 그를 휴거되도록 이끈 것이다. 요한계시록 14장의 십사만 사천의 특징도 어린 양이 어디로 인도하든지 따라가는 자들이라는 것이다. 그들은 추수 전에 하늘의 시온으로 휴거된 자들인데 이들이 휴거된 것은 그들이 그만큼 충성된 자들이기 때문이다. 주님도 인격이 있으시고 우리도 인격이 있다. 곧 서로 다른 의지가 있다는 말이다. 그러므로 사람이 주님과 동행하려면 자신의 의지와 뜻을 내려놓을 수 있어야 한다. 자신의 뜻이나 의지가 강한 사람은 결코 다른 사람과 동행할 수 없다. 주님과 동행하려면 언제나 주님의 뜻을 물어야 하고, 주님의 뜻이 나타날 때에 온전히 자신의 뜻을 내려놓을 수 있어야 한다. 이런 자들이 아니면 휴거는 불가능하다.

동행하는 삶을 위해서 몇 가지만 참고로 말하겠다. 그가 하나님을 기쁘게 하는 삶을 살 수 있었던 것은 그가 믿음을 갖고 있기 때문이다. 당시 에녹은 하나님을 믿음으로 의롭다함을 받을 수 있었다. 죄 사함과 칭의를 받지 않고는 하나님께 나아갈 수 없기 때문이다. 또한 그는 하나님의 임재를 의식하며 살았다. 옆에 있는지 없는지 알지도 못하는 사람과 동행할 수는 없다. 얼굴은 보지 못해도 최소한 발자욱 소리는 들을 때에 동행하는 것이다. 그는 다만 주님을 머리로만 믿는 믿음이 아니고 일상생활 가운데 항상 함께 해주시는 분으로 믿었다.

또한 에녹의 주님과의 동행은 점진적인 발전과 향상 안에서의 동행이었다. 시간이 지날수록 에녹은 하나님을 더 많이 이해하고 더 많이 즐기고 더 많이 사랑하고 더 많이 드리고 더 많이 받을 수 있었다. 그는 하나님과 동행하면서 하나님의 증인으로서 선지자의 역할도 충실히 수행하였다. 유다서에는 아담의 7세손 에녹이 예언했다고 말한다. 그가 예언한 대상은 당시의 불만스런 사람들이었다. "이 사람들은 원망하는 자며 불만을 토하는 자며 그 정욕대로 행하는 자라 그 입으로 자랑하는 말을 내며 이를 위하여 아첨하느니라". 이렇게 행한 자들이 당시 에녹이 예언한 대상이었다. 그들은 에녹을 거스르고 모독하는 말을 했을 것이며 그의 심령을 괴롭혔을 것이다. 에녹 당시에 경건치 않은 자들이 많이 있었고 또 경건치 않은 일과 말도 많았을 것이다. 에녹은 그들이 하나님을 거스르고 강퍅하게 말하는 것을 들어야만 했다. 그리고 그들을 대상으로 하나님의 강림하심을 전파한 것이다. "보라 주께서 수만의 거룩한 자와 함께 임하셨나니". 그는 불순종하며 거스르는 자들에게 그리스도의 강림을 예언한 것이다.

2. 므두셀라를 낳음

에녹은 65세에 므두셀라를 낳았다. 성경은 에녹이 65세에 므두셀라를 낳은 후에 하나님과 동행하였다고 기록한다(22절). 에녹에게 있어서 므두셀라를 낳은 사건은 그의 영적 인생에 하나의 전기가 되었음에 틀림없다. 먼저 그는 아들의 이름을 '므두셀라'라고 지었는데, 그것은 '그가 죽은 후에 심판이 오리라'라는 뜻이다. 어쩌면 에녹은 그의 아들 므두셀라를 낳을 때쯤 세상에 대한 하나님의 관점을 알았을 것이라고 예측해볼 수 있다. 그때 이미 하나님은 세상을 심판할 계획을 세워놓고 계셨다.

이는 에녹이 그의 아들의 이름을 그렇게 지은 것으로 알 수 있다. 그러므로 에녹은 므두셀라를 낳은 후부터는 더 이상 이 땅에 흥미를 갖지 않고 하나님과 동행하는 삶을 살았던 것이다. 에녹은 아들을 낳은 후 구백여 년 후에 홍수가 임하여 심판이 있을 것을 알았을 것이고 300년이나 하나님과 동행하다가 하나님께 데려감을 당했다.

에녹은 분명 당시 선지자의 일을 한 사람이다. 그는 사람들에게 하나님께서 곧 이 세상을 심판하실 것이라고 예언했다. 아마도 그가 므두셀라를 낳았을 때 하나님으로부터 심판의 때에 관해 계시를 받았던 것 같다. 그는 그로부터 더 이상 이 땅에 어떤 미련도 두지 않았을 것이다. 그리고서 사람들에게 주님의 재림과 이 땅에 대한 하나님의 심판을 전파한 것이다. 그러므로 에녹에게 있어서 영적 전기는 므두셀라를 낳았을 때이다. 그는 그때부터 영적 생명에서 현저한 전환이 있었다. 어떤 사람이든지 영적으로 큰 전환을 주는 사건이 있는데, 더러는 질병으로 인해, 더러는 파산으로 인해, 어떤 사람은 사랑하는 가족을 잃음으로 그러한 전기를 맞이한다. 에녹은 그때부터 하나님과 동행하기 시작하여 300년 동안 그렇게 했다. 그는 이 땅에 있었지만 그 마음과 뜻과 생각이 모두 하늘에 있었던 것이다.

3. 에녹의 휴거

에녹이 휴거된 것은 아담이 죽고 나서 57년이 되었을 때의 일이고 노아가 태어나기 69년 전의 일이다. 그는 다른 족장들이 900년 이상 이 땅에 존재했던 것처럼 오래 이 땅에 존재하지 않았다. 모든 일에 사람의 자유의지를 존중하시며 일하시는 하나님의 성품을 생각해볼 때, 에녹은 300년 동안 하나님과 동행하며 역사하고서는 더 이상 죄 많고 타락한 이 땅에 머물고자 하는 뜻이 없었을 것이다. 그는 하나님께 이렇게 말씀드렸을 것이다. "하나님, 저는 더 이상 이 땅에 머물 뜻이 없습니다. 저는 이제 오직 하나님과만 함께 있고 싶습니다. 제가 이 땅에서 할 일은 다 마친 것 같습니다. 이제 저를 하나님께로 데려가 주십시오."그가 휴거된 후 사람들은 경건한 하나님의 사람을 찾고자 하였으나 이 땅에서 발견할 수 없었을 것이고, 그래서 사람들은 하나님께서 그를 데려가신 것을 알았을 것이다. 이는 그가 경건하여 사람들에게 동경을 받는 인물이었음을 증명한다. 그가 하나님의 사람으로 존귀하게 살지 않았다면 사람들이 그를 찾았을 리가 없다. 사람들은 당대에 하나님을 잘 전해주었던 선지자가 더 이상 보이지 않는 것을 매우 애석해하면서 찾았을 것이다. 그러나 그는 "있지 아니하였더라"고 되어있다.

므두셀라에 대하여

므두셀라는 성경에서 가장 장수한 인물로서 969세를 살았다. '므두셀라'라는 이름은 앞에서도 말했지만 '그가 죽으면'이라는 뜻이 들어 있고 또한 '가시가 있다' 혹은 '내뿜다'라는 뜻이 들어 있다. 이것은 그가 죽을 때 홍수 심판이 있을 것임을 의미한다. 가장 오래 생존한 사람의 이름 속에 '죽음'이라는 말이 들어있는 것은 의미심장하다. 이것은 아무리 건강하고 장수해도 결국은 죽는다는 메시지가 담겨 있다. 이와 같이 창세기는 복음적인 요소로 가득한 책이다. 하나님께서는 사람이 반드시 죽는다는 것을 알고 죽음과 심판에 대비하기를 원하신다. 결국 므두셀라는 노아의 홍수가 나던 해에 죽었다.

노아에 대하여

노아의 아버지는 라멕이다. 라멕은 일백 팔십 이 세에 아들을 낳고 그 이름을 노아라고 하면서 "여호와께서 땅을 저주하심으로 수고로이 일하는 우리를 이 아들이 안위하리라"고 하였다. 노아의 아버지 또한 영적 통찰력이 있는 사람이었음에 분명하다. 어쩌면 라멕은 노아를 낳고 그 아들이 매우 총명하고 탁월한 면이 있음을 보았을 것이고, 이 아들이 장래 이 땅의 인류를 위해 큰일을 할 그릇임을 본 것이다. 그러나 노아의 아버지 라멕은 당시 사람들에 비하면 그렇게 건강한 사람이 아니어서 777세를 살고 죽었다. 그는 타락한 인생을 살면서 느낌이 풍성한 사람이었다. 그는 농사를 짓고 일을 하면서 탄식하는 말을 곧잘 한 것 같다. "우리 조상이 타락해서 하나님은 이 땅을 저주하셨고 우리는 그 바람에 아무리 수고를 해도 소출이 많지 않구나." 라멕의 일생에서 훌륭한 일 한 가지는 노아를 낳은 것이다. 그는 몸이 그렇게 건강하고 활력이 넘치는 사람이 아니었던 것 같다. 그러므로 그는 일하고 먹고 사는 것을 힘들게 느꼈으며 그의 아들 노아가 그러한 형편을 해결해줄 만한 인물이 될 것이라고 기대했다.

노아의 자녀—셈, 함, 야벳

노아는 오백 세 된 후에 셈과 함과 야벳을 낳았다. 셈은 '유명하다', 혹은 '이름'이라는 뜻이고 함은 '뜨겁다'는 뜻이며 야벳은 '아름답다'는 뜻이다. 창세기 9장 26절에서는 셈의 하나님 여호와라고 말한다. 흠정역 성경에는 셈이 야벳의 동생으로 되어 있다(창 10:21). 그러나 하나님은 주권적으로 셈을 장자로 만드시고 그리스도의 조상이 되게 하셨다.

가인의 족보와 셋의 족보

4장에 있는 가인의 족보는 황량하다. 거기에는 에녹 성을 건축하는 것이 있고 일부다처제가 행하여지고 있으며 하나님 없는 인간 문화를 발명하여 하나님 없이도 살 수 있는 오락과 상업과 무기를 만들어내는 것이 있다. 스스로 보호하고 스스로 즐겁게 하며 스스로 생존하는 방법을 고안해낸 것이다. 그러나 아담에게 아벨 대신 주신 셋의 족보에는 가인이 에녹 성을 건축하는 것과는 달리 그 아들 에노스가 인간의 공허함을 깨닫고 여호와의 이름을 부르며 경배드리기 시작하는 것이 있고, 하나님과 동행하는 삶과 심판에 대한 예언, 휴거의 사건 등 그리스도의 구속과 복음의 역사가 가득하다. 즉 가인의 후손에게서는 철저히 하나님이 없는 문화와 사회가 형성되었고 따라서 거기에는 죄와 사치와 싸움이 가득한 반면, 셋의 족보에는 하나님이 계시고 하나님의 음성을 듣고 순종하며 하나님의 역사와 동역하는 사람들이 가득하다. 이러한 두 노선은 계시록 끝까지 계속되어 하나는 거룩한 성 새 예루살렘으로 결론을 맺고 다른 하나는 바벨론 성으로 건축되어 불못으로 마쳐진다.

6 장

1절, 사람이 땅 위에 번성하기 시작할 때에 그들에게서 딸들이 나니

6장은 죄로 충만한 인류를 하나님께서 물로 심판하기로 작정하신 것과 노아의 방주를 보여준다. 사람이 땅 위에 번성하는 것은 하나님의 축복과 관계되지만 그것은 어디까지나 아담이 타락하지 않은 상태에서의 일이었다. 그러나 타락한 인류의 번성은 언제나 문제를 가져온다. 교회도 처음 인수가 적을 때에는 신선하고 순수하다가 사람이 많아질 때 문제가 생기고 혼란이 일어난다. 이것은 사도행전 6장을 생각나게 하는데, 1절은 "그때에 제자가 더 많아졌는데"라는 말로 시작된다. 인수가 많아지자 헬라파 유대인과 히브리파 유대인 간에 원망이 생겨났다. 교회 역사도 이를 보여준다. 많은 부흥의 역사가 처음에는 순수하고 깨끗하게 시작되지만 시간이 흘러 인수가 많아지면 혼란한 일이 발생하곤 하였다. 그러므로 교회의 이상적인 증가 패러다임은 작은 무리로 확장하는 것이다. 큰 건물을 짓고 많은 사람을 담으려고 하다보면 교회 안에 세상과 명예와 조직을 들여오게 된다.

2-3절, 하나님의 아들들이 사람의 딸들의 아름다움을 보고 자기들의 좋아하는 모든 자로 아내를 삼는지라 3 여호와께서 가라사대 나의 신이 영원히 사람과 함께하지 아니하리니 이는 그들이 육체가 됨이라 그러나 그들의 날은 일백이십 년이 되리라 하시니라

이 구절의 하나님의 아들들과 사람의 딸들에 관한 해석은 신학적으로 첨예하게 대립이 되는 부분이다. 이에 대한 견해는 주로 둘로 나뉘는데, 첫째는 어거스틴이나 크리소스톰이나 17세기 매튜 헨리 등에 의해 지지되는 바, 하나님의 아들들은 셋의 아들들을 말하고 사람의 딸들은 가인의 후예들 가운데서 태어난 딸들을 가리킨다는 견해이다. (나는 우선 이렇게 보는 것이 문제가 있음을 제기한다. 그것은 2절을 보면 뭔가 잘못한 쪽이 여자들 쪽이라기보다는 자기들의 좋아하는 대로 여자들을 취한 남자들 쪽이 되는데 그렇다면 셋의 아들들이 이 모든 문제의 주범이라는 말이 된다. 따라서 이런 해석은 취하기가 어렵다.) 둘째는 초대 교부들 가운데 저스틴(Justin)과 이레내우스(Irenaeus)와 클레멘트(Clement)와 터툴리안(Tertullian)과 오리겐(Origen)등이 주장하였고 19세기 G. H. Pember 등 몇몇 뛰어난 형제회 교사들이 지지하는 바, 하나님의 아들들이 타락한 천사들을 가리킨다는 견해이다. 이는 필로와 사해 사본, 칠십인역에 암시되고 있으며, 신약 성경에도 그러한 주장을 뒷받침할 만한 구절들이 있다. 베드로 후서 2장 4절과 유다서 6-7절로 보면 자기 지위를 지키지 않고 자기 처소를 떠난 천사들을 큰 날의 심판까지 영원한 결박으로 흑암에 가두셨다고 했는데 이는 소돔과 고모라와 같이 간음을 행한 자들이라고 한다. 이러한 견해를 붙잡는 사람들은 '자기 지위를 지키지 아니하고 자기 처소를 떠난 천사'에 관하여, 그들이 있어야 할 지위와 처소는 공중이며 그들이 그 지위를 떠난 것은 창세기 6장 3절에서 타락한 천사들이 공중의 거처를 버리고 이 땅에 내려와 사람의 딸들을 자신들의 아내로 삼은 일이라고 말한다. 그들은 유다서의 "소돔과 고모라와 그 이웃 도시들도 저희와 같은 모양으로 간음을 행하여 다른 색을 따라가다가"라는 말씀(7절)에서 '저희'는 6절의 타락한 천사를 가리킨다고 하며, 당시 소돔과 고모라와 이웃 도시들이 타락한 천사들을 본받아 간음을 행하고 다른 색을 따랐다고 주장한다. 즉 소돔과 고모라는 간음을 행함에 있어서 창세기 6장의 그 일을 본받았다는 것이다. 우리는 유다서의 범죄한 천사들을 에스겔 28장이나 이사야 14장에 대입할 수 없고 창세기 6장에 대입하는 것이 일리가 있다고 믿는다. 에스겔 28장과 이사야 14장의 사건은 간음이 아니라 교만과 배역의 죄였다.

사실상 양측 견해가 각기 일리 있는 근거 성경 구절들과 만만치 않은 반론들을 갖고 있어서 확고한 관점을 붙잡기가 쉽지 않다. 또 다른 견해는 천사들이 단 한 번의 간음이 아닌 인간과 가정을 이루어 계속 사는 것('아내를 삼은지라')은 불합리하다고 보는 것이다. 또한 '다른 색'이란 원문에서 '다른 육체'인데 어찌 영적 존재인 천사들을 '다른 육체'로 표현할 수 있느냐 하는 것이다. 매우 일리가 있는 주장들이다. 그러나 우리가 더욱 진지하게 상고해 보기로 하자! 성경에는 진실한 신자들을 하나님의 아들들로 명명하는 예가 많이 있고(시 73:15, 신 32:5, 호 1:10), 천사들을 하나님의 아들들로 언급하는 구절들도 있다(욥 1:6, 2:1, 시 29:1). 우리는 인간 창조 이전 세상의 천사들의 존재를 성경에서 '하나님의 아들들'이라고 부른 것을 볼 수 있다. 필경 이 부분에서 하나님의 아들들이란 의심할 여지없이 공중의 권세 잡은 마귀, 사탄을 따른 이전 세상의 존재들일 가능성이 큰 것이다. 저들은 인간처럼 몸을 가진 존재들이었을 수가 있고, 그들은 인간보다 어떤 면에서 역량이 출중한 부분이 있었던 것 같다. 그러한 자들이 심판을 받고 악한 영으로 공중에 존재하다가 아름다운 사람의 딸들을 보고 음란한 일을 행한 것이라고 보는 것이 합당한 견해라고 본다. 이것은 네피림이란 말 자체가 이미 지적한 바대로 "떨어지다(fall)"라는 어원이라는 것이 암시하는 바이다. 사람을 창조하신 지가 얼마 되지 않은 시점에서 셋의 아들들을 하나님의 아들들이라고 말하고 가인의 딸들을 사람의 딸들이라고 말할 이유는 그렇게 크지 않다. 우리가 창세기 1장 1절과 2절 사이의 역사를 지혜롭게 추적하지 않으면 이런 일들을 이해하는데는 한계가 있게 된다. 그러나 이러한 간격의 역사를 잘 추적할 때 성경의 많은 부분들이 이해하기가 쉽다.

범죄한 천사들

어떤 견해를 취하든지 여기서 중요한 것은 당시 상황이 하나님의 기대에서 멀리멀리 벗어나고 있었다는 것이다. 우리가 정확히 판단하지 못할지라도 하나님께서 극도로 실망하시어 하나님의 영을 회수하시고 심판하기로 결정하신 것을 미루어 볼 때, 단순히 가인의 후손과 셋의 후손 사이에서 혼잡한 일이 일어났다고 하기보다는 어떤 형태로든지 악한 영의 개입으로 인해서 혼잡한 일이 일어났다고 보는 것이 타당할 듯하다. 이 일에 관하여 베드로 후서 2장에서는 하나님께서 범죄한 천사들을 지옥에 던져 어두운 구덩이에 두어 심판 때까지 지키게 하셨다고 말한다(4절). 이 지옥은 '타타루스'(Tartarus)로서 음부의 아래쪽에 위치한 곳이다. 이것은 필시 창세기 6장에 기술된 '자신들의 지위를 지키지 않고 범죄한 천사들'이 심판받은 장면을 가리키는 것이다. 이는 분명 한 때 악한 천사들이 간음의 일에 참여한 것을 증명한다(이들은 천사들이라도 매우 특별한 존재였을 가능성도 있다. 이들은 이전 세상의 특별한 존재였으며 하나님은 그들을 매우 역량이 있는 존재로 지었고 이들은 배역한 천사를 따른 존재이다. 어쩌면 이들은 이전 세상에서 몸을 가지고 있었을 수도 있다. 창세기 19장에서 하늘의 천사들이 사람의 모양으로 왔을 때 소돔의 동성애자들은 그들을 범하려 하였다. 사람들이 저들 천사들을 사람처럼 몸을 가진 존재로 보았던 것이다. 네피림이란 존재가 악한 천사 종류로서 이전 세상에 있던 특이한 피조물일 것이라고 상상하는 것도 무리가 아닌 것이다). 이것은 인간의 비정상적인 간음보다 훨씬 더럽고 악한 것이며 사람을 가장 황폐하게 만드는 것이다.

이 일에 대하여 어느 학자는 노아가 태어난 후 악한 천사들이 이 땅에 혹 안위하는 일이 일어날까 긴장하여 미리 세상을 혼잡케 하고 더럽히기 위해 악한 일을 일으킨 것이라고 말한다. 그러나 내 판단으로는 그들의 정욕적인 의도 때문이리라 생각된다. 저들은 이미 이전 세상에서 성(性)에 대한 경험이 있는 존재들일 것이다. 그리고 첫 창조 후 사탄의 거역으로 말미암아 심판을 받아 몸을 잃어버린 존재들이다. 이들이 첫 창조에서 창조된 천사들의 한 부류라고 말하지 못할 이유가 없다. 실상 에스겔이나 요한이 계시록에서 본 네 생물도 이전 창조된 피조물이 아니겠는가? 저들도 사람이나 송아지나 독수리의 모양이 있을진대 인간 창조 이전에 이런 피조물이 존재하지 말라는 법이 없다. 아마도 이전 세상의 피조물 중 가장 으뜸되는 종류가 천사들이었고 저들을 당시에는 '하나님의 아들들'이라고 부른 것 같다.

모든 생각을 종합할 때 이 사건에 대하여 나는 두 학파의 해석에서 일부분씩만을 취할 수 있다고 생각을 한다. 즉 악한 영의 직접적인 간음이라기보다는, 사람의 육체(가인의 후예들)를 통한 악한 영의 결혼으로 보는 것이다. 어쨌든 사람이 귀신들리는 일도 가능한 것이며 사탄의 영이 사람에게 주입되는 것도 가능한 것이다. 그러므로 악한 천사들이 자기들과 가장 잘 합할 수 있는 가인의 후손들과 연합한 후(꼭 가인의 후손이라고 규정할 필요가 없다. 사탄은 가장 악한 사람들과 합하는 것이다. 사탄은 유다처럼 자기와 잘 맞는 자들에게 쉽게 합한다), 사람의 딸들과 결혼한 것이다. 나는 이 딸들도 완전히 셋의 딸들로만 규정할 필요가 없다고 본다. 그저 사람의 딸들로 그대로 읽는 것이 맞을 것이다. 그 때에 이 땅에 네피림이 있다고 했는데 그들이 과연 누구란 말인가? 그들은 절대로 정상적인 인류가 아닐 것이다. 4절의 고대란 말은 언제란 말인가? 이때는 사람이 창조된 지 얼마 되지 않는 시점이었다. 아담 시대를 고대라고 하겠는가? 어쩌면 이 말씀이 진행 될 때 아담은 죽은 지 얼마 되지 않았다. 따라서 이때에 아담, 아벨 시대를 고대라고 칭하기가 합당하지 않다. 이 자들은 혹 인간 창조 이전의 존재들이 아니겠는가? 모세가 성경을 쓸 때는 이전 세상의 영웅들이나 유명한 자들의 이야기가 남아 있었는지도 모른다. 우리는 이를 자세히 알 수 없다. 혹 악한 천사들이 직접 몸을 갖고 음행을 했을 수도 있기 때문이다. 우리는 창세기 19장의 말씀을 미루어 생각할 때 그 가능성도 완전히 배제할 수 없다. 어쨌든 이 문제는 악한 영들이 하나님이 창조하신 인간 세상에 개입한 것임에 틀림없다.

사탄은 동산에서 사람을 타락시켜 자신의 생각과 계획을 따라 살도록 유혹한 후 이제 더욱 자신의 본성을 주입하여 사람을 악화시키기 위해 개입한 것으로 보아야 한다. 그 이전에는 사람이 선악과를 먹었지만 사람 자체의 독립적인 인격을 개발시키는 정도였으나 이제는 사탄의 영이 사람들의 육체 속에 더욱 주입된 것이다. 가장 먼저 사탄적인 영이 주입된 부분은 남자의 육신적인 정욕이었던 것이다. 그 부분에서 사탄은 사람을 가장 공격하기가 쉬웠던 것 같다. 그러므로 사람은 무차별적으로 사탄적인 영을 받아들이는 상태가 된 것이다. 오늘날도 소위 귀신들리는 경우를 많이 보는데 내가 경험한 바에 따르면 그들 중 많은 경우가 성적인 본능으로 말미암은 경우였다. 사람의 가장 취약한 부분을 사탄이 틈타서 인간 세계 속에 자기들의 악한 본성을 심어놓으려 한 것이다.

호프만(Hoffman)이나 델리취(Delitzsch)등의 신학자들은 '네피림'이 타락한 천사들의 후손을 가리킨다고 보았고, 튜크(Tuch)나 크노벨(Knobel) 같은 신학자는 괴물(monster)이나 신동(神童)으로 보았다. 칼빈은 저들에 대하여 "저들은 악을 자랑했던 존대받는 도둑들이요, 세상의 첫 귀족이었다"고 했다. 4절의 네피림이 그 이전에도 있었느냐, 비로소 2절의 후손으로 생겨난 것이냐에 대하여도 두 가지 다 가능한 해석이다. 악한 천사들이 이미 사람들의 육체를 취한 사실이 있었을 것이며 이러한 자들과 2절의 연합으로 낳은 후손들인 네피림들과는 본질이 같다는 뜻으로 읽으면 된다.

타락의 심화

이 부분의 말씀은 이때 사람이 육체가 되었다고 했는데, 이는 사람이 더 이상 하나님의 영의 인도를 받을 수 없는 상태에 떨어졌다는 말이다. 여기서 육체란 단순한 사람의 타락이 아니라, 타락한 사람이 하나님의 원수인 사탄의 조종 아래 완전히 들어갔다는 뜻으로 읽게 된다. 즉 모든 사람이 자신의 육체의 정욕을 좇아 행함으로써 성령의 운행하심을 따르거나 하나님의 음성을 들을 수 없고, 악한 자의 손 안에 완전히 떨어졌다는 말이다(요일 5:19). 그러므로 사람의 육체는 하나님과 원수가 되었다. 이는 사탄이 하나님의 원수인 것과 같다(롬 8:5-7). 하나님께서는 지음받은 사람에 대해 어떠한 기대를 갖고 계시며 얼마나 함께하기를 원하시는지! 이것은 하나님의 창조의 목적이었다. 사람을 하나님의 동반자로 지으신 것이다. 그러나 그들이 육체가 되어 더 이상 하나님과 교제할 수 없고 하나님의 인도를 받을 수 없고 사탄과 완전히 하나가 되었을 때 그분은 너무나 상심하셨다. 그리고 그분은 이런 상황에서 사람에 대한 그분의 태도를 표명하셔야 했다.

오늘날도 하나님과의 교통을 가장 방해하는 것이 성도들의 성적인 타락인 것은 말할 나위가 없다. 성적인 타락은 또한 그 외의 많은 다른 죄들과 타락으로 사람을 인도하는 가장 부패한 성질의 죄인 것이다. 만일 사람이 이런 상태에서 개선의 여지가 없는 것이라면 하나님의 창조의 목적은 완전히 좌절되고 손상을 입게 된다. 창세기의 첫부분들을 보면서 우리는 사람의 타락이 에덴동산에서 단 한번의 실수로만 타락이 온 것으로 읽지만(물론 시작은 맞다), 타락의 심화는 더욱 더 깊어져 갔다는 것을 읽을 수 있다. 창세기는 그것을 기록한다. 가인이 동생을 죽인 사건은 더욱 더 땅이 저주를 받게 되는 사건이다. 6장의 네피림이 생산된 사건 또한 마귀의 공격의 심화로 볼 수 있다. 이젠 아예 사람이 육의 쾌락에 떨어져 더 이상 하나님의 영과 통할 수 있는 여지까지 끊어놓은 것이다.

하나님께서는 에스겔서에서 성전을 떠나신 것처럼 여기서 그분의 영의 운행하심을 철수하셨다. 이 부분에서 하나님은 '나의 영이 영원히 사람과 다투지 아니하리라'고 하셨다(흠정역 참조). 이는 하나님께서 극도의 실망감을 나타내신 말씀이다. 그동안 하나님은 비록 타락한 사람들이지만 사람과 다투면서라도 함께하셨다. 타락으로 인해 완고해진 사람은 순순히 하나님과 함께하지 못하고 거의 다투다시피 하면서 인도를 받았던 것이다. 하나님이 가인과 하신 대화를 보면 그분은 거의 가인과 다투셨다. 그렇게라도 하셔서 하나님은 사람을 되돌리기 원하셨다. 우리는 야곱의 일생이 하나님과 다투는 일생임을 생각해볼 수 있다. 아벨, 에노스, 에녹 등 훌륭한 선진들까지도 다투지 않고 영적으로 진보한 사람은 없었을 것이다. 인내의 하나님은 계속해서 그들과 다투면서도 그들을 자신께로 인도하셨다.

그러나 사람이 혼잡된 후로는 하나님께서 그들과 다투면서까지도 함께하셨던 그분의 임재마저 거두어들이기로 결정하신 것이다. 주 예수께서 유대인들의 많은 반대와 대적을 당하시면서도 계속 그들을 위해 사역하셨다. 그러나 그들의 반대가 절정에 이르렀을 때 "하나님의 나라를 너희는 빼앗기고 그 나라의 열매맺는 백성이 받으리라"고 하셨다. 즉 주 예수님은 먼저 그분의 나라를 유대인들에게 가져왔으나 그들의 거절과 극한 반대는 다른 이들에게로 넘어갔다. 사도행전에서 사도들의 복음행렬도 처음에는 늘 유대인들을 향하였다. 그러나 그들의 반대가 거세어지고 적대가 극점에 이르렀을 때 사도들은 "우리가 이방인에게로 향하노라"(행 13:46)고 하였다. 오늘 날 교회도 동일한 경고를 받고 있다. "네 촛대를 그 자리에서 옮기리라"(계 2:5) "내 입에서 너를 토하여 내치리라"(계 3:16) 주님은 언제나 같은 원칙으로 대하시는 것이 아니라 악함이 지나쳐서 수습할 수 없을 때 그들을 버리시는 것이다. 성도들 뿐 아니라 심지어 주의 종들도 그분의 손에서 버림이 되지 않도록 두려워하며 조심해야 한다(고전 9:27).

여기서 "그들의 날이 일백이십 년이 되리라"고 하신 것은 그때에 사람의 수명이 120세로 줄었다는 의미가 아니라 120년이 지난 후에 홍수의 심판이 있으리라는 의미이다. 수명이 단축된 것으로 해석하는 학자들이 더러 있다. 그러나 호크마 주석이나 박윤선 박사 등은 120년 후에 심판이 있으리라는 뜻으로 보았다. 적어도 이 구절을 통해 분명히 알 수 있는 것은 노아의 홍수의 심판과 이 6장 3절의 사건은 연관이 있다는 것이다. 단순히 죄가 들어온 것이 아니라 이 죄악은 인류 가운데 사탄적인 개입이 깊숙이 침투한 것을 가리킨다. 사탄은 동산에서 아담을 타락시킨 후 좀 더 주관적인 방식으로 인간을 찬탈하기 위해 잠입한 것이다. 베드로 전서 3장 20절에 의하면 노아 시대의 이러한 혼잡하고 실망스러운 상황에서도 하나님은 오래 참으셨다고 말한다. 그분은 지금 당장 심판하겠다고 하시지 않고 그래도 120년 후에 심판하실 것이라고 하시는 것이다. 그것은 당시에 많은 사람들이 하나님을 떠나고 거역적이 되며 사탄과 야합했지만 하나님께서는 그 중 몇이라도 회개할까 하여 120년이나 되는 유예 기간을 주신 것이다.

4절, 당시에 땅에 네피림이 있었고 그 후에도 하나님의 아들들이 사람의 딸들을 취하여 자식을 낳았으니 그들이 용사라 고대에 유명한 사람들이었더라

3절의 해석 여하에 따라서 4절의 해석도 크게 두 개로 나뉘는데, 하나는 악한 천사와 사람의 딸들과의 결합에서 생겨난 존재로서 사탄적인 지배 아래 있는 고대의 힘센 거인을 의미한다는 것이고, 또 하나는 셋의 후손들이 가인의 딸들과의 사이에서 생겨난 존재로서 신체적인 특성상 기골이 장대한 사람이라고 보는 것이다. 3절의 해석에 대해서도 양편 다 일리가 있고 전면 부정하기 어려운 점들이 있다. 종교 개혁자 루터는 네피림에 대하여 하늘에서 떨어진 자, 즉 마귀의 화신으로 보았다. 칼빈도 그들에 대하여 무서운 거인들로서 마귀시된 존재라고 하였고 "저들은 악을 자랑했던 존대받는 도둑이요 세상의 첫 귀족이었다"고 하였다. 어쨌든 그 네피림이란 존재들이 하나님께 극도의 실망감을 안겨드리고 무서운 심판을 집행하시도록 한 사건은 아무래도 악한 영들과의 결합으로 인한 것이라고 판단된다. 하나님께서 가인의 후손과 셋의 후손의 혼잡한 결합 때문에 심판을 결심하셨다는 것은 믿기가 어렵다.

다음 구절에 여호와께서 죄가 세상에 관영함을 보셨다고 하셨는데, 이는 틀림없이 이런 불법적인 혼인으로 말미암은 네피림의 출현이리라! 이들이 고대에 용사이며 유명한 사람들이 되었다. 이렇게 악한 영과 관련된 자들이 유명하게 되고 사람들을 다스리게 되니 그 상황은 수습할 수 없는 지경이 된 것이다. 그들은 특히 평범한 사람들을 압제하고 불법적인 추앙을 받게 되었을 것이다. 그때 아무래도 사람들은 더욱 순진했을 것이니 그들의 복종과 맹종의 강도는 현세보다 훨씬 더 강했을 것이다. 위대한 자가 악하게 될 때 그 사회나 나라의 죄악은 더욱 커진다. 가장 악명 높은 죄인들이 유명한 사람이 될 때 평범한 사람들의 죄악도 대단히 커진다. 그때는 아직도 성경이 없고 다소나마 뭔가를 분별할 만한 대책도 없을 때였다. 오늘날도 사람들에게 가장 큰 피해를 주는 것은 악한 영웅들이요, 괴악한 이단의 교주들이다. 지금은 역사를 통하여, 수많은 축적된 지식과 경험들이 그러한 사람들의 출현과 발전을 제어할 만도 하지만, 그러나 당시는 지금과는 달랐다. 그러한 때 하나님은 자신이 창조하신 사람을 위하여 뭔가를 하지 않으시면 안 되었을 것이다.

우리가 자녀를 키울 때, 많은 것들은 자녀들 스스로가 헤쳐 나가도록 자유를 준다. 그러나 때로 자녀들이 가장 어렵고 힘든 상황에 부딪혀서 부모의 도움이 간절히 필요한 때가 있다. 나도 내 자녀들에 대하여 한두 번 가장 중요한 때에 결정적으로 나서서 도와준 때가 있다. 그렇게 해주지 않는다면 그들은 일생 어려움을 겪게 될 것이다. 하나님은 목적을 가지고 창조한 사람을 보시고 큰 결단을 하시지 않을 수 없으셨다.

5-7절, 여호와께서 사람의 죄악이 세상에 관영함과 그 마음의 생각의 모든 계획이 항상 악할 뿐임을 보시고 6 땅 위에 사람 지으셨음을 한탄하사 마음에 근심하시고 7 가라사대 나의 창조한 사람을 내가 지면에서 쓸어버리되 사람으로부터 육축과 기는 것과 공중의 새까지 그리하리니 이는 내가 그것을 지었음을 한탄함이니라 하시니라

사탄은 사람들 가운데 간음으로 혼잡시키는 형태로 들어와서 결국 짧은 시간 내에 온 땅을 죄로 가득하게 만들었다. 성적인 욕구는 타락한 인간에게 가장 취약한 부분이 되어 버렸고 사탄은 이를 이용한 것이다. 일단 성적으로 타락시키면 나머지의 악은 열려진 큰 문을 통해서 다 쏟아져 들어온다. 이제 사탄에 의해 타락한 인간들 속에는 그들의 의도와 계획 속에 선한 것이 없게 되었다. 그리고 그들은 항상 죄를 지을 것만을 생각하고 있었다. 여호와 하나님께서는 이 땅에 죄악이 가득한 것과 그들의 생각이 항상 악한 것을 보시고 땅 위에 사람 지으셨음을 한탄하셨다. 하나님은 인격이 있는 분이시다. 그분은 자신이 하신 일에 대해 한탄하셨다. 그리고 쓸어버리기로 결심하시기에 이르렀다. 이는 마치 깨끗해야 할 장소에 있는 쓰레기나 오물을 쓸어 합당한 곳인 오물 처리장에 던져 버리는 것과도 같다. 히브리어로는 쓸어버린다(wiping, 왕하 21:13)는 것과 지우다(erasing, 출 32:32)의 뜻이 있다. 이는 저자가 불쾌한 글귀를 책에서 지워버리는 것과 같다(매튜 헨리). 소돔과 고모라를 보든지 역사적으로 도시나 나라 전체가 멸망하는 사례에서, 특히 극심한 성적 타락이 있었다는 것은 우리가 다 아는 바이다. 하나님은 죄악 중에도 성적 타락을 가장 심각하게 보신다. 한 개인에게 있어서도 가장 큰 실수는 성적 부패인 것이다. 르우벤이 장자의 명분을 잃은 것은 바로 이 문제에서 실패한 경우이다. 간음과 음란의 죄보다 하나님과의 관계를 흑암에 넣는 일은 없다. 이는 사람을 완전히 육체로 떨어지게 하는 것이다.

우리는 이 말씀에서 전지하시고 전능하신 하나님께서 사람을 지으신 것을 한탄하셨다는(후회하다, 흠정역) 말씀을 듣고 놀라움을 금할 수 없다. 그분은 '나의 창조한 사람을'이라고 하셨다. 하나님은 인간을 멸하실 작정을 하시면서도 당신이 친히 지으신 피조물이라고 하신다. 멸망받아야 할 것들은 인간만이 아니라 짐승까지도 포함된다. 짐승은 사람을 위하여 지어졌으므로 사람과 함께 멸망당해야 했다. 하나님은 그분이 지으신 목적이 좌절되었으므로 그분의 뜻을 돌이키셨다. 하나님은 사람이 아니시므로 결코 후회하지 않으시는 것이 사실이지만(삼상 15:29) 때때로 그분의 태도가 바뀌는 것처럼 보인다.

하나님은 사울을 세우신 뒤 불순종하는 것을 보시고 "내가 사울을 세워 왕 삼은 것을 후회하노니 그가 돌이켜서 나를 좇지 아니하며 내 명령을 이루지 아니하였음이니라"(삼상 15:11)고 하셨다(Morris). 여기서 우리는 하나님의 엄위하심과 두려우심을 깨달을 필요가 있다. "그러므로 하나님의 인자와 엄위를 보라 넘어지는 자들에게는 엄위가 있으니 너희가 만일 하나님의 인자에 거하면 그 인자가 너희에게 있으리라 그렇지 않으면 너도 찍히는바 되리라"(롬 11:22). 우리는 어떤 사람도 영적인 길에서 보장이 없다는 것을 알아야 한다. 끝까지 두려워하며 긍휼 아래 머물러야 한다.

은혜를 입은 노아

8절, 그러나 노아는 여호와께 은혜를 입었더라

노아는 당시의 타락하고 죄악된 세대와 달랐다. 당시의 사람들은 먹고 마시고 장가가고 시집가는 일에 빠져 있었다. 즉 그들은 물질적인 쾌락과 욕망에 빠져 있었다. 그런 상황 가운데 노아만은 달랐다. 그는 그런 세대의 풍조에 떠내려가지 않았다. 여기 '그러나 노아는'이라는 말은 매우 중요한 말이다. 이런 류의 말은 신약에서도 교회의 하락 시에 발견할 수 있다. 디모데 후서 3장에서 바울은 디모데에게 "악한 사람들과 속이는 자들은 더욱 악하여져서 속이기도 하고 속기도 하나니 '그러나 너는' 배우고 확신한 일에 거하라"고 명한다. 또 4장에서는 사람들이 진리에서 그 귀를 돌이켜 허탄한 이야기를 좇는다고 하면서 '그러나 너는' 모든 일에 근신하라고 명한다.

오늘날에도 하나님께 은혜를 얻는 자들이 되려면 이 세대의 떠내려가는 악한 흐름과 관계없는 분별된 사람이 되어야 한다. 노아는 당시 사람들과 달랐다. 실상 이기는 자들은 그 시대를 거스르는 자들이다. 사도 바울은 이 시대를 본받지 말라고 하였다(롬 12:1-2).

계시록의 일곱 교회의 이기는 자들은 다 당대의 교회의 타락한 흐름을 거스르는 자들에게서 발견된다. 당신이 만일 이 시대의 타락의 풍조에 함께 흘러가는 자라면 당신은 희망이 없다. 그러나 당신이 이 시대의 흐름을 거슬러 주님을 따르는 자라면 희망적이다. 노아, 그는 당대의 의인이요 완전한 자였다. 그는 에녹에게서 배웠을 것이며 앞선 영적 인물들의 유산을 귀히 여기고 체험했을 것이다. 이 시대에도 어떤 사람이 온전하고자 한다면 이전 시대의 영적 유산을 소홀히 해서는 안 된다. 하나님은 반드시 앞 시대의 사람들의 유산을 힘입어 후의 사람들이 전진하기를 원하신다. 이는 성경이 쓰여진 원칙이기도 하다. 모세 오경은 이어지는 모든 구약 말씀의 기초가 되었다. 후세의 사람들은 교만하지 말고 앞의 선진들에게서 잘 배우며 더욱 나아가기를 힘써야 한다. 노아는 전 시대의 영적 유산을 귀히 여기며 하나님과 동행하는 삶을 살았다. 그러면서 뭔가 하나님 눈에 귀하게 보이는 삶을 산 것이다.

나는 과거에 동역자들과 함께 해외의 많은 나라를 개척하기 위하여 다니며 교회를 세우면서 한 가지 유행어처럼 말했던 것이 있다. 이는 우리가 어떤 나라에서 그 나라 사람과 같지 않은 사람들을 얻으면 성공한다는 것이다. 가령 인도에 가면 인도 사람들의 특이한 근성이 있는데, 대다수의 한국 사람들은 그 점을 못견뎌한다. 그것은 유감스럽게도 정직하지 않은 것이다. 그들은 심지어 '예'인지 '아니오'인지를 잘 모르게 대답한다. 어떤 경우에도 '아니오'라고는 거의 말하지 않는다. 그러나 실제 행하는 것은 그가 한 대답과는 다르다. 이것은 인도인들의 특징이다.

한국은 어떠한가? 한국 사람 또한 특징이 있다. 쉽게 달아오르지만 쉽게 식는다. 쉽게 약속하지만 또 쉽게 잊어버린다. 매우 감정적이고 즉흥적이다. 매우 개인주의적이며 타인에 대한 비판의식이 강하다. 다른 사람들과 함께 일하기 어렵고 하나되기 어렵다. 굉장히 야심만만하다. 이와 같은 면들이 다른 나라의 사람들과 비교할 때 비교적 도드라지는 부분들이다. 캄보디아도 그 나름대로의 국민성이 있고 몽골도 몽골 대로 그런 것이 있다. 우리가 주님의 교회를 세우려할 때 가장 어려운 점들은 그 나라의 특이한 국민성들이 나타나는 것이다. 그러나 주님께 감사한 것은 그 나라에 참으로 특수한 국민성으로부터, 자아로부터 벗어나기 원하는 한 무리가 있다는 것이다. 그들은 그 나라 사람들 같지 않았다. 그들은 결국 하늘나라의 사람들을 닮았다. 노아는 당대의 사람들의 타락의 조류에 떠내려가지 않았다. 그는 의인이었고 하나님과 동행하였으며 그분을 절대적으로 순종했다. 이런 사람이 성경에서 말하는 이기는 자들이다. 이기는 자들은 당대의 사람들의 조류를 따라가지 않는 사람들 가운데서 발견된다.

심판의 원인

12-13절, 하나님이 보신즉 땅이 패괴하였으니 이는 땅에서 모든 혈육 있는 자의 행위가 패괴함이었더라 13 하나님이 노아에게 이르시되 모든 혈육 있는 자의 강포가 땅에 가득하므로 그 끝 날이 내 앞에 이르렀으니 내가 그들을 땅과 함께 멸하리라

여기서 첫째로 기억할 것은 하나님께서 이 땅을 보고 계시다는 것이다. 하나님은 이 땅을 지극히 관심하시며 어디에 하나님을 찾는 자가 있는지 보고자 하신다. 6장 3절은 하나님께서 나의 신이 영원히 사람과 함께 하지 않으신다고 했지만, 하나님은 여전히 의롭고 경외하는 자를 찾으실 때 함께하심을 볼 수 있다.

“하나님이 노아에게 이르시되”. 하나님은 노아에게 말씀하셨다. 이 말씀은 매우 귀한 말씀이다. 하나님은 여전히 사람에게 말씀하시고 계신 것이다. 하나님은 그때 이 땅을 바라보고 계셨고 노아 한 사람 외에는 하나님을 찾는 자가 없고 모든 사람이 죄로 충만함을 보셨다. 그때 사람들은 먹고 마시고 장가들고 시집가며 죄짓는 일에만 몰두했다(눅 17:27). 하나님은 사람을 지으실 때 그분을 경배하고 그분과 교통할 수 있는 영적 존재가 되기를 원하셔서 사람 속에 영을 지으셨건만(욥 32:8), 사람은 점점 타락하여 영의 기능은 완전히 말살되고 육적인 동물 같은 삶만을 살게 된 것이다. 그저 생각하는 것이 죄고 행하는 것이 죄며, 다만 먹고 살고 욕정적인 삶만을 관심하는 상태로 떨어진 것이다. 하나님께서는 탄식하는 마음으로 이 땅의 모든 인간의 상황을 바라보시면서 끝날이 가까웠다고 말씀하셨다. 언제든지 죄가 충만할 때가 심판의 때이다. "그날에 임할 진노를 네게 쌓는도다"(롬 2:5). 어느 날 사람들의 죄가 차고 넘칠 때 하나님의 진노가 쏟아지게 된다. 심판은 죄의 분량이 채워질 때 임하는 것이다. 주님은 완악한 유대인들에게 "너희 조상의 양을 채우라"(마 23:32)고 하셨다. 유대인들이 주 예수님을 핍박하고 사도들을 핍박한 행위들은 그들의 심판을 위해 죄의 분량을 채우는 일로 간주되었다.

로마서에서 신실한 사도 바울은 밤이 깊다는 것은 낮이 가까웠음을 예고하는 것이라고 했다(롬 13:12). 오늘 죄악의 밤이 심히 깊은 것은 이 시대의 끝날이 가까운 것의 전조이다. 그러므로 잠에서 깨어나 구원을 기다려야 한다.

노아의 때

마태복음 24장에서 주님은 제자들의 마지막 때의 징조에 대한 질문에 대한 답변으로 노아의 때를 말씀하셨다(37절). 먼저 우리는 노아의 때의 상황을 예측해볼 필요가 있다. 4장에 의하면 에덴 동편에서 자리를 잡았던 가인의 후손들은 하나님 없는 부패한 문화를 만들어냈다. 먼저는 정착하는 삶을 구가했다. 가인의 후예들은 에녹 성을 건축하고 이 땅에서 뿌리박고 천년만년 살아갈 사람들처럼 살기 시작했다. 가인의 후손 라멕에 이르러서는 일부다처제가 실행되었다. 하나님이 없는 즐거움을 찾기 위해 음악이 발달하게 되었고 부족간의 침략과 전쟁을 위한 무기들을 만들어 냈다. 여인들은 사치와 화장술에 관심을 기울였고 유혹적인 의상들이 발달했다. 게다가 라멕은 사람에게 부상을 당하자 살인을 저질렀다. 그는 살인을 했을 뿐 아니라 그 살인에 대하여 부인들에게 말하며 오만하게 자랑했다. 이러한 문화의 흐름이 그대로 노아의 때를 형성하고 있다.

또한 4장 25절부터 5장에 이르는 셋의 족보에서 사람들이 여호와의 이름을 부르며 주님과 동행했지만 그래도 에녹 외에는 특이한 사람이 없었다. 당시 에녹의 휴거는 사람들에게 장래 있을 홍수 심판에 대한 경고가 되어야 했다. 하나님은 에녹의 휴거를 통하여 또 므두셀라(그 이름과 에녹의 생전의 전파)를 통하여 그 땅에 마지막이 왔음을 경고하셨다. 신약에서 주님이 다시 오실 때는 노아의 때와 같을 것임을 예언하셨다. "노아가 방주에 들어가던 날까지 사람들이 먹고 마시고 장가들고 시집가더니 홍수가 나서 저희를 다 멸하였으며"(눅 17:27) 당시 사람들은 노아의 전파를 듣지 않았다. 그들은 다 자기들의 일에만 주의를 기울였다.

구약에서도 이스라엘 백성들의 가장 큰 멸망의 원인은 하나님의 말씀을 순종치 않는 것이었고 선지자의 말을 경청하지 않는데 있었다. 당시 사람들은 자신들의 육적인 삶에만 온통 주의를 기울일 뿐, 지으신 하나님에 대하여는 아무 관심도 없었다. 그들은 영적으로는 완전히 죽어 있었다. 그들은 먹고 마시는 일, 장가가고 시집가는 일에만 관심을 기울이고 있었다. 롯의 때도 멸망의 때였는데 그 때의 사람들은 먹고 마시며 사고팔고 심고 집을 짓는 일에 열중했다. 사실 이 일들은 사람들이 해야 하는 필수적인 일들이다. 심각한 죄악들이 아니다. 그렇다면 문제는 무엇인가? 그들의 안중에 하나님이 없었다는 것이다.

오늘날 믿는이들의 문제가 무엇인가? 먹고 마시는 일, 자녀들의 혼사, 좋은 옷과 장신구들, 고급 자동차, 고급 가구 마련하는 일, 집 장만하는 일, 집을 꾸미는 일 등에 완전히 초점이 맞춰져 사는 경우가 많다. 이는 불신자들이 원하는 것들이다. 그러나 오늘날은 신자라고 불리는 사람들이 그렇다는 것이다. 입으로는 주의 이름을 부르나 마음속 중심은 먹고 사는 문제로 가득차 있다는 것이다. 이는 노아 시대에 있었던 상황이다. 그들은 그렇게 삶 자체에 중심을 맞추고 살다가 홍수가 임하여 어떻게 망하는 줄도 모르고 망했다.

가장 결정적인 하나님의 심판의 원인은 당시에 네피림들이 있었고 하나님의 아들들이 사람의 딸들을 자기들의 좋아하는 대로 아내를 삼아서 유명한 사람들, 용사들을 생산한 것이요, 사람들은 하나님과의 관계성에서 완전히 절단되어 육체가 되어버렸기 때문이다. 사람들은 이제 사탄의 전술에 이용되어 아예 그의 군사가 되어버렸다. 강신술과 우상숭배와 음란이 시대를 더럽히고 있었다. 하나님은 그럼에도 당시에 노아를 통하여 심판을 외치게 하였다. 그러나 사람들은 에녹이나 노아의 전파에도 전혀 회개하려 하지 않았고 점점 더 죄악으로 줄달음질 쳤다. 요한 계시록을 볼 때 주님의 재림시에도 이 땅에는 사탄적인 역사가 많은 것이 특징이다. 그때는 무저갱이 열리며 짐승과 거짓선지자와 많은 황충과 같은 군대가 무저갱에서 나와 사람을 많이 죽인다. 악한 영의 활동이 가장 강할 때인 것이다. 오늘날의 상황이 노아의 때와 같음은 불문가지이다. 그러므로 성도들은 지금이 노아의 때와 같다는 것을 알고 마땅히 깨어있어야 한다.

홍수에 대한 예언

"내가 그들을 땅과 함께 멸하리라". 하나님께서는 당시에 노아를 그분의 상담자와 동역자로 삼으셨다. 그리고 그분의 뜻을 노아에게 알리셨다(13-21절). 하나님은 이 땅에서 그분께 합당한 그릇을 찾으실 때마다 그를 통해 그분의 뜻을 알려주신다. 노아가 그러했고 아브라함이 그러했으며 모세가 그러했다. 하나님이 사람을 창조하신 후 하나님은 누구든지 그분이 지으신 사람과 동역하여 일하시기를 원하시고 하나님 혼자 행하시기를 원치 않으신다. 그분은 이 땅에 무엇이든 하기를 원하실 때 기도하는 한 무리라도 두시고 역사하신다.

하나님은 노아에게 왜 심판하시는가, 어떻게 심판하실 것인가, 그 심판에 어떻게 대비할 것인가에 관해 전반적으로 말씀해주셨다. 우리는 이 시대에 하나님을 간절히 찾는 자들이 되어 그분의 뜻을 나타낼 수 있는 도구들이 되기를 간절히 구한다. 이렇게 시대마다 그분의 뜻을 알고 좇는 자들을 경륜적인 그릇들이라고 한다. 그들을 통하여 하나님은 한 시대를 끝내고 새로운 한 시대를 가져오신다. 사무엘이나 다윗이 그러한 사람이다. 그들은 사사시대를 끝내고 왕국시대를 가져오는 일에 하나님의 쓰임을 받았다.

방주의 제도

14-16절, 너는 잣나무로 너를 위하여 방주를 짓되 그 안에 간들을 막고 역청으로 그 안팎에 칠하라 15 그 방주의 제도는 이러하니 장이 삼백 규빗, 광이 오십 규빗, 고가 삼십 규빗이며 16 거기 창을 내되 위에서부터 한 규빗에 내고 그 문은 옆으로 내고 상중하 삼 층으로 할지니라

1. 잣나무

잣나무는 선박을 만드는 목재로서 내구성이 강하다. 즉 물에 견딜 수 있는 특성을 가진 목재로서 조직이 단단하여 건축하기에 알맞다. 이것은 그리스도의 인성을 예표한다. 그리스도는 사망이나 어둠의 권세가 이길 수 없는 견고한 인성을 갖고 계셨기에 우리를 구원할 수 있으셨다.

2. 방주

방주(ark)는 히브리어로 '테바'이니 운전되어가는 배가 아니라 다만 물 위에 떠 있는 건물이다. 방주는 그리스도를 예표하며 또 한 면으로는 교회를 예표한다. 방주가 물 위에 떠 있는 것 같이 교회는 그리스도의 부활 위에 서 있다(벧전 3:21). 물 속에 있는 것은 교회가 아니다. 부활로 나온 것만이 교회인 것이다. 우리는 그리스도 안에서 구원되며 구원받은 모든 사람은 결국 교회를 구성한다. 그러므로 교회 또한 구원의 범위이다.

3. 방주 안팎을 역청으로 바름

히브리어로 역청은 '코페르'인데, 이 말은 히브리어 '카팔'(덮다)에 상응하는 단어로서 그 명사는 다만 '덮음'을 의미한다. 그것은 속죄에 해당하는 히브리어와도 상응한다. 이 물질은 배의 틈들을 막아주어 심판의 물에서 방주를 지켜주었을 것이다. 이것은 어린양이신 그리스도의 피가 하나님의 진노의 심판에서 우리를 구원하는 것을 예표한다.

4. 상·중·하의 삼층

그리스도의 구원을 체험하는 단계를 암시한다. 추측컨대 1층에는 식량이 있고 2층에는 가축들이 있고 3층에는 노아의 가족들이 있었을 것이다. 영적 단계에서 물질적이고 육신적인 영역은 일차적인 것이고, 다음은 혼적인 영역이며, 가장 높은 단계가 영적인 영역이다. 신약에서 구원이란 3 단계가 있다. 이미 이루어져서 완성된 구원이 있고(딤후 1:9, 엡 2:8-9), 이는 심판과 멸망을 면하며 영생을 얻고 거듭나는 구원을 말한다. 이에 대하여 성경은 이미 구원얻었다고 표현한다. 그러나 구원받은 후 우리는 생활 가운데서의 구원을 받아야 한다. 이는 현재의 구원이고 구원을 이루어가는 일이다(히 7:25, 롬 5:10, 빌 2:12). 이는 죄의 권세와 타락한 육의 생활로부터의 구원이고 성화를 이루는 구원이다. 그러나 하나님의 구원의 완성은 여기서 그치지 않는다. 하나님은 사람이 그리스도와 더불어 열국을 다스리는 왕권을 얻기까지 구원받기를 바라신다. 즉 장래에 이루어질 구원을 말한다(롬 8:24, 히 9:28). 이는 우리가 영광을 얻음이요, 우리의 몸의 변형의 구원이다. 모세의 구속의 예표에서도 이 삼단계는 존재한다. 애굽에서의 탈출(유월절과 홍해를 건넘의 구원)이 첫단계요, 광야에서 만나를 먹고 반석의 생수를 마시며 육에서 구원받는 구원이 두 번째이다. 세 번째는 요단을 건너 가나안에 들어가 대적을 몰아내고 왕국을 세우는 것이다. 그리스도께서 다시 오실 때 이 땅 모든 민족과 열국은 그분의 통치 아래로 돌아간다. 그분은 의와 공의로 다스리실 것이며 그분의 이기는 성도들은 그분과 함께 다스리게 된다. 이것이 궁극적인 구원이다.

5. 위로 향한 하나의 창문

이 창문은 하나님을 향한 것이다. 사람의 영성의 가장 높은 단계는 하나님을 향한 삶이다. 사람의 영이 곧바로 영이신 하나님을 향하는 것이 가장 높은 상태이다. 1층이 곡식, 2층이 짐승들, 3층이 사람, 그 위의 문은 하나님을 향하게 한 것이다. 이 그림만 보아도 사람이 어떤 위치에서 어떻게 살아야 하는가를 보여준다. 오늘날은 어떠한가? 많은 사람들에게 있어서 1층에 있어야할 먹을 것이 맨 위 하늘로 올라가버렸다.

6. 옆으로 낸 문

이 문은 우리가 아버지께 나아갈 수 있는 문이 오직 하나밖에 없음을 암시한다. "내가 곧 길이요 진리요 생명이니 나로 말미암지 않고는 아버지께로 올 자가 없느니라"(요 14:6). 이 문을 통해서 노아의 가족들이 방주에 들어왔고 모든 짐승들도 구원을 받았다.

7. 치수

장이 삼백 규빗, 광이 오십 규빗, 고가 삼십 규빗이다. 모든 치수는 삼(3)과 오(5)의 숫자로 구성되어 있다. 삼(3)은 삼위일체 하나님을 나타내고 오(5)는 피조물의 숫자 사(4)에다 유일하신 하나님을 의미하는 일(1)을 더한 것이다. 따라서 오(5)라는 숫자는 책임을 나타낸다. 하나님의 역사에 대한 사람의 책임을 나타내는 숫자라는 뜻이다. 마태복음 25장의 열 처녀의 비유에서 각각 다섯 처녀로 나뉘어 있고, 십계명 또한 두 돌판에 각각 다섯 계명씩 기록되어 있다. 따라서 방주는 성삼위 하나님의 역사에 사람의 책임이 더해져 이루어진 것이다.

구원에 있어서는 성삼위 하나님의 역사와 사람 편에서의 참된 회개와 믿음, 즉 사람의 책임이 필요하다. 출애굽기 27장에 있는 성막 건축 치수의 기본 숫자도 삼(3)과 오(5)이다. 이 또한 하나님의 건축인 교회가 성삼위 하나님의 역사에 사람의 책임이 더해져 이루어지는 것임을 암시한다. 구원의 방주인 교회는 언제나 성삼위 하나님의 역사에 사람의 책임이 더해질 때 건축된다. 하나님의 역사가 없어서도 안 되고 사람 편에서의 책임이 수반되지 않아서도 안 된다.

언약

17-20절, 내가 홍수를 땅에 일으켜 무릇 생명의 기식 있는 육체를 천하에서 멸절하리니 땅에 있는 자가 다 죽으리라 18 그러나 너와는 내가 내 언약을 세우리니 너는 네 아들들과 네 아내와 네 자부들과 함께 그 방주로 들어가고 19 혈육 있는 모든 생물을 너는 각기 암수 한 쌍씩 방주로 이끌어들여 너와 함께 생명을 보존케 하되 20 새가 그 종류대로, 육축이 그 종류대로, 땅에 기는 모든 것이 그 종류대로 각기 둘씩 네게로 나아오리니 그 생명을 보존케 하라

"너와는 내가 내 언약을 세우리니 너는 네 아들들과 네 아내와 네 자부들과 함께 그 방주로 들어가고…그 생명을 보존케 하라". 하나님께서 노아에게 세우신 언약은 구원을 약속하신 것이다. 여기서 성경의 언약(covenant)이란 단어가 처음 나온다. 하나님은 사람과 언약을 맺으셨다. 하나님은 언약의 하나님이신데(그분의 보좌 주위에는 무지개가 있다) 그분은 노아 때부터 사람들에게 언약을 맺는 훈련을 시키셨다. 이 언약은 어느 정도 새 언약과 맥을 같이 하는 것이 있다. 이는 그분이 일방적으로 사람을 위해 언약을 세우셨기 때문이다. 하나님은 '내 언약'이라고 말씀하시면서 그분이 일방적으로 어떻게 하시겠다고 하시는 것이다. 나는 노아가 이 산 저 산 다니며 동물들을 잡거나 몰아가지고 방주로 데려온 것이 아니라고 믿는다. "둘씩 네게로 나아오리니"라고 하셨으므로 하나님이 데려오신 것이다. 그러니 언약을 세우시는 것도 전적으로 하나님이 하신 것이다. 하나님은 노아를 홍수 중에 구원하시겠다는 언약을 하시고 나중에는 다시는 물로 멸망치 않게 하시겠다고 언약하셨다.

언제든지 언약을 세운 편은 언약을 받아들인 편에 묶이게 된다. 하나님은 그분이 지으신 사람을 사랑하시므로 사람과 언약을 맺으시고 기꺼이 그 언약에 묶이신다. 우리는 성경에서 하나님께서 노아와 아브라함과 이삭과 야곱과 모세와 다윗 등에게 언약을 세우신 것을 본다. 성경의 언약 가운데 가장 중요한 두 가지의 언약이 있다면 그 하나가 아브라함과의 언약이고 또 주 예수님이 세우신 새 언약이다.

성경에서 언약과 단순한 약속과는 차이가 있다. 약속은 단순하게 뭔가 주시겠다고 약속하신 것이지만 언약은 증표와 확실한 증거를 갖고 있다. 따라서 하나님은 우리와 언약하신 것에 대하여 반드시 이행하실 수밖에 없다. 그러나 하나님의 약속(하나님의 언약에는 약속이 포함된다)에 조건이 있는 경우가 있다. 즉 그 약속이 이루어지게 하려면 하나님이 말씀하신 조건을 이행해야 하는 것이다. 여기서 노아는 하나님께서 생명을 보존시켜 주시기 위한 조건으로서 방주에 들어가는 일을 준행해야 했다. 모든 짐승들도 마찬가지이다. 이것은 하나님께서 신약에서 죄 사함과 영생을 언약하시면서 피를 나타내는 잔과 살을 나타내는 떡을 먹으라고 하신 것과 같다. 이렇게 하나님이 하신 언약 가운데 혹 조건이 있다면 그것을 충족시킬 때 하나님은 자신의 언약을 이루시게 된다.

구속의 범위

노아의 홍수와 방주로 말미암은 구원은 그리스도의 구속의 예표이다. 그리스도의 구속의 범위는 모든 피조물에 미친다. "그의 십자가의 피로 화평을 이루사 만물 곧 땅에 있는 것들이나 하늘에 있는 것들을 그로 말미암아 자기와 화목케 되기를 기뻐하심이라"(골 1:20), "이를 행하심은 하나님의 은혜로 말미암아 모든 사람(모든 것, everything, 다비 역 참조)을 위하여 죽음을 맛보려 하심이라"(히 2:9). 신약의 말씀에 근거할 때 그리스도의 구속의 효력은 모든 피조물에 미친다. 그리스도의 죽음은 비록 한 분의 죽음이지만 그리스도는 만물을 그 안에 포함하신 분이고 또 만유의 으뜸이시므로 그분의 죽음은 만물 전체에 영향을 미치는 것이다. 따라서 방주 안에는 사람만이 아닌 모든 피조물이 다 들어가게 되었다.

순종

22절, 노아가 그와 같이 하되 하나님이 자기에게 명하신 대로 다 준행하였더라

노아는 믿음의 사람이었을 뿐 아니라 순종의 사람이었다. 당시 멸망한 영혼들과 구원받은 사람들을 구분하는 분기점이 되는 단어는 순종이었다. "방주 예비할 동안…'순종'치 아니하던 자들이라"(벧전 3:20). 당시에 멸망당한 사람들은 노아의 전파에 귀를 기울이지도, 순종하지도 않았다. 그러므로 그들의 결국은 멸망이었다. 노아는 당시에 적어도 120년 동안 하나님의 말씀을 전파하며 세상의 종말을 알렸을 것이다. 성경은 노아가 당시에 의를 전파했다고 증거한다(벧후 2:5). 그는 세상의 멸망의 원인이 죄에 있으니 의로 돌이키라고 전파했을 것이다.

이렇게 의를 전파하는 사람 노아는 당대의 의인이었다. 자신이 의롭지 않으면 의를 전파할 수 없다. 노아는 자신이 먼저 의로운 삶을 살고 그런 다음 다른 사람들에게 의를 전파하는 그릇이 되었다. 다가오는 왕국 시대 또한 의와 관계된다. 그러므로 우리가 왕국에 들어가기 위해 오늘 갖추어야 할 것은 뛰어난 의이다(마 5:20). 노아가 당시 하나님의 은혜를 입은 것은 그가 믿음으로 의로운 삶을 살았기 때문이다(창 7:1). 그의 의는 당시 어두운 밤하늘에 밝게 빛나는 별과 같았다.

7 장

노아가 구원받은 근거—의(義)

1절, 여호와께서 노아에게 이르시되 너와 네 온 집은 방주로 들어가라 네가 이 세대에 내 앞에서 의로움을 내가 보았음이니라

이제 곧 홍수의 멸망이 임할 것이므로 하나님께서는 다정한 아버지가 폭풍우를 피하도록 자녀를 집안으로 불러들이듯이 노아에게 방주로 들어가라고 명하신다. 노아는 방주를 다 지었지만 하나님이 들어가라고 하시기 전에는 들어가지 않았다. 이는 하나님과 동행하는 사람들의 삶의 특징이다. 하나님이 말씀하시지 않으면 움직이지 않는 것이다. 노아는 자기가 지은 곳이 들어가야 할 곳인줄 알았지만 하나님의 명령을 기다렸던 것이다. 하나님은 '들어오라'(히브리어 원문)고 하셨는데, 이는 하나님이 그와 계속 함께 하시겠다는 뜻이며, 언젠가 다시 데리고 나가시겠다는 뜻도 포함된다. 비록 노아의 가족 중에 함같이 좋지 않은 아들이 있었지만 그들은 경건한 아버지를 두었기에 다 구원을 받았다. 경건한 자를 부모로 둔 자들에게는 축복이 있다.

노아의 구원의 근거는 하나님 앞에서 의로움이다. 그렇다면 노아의 의는 어디서 나온 것인가? 그것 또한 믿음으로 말미암은 것이다. 우리는 이에 대해 구약에서는 흔적을 찾을 수 없지만 신약에서 찾을 수 있다. "믿음으로 노아는 아직 보지 못하는 일에 경고하심을 받아 경외함으로 방주를 예비하여 그 집을 구원하였으니"(히 11:7). 노아는 당시 하나님의 말씀하심을 믿었다. 그는 믿음으로 경고하심을 받았던 것이다. '보지 못하는 일에 경고하심을 받았다'는 것은 창세기 6장 3절에 있는 심판에 대한 말씀일 것이다.

즉 그들의 날이 일백이십 년이 될 것이며 120년 뒤에는 홍수가 있을 것이라는 말씀이다. 말씀에 대한 믿음이 없이는 그 누구도 믿음을 가질 수 없다. 믿음이란 이렇게 아직 보지 못한 것을 약속을 근거로 붙잡는 것이다. 약속은 하나님의 말씀으로 나타나지만 하나님의 권위를 배경으로 한 것이므로 하나님 자신과 같이 확실하다(박윤선). 노아는 다른 이유가 아니라 이러한 약속을 믿음으로 취함으로 의인이란 칭호를 얻은 것이다.

믿음으로 의를 얻는 것은 곧 그리스도를 옷 입음으로 인한 것이다. 그리스도를 믿을 때 우리는 그리스도와 연합하여 그분 안으로 들어간다(고전 1:30). 노아의 방주는 그리스도를 예표하며 우리는 믿음으로 그분 안에 들어가 구원받는다. 하나님은 노아에게 '너와 네 온 집이 방주에 들어가라'고 하셨다. 노아에 대한 하나님의 부르심은 아브라함 개인을 향한 특별한 사역의 부르심과는 다르다. 실상 아브라함의 부르심은 사역에로의 부름이다. 그러나 노아의 부르심은 가련한 인간을 향한 복음으로의 부르심의 모형인 것이다. 한 사람을 부르시고 얻으시어 그를 닮은 많은 사람을 만들어내고자 하는 특별한 목적의 부르심인 아브라함과는 달리 노아의 경우는 죄인을 구원하시고자 하는 하나님의 복음을 나타낸다. 그리스도께서 이미 예비된 방주가 되시니 그 안에 있을 때만 죽음과 심판이 닥칠 때 안전할 수 있다(매튜 헨리).

내가 너를 보았다

"내가 너를 보았음이라". 하나님은 이 땅에 그분을 찾는 자가 있는가 보시며, 의로운 자들이 있으면 보시고 기뻐하신다. 당시 죄가 충만하고 사악한 사람들만 가득한 세상에서도 하나님은 의로운 사람, 노아를 알아보시고 기뻐하셨다. 모든 사람이 악한 시기에도 스스로 자신의 순결과 경건을 지키는 자들은 모든 사람이 재난을 당할 지라도 보호를 받을 것이다. "주께서 경건한 자는 시험에서 건지시고 불의한 자는 형벌 아래 두어 심판날까지 지키시며"(벧후 2:9)라고 하신다. 주님은 남보다 선하고 경건한 자들은 비록 이생에서라 하더라도 많은 악에서 지켜주신다. 이것이 그들에게 큰 복이 된다. 하나님이 우리의 모든 것을 보신다는 것을 기억하자!

2절, 너는 모든 정결한 짐승은 암수 일곱씩, 부정한 것은 암수 둘씩을 네게로 취하며

하나님께서는 정결한 짐승은 암수 일곱씩, 부정한 것은 암수 둘씩 취하여 방주에 들이도록 명하셨다. 정결한 것을 더 많이 보존케 하신 것은 그것이 더 유용하기 때문이다. 오늘날에도 양떼나 소떼가 다른 부정하고 악한 짐승보다 많은 것이 하나님의 뜻이다. 하나님은 이 땅에 부정한 것보다 정결한 것이 더 많기를 원하신다. 이때는 아직 레위기에 있는 정하고 부정한 짐승들의 분간이 있지 않을 때이기에 어떤 식으로 부정한 것과 정한 것을 구분했는지는 알 수 없다. 다만 어떤 짐승들이 사람과 환경에 유용하고 하나님께 제물로 드려질 수 있는가에 따라 구분했을 것이다.

심판하시려는 것은 철저히 하시지만 그분이 구원하고 보살피시려는 것에 대하여는 철저하게 살피시고 보호하신다. 이때 모든 것은 하나님이 하셨지 노아가 나름대로 걱정하고 노력한 것이 없었다. 그분은 우리가 행복을 추구하는 것 이상으로 우리의 행복을 위하여 관심하신다. 그러므로 그분을 따르는 자들은 너무 나름대로 길을 찾으며 노심초사하지 말아야 할 것이다. 우리의 앞날이나 갈 길, 건강, 직업, 배우자 등에 대하여 지나치게 염려하는 것은 불신의 표시이다. 주님은 우리에게 아무것도 염려하지 말라고 하신다(빌 4:6). 하나님이 우리를 위해 염려하신다(고전 9:9). 우리의 삶이나 심지어 주님을 섬기는 길에서도 너무 길을 찾으며 애쓰는 것은 옳지 않다.

3절, 공중의 새도 암수 일곱씩을 취하여 그 씨를 온 지면에 유전케 하라

하나님은 생물들을 유전하는 방식으로 존재케 하신 분이다. 즉 유전의 법칙을 구상하시고 그 법칙대로 생물들이 번성하고 존재하도록 하신 분이 하나님이라는 말이다. 하나님은 심판 중에라도 긍휼을 베푸신다. 아주 멸망시키면 아무것도 남지 않는다. 고로 공중의 새도 암수 일곱씩 불러들여 그 씨를 남기게 하셨다. 하나님은 엄위하시지만 여전히 인자하시다(롬 11:22). 유대인들이 전반적으로 주님을 거절하고 율법주의에 떨어져 모두 멸망의 길을 갈 것 같지만, 사도는 말하기를 "이제도 은혜로 택하심을 따라 남은 자가 있다"(롬 11:5)고 하였다.

4절, 지금부터 칠 일이면 내가 사십 주야를 땅에 비를 내려 나의 지은 모든 생물을 지면에서 쓸어버리리라

노아로 하여금 120년간 홍수에 대하여 예언하게 하시면서 사람들이 회개하기를 기다리신 하나님은 지금 홍수를 내리기 칠 일 전에 마지막으로 한 번 더 회개할 기회를 허락하신다.(틀림없이 창세기 6장의 말씀은 노아를 통해 주어졌을 가능성이 크다. 당시의 타락상에 대해서도 노아가 말해주었을 것이며, 그들의 날은 일백이십 일이 되리라는 것 등도 다 노아가 하나님으로부터 들은 말씀일 것이다. 노아가 아니면 홍수의 전말에 대한 이야기를 누가 전승할 수 있었으리요.) 하나님은 이와 같이 자비와 인자가 한이 없으시다. 오늘날에도 조금만 회개의 마음이 있어도 하나님은 한 번 더 기회를 허락하실 것이다. 회개할 기회를 120년 동안이나 주신 주님은 그래도 회개할 사람이 하나라도 더 있을까 하여 최후의 통첩 같은 경고를 주셨다. 기이하게도 120년 동안 방심한 사람은 마지막 7일간의 기회를 주어도 방심한다. 이는 주님이 오시기 전 마지막 대환난의 기간과도 같다. 주님은 7년 기간을 더 두셔서 마지막으로 회개할 기회를 주신다.

사도 베드로는 노아가 방주 예비한 기간이 매우 길었음을 암시했다. 즉 하나님은 노아를 통해 오랜 시간 심판에 대한 복음을 전했을 것이며 방주를 짓는 모습을 사람들에게 보였을 것이다. 그러나 그렇게 큰 방주를 짓는 것을 보면서도 회개하지 않고 오히려 하나님의 종의 말씀을 비웃었을 것이다. 왜 말짱한 날에 그 큰 배를 만들고 있는가? "그들은 전에 노아의 날 방주 예비할 동안 하나님이 오래 참고 기다리실 때에 순종치 아니하던 자들이라 방주에서 물로 말미암아 구원을 얻은 자가 몇명 뿐이니 겨우 여덟 명이라" 하나님은 복음과 은혜만을 사용하여 세상을 처리하시는 것이 아니라 심판을 사용하신다. 하나님은 노아를 통해 많은 경고를 하셨다. 심판을 경고한 것은 노아만이 아니다. 훨씬 그 이전부터이다. 그 가공할 만한 홍수의 심판이 하루 이틀만에 주어진 것이 아니라는 것을 알아야 한다. 노아의 증조부라 할 수 있는 에녹 시대부터 경고가 주어졌다. 에녹이 65세에 낳은 므두셀라의 이름은 '그가 죽은 후에 그것(홍수)이 임한다'는 뜻이다. 우리가 잘 아는대로 므두셀라는 969세로 가장 장수한 사람이다. 즉 천년가까이 하나님은 사람들에게 멸망을 예언하시고 사람들로 하여금 회개하게 하신 것이다. 유다서에는 에녹이 경건치 않은 세대를 향하여 예언하였다고 말한다. 즉 노아 시대에 와서 갑자기 사람들이 사악해진 것이 아니라 그 이전부터 상황은 매우 좋지 않았다. 이미 그 에녹의 시대에 원망과 불만을 토하며 정욕대로 행하며 그 입으로 자랑하며 이를 위하여 아첨하는 등 많은 경건치 않은 모습들이 보였다. 이는 바울이 디모데후서 3장에서 말한 말세의 징조와 매우 비슷하다. 어쨌든 에녹은 당시의 시대에 경건치 않은 것에 대하여 심판하실 것을 예언했다(유 14-16).

5-7절, 노아가 여호와께서 자기에게 명하신 대로 다 준행하였더라 6 홍수가 땅에 있을 때에 노아가 육백 세라 8 노아가 아들들과 아내와 자부들과 함께 홍수를 피하여 방주에 들어갔고

노아는 믿음만이 아니라 순종에서도 온전한 사람이었다. 정상적이고 건전한 믿음은 순종을 산출한다. 히브리서 기자는 노아에 대하여 믿음을 좇는 의의 후사라고 칭하였다(히 11:7).

8-10절, 정결한 짐승과 부정한 짐승과 새와 땅에 기는 모든 것이 9 하나님이 노아에게 명하신 대로 암수 둘씩 노아에게 나아와 방주로 들어갔더니 10 칠일 후에 홍수가 땅에 덮이니

하나님께서는 심판하실 때에 신실한 성도들이 모든 것을 안전하게 준비하기까지 기다리신다. 모든 준비가 끝났을 때 심판을 집행하시는 것이다. 소돔과 고모라에서 롯을 구출하시려는 하나님은 롯에게 "속히 도망하라 네가 거기 이르기까지는 내가 아무 일도 행할 수 없노라"(창 19:22)고 하셨다. 하나님은 그분의 신실한 자들을 얼마나 챙기시고 사랑하시는지! 계시록에서도 하나님의 택하신 자들이 인을 맞기까지는 심판을 의미하는 바람이 불지 못하게 하셨다(계 7:3). 오, 하나님의 자비는 얼마나 넓고도 깊은지! 지금도 하나님께서 심판을 지연하시는 이유 중 하나는 그분의 신실한 자들이 성숙되어 신부로 단장되기를 기다리시기 때문이다. "주께서 경건한 자는 시험에서 건지시고 불의한 자는 형벌 아래 두어 심판날까지 지키시며"(벧후2:9)

11-16a절, 노아 육백 세 되던 해 이월 곧 그 달 십칠일이라 그날에 큰 깊음의 샘들이 터지며 하늘의 창들이 열려 12 사십 주야를 비가 땅에 쏟아졌더라 13 곧 그날에 노아와 그의 아들 셈, 함, 야벳과 노아의 처와 세 자부가 다 방주로 들어갔고 14 그들과 모든 들짐승이 그 종류대로, 모든 육축이 그 종류대로, 땅에 기는 모든 것이 그 종류대로, 모든 새 곧 각양의 새가 그 종류대로 15 무릇 기식이 있는 육체가 둘씩 노아에게 나아와 방주로 들어갔으니 16 들어간 것들은 모든 것의 암수라…

이때가 노아의 600세 되던 해였고, 아담의 창조로부터 1656년이 되는 해였다. 지금으로부터는 4,400여 년 전의 일이다. 이때로부터 삼백여 년이 안 되어 아브라함이 출생했고, 모세는 그로부터 삼 사백여 년 후의 사람이니, 홍수 이야기는 모세 오경이 기록된 때로부터 그리 오래 전의 일이 아닌 것이다. 노아는 홍수 이후로도 삼백 오십 년을 더 살았으니 아브라함과 노아는 차이가 시대적으로 별로 나지 않는다. 노아는 1050년대에 태어났으니 930세를 산 아담과도 차이가 많이 나지 않는다. 그러므로 창세기는 아담의 에덴 동산에서부터 시작해서 홍수에 이르기까지, 정보가 상실되지 않고 그대로 전달가능했던 세대의 역사인 것이다. 이로써 우리는 구약의 이런 말씀들을 고대의 신화나 설화식으로 치부하려는 사람들의 생각을 교도할 수 있다. 결국 아담과 아브라함, 아브라함과 모세의 차이도 그렇게 크지 않은고로 이 모든 이야기들이 전승되는데 큰 문제가 없었던 것이다.

당시도 유명한 통치자들이 있었겠지만 하나님은 경건한 성도들을 중심으로 그 세대를 계산하신다. 하나님의 눈에는 그분의 신실하고 경건한 종이 언제 죽었고 언제 태어났느냐가 중요한 계산법인 것이다.

'큰 깊음의 샘들이 터졌다'는 것과 '하늘의 창들이 열렸다'는 것은 두 가지 다른 표현으로 본다. 깊음의 샘들이 터졌다는 것은 지하수의 범람을 일컫는 말이다. 이 대지 내부에 샘솟아 범람케 될 물이 있었다는 말이다. 하나님께서는 곳간에 깊은 물을 마련해두었다가 이제 그 저장물을 터트리셨다(시 33:7). 하늘의 창들이 열렸다는 것은 궁창 위의 물이 쏟아져 내린 것을 의미한다는 학설이 있다. 즉 지구를 둘러싸고 있는 수포대가 쏟아져 내렸다는 견해이다. "창조 이후 그 때까지는 지금과 달라서 물이 천공에 있었던 것이다(창1:6-7). 그 많은 물이 물론 수분으로 있었던 것이지만 이 때 물이 되어 쏟아져 내렸던 것이다(박윤선).

또 깊음의 샘들이 터졌다는 것은 궁창 아래의 물이 터져 나온 것이라고 한다. 홍수가 나자 궁창 아래의 물과 궁창 위의 물이 모두 원래의 한계를 넘어서 땅에 쏟아졌다는 말이다. 이는 곧 하나님의 초자연적인 심판의 역사인 것이다(사 51:10). 베드로 후서 3장 6-7절에 의하면 이 땅이 물로 멸망했던 것처럼 장래에는 불로 멸망할 것이라고 말한다. 그렇다면 그때도 불이 하늘에서도 쏟아지고 땅 속에서도 불이 나와서 합할 것이라는 예상도 가능하게 한다.

지금 이 땅은 갈수록 지구 온난화로 인한 급속한 기상악화(대가뭄)가 예상된다. 과학자들은 2100년까지는 전지구의 3분지 1이 사막으로 변할 것이라는 보고를 했다(英, 하들리 센터). 그들이 2006년 10월 4일에 발표한 내용에 따르면, 지구 온난화로 인해 22세기까지 전 세계의 절반 정도의 지역에서 사막화가 진행될 것이며, 그 중 30%는 사실상 사막으로 변한다는 것이다. 이들은 이를 슈퍼 컴퓨터의 기후분석결과로 조사했으며 이마저도 최소한으로 추산한 것이라고 말했다. 사막 단계는 현재 3%인데 강력한 대가뭄들로 인해서 2100년에 이를 때 지구의 30%가 사막화할 것이라는 말이다. 이는 하나님의 초자연적인 심판이 없어도 이 지구상에 일어날 재앙들이다. 이는 분명 과거 일만 년 전이나 그 이전 빙하기로 알려진 물과 얼음으로 인한 멸망이 아니라(지질학에서는 제1차, 2차, 3차 빙하기 등으로 구분하여 지구의 역사를 추정한다), 장래 불과 열로 인한 멸망일 것이라는 성경의 말씀을 확신케 하고 있다. 과거는 물이지만 장래는 불이라는 것은 성경의 일관적인 심판의 경고이다(벧후 3:5-7,10). 과학은 어떻게 해도 성경을 따라올 수 없다.

16절b, …하나님이 그에게 명하신 대로 들어가매 여호와께서 그를 닫아 넣으시니라

방주에 들어가는 것은 노아의 순종이었고 그 결과는 여호와의 닫으심이었다. "여호와께서 그를 닫아 넣으시니라". 이는 노아의 끊임없는 순종의 결과이다. 이것이 믿고 순종하는 자에게 베푸시는 하나님의 구원이다. 노아는 끊임없이 순종했고 하나님은 끊임없이 보살펴 주셨다. 최후의 7일 동안 하나님은 사람들에게 마지막 기회를 부여해 주셨다. 이는 어쩌면 마지막 인류에게 주어진 마지막 한 이레(7년 환난)와 같은 기간일 것이다. 최후의 7일 동안이라도 죄인들이 회개하고 방주에 들어왔다면 하나님은 그들을 기꺼이 맞아들였을 것이다. 그러나 이제 그 문은 닫혔다. 기회가 항상 있는 것이 아니다. 하나님이 닫으시면 아무도 그 문을 열 수 없다. 그러므로 우리는 속히 사람들에게 복음을 전해주어야 한다.

우리의 구원의 역사도 이와 동일하다. 우리가 주님께 돌이켜 회개할 때 아버지의 집에 영접하여 들이시는 분은 하나님이시다. 누가복음 15장에서 집을 나간 둘째 아들은 아버지 집을 향하여 무거운 발걸음으로 돌아오고 있었다. 그때 문 앞에서 사면을 보며 나간 자식이 돌아올까 하여 애타게 기다리던 아버지는 그가 돌아오는 모습을 보자마자 집에서 기다리지 못하고 뛰어나가 돌아온 아들을 끌어안고 입을 맞추며 영접했다.

지금은 은혜의 문이 열려 있다. "보라 지금은 은혜 받을 만한 때요 보라 지금은 구원의 날이로다"(고후 6:2). 지금은 누구든지 그리스도 안에 들어오기만 하면 받아주신다. 그러나 이 은혜의 문은 언제나 열려 있는 것이 아니다. 은혜의 시대에는 마지막이 있다. 그것을 가리켜 성경에서는 시대의 완성(the completion of the age)라고 부른다(마 24:3). 주님은 언젠가 이 은혜의 문을 닫으실 것이다. 그때에는 하나님의 나라에 들어오고 싶어도 때가 늦을 것이다. 그러므로 구원은 때가 있는 것이다. 우리는 들어가고 하나님은 닫으신다. 하나님이 닫으시면 아무도 열 수 없다. 복음의 문이 활짝 열려 있는 이때를 놓치지 말라. 주님은 지금은 두드리는 자들에게 열어주신다고 약속하셨지만 그러나 두드려도 더 이상 열리지 않을 때가 이를 것이다. 주님은 문을 한 번 닫으신 후에는 애타게 두드려도 "나는 너희가 어디로서 온자인지 알지 못하노라"고 하실 것이다(눅 13:25).

17-24절, 홍수가 땅에 사십 일을 있었는지라 물이 많아져 방주가 땅에서 떠올랐고 18 물이 더 많아져 땅에 창일하매 방주가 물 위에 떠다녔으며 19 물이 땅에 더욱 창일하매 천하에 높은 산이 다 덮였더니 20 물이 불어서 십 오 규빗이 오르매 산들이 덮인지라 21 땅 위에 움직이는 생물이 다 죽었으니 곧 새와 육축과 들짐승과 땅에 기는 모든 것과 모든 사람이라 22 육지에 있어 코로 생물의 기식을 호흡하는 것은 다 죽었더라 … 24 물이 일백 오십 일을 땅에 창일하였더라

생각해보라. 일주일만 비가 계속 와도 강이 넘치고 둑이 터진다. 그런데 홍수가 계속된 기간은 40일이다. 이는 철저히 심판하시는 하나님의 능력을 보여주는 말씀이다. 하나님께서는 일단 말씀하신 것은 철저하게 이루신다. 하나님을 대적하는 자들은 어느 곳으로 도망해도 하나님의 심판을 피할 도리가 없다. 그들은 처음에 하루 이틀 비가 올 때까지만 해도 어느 정도까지만 오다가 그치겠지 하면서 방심하고 있었을 것이다. 그러나 사흘, 나흘, 일주일이 지나도 비가 그치지 않고 계속 오자 긴장하기 시작했을 것이며 산이나 높은 곳으로 피하려 했을 것이다.

여기의 십오 규빗이라는 말은 높은 산봉우리에서 십오 규빗이 더 올라갔다는 뜻이다. 그러므로 이 땅 어느 곳에도 그들이 피할 만한 곳은 없었다. 방주만이 유일한 구원이었다. 그러나 방주의 문은 이미 닫혔다. 그들 중에는 방주 옆에, 위에 매달려 보려고 시도했던 사람들도 있었을 것이다. 그러나 40일간 내리는 빗속에서, 일백 오십 일간 창일한 물 위에 떠 있는 방주에 매달려서 살 수 있는 사람은 없었을 것이다. 어떤 사람 말처럼 그 멸망한 자들 가운데는 노아의 방주를 짓기 위해 고용되었던 목수들도 있었을 것이다. 어떻게 축구장만한 크기의 배를 노아 한 사람이 지었겠는가? 방주를 짓는데 동원된 사람이 많았을 것이다. 그들은 틀림없이 노아를 비웃으면서도 먹고 살기 위한 임금을 벌기 위해서 동역을 했을 것이다. 그들은 먹고 사는 일에는 최선을 다했지만 노아가 전하는 복음에는 전혀 관심이 없었다. 그들은 자기들이 역청을 칠하고 창문을 갖다 달았던 그 배를 바라보면서 물 속에 매장되었을 것이다.

이것이 어찌 오늘날의 그림이 아니란 말인가! 마지막 때에는 자기가 인간적으로 선한 일을 한 것이나 선한 사역자들을 도왔다거나 외식적인 예배에 열심히 참석한 것이 아무런 효과를 주지 못한다. 복음을 듣고 영접한 것만이 효과를 발휘한다. 당시 방주 지붕에 올라간 사람들도 있었을 것이다. 그러나 이미 닫혀진 문을 열리지 않는다. 그 문은 노아가 닫은 것이 아니라 하나님이 닫으셨기 때문이다. 그들은 혹 방주 위에서 굶어죽거나 계속되는 폭우에 쓸려갔을 것이다. 이 시대에도 가장 지혜로운 사람은 하나님의 종들의 복음의 음성을 듣고 순종하는 사람들이다. 그러한 자들은 복음의 음성을 듣고 하나님과 직접적인 관계를 맺은 사람들인 것이다.

오직 방주에 들어간 노아의 여덟 식구만이 구원을 받았다. "내가 주의 신을 떠나 어디로 가며 주의 앞에서 어디로 피하리이까 내가 하늘에 올라갈찌라도 거기 계시며 음부에 내 자리를 펼찌라도 거기 계시니이다"(시 139:7-8). 하나님께서 일단 심판을 하시면 누구도 그 심판을 피할 사람이 없다. 이 땅 어느 곳에도 하나님의 심판을 피할 수 있는 곳은 없다.

8 장

1-3절, 하나님이 노아와 그와 함께 방주에 있는 모든 들짐승과 육축을 권념하사 바람으로 땅 위에 불게 하시매 물이 감하였고 2 깊음의 샘과 하늘의 창이 막히고 하늘에서 비가 그치매 3 물이 땅에서 물러가고 점점 물러가서 일백 오십 일 후에 감하고

하나님께서는 심판 중에라도 피조물을 기억하시어 긍휼을 베푸신다. 심판이라는 수단을 통해서 영광을 받으시지만 그러나 하나님은 심판을 기뻐하지 않으신다. 그분은 사랑과 긍휼을 베풀기를 좋아하시는 하나님이시다. 따라서 하나님은 진노 중에라도 긍휼을 베푸신다(합 3:2). 여기의 '권념하다'라는 말은 기억한다는 뜻이다. 하나님께서는 이와 같이 그분의 사랑하는 자들을 항상 기억하시며 필요에 따라 은혜를 베푸시고 돌보신다. 깊음의 샘과 창이 막히고 비가 그치며 심판이 마감되어 가는 것은 피조물에 대한 하나님의 긍휼로 인한 것이다. 이제 하나님은 대적에게 보응하시어 그 마음을 평안하게 하셨고(사 1:24), 이제 그 심령이 시원하게 되셨다(슥 6:8).

노아는 위대한 신앙인이었지만 그 자신도 오랫동안 방주에 갇혀 있을 때 매우 힘들었을 것이다. 그도 역시 연약한 사람으로서 하나님이 자기를 잊지 않으셨을까 하는 생각에 빠져 있었을 것이다. 그러나 그분은 이제 모든 심판을 끝내시고 노아와 모든 들짐승과 육축을 권념하셨다. 시편 121편 4절은 "이스라엘을 지키시는 자는 졸지도 아니하고 주무시지도 아니하시리로다"라고 말한다.

이제 하늘에서 비가 그쳤다면 40일만 비가 온 것이 아니고(7:12, 17), 방주가 떠있었던 150일간도 비가 계속 오고 있었다는 말이 된다. 어떤 학자들은 40일간은 큰 비가 오고 110일간은 보통비가 내렸다는 말도 한다. 어쨌든 150일간 계속 비가 왔다는 말이 된다. 가장 수위가 높았던 때는 7장 20절의 15규빗이 올랐을 때이며 150일 째는 15규빗 정도가 감수하여 아라랏 산에 닿았는데 150일째 되던 날 이후에는 물이 감하기 시작했다고 표현한다(3절). 어쩌면 150일 하루 이틀 전부터 해서 물이 15규빗 정도 감소한 것으로 본다. 물이 걷힌 기간은 164일(육백 일년 정월 일일, 13절)이라고 보면, 홍수 수위(최고 수위 5,107m)는 하루에 3.1m 정도씩 낮아졌다는 계산이 나온다. 홍수의 물을 말리실 때는 자연법칙을 많이 사용하신 것이다.

이처럼 하나님의 심판은 정하신 기간이 있다(정확히 홍수의 기간이 1년인 점 등). 우리에게 닥친 홍수 같은 큰 환난도 그치는 날이 있다. 이는 하나님의 자비로운 손길과 주권에 달려 있다. 모든 일을 마치자 하나님은 깊음의 샘과 하늘의 창을 닫고 홍수의 원천을 봉쇄하셨다. 그분만이 심판을 집행하시기도 하며 그 심판하셨던 손으로 구원하시기도 한다. 그때 이 세상이 하루 아침에 물에 잠긴 것이 아니듯이 단 하루만에 마른 것도 아니라는 것을 알아야 한다. 창세기 1장의 때에 뭍이 드러나게 하신 것은 한마디 말씀으로 하신 것이며 길어도 한 나절 안에 이루어진 일이다. 시편 104편의 "물이 산들 위에 섰더니 주의 견책을 인하여 주의 우뢰 소리를 인하여 빨리 가서 주의 정하신 처소에 이르고"(6-7절) 라고 한 것은 분명 노아의 홍수의 장면을 설명한 것은 아니고 창세기 1장의 셋째 날 뭍이 드러나게 한 창조에 관련된다. 이처럼 창조 시 물의 움직임은 우레 소리와 같이 빨리 움직였지만 여기는 하루에 조금씩 움직인 것이다. 창조 시에는 하나님의 창조의 능력을 사용하셨지만, 홍수 때에 물의 움직임은 보다 더 자연법칙에 맞게 하신 것이다. 대홍수가 있게 된 것도 자연적인 여러 요인을 동원하셨으므로 여러 요인들이 합력하여 역사하게 하셔서 점차적으로 160여 일 걸려 물을 감소시키셨다. 그러면서도 이 또한 하나님의 전능하신 능력으로 하신 일임에는 분명하다.

4-5절, 칠월 곧 그 달 십칠일에 방주가 아라랏 산에 머물렀으며

물이 점점 감하여 시월 곧 그달 일일에 산들의 봉우리가 보였더라

방주가 아라랏 산에 머문 때는 홍수 발생 150일 만이다. 큰 배인 방주를 방향키나 노가 없었더라도 어느 시, 어느 때에, 어느 곳에 머물게 하신 것은 하나님이시다. 이는 전혀 노아의 지각과 상관이 없었다. 노아는 그 배를 조종하지 않았지만 정확한 지점에 도달했던 것이다. 이러한 일을 하나님의 주권과 긍휼의 돌보심이라고 말한다. 하나님은 우리를 돌보신다. 우리가 어찌할 줄 모르는 상황에서 어느 때든지 가장 알맞은 곳에 이르도록 인도하시는 하나님이시다. 아라랏 산은 유프라데스 강과 티그리스 강 계곡 상단에 위치한 아르메니아 지역의 산으로 추정되는데, 수년 전에 이 산 꼭대기에 거대한 배의 화석이 매몰되어 있으며 그 배의 나무 조각이 발견되었다는 보고가 있었다. 이곳은 옛 대륙의 중심지로서 홍수 후에 노아의 후손들이 퍼져나가기에 매우 적합한 지역이었다.

칠월 십칠 일은 유월절 양 잡는 날(칠월 십사 일)로부터 정확하게 삼 일째 되는 날이다. 그날 방주는 아라랏 산에 안착하였다. 일 년 가까이 홍수의 물 위에 떠다니던 노아는 물이 감하여 방주가 산에 안착하였을 때 심판이 지나갔음을 확신할 수 있었다. 이것이 곧 부활의 참된 의미이다. 부활은 하나님께서 그리스도로 말미암아 죄를 심판하시고 사람들에게 평강과 안식을 주셨다는 증거이다. 하나님은 그의 백성들의 마음이 동요함이 있은 후에 그들을 위하여 쉴 때와 장소를 마련하여 주신다. 교회라는 방주는 때때로 광풍으로 요동하며 안위를 받지 못하나, 심판과 단련을 거친 후 평안을 되찾게 된다(행 9:31). 하나님께서는 이미 노아 시대 때부터 장차 오실 그리스도의 구속 역사를 내다보고 계셨다. 모든 성경의 사실들이 하나님의 아들의 십자가의 구속 역사 한 가지에 초점을 맞추고 있다는 것을 재삼 확인할 수 있는 부분이다.

6-7절, 사십일을 지나서 노아가 그 방주에 지은 창을 열고 7 까마귀를 내어놓으매 까마귀가 물이 땅에서 마르기까지 날아 왕래하였더라

까마귀는 죽은 고기나 썩은 고기도 먹는 새이다. 까마귀는 물이 마르지 않았어도 돌아오지 않고 날아다녔다. 거기에 먹을 만한 것들이 많이 있었기 때문이다. 오늘날 소위 성도라고 하는 자가 세상적인 장소나 바벨론 적인 모임에 가서 아무런 거리낌 없이 합류하는 것을 볼 때 의아해할 수밖에 없는데, 그것은 이미 그가 그런 곳에 적합한 본성을 소지하고 있기 때문이라고 보아야 할 것이다.

8-12절, 그가 또 비둘기를 내어놓아 지면에 물이 감한 여부를 알고자 하매 9 온 지면에 물이 있으므로 비둘기가 접족할 곳을 찾지 못하고 방주로 돌아와 그에게로 오는지라 그가 손을 내밀어 방주 속 자기에게로 받아들이고 10 또 칠일을 기다려 다시 비둘기를 방주에서 내어놓으매 11 저녁때에 비둘기가 그에게로 돌아왔는데 그 입에 감람 새 잎사귀가 있는지라 이에 노아가 땅에 물이 감한 줄 알았으며 12 또 칠일을 기다려 비둘기를 내어놓으매 다시는 그에게로 돌아오지 아니하였더라

노아가 아라랏 산에 머물 때부터 방주에서 나올 때까지 220일 가까이 걸렸다. 그동안 노아는 창을 통해 봉우리를 보는 것부터 시작하여 40일을 지나 까마귀를 내놓아 보고 다시 7일 후 비둘기를 내놓아보고 또 7일을 기다려 비둘기를 또 한 번 내어놓았다. 그는 그렇게 세 번이나 비둘기를 내어놓으며 땅이 마르기를 기다렸던 것이다. 노아는 기다리고 또 기다렸는데 자그마치 220일이나 기다린 것이다. 성도들의 가장 큰 미덕 중의 하나는 인내로 하나님의 때를 기다리는 것이다.

까마귀와 달리 비둘기는 어떠했는가? 비둘기는 물이 마르지 않았을 때 접족할 곳을 찾지 못하여 돌아오고 말았다. 정결하고 거룩한 사람은 부정하고 더럽고 혼잡한 곳에 머물지 못한다. 어떤 사람이 어떤 성향을 띤 곳에 아무 어려움 없이 머무르고 있다면 그는 바로 그런 성향의 사람일 것이다. 하나님의 성령의 비둘기는 육체가 완전히 심판된 곳이 아니면 내려앉지 않는다. 어떤 곳에 아직도 사망의 물과 육체의 일들이 남아 있다면 성령의 비둘기는 거기에 머물 수 없다.

13-14절, 육백 일년 정월 곧 그 달 일일에 지면에 물이 걷힌지라 노아가 방주 뚜껑을 제치고 본즉 지면에 물이 걷혔더니 14 이월 이십 칠일에 땅이 말랐더라

물이 걷힌 것은 1월 1일이지만 그때는 땅이 아직 완전히 마르지 않았으므로 즉시 나올 수가 없었다. 이와 같이 하나님의 심판에서 회복되는 것 또한 단계적으로 진행됨을 볼 수 있다. 먼저 창일하던 물이 감하여 방주가 아라랏 산에 머물고, 그로부터 3개월쯤 후에는 산봉우리들이 보였으며, 그 다음 까마귀와 비둘기를 내보내어 밖의 상황을 확인하였고, 그 다음에 비로소 방주 뚜껑을 열고 물이 걷혔음을 확인했다. 그리고서도 57일(2월 27일)이 지나서야 완전히 물이 말라 밖으로 나올 수 있었다. 이 또한 노아가 임의로 나온 것이 아니라 들어갈 때와 마찬가지로 하나님의 명하심에 따라 나온 것이다. 들어가라고 하실 때가 있지만 나오라고 하실 때가 있다. 14절의 육백 일년 이월 이십칠일은 홍수가 발생한 지 370일 째 되는 때이다(홍수 발생은 노아 육백 년 이월 십칠일이다). 지금으로부터 4천 5백년 전 어느 시점에 이 지구상에 큰 홍수가 있었다는 사실이다.

15-19절, 하나님이 노아에게 말씀하여 가라사대 16 너는 네 아내와 네 아들들과 네 자부들로 더불어 방주에서 나오고 17 너와 함께한 모든 혈육 있는 생물 곧 새와 육축과 땅에 기는 모든 것을 다 이끌어 내라 이것들이 땅에서 생육하고 땅에서 번성하리라 하시매 18 노아가 그 아들들과 그 아내와 그 자부들과 함께 나왔고 19 땅위의 동물 곧 모든 짐승과 모든 기는 것과 모든 새도 그 종류대로 방주에서 나왔더라

모든 일에 참지 못하고 조급한 것은 육체의 특징이다. 노아는 방주에서 심판을 통과하면서 얼마나 심판의 끝 날을 사모했겠는가? 그러나 하나님은 인간의 조급한 기질을 따라 역사하지 않으시고 그분의 계획과 일정표에 따라 역사하셨다. 노아는 모든 일을 하나님의 명령에 따라서만 순종함으로 행했다. 그는 하나님께서 들어가라고 하실 때 들어가고 나오라고 하실 때 나왔다. 그것이 안식이요 하나님의 보호와 은혜를 얻을 수 있는 길이다. 많은 사람들이 주님의 때가 아닌 때에 나옴으로 낭패를 보는 수가 많다. 노아의 홍수 사건에서 배워야 할 한 가지는 그가 철저히 하나님의 명령에 인내하며 순종하며 행했다는 것이다. 그가 방주 속에서 생활한 날수는 총 1년 10일이다. 그동안 노아가 배운 것이 얼마나 많았을까를 생각해보라! 노아는 실로 엄청난 시험을 참고 견딘 성도이다.

20절, 노아가 여호와를 위하여 단을 쌓고 모든 정결한 짐승 중에서와 모든 정결한 새 중에서 취하여 번제로 단에 드렸더니

홍수가 지나간 후에 노아가 맨 먼저 한 일은 하나님께 제물을 드린 것이다. 제사를 드리는 일은 노아가 자원해서 한 일로 보여진다. 방주에 들어오고 나가는 것은 주님의 명령에 의한 것이지만 예배를 드리는 것은 이미 주신 제도이므로 명령을 기다리지 않고도 제사를 드렸다. 하나님의 은혜를 얻은 자들은 자진해서 기꺼운 마음으로 예배를 드려야 한다. 맥킨토시의 말처럼 여기서 노아는 자신들을 구원해준 도구인 방주를 감상하면서 예배한 것이 아니다. 노아는 방주에서 나오자마자 다른 것을 주의하지 않고 여호와 하나님을 향했던 것이다. 이것은 예배자가 반드시 깨달아야 할 한 가지 중요한 요점이다. 사람이 자신을 구원한 능력 있는 도구들을 하나님과 동일하게 여겨 숭배하고 높이는 것이 다름 아닌 우상숭배이다. 또 한 가지 주의하여 볼 것은 노아가 다른 일은 모두 하나님의 명령을 받고 순종함으로 행하였지만 제물을 드리는 일은 자원하여 드렸다는 것이다. 하나님께서 사람을 위해 행하신 많은 역사의 궁극적인 목적은 무엇인가? 바로 합당한 예배자들을 찾으시는 것이다. 이 지점에 이를 때 하나님께서는 이 땅에서 하나님의 전능하심과 무궁하심과 엄위하심과 긍휼하심을 깊이 깨닫고 기억하면서 하나님을 경배하는 한 사람을 얻으신 것이다. 이 지점에 이를 때 하나님께서는 사람 편에서 하나님 자신을 알고 경배하는 상황을 얻으신 것이다. 노아는 이 엄청난 하나님의 심판의 역사에서 하나님과 동역하며 깊은 속에서 하나님을 경외하고 그분의 어떠하심에 탄복했을 것이다. 그 결과 그는 귀한 예배를 드렸다.

여기서 정결한 짐승이나 새는 그리스도를 예표하고 있다. 이는 장차 레위기에서 각종 제사법의 기초가 되는 말씀이다. 노아는 하나님께 그리스도를 제물로 드림으로써 하나님을 기쁘시게 한다는 인식이 있었을 것이다. 타락한 인간은 그리스도의 피의 공로가 없이는 결코 하나님께 나아갈 수 없다.

21절, 여호와께서 그 향기를 흠향하시고 그 중심에 이르시되 내가 다시는 사람으로 인하여 땅을 저주하지 아니하리니 이는 사람의 마음의 계획하는 바가 어려서부터 악함이라 내가 전에 행한 것같이 모든 생물을 멸하지 아니하리니

노아가 제물을 드린 결과는 무엇인가? 참으로 엄위하신 하나님은 그분의 심판 후에 사람들이 그분을 너무 두려워하게 될까봐 염려하신 것 같다. 하나님께서 사람들의 생각하는 것이 어려서부터 악하다는 것을 원래는 모르셨겠는가? 당연히 그분은 다 알고 계셨다. 그러나 심판하시기 전에 사람을 지으신 것을 후회하신 하나님이 이제는 심판하신 것을 후회하시는 듯하다. 당신은 이런 하나님에 대하여 무엇이라고 하겠는가? 우리 하나님은 때때로 어리석으신 듯하다. 바울은 고린도 전서에서 하나님의 미련한 것과 하나님의 약한 것을 언급했다(고전 1:25). 어떤 일에 대해 후회하는 것은 어리석은 사람이 무언가를 잘못 행한 뒤에 갖는 반응이다.

우리 하나님은 과연 어떤 하나님이신가? 나는 성경에서 이러한 하나님을 알 때마다 더욱 그분이 사랑스럽다. 성도들이여! 우리 하나님은 우리와 같은 성정이 있으신 하나님이시다. 그분은 때로 어쩔 줄 모르시는 것 같다. 홍수의 심판이 끝나자마자 하나님은 노아의 제사를 받으시고 이 땅에 다시는 사람으로 인하여 저주를 내리지 않기로 작정하셨다. 이는 사람의 계획하는 바가 어려서부터 악하기 때문이라고 하셨다. 하나님은 이미 그러한 상황을 아셨을 텐데 왜 잘 아시면서도 사람에 대해 기대도 하시고 또 실망도 하시는가? 이는 하나님께서 그만큼 사람을 사랑하시기 때문이리라. 사랑하는 편은 언제나 어리석기 마련이다. 결과적으로 하나님의 심판의 홍수는 사람의 타락한 본성을 바꾸지 못했다. 이제 노아의 새로운 세대가 이 땅에 출현하겠지만, 심판 전에 인간에게 있던 악은 결코 제해지지 않았다. 사람은 어려서부터 악하다. 하나님이 이 사실을 모르셨는가? 물론 아신다. 그런데 하나님은 왜 심판하시고 또 이렇게 말씀하시는가? 하나님이 사람을 사랑하시기 때문이라는 것이 그 답이다. 하나님의 심판이 사람을 놀라게 하고 조심하게 할 수는 있지만, 거기에 은혜의 성령의 역사가 추가되지 않으면 성화와 새롭게 하는 역사는 불가능하다.

어쨌든 노아의 제사는 하나님을 기쁘시게 했고 저주를 제하는 결과를 가져왔다. 우리가 하나님께 드리는 한 번의 감사 제물이 우리의 상황 가운데서 저주와 사망을 제할 수 있다는 사실을 명심할 필요가 있다.

22절, 땅이 있을 동안에는 심음과 거둠과 추위와 더위와 여름과 겨울과 낮과 밤이 쉬지 아니하리라

땅이 있을 동안(as long as the earth shall last)이라 함은 땅이 없어질 날이 있다는 것을 암시한다. 물론 하나님께서는 더 이상 물로 이 땅을 심판하시지 않을 것이다. 그 대신 이 땅은 언젠가 불로 멸망하게 될 것이다. 그리고 새 하늘과 새 땅이 임할 것이다.

심음과 거둠과 추위와 더위, 여름과 겨울, 낮과 밤이 쉬지 않음은 자연법칙이다. 하나님께서는 홍수로 인해 분명치 않게 되었던 이 모든 자연 법칙들을 되찾아 사람의 생존을 위한 규칙이 되게 하셨다. 홍수 동안 온 땅은 낮과 밤, 여름과 겨울, 추위와 더위 등의 구분이 분명치 않게 되었다. 그러므로 주님은 인간생존을 위한 자연 법칙을 다시 정해주실 필요가 있으셨다. 이런 자연 법칙은 무슨 효과를 가져다주는가? 타락한 사람이 하나님을 섬기며 살기에 적합한 환경을 만들어 주는 것이다. 홍수 때 만일 공중의 수포대가 쏟아졌다면 추위와 더위 등의 구분은 자연스러운 현상이라고 할 것이다. 보온 온실 효과가 없어졌기 때문이다. 그러므로 이 땅에서 심을 때와 거둘 때, 추위와 더위, 겨울과 여름이 닥칠 때 하나님과 그분의 심판을 기억해야 하고 밤이 오고 낮이 올 때에도 하나님을 기억해야 한다. 그리고 이 땅은 곧 지나갈 것임을 기억해야 한다. 오늘날의 밤과 낮의 약정과 추위와 더위는 홍수 후에 하나님께서 인간에게 언약으로 주신 자연 법칙이다(렘 33:20).

9 장

1절, 하나님이 노아와 그 아들들에게 복을 주시며 그들에게 이르시되 생육하고 번성하여 땅에 충만하라

이 구절은 하나님께서 아담을 창조하신 뒤에 하신 축복의 말씀이다. 노아는 창조된 아담과 같이 새로운 시대의 조상이 된 것이다. 그러므로 하나님은 노아에게도 아담에게 주신 것과 동일한 축복을 허락하셨다. 이것은 오늘 이 시대에도 적용할 수 있는 말씀이다. 오늘날에도 이 지구상에 새로운 창조인 교회가 일어날 때 하나님께서는 그들을 바라보시면서 동일한 축복을 주실 것이다. 그러나 관건은 그들이 과연 새로운 시대를 여는 사람들이냐는 것이다. 참으로 죽음과 부활을 거쳐 새로운 창조 안에 사는 무리가 일어났다면 그들은 전에 없던 새로운 족속이며 하나님이 원하시는 족속이므로 이 땅에 그 수가 많아지기를 원하실 것이고 따라서 생육하고 번성하도록 축복하실 것이다.

2절, 땅의 모든 짐승과 공중의 모든 새와 땅에 기는 모든 것과 바다의 모든 고기가 너희를 두려워하며 너희를 무서워하리니 이들은 너희 손에 붙이웠음이라

이 또한 창조된 사람 아담에게 주셨던 축복의 재언이다. 창세기 1장은 모든 피조물을 정복하고 다스리라고 하셨지만 이 구절에서는 "너희를 두려워하며 무서워하리니…너희 손에 붙이웠음이라"고 하신다. 이 구절에서 우리는 하나님께서 피조물 가운데 세우신 질서를 볼 수 있다. 아무리 힘센 짐승이라 하더라도, 아무리 큰 물고기라 하더라도 사람의 다스림 아래 있다. 아무리 사나운 맹수라도 인간 앞에서는 무력하다. 하나님께서는 그것들이 사람을 두려워하고 무서워하도록 정하셨다. 하나님께서 이 땅에 세우신 가장 큰 권위는 사람이지 호랑이나 사자가 아니다. 모든 짐승은 사람의 손에 붙여졌다. 오늘도 우리는 하나님께서 정하신 질서를 보고 있다. 창세기 1장에서 논한 바 있지만 하나님의 질서는 왕국과 관계있다. 창조의 하나님은 목적이 있으시며 경륜이 있으시다. 그분의 창조의 목적은 사람이 온 만물을 정복하고 다스리는 것이다. 그리스도와 함께이다. 거기에 질서가 있다. "각 남자의 머리는 그리스도요, 여자의 머리는 남자요, 그리스도의 머리는 하나님이시라" 하나님의 목적은 이 땅에 그분의 왕국을 가져오는 것이다.

3-4절, 무릇 산 동물은 너희의 식물이 될찌라 채소 같이 내가 이것을 다 너희에게 주노라 4 그러나 고기를 그 생명 되는 피채 먹지 말것이니라

홍수 후에 하나님은 사람이 식물만 먹을 것이 아니라 동물도 먹으라고 하셨다. 이것이 홍수 후에 바뀐 것이다. 하나님께서는 사람에게 육식을 허용하셨는데, 이에 대해 우리는 구속사적인 관점으로 볼 수 있어야 한다. 타락한 인간에게는 식물만 음식으로 필요한 것이 아니라 동물도 먹어야 할 필요가 있게 되었다. 아담은 동산에서 잘못 먹어서 타락하였다. 타락한 인간이 타락에서 벗어나 회복되는 길도 먹는 것에 의해서이다. 먹는 것은 그 사람이 내적으로 받아들이는 것이다. 아담은 사람이 타락하기 전부터의 조상이다. 그러나 노아는 타락한 후의 조상인 것이다.

레위기에서 하나님은 이스라엘 백성이 먹을 수 있는 짐승들을 구별하셨다. 이것들은 모두가 그리스도의 예표로서 구속 사역의 각 방면을 나타내 보여준다. 출애굽기에서 그들이 애굽에서 벗어날 때 문설주와 인방에 양의 피를 바르고 양고기를 먹어야 했던 것은 구속의 예표이다. 주님은 내 살을 먹고 내 피를 마시는 자는 영생을 가졌고 마지막 날에 그를 다시 살리시리라고 하셨다.

본문을 통해서 우리는 타락한 사람에게 동물의 피와 살이 필요하게 되었다는 것을 알 수 있다. 적어도 이 부분에서 하나님은 타락한 인간을 구원하기 위해 어린 양의 피의 구속을 받아들일 수 있는 길을 열어 놓으셨다. 이때부터 이미 하나님은 주 예수 그리스도께서 희생제물이 되시고 우리에게 그분의 피와 살을 주시어 먹게 하시려는 의도를 비치셨다. 그렇다. 타락한 우리에게는 많은 가르침이 필요한 것이 아니라 구속을 위한 피와, 생명을 위한 살이 필요한 것이다.

오늘 우리가 어떻게 그리스도의 피와 살을 먹을 수 있겠는가? 이는 만찬 예배를 생각하면 쉽게 알 수 있다. 만찬 예배의 중심은 그분의 살과 피를 먹고 마시면서 그분을 기념하는 데 있다. 오늘도 자신이 타락한 느낌이 있다고 할 때 벗어나는 길을 무엇인가? 그리스도의 피를 마시고 그리스도의 살을 먹는 것이다. 그때 우리는 식물의 생명이 아닌 동물의 생명이 필요함을 느끼게 된다. 그리스도의 보혈을 위해 우리는 우리의 죄를 자백할 필요가 있다. 타락한 후 가인은 식물의 생명만으로 제사를 드렸다. 그러나 아벨은 동물의 생명을 드린 것이다. 타락한 우리는 주 예수의 피를 마시고 살을 먹을 필요가 있게 되었다.

그럼에도 고기를 생명 되는 피 채 먹지 말라고 한 것은 생명이 피에 있기 때문이며, 피의 중요성을 알려주시기 위함이다. 주님의 피가 흘려졌을 때 그것은 주 예수의 생명이 흘려진 것이다. 우리는 오직 그 피만을 먹을 수 있는 것이다. 그래서 하나님은 짐승일지라도 그 피를 중요시하여 피가 생명임을 가르치시는 것이다. 짐승의 피가 이렇게 중요하다면 사람의 피는 얼마나 귀중하며 하나님의 아들의 피는 얼마나 귀하고 보배로운가!

5-6절, 내가 반드시 너희 피 곧 너희 생명의 피를 찾으리니 짐승이면 그 짐승에게서, 사람이나 사람의 형제면 그에게서 그의 생명을 찾으리라 6 무릇 사람의 피를 흘리면 사람이 그 피를 흘릴 것이니 이는 하나님이 자기 형상대로 사람을 지었음이니라

5절과 6절의 말씀도 피의 고귀함을 강조하는 말씀으로 이해된다. 하나님은 생명을 귀히 여기신다. 만일 하나님을 믿는다는 어떤 사람이 인간의 생명을 존귀히 여기지 않는다면 그는 진정한 그리스도인이라고 할 수 없다. 이전에는 사람이 피를 흘린 것에 대하여 하나님께서 판결하고 다루셨으나 이제는 사람이 그 보복을 하도록 되어 있다. 물론 이것은 나중 이스라엘 백성 가운데서 재판권을 가진 사람에게 위임되었다. 노아 가정의 경우는 하나님의 대리 권위를 가진 노아가 이를 집행해야 했고 후에는 나라의 통치자가 이를 집행하게 되었다. 아담의 시대에는 하나님께서 아담에게 땅과 땅에 기는 것들, 짐승들을 다스리는 것을 말씀하셨지만(아담은 사람 위의 권위자가 아니었고 다만 사람 이외의 피조물들에게 권위였다), 노아의 시대에 와서는 노아를 대표권위로 세우셔서 사람들도 그 통치 안에 있게 하였다. "무릇 사람의 피를 흘리면 사람이 그 피를 흘릴 것이니"란 사람의 대표권위를 인정하시는 말씀이다.

이러한 말씀이 구속사적으로 볼 때 피의 구속을 위해 미리 준비해 가시는 주님의 말씀하심이라고 여겨진다. 결국 사람이 죄를 지었을 때 피를 흘리면 그 죄과가 담당된다는 하나의 원칙이 서서히 세워지고 있었던 것이다(히 9:22).

뿐만 아니라 타락한 사람들이 홍수의 심판을 거쳐서 새롭게 시작될 때 하나님은 정식의 율법과 규율은 아니지만 뭔가 권위와 통치를 세우심을 볼 수 있다. 즉 타락한 인간들이 가인처럼 살인을 한다든지 할 때 이제는 하나님이 가인에게 대하듯이 하시는 것이 아니라 사람에게 그대로 보복하도록 하는 규율을 세우신 것이다. 이는 하나님께서 홍수 이후에는 살인하여 피를 흘린 사람은 인간 통치 아래 두어서 그 범죄를 사람이 판결하도록 규정하신 것이다. 그러므로 많은 신학자들은 이때를 기점으로 하여 인간 통치 시대를 구분한다.

7절, 너희는 생육하고 번성하며 땅에 편만하여 그 중에서 번성하라 하셨더라이는 새로운 세대가 하나님이 창조하신 땅에서 번성하고 편만하기를 바라시는 하나님의 축복의 말씀이다. 이 땅에 하나님의 피조물이 번성하여 편만하게 되는 것은 하나님의 원하심이다.

노아에게 주신 무지개 언약

8-17절, 하나님이 노아와 그와 함께한 아들들에게 일러 가라사대
9 내가 내 언약을 너희와 너희 후손과 10 너희와 함께한 모든 생
물 곧 너희와 함께한 새와 육축과 땅의 모든 생물에게 세우리니
방주에서 나온 모든 것 곧 땅의 모든 짐승에게니라 11 내가 너희
와 언약을 세우리니 다시는 모든 생물을 홍수로 멸하지 아니할 것
이라 땅을 침몰할 홍수가 다시 있지 아니하리라 12 하나님이 가라
사대 내가 나와 너희와 및 너희와 함께하는 모든 생물 사이에 영
세까지 세우는 언약의 증거는 이것이라 13 내가 내 무지개를 구름
속에 두었나니 이것이 나의 세상과의 언약의 증거니라 14 내가 구
름으로 땅을 덮을 때에 무지개가 구름 속에 나타나면 15 내가 나
와 너희와 및 혈기 있는 모든 생물 사이의 내 언약을 기억하리니
다시는 물이 모든 혈기 있는 자를 멸하는 홍수가 되지 아니할찌
라 16 무지개가 구름 사이에 있으리니 내가 보고 나 하나님과 땅
의 무릇 혈기 있는 모든 생물 사이에 된 영원한 언약을 기억하리
라 17 하나님이 노아에게 또 이르시되 내가 나와 땅에 있는 모든
생물 사이에 세운 언약의 증거가 이것이라 하셨더라

노아의 홍수와 방주의 구원은 구속 역사에 관한 하나의 귀한 예표이다. 그에 따른 무지개 언약 또한 하나님께서 구속을 이루실 뿐 아니라 그 모든 사실들을 언약 안에 두시어 우리로 믿고 받아들일 수 있게 하는 데에 사용된 예표이다. 3-6절은 피의 문제를 거론하고 8절부터는 언약의 문제를 말한다. 이 모든 것이 그리스도의 구속의 예표이다. 물론 심판 자체도 죄에 대한 하나님의 태도의 표명인 것이다. 죄는 반드시 심판이 되어지는 것이다. 예수 그리스도의 십자가는 무엇인가? 하나님의 죄에 대한 표명인 것이다. 죄없는 예수 그리스도에게 세상 사람의 죄를 대속케 하셨을 때 하나님은 십자가 상의 아들을 심판하신 것이다. 그분의 피는 새 언약을 세우는 표였다. 이미 노아시대부터 구속에 대한 언약이 은은하게 비추어지고 있다. 그러나 피 없이 사함이 없고 심판이 없이 구원이 이루어지지 않는다.

하나님은 언약의 하나님이시다. 구약과 신약 모두 언약의 책이다. 그 모든 말씀이 하나님께서 사람에게 하신 약속을 담고 있다. 그분이 약속을 하신다는 것은 그만큼 사람을 사랑하신다는 것이며 관심이 많으시다는 것이다. 하나님은 사람에 대한 생각이 많으시다. 그러므로 하나님은 때때로 그분이 지으신 사람에게 약속하시고 그분의 약속을 사람이 붙잡고 믿는 것을 기뻐하신다. 하나님은 신실하시므로 그분이 약속하신 것을 결코 위반하거나 바꾸지 아니하신다. 우리가 하나님을 믿는다는 것은 곧 그분의 약속을 믿는다는 것이다. 신약의 믿는이들인 우리는 언약의 사람들이다. 신약 27권의 말씀이 모두 언약의 말씀이다. 우리는 하나님의 언약이 신실하심을 믿는다. 이 언약은 그리스도께서 피로 세우신 새 언약이요 그분이 죽으심으로 남기신 유언과 같은 언약이므로 이를 성약(testament)이라고도 부른다. 주님은 우리에게 언약하실 뿐 아니라 그분의 모든 언약을 피로 인치심으로 우리에게 유언으로, 성약으로 남겨주셨다.

이 성약 속에는 많은 귀한 유산이 들어 있다. “이제 그리스도 예수 안에 있는 자에게는 결코 정죄함이 없나니”(롬 8:1). 우리에게는 ‘결코 정죄함이 없다’는 언약이 있다. 믿은 우리는 결코 정죄를 당하지 않는다. 이 언약은 또한 “누가 능히 하나님의 택하신 자들을 송사하리요 의롭다 하신 이는 하나님이시니 누가 정죄하리요”(롬 8:33-34)라고 말한다. 우리는 정죄하는 사탄에 대하여 이 언약의 말씀으로 당당하게 맞설 수 있다. “이는 내 능력이 약한데서 온전하여짐이라”(고후 12:9). 이 말씀은 또 하나의 언약이다. 우리가 때로 약하여질 때 우리는 우리 자신에게서 약함 외에 아무것도 볼 수 없다. 그리고 자신은 아무것도 아니며 아무것도 할 수 없는 자라고 하면서 비참함과 좌절을 느낀다. 그러나 하나님께 감사드리자! 우리는 신실하신 하나님의 언약을 가지고 있다. 하나님께서는 언약하시기를 우리에게 약함을 허락하시는 이유는 우리가 약할 때 주님의 능력이 우리에게서 온전케 됨을 체험하게 하려는 것이라고 하셨다. 이러한 약속의 말씀은 우리를 얼마나 격려하고 힘을 주는지! 또 주님은 감당할 수 없는 시험이 닥칠까봐 염려하는 우리에게 “사람이 감당할 시험 밖에는 너희에게 당한 것이 없나니 오직 하나님은 미쁘사 너희가 감당치 못할 시험 당함을 허락지 아니하시고 시험 당할 즈음에 또한 피할 길을 내사 너희로 능히 감당하게 하시느니라"(고전 10:13)는 언약을 주셨다. 사람이 일단 큰 시련을 당하게 되면 심히 놀라면서 하나님께서 감당할 수 없는 시험을 주시면 자신이 넘어지지 않을까 하고 염려하게 된다. 그럴 때 우리는 하나님의 언약의 말씀을 신뢰할 수 있고 그 언약의 말씀 안에서 안식할 수 있다.

어떤 믿는이가 건강이 좋지 않아 상당히 고생을 했다면 그는 그보다 더 큰 질병이 올 때 자기가 감당치 못하고 넘어질까봐 염려하게 된다. 이전에 겪은 질병도 힘겹게 넘겼는데 다음에 더 중한 질병이 오면 감당하지 못할까봐 염려하게 된다. '나는 과연 감당할 수 없는 시험이 올 때 걸려 넘어지지 않을 수 있는가?' 이에 대해 주님은 그분이 "능히 너희를 보호하사 거침이 없게 하시고 너희로 그 영광 앞에 흠이 없이 즐거움으로 서게 하실 자"(유 24)이심을 언약해주신다. 우리는 이번에도 간신히 통과했는데 더 큰 시험이 오면 넘어지지 않겠느냐고 근심한다. 그때 우리가 붙잡을 것은 그분의 신실한 언약의 말씀이다. 그분은 우리를 능히 보호하사 거침이 없게(걸려 넘어지지 않게) 하실 것이며 그분의 영광 앞에 흠이 없이 즐거움으로 서게 하실 것이다.

여기 노아와 그의 가족이 당면한 느낌이 그러했을 것이다. 그들은 방금 전까지도 방주 안에 있었고 그 안에서 수많은 시간 동안 홍수의 심판을 통과해왔다. 그들은 방주 안에서 평안함과 구원을 누렸겠지만 또한 땅의 모든 생물을 다 죽게 하고 멸망시키는 심판의 물을 통과하면서 두려움도 느꼈을 것이다. 그래서 이제는 조금만 비가 와도 다시 물이 범람하여 이번에는 우리까지도 다 죽게 되지 않을까 하며 두려워했을 것이다. 그러므로 하나님은 그들에게 언약의 말씀을 주실 필요가 있었던 것이다. 하나님은 사람에 대하여 무관심하지 않으시다. 그분은 그분의 자녀들의 두려워하고 염려하는 심정을 헤아리시며 그들을 위안하고 격려하실 길을 예비하신 것이다.

하나님께서는 다시는 물로 세상을 심판하지 않겠다는 언약을 그들에게 주시면서 그 증거로 무지개를 보여주셨다. 그 무지개는 사람을 위한 것이

자 또한 하나님을 위한 것이기도 하다. 13절의 "내가 내 무지개를 구름 속에 두었나니 이것이 나의 세상과의 언약의 증거니라"는 말씀은 사람을 위한 것이다. 16절의 "무지개가 구름 사이에 있으리니 내가 보고 나 하나님과 땅의 무릇 혈기 있는 모든 생물 사이에 된 영원한 언약을 기억하리라"는 말씀은 하나님 자신이 언약을 기억하시겠다는 말씀이다. 그러므로 무지개는 하나님과 사람 모두에게 언약의 증거가 된 것이다. 무지개가 구름 사이에 있다는 것에는 의미가 있다. 구름과 무지개는 매우 대비되는 것이기 때문이다. 구름은 뭔가 암울하고 밝지 않다. 거기에는 어두움과 심판이 서려있다. 그러한 분위기 속에 나타나는 무지개는 선명하고 신선하며 소망으로 충만한 느낌을 준다. 주님이 십자가에서 돌아가실 당시 사방이 어두웠다. 그때 주님은 영광스런 언약의 말씀을 외치셨다. "다 이루었다!" 우리는 거기서 구름 사이의 무지개를 볼 수 있다.

인도자의 실패와 하나님의 대리 권위

18-27절, 방주에서 나온 노아의 아들들은 셈과 함과 야벳이며 함은 가나안의 아비라 19 노아의 이 세 아들로 좇아 백성이 온 땅에 퍼지니라 20 노아가 농업을 시작하여 포도나무를 심었더니 21 포도주를 마시고 취하여 그 장막 안에서 벌거벗은지라 22 가나안의 아비 함이 그 아비의 하체를 보고 밖으로 나가서 두 형제에게 고하매 23 셈과 야벳이 옷을 취하여 자기들의 어깨에 메고 뒷걸음쳐 들어가서 아비의 하체에 덮었으며 그들이 얼굴을 돌이키고 그 아비의 하체를 보지 아니하였더라 24 노아가 술이 깨어 그 작은 아들이 자기에게 행한 일을 알고 25 이에 가로되 가나안은 저주를 받아 그 형제의 종들의 종이 되기를 원하노라 26 또 가로되 셈의 하나님 여호와를 찬송하리로다 가나안은 셈의 종이 되고 27 하나님이 야벳을 창대케 하사 셈의 장막에 거하게 하시고 가나안은 그의 종이 되게 하시기를 원하노라 하였더라

18절부터는 새 땅에서 노아의 자손들이 번성한 것에 대하여 기술하고 있다. 인류는 노아의 세 아들로부터 다시 온 땅에 퍼지게 되었다. 그런데 노아의 세 아들이 이 땅에서 번성하고 퍼지기 전에 하나의 커다란 사건이 있었다. 겉으로 볼 때에는 작은 일이지만 영적인 시야로 볼 때에는 작은 일이 아니다. 그것은 그야말로 그들 자자손손에게 미치게 된 하나의 커다란 사건이었다. 어떤 일이든지 시작은 이렇게 매우 중요하다. 그 시작하는 사람들에 의해 다음 세대 사람들의 축복과 저주가 결정되는 사례는 허다하다. 가인의 후손을 보라! 가인은 최초의 살인자였다. 그의 후손은 어떠했는가? 악한 에녹성의 사람들이 되었다. 르우벤은 어떠했는가? 르우벤 지파는 열 두 지파 중에서 장자의 지파였지만 그 첫 번째 되는 사람 때문에 그 지파 대대로 축복을 얻지 못하는 결과를 가져왔다. 축복도 마찬가지로 그러하다. 마틴 루터의 종교개혁의 시작은 매우 선하였다. 그의 의도는 하나님 보시기에 악한 것이 아님이 증명될 수 있었다. 그는 진리를 위하여 일어났지 어떤 사람을 대적하거나 권위를 전복하기 위하여 일어난 것이 아니었다. 그러므로 그를 따라서 많은 사람들이 축복을 받을 수 있었다.

노아는 새 땅에서 농업을 시작하였고 포도나무를 심어 포도주를 마셨다. 그리고 취하여 장막 안에서 벌거벗었다. 이는 당시 이 땅의 최고 인도자의 실패이다. 언제든지 인도자의 실패는 두 종류의 결과를 가져온다. 하나는 그에 대해 합당한 처신을 한 결과의 축복이요, 다른 하나는 그러한 시험 가운데 속에 있는 거역과 불신이 드러남으로 인한 저주이다.

가나안의 아비 함은 이 일을 통해서 저주를 받았는데, 그는 그 아비의 하체를 보고 밖으로 나가 두 형제에게 고하였다. 그때 두 형제 셈과 야벳은 옷을 취하여 자기들의 어깨에 메고 뒷걸음쳐 들어가서 아비의 하체에 덮었다. 그들은 얼굴을 돌이켜 그 아비의 하체를 보지 않았다. 이 일로 인해 그 두 아들은 축복을 받았다. 사람의 됨됨이는 어떤 상황이 발생할 때에서야 드러난다. 노아가 실수하기 전에는 함과 셈과 야벳이 일반적으로 별 차이가 없어 보이는 형제들이었다. 그러나 노아의 실수는 그들 속에 무엇이 들어있는지를 드러내는 사건이 되었다.

함의 거역

여기서 우리는 함의 잘못의 심각성을 생각해볼 필요가 있다. 함은 다만 아버지의 벌거벗은 것을 보고 그것을 형제들에게 고했다. 겉으로 볼 때에는 그리 심각한 일이 아닌 것 같지만 문제는 하나님의 백성 가운데 하나님이 세우신 권위자의 권위를 인식하는 것에 관한 것이다. 권위를 알게 되는 것은 그리스도인에게 있어서 매우 큰 계시이다. 나는 그리스도인의 체험 가운데 가장 큰 체험 중의 하나가 권위가 무엇인지 보게 되는 것이라고 생각한다. 하나님을 섬기려는 사람은 권위에 대한 순복부터 배워야 한다. 어떻게 순복을 알지 못하고 주님을 섬길 수 있는가? 거역은 권위를 전복하는 역사이다. 권위는 어디에나 있다. 교회에서나 가정에서나 연장자나 앞선 자들이나 주님이 세우신 자들이 권위인 것이다. 직장에서는 상사가 권위이다. 한 나라에서는 권세 잡은 자들이 권위이다. 그리스도인은 어떤 권위에든지 순복하는 태도를 갖도록 가르침 받는다(롬 13장).

거역의 시조가 누구인가? 사탄이다. 거역은 그야말로 사탄으로부터 시작되었다. 그자는 자기의 보좌를 가장 높이 올리려 한 것이다. 유다서에는 거역이 위치를 떠난 천사에게서부터 시작되었다고 말한다. 위치를 떠난다는 것이 무엇인가? 교만함으로 말미암아 생각이 높아지는 것이다. 대부분 교회 생활을 처음 시작하는 성도나 교회를 처음 섬기는 자는 교만하지 않다. 그러나 시간이 지나고 무언가 할 수 있다고 느끼면서 먼저 된 자들의 부족함이 눈에 띌 때 거역은 시작된다. 더욱이 주위에 같은 생각을 가진 사람들이 있어서 함께 그런 대화를 나눌 때에 더욱 그러하고, 과연 문제점이 많다고 느낄 때 거역은 무럭무럭 자라나게 된다. 거역은 모세 시대에 창궐하여 일어났는데 이는 문둥병처럼 전염성이 강하기 때문에 그것에 접하지 않는 것이 최선의 길이다. 거역하는 사람들은 자기 자신을 신뢰하는 사람들이요 겸손을 모르는 사람들이다. 그들은 위치를 떠남으로 정상적인 생각에서 벗어난다. 그러므로 유다서에 거역하는 자들에 대하여 꿈꾸는 자들이라 칭한 것이다.

사탄적인 거역의 균은 사람 속에 들어와서 사람을 망치게 한다. 거역이 속에 들어온 사람들은 위치가 올라간 사람이다. 그것은 교만과 욕심으로 말미암은 것으로서 생각과 관점에 있어서 권위자들의 위로 올라간 것을 말한다. 가령 권위 아래 있던 사람이 원래는 마음과 생각이 권위자의 아래 있었고 존경심이 있었지만 위치가 높아진 날부터 권위자의 말과 행함이 내려다보이게 되는 것이다. 그리고 모든 것이 잘못되었고 못나게 보이는 것이다. 보이는 것, 보는 것이 문제이다. 함에게 있어서 아비의 벗은 것을 본 것이 문제이다. 셈과 야벳은 보지 않았다고 말했다. 권위자의 실수나 약점이 보이지 않는 것은 축복이다. 권위자의 약점이나 실수에 대하여 남이 보지 못한 것을 보았다고 자랑하지 말라! 그것은 자랑할 일이 아니라 슬퍼해야 할 일이다.

이는 매우 큰 문제의 시작이다. 우리나라에서도 대통령을 시해하는 거역의 사건이 일어난 적이 있다. 그 살인자는 가까이서 대통령을 모시던 사람이다. 그는 가까이서 잘못된 점들을 보고 들으며 국민들 속에 새겨진 대통령의 존재를 망각했다. 그리고 생각과 관점이 잘못되기 시작했다. 그는 자기가 할 필요가 없는 생각을 하기 시작한 것이다. 민주주의를 위해 그렇게 했다고 했지만 실은 그도 사탄의 거역에 속은 것이다. 그는 대통령이 임명한 공직자에 불과하다. 불만이 있으면 자리를 내놓고 나오면 그뿐이다. 잘못된 점을 시정하는 일은 다른 사람으로 하게 하고, 하늘에 맡기고 국민과 나라에 맡기면 되었다. 그러나 그는 자기가 뭔가 할 수 있다고 느꼈으며 그렇게 할 때 많은 사람이 동조할 것이라고 믿었다. 이 사람 저 사람이 자기의 말을 들으리라고 착각하였다. 이것이 바로 꿈꾸는 것이다. 많은 교회의 거역자들도 이와 같다. 많은 사람이 동조하리라고 생각한다. 물론 동조를 하는 경우도 있다. 그러나 거역자들에게는 길이 없고 그 말로는 슬프며 비참하다. 그들의 생각과 꿈은 들어맞지 않는다. 성도들은 영적 세계에서 거역을 두려워해야 한다. 결코 내 사전에는 거역이 없다고 말하지 말라! 열심 있는 사람치고 한 번도 거역의 균에 감염되지 않기란 어렵다. 그러니 두려워해야 하고 또 두려워해야 한다.

함은 그 속에 권위에 대한 합당한 두려움이나 순복의 느낌이 없었다. 당시 인류는 오직 노아의 가족뿐이었기에 그들 가운데 하나님이 세우신 권위자는 말할 것도 없이 노아였다. 아들들은 어느 모로 보나 그들의 권위인 아버지 노아를 존경하고 그 권위를 인정하는 방식으로 살아야 했다. 그런데 함은 아버지의 권위에 대한 두려움이 없이 또 사랑도 결여된 방식으로 처신한 것이다 .

함은 형제들 가운데서 으뜸 되려 했다. 그것은 그가 아버지의 권위를 무시한 것으로 알 수 있을 뿐 아니라 또한 아버지가 그를 저주한 내용에서도 나타난다. 누구든지 으뜸이 되고자 하는 자는 낮아진다. 사탄은 가장 높아지려고 하다가 가장 낮은 데로 떨어졌다. 누구든지 가장 앞선 권위를 멸시하는 사람은 가장 교만한 사람이다. 노아가 술이 깨어 첫 번째로 한 일은 함을 저주한 일이다. 노아는 함이 저주를 받아 그 형제들의 '종의 종'이 되기를 원한다고 말했다. 언제든지 공정한 심판이란 그가 행한 바의 결과이다. 그가 형제들 위에 뛰어나기를 원하는 교만의 마음이 결국 아비를 거역하는 형태로 나타난 것이다.

교회 안에서도 누가 인도자를 거역하는가? 성도들 가운데 높아지고자 하는 사람, 즉 많은 사람들이 자기의 말을 듣기를 원하며 무리 중에 높아지기를 원하는 사람이 기회가 올 때 권위를 배반하고 거역하게 된다. 이는 수많은 사례를 통해 증명할 수 있다. 그러므로 모든 으뜸이 되려 하는 마음은 다 철저히 제거되어야 안전하게 보존될 수 있다.

그렇지 않으면 우는 사자에게 먹히고 사탄의 밥이 되고 만다. 진실로 교만은 패망의 선봉이다. 결국 이스라엘이 여호수아 시대에 가나안 땅에 들어가 대대로 정복하여 종을 삼은 자들은 함의 아들인 가나안 족속이었던 것이다(수 9:23, 왕상 9:20,21). 함의 아들인 가나안 족속은 노아의 예언대로 셈의 종이 되었다. 또한 하나님은 야벳을 창대케 하셨다. 여기서 우리는 권위를 순복하는 것의 중요성을 배우게 된다. 하나님은 사람이 권위를 업신여기고 훼방하는 것을 작은 일로 여기지 않으신다. 하나님은 순종하는 자손 셈에게서 그리스도가 나오게 하셨다.

함의 마음속에는 권위자인 아버지가 실패했을 때 그에 대한 사랑이나 긍휼의 마음이 없었다. 마음속에 거역이 있는 사람은 인도자가 실패할 때 슬퍼하지 않는다. 도리어 기뻐하면서 좋은 일이라도 일어난 것처럼 여긴다. 거역적인 사람들은 인도자가 실패할 때 그들의 육체가 자유롭게 된다는 것을 안다. 그러므로 인도자의 실패를 보고 좋아하면서 그것을 화젯거리 삼아 여기저기 말하고 다니는 것이다. 이것이 바로 함이 행한 일이다.

우리는 이 사건을 통해 몇 가지를 배울 수 있다. 첫째는 노아와 같이 당대의 의인이고 하나님의 은혜를 입은 자이며 하나님과 동역하여 방주를 짓고 홍수의 심판을 통과한 위인일지라도 느슨하고 부주의할 때 실패할 수 있다는 것이다. 사람은 뭔가 성취했을 때 조심해야 한다. 노아는 성취한 후 느슨해진 것이다. 포도주를 마시고 취하여 벌거벗은 것은 분명 실수이다. 우리는 이 일을 통해서 영적으로 성장하고 많은 일에 주님의 쓰임을 받은 종이라 하더라도 끝까지 주의하고 깨어 있지 않으면 실패할 가능성이 있다는 것을 경고받아야 한다.

둘째는 순복의 공과이다. 함은 아비의 약점을 보고 형제들에게 말했다. 본 것이 문제이고 또 말한 것이 문제이다. 오늘날 많은 사람들이 너무 빨리 자기 생각을 발설한다. 조금 아는 것으로 함부로 판단하는 것이다. 유다는 이성 없는 짐승같이 본능으로 아는 것으로 멸망한다고 말했다. 성도들은 뭔가를 보았다고 빨리 말해서는 안 된다. 이는 원칙상 함의 길이다. 그는 보자마자 가서 말했다. 이것이 저주를 가져왔다. 권위자의 약점을 가리고 덮어주는 것이 축복이다. 셈과 야벳은 덮어줌으로 축복을 받았다. 사랑은 허다한 허물을 덮어준다.

그런데 여기에는 하나의 위험이 도사리고 있다. 가령 이단적인 단체의 교주나 잘못된 가르침을 가르치는 교사를 권위자로 보고 그에게 있는 어떤 문제점도 보지 않으려 하고 다만 따르는 것이 축복이냐는 것이다. 오늘날 많은 이단적인 단체에서 사람들에게 순복을 강요하기 위해 이런 구절들을 사용한다. 그들은 많은 죄와 잘못을 저지르면서 추종자들에게 순복을 강요한다. 축복받으려면 인도자의 실패를 절대로 보지 말아야 한다는 것이다. 이 나라에서도 수많은 이단적 단체들이 신도들을 대상으로 각종 범죄를 저지르면서 추종자들을 기만하고 있다. 믿는이들은 이러할 때 과연 어떻게 처신해야 하는가? 잘못된 이단적 단체에 있는 사람들이 성경을 근거로 많은 말을 한다 해서 과연 그들을 권위로 여겨 순복해야 하는가? 여기에는 진리의 문제가 있다. 많은 경우 이단적이고 사교적인 단체에 있는 사람들이 권위를 내세워 사람들을 멸망의 길에 붙잡아두는 수도 있는 것이다. 물론 어떤 경우에도 권위의 문제는 중요하겠지만 믿는이들은 주님을 따르는 길에서 바른 길을 갈 수 있도록 주의하지 않으면 안 된다. 어떤 권위든지 순복하는 태도를 취하는 것은 합당하나 진리를 따르는 문제 또한 믿는이들에게는 양보할 수 없는 한 가지 일인 것이다.

28-29절, 홍수 후에 노아가 삼백 오십 년을 지내었고 29 향년이 구백 오십 세에 죽었더라

노아는 홍수 후에도 350년을 더 살았고 950세를 향수하고 죽었다.

9장을 마치면서

1. 그리스도의 권위

나는 하나님이 사람을 창조하신 것은 왕국을 위한 것이라고 말했다. 왕국은 권위와 질서에 의해 세워진다. 창세기 1장 2절의 혼돈(토후, 케이오스)은 바로 무질서요 대 혼란이다. 모세의 율법으로는 이 질서를 바로잡지 못했다. 이스라엘의 역사가 이를 증명한다. 이스라엘 왕국은 이를 이루지 못했다. 때가 찼을 때 그리스도께서 오셨다. 회개하라, 왕국이 가까이 왔다고 하셨다. 그분의 십자가의 죽음과 부활, 생명의 분배에 의해서 왕국은 이루어진다. 마태복음 5장의 생활은 오직 아들의 생명을 얻은 무리에 의해 지켜진다.

왕국에서 가장 중요한 것은 그리스도의 권위가 지켜지는 것이다. 교회는 무엇인가? 그 안에서 머리이신 그리스도의 권위를 인정하고 복종하는 무리이다. 그러기에 왕국은 교회로부터 시작된다. 함의 문제는 무엇이 그렇게 심각한가? 그는 이 권위의 문제를 범했다. 하나님은 새 땅의 시작에서 그분의 뜻을 확실하게 표명하셨다. 하나님이 가장 심각하게 보시는 것이 무엇인가? 노아가 술을 마신 것보다 더 심각한 것이 있다. 그것은 질서를 무너뜨리는 행위이다. 이는 모세시대에도 종종 있었다. 모세가 구스여인을 취한 것이 잘한 것이 아닐지 모르지만 하나님은 그것보다 더욱 하나님의 대리 권위자를 함부로 비방한 것을 심각한 죄로 여겼다. 그리고 미리암은 문둥병에 걸린 것이다. 하나님이 심각하게 다루시는 죄가 있다. 그것은 바로 이 땅을 혼란으로 집어넣은 마귀의 배역이다. 그것은 하나님의 목적을 정면으로 대항하는 죄인 것이다. 오늘 날 은혜는 하나님의 행정을 뒤집지 않는다. 오히려 그리스도의 은혜는 왕국이 임하도록 하나님의 행정이 이루어지게끔 힘을주고 격려한다. 율법이 이루지 못한 것을 은혜는 이룬다. 그리스도의 교회는 먼저 이 거룩한 질서와 그리스도의 권위를 세우도록 부르심받은 무리이다. 그 질서가 이루어진 곳이 그리스도의 몸이요 모든 지체가 조화롭게 기능을 발휘하는 것이다.

2. 가족 구원

우리는 노아의 가족이 구원된 것을 보면서 하나님의 구원의 단위가 가정인 것에 깊은 인상을 받을 필요가 있다. 우리는 창세기를 보면서 오늘 우리가 일반적으로 생각하는 가정과 하나님이 보시는 가정이 다르다는 것을 볼 필요가 있다. 이러한 성경적인 견해를 잘 받아들인다면 우리의 가정의 삶은 완전히 바뀌어질 것이다.

1)하나님을 섬기는 가정, 하나님을 중심삼는 가정

그리스도인의 가정은 하나님을 섬기는 것을 가장 중요한 일로 여겨야 한다. 여호수아는 "나와 내 집은 여호와를 섬기겠노라"고 하였다. 하나님은 가정을 매우 중요시한다. 가정을 소홀히 하는 것은 성경의 사상이 아니다. 그리스도인의 가정은 하나님을 중심삼아야 한다. 어떤 가정이 자녀를 중심으로 한다면 하나님이 기뻐하시지 않는다. 재물을 중심으로 하는 것은 더욱 잘못되었다. 마땅히 그리스도가 중심이요 가정의 으뜸이 되어야 한다. 가정은 그분을 위해 존재해야 한다. 그리스도가 만유의 중심이요 으뜸이니 마땅히 가정에서도 그리스도는 중심이요 으뜸이 되어야 한다. "만물이 다 그로 말미암고 그를 위하여 창조되었고 또한 그가 만물보다 먼저 계시고 만물이 그 안에 함께 섰느니라 그는 몸인 교회의 머리라 그가 근본이요 죽은 자들 가운데서 먼저 나신 자니 이는 친히 만물의 으뜸이 되려 하심이요"(골 1:16b-18)

2) 하나님의 행정이 이루어지는 가정

교회의 기본적인 단위는 가정이다. 가정에서 하나님의 행정이 이루어지지 않으면 하나님의 나라(왕국)는 임할 수 없다. 성경에서 언급된 첫 번째 집은 노아의 집이지 아담의 집이 아니다. 아담에게 세 자녀가 있었지만 아담의 집을 말한 적이 없다. 하나님은 아담을 머리로 세웠지만 아담은 머리의 지위를 잃었으므로 첫 번째 집은 소실되었다. 여러분은 남편이나 아버지가 되는 것으로는 부족하다. 머리가 되어야 한다. 그래야 이 땅에 집으로 계산되는 한 가정이 생겨나는 것이다. 하나님은 하와가 창조되기 전에 이미 선악과를 먹지 말라고 명하셨다. 이는 여자가 남자의 권위 아래 있어야 하고 남편에게 가르침을 받아야 함을 가리킨다(고전14:35). 아담의 집은 하나님이 기뻐하시는 정상적인 집이 아니라 여자가 머리가 되어버린 집인 것이다.

홍수 후에 하나님은 특별히 노아의 집을 언급하시고 노아의 집을 통해 세상을 심판하셨다. 노아의 세 아들이 다 좋은 것은 아니었지만 그래도 노아의 집은 머리가 살아 있었다. 그러기에 포도주에서 깨어난 후 함을 저주할 수 있었던 것이다. 그는 당시 홍수 후 새 땅에서 권위를 가진 자였다. 그 가족은 모두 노아의 명령을 따라 움직였다. 노아의 아내는 이름이 무엇인지, 무슨 특별히 한 일이 나와 있지 않다. 그저 남편 노아를 따라 방주에 들어갔다고만 되어 있다. 그러므로 하나님은 노아의 집에서 노아와만 상대하면 될 수 있었다. 그 한 사람이 구원받으면 다 구원받을 수 있었다. 영생이 주어지는 범위는 개인이지만 구원이 얻어지는 것은 집 단위이다(행16:31). 만일 한 가정에 머리 된 사람이 없으면 하나님은 그 가정 개개인을 처리해야 하지만 머리된 사람이 있으면 그 사람만 처리하면 된다.

하나님이 열납하시고 사용하시는 가정은 머리가 살아있고 질서가 세워진 가정이다. 노아의 가정이 그러했고, 아브라함이 그러했으며, 모세, 다윗의 가정이 그러했다. 노아 때문에 온 가정이 구원을 받았다. 아브라함의 아내 사라는 남편을 주라 부르며 순종했다. 무슨 일이든지 아내로 인하여 방향을 바꾼 적이 없다. 아브라함 한 사람 때문에 온 가정과 후손과 많은 민족이 축복을 받았다. 모세의 아내 십보라는 아들의 할례에 관하여 좀 의견이 있었던 것 같다. 하나님은 모세를 죽이려 하셨다(출 4장). 그 때 아내는 자기가 하나님의 일에 남편에게 조금도 의견을 낼 수 있는 존재가 아니라는 것을 깨달았고, 즉시 아들에게 할례를 행하고 남편에게 "당신은 내게 피 남편이라"고 하였다. 한 가정이 가장의 권위 아래 순복한다면 그 온 집은 그 한 사람이 구원받음으로 구원되어질 수 있다. 오늘 날 많은 가정들은 파괴되어 한 사람을 불렀다 해도 구원받지 못한다. 배역이 충만하기 때문이다. 아들이 아버지를 거스르고 아내는 남편을 거스른다. 따라서 가장은 온 가족이 구원을 받도록 책임을 져야한다.

구약에는 유월절 양도 가정단위이고(출 12:3, 매인이 어린 양을 취할지니 각 가족대로 그 식구를 위하여 어린 양을 취하라), 심판도 집을 단위로 하였다(출 12장, 왕상 21:22, 삼하 12:10-11). 축복도 가족단위, 구원도 가족단위, 심판도 가족단위이며 가정의 머리가 그만큼 중요하다는 것을 알 수 있다. 모든 가족 구성원들을 위해서라도 머리가 잘해야 한다. 하나님은 아합의 집을 심판하실 것을 예언하셨다. "또 네 집으로 느밧의 아들 여로보암의 집처럼 되게 하고 아히야의 아들 바아사의 집처럼 되게 하리니 이는 네가 나의 노를 격동하고 이스라엘로 범죄케 한 까닭이니라"(왕상 21:22) 여로보암의 집도 동일하다. "여로보암이 이 일 후에도 그 악한 길에서 떠나 돌이키지 아니하고 다시 보통 백성으로 산당의 제사장을 삼되 누구든지 자원하면 그 사람으로 산당의 제사장을 삼았으므로 이 일이 여로보암 집에 죄가 되어 그 집이 지면에서 끊어져 멸망케 되니라"(왕상 13:33-34) 다윗에 대하여도 그러하다. "이제 네가 나를 업신여기고 헷 사람 우리아의 처를 빼앗아 네 처를 삼았은즉 칼이 네 집에 영영히 떠나지 아니하리라 하셨고 여호와께서 또 이처럼 이르시기를 내가 네 집에 재화를 일으키고 내가 네 처들을 가져 네 눈앞에서 다른 사람에게 주리니 그 사람이 네 처들로 더불어 백주에 동침하리라"(삼하 12:10-11)

3) 남편이 머리되기를 배워야 함

남편은 머리되기를 배우고 아내와 자녀들은 순복하기를 배워야 한다. 한 가정이 주님이 인정하시는 단위가 되려면 온 가족이 협력해서 머리를 세우는 일을 협력해야 한다. 또한 머리를 위해 기도해야 한다. 사라도 남편을 주라고 부르며 복종했다. 성경에서 언제나 아내를 먼저 교훈한 것을 보면 알 수 있다. 바울도 그렇게 하고 베드로도 그렇게 말했다. 딤전 2장 11절에 여자는 일절 순종함으로 종용히 배우라고 하였다. 그 이유를 말하였다. "아담이 먼저 지음을 받고 이와가 그 후며 아담이 꾀임을 받지 아니하고 여자가 꾀임을 받아 죄에 빠졌기 때문이라" "아내 된 자들아 이와 같이 자기 남편에게 순복하라 이는 혹 도를 순종치 않는 자라도 말로 말미암지 않고 그 아내의 행위로 말미암아 구원을 얻게 하려 함이니...전에 하나님께 소망을 두었던 거룩한 부녀들도 이와 같이 자기 남편에게 순복함으로 자기를 단장하였나니 사라가 아브라함을 주라 칭하여 복종한 것 같이 너희가 선을 행하고 아무 두려운 일에도 놀라지 아니함으로 그의 딸이 되었느니라(벧전 3:1-6) 아브라함의 가정을 볼 때 아내인 사라가 잘 따랐기에 아브라함은 축복의 근원이 될 수 있었지 않나?

그렇다고 해서 머리의 역할이 중요하지 않은 것이 아니다. 가장 중요하다고 말할 수 있다. 머리가 되려면 첫째 남편이 영성에 있어서 본이 되어야 한다. 하나님 앞에 바로 서지 않고 죄를 처리하지 않는 남편은 아내의 존경을 떨어뜨리기에 머리됨을 잃게 된다. 남자가 확고하게 그리스도를 머리로 삼는 태도가 없다면 어떻게 아내가 남자의 머리됨에 굴복함을 기대할 수 있겠는가?

둘째 남편과 아비된 자는 범사에 가정 일에 있어서 책임을 질 줄 알아야 한다. 특히 경제적인 문제에 있어서 그러하다. 아내의 부양을 받는 남편은 자연히 아내의 머리 아래로 들어가게 된다. 자녀들에게도 존경심을 상실한

다. 셋째 머리된 자는 의견을 함부로 내지 말아야 한다. 교회나 밖에서 의견을 잘못 제출하고 나서 집에 와서 아내에게 의견을 말하고 동의를 받아내려고 힘쓴다. 그 때 아내는 그 의견을 받아들이지 못하기에 머리의 지위를 자연히 상실하게 된다. 그러므로 남편들은 지혜를 구하고 아내의 질문에 답할 정도의 분량을 갖기를 힘써야 한다. 남편들이 머리가 되는데는 지혜만이 아니라 단호한 태도가 있어야 하고 온유한 영이 있어야 한다.

4) 사랑의 관계성 안에 있는 구성원들

각 가정의 구성원들 가운데 반드시 없어서는 안될 것이 사랑이다. 그 사랑은 또한 반드시 표현되어져야 한다. 그러나 그 사랑은 부활 안에서 새로 얻은 사랑이어야 한다. 변화받은 생명이 아니면 참되게 서로를 사랑할 수 없다. 진정으로 사랑할 수 있으려면 영성에서 진보가 있어야 한다. 자라려면 모든 환경에서 배우는 영을 가져야 한다. 하나님이 주시는 모든 어려운 고난과 환경은 여러분을 자라게 하려고 주시는 환경이다. 하나님이 우리에게 만나게 하는 많은 시련과 고통은 우리로 변화되어 낮아지고 온유한 그릇이 되도록 인도하기 위함이다. 영성 상의 진보가 있어야 할 뿐 아니라 좋은 표현이 있어야 한다. 십자가는 하나님의 사랑의 표현이다. 부모는 자녀에 대한 적절한 사랑의 표현을 할 줄 알아야 하고 남편도 아내도 동일하다. 늘 함께 사는 부부나 부모와 자녀 사이라 하더라도 말을 하지 않으면 알지 못한다는 것을 기억하기 바란다. "나는 지금까지 한 일 중에서 당신을 만난 일이 가장 축복된 일입니다. 당신으로 말미암아 지금까지 행복했습니다.", "당신은 내가 어려울 때 가장 큰 용기와 힘이 되어주었습니다." 이런 말을 임종할 때 하는 것은 너무 늦다. 아비로서도 자녀에게 마찬가지이다. "아들아 나에게는 오직 너밖에 없다. 나는 너를 믿는다.", "나는 가장 훌륭한 아들을 둔 것에 대하여, 하나님이 가장 좋은 아들을 주신 것에 대하여 항상 감사한다." 말하지 않아도 다 알 것이라고 생각하지 말라! 사람은 아무리 가까워도 말하지 않으면 모르는 것이다.

아비로서 자녀에게 단호한 것은 필요하지만 온유해야 하고 절대 노엽게 하거나 폭력을 사용해서는 안된다. 엡 6장 4절은 아비된 자는 자녀를 노엽게 해서는 안된다고 말한다(do not provoke to anger). 주의 교양과 훈계로 양육하라고 하는데 이 양육이라는 것은 영어로 'bring up' 인데 자라게 도와준다는 뜻이다. 아버지 된 그리스도인은 자신이 진리와 하나님의 말씀에 있어서 자녀들을 인도해서 그 길을 걸어갈 수 있도록 도와주어야 한다. 즉 머리된 자는 자녀들의 본이 되는 방식으로 이끌어주어야 한다. 이것이 곧 'bring up' 이란 뜻이다. 부모가 자녀에게 말만해주는 것은 양육이 아니다. 데리고 어떤 상태나 지점에 이르도록 인도해주는 것을 말한다(2012. 5월 가정의 달 메시지에서).

10 장

1a절, 노아의 아들 셈과 함과 야벳의 후예는 이러하니라…

인류는 한 사람 아담의 자손이며 동시에 노아로부터 나왔다. 원래 인류는 한 혈통으로 창조된 것이다. 10장은 홍수 이후에 노아의 세 아들들로부터 인구가 급속히 증가되었음을 보여준다. 여기서 기자는 야벳을 기록하고 그 다음 함을 기록했으며 맨 나중에 언약의 자손인 셈의 자손을 기록했다. 셈(Shem)은 오늘날 근동 아시아 문화권을 형성하는 셈족의 조상이며, 함(Ham)은 아프리카를 중심으로한 흑인들의 조상이고, 야벳(Japheth)은 아리안 족 또는 인도-게르만 족이라고 하는 유럽 중심 민족들의 조상이라고 보는 것이 가장 타당한 해석이다. 인류학자들도 흔히 이렇게 세 갈래로 구분한다. 외관상으로 나타난 생물학적 형질에 따라서 코카서스(백인)과 몽골리안(황인)과 니그로(흑인)로 나눈 후에 신체적 특질에 따라서 수백 종족으로 세분한다. 그러나 근원은 3분으로 보는 것이 성경과 일치한다는 것은 기이하기도 하다.

10장 마지막에서는 홍수 후에 노아의 자손들이 증가하여 땅의 열국 백성으로 나뉘어졌음을 말해준다. 인구가 많아지고 언어가 달라지고 종족이 다양해지면서 여러 나라로 나뉘어진 것이다. 말하자면 노아의 후손의 역사는 인구가 증가되면서 분열되어 흩어진 역사이다. 그러한 분열의 역사 가운데 특이하게 바벨이라는 이름이 등장하고 있다. 이곳에서 시작된 바벨(헬, 바벨론)은 성경 마지막까지 나온다. 성경에서 바벨론은 하나님의 역사를 가장 대적하는 존재이다.

함의 자손 니므롯

8절, 구스가 또 니므롯을 낳았으니 그는 세상에 처음 영걸이라

하나님은 그분의 나라인 교회를 건축하시고 여기의 적그리스도를 예표한다고 할 수 있는 니므롯은 바벨을 건축했다. 바벨론은 인간 조직을 의미한다. 느부갓네살에 의해 일어난 바벨론 제국은 다니엘의 꿈 해석에서 거대한 금 신상의 머리 부분으로 나타나며 이 신상의 종아리와 발가락까지 다 이 세상 열국을 가리킨다. 그 금 신상의 머리가 바벨론이라 함은 바벨론이 이 세상 열국을 대표한다는 것이다. 하나님과 관계없이 세워진 나라가 바로 바벨론인 것이다. 이는 바로 이 땅의 인간 조직을 대표하는 말이다. 그리스도의 나라는 그리스도의 생명으로 되어 있는 유기체이며 하나님의 성령의 통치를 받는다. 그러나 바벨론은 인간의 조직으로서 사람의 다스림과 통치 아래 있다.

계시록 17장과 18장에는 종교적인 바벨론에 대한 이상이 있다. 그녀는 자주 빛과 붉은 빛 옷을 입고 금과 보석과 진주로 꾸미고 손에 금잔을 가지고 있는데, 가증한 물건과 그의 음행의 더러운 것들이 그 속에 가득하였다. 결국 이 바벨론은 멸망을 당하게 된다. 이러한 종교적인 바벨론도 그 시작은 창세기 10장에 있으며 창시자는 니므롯('반역자', '대적자'라는 뜻)이다.

니므롯은 어떻게 바벨론을 건축했는가? 첫째로 그때는 인류의 번성기였다. 어느 때에 사람들을 광범위하게 모으기가 쉬운가? 그것은 사람들이 어떤 움직임이든지 시작하여 막 번창할 때이다. 시간이 흘러서 사람들이 여러 움직임에 참여해보고 결과도 체험해보고 나면 그리 쉽게 영웅을 따르지 않는다. 세상에서도 영웅은 시대가 만든다는 말이 있다. 그 시대는 처음으로 인류가 번성하기 시작할 때이고 많은 새로운 일들이 생겨나고 있었다. 각기 다른 족속과 다른 언어가 출현하고 다른 부족의 나라들이 건설되고 있었던 것이다. 이는 큰 영웅을 만들어내기에 알맞은 분위기라고 할 수 있다. 이 사람 니므롯은 세상에 처음 난 영걸이라고 했으니 그의 신장이나 생김새나 힘과 재능 등이 보통 사람보다 뛰어났을 것이다. 어떤 사람이 시기를 잘 타고 태어났을지라도 그의 자질에 뛰어난 면이 없다면 영웅이 될 가능성이 없다. 따라서 니므롯은 그의 생김새와 능력이나 처신과 지혜 등 모든 면에서 남다르고 뛰어났음이 분명하다.

게다가 그는 여호와 앞에 특이한 사냥꾼이라고 하였다. 그가 사냥한 것은 다만 짐승이었을까? 짐승일 수도 있겠지만 그의 사냥은 특별히 사람과 관계될 것이다. 헨리 모리스 박사가 이에 대해 견해를 같이한다. 그는 니므롯이 여호와 앞에 강한 독재자가 되었다고 말하면서 사람들을 찾아내어 그의 뜻을 따르도록 설복시키는 데 있어서 무서울 정도로 냉혹했기 때문에 그를 '사냥꾼'이라고 불렀다는 것이다. 예루살렘 '탈굼'은 이렇게 기록한다. "그는 사냥과 여호와 앞에 악함에 있어서 뛰어났는데, 이는 그가 사람의 아들들을 사냥하는 사냥꾼으로서 그들에게 이렇게 말했기 때문이다. '여호와의 판단을 떠나 니므롯의 판단을 따르라!'" 니므롯은 구스의 아들로서 함의 손자이다. 함의 거역은 결국 바벨론의 창시자며 하나님을 극도로 거역하는 단체를 형성하는 결과를 가져왔다. 우리는 여기서 한 사람의 작은 거역이 얼마나 심각한 결과를 가져오는가를 볼 수 있다. 니므롯은 그 아비의 영향을 받고 자라났다. 그는 조상으로부터 반역적인 생각과 느낌을 전수받았다. 아버지는 그에게 니므롯('반역하자')이라는 이름을 지어주었다. 그들은 노아를 통한 하나님의 저주를 마음속으로 받아들이지 않았다. 더 나아가 야벳과 셈의 종이 되기를 원치 않고 도리어 그들을 다스리고자 했다. 그러기에 그들은 그들 가운데서 영웅 하나를 키워 모든 사람으로 그의 말을 듣게 하고자 한 것이다.

"이에 그들이 동방으로 옮기다가 시날 평지를 만나 거기 거하고"(창 11:2) 바로 이 비옥한 메소포타미아 땅에 바벨론 도성을 세웠고 야수로부터 그들의 안전과 평화를 지키기 위해(출 23:29,30 참조) 힘있는 자 니므롯(Nimrod)을 지도자로 삼게 되었다(창 10:8,9). 니므롯은 경건하지 않은 통치자로서 역사 이래 처음으로 자신의 왕국 곧 하나님의 방법을 따르지 않는 인본주의 왕국인 바벨론 왕국을 세웠다(창 10:10, 11:4). 알렉산더 히슬롭(Alexander Hislop)에 따르면 니므롯이 죽었을 때 그의 몸은 여러 조각으로 갈라져 태워졌고 또 다양한 지역으로 보내졌다(삿 19:29, 삼상 11:7 참조)고 한다. 그때부터 어떤 희한한 소문(그 아들 담무스는 니므롯의 환생이라든지 하는)과 전설이 생겨나 태양신을 숭배하는 것 등의 여러 가지 우상숭배가 생겨난 것이라고 본다. 그의 영웅주의는 바벨론 건축을 가져왔고 우상주의는 사람들에게 하나님 아닌 다른 것을 경배하게 하는 넓은 문을 열어 주었다. 아브라함이 있던 갈대아 우르도 우상이 가득한 도시였으며, 결국 하나님은 그러한 곳에서 한 사람을 불러내셨다.

9절, 그가 여호와 앞에서 특이한 사냥군이 되었으므로 속담에 이르기를 아무는 여호와 앞에 니므롯 같은 특이한 사냥군이로다 하더라

앞에서 말한 바 니므롯의 특기는 사냥하는 것이다. '특이한 사냥꾼'이라는 말은 그가 특이한 방법으로 사냥한다는 것이고 혹은 그가 능한(mighty) 사냥꾼이라는 말일 것이다. 특히 사람을 사냥한다는 것은 자신이 낳고 양육하지 않은 사람들을 자신에게로 잡아오는 것을 말한다. 자신에게로 사로잡아 오기 위해서는 특이한 방식을 가지고 있어야 한다. 특이한 방식이란 사람들이 끌리는 설득력 있고 매력적인 방법을 말하는 것이다. 오늘 날도 여러 이단 단체의 특성을 보면, 이단의 사역자들은 자기 자신이 친히 양을 낳고 목양하여 교회를 세우고 발전시키는 것이 아니라, 다른 목자들이 힘들여 낳아 키워놓은 것을 교묘한 방법으로 사냥하고 탈취하여 교세를 불리고 자신의 왕국을 키우는 일을 한다. 그들은 전적으로 다른 사역자들이 낳고 양육한 사람들을 자기 사람들로 만드는 그런 일에 상당한 재능을 갖고 있다. 능력 행하는 은사나 귀신을 쫓아내거나 병을 고치는 은사 등이 그것이다. 물론 우리는 성도들이 기도함으로 믿음으로 병이 치료됨을 인해 하나님께 감사드린다. 그러나 때로 어떤 사람들은 그런 은사를 사용하여 사람들을 자기에게로 이끈다. 그것은 일종의 사냥이다.

어떤 특이한 가르침도 마찬가지이다. 성경적이고 매우 옳아 보이는 이론과 교리는 사람들에게 강력한 올무가 될 수 있다. 그 특이한 가르침은 간단히 말해 "다른 사람들은 다 잘못되었고 우리만이 옳은 것이다"이다. 어떤 이들은 자신들이 성경에 나오는 어떤 '특정한 무리'라고 자처한다. 계시록에 나오는 일곱 영의 말씀이 자기 단체의 사역자의 말씀이라든지, 계시록 7장의 인 맞은 십사만 사천이 자신들 무리를 통해 이루어진다고 한다든지, 자신들이 하는 선교가 모든 민족에게 천국복음을 전하는 것이므로 자신들의 선교 사역을 통해 주님이 재림하실 것이라든지(마 24:14), 자신들의 사역자가 바로 계시록에 나오는 그 두 증인이요 감람나무라고 하는 자들도 있고(계 11장), 다른 교회들은 다 변질된 교회들이고 자신들만이 성경에 있는 바로 그 초대교회의 연장선상에 있는 정당한 교회라고도 한다. 다른 데서 구원받은 것은 다 구원이 아니고, 자신들에게서 받은 것만이 옳은 구원이므로 천국에 갈 수 있다고도 주장한다. 이렇게 '특이한 사냥적' 가르침을 무기로 갖고 있는 사람들은 불신자들에게 복음을 전하기보다는 이미 믿은 자들을 대상으로 '사냥' 전도를 하는데, 일단의 사람들이 그러한 사냥 미끼에 걸려들게 된다. 결과적으로 거기에는 큰 대중을 모아 유명하게 된 한 인물이 나오는데, 그가 바로 또 하나의 영웅이다. 사람들은 그에게로 이끌려 주님보다 사람을 더 주목하게 된다. 이것이 영웅주의의 일이요 건전한 그리스도의 도를 벗어난 것이다.

성경에서 사도들은 사람들을 사냥하는 방식으로 사역하지 않았다. 사도 바울은 다른 사람이 이미 터를 닦은 곳에는 복음 전하지 않기를 힘썼다. 그러나 거짓 사도들은 오히려 사냥하는 방식으로 사역했다. 그들은 자신들이 다니며 복음 전하여 교회를 세우기보다는 바울 일행이 죽음을 무릅쓰고 복음을 전한 곳마다 찾아다니면서 그곳의 믿는이들에게 독소를 주입하여 자신들을 따르게 하려고 힘썼다.

바벨론의 본질은 무엇인가? 섞는 것이요, 외식이요, 거짓된 신앙이다. 왜 사람들은 이러한 길을 가는가? 이는 정상으로 올라가는 것이 힘들다고 느끼며 중턱에 머물러 기독교의 조직을 만드는 것이다. 가령 전도나 선교를 하는 것에 대해서 생각해보자. 전도를 열심히 하고 외국에 나가서 수고하며 선교하는 것도 좋지만, 그러나 그에 필요한 금전은 어디서 나오는가? 바울은 필요한 때 자신이 친히 일을 해서 자기와 동행들의 필요를 채웠다. 물질에 있어서 바울은 전적으로 하나님을 의뢰했다. 그러나 오늘날 하나님을 섬기고자 하는 많은 사람들이 교회의 물질을 의뢰하여 일을 하고자 한다. 하나님을 위한 성분이 있지만 자기 자신을 위한 성분도 있다. 이는 섞인 것이다.

10절, 그의 나라는 시날 땅의 바벨과 에렉과 악갓과 갈레에서 시작되었으며

니므롯이 세운 국가는 시날 땅의 바벨과 에렉과 악갓과 갈레에서 시작되었다. 그는 능력이 있어서 국가 건설을 시작할 때부터 가장 기름지고 평평한 시날 땅과 서너 도시를 요지로 취하였다. 그리고 그 네 도시를 중심으로 하여 점점 세력을 키워 나갔는데, 앗수르와 니느웨와 르호보딜과 갈라와 및 니느웨와 갈라 사이의 레센(이는 큰 성이라)을 건축하였다. 과연 니므롯은 역량 있는 인물이었다. 그는 여러 도시와 나라들을 묶어 자기 수하에 두었다. 그가 그렇게 할 수 있었던 것은 그의 능력 있는 사냥 솜씨와 영웅주의적인 카리스마에 있었다.

주님은 이 땅에서 교회들이 어떤 유능한 사역자 아래 굴복하여 여러 교회들이 뭉쳐 하나의 커다란 세력권을 형성하기를 원치 않으신다. 그럴 때 교회는 자연히 이 땅에서 큰 세력을 형성하게 되고 그 인도자는 세상에서도 영향력을 크게 행사하는 인물로 부상하게 된다. 주님은 결코 이런 상황을 원치 않으신다. 교회는 이 땅에서 나물(1년생 풀)과 같이 작은 본성을 유지하는 것이 주님의 뜻이다. 교회가 거대하게 되는 것은 결코 주님의 기뻐하시는 바가 아니다.

각 도시의 교회들은 각각 하나님 앞에 독립되어 있으며 각각 주님 앞에서 직접 책임을 진다. 성경에서는 결코 여러 도시의 교회가 연합하여 커다란 한 교회를 이루지 않았다. 교회는 이 땅에서 힘없는 작은 나물이며 그러기에 언제나 골짜기의 한 송이 백합화처럼 그리스도의 은혜와 능력만을 의지하는 존재이다. 이 세상에서 힘을 갖게 된 교회는 사람의 힘과 능력과 조직과 재력이 하나님의 성령의 역사를 대치하게 되어 있다. 결국 바벨론의 원칙은 인간의 권력과 조직의 원칙이며, 사람의 다스림이 성령의 다스림을 대치하는 것이다. 구약 전체를 통하여 바벨론과 이스라엘은 언제나 적대 관계에 있었다. 바벨론이 강성하면 이스라엘이 패망하고 이스라엘이 강성하면 바벨론이 패망하였다. 결국 이스라엘은 바벨론에 의해 철저히 패망하였고 많은 이스라엘 사람들이 바벨론에 사로잡혀 갔으며 성전의 그릇들까지도 모두 바벨론으로 옮겨지고 말았다.

계시록에서 볼 때 바벨론은 음녀이다. 하나님의 교회의 궁극적인 완성은 신부이지만 사탄이 하나님의 역사를 대적하기 위해 고안해낸 모조품은 음녀 바벨론인 것이다. 계시록의 바벨론을 보면 그 속에 하나님의 백성이 많이 있다. 그러므로 "내 백성아, 거기서 나와 그의 죄에 참예하지 말고 그의 받을 재앙들을 받지 말라"(계 18:4)는 음성을 발할 필요가 있었던 것이다.

왜 그들은 바벨론 안에 있는가? 그것은 그들이 사냥되어 사로잡혀 갔기 때문이다. 바벨론은 자줏빛과 붉은 빛 옷을 입고 있으며 금과 보석과 진주로 꾸미고 손에 금잔을 가지고 있기 때문에 사람들에게 매혹적으로 보인다. 금과 보석과 진주는 모두 하나님께 속한 것들이다. 그녀는 하나님께 속한 것들로 자기를 꾸미어 사람들에게 그들이 마치 하나님을 위한 단체인 것처럼 보이게 했고 그 금잔으로 하나님께 속한 것들을 줄 수 있는 것처럼 보이게 했다. 그러나 그 금잔 안에는 가증한 것들이 가득 들어 있다. 또 그녀는 외롭지 않고 애통해하지 않을 수 있는 든든한 기반을 이 땅에 갖고 있다. 그러므로 사람들에게 더더욱 뭔가 보장해줄 수 있는 존재처럼 보이고 따라서 매력 있게 보이는 것이다. 그런 요소로 인해 세상적인 성향과 생각을 가진 사람들이 그런 단체에 많이 이끌리게 된다. 그러나 하나님께서는 이 바벨론을 철저히 심판하신다. 바벨론에 대하여 하나님의 말씀은 "망하게 하고 벌거벗게 하고 그 살을 먹고 불로 아주 사르리라"고 하신다.

주님을 사랑하는 자들은 바벨론의 원칙을 잘 알아서 그 안에 참예하지 않도록 해야 한다. 바벨론은 인간적인 것과 영적인 것의 혼합이다. 즉 혼잡된 것이다. 음녀는 하나님께 속한 것과 온갖 가증한 것들을 혼합하였다. 그러나 그리스도의 신부인 교회는 어떠한가? 순수하고 거룩하다. 결국 창세기 10장에서 시작된 바벨론은 하나님의 역사를 대적하기 위해 이 세대 끝, 주님의 심판 때까지 모조품으로서 하나님의 백성들을 속이고 사로잡기 위해 존재할 것이다.

11 장

1-2절, 온 땅의 구음이 하나이요 언어가 하나이었더라 2 이에 그들이 동방으로 옮기다가 시날 평지를 만나 거기 거하고

10장과 11장의 내용은 겹쳐 있는 것으로 보아도 좋다. 왜냐하면 니므롯의 바벨 건축 역사는 10장에 이미 기록되어 있기 때문이다(10절). 11장은 10장의 바벨에서 있었던 인류의 커다란 거역의 역사를 집중적으로 세세하게 다룬 것이다. 그들의 지도자는 의심할 여지없이 니므롯이었다. 그들이 정착할 곳을 찾아서 동방으로 동방으로 옮기다가 시날 땅에 이르렀을 때 그곳이 정착하기에 매우 좋은 땅임을 알았다. 그리고 거기서 커다란 회의를 열었다. 그들은 그곳에 머물고자 했을 뿐 아니라 영구히 다 함께 살고자 계획했고, 벽돌로 돌을 대신하고 역청으로 진흙을 대신하여 성과 대를 건축하자고 일치 가결하였다. 그 목적은 그 대를 하늘 꼭대기에 닿게 하여 자신들의 이름을 내고 온 지면에 흩어짐을 면하려는 것이었다. 하나님께서는 이를 보시려고 강림하셨으며 결국 그들을 흩으셨다.

하나님께서는 사람들이 하나님을 떠나 자신들의 원함대로 무엇이든지 할 수 있게 되는 것을 염려하셨다. 그래서 당시 그 무리가 한 족속이요 언어도 하나이므로 그들이 경영하는 것을 금하지 못할 것이라고 말씀하시면서 그들의 언어를 혼잡케 하셨다. 결국 그들은 그 일을 성공시키지 못하고 온 땅으로 흩어졌다. 그들의 흩어짐은 인간들이 단결하여 더 큰 죄악을 짓는 것을 방지하기 위한 것이다.

교회는 하나님의 성령이 부어짐으로 이 땅에 생겨난 존재이다. 그리고서 예루살렘에서 사마리아로, 안디옥으로 퍼져 나갔다. 성경을 보면 각 도시에서 교회가 생겨날 때 그 도시의 유일무이한 교회가 되었다. 여러 도시의 교회들이 합하여 연합된 한 교회를 이루지 않았다. 오늘날 한 국가가 아무리 작더라도 입법권과 사법권과 행정권이 독립되어 있어 다른 나라의 지배를 받지 않는다. 한 지방의 교회도 이와 같이 아무리 인수가 작고 약하다 하더라도 성경에 의하면 완전한 하나의 교회이다. 이 원칙은 이 땅에서 교회가 서로 연합하여 세력을 형성하는 것을 막는다. 각 도시와 지방에서 하나 하나 일어난 교회들은 각자가 하나님 앞에 서서 자신들의 교회를 책임지며 전진해 나아간다.

사도들은 각지에 교회들을 세우는 일을 하지만 그들은 교회들의 주인이 아니라 모든 이들의 종이다. 개개의 교회의 머리와 주인은 그리스도이시다. 이렇게 교회가 전진한다면 바벨론적인 교회의 연합이 없을 것이다. 그러나 오늘날 많은 기독교 단체들이 바벨론적인 건축을 목표로 한다. 오늘날 천주교는 온 땅의 교회를 합하여 한 교회를 만들었기 때문에 큰 세력을 가질 수 있었던 것이다. 천주교 사람들은 루터가 종교개혁을 하였을 때 그의 일이 교회를 분열시킨 것이라고 정죄했다. 천주교는 어떤 것보다 교회를 분열시키는 것이 가장 큰 죄악이라고 생각했다.

그렇다면 하나님의 백성들의 하나 됨은 과연 어떠한 것인가? 주님은 이 땅에서의 마지막 시간들에 믿는이들의 하나 됨을 위해 간절히 기도하셨다. 그만큼 하나 됨은 매우 중요한 일이다. 그러나 그 하나는 하나님 아버지의 이름 안에서의 하나이며, 아버지와 아들이 하나이듯이 거룩함과 영광 가운데 있는 하나이다. 그리고 성령 안에서의 하나이다.

그러면 창세기 11장에서 사람들이 흩어짐을 면하고 하나 되자고 했을 때 하나님은 왜 그들을 흩으셨는가? 하나님의 백성들은 응당 하나 되기를 힘써야 하지 않는가? 답은 이러하다. 하나님은 그분의 자녀들이라 할지라도 그들이 그리스도와 하나님의 뜻을 중심으로 하나 되지 않고 오히려 자신들의 뜻을 성취하고 자신들의 이름을 내고자 하여 함께 뭉치는 방식으로 하나 되는 것을 원치 않으신다는 것이다. 때때로 잘못된 단체의 죄악은 너무나 크다. 그들은 큰 단체 안에 있기 때문에 그 단체를 믿고 두려움 없이 많은 죄악을 저지른다. 만일 어떤 그리스도인이 개인적으로 신앙생활을 영위하고 있다면 그런 끔찍하고 중한 죄를 범하지 않으리라! 그러나 이 땅에는 이단적이고 진리에서 떠난 거대한 단체들이 많으며, 그들은 그리스도의 이름을 사용하여 많은 죄악된 일들을 저지른다. 만일 이러한 단체들이 뿔뿔이 흩어질 수 있다면, 그 효과는 무엇인가? 그것은 곧 거짓된 힘과 재력을 가지고 저지르는 많은 마귀적인 죄악들을 감소시킬 수 있다는 것이다.

오늘날 이 땅에 있는 하나님의 교회들은 각 지방에 따라 나뉘어져 있으나 그들의 일치는 성령 안에 있으며 인위적이거나 조직적인 것이 아니다. 결코 세상적인 단체와 같이 온 땅의 교회가 연합하여 큰 단체를 이루는 방식이 아니다. 각 교회들은 영적인 하나와 연합은 갖고 있지만 조직적이고 행정적인 하나는 이루지 않는다. 교회는 이 땅에서 흩어짐을 면하기 위하여 성을 쌓고 대를 높이 세우는 일을 하지 않는다. 교회들이 이 땅에서 하나로 모이고 흩어짐을 면하기 위해 어떤 보이는 대(臺)가 필요치 않다. 로마 베드로 성당의 위용과 교황의 권위는 카톨릭 사람들을 하나로 모으는 데 사용되는 대표적인 대(臺)이다. 그들은 한 사람을 영웅으로 만들고 그것도 부족하여 거대한 단체를 하나로 결속하기 위해 그렇게 우람하고 화려한 건물을 지은 것이다. 그 성당 안에 그들이 주장하는 바 '베드로(?)'부터 시작하여 역대 교황들의 시신을 모셔놓았다고 한다. 그렇게 해서 무엇을 하자는 것인가? 사람들로 하여금 그 단체의 정통성을 인정하게 하여 계속해서 그 단체 안에 머물게 하려는 것이다. 그들은 성령의 임재하심과 인도하심이 더 이상 그곳에 머물지 않을지라도 그곳 외에는 하나님의 교회가 없다는 것을 강력하게 인상지어줄 의도로 소위 그러한 대(臺)들을 만들어 사용하는 것이다.

교회의 부패는 교회가 세상 조직을 모방하여 연합하는 데에서 온다. 그렇게 큰 연합을 가질 때 그 안에 있는 구성원들은 하늘의 주님을 의지하지 않아도 할 수 있는 일이 많게 된다. 큰 조직 안에는 의지할 사람이나 세력이 너무나 많다. 성경 말씀을 읽고서 빛을 구하지 않아도, 간절히 기도하지 않아도 얻을 수 있는 것이 많다. 사방에 도움을 줄 사람들이 항상 대기하고 있다. 길을 가는 것도 외롭지 않다. 좁은 길을 가기 위해 주님을 유일한 동반자로 구할 필요도 없다.

3-4절, 서로 말하되 자, 벽돌을 만들어 견고히 굽자 하고 이에 벽돌로 돌을 대신하며 역청으로 진흙을 대신하고 4 또 말하되 자, 성과 대를 쌓아 대 꼭대기를 하늘에 닿게 하여 우리 이름을 내고 온 지면에 흩어짐을 면하자 하였더니

인간적인 조직인 바벨론을 건축하는 사람들은 원래의 건축 재료 대신 다른 것으로 건축하는 일을 한다. 돌은 하나님께서 주신 자연스러운 건축 재료이다. 그러나 그들은 사람의 노력으로 만들어낸 벽돌로 돌을 대신한다. 바벨론은 사람이 고안하고 노력하여 만들어낸 작품이다. 오늘날 성경 말씀으로 돌아가자는 운동이 많다. 왜 이런 일들이 일어나는가? 그것은 성경의 순수한 말씀을 대치하는 많은 것들이 있기 때문이다. 우리가 성경을 해설하기 위해 강해 설교도 하고 책도 쓰지만 그것이 성경을 대치하는 정도로까지 나아가서는 안 된다. 그것들은 어디까지나 보조 자료에 불과한 것이다.

"서로 말하되 자"

그들이 이렇게 말한 것은 하나님을 의지하지 않고 자기들의 힘을 의지하는 교만한 태도이다(박윤선). 이렇게 큰일을 하는데 있어서 그들은 하나님께 기도하거나 여쭈어보지 않았다. 그들은 스스로 무엇이든지 할 수 있다고 여겼다. 무엇이든지 하나님을 중심으로 하지 않고 사람이 중심이 되어 하는 일은 모두 잘못된 것이다. 그리스도인은 무엇이든지 주님께 물어야 한다. 교회를 섬기든지 사역을 하든지 성도들은 항상 주님께 물어야 한다. 주님이 원하지 않고 시작하지 않는 일을 하는 것은 무엇을 하든지 실패이다. 이들은 하나님이 없이 사람들이 중심이 되어 거대한 일을 한 것이다. 아무리 교회의 일이라고 하더라도, 또한 그 일이 아무리 거대한 일이며 주를 위한 일이라고 해도, 주님을 알파와 시작으로 삼지 않은 일은 해서는 안 된다. 우리는 무엇이든지 주최자가 되어서는 안 되고 순종자가 되어야 한다.

“성과 대를 쌓아 대 꼭대기를 하늘에 닿게 하여”

바벨 사람들에게는 니므롯이라는 영웅이 있어서 사람들을 사로잡아 돌을 대신하여 벽돌로 건축물을 짓게 했으며, 거기에다 대를 쌓아 하늘에 닿도록 높이 만들자고 하였다. 이것들은 모두 종교적인 것과 관계가 있다. 니므롯은 사냥꾼이었는데, 성경은 그를 ‘여호와 앞에 특이한 사냥꾼’이라고 말한다. 그들이 대를 하늘에 닿게 하자고 한 것은 종교적으로 사람들에게 좋은 인상을 주기 위해서이다. 즉 자신들이 이 땅에서 가장 영적이고 고상하며 하늘에까지 이르는 영성을 소유한 단체라는 인상을 주기 위해서이다. 그래야만이 하늘을 동경하는 사람들을 붙잡아 놓을 수 있다. 사람들은 다른 데 갈 필요가 없이 이 위대한 대(臺)를 중심으로 모이면 하늘에 이르는 길이 보장되어 있다고 생각하게 된다. 기도를 많이 하지 않아도 하늘을 구하지 않아도 이미 하늘까지 높여진 대를 중심에 갖고 있으니 하늘은 언제나 우리의 것이라고 생각하게 되는 것이다. 당시 그보다 높은 대는 없었다. 지구상에서 가장 높은 대를 찾으려면 바벨 평지에 가면 되었다. 종교적인 사람치고 높은 것을 사모하지 않는 사람이 없다. 경건한 사람들은 모두가 하늘을 사모한다. 바벨탑은 이러한 사람들의 욕구를 만족시켜 주면서 다른 데 갈 것 없이 이곳에 머물면 모든 것이 다 해결된다고 격려한다. 이미 하늘에 닿는 길이 열려 있으니 말이다. “태산이 높다하되 하늘 아래 뫼이로다”는 말이 있다. 그 대가 아무리 높아도 하늘은 그 대 위에 있다. “저들은 하나님을 잊어버리고 자신들의 명예에만 집착해있는 심사를 갖고 있었다”(이상근).

“우리 이름을 내고”

결국 그들은 자신들의 이름을 내기 원하는 사람들이다. 이것은 곧 사람의 영광을 구하는 것이다. 그들은 또 서로서로 이름을 내는 일에 협력한다. 이것이 또 한 가지 바벨의 특징이다.

오늘날 어디에서 오직 하나님의 이름만을 위해 일하는 사람들을 볼 수 있는가? 많은 사람들이 정직하다면 그들의 일에 자신과 자신이 속한 단체의 영광을 위하는 성분이 너무나 많다는 것을 시인할 수밖에 없을 것이다. 참으로 모든 영광이 하나님께만 돌아가고 자신들에게는 아무것도 돌아오는 것이 없다면 그 많은 헌신적인 일들을 여전히 수행해나갈 것인가? 많은 해외 선교의 일이 그러하고 소위 목숨을 걸고 한다는 봉사나 사역이 그러하다. 우리가 무언가 힘써 일하고 싸운 결과 기독교 속에서, 또는 내가 속한 교회나 그룹에서 인정되고 칭송받으며 모든 성도들이 감사하고 기뻐하기 때문에 힘을 내고 심지어 목숨을 거는 것은 아닌가? 주님은 이 땅에 오셔서 일하실 때 자신의 영광을 구하지 않으심으로 우리에게 이러한 면에서 본을 보여 주셨다. 사람은 자기의 이름이 아니라 오로지 하나님의 이름을 위해 살아야 한다(마 6:10).

사람은 그렇게 쉽게 순수하게 되지 않는다. 내가 십여 년 전에 외국에 나가 많은 나라에 교회를 개척하며 열심히 선교했던 적이 있다. 그 때 한 나라 한 나라 교회가 세워질 때 하나님께 감사도 있었지만 사람들이 알아주기를 바라는 마음도 속에 있음을 발견했다. 나는 그것이 얼마나 불순한지를 생각해보았다. 그러나 한편으로 만일 사람들이 전혀 알아주지 않고 기뻐해주지 않는다면 이렇게 열심히 할 것인가도 점검해보았다. 나는 그때 진정으로 주님을 위해 순수하게 일한다는 것이 얼마나 어려운 일인가를 알게 되었다. 사람이 백 퍼센트 순수해지는 것은 쉽지 않다. 나는 많은 책을 내고 선교를 하며 사역을 하는 중에 있지만, 물론 이 모든 일이 주를 위한 것이고 주님의 인도에 따른 것이며 하나님의 나라를 위한 것이지만, 내밀한 자아 속에는 내 자신의 이름을 내기 위한 성분도 있을 수 있다는 것을 안다. 그러므로 경계하지 않으면 안 된다.

"흩어짐을 면하자"

오늘날 대다수의 단체들이 탁월한 인도자의 사후에 흩어질까봐 매우 염려하는 것을 본다. 그래서 그들은 흩어지는 것을 막기 위해 이 일 저 일을 계획하고 추진하여 흩어짐을 면하려고 애쓴다. 하나님은 바벨을 흩으실 것을 작정하셨다. 하나님은 큰 단체가 단결하여 하나님을 대적하고 반대하는 일을 수행해나가는 것을 기뻐하지 않으신다. 하나님은 "이후로는 그 경영하는 일을 금지할 수 없으리로다" 하시며 염려하신다. 그리스도인 무리도 처음 인수가 적을 때에는 하나님께 무릎 꿇고 쉽게 굴복하지만 일단 사람들이 많아지고 단체가 커지면 하나님의 교정하심과 금지하심을 받아들이기가 쉽지 않게 된다. 이것은 오늘 우리에게 하나의 커다란 경고가 되어야 한다.

5-9절, 여호와께서 인생들의 쌓는 성과 대를 보시려고 강림하셨더라 6여호와께서 가라사대 이 무리가 한 족속이요 언어도 하나이므로 이같이 시작하였으니 이후로는 그 경영하는 일을 금지할 수 없으리로다 7 자, 우리가 내려가서 거기서 그들의 언어를 혼잡케 하여 그들로 서로 알아듣지 못하게 하자 하시고 8 여호와께서 거기서 그들을 온 지면에 흩으신 고로 그들이 성 쌓기를 그쳤더라 9 그러므로 그 이름을 바벨이라 하니 이는 여호와께서 거기서 온 땅의 언어를 혼잡케 하셨음이라 여호와께서 거기서 그들을 온 지면에 흩으셨더라

"이후로는 그 경영하는 일을 금지할 수 없으리로다"

하나님께도 불가능하신 일이 있는 것처럼 들린다. 그들의 거역이 커지고 상황이 심해질 때 하나님도 어떻게 하실 수 없는 상황이 발생할 가능성이 있다는 탄식인 것이다. 이러한 자들에 대하여는 하나님의 명령만으로는 금지할 수 없다는 말이다. 결국 그들이 더욱 커지면 심판으로 밖에는 처리할 길이 없다. 일이 커지기 전에 막아야겠다는 말씀이다.

"자, 우리가 내려가서"

바벨 사람들의 단체적인 반역의 역사는 결국 하나님을 강림하시게 하는 결과를 가져왔다. 하나님께서는 어느 정도는 두고 보시지만 끝까지 놓아두지는 않으신다. 그분은 그들이 성과 대를 거의 다 쌓기까지 그냥 두셨다. 그리고 그들의 일이 거의 매듭지어지고 그들의 의도와 속성과 진상이 온전히 드러났을 때 심판하기 위해 나타나셨다. 그들은 대를 높이 쌓다가 "이것은 무언가 잘못되었다. 이 일은 하나님이 기뻐하시지 않는다. 이 일을 그만두는 것이 좋겠다."라고 하지 않았다. 그들은 그들의 의도하는 바를 실행하기에 온 힘을 다했다. 사람들은 하나님 없이 '자, 벽돌을 만들자, 자 성과 대를 쌓자, 자 우리 이름을 내자'고 하였다. 그렇게 인간들이 스스로 역사를 이루어가고 하나님이 없는 산업을 일으킨다면 하나님은 친히 활동하셔서 보응하실 것이다(사 59:17,18).

그 성과 대를 쌓는 일은 그들의 일생일대의 목표였다. 그것은 그들 스스로 정한 목적이지 하나님이 주신 위임이 아니었다. 오늘 사람들은 주님의 일을 한다지만 결국은 자신 나름대로의 대를 쌓고 성을 쌓는 일을 한다. 그들은 그것은 하나님을 위한 일이라고 선언하지만 깊은 내면에서는 자신의 성을 쌓으며 자신의 이름을 내는 것과 관계가 있다. 이것이 결국은 바벨론을 건축하는 일이지 새 예루살렘이 아니다. 그들은 자신의 의도와 목적을 이루기 위해 온 힘을 기울이고 있었다. 그들의 의도가 온전히 표출되었을 때 하나님께서는 상황을 확인하시려고 강림하신 것이다. 하나님은 이렇게 인내로 기다리시며 어떤 죄인이라도 죄의 길에서 돌이킬 수 있도록 충분한 기회와 시간을 주신다. 그리고 그들의 일이 과연 그러한가를 확인하신 후에 심판하러 임하신다.

여기서 하나님은 삼위일체 하나님으로 나타나시며 아담의 창조 시와 같이 협의를 통해 "자, 우리가 내려가서" 강림하신다. 주님께서는 주님의 계명을 지키고 그분을 사랑하는 자에게는 아버지와 아들이 그에게 와서 거처를 함께 하리라고 약속하셨다(요 14:23). 우리는 바벨 사람들처럼 죄를 지음으로 확인하러 오시는 하나님을 맞이할 것이 아니라 그분을 사랑함으로 성삼위 하나님께서 우리에게 오셔서 거처를 삼기 위해 "자, 우리가 내려가서"라고 하시는 음성을 들을 수 있기 바란다.

"그 이름을 바벨이라 하니"

그들은 위대한 이름을 목표로 하며 자신들의 이름을 멋있게 내기를 바랐지만 결국 '바벨'이라는 악명의 이름을 얻었다. 발벨(balbel)이란 원음은 히브리어로 '혼잡'을 뜻한다. 질서가 없고 혼잡하며 섞여 있는 상태는 사탄적인 것이요, 하나님의 심판의 결과이다. 하나님이 하시는 적극적인 창조의 역사는 분별의 역사이다. 하나님은 빛과 어두움을 나누신다. 성경의 마지막책 계시록에서는 사탄의 모조품인 음녀가 나오는데 그 이름이 바로 바벨론이다. 이는 바벨과 같은 말이다. 하나님은 거룩한 성 새 예루살렘을 신부로 취하기 원하시고, 오늘 참 교회는 그 목표를 새 예루살렘으로 한다. 그러나 사탄은 혼잡한 바벨론을 만들어 그리스도의 영원한 목적인 그리스도의 신부를 얻으시는 일을 대적한다. 그 자의 하는 일은 하나님의 하시는 일과 모든 면에서 완전히 반대적인 일이 아니라 이것저것 섞는 것이다. 영적인 것과 세상적인 것, 하나님에게 속한 것과 인간에 속한 것, 하늘에 속한 것과 땅에 속한 것을 섞는 것이다. 그러므로 그녀의 입은 옷의 색깔이 자주색인 것이다. 자주색은 하늘의 청색과 땅의 붉은 색을 섞은 것이다. 이렇게 적당하게 섞여 있으니 많은 사람들에게 환영을 받게 되고, 결과적으로 바벨론은 커지는 것이다. 그러므로 계시록의 바벨론은 큰 성(城)이라고 불리운다. 하나님이 가장 미워하여 가장 심한 진노로 심판하시는 것이 바로 이 바벨론이다. 따라서 하나님은 그분의 자녀들에게 그들에게서 구별되어 나와서 그들의 받을 재앙을 받지 말고 따로 있으라고 권면하신다(고후 6:17, 계 18:4).

"그들의 언어를 혼잡케 하여…온 지면에 흩으셨더라"

하나님은 다만 언어를 혼잡케 하였다. 더 이상 심판하시려 하지 않았다. 이는 그분이 이후에 더 이상 금지할 수 없다고 하신 말씀을 이해하게 한다. 그분은 사람들의 죄에 대하여 가급적이면 적은 희생을 치를 때 돌이키게 하기 원하신다. 그러므로 그분은 조금 일찍 손을 쓰려 한 것이다. 이는 하나님의 긍휼이요 자비이다. 오늘날 기독교의 혼란은 사탄의 역사요 사람의 고집과 야심으로 말미암은 육체의 산물이지만 또 한 면으로는 하나님의 흩으심이라고 할 수 있다. 실상 흩으심이 가장 간편하게 심판하고 징계하는 방법이다. 당신은 생각해보았는가? 1500년대에 루터의 개혁이 없었다면 이 땅에 교회는 카톨릭 밖에 없는 것이다. 그리고 그 카톨릭이 오늘날의 교회 수만큼 커졌다고 할 때 그 세력은 어떠하겠는가? 어떤 정치 세력도 막지 못할 무서운 세력이 되었을 것이다. 그렇다면 우리는 자유롭게 진리를 따르고 성령의 인도를 따라 섬기며 성도들의 모임을 갖고 순종할 수 없을 것이다. 이것은 얼마나 끔찍한 결과를 가져왔을까? 하나님은 이스라엘 백성이 하나님을 떠났을 때 그들이 나뉘어지도록 하는 길을 택하셨다. 하나님의 백성들이 하나님을 떠나서 큰 힘을 갖고 있으면 하나님의 이름으로 많은 악을 행하게 된다. 그런 피해는 분열되어 약화된 혼란보다도 훨씬 심각하고 크다.

하나님은 그들의 언어를 혼잡케 하셨다. 그것은 그들이 육체 안에 있었기 때문이다. 그들이 하나를 이루고 있었을지라도 그들의 하나는 하나님의 눈으로 볼 때 참된 하나가 아니었다. 그것은 각각 자신들의 이기적인 야망을 위한 하나이지 하나님을 중심으로 한 하나가 아니었다. 그들은 놀라운 인물인 영웅과 하늘에까지 닿을 만한 대를 중심으로 하나를 이루었으며, 자신들의 이름을 내기 위한 육신적인 정욕을 도모하기 위해 하나를 이루었으므로 실상 그들은 이미 혼란되어 있었던 것이다. 그들이 설사 입으로 주의 이름을 부른다고 해도 그들의 마음은 자신들의 소욕에 있었고 자신들의 단체의 보존과 융성에 있었지 순수하게 하나님을 향하여 있지 않았으므로 그들은 이미 내적으로 분열되어 있었다.

그러므로 그들 가운데 있는 외적인 하나를 흩어버리는 방법은 매우 간단했다. 그것은 언어를 혼잡케 하는 것이었다. 진정으로 그들이 중심에서 하나였다면 설사 서로 언어가 잘 통하지 않는다 하더라도 나뉘어지지 않았을 것이다. 그러나 그들의 하나는 영웅을 중심으로 한 하나이고, 대를 중심으로 한 하나이며, 서로 사람의 영광을 취하기 위한 하나였으므로 언어 소통이 불편해지자 즉시 분열이 표면화된 것이다.

사도행전에서 오순절 날 다락방에 모여 있던 백이십 문도는 성령 충만을 받고 각각 다른 나라 방언으로 말했지만 거기에 참된 하나가 있었다. 창세기 11장에서는 서로 언어가 달라진 것이 분열의 요인이었지만 사도행전 2장에서는 각각 다른 언어가 참된 하나의 표시였다. 한 곳에서는 심판의 표시로서 여러 방언을 주셨고 다른 한 곳에서는 은혜의 표시로서 여러 방언을 주셨다(맥킨토시). 하나님은 속에서 이미 나뉘어진 상태라면 밖에서도 나뉘어진 것으로 나타나기 원하신다. 소위 영적인 위인이나 높은 탑이 붙들고 있는 하나는 하나님이 원하시는 하나가 아니다.

그런 하나는 차라리 깨어지는 것이 낫다. 여기에서 우리는 하나님께서 무조건 그분의 백성들이 단결하여 하나 되는 것을 원치 않으신다는 것을 알 수 있다. 만일 가정이나 교회가 흩어진다면 그것은 여호와께서 행하시는 일이다(매튜 헨리). 이는 하나님의 심판이기도 하고 나름대로 주님을 사랑하는 자들을 보호하기 위한 조치이기도 한 것이다. 바벨이라는 말 자체가 혼잡이라는 뜻인데 죄악된 사람들의 하나 되려는 시도는 결국 하나님에 의해 혼잡으로 끝나고 말았다. 그렇다고 해서 분열되고 분리하며 흩어지는 일을 정당화할 수 있는가? 그것도 아니다. 바벨은 어차피 심판이지 적극적인 역사가 아니다. 오늘 날 교회 생활 가운데서 수많은 분열을 보는데 이는 매우 두렵고 주의해야 할 한 가지 일이다.

교회란 그리스도의 몸으로서 그리스도의 몸의 하나를 간증하기 위해 부르심 받았다는 것을 잊어서는 안된다. 세상은 분열이지만 교회는 하나이다. 물론 그리스도 안에서 하나인 것이다(갈 3:26-28). 한 몸 한 성령이라고 하였다(엡 4:4). 십자가의 역사가 하나를 이룬 것이요 오순절 성령이 한 몸이 되게 하신 역사이다. 한 성령으로 침례를 받아 한 몸이 되게 하셨다(고전 12:13). 따라서 하나가 없다면 몸은 의미없는 단어이다. '몸'이란 그 단어 자체가 여러 지체가 하나 되었다는 말이다(마 19:6, 고전 10:17, 12:12). 하나가 없는 교회는 무슨 소용이 있는가? 오늘 날 과연 얼마나 많은 기독교 지도자들이 성경에 있는 몸의 하나를 주의하는가? 각자가 자신의 교회의 성공과 발전만을 주의하고 다른 그리스도인들과의 하나 문제는 아무 상관도 하지 않는 광경을 많이 본다. 주님은 서로 원수가 되었으며 각각 나뉘어져 하나가 없던 우리를 그리스도 예수 안에서 하나로 만드셨다(엡 2:13-16). 우리는 성령의 하나되게 하신 것을 힘써 지켜야 한다는 명령을 받고 있다(엡 4:3).

우리는 계시록에서 바벨론에 대한 심판을 본다. 그 바벨론의 씨는 여기에서 심겨졌다. 하나님이 바벨론처럼 미워하시는 것이 없다. 바벨론은 수많은 하나님의 백성들을 미혹하고 거짓을 가르치며 순수한 하나님의 자녀들을 핍박하고 죽이기 때문이다. 계시록은 이런 바벨론의 정체를 밝히 드러낸다. 이는 다른 것이 아니라 음녀이다. 하나님은 거룩한 신부를 얻으시려 역사하는 반면 마귀는 역대로 신부의 모조품인 바벨론을 건축하는 것이다. 그 바벨론의 씨앗이 여기서 뿌려짐을 볼 수 있다. 하나님은 그분의 신부와 혼인잔치를 누리기 전에 바벨론에 대한 철저한 심판을 하신다. 그 바벨론이 무너졌을 때 하늘에서는 할렐루야가 있고 찬미가 있다. 이는 그만큼 하나님이 바벨론을 미워하신다는 뜻이다.

결론적으로 바벨 운동은 인본주의 운동으로서 사람이 자신들을 의지하여 모든 것을 할 수 있다는 인간 중심주의 사상이요, 공명주의 운동으로서 하나님의 영광을 위하지 않고 사람의 이름을 높이며 자신들의 이름을 드러내겠다는 운동이요, 집합주의 운동으로서 대 인원을 모아서 어찌하든 자기 단체의 발전만을 추구하는 교권중심주의 운동이다. 그들은 예루살렘 교회의 초기처럼 흩어지는 대신에 복음을 외면하며 지상의 안락과 평안만을 추구하는 주의이다. 성도들은 이런 바벨주의의 일에서 자신을 분별해야 할 것이다.

**10-26절, 셈의 후예는 이러하니라 셈은 일백 세 곧 홍수 후 이년
에 아르박삿을 낳았고 11 아르박삿을 낳은 후에 오백 년을 지내며
자녀를 낳았으며 12 아르박삿은 삼십 오 세에 셀라를 낳았고 13
셀라를 낳은 후에 사백 삼 년을 지내며 자녀를 낳았으며 14 셀라
는 삼십 세에 에벨을 낳았고 15 에벨을 낳은 후에 사백 삼 년을 지
내며 자녀를 낳았으며 16 에벨은 삼십 사 세에 벨렉을 낳았고 17
벨렉을 낳은 후에 사백 삼십 년을 지내며 자녀를 낳았으며 18 벨
렉은 삼십 세에 르우를 낳았고 19 르우를 낳은 후에 이백 구 년을
지내며 자녀를 낳았으며 20 르우는 삼십 이 세에 스룩을 낳았고
21 스룩을 낳은 후에 이백 칠 년을 지내며 자녀를 낳았으며 22 스
룩은 삼십 세에 나홀을 낳았고 23 나홀을 낳은 후에 이백 년을 지**

내며 자녀를 낳았으며 24 나홀은 이십 구세에 데라를 낳았고 25 데라를 낳은 후에 일백 십구 년을 지내며 자녀를 낳았으며 26 데라는 칠십 세에 아브람과 나홀과 하란을 낳았더라

10절부터는 셈의 후예가 나온다. 셈에서 나홀까지는 간단하게 족보만 기록하였다. 거기서 특이한 것은 그들의 나이가 점점 줄어갔다는 것이다. 500세에서 400세로, 400세에서 200세로 점점 줄어든 것이다(셈 600, 아르박삿 438, 셀라 433, 에벨 464, 벨렉 239, 르우 239, 스룩 230). 아브라함의 조부이며 스룩의 아들 나홀(148세)부터는 사람이 200세 이상으로 살지 못했다. 홍수의 사건과 바벨의 흩어짐 후에 사람의 수명이 점차 감소되어 간 것은 그 원인이 어디에 있는지는 잘 모르지만 점차적인 죄의 증가와 타락에 기인한 것이라고 볼 수 있을 것이다. 어쨌든 홍수 후 노아의 아들과 손자 때 나이가 9백대(노아)에서 6백대(셈)로, 4백대(아르박삿)로 떨어졌고, 흩어짐과 관련이 있는 벨렉 때 2백대로 떨어졌다. 죄를 짓는 것과 사람이 병들고 죽는 것은 관계가 없는 것이 아니다(잠 10:27, 17:22, 롬 5:12, 약 5:15, 고전 11:29,30). 성경에는 죄를 지음으로 죽음을 당하는 경우를 말한 구절들이 있다(행 5장-아나니아와 삽비라, 고전 5:5-간음한 형제, 요일 5:16-사망에 이르는 죄).

어떤 학자는 죄악 중에 특히 바벨탑을 쌓은 죄로 인하여 수명이 짧아졌다고 보았다. 어쨌든 바벨탑 사건 후 사람의 나이가 현저하게 줄어든 것이 사실이다. 또 홍수로 인해 지구 환경이 열악해진 것도 이유가 될 수 있다. 죄가 들어온 후에 자연 환경도 많이 파괴되고 좋지 않게 변했다. 또 1장에서 언급한 수포대에 이상이 생긴 것도 이유 중 한 가지일 것이다.

27-32절, 데라의 후예는 이러하니라 데라는 아브람과 나홀과 하란을 낳았고 하란은 롯을 낳았으며 28 하란은 그 아비 데라보다 먼저 본토 갈대아 우르에서 죽었더라 29 아브람과 나홀이 장가 들었으니 아브람의 아내 이름은 사래며 나홀의 아내 이름은 밀가니 하란의 딸이요 하란은 밀가의 아비며 또 이스가의 아비더라 30 사래

는 잉태하지 못하므로 자식이 없었더라 31 데라가 그 아들 아브람과 하란의 아들 그 손자 롯과 그 자부 아브람의 아내 사래를 데리고 갈대아 우르에서 떠나 가나안 땅으로 가고자 하더니 하란에 이르러 거기 거하였으며 32 데라는 이백 오세를 향수하고 하란에서 죽었더라

셈의 족보는 데라에 와서 조금씩 자세히 기록하고 있는데, 데라가 주목할 만한 인물이 된 것은 그가 믿음의 조상 아브라함을 낳았기 때문이다. 창세기는 여기서부터 새로운 국면을 맞게 된다. 창세기의 제1부는 천지 창조의 역사이고, 제2부는 족장사인데 데라는 창조사에서 족장사로 넘어가는 교량 역할을 하게 된다. 이때부터는 창세기는 족장들의 이야기로서 아브라함과 롯, 이삭과 야곱 등 데라의 후손에 관계된 이야기를 중점적으로 다루게 된다. 데라가 살던 곳은 갈대아 우르였고 데라는 그곳에서 우상을 섬기며 살았다(수 24:2). 노아의 홍수 이후 퍼진 인류는 바벨을 거쳐 혼란에 빠지게 되며 이곳저곳에서 하나님을 떠나 우상 숭배를 하는 지경에 이르게 되었다. 그런 상황에서 하나님은 한 사람 아브라함을 불러내시어 새로운 족속(new race)의 시작이 되게 하셨다.

하나님은 창조된 족속의 타락과 죄악의 문제를 홍수의 심판으로도 해결하지 못하시자 바벨에서 그들을 흩으셨으며, 이제 우상 숭배하는 땅 갈대아 우르에서 한 사람을 선택하여 불러내셨다. 그는 물론 셈의 자손이었다. 하나님은 셈의 자손을 통해서 새로운 족속을 얻기 원하신 것이다. 하나님은 이와 같이 우상이 가득한 집안에서도 그분과 동역하여 그분의 뜻을 이룰 위대한 믿음의 사람을 얻을 수 있으시다. 이를 인하여 하나님을 경배하고 찬미한다.

26절에 의하면 데라는 70세에 아브라함과 나홀과 하란을 낳았다. 그러나 사도행전 7장 4절에는 아브라함이 데라가 하란에서 죽은 후에 가나안을 향해 떠났다고 기록되어 있고 데라가 하란에서 죽은 나이는 205세이다. 그리고 아브라함이 하란을 떠난 나이는 75세라는 것이다. 이 구절들을 비교할 때 데라가 아브라함을 낳은 나이는 130세라야 맞다. 그렇다면 나홀과 하란은 아브라함보다 일찍 태어난 형들이고 아브라함은 그들과 무려 60여세나 차이가 난다. 그런데 왜 창세기 11장은 데라가 70세에 아브라함과 나홀과 하란을 낳았다고 하여 마치 그들이 다 같은 해에 태어난 것처럼 기록했는가? 오히려 26절은 데라의 아들 셋 중 아브라함의 이름을 가장 앞에 기록하여 장자와 같은 인상을 준다. 우리는 그 자세한 이유를 알지 못한다. 어쩌면 아브라함은 가장 어린 사람으로 태어났지만 데라의 가문은 아브라함 때문에 빛나게 되었으므로, 세 형제 중에서 아브라함을 특출하게 기록한 것이 아닌가 한다. 어쨌든 족장 시대의 역사는 정확히 계산하기가 어려운 것이 사실이다.

하란은 그 아비 데라보다 먼저 본토 갈대아 우르에서 죽었다. 하나님의 주권적인 역사는 아브라함에게 있으며, 이 일은 아브라함이 갈대아 우르를 떠날 수 있도록 모든 상황이 정리되고 있는 것으로 보여진다. 아브라함은 형 하란을 사랑했던 것 같다. 그래서 조카 롯도 매우 사랑한 것이다. 그러나 롯의 아버지 하란은 아비 데라보다 먼저 갈대아 우르에서 죽었고, 결국 롯은 삼촌 아브라함을 따라 가나안으로 가게 되었다. 만일 롯의 아버지 하란이 여전히 살아 있었더라면 롯은 아브라함을 따라 하나님의 부르심에 응하지 못했을 것이다.

여기에서 사람의 수명이 짧아진 것을 간접적으로 시사하고 있다. 이제 수명은 점점 줄어들어 100세가 못 되어 죽는 사람들도 나오게 된다. 하란은 아버지 데라보다 먼저 세상을 떠났다. 만일 하란이 아버지 데라가 70세에 낳은 아들이라면 아버지 데라가 205세까지 살기 전에 죽었으니 하란이 아들 롯을 낳은 것까지 참고하더라도 100세 이상 살지 못했음에 틀림없다.

어쨌든 하나님은 죄와 사망으로 공허하게 된 인류 가운데서 새로운 역사를 시작하셨다. 그것은 바로 선택한 백성을 얻으시는 것인데, 그 일에 쓰임받은 인물이 곧 아브라함이다. 11장 후반에 기록된 데라의 후예에 대한 간략한 역사는 나중 이야기를 이끌어나가는 데에 도움을 주기 위한 말씀이다. 아브라함의 아내 사래에 관한 이야기는 그녀가 잉태치 못하여 자식이 없었다는 것이고, 또 여기 아브라함의 형제 나홀의 아내가 소개되고 있는데, 그녀의 이름은 밀가이며 하란의 딸이니 결국 밀가와 롯은 남매지간이다 .

아브라함은 갈대아 우르에서 영광의 하나님의 부르심을 받았는데 그는 가나안을 향해 떠날 때 아버지 데라와 함께 출발했다(31절). 그는 갈대아 우르를 떠나는 일에 있어서 아버지 데라를 많이 의지한 것처럼 보인다. 그것은 그들이 갈대아 우르를 떠나 하란으로 가는 데 있어서 아버지 데라가 앞장 선 것을 통해 알 수 있다. 아브라함은 하나님께서 그를 부르셔서 갈대아 우르를 떠나라고 하신 일을 놓고 아버지와 조카와 상의하여 출발한 것 같다. 이렇게 볼 때 믿음의 조상 아브라함도 처음부터 믿음의 길에서 그렇게 단호한 것은 아니었다. 그러나 모든 주권의 하나님은 하란에서 그의 아버지 데라를 데려가셨다. 그러므로 아브라함은 이제 아무 거리낌 없이 하나님의 부르심에 응답할 수 있는 상태가 된 것이다. 또한 하나님은 일단 부르시고 택하신 사람들에게 그분을 전적으로 따를 수 있도록 환경을 조성해주시는 분이시기도 하다.

●족장시대 근친 결혼의 계통

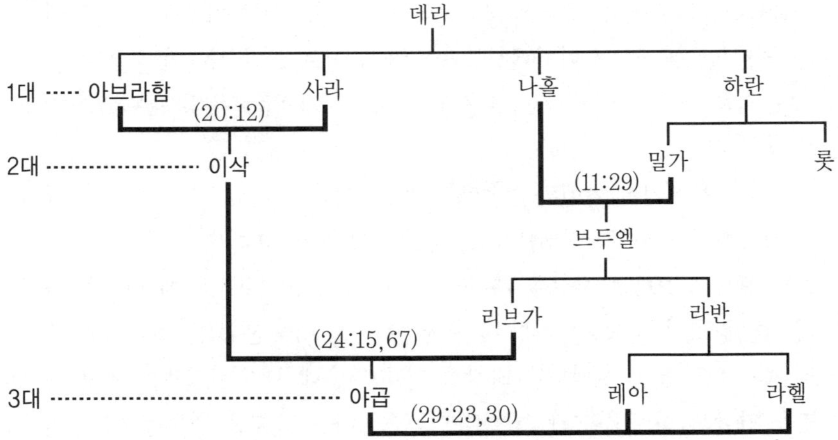

— 세대관계 즉 부모와 자녀와의 관계

— 결혼관계 즉 부부사이의 관계

····· 족장의 대(代)

12 장

1-3절, 여호와께서 아브람에게 이르시되 너는 너의 본토 친척 아
비집을 떠나 내가 네게 지시할 땅으로 가라 2 내가 너로 큰 민족
을 이루고 네게 복을 주어 네 이름을 창대케 하리니 너는 복의 근
원이 될지라 3 너를 축복하는 자에게는 내가 복을 내리고 너를 저
주하는 자에게는 내가 저주하리니 땅의 모든 족속이 너를 인하여
복을 얻을 것이니라 하신지라

하나님의 부르심

부르시는 하나님을 찬양하자! 하나님께서 아브람을 부르신 것은 이전의 사람들과 다른 면이 있다. 아벨이 좋은 사람이고 에녹이 그러하며 노아가 훌륭하지만 우리는 하나님께서 아브람에게 이르러 전 시대의 다른 사람들보다 더욱 크고 위대한 목적을 갖고 역사하시기 위해 특별히 부르신 것을 볼 수 있다.

하나님 보시기에 아벨과 에녹과 노아는 타락한 아담 자손 가운데 특별히 하나님을 경외하며 하나님의 마음을 기쁘시게 하는 자들임에 틀림없지만, 그분이 아브람을 부르실 때에는 그 이상의 어떤 것을 원하셨다. 하나님께서는 창조된 족속을 끝내시고 부르심 받고 택하심 받은 하나님의 백성을 얻기 원하셨다. 하나님은 타락한 인류 가운데서 죄 사함과 구속을 받고 믿음 안에서 하나님과 새로운 관계를 형성하는 새로운 민족을 얻기 원하셨던 것이다.

히브리서 11장에 의하면 아벨과 에녹과 노아는 모두 하나님을 믿은 사람들이지만 하나님은 그들을 믿음의 조상으로 삼지 않으셨다. 그러나 하나님께서 아브람을 찾으셨을 때는 그를 믿음의 노선의 기점으로 삼으셨다. 이처럼 하나님은 그분의 역사에서 어떤 사람을 선택하시어 그 기점으로 삼으시는데, 이러한 사람이 하나님의 경륜에 있어서 중요한 경륜적인 그릇(dispensational instrument)이다. 아브람을 통해서 우리는 이러한 그릇이 되는 것이 우리의 원함이나 달음질에 달려 있는 것이 아님을 본다. 그가 갈대아 우르에 있을 때 자신이 하나님의 부르심을 받아 순종하여 장래 모든 믿는 이들의 믿음의 조상이 될 것이라는 생각은 전혀 해본 적이 없었을 것이다. 그러나 하나님 아버지의 마음속에는 놀라운 계획이 있으셨다.

그렇다면 하나님께서 아브람을 부르시어 계획하신 놀라운 뜻은 무엇인가? 그것은 그를 기점으로 하여 아담으로 말미암아 들어온 타락의 국면을 복구하고자 하신 것이다. 아벨과 에녹과 노아는 개인적으로 은혜를 입거나 많아야 한 가족이 은혜를 입었지만, 아브람에게 올 때 하나님께서는 아브람 개인 뿐 아니라 그를 통하여 수많은 사람이 은혜를 얻도록 하신 것이다. 그리고 죄로 인해 타락한 인류의 상태를 복구하고 그의 믿음을 본으로 취하여 하나님께로 돌아온 한 민족을 얻기 원하셨다. 즉 하나님은 아담을 통해 들어온 죄와 사망과 타락의 조류를 은혜와 의와 생명의 조류로 바꾸기 위해 아브람을 찾아 그 기점이 되게 하신 것이다. 하나님은 그분이 계획하신 일에 결코 실패가 없으시다. 그분은 목적하신 일을 이루시는 알파와 오메가요 시작과 나중되신 분이다. 아담은 불신과 거역으로 하나님에게서 떨어져 나갔으나, 하나님은 아브라함이라는 한 사람을 믿음의 조상으로 새롭게 세우심으로 믿음으로 사는 새로운 족속을 일으키셨다. 믿음을 통하여 인류는 생명이신 그리스도에게로 돌아오는 것이다.

16세기 종교개혁에 크게 쓰임받은 마틴 루터 이전에도 개혁 신앙을 가진 자들이 전혀 없었던 것은 아니다. 당시 카톨릭의 부패를 보고 순수한 믿음의 길을 걸었던 신실한 믿는 이들이 여기저기에 있었다. 그러나 하나님께서 루터를 만나셨을 때 그로 하여금 새로운 역사의 기점이 되도록 경륜적인 그릇으로 사용하셨다. 하나님께서는 이러한 축복의 그릇들을 얻으실 때는 먼저 그에게 많은 역사를 하시고 그런 다음 그가 얻은 것들을 다른 사람들에게 끼치게 하신다. 그러므로 아브람에게 나타나신 하나님은 영광의 하나님이시다. 사람이 하나님의 영광을 보지 못하고서는 그분의 큰 부르심과 요구에 응할 수 없다. 본 것이 있기 때문에 어떤 어려움이 있어도 대가를 지불하면서 전진할 수 있는 것이다.

개인적인 부르심

부르심에 있어서 중요한 것은 영광의 하나님으로부터 개인적인 부르심을 받는 것이다. 하나님은 아브라함을 부르셨지 데라나 롯을 함께 부르시지 않았다. 그리스도인이 끝까지 이 십자가의 여정을 잘 걸어가려면 자신의 부르심에 대한 직접적인 깨달음이 필요하다. 다소의 사울도 그가 부르심을 받은 당시 주위에 다른 사람들이 있었지만, 그들은 빛은 보았으면서도 사도 바울더러 말하시는 이의 소리는 듣지 못하였다고 기록되어 있다(행 22:9). 내가 세상에서 외국인과 나그네로서의 위치를 취하려면 또 인내로서 내 앞에 당한 경주를 경주하려면 "영광의 하나님"이 "내게" 나타나셔야 한다. 이러한 부르심은 가족적인 부르심도 아니고 민족적인 부르심도 아니며 개인적인 부르심인 것이다. 계시록 2, 3장의 이기는 자에 대한 부르심도 개인적인 것이지 단체적인 것이 아니다. 주님은 이 시대에도 그분과 동행할 사람들을 계속해서 개별적으로 부르고 계신다.

하나님은 사람을 개인별로 불러내신다. 하나님이 모세를 부르실 때도 "모세야, 모세야"하시며 개인적으로 부르셨다. 아브라함도 마찬가지이며 사무엘도 마찬가지이다. 다윗의 부르심도 그러하고 다소 사람 사울도 마찬가지이다. 그들은 모두 하나님을 섬기도록 개별적으로 하나님의 부르심을 받았다.

오늘날 하나님을 섬기기 위해서 부르심을 받는 사람들은 이것을 잘 이해해야 한다. 하나님이 아브라함을 부르셔서 "너는 너의 본토 친척 아비 집을 떠나 내가 네게 지시할 땅으로 가라"고 하신 것은 그가 끈끈하게 묶여 있는 단체에서 끊어내어 개인화시키시는 부름이다. 개인적인 부르심이 없는 사람의 주를 따름과 섬김은 지속되지 못하고 그에 따른 고난도 감내하지 못한다. 성경에서 하나님은 '모세야 모세야' 하고 부르셨고 사울도 다메섹 도상에서 주님의 음성을 들었다.

그러나 주님이 반드시 그렇게만 부르시는 것은 아니다. 오늘날 하나님의 부르심은 대체적으로 하나님의 말씀에 대한 깊은 깨달음과 함께 온다. 이것은 이미 하신 말씀이 우리에게 다시 한 번 말씀해지는 방식이다. 스펄전이라는 설교자는 청년 시절 죄악에 빠져 있을 때 한 예배당에 들어갔다가 이사야 45장 22절 말씀을 듣게 되었고 그때 처음으로 주님을 알게 되었다. "땅 끝의 모든 백성아 나를 앙망하라 그리하면 구원을 얻으리라 나는 하나님이라 다른 이가 없음이니라". 이 말씀을 듣고 깨달은 그 때가 주님이 그를 부르시는 시간이었다. 신약시대에 하나님은 이와 같이 말씀의 계시를 통해서, 깨달음을 통해서 사람을 부르신다. 그렇게 한 말씀이 자신에게 부딪혀 사로잡을 때 그것은 하나님이 개인적으로 나를 부르신 것과 마찬가지이다.

오늘날 많은 사람들이 개인적으로 하나님의 부르심에 응하는 신앙생활이 아니라 단체적인 믿음에만 의존하는 것을 본다. 이것은 겉으로는 비슷해 보여도 큰 차이가 있다. 소위 그리스도의 몸의 생활이란 사람들과의 관계성에서만 오는 것은 아니다. 먼저 머리를 붙드는 것이 있어야 한다(골 2:19). 우리는 머리로부터 온 몸이 마디와 힘줄로 연결된다는 것을 알아야 한다. 내가 주를 머리 삼고 당신 역시 주를 머리로 삼을 때 주님이 우리를 하나로 연결하시는 것이다. 이것이 주 안에서의 하나이다. 그러나 유대교적인 신앙은 어떠한가? 그들은 하나님께 대한 개인적인 신앙보다 조상이나 단체의 유대관계를 중요시했다. 그러기에 그들은 자신들의 단체에 대한 애착심이 강했으며 그것을 위태롭게 하는 자들의 소행은 진리에 맞든 맞지 않든 적으로 간주하게 되었다. 이것이 단체를 우선으로 하는 사람들의 신앙인 것이다. 그러므로 하나님은 우리를 이러한 단체들에서 불러내어 개인화시키는 일을 하신다. 아브라함도 이렇게 가족적이고 혈연적인 단체로부터 개별적으로 불러내신 것이다.

그러나 이같은 개인적인 소명이 곧 개인주의를 의미하는 것은 아니다. 무엇을 첫 번째에 놓느냐의 문제인 것이다. 성도들과의 교제와 하나됨을 조금도 소홀히해서는 안되지만, 무엇보다도 먼저 개인적인 주님과의 관계가 선행되고 우선적이어야 한다는 것이다. 주님이 으뜸이요 중심이기 때문이다. 주님이 모든 것이 되어야 한다.

사도 바울은 이에 대하여 좋은 본을 세워놓았다. 그는 사도행전 21장에서 예루살렘에 들어갈 때 성도들과 교제하였는가? 교제하였다. 그는 단독적으로 행하기를 고집한 것이 아니다. 그러나 그가 전적으로 지체들의 말을 들었는가? 그렇지는 않았다. 그렇다고 바울은 그들의 말을 무시하였는가? 그것은 아니다. 바울은 그들의 교제가 주 안에서의 사랑의 관심인 것을 알았다. 그럼에도 불구하고 그는 주님 앞에서의 자신의 결심을 따랐던 것이다. 그는 형제들이 만류하는 마음과 그 뜻을 너무나 잘 알고 있었지만 그들의 말을 뒤로 할 수밖에 없었다. 그 대신 그는 자신의 영 안의 무겁고 큰 눌림과 주님과의 깊은 교제를 통한 결심을 따라 행할 수밖에 없었다. 만류하였던 성도들도 그가 그렇게 결심한 것이 주님을 뜨겁게 사랑하는 마음에서 나온 충성인 줄 알기 때문에 처음에는 만류하였지만 곧 모든 것을 주님께 맡기고 그분의 뜻대로 이루어지기를 바라면서 보내주었던 것이다. 바울의 이같은 결심은 사람의 단독적인 기질로 말미암은 행동과는 구분되어야 한다. 바울이나 주위의 성도들은 어디까지나 '주님 제일주의'를 실행하고 있었기 때문이다.

고린도 전서 16장에서의 아볼로도 마찬가지이다. 바울은 그에게 형제들과 함께 고린도에 가보라고 많이 권했다. 그러나 아볼로는 지금은 갈 뜻이 전혀 없다고 대답했다. 그리고 기회가 있으면 가겠다고 덧붙였다. 이는 그들의 모든 관계가 주님을 중심으로 또 으뜸으로 하면서도 서로 조화를 잃지 않는 관계임을 나타낸다. 여기서 우리가 강조하고자 하는 것은 성도들의 개인적인 주님과의 관계성이다. 주님은 성도들을 부르실 때 개인적으로 부르신다는 것을 잊지 말기 바란다. 귀하고 놀라운 주님이 우리를 개인적으로 부르셨다! 주님과의 개인적인 관계성이 확립되지 않은 신앙이나 교회는 안전하지 않으며 생명의 성장도 기대할 수 없다. 많은 이들이 오늘날에도 주님과의 개인적인 관계보다 단체성을 더 앞세우는데 이는 인생의 낭비요 큰 손실이 아닐 수 없다.

부르심의 목표 - 내가 네게 지시할 땅으로 가라

하나님이 아브람을 부르신 것은 그로 본토와 친척과 아비 집을 떠나 하나님이 지시하실 땅으로 가게 하시려는 것이었다. 아브람이 원래 있던 땅은 우상을 섬기는 곳이었다. 하나님은 그곳에서 하나님의 백성들을 일으키실 수 없었다. 아브람은 믿음의 조상이 되고 새로운 족속을 일으키시는 하나님의 역사 동역하기 위해 자신의 위치를 바꾸어야 했다. 우상을 섬기는 땅에서는 하나님의 새로운 역사가 일어날 수 없으므로 아브람은 먼저 그곳을 떠나야 했던 것이다.

두 번의 부르심

1. 갈대아 우르에서

"우리 조상 아브라함이 하란에 있기 전 메소보다미아에 있을 때에 영광의 하나님이 그에게 보여 가라사대 네 고향과 친척을 떠나 내가 네게 보일 땅으로 가라 하시니"(행 7:2-3). 창세기 12장 1절의 부르심은 사도행전 7장 2절의 부르심보다 늦게 일어난 것이다. 하나님은 먼저 갈대아 우르에 살고 있던 아브람을 부르셨고 아브람은 갈대아 우르를 떠났다. 그러나 그때 그는 육신적인 연결을 끊지 못한 채 아버지와 함께 조카 롯을 데리고 길을 나섰던 것이다. 하나님은 그에게 아비와 본토와 친척과 아비 집을 떠나라고 하셨지만 그는 아비와 친척을 데리고 떠난 것이다. 그러나 잊지 말아야 할 것은 하나님이 아브라함을 부르실 때 개인적으로 부르셨지 단체적으로 부르지 않으셨다는 사실이다. 아버지 데라도 있고 롯도 있었지만 주께서는 그들에게는 나타나시지 않고 오직 아브라함에게 영광의 하나님으로 나타나셨다.

이렇게 하나님은 사람을 부르실 때 개인을 지명하셔서 그분을 따르게 하신다. 그렇지만 아브라함은 아버지나 조카 롯을 버리고 홀로 떠날 수 없었다. 오늘날도 마찬가지로 주님을 순종하되 절대적으로 온전히 순종하지 않고 자신의 생각을 보태어 순종하는 사람들이 많다. 11장 31절 말씀에 의

하면 갈대아 우르를 떠나는 일에서 아브람이 아니라 오히려 아버지 데라가 앞장섰다. 하나님은 아브람에게 고향과 친척을 떠나라고 부르셨지만 그는 아버지를 떠나지 못했을 뿐 아니라 아버지를 따라서 떠났다. 그의 믿음은 처음부터 그렇게 완전하지는 않았다. 그가 순종했는가? 물론 순종했다. 그러나 그것은 절반의 순종이었다. 그는 갈대아 우르를 떠날 믿음은 있었지만 아버지와 조카를 떠날 믿음은 없었다. 그러므로 계시가 없었던 아버지 데라는 아브람을 하란으로 이끌어 정착하게 하였을 뿐 가나안으로 이끌고 가려 하지 않았던 것이다.

하란에 머물며 육신의 연결을 끊어버리지 못하고 있는 동안 아브람은 하나님의 음성에 투명하지 못했다. 거기서 그는 분명한 이상이 없이 세월만 보내고 있었다. 그것은 세월을 낭비하는 일이다. 그러던 어느 날 아버지 데라가 죽는 일이 발생했다. 그 후에 하나님은 다시 한 번 아브람을 부르셨다.

그 두 번째 부르심이 12장 1절에 기록되어 있는 부르심이다. 하나님께서 아브람을 부르실 때 영광의 하나님으로 나타나신 것을 보는 것은 매우 중요하다. 백문이 불여일견(百聞不如一見)이라는 말이 있다. 아무리 많이 들어도 한 번 보는 것만 못하다는 것이다. 구약의 욥은 많은 시련을 겪은 후에 자신이 과거에 하나님에 대해 많이 들었지만 이제야 비로소 하나님을 본다고 고백하였다. 스데반은 순교 현장에서 돌에 맞으면서, 바울은 다메섹 도상에서 그리스도의 나타나심을 보았다. 과거에 많은 말을 들었지만 들은 것으로는 그렇게 정신이 나지 않았다. 그런데 어느 날 보게 된 것이다.

하나님의 왕국에 대하여도 동일하다. 들어서 알지만 그 왕국을 위하여 그렇게 심각하지 않다. 그러나 어느 날 주님이 눈을 열어 왕국을 보여주신다. 그럴 때 왕국을 향하여 달리게 되고 생활이 바뀌게 되는 것이다. 구약의 많은 인물들도 계시를 보았을 때 생활과 삶이 변하였다. 그들이 본 것은 그들의 영혼에 말할 수 없는 격려와 힘을 주었다. 하나님은 아벨, 에녹, 노아에게도 말씀하셨지만 그분이 그들에게 나타나셨다는 기록은 없다. 하나님의 나타나심은 아브람에게 이르러서이다. 하나님은 아브람을 부르실 때 그분의 나타나심으로 부르셨다. 그러나 첫 번째 부르심에 대해 아브람은 철저하게 순종하지는 못했다. 다만 절반의 순종을 드렸을 뿐이다. 그러나 하나님은 기다리셨고 그의 아비 데라가 죽은 후에 다시 한 번 아브람을 부르셨다.

2. 하란에서

데라가 죽은 후 하란에서 아브람은 하나님의 음성을 새롭게 들을 수 있는 상태가 되었다.

하란이란 '메마르다'는 뜻이다. 당신이 어느 지점에서 매우 메마른 느낌이 있다면 그곳은 하나님이 새롭게 말씀하시는 곳임을 알면 좋다. 당신 속에 계속 메마른 느낌이 있다면 기도하기 바란다. "주님, 저에게 말씀하시기 바랍니다. 저는 하나님이 무엇을 말씀하시든지 순종하기 원합니다." 그러면 주님은 새로운 인도를 주실 것이다. 아브람의 아비 '데라'란 히브리어로 '지체하다'는 뜻이다. 아브라함은 그 아비 데라로 인하여 하나님의 부르심을 지체하게 되었다. 이전에 그는 아버지 데라와의 육신적인 연합 속에서 모든 것이 투명하지 않았기 때문에 하나님의 음성을 들을 수 없었고 자연히 지체하는 상태가 되어 있었다.

그러나 아브라함에게 있어서 아버지 데라의 죽음은 큰 인도요, 음성이었다. 그것은 그곳에서 더 이상 지체하지 말라는 음성이었던 것이다. 하나님은 일단 부르신 사람을 포기하지 않으신다. 따라서 모든 기대와 소망은 하나님께 있다. 하나님만이 우리의 소망이시다. 그분이 선택하시고 부르셨기에 우리에게 보장이 있는 것이다. 그는 혈과 육에 속한 아버지의 의견과 관념의 한계를 벗어났을 때부터 힘있고 결단력 있게 믿음의 길로 들어갈 수 있었다. 아브람은 처음 부르심 받았을 때 절반의 순종만을 드렸지만 하나님은 그의 온전치 않은 상태를 보고도 포기하지 않으시고 때를 기다리셨다. 주님은 이렇게 한 번 붙잡으신 사람을 끝까지 책임지는 분이시다! 이로 인해 하나님께 감사드리자. 하나님은 아브람을 통해서 우리는 어떤 일이 있어도 한 번 부르신 사람을 책임지고 인도하신다.

"내가 네게 지시할 땅"

아브람은 갈대아 우르나 하란에 대해서는 알지만 하나님께서 지시하실 땅인 가나안에 관해서는 어떤 지식이나 정보도 없었다. 그럼에도 그는 그 땅을 사모하였고 그곳에 들어가 그 땅을 얻기 위해 모든 대가를 지불하였다. 그는 보지 못하는 그 땅을 어떻게 사모할 수 있었는가? 그것은 그가 영광의 하나님을 만났기 때문이다. 그에게 나타나신 하나님은 지극히 영광스러운 분이셨다. 그러므로 그분이 지시하시는 땅은 눈으로 볼 필요도 없이 놀라운 땅이라는 것을 믿어 의심치 않았던 것이다. 사도 바울은 "보이는 소망이 소망이 아니니 보는 것을 누가 바라리요 만일 우리가 보지 못하는 것을 바라면 참음으로 기다릴찌니라"(롬 8:24-25)고 말했다.

결국 아브람이 들어간 땅은 가나안이었는데, 실제로 하나님께서 아브람과 그의 후손들에게 주시고자 한 땅은 물질적인 가나안 땅이 아니라 가나안으로 예표되신 그리스도이다. 그러므로 사도행전 7장 5절 말씀은 아브라함에게 "발 붙일 만큼도 유업을 주지 아니하시고"라고 한다. 아브라함과 이삭과 야곱은 가나안 땅에 살았지만 그들은 여전히 그곳에 정착한 것이 아니었다. 그들은 그곳에서도 외국인과 나그네였다. 그들은 본향을 찾는 나그네로서 그들이 돌아갈 본향은 하늘이다.

첫 번째와 두 번째 부르심을 통해 우리는 아브람이 약속의 땅에 들어가기 위해서는 믿음과 순종이 필요했다는 것을 볼 수 있다. 그뿐 아니라 육신적인 관계가 처리되지 않으면 그 땅에 들어갈 수 없음을 알았다. 오늘 우리가 하늘의 그리스도와 연합된 생활을 하려면 이 땅의 모든 얽매임에서 벗어나야 한다. "너희가 그리스도와 함께 다시 살리심을 받았으면 위엣 것을 찾으라 거기는 그리스도께서 하나님 우편에 앉아 계시느니라"(골 3:1). 이 땅에 속한 명예와 지위와 사람의 뜻을 버리지 않는다면 결단코 하늘의 그리스도와 동역할 수 없다. 바울은 너희가 그리스도와 함께 죽었고 너희 생명이 그리스도와 함께 하나님 안에 감춰어 있다고 말한다.

하나님께서는 그리스도의 십자가의 역사를 통하여 우리를 하나님께로 인도하여 그리스도와 함께 그분의 유업을 누리게 하셨다. 우리는 이미 그리스도와 함께 승천하여 그분과 함께 하늘에 앉아 있다. 그러므로 우리는 마땅히 땅엣 것을 생각지 말고 위엣 것을 생각해야 한다.

“내가 너로 큰 민족을 이루고”

하나님께서는 아브람 한 사람에게 역사하신 후 그를 조상으로 하여 새로운 민족을 이루실 것을 약속하셨다.

“네 이름을 창대케 하리니”

바벨에서는 사람들이 스스로를 높이려다 심판을 받았다. 그러나 여기서 아브람은 자신의 원함과 관계없이 하나님으로부터 새로운 민족을 이루어주고 이름을 창대케 해주시겠다는 약속을 얻었다. 자랑하는 자는 주 안에서 자랑해야 한다. 주님만이 사람을 높이실 수 있다. 대부분 젊은 사역자들은 욕심이 크다. 그들은 자신이 어떤 사람이 되고자 애쓴다. 아브람도 원래는 그런 사람이었다. 그의 이름 아브람은 '높여진 아비'란 뜻이다. 그도 뭔가 다른 사람보다 높아지려고 하던 사람이었다.

그러나 하나님이 그를 불렀고 이제 아브라함으로 이름이 바뀌었다. 하나님을 따른 결과 그는 '많은 무리의 아비'가 된 것이다. 그는 스스로 무언가 되기 위해 부르심 받은 것이 아니라 하나님을 순종하기 위해 부르심을 받았다. 우리는 주님의 음성에 순종할 책임만 지면 될 뿐, 큰일을 하려고 애쓸 필요가 없다. 그저 하루하루 주님의 음성을 따르며 주님의 뜻을 좇는 것으로 족한 것이다. 이름을 창대케 하여주시고 많은 무리의 아비가 되는 것은 그분의 주권에 속한 문제이다. 아브라함의 이름은 오히려 그의 사후에 창대케 되었다. 그의 생전에는 그리 큰 이름이 아니었을 것이다. 그러므로 모든 일을 하시는 분은 주님이시다.

아벨과 에녹과 노아는 모두 좋았고 당시의 다른 모든 사람들보다 믿음이 탁월하였는데 왜 하나님께서는 그들을 믿음의 조상으로 삼지 않으셨는가? 나는 거기에 한두 가지 이유가 있다고 본다. 첫째는 그들의 근본이 아브람만큼 뚜렷하지 않다는 것이다. 아브람은 후세의 유대인이든 이방인이든 그들의 조상이 될 만한 배경을 갖고 있었다. 그러나 아벨, 에녹, 노아는 원래부터 좋았거나 좋은 부모 교육 아래 있었을 것이다. 만일 그들을 조상으로 삼는다면 우리같이 배경이 어두운 사람들은 소망이 없을 것이다. 아벨은 어떻게 해서 좋은 형제가 되었는가? 에녹은 언제부터 하나님과 동행했는가? 노아는 어떻게 해서 하나님께 은혜를 입었으며 당대에 의인이 되었는가? 우리는 그 이유들을 잘 알 수 없다.

그러나 아브람은 어떤가? 그는 갈대아 우르의 우상을 섬기는 가정에서 우리와 별반 다를 바 없는 배경을 갖고 태어났다. 갈대아란 귀신이 가득한 땅이란 뜻이다. 히브리어로 '갈대아'란 '귀신의'라는 뜻이며 '우르'는 '빛'이라는 뜻이다. 아브라함은 귀신으로 가득한 땅에 살고 있었다. 하나님은 그런 땅에 살고 있는 아브라함을 이끌어내셨다. 귀신이 가득한 곳에 살던 아브라함에게 특이한 일은 빛(우르)이 있었다는 것이다. 그러하기에 그는 그곳에서 나올 수 있었다. 생명이 없고 어둠이 가득한 땅에 살았지만 빛이 있었기에 나올 수 있었던 것이다. 그러나 처음 그의 순종은 그렇게 절대적이거나 강하지 못했다. 육체를 완전히 처리하지 못한 채 절반 순종부터 시작해 나아갔다. 그러한 아브람을 믿음에서 온전케 하신 분은 하나님이지 아브람 자신이 아니었다. 에녹이나 노아가 조상이었더라면 우리는 자신이 없을 것이다. 그러나 아브라함이 믿음의 조상이므로 우리의 믿음의 경주를 끝까지 인도하고 책임지시는 분이 하나님이시라는 것을 알 수 있으며, 따라서 우리 같은 사람도 이 믿음의 길을 걸어갈 수 있으리라는 용기를 얻는다.

신약의 시작은 아브라함이다(마 1:1). 믿음으로 말미암은 새로운 족속의 시작, 구속 역사의 실제적인 시작은 아브라함부터이다. 아브람은 갈대아 우르에서 하란으로, 하란에서 가나안으로 한 걸음 한 걸음 나아갈 때, 그가 이렇게 엄청난 역사의 기점이 되리라는 것을 알지 못했을 것이다. 만일 그가 자신에 대한 하나님의 뜻이 이렇게 엄청난 것인 줄 알았더라면 롯을 데려가지 않았을 것이고, 기근이 닥쳤다고 해서 애굽에 내려가거나 사래를 누이라고 속이는 말을 하지 않았을 것이다. 그는 하나님께서 주시는 많은 체험들을 더 나은 방식으로 당당하게 받아들였을 것이다. 그러나 그는 이 모든 하나님의 계획을 잘 알지 못했다. 그는 처음부터 믿음의 영웅(英雄)은 아니었던 것이다. 오늘 큰일을 하려는 사람들이 있다면 아브람과 같은 방식으로 하지는 않을 것이다. 그들은 무언가 큰일을 계획하고 일을 해내려고 애쓸 것이다. 그러나 아브라함은 수많은 자손을 두려하는 일에 그저

한 걸음 한 걸음 주님의 인도를 따랐다. 이것이 그가 큰 민족을 이룬 방식이다.

나는 루터도 마찬가지라고 생각한다. 그가 처음부터 이렇게 큰일을 일으키리라고 계획한 것인가? 그렇지 않다. 그는 다만 자신이 본 빛에 따라 충성되게 길을 걸어갔다. 그는 세계적으로 큰일을 해보겠다는 야심만만한 계획을 세우지 않았다. 오히려 그는 그가 받은 빛에 따라 행하면서 당시에 큰 고난을 당했다. 사랑하는 성도들이여! 주의 일꾼들이여! 큰일을 해내려는 유혹에서 벗어나기 바란다. 다만 한 발씩 하나님을 믿고 주의 인도를 따르라! 아브람으로 하여금 이렇게 큰 민족을 이루고 이름을 창대케 하리라는 것을 약속하신 분은 누구인가? 누가 과연 아브람이 그렇게 되도록 보장할 수 있다는 말인가? 아브람 자신인가? 아브람 자신에게는 그런 가능성이 보이지 않는다. 그러한 약속의 말씀을 보장하실 분은 오직 하나님이시다. 하나님께서 아브라함으로 큰 민족을 이루게 하고 이름을 창대케 해주겠다고 하셨지, 아브람 스스로 그렇게 되라고 하지 않았다. 모든 보장은 하나님께 있다. 하나님께서는 우리와 별반 다르지 않은 약한 믿음을 가진 한 사람을 이끌어 믿음의 거인이 되게 하고 믿음의 조상이 되게 하셨다. 결국 아브람을 가장 높은 믿음의 경지까지 이끌 수 있었던 능력의 근원은 하나님 자신이심을 인해 감사하고 찬양하자! 하나님께서 그렇게 하겠다고 약속하신 것이 곧 보장이다. 하나님의 은사와 부르심에는 후회하심이 없다(롬 11:29). 우리는 이런 면에서 아브람만이 믿음의 조상이 될 자격이 있다고 여기는 것이다. 하나님께서 아브람을 어떻게 믿음의 최고 경지까지 이끄셨는지 안다면 우리 역시 큰 안위와 소망을 갖게 될 것이다.

"복의 근원이 될지라…너를 축복하는 자에게는 내가 복을 내리고… 너를 인하여 복을 얻을 것이니라"

아브라함은 복의 근원이 되었다. 하나님은 축복의 하나님이시다. 하나님은 늘 축복하기를 기뻐하시며 어디에 복을 주실까 하고 살피신다. 그러나 하나님은 축복하실 때 그 통로를 얻으셔야 한다. 하나님은 바로 그 통로로 아브라함을 선택하신 것이다. 사람들이 아브라함을 만나면 축복을 받는

다. 사람들이 아브라함의 발자취를 따르면 축복을 받는다.

오늘 우리는 아브라함의 자녀로서 원칙상 아브라함과 동일한 위치에 있다. 오늘 우리로 말미암아 우리 주위 사람들에게 축복이 임한다. 하나님께서는 그분의 자녀가 있음으로 인해 그 사회나 국가나 단체를 축복하신다. 하나님께서는 아브라함에게 의인 열 명만 있으면 소돔을 멸하지 않겠다고 하셨다. 이와 같이 어느 곳에 하나님의 자녀가 있는가 없는가는 큰 차이를 가져온다. 그러므로 우리 스스로 하나님의 축복의 통로임을 아는 것은 매우 필요하다. 반대로 참된 하나님의 자녀를 저주하는 것은 매우 위험한 일로서 하나님은 그러한 자를 저주하신다. 하나님께서는 그분의 자녀를 너무나 귀히 여기시기 때문이다. 하나님은 아브라함의 친구에게는 그분도 친구가 되어 주시고 그의 원수는 그분도 원수로 여기신다.

그러면 아브라함은 왜 특별히 축복받는 위치에 있게 되었을까? 그것은 그가 하나님의 부르심을 받고 순종했기 때문이다. 그의 믿음과 순종이 이러한 축복을 가져왔다. 그에게 하나님께서 특별히 명령하신 것이 있었는데, 그것은 그의 본토와 친척과 아비 집을 떠나 하나님께서 지시하시는 땅으로 가라는 것이었다. 떠나는 것이 한 가지 일이고 목적지를 알지 못한 채 지시하시는 곳으로 따라가는 것이 또 하나의 일이다. 이 모든 일을 위해서는 믿음이 필요했고 또 순종이 필요했다.

떠나는 것이 이렇게 중요한 것임을 안다면 많은 사람들이 떠나는 것을 망설이지 않을 것이다. 하나님께서 기뻐하지 않으시는 위치에서 머뭇거리는 것은 축복을 놓치게 만든다. 그곳이 떠나야 할 곳이라면 속히 떠나야 한다. 속히 떠나는 길만이 시간을 낭비하지 않는 길이다. 하나님은 아브라함이 하란을 떠날 때 그의 나이를 기록하셨다(12:4). 특별히 그때부터 그의 나이를 기록하기 시작하신 것은 의미가 있다. 그 이전의 인생은 하나님 앞에 별 의미가 없다는 말도 되고 그 75세의 나이부터 하나님과 계산할 것이 있다는 뜻도 된다. 그의 이전의 삶은 하나님 앞에 크게 계수될 것이 없다. 갈대아 우르의 삶이 가치가 없을 뿐 아니라 하란에서의 삶도 계산되지 않았다는 것을 기억하기 바란다. 전적으로 헌신하지 않은채 타협하며 중도에 머문 기간도 허비한 시간들이다.

하나님은 부르시면서 원래의 부르심과 같은 말씀으로 아브라함을 다시 부르셨다. 하나님은 그에게 갈 목적지를 지정해주지 않으시고 다만 그분이 지시하시는 곳으로 가라고 하셨다. 이것은 믿음이 없이는 불가능한 일이다. 자신이 살던 자리와 자신과 관계된 모든 것을 무로 돌리고 떠나는 것은 작은 대가가 아니다. 그때부터 아브람은 나그네가 되었다. 그는 자신의 마음대로 머물거나 정착할 수 없고 항상 하나님의 인도에 따라 움직여야 했다. 즉 정처 없는 사람이 된 것이다. 인간적으로는 그의 처지가 외롭고 불쌍하다. 그러나 하늘에서는 하나님의 축복과 보장이 있다. "내가 너를 반드시 축복하리라."

신약의 계시에 비추어 봄

약속의 땅은 바로 그리스도를 가리킨다. 하나님이 아브람에게 물질적인 땅의 축복이 아닌 완전히 하늘에 속한 것을 주기 원하셨다. 하나님은 믿는 이들에게 그리스도의 부요하심을 유업으로 주기 원하신다. 그러나 우리가 그 유업을 얻기 위해서는 먼저 떠나야 한다. 무엇에서 떠나는가? 죄악과 육체와 자아 생명에서 떠나야 하며 세상과의 모든 연결에서 떠나야 한다. 믿음은 한편으로 이 모든 것들에서의 분리를 의미하며 또 한편으로는 하나님과의 연결을 의미한다. 여기에 십자가의 진리가 숨겨져 있다. 우리는 십자가로 말미암아 죄와 세상과 자아를 끝내며 또한 십자가의 공로로 하나님께 인도된다.

고린도 후서 6장 17,18절은 분별됨에 관한 말씀이다. "너희는 저희 중에서 나와서 따로 있고 부정한 것을 만지지 말라 내가 너희를 영접하여 너희에게 아버지가 되고 너희는 내게 자녀가 되리라 전능하신 주의 말씀이니라 하셨느니라". 이 말씀에 의하면 우리가 부정하고 죄악된 것에서 나와 분별될 때 하나님이 우리의 아버지가 된다고 하신다. 또한 특별히 그렇게 분별된 자들에게 아들들과 딸들이 되리라고 하신다. 신약에서 이 구절에 유일하게 하나님에게 딸이 있음을 언급한다. 그만큼 친밀한 관계가 된다는 뜻이다. 어떤 사람에게인가? 하나님 아닌 것들에서 떠난 사람들에게다. 그러한 자들에게 바울은 특별히 전능하신 주의 말씀이라고 말했다.

여기서 전능하신 주님이라고 한 말은 구약에서 엘샤다이 하나님에 준하는 말이다(창 17:1, 창 35:11, 출 6:3, 욥 40:2, 사 43:14, 48:3). 이는 모든 것을 공급하며 충족해주시는 능력의 하나님을 뜻한다. 이러한 하나님의 보호와 능력을 맛보려면 분별되어야 한다. 만일 어떤 사람이 주님이 기뻐하시지 않는 위치에 계속 머문다면 그는 이러한 하나님의 충족해주시는 능력을 경험하지 못할 것이다. 그러나 분별할 때에 그는 체험하게 된다. 이는 아브라함에게 있었던 바로 그 체험이다. 그는 하란에 있을 때 아무런 풍부하고 특이한 영적 체험이 없었다. 그러나 그가 하란을 떠났을 때부터 하나님과의 거래와 역사가 시작되었다.

시편 45편에도 "딸이여 듣고 생각하고 귀를 기울일찌어다 네 백성과 아비 집을 잊어버릴찌어다 그러하면 왕이 너의 아름다움을 사모하실찌라"고 말씀한다(10,11절). 우리가 옛 사람에게 속한 것들을 떠나고 다 끝내지 않으면 결코 부요하신 그리스도를 유업으로 얻을 수 없다. 아브라함처럼 본토와 친척과 아비 집을 떠나지 않고서는 약속의 땅을 기업으로 얻을 수 없는 것이다. 누구든지 자기의 근본을 떠나서 불확실한 미래를 향하여 나아간다는 것은 쉬운 일이 아니다. 그래서 사람들은 자기의 터전과 보금자리를 선뜻 떠나지 못하는 것이다. 이는 하나님을 따르는 일에 있어서도 매우 실제적인 문제이다.

4-5절, 이에 아브람이 여호와의 말씀을 좇아갔고 롯도 그와 함께 갔으며 아브람이 하란을 떠날 때에 그 나이 칠십오 세였더라 5 아브람이 그 아내 사래와 조카 롯과 하란에서 모은 모든 소유와 얻은 사람들을 이끌고 가나안 땅으로 가려고 떠나서 마침내 가나안 땅에 들어갔더라

1. 여호와의 말씀을 좇아갔고

이것은 아브람이 여호와의 말씀과 여호와를 동일시한 것을 보여준다. 그는 하나님의 말씀을 하나님의 권위와 동일시했다. 참된 신앙은 하나님의 말씀을 붙잡음으로 하나님 자신을 붙드는 것이다(D.L. Moody). "무릇 마음이 가난하고 심령에 통회하며 나의 말을 인하여 떠는 자 그 사람은 내가 권고하려니와"(사 66:2). 하나님은 겸손하여 하나님의 말씀을 인하여 떠는 자를 돌보신다. 루터는 "신앙은 생명력 있고 능력 있는 것이다. 그것은 게으르고 잠자는 하나의 생각이 아니며 물 위에 떠 있는 오리와 같이 마음속에 떠돌아다니는 것도 아니다. 그것은 아주 뜨거운 불로 인하여 완전히 뜨거워진 물과 같다"고 하였다.(Faith is a lively and powerful thing: it is not merely a drowsy and idle thought: nor does it float somewhere upon the water, but it is like water warmed through and by a good warm fire.) 결국 하나님을 좇는 자들은 말씀을 좇는 것이다. 성도들이 하나님을 따르겠다고 하는 자세는 좋으나 말씀을 도외시하고 따르는 것은 믿을 만하지 못하다. 주님을 따르는 길은 반드시 말씀과 함께 가야 한다. 그러므로 우리는 많은 일에서 주님의 말씀을 생각해야 하고 말씀을 읽어야 하며 그 말씀을 적용하며 생활하기를 배워야 한다. 우리는 범사에 주의 말씀을 고려하며 행하기를 원해야 한다. 우리의 생각 속에 있는 많은 상념들을 말씀과 대조해야 한다. 말씀과 맞지 않는 것들은 제하기를 배워야 한다. 진리와 생명에 어긋나는 것들은 다 제하고 진리에 맞는 것만을 남겨야 한다.

가령 어떤 형제 마음속에 다른 사람과 비교하면서 자신의 현재와 미래가 어떻게 될 것인가에 대한 염려가 생겼다 하자. 이런 생각은 일종의 자아 연민과 시기와 헛된 영광을 꿈꾸는 것이므로 생각 속에 남겨두어서는 안 된다. 그런 진리에 맞지 않는 생각을 마음속에 둔 채 여호와의 말씀을 좇아가기는 어렵다. 그러므로 사도는 땅엣 것을 생각하지 말고 위엣 것을 생각하라고 하였고(골 3:2), 무엇에든지 참되고 정결하고 사랑할 만하며 칭찬할 만한 것들을 생각하라고 하였다(빌 4:8). 또한 생각의 영으로 새롭게 되어 의와 진리의 거룩함으로 지으심을 받은 새 사람을 입으라고 하셨다. 우리가 새롭게 되려면 우리의 생각이 의와 진리로 새롭게 되어야 한다(엡 4:23,24). 의와 진리가 아닌 것은 우리의 생각에 있어서는 안 된다. 영의 생각(the spirit of mind, 엡 4:23)은 다름아닌 진리와 부합한 생각인 것이다.

2. 롯도 그와 함께 갔으며

아브라함은 '여호와의 말씀을 좇아'갔지만 롯은 '아브라함과 함께' 갔다. 롯이란 이름은 '가림'이라는 뜻이다. 아브라함은 빛을 보고 하나님을 따라갔다. 영광의 하나님이 그를 부르셨기 때문이다. 그러나 롯은 그에게 하나의 큰 '가림'이 되었다. 13장 후반에서 서로 분리될 때까지 아브라함에게 롯은 큰 가림이 되었다. 마치 절연체와 같은 역할을 한 것이다. 롯은 그저 아브라함을 따라갔다. 사람이란 하나님을 따르는 길에서 큰 장애가 된다. 롯은 삼촌을 따라 나서기는 했지만, 아브라함처럼 영광의 하나님의 부르심을 받지는 못했다. 끝까지 성공적인 길을 가려하는 사람은 자신을 부르신 하나님의 부르심이 분명해야 한다. 바울은 하나님이 자기를 충성되이 여겨 직분을 맡기셨다고 말했다. 또한 그는 고난을 받되 부끄러워하지 아니한 것은 자기의 의뢰한 자를 알기 때문이라고 했다(딤후 1:12). 누구든지 영광의 하나님이 자기를 부르셨던 그 이상이 그를 사로잡아야 끝까지 갈 수 있다. 다만 사람 사이의 사랑이나 동정 혹은 인정으로 묶여진 동역은 오래가지 못하고 결국에는 파탄이 온다.

하나님은 아브람만을 부르셨지 롯과 함께 그를 부르시지 않았다. 오히려 하나님께서는 그에게 친척과 아비 집을 떠나라고 하셨다. 그러나 당시 아브람은 친척의 애정을 완전히 끊어버리지 못했다. 하나님의 부르심을 받고 사역하는 사람은 사랑한다고 해서 하나님이 부르시지 않은 사람과 동역할 수 없다. 그럼에도 아브람은 여기서 혼자 순종하여 길을 가는 것이 너무 힘들어 자신에게 가장 힘이 되고 어려움을 나눌 수 있으리라고 생각한 친척을 데리고 떠났다. 결국 롯이라는 존재는 아브람이 죽을 때까지 어려움을 주었고, 심지어는 모압과 암몬 자손을 생산하여 이스라엘 자손 대대에 이르기까지 큰 문젯거리를 남겨주었다.

3. 나이 칠십오 세였더라

영적 길에서 시간을 방황하는 것은 매우 안타까운 일이다. 지혜로운 그리스도인은 세월, 곧 시간을 아끼고 잘 사용하는 사람이다(마 25장 강해서, 슬기로운 다섯 처녀 참고). 이스라엘 사람들은 애굽을 떠나서 삼개월만에 시내산에 도착했고(출 19:1), 시내산에서 좀 머물다가(10개월), 그들에게 주신 기업의 땅으로 갔다(민 10:11-12). 그 시내 산(호렙)에서 가데스 바네아(약속의 땅 가나안 변경)까지는 열 하루길이었다. 그러나 그들의 불순종과 거역은 그 길을 38년이 되게 하였고 두 사람 외에는 광야에서 다 죽게 만들었다. 2년이면 족히 들어갈 수 있는 길을 38년이나 허비한 후에 들어간 것이다. 오늘 날도 어떤 형제들은 5일이면 해결될 수 있는 문제를 4-5년, 10년이 지나도 해결하지 못하고 방황하는 것을 본다. 이는 심히 안타까운 일이며 사도의 엄히 경고한 바이다(고전 10장 전반 참조).

아브라함은 하나님의 부르심을 받고(행 7:2), 갈대아 우르를 떠나 지시할 땅(가나안)으로 가야했지만 아버지와 조카와 더불어 하란에 머물렀다. 가나안 땅에 들어가지 않고 중도에 머문 것이다. 아브라함의 아버지가 하란에서 죽은 후 하나님은 아브라함을 다시 부르셨다(창 12:1). 창세기 12장 1절의 부르심은 아브라함의 두 번째의 부르심이다. 첫 번째는 갈대아 우르에 있을 때 영광의 하나님이 나타나셔서 부르신 부름으로서 사도행전 7장 2절에 기록되어 있다. 하나님의 뜻은 변하지 않는다. 한번 정하시면 반드시 이루신다(빌 1:6). 첫 번째 하나님이 아브라함을 부르셨을 때 아브라함은 반만 순종했다. 그러므로 주님은 다시 부르셨고 하란에서 나와서 가나안에 들어갔을 때 그의 나이가 75세임을 기록했다. 그 때부터 아브라함의 새로운 인생이 시작됨을 말해주고 있다. 도중에 머문 날들은 잃어버린 날들이요 하나님은 그 날들을 계수하지 않으신다. 창세기 16장의 마지막에 기록된 그의 나이와 17장의 처음에 기록된 아브라함의 나이 사이에도 13년의 공백이 있다. 그 13년에 아브라함이 행한 것이 전혀 기록되지 않았다. 새로운 계시와 약속이나 제단을 쌓은 일이 기록되지 않았다. 이 날들은 아브라함이 그의 육의 힘으로 이스마엘을 낳은 때이며 따라서 아브라함에게는 다시금 잃어버린 날들이 되었다. 이 날들은 오랜 세월 아들이 없던 아브라함에게 이스마엘이라는 꿈 같은 애물(愛物)이 생겨서 하나님을 잃어버린 세월들이다.

여러분은 이 몇 년 사이 새로운 빛과 계시가 있는가? 한 사람이라도 구원받게 하였는가? 이 몇 년 사이 하나님을 더 깊이 알게 되었는가? 하나님의 말씀에 대하여, 약속에 대하여 더 확실한 믿음과 확신을 가졌는가? 자신을 하나님께 새롭게 바친 일이 있었는가? 이런 일이 이 몇 년 세월 간 없었다면 하나님 앞에 모두 잃어버린 날들이다. 우리 그리스도인은 일 주일이나 한 달 단위로 세월을 계산하지 말고 하루를 계산단위로 써야 한다. 이것이 상을 얻는 길이다. 시편 90장에서 모세는 "우리에게 우리 날 계수함을 가르쳐주옵소서"(to number our days)라고 기도했다. 창세기 17장에서 아브라함의 나이 99세는 왜 기록했는가? 그 때에 할례를 받았기 때문이고 육의 일(이스마엘과 관계된)을 끝냈기 때문이다(창 17:1). 우리가 육체 가운데 행한 일들은 우리의 인생에서 다 헛되이 보내는 것이라는 것을 안다면 우리의 일생동안 얼마나 조심하고 주의해야 할지! 매일 매일 주님오시기를 기다린다면 매일 날짜를 계수하는 지혜를 얻어야 한다. 진정 지혜로운 자는 시간을 아끼는 자이다(마 25:1-13, 엡 5:15-16).

6절, 아브람이 그 땅을 통과하여 세겜 땅 모레 상수리 나무에 이르니 그때에 가나안 사람이 그 땅에 거하였더라

아브람이 들어간 가나안 땅은 세 개의 지명으로 특징지워진다. 첫 번째로 세겜이고 두 번째는 벧엘이며 세 번째는 헤브론이다. 세겜은 '어깨'라는 뜻이다. 어깨는 사람에게서 가장 힘이 있는 부분이다. 힘이 센 운동 선수들을 일컬어 '그 사람은 어깨가 좋다'라고 말하기도 한다. 사람의 힘이 나오는 곳이 어깨이기 때문이다. '모레'는 '보다'라는 뜻의 히브리어 어원을 가진 말인데 '가르치는 자', '지식'을 뜻한다.

세겜

가나안 땅의 첫 번째 의미는 능력이다. 오늘날 합당한 교회는 가나안과 같다. 따라서 참된 교회의 특징은 그곳에 생명 능력이 있는 것이다. 하나님께서는 그분이 약속하신 땅에 생명 능력을 부여하신다. 하나님은 약속의 땅에 그분의 능력을 넣어주셨다. 그러므로 참된 교회 생활 안에 참여한 사람들은 첫째로 하나님의 능력을 체험한다.

최근에 어떤 소그룹 모임에서 새로 구원받고 교회 생활을 맛본 성도들의 간증을 들었다. 남편은 원래 말이 없는 사람이다. 그러다보니 자연히 아내와 대화가 없었다. 함께 일주일을 지내도 별로 할 말이 없었다. 그러나 주님을 믿은 뒤 아내와 주 안에서 많은 대화를 나누게 되었다. 주로 들었던 말씀으로 인한 교제를 나누는 것이다. 결혼 생활 십수 년 만에 이러한 일이 그들에게는 처음이라고 한다. 그들은 주님을 믿은 후 자신의 가정에 행복한 변화가 오게 된 것에 대하여 신기함을 맛보았다고 말한다. 이것은 이전의 가정 생활에서 맛보지 못한 것이었다. 자연히 그들의 가정에서는 기쁨과 행복이 흐르게 되었다. 옆에 있던 또 다른 한 가정도 놀라운 변화를 체험한 것에 대해서 간증했다. 그들은 항상 다툼이 끊이지 않는 부부였다. 그러나 주님을 믿은 후 얼굴에 평강과 만족이 흐르고 부부간에 넘치는 화목이 생겨났다.

이것이 바로 생명의 능력으로 인한 변화이다. 주님은 사마리아 여인에게 "내가 주는 물을 먹는 자는 영원히 목마르지 아니하리니 나의 주는 물은 그 속에서 영생하도록 솟아나는 샘물이 되리라"고 한다. 주님의 생명은 사람을 만족케하는 능력이 있다. 그 가정들은 왜 변화되었는가? 부부가 생수를 마셨기 때문이다. 누구든지 주님의 생명을 참되게 얻은 자들은 영원히 목마르지 않고 진정한 만족을 얻게 된다. 속이 만족한 사람과 생명을 얻은 사람이 가장 능력이 있는 사람이다.

언제인가 몇몇의 자매들이 불만과 불평으로 가득차서 나를 찾아왔다. 나는 무엇으로 그들의 불만을 해소해 줄 수 있었는가? 내 속에 있는 참된 만족함이다. 어떤 사람은 그런 때 많은 설득하는 말들로 그들의 불만족을 해소해주려고 애쓸 것이다. 그러나 그런 많은 설득과 설명으로는 문제를 해결하기 어렵다. 그러나 하나님께 감사할지니 그때 내 마음 속에는 이미 깊은 평화가 자리하고 있었다. 따라서 그러한 자들에게 평화의 강물을 마시게 할 수 있었다. 그들은 몇 마디 교제한 후에 나와 함께 만족하게 되었다. 그것은 말이 아닌 생명의 능력에 의한 일이다. 우리는 다만 잘 듣고 몇 마디하고 주님 안에서 크게 웃었을 따름이다. 그렇게 원망과 불평의 문제는 지나갔다. 참된 생명 능력이 있을 때 거기에는 계시가 있으며 지식이 있다. 계시와 지식은 생명이 있는 자들의 특징이다. 그들의 말은 머리에서 나온 지식이 아니다. 이는 그리스도를 직접 체험한 후에 얻은 체험적으로 그리스도를 아는 생명의 지식이다. 이러한 지식만이 사람들을 온전케 하고 유익을 줄 수 있다. 따라서 이러한 사람들 가운데 가르치는 자들이 많이 나온다. 모레(지식)는 세겜(능력)에서 오는 것이다. 생명 능력이 없는 객관적인 지식은 약속의 땅의 특징이 아니다. 객관적인 지식의 전달은 하나님의 역사에 전혀 무익하다.

7절, 여호와께서 아브람에게 나타나 가라사대 내가 이 땅을 네 자손에게 주리라 하신지라 그가 자기에게 나타나신 여호와를 위하여 그곳에 단을 쌓고

하나님은 아브람에게 다시 한 번 나타나 그분의 부르심의 목적을 알려주셨다. 사람이 구원받은 것은 잊지 않지만 사역을 위함 부르심, 소위 '위임'은 쉽게 잊어버린다. 그러나 하나님은 어느 시점에서 다시 한 번 그분의 부르심의 목적을 알도록 도와주신다. 아브람은 갈대아 우르를 떠난 후로 많은 일들을 거쳤다. 하란에서는 아버지와 함께 머물면서 많은 일을 했다. 그는 하란에서 오래 살 것처럼 생활했다. 그는 결코 하란에서 '이곳은 중간에 거치는 지점이니 적당히 머물다가 떠나야 한다.'고 생각지 않았다. 그렇게 생각했다면 그는 하란에서 많은 소유와 사람들을 얻으려 하지 않았을 것이다(12:5). 그러는 동안 아버지의 죽음을 맞았다. 일은 많고 바쁘다보니 하나님의 크신 부르심은 멀게만 느껴지고 눈앞에 있는 삶의 필요들이 중대한 관심사가 되었을 것이다. 그러다가 다시금 하나님의 부르심을 받고 롯을 데리고 가나안으로 들어갔다. 그때 하나님은 가나안에서 다시 한 번 아브람에게 '이 땅을 네게 기업으로 주리라'는 약속을 확인해 주셨다.

우리는 얼마나 쉽게 우리의 원래 부르심의 목표를 잊어버리는지 모른다.

주님이 아브람을 부르신 목적은 그 땅을 주시려는 것이었다. 그러나 하란에 머물 때 그는 그 땅을 소홀히 여겼다. 목전에 많은 일들이 있었기 때문이다. 그러나 하나님께 감사드리는 것은 하나님께서 다시 한 번 아브람이 그의 소명을 알도록 도와주셨다는 것이다. 만일 우리가 부르심의 소명을 망각한다면 우리는 방황하게 된다. 그러므로 우리는 또한 우리를 부르신 하나님의 목적을 새롭게 할 필요가 있다. 부르심을 받은 사역자들은 하나님의 소명이 새롭게 될 때 속 깊은 곳에서부터 경배하게 된다. 이 지점에서 아브람은 단을 쌓고 하나님께 경배를 드렸다.

8-10절, 거기서 벧엘 동편 산으로 옮겨 장막을 치니 서는 벧엘이요 동은 아이라 그가 그곳에서 여호와를 위하여 단을 쌓고 여호와의 이름을 부르더니 9 점점 남방으로 옮겨갔더라 10 그 땅에 기근이 있으므로 아브람이 애굽에 우거하려 하여 그리로 내려갔으니 이는 그 땅에 기근이 심하였음이라

벧엘

하나님은 아브라함을 세겜으로 인도하셨을 뿐 아니라 벧엘로 인도하셨다(8절). '벧엘'이란 원문에서 '하나님의 집'이라는 뜻이다. 하나님은 그분의 자녀들이 세겜처럼 능력은 강하지만 흩어져 있는 각각의 상태를 원하시는 것이 아니다. 그분은 건축된 하나의 처소를 원하신다. 우리가 거듭날 때 주님은 우리를 산돌들이 되게 하신다(마 16:16-18). 이 산돌들은 단순한 무더기로 쌓여 있는 것이 목적이 아니라 하나님의 집을 건축하기 위해 재료로 모여야 한다. 우리는 모든 개인주의에서 구출받아야 한다. 이는 개인적으로 부르심을 받았다는 말과 모순되는 것 같지만 그렇지 않다. 주님을 중심 삼고 으뜸으로 삼은 지체들은 머리를 붙들게 되고 그럴 때 모든 지체가 연결되는 것이다.

하나님의 목적과 경륜의 완성은 반드시 교회를 통해서 이루어진다. 하나님은 그분 자신을 능력 있고 계시가 있는 어떤 개인에게 맡기시지 않고 교회에 맡기신다. 하나님은 우리 각자가 개인적으로 좋은 그리스도인이 되라고 부르신 것이 아니라 모든 하나님의 자녀와 함께 그분의 집이 되고 그리스도의 몸이 되도록 부르셨다. 오늘날 얼마나 많은 성도들이 몸의 인식을 갖고 신앙생활을 하는가? 우리가 만일 하나님의 목적과 뜻이 하나님의 집이요 그리스도의 몸이라는 것을 안다면 서로 순종하기를 배우고 개인주의와 단독적인 행동을 두려워하며 성도들과 함께 길을 가기를 배울 것이다.

아이

그러나 몸의 길을 가는 것은 그리스도의 생명을 알아야 가능하다. 원칙만 알아서는 몸의 생활은 가능하지 않다. 아브람은 벧엘 동편 산에 장막을 쳤는데 서는 벧엘이요 동은 아이였다. 그가 바로 벧엘에 머물지 않고 벧엘 동편쪽 산에 장막을 쳤다는 것과 또 그 너머로 동편에 아이를 두었다는 것에는 상당한 뜻이 있다. 언뜻 생각할 때 아브람은 벧엘 땅에다 장막을 쳐야 한다. 그러나 그는 동편 산에다가 장막을 쳤던 것이다. 이것이 의미하는 바는 무엇인가? 19세기에 영국의 형제회들과 또 이후 중국에서 일어난 지방교회 운동에서는 자신들이 바로 성경에서 말하는 '그 교회'(The Church)라고 생각하여 자신들의 모임을 '참 교회'로 선포했다. 그러한 선포는 자신들만이 바로 그 교회이며 다른 사람들은 아니라는 생각으로 이어진다. 그럴 때 그들은 막바로 벧엘에다가 장막을 친 것이다. 그들이 아이('무더기'라는 뜻)의 건너편에다 장막을 친 것은 맞았지만 벧엘에다가 직접 친 것은 실수였다고 보여진다.

나는 성경에 있는 교회의 모형은 하나의 실물과 같고 현재 우리가 실행하는 교회 생활은 그 실물을 투영해내는 영상이어야 한다고 믿는다. 그렇다고 해서 현실적인 교회 생활이 허상이라는 뜻이 아니다. 온전히 투영해낼 때 실물과 같은 본질과 모습을 지닐 수 있는 것이다. 성경의 모든 것은 우리의 본으로 주어졌기 때문이다. 이것은 사도들에 대하여도 동일하게 적용될 수 있다. 사도 시대 이후에 베드로나 바울과 같은 사도들이 나오지 말라는 법은 없지만 어디까지나 후의 사람들은 그들을 본받아야 한다. 아무리 뛰어나도 사도들 이후에는 그들과 동일하게 성경을 기록할 수 있는 그 사도들(the Apostles)이 될 수 없는 것과 같다.

오늘날 자신들이 '그 교회'라고 하든가 '그 사도들'이라고 하는 것은 대단히 위험한 말들이다. 그들은 마땅히 벧엘의 동편 쪽에, 즉 벧엘과는 가깝지만, 벧엘 그 자체가 아니라 벧엘의 동편 산쪽에 장막을 쳐야 했다. 그것은 바로 벧엘(하나님의 집의 이상)이 잘 보이는 곳에 장막이 위치해야 한다는 뜻이다. 교회의 길을 가고자 하는 사람들은 마땅히 아이(무더기 같은 혼란된 상황)를 한쪽에 제쳐두고 벧엘 가까이, 벧엘을 향하여 장막을 쳐야 한다. 무더기인 아이에서는 나와야 할 뿐 아니라 거기에 소망도 두어서는 안 된다. 어떤 사람이 아직 그 마음속에서 아이를 해결하지 않았다면 하나의 산돌로서 그리스도의 몸과 하나님의 집을 건축할 수 있는 가능성이 없다. 그러나 오늘 우리는 참된 그리스도인으로서 벧엘을 향해 장막을 쳐야 한다. 이는 또한 벧엘과 가까운 산에 있는 것이지 벧엘 그 자체는 아님을 기억해야 한다. 그러나 아이는 해가 떠올랐던 적이 있지만 지금은 해가 거기에 없는 곳이다. 중천에 떠오른 해는 이미 벧엘을 향하고 있다. 그러므로 아이는 여전히 반대쪽에 두고 기대를 갖지 말아야 한다. 이는 참된 하나님의 장막인 교회는 해가 질 때까지 끊임없는 전진의 경주를 해야 함을 암시한다. 우리는 아직도 그 과정에 있으며 참되고 완성된 집은 그리스도의 재림과 함께 이루어질 것이다(엡 5:27, 계 19:7-8). 어떤 무리든지 "우리가 바로 그 교회이다"라고 선포하며 담대히 벧엘 자체에다가 장막을 친다면, 그들은 조만간 배타적인 종파의 영을 나타내는 것을 면치 못할 것이다.

아이는 육체로, 벧엘은 성령으로 볼 수 있다(갈 5:16-25). 벧엘의 반대편에 있는 아이는 육체를 예표한다. 아이가 예표하는 바 '무더기'란 결국 육체의 산물이다. 육체 안에는 당 짓는 것이나 종파가 다 들어있기 때문이다. 갈라디아서 5장 20절의 이단이라는 말은 원문의 뜻이 종파(sect)와 더 가깝다. 원문에서 '이단'이라는 말의 문자적인 뜻은 '채택'이라는 뜻이다. 건전한 교리나 실행일지라도 한두 가지를 특별히 채택하여 사람들을 그 깃발 아래로 모이게 하면 종파적이 된다. 그렇게 될 때 하나의 영을 잃어버린다.

한 성령의 결과가 한 몸인데(엡 4:4), 종파의 영은 특수한 어떤 것으로 그 하나를 나눠버린다. 보편적인 하나의 영을 상실하고 하나님의 백성들을 나누는 것이 종파의 영이며 성경에서는 이를 육체라고 말하고 있다. 당 짓는 것이나 분리하는 것은 모두 육체의 일이다. 육체 안에서는 한 몸을 건축할 길이 없다. 오직 성령의 결과가 몸이요 교회이다(고전 12:13).

참된 한 몸의 건축은 육체를 심판한 연후에 이루어진다. 형제자매들이 하나의 영을 갖지 못하고 잘 섞이지 못하는 것은 육체를 심판하지 않은 채 육체의 생명을 보존하기 때문이다. 성도들과 잘 지내지 못하는 것이나 그리스도인들이 하나 되지 못하는 것은 서로의 육체로 인한 것이다. 우리의 육체와 옛 사람이 심판될 때 자연히 성도들은 하나 안으로 이끌려질 것이다. 성도들 가운데 분란과 분쟁과 시기가 있다면 거기에는 육체가 있는 것이요 어린아이의 표시가 있는 것이다(고전 3:1-4). 성도들이 십자가를 많이 거쳐서 자신을 완전히 신뢰할 수 없는 지경에 이르렀을 때 자연히 다른 성도들과 하나를 이룰 수 있다. 육체가 처리되지 않는다면 단체적인 몸의 생활은 불가능하다. 이는 몸의 생활의 원칙을 주장하고 가르친다고 되는 것이 아니며 실제로 몸의 생명을 얻어야 가능한 일이다. 개인주의적이고 옛 사람에 속한 육체를 철저히 처리하는 만큼 우리는 그리스도의 몸 안에 있는 자신을 발견하게 될 것이다.

영역의 문제

아브람이 하나님으로부터 받은 소명은 주님이 주신 그 땅을 유업으로 얻어 그곳에서 하나님을 위한 한 족속을 이루는 것이다. 이것은 지리적인 것과 관계있는 부르심이다. 갈대아 우르를 떠나는 것과 본토, 친척, 아비 집을 떠나는 것은 모두 지리적인 영역을 바꾸는 문제이다. 구체적인 부르심에 순종하는 것이 실제로 순종하는 것이다. 그 때 지리적으로도 영역이 바뀌게 된다. 하나님께서는 그에게 갈대아 우르를 떠나 가나안으로 들어가라고 명하셨다.

오늘날 많은 사람들은 다만 마음으로 순종하고 마음으로 분별한다고 주장하면서 앉아 있는 자리를 떠나지 않는다. 이것은 실제적인 순종이 아니다. 실제적인 순종이란 가장 어려운 순간에 하나님의 기뻐하심을 선택하여 지리적인 영역일지라도 바꾸는 것이다. 이러한 실제적인 순종이 없이는 벧엘인 하나님의 집의 건축은 불가능하다. 교회는 어떤 대가라도 지불하며 순종하는 자들에게서 발견될 수 있다. 교회는 부르심을 받아 나온 자들이다. 그 음성을 듣고 나온 자들이 아니면 교회가 될 수 없다. 이스라엘 백성이 애굽에서 부르심을 받고 광야에 나왔을 때 그들은 광야 교회가 될 수 있었다(행 7:38). 그들이 애굽에서 하나님의 부르심을 받았고 그 음성을 들었지만 만약 그 자리에 그대로 있었다고 가정해보라! 그 때에는 교회가 산출되지 않는다. 부르심을 받고 나온 자들에게 교회가 존재하는 것이다.

피동적으로 그저 현실에 순응하는 것을 십자가를 지는 것으로 생각하는 사람들이 있다. 그러나 진정한 믿음은 그런 것이 아니다. 마음으로만 내려놓고 비우는 것도 참된 믿음과 순종이 아니다. 적극적으로 하나님의 뜻을 위하여 일어나 싸우고 수고하는 속에 참 믿음과 순종이 있는 것이다. 사도 바울은 이런 사람이다. 그는 내가 예루살렘도 가야 하고 로마도 보아야 하고 서바나에도 가보아겠다고 했다. 그는 뜻없이 그저 현실에 순응하는 것을 십자가라고 생각한 삶을 살지 않았다. 많은 성도들이 피동적으로 현실에 순응하는 것을 십자가를 지는 것으로 오해하고 속임을 당한다. 1891년에 미국의 정치가였던 '존 헤이'가 작사한 좋은 찬송시가 있다. 그는 한 월간지에 "당신의 뜻이 이루어지이다"라는 제목으로 찬송시를 발표했다. 그는 링컨 대통령의 비서, 남북전쟁 참전, 루즈벨트 대통령 시절의 장관 등을 지내면서 미국의 격동기를 체험했다. 그는 진정한 제자의 길이란 그저 내적인 평화에 안주하는 삶이 아니라 주님의 뜻을 외치고 실현하는 삶임을 깨닫고 이 땅에 참된 하나님의 뜻이 구체적으로 실현되기를 기원하며 제자된 우리 그리스도인들이 그 실현을 위해 헌신할 것을 촉구하기 위해 이 시를 썼다(통일 515장).

"뜻 없이 무릎꿇는 그 복종 아니요
운명에 맡겨사는 그 생활 아니라

우리의 믿음 치솟아 독수리 날 듯이
주 뜻 이루어지이다 외치며 사나니"

아브람은 가나안에 도착한 후에 하나님의 음성을 다시 한 번 듣고 확인했음에도 불구하고 그 땅을 소홀히 하기 시작했다. 여기에 일종의 안주함이 들어온 것이다. 성도들이 참되게 교회 생활을 할 수 있도록 부르심 받아 인도된 후 그 위치를 소중히 여겨야 할 필요가 여기에 있다. 여기서 우리는 사람이 얼마나 쉽게 하나님의 위임을 잊어버리는가를 알 수 있다. 아브람은 가나안에 들어온 지 얼마 안 되어 남방으로 조금씩 조금씩 옮겨가고 있었으며, 그 땅에 기근이 들자 결국은 애굽으로 내려가 버렸다. 그러나 하나님을 찬양하자! 그래도 여전히 포기하지 않고 역사하시는 하나님이 계신다. 그러기에 우리는 기대와 소망을 가질 수 있는 것이다.

애굽에서 있었던 일

11-16절, 그가 애굽에 가까이 이를 때에 그 아내 사래더러 말하되 나 알기에 그대는 아리따운 여인이라 12 애굽 사람이 그대를 볼 때에 이르기를 이는 그의 아내라 하고 나는 죽이고 그대는 살리리니 13 원컨대 그대는 나의 누이라 하라 그리하면 내가 그대로 인하여 안전하고 내 목숨이 그대로 인하여 보존하겠노라 하니라 14 아브람이 애굽에 이르렀을 때에 애굽 사람들이 그 여인의 심히 아리따움을 보았고 15 바로의 대신들도 그를 보고 바로 앞에 칭찬하므로 그 여인을 바로의 궁으로 취하여 들인지라 16 이에 바로가 그를 인하여 아브람을 후대하므로 아브람이 양과 소와 노비와 암수 나귀와 약대를 얻었더라

가나안의 기근은 아브람을 애굽으로 내려가게 했다. 그는 하나님이 주신 땅의 귀함을 그렇게 깊이 알지 못하였다. 배가 고프니까 별 생각 없이 애굽으로 내려갔던 것이다. 아직까지 그에게는 하나님께서 약속하신 땅보다 배고픔의 문제가 더 시급하고 중요했으며 그 땅은 부차적인 것으로 여겨졌을 것이다.

그러나 영적 세계에서 '위치'는 매우 중요한 의미를 갖는다. 만일 아브람이 굶어 죽더라도 가나안에 머물렀다면 거짓말을 할 필요도 없고 이방 왕에게 책망을 들을 일도 없었을 것이다. 그러나 그가 임의로 취한 그 위치 때문에 그는 매우 궁색한 거짓말을 할 수밖에 없는 상황에 처하게 되었다. 이 사건 후에 아브람이 배운 공과는 무엇이겠는가? 그것은 그 땅을 소중히 여기며 하나님이 지시하신 땅에 머무는 것이 매우 큰 문제라는 것이다. 아브라함은 어떻게 그 위치를 얻었는가? 그의 순종을 통해서였다. 오늘날도 순종한 자들에게 참된 교회와 성도의 위치가 주어진다. 그렇게 하나님의 긍휼로 얻은 위치를 우리는 매우 귀하게 여겨야 한다.

하나님께서 그 땅을 아브람에게 주기 원하셨을지라도 하나님은 아브람 자신도 그 땅을 귀하게 여기고 얻고자 하며 그 땅의 중요성을 깨닫기 원하셨다. 그러므로 하나님은 첫 번째 시험에서 아브람이 그 땅을 진정으로 원하는가를 보고자 하신 것이다. 아브람이 그 땅을 떠날 때 그는 위험을 느꼈고 수치스러운 일을 당하였다. 하나님이 정하신 위치를 벗어나자 즉시 안전의 느낌이 사라지고 보호를 잃어버린 것이다. 그러한 상황에서 아브람은 스스로를 보호할 길을 모색했다. 미리 아내에게 당부하여 거짓말을 하기로 했다. 아브람은 자신이 살기 위해서 가능한 모든 지략을 다 동원한 것이다. 사래는 아무 말 없이 복종한 것 같다. 성경에는 사라에 대하여 아무런 언급이 없기 때문이다. 아브람은 자신이라도 살려고 아내에게 거짓말을 하도록 당부했다. 사실 그녀를 그의 누이라고 한 것은 전혀 거짓말은 아니었다. 촌수를 따지면 그런 관계도 있기 때문이다. 그러나 그같은 말은 사래가 그의 아내인 것을 사람들에게 숨기려는 것이기 때문에 거짓말이다. 그것이 사실이든지 아니든지 사람들을 속이려는 의도 그 자체가 잘못된 것이다. 그리스도인은 이런 일을 해서는 안 된다.

성경은 이처럼 가장 은혜 받은 성도들이라 하더라도 그들의 잘못된 실행을 공평하게 기록해놓았다. 이는 그런 잘못을 모방하기 위함이 아니라 경고를 받게 하기 위함이다. 아브라함은 가나안에 들어오자마자 큰 시험을 만났다. 하나님은 초신자라 하더라도 큰 시험으로 배우게 하신다. 믿음은 반드시 불로 시험되어진 후에야 연단되어서 주님이 오실 때 칭찬과 영광과 존귀를 얻게 된다(벧전 1:6-7). 여기에서 우리는 하나님의 길에서 의무를 다하고 있는 신자라 하더라도 얼마든지 역경과 시험과 실망에 봉착할 수 있음을 배우게 된다.

성도가 가장 먼저 배워야 할 것은 하나님이 주신 믿음의 위치에 굳게 서는 것이다. 가나안은 하나님이 아브라함에게 머무르라고 명하신 땅이었다. 그러나 그 땅에 기근이 임하고 배가 고프게 되자 그 머물러 있던 위치를 이탈하게 되었다. 우리가 주님을 믿었다면 주님은 반드시 어떤 지점으로 우리를 인도하신다. 우리가 간증하게 되는 교회의 위치는 이렇게 해서 생겨나는 것이다. 어떤 사람들은 이렇게 믿음과 순종과 진리를 얻음으로 생겨난 성도들과 교회와 사역자들과의 관계성을 끊어버리고 다른 위치를 취하기 위해 떠나간다. 그들의 입으로는 결코 그것이 주님을 떠나는 것이 아니라고 변명하지만 문제는 무엇이 그를 움직이게 했는가이다. 아브람이 가나안에 들어간 것은 하나님의 말씀을 들었기 때문이지만 애굽으로 내려간 것은 기근으로 인한 것이다. 결코 하나님의 음성에 순종하여 애굽으로 들어간 것이 아니다. 하나님은 사람의 외모를 보시지 않고 중심을 보신다.

17-20절, 여호와께서 아브람의 아내 사래의 연고로 바로와 그 집에 큰 재앙을 내리신지라 18 바로가 아브람을 불러서 이르되 네가 어찌하여 나를 이렇게 대접하였느냐 네가 어찌하여 그를 네 아내라고 내게 고하지 아니하였느냐 19 네가 어찌 그를 누이라 하여 나로 그를 취하여 아내를 삼게 하였느냐 네 아내가 여기 있으니 이제 데려가라 하고 20 바로가 사람들에게 그의 일을 명하매 그들이 그 아내와 그 모든 소유를 보내었더라

아브라함은 바로나 그 신하들이 어떤 감각도 없으며 무지하여 함부로 행할 것이라고 생각했다. 그래서 살기위해 거짓말을 고안해낸 것이다. 그러나 모든 일이 다 지나간 후 돌이켜 볼 때 그들은 아브라함이 생각한 것만큼 악하지 않았다. 이런 경우가 많이 있다. 다른 사람들의 선한 마음은 우리의 생각 속에 가려지고 그 대신 그들의 잔인하고 악한 것만을 계산하게 되는 것이다. 그러나 일이 다 드러난 후 그들은 그렇게 악하지 않고 선한 부분들이 존재하고 있다는 것도 알게 된다. 우리는 이런 면에서 때로 많은 오해와 실수를 한다. 특히 대립되어 있는 사람들에 대해서 지나치고 치우친 편견과 감각으로 상대방을 오해하는 경우가 많은데, 이는 다 믿음과 생명이 부족함에서 오는 소치이다.

아브라함은 자기를 보호하기 위해서 거짓말을 할 필요가 없다는 것을 배웠다. 보호하는 분은 하나님이시다. 아브라함은 그저 하나님의 인도를 따르기만 하면 될 뿐 스스로 길을 모색하며 대책을 세울 필요가 없었다. 이로써 그는 하나님의 긍휼과 보호하심을 배웠다. 하나님은 그분의 택하신 자들을 어떤 상황에서도 보호하신다. 하나님은 아브라함의 아내 사래의 연고로 바로와 그 집에 재앙을 내리셨다. 이 상황에서 하나님이 가장 염려하신 것은 사래였다. 그녀는 아브라함의 말을 들었으며 어떤 상황에서도 다투거나 불순종하지 않았다. 이 구절에서 "하나님이 아브람의 아내 사래의 연고로"라고 하신 것은 의미가 있다. 하나님은 그렇게 말없이 순종하는 사래를 지키셔야만 하셨다. 이때 하나님이 개입하시지 않았다면 상황은 매우 어려워졌을 것이다. 우리는 비록 조금 잘못해서 치우쳐 있을 때라도 우리의 어려움과 상황을 해결하기 위해 개입하시는 하나님을 신뢰할 수 있다.

바로는 아브라함을 불러서 점잖게 꾸짖었다. 하나님의 부르심을 받은 종이 하나님을 잘 모르는 애굽인에게 책망을 받은 것이다. 그리스도인이 이방인에게까지 수치를 당하지 않으려면 어떤 상황에서도 정직함이 가장 중요하다는 것을 깨달아야 한다. 그의 석방은 친절하고 관대하였다. "네 아내가 여기 있으니 데려가라"는 것이었다. 창세기 12장에서 아브라함이 기근의 시기에 애굽으로 간 것과 430년 후에 그 자손들이 기근을 당하여 역시 애굽으로 갔고 후에 그들을 해방하기 위해 모세를 통하여 하나님이 바로에게 재앙을 내린 것은 이곳과 매우 유사한 면이 있다. 그때도 이스라엘은 애굽에서 나오면서 많은 노획물을 가지고 나왔다. 영적인 체험에 있어서 많은 일이 반복적으로 일어난다는 것을 아는 것은 매우 중요하다. 그러므로 성경과 교회사를 아는 것은 후대의 성도들의 발걸음에 매우 도움이 된다.

13 장

1-4절, 아브람이 애굽에서 나올새 그와 그 아내와 모든 소유며 롯도 함께하여 남방으로 올라가니 2 아브람에게 육축과 은금이 풍부하였더라 3 그가 남방에서부터 발행하여 벧엘에 이르며 벧엘과 아이 사이 전에 장막 쳤던 곳에 이르니 4 그가 처음으로 단을 쌓은 곳이라 그가 거기서 여호와의 이름을 불렀더라

하나님은 회복의 하나님이시다. 내려갔다가도 하나님의 회복하심으로 다시 원래 위치로 돌아온 사람은 복되다! 아브람은 비록 잠시 애굽에 내려가서 실패를 맛보았지만 원래 있던 곳으로 다시 돌아왔다. 이것이 회복이다. 이 회복의 귀한 점이 있는데, 그것은 한 번 하락을 통해 쓴맛을 보았지만 그것을 통해 얻은 것이 있다는 것이다. 아브람이 애굽에 내려갔다가 많은 수치를 당한 뒤 벧엘로 돌아왔을 때 그 땅에 대한 느낌이 달라졌을 것이다. 즉 하나님이 주신 땅이 너무 귀하다는 사실을 깨달은 것이다. 그 위치에 머무는 것이 어떠한 보장이며 그곳이 얼마나 든든한 반석과 같은지를 안 것이다.

귀한 것은 하나님께서 택하신 자들에게는 시험과 실패가 있지만 거기서 얻어 가지고 나오는 것이 있다는 점이다. 역대의 교회 회복의 역사는 이것을 말해준다. 한 번의 부흥이 있고 하락이 있을 때마다 하나님의 신실한 백성들은 그 하락의 상태를 겪으면서 뭔가를 얻어 가지고 나와서 다시 한 번 부흥을 일으켰는데, 이때의 부흥은 전 시대 것보다 진일보한 것이었다. 아브람이 비록 기근으로 인하여 애굽에 내려가 수치를 당하고 실패를 겪었지만, 그는 거기서 귀한 공과를 배워 가지고 나왔다. 그것은 지난 번에 벧엘에 있을 때에는 그의 존재 속에 없던 요소인데, 그것은 그 땅의 귀함과 가치를 더욱 알게 되었다는 것이다. 이와 같이 그리스도인은 실패를 통해 공과를 배우게 된다. 사탄은 교회를 타락시키는 것에 앞장서왔다. 그리고 성도들은 교회의 하락을 보면서 탄식한다. 그러나 하나님을 찬양할지니, 결국 사탄은 할 수 없다. 하나님은 타락을 경험한 가운데 그분의 신실한 자들을 더욱 얻으시며 일으키신다. 그때는 전보다 더 나은 단계로 일어난다. 이렇게 한 단계 한 단계 회복된 교회는 언젠가 에베소서 4장과 5장의 온전한 단계까지 나아갈 것이다.

탕자가 아버지의 집으로 돌아와 회복되었을 때 아버지의 기쁨은 더욱 컸다. 잃었다가 다시 얻었기 때문이다. 탕자의 기쁨도 더욱 크고, 아버지의 집에 대한 귀하고 감사한 느낌도 더욱 풍성해졌다. 주님은 언제나 "내가 잃어버렸다가 다시 찾았노라"라고 하시는 분이다. 베드로는 그리스도를 부인했지만 후에 이스라엘 사람들 앞에 서서 "너희는 거룩하고 공의로우신 분을 부인했다"고 말할 수 있을 정도로 회복되었다(맥킨토시). 그는 그리스도의 연고로 이스라엘 백성들에게 항상 비난받고 쫓겨 다녔다. 그러다 그는 약해져서 작은 하녀 앞에서도 그리스도를 부인했다. 그리고 최대의 어두움을 맛보았다. 그는 끌려가시면서 돌아보시는 주님의 눈빛을 보고 말할 수 없는 아픔을 느꼈다. 그런 다음 새벽녘 닭 우는 소리를 듣고 통한의 눈물을 흘렸다. 이런 쓰디쓴 실패는 베드로를 그릇으로 예비하는 과정이 되었다. 하나님은 오순절 날 그러한 베드로를 회복시키셔서 완악한 이스라엘을 회개케 하는 그릇으로 사용하셨던 것이다. 이와 같이 회복이란 사람의 결심이나 운동이나 노력의 결과가 아니라 성령의 역사의 결과이다.

5-6절, 아브람의 일행 롯도 양과 소와 장막이 있으므로 6 그 땅이 그들의 동거함을 용납지 못하였으니 곧 그들의 소유가 많아서 동거할 수 없었음이라

아브람은 애굽에서의 실패 이후 그 땅의 중요성을 알게 되었다. 그리고 그 땅을 얻는 특권을 놓쳐서는 안 된다고 여겨 굳게 지키고자 했을 것이다. 그러나 상황은 그렇지 못했다. 이제 롯의 문제가 수면에 떠오른 것이다. 롯은 실상 그 땅의 귀함과 가치를 보고 그곳에 머물고자 한 사람이 아니다. 그는 부르심의 소망이 분명치 않았으며 다만 아브람에게 역사하시는 하나님과 아브람이 따르는 하나님을 보았을 뿐이다. 이러므로 롯에게 더 중요하게 여겨지는 것은 점점 불어나는 양떼와 소떼였을 것이다.

아브람에게도 양떼와 소떼가 없었던 것이 아니다. 그러나 아브람에게는 소떼와 양떼보다 그 땅이 더 중요했다. 문제는 롯도 여전히 그 땅을 필요로 했다는 점이다. 그들은 둘 다 그 땅을 필요로 했지만 중심이 서로 달랐다. 한 사람은 하늘에 속한 부르심과 소망을 인하여 그 땅을 원하였고 다른 한 사람은 땅에 속한 소망을 인하여 그 땅을 원하였다. 쉽게 말해서 롯은 양떼와 소떼를 먹이고 늘려나가기 위해서 그 땅이 필요했고 아브람은 하나님을 순종하여 영적인 축복을 얻고자 하여 그 땅을 원한 것이다.

사실 롯이 부유하게 된 것은 아브라함 때문이다. 그러나 육축이 많아지자 삼촌은 보이지 않고 자기의 소떼와 양떼가 보인 것이다. 그리고 그러한 부유함이 자신으로 말미암은 것으로 착각을 하게 되었고 이제는 아브라함이 별로 필요없게 느껴졌던 것이다. 롯은 자신의 부로 인해서 스스로 살 수 있다고 생각하게 되었다.

7-13절, 그러므로 아브람의 가축의 목자와 롯의 가축의 목자가 서
로 다투고 또 가나안 사람과 브리스 사람도 그 땅에 거하였는지라
8 아브람이 롯에게 이르되 우리는 한 골육이라 나나 너나 내 목자
나 네 목자나 서로 다투게 말자 9 네 앞에 온 땅이 있지 아니하냐
나를 떠나라 네가 좌하면 나는 우하고 네가 우하면 나는 좌하리라
10 이에 롯이 눈을 들어 요단 들을 바라본즉 소알까지 온 땅에 물
이 넉넉하니 여호와께서 소돔과 고모라를 멸하시기 전이었는 고로
여호와의 동산 같고 애굽 땅과 같았더라 11 그러므로 롯이 요단
온 들을 택하고 동으로 옮기니 그들이 서로 떠난지라 12 아브람은
가나안 땅에 거하였고 롯은 평지 성읍들에 머무르며 그 장막을 옮
겨 소돔까지 이르렀더라 13 소돔 사람은 악하여 여호와 앞에 큰 죄
인이었더라

아브람은 자신의 힘으로 그 땅을 붙들지 않았다. 그는 그 일을 하나님의 손에 맡겼다. 하늘에 속한 소망과 하늘에 쌓은 상급은 결코 도적질당하지 않는다! 거기는 좀이나 동록이 해하는 것이 없고 도적질당하는 것이 없다(마 6:19). 아브람은 하늘에 속한 부르심의 소망과 기업을 빼앗기지 않기 위하여 육신적인 것을 위하여 투쟁하는 조카와 싸울 필요가 없었다. 아브람은 이 일을 하나님의 주권에 맡겼다. 이 부분의 말씀을 좀 더 자세히 살펴보자.

아브람과 롯의 양떼와 소떼가 늘어나자 그 목자들 간에 다툼이 생겨났는데, 심지어 그들은 당시 그 땅에 살던 가나안 사람과 브리스 사람 앞에서 다툰 것이다. 오늘날로 말하자면 그리스도인들이 불신자들 앞에서 다툰 것이다. 이것은 아브람을 심히 당혹스럽게 했을 것이다. 그래서 아브람은 롯에게 이러한 제안을 했다. "우리는 한 골육이니 나나 너나 내 목자나 네 목자나 서로 다투게 말자". 여기서 아브람은 그의 종들의 싸움이 결국 주인인 그들의 싸움이라고 지적했다. 그러면서 그들이 서로 다툴 처지가 아니라고 말했다. 물론이다. 그들은 한 골육으로 갈대아 우르에서 나왔다. 지금까지 온갖 고생을 함께 하면서 서로 의지하고 위로하며 살아왔다. 그러나 양떼가 많아지자 롯의 마음이 서서히 변하였다.

그는 처음에는 삼촌을 의지하고 배우면서 단순하게 삼촌을 따라왔지만 세월이 지나면서 자기에게도 재산이 생기고 늘어나자 자기 자신의 소유와 재산을 주의하기 시작했다. 그리고 자신의 장래를 관심하면서 삼촌의 것과 자신의 것을 구분하기 시작했다. 이왕이면 자기 소유가 삼촌의 소유보다 많아지며 자신의 양떼가 더 좋은 장소에서 풀을 뜯어먹고 번성하기를 바랐다. 그러다 보니 자연히 삼촌의 양떼나 소떼를 경쟁 상대로 여기게 된 것이다. 그때 하늘의 부르심을 입은 사람인 아브람은 하늘의 음성이 없는 롯에게 제안했다. "네 앞에 온 땅이 있지 아니하냐 나를 떠나라 네가 좌하면 나는 우하고 네가 우하면 나는 좌하리라". 사실 아브라함은 진작에 이렇게 말했어야 했다. 왜냐하면 하나님께서는 애초에 그에게 친척을 떠나라고 하셨기 때문이다. 하나님은 롯을 부르신 것이 아니라 아브람을 부르셨다. 이 지점에서 부르심을 시험하는 사건이 생겨나자 서로 갈 길이 확정된 것이다. 롯은 이미 마음에서 아브람을 떠났다. 아브람이 떠나라고 한 것은 밖의 말로써 롯의 마음을 정리해준 것에 불과하다. 이미 아브람을 떠나 자신의 길을 가고자 확정한 사람에게 자유로이 그렇게 하도록 허락해준 것이다. 아브람의 말을 듣자마자 롯은 즉시 눈을 들어 요단 들을 바라보면서 자신이 선택할 곳을 찾았다. 그의 눈에는 죄악이 가득하며 심판이 임박한 도시에 인접한 요단 온 들녘이 여호와의 동산같이 보이고 기름진 애굽 땅과 같이 보였다.

여기서 '여호와의 동산'이라는 말과 '애굽'이라는 말은 상반된 단어임에도 일치된 개념으로 사용된다. 오늘날에도 많은 육신적인 그리스도인들이 여호와의 동산과 애굽이 공존하는 것처럼 보이는 땅을 선택한다. 그곳에는 넉넉한 물질적인 공급도 있고 여호와도 계신다. 그들에게는 오직 여호와만 계시는 골짜기는 너무 위험하게 보인다. 넉넉한 공급이 있고 평평하여 거하기에 용이한 땅, 그러면서도 여호와의 동산 같은 곳이 좋게 보이는 것이다. 이 지점에서 롯이 실제로 어떠한 사람인가가 완전히 드러났다. 롯은 한동안 아브라함의 동행자가 되어 영적인 것을 추구하는 사람처럼 보였지만 사실은 하늘의 부르심과 관계없이 자신의 길을 걸어간 사람이었던 것이다. 이 한 번의 다투는 사건은 그가 이같이 과연 어떤 길을 가는 사람인가를 완전히 드러내었다.

여기서 우리는 매우 중대한 영적 교훈을 배운다. 어떤 사람이 하나님의 부르심이 없이 롯과 같이 사람을 따라 움직이는 것은 실로 위험한 일이다. 그럴 때 언젠가 그의 인생은 허탄한 것으로 드러나게 된다. 당신은 다만 앞선 영적 인물들이 길을 가기에 따라가는가, 아니면 하나님께서 당신으로 그 길을 가도록 인도하셨기 때문에 가는가? 당신은 앞선 영적인 사람들이 인정하고 부축해주어서 그 일을 하는가, 아니면 당신이 직접 하나님의 부르심을 받아 그 일을 하는가? 그것을 시험해보려면 당신이 일하는 것을 아무도 인정해주거나 부축해주거나 기뻐하지 않을 때 다만 '하나님께서 원하시니 나는 이 일을 한다.'고 하면서 그 일들을 기쁨으로 지속할 수 있는가를 보아야 한다. 이 답변은 반드시 정직해야 한다. 거기에 속임수가 있을 수 있기 때문이다. 오늘날 그리스도인들의 일 중에는 하나님께서 직접 하라고 부르셔서 하는 일이 아닌 다만 함께하는 사람들과의 친분 관계 때문에, 혹은 좋은 교제를 갖기 위해 참여하는 일이 다반사다. 그러한 일들은 언젠가 시험을 받을 것이고 조만간에 근본적인 동기가 드러날 것이다.

하나님의 일에서 하나님의 부르심은 이처럼 중요한 것이다. 오늘날 얼마나 많은 사람들이 스스로 달려나가 하나님의 일을 해보겠다고 하는가! 얼마나 많은 사람들이 어떤 그리스도인 단체에 오랫동안 소속해 있다가 그 단체의 잘못을 보고 자신들이 새롭게 해보겠다고 나서는가! 그러나 그들이 진정 하나님의 부르심에 따라 그렇게 행한 것이 아니라면 언젠가는 롯처럼 그들의 상태가 부끄럽게 드러나고 말 것이다. 결국 오랜 세월이 흐른 후에 그들은 자신들이 떠났다고 생각한 그 혼란의 자리에 그들 또한 서 있는 것을 보게 될 것이다. 이것은 모든 사람이 받아야 할 경고가 되는 말씀이다.

결국 이 다툼의 사건에서 롯은 세상적인 선택을 하였고 아브람은 영적인 선택을 하였다. 이 한 번의 사건은 아브람의 영성이 크게 진보되는 결과를 가져다주었다. 하늘에 속한 그리스도, 그 한 분을 기업으로 얻고자 하는 자는 이 땅의 어떤 보화도 다 양보할 수 있다. 이 땅에 속한 여러 보물이 눈 앞에 있을 때 그러한 선택의 기로에서 무엇을 붙잡는가를 보라! 그가 붙잡은 것이 바로 그 사람의 어떠함을 나타낸다. 그 보물은 물질적인 부(富)일 수도 있고 따르는 무리일 수도 있으며 지위와 명성일 수도 있다. 하늘의 부르심을 받은 사람들이라면 그러한 선택의 순간에 아브람처럼 어렵지 않게 다른 사람들에게 먼저 선택권을 줄 것이다.

이 사건 후 하나님께서 아브람을 다시 한 번 크게 축복하신 것을 볼 수 있다. 여기서 아브람의 영성이 크게 진보한다. 하나님의 사람들을 지혜로 다루시며 인도하시는 하나님을 찬미한다.

14-18절, 롯이 아브람을 떠난 후에 여호와께서 아브람에게 이르시되 너는 눈을 들어 너 있는 곳에서 동서남북을 바라보라 15 보이는 땅을 내가 너와 네 자손에게 주리니 영원히 이르리라 16 내가 네 자손으로 땅의 티끌 같게 하리니 사람이 땅의 티끌을 능히 셀

수 있을진대 네 자손도 세리라 17 너는 일어나 그 땅을 종과 횡으
로 행하여 보라 내가 그것을 네게 주리라 18 이에 아브람이 장막
을 옮겨 헤브론에 있는 마므레 상수리 수풀에 이르러 거하며 거기
서 여호와를 위하여 단을 쌓았더라

아브람을 떠난 롯

하나님은 롯이 아브람에게서 떨어져 나간 후 그에게 다시 한 번 축복을 확증하셨다. 롯이 아브람에게서 떨어져 나감으로써 아브람은 실상 축복을 얻을 수 있는 위치에 온전히 있게 된 것이다. 혈과 육은 하나님 나라를 유업으로 얻을 수 없다. 아브람은 혈육의 친척을 가까이 두고서 그의 영향을 받지 않을 수 없었다. 양떼와 소떼로 인한 다툼의 사건은 분명하게 진상을 드러내었지만, 이 일이 있기 전에도 이미 아브람은 롯의 분명치 못한 영성에 의해 지장을 받고 있었을 것이다. 여러 가지 일이 생길 때마다 롯이 아브람에게 말없이 순종했으리라고 생각하는가? 원래 육신적인 그리스도인들에게 방안과 의견이 더 많은 법이다. 오히려 그들의 말 속에 하나님을 위하는 것 같은 소견이 더 많아 보인다. 그래서 영적인 목표를 가진 사람들이라 할지라도 육신적인 사람들의 조언을 듣고 잘못 움직이는 일이 허다하다.

아브람에게 있어서 롯의 존재는 방해거리였다. 다만 아브람이 그 사실을 깊이 느끼지 못했을 뿐이다. 나는 심지어 아브라함이 애굽으로 내려갈 때에도 롯이 동행했으리라고 본다. 그때 애굽으로 내려가는 일에 있어서 가장 목소리를 높였을 사람이 누구라고 보는가? 나는 틀림없이 거기에 롯의 제안과 성화가 있었으리라고 본다. 그는 육신적이고 세상적인 그리스도인을 대표하기 때문이다. 그럴 때 믿음에 있어서 강하지 못했던 아브라함은 아마도 조카의 영향을 받았을 것이다. 영적인 사람이라 하더라도 주위에 육신적인 사람이 너무 가까이 붙어 있으면 영향을 받기 쉽다는 말이다. 그러나 어쨌든 한 사건을 통해서 롯은 떠나갔고, 그 후 비로소 아브람은 눈을 들어 유업의 땅 동서남북을 돌아볼 은혜를 얻었다. 만일 롯이 아브람에게서 떠나가지 않았더라면 그는 결코 그 유업의 땅의 동서남북을 돌아볼

시야를 얻지 못했을 것이다. 조그만 것일지라도 혈육에 속한 묶임에서 분별되는 것은 얼마나 중요한 일인지! 축복을 바라보는 것과(14-15절) 축복을 헤아리는 것과(16절) 종으로 횡으로 다녀보는 것은(17절) 모두 혈육과 분별된 후에 온 것이다. 혈육의 방해는 아브람도 모르는 사이에 많은 영적인 일에 제한을 주고 있었던 것이다.

아브람은 헤브론의 마므레 상수리나무 수풀에 이르러 거하며 거기서 여호와를 위하여 단을 쌓았다. 하나님을 선택하여 가나안에 머문 아브람은 단을 쌓을 수 있었지만 롯은 소돔 가까이 감으로 단을 잃어버리게 되었다. 자신의 길을 걸으면 결과적으로 하나님께 대한 경배마저 잃어버리게 된다. 롯은 아브람과 헤어지는 것이 하나님과 헤어지는 것은 아니라고 생각했을 것이다. 다만 삼촌과 헤어지는 것일 뿐이라고 여겼을 것이다. 그러나 결과적으로 그는 섬길 단을 잃어버렸다. 사실 단을 쌓는 것은 원래 그가 염두에 두지 않은 일이었을 것이다. 하나님께 대한 참된 경배는 참되게 하나님만 선택한 사람들에게 주어지는 축복이다. 단이 없어진다는 것은 참된 영적인 예배가 없어졌다는 말이다. 따라서 그는 자기도 모르는 사이에 점점 소돔을 향하여 나아갔던 것이다. "롯은 평지 성읍들에 머무르며 그 장막을 옮겨 소돔까지 이르렀더라"(13:12). 롯에게 있어서 아브라함과 분리된 것은 작은 일이 아니었다. 그 때부터 그의 영적인 길은 하향곡선을 그리게 된다.

아무도 빼앗을 수 없는 유업

아브람이 선택한 것은 하나님께서 주신 약속이다. 아브람은 그 약속과 축복을 사람의 손으로 지키려 하거나 잡으려 하지 않았다. 실제적인 의미에서 그 약속의 땅은 하늘에 속한 축복이신 그리스도이다. 우리는 그리스도 한 분을 기업으로 얻도록 부르심 받았다. 이러한 기업은 완전히 영적인 것이요 하늘에 속한 것이다. 그러므로 이 세상 사람들의 손으로는 이것을 빼앗을 수 없다. 영적인 축복을 구하면서도 그리스도만을 얻으려 하지 않는 사람들이 있다. 그러나 우리는 하나님께 속한 어떤 것들이 아닌 주님 자신을 얻고자 해야 한다. 그분 자신이 우리의 약속의 땅이요 기업이시다.

이 기업은 하늘에 속한 것이므로 사람의 욕심과 다툼과 분쟁으로 빼앗기거나 빼앗을 수 있는 것이 아니다. 이 참된 기업을 얻기 원하는 사람들은 사람들이 무언가를 얻고자 하여 다투고 싸우려 할 때 그들과 다투지 않고 도리어 그것을 주어버린다. 왜냐하면 이들이 구하는 것은 이 세상에 속한 것이 아니기 때문이다. 사람들로 그들이 원하는 것을 갖게 하라! 그러나 그들이 다 진정으로 그리스도 한 분만을 추구한다면 결코 다투는 일은 일어나지 않을 것이다. 그리스도는 무한하시고 너무나 광대하고 부요하시기 때문에 원하는 모든 사람들을 채우고도 남으신다. 그러므로 그분 자신을 얻는 데 있어서는 어느 누구와도 다툴 필요가 없는 것이다.

하나님은 아브라함에게 그 땅을 유업으로 주었지만 아브라함은 그 땅을 자신의 육체적인 방법으로 지킬 필요가 없다. 하나님이 우리에게 주신 것이라면 그분이 지키신다는 것을 배울 필요가 있다. 하나님을 아는 사람은 누구나 스스로가 자신을 보호하려 하지 않는다. 그러므로 우리는 어떤 상황에서도 하나님을 의뢰하며 하나님께 의탁하기를 배우고 십자가 지기를 배워야 한다. 아브라함은 결국 보기에 별로 좋지 않은 듯한 산지에 거하고 롯은 보기에 아름답고 풍부한 평지에 거했지만 아브라함은 가나안에 머물게 되고 롯은 점차 소돔을 향해 나아가게 되었다. 여기서부터 아브라함은 영적으로 큰 진보를 갖게 되었다. 성도가 영적으로 진보하는 것에는 이와 같이 하나의 기점이 있다. 뭔가 커다란 것을 포기하거나 또는 어려운 결정을 통해 새로운 길을 선택하는 일 등이다. 이러한 일은 성도에게 매우 큰 축복의 기점이 된다.

아브라함이 갈대아 우르를 떠나 가나안에 들어왔다고 하지만 이것은 어디까지나 지리적으로의 순종함이며 '어느 정도'의 분별이라고 볼 수 있다. 그가 이 지점에 이르러 롯과 분별되기까지는 아직 부르심에 대한 완전한 순종은 아니었다. 하나님은 최초에 그분의 부르심에 있어서 아브라함에게 본토와 친척과 아비 집을 떠나라고 하셨다. 그러나 아브라함은 본토를 떠났지만 친척 하나를 여전히 데리고 다녔던 것이다. 아직 혈육의 정이 남아 있었으며 완전한 순종의 상태를 갖지 못한 것을 볼 수 있다. 그러므로 외적이고 지리적인 순종만이 아니라 내적인 십자가로 말미암은 철저한 분별의 순종이 있을 때에 그것이 완전한 순종이 되는 것이다. 그의 롯과의 분별은 그런 의미에서 매우 큰 전환인 것이다.

아브라함이 롯과 떨어질 수 있었던 것은 영광의 하나님에 대한 계속적인 공급에 의한 것이었을 것이다. 여기까지 왔을 때 아브라함은 롯을 떨어뜨려도 서 있을 수 있는 힘이 생겨났다. 그 이전만 하더라도 아브라함은 너무 외로웠다. 롯이 없이는 도저히 힘이 없어 가나안에서 외로운 나그네 생활을 지탱할 수 없었던 것이다. 그러나 이 지점에 왔을 때 아브라함은 하나님의 강한 공급으로 홀로 설 수 있는 힘을 얻게 된 것이다. 이때 하나님은 그에게 동서남북을 바라보라고 하시면서 축복을 하셨다. 그리고 그는 교통을 의미하는 헤브론으로 옮겨졌으며 그곳에 단을 쌓고 하나님을 경배했다. 한 사람이 모든 것에서 완전히 분별되어서 하나님께 돌아가는 것은 기적과도 같은 것이다. 이때 하나님은 그분이 온전히 이끌 수 있는 한 사람을 얻으신 것이다.

순례자의 여정

히브리서에는 믿음의 선진들이 한 곳에 정착한 자들이 아니라 순례자의 삶을 산 것으로 기록한다(히 11:13). 기독교의 역사는 떠남과 분리의 역사이다. 떠남과 분리의 근거는 하늘의 소망이요, 떠나야 할 자는 바로 부르심을 받은 사람 자신이다. 그리고 떠날 곳은 죄악의 도시와 우리가 머물고 있는 곳이다. 향해야 할 목적지는 가나안이다. 어떤 사람이 한 곳에 영원히 정착하여 머물겠다고 고집한다면 그는 부르심을 받은 자가 아니다. 성도들은 언제나 떠날 준비를 해야 한다. 어떤 성도가 말한 것처럼 면류관을 얻으려 하는 성도들은 언제나 이사할 준비, 죽을 준비가 되어 있어야 한다.

벧엘과 헤브론

12장과 13장에서 아브람이 머물렀던 가나안의 지명은 세겜과 벧엘과 헤브론이다. 세겜은 '어깨', 벧엘은 '하나님의 집', 헤브론은 '교통'이라는 뜻을 가지고 있다. 아브람이 가나안에서 최종적으로 머무른 곳은 헤브론이다. 벧엘에 대하여는 필자가 인터넷에 게재한 글(2003. 9. 18)을 여기에 옮겨 싣겠다.

"거기서 벧엘 동편 산으로 옮겨 장막을 치니 서는 벧엘이요 동은 아이라"(창 12:8a).

우리가 서편에 벧엘 곧 하나님의 집의 간증을 가지려면 동편에 아이를 두어야 합니다. 이 말씀은 이해를 잘해야 합니다. '아이'란 무엇입니까? 무더기라는 뜻입니다. 형제들이 파멸의 무더기를 반대편에 두지 않는다면 참된 하나님의 집의 참된 간증을 짊어질 수 없음을 알아야 합니다. 우리는 적극적으로 하나님의 집을 간증하는 길을 걸어가려 하지만 파멸의 무더기를 반대편에 두지 않고 있습니다. 어떤 형제들은 무더기도 좋고 그 편에 있어도 무방하다고 말합니다. 그리고 파멸의 무더기에다 자신을 둔 채 하나님의 집의 건축을 바라고 기대한다고 말합니다. 또 무더기도 좋고 하나님의 집도 좋다고 말합니다. 어떤 사람은 무더기 속에서 하나님의 집을 건축하자고 말합니다. 무더기 편에 있어도 사람만 합당하면 건축이 이루어진다고 말합니다.

그러나 하나님의 말씀은 그렇지 않습니다. 오늘날 이 땅에서 하나님의 집의 간증을 갖기 위해서는 반드시 반대편에 아이를 두어야만 합니다. 한쪽이 동이면 반대쪽은 서입니다. 성경은 동과 서를 말할 때 반대되거나 영원히 서로 만날 수 없는 경우를 가리킵니다. 하나님께서 죄를 용서하시고 기억치 않으시는 것을 말할 때에도 '동이 서에서 멀듯이'라는 표현을 사용했습니다. 이것은 신약에서, 특히 디모데 후서에서 강조되었습니다. 이는 교회의 하락시에 기록된 말씀입니다. 거기에는 분별의 사상이 많이 강조되어 있습니다. 새 예루살렘과 바벨론은 섞여서 건축될 수 없습니다. 당신이 만일 적극적으로 서쪽만 주의하겠다고 한다면 어느 날 동편의 무더기가 서편의 건축을 어지럽히고 무너뜨리는 것을 볼 것입니다. 그러므로 바울은 디모데 후서에서 동편에 무엇이 있는지를 확실하게 말해주고 있습니다. 고린도 후서나 빌립보서에도 동일한 사상이 있습니다. 건축자들은 반대 편에 있는 무더기를 보고 있는 자들입니다. 그리스도인들은 반드시 이 무더기를 반대쪽에 두어야 길이 있습니다.

나는 요즈음 그리스도인들 사이에서 외식과 불법과 심지어 이방인 가운데서도 찾기 어려운 무법과 술책들을 보고 있습니다. 두렵습니다. 하나님! 저희도 동일한 죄에 빠지지 않게 도와주소서. 우리는 이런 무더기를 동편 재버리는 곳에 갖다 두기 바랍니다. 그럴 때에만 서편에서 하나님이 기뻐하시는 제물을 드리며 하나님의 집의 순수한 간증을 가질 수 있습니다.

"개들을 삼가고 행악하는 자들을 삼가고 손할례당을 삼가라 하나님의 성령으로 봉사하며 그리스도 예수로 자랑하고 육체를 신뢰하지 아니하는 우리가 곧 할례당이라"(빌 3:2-3).

"내가 하는 것을 또 하리니 기회를 찾는 자들의 기회를 끊어 저희로 하여금 그 자랑하는 일에 대하여 우리와 같이 되게 하려 함이라 저런 사람들은 거짓 사도요 궤휼의 역군이니 자기를 그리스도의 사도로 가장하는 자들이니라 이것이 이상한 일이 아니라 사단도 자기를 광명의 천사로 가장 하나니 그러므로 사단의 일꾼들도 자기를 의의 일꾼으로 가장하는 것이 또한 큰 일이 아니라 저희의 결국은 그 행위대로 되리라"(고후 11:12-15).

"누구든지 이런 것(나무 그릇, 질 그릇)에서 자기를 깨끗하게 하면 귀히 쓰는 그릇이 되어 거룩하고 주인의 쓰심에 합당하며 모든 선한 일에 예비함이 되리라"(딤후 2:21).

그리스도인들은 무엇이 깨끗하고 참이고 진리에 속한 것이며, 무엇이 더럽고 천하고 악하고 거짓된 것인지 분별하고 멀리해야 적극적으로 하나님의 집을 향하여 나아갈 길이 있습니다.

벧엘은 이와 같이 아이의 반대편에서 건축된다. 이것은 외적인 면에서뿐 아니라 내적인 체험에서도 사실이다. 파멸의 무더기는 외부적인 것일 뿐 아니라 각 사람이 자신 안에서 체험할 수 있는 것이다. 어떤 형제가 세겜, 즉 강한 영적 능력을 자랑하지만 자신의 육체나 천연적인 기질을 처리하지 않는다면 그것은 벧엘의 방해거리이다. 그것은 그리스도의 몸의 건축을 방해하는 요소이다.

그리스도의 몸 안에서 각 지체들이 모든 육체와 자아의 무더기들을 다른 편에 두지 않는다면 벧엘은 영원히 없다. 아이를 반대편에 둔 자들만이 벧엘의 건축을 실제화할 수 있다. 어떤 사람이 만일 그리스도의 몸의 다른 지체들과 맞지 않은 괴상하고 독특한 그의 기질에 대해 그것이 벧엘 반대편에 있는 '아이'라는 것을 인정하지 않는다면, 그것은 그가 하나님의 건축에 합당한 재료가 아님을 나타내는 것이다. 어쨌든 벧엘이 아이의 반대편에서 건축된다는 사실을 분명히 아는 것은 매우 필요한 일이다.

그런데 하나님의 경륜의 목표에서 벧엘이면 완성 단계에 이른 것 같은데 왜 헤브론으로 더 나아가야 하는가? 이 또한 한 번의 커다란 전환이요 진보이다. 우리는 신약에서 하나님의 집인 교회의 하락을 본다. 이미 사도 시대에도 교회에는 하락의 조짐이 있었다.

만일 어떤 그리스도인들이 교회가 하나님의 최종적인 뜻이라고 하면서 그들은 참된 교회 건축의 지점에 이르렀으므로 더 이상의 영적 진보는 필요치 않다고 한다면, 하나님께서는 조만간 그들에게 헤브론의 중요성을 보이실 것이다. 집의 실제는 가족 구성원 간의 교제에 있다. 방랑하는 그리스도인이 집을 찾을 때 기뻐하며 안식하겠지만, 하나님의 집의 가장 중요한 요소인 교통의 실제는 소홀히 할 수 있다. 하나님께서 기뻐하시는 곳인 가나안 땅은 풍성한 생명 능력(세겜)과 함께 생명수의 흐름(헤브론)이 계속 넘쳐흐르는 하나님의 안식처(벧엘-교회)임을 잊지 말자.

14 장

1-12절, 당시에 시날 왕 아므라벨과 엘라살 왕 아리옥과 엘람 왕
그돌라오멜과 고임 왕 디달이 2 소돔 왕 베라와 고모라 왕 비르사
와 아드마 왕 시납과 스보임 왕 세메벨과 벨라 곧 소알 왕과 싸우
니라 3 이들이 다 싯딤 골짜기 곧 지금 염해에 모였더라…소돔에
거하는 아브람의 조카 롯도 사로잡고 그 재물까지 노략하여 갔더라

롯이 소돔에 가까이 가서 거한 지 얼마 지나지 않은 시점에서 당시 국제 정세는 어렵게 변해가고 있었다. 하나님께서는 롯이 소돔에서 평안한 나날을 보내도록 허락지 않으셨다. 하나님께서는 롯이 그들 가운데 거하며 그들의 불법한 행실을 보고 들으면서 의로운 심령이 상하고 있는 것을 보시고 그 상황에서 어떤 경고의 메시지를 주고자 하신 것 같다(벧후 2:8).

당시 강성한 나라 왕들은 시날 왕 아므라벨과 엘람 왕 그돌라오멜 등이었다. 이들은 당시 소돔 왕 등 몇몇 약소국들에게서 12년간이나 조공을 받으며 속국 노릇을 강요하고 있었다. 그러던 가운데 종 노릇 하던 이들 다섯 나라가 13년째에 배반하였다. 그러자 14년째에 그돌라오멜과 동맹군들이 소돔을 포함하여 배반한 다섯 나라를 쳤다. 배반한 다섯 왕이 싯딤 골짜기에서 교전하였으나 결국 강한 네 왕에게 패하였다. 그 바람에 소돔에 있던 롯은 그의 모든 재물과 함께 그들에게 사로잡혀가게 되었다. 롯은 자신의 양떼와 소떼를 잘 목양하기 위해 소돔 쪽에 있는 들을 택하였지만 하나님은 그가 편안하게 살 수 있도록 내버려두지 않으시고 환경을 일으켜 그가 애지중지하는 양떼와 소떼를 다 잃어버리게 하셨다. 사실 그는 그것 때문에 하나님의 부르심을 받아 나아가는 하나님의 종 아브람과 헤어지게 되었는데 말이다.

베드로는 그의 서신에서 롯이 소돔 가운데 거하면서 의로운 심령이 상했다고 말했지만 롯의 마음속에 세상적인 요소가 전혀 없었다고 말하기는 어렵다. 그가 만일 절대적으로 진리 편에 서 있었더라면 지속적으로 소돔에 거하기가 어려웠을 것이다. 그가 만일 참된 증인의 길을 걸어가려 했다면 불의와 부정을 대할 때 그것을 반대한다는 증거를 했을 것이며 소돔 사람들은 그를 받지 않고 내어쫓으려 했을 것이다. 그가 그곳에서 재산을 다 빼길 때까지 거하고 있었던 것이나 적들에게 소돔 사람으로 인식된 것은 그가 소돔에 적응하여 살고 있었음을 시사한다.

나는 이 문제에 대해 전적으로 맥킨토시의 견해에 동감하는데, 그는 롯이 그곳에 머문 것은 실상 자신의 소욕을 위한 것이지 영적인 길을 가기 위한 것이 아니라고 했다. 그러면서도 롯은 마치 자신이 영적인 길을 가는 사람인양 자신을 속이고 남을 가르쳤다. 오늘날에도 이러한 사람들은 너무도 많다. 많은 사람들이 자신이 머물러 있는 곳이 틀린 줄을 분명히 알면서도 재산을 위해서 핑계를 대고 그럴듯한 영적 이유를 대면서 그 자리에 계속 머무는 것을 본다. 이것은 이기는 자의 길에서 패배한 그리스도인의 전형인 롯과 조금도 다를 바 없는 모습이다. 롯은 자신의 양떼와 소떼를 먹이기에 좋은 곳이 그곳이었고 자신의 딸들이 사귀는 사람들이 그곳 사람들이었기에 강하게 일어서서 소돔을 떠날 담력이 없었던 것이다.

우리는 실상 한 가지 목적만을 마음에 가질 수 있을 뿐이다. 어떤 사람이 어느 도시나 나라로 이주하기 원할 때에 그러한 움직임은 무엇을 목표로 한 것인가? 사업인가? 복음인가? 많은 사람들이 실제로는 사업 때문에 움직이면서 그곳에 가게 되면 사업하면서 복음을 잘 전할 수 있을 것이라고 말한다. 어떤 사람은 자신의 유익함과 편리함을 따라 이사를 하면서도 그곳에 가서는 복음을 많이 전할 것이라고 기대한다. 그러나 웬일인지 새로운 곳에 가면 이전에 살던 곳에서처럼 복음을 전하는 일은 별로 보지 못한다.

바울이 장막을 짓는 일을 한 것은 그의 사역과 복음 전파에 조금도 해를 주지 못했다. 그가 그런 직업을 가진 것은 복음을 전하기 위한 방편에 불과했다. 그러나 어떤 사람의 목적은 사업이지 복음이 아니다. 사업도 하면서 복음도 전한다고 내세우지만 결국 사업이 목적이라는 것이 나타난다. 우리는 이 양자를 절대로 동시에 갖지 못한다는 것을 알아야 한다. 하나님은 사람의 중심을 살피시고 절대 만홀히 여김을 당하지 않으신다. 나는 과거에 한 형제가 외국에 나가서 영적으로 더욱 훈련하고 배우기 원한다고 하는 말을 들었다. 그는 한 교회에서 적지 않은 직분을 짊어진 자였다. 나는 그가 어떻게 그렇게 쉽게 주님 앞에서 받은 책임을 내려놓고 떠날 수 있는가 의아했다. 후에 그가 외국에 나가고자 한 주된 목적이 자녀의 교육 문제 때문이었음을 알게 되었다. 대부분 사람들의 진짜 의도는 내면에 숨겨져 있다. 그가 그곳에 가서 영적으로 배울 수 있었는가? 나는 그런 경우에 사람들이 자기가 목적하는 곳에 가서 영적으로 유익을 얻는 경우를 보지 못했다.

13절, 도망한 자가 와서 히브리 사람 아브람에게 고하니 아브람이 아모리 족속 마므레 상수리 수풀 근처에 거하였더라 마므레는 에스골의 형제요 또 아넬의 형제라 이들은 아브람과 동맹한 자더라

여기서 처음으로 '히브리 사람'이라는 말을 쓰는데, 아브람을 히브리인이라고 부른 것은 그가 강을 건너 이주한 자였기 때문일 것이다. 어떤 학자들은 아브람이 가나안 땅에서 에벨의 후손이므로(10:21) 히브리인으로 불리웠다고 보지만(그럴 수도 있다), 그저 문자적으로 이주한 자, 또는 강을 건넌 자라는 뜻으로 히브리인이라고 불리웠다고 하는 것이 더 일리가 있다(Origen, Keil, Lange, Kalisch). '이브리'라는 히브리어에는 '이주한 자'라는 뜻이 있다. 당시 아브람은 그 땅 사람들과는 다른 매우 특이한 간증을 가졌음에 틀림없다. 그러므로 사람들이 그에게 '강을 건너온 자'라는 이름을 붙여준 것이다. 오늘 우리도 이 땅에서 동일한 간증을 지녀야 한다. 우리는 우리 주위 사람들에게 강을 건너온 자라는 인상을 주는 삶을 살아야 한다. 우리는 세상 부귀와 명예의 강을 건넜으며 행복과 쾌락의 강을 건넜다. 심지어 우리는 친척과 아비 집의 강을 건넜으며 자기 사랑의 강을 건넜다. 강 저편과 이편의 삶은 너무나 다르다. 그러므로 우리는 사람들에게 "저들은 매우 특별하다. 마치 세상의 강을 건너온 사람들 같다"라는 인상을 주는 삶을 사는 것이 마땅하다.

14-16절, 아브람이 그 조카의 사로잡혔음을 듣고 집에서 길리고 연습한 자 삼백 십팔 인을 거느리고 단까지 쫓아가서 15 그 가신을 나누어 밤을 타서 그들을 쳐서 파하고 다메섹 좌편 호바까지 쫓아가서 16 모든 빼앗겼던 재물과 자기 조카 롯과 그 재물과 또 부녀와 인민을 다 찾아왔더라

아브람은 그의 조카가 사로잡혀갔음을 듣고 즉시 그를 구하러 나섰다. 이때 그는 헤브론에 거하고 있었다(13:18). 롯이 소돔의 형편없는 곳에 머무는 동안 아브라함은 점점 높아져서 하나님과의 깊은 교통(헤브론) 안에 머물고 있었다. 실상 그는 롯과 함께 있을 때보다 지금 훨씬 더 강건해졌다. 그는 진보하였다. 그가 육신의 지배를 받는 롯과 분별된 후 그의 영성은 강건해져서 헤브론에 이른 것이다. 그렇게 진보한 영성만이 영적인 전쟁에 임할 수 있게 한다. 그 이전 아브라함은 많은 면에서 좋았지만 롯에 대하여 약간의 어려움이 있었을 것이다. 그의 영 안에 오랫동안 함께 하던 사람과 분리되는 어려움, 어떻게 해야 할지 모르는 근심 등 많은 느낌들이 있었다. 그러나 지금 그는 헤브론에 있다. 여기에는 어떤 근심이나 불평이나 원망의 느낌이 없다. 이런 지점에 이를 때만이 전쟁을 할 수 있다. 전쟁은 승천의 위치에 이르러야만 할 수 있다. 그는 지금 롯이 사로잡혔다는 것만 알 뿐 롯에 대하여 어떤 좋지 않은 느낌이 없었다. 아브람의 영은 이처럼 건강한 영이었다. 그에게는 지난 날 롯의 행위와 선택에 대하여 비난하는 영이 없었으며 다만 그를 구하기 위해 일어났던 것이다.

분별된 위치

여기서 우리는 한두 가지 중요한 공과를 배울 수 있다. 그것은 첫째로 아브람이 이렇게 영적으로 강하고 힘이 있을 수 있었던 것은 그가 분별된 위치에 있었기 때문이라는 것이다. 롯은 소돔에 살면서 전에 아브람과 함께 할 때 적으나마 가졌던 영적 힘까지도 다 상실해버렸다. 그래서 결국 포로로 사로잡혀간 것이다. 이렇게 세상과 타협하면서 자신의 길을 취한 결과 무력해지고 사로잡혔다. 그러나 아브람은 조카 롯이 떠난 후 강해졌다. 그는 롯처럼 매일 음란하고 부정한 행실을 보면서 양심이 상하고 괴롭힘을 당할 필요가 없었다. 아브람은 가나안에 거하면서 장차 있을지도 모르는 전쟁에 대비하였다. 아브람이 이렇게 한 것은 자신을 위한 것만이 아니라 형제들을 구하기 위한 것이었다. (14절에서는 롯을 형제로 칭한다—흠정역. 롯은 분명 조카이지만 거룩한 하나님의 집의 관점에서 볼 때 그는 형제인 것이다.) 아브람은 하늘에 속한 유업을 주의하는 자였으므로 그의 영혼에는 지속적인 하늘의 공급이 있었다. 여기서 우리가 아브람의 힘과 담대함의 원인이 분별에 있음을 주의하는 것은 매우 중요하다. 그가 만일 옳지 않은 위치에서 타협하고 자신을 여러 영적인 말들로 정당화하면서 거기 머물러 있는 사람이었다면 결단코 롯을 구출할 힘을 얻지 못했을 것이다. "가장 세상을 충실하게 섬기는 길은 오히려 세상과 분리되어 세상에 대항하여 싸우는 것임을 이 두 사람의 역사가 증명해주고 있다"(맥킨토시). 결과적으로 아브람은 큰 승리를 거두고 롯을 되찾아왔다. 가장 유감스러운 한 가지 일은 롯은 그 후에도 여전히 소돔에서 발견되었다는 점이다(19:1). 결과적으로 이 큰 전쟁의 소용돌이도 그를 완전히 바꾸지는 못했다.

17-24절, 아브람이 그돌라오멜과 그와 함께한 왕들을 파하고 돌아올 때에 소돔 왕이 사웨 골짜기 곧 왕곡에 나와 그를 영접하였고 18 살렘 왕 멜기세덱이 떡과 포도주를 가지고 나왔으니 그는 지극히 높으신 하나님의 제사장이었더라 19 그가 아브람에게 축복하여 가로되 천지의 주재시요 지극히 높으신 하나님이여 아브람에게 복을 주옵소서 20 너희 대적을 네 손에 붙이신 지극히 높으신 하나님을 찬송할지로다 하매 아브람이 그 얻은 것에서 십분 일을 멜기세덱에게 주었더라 21 소돔 왕이 아브람에게 이르되 사람은 내게 보내고 물품은 네가 취하라 22 아브람이 소돔 왕에게 이르되

천지의 주재시요 지극히 높으신 하나님 여호와께 내가 손을 들어 맹세하노니 23 네 말이 내가 아브람으로 치부케 하였다 할까 하여 네게 속한 것은 무론 한 실이나 신들메라도 내가 취하지 아니하리라 24 오직 소년들의 먹은 것과 나와 동행한 아넬과 에스골과 마므레의 분깃을 제할지니 그들이 그 분깃을 취할 것이니라

아브람의 승리의 원동력

1. 부르심의 이상

아브람이 승리한 요인을 요약하여 살펴보자. 첫째로, 그는 하나님의 부르심의 이상을 갖고 살았다. 그의 행동을 지배한 것은 하나님의 부르심이었다. 그러므로 그는 이 땅에서의 이익을 선점하기 위한 다툼이 일어났을 때 세상적인 이익을 선택하는 문제에서 남에게 먼저 선택권을 줄 수 있었다. 그리고 그는 하나님만을 얻기 위해 분별된 삶을 살았다. 이런 대가 지불과 분별된 삶이 그에게 큰 능력과 축복을 가져다 준 것이다. 주님을 위해 기꺼이 대가를 지불하고, 소유를 버리며, 손실을 감당한 자가 아니면 다른 사람에게 유익을 줄 수 있는 영성을 지니지 못한다.

2. 헤브론에 거함

둘째로 그의 위치문제이다. 헤브론은 교통을 의미할 뿐 아니라 높은 산지이다(해발3,040피트). 즉 아브라함은 평지가 아니라 높은 곳에 거하였다. 롯은 평지를 택하였다는 것을 우리는 전장(13:12)에서 읽을 수 있었다. 평지는 사람이 힘쓰지 않아도 거할 수 있는 곳이나 헤브론은 올라가서 거해야 하는 고지이다. 이를 통해 우리는 영적 전쟁의 시작이 성도들이 하늘의 높은 위치에 거한 이후에 시작될 수 있다는 것을 알수 있다. 에베소서 2장의 "함께 일으키사 그리스도 예수 안에서 함께 하늘에 앉히시니"(엡2:6)가 있기에 에베소서 6장의 영적 전쟁이 있는 것이다. 전쟁에서는 위치가 중요하다. 하늘에 앉은 체험이 없는 자들은 결코 공중의 권세잡은 자 사탄 마귀 대적과 싸울 수 없다. 구약의 여호수아서는 에베소서와 같은 맥락으로 읽을 수 있다. 그들이 광야를 지나 요단을 건넜기에 하늘의 위치에서 가나안 일곱 부족들을 물리쳐내는 전투를 벌일 수 있었던 것이다. 아브라함은 합당한 교회생활을 의미하는 벧엘과 하늘의 교통을 의미하는 헤브론에 거하였기에 싸울 수 있는 위치를 획득한 것이다.

3. 전쟁을 예비함

셋째로, 아브람은 예비하는 사람이었다. 신약에는 깨어 예비하라고 많이 말씀하셨다. 실상 그의 가나안에서의 분별되고 순종하는 위치에 있는 삶이 그로 예비하는 심령을 갖게 했다고 보아야 한다. 따라서 우리는 하나님의 자녀로서 순종하면서 하나님만 선택하는 분별된 위치에 있는 것이 얼마나 중요한지를 깨닫는다. 그는 가나안에 거하면서 장래 형제들에게 어려움이 생기면 자신이 일어나 그들을 도와야 한다는 것을 깊이 인식하고 있었다. 그는 하나님의 백성의 대표로서 가나안에 거하였던 것이다. 이것이 사실상 이기는 자의 원칙이다. 어느 시대이든 하나님의 백성 가운데에는 이런 사람들이 필요하다. 하나님께서는 이런 사람들을 예비하여 많은 사람들로 유익을 얻게 하신다. 아브람은 장차 하나님의 백성들 가운데 어려움이 닥치면 자신이 감당해야 한다는 것을 알고 있었다. 그러므로 그에게는 집에서 기르고 훈련시킨 예비된 삼백 십팔 인이 있었다. 어떤 사람이든지 그가 진정 하나님을 사랑한다면 하나님의 백성들의 현재와 장래의 필요를 위해 예비할 것이다.

롯과 아브라함의 결정적인 차이는 무엇인가? 롯은 자신의 영성만을 돌아보는 개인적 영성주의자이다. 그는 자신만 성결하고 경건한 삶을 사는 것으로 만족했다. 그런 반면 자기의 딸들이나 주위의 사람들을 위한 대책은 없었다. 딸들이 소돔 사람들을 사귀든, 세상과 죄악에 점점 이끌려가든, 마음이야 좀 괴로웠겠지만, 그들을 위해 어떻게 해볼 생각은 없었다. 어쩌면 가끔 기도했을 것이다. 그러나 그 기도가 얼마나 효력이 있었을까? 그는 아비로서, 남편으로서의 책임을 다하지 않았다. 그의 아내도 딸들과 더불어 점점 소돔 사람이 되어가고 있었다. 결국 그녀는 소돔을 떠날 때 뒤를 돌아다봄으로 소금기둥이 되었다. 그 책임이 남편에게 없을까? 롯은 평상시 아내에게 깨어나도록 도움을 주었는가? 그렇지 못했다. 롯의 주위에 있는 사람들 중 한 사람도 그에 의해서 영적인 깨우침이나 전환을 갖지 못했다. 오직 자기 한 사람만 간신히 소돔에서 나왔을 뿐이다. 우리는 이런 사람이 이기는 자라고 말하지 않는다.

이기는 자의 전형은 아브라함이다. 아브라함은 자신의 영성만을 주의하는 사람이 아니었다. 그는 자신을 예비했고, 삼백 십팔 인을 훈련시켰다. 이는 장래 형제들이 대적에게 사로잡히는 곤궁에 처하게 될 때에 대적과 싸워서 형제들을 적들의 손으로부터 빼내오기 위한 것이다. 아브라함은 조카가 소돔에 있다가 사로잡힐 위험에 있다는 것도 예감했을 수도 있다. 어쨌든 하나님의 백성들이 위험에 처했을 때는 준비된 사람들이 아니면 그런 자들을 도울 길이 없다. 그리고 과연 그러한 때가 왔다. 롯은 사로잡혔고 재물까지 다 빼앗겼던 것이다. 이때 아브라함은 준비한 자들을 데리고 가서 싸움을 벌여 조카와 권속들과 재물을 다 찾아온 것이다. 주의 일을 감당하기 위해 자신을 준비시키는 사람만이 이기는 자이다.

4. 형제를 용서하고 사랑함

넷째로, 그는 자기중심적인 감정에 따라 행하지 않고 하나님의 백성의 유익만을 돌아보았다. 오로지 형제의 어려움을 돕고자 했던 것이다. 그는 형제로 인하여 과거에 어려움과 해를 당했지만 그런 것을 상관하지 않고 그를 사랑하고 구출해 주기만을 원했다. 우리가 어떤 형제들에게 불의를 당하고 큰 어려움과 손실을 당했는데, 막상 그들이 어려운 처지에 놓여 있을 때 그들을 아무런 느낌이 없이 사랑하고 도와주며 은혜를 베푸는 것은 쉬운 일이 아니다. 여기서 아브람은 롯에 대해 넓은 사랑의 마음만을 가졌다. 이것도 그가 분별된 위치에 하나님과 함께 거함으로써 가질 수 있는 영성일 것이다. 이로써 우리는 하나님께로 성별된 삶을 사는 것이 얼마나 중요한지를 이해할 수 있다. 이것이 헤브론이란 지명이 의미하는 바일 것이다.

소돔 왕과 멜기세덱의 방문

아브라함이 전쟁에서 승리한 후, 소돔 왕은 자신들의 대적을 물리친 승리자 아브람을 영접하기 위해 사웨 골짜기로 나왔다. 살렘 왕 멜기세덱 또한 떡과 포도주를 가지고 나와서 아브람을 공급하고 축복했다. 우리는 여기서 아브람이 두 왕을 접한 것을 상고해볼 필요가 있다.

먼저 아브람이 멜기세덱을 만난 것은 하나님께서 그를 보내신 것으로 이해해야 한다. 여기서 떡과 포도주는 하나님을 위한 전투에서 이긴 성도에게 베푸시는 하나님의 공급하심과 축복이다. 이 떡과 포도주는 신약에서 주님 자신을 의미한다. 떡은 그분의 살이요 포도주(잔)는 그분이 우리를 위해 흘리신 보혈이다. 이로써 우리는 우리가 하나님을 위한 전투에서 승리한다면 하나님께서 우리를 축복하시고 그분 자신을 우리에게 공급하신다는 것을 배울 수 있다. 하나님 자신이 사람의 가장 큰 공급이요 필요이다. 그런데 이러한 떡과 포도주의 공급은 특별히 영적인 전쟁에서 승리하였을 때 주어진다. 성도들이 영적전쟁을 싸우고 나면 영적으로 굉장한 에너지를 사용하기 때문에 피곤하게 되고 자칫하면 넘어지게 된다. 그럴 때 필요한 것이 떡과 포도주의 공급이다. 멜기세덱은 이 때 아브라함을 공급하고 축복하기 위해 나왔다.

여기서 멜기세덱은 그리스도의 예표이다(히 7:1-3). 그리스도는 우리를 위한 대제사장으로서 승리한 믿는 이들을 축복하시며 그분 자신을 공급해 주신다. 오늘날 우리가 하나님을 섬기는 일들에서 승리한 후 피곤해 있을 때 주님은 우리에게 떡과 포도주를 공급하시면서 격려하신다. 우리는 때때로 이러한 주님의 공급을 체험한다.

멜기세덱이 한 말을 통해 그 전쟁에서 이기게 하신 분이 하나님이시라는 것을 알 수 있다. 이 지점에서 아브라함은 자신의 힘이 아닌 하나님의 능력으로 싸울 수 있는 상태까지 진보했다. 이것이 아브라함의 최초의 싸움이다. 그는 여러 가지 일에 실패 했지만 이번에는 큰 승리를 거두었다. 그는 지금까지 하나님과 함께하는 것을 배워왔고 평강 가운데 하나님과의 교통 안에 머물렀다. 그동안 전쟁을 할 수 있도록 예비된 것이다. 자기를 신뢰하지 않는다면 전쟁은 승리할 수 있다. 아브라함은 삼백 십팔 인과 같이 가서 싸웠지만 그 싸움은 그 몇백 명의 힘이나 아브라함의 힘이 아니라 아브라함과 함께하신 하나님의 능력으로 승리한 것이다. 사실 그리스도의 예표이기도 한 멜기세덱은 아브람이 싸우는 것을 다 보고 있었다. 그리고 아브라함 또한 그 전쟁에서 자신을 이기게 하신 분이 하나님이시라는 것을 알고 있었다. 그러므로 아브람은 그가 얻은 것에서 십분의 일을 멜기세덱에게 주었다. 그가 얻은 것이 자신의 노력이나 재능이나 공로로 인한 것이 아니고 하나님께서 주신 것임을 알 때 그러한 드림은 자연스러운 일이 될 것이다.

또한 멜기세덱은 아브람에게 하나님이 지극히 높으신 분이요 천지의 주재이심을 말해 주었다. 하나님을 천지의 주재라고 표현하는 것은 적은 말이 아니다. 이 땅에 하나님을 위해 한 사람이라도 서 있을 때 하나님은 천지의 주재가 되신다. 다니엘 시대에 이스라엘이 극도로 타락하여 성전이 훼파되고 그들이 바벨론에 사로잡혔을 때 하나님은 하늘의 하나님으로만 불리웠다. 주 예수님이 사람으로 이 땅에 오셨을 때 주님은 아버지를 천지의 주재이신 아버지라고 부르셨다. 오늘 우리는 하나님의 나라와 유익을 위해 싸워 승리하는 자들인가? 또 승리를 그분께 돌려드리는 자들인가? 그럴진대 하나님은 우리로 인하여 이 땅의 하나님이 되신다. 하나님은 명실상부 천지의 주재이시다. 아브람은 소돔 왕이 왔을 때 멜기세덱의 표현을 그대로 사용하여 소돔 왕을 대했다. 이와 같이 멜기세덱의 공급은 다음에 있을 시험에 대비하기 위한 것이기도 하다.

소돔왕의 시험을 이김

소돔왕과 아브람의 관계는 간접적인 것이라고 할 수 있다. 롯으로 인해서 소돔 왕과 아브람은 같은 편에 선 것이다. 사실 아브람은 소돔 왕을 위해 그돌라오멜의 연합군을 쳐부순 것이 아니라 롯을 구출하기 위해서 그렇게 했다. 그렇지만 소돔 왕은 자신이 이기지 못한 대적을 물리쳐준 아브람이 너무나 고마웠기에 아브람에게 "사람은 내게 보내고 물품은 네가 취하라"고 하였다.

실상 빼았겼던 소돔의 물건을 아브람이 다시 찾아왔으므로 그것들을 다

취한다 해도 불법은 아니다. 그것들은 이미 대적에게 넘어갔었는데 오로지 아브라함 자신의 힘만으로 찾아온 것이기 때문이다. 그러나 아브람은 천지의 주재시요 지극히 높으신 하나님께 손을 들어 맹세하기를 "한 실이나 신들메라도 내가 취하지 않겠다"고 말했다. 그 이유는 그들이 아브람을 치부케 했다 할까 하기 때문이라는 것이다. 그는 하나님의 사람으로서 간증을 주의했다. 그는 지극히 높으신 하나님의 부르심을 받은 사람으로서 이방 사람들에게서 조금이라도 좋지 않은 말을 듣지 않도록 주의한 것이다. 또 아브람은 이 세상 물질에 조금도 마음이 사로잡히지 않았다. 그는 보이지 않는 하나님을 유업으로 삼았기에 이 땅의 그 무엇도 그의 마음을 움직일 수 없었던 것이다. 그는 소돔의 재물로 물질적인 부자가 되기를 구하지 않았다. 그의 마음은 영적인 세계에 있었다. 또한 그가 얻은 임시적인 공급도 도움이 되었다. 그것은 조금 전의 멜기세덱의 떡과 포도주의 공급이다. 주님 자신으로 충만히 채워진 마음은 세상이 조금도 만지지 못한다.

또 소돔왕은 물질에 대해 예민한 감각을 가진 사람이었을 것이다. 당장은 고마운 생각에 아브람에게 다 가지라고 했지만 돌아서서는 아브람에 대하여 다른 평가를 내릴 수도 있는 인물이었다. 아브라함은 소돔 왕이 어떤 인물인지 투명하게 알고 있었던 것이다. 모든 일을 하나님과의 교통 가운데 행한 사람인 아브라함은 모든 상황에 대해 분명했고, 따라서 그 모든 물건을 일체 거절하였던 것이다. 이것은 아브람의 또 하나의 아름다운 승리이다.

그러면서도 아브람은 자신과 함께 동맹하여 나갔던 아넬과 에스골과 마므레의 분깃을 배려했다. 이것 또한 매우 합당한 처사이다. 아브람은 하늘의 부르심이 있고 이 땅의 물질을 이긴 성도이지만 그들은 아직 그러한 상태에 이르지 못한 자들이기 때문에 그들에게 맞게 대해 준 것이다. 아브람은 아직 자신 만큼의 신앙과 헌신의 상태에 미치지 못한 다른 사람들에게 동일한 것을 강요하지 않았다. 아브람 자신은 충분한 인식과 믿음이 있어 실 한 오라기도 받지 않았지만 함께 싸우러 갔던 아넬과 에스골과 마므레 형제에 대해서는 그들의 수고에 상당하는 보상을 해주었다. 이 또한 아브람의 매우 자상하고 합당한 처사라고 할 수 있다. 그는 싸우고 이긴 후 살렘왕으로부터의 영적인 공급은 받았지만 소돔왕으로부터의 물질적인 공급은 받지 않았다. 이는 참으로 이기는 성도들의 전형이다. 아브라함은 여러 번 시험 당했지만 결국 승리했던 것이다. 그는 헤브론에서의 준비로 그돌라오멜을 이겼고, 살렘왕의 공급으로 소돔왕의 유혹을 이겼다. 그는 승리자로서 하나님을 천지의 주재가 되시도록 했다. "나라이 임하옵시며 하늘에서 뜻이 이루어진 것같이 땅에서도 이루어지이다"(마 6:10). 이 땅에 아브라함 같이 이기는 성도들이 나타날 때 하나님은 그분의 나라와 권세를 가져오신다. 이것이 바로 왕국을 위해 사는 자들의 삶이다. 우리는 아브라함을 통해 이 시대 이기는 자들의 삶이 무엇인지를 깊이 묵상할 필요가 있다.

15 장

1절, 이 후에 여호와의 말씀이 이상 중에 아브람에게 임하여 가라사대 아브람아 두려워 말라 나는 너의 방패요 너의 지극히 큰 상급이니라

하나님께서는 때로 그분의 사람들을 다정하게 부르시는데, 이것은 성령의 역사이다. 여기서 하나님이 아브람을 부르신 것은 그를 위로하고 축복하시기 위함이다. 이러한 하나님의 방문은 멜기세덱의 간접적인 방문보다 더욱 친근하고 위로를 준다. 그때 아브람은 두려워하고 있었을 것이다. 경건하고 용감한 성도도 때로는 두려워한다. 루터같이 담대한 사람도 두려워하고 있을 때 그의 아내로부터 "루터의 하나님은 죽었는가?"라는 책망섞인 말을 듣고 크게 도움을 받은 적이 있다고 한다. 충성되고 용감한 성도들이 어떤 위급한 상황이 닥칠 때 두려움을 모르고 누구도 할 수 없는 큰일을 성공적으로 해낸 다음 자신이 어떻게 그런 일을 대담하게 할 수 있었는지 자신의 용기에 스스로 놀라워하는 일은 얼마든지 있다.

아브람은 조카 롯이 위급한 상황에 처했을 때 전후좌우를 생각지 않고 나가 싸워서 승리를 거두었다. 물론 그때 하나님께서 아브람이 이기도록 도와주셨다. 그런데 아브람이 막상 네 왕을 이기고 돌아와서 가만히 생각할 때 그들이 보복해오지 않을까 하는 불안감과 두려움에 사로잡히게 되었다. 하나님은 아브람의 이런 심경을 잘 알고 계셨다. 그러므로 '이 일 후에'(after these things)라는 말이 삽입된 것이다. 이때 하나님께서는 아브람을 친밀하게 부르시며 그를 강화시켜 주셨다. "아브람아, 두려워말라". 그가 두려워하지 않았다면 하나님은 이렇게 말씀하실 필요가 없었을 것이다.

"이상 중에". 이는 히브리어로 '마하제'로서 이상(vision)을 가리킨다. 이를 묵시라고도 번역하는데 이는 인간의 자연 영역을 초월한 특별한 영적 환상이나 꿈이나 무아지경을 통해 나타나는 계시를 말한다(민 12:6, 겔 11:24, 단 8:16, 고후 12:1, 계 1:10).

"나는 너의 방패요 상급이니라". 하나님께서는 아브람에게 그분 자신이 그의 방패라고 말씀하셨다. 하나님은 신실한 그분의 사람들이 당하는 모든 공격에 대해서 그들의 방패가 되신다. 그러므로 믿는이들은 하나님을 절대적으로 신뢰하는 것이 필요하다. 또 하나님은 믿는이들에게 지극히 큰 상급이시다. 아브람이 소돔 왕에게서 아무런 물품도 취해 오지 않았지만 하나님께서는 그로 인해 애석해하지 말라고 하시는 것 같다. 아브람이 그와 같이 땅에 속한 것들을 버리고 하늘에 속한 것을 선택하는 것이 옳음을 확증해 주시는 말씀이다. 우리가 주님을 위해 큰 싸움을 싸우고, 큰 업적을 세웠을지라도 거기에서 제공되는 땅에 속한 영광과 지위와 부귀를 거절한다면 하나님은 우리 앞에 그분 자신의 방패와 지극히 큰 상급을 예비하신다.

2-3절, 아브람이 가로되 주 여호와여 무엇을 내게 주시려나이까 나는 무자하오니 나의 상속자는 이 다메섹 엘리에셀이니이다 3 아브람이 또 가로되 주께서 내게 씨를 아니주셨으니 내 집에서 길리운 자가 나의 후사가 될 것이니이다

"우리는 여기서 성도의 영적 일진일퇴를 본다. 아브람이 방금 전 네 왕과 싸운 것이나 소돔 왕 앞에서 행한 바는 아주 멋지고 그리스도인으로서 높은 품격과 승리의 모습을 보여 준다. 그러나 이 15장에서의 두려워하는 상태와 하나님 앞에 토설하는 말은 그의 연약함과 부족한 믿음을 보여 준다. 우리는 여기서 과연 15장의 아브람이 14장의 그 사기충천하던 승리의 아브람인가를 묻게 된다. 그러나 우리가 하나님께 감사드리는 것은 체험 면에서 우리의 믿음은 이렇게 일진일퇴를 거듭하는 가운데 자라게 된다는 것이다."(박윤선)

하나님은 12장과 13장에서 계속 아브라함에게 그의 자손으로 큰 민족을 이루며, 땅의 티끌같이 많아지게 해주신다는 약속을 하셨지만 아브람은 하나님의 축복의 말씀을 믿지 못했다. 그는 아마 이렇게 생각한 것 같다. '다른 사람들은 자식도 많은데 정작 나의 씨로 말미암아 천하 만민이 복을 받으리라는(12:3, 22:18) 약속을 얻은 저에게는 자식이 하나도 없습니다. 그리고 제게 뭔가 좋은 것들(방패, 상급, 축복)을 주신다고 하시는데 상속자는 다메섹에서 데려다 기른 엘리에셀입니다.' 이런 종류의 생각은 불신에다가 약간의 불평이 섞인 것이다. 주님을 성실히 믿고 따르는 사람이라면 하나님을 향하여 이런 불신의 마음과 불평이 생기는 것을 볼 때 스스로 놀라며 불안해할 것이다. 그러나 우리는 여기서 믿음의 조상인 아브람이 이런 상태에 있는 것을 보게 되며 사람의 연약함과 불신이 얼마나 뿌리 깊은 것인가를 알게 된다.

하나님은 사람이 그분을 경외하고 순종하는 것을 원하시지만 또한 그분에게 말하는 것을 좋아하신다. 그분은 우리의 소리를 들으신다. 아브라함은 이제 가나안 땅의 문제는 해결되었지만 아들 문제는 아직 해결이 되지 않았다고 말하는 것이다. "주 여호와여 무엇을 주시려나이까? 나는 무자하오니 나의 상속자는 이 다메섹 엘리에셀이니이다." 물론 하나님은 그에게 아들이 없는 것을 아신다. 그러나 하나님은 사람이 그분에게 자신의 필요를 구하기를 원하신다. 이는 그분이 사람과 더욱 대화하기를 원하시기 때문이다. 하나님은 그에게 아들이 있을 것을 약속하셨지만 그가 다시 하나님께 말씀드리길 원하신다. 아브라함이 구한 것은 하나님의 뜻과 맞는 것이었다. 이는 그분이 아브라함으로 말미암아 큰 민족을 이루시려면 사온 자가 아니라 그 자신에게서 난 자라야 한다는 뜻으로 말씀드린 것이다. 이것이 2절에서 아브라함이 하나님께 말씀드린 말의 요지인 것이다. 이것이 하나님과 사람이 점점 가까워져 가는 과정이다. 이때 그는 하나님의 뜻과 갈망 속으로 들어가서 그분의 뜻과 하나된 간구를 드릴 수 있게 된 것이다. 그러나 하나님은 그 말에 즉시 답하지 않으셨는데 이는 아브라함으로 하여금 조금 더 말하게 하시기 위함이었다. 하나님은 사람으로 하여금 더욱 말하게 하신다. "아브라함이 또 가로되 주께서 내게 씨를 아니 주셨으니 내 집에서 길리운 자가 나의 후사가 될 것이니이다". 이렇게까지 말하자 하나님은 아브라함에게 말씀하셨다.

4-6절, 여호와의 말씀이 그에게 임하여 가라사대 그 사람은 너의 후사가 아니라 네 몸에서 날 자가 네 후사가 되리라 하시고 5 그를 이끌고 밖으로 나가 가라사대 하늘을 우러러 뭇별을 셀 수 있나 보라 또 그에게 이르시되 네 자손이 이와 같으리라 6 아브람이 여호와를 믿으니 여호와께서 이를 그의 의로 여기시고

아브람이 여호와를 믿으니

하나님은 아브람의 말을 귀기울여 듣고 계셨다. 불평 섞인 말, 믿음 없는 말일지라도 주님만을 따르고자 하는 성도의 말은 하나님께서 귀를 기울여 들으시며 그의 믿음의 부족한 부분을 도와주신다. 하나님은 얼마나 좋으신 분인지! 아브람이 2절까지 말할 때에는 가만히 듣고만 계시던 하나님께서 그가 3절을 말하자(자신의 후사에 대하여 믿음과 소망을 거의 포기하는 말) 개입하셨다. 하나님은 여기서 '아니다. 아브람아, 그게 아니다. 나는 내가 말한 것을 반드시 이룬다'라고 말씀하시는 듯하다. 우리는 이 부분의 말씀을 통해 아브람이 믿음의 위인이 된 것은 자신으로 말미암은 것이 아니라 하나님으로 말미암은 것임을 알 수 있다.

"아브람이 여호와를 믿으니 여호와께서 이를 그의 의로 여기시고". 이 얼마나 달콤한 말씀인가! 이는 아름다운 신약의 음조요 하나님의 사람에 대한 최고의 은혜이다. 믿을 수 없는 인생을 믿도록 도와주시고 또 믿으니 그것을 그의 의로 여기셨다. 사람이 한 것이라고는 아무것도 없다. 모든 것이 다 하나님의 은혜이다. 아브람이 한 일은 자신의 생각을 그대로 하나님 앞에 토설한 것밖에 없다. 그러나 하나님은 그가 믿을 수 있도록 계속 말씀해 주셨다. 이럴진대 믿지 못할 자가 누구란 말인가? 우리는 어쩌면 자신이 믿음이 없는 것을 걱정하고 염려하였을 것이다. 그러나 이 말씀에서 우리의 믿음을 강화해주시고 믿을 수 있는 은혜를 주시는 것도 하나님이

심을 보여주신다. 당신은 다만 정직하고 분명하게 자신의 필요와 부족함을 하나님께 말씀드리면 된다. 그러면 하나님은 당신이 그분을 믿을 수 있는 은혜를 주신다.

믿음으로 인한 칭의의 문제

하나님은 이 시점에 올 때 아브람을 통하여 믿음으로 인한 칭의의 도를 말씀하실 기회를 얻으셨다. 그것은 로마서에서 말씀하는 바와 일치한다. "저에게 의로 여기셨다 기록된 것은 아브라함만 위한 것이 아니요 의로 여기심을 받을 우리도 위함이니 곧 예수 우리 주를 죽은 자 가운데서 살리신 이를 믿는 자니라"(롬 4:23-24). 여기서 우리는 먼저 아브라함에게는 의로 여기심을 얻을 만한 근거가 전혀 없음을 볼 수 있다. 그는 무자하였고 아들을 낳을 수 있는 길이 없었다. 그때 하나님은 그에게 약속을 주셨고, 그가 그 약속을 믿는 것은 죽은 자를 살리며 없는 것을 있는 것처럼 부르시는 하나님을 믿는 것이었다. 즉 부활의 하나님을 믿는 것이었다.

오늘 우리도 동일하다. 우리에게는 의롭다 함을 받을 만한 조건이나 근거가 전혀 없다. 그것은 온전히 그리스도의 역사에 근거한다. 하나님께서는 그리스도를 통하여 죄인인 우리가 하나님 앞에 의롭게 되어 열납될 수 있도록 역사하셨다. 그리스도께서 십자가로 가심은 우리의 모든 죄를 담당하시기 위함이요 피를 흘리심은 우리의 모든 죄들을 씻으시기 위함이다. 예수 그리스도께서 이 땅에 오셔서 죽고 부활하심으로 하나님께서는 죄인인 우리가 하나님 앞에 나아갈 수 있게 하셨다. 우리는 탕자와 같이 더러운 죄의 옷을 입고 있었으나 하나님은 믿는 우리에게 의의 옷을 입혀 주심으로 하나님의 집의 잔치에 참여하게 해주셨다. 이 일에 있어서 우리가 한 것은 하나도 없고 다만 하나님께서 그분의 아들을 십자가에 죽게 하시어 우리의 죄와 불법을 다 제하시고 무덤에서 그분을 일으키심으로 이 역사를 이루셨다. 그분으로 말미암아 우리는 믿음으로 값없이 의롭다 함을 받는다.

하나님은 사람이 진정한 믿음을 갖기를 원하신다(요 6:29). 믿음이란 바라는 것들의 실상(實狀)이요 보지 못하는 것들의 증거이다(히 11:1). 히브리서 11장 1절의 바라는 것들의 실상(substance)이라는 말은 우리 그리스도인이 어디에도 존재하지 않는 미신적인 허상(delusion)을 있다고 가정하여 그냥 믿어보자는 신앙이 아니라, 우리의 육신적인 눈으로는 보지 못하지만 참되게 존재하는 것(실상)을 밝히 깨닫고 믿는 것을 말함이다. 우주 가운데 하나님과 그분의 말씀보다 참이 없다. 천지는 사라져도 하나님의 말씀은 변치 않고 일점일획도 없어지지 아니하고 영원토록 존재한다(마 5:18). 자신의 형편이나 상황을 떠나 하나님의 말씀을 믿는 것을 진정한 믿음이라고 하고 하나님은 그렇게 하나님을 믿는 사람을 가장 기뻐하신다(히 11:6).

아브라함의 믿음은 하나님의 말씀에 대한 믿음이었다. 그는 백세나 되어 다 늙어버린 자기의 형편이 아니라 변치 않고 참되신 하나님의 말씀을 믿었던 것이다(벧전 1:23,25). 그는 백세가 되었지만 아들을 낳으리라는 하나님의 말씀을 믿은 것이다. 어떻게 믿은 것인가? 그는 하나님의 전능하심이 자신이 어떠한 형편에 처했어도 아들을 낳게 하실 줄로 믿었다. "그가 백세나 되어 자기 몸의 죽은 것 같음과 사라의 태의 죽은 것 같음을 알고도 믿음이 약하여지지 아니하고 믿음이 없어 하나님의 약속을 의심치 않고 믿음에 견고하여져서 하나님께 영광을 돌리며 약속하신 그것을 또한 능히 이루실 줄을 확신하였으니 그러므로 이것을 저에게 의로 여기셨느니라 저에게 의로 여기셨다 기록된 것은 아브라함만 위한 것이 아니요 의로 여기심을 받을 우리도 위함이니 곧 예수 우리 주를 죽은 자 가운데서 살리신 이를 믿는 자니라 예수는 우리 범죄함을 위하여 내어줌이 되고 또한 우리를 의롭다하심을 위하여 살아나셨느니라"(롬 4:19-25) 아브라함은 우리의 믿음의 본이다. 그가 자신의 형편을 믿지 않고 말씀을 믿고 의롭다 하심을 받은 것처럼 오늘 우리는 죄 많은 우리 자신의 형편없는 모습을 보는 것이 아니라, 주 예수의 십자가의 피로 눈 보다 더 희게 씻으셨다고 하시는 하나님의 말씀을 믿는다. 아브라함은 아들을 낳으리라는 장래적인 말씀을 믿었다. 그러나 오늘 우리는 이천 년 전 십자가 위에서 그리스도께서 우리 죄를 위하여 죽고 부활하셨다는, 이미 이루어진 사실을 믿는 것이다. 그러나 그 두 가지가 다 신실하시고 전능하신 하나님의 말씀이기에 우리는 이를 실상(實狀)으로 믿는 것이다. 구원에 관한한 아브라함은 아무것도 한 것이 없다. 그는 씨를 낳기에는 무력한 존재였다. 구원의 모든 역사는 온전히 하나님이 다 하셨다. 아버지께서 계획하셨고 아들은 성취하셨고 성령이 믿는 자에게 다 역사하는 것이다.

로마서 4장의 아브라함의 믿음으로 인한 칭의의 문제는 깊이 연구해보아야 할 제목이다. 3절에서 "성경이 무엇을 말하느뇨 아브라함이 하나님을 믿으매 이것이 저에게 의로 여기신 바 되었느니라"고 한다. 이는 바울이 창세기 15장 6절의 일을 말한 것이다. 이는 아브라함이 85세 이전의 일이다. 그 때 하나님은 아브라함에게 말씀하셨고 아브라함은 믿었다. 그리고 하나님은 그 믿음을 의로 여기셨다. 그러나 그 때 아브라함이 믿은 믿음은 온전한 것이 아니었다. 후에 그는 다시 자기의 육체의 힘으로 이스마엘을 낳았기 때문이다. 로마서 4장 22절에서 이를 "저에게 의로 여기셨다"고 하신 것은 창세기 17장의 일을 가리킨다. 그 때 아브라함은 나이가 구십 구세가 되었고(17-21절), 비록 그가 자기 몸의 죽은 것 같음과 그의 아내의 태의 죽은 것 같음을 알고도 하나님의 약속을 의심치 않았으므로 하나님은 이것을 그에게 의로 여기신 것이다. 그러므로 아브라함은 다시 한 번 의롭다 함을 받은 것이다. 그 시간의 차이는 적어도 십년이 넘는다. 지난 번에 믿은 것은 팔십 오세 이전이고 이번 믿은 것은 구십 구세이니 말이다. 하나님은 아브라함에게 동일한 믿음의 공과를 실패의 체험을 거쳐가며 배우도록 인도하셨다. 처음에는 믿었지만 자신의 요소가 있는 상태로 믿었던 것이다. 그래도 하나님은 그의 믿음을 의로 인정해 주셨다. 그러나 그 믿음은 완전한 믿음은 아니었다. 결국 그가 100세나 되어 아무 소망이 없는 지점에 이르러 그가 약속을 믿었을 때는 진실로 온전히 믿은 것이며, 하나님은 이전에 배운 것과 깨달은 것이 과연 무엇인지를 다시 한 번 확인해주시듯이 그의 믿음을 의로 여기신 것이다. 우리는 이렇게 실패하면서 믿음을 배워가는 경우가 많다.

아브람이 살아 있는 믿음을 갖기까지

나는 아브람이 지금까지의 과정을 통과하면서 하나님을 체험하였으므로 그분의 말씀과 그분 자신을 믿을 수 있었을 것이라고 생각한다. 그가 갈대아 우르에서 하나님의 부르심을 받고 나올 때에만 하더라도 그의 믿음은 그리 충분하지 못했던 것 같다. 그러나 그는 가나안에 들어오기까지 아버지 데라의 죽음, 롯과 헤어짐, 애굽에 내려가서 있었던 일, 네 왕과의 전쟁 등을 통하여 많은 환경을 겪었다. 그 과정에서 그는 하나님을 더욱 경험하게 되었고 결국 자신이 무자한 가운데 있지만 자신의 몸에서 나온 자식이 후사가 되며 그의 자손이 하늘의 별과 같이 많아지리라고 하신 하나님의 약속을 믿을 수 있었으리라고 본다.

이 구절을 볼 때 아브람은 하나님의 말씀을 믿었을 뿐 아니라 하나님 자신을 믿었다. 하나님의 말씀을 믿은 것이 귀하지만 하나님 자신을 믿은 것은 더욱 귀하다. 아브람은 장차 될 일을 믿어서 의를 얻었지만 우리는 그 약속의 성취로 오신 그리스도를 믿음으로 의를 얻는다(박윤선). 사도 바울은 아브람에게 약속하신 그 자손이 단수(單數)라는 사실을 지적하면서 그 자손은 곧 그리스도를 가리킨다고 말했다(갈 3:18). 신약의 믿는이들은 믿을 때 의를 얻는데, 이 의는 단지 생명 없는 업적이 아니라 살아있는 인격인 그리스도이시다. 우리 안에 살아 계신 그리스도가 곧 의이시다(고전 1:30, 롬 8:10).

주관적인 믿음

아브라함은 14장에서 하나님이 천지의 주재이심을 믿었다. 그러므로 그는 소돔 왕에게서 아무것도 취하지 않을 수 있었다. 그러나 그 때 그는 의롭다함을 얻지 못했다. 오직 "네 몸에서 날 자가 네 후사"라는 주관적인 믿음을 가질 때에서야 믿음으로 의롭다함을 얻게 된 것이다.

요한복음 6장에 의하면 주 예수는 믿음에 대하여 매우 실제적인 가르침을 주셨다. 그분은 믿음이라는 것이 그분의 살을 먹고 그분의 피를 마시는 것이라고 하셨다. 그분은 "인자의 살을 먹지 아니하고 인자의 피를 마시지 아니하면 너희 속에 생명이 없느니라"(53절) 고 하셨다. 또한 "내 살을 먹고 내 피를 마시는 자는 영생을 가졌고"(54절)라고 하신다. 이 말씀에 의하면 믿어서 영생을 가졌다고 하는 다른 곳의 말씀과 다른 것 같다(47절). 그러나 사실은 믿음이란 객관적인 대상을 다만 인정하는 식으로 믿는 것을 말하는 것이 아니라 주관적으로 믿어서 그분을 안으로 영접하는 것을 말한다(요 1:12-13).

오늘날도 어떤 사람들은 다만 하나님의 존재를 믿고 살아계심을 믿는다고 말한다. 그러나 그러한 믿음은 구원에 이르는 믿음이 아니다. 그러한 믿음은 다만 객관적인 인정, 지적인 동의에 불과한 믿음이다. 야고보는 그러한 믿음은 귀신들도 가지고 있다고 하였다(약 2:19). 우리가 믿어서 구원받는 믿음은 하나님의 존재와 살아계심만이 아니라 그분이 우리의 구속주 되심과 생명이 되심을 믿는 믿음이다. 그분은 우리의 죄를 위해 피를 흘리신 구속주이시며, 우리의 생명이 되시기 위해 부활하신 부활의 주이시다. 우리는 그분의 십자가의 구속을 우리 속에 받아들이며 그분의 생명을 우리 안에 모셔 들인다. 그분은 우리의 죄 사함을 위해 죽으셨고 의가 되기 위해 부활하셨다. 이는 우리에게 주관적으로 미치는 구원이다. 우리의 죄를 씻으시는 것이며 우리의 생명이 되시는 것이며 이것이 그분의 피를 마시고 그분의 살을 먹는 것이다. 우리는 다만 객관적으로 어떤 사실을 인정하고 동의하는 것이 아니다. 그분의 피의 구속과 부활 생명을 우리의 존재 안으로 받아들이는 것이다. 살아있는 믿음은 우리 속에서 생명으로 역사한다.

믿음으로 난 자들

우리는 신약에서 하나님의 자녀가 되는 비결이 거듭남이라는 가르침을 받는다(요 1:12-13). 하나님의 교회의 건축은 사람들을 모아서 되는 것이 아니라 낳아서 되는 것이다. 신약의 사역의 일을 하는 사람들은 낳는 일을 해야지 그저 사람을 모으는 일을 해서는 안 된다. 아브라함은 갈대아 우르에서 나올 때 롯을 데리고 왔고 다메섹을 거칠 때 엘리에셀이라고 하는 성실한 종 하나를 데리고 왔다. 아브라함이 이런 사람을 하나하나 모으면 교회가 되리라고 생각했는가? 하나님은 그에게 '네 몸에서 날 자가 네 후사'

라고 하셨다. 우리가 낳는 자들을 통해서 교회가 이루어진다는 사실을 알아야 한다. 사도 바울은 그리스도 안에서 일만 스승이 있으되 아비는 많지 않다고 하였다. 자식을 낳아야 아비가 된다. 교회는 하나님의 가족이지 회사가 아니다. 회사는 유능한 사람들을 많이 모으면 되지만 교회는 하나님의 가족이므로 한 명씩 낳아서 이루어지는 것이다.

이스라엘은 비록 육적이지만 아브라함의 혈통이요 자손들이다. 교회는 아이가 태어나듯이 부활한 주님으로부터 태어난(born) 새 창조이다. 그리스도의 부활은 교회를 출생시킨 우주적인 출산(universal delivery)이다(요 16:21, 벧전 1:3). 바울은 디모데에게 '믿음 안에서 참 아들', '사랑하는 아들'이라고 불렀다(딤전 1:2, 딤후 1:2). 이는 바울과 그들의 관계가 조직이나 이념에서의 관계가 아니라 생명의 관계였음을 나타낸다. "자기의 뜻을 좇아 진리의 말씀으로 우리를 낳으셨느니라"(약 1:18b) "또 그에게 이르시되 네 자손이 이와 같으리라"(15:5). 하나님의 교회는 자녀들로 이루어진다.

씨(seed)는 곧 그리스도

5절, 그를 이끌고 밖으로 나가 가라사대 하늘을 우러러 뭇별을 셀 수 있나 보라 그에게 이르시되 네 자손이 이와 같으리라

여기서 자손은 복수가 아니라 단수이다. 뭇별같이 자손이 많다고 했다면 분명 자손들이라고 하는 복수를 써야 할 텐데 단수를 썼다. 갈라디아서 3장 16절에서 바울은 이 자손이 그리스도를 가리킨다고 하였다. 그러나 아브라함의 뭇별같이 많은 자손은 결국 그리스도라는 말이다. 결국 이 땅을 차지할 사람은 그리스도라는 말이다. 그의 아들 이삭은 그림자이고 실제의 아들은 그리스도이다. 이는 아브라함이 믿음 안에서 바로 될 때 결국은 이삭을 낳을 수 있다는 예표이다. 그는 이스마엘을 낳는 등 우여곡절을 겪은 후 이삭을 낳았다. 오늘날 교회는 아브라함처럼 믿음에서 온전케 되어서 그리스도를 이끌어와야 한다. 그럴 때만이 교회는 땅을 기업으로 얻을 것이다.

6절, 아브라함이 여호와를 믿으니 여호와께서 이를 그의 의로 여기시고

하나님이 사람을 의롭다 하심은 오직 믿음으로 인한 것임을 여기서부터 말씀하고 계시다. 아브라함이 무엇을 하였는가? 아무것도 하지 않았다. 그는 다만 하나님이 하신 말씀을 믿었다. 따라서 그는 의롭다 함을 얻은 것이다. 이에 대하여 로마서 4장 1-3절은 “그런즉 육신으로 우리 조상된 아브라함이 무엇을 얻었다 하리요 만일 아브라함이 행위로서 의롭다함을 얻었으면 자랑할 것이 있으려니와 하나님 앞에서는 없느니라 성경이 무엇을 말하느뇨 아브라함이 하나님을 믿으매 이것이 저에게 의로 여기신 바 되었느니라”고 한다. 이는 우리가 의를 얻는 것이 하나님의 말씀을 믿음으로 인한 것임을 분명히 밝히고 있는 것이다. 이로 인하여 하나님께 감사하고 찬양한다.

유업의 문제

7절, 또 그에게 이르시되 나는 이 땅을 네게 주어 업을 삼게 하려고 너를 갈대아 우르에서 이끌어낸 여호와로라

의의 문제를 다루신 하나님은 이제 유업의 문제를 말씀하고자 하신다. 바울 또한 로마서에서 의에 대한 문제를 다루고 그런 다음 후사의 문제를 다루었다. 이처럼 창세기 15장 6절과 7절은 매우 중요하다. 이 부분과 로마서 8장은 큰 관련이 있다. 그러나 후사의 문제는 고난의 문제를 이끌어 온다. “자녀이면 또한 후사 곧 하나님의 후사요 그리스도와 함께한 후사니 우리가 그와 함께 영광을 받기 위하여 고난도 함께 받아야 될 것이니라”(롬 8:17). 우리가 믿음으로 의를 얻었을 때 하나님의 자녀가 되지만 또한 자녀는 마땅히 후사가 되어야 한다. 믿음으로 의를 얻어 자녀가 되는 것이 큰 문제임을 알지만 하나님은 그것이 전부가 아니라고 하신다. 하나님이 우리를 자녀로 부르신 것에는 더 큰 목적이 있는 것이다. 하나님은 우리에게 더욱 주시고자 하는 것이 있는데, 그것이 후사의 문제이다.

하나님은 우리에게 만유를 기업으로 주시고자 하신다. 하나님은 만유의 하나님으로서 그분의 부요한 기업을 그분의 자녀들에게 나눠주시기를 원하셨다. 구약의 여호수아서는 성도들이 홍해를 건너 광야를 지나 요단을 건너 가나안 땅에 이르러 영적 전투를 벌임으로 그 기업을 얻는 자들이 되기를 원하셨다. 이 모든 것이 하나의 그림이다. 그들은 당시 가나안 전투를 통해 그 땅을 제비뽑아 분배받았다. 이는 성도들이 받아야 할 유업의 그림자이다(골1:12).

하나님은 아브라함이 자녀를 얻는 문제를 믿기 원하실 뿐 아니라 하나님의 후사로서 기업을 얻게 될 것도 믿기 원하신 것이다. 성경에서 자녀의 문제를 말하면서 곧바로 후사의 문제를 말하는 것은 매우 특별하다. 이는 왕가나 부유한 가정에 태어난 자녀의 경우 해당되는 관례이다. 평범한 가정에서 태어난 우리들에게는 후사의 문제가 별로 와닿지 않으며 이러한 사상이 익숙하지 않다. 그러나 성경은 "자녀이면 또한 후사 곧 하나님의 후사"라고 하면서 상속의 문제를 바로 거론한다. 이는 얼마나 영광스러운 일인지! 바울은 상속자된 자들이 걸어야 할 고난을 언급했다. "생각건대 현재의 고난은 장차 우리에게 나타날 영광과 족히 비교할 수 없도다"(롬 8:18) "우리의 잠시 받는 환난의 경한 것이 지극히 크고 영원한 영광의 중한 것을 우리에게 이루게 함이니"(고후 4:17). 로마서 8장에서 하나님의 자녀가 되는 것은 성령과 관련을 짓고 후사가 되는 문제는 고난과 관련을 지어놓았다. 성령의 인도함을 따르지 않으면 하나님의 자녀로서의 삶이 없고 고난을 받지 않고는 영광의 후사가 될 수 없다. 우리는 신약성경에서 성도들이 유업을 얻는 문제를 매우 심각하게 다루고 있음을 볼 수 있다. 하나님은 우리 신약의 성도들을 구원받아 멸망을 면하게 하실 뿐 아니라 하나님의 모든 기업을 유업으로 받는 상속자들이 되게 하려고 부르셨다는 것을 알아야 한다.

상속자들이 받는 고난

그러나 성도들은 하나님의 유업을 간단하게 받는 것이 아님을 계시해준다. 성도들인 우리가 받는 고난은 죄를 위한 고난이 아니다. 죄의 문제는 십자가에서 그리스도로 말미암아 단번에 해결되었다. "그리스도께서도 한 번 죄를 위하여 죽으사"(벧전 3:18)라고 하셨으므로 우리의 죄 문제는 단번에 끝난 것이다. "이제 자기를 단번에 제사로 드려 죄를 없게 하시려고 세상 끝에 나타나셨느니라"(히 9:26). 하나님이 우리의 죄로 인하여 아들을 단번에 드리심으로 모든 죄를 심판해 놓으시고 또다시 우리에게 죄를 물으신다면 하나님은 공의롭지 못하시다. 그러므로 우리 상속자들이 받는 고난은 죄로 인한 것이 아님이 분명하다. 로마서 8장은 후사의 문제를 말하면서 고난의 사상을 끌어들여 온다(롬8:16-18). 의롭다 함과 하나님의 자녀가 되는 문제는 믿음으로 되는 것이지만 후사가 되는 문제, 장래 영광을 얻는 문제는 고난과 직결된다.

상속자들이 받는 고난을 성경은 어떤 종류라고 말하는가? "그리스도를 위하여 너희에게 은혜를 주신 것은 다만 그를 믿을 뿐 아니라 또한 그를 위하여 고난도 받게 하심이라"(빌 1:29)라고 한다. 또한 "우리가 주와 함께 죽었으면 또한 함께 살 것이요 참으면 또한 함께 왕노릇할 것이요"(딤후 2:11-12a)라고 한다. 만일 우리가 그분과 함께 고난을 받으면 우리가 함께 다스릴 것이라는 말이다.

우리가 오늘 고난을 받는 것은 죄로 인한 것이 아니라 그리스도와 함께 받는 고난인 것이다. 세상이 그를 미워함으로 우리를 미워하는 것이요 핍박하는 것이다.

그러므로 우리가 그리스도와 더불어 받는 고난은 속박의 멍에가 아니라 특권의 문제이다(맥킨토시). 우리가 주 예수님을 더 사랑할수록 그분과 더불어 행하며 그분을 위해 살기 원할수록 그분과 더불어 고난을 받으려 할 것이다. 바울의 말에 의하면 그가 간 고난의 길은 '그리스도의 사랑이 나를 강권하심으로' 말미암은 것이다. 주님은 말씀하셨다. "사람이 나를 섬기려면 나를 따르라 나 있는 곳에 나를 섬기는 자도 거기 있으리니"(요 12:26a). 십자가에 주님이 매달렸을 때 하나님은 그분과 함께 거기 계셨다. 우리가 오늘 주님과 함께 걸어가기 위해 사람들의 배척과 비난을 당할 때 주 예수님은 우리와 함께 하시겠다는 말이다. 이러한 삶은 우리를 유업을 이어받는 상속자가 되도록 이끄는 삶인 것이다.

8-9절, 그가 가로되 주 여호와여 내가 이 땅으로 업을 삼을 줄을 무엇으로 알리이까 9 여호와께서 그에게 이르시되 나를 위하여 삼 년 된 암소와 삼 년 된 암염소와 삼년 된 수양과 산비둘기와 집비둘기 새끼를 취할찌니라

하나님께서 아브람에게 이 땅을 기업으로 주시겠다고 하자 아브람은 무엇으로 그것을 알겠느냐고 했다. 이에 하나님은 그에게 믿을 수 있는 증거를 주고자 하셨다. 여기서 우리는 언약의 문제를 본다. 아들을 주시는 문제에 있어서 아브라함은 약속의 말씀으로만 충분히 믿을 수 있었다. 그러나 땅을 기업으로 주시는 말씀은 약속으로만 믿기가 어려웠던 것이다. 그것은 아브라함에게 너무 큰 문제였던 것이다. 아브라함의 믿음의 분량은 너무 적은데 비해 하나님의 약속은 너무 컸다. 그래서 하나님은 아브라함과 언약을 세우신 것이다(18절). 장래 왕국의 영광과 보상을 얻기 위해서는 우리가 믿어서 의롭게 되고 구원받는 것 보다 더 큰 믿음을 필요로 한다. 따라서 오늘 이 땅에 구원은 받았지만 후사의 문제를 향하여 전진하며, 기꺼이 고난 안으로 자신을 밀어넣는 사람은 적은 것이다. 아브라함은 모든 면에서 오늘 우리 믿는 자들의 본이 되었다.

언약의 본질

오늘날도 어떤 사람들은 물질적인 공급을 주시는 하나님은 믿지만(마 6장), 치료의 하나님은 믿지 못한다. 그러므로 물질의 부족과 손실에 있어서는 이길 수 있는 믿음이 있지만 어떤 작은 병에만 걸려도 황급히 약을 찾으며 하나님보다 의사를 의지한다. 그가 과연 믿음이 있는가 없는가? 있는 부분도 있고 없는 부분도 있는 것이다. 하나님의 사람 엘리야도 그러한 적이 있었다. 그가 갈멜산에서 이세벨의 선지자들을 대적할 때는 용감하게 믿었고 바알의 신의 선지자들을 다 이기고 물리치실 것을 믿었지만 얼마 지 않아서 이세벨이 죽이려하자 두려워하며 엔게디로 도망했다(왕상 19:4). 믿음의 사람 루터도 그러한 때가 있었다. 아브라함이 당시 그러했다. 그는 자손이 있으리라는 말씀은 믿을 수 있었지만 가나안 일경을 기업으로 주시리라는 말씀을 믿지 못했다. 그러므로 하나님은 그에게 언약(covenant)을 세우신 것이다.

언약이란 이와 같이 사람의 믿음의 약함을 돌봐주시기 위한 하나님의 조처이다. 우리는 하나님의 약속을 한 면으로는 믿으면서 한 면으로는 믿지 못한다. 이것은 잘못된 것이다. 하나님이 사람에게 약속을 하셨는데 우리가 믿음이 연약하여 그분의 수준으로 올라가서 그 약속을 믿지 못한다면 어떻게 하겠는가? 하나님이 우리의 수준으로 내려와서 우리와 동등한 수준에 서주시고 우리로 담대히 그분의 약속을 믿게 하시는 것이다. 이것이 언약의 본질이다. 하나님은 아브라함이 첫 번째 약속은 믿었으므로 그에게 그 의를 주셨고 응답도 주셨으며 두 번째 약속을 믿지 못한고로 언약을 세워 부족한 부분을 보충하신 것이다.

삼년 된 제물

하나님은 아브라함에게 삼년 된 암소와 삼년 된 암염소와 삼년 된 수양과 산비둘기와 집비둘기 새끼를 취하도록 명하셨다. 아브람이 드린 제물들은 레위기에서 하나님이 제사법을 확정하실 때의 그것과 정확히 일치했다. 이로써 우리는 하나님께서 이미 오래 전부터(창세전부터) 그분의 아들, 하나님의 어린 양을 예표할 짐승들을 확정하신 것을 알 수 있다. 여기서 언약을 세우면서 드리라고 하신 제물들에는 많은 의미가 있다. 암소는 그리스도의 인내와 고초의 생활, 그분의 화목제물 되심을 예표한다. 암염소는 그리스도께서 많은 열매를 맺은 것과 그분의 속죄제 되신 것을 의미하며, 수양은 그리스도께서 능력이 있는 이기는 자로서 죽으셨다는 것과 하나님의 번제를 의미한다. 이들이 모두 삼년 된 것은 그리스도의 부활의 날인 3일과 일치한다. 화목제이든지 속죄제이든 그분은 다 부활 안에서 드려진 것을 의미한다. 그분은 사망 안에서 드려지지 않았다. 그분은 살아계실 때도 이미 부활이셨다(요 11:25). 그분이 흠 없는 제물로 자기를 십자가에 드릴 때 그분은 영원한 영으로 드리신 것이다(히 9:14).

두 마리의 새

또 두 마리의 새는 그리스도가 하늘에서 오셨음을 의미한다. 한 마리는 그리스도의 고난의 일생을 의미하고 다른 한 마리는 그리스도의 믿음 생활, 즉 날마다 때마다 하나님을 의지하고 사셨음을 예표한다. 또한 이것은 당시 사람들이 언약을 세울 때의 방식이기도 했다. 그때 사람들은 언약을 세울 때 소나 양 등의 희생제물을 반으로 갈라 쪼갠 것을 마주 대하여 놓고서 언약을 세우는 사람이 희생이 갈라진 중간으로 걸어감으로 그와 상대방 사이에 언약을 세웠음을 표시해야 했다. 이는 그가 맺은 언약이 폐와 심장을 지나고 피를 지나간다는 것을 표명하는 것이다. 그만큼 진심으로 약속한다는 뜻이다. 당시 사람들은 이런 식으로 서로 간에 언약을 했다. 하나님은 아브라함이 충분히 그분의 약속을 믿을 수 있도록 사람의 수준으로 내려와 언약을 세워주신 것이다. 이처럼 하나님이 아브라함에게 언약을 세워주신 것은 아브라함의 믿음을 넓혀주시기 위한 것이다.

우리는 오늘날 새 언약을 가지고 있다(눅 22:20). 이 새 언약은 우리의 믿음을 위하여 주님이 피를 증거로 세우신 성질이 있다. 주님의 피로 세우신 새 언약이란 이와 같이 그분의 심장과 폐를 찢으시면서 우리에게 죄 사함의 약속을 견고케 하신 것이다.

여기서 아브람은 자신을 위하여 이런 증거를 취할 뿐 아니라 후손들에게도 분명한 증거를 남겨 믿는 데 도움이 되게 하려는 것을 볼 수 있다. 왜냐하면 이 약속은 자신만이 아니라 자손들을 위한 것이기 때문이다. 아브라함이 이 언약을 얻은 것은 그 후손들에게도 담대한 믿음으로 믿도록 하는 데 도움이 된 것이다. 또한 그것은 오늘 믿음의 길을 걸어가는 우리를 위한 것이기도 하다. 아브람이 당시 약속으로 얻은 것은 사실 물질적인 가나안 땅이 아니라 하늘에 속한 영적인 가나안 땅이다. 그 땅은 부요하고 무한하신 하나님 자신이요 하나님의 모든 충만이 육체로 거하시는 그리스도이시다. 하나님께서는 아브람의 믿음의 후손들에게 반드시 그리스도를 영적인 축복으로 나누어주실 것을 약속하신 것이다. 그분이 그렇게 언약하시고 이루어주시지 않는다면 그분이 자신을 부인하시는 것이 된다. "우리는 미쁨이 없을찌라도 주는 일향 미쁘시니 자기를 부인하실 수 없으시리라"(딤후 2:13). 결국은 영원한 기업을 얻는 후사가 되는 믿음도 예수 그리스도의 십자가의 죽음 이외에 다른 것이 아님을 주께 감사하고 찬미한다. 그 십자가의 고난이 우리를 위한 새 언약의 증표이다. 우리에게 그 아들을 주셨는데 모든 약속하신 것을 은사로 주시지 않겠는가?(롬8:32).

10-11절, 아브람이 그 모든 것을 취하여 그 중간을 쪼개고 그 쪼갠 것을 마주 대하여 놓고 그 새는 쪼개지 아니하였으며 11 솔개가 그 사체 위에 내릴 때에는 아브람이 쫓았더라

하나님께서는 아브람의 요청에 따라 희생제물을 준비케 하시고 그 기회를 잡아 하실 말씀을 다 하셨다. 아브람은 그 모든 제물들을 쪼개고 그 쪼갠 것을 마주 대하여 놓고 기다렸다. 그리고 솔개가 그 사체 위에 내릴 때에는 아브람이 쫓았다. 여기서 우리는 하나님의 일에 사람의 깨어 있음과 기다림과 주의가 필요함을 본다. 아브람은 하나님께서 응답하실 제물 위에 솔개가 먼저 나타나 방해하는 것을 좌시하지 않았다. 그는 믿음으로 기다릴 뿐 아니라 마귀의 방해 공작을 막아가며 기다린 것이다. 우리가 깨어 있지 않으면 우리의 믿음을 지킬 수 없고 하나님의 언약의 축복을 잘 받지 못한다. 아브라함이 그 밤에 솔개를 쫓았듯이 교회 생활 가운데서 성도들은 사탄 마귀의 공작을 경계하며 그 자의 공작과 궤계를 쫓아내야 한다.

12-14절, 해질 때에 아브람이 깊이 잠든 중에 캄캄함이 임하므로 심히 두려워하더니 13 여호와께서 아브람에게 이르시되 너는 정녕히 알라 네 자손이 이방에서 객이 되어 그들을 섬기겠고 그들은 사백년 동안 네 자손을 괴롭게 하리니 14 그 섬기는 나라를 내가

징치할찌며 그 후에 네 자손이 큰 재물을 이끌고 나오리라

해질 때에 아브람은 깊이 잠들었고 캄캄함이 임하므로 심히 두려워하였다. 13절부터는 하나님께서 아브람의 자손에 대해 하신 예언의 말씀이다 "네 자손이 이방에서 객이 되어 그들을 섬기겠고 그들은 사백 년 동안 네 자손을 괴롭게 하리니 그 섬기는 나라를 내가 징치할찌며 그 후에 네 자손이 큰 재물을 이끌고 나오리라". 이 말씀은 하나님이 시간과 공간을 초월하신 분임을 증명한다. 아브라함과 이삭을 지나 야곱과 요셉과 그 후에 야곱의 열두 아들들이 애굽에 들어가 생활하다가 나오게 될 것을 미리 다 알려주신 것이다. 하나님은 아브람에게 그 자손들이 남의 나라에 들어가 많은 고난을 당하다가 결국 거기서 나오게 될 것을 알려주셨다. 그의 자손들이 그 땅을 유업으로 얻겠지만 먼저는 많은 고난을 당하게 되리라고 말씀하신 것이다.

의를 얻는 것은 다만 믿음으로 말미암은 것이지만 후사가 되는 것은 고난을 통과함으로 말미암은 것이다. 이스라엘 백성들은 먼저 많은 고난을 당하고 그 다음에 약속의 땅을 기업으로 얻게 될 것이다. 아브람이 하나님께 무엇으로 이 땅을 기업으로 얻게 될 것을 알 수 있느냐고 물었을 때, 그는 고난을 통과해서 그 땅을 얻게 될 것이라는 응답을 기대하지 않았을 것이다. 그러나 하나님께서는 매우 실제적으로 응답해주셨다. 먼저가 연기 나는 풀무요 그 다음이 타는 횃불이다. 하나님께서는 기드온에게 하신 것처럼 단순하게 응답만 하신 것이 아니라 의미를 해설해 주시면서 응답하셨다. "네 자손들이 그 땅을 유업으로 얻을 것이다. 그러나 아무런 고난이나 어려움 없이 그냥 얻는 것이 아니라 400년이라는 기간 동안 고난을 당한 후에 얻을 것이다. 그것은 마치 풀무불과 같을 것인데 지금 네가 보는 것과 같다. 그러다 네가 제물들 위로 지나가는 타는 횃불을 보는 것처럼 400년이 마쳐질 때 네 자손들은 이 땅을 기업으로 얻기 위하여 그 이방나라에서 놓여날 것이다. 그때 네 자손은 많은 재물을 가지고 거기서 나올 것이다."

풀무불과 횃불

하나님의 나라를 상속하기 위해서 고난은 필수이다(행 14:22). 그리스도를 위하여 우리에게 은혜를 주신 것은 다만 그를 믿을 뿐 아니라 또한 그를 위하여 고난도 받기 위함이다(빌 1:29). 우리가 오늘 받는 고난은 장차 나타날 영광과 족히 비교할 수 없다. 곡식이 자라기 위해서는 처음에 싹이 나고 그 다음은 이삭이며 그 다음은 이삭에 충실한 곡식이다(막 4:28). 곡식이 추수되기 위해서는 이삭에 충실한 곡식이 있어야 하는데, 그러기 위해서는 자랄 때 필요했던 물기가 말라야 한다. 속에 있는 곡식이 여물어갈 때 그 속에 있던 물기는 점점 말라간다. 그러면 추수 때가 이르게 된다. 믿는이들이 하나님의 상속자가 되기 위해 받는 고난은 죄와 관계있는 것이 아니다. 그것은 그리스도의 남은 고난에 동참하는 것이요 믿는이들이 받은 은혜로 인하여 자원하여 고난받는 것이다. 바울 사도는 우리가 고난을 참으면 그리스도와 함께 왕 노릇 한다고 말했다(딤후 2:12). "우리가 그리스도와 함께 받는 고난은 속박하는 멍에가 아니라 특권이다. 부득이한 고통이 아니라 자발적인 헌신이다"(매튜 헨리).

우리가 주님을 사랑하면 할수록 주님을 위하여 더욱 고난받고자 하는 마음이 생긴다. 하나님께서 귀하게 쓰셨던 많은 종들은 대부분 먼저 풀무불의 고난을 오랫동안 통과케 하신 다음 횃불을 주셔서 밝고 귀하게 사용하셨다. 이스라엘의 전체 역사는 풀무와 횃불의 역사로 요약할 수 있다. 전자는 이스라엘이 처했던 고난과 시련의 역사이고 후자는 여호와께서 이스라엘을 구원하기 위해 나타나셨던 은혜의 역사이다. 이스라엘이 오랫동안 가나안 왕들에게 속해 있었던 것이나 바벨론의 포로나 현재의 분산과 심지어 제2차 대전의 수많은 유대인 학살의 역사는 풀무불 아래 있던 역사이다(신 4:20, 왕상 8:51, 사 48:10).

모세의 손으로 애굽에서 구출한 역사, 사사들을 통해 구원하신 역사, 고레스의 칙령에 의한 예루살렘 귀환, 그리스도의 재림시에 그들에게 회복의 축복을 주심 등은 다 횃불에 해당한다. 야곱은 이십 년 동안 고된 세월을 보냈고 요셉은 애굽의 감옥에서 고난의 풀무불을 체험했으며 모세는 광야에서 40년을 보냈다. 모든 하나님의 종들이 그러했다. 그들은 먼저 시련을 당해야 했고 신실함이 입증된 후에라야 하나님이 사역에 임하게 하셨다. 우리 주 예수님은 하나님의 아들이시라도 받으신 고난을 통하여 순종함을 배워서 온전케 되셨다(히 5:8). 하물며 우리가 고난 없이 온전함을 얻을 수 있겠는가? 하나님께서 우리로 고난에 동참케 하심은 그분의 고난의 교통에 참여케 하심이요 고난을 통하여 온전케 하시려는 것이요 장래 왕국을 상속받는 상속자가 되기에 합당하게 하려는 것이다. 하나님의 자녀가 되는 것과 하나님의 종이 되는 것은 매우 차이가 있다. 자녀는 낳음으로 되지만 종은 훈련으로 말미암아 되기 때문이다. 어떤 주인이든지 직무에 대한 훈련이 없는 사람을 종으로 사용하지 않을 것이다. 하나님도 마찬가지로 많은 풀무를 통해 온전케 된 사람을 종으로 사용하신다. "특별히 하나님의 교회의 청지기로서 사역에 임하고자 하는 자들은 훈련받은 심령과 성숙한 판단력과 겸손한 마음씨, 고집이 없는 의지, 부드러운 음성이 필요하다. 이 모든 것들은 은밀한 풀무불의 훈련에서 나온 아름다운 결실들이다"(맥킨토시)

"해가 져서 어둘 때에 연기나는 풀무가 보이며 타는 횃불이 쪼갠 고기 사이로 지나더라 그 날에 여호와께서 아브람으로 더불어 언약을 세워 가라사대". '중간을 쪼개고'란 무슨 뜻인가? 이는 죽음을 거치고 십자가를 거친다는 뜻이다. 여기서 하나님은 아브라함에게 "이 땅을 업으로 삼을 수 있는가"의 여부가 십자가에 있음을 알려주고 있다. 그의 자손이 이 땅에서 있을 수 있는가는 그들에게 십자가의 죽음이 있는가에 달려있다. 우리는 십자가가 영적 생활의 기초임을 알아야 한다. 십자가를 지는 사람에게만 연기 나는 풀무와 횃불이 있다. 하나님은 십자가를 가까이 하지 않고 사랑하지 않는 사람을 풀무로 단련하려 하지 않으신다. 그분은 그분의 손에 드려져 헌신되었으며, 그분이 기꺼이 사용하시려는 그릇을 연단하신다. 나는 오늘날 가나안 땅의 실제는 합당한 교회 생활이라고 믿는다. 오늘날 어떤 사람들은 교회 생활하다가 시험 당하여 약속의 땅에 머물지 못하는 것을 본다. 그들은 왜 오늘날의 가나안 땅인 교회 생활 안에 머물지 못하고 떠나는가? 그들은 십자가의 칼로 그 중간을 쪼개지 않고 봉합한 채로

가버린다. 그러므로 그들에게는 연기나는 풀무나 횃불이 없다. 어쩌면 연기는 나지만 연기로 끝나고 횃불은 영영 보지 못한 채 끝나는 것이다. 오늘 날 얼마나 많은 성도들과 주의 종들이 풀무의 연단을 견디지 못한 채 중도에 탈락하는 길을 가는지! 우리는 아쉽고 슬픈 눈으로 중도 탈락자들을 대하게 된다. 결국 그들은 주님의 재림시에 풀무의 불 가운데로 던져져 그곳에서 불의 훈련을 받게 될 것이다(마 5:22-26, 고전 3:15).

15절, 너는 장수하다가 평안히 조상에게로 돌아가 장사될 것이요

하나님의 축복이 있는 사람의 죽음은 어쩔 수 없이 죽는 죽음이 아니라 기꺼이 임하는 죽음이다. 그들은 그들의 영혼을 온전히 하나님께 맡긴다. 장수는 축복이다. 그것은 제5계명에도 있으며, 장수할 때 하나님을 위하여 많은 유익한 일을 할 수 있다. 모세는 80세부터 귀하게 쓰임받았으며, 요한 웨슬레는 88세 때에도 하루에 두 번씩 설교할 수 있었고, 미켈란젤로는 66세에 '최후의 심판'이라는 걸작을 남겼다. 어떤 사람은 윈스턴 처칠에 대하여 그가 만일 60세 이전에 죽었더라면 그의 인생은 성공적이 아니었을 것이라고 말했다. 물론 장수가 매우 인생에 유용하지만 충성된 사람들은 언제든지 그들의 생을 주님 손에 맡긴다. 그들은 언제나 오래 살기만을 원하지는 않는다. 주님은 우리의 목숨보다 귀한 분이시기 때문이다.

16절, 네 자손은 사대만에 이 땅으로 돌아 오리니 이는 아모리 족속의 죄악이 아직 관영치 아니함이니라 하시더니

하나님의 심판은 죄인들이 그 죄의 분량을 채울 때 실시된다는 것을 알 수 있다. 죄의 분량은 서서히 차 오른다. 여호와 앞에 큰 죄인이었던 소돔 사람들도 그들의 죄의 분량을 채움으로 심판을 받았고 유대인들도 하나님의 심판에 앞서 조상들의 죄의 분량을 채우고 있었다(매튜 헨리). 어떤 사람이 지속적으로 죄를 짓고 또 짓는 것은 그의 심판을 위해 죄의 양을 채우고 있는 것이니 참으로 두려운 일이다. 결국 하나님께서 가나안 땅을 아브람 자손에게 주려 하시는 것은 한 면으로는 그들의 기업이 되게 하려 함이요 다른 한 면으로는 그 땅의 죄악을 인함이다. 하나님께서는 가나안 땅의 악한 우상숭배와 죄악을 멸하기 원하셨다. 하나님의 왕국은 그분의 백성들에게는 축복이요 기업이요 보상이며 사탄에게 있어서는 파멸이다. 언제 어디서든지 사탄의 세력이 멸절되고 그리스도의 권위가 통행되는 영역이 하나님의 왕국이다. 사탄의 세력이 멸절된 곳이 왕국이다. "그러나 내가 하나님의 성령을 힘입어 귀신을 쫓아내는 것이면 하나님의 나라가 이미 너희에게 임하였느니라"(마 12:28) 하나님은 사람을 창조하실 때부터 악한 세력을 쫓아내고 땅을 정복하고 다스릴 존재를 원하셨던 것이다. 이것이 바로 왕국이요 성경은 바로 이 왕국을 위한 책이다. 가나안의 일곱부족과 그 대적이 물리쳐지지 않으면 왕국은 그 땅에 세워질 수 없는 것과 같다. 그 일에 하나님과 가장 좋은 동역을 드렸던 종이 다윗이었던 것이다.

애굽 강에서부터 큰 강 유브라데까지

17-21절, 해가 져서 어둘 때에 연기 나는 풀무가 보이며 타는 횃불이 쪼갠 고기 사이로 지나더라 18 그 날에 여호와께서 아브람으로 더불어 언약을 세워 가라사대 내가 이 땅을 애굽강에서부터 그 큰 강 유브라데까지 네 자손에게 주노니 19 곧 겐 족속과 그니스 족속과 갓몬 족속과 20 헷 족속과 브리스 족속과 르바 족속과 21 아모리 족속과 가나안 족속과 기르가스 족속과 여부스 족속의 땅이니라 하셨더라

이것이 하나님께서 아브라함의 자손에게 약속하신 땅의 범위인데 지리적으로 솔로몬 시대와 여로보암 2세 때에 실현되었다(왕상 8:65, 왕하 14:25). 여기서 하나님은 아브라함과 언약을 세우셨다. 3절에서 하나님께서 후사에 대한 약속을 주셨을 때 아브라함은 믿을 수 있었다. 그리고 하나님은 그의 믿음을 의로 여기셨다. 그 다음 주님은 가나안 땅을 기업으로 주시고자 하셨다. 그때 아브라함은 그 말씀에 대하여는 쉽게 믿을 수가 없었다. 그 땅에 살고 있는 거인들(대적 마귀의 세력을 예표함)에 대하여 잘 알고 있는 아브라함으로서는 그 광대한 땅을 기업으로 주신다는 것을 들을 때 그 약속을 쉽게 믿을 수가 없었던 것이다. 이는 어떻게 보면 인간적인 면에서 이해할 만하다. 그러므로 하나님은 그에게 그 약속의 증표로서 삼 년 된 암소와 암염소와 수양과 산비둘기와 집비둘기 새끼를 취하여 중간을 가르게 하고 횃불로 지나가게 하셨다. 이것은 당시 사람들이 언약을 하는 방식(짐승들의 중간을 가르고 언약을 하는 사람이 지나가는 것)을 하나님이 취한 것이요 그분의 약속을 아브라함에게 견고케 하시는 일이었다. 이에 대하여 히브리서 6장은 하나님이 그 기업을 약속으로 받는 사람들에게 그 뜻이 변치 않음을 나타내기 위하여 그 일을 맹세로 보증하셨다고 하셨다(히 6:13-17). 이것이 언약이다. 즉 언약이라 함은 하나님의 축복의 약속에다가 맹세의 보증이 더해진 것이니 하나님이 사람에게 반드시 그분이 약속하신 것을 이행하시겠다는 의지이다. 이는 하나님께서 사람의 연약한 믿음을 보충해주시는 수단인 것이다.

근본적으로 사람은 믿음이 없다. 그러므로 주님은 사람에게 겨자씨만한 믿음을 요구하신 것이다. 하나님은 사람의 수준으로 내려오셔서 사람의 연약한 믿음을 도와주시기 위하여 언약을 하시는 것이다. 하나님은 어찌하든 사람이 그분의 말씀하신 것을 믿기 원하신다. 그분은 그분의 모든 축복을 믿음을 통하여 주시기 때문이다. 믿을 때 사람은 하나님의 모든 축복을 얻을 수 있다. 언약은 사람이 그분의 축복을 얻을 수 있도록 하나님이 자신을 낮추어 사람에게 약속하신 것을 보증하심으로 그분 스스로 그 언약에 묶이신 것을 말한다. 사람은 그분의 언약에 근거하여 약속하신 것을 이루어주시라고 구할 수 있다(시 89:3-4, 39-49, 106:45). 오늘 날 구원받으면 다 되었다고 생각하는 사람들이 많다. 물론 구원받은 것은 큰 일임에 틀림없지만 사람에 대한 하나님의 목적은 더 크다. 그분은 사람이 거듭나 하나님의 자녀가 되기를 원하실 뿐 아니라 후사가 되어 그분이 주시고자 하는 유업을 얻기 원하신다. 우리는 아브라함에게서 믿음으로 인한 하나님의 완전한 축복을 보아야 한다. 새 언약의 축복인 우리에게 왕국을 기업으로 얻게하심을 아는 것은 큰 계시이다. 신실하신 하나님의 놀라운 언약을 인하여 감사하며 창세기 15장의 새 언약과 왕국의 계시로 인하여 하나님을 찬송한다.

16 장

1-3절, 아브람의 아내 사래는 생산치 못하였고 그에게 한 여종이 있으니 애굽 사람이요 이름은 하갈이라 2 사래가 아브람에게 이르되 여호와께서 나의 생산을 허락지 아니하셨으니 원컨대 나의 여종과 동침하라 내가 혹 그로 말미암아 자녀를 얻을까 하노라 하매 아브람이 사래의 말을 들으니라 3 아브람의 아내 사래가 그 여종 애굽 사람 하갈을 가져 그 남편 아브람에게 첩으로 준 때는 아브람이 가나안 땅에 거한지 십년 후이었더라

이 장에서 우리는 아브람의 불신을 본다. 이 불신의 일에 있어서 앞장선 것은 아내 사래였다. 아내들이 조심해야 할 것은 에덴동산에서 하와가 그랬고 이 지점에서 사래가 그러했다. 아내들은 어떤 중요한 일에 있어서 함부로 나서서는 안된다. 오늘날도 많은 그리스도인 가정들이 동일하게 조심해야 하는 것이다. 지금까지 아브람은 많은 믿음의 공과를 배우며 걸어왔지만 이곳에 올 때 결정적인 실수를 하게 된다. 어떤 사람이 믿음의 노정에서 많은 것을 배웠다 해서 금방 완전하게 되는 것은 아니다. 믿음은 계속 더 자라야 한다(살후 1:3). 여기서 아브람을 시험하기 위해 사용된 도구는 다름 아닌 그의 아내 사래였다. 지금까지 사래는 아무 말 없이 아브람을 잘 따라왔다. 아브람도 그런 자신의 아내를 매우 사랑하고 신뢰했을 것이다. 그런 아내가 아브람에게 영적이며 하나님의 약속의 성취에 관한 일이자 또한 자신들의 가장 어려운 문제를 제의할 때 아브람은 쉽게 받아들였다.

여기서 사람이 하나님의 말씀을 순종하기 위해서는 말씀을 받을 때부터 육신적으로 받지 않기를 배워야 하는 것을 볼 수 있다. 사래가 아브람에게 자식이 있을 것이라는 약속의 말씀을 들었을 때 그것은 그녀에게 매우 반갑고 기쁜 소식이었을 것이다. 그것은 그녀의 가장 절실한 일생일대의 소원이었기 때문이다. 그런 상황에서 그녀가 하나님의 그러한 약속의 말씀을 들었을 때 그것이 자신의 육신적인 소원과 결합되기는 매우 쉬웠을 것이다. 그런 뒤에 그녀는 기다리고 기다렸다. 10년 가량을 기다렸다(3절). 아마도 그 정도면 많이 기다렸다고 생각했을 것이다. 이쯤 되자 가만히 앉아서 기다리기만 해서는 하나님의 말씀이 이루어질 길이 없는 것 같았다. 그런 마음이 들자 사래는 조급해졌다. 혹시 우리 편에서 무언가를 하지 않아서 하나님께서 역사하지 않으시는 것은 아닌가? 어쩌면 하나님은 우리가 무언가 하기를 원하시지 않을까? 생각이 여기까지 미치자 사래는 더 이상 머뭇거릴 수 없었다. 어느 날 사래의 눈에 여종 하갈이 들어왔고 그녀라면 능히 주인의 아들을 낳아줄 것 같았다. 어떤 일에 노심초사하면 모든 것이 거기에 초점이 맞추어져서 보이게 마련이다. 그래서 그녀는 그런 구상을 하고서 그것을 자기 남편에게 제의했다. 사래는 아들을 얻는 것만 생각했지 그 뒤에 야기될 많은 불행들은 생각지 못했다. 그녀는 그저 속히 아들만 얻기 원했다. 자신이 아들을 낳을 수 없을지라도 여종 하갈을 통해서 아들을 얻어 자기 무릎에 놓으면 하나님의 목적을 이루게 될 것이라 생각했고, 그 일을 생각하면 할수록 사래는 그것이 유일하고도 가장 좋은 방법이라고 여겨졌을 것이다. 그녀는 아마 하나님의 약속이 이처럼 자신의 구상과 제안과 헌신(일종의 자신을 부인하고 내려놓음)을 통해 이루어지게 될 것을 생각하면서 내심 즐거워했을 것이다.

그러나 그녀는 하나님의 약속은 하나님께서 친히 이루신다는 것을 깨닫지 못했다. 그렇게 함으로써 그녀는 13년이라는 세월을 더 기다려야 했는데, 그때 사래의 믿음의 분량으로는 그만한 세월을 더 기다려야 할 것과 장래 하나님께서 죽은 것 같은 자기의 태를 열어 아들을 주실 것은 전혀 생각조차 할 수 없었다. 이것이 사람의 한계요 또 사람의 불신이다. 오늘 우리도 어떤 일에 대해 한 면으로는 기도하면서 주님이 들어주실 것을 믿지만 그것이 조속히 이루어지지 않을 때 조급해하면서 자신의 노력이나 재간을 보태서 그 일을 이루어 보려고 하는데, 이것이 바로 여기 사래의 상황이다. 이것은 육체의 특징으로서 이렇게 육체에게 기회를 제공한 결과는 너무나 끔찍한 것이었다.

그러면 아브람은 어떻게 그렇게 쉽게 아내의 제의를 받아들였는가? 그것은 그녀의 제안이 다름 아닌 하나님을 위한 것이라고 믿었기 때문이리라. 그것은 하나님의 말씀에 근거가 있는 아들을 낳는 문제였고 하나님의 약속을 이루려는 것이기에 불순종이라는 생각이 없었다. 다만 하나님의 약속을 사람이 이루려고 하는 잘못이 있었을 뿐이다. 이와 같이 오늘날 많은 그리스도인들이 쉽게 율법적인 가르침을 수용하는 이유는 그것이 바로 하나님을 위하는 것이기 때문이다. 그런 식으로 교회에 육체가 들어오는 것이다. 신약의 사도 시대에 많은 유대교 교사들이 교회들 안에서 영향력을 행사하여 교회들을 어둠 속으로 끌어들이고 있었는데, 그것은 당시 그들의 가르침이 성경적인 것처럼 보이고 심지어 가장 하나님의 말씀을 잘 지키며 하나님을 최고로 위하는 것처럼 보였기 때문이다. 그래서 그들이 그렇게 큰 힘을 발휘할 수 있었던 것이다. 사탄은 언제나 이와 같이 하나님을 최고로 위하는 것처럼 위장해서 성도들을 올무에 걸리게 한다.

믿음과 오래참음

이 부분에서 볼 수 있는 것은 인간의 조급한 육체이다. 오늘 아침에도 나는 조급함으로 어떤 일을 하려는 유혹에 빠졌었다. 이는 침체된 한 형제를 회복하는 문제였는데 나는 그 형제의 문제를 직접 다루는 긴 편지를 써놓고 부치지 않았다. 그 형제의 문제를 생각할 때 편지 한 장 쓰면 해결될 것만 같았다. 그런데 속에서 조금 편치 않은 것이 있었다. 아직 때가 이르지 않은 것 같다는 단순한 느낌이었다. 그러므로 나는 머물렀고 주님의 때와 주님의 손에 일을 맡겼다.

우스운 말 같지만 하나님은 '한국 기질'을 가지신 분이 아니다. 이것은 내가 하나님과 함께 동행하면서 배운 것이다. 하나님은 언제나 천천히 역사하셨다. 나는 한국 사람 중에도 더욱 한국 사람이라서 성미가 급하다. 그러니 언제나 기도도 간구도 급하게 매달리고 신속한 응답을 기대했다. 그러나 하나님은 그런 내 기도를 늘 듣지 않으시는 듯했다. 그러다가 지쳐서 잊어버릴 지경이 되면 '자 네가 구한 것이다, 받거라'라고 하시는 듯했다. 시간에 지남에 따라 나는 하나님이 한국인의 기질을 가지신 분이 아니라는 것을 느끼기 시작했다. 우리가 하나님과 동행하려면 그분께 맞춰야지 그분을 우리에게 맞추려 해서는 안 된다. 이는 그분이 주(主)요 내가 주가 아니기 때문이다. 그러다보니 내가 그분을 배우고 닮아가게 되는 것이다.

그분과 함께 사는 자들은 반드시 믿음과 오래 참음을 가져야 한다. 그러므로 히브리서 기자는 약속을 기업으로 받는 자들은 믿음이 있을 뿐 아니라 오래 참고 기다리는 사람들이라고 했다. 여기서 아브람과 사래는 하나님께서 "네 몸에서 날 자가 네 자손이라"고 하신 말씀을 믿었지만 그 말씀이 이루어지기까지 오래 참고 기다리는 데 있어서는 성공하지 못했다. "믿음과 오래 참음으로 말미암아 약속들을 기업으로 받는 자들을 본받는 자 되게 하려는 것이니라"(히 6:12). 아브라함은 언제까지 기다려야 했는가? 자기의 힘이 다 떨어져 죽은 자같이 될 정도까지였다. 아브라함은 자기가 힘이 없어져 죽은 자같이 될 정도까지 하나님이 약속을 미루실 줄은 꿈에도 생각지 못했던 것 같다. 인간적인 건전한 생각이라면 조금이라도 힘이 남아 있을 때 애를 낳을 수 있어야 했다. 그러므로 그때까지 기다려야 함은 아브라함에게 있어서 곧 죽음이었다. 아브라함은 한 단계 한 단계 믿음을 배웠다. 1년, 2년이 지나고, 7년, 8년이 지나도 아들이 없자 사라와 아브라함은 조급해졌던 것이다. 그러나 믿음을 배우는 자로서는 이러한 오랜 시간의 인내와 참음이 필요하다. 아브라함이 이삭을 낳는 일은 교회가 그리스도를 모셔오는 일의 예표로 볼 수 있다. 이는 어떤 시험을 거쳐야 하는지! 창세기 15장 이후로 아브라함은 이삭을 위하여 하나님께 세 번의 시험을 받았다. 교회는 시험을 거치고 준비되어야 영광의 그리스도를 모셔올 수 있다. 오늘 교회가 구할 가장 큰 것은 영광의 그리스도를 모셔오는 일이다. 주님은 다시 오실 때 이 땅에 아직도 사그러지지 않은 믿음을 보기 원하신다(눅18:8). 주님은 그렇게 교회가 믿음에서 준비되지 않을 때 오실 수 없음을 우리는 알아야 한다.

아브라함은 15장에서 믿음을 보여주었으나 16장의 오래 참음에서는 실패했다. 하나님은 사람에게 믿음을 갖게 하시고 그 믿음을 온전케 하기 위해 오래 참음을 훈련케 하신다. 하나님은 약속하시고, 믿음은 그것을 믿고, 소망은 그것을 바라보고, 인내는 그것을 조용히 기다린다. 약속을 믿는 것과 그것의 성취를 조용히 기다리는 것은 별개의 문제이다(맥킨토시).

우리가 영적인 길에서 가장 실패하기 쉬운 것이 바로 이것이다. 오늘 하나님이 우리를 쓰시지 않는 이유는 우리의 때가 되지 않았기 때문이다. 젊은 사람들은 이 일에 있어서 참지 못하는 것을 많이 본다. 그들은 지금 많은 것을 배웠고 지식과 교리를 많이 알며 열정도 있는데 하나님이 왜 자기를 쓰시지 않느냐고 말한다. 그들은 하나님의 때를 기다리지 못하며 결국 믿음으로 기다려서 이삭을 낳는 일에 실패하는 것이다. 모세가 그랬다. 그는 바로의 공주의 아들의 부귀와 영화를 버리고 하나님의 백성들과 고락을 같이하고자 헌신했다. 그 나이가 40세였다. 그런데 그는 애굽 사람을 쳐죽이고 미디안 광야로 도망을 가게 되었다. 그리고 하나님의 백성을 섬기기는 고사하고 이드로의 양무리를 치는데 인생의 가장 황금기를 다 보냈다. 그의 시에서 인생의 년수가 강건하면 80이라고 했다. 다른 사람 같으면 은퇴할 나이인데 하나님은 모세를 은퇴 나이에 부르셨다. 그리고 40년 동안 광야에서 이스라엘의 영도자를 삼으셨다. 이렇게 하나님의 뜻이 이루어지는 시기를 누가 알겠는가?

하나님은 그분의 뜻이 성취되는 것만을 원하시는 것이 아니라 그 성취됨이 그분으로 말미암아 되는 것을 원하신다. 우리가 이삭을 낳으려면 우리는 기다려야 한다. 눈에 보이고 뭔가 할 수 있는 여자인 하갈을 의지하는 것은 쉬운 일이지만 불가능해 보이는 사라를 의지하는 것은 쉬운 일이 아니다. 사라를 의지하여 이삭을 낳는 일은 하나님의 시간과 이루어주심만을 무한정 기다려야하기 때문이다. 그러하기에 많은 경우 우리는 한편으로 기도하고 믿음을 갖지만 한편으로는 조급해하며 자기의 손으로 그 일을 이루려고 애를 쓴다. 이것이 착오이다. 우리는 우리 자신이 스스로 움직이는 일을 하지 말아야 한다. 이것이 하나님의 일을 하는 자들에게 가장 큰 시험이요 어려움인 것이다.

4절, 아브람이 하갈과 동침하였더니 하갈이 잉태하매 그가 자기의 잉태함을 깨닫고 그 여주인을 멸시한지라

하나님이 그분의 약속을 성취하시기 위해 어떤 도구를 사용하시지 못하는 것은 아니다. 그러나 오늘날 많은 사역자들이 어떤 도구든지 상관하지 않고 목적만을 이루면 된다고 생각해서 목적을 위해 가능한 모든 것을 사용하려 한다. 그리고 동원된 도구를 모두 하나님이 제공해주신 것으로 인식하려 한다. 그것은 옳지 않다. 하나님께서 자손이 아브라함의 몸에서 날 것이라고 했고 그것이 사라를 통해서일지 하갈을 통해서일지를 분명히 못박아서 말씀하지 않았다고 해서 하갈도 된다는 것이 아니다. 만일 하갈을 통해서 주실 것이라면 하나님은 분명히 그것을 말씀하셨을 것이라고 보아야 한다. 그러나 사라와 아브라함은 하나님의 말씀을 자의적으로 해석했다. 이것은 믿음이 식어진 결과이며 하나님의 약속을 자기의 힘으로 지키려하는 행위에 불과하다. 이것이 바로 육이다. 육은 육을 낳는다. 사람이 자신의 지혜와 재간으로 하나님의 역사를 도우려 할 때 언제나 그가 예상하지 않은 결과를 맞이하게 된다. 사라는 하갈에게서 아들을 얻기를 기대하였을 뿐 그녀가 아들을 잉태하면 그녀의 지위가 격상하여 자신을 멸시하게 되리라고는 꿈에도 생각지 못하였다. 말하자면 사라는 아브람에게 하갈을 주어 아들을 낳게 되면 자신들이나 하나님께 도움이 될 뿐 해는 없을 것이라고 생각한 것이다. 그러나 결과는 어떠했는가? 사라가 예상한 것과는 전혀 달랐다. 주님의 말씀대로 심은 대로 거둔 것이다. 육을 따라 심을 때 육을 거두는 것은 자명한 사실이다.

애석하게도 오늘날 많은 그리스도인들이 동일한 실수를 반복하고 있다. 그들은 이론적으로는 사라와 하갈의 이야기를 잘 알고 있지만 정작 자신의 사역이나 일에서는 그와 똑같은 실수를 반복한다. 이를테면 어떤 교회의 일이나 사역지에 상당한 대적의 공격이 예상되는데 자신이 그것을 감당할 수 없다고 여겨지면 종종 사람의 재간과 지혜로 대책을 마련하는 것이다. 그러나 그런 식의 대책은 얼마 가지 않아 하갈의 반응처럼 의외의 어려움을 발생시키는 커다란 불씨로 작용하게 된다. 우리는 이러한 애석한 결과를 열왕기서의 유다왕이나 이스라엘 왕들이 어려움에 빠졌을 때 외세를 의지했다가 큰 낭패를 당하는 것에서 볼 수 있다. 금방 도움이 되는 것은 보지만 그 후에 닥칠 비극을 보지 못하는 것이 불신의 인간이다.

우리가 언제든지 자신의 힘으로 하나님을 기쁘시게 하려고 할 때마다 율법이 온다. 육체의 힘으로 하나님을 기쁘시게 하려는 사람마다 하나님은 기뻐하시지 않는다. 하갈과 이스마엘은 이것을 대표한다. 아브라함은 믿는 사람으로서 하나님을 기쁘시게 할 길을 찾았고 하나님의 목적을 이루려고 계획했었다. 하나님이 그에게 아들을 준다고 하자 그는 아들을 낳을 방법을 강구했다. 그것이 바로 하나님을 위한 것이고 하나님의 말씀을 이루어 드리는 일이라고 생각했겠지만, 바울은 이에 대해서 "계집종에게서 육체를 따라 낳고"라고 말한다. 우리 생각에는 하나님의 뜻을 행한다고 하지만 결과는 이스마엘인 것이다. 우리의 범죄가 하나님을 기쁘시게 하지 못하지만, 또한 우리의 육체를 따라 행한 것도 하나님을 기쁘시게 하지 못한다. 하나님을 기쁘시게 하는가의 관건은 우리 몸에서 십자가의 역사로 우리의 육체와 천연적인 생명을 처리했는가에 있다. 당신은 진실로 하나님께 "하나님, 나는 아무것도 원치 않고 어떤 것을 하기에도 합당하지 않사오니 오직 당신을 앙망합니다"라고 할 수 있는가? 진정 하나님을 믿는 사람은 혈기로 움직이지 않는다. 많은 경우 우리의 잘못은 믿지 못함과 신뢰하지 못함과 기다리지 못함과 일을 하나님의 손에 맡기지 못함에 있다. 우리가 하나님의 일에서 득죄하는 것은 우리 가운데서 하나님의 역사하시는 위치를 강탈하는 데 있다. 하갈은 율법을 대표하고 사라는 은혜를 대표한다. 율법이란 우리가 하는 것이고 은혜는 하나님이 우리를 대신해 하시는 것이다. 간단히 말해서 은혜는 하나님이 우리를 대신하여 하시는 것이다.

5절, 사래가 아브람에게 이르되 나의 받는 욕은 당신이 받아야 옳도다 내가 나의 여종을 당신의 품에 두었거늘 그가 자기의 잉태함을 깨닫고 나를 멸시하니 당신과 나 사이에 여호와께서 판단하시기를 원하노라

사래가 하갈을 자기 남편에게 준 것은 기다리지 못하는 육체의 조급함과 자신의 지혜에서 나온 것이므로 그로 인한 어려움도 마땅히 자신이 감당해야 한다. 그러나 여기서 그 정황에 대한 사래의 인식은 어떠한가? 그녀는 여종의 심리 상태에 대해서는 분명한 인식이 있었지만 자신에 대한 깨달음은 전혀 없었다. 그녀는 여종이 자기를 멸시하는 것에 대하여는 느낌이 강했지만 그녀가 어떻게 남편을 설득해서 하갈을 취하게 했고, 잘못을 저지르게 되었고, 이런 결과가 오게 되었는가는 돌아보지 못했다. 그러므로 그녀는 이 일에 대한 원망을 남편에게 돌린 것이다. 사람은 누구나 자아 중심적이다. 자기가 당하는 어려움에는 민감하지만 그가 정작 얼마나 큰 일을 저질렀는가에 대하여는 느낌이 둔감한 것이다.

그녀는 아직 자신이 무엇을 어떻게 잘못해서 이렇게 되었는지를 모르고 있고 다만 사태가 어렵게 된 것만 안다. 독자들은 이 일에 대해 사래가 너무 엉뚱하고 어리석은 것이 아니냐고 하겠지만 나는 많은 현명한 사역자들도 이런 상황을 재현하면서 거듭 실패하는 것을 보았다. 즉 위급한 사태가 발생하면 자신의 육체의 재간으로, 또는 조급한 심정으로 충분히 하나님을 기다리지 못하고 어떤 일을 추진하고서는 크나큰 어려움과 괴로움이 몰아닥치면 자신이 잘못한 것(육체로 행한 것)은 생각지 못하고 그 일을 맡은 사람이나 책임을 제대로 수행하지 못한 사람들만 나무라는 것이다.

나도 예외 없이 이런 실패의 쓴맛을 본 적이 있다. 한 나라의 선교지의 상황을 안정시키고 위험에 대비하기 위해 그곳에 어떤 형제를 보낸 적이 있었다. 나는 다만 상황 때문에 보낸 것이다. 그때 나는 주님의 보호하시는 손을 충분히 믿지 못했으며 주님을 기다리지 못했다. 그러나 이후로 나는 그 형제로 인하여 얼마나 큰 어려움을 겪었는지 모른다. 나는 그때 응당 하나님을 신뢰하고 그 나라 교회의 상태를 주님께 맡겼어야 했다. 오랜 세월이 지난 지금 나는 그 나라의 교회들을 지킨 것은 내 방비와 계략이 아니라 주님이라는 것을 알았다. 주님이 그분의 손으로 교회를 지키신다. 그러나 나는 당시 마치 사래처럼, 조급한 육체의 생각으로 그를 보냈던 나의 잘못에 대해서는 생각을 하지 못한 채 그 형제만을 얼마나 원망했는지 모른다. 여기서 사래는 자기의 남편을 원망하고 하나님께서 판단해 주시기를 원했다. 사래는 이처럼 어두웠다. 그녀는 이 일에 있어서 자기가 아닌 자기 남편이 잘못 행한 것이라는 확신이 매우 컸던 것이다. 나는 이러한 확신을 '어둠 속에서의 확신'이라고 부르겠다. 사람이 육체로 어두워지면 이런 확신을 가질 수 있다. 그래서 우리는 사람들이 소위 확신에 차서 공언하는 말들을 모두 신뢰하지는 않는다.

6절, 아브람이 사래에게 이르되 그대의 여종은 그대의 수중에 있으니 그대의 눈에 좋은대로 그에게 행하라 하매 사래가 하갈을 학대하였더니 하갈이 사래의 앞에서 도망하였더라

칼빈(Calvin)은 여기서 아브람이 사라에게 한 답변은 가정의 화목을 위한 합당한 조처라고 말하였으나 이것은 영적으로 정당화될 수 있는 답변은 아니다. 인간적으로 말해서 하갈이 잉태했다 하더라도 아브람이 그녀를 여종의 위치 이상으로 대우하지 않은 것은 합당한 처신일 것이다. 그것은 사라의 마음을 안정시키고 편안하게 할 수 있었다. 칼빈이 지적한 대로 아브람의 말을 분석해 본다면 그는 하갈을 통하여 약속의 자녀를 얻으려 했던 시도를 잘못된 것으로 시인한 셈이 된다. 즉 그녀가 아이를 가진 사실이 지금에 와서는 그다지 중요하지 않게 여겨진 것이다. 그러니 그녀가 아기를 잉태한 채 도망가도 그것이 사래에게는 별로 큰 일이 아니었다. 지금 사래에게 심각하고 큰일은 오직 자기가 멸시당하고 있다는 것이었다.

"그대의 여종은 그대의 수중에 있으니 그대의 눈에 좋은대로 그에게 행하라"는 아브라함의 말에는 사라를 영적으로 바로잡아주는 성분이 없다. 아브람도 사래도 이때까지 여러모로 온전하지 못했다. 결국 이 말은 사래가 하갈을 학대하는 근거가 되었다. 결국 계속적인 육체의 반응의 나타남이다. 하갈은 견디다 못해 사래 앞에서 도망하였다. 사실 사래는 자신의 마음이 상한 것을 풀려 했을 뿐 하갈을 좇아내려 한 것은 아니었을 것이다. 그러나 결과는 좇아낸 것이 되었다. 하갈이 사래 앞에서 도망갈 때쯤 사래는 뭔가 잘못되었음을 느낄 수 있었으리라! 상황은 자신의 구상대로 진행되는 것이 아니라 자꾸만 꼬여가고 있었다. 결국 사래의 제안은 한 여종에게 큰 문제를 일으키게 하여 그를 집에서 내쫓는 결과만 가져오게 되었다. 만약 우리가 실수를 했다면 정직하게 그것을 시인하고 하나님의 도움을 구하는 것이 옳지 여종을 학대하여 내쫓는 방식으로 또 다른 과오를 저질러서는 안 된다.

16:3 아브람의 아내 사래가 그 여종 애굽 사람 하갈을 가져 그 남편 아브람에게 첩으로 준 때는 아브람이 가나안 땅에 거한지 십년 후이었더라

7-9절, 여호와의 사자가 광야의 샘곁 곧 술 길 샘물 곁에서 그를 만나 8 가로되 사래의 여종 하갈아 네가 어디서 왔으며 어디로 가느냐 그가 가로되 나는 나의 여주인 사래를 피하여 도망하나이다 9 여호와의 사자가 그에게 이르되 네 여주인에게로 돌아가서 그 수하에 복종하라

"네가 어디서 왔으며 어디로 가느냐"

이 말씀은 복음 메시지의 제목으로도 좋다. 하나님께서는 주인을 피해 도망가는 하갈에게 어디서 와서 어디로 가느냐고 물으셨다. 인생은 과연 어디서 와서 어디로 가는가? 불쌍한 인생들은 이것을 모르고 인생의 광야에서 방황하다가 쓰러져 죽고 만다. 당신은 이 중요한 하나님의 질문하심에 오늘 답할 수 있기를 바란다. 하갈처럼 육신 안에서 행하는 사람들의 특징은 어디서 와서 어디로 가는지를 알지 못한다. 즉 자신의 인생에 대한 원시(遠視)적인 시야를 상실한 것이다. 왜냐면 자신의 현재의 고난을 면하고자 하는 마음으로만 가득하기 때문이다. 그러므로 이러한 인생들에게 어디서 와서 어디로 가느냐는 이 질문은 잠시 멈춰 서서 자신의 삶을 깊이 생각해볼 수 있는 계기가 될 수 있다.

"나는 나의 여주인 사래를 피하여 도망하나이다"

하갈은 지금 자기의 위치를 벗어났고 본분을 벗어나 행하고 있었다. 하나님은 위치를 벗어난 성도들을 잠시 방황하게 버려두시지만 곧 어리석음을 깨닫도록 도와주신다. 하나님은 그녀를 여전히 '사래의 종 하갈'이라고

불렀다. 그녀는 스스로 주인의 멍에를 벗어버렸다. 오늘날도 주인을 떠난 종들 같은 사람들이 있다. 그들은 주인을 떠나 자신을 머리로 여기며 예전의 신분을 부정하려 할 것이며 이제 자기는 사래같은 여자와는 관계가 없는 듯이 행세하겠지만, 하늘에서의 음성은 다르다. 여전히 하갈을 사래의 여종이라고 하신다. 그때 하갈은 하나님 앞에 정직하게 고백했다. 하나님은 이러한 고백을 들으신다. 오늘 우리가 어떤 약한 성도들을 함부로 괴롭히고 고통을 준다면 그들의 탄식과 탄원이 하늘로 올라갈 것이다. 여기서 하갈은 하나님 앞에서 사래의 이름을 언급했다. 그러므로 어떤 어린 성도에게 비록 현저한 잘못이 있다 하더라도 너무 심하게 책망함으로 심적인 고통을 안겨주어서는 안 된다. 왜냐하면 그들의 신음과 탄식이 하늘로 올라가기 때문이다. 들어보라! 하갈은 하나님 앞에 '사래'란 이름을 토설했다. 그녀는 "하나님 나는 사래가 너무 나를 심하게 해서 도망합니다"라고 말한 것이다.

회개의 원칙

"네 여주인에게 돌아가서 그 수하에 복종하라"

하나님은 어떤 문제든지 근본적으로 해결하신다. 거역한 자는 순복함으로 해결해야 한다. 교만한 자는 겸손함으로 해결해야 한다. 떠나지 말아야 할 사람을 떠난 사람은 그리로 돌아감으로 해결해야 한다. 에베소 교회는 처음 사랑을 회복해야 한다. 사데 교회는 죽은 것을 회개해야 하고 라오디게아는 미지근한 것을 회개해야 한다. 무엇이든지 잘못한 바로 그것으로 돌이켜야 한다. 이것이 회개의 원칙이다. 어떤 사람은 누군가를 뒤에서 정죄하고 비난하는 죄를 지은 후에 그를 만나면 손을 꼭 잡고 악수하면서 마음의 불편함을 해소하려고 한다. 그러나 모든 문제는 정면으로 해결하고 풀어야 한다.

하갈의 도피함 역시 하나님께로부터 나온 것이 아님을 보여 준다. 오늘 많은 사람들이 어떤 단체나 사람들과 함께하다가 단지 어렵기 때문에 그들을 떠난다. 그러나 어렵고 고통스럽다고 해서 떠나서는 안 된다. 오직 하나님께서 떠나라고 하실 때 떠날 수 있을 뿐이다. 만일 어떤 사람이 함께 하는 사람들이 어려워 떠난다면 내가 확신하거니와 하나님은 그의 자아를 처리하기 위해 그들보다 몇 배 더 강하고 어려운 사람들을 만나게 하여 두 손 두 발을 다 들게 하실 것이다. 그 후에야 도망했을 때 함께 했던 사람들이 훨씬 말도 통하고 좋은 사람들이었다는 것을 알게 하실 것이다.

다행스럽게도 하갈은 도망가다가 하나님의 말씀을 듣고 순종했다. 하갈은 자신의 느낌이 어떠하든지 사래에게 돌아가 그녀 아래 머물렀던 것이다. 믿는이는 비록 자신이 어렵더라도 그가 마땅히 있어야 할 위치가 어디인지 알아야 한다. 그곳으로 돌아가 머무는 것이 많은 시간을 절약해준다. 많은 경우 사람들은 어느 곳에 거하기가 육신적으로 너무 힘들기 때문에 편안히 거할 곳, 은신할 곳을 찾지만, 거기는 하나님께서 인도하시는 곳이 아니다. 그것은 다만 하나님께서 머물도록 정하신 곳을 피하는 것일 뿐이다. 그렇게 도망쳐도 언젠가는 많은 대가를 지불하고 세월을 엄청 많이 낭비한 뒤에 원래의 그 자리로 돌아오게 됨을 발견할 것이다. 그때는 이미 귀하고 많은 세월을 낭비한 후이다. 이런 문제는 특별히 권위자 아래 머무는 것과 많은 관계가 있다. 젊은이들은 대개 연장자나 자신의 권위자에게서 속히 벗어나고 싶어하는데, 그것은 권위 아래 머무는 것이 대단히 어렵고 쉽지 않은 일이기 때문이다.

10-12절, 여호와의 사자가 또 그에게 이르되 내가 네 자손으로 크게 번성하여 그 수가 많아 셀 수 없게 하리라 11 여호와의 사자가 또 그에게 이르되 네가 잉태하였은즉 아들을 낳으리니 그 이름을 이스마엘이라 하라 이는 여호와께서 네 고통을 들으셨음이니라 12 그가 사람 중에 들나귀 같이 되리니 그 손이 모든 사람을 치겠고 모든 사람의 손이 그를 칠찌며 그가 모든 형제의 동방에서 살리라 하니라

“그가 사람 중에 들나귀 같이 되리니”

하갈이 낳은 자손은 번성하겠지만 들나귀 같이 되어 어디를 가든지 싸우고 다투는 존재가 될 것이라는 말이다. 육체의 결과가 어떠한가를 보여주는 부분이다. 신약에서 갈라디아 교회들은 성령으로 시작하였다가 점차 율법주의를 받아들이게 되었는데 그 결과는 서로 물고 먹는 것이었다. 그들은 하나님을 위한다는 의미에서 율법의 행위를 용납했지만 그 결과는 분쟁과 다툼 같은 육체의 열매였다. 하갈로 예표된 인간의 행위는 언제나 그 열매가 들나귀 같이 전혀 다룸 받은 흔적이 없는 육체의 나타남일 뿐이다. 반면에 하나님의 약속은 조용하고 은혜가 가득한 사람인 이삭을 낳는다.

13-14절, 하갈이 자기에게 이르신 여호와의 이름을 감찰하시는 하나님이라 하였으니 이는 내가 어떻게 여기서 나를 감찰하시는 하나님을 뵈었는고 함이라 14 이러므로 그 샘을 브엘라해로이라 불렀으며 그것이 가데스와 베렛 사이에 있더라

감찰하시는 하나님

하나님께서 애굽 여인에게, 그것도 사래의 여종 하갈에게 나타나신 것은 매우 기이한 일이다. 그녀는 이러한 하나님의 나타나심을 매우 큰 영광으로 여겼을 것이다. 그녀가 하나님을 만날 수 있었던 것은 하나님의 선택받은 종 아브람 집에서 사라의 여종으로 있었기 때문이다. 그녀는 아브람의 가정에 여종으로 있으면서 아브람과 사래로부터 하나님을 섬기는 길을 보았을 것이다. 그러므로 그녀는 하나님이 나타나셨을 때 답변할 수 있었고 또 그분의 나타나심의 축복을 얻을 수 있었다. 이방 여인이 하나님의 나타나심을 얻을 수 있었다니 얼마나 기이한 일인지! 하나님께서는 언제나 어디서나 하나님을 경외하며 추구하는 영혼을 긍휼히 여기신다는 것을 알 수 있다.

더욱이 그녀는 하나님의 택하심을 입은 가정에 들어와 거하다가 어떤 상황이 일어나 핍박을 받고 도망하던 중이었다. 하나님께서는 그녀의 딱한 상황을 돌아보셨다. 어찌하든 하나님을 가까이 따르며 함께하는 것이 그분의 긍휼을 입는 비결이다. 아무리 어렵고 힘들더라도 하나님과 그분의 백성들의 움직임 가까이서 머무는 것이 유익이다. 여기서 하갈은 하나님의 방문하심을 얻고 감격해 마지않았다. 그녀는 하나님의 나타나심 자체를 너무도 귀하게 여겼다. 그래서 그녀는 "내가 어떻게 여기서 나를 감찰하시는 하나님을 뵈었는고" 하면서 하나님의 이름을 '감찰하시는 하나님'이라고 불렀다.

오늘날 하나님의 택하신 백성들인 거듭난 믿는이들이 이러한 이방 여인만큼도 하나님과의 접촉을 얻지 못하고 오히려 이런 상황을 부러워한다면 부끄러운 일이다. 더 나아가 하나님의 자녀인 우리는 마땅히 항상 하나님과 교제하는 삶을 살아야 한다. 그렇지 않고 여기 이방 여인 하갈처럼 자신이 마땅히 있어야 할 위치를 벗어나 어디론가 도망할 때 위급한 가운데서 하나님의 주권적인 개입으로 인해 그분을 만나게 된다면 이것이야 말로 부끄러움이 아닐 수 없다.

어쨌든 하나님께서는 고통 가운데서 부르짖는 불쌍한 하갈을 긍휼히 여기셨다. 하갈이 비록 위치를 벗어나 여주인을 멸시하는 죄를 범했지만 회개하고 부르짖을 때 하나님은 그녀를 감찰해 주셨다. 11절에서 "여호와께서 네 고통을 들으셨음이니라"고 하신 것으로 보아 그녀는 고통 가운데서 하나님께 회개하며 부르짖었을 것이다.

다윗은 시편 139편 1절에서 "여호와여 주께서 나를 감찰하시고 아셨나이다"라고 한다. 이 사실은 우리 모두에게도 해당되는 말씀이다. 하나님은 우리의 슬픔과 괴로움을 감찰하시는 분이시다. 특히 하갈처럼 쫓겨나는 사람들을 하나님은 감찰하여 주신다. 나 또한 사람들의 거절과 부인을 크게 당해보았다. 그런 때 하나님은 우리의 상황을 감찰하신다는 느낌이 매우 강하게 들었다. 심지어 우리의 잘못으로 인하여 고통을 자초하여 고통을 받아도 하나님은 우리를 감찰하여 주신다. 주님은 심지어 우리가 하나님의 이름을 잃어버리지는 않는지, 그분을 멀리하지는 않는지까지 감찰하시는 분이시다(시 44:20-21).

브엘라해로이

이는 하나님께서 그녀에게 나타나신 것을 기념하기 위해 지은 이름이다. 살아계셔서 나를 감찰하시는 자의 우물이라는 뜻이다. 하갈은 자신의 신분을 망각하고 주인을 멸시하다가 당한 환난을 견디다 못해 도망했는데, 그녀는 자신이 그러한 잘못을 저질렀음에도 여전히 버리지 않고 감찰하시는 여호와를 기념하기 원했다. 그래서 그 우물 이름이 '브엘라해로이'(나를 감찰하시는 살아 계시는 분의 우물)이다. 그러므로 우리는 사람이 자기의 위치를 떠나 도망한 사람들에 대하여도 지나치게 염려할 것이 없다. 그들에게도 '브엘라해로이' 하나님이 계시다. 도망하여 멀리 간 곳에서도 하나님은 그들에게 나타나셔서 하실 말씀, 가르치실 것을 다 하시는 분이다. '브엘라해로이' 하나님을 찬양하자!

그녀는 여호와 하나님께서 나타나신 사실이 너무도 귀하고 감격스러워서 주인의 집에 돌아갈 때 당할 고난도 개의치 않고 발걸음을 돌이켰다. 브엘라해로이는 하갈에게 인생 행로에서 분기점이 되는 위험한 순간이었으며, 그때 하나님께서는 그녀를 바로잡아 주셨다. 은혜 곧 하나님의 나타나심이 있으면 상황이 바뀌지 않더라도 어려움을 감내할 용기가 생긴다. 사실 어려움 중에 우리에게 필요한 것은 다름 아닌 하나님의 나타나심이다.

15-16절, 하갈이 아브람의 아들을 낳으매 아브람이 하갈의 낳은 그 아들을 이름하여 이스마엘이라 하였더라 16 하갈이 아브람에게 이스마엘을 낳을 때에 아브람이 팔십 륙세이었더라

아브라함은 가나안에 들어와 하나님으로부터 아들을 주신다는 약속의 말씀을 받고 10년이 지나도 아들이 나오지 않자 여종 하갈을 취해서 이스마엘을 낳게 되었다. 이것은 아브라함이 하나님의 은혜에 의지하지 않고 자신의 육신의 힘을 의지한 결과이다. 이 부분의 말씀을 통해서 우리는 아브라함의 두 아들인 이스마엘과 이삭으로 예표되는 두 언약에 대하여 살펴보겠다.

두 언약에 대한 사라와 하갈의 비유적 해석

"내게 말하라 율법 아래 있고자 하는 자들아 율법을 듣지 못하였느냐 기록된바 아브라함이 두 아들이 있으니 하나는 계집 종에게서, 하나는 자유하는 여자에게서 났다 하였으나 계집 종에게서는 육체를 따라 났고 자유하는 여자에게서는 약속으로 말미암았느니라 이것은 비유니 이 여자들은 두 언약이라 하나는 시내산으로부터 종을 낳은 자니 곧 하가라 이 하가는 아라비아에 있는 시내산으로 지금 있는 예루살렘과 같은 데니 저가 그 자녀들로 더불어 종노릇하고 오직 위에 있는 예루살렘은 자유자니 곧 우리 어머니라 기록된바 잉태치 못한 자여 즐거워하라 구로치 못한 자여 소리질러 외치라 이는 홀로 사는 자의 자녀가 남편 있는 자의 자녀보다 많음이라 하였으니 형제들아 너희는 이삭과 같이 약속의 자녀라 그러나 그 때에 육체를 따라 난 자가 성령을 따라 난 자를 핍박한 것같이 이제도 그러하도다 그러나 성경이 무엇을 말하느뇨 계집종과 그 아들을 내어쫓으라 계집종의 아들이 자유하는 여자의 아들로 더불어 유업을 얻지 못하리라 하였느니라 그런즉 형제들아 우리는 계집종의 자녀가 아니요 자유하는 여자의 자녀니라(갈 4:21-31)".

영감을 얻은 사도 바울은 구약의 사라와 하갈의 이야기에서 두 언약의 차이점을 분명하게 지적해 내었다. 하나는 육체를 대표하고 다른 하나는 약속을 대표한다. 하갈은 오늘날 율법을 지키고자 하는 사람들의 대표이다. 그녀는 육체의 힘으로 이스마엘을 낳았다. 그러나 사래는 이곳 16장에서는 실패하였지만 결국 약속의 아들인 이삭을 낳는다.

하나님의 약속 성취를 위해서 사람의 노력은 필요치 않다. 하나님의 약속은 하나님께서 친히 이루신다. 약속은 약속하신 분이 이루는 것이다. 이것이 새 언약이다. 그러므로 우리에게 필요한 것은 믿음과 오래 참음이다. 아브람과 사래는 하나님의 약속을 이루기 위해 사람의 힘을 보태었으며, 그 결과는 불신이요 실패요 커다란 실수였다. 복음은 하나님께서 모든 것을 하신다는 것이며, 율법은 사람의 노력과 힘으로 하나님의 뜻을 이루어 보겠다는 것이다. 인간의 육체는 기다리지 못하고 조급하여 견딜 수 없다. 하나님을 기다리지 못하고 인간이 나서서 하나님의 일을 도우려 한 결과는 무엇인가? 성령의 역사와 하나님의 일을 방해하고 대적을 일으키는 것

외에 아무것도 아니다. 이 두 흐름은 아브람 때부터 사도 시대를 거쳐 오늘까지도 여전히 대립을 이루고 있다. 신약 사도 시대에 복음의 역사를 가장 반대하며 어려움을 주었던 것은 다름 아닌 하갈로 예표된 율법적인 흐름이었다.

율법은 하나님의 자리를 인간이 대치하는 것이다. 은혜는 모든 자리를 하나님께 내어드리는 것이다. 율법은 사람이 아직도 유용하고 무언가 할 수 있다는 것이며 은혜는 하나님께서 모든 것이시며 사람은 무익하고 아무것도 할 수 없는 존재라는 것이다. 갈라디아서에서 우리에게 제시하는 것은 십자가이다. 십자가는 사람이 더 이상 쓸모없다고 선언하는 것이다. 사람이 아직 쓸모 있다면 하나님께서는 타락한 인류를 십자가로 이끌어 끝내려 하지 않으셨을 것이다. 십자가는 당신과 내가 죽은 곳이요 끝난 곳이다. 우리는 죽기에만 합당한 사람들이기 때문이다. 복음과 은혜는 하나님께 지위를 드리며, 율법과 육체는 그 지위를 사람이 차지한다. 십자가는 사람을 무(無)로 돌리는 장소이다. 인간의 육체는 하나님의 역사에 전혀 도움이 되지 않는다. 육체가 가야 할 곳은 오직 십자가이다.

만일 어떤 사람이 아무리 지적해주고 교화시켜도 여전히 죄를 짓고 다른 사람에게 도움은커녕 해만 끼치는 존재라면 그를 어떻게 하겠는가? 그가 너무 흉악하고 무법한 사람이어서 교육이나 형벌도 통하지 않는다면 어떻게 하겠는가? 이러한 구제 불능의 인간에게 법원에서 최종적으로 내리는 판결은 사형이다. 타락한 인류에 대한 하나님의 판결은 무엇인가? 주 예수 그리스도의 십자가는 타락한 인류에 대한 하나님의 최종 판결이다. 그 판결문에서 우리가 볼 수 있는 것은 인간은 더 이상 구제할 길이 없는 부패한 존재이며 따라서 더 이상 존재할 가치가 없다는 것이다. 그러므로 하나님께서는 우리 옛 사람을 예수와 함께 십자가에 못 박으셨다(롬 6:6, 갈 2:20). 우리는 이미 예수와 함께 십자가에서 죽었고, 죽은 우리는 율법의 요구에서 해방되었다. "남편 있는 여인이 그 남편 생전에는 법으로 그에게 매인바 되나 만일 그 남편이 죽으면 남편의 법에서 벗어났느니라…그러므로 내 형제들아 너희도 그리스도의 몸으로 말미암아 율법에 대하여 죽임을 당하였으니"(롬 7:2-4). 하나님은 그리스도의 십자가로 우리를 자유케 하셨다.

율법을 가르치는 자들은 결국 그리스도의 십자가의 역사를 무효화시키는 일을 하고 다니는 것이다. 십자가란 사람이 더 이상 쓸모 없으므로 주 예수의 십자가에 옛 사람을 못 박았고 이제는 그리스도가 모든 것이심을 말해주는 것이다. 그러나 율법의 일꾼들은 아직도 사람이 쓸모 있고 뭔가를 할 수 있으며 하나님을 기쁘시게 할 수 있다고 말하는 것이니 이 어찌 십자가의 원수가 아니겠는가! 외모로 볼 때에는 그들의 의도가 좋은 것 같으나 실상은 그것이 사탄적인 것이요 하나님과 원수 된 일을 하고 있는 것이다. 믿는이들은 이 십자가의 기초 위에 굳게 서야 한다. 이것에 분명치 않으면 사탄에게 속임을 당하는 것이다.

나는 과거에 어떤 한 단체에 성령께서 역사하실 기회가 절대로 생길 수 없는 것을 본 적이 있다. 그것은 그들 가운데 끊임없이 율법적인 실행이 밀려들어오기 때문이었다. 그러한 율법적인 실행은 파도처럼 하나가 지나가면 또 다른 하나가 밀려와서 믿는이들을 항상 새로운 실행 안으로 들어가게 했다. 그들은 자신들의 무능함을 고백하거나 기도할 시간조차 없는 듯했다. 늘 그 교회 안에는 뭔가 새로운 실행이 밀려들어 와서 해야 할 일들이 산처럼 쌓여 있었다. 그리고 그것들은 믿는이들에게 무거운 멍에가 되어가고 있었다.

사람은 다만 하나님 앞에서 할 수 없음을 고백하고 무릎 꿇는 것이 필요하며 하나님의 성령께서 역사하시기를 원해야 한다. 하나님께서는 때때로 긍휼을 베푸셔서 믿는이들이 자신에게 아무것도 없음을 보게 하시려고 비우는 역사를 하신다. 그러나 눈 먼 인도자들은 그럴 때마다 하나님 앞에 사람의 할 수 없음을 고백하고 엎드려 회개하면서 하나님께서 역사하시기를 구하는 것이 아니라 도리어 사람들로 하여금 하나님 앞에 엎드릴 필요 없이 어떤 것만 하면 부흥의 역사가 일어날 것이라고 하면서 무릎꿇은 성도들을 일으켜서 밀어대곤 한다. 그들은 교회 안에 역사가 없고 부흥이 일어나지 않는 것은 사람들이 인도자들이 요구하는 많은 실행들을 열심히 따르지 않기 때문이라고 생각한다. 사람은 무능하고 아무것도 할 수 없으며 모든 일은 하나님께서 하시고 하나님만이 모든 것 되심이 복음이라는 것을 눈이 열려 알 수 있다면 얼마나 좋겠는가!

갈라디아 성도들은 사도 바울의 복음을 듣고 자유를 얻었다. 그런데 어느 날 율법주의자들이 들어와서 그리스도를 믿는 것은 좋지만 믿는 것만으로는 부족하고 거기에다 율법을 지키고 특히 할례를 받아야 구원을 받는다고 가르쳤다. 즉 약속과 은혜만 가지고는 안 되고 거기에 율법과 할례를 보태야 한다고 가르친 것이다. 그때 바울은 이렇게 말했다. "너희가 만일 할례를 받으면 그리스도께서 너희에게 아무 유익이 없으리라…율법 안에서 의롭다 함을 얻으려 하는 너희는 그리스도에게서 끊어지고 은혜에서 떨어진 자로다"(갈 5:2-4). 이 구절에 따르면 은혜이면 완전히 은혜이고 율법이면 완전히 율법이다. 절반은 은혜이고 나머지 절반은 율법으로 대치하는 것이 아니다. 복음은 사람에게 아무것도 요구하지 않는다. 모든 것이 하나님이시고 모든 것을 하나님이 하시니 사람은 아무것도 할 것이 없다. 사람이 할 일은 다만 하나님을 의지하고 바라보며 기다리는 것뿐이다. 그러니 주 안에 있는 사람은 자유를 얻었고 안식과 평강을 누리는 것이다.

오늘날에도 믿는이들을 약속과 은혜에서 떨어지게 하는 것은 율법이다. 율법적인 가르침이 교회에 들어올 때 교회 안에 있는 그리스도와 성령의 지위를 무효화시킨다. 그 자리를 사람의 힘과 노력으로 대치하는 것이다. 이것이 당시 갈라디아 성도들에게 있었던 일이며 사도는 이 율법 아래 있고자 하는 자들에 대해 계집종인 하갈과 자유하는 여자인 사라의 비유를 들어 하나는 자유와 약속과 축복 아래 있고 다른 하나는 저주 아래 있음을 지적해주었다. 그리고 그런 일(성도들을 미혹하는 일)을 하는 자들은 스스로 베어버리기를 원한다고 말했다.

하갈은 영원히 종의 위치에 있으며 사라는 영원히 약속의 자녀를 낳은 자유자이다. 우리는 계집종의 자녀가 아니라 자유자의 자녀임을 인하여 하나님을 찬양한다. 믿음으로 말미암은 자는 믿음이 있는 아브라함과 같이 복을 받고 율법 행위에 속한 자는 저주 아래 있는 자이다(갈 3:9-10).

하나님의 축복된 자들은 믿음 아래 있는 자들이다. 믿음으로 사는 자들이 진실로 복된 자들이다. 이들은 행위에 의존한 삶이 아니라 믿음으로 성령의 인도를 따르는 사람들이다. 이들이 진실로 복되다. 갈라디아 성도들은 처음에 바울의 전도를 듣고 믿음으로 시작을 잘했다가 율법으로 돌아섰다. 그러므로 바울은 그들의 복이 어디 있느냐고 물었다(갈 4:15). 오늘날도 진실로 복된 자들은 믿음으로 사는 자들이다. 아브라함은 믿음으로 모든 것을 행할 때 하나님의 축복 아래 있었다. 그러나 그가 행위로 돌아서서 하갈을 취하고 그로 말미암아 이스마엘을 낳았을 때 저주의 맛을 보았다.

아브라함은 이로 인해 하나님의 얼굴을 잃어 버렸음은 물론이고 가정의 평화도 깨져버렸다. 종은 아내를 멸시하였고 아내는 남편에게 책임을 추궁하였고 여종 하갈을 미워하고 학대하였다. 그리고는 내어 쫓아버렸다. 사람들은 교회에서 주님의 이름을 열심히 부르고 주를 위해 많은 일을 하는데 왜 이렇게 저주스러운 상황이 임하느냐고 물을 것이다. 그것은 그들이 율법 아래 생활하기 때문이다. 그러므로 참 자유가 없는 것이며 많은 육체의 행위들이 있게 되는 것이다. 이것은 당시 갈라디아 교회의 실제적인 상태였다. 그들은 성령으로 시작하였지만 율법을 받아들이자 육체에 떨어지게 되었고 그 결과 교회 안에서 물고 먹으며 싸우며 다투는 저주스런 상황에 놓이게 된 것이다. 참되게 믿음 안에 사는 자들은 하나님의 축복을 받고 있는 자들임을 주님께 감사하고 찬양하자.

17 장

1절, 아브람의 구십 구세 때에 여호와께서 아브람에게 나타나서 그에게 이르시되 나는 전능한 하나님이라 너는 내 앞에서 행하여 완전하라

아브람에게 하갈의 일이 있은 후 하나님께서는 십삼 년 동안 나타나지 않으셨다. 그 13년 동안 아브람에게 무슨 일이 있었는지에 대하여 성경이 침묵하고 있으므로 우리는 그 긴 세월 동안의 일에 관하여는 알 길이 없다. 그렇지만 최소한 우리가 알 수 있는 것은 그 기간 동안 하나님 앞에서 아브람에게는 특기할 만한 사건이 없었다는 것이다. 사람이 하나님 앞에서 한 가지 공과를 배우는 데에는 때로 십 년, 이십 년이 걸린다. 물론 족장 시대에는 인생의 년수가 좀 많기에 우리의 현재 7-80년 인생보다는 여유가 있다고 보아야 한다. 하나님께서 한 번 나타나시고 다음 나타나실 때까지 13년이라는 것은 너무 간격이 긴 것이다.

여기 17장 서두에서 하나님께서 아브람에게 하시는 말씀이 16장에 곧바로 이어진 말씀처럼 보이기 때문에 이때가 16장 사건 이후로 하나님께서 아브람에게 처음 나타나신 것이라고 보는 것도 무리한 해석은 아니다. 이것을 통해 우리는 그가 행한 육체의 일이 하나님 앞에서 결코 작은 것이 아님을 알 수 있다.

왜 하나님께서는 아브람이 하갈을 취한 사건이 있은 후로 13년 동안 나타나지 않으셨는가? 이에 대하여 많은 성경 학자들은 다양한 해석을 내렸다. 나는 이에 대해 매우 단순하게 답변해보겠다. 아브람이 자신의 육체를 신뢰하지 않기까지는 시간이 필요했다는 것이다. 하나님께서는 사람의 육체를 끝나야 할 것으로 보신다. 여기 아브람에게 가장 시급한 문제는 육체를 끝내는 일이었다. 육체를 끝내지 않고는 영적으로 더 이상 진보할 길이 없다. 그렇다면 하나님께서는 어떻게 아브람의 육체를 끝내시는가? 아브람이 99세가 되기까지 기다리시는 것이다.

하나님께서는 사람이 무언가를 배울 만한 지점에 도달했을 때 비로소 그에게 그것을 가르치곤 하신다. 때로 우리는 사람들에게 유익한 가르침을 주려 하지만 때가 이르기 전에는 그들에게 아무리 말해주어도 알아듣지 못하는 경우가 허다하다. 그러므로 아브라함은 13년이라는 시간을 다시 허비하게 되었다. 그는 11장 후반에서 하란에 거하며 시간을 낭비한 적이 있다. 그런데 다시 이 지점에서 그는 시간을 낭비하게 되었다. 13년이라는 귀한 시간이 흘러갔다. 그러므로 육체를 신뢰하여 이스마엘을 낳은 것은 작은 일이 아니다.

우리도 오늘 조심하지 않으면 어떤 일로 많은 시간을 낭비하게 된다. 이는 대부분 육체로 인한 것이다. 아브라함은 86세부터 99세까지 13년 간 특이한 일이 없고 주님 앞에서 계산될 일이 없었다. 이는 매우 유감스러운 일이다. 어쩌면 그때 그는 이스마엘을 누렸을 것이다. 그는 자신의 육체의 일 속에 취해서 그것이 낭비하는 세월인 줄도 모르고 지냈을 것이다. 그러나 99세가 되었을 때 그는 인생의 공허함과 무익함을 깨닫게 되고 하나님의 음성을 다시 들을 수 있도록 준비되었던 것이다. 오늘날 하나님의 자녀들이 세월을 낭비하지 않고 곧바로 전진할 수 있으면 얼마나 좋겠는가!

연수의 계산

시편 기자(모세)는 "우리에게 우리 날 계수함을 가르치사 지혜의 마음을 얻게 하소서"라고 말했다. 우리는 인생이 매우 짧다는 것을 기억해야 한다. 모세는 우리의 년수가 70이요 강건하면 80이라고 했으며 그 세월이 날아가는 것같이 신속히 간다고 했다(시 90:10). 우리는 아브라함의 연수를 생각해볼 때 하나님이 계산하는 시간이 있고 계산하지 않는 시간도 있다는 것에 인상을 받을 필요가 있다. 그가 갈대아 우르에서 부르심을 받았을 때 우리는 그의 나이가 몇 살인지 알지 못한다. 따라서 그가 하란에서 머문 시간도 알 수가 없다. 그러다가 그의 나이가 계산된 것은 하란을 떠나 가나안에 들어갈 때부터이다. 그때 그의 나이가 75세라고 되어있다(12:4).

즉 하나님은 아브라함의 참 순종의 때부터 나이를 기록해 두셨다. 이는 그의 이전 삶이 그렇게 중요하지 않았었음을 시사한다. 그가 갈대아 우르에서 부르심을 받았을 때 그는 부모와 친척과 아비 집을 떠나라는 말씀을 들었음에도 그는 아비, 친척과 함께 하란으로 왔다. 그가 하란에서 얼마나 머물렀는지 알 수 없지만 그곳은 분명 목적지가 아니었다. 그곳은 아브라함의 순종의 중간 지점이었다. 우리는 이러한 순종을 절반의 순종이라고 말한다. 산 정상에 오르는 것이 완전한 순종이라면 그러한 순종은 오르기 시작하기는 했지만 중턱에 머물러 버린 꼴이다. 그러나 거기서 그는 아비를 잃었고 결국 조카를 데리고 하란을 떠났다. 하나님은 그가 하란을 떠나 가나안을 향했을 때 그의 나이를 기록해두셨다. 즉 하나님은 진정으로 대가를 지불하여 하나님의 명령을 순종하지 않은 상태를 계수하지 않으신다. 오늘날도 주님의 이름을 부르며 교회에 다닌다고 하지만 하나님의 눈에 계수되지 않는 많은 사람들이 있다.

그때부터 근 10년의 세월 동안 아브라함은 하나님 앞에서 생활했다. 그러나 그의 삶은 완전하지 않았다. 17장 1절에서 하나님께서 나타나셔서 '내 앞에서 완전하라'고 하신 말씀이 이를 증명한다. 아브라함은 하나님을 믿으며 순종하며 롯을 찾기 위해 전쟁도 하고 많은 일을 했지만 여전히 그의 영적 생명은 완전하지 않았다. 그는 하나님의 약속을 자신의 힘으로 이루기 위해 하갈과 동침한 후에 이스마엘을 얻었는데, 그 86세 때부터 99세까지 13년 동안 하나님은 날짜를 다시 계수하지 않으셨다. 그동안 아브라함은 이스마엘과 함께 좋은 시간을 보냈겠지만 그 모든 날들은 하나님 앞에서는 계수되지 않았다. 이스마엘은 하나님의 경륜을 이루는 일과는 무관한 사람이다. 그러나 아브라함은 그 자식을 끔찍이 아꼈을 것이고 그를 누렸을 것이다. 그렇게 13년이라는 시간을 아브라함은 다시 잃어버리게 되었던 것이다. 99세가 되었을 때 그는 육신에 아무 힘도 없이 죽은 자 같이 되었다. 그때에서야 비로소 그는 하나님의 음성을 들을 상태가 되어 있었다. 그 이전에는 자신의 혈기와 육과 할 수 있다는 생각이 팽배하여 주님의 말씀을 듣는데 한계가 있었다. 따라서 주님은 오래 참으시고 기다리셨다. 그러다가 99세 때에 주님은 아브라함을 찾으셨고 그때부터 하나님은 아브라함과 대화를 재개하셨다. 이제 다시 아브라함의 시간이 계수되기 시작했다.

이스라엘 백성들도 애굽에 있을 때는 시간적인 계수가 없었다. 그들이 하나님께 순종하여 유월절 예식을 시작하고 애굽을 떠날 때 새로운 달의 시작이 되게 하신 것이다(출 12:2). 그러나 그들이 하나님께 불순종하여 광야에서 방황한 시간들은 다 잃어버린 시간들이었다. 호렙에서 가나안에 들어가는데 11일이면 되는 것을 그들은 38년 동안 헤매었다. 불순종 때문이었다. 그들은 인생의 귀한 시간들을 불순종 가운데 낭비하고 만 것이다. 그들은 광야에서 그들의 육체의 욕심을 따라 마음의 원하는 대로 지냈으나 이는 다 하나님 앞에 계산되지 않는 시간들이었다. 온전히 순종함 가운데 있지 않은 시간들은 낭비한 시간들이다. 나는 성도들이 하나님께 순종하지 않은 시간들이 인생에서 잃어버린 시간들이라는 것을 알기 바란다.

전능한 하나님

"나는 전능한 하나님이라 너는 내 앞에서 행하여 완전하라". 이 구절에서 '전능한 하나님'은 히브리어로 '엘샤다이'(El-shaddai)인데, '다이(dai)'는 '충족한'을 뜻하며 '샤'(sh)는 '어떠어떠한 자'를 뜻하므로 이 말은 '충족한 자', 즉 하나님은 아무것도 부족함이 없으시고 사람의 어떤 부족함도 넉넉하게 채워주시는 분이라는 뜻이다. 이 엘샤다이 하나님이라는 칭호는 여기 외에도 여러 곳에서 사용되었다(창 35:11, 출 6:3, 욥 40:2, 사 43:14, 48:3).

아브라함은 하나님을 전능한 하나님(엘로힘)으로는 믿었지만 부족함이 없는 하나님(엘샤다이)으로는 믿지 못함으로 완전하지 못했던 것이다. 그는 하나님이 자손을 주실 수 있는 분이라고는 믿었지만 자신의 힘을 조금도 보태지 않을 만큼 부족함이 없는 하나님이라고까지는 믿지 못했던 것이다. 하나님께서는 아브람에게 "너는 내 앞에서 행하여 완전하라"고 하셨다. 이것은 과거 아브람의 믿음이 완전하지 않았음을 의미한다. 그가 완전하지 않은 것은 특히 어떤 면에서인가? 하나님을 의지하고 신뢰하는 면에서이다. 그는 하나님을 의지하고 신뢰하는 데에서 완전하지 않았다. 아브람은 하나님께서 그에게 그의 자손이 하늘의 별과 같으리라고 하셨을 때 그것을 믿었다. 또 그에게서 날 자가 그의 후사가 되리라는 말씀도 믿었다. 하나님께서는 이러한 그의 믿음을 의로 여기셨다. 그런데 후에 그는 하나님의 약속을 자신의 계획과 힘으로 이루려 하였다. 그의 힘과 노력을 보탠 것은 하나님이 모든 것을 충족케 하시는 분임은 믿지 못한 것이다. 그가 하갈을 취한 것은 순수한 믿음의 행위가 아니었다. 그것은 사람의 노력을 보탠 것이었다. 육체에게 기회를 준 것이다. 이것이 그의 완전치 못한 점이었다. 아브람은 약속 자체를 믿었으나 그 약속을 이루는 분 또한 하나님이시라는 것을 믿지 못했던 것이다. 그러므로 완전한 사람은 다른 사람이 아니라 믿음에서 순결한 사람이다. 자아와 섞여진 믿음은 완전치 않은 믿음이다.

때때로 하나님께서 그분의 약속의 성취를 지연하시는 것은 우리의 믿음을 시험한다. 아브람은 이러한 시험에서 실패한 것이다. 아브람이 사라의 제의를 받고 하갈을 취할 때 과연 하나님 앞에서 행한 것인가? 그는 과연 완전한 자로 행하였는가? 그렇지 않았다. 거기에는 하나님 앞에서 행하지 않은 것이 있었고 부족함이 있었다. 우리는 오늘날도 많은 믿는이들의 완전치 않음을 본다. 그들에게 아브라함같이 믿음이 있었는가? 분명히 있었다. 그들은 하나님이 살아계시고 높으신 분이며 전능한 분이라는 것을 믿는다. 그러나 그들은 '엘샤다이' 하나님을 믿는 것에는 실패한다. 한편에서는 믿으면서도 한편에서는 자신의 수단과 노력을 의지하기 때문이다. 그들은 하나님이 전능하시고 살아계시며 지존하신 것은 믿지만 거기에 자신의 힘과 노력을 보태야 한다고 생각한다. 그래서 주님이 이뤄주실 것을 바라보며 기다리지 못하는 것이다. 이것은 온전치 못한 믿음이다. 믿음이 아주 없는 것은 아니지만 여전히 하나님의 일에 자신을 섞는 것이요 불순한 것이다.

하나님은 아브라함에게 내 앞에서 행하여 완전하라고 하신다. 하나님은 성도들이 믿음에서 완전해지기를 원하신다. 당신은 과연 믿음에서 완전한가? 당신은 하나님이 '엘샤다이'로서 모든 것을 충족케 하시는 분임을 믿는가? 하나님 앞에서 행하여 완전하라는 말씀은 전적이고 순수한 믿음의 문제이다. 아브람은 그가 아들을 낳고 그에게서 많은 후손이 번성하게 될 일에 관하여 하나님께서 모든 것을 충족시켜 주실 것을 믿고 안식해야 했다. 그러나 그는 엘샤다이 하나님의 충족하게 하시는 능력을 신뢰하지 못했으며, 결과적으로 하갈을 취하여 이스마엘을 낳았다. 우리가 하나님 앞에서 행하여 완전하려면 우리 앞에 하나님만을 모시고 그분만이 모든 것을 충족하게 하시고 이루시며 공급하시는 분임을 알고 행해야 한다.

"나의 영혼아 잠잠히 하나님만 바라라 대저 나의 소망이 저로 좇아 나는도다 오직 저만 나의 반석이시요 나의 구원이시요 나의 산성이시니 내가 요동치 아니하리로다"(시 62:5-6).

2절, 내가 내 언약을 나와 너 사이에 세워 너로 심히 번성케 하리라 하시니

하나님의 부르심에는 후회함이 없으시다. 하나님은 마치 16장에서의 아브람의 실패를 잊으신 듯하다. 1절에서 하나님은 자신을 모든 것을 충족시키시는 하나님으로 계시하시면서 내 앞에서 행하여 완전하라고 하신 뒤에 즉시 언약을 말씀하시며 다시 그분의 축복을 확인하여 주신다. 여기서 아무도 하나님께 이의를 제기할 수 없다. 하나님께서 일단 선택하고 부르시고 이끄시면 누구든지 축복을 얻을 보장이 있다. 이것은 완전히 하나님께 달려 있다. 그분이 부르시고 그분이 믿음을 갖도록 도와주시며 혹 실패하더라도 다시 그 실패를 통하여 가르치시니 사람은 아무것도 할 일이 없고 다만 모든 것이 하나님의 긍휼이요 은혜일뿐이다.

3절, 아브람이 엎드린대 하나님이 또 그에게 일러 가라사대

여기 아브람이 엎드린 장면은 매우 귀하고 감동적이다. 여기서 하나님은 진정한 경배자를 얻으셨다. 이 지점에 올 때 아브람은 자신이 얼마나 무력하며 실패뿐인 사람인가를 보았다. 그리고 하나님은 얼마나 초월하시며 모든 것을 하시고 긍휼과 자비가 풍성하신 분인가를 보았다. 여기 아브람의 엎드림은 진정한 엎드림이다. 그는 자신이 뭔가를 행한 것이 어떤 결과를 가져오는지를 보았다. 자신이라는 존재는 철저히 무익하고 죄뿐임을 본 것이다. 그는 참담한 실패를 통해서 자신의 부패함을 보고 하나님의 신실하심과 능하심을 알게 되었다.

> "하나님은 복되시고 홀로 한 분이신 능하신 자이며 만왕의 왕이시며 만주의 주시요 오직 그에게만 죽지 아니함이 있고 가까이 가지 못할 빛에 거하시고 아무 사람도 보지 못하였고 또 볼 수 없는 자시니 그에게 존귀와 영원한 능력을 돌릴찌어다 아멘"(딤전 6:15b-16).

4-9절, 내가 너와 내 언약을 세우니 너는 열국의 아비가 될찌라
5 이제 후로는 네 이름을 아브람이라 하지 아니하고 아브라함이라
하리니 이는 내가 너로 열국의 아비가 되게 함이니라 6 내가 너로
심히 번성케 하리니 나라들이 네게로 좇아 일어나며 열왕이 네게
로 좇아 나리라 7 내가 내 언약을 나와 너와 네 대대 후손의 사이
에 세워서 영원한 언약을 삼고 너와 네 후손의 하나님이 되리라 8
내가 너와 네 후손에게 너의 우거하는 이 땅 곧 가나안 일경으로
주어 영원한 기업이 되게 하고 나는 그들의 하나님이 되리라 9 하
나님이 또 아브라함에게 이르시되 그런즉 너는 내 언약을 지키고
네 후손도 대대로 지키라

사탄은 하나님께 아브람의 실패를 지적하면서 그는 하나님의 그릇이 될 자격이 없다고 말하려 할 것이다. 그러나 하나님을 찬양하자! 하나님은 그분이 무엇을 하시는지 다 아신다. 그분은 그분이 하시는 일을 사람과 의논하지 않으신다. 그분은 실패가 없는 하나님이시다. 그분이 말씀하고 언약하신 것은 친히 이루신다. 하나님께서는 아브람으로 새로운 믿음의 족속의 시작이 되게 하셨다. 그리고 아브람의 이름을 아브라함으로 바꿔주셨다. 아브람은 자신을 많은 민족의 조상으로 세워달라고 하거나 열국의 아비가 되게 해달라고 하거나 새로운 기점이 되는 사람으로 삼아달라고 기도하지 않았을 것이다. 애초부터 이러한 필요와 계획은 하나님 마음속에 있는 것이며 이루시는 능력 또한 하나님께 있는 것이다.

우리는 기묘한 하나님의 역사를 찬양할 뿐이다. 여기서 하나님은 아브람의 이름을 바꿔주셨는데, 성경을 통해 우리는 하나님께서 어떤 사람의 인생과 인격이 전환되는 중요한 순간에 그의 이름을 바꿔주시곤 한 것을 볼 수 있다. 야곱을 이스라엘로 바꿔주신 것이 그러하고 시몬을 베드로로 바꿔주신 것이 그러하다.

그가 어릴 때 갈대아 우르에서 우상을 섬기는 집안에서 자랄 때만 하더라도 아브람은 오늘같이 하나님 손에 귀히 쓰이는 그릇이 되어 하나님의 역사의 큰 이정표로서 새로운 시대를 여는 중요한 사람이 되리라고는 꿈에도 생각지 못했을 것이다. 그러나 하나님은 기묘하고 상상조차 할 수 없는 이러한 일을 하시니 그분의 은총이 다만 놀라울 뿐이다. 4절부터 8절까지의 내용은 전부터 말씀해 오신 그분의 축복의 언약을 다시 한 번 확증하시는 것이니 하나님께서는 실패의 과정을 거치면서 약화될 가능성이 있는 아브람의 심정까지 다 아시고서 강화시켜 주시는 것이다. 이 또한 택하시고 부르신 자들을 끝까지 사랑하시는 인자하고 자비로우신 하나님의 성품을 볼 수 있는 부분이다.

16장에는 아브람과 사래의 일에 있어서 사람의 일과 말이 많다. 거기서는 사람이 말하고 사람이 일한다. 그러나 17장에 와서 사람은 엎드러지고 하나님께서 모든 것을 하신다. 그렇다면 16장과 17장 사이에는 무슨 차이가 있어서 하나님이 16장에서는 침묵하시고 17장에 와서 비로소 말씀하기 시작하시는가? 16장의 때에는 아직 사람의 혈기가 충천하고 사람이 무엇이든 할 수 있다고 여기기 때문에 그러한 때에 하나님은 침묵하신다. 그러나 17장에는 나이가 99세나 되어 혈기가 마르고 완전히 엎드러진 한 사람이 있다. 하나님께서는 반드시 사람이 엎드러지고 무너진 곳에서 말씀하시며 역사하신다. 당신은 때로 하나님께서 왜 우리 모임 가운데서 잠잠하시고 말씀하지 않으시느냐고 물을 것이다. 그 답변은 아마도 당신의 때가 아직 창세기 16장의 아브람의 상태에 있거나 아브람의 13년 기간처럼 온전히 자신이 끝나지 않음으로 인하여 하나님께서 역사하실 시점이 되지 않았기 때문일 것이다.

10-27절, 너희 중 남자는 다 할례를 받으라 이것이 나와 너희와 너희 후손 사이에 지킬 내 언약이니라 11 너희는 양피를 베어라 이것이 나와 너희 사이의 언약의 표징이니라…13 너희 집에서 난 자든지 너희 돈으로 산 자든지 할례를 받아야 하리니 이에 내 언약이 너희 살에 있어 영원한 언약이 되려니와…26 당일에 아브라함과 그 아들 이스마엘이 할례를 받았고 27 그 집의 모든 남자 곧 집에서 생장한 자와 돈으로 이방 사람에게서 사온 자가 다 그와 함께 할례를 받았더라

10절부터 27절까지는 할례에 대한 말씀이다. 하나님께서는 아브라함에게 언약의 표시로 할례를 시행하라고 명하셨다. 할례란 육체를 제하는 것이다(골 2:11). 아브라함은 부르심을 받은 자이지만 부르심을 받은 자로서 하나님을 순종하고 따르는 데에 크게 방해가 되는 한 가지가 있었는데 그것이 바로 육체이다. 16장에서 아브라함이 하갈을 취해서 낳은 이스마엘은 그의 육체의 산물이다. 하나님의 역사를 좌절시키고 하나님의 뜻을 거스르는 것은 사람의 육체이다. 그것은 사람의 악한 육체만 가리키는 것이 아니다. 소위 선한 일을 추구하는 것도 하나님을 떠난 것이라면 다 육체이다. 하나님 없이 인간 스스로 하나님의 뜻을 이루려고 하는 것이 말하자면 선한 육체이다. 악한 육체이든지 선한 육체이든지 하나님 없이 역사하는 것이라면 다 하나님의 대적이요 원수임을 잊지 말아야 한다.

하나님은 이 지점에서 아브라함에게 할례를 명하셨다. 하나님은 아브라함의 육체에 다시는 자신의 힘과 재간을 사용하지 않는다는 표를 갖도록 명하셨다. 하나님은 아브라함이 자신의 육체의 힘과 재능으로 하나님의 일을 돕기를 원치 않으셨다. 하나님은 다만 아브라함이 그분의 통로와 도구가 되기만을 원하신 것이다. 그분은 그분의 일을 하시는 데에 아브라함의 천연적인 힘을 조금도 사용하기 원치 않으심을 선포하신 것이다. 그러므로 '할례'란 사람의 육체에 대해 '이제부터는 더 이상 내가 아니요 오직 그리스도께서 모든 것이 되신다'(갈 2:20)고 선포하는 것이라고 할 수 있다.

운동 경기 중 배구 종목에는 상대편의 공격을 방어하는 기술인 블로킹이 있다. 그런데 이 블로킹을 할 때 중간의 경계선인 네트에서 다만 손을 올려 방어해야지 만일 상대편의 공격을 효과적으로 막기 위해 네트 넘어서까지 손을 내밀어 막으면 반칙이 된다. 어떤 선수가 블로킹을 할 때마다 손이 네트를 넘는다면 반칙으로 점수를 잃을 것이다. 그럴 때 감독은 그에게 이렇게 말할 것이다. "너의 살점이 넘어간 만큼 반칙이 되니 다시는 너의 손이 네트를 넘어가지 않도록 하겠다는 약속을 나에게 해라."여기서 할례의 언약이란 아브라함이 하나님과 맺은 언약인데, 이 언약은 아브라함 편에서 지켜야 할 부분이다. 어떤 약속들에는 조건이 있으며 여기 하나님의 언약에도 조건이 붙어 있다. 17장에 와서 하나님은 아브라함에게 언약을 다시 확인해 주시면서 그를 열국의 아비로 세우겠다고 말씀하신다. 그런데 그렇게 되려면 반드시 아브라함이 할례를 받아야 한다는 것이다. 그러므로 할례는 아브라함이 지켜야 할 하나님과의 언약이다. 즉 아브라함이 이삭을 낳고 그 자손이 복을 받으며 하나님을 그들의 하나님으로 모시기 위해서는 반드시 자신들의 육체를 제거한다는 표를 가져야 한다는 것이다. 그것은 이후로는 하나님 앞에서 더 이상 육체를 사용하지 않겠다는 표시이다. 그들은 그 표시로서 양피를 베어야 했다.

그리스도의 할례

"또 그 안에서 너희가 손으로 하지 아니한 할례를 받았으니 곧 육적 몸을 벗는 것이요 그리스도의 할례니라 너희가 세례로 그리스도와 함께 장사한 바 되고 또 죽은 자들 가운데서 그를 일으키신 하나님의 역사를 믿음으로 말미암아 그 안에서 함께 일으키심을 받았느니라"(골 2:11-12).

골로새서의 이 말씀은 할례의 참된 의미를 설명해 주고 있다. 당시 유대인들은 할례를 강조하고 자신들이 할례받은 것을 자랑했다. 그러나 할례의 참된 의미는 무엇인가? 위 구절들에서 신약의 믿는이들인 우리는 손으로 하지 아니한 할례를 받았다고 말한다. 또 빌립보서 3장 3절에서 바울은 '하나님의 성령으로 봉사하며 그리스도 예수로 자랑하고 육체를 신뢰하지 아니하는 우리가 곧 할례당'이라고 말했다. 즉 바울은 육체에 외모로 할례를 받은 것은 하나의 형식에 불과할 뿐이고 참된 할례의 실제는 영에 있는데(롬 2:28-29) 곧 육체를 신뢰하지 않고 성령으로 봉사하는 자들이 참 할례당이라는 것이다.

이에 따르면 신약의 믿는이들이 할례당이라는 말인데, 그 할례는 육신의 할례가 아니라 그리스도의 할례로서 십자가로 우리의 육체를 십자가에 못 박은 것에 그 실제가 있는 것이다. 구약의 할례는 육체를 제거하는 표시로서 양피를 베었으나 그 실제는 신약의 그리스도의 할례로서 그리스도와 함께 십자가에 죽고 장사되었다는 것을 믿음으로 얻는 것이다. 오늘날 하나님의 백성들인 신약의 믿는이들은 그리스도와 함께 죽고 함께 장사한 바 되었으며 그리스도와 함께 부활하였고 그리스도와 함께 하나님 앞에 열납되었으니 완전한 할례를 받은 것이다. 우리는 이미 손으로 하지 아니한 할례를 받은 것이며 육적 몸을 벗었다. 그러므로 오늘 그리스도인들이 이 사실을 온전히 깨달았다면 참 할례의 표를 나타내는 것이 마땅하다. 그것은 육을 벗은 사람으로서 사는 것이다. 우리는 우리의 삶에서 조금이라도 육체에게 기회를 주지 말아야 하며 오직 성령을 따라 살고 행해야 한다. 이것이 실제로 할례의 표를 몸에 지닌 삶인 것이다. 하나님은 오늘 참된 아브라함의 자손인 우리에게 이것을 원하신다.

또한 골로새서 2장 13절은 할례에 죄 사함의 문제를 부가하였다. 이는 그리스도의 할례가 십자가의 역사로서 죄 사함을 포함하기 때문이다. 죄와 육체가 십자가에 못 박히는 일은 다 한 십자가의 역사로 완성된 것이다. 우리의 모든 죄들이 육체와 함께 그리스도의 무덤에 장사되었다. 남아 있는 죄라고는 하나도 없으며 육체 역시 살아서 움직일 수 있는 여지가 없다. 그리스도께서 십자가에 달리실 때 하나님은 우리의 모든 죄들을 그리스도의 머리 위에 갖다 놓으셨을 뿐 아니라 우리의 무익한 육체도 그분 안에 갖다 놓으셨다. 우리의 죄를 심판하시는 대신에 하나님은 십자가에서 그리스도를 심판하신 것이며 우리의 육체를 그분 안에 합하여 못 박아 끝내신 것이다. 이렇게 우리의 범한 죄들이 다 심판되어졌을 뿐 아니라 우리의 육체도 십자가에서 심판되고 끝난 것이다(갈 5:24).

빌립보서 3장 3절은 "육체를 신뢰하지 않는 우리가 곧 할례당이라"고 한다. 곧 신약의 할례란 육체에 대하여 신뢰가 없는 자들을 말한다. 어떤 사람이 일이 일어날 때마다 쉽게 결단을 내리고 입을 열 때마다 확신하는 말을 쏟아낸다면 그는 할례의 표시가 없는 그리스도인이다. 그가 만일 하나님의 다루심과 훈련을 받았다면 그는 주장을 급히 내세우지 않고 확신이 없다고 말할 것이다. 주장을 급히 내세우고 자신이 할 능력이 있다고 믿는 사람 중에 십자가를 아는 사람은 하나도 없다. 만일 십자가를 안다면 함부로 의견을 표하지 않을 것이며 모든 일에 두려워 떠는 사람이 될 것이다.

하나님의 백성의 참된 표시

할례는 하나님의 백성의 참된 표시이다. 하나님께서는 그분의 백성들이 그들 몸에 그분의 백성이라는 참된 표시를 지니기 원하신다. 그러므로 우리는 하나님의 긍휼을 입어 우리 몸에 하나님의 백성의 참된 표시인 할례를 갖기 원한다. 그러나 그 표시는 유대인들이 가졌던 것 같은 외면적인 것이어서는 안 된다. 오늘 우리에게는 참된 할례 곧 그리스도의 할례의 표인 십자가의 특징을 지녀야 한다. 십자가를 우리 몸에 지닌다는 것은 무엇인가? 간단히 말하면 우리의 육체를 신뢰하지 않는 것이다.

오늘날 많은 그리스도인들은 곧잘 육체를 신뢰하는 간증을 한다. 그들은 어떻게 하면 성령으로 충만케 되고 어떻게 하면 죄를 이기며 어떻게 하면 육신의 질병이나 어려운 상황에서 하나님을 믿고 신뢰함으로 믿음을 갖는가에 대하여 모르는 것이 없으며 누구든지 언제든지 묻기만 하면 가르쳐줄 준비가 되어 있는 것 같다. 그들은 많은 경우 자신들이 하나님께 기도하여 응답을 얻었으며 분명하게 하나님의 뜻을 알게 되었다고 간증한다. 그런 사람들의 간증을 듣는 어린 그리스도인들은 '나는 언제나 저렇게 진보한 상태에 이를 수 있을까?' 하면서 부러워한다. 많은 사람들이 그 정도의 믿는이라면 참 그리스도인의 표를 갖고 있으며 매우 자격 있는 좋은 그리스도인이라고 생각할 것이다. 그러나 우리는 그런 사람들에게서 자신을 매우 신뢰하는 태도를 느끼게 되는데, 그런 사람들이야말로 진정으로 주님의 긍휼이 필요한 자들이다.

그렇다면 참된 할례의 표시를 지닌 자들은 어떤 자들인가? 그들은 사도 바울처럼 하나님 앞에서 무엇이든지 쉽게 확신하지 않고 두려워하고 떨면서 심히 약한 가운데 성령의 역사하심만을 의뢰하는 자들이다(고전 2:3). 그러면 참 할례자의 음조가 들어 있는 찬송시 하나를 소개하겠다.

자신을 의지하던 나 자신을 강하다 믿고
얼마나 무능한지를 난 몰랐네
세상 가운데 살 때에 자신의 부족 모르고
내가 늘 전진하는 줄 착각했네
나 어둠 안에 거할 때 나 깊이 없음 모르고
겸손할 필요조차도 못 느꼈네
주님의 면전에 오니 난 다만 부끄러울 뿐
벌거숭이가 되어서 약하게 되었네
구하려 하나 못 믿고 의뢰할 줄도 모르네
주여 날 불쌍히 여겨 이끄소서

참된 영적 세계와 십자가를 모르는 사람은 이러한 찬송시를 보고 믿음이 없고 어리다고 정죄할 것이다. 그러나 이 찬송시를 지은 사람은 전 시대에 그 누구보다 하나님께 크게 쓰임을 받은 종이다. 그러나 그는 자신이 어떻게 믿을 줄도 모르고 어떻게 의뢰할 줄도 모른다고 했다. 그는 다만 하나님께 불쌍히 여겨달라고 탄원했다. 그는 자신이 과거에 얼마나 교만했고 어둠에 있었는지를 알았으며 이제 주님 앞에 나아올 때 부끄러운 자일 뿐이라고 고백하는 것이다. 그의 또 다른 찬송시에서는 너무나 심한 고난과 아픔과 상처를 받고 눈물이 너무 많이 흘러 그 눈물이 오히려 주님을 더 못 보게 하고 믿음도 전만 못하다면서 탄식하고 있다. 그러면서도 그는 그처럼 연약한 마음으로 마지막 소절을 이렇게 끝낸다. "그렇지만 주여, 주님의 뜻이 나에게 전보다 더 달콤하게 느껴지도록 내 자아는 감소시켜 주시고 당신 자신을 내 안에 더 증가시켜 주옵소서." 나는 이러한 사람이 참으로 빛 가운데 있는 믿는이라고 생각한다. 오늘 우리 그리스도인이 지녀야 할 진정한 할례의 표시는 자기의 육체를 조금도 신뢰하지 않는 것을 아는 것이다. 하나님께서 지금까지 아브라함을 이끄시며 가르치신 것이 무엇인가? 그것은 다름이 아니라 그의 계속적인 실패를 통해서 아브라함은 아무것도 아니고 아무것도 할 수 없는 사람이며 하나님만이 그에게 모든 것이시라는 사실이다. 하나님의 백성의 특징은 육체의 확신이 하나님에 의해 제거되어 육체의 확신을 잃은 자이다. 하나님의 백성의 표시와 기호와 특징은 육체를 거절하고 신뢰하지 않는 것이다.

사래의 이름을 사라로 바꿔주심

하나님께서는 아브람의 이름을 아브라함으로 바꿔주신 것에 이어서 사래의 이름을 사라로 바꾸어 주셨다. 이름은 그 사람의 인격이요 그 사람 자체이다. 이름이 바뀐다는 것은 그 사람이 바뀌었다는 뜻이다. 사람이 바뀌려면 인격이 바뀌어야 하는데, 우리는 자신의 인격에서 그리스도의 인격으로 바뀌어야 한다. "이제는 내가 산 것이 아니요 오직 내 안에 그리스도께서 사신 것이라"(갈 2:20). 과거에는 내가 살았지만 이제는 내가 사는 것이 아니라 내 안에 그리스도께서 사시는 것이다. 이것은 인격이 바뀌는 문제이다. 한 사람이 죽어야 다른 한 사람이 살게 된다. 바울의 말한 바는 무엇인가? 그는 과거에는 자신이 주인과 인격이 되어 살았는데 이제는 그가 그리스도와 함께 십자가에 못박힘으로써 그가 아닌 그리스도께서 그 안에서 사신다는 것이다. 따라서 그의 삶의 주체가 바뀐 것이다. 이것이 할례의 참 의미이다. 바울은 우리가 그리스도와 함께 죽었을 뿐 아니라 더욱이 그와 함께 무덤에 장사되었다고 말한다. 그러므로 우리가 복음을 깨달았다면 우리는 이제 더 이상 스스로 이 땅에서 무언가를 할 수 있는 사람이 아니라는 것을 확실히 알아야 한다.

하나님께서는 이렇게 할례를 통해 그들을 자신의 사람들로 만드신 후 그들의 이름도 바꿔 주셨다. 이처럼 믿는이가 새로운 영역 안에 들어갈 때 그들의 인격이 바뀔 뿐 아니라 그들의 하나님 앞에서의 용도와 모든 것이 바뀌게 된다. '사래'라는 이름은 '나의 왕녀'라는 뜻이다. 그러나 하나님이 바꿔주신 '사라'라는 이름은 '열국의 어미'를 뜻한다. 말하자면 '사래'는 자신의 고귀함을 한껏 자랑하는 이름이다. 이것은 그녀의 옛 인격이 자신의 고상함과 고매함을 자랑하는 인격이었음을 보여준다. 그러나 아브라함 일가의 할례의 날에 그들 모두는 하나님을 위하는 매우 귀한 용도로 바뀌었다. 이제 그녀는 열국의 어미가 된 것이다. 그녀는 고상하고 귀한 왕녀로 대접받는 사람이 아니라 많은 사람을 낳고 양육하며 축복하는 어미가 되도록 바뀐 것이다.

연약한 중에 믿는 아브라함의 믿음

"아브라함이 엎드리어 웃으며 심중에 이르되 백 세 된 사람이 어찌 자식을 낳을까 사라는 구십세니 어찌 생산하리요 하고"(17절).

아브라함이 하나님의 말씀을 믿었는가? 그는 아직도 자신의 처지를 살피며 믿기를 어려워하고 있다. 그러나 하나님은 그의 불신에도 불구하고 그것에 제한받지 않으시고 계속 말씀하신다. "하나님이 가라사대 아니라 네 아내 사라가 정녕 네게 아들을 낳으리니 너는 그 이름을 이삭이라 하라 내가 그와 내 언약을 세우리니…내 언약은 내가 명년 이 기한에 사라가 네게 낳을 이삭과 세우리라"(19, 21절). 이렇게 말씀하신 후에 하나님은 그를 떠나 올라가셨다. 하나님은 웃는 아브라함에게 친구에게 하시듯 '아니라'고 하셨다. 즉 "너 그렇게 생각하는 게 아니야"라고 하시는 듯하다. 그리고 하나님은 그분이 곧 하실 일에 대하여 자신 있게 몇 마디를 더하시고서 아브라함의 얼굴을 보셨을 것이며, 그의 얼굴은 분명 하나님을 향하여 믿음의 반응으로 빛났을 것이다. 그때 그가 믿었다는 것을 어떻게 알 수 있는가?

그것은 그의 순종의 행위를 통해서 알 수 있다. 그는 하나님께서 올라가신 후(하나님은 온전히 믿고 기뻐하는 아브라함의 얼굴을 보시고 올라가셨을 것이다) 그분이 말씀하신 대로 자신의 가족 모든 사람에게 할례를 행했다. 당시 그의 나이가 구십구 세이니 아브라함의 아내 사라에게 아기가 잉태되도록 도와주신 것은 이때로부터 얼마 지나지 않아서이다.

하나님께서는 이런 아브라함의 믿음을 진정한 믿음으로 간주해주셨다. "그가 백세나 되어 자기 몸의 죽은 것 같음과 사라의 태의 죽은 것 같음을 알고도 믿음이 약하여지지 아니하고 믿음이 없어 하나님의 약속을 의심치 않고 믿음에 견고하여져서 하나님께 영광을 돌리며"(롬 4:19-20). 로마서 4장 1-3절의 칭의에 관한 기록이 15장의 말씀이라면 19-21절의 말씀은 바로 이 부분의 말씀을 근거로 한 것이다. 분명 15장에서 그는 칭의를 얻었는데 왜 17장에서 다시 칭의를 확인할 필요가 있었는가? 한 번 믿은 것으로는 칭의를 얻기에 부족하다는 말인가? 그렇지 않다. 그는 분명 15장 때에 온전한 칭의를 얻었다. 그러나 그의 믿음에 있어서는 완전하지 않았다. 그의 믿음은 여전히 견고해질 필요가 있었던 것이다.

이는 우리의 믿음의 체험에서도 동일하다. 한 번 믿었지만 우리는 그 믿음이 다시 한 번 견고케 될 필요가 있음을 느낄 때가 있다. 요한복음 14장 1절에서 주님은 제자들에게 "하나님을 믿으니 또 나를 믿으라"고 한다. 그 때 제자들은 주 예수를 믿지 않았는가? 믿었다. 그러나 그들은 다시 한 번 믿어야 했다. 이는 우리가 두 번 세 번 믿고 또 믿어야 함을 의미한다. 어떤 사람은 한 번 믿었으면 영원히 구원받은 것이라고 따지려 할 것이다. 그 말은 맞다. 한 번 믿으면 영원히 구원받는 것이지만 하나님은 또한 우리의 믿음이 더욱 온전케 되기 위해 믿고 또 믿으라고 요청하신다. 우리는 아브라함의 이 모든 정황을 보면서 하나님께서는 사람이 온전히 믿도록 능히 도와주시는 분임을 알게 된다. 그리고 하나님께 이렇게 말씀드릴 수 있다. "하나님, 아브라함이 이렇게 해서 당신을 믿을 수 있다면 저도 믿을 수 있습니다. 당신이 아브라함을 그렇게 인도하여 믿게 하신다면 저도 믿도록 도와주셔야 합니다. 저도 그렇게 믿도록 도와주소서!". 우리도 복음서에 나온 어떤 사람처럼 주님께 간구하자.

“예수께서 이르시되 할 수 있거든이 무슨 말이냐 믿는 자에게는 능치 못할 일이 없느니라 하시니 곧 그 아이의 아비가 소리를 질러 가로되 내가 믿나이다 나의 믿음 없는 것을 도와주소서”(막 9:23-24).

아브라함의 웃음

아브라함은 15장에서 종이 아닌 그 몸에서 날 자가 그의 후사가 될 것이며 그의 자손을 하늘의 별과 같이 많게 하리라고 하신 하나님의 말씀을 믿었다. 그러나 하갈을 취해 이스마엘을 낳고 13년 이상 하나님의 나타나심을 얻지 못하면서 그는 자신이 무능하다는 것을 배웠다. 그러므로 17장에 와서 하나님이 다시 그가 아들을 낳으리라는 약속의 말씀을 주시자 그는 웃었다. 그의 웃음의 의미는 단지 불신이 아니다. 비웃음도 아니다. 그의 웃음은 자신에 대한 웃음이다. 그것은 하나님을 신뢰하는 문제보다도 자신의 과거의 실패로 인하여 비롯된 믿을 수 없는 자신에 대한 웃음이다. 그는 이제 더 이상 자신을 신뢰하지 못하는 지경에 이르게 되었다. 자신에게는 아무런 신뢰할 만한 것이 없다는 것을 안 것이다. 하나님이 만일 당신을 아브라함과 같이 자신을 철저히 믿을 수 없는 상태로 이끄셨다면 자신 안에는 믿을 만한 것이 하나도 없음을 발견하고 탄식하는 가운데 가느다랗고 연약한 믿음으로 믿게 될 것이다. 당신은 그러한 믿음이 더욱 순수하고 자신의 성분이 섞이지 않은 믿음이라는 것을 알고 위로받으라! 아브라함은 이때 웃으면서 하나님을 믿었는데, 그 믿음을 성령께서는 신약 로마서에서 가장 훌륭한 믿음으로 칭찬하며 본으로 삼으셨다. 우리가 이것을 아는 것은 매우 중요하다. 15장의 믿음보다 17장의 웃으면서 믿는 믿음이 진보된 체험 가운데 있는 믿음인 것이다. 17장의 믿음은 믿음이 있는 것 같기도 하고 없는 것 같기도 한 믿음이다. 15장의 믿음은 자신의 육체를 신뢰함이 있는 가운데 믿은 믿음이다. 그러니 그때는 순수함이 부족했다. 그러나 17장의 때는 자신에게는 조금도 신뢰할 것이 없는 가운데 믿은 것이다. 이렇게 믿을 수 없는 때에 연약하고 작은 믿음으로 믿는 것이 가장 높은 단계의 믿음이다.

축복의 통로

나는 2007년 2월 10여명의 형제들과 캄보디아를 방문했을 때 가난하고 병들고 불쌍한 캄보디아인들을 대하며 무슨 말씀을 전할지 몰랐다. 특히 껌뽕톰의 70여명의 고아들과 불쌍한 어린아이들을 볼 때 그러하였다. 나는 100여명의 신실한 교회의 지도자들에게 말했다. 여러분들이 캄보디아의 축복의 통로가 되라고…그 말씀의 대지는 이러하다.

하나님은 원래 축복의 하나님이시다. 그분은 사람을 창조하실 때부터 축복하셨다. 그러나 사람이 타락한 후 죄와 저주가 들어왔다. 특히 창세기 6장의 때가 되었을 때 인간 세상 속에 사탄적이고 악마적인 일이 많이 들어왔다. 우리는 그 상황이 노아의 홍수를 가져왔다고 믿는다. 캄보디아도 1500여 년 전에 앙코르 왓트를 건립하였는데 그 남은 유적들을 보니 순전히 뱀의 형상이었다. 실제로 그 사원은 일곱 뱀들의 왕이라고 쓰여 있다. 그 사원 안에 있는 한 왕의 형상을 새긴 169개의 조각은 불가사의 그 자체이다. 어찌 사람이 그렇게 높임을 받을 수 있는가? 또한 사원 곳곳에 불상이나 우상이 가득하게 세워져 있었다. 이 나라의 오랜 역사는 실로 사탄적인 역사임에 분명하며 그런 역사가 이나라에 축복이 아닌 저주를 몰고 온 것으로 보인다. 여러분의 나라에서는 3-40년 전에 수백만의 사람들이 죽임을 당하였다. 이는 마치 노아의 홍수처럼 대단한 심판인 것 같다. 창세기 7-8장의 홍수도 6장의 때에 인간들 가운데 들어와 혼합되어 버린 마귀의 역사를 끝내기 위한 대 심판이었음을 기억하라.

그 큰 심판 이후로 여러분의 나라에는 수많은 종교적인 혼란이 왔다. 이는 마치 홍수 후의 바벨탑 사건과 같다. 바벨탑은 종교적인 타락이다. 하나님은 그 상황을 흩어버리셨다. 여러분의 나라는 현재도 종교의 시장처럼 되어버렸다. 바벨이 분열이고 혼란이라는 뜻이듯 여러분들의 나라 역시 심판을 거쳤지만 여전히 종교적인 혼란의 상황과 같다. 그럼에도 하나님은 그분이 창조한 사람들을 축복하기 원하신다. 하지만 그분이 사람을 축복하시려면 축복의 통로가 필요하다. 하나님이 축복하기 원하실지라도 통로가 없다면 축복하실 길이 없다. 그러므로 하나님은 분열과 혼란의 땅, 갈대아 우르에서 한 사람을 불러내어 축복의 통로가 되게 하였다. "너로 말미암아 천하 만민이 축복을 받으리라". 어떤 사람이 축복의 통로가 될 수 있는가? 아브라함같이 믿음을 가진 자들이 나와야 한다. 여러분 가운데 아브라함 같은 믿음의 사람들이 나온다면 나는 하나님이 여러분의 나라를 축복하시리라 믿는다.

성도들이여, 일어나기 바란다! 하나님은 지금 여러분 나라를 축복하기 원하신다. 그러나 축복의 통로가 없이는 불가능하다. 여러분의 나라의 종교적인 분열과 혼란 속에 이제 하나님은 한 사람, 한 사람, 불러내신다. 아브라함의 믿음을 닮은 사람들을 불러내신다. 이 자리에 100여명의 성도들이 아브라함의 믿음을 가진 사람들이 되기 위해 일어난다면 하나님은 여러분의 나라를 축복하시고도 남으실 것이다. 여러분은 여러분의 나라를 사랑하시는가? 사랑할 줄로 믿는다. 사랑한다면 여러분은 예수 그리스도를 진실하게 믿고 아브라함처럼 축복의 통로가 되기 바란다.

(2007년 2월 캄보디아 프놈펜, 껌뽕톰, 씨엠립에서)

그 후 캄보디아의 교회는 우리의 사역을 통해 일어난 교회들이 캄보디아 전국에 150여 교회로 확장되었고, 베트남과 라오스에도 그들 스스로 복음을 전하러 들어갔다(2012년 5월 현재).

번성의 축복

2006년 12월 나폴리 교회를 방문했을 때 그들의 수효는 매우 적었다. 그들의 주님을 사랑하는 열정은 뜨겁고 귀한 점이 있음에도 그들에게는 인수의 증가가 너무 적었다. 물론 그곳은 카톨릭이 강한 나라이다. 그러므로 신약의 복음이 정상적으로 전해지기가 그만큼 어렵다. 그렇다 하더라도 하나님의 복음은 더욱 강하게 확장되어야 한다. 정상적인 교회라면 성도들 개개인의 신앙이 좋아야 할 뿐 아니라 복음의 확장도 있어야 한다. 그래서 나는 아브라함의 축복을 그들에게 상기시켰다.

하나님의 축복은 특히 인수(人數)에서 그러하다. 하나님은 사람을 창조하실 때부터 생육하고 번성할 것을 축복하셨다. 교회가 축복을 받는 상태가 되려면 참된 성도들의 재생산이 이뤄져야 한다. 하나님이 아브라함을 선택하신 것은 그를 통하여 수많은 자손을 낳게 하기 위한 것이다. 히브리서 11장 12절은 "이러므로 죽은 자와 방불한 한 사람으로 말미암아 하늘에 허다한 별과 또 해변의 무수한 모래와 같이 많이 생육하였느니라"고 한다. 하나님은 먼저 아브라함의 믿음을 훈련하시고 그와 같은 많은 후손을 얻기 원하신 것이다. 이는 하나님이 일하시는 원칙이다.

히브리서 6장 14절은 "가라사대 내가 반드시 너를 복주고 복주며 너를 번성케 하고 번성케 하리라 하셨더니"라고 말한다. 이 구절은 축복과 번성이 연결되어 있음을 보여준다. 하나님이 여러분들을 축복하신다면 여러분같이 신실한 그리스도인들을 이태리에서 많이 재생산하셔야 한다. 그러나 먼저는 아브라함처럼 많은 연단과 훈련을 거치며 믿음과 오래 참음을 가져야 한다. 15절은 "저가 이같이 오래 참아 약속을 받았느니라"고 말한다. 나는 여러분이 더욱 믿고 오래 참아 많은 열매를 맺을 수 있기를 기대한다.

(2006년 12월 이탈리아 나폴리에서)

축복과 저주

갈라디아서 3장 8-14절은 믿음의 길로 말미암은 축복과 율법의 행위로 말미암은 저주가 대비되어 나온다. 갈라디아 성도들은 바울로부터 복음을 듣고 믿어 의롭다함을 받았으며 성령을 받았다. 그러나 그들은 자신들의 온전함을 추구하기 위해 율법 교사들로부터 율법의 행위를 받아들였다. 바울은 그들에게 성령으로 시작하였다가 육체로 마치려 한다고 꾸짖었다. 그들은 분명히 어리석은 상황으로 치닫고 있었다. 9절은 "믿음으로 말미암은 자는 믿음이 있는 아브라함과 함께 복을 받느니라"고 한다. 이어서 10절은 "무릇 율법 행위에 속한 자들은 저주 아래 있나니 기록된바 누구든지 율법 책에 기록된 대로 온갖 일을 항상 행하지 아니하는 자는 저주 아래 있는 자라 하였음이라"고 한다.

성도들이 믿음의 노선에 있는 것은 작은 일이 아니다. 이는 축복의 길 위에 있는 것이다. 아브라함이 어떻게 그러한 축복을 받을 수 있었는가? 그것은 다름 아닌 믿음에 있었다. 그는 75세까지 아들을 낳지 못했다. 그러므로 그저 다메섹 엘리에셀이 그의 상속자가 될 것이라고 기대했다. 그러나 하나님이 그에게 그는 네 후사가 아니라 네 몸에서 날 자가 후사가 될 것이라고 말씀하셨고 아브라함은 그 말씀을 믿었다. 하나님은 그 믿음을 그의 의로 여기셨다. 또 아브라함의 믿음을 의로 여기실 뿐 아니라 그가 믿었을 때 축복하셨다. 그 축복은 그의 자손의 번성을 위주로 한다. 그러나 하나님이 아브라함을 축복할 때 어찌 자손의 번성뿐이랴! 아브라함의 모든 것이 하나님의 축복 아래 있다고 해도 과언이 아니다.

그러나 율법의 행위에 떨어진 순간 아브라함은 저주의 맛을 보게 되었다. 갈라디아서를 읽는 사람들 중 일단 믿어서 구원을 받았다면 저주와 전혀 상관이 없으리라는 견해를 가진 사람들도 있을 것이다. 그러나 갈라디아서 3장의 내용을 주의해서 읽는다면 그 저주에 관한 것은 다름 아닌 갈라디아 성도들에게 한 말임을 알게 될 것이다. 그들은 당시 믿음의 노선에 있다가 미혹되어 자신들을 율법의 행위 아래 놓게 되었다. 그런 상태에 있는 갈라디아 성도들에게 바울은 율법 아래 있는 자들은 저주 아래 있는 것이라고 가르친 것이다. 당신은 저주 아래 있는 것이 작은 일이라고 보는가? 이는 결코 안일하게 대처할 일이 아니다.

오늘날 얼마나 많은 그리스도인들이 그저 하나님을 위해 좋은 일을 많이 하면 된다고 생각하고 율법적인 행위에 빠져 있는가? 그들은 자신들이 하나님을 위해 좋은 일을 계획하고 추진하며 노력하기 때문에 하나님이 그들을 축복하리라고 생각할 것이다. 그러나 그러한 사람들에게 축복이 아니라 저주가 있으리라고 말한다면 아마도 이해하지 못할 것이다. 그렇게 하나님의 말씀을 이뤄드리고 지키기 위해 최선을 다한 자들에게 축복은 고사하고 저주가 웬 말이냐고 할 것이다. 그러한 사람들은 다시 한 번 가인의 제물에 대하여 생각해 보아야 한다. 육체의 일은 결코 하나님의 축복을 가져오지 못한다.

물론 아브라함 당시는 율법이 아직 반포되지 않은 때이다. 그러나 그때 아브라함이 하갈을 취한 것은 율법의 행위에 떨어진 것으로 간주할 수 있다. 하나님의 약속을 자신의 힘으로 이루려고 했기 때문이다. 이것이 바로 갈라디아 성도들이 성령으로 시작했다가 육체로 나아간 것으로 비할 수 있다. 아브라함이 하갈을 취해서 이스마엘을 낳은 후 그는 어떤 맛을 보았는가? 축복이 아니라 저주의 맛이었다. 사라는 하갈이 아들을 낳으면 모든 것이 좋아지리라고 기대하였을 것이다. 그러나 하갈이 임신을 하자 문제가 생기기 시작했다. 하갈은 여주인인 사라를 멸시하기 시작했고 사라는 매우 불쾌했다. 그때부터 아브라함과 사라 사이에 부부싸움이라는 것이 생겨났다. 잦은 부부싸움도 일종의 저주의 표시이다. 성도들 간에 서로 시기와 분쟁으로 다투는 것도 일종의 저주의 표시이다. 당시 갈라디아 성도들은 다만 율법을 지켜보려고 했지만 그들 가운데는 저주의 표시로 서로 물고 먹는 상황이 벌어졌던 것이다.

어디 부부싸움 뿐인가? 결국 사라는 하갈을 심히 학대하게 된다. 우리는 성경에서 사라가 그런 여자가 아님을 안다. 그러나 그 가정이 율법의 행위에 떨어질 때 아브라함도 아브라함같지 않게 못난 말을 하고 사라도 사라답지 않은 말과 행동을 하게 된다. 결국 사라의 학대는 하갈을 도망하게까지 만들었다. 이스마엘은 어떠한가? 그는 들나귀같은 사람이 되었고 그는 누구든지 만나면 싸우고 치는 존재가 된 것이다. 이 모든 육체의 일의 결과를 보라! 거기에 축복의 모습이 없고 다 저주의 형상을 띠고 있다. 그러나 아브라함은 다시 믿음으로 돌아섰고 하나님은 다시 그분의 얼굴을 아브라함에게 향하시고 축복으로 대하셨다. 그리고 웃음의 아들인 이삭을 낳게 하신 것이다.

갈라디아서에서 믿음의 결과는 성령의 9가지 열매이지만 율법의 행위의 결과는 육체의 많은 일들이요 그 결국은 저주이다. 그렇게 육체의 길을 걸어간 자들은 하나님 나라를 유업으로 얻지 못한다(갈 5:21). 믿음만이 우리를 하나님의 축복 아래 있게 한다는 것을 아는 것은 매우 중요하다. 믿음으로 우리는 성령을 얻으며 의롭다함을 얻고 성도들의 유업인 축복을 얻게 된다. 성도들이여! 믿음의 말씀을 들으며 믿음의 길을 가기 바란다.(2007년 3월 12일 사경회 강의에서)

18 장

1절, 여호와께서 마므레 상수리 수풀 근처에서 아브라함에게 나타나시니라 오정 즈음에 그가 장막 문에 앉았다가

이곳의 마므레는 예루살렘 남방으로서 헤브론이며 롯과 헤어진 곳이다(13:18). 헤브론의 영적인 의미는 '교제'(fellowship)이다. 아브라함이 이스마엘을 낳고서 13년간 주로 어디에 머물렀는지 알 수 없으나 할례 받은 뒤에 그의 영성은 진보했다. 그는 이스마엘을 낳고서 13년 동안 그를 위안 삼아 나름대로 행복한 삶을 살았을 것이다. 그러나 하나님의 임재와 말씀이 없는 행복한 삶 이면에는 항상 공허하고 뭔가 잘못되었다는 느낌이 맴돌았을 것이다. 하나님이 사용하시는 시간과 공간은 사람이 생각하는 것보다 크고 넓다. 13년이라는 기간이 아브라함에게 있어서 겉으로는 매우 일반적인 생활 같았지만 그 내면의 인식과 체험에 있어서는 많은 변화가 있었다. 그 기간의 삶 속에는 하나님과의 친밀한 교제조차 많지 않았을 것이다. 그러나 16장은 그의 영성을 크게 바꿔놓는 계기가 되었다. 하나님의 택하심을 받은 사람들은 실패를 통해서도 배우고 심지어 많은 교제가 없는 가운데서도 배운다. 그러므로 중요한 것은 하나님의 선택이다.

그렇다고 해서 나는 믿는이가 세월을 낭비하는 게 없다는 것이 아니다. 공허하게 시간을 낭비하는 수도 있다. 그러나 발버둥치며 빨리 자라야겠다고 해서 빨리 자라는 것도 아닌다. 그러면 어떻게 할 것인가? 모든 것은 하나님께 달려 있다. 그분이 일단 선택하시고 붙잡았다면 그분이 역사하실 것이다. 그러므로 바울은 이에 대하여 매우 어렵게 믿음의 길을 표현했다. "내가 그리스도 예수께 잡힌 바 된 그것을 잡으려고 좇아가노라"(빌 3:12). 그분이 나를 붙잡지 않으시면 나는 보장이 없다. 그렇다면 우리가 아무것도 하지 않고 가만히 있으면 된다는 말인가? 아니면 어떻게 해야 하는가? 나 또한 그분께 잡힌 바 된 그것을 잡으려고 좇아갈 필요가 있다는 것이다. 그분이 붙잡은 것이 있고 우리가 잡으려고 좇아가는 것이 있다. 이 두 가지가 있을 때 성도는 전진할 수 있다. 하나님께서 하시지 않으면 아무것도 할 수 없다며 손을 놓고 있는 것이나 하나님이 하시는 것과 아무 상관없이 자신의 힘으로만 모든 것을 행하는 것은 두 가지 다 용도가 없다.

아브라함은 이스마엘을 낳고 할례를 받은 후로 더 이상 자신을 믿지 않게 되었다. 이제는 오직 하나님만을 신뢰하게 되었다. 100세가 된 그에게는 더 이상 신뢰할 만한 육체도 없었다. 이런 그의 변화된 인식이 그를 헤브론(교제)에 머물게 한 것이다. 여기서 아브라함은 하나님과의 교제 안으로 들어갔다. 누구든지 자신의 뜻이나 육체의 힘이 아직 남아 있을 때에는 하나님과의 교제 안으로 깊이 들어갈 수 없다. 그가 장막 문에 앉아 있다는 것은 누군가를 기다리며 앙망하고 있음을 보여준다.

2절, 눈을 들어 본즉 사람 셋이 맞은편에 섰는지라 그가 그들을 보자 곧 장막 문에서 달려나가 영접하며 몸을 땅에 굽혀

여기서 셋 중 한 분은 하나님이시다. 우리는 이 한 분이 그리스도이심을 믿는다. 그리스도는 이 땅에 오셨을 때 "아브라함이 나기 전부터 내가 있느니라"(요 8:58)고 하셨다. 하나님은 18장의 이 부분에서 그분의 형상이 사람과 같은 것을 보여주셨다. 장래 우리는 하나님을 보면서 우리와 똑같은 것을 보고 매우 놀라워할 것이다. 여기서 아브라함도 아마 처음에는 그분이 하나님이시라는 것을 몰랐을 것이다. 그것은 그분이 사람과 너무도 같기 때문이다.

이에 대하여 우리는 바울이 히브리서에서 말한 것을 참고할 수 있다. "손님 대접하기를 잊지 말라 이로써 부지중에 천사들을 대접한 이들이 있었느니라"(히 13:2). 이것은 분명 창세기 18장의 사건을 말한 것이다. 성도들은 손대접하는 것을 게을리해서는 안된다. 로마서 12장 13절에서 사도 바울도 손대접하기를 힘쓰라고 하였다. 오늘 날 갈수록 가정을 열지 않고 손

대접하는 일을 소홀히 하는 것을 보는 것은 매우 유감스러운 일이다. 디모데전서 3장에 의하면 장로의 자격에도 나그네를 대접하는 일이 들어 있다. 이렇게 손대접을 잘하다보면 부지중에 천사들을 영접하는 일이 발생한다고 주님이 말씀하신다. 위의 말씀을 참고한다면 처음에 아브라함은 그들 셋이 천사라는 것도, 그 가운데 하나님이 계시다는 것도 몰랐던 것이다. 그러나 잠시 영접하는 가운데 혹 몇 마디 주고받으면서 그는 알았을 것이다. '이들은 하늘에서 오신 손님들이구나.' 이때 아브라함은 하나님과 친구처럼 친밀하게 교제하는 상태로 이끌렸다. 그것은 그가 수년의 과정을 통해 자신의 일을 잊어버리고 자기를 신뢰하지 않는 상태가 되었기 때문이다. 그리고 오직 하나님의 일에 관해서만 관심을 갖게 되었기 때문이다. 실상 그 손님들 중 한 분은 하나님이셨던 것이다. 작은 성도 하나를 잘 대접하는 것이 사실은 주님을 접대하는 것과 동일하다(마25:40).

18장에서 하나님과 아브라함의 교제는 친구처럼 자연스럽고 다정하다. 이전에 가졌던 교제가 사건적이고 특별한 성격을 띤 것이라면 18장의 교제는 마치 사람과 사람이 만나 교제하는 것처럼 편안하고 자연스럽다. 하나님은 믿는이가 어떤 특정한 사건이 있을 때에만 결정하고 결재받기 위해 교제하기를 원치 않고 다정한 친구처럼 자기 속에 있는 말들을 나누며 교제할 수 있기를 바라신다.

3-8절, 가로되 내 주여 내가 주께 은혜를 입었사오면 원컨대 종을 떠나 지나가지 마옵시고 4 물을 조금 가져오게 하사 당신들의 발을 씻으시고 나무 아래서 쉬소서 5 내가 떡을 조금 가져 오리니 당신들의 마음을 쾌활케 하신 후에 지나가소서 당신들이 종에게 오셨음이니이다 그들이 가로되 네 말대로 그리하라 6 아브라함이 급히 장막에 들어가 사라에게 이르러 이르되 속히 고운 가루 세 스아를 가져다가 반죽하여 떡을 만들라 하고 7 아브라함이 또 짐승 떼에 달려가서 기름지고 좋은 송아지를 취하여 하인에게 주니 그가 급히 요리한지라 8 아브라함이 뻐터와 우유와 하인이 요리한 송아지를 가져다가 그들의 앞에 진설하고 나무 아래 모셔 서매 그

들이 먹으니라

여기에서 우리는 아브라함이 하나님의 마음을 기쁘시게 하기 위해 최선을 다하는 모습을 본다. 누구든지 영성이 진보한 사람의 특징은 하나님을 기쁘시게 하는 데 열중한다는 것이다. 어린 생명일 때는 그저 하나님이 하지 말라는 것이 무엇이고 특정한 일들에서 말씀을 어떻게 순종해 나아가느냐에 관심이 많다가 자라면서 하나님의 마음의 기뻐하심을 헤아리게 된다. 모든 일을 통제하는 관건은 하나님을 기쁘시게 하느냐이다. 아브라함은 하나님께서 자기의 장막에 머무시도록 최선을 다하여 영접한다. 그리고 하나님을 위해 할 수 있는 모든 것을 한다. 이때 아브라함이 자신으로부터 벗어나서 전적으로 하나님을 위한 생각으로 가득한 상태에 있음을 본다. 17장의 할례가 사람을 완전히 바꿔놓은 것이다. 그는 자신에 대하여 죽고 하나님께 대하여 살았다. 그러므로 그의 모든 관심사는 하나님을 전적으로 기쁘시게 하는 데 있었다.

"발을 씻으시고…쉬소서…마음을 쾌활케 하신 후에" 등의 표현은 완전히 하나님의 필요와 하나님의 마음을 위한 것이지 자신을 위한 성분이 없다. 우리가 이러한 상태에 이끌릴 때에야 비로소 하나님과의 참된 교제(헤브론) 안으로 인도된 것이라 말할 수 있다. 사람이 하나님을 상쾌하게 해드리며 그분의 마음을 쉬게 해드릴 수 있다면 세상에 이보다 축복되고 행복한 일이 또 어디에 있겠는가!

네 말대로 그리하라

하나님은 아무에게나 와서 거처를 함께하시지 않는다. 19장에서 보겠지만 롯을 방문할 때는 하나님께서 직접 가시지도 않았거니와 보내심을 받은 천사들도 거리에서 경야하겠다고 하면서 쾌히 그의 집으로 들어가려 하지 않았다. 그러나 18장에서는 하나님께서 아브라함을 직접 방문하셨을 뿐 아니라 간절한 마음으로 초청할 때 선뜻 응하심을 볼 수 있다. 우리는 여기서 주 예수님의 말씀을 상기하게 된다. "예수께서 대답하여 가라사대 사람이 나를 사랑하면 내 말을 지키리니 내 아버지께서 저를 사랑하실 것이요 우리가 저에게 와서 거처를 저와 함께하리라"(요 14:23). 아브라함은 어떻게 해서 자신의 집에 하나님을 모실 수 있었는가? 그것은 그가 하나님을 사랑할 뿐 아니라 그분의 말씀을 지켰기 때문이다.

아브라함은 믿을 뿐 아니라 순종한 사람이다. 그의 믿음은 죽은 믿음이 아니다. 이에 대하여 사도 야고보는 아브라함이 순종의 행함으로 의롭다 함을 얻었다고 선언한다. 이것은 아브라함의 믿음이 죽은 믿음이 아닌 산 믿음임을 증명하는 말이다. 그는 하나님께서 하시는 말씀을 하나씩 믿고 따르며 순종했다. 그는 갈대아 우르에서 다만 이상을 보았다고 하면서 앉아 있지 않았다. 거기서 부르심을 받았을 때 그는 대가를 지불하면서 떠났다. 사람이 말로는 쉽게 아비 집과 고향과 친척을 떠난다고 하겠지만 그것은 결코 간단한 일이 아니다.

또한 그가 롯과 헤어지는 것도 일종의 순종이었다. 그는 롯에게 원하는 땅을 취하라고 했다. 그것 또한 아브라함 편에서는 자신이 얻을 수 있는 좋은 편을 놓칠 수 있는 일이었다. 그러나 아브라함은 기꺼이 원하는 자로 먼저 갖게 하고 자신은 모든 것을 잃는 자로 남아 있기 원했다. 그것은 그가 하나님 외에는 아무것도 취할 것으로 여기지 않았다는 것을 증명한다. 그는 하나님을 순종하며 가는 길에서 방해가 되는 일이라면 그 어떤 것도 제하고 떨쳐버릴 준비가 항상 되어 있었다. 이 점에 있어서 아브라함과 롯과의 분별이 있는 것이다. 또 그가 소돔 왕의 매혹적인 요청을 거절한 것도 하나님을 순종한 것이었다. 야고보서에서는 아브라함이 이삭을 제단에 드린 것을 큰 순종으로 제시하였다.

그의 모든 삶은 하나님의 말씀을 순종하는 삶이었다. 그러기에 그는 하나님의 방문하심을 얻은 것이다. 하나님이 우리와 함께하시는 것보다 더 큰 축복이 어디에 있는가? 이것은 단지 하나님을 사랑한다고 말만 해서 얻을 수 있는 것이 아니다. 그분의 뜻을 사모한다고 해서 얻을 수 있는 것도 아니다. 그러한 것들이 다 좋은 것일지라도 반드시 하나님께 순종함으로 말씀을 지키는 데 이끌리지 않으면 공허한 것이다. 주 예수님은 그분을 사랑하여 그분의 말씀을 지키는 자들에게 와서 그들과 거처를 함께하겠다고 말씀하셨다.

9-11절, 그들이 아브라함에게 이르되 네 아내 사라가 어디 있느냐 대답하되 장막에 있나이다 10 그가 가라사대 기한이 이를 때에 내가 정녕 네게로 돌아오리니 네 아내 사라에게 아들이 있으리라 하시니 사라가 그 뒤 장막 문에서 들었더라 11 아브라함과 사라가 나이 많아 늙었고 사라의 경수는 끊어졌는지라

이것이 바로 하나님과 사람의 교제이다. 하나님께서는 사람 수준으로 내려와서 사람과 교제하신다. 주 예수님이 이 땅에 오셨을 때에도 동일하였다. 하나님은 과연 사라가 어디 있는지를 모르셔서 물으셨겠는가? 그분은 사라가 장막 문에서 혼자 웃는 것도 아셨다. 그렇다면 하나님은 사라가 어디 있는지도 아실 것이다. 그런데 왜 하나님은 물으시는가? 이것이 바로 교제이다. 하나님께서 이렇게 사람과 교제하기 위해 사람 수준으로 자신을 낮추지 않으신다면 우리는 그분과 대화할 수 없다. 그 간격이 너무 크기 때문에 사람은 두려워서 도망하게 된다. 그러나 우리 하나님은 마치 사람이 사람을 찾듯이 "아담아 네가 어디 있느냐?" 혹은 "사라가 어디 있느냐?"고 말씀하신다.

12-15절, 사라가 속으로 웃고 이르되 내가 노쇠하였고 내 주인도 늙었으니 내게 어찌 낙이 있으리요 13 여호와께서 아브라함에게 이르시되 사라가 왜 웃으며 이르기를 내가 늙었거늘 어떻게 아들을 낳으리요 하느냐 14 여호와께 능치 못한 일이 있겠느냐 기한이 이를 때에 내가 네게로 돌아오리니 사라에게 아들이 있으리라 15 사라가 두려워서 승인치 아니하여 가로되 내가 웃지 아니하였나이다 가라사대 아니라 네가 웃었느니라

사라의 웃음

사라는 장막 문에서 그녀에게 아들이 있으리라는 말씀을 들었다. 조금 본문에서 벗어난 말이지만 믿는이들이 하나님의 말씀을 들을 때에는 전하는 자에게서 되도록 멀리 떨어지지 말아야 한다. 멀리서 들으면 아무래도 말씀이 가깝게 느껴지지 않아 믿음으로 화합하기가 어렵다. 만일 사라가 하나님 앞에서 직접 그 말씀을 들었다면 좀 더 신중하게 들을 수 있었을 것이다.

17장에서는 아브라함이 웃었고 18장에 와서는 사라가 웃었다. 사라가 웃은 것 역시 비웃음이 아니라 자신들의 상태를 보고 웃은 것이다. "내가 노쇠하였고(그녀는 이미 경수가 끊어진 상태이다) 내 주인도 늙었으니 내게 어찌 낙이 있으리요"(12절). 그녀 역시 아브라함처럼 자신의 상태를 보며 가능하지 않다고 웃은 것이다. 그때 하나님은 아브라함에게 "사라가 왜 웃으며 이르기를 내가 늙었거늘 어떻게 아들을 낳으리요 하느냐 여호와께 능치 못한 일이 있겠느냐"고 하셨다. 사라는 두려워서 자기가 웃지 않았다고 했지만 하나님은 그녀가 웃었다고 말씀하셨다. 나는 이 부분을 읽을 때마다 웃음이 나온다. 하나님은 사라가 왜 웃은 것을 부인하는지도 아셨다. 그분은 모르는 것이 없으시다. 그런데 하나님은 꼭 사람처럼 말씀하신다. 이것이 무엇인가? 하나님과 사람의 교제이다.

하나님은 왜 아브라함을 선택하고 부르셨는가? 그것은 하나님을 참되게 예배하는 자를 얻기 위해서였다. 이 지점에 이를 때 하나님은 진정한 예배자를 얻으셨다. 당신은 예배를 단순히 사람이 일방적으로 하나님께 부복하고 경배 드리며 피조물의 위치에서 하나님을 찬양하는 것으로 여길 것이다. 그러나 우리가 18장에서 발견하는 참된 예배자의 모습은 하나님과 친구처럼 친밀하고 다정한 교통을 나누는 것이다. 결국 하나님이 사람을 부르신 것은 다만 일방적으로 하나님을 경배하고 찬미하는 한 무리를 얻고자 하심이 아니라, 그분과 하나 되어 그분의 마음을 알고 뜻을 알며 그분과 친구처럼 친밀하게 교제하는 사람을 얻고자 하심이다.

16-21절, 그 사람들이 거기서 일어나서 소돔으로 향하고 아브라함은 그들을 전송하러 함께 나가니라 17 여호와께서 가라사대 나의

하려는 것을 아브라함에게 숨기겠느냐…21 내가 이제 내려가서 그 모든 행한 것이 과연 내게 들린 부르짖음과 같은지 그렇지 않은지 내가 보고 알려 하노라

1절에서 아브라함이 오정 즈음에 장막 문에 앉아 있었다는 것은 오늘날 그리스도인들로 말하면 묵상하고 있었다고 말할 수 있으며, 이 구절의 전송하러 나가는 것도 기도하거나 묵상하는 것이라고 할 수 있다. 누구든지 하나님을 앙망하고 기다리는 자에게 하나님은 자신을 나타내실 것이며 또 하나님과 대화를 다 마친 뒤에도 쉽게 하나님 면전을 떠나지 않고 혹 더 말씀하시지는 않을까 하여 하나님을 기다리며 묵상하기를 멈추지 않는 사람에게 하나님은 더욱더 하나님의 심중을 말씀하실 것이기 때문이다.

"나의 하려는 것을 아브라함에게 숨기겠느냐". 이것은 하나님께서 그분을 경외하고 순종하는 자에게 그분의 비밀을 알리신다는 원칙에 따른 것이라고 믿는다(시 25:14). 하나님과 교제하는 자는 이렇게 하나님에 관한 산 지식을 얻게 된다.

22절, 그 사람들이 거기서 떠나 소돔으로 향하여 가고 아브라함은 여호와 앞에 그대로 섰더니

이 구절에서 아브라함은 여호와 앞에 그대로 서 있었다. 이 또한 기도하는 자의 가장 좋은 자세이다. 기도가 끝났지만 아브라함은 하나님의 존전을 금방 떠나지 않고 그대로 서 있었던 것이다. 이러한 기다림과 사모함의 자세는 하나님께 더욱더 말씀하실 기회를 드렸다.

23-33절, 가까이 나아가 가로되 주께서 의인을 악인과 함께 멸하시려나이까…25 주께서 이같이 하사 의인을 악인과 함께 죽이심은 불가하오며 의인과 악인을 균등히 하심도 불가하니이다…27 아브라함이 말씀하여 가로되 티끌과 같은 나라도 감히 주께 고하나이다…32 아브라함이 또 가로되 주는 노하지 마옵소서 내가 이번만

더 말씀하리이다…33 여호와께서 아브라함과 말씀을 마치시고 즉시 가시니 아브라함도 자기 곳으로 돌아갔더라

하나님과의 교제

창세기 18장은 아브라함이 하나님과의 깊은 교제 안으로 이끌려졌음을 알려준다. 이것은 모든 믿는이들이 들어가야 할 상태이다. 하나님과 교제하면서 사는 사람의 특징은 자신의 일이 없고 하나님을 위한 일만 있다는 것이다. 우리는 13장에서 아브라함이 롯을 향하여 믿음의 말을 발하고 하나님을 선택한 것을 읽는다. 14장에서는 롯을 구출하기 위해 네 왕과 싸워 승리한 것을 읽는다. 그리고 소돔 왕의 제안을 믿음으로 거절하는 것도 읽는다. 15장은 하나님의 말씀을 믿음으로 의롭다 함을 얻는 것을 본다. 우리는 이렇게 훌륭한 성도인 아브라함이 16장에서는 하갈을 취하여 이스마엘을 낳는 것을 보는데, 이것은 어떠한 실패인지! 그는 이전에 좋은 상태에 있지 않았는가? 분명 놀라웠다. 그러면 16장의 일은 어찌된 것인가? 아직도 그러한 육체가 아브라함 속에 보류되어 있었다니! 그러나 이것은 아브라함에게 있어서 사실이었을 뿐 아니라 오늘날 믿는이들 가운데서도 사실이다.

이처럼 사람의 육체는 깊이 감추어져 있어서 자신도 모르는 경우가 허다하다. 깊이 감추인 있는 육체는 기회가 주어지면 나타난다. 많은 질병이 그러하다. 질병의 인자가 몸 속에 잠재해 있다가 조건이 맞으면 나타나는 것이다. 우리 동역자 중 한 명이 아프리카에서 오랫동안 사역하다가 말라리아에 걸려서 거의 죽을 뻔한 적이 있었다. 그 말라리아 균은 약을 먹을 때 일단 치료된 것 같으나 사실은 간 속 깊이 잠복하였다가 나중에 몸이 약해지면 다시 재발한다는 것이다. 완치하기가 그만큼 어려운 병이었다. 이와 같이 사람의 어떤 육체와 자아는 깊숙이 감추어져 있다가 때가 되면 나온다. 이성에 대한 유혹도 마찬가지이다. 공부와 일을 열심히 하느라고 젊은 시절을 보내버렸던 남자들은 나이를 먹어 가면서 젊을 때 발산하지 못했던 이성 교제의 유혹이 중년이 지나서야 일어나기 시작하는 것을 보게 된다. 당신은 사람의 육체 속에 그러한 본성들이 깊이 감추어져 있는 것을 보고 매우 놀라겠지만 사람의 육체의 타락은 그만큼 복잡하다.

오랫동안 기다리던 아들은 생기지 않는데 마침 사라가 하갈을 취하여 아들을 낳는 것이 어떠냐고 했을 때 아브라함 속에 깊이 감추어져어 있던 육체가 다시 나오게 된 것이다. 그때 아브라함도 아들을 원하는 마음이 더 이상 참을 수 없는 지경에 이르렀을 것이다. 바로 그때 사라가 그러한 아브라함의 숨어있던 육체를 분발시키는 말을 한 것이다. 그 육체의 본질은 무엇인가? 그것은 다름 아닌 아브라함의 '할 수 있음'이었다. 그것이 그의 아킬레스건처럼 최종적으로 그를 넘어뜨리고 하나님의 경륜을 좌절시키기 위해 그의 육체 속에 잠재해 있었던 것이다. 이로 인해 아브라함은 커다란 실수를 했다.

그러나 이 일은 아브라함에게 육체를 제거하는 할례를 행하도록 계기를 제공했다. 육체와 자아가 존재하는 한, 사람은 하나님과의 완전한 교제 안으로 들어갈 수 없다. 감추인 육체와 마지막 남아 있는 자아 생명이 죽음에 넘겨질 때 그는 어렵지 않게 하나님과의 교제 안으로 들어갈 수 있게 된다. 이제 그에게는 더 이상 자신을 위한 여지나 생각이 없다. 그는 온전히 하나님만을 위하며 하나님의 일만을 관심한다. 그러기에 아브라함은 장막 문에서 하나님의 나타나심을 기다리다가 하나님을 만나고 하나님을 전송하러 나가고 그분이 소돔으로 향하셔도 그분의 존전을 떠나지 않는 것이다. 그가 과거 할례받기 전에도 좋긴 좋았지만 그에게는 아직 자신의 힘이 많이 남아 있었고 자신을 위한 누림도(17:18) 갖고 있었으며 13년 동안 하나님의 나타나심이 없었어도 큰 고통과 어려움이 없이 지냈던 것 같다. 그러나 할례 받은 후에 아브라함에게는 자신의 누림이나 일이 사라져버렸다. 이제 하나님만이 그의 유일한 관심사가 된 것이다. 이것은 너무나 좋은 상태이다.

아브라함이 롯을 구출한 것은 누구의 힘이었는가? 물론 하나님의 힘이었지만 또 한 면에서 아브라함은 하나님의 도우심을 통해서 '자신'이 롯을 구출했다고 믿었을 것이다. 즉 거기에 자신의 힘도 들어 있는 것이다. 그렇기 때문에 하갈을 통해서 아들을 얻자는 사라의 제의를 선뜻 받아들인 것이다. 그러나 이때 표출된 아브라함의 육체는 치명적인 것이었다. 그로 인해 하나님은 13년이라는 세월 동안 그에게 나타나지 않으셨다.

오늘날에도 믿는이들은 아브라함처럼 하나님께 순종함으로 본토와 아비 집을 떠난 체험이 있으며 형제와 물질적인 분쟁이 있을 때 하나님을 선택하여 과감하게 물질적인 것들을 버리고 영적 전투에서 승리하면 은연중에 자신이 하나님을 위해 무언가를 해드릴 수 있다고 여기면서 자신을 신뢰하게 된다. 그런 단계에서 그의 영적 생활은 그렇게 깊지 않은데, 이는 그가 아직 하나님과의 더욱 깊은 교제의 단계 안으로 들어가지 못했기 때문이다. 그의 감추인 자아가 하나님과의 교제에 장애를 주고 있는 것이다. 그러나 어느 날 하나님은 그의 감추인 육체를 드러내시고 심판하신 후에 할례를 행하실 것이며, 그때 비로소 그는 자신을 포기하고 하나님과의 깊은 교제 안으로 들어갈 것이다.

하나님과의 동행

창세기 18장은 사람과 하나님이 동행하는 경지에 이른 한 사람을 본다. 아브라함은 어떻게 하나님과 동행하는 정도까지 자라게 되었는가? 누구든지 자신의 육체를 처리하지 않는 한 주님과 동행할 길은 없다. 아브라함은 믿음의 행진을 계속해서 자신의 육체를 조금도 보류하지 않고 완전히 죽음에 넘긴 연후에 온 관심사가 주님의 일이 되고, 자신의 일이 없게 되자 주님과 동행할 수 있는 자격을 얻었다. 그는 장막 문에서 하나님의 나타나심을 맞이할 수 있을 정도로 경외하는 자가 되었다. 시편 25편 14절은 "여호와의 친밀함이 경외하는 자에게 있음이여 그 언약을 저희에게 보이시리로다"고 한다. 하나님은 그분을 경외하는 자에게 그분의 친밀함을 주시며, 그 언약을 저희에게 보이신다. 하나님은 그분을 경외하는 자가 아니면 그의 친밀함을 주시지 않는다. 또한 그분의 마음의 비밀을 보여주시지 않는다. 그분과 동행하며 그분의 마음의 비밀을 알 수 있는 열쇠는 그분을 경외하는 것이다. 하나님과 오래 동행할 때 그는 하나님을 알게 되는 축복을 얻는다. 누가 하나님을 알게 되는가? 하나님과 동행하는 자이다.

중보 기도

아브라함이 이와 같이 자아에서 벗어난 귀한 상태에 이를 때 그는 비로소 하나님과 사람을 위해서 중보 기도를 드릴 수 있는 위치를 얻게 된다. 하나님과의 교제는 산 지식을 가져다주며 하나님께로부터 얻은 산 지식, 곧 하나님의 계획과 그분이 하시고자 하는 일을 아는 것은 그로 중보 기도를 할 수 있게 한다.

하나님께서는 소돔을 심판하기로 작정하셨는데, 그 일에 대하여 상의하고 대화를 나눌 한 사람을 찾으셨다. 그러한 사람은 분명 자신의 관심사를 떠나 하나님의 관심사에 마음이 고정된 사람이어야 하며, 최소한 소돔에서 벗어나 있는 사람이어야 한다. 아브라함은 당시 이러한 상태에 이른 사람이었다. 그가 이러한 상태에 이르렀기 때문에 하나님께서 그에게 그분의 마음속에 있는 것들을 알려주신 것이다. 그리고 그는 중보 기도를 드릴 수 있는 특권을 얻게 되었다.

에베소서 6장에 나온 중보기도("여러 성도를 위하여 구하고 또 나를 위하여 구할 것은…")는 하나님의 전신갑주로 옷 입은 사람만이 할 수 있는 일이다. 영적 전쟁은 혈과 육에 대한 싸움이 아니라 하늘에 있는 악의 영들에 대한 싸움이므로 믿는이의 위치의 문제가 있다. 에베소서는 성도들의 행함과 전투를 다루기 전에 먼저 믿는이들의 위치 문제를 다루었다. 에베소서 2장 6절에서는 우리가 그리스도와 함께 살리심을 받았을 뿐 아니라 함께 하늘에 앉히신 바 되었다고 말한다. 우리가 그리스도와 함께 하늘에 앉히신 바 되었기 때문에 우리는 영적 전쟁에 참여할 수 있게 된 것이다.

그러나 실제적인 의미에서 우리가 만일 항상 성령 안에서 살고 행하는 그리스도인이 아니라면 설사 우리가 그리스도와 함께 하늘에 앉히신 바 된 것을 알았다 해도 하늘 보좌의 위치를 상실하게 된다. 그러므로 첫째는 하늘에 앉은 위치를 알아야 하며 그 다음은 반드시 성령 안에서 살고 행해야 한다. 그럴 때 하늘의 위치가 우리의 실제가 된다. 이는 우리가 얻은 성령님은 부활하시고 승천하신 예수님의 영이시기 때문이다. 그래서 우리가 승천하신 그리스도와 연합하여 생활하는 비결은 곧 성령 안에 사는 것임을 강조하는 것이다.

그러나 다른 한편으로 만일 아직도 우리 자아의 문제가 처리되지 않았다면 성령 안에 사는 것은 가능하지 않은 일이며, 우리의 감추인 자아와 육체가 처리되고 이 땅에 소망이 없고 오직 하늘에만 소망을 둘 때 비로소 성령 안에서의 삶이 실제가 되는 것이다. 이렇게 그의 온 존재가 이 세상과는 관련이 없고 오직 하나님의 뜻에만 관련될 때 하나님은 그런 사람에게 하나님의 뜻을 알려주시며 그는 산 지식을 갖고 중보 기도를 할 수 있는 사람이 된다.

아브라함의 중재하는 태도

1. 가까이 나아가 가로되

아브라함의 기도의 특징은 하나님을 대면하여 말하는 것이다. 그는 하나님께 가까이 나아가 기도를 드렸다. 오늘날 많은 성도들이 기도를 하지만 어떤 성도들은 직접적으로 하나님을 향하지 않는 듯한 기도를 한다. 즉 대상을 바로 하지 않고 그저 기도하는 경우이다. 아브라함은 다만 하나님을 대면할 뿐 아니라 하나님의 얼굴을 바라보고 그분의 느낌과 표정을 주의하면서 조심스럽게 한 마디 한 마디 해나갔다. 그는 자신의 생각을 전달하는 것에만 집중하여 기도를 들으시는 대상을 주의하지 않은 채 마구 많은 말들을 쏟아낸 것이 아니다.

오늘 많은 그리스도인들이 하나님을 인격적으로 대면하여 기도하지 않고 대상을 바로 하지 않은 채 많은 말을 쏟아내는데, 그들이 직접 하나님을 향하여 기도하지 않는 이유는 그들의 신앙이 하나님을 향하여 바로 서 있지 않기 때문일 것이고 또 막연히 어떤 단체나 인도자를 지나치게 신뢰하기 때문일 것이다. 또 하나님보다 다른 것을 더 사랑하는 것도 그 원인이 된다. 여기서 아브라함은 하나님을 직접 대면했으며 더욱이 가까이 나아가서 기도함으로 하나님께서 자신에게 말씀하실 기회를 드렸다.

2. 티끌과 같은 나라도 감히 주께 고하나이다

그는 하나님 앞에 자신을 티끌같이 낮추었다. 티끌은 이 땅에서 가장 가치 없고 무익한 존재를 뜻한다. 아브라함은 하나님 앞에서 자신을 그렇게 보았다. 사도 야고보는 하나님께서 교만한 자를 물리치시고 겸손한 자에게 은혜를 주신다고 했다(약 4:6). 누가복음 18장의 바리새인과 세리의 기도에서 하나님은 마음이 높은 바리새인의 기도보다 가슴을 치며 애통해 하면서 감히 눈을 들지도 못하는 세리의 기도를 더욱 열납하셨다(눅 18:9-14).

3. 의인과 악인을 균등히 하심도 불가하니이다

그의 기도는 하나님의 뜻에 따른 기도이다. 하나님의 뜻을 표명한 기도이다. 그는 하나님의 심판이 공의에 입각한 것임을 알기 때문에 공의에 입각하여 기도한 것이다. 결국 우리가 아는 것은 놀랍게도 소돔 성에는 의인이 열 명도 없었다는 것이다. 사실 롯 외에는 의인이 없었다는 말이 된다. 그의 기도를 통하여 우리는 하나님이 소돔을 심판하심이 의로운 것임을 알 수 있고 하나님이 공의의 하나님이심을 알 수 있다. 결국 아브라함의 기도는 하나님의 필요를 채웠다. 그의 기도를 통하여 의인을 건져내고 악인을 심판하게 된 것이다. 이와 같이 중보 기도는 하나님의 뜻을 아는 자가 아니고서는 할 수 없는 일이다.

중보 기도의 내용

첫째로, 아브라함의 중보기도는 소돔에 있는 의인들을 위한 것이었다. 어떤 성경 교사는 아브라함의 기도가 롯을 위한 중보 기도라고 생각하지만 사실 소돔에 있을지도 모르는 더 많은 의인들을 위한 기도라고 보는 것이 합당할 것이다. 그것은 "주께서 이같이 하사 의인을 악인과 함께 죽이심은 불가하오며 의인과 악인을 균등히 하심도 불가하니이다"라는 기도에서 알 수 있다. 그는 처음에는 소돔같이 많은 사람이 사는 도시에 최소한 의인이 오십 명은 있지 않겠는가 하고 생각했다. 그러나 주님과 대화하는 과정에서 그는 의인의 수가 오십이 안 될 수도 있음을 알았다. 그래서 혹시 사십

오 명은 되지 않을까 생각하였다. 그가 처음에는 오십 인에서 사십오 인으로, 사십오 인에서 사십 인으로 조금씩 줄여갔는데, 이것은 아브라함의 생각 속에서 기대하는 바 소돔에 있을지도 모르는 의인의 수가 처음에는 많았다는 것을 증명하고 있다. 그러다가 주님과 교제하는 가운데 아브라함은 소돔 땅에 의인이 매우 적다는 것을 알기 시작하였다. 그래서 사십 인에서부터는 인수를 열 명씩 줄여 갔다. 삼십 인, 이십 인, 십 인으로 줄여 가면서 기도했지만 결국 소돔 땅에 의인이 열 명도 되지 않는다는 것을 알게 되었을 뿐이다. 주님은 이미 그곳에 의인이 없다는 것을 알고 계셨고 아브라함도 어쩌면 롯 이외는 아무도 없을 수 있겠다는 생각을 하게 되었으므로 거기서 중재하는 기도를 마쳤다.

둘째는 아브라함의 기도는 소돔의 의인들만을 위한 기도가 아니라 소돔 거민 모두를 구원하기 원하는 기도였다는 것이다. 그는 의인이 오십 명만 있다면 그 성을 용서하지 않으시겠느냐고 중재한 것이다. 따라서 그의 기도는 실상 소돔 거민 모두를 위한 기도였다. 아브라함의 기도는 소돔의 모든 죄인을 위한 기도였고 그의 기도는 어떤 죄인도 멸망하기를 원치 않으시는 주님의 마음을 나타내는 기도였다. 물론 그의 기도는 결국 롯을 건져내는 중보 기도가 되었지만(19:22) 그 기도가 소돔 성의 모든 사람들을 위해 중재하는 기도였다는 것을 깨닫는 것은 매우 중요하다.

여기서 우리는 아브라함의 기도가 하나님의 마음을 나타내는 기도임을 알게 된다. 그의 기도는 모든 중보 기도의 좋은 표본이 되는 기도이다. 그는 결코 자신의 입장에서 그의 조카 롯만을 마음에 두고 하나님과 협상하듯이 기도한 게 아니다. 그의 기도는 하나님의 뜻과 마음이 어떤 죄인도 멸망하기를 원치 않으신다는 것과, 어느 곳에 죄가 많을지라도 몇몇이라도 의인이 존재하기를 바라신다는 것과, 만일 어느 곳에 의인이 소수라도 존재한다면 하나님은 그들을 인하여서라도 그 도시나 그 나라 전체에 은혜를 베푸실 수 있다는 것을 보여주는 것이며, 반면에 그분은 공의의 하나님이시므로 끝까지 회개하지 않으면 심판과 멸망을 피할 수 없음을 나타낸 것이다. 아브라함의 기도는 이처럼 하나님의 뜻을 나타내는 기도였다. 하나님과 하나 되지 않고서는 이러한 훌륭한 기도를 드릴 수 없다.

마지막으로, 나는 아브라함이 이런 귀한 기도를 할 수 있는 특권을 얻게 된 것은 그가 소돔과 분별된 위치에 있었기 때문이라는 것에 독자들이 인상을 받기 바란다. 그가 만일 소돔 가운데 있었다면 그의 눈도 밝지 못했을 것이다. 그의 눈이 밝은 것은 그가 분별된 위치에 있었기 때문이다. 그리스도인의 분별은 이처럼 중요한 것이다. 믿는이가 세상에 속해 있으면 세상을 더 잘 알 수 있을 것 같지만 사실은 정반대이다. 이 원칙은 그릇된 종교 단체에서 분별되는 일에서도 동일하다. 오늘날 많은 사람들은 자신이 몸담고 있는 이단적이고 옳지 않은 단체의 문제점을 인정하면서도 여전히 그 안에 머무른 채 자신이 그 단체의 선악시비를 다 분별하고 있다는 것을 자랑하는데, 그러한 사람들은 이 말씀에서 빛을 얻을 필요가 있다. 아브라함이 만일 소돔이 얼마나 부패하였는가를 알기 위해 소돔 성에 가서 머문다면 그곳의 참된 상태를 아는 것은 고사하고 그곳의 영향을 받아 눈이 바르지 않고 어둡게 될 것이다. 그러므로 사도는 믿는이들이 어두움에서 분별되어야 함을 가르쳤다(고후 6:17).

19 장

1-2절, 날이 저물 때에 그 두 천사가 소돔에 이르니 마침 롯이 소돔 성문에 앉았다가 그들을 보고 일어나 영접하고 땅에 엎드리어 절하여 2 가로되 내 주여 돌이켜 종의 집으로 들어와 발을 씻고 주무시고 일찌기 일어나 갈 길을 가소서 그들이 가로되 아니라 우리가 거리에서 경야하리라

결과적으로 소돔 땅에는 의인이 오직 한 사람밖에 없었다. 18장의 기도에서 아브라함은 열 명까지 제안하고 중재하기를 그쳤는데, 이로써 우리는 그 상태가 얼마나 심각했는지를 알 수 있다. 어떤 성경 교사는 아브라함이 두 명, 한 명까지 줄여가면서 더욱 구하지 않은 것을 안타깝게 여기면서 그것을 사람의 제한으로 설명하였다. 그러나 삼십 명에서 열 명씩 줄여나가다가 마지막으로 열 명을 찾으시면 어떻게 하시겠느냐고 물었을 때 아브라함은 하나님 앞에서 매우 긴장한 상태였고, 이미 그때 "주는 노하지 마옵소서 내가 이번만 더 말씀하리이다 거기서 십 인을 찾으시면 어찌 하시려나이까?" 라고 말씀드렸다. 그리고서 이제 그도 그 성에 롯 이외는 의인이 하나도 없다는 것을 이해하였을 것이다. 그러므로 거기서 소돔을 위한 중보 기도를 마친 것이다. 우리는 여기서 온 땅에 하나님을 진정으로 사랑하는 자들이 이렇게도 희귀하다는 것에 놀라움을 금할 수 없다. 그러나 이것이 사실이다. 그러므로 주님이 "적은 무리여, 무서워말라"고 하신 것이다. 동서고금을 통하여 좁은 문으로 들어서서 좁은 길을 걸어가는 자들은 매우 적다. 마태복음 10장 11절에서 주님은 "그 중에 합당한 자를 찾아내어…거기서 머물라"고 하셨다. 같은 나라 사람들은 외국에 있을 때에 함께 지내기를 좋아하는 법이다(매튜 헨리).

롯이 성문에 앉아 있다가

롯이 성문에 앉아 있음은 첫째로 그가 소돔 사람들과 완전히 어울리지는 않았음을 나타낸다. 소돔 사람들은 먹고 마시며 집을 짓고 시집가고 장가가는 일 등에 정신이 팔려 있었다. 그러나 롯은 그런 죄악의 일들에 참여하지 않고 있다. 즉 롯은 영성에 있어서 아브라함을 따라갈 수는 없었지만 소돔 사람들보다는 나았다(박윤선). 아브라함은 가나안에 거하면서도 그 땅에 정착한 것이 아니라 외방에 거하는 것같이 이방인과 나그네로 살았다(히 11:9,13). 그러나 롯은 소돔에 정착했다. 그럴지라도 그는 그곳 사람들과 완전히 섞여지지는 않았다. 그는 그곳에서 그들의 죄악과 음란한 행실을 보고 안타까워하며 의로운 심령이 상했다(벧후 2:7-8). 그럼에도 몸은 여전히 그곳에 두고 있었다.

우리는 롯에게서 의인은 의인인데 중간에 매달려 있는 의인을 보게 된다. 그는 절대적이지 않으면서도 여전히 하나님을 사랑하고, 또 그러면서도 주님의 길을 걸어가지는 않는 미지근한 그리스도인의 전형이다.

또한 그가 성문에 앉아 있다는 것은 그가 소돔 성에 깊이 개입되어 있으며 그들 가운데서 지위와 명성을 얻게 되었음을 나타낸다. 그것은 소돔 사람들이 와서 "이놈이 들어와서 우거하면서 우리의 법관이 되려 하는도다"(9절) 라고 말한 것에서 알 수 있다. 처음에 롯은 다만 소돔을 향하여 장막을 쳤다. 소돔은 애굽처럼 비옥한 곳이요 에덴처럼 살기 좋게 보였던 곳이다. 롯이 그곳을 선택한 것은 자기의 우양과 소유를 위한 것이요 자신의 삶을 위한 것이었다. 그가 그러한 장소를 선택한 것은 결코 신앙을 버리고자 한 의도는 아니었다. 다만 생계와 물질적인 필요를 위한 것이었다. 그러다 점차적으로 소돔 사람들을 접촉하는 일이 많아졌고 그들과 왕래하면서 그들 안으로 깊숙이 들어가게 된 것이다. 그리고 결국 성문에까지 올라앉게 되었다. 그가 성문에 앉았다는 것은 특별한 지위를 갖고 있었음을 나타낸다(룻 4:1).

그는 아브라함과 함께 있으면서 삼촌 아브라함에게 영적으로 배운 것이 많이 있으므로 비교적 다른 사람들보다 의롭고 경건한 생활과 넉넉한 소유를 갖게 되었고, 또 그의 고상한 인격으로 인해 소돔 사람들 눈에 훌륭하게 보였을 것이다. 따라서 롯은 점차 소돔 사람들의 조언자나 교사나 문제 해결사로 나타나게 되었을 것이다. 그러자 그는 스스로를 위안하면서 이것이 자신의 특별한 은사요 하나님을 위한 한 가지 중요한 임무요 봉사라고 생각하게 되었을 것이다. 이와 같이 그리스도인의 중도적인 길에도 할 일이 많이 있다. 그러나 주님이 오시는 날 많은 사람이 주의 일을 했다고 할 것이지만 그분이 인정하실 것인지, 인정하지 않으실 것인지는 매우 위태로운 일이 아닐 수 없다. 그 날에 많은 사람이 주님께 와서 귀신을 쫓아내고 선지자 노릇을 하며 많은 권능을 행하였다 하더라도 "내가 너희를 도무지 알지 못하니 불법을 행하는 자들아 내게서 떠나가라"고 하실지 모를 일이다(마 7:23).

"일어나 영접하고 땅에 엎드리어 절하여…종의 집으로 들어와 발을 씻고 주무시고". 확실히 롯은 세상적인 사람들과 달랐다. 그는 비록 물질적인 필요를 인하여 소돔에 있게 되었지만 영적인 감각을 완전히 잃어버리지는 않았다. 그는 성문에 앉아 있었지만 하나님의 보내심을 받은 자들을 알아보았다. 이것은 오늘날의 말로 한다면 그가 기도의 영 안에서 하나님의 사람들에 대한 인식을 갖고 있었다는 것이다. 그의 몸은 소돔에 있었지만 그는 여전히 기도했고 하나님의 백성들과 하나 되기를 사모했다. 그에게는 간절한 소원과 겸비함이 있었다. 엎드려 절하는 태도 등은 매우 경건하고 겸손한 표시이다.

3절, 롯이 간청하매 그제야 돌이켜서 그 집으로 들어 오는지라 롯이 그들을 위하여 식탁을 베풀고 무교병을 구우니 그들이 먹으니라

아브라함의 경우와 다른 것이 이것이다. 아브라함에게 온 일행 가운데에는 하나님이 계셨다. 그리고 아브라함에게는 그의 청을 순순하게 허락하셨다. 그러나 롯에게 온 일행 중에는 하나님이 계시지 않았으며 천사들만 보내어졌다. 그리고 그들조차도 순순히 들어가려 하지 않고 롯이 진심으로 간절히 원하는가를 확인한 후에야 그 청을 받아들였다. 천사들은 심지어 우리가 거리에서 경야하리라고 말했다. 이는 천사들이 바르지 않은 사람의 집에 머무느니 차라리 거리에서 자는 것이 낫겠다고 한 의미로 이해할 수 있다. 천사들은 롯이 간청한 후에야 그의 요청에 응하였다. 그 음식을 차린 풍성함도 아브라함에 미치지 못했다.

이를 통해 우리는 롯이 하나님 앞에서나 택하신 천사들 앞에서 그의 행함과 가는 길의 정직함과 신실함을 증명해 보이는 면에서 부족함이 있었다고 말할 수밖에 없다. 롯은 한 면으로 주님을 사랑했지만 아직 물질적이고 보이는 사물에 이끌리는 정도의 신앙을 갖고 있었다. 반면에 아브라함은 영적이고 보이지 않는 것에 의하여 이끌리는 신앙의 소유자였다. 롯과 같은 노정을 걸어가는 사람들은 영적인 사람들의 눈에 종잡을 수 없이 행하는 사람으로 보이는 법이다.

4-5절, 그들의 눕기 전에 그 성 사람 곧 소돔 백성들이 무론 노소하고 사방에서 다 모여 그 집을 에워싸고 5 롯을 부르고 그에게 이르되 이 저녁에 네게 온 사람이 어디 있느냐 이끌어내라 우리가 그들을 상관하리라

저녁에 온 사람은 천사들인데 그들의 아름답고 수려한 용모로 인해 소돔 백성들은 성적인 욕구가 발동한 것이다. 그들은 남색하는 자들이었고 이러한 소돔의 극도의 타락과 만연한 죄악의 상태가 결국은 심판과 멸망을 초래한 것이다. 영어 'sodomy(소도미)'라는 단어는 남색이라는 뜻으로 사용되고 있는데, 이는 소돔 사람들의 이러한 치욕스런 일에서 파생된 단어이다. 로마서 1장 26절과 27절에서 사도 바울은 타락한 인간의 죄악상을 논술할 때 소돔의 이러한 끔찍한 죄악을 염두에 두고 써 내려갔다. "이와 같이 남자들도 순리대로 여인 쓰기를 버리고 서로 향하여 음욕이 불일듯 하매 남자가 남자로 더불어 부끄러운 일을 행하여 저희의 그릇됨에 상당한 보응을 그 자신에 받았느니라". 인간의 부패와 타락의 극치는 이러한 창조의 질서와 인간의 본성에 어긋나는 죄악인데 이러한 죄악이 오늘

날 동서양을 막론하고 어느 시대보다도 만연하고 있으니 어찌 심판의 날이 멀다고 하겠는가! 진실로 이러한 죄악들은 하나님의 진노와 심판을 초래하는 죄악들임에 틀림없다. 바울은 이러한 죄악에는 반드시 응분의 보응이 있게 된다고 말했다.

6-8절, 롯이 문밖의 무리에게로 나가서 뒤로 문을 닫고 7 이르되 청하노니 내 형제들아 이런 악을 행치 말라 8 내게 남자를 가까이 하지 아니한 두 딸이 있노라 청컨대 내가 그들을 너희에게로 이끌어내리니 너희 눈에 좋은대로 그들에게 행하고 이 사람들은 내 집에 들어왔은즉 이 사람들에게는 아무 짓도 하지말라

롯의 이러한 행동은 그도 별수 없이 죄악의 도시에서 그 영향을 받고 있음을 증명한다. 그는 그들의 남색하는 행동을 악이라고 정죄하였지만 여전히 다른 죄악을 향해 문을 열어주는 말을 하고 있다. 이것은 큰 죄악을 피하기 위해 작은 죄악으로 대치하는 것일 뿐 죄악에 대한 근본적인 대처는 아니다. 아마도 롯은 소돔 사람들의 속성을 너무나 잘 알고 있었을 것이다. 그들의 생리로 보아 어떠한 대치물이 없는 경우 그들의 야수 같은 육욕은 절대로 제어될 수 없다는 것이다. 그러므로 그는 타협안을 제시했다. 이것은 결국 롯이 매일 그곳에서 보고들은 그들의 극도로 죄악된 상태로 인해 죄에 대해서 둔감하게 되었음을 보여준다. 사실 롯의 딸들은 이미 소돔의 남자들과 정혼하여 롯에게는 사위들이 있는 것이나 마찬가지였다. 그러므로 만일 그날 롯이 자기의 딸들을 그들에게 내어준다면 롯은 하나님께나 자신에게나 딸들에게나 사위들에게나 사람으로서는 할 수 없는 끔찍한 죄를 범하게 된다.

어떻게 롯은 그러한 일을 생각이라도 할 수 있었을까? 그것은 그가 그 악한 도시에서 매일 보고들은 것에 영향을 받았기 때문이리라. 다시 한 번 그리스도인에게는 분별이 얼마나 중요한지를 깨닫게 된다. 그리스도인이 어떤 이들과 함께 있느냐는 매우 중요한 일이다. 시편 1편을 보라! 복 있는 사람은 죄인의 길에 서지 않고 오만한 자의 자리에 앉지 않는 것이다. '나만 올바르면 된다'는 말이 자신을 매우 신뢰하는 말임을 기억하기 바란다. 우리는 그렇게 강하지 못한 연약한 인간이라는 것을 늘 기억한다면 분별의 중요성을 깨달을 것이다. 그리스도인이 아무리 선한 일을 할지라도 그곳이 이미 죄악과 불법과 악의 장소라면 분별되는 것만 못하다는 것을 깊이 명심하라.

9절, 그들이 가로되 너는 물러나라 또 가로되 이 놈이 들어와서 우거하면서 우리의 법관이 되려 하는도다 이제 우리가 그들보다 너를 더 해하리라 하고 롯을 밀치며 가까이 나아와서 그 문을 깨치려 하는지라

롯은 처음에는 소돔을 향하여 장막을 쳤고(13:12) 그 다음에는 소돔 안에 거하게 되었고(14:12) 이제는 소돔의 성문에 앉아 그들의 법관처럼 뭔가 훈계하고 가르치는 위치에 있게 되었다. 그가 맨 처음 아브라함을 떠나 소돔으로 향했을 때에는 소돔 사람들의 생활을 동경해서도 아니고 그들을 가르치고 교도하기 위해서도 아니었다. 그는 다만 그 땅이 자기의 우양을 치기에 적합한 장소라고 여겨졌기 때문에 간 것이다. 다시 말해서 물질적인 필요 때문에 움직인 것이다.

그러나 그곳에 가까이 가서 지내는 동안 그곳 사람들의 생활 습관이나 관심사가 많은 부분에서 그와 일치됨을 느끼고 그들 가운데로 들어가서 살게 된 것이다. 그러자 롯의 눈에 거슬리는 것들이 보이기 시작했는데, 특히 그들 가운데에는 음란한 일들이 많았기 때문이다. 아마 롯은 때때로 그런 더러운 죄악을 행해서는 안 된다고 훈계하고 지적했을 것이다. 그러나 롯의 그러한 훈계와 지적은 강하지 못했는데, 이는 만일 그가 강하게 지적했다면 소돔 사람들은 결코 그를 그곳에 거주하도록 내버려두지 않았을 것이기 때문이다. 그리고 그의 딸들이 소돔의 남자와 결혼하려고 했다는 것은 어느 정도 소돔 사람들과의 교감과 오고가는 정이 있었다는 것을 말해준다.

롯의 경우 그의 영은 하나님을 경외하는 아브라함과 통하고 육체적으로는 세상의 편안한 삶을 추구하는 소돔 사람들과 통하는 이중 구조를 가지고 있었다. 그러므로 육체적인 생활 방면에서는 아브라함보다 오히려 소돔 사람들과 더 일치하는 부분이 있었던 것이다. 그러다 보니 그의 아내는 소돔을 뒤덮고 있는 세상 물결에 흠뻑 젖어버리고 말았다.

롯이 나름대로 경건한 생활을 영위하면서 사람들에게 때때로 유익한 말을 해주고 좋은 가르침을 주자 그들은 그를 조금씩 인정해주기 시작했으며, 롯은 그런 일이 바로 하나님이 자기에게 주신 소명이 아닌가 하여 열심히 그들을 위해 일했을 것이다. 그런데 바로 그때 천사들의 방문이 있었고 롯의 소돔에서의 안정된 삶은 마지막에 이르게 되었다. 롯이 그곳에서 상당한 지위와 명성을 얻었지만 막상 이런 사건이 발생하자 소돔 주민들은 롯을 전혀 존경하지 않고 있음이 드러났다. 그들은 롯에게 "이 놈이 들어와서"라고 하였다. '이 놈'이라는 말은 히브리어에서도 욕설이 섞인 모욕적인 언사이다. 또한 "법관이 되려 하는도다"라는 말은 실상은 그를 경멸하고 배척하고 있다는 말이다. 롯은 그동안 겉으로는 존경받고 있는 것 같았지만 그것은 다 참된 것이 아니었다. 영적으로나 인간적으로나 롯이 소돔에서 얻은 것이라고는 전혀 없었다. 그는 힘을 다하여 그곳에서 끔찍한 죄를 범하려고 난동을 부리는 사람들을 막아보려고 했지만 그 대책조차도 완전히 어둠 속에 있는 것이었다. 어쩌면 롯은 자신의 딸들을 내놓을 때 그들이 롯의 진정을 알 수 있으리라고 착각했을 수도 있다. 즉 롯은 그러한 말로 무지막지한 소돔 사람들을 교도하려 하였던 것이다. 그러나 소돔 사람들은 롯의 그러한 말에 전혀 감동을 받지 않았다. 오히려 그러한 말은 소돔 사람들의 감정만 더 자극하는 것이 되었을 뿐이다. 이 상황에서도 롯이 자기들을 교훈하려 한다면서 기분이 더 나빠진 것이다. 과거에는 소돔 사람들이 그리 마음에 마땅치 않아도 그냥 롯의 말을 들어주었을 뿐인데 그는 그것을 알아차리지 못한 것이고, 이번에는 그들이 롯을 불신하고 있다는 것을 확실히 나타낸 것뿐이다. 그들은 결국 롯을 밀쳐냈다. 이것이 롯이 소돔에서 한 사역의 결과이다.

10-11절, 그 사람들이 손을 내밀어 롯을 집으로 끌어 들이고 문을

닫으며 11 문밖의 무리로 무론대소하고 그 눈을 어둡게 하니 그들이 문을 찾느라고 곤비하였더라

그들은 육신의 정욕의 세력에 강하게 사로잡힌 나머지 시력을 상실하는 큰 재앙을 만났어도 오히려 육신의 정욕을 채울 길을 찾고 있었다. 그들은 눈이 어두운 것이나 육신이 피곤한 것도 아랑곳하지 않았다. 특히 음란의 죄악에 사로잡힌 영혼들은 모든 것을 다 상실하면서도 그 욕정을 채우려 하니 이것이 귀신의 세력에 사로잡힌 것이 아니고 무엇이겠는가! 이 음란의 죄악은 특별히 주의해야 하는데, 어떤 사람들은 이것에 탐닉한 나머지 귀한 인생을 낭비하고 다른 모든 귀한 것들을 잃어버린다. 이것은 사악한 세력이 강력하게 사람 속에서 작용하기 때문이다. 심지어 하나님을 섬기는 사람들조차도 이로 인해 자신의 귀한 인생과 업적을 무(無)로 돌리고 수렁에 빠지는 경우를 본다.

12-13절, 그 사람들이 롯에게 이르되 이 외에 네게 속한 자가 또 있느냐…여호와께서 우리로 이곳을 멸하러 보내셨나니 우리가 멸하리라

신약에서 사도들은 그리스도인이 사람에게 속해서는 안 됨을 가르쳤다. 그러나 소돔을 방문한 천사들은 롯에게 너에게 속한 자가 있느냐고 물었다. 그 악한 도시에서 그래도 의인인 롯을 사랑하고 그를 진정으로 따르고 그에게 부속된 자가 있다면 그들은 분명 구원이 대상이 된다.

14절, 롯이 나가서 그 딸들과 정혼한 사위들에게 고하여 이르되 여호와께서 이 성을 멸하실터이니 너희는 일어나 이곳에서 떠나라 하되 그 사위들이 농담으로 여겼더라

12절과 13절에서 천사들은 비로소 롯에게 그들이 소돔을 방문한 목적을 알린다. 이는 소돔 사람들에 대하여 하나님을 향한 부르짖음이 컸기 때문이었다. 이 큰 부르짖음은 사람의 수에 있지 않다. 나는 여기서 가장 크게 부르짖은 사람은 아브라함이었을 것이라고 믿는다. 그는 자기의 조카 롯이 소돔에서 주저앉아 있는 것으로 인해 마음이 너무 무거웠을 것이며 그 성의 죄악된 상태에 대해 심히 안타까워했을 것이다. 그가 당시 하나님의 마음을 만지는 사람이었다면 소돔의 상태에 관해 항상 그의 영 안에서 무거움과 고통을 느끼며 기도했으리라고 확신한다. 그리고 또 한 사람이 있다면 롯일 것이다. 그 외에는 또 누가 있을지 알 수 없다. 아마 부르짖는 자들의 수는 적었을 것이며 소돔에서 극악한 자들의 횡포로 죽어간 희생자들의 눈물과 탄식과 신음도 있었을 것이다.

그러나 여기서 롯이 사위들에게 소돔의 멸망을 말했을 때 그들은 롯의 말을 진중하게 듣지 않았다. 그것은 롯의 소돔에서의 간증이 그만큼 강하지 않았음을 의미한다. 따라서 그들은 롯의 엄중한 말을 농담으로 여긴 것이다. 평소에 롯은 사위들과 재미있게 잘 지내었을 것이며 아마 농담도 주고받았을 것이다. 딸들과 재미있는 오락도 하고 한담도 하며 지냈을 것이다. 그러하기에 여기에서 롯의 했던 말은 엄숙한 말이었음에도 사위들은 이렇게 중요한 말을 전과 같이 가벼운 분위기의 말로 이해해버렸다. 롯은 자신으로서는 의로웠지만 다른 사람을 향해서는 한 사람에게도 영적인 영향력을 줄 수 없는 정도의 약한 능력을 갖고 있었다. 진정 하나님이 원하시는 영성은 자신을 양육하고 또 가르치는 자들을 구원할 수 있는 것이어야 한다(딤전 4:6,16). 자기만 좋고 남에게 조금도 영향을 주지 못하는 그리스도인은 이기는 자의 전형이 아니다. 이기는 자는 아브라함처럼 자신이 주님을 좇는 충성이 있을 뿐 아니라 사로잡힌 롯을 구해올 수 있는, 즉 타인에게 영향을 줄 수 있는 적극적인 영을 가진 자들에게서 발견된다.

15-22절, 동틀 때에 천사가 롯을 재촉하여 가로되 일어나 여기 있는 네 아내와 두 딸을 이끌라 이 성의 죄악 중에 함께 멸망할까 하노라 16 그러나 롯이 지체하매 그 사람들이 롯의 손과 그 아내의 손과 두 딸의 손을 잡아 인도하여 성 밖에 두니 여호와께서 그에게 인자를 더하심이었더라 17 그 사람들이 그들을 밖으로 이끌

어낸 후에 이르되 도망하여 생명을 보존하라 돌아보거나 들에 머
무르거나 하지 말고 산으로 도망하여 멸망함을 면하라 18 롯이 그
들에게 이르되 내 주여 그리 마옵소서 19 종이 주께 은혜를 얻었
고 주께서 큰 인자를 내게 베푸사 내 생명을 구원하시오나 내가
도망하여 산까지 갈 수 없나이다 두렵건대 재앙을 만나 죽을까 하
나이다 20 보소서 저 성은 도망하기 가깝고 작기도 하오니 나로
그 곳에 도망하게 하소서 이는 작은 성이 아니니이까 내 생명이 보
존되리이다 21 그가 그에게 이르되 내가 이 일에도 네 소원을 들
었은즉 너의 말하는 성을 멸하지 아니하리니 22 그리로 속히 도망
하라 네가 거기 이르기까지는 내가 아무 일도 행할 수 없노라 하
였더라 그러므로 그 성 이름을 소알이라 불렀더라

천사는 롯을 재촉하면서 속히 도망하라고 권했다. 그러나 롯은 머뭇거리며 지체했다. 그의 마음은 아직 조급하지 않았다. 그곳에 벌여놓은 많은 일들이 마음에서 속히 정리되지 않은 것이다. 그때 천사들이 롯의 손을 잡아 이끌었다. 그리고 산으로 급히 도망하라고 권했다. 그러나 롯은 다시 산으로 가는 것보다는 작은 성으로 가게 해달라고 하면서 소알을 택했다. 소알은 도망하기에 가까운 곳이었다(20절). 롯은 소돔은 멸망하기로 작정된 곳이라니 어쩔 수 없이 떠나야 하긴 하겠는데 너무 멀리 가기에는 자신이 없었다. 이것이 절대적이지 않은 그리스도인의 성향이다. 순종하는가 순종하지 않는가? 순종하려 한다. 그러나 절대적인가, 절대적이 아닌가? 절대적인 것은 아니다.

순수하고 절대적인 순종만이 하나님을 기쁘시게 한다. 스스로 선택하는 것이 몸에 밴 롯은 이 심각한 순간에도 하나님이 지시하시는 산을 버리고 작은 성을 선택한다. 그 성은 아마 소돔과 모습이 비슷했을 것이다. 그리고 그 안에는 소돔에 있는 것과 비슷한 세상적인 누림이 있었을 것이다. 롯은 비록 소돔을 떠났지만 소돔적인 삶을 완전히 포기하기는 어려웠다. 그러므로 중간을 택한 것이다. 그곳이 바로 소알이다.

오늘날 그리스도인 세계에도 많은 소알들이 있다. 많은 바벨론적인 단체

(도시)를 벗어난 사람들이 완전히 새롭게 분별된 산으로 가기는 어렵고 하니 중간 지점의 소알 같은 단체를 형성하는 것이다. 그것은 이전 단체의 악이나 옳지 않음을 그대로 답습하지는 않을지라도 완전히 분별되거나 새롭게 된 것은 아니다. 소알이 소돔의 분위기를 지니고 있지만 다만 규모에 있어서 작은 것이었던 것처럼 그 단체는 이전 단체의 축소판일 뿐 본질상으로는 이전 단체와 동일하다. 롯이 당시 천사들에게 구한 것은 이와 같이 완전한 순종과 벗어남이 아닌 어중간한 타협적인 순종의 자리였다. 반면에 이기는 자들의 길은 매우 용감하고 담대하다. 어물쩍 길을 가는 것이 아니다. 분명하게 입장을 정하고 하나님과 함께 힘차게 앞으로 걸어가는 것이다.

23-26절, 롯이 소알에 들어갈 때에 해가 돋았더라 24 여호와께서 하늘 곧 여호와에게로서 유황과 불을 비 같이 소돔과 고모라에 내리사 25 그 성들과 온 들과 성에 거하는 모든 백성과 땅에 난 것을 다 엎어 멸하셨더라 26 롯의 아내는 뒤를 돌아본고로 소금 기둥이 되었더라

롯은 좀 지체하였지만 돌아보지는 않았다. 그러나 롯의 아내는 돌아보았다. 그녀는 소돔의 많은 세상적인 누림을 잊지 못했다. 두고 온 사위들도 마음에 걸렸다. '그들은 어디서 무엇을 하고 있을까? 따라왔더라면 좋았을 텐데… 이제 이 과년한 딸들은 어떻게 될 것인가?' 아마 롯의 처는 많은 상념들과 미련들을 떨치지 못했을 것이다. 일단 어떤 곳에서 나왔다면 뒤를 돌아보지 말아야 하고 과거의 일들과 사물들을 잊어야 한다. 그러나 사람은 그것들이 틀린 것을 알면서도 쉽게 떨쳐버리지 못한다. 그 결과는 소금 기둥인데, 이는 그 자리에 서서 이러지도 저러지도 못하는 답답한 사람이 되어버린다는 의미이다.

과거의 모든 일들은 믿는이가 앞으로 나아가는 것을 막는 요소로 작용한다. 그러므로 뒤를 돌아보아서는 안 된다. 뒤를 돌아보면 우리는 굳어진다. 이러한 굳어짐은 곧 사망을 의미한다. 더 이상 앞으로 갈 수도, 뒤로 갈 수도 없다. 그 자리에 영원히 서 있게 된다. 그리스도인의 노정은 뒤를 돌아보지 않고 다만 앞으로 전진하는 것이 최상책이다. 많은 믿는이들이 미련이 많다. 자신이 이룬 업적이나 경력, 따르는 사람들 등 많은 것에 미련이 많아 새롭게 인도하시는 주님의 인도를 따르지 못한다. 나는 종종 말한다. 미련이 많다는 것은 사랑이나 애정이 아니라 미련한 것일 뿐이며 어리석은 소치인 것이다. 일단 앞으로 나아간다면 뒤를 잊으라! 이는 성경의 많은 곳에서의 가르침이다.

"딸이여 듣고 생각하고 귀를 기울일찌어다 네 백성과 아비 집을 잊어버릴찌어다 그리하면 왕이 너의 아름다움을 사모하실찌라"(시 45:10-11).

"예수께서 이르시되 손에 쟁기를 잡고 뒤를 돌아보는 자는 하나님의 나라에 합당치 아니하니라"(눅 9:62).

"오직 한 일 즉 뒤에 있는 것은 잊어버리고 앞에 있는 것을 잡으려고 푯대를 향하여 그리스도 예수 안에서 하나님이 위에서 부르신 부름의 상을 위하여 좇아가노라"(빌 3:13-14).

소돔에 대하여 하나님은 이미 심판할 것을 결정하셨다. 이제 소돔에 대한 우리의 입장은 떠나는 것뿐이다. 왜냐하면 그곳은 하나님이 이미 버리셨기 때문이다. 하나님께서 비록 그곳을 기뻐하지 않으셨을지라도 한동안 소돔을 그대로 두신 것은 그 안에서 회개하고 돌이키는 사람들이 있기를 바라셨기 때문이며, 그래서 롯이 그곳에 머무는 것도 그냥 두셨다. 그러나 이제 하나님은 그 사악한 상태를 심판하기로 결정하셨다. 그러므로 이제 하나님을 순종하는 자들과 그 소돔의 죄악에 참여코자 하지 않는 자들은 그곳을 떠나야 한다. 그러나 롯의 아내는 몸은 그곳을 빠져나왔지만 마음은 소돔을 잊지 못했다.

주님은 그분이 다시 오실 때를 롯의 때로 비유하셨다. 주님이 다시 오실 때 사람들은 먹고 마시고 사고 팔고 집을 지을 것이라고 하시면서 '롯의 처를 생각하라'(눅 17:32)고 하셨다. 그녀는 이생의 삶에 대한 애착을 버리지 못했다. 그녀는 이 땅에서의 자신의 삶을 계속 연장하고 싶었다. 세상을 즐기고 사람들과 왕래하면서 지내는 것이 나쁘지 않다고 여긴 것이다.

주님의 재림을 기다리는 자들은 이 땅이 소돔과 고모라와 같이 멸망당할 땅임을 알고 이 세상에 마음을 두어서는 안 된다. 우리의 마음은 이미 이 땅을 멀리 떠나 주님과 그분의 나라에 있어야 한다. 롯의 처는 우리에게 하나의 큰 경계거리이다. 그녀는 불신자가 아닌 실패한 믿는이(의인-벧후2:8)를 대표한다고 보아야 한다. 주님을 믿는다고 하면서 그 마음이 이 세상에 붙어 있는 자들이다. 그들은 때때로 몸은 교회를 향하지만 그 마음은 세상과 세상의 일로 가득하다. 결국 주님이 다시 오시는 휴거의 때에 그들은 어떻게 되겠는가? 주님은 믿는이들을 일깨우시는 말씀으로 롯의 처를 생각하라고 하셨는데, 그녀는 그 유황불의 심판(불못)은 면했지만 완전한 도피처인 산으로 가지 못하고 중도에서 움직일 수 없는 소금기둥이 되고 말았다. 이것을 신학적으로 어떻게 해석할지를 굳이 연구하지 않아도 소금기둥이 되는 것은 분명 축복된 일이 아니다. 이는 장차 임할 진노를 피하고 다시 오시는 주님을 만나는 하나님의 자녀들의 축복된 대열에서 낙오한 것임은 분명한 일이다. 특히 이 부분의 말씀은 그분의 다시 오시는 때에 주의해야 할 일들에 관하여 제자들에게 주신 말씀임을 기억해야 한다. 나는 불신자들 가운데 유황으로 타는 불못을 피할 수 있는 사람이 있으리라고 생각지 않으며 불신자들 가운데 어떤 사람이 불의 심판을 피해 하나님이 구원해 주시는 사람들의 행렬에 포함되리라고도 생각지 않는다. 롯의 처의 이야기는 불신자들의 이야기가 아니라 믿는다고 하는 신자들 가운데 중간에 매달려 있는 사람이 있다는 것을 알고 정신을 차리라는 주님의 경고로 받아야 합당하다.

27-28절, 아브라함이 그 아침에 일찌기 일어나 여호와의 앞에 섰던 곳에 이르러 28 소돔과 고모라와 그 온 들을 향하여 눈을 들어 연기가 옹기점 연기 같이 치밀음을 보았더라

아브라함은 역시 하나님의 일을 마음에 두고 그 일에 대하여 민감한 사람이었다. 그는 소돔의 운명을 관심하면서 하나님의 말씀이 이루어지는 것을 주시하고 있었다. 그는 그 심판의 날 아침에 일찍 일어났다. 이는 그의 경성한 영에 의한 행동이리라. 그는 그 아침에 무슨 일이 일어날 것을 예상하고 여호와 앞에 섰던 곳으로 갔다. 바로 그날 하나님의 심판이 집행되고 있었다. 그는 속으로 하나님께 경배하면서 하나님의 말씀은 일점일획이 라도 소홀함이 없이 다 성취됨을 생각했을 것이며, 이 세상의 헛됨을 더욱 더 알게 되었을 것이다.

생각해 보라! 그 심판의 날 이전까지 사람들은 얼마나 바삐 움직이고 많은 일에 사로잡혀 있으며 육신의 쾌락과 즐거움에 빠져 살았겠는가? 그러나 홀연히 멸망이 임하였다. 이 시대 끝에 일어날 일이 바로 이러할진대 깨어 있어야 하지 않겠는가! 여기서 한 사람 아브라함은 이 모든 광경을 하나님과 함께한 위치에서 바라보고 있었다. 장차 그리스도의 재림시에도 동일한 일이 벌어질 것이다. 어떤 사람들은 멸망하기 위해 심판으로 나아갈 것이며, 어떤 사람들은 상급을 받기 위해 보좌 앞에 나타날 것이며, 어떤 이들은 중간에 묶여져 있는 매우 애매한 입장에 처할 것이다. 이는 그들이 이 땅에서 그렇게 생활을 한 결과이다.

여기서 우리는 간신히 심판을 피한 롯의 위치와 소금기둥이 된 롯의 처의 위치와 여호와의 편에 서 있는 아브라함의 위치를 생각해볼 필요가 있다. 과연 우리는 어떤 위치에 있는 그리스도인인가? 당신은 누구를 닮은 그리스도인의 삶을 살고 있는가?

29절, 하나님이 들의 성들을 멸하실 때에 곧 롯의 거하는 성을 엎으실 때에 아브라함을 생각하사 롯을 그 엎으시는 중에서 내어 보내셨더라

중보기도의 효력

아브라함은 높은 땅, 산지인 가나안에 머물렀다. 평야가 있고 물이 많은 성을 선택했지만, 그 곳은 하나님께서 멸망하기로 예비하신 죄인들이 거하는 땅이었다. 그러나 하나님은 아브라함의 중보 기도를 기억하시고 롯을 멸망에서 건지셨다. 여기서 우리는 중보 기도의 효력을 볼 수 있다. 하나님은 롯을 도망하게 하여 구원하시지 않고는 그 성을 멸하실 수 없었다(22절). 이는 아브라함의 기도를 하나님께서 들으셨기 때문이리라. 오늘 우리가 아직 구원받지 못한 가족이나 친척이나 친구나 이웃을 위해 기도할 필요가 있는 것은 이만큼 중보 기도의 효력이 놀랍기 때문이다.

19세기의 탁월한 중보 기도의 사람으로 알려진 리즈 하월즈의 간증으로부터 중보 기도자의 자격에 대해 보기로 하자.

"성령께서는 그분이 택하신 그릇을 그런 중보 기도자의 삶으로 인도하시기 전에 먼저 그들에게 있는 모든 세상적인 것들을 밑바닥까지 깨끗이 처리하셔야 한다. 돈을 사랑하는 마음, 개인적인 야망, 부모나 사랑하는 사람들을 향한 인간적인 애정, 육신적인 욕구들, 인생 자체를 사랑하는 마음, 회심한 사람으로 하여금 자기 자신이나 자신의 안락이나 자기의 이익이나 자기 발전이나 자기와 교분이 있는 모임을 위해서 살게 만드는 그 모든 것들…이 모든 것들이 십자가 아래 놓여져야 하는 것이다. 그것은 이론상의 죽음이 아닌 진짜 그리스도와 함께 십자가에 못 박히는 것을 뜻한다. 이런 자가 성령의 종이며 이런 자의 삶을 통해서는 오직 성령만이 나타나시게 된다. 바울의 간증은 과거의 사건이자 동시에 현재의 과정이기도 하다. '내가 그리스도와 함께 십자가에 못 박혔으며 지금도 못 박히고 있다'는 바울의 간증이 우리의 간증이 되어야 한다. 우리의 자아는 스스로를 벗어버리고 성령의 도구가 되어야 한다. 이렇게 십자가의 삶이 계속될 때 비로소 중보 기도는 시작된다. 성령께서는 그분의 깨끗케 된 통로를 통해 그분이 직접 그분 자신의 삶을 살기 시작하신다. 그 삶은 잃어버린 바 된 세상을 향한 사랑과 희생의 삶이다."(리즈 하월즈, 두란노) 아브라함은 이와 같이 그의 삶과 중보 기도를 통해 조카를 멸망에서 구출하였다. 이 일은 우리 모두의 중보 기도생활에 큰 격려를 주는 사건이 되었다. 하나님이 롯을 구출하신 것은 롯 자신의 경건 때문이 아니라 아브라함의 중보 기도로 인한 것이었음을 아는 것은 너무도 중요하다.

30절, 롯이 소알에 거하기를 두려워하여 두 딸과 함께 소알에서 나와 산에 올라 거하되 그 두 딸과 함께 굴에 거하였더니

롯은 소알을 원했지만 막상 소알에 들어가보니 상황은 소돔과 마찬가지였다. 그는 소알에 들어가서 보고 그곳이 규모만 작았지 소돔과 같은 냄새를 가진 곳임을 직감했을 것이고 소돔에 쏟아 부어진 심판이 생각나서 다시 두려워졌을 것이다. 사람이 어떤 곳에 대하여 밖에서 생각하는 것과 막상 들어가 체험해 보는 것에는 차이가 있다. 그가 밖에서 생각할 때에는 산에서 사는 것보다 소돔에서 멀지 않은 작은 성에서 사는 것이 낫다고 여겼을 것이다. 그러나 막상 소알에 들어가 보니 두려운 마음이 생겼던 것이다. 그는 소알 사람들과 인사도 나누고 함께 잘 지내보려고 논의도 하였을 것이다. 그러나 바깥에서 봤을 때 소알에서 잘 살 수 있으리라고 생각했던 것과는 달리 소알의 광경도 심판받은 소돔의 광경과 본질상 별다를 바가 없었던 것이다.

롯이 원한 것은 과연 무엇이었을까? 그는 소알에는 세상적인 누림과 풍요는 있되 음란과 불법은 없기를 바랐다. 그는 어쩌면 소알은 작기 때문에 그런 만연된 죄악은 없을 것이라고 상상했을 것이다. 그러나 잠시 와서 지내보니 그렇게 작은 성에도 큰 도시 소돔의 죄악이 그대로 있는 것이었다. 그럴 때 그로 인해 임한 불의 심판이 생각난 것이다. 그는 소돔의 심판을 경험하였기 때문에 다른 것은 몰라도 심판의 두려움은 뼈저리게 알게 되었다.

실상 믿음이 있는 사람들은 눈으로 확인할 필요도 없이 하나님의 말씀을 믿는다. 그러나 보이는 사물에 영향을 받는 믿음이 없는 사람들은 언제나 정함이 없고 요동하며 이것저것을 몸소 겪어봐야 비로소 깨닫게 되므로 시간을 많이 낭비하게 된다. 믿음이 있는 사람들은 두려움 때문에 길을 정하는 것이 아니라 하나님의 말씀과 영의 인도로 길을 정한다. 그러나 육에 속한 그리스도인들은 자기가 스스로 알아봐야 한다고 하면서 시간을 낭비하며 직선적으로 순종하지 않는다. 하나님은 롯에게 산으로 도망하라고 말씀하셨다(17절). 하나님이 롯에게 정하신 도피처는 분명 산이었다. 그러나 두려움이 가득한 롯은 굴 속으로 들어갔다. 굴 속은 두려움은 피할 수 있을지 몰라도 전체가 어두움이었다. 이처럼 그의 행동은 전반적으로 믿음이 없는 것이었다. 그는 실상 소돔에서 너무 오랫동안 하나님과의 교제와 그분의 임재를 잃어버리고 살았기 때문에 이렇게 다급한 상황에서 믿음을 행사할 수 없었던 것이다. 그리고 또 그러한 어둠 속에서도 견딜 수 있는 것이다.

31-38절, 큰 딸이 작은 딸에게 이르되 우리 아버지는 늙으셨고
이 땅에는 세상의 도리를 좇아 우리의 배필 될 사람이 없으니 32
우리가 우리 아버지에게 술을 마시우고 동침하여 우리 아버지로
말미암아 인종을 전하자 하고 33 그 밤에 그들이 아비에게 술을
마시우고 큰 딸이 들어가서 그 아비와 동침하니라 그러자 그 아
비는 그 딸의 눕고 일어나는 것을 깨닫지 못하였더라 34 이튿날
에 큰 딸이 작은 딸에게 이르되 어제 밤에는 내가 우리 아버지와
동침하였으니 오늘 밤에도 우리가 아버지에게 술을 마시우고 네
가 들어가 동침하고 우리가 아버지로 말미암아 인종을 전하자 하
고 35 이 밤에도 그들이 아비에게 술을 마시우고 작은 딸이 일어
나 아비와 동침하니라 그러나 아비는 그 딸의 눕고 일어나는 것을
깨닫지 못하였더라 36 롯의 두 딸이 아비로 말미암아 잉태하고 37
큰 딸은 아들을 낳아 이름을 모압이라 하였으니 오늘날 모압 족속
의 조상이요 38 작은 딸도 아들을 낳아 이름을 벤암미라 하였으
니 오늘날 암몬 족속의 조상이었더라

이 모든 끔찍한 일들이 롯에게 일어났다. 그 딸들은 술을 어디서 구했는가? 소돔에서 도망 나올 때 가지고 나왔는가? 소알에 잠시 들렀을 때 구했는가? 도망 다니는 길에서 만들었는가? 혹은 그 산에서 만들었는가? 어떻게 생각해도 그 굴 속에 술이 있었다는 것은 이해하기가 어렵다. 어쨌든 그때 그녀들은 분명 술을 소지하고 있었다. 어떤 교사들의 말대로 그 술을 소돔에서 가지고 나온 것이라면 그녀들의 속성과 존재의 어떠함은 굳이 설명하지 않아도 알만하다. 오늘 정상적인 믿는이라면 집에 불이 났다든지 할 때 가장 중요한 것인 성경을 들고 나오려 할 것이다. 그러나 그녀들은 술을 가지고 나왔다. 그 딸들의 음주습관과 근친상간의 일은 모두 부패한 도시 소돔의 영향이라고 말하지 않을 수 없다. 롯이 아무리 경건하고 의로운 사람이라 해도 소돔에 살면서 그 딸들이 점점 세속화되는 것을 막을 수 없었던 것같다. 또한 롯이 자신을 지키지 못할 정도로 술을 마셨다는 것도 부패한 세상의 영향을 받은 것이라고 말하지 않을 수 없다. 설사 술을 좀 마신다 해도 성도가 인사불성이 될 때까지 마시는 것은 합당하지 않다. 그리스도인에게 있어서 위치의 문제는 정말 중요한 것임을 아무리 강조해도 지나치지 않다.

이기는 자와 실패한 자의 전형적인 본

이기는 자란 말의 표현은 계시록 2, 3장에 나온다. 그리스도의 재림 시에 모든 사람이 상을 받는 것이 아니다. 이기는 자(승리자)만이 주님이 예비하신 상급을 받는다는 것을 볼 수 있다. 우리는 19장을 끝내면서 이기는 자와 실패한 자의 전형적인 본을 보겠다. 여기서 아브라함은 이기는 자의 전형적인 본이고 롯은 실패한 자의 전형적인 본이다. 우선 롯의 열매와 결과를 생각해보자. 롯은 결과적으로 근친상간을 통하여 하나님의 선택하신 백성에게 커다란 대적이 되고 좌절의 요소가 되는 모압과 암몬 족속을 낳게 되었다. 이것이 그의 열매이다. 우리가 다 알듯이 믿음으로 인침을 받은 수천의 하늘에 속한 하나님의 자녀들은 아브라함의 자손이다(갈 3:29). 아브라함의 길과 롯의 길은 먼저 열매에 있어서 천지 차이를 만들었다.

과연 롯이 추구한 것은 무엇이었는가? 그는 영적인 것을 추구하지 않았는가? 그가 영적인 것을 전혀 추구하지 않았다고 말할 수 없다. 그가 만일 영적인 것을 전혀 추구하지 않았다면 애초에 아브라함을 따라 나오지 않았을 것이고 가나안까지 따라오지도 않았을 것이다. 그리고 베드로 후서 2장 7절 말씀에 따르면 그는 소돔에 거하면서 소돔 사람들의 음란한 행실을 인하여 고통스러워했으며 그들의 불법한 행실을 보고 들으면서 그의 의로운 심령이 상했다. 그리고 19장에서 천사들이 소돔을 방문했을 때 롯은 천사들을 극진히 대접하였고 그들을 보호하려고 나름대로는 최선을 다했다. 그리고 천사들의 말을 듣고 딸들이나 사위들에게 하나님의 경고의 말씀을 전하였다. 비록 비웃음을 당하고 받아들여지지 않았지만 롯은 분명 그들에게 참된 말씀을 전해주었다. 그러므로 롯이 영적인 것을 전혀 추구하지 않는 그리스도인이라고 하기는 어렵다. 그런데 왜 그는 패배자의 전형이 되었으며 또한 아브라함은 승리자의 전형이 되었는가?몇 가지 이유를 든다면, 첫째로 아브라함은 직접 하나님과의 교제 안에서 하나님을 따른 사람이었다. 그는 직접적인 하나님과의 관계 안에서 모든 일을 수행하였다. 둘째로 그는 보이는 것을 따라 움직이지 않고 하나님의 말씀에 따라 믿음으로 움직이고 행동하였다. 비록 약할 때가 있었지만 그는 항상 다시 일어나 주님을 따랐다. 즉 아브라함은 순종하며 길을 걸어가는 그리스도인이었던 것이다. 아브라함은 이 땅을 잠시 머무는 타국으로 알고 나그네가 되어 하늘 본향을 바라고 살았지만 롯은 그렇지 않았다. 아브라함은 약속의 땅을 기업으로 바라보았지만 실질적으로 그의 기업은 하나님 자신이었다. 그러기에 아브라함은 이 땅의 부요함을 기꺼이 양보하고 버릴 수 있었던 것이다(13:8-12, 14:21-24).

반면에 롯은 영적인 것을 추구하는 면도 있었지만 감추인 그의 성향은 이 땅에서의 안락한 삶에 기울어져 있었다. 따라서 그는 자신의 안정된 삶을 위해 움직였다. 소돔이 죄악으로 가득하고 하나님 앞에서 옳지 않은 위치에 있다는 것이 그의 선택에 중요한 참고 사항이 되지 않았다. 그는 다만 자신의 삶과 장래가 어느 곳에 위치할 때 유익하고 편안한가만을 주의했다. 그렇다고 해서 그가 하나님을 버리거나 의를 버리거나 진리를 던져 버리려고 한 것은 아니다. 그는 다만 자신의 삶을 위해 유익한 편을 택한 것이다. 그는 이 땅을 잠시 지나가는 타관으로 여기지 않고 누릴 것이 많은 곳으로 여겼다. 이 땅에서 많은 좋은 것들을 누리면서도 얼마든지 영적 생활을 영위할 수 있다고 여긴 것이다.

그러므로 간단히 말해서 승리자와 패배자의 차이는 하나님을 따르고 섬기는 데 있어서 절대성의 여부에 있다. 여기서 우리는 누가복음 14장의 망대의 비유와 전쟁하러 나가는 임금의 비유를 재고해볼 필요가 있다. 과연 망대를 짓다가 실패한 자는 처음부터 망대를 짓고자 하는 마음이 없는가? 분명 짓고자 하는 마음이 있다. 그런데 왜 어떤 사람은 짓다가 실패하게 되는가? 비용을 예산해보지 않기 때문이다. 비용을 예산한 사람은 망대를 짓기 위해 얼마만큼의 비용이 들 것이라고 알았는가? 모든 소유이다(33절). 싸우러 나가는 임금도 원칙상 마찬가지이다. 어떻게 우리는 일만의 병력을 가지고 쳐들어오는 이만에 대항하여 싸울 수 있는가? 우리 그리스도인들은 언제나 우리가 대적과 싸우기에 부족한 인력과 장비를 갖고 있다는 것을 알아야 한다. 그러면 어떻게 해서 이길 수 있다는 말인가? 물론 우리 자신의 힘으로 싸우는 것은 아닐지라도 우리 편에서는 죽기를 각오하지 않으면 싸움에 임할 필요도 없고 더욱이 이길 수도 없는 것이다. 이것이 바로 이기는 자들이 가져야 할 태도이다.

20 장

1-2절, 아브라함이 거기서 남방으로 이사하여 가데스와 술 사이 그랄에 우거하며 2 그 아내 사라를 자기 누이라 하였으므로 그랄 왕 아비멜렉이 보내어 사라를 취하였더니

하나님은 아브라함에게 가나안 일경을 기업으로 주셨지만 아브라함은 그곳에서 정착한 것이 아니라 항상 이사를 다니며 정처없이 떠돌아다니는 삶을 살았다. 바울은 히브리서에서 그가 기업의 땅에 거할 때 장막에 거하며 외국인과 나그네로 살았다고 말하는데, 이는 그가 더 나은 본향과 하나님의 경영하시고 지으실 터가 있는 성을 바랐기 때문이라고 하였다.

오늘날에도 진정한 그리스도인은 이 땅을 정착지 삼아 터를 잡고 사는 사람들이 아니다. 그들은 나그네로서 언제나 하나님의 인도를 따라 움직이며 사는 사람들이다. 우리 주님의 이 땅에서의 삶과 사도 바울이나 그의 동역자들의 삶을 보라! 주님과 사도들은 이 땅에서 한 곳에 머물지 않았다. 이것은 마음가짐이나 생각만의 문제가 아니다. 그리스도인으로서 우리는 이 땅에서 실제 나그네의 삶을 살아야 한다. 아브라함은 한동안 헤브론에 머물렀지만 무슨 이유에서인지 남방(블레셋 땅)으로 이주하였다. 주님의 음성을 듣고 순종하며 사는 사람들은 한 장소에 너무 오랫동안 머물지 못한다는 것을 체험할 것이다. 아브라함뿐 아니라 이삭과 야곱 또한 자신을 나그네라 하였고 나그네로 살았다(47:9, 히 11:9). 이스라엘은 애굽 땅에서 나그네였고(출 22:21), 다윗 역시 “주 앞에서는 우리가 우리 열조와 다름이 없이 나그네와 우거한 자라 세상에 있는 날이 그림자 같아서 머무름이 없다나이다”고 말했다(대상 29:15).

우리는 이 지점에서 한 가지 놀라운 사실을 발견하는데, 그것은 아브라함이 가나안에 갓 들어와서 했던 실패(12:10-20)를 여기서 재현하고 있다는 것이다. 오늘날의 말로 한다면 초신자였을 때의 실수를 장성한 상태에서 다시 한 번 저지른 것이다. 그동안 아브라함은 영적인 면에서 수많은 체험과 배움을 가졌다. 그는 18장에서 하나님의 친구로 여겨질 정도로 성장했다. 그는 이미 자신의 한계를 벗어나 롯과 소돔을 위해 신실하게 중보기도하는 사람이 되어 있었다. 그런 사람이 이렇게 어처구니없는 실수를 다시금 저지른 것에 대하여 이해할 수 있겠는가? 이해하기 어렵다. 이것이 도대체 어찌된 일인가?

3-12절, 그 밤에 하나님이 아비멜렉에게 현몽하시고 그에게 이르시되 네가 취한 이 여인을 인하여 네가 죽으리니 그가 남의 아내임이라 4 아비멜렉이 그 여인을 가까이 아니한고로 그가 대답하되 주여 주께서 의로운 백성도 멸하시나이까…나는 온전한 마음과 깨끗한 손으로 이렇게 하였나이다…7 이제 그 사람의 아내를 돌려 보내라 그는 선지자라 그가 너를 위하여 기도하리니 네가 살려니와 네가 돌려 보내지 않으면 너와 네게 속한 자가 다 정녕 죽을 줄 알찌니라….

아브라함도 아비멜렉과 비슷한 기도를 드린 적이 있다. "주께서 의인을 악인과 함께 멸하시나이까"(18:23). 그러나 아비멜렉의 기도는 아브라함의 기도처럼 가치 있는 기도로 인정될 수 없다. 비록 이 장면에서 아브라함은 거짓말을 해서 아비멜렉에게 책망을 받는 입장에 처해 있지만 어쨌든 아비멜렉은 여인을 취해서 자기 만족을 채우려는 사람이지 하나님을 위한 사람이 아니었다. 아비멜렉은 사라 가까이에 보호자처럼 있었던 아브라함의 느낌은 아랑곳하지 않고 사라를 아내로 취하기 위해 데려간 사람이었다. 그것이 어찌 고상한 사람들의 행위이겠는가? 아비멜렉은 아브라함의 생각과 허락을 중요시하지 않았던 것이다. 거기에는 어떤 위압적인 분위기가 있었을 것이고 아브라함은 아무 말도 못하고 사라를 내주었을 것이다. 그렇다면 아비멜렉은 그 자체로 정죄받아 마땅한 사람이다. 그에 반하여 아브라함은 부족한 점이 보였다 할지라도 하나님을 위한 사람이요 하나님 편에 서 있는 사람이었다. 그럼에도 우리가 주목할 것은 하나님께서 아비멜렉의 말을 존중하셨다는 것이다. 그의 말은 나름대로 의로운 것이고 온전한 마음과 깨끗한 손으로 행한 것이었다. 하나님은 그의 나름대로의 의로운 처신을 멸시하지 않으셨다.

오늘날 우리가 절대적인 완전함이나 의로움을 갖지 못할지라도 우리의 의로운 행위와 판단은 하나님과의 교통과 기도에서 매우 중요한 요소가 아닐 수 없다. 이것은 우리가 하나님께 나아가는 것이 우리의 의로 말미암는다는 뜻이 아니다. 우리는 언제든지 그리스도의 보혈을 힘입어 하나님께 나아간다. 그러나 우리의 기도나 간구에서 의와 불의를 근거로 하여 구할 때에는 이 문제가 개입된다. 즉 우리 나름대로의 의와 불의에 대한 인식 또한 매우 중요하다는 말이다. 다시 말해서 하나님은 이방 사람일지라도 나름대로 의를 나타내며 주장할 때 그것을 존중하셨다는 것이다. 특히 우리가 주님 재림 시 그리스도의 심판대 앞에 선다면 우리는 우리가 행한 의로 말미암아 심판을 받는다(고후 5:10). 우리가 기도에서 그리스도의 보혈을 의지하는 것은 기본적으로 중요하지만 하나님은 누구든지 보혈을 의지하여 기도한다고 다 들어주시는 것은 아니다. 우리 마음에 거리낌이 없는 삶을 살아야 하는 것이다. 사도 요한은 적어도 우리 마음이 우리를 책망할 것이 없으면 하나님 앞에서 담대함을 얻고 무엇이든지 구하는 것을 받는다고 하였다. 또한 이어서 우리가 그의 계명들을 지키고 그 앞에서 기뻐하시는 것을 행하기에 구하는 것을 받을 수 있다고 하였다(요일 3:21-22). 물론 그의 계명을 지키는 것은 예수 그리스도를 믿고 형제들과 서로 사랑하는 것을 말한다. 이는 우리의 의로운 삶인 것이다. 또한 우리 마음에 죄를 품으면 들으시지 않는다고 하였다. 사람을 용서하지 않는 마음이나 죄악을 품고 기도할 때 응답받을 기대를 할 수 없다. 오늘날도 기도자들은 의로운 삶을 사는 가운데 기도해야 할 것이다.

"네가 죽으리니…이제 그 사람의 아내를 돌려 보내라 그는 선지자라 그가 너를 위하여 기도하리니". 하나님께서 아비멜렉의 대답을 존중하셨을지라도 그것은 어디까지나 아브라함의 아내 사라를 지키시기 위한 목적이었다. 그러므로 그의 행동에 대하여 하나님은 매우 엄격하게 다루셨다. 아비멜렉은 아브라함을 꾸짖으며 마치 자신이 범죄할 뻔 했던 것은 아브라함이 거짓말을 하였기 때문이라고 변명하였지만 하나님께서는 아브라함에게 그들을 위하여 기도할 것을 위임하셨다.

오늘날 이처럼 하나님의 종들에게 실수하는 사람들이 있다. 그들은 하나님의 종들의 작은 실수나 약점을 꾸짖을 수 있다고 생각하며 마치 자신들이 그보다 훨씬 더 의롭고 합당한 위치에 있는 줄 알지만 그렇지 아니하다. 하나님은 오히려 그들의 생사여부가 주님의 종인 아브라함의 기도에 달려 있다고 말씀하셨다. 하나님은 그분의 종에게 비록 실수가 있을지라도 이방 왕 앞에서 그를 존귀하게 하심을 볼 수 있다.

13절, 하나님이 나로 내 아비 집을 떠나 두루 다니게 하실 때에 내가 아내에게 말하기를 이후로 우리의 가는 곳마다 그대는 나를 그대의 오라비라 하라 이것이 그대가 내게 베풀 은혜라 하였었노라

이 실수는 과거에 애굽에서 있었지만 이곳 그랄에서 다시 한 번 반복되었다. 그런데 이 구절에서 아브라함은 이 일이 있게 된 근본적인 이유를 고백하는데, 이 문제의 뿌리는 애굽에 있기 전 메소포다미아에 있을 때였다. 하나님은 아브라함에게 있는 이 문제의 뿌리의 부패성과 심각성을 알고 계셨다. 그러나 애굽에서 이 점이 아브라함에게서 처음 나타났을 때에는 그것이 무엇인지 잘 알지 못한 채 넘어갔다. 그런데 이번에는 그 뿌리가 완전히 뽑히게 된다. 뽑히지 않은 문제는 언제고 다시 나온다. 많은 체험과 연륜이 있는 성도라 하더라도 의외의 약함이 남아 있어 실수하고 실족하는 일이 얼마든지 있을 수 있으니 조심하지 않을 수 없다.

아브라함이 갈대아 우르에서 하나님의 부르심을 입고 떠나고자 할 때 우리가 생각하기에는 처음부터 믿음으로 용감하게 따라 나선 것 같지만 실상은 그렇지 않다. 이 세상에 그렇게 쉬운 사람은 하나도 없다. 아브라함은 오래 살던 고향을 떠나려 하니 이것저것 걱정되는 일이 많았는데, 그 중에서도 사라의 미모가 가장 걱정이 되었다. 아브라함이 보기에 사라는 아름다운 여인이었다(애굽 사람들도 하나같이 사라의 미모를 인정하였다). 아브라함은 사라의 아름다운 외모 때문에 당할 어려움이 걱정되었다. 이제 정처 없이 떠나는 입장이 되었는데 들리는 소문에 의하면 애굽이나 이방 나라 사람들은 도무지 하나님을 두려워하지 않고 아름다운 여자를 보면 남편이 있어도 그를 죽이고 빼앗아간다는 것이었다. 아브라함이 원래 살던 곳에서는 가족과 친척들 몇 대가 어울러 지내기 때문에 그런 염려는 없었다. 그런데 이제 하나님이 가라시는 곳이 어디인지는 모르지만 많은 곳을 거쳐야 할 것이고 어쩌면 하나님을 두려워하지 않는 족속들의 지경도 통과해야 할지 모를 일이었다. 아브라함이 그랄 땅을 생각할 때 그랄 사람들이 크게 보이고 하나님은 보이지 않게 되었다. 그는 그랄 사람보다 더 강하신 하나님과 함께 있다는 것보다는 그랄 사람들과 함께 있다는 생각만으로 가득했다. 그랄의 환경으로 인한 두려움이 생겨난 것이다.

이런저런 생각을 하자 아브라함은 속에 두려움이 생겼다. 아름다운 모습을 지닌 사라를 결국 빼앗기고 자기는 죽임을 당할 수도 있다는 생각이 두려움으로 자리를 잡게 된 것이다. 아마 어느 날은 그런 일이 일어나는 꿈도 꾸었을 것이다. 이러한 염려가 떠나지 않던 어느 날 아브라함은 좋은 방안을 생각해냈다. 그리고 사라에게 조심스럽게 이야기를 꺼냈다. "여보, 우리는 얼마 후면 떠나야 하는데 지금부터 내 말을 잘 들어야 하오." 사라가 "말씀해보세요." 하자 아브라함은 이렇게 말했다. "나는 이제 하나님의 부르심을 받고 모든 것을 다 버리고 주님을 따를 준비가 되어있습니다. 나는 나의 모든 것을 다 잃는다 해도 전혀 두렵지 않습니다. 그러나 한 가지 마음에 걸리는 것은 우리가 통과하게 될 여러 나라의 집권자들이나 사람들이 하나님을 두려워하지 않고 불법적인 일을 한다는 것입니다. 듣자 하니 어떤 사람에게 어여쁜 아내가 있으면 그녀를 강제로 취하기 위해 남편을 죽인답니다. 그런데 당신은 용모가 매우 아름다운 여인이니 여러 곳을 다닐 때 그런 일이 발생할 수 있습니다. 그로 인해 나는 죽임을 당할 수도 있습니다. 그러니 한 가지 길밖에 없습니다. 당신은 원래 촌수로 따지면 나와 친척이고 따라서 나는 당신의 오라비 뻘 되는 사람이니 당신과 내가 부부라고 말해서 내가 죽을 일이 무엇이 있겠소. 당신이 나를 오라비라고 해서 내가 사는 것이 낫지 않겠소? 당신이 그렇게 해준다면 내가 죽지 않을 것이고, 당신은 좀 어렵겠지만 나는 이것이 당신이 나에게 베풀어주는 은혜라고 여기겠소." 그때 사라는 간단하게 대답했을 것이다. "그럼 그렇게 하는 수밖에 없겠네요." 이것은 아브라함이 아직 믿음이 없을 때의 해결책이었다. 이 말 속에는 인간자아의 생존본능의 요소가 숨어 있다. 아브라함은 자기 아내의 안전이나 순결보다는 자기의 목숨을 지키기 원했다.

자아의 문제

누구든지 자아의 문제가 없는 사람이 없다. 사람이 영적 생명에서 최후로 만져지는 것은 자아의 생명이다. 자아란 한 마디로 '나'이다. 나와 함께 모두가 사는 일이라면 나도 문제가 없지만 내가 위험하고 죽게 되는 일이라면 다른 사람을 약간 희생시켜서라도 내가 살아야 하겠다는 말이다. 어차피 사라를 빼앗기고 끌려갈 입장이라면 아브라함이라도 살아남아야 하겠다는 논리이다. 17장의 문제는 육체의 문제이지만 20장의 문제는 자아의 문제이다. 육체의 문제는 처리하기가 그래도 쉬운 편이다. 그러나 자아는 깊이 숨어 있어서 처리하기가 쉽지 않다. 우리가 주님을 따르려면 자기를 부인하고 십자가를 지고 따라야 한다(눅 9:23). 자아가 철저히 처리되지 않은 봉사 속에는 그 깊숙한 저변에 자신을 위한 요소가 자리를 잡고 있다. 이는 보통 문제가 아니다. 주님은 사람의 자아를 깊이 처리하지 않고서는 그를 사용하기 어렵다. 순수하고 깨끗한 그릇은 자아를 십자가에 넘길 수 있는 사람이다. 아브라함은 자기의 목숨까지라도 하나님께 맡기며 그분의 처분을 바라는 대신, 스스로의 살 길을 마련하려 했다. 자신의 최종 안전만은 약간의 계략하에 두었던 것이다. 우리가 오늘 이렇게 사역한다면 많은 일과 말이 불순할 것이다. 하는 일이나 처리하는 방식이 진정 주를 위한 것 같지만 거기에 자기의 생존과 자신의 일을 성공시키기 위한 여지가 숨겨져 있다.

그런데 이 일은 아브라함이 예상하던 대로 일어났다. 가나안에 들어간지 얼마 안 되어 그 땅에 기근이 들어 애굽에 내려갔을 때 이 일이 일어난 것이다. 그때 아브라함과 사라는 원래 방어책으로 준비한 것을 그대로 사용하였다. 그런데 결과는 아브라함의 방법이 아닌 하나님의 보호하심으로 구출되었다. 하나님은 애굽 왕 바로에게 큰 재앙을 내리셔서 사라를 아내로 취하지 못하게 하심으로 그들을 보호하셨다. 결코 아브라함의 구상과 방법대로 구출된 것이 아니었다. 그런데 그때 아브라함은 그 일에 관해 철저히 배웠는가? 잘 배우지 못했다. 그러므로 이 사건이 재발된 것이다.

이와 같이 믿는이에게 있어서 어떤 약점은 속히 제해지지 않고 상당히 성장할 때까지 남아있는 경우가 있다. 하나님께서는 믿는이의 그런 약점이 완전히 제해지지 않고는 약속하신 축복을 주시지 않는다. 21장의 이삭 출생 이전에 아브라함과 사라 사이에 남아있는 육체의 누룩은 완전하게 제거되지 않으면 안 된다. 신자의 어떤 약함이 표출되는 것은 우연이 아닌데, 그것은 보다 깊은 곳에 그 뿌리가 있기 때문이다. 아브라함의 이 약함은 결국 믿음의 문제로서 하나님이 그의 아버지이심을 배우지 못한 데에서 온 것이다. 아브라함은 하나님이 그를 통해 열국을 축복하시고 그 자손을 번성케 하시리라는 약속은 잘 믿었다. 하나님이 아브라함을 통하여 역사하신다는 것을 믿는 믿음에는 문제가 없었다. 그로 인해 아브라함은 의롭다 하심을 얻었다. 그러나 아브라함은 자신의 목숨을 지키는 것에 있어서는 스스로 뭔가를 해야 한다고 생각했다.

이러한 불신은 결국 자신의 목숨을 사랑하는 것과도 관계가 있다. 이것이 바로 인간의 자아 깊은 곳에 있는 문제이다. 아브라함은 결국 그의 아내 사라를 빼앗기는 한이 있어도 자신의 생명을 부지해야 한다고 생각한 것이다. 이 문제는 아브라함이 깊은 영성에 도달한 지점에까지 따라와서 다시 한 번 믿음의 사람을 수치를 당하게 만들었다. 다른 한 면에서 우리가 하나님께 감사드리는 것은 하나님께서는 그분이 부르신 사람에 대하여 그에게 처리되어야 할 문제가 남아 있다면 환경들을 예비해서라도 완전하게 처리해주신다는 것이다. 완전히 처리하신 후에야 하나님은 그를 통하여 큰 역사를 이루신다. 하나님은 성도들에게 작은 누룩이라도 온전히 제거하기를 원하신다.

우리는 하나님께서 우리를 축복하실 것도 믿고 우리를 사용하실 것도 믿으며 우리를 통하여 큰일을 하실 것도 잘 믿는다. 그러나 어떤 일에 관해서는 유난히 믿기가 어려움을 느낀다. 하나님은 왜 사람에게 이런 믿기 어려운 일을 남겨두시는가? 아브라함은 이 한 가지로 인하여 두 번씩이나 크게 부끄러움을 당했다. 오늘 이 글을 읽는 독자도 한 번 자문해보라! 자신은 믿음의 여러 방면에서 좋은 점이 많지만 그럼에도 한 가지 매우 통과하기 어려운 문제가 있지는 않은가? 그 한 가지 문제가 닥치기만 하면 믿음은 어디론가 사라지고 많은 염려와 방법과 계획이 나온다. 그렇게 염려하고 방법을 쓰다 보면 어린 믿는이나 심지어 아비멜렉 같은 불신자 앞에서도 수치스럽게 되는 경우가 있다. 믿음이 아니고서는 사람들에게 도덕적이고 고상한 인격을 보여주지 못한다. 전기를 읽어보면 루터 같은 믿음의 영웅도 이와 비슷한 일을 겪은 적이 있다. 왜 하나님은 우리에게 매우 믿기 어려워하는 한 가지 문제를 남겨두시는가?

아브라함의 문제는 아내를 인하여 자신의 생명이 위태롭게 될 때 하나님께서 과연 자기를 지켜주실까에 대한 믿음이 부족한 것이었다. 그는 특히 하나님을 두려워하지 않는 사람들 가운데 갔을 때 그들이 무법하게 행한다 하더라도 그들을 통제할 만한 것이 아무것도 없으니 그들에게 해를 당하면 틀림없이 죽을 것이라고 생각한 것이다. "내 아내를 인하여 사람이 나를 죽일까 생각하였음이요"(11절).

아브라함은 자신을 통하여 하나님이 역사하실 것도 믿고 자신을 통하여 자손을 하늘의 별같이 많게 하실 것도 믿었지만 자신이 사라로 인해 위태롭게 될 때 하나님이 그를 지켜주실 것이라는 믿음은 없었다. 하나님은 결국 아브라함의 이러한 약점을 드러내셨고 철저히 심판하셨다. 만일 이런 사건이 없었다면 아브라함은 자신의 믿음이 꽤 괜찮다고 생각했을 것이다. 그러나 이 일이 있은 뒤 아브라함은 자신의 믿음이 너무나 약한 것에 스스로도 놀랐으리라고 믿는다.

아브라함은 믿음을 대표하고 사라는 은혜를 대표한다. 믿음과 은혜는 나누어질 수 없다. 믿음과 은혜가 함께할 때 역사가 일어난다. 믿음은 그 책임이 사람에게 있고 은혜는 하나님이 주시는 것이다. 믿음만으로는 역사할 수 없고 은혜만으로도 역사할 수 없다. 믿음과 은혜는 함께해야 한다.

결국 아브라함은 자신의 믿음이 결국 하나님의 은혜로 말미암은 것을 깨닫게 되었다. 하나님의 은혜가 없다면 아브라함은 믿을 수조차 없다. 모든 것이 하나님의 은혜이다. 결국 사라를 지켜주시고 아브라함과 사라가 나누이지 않게 역사하신 분은 하나님이시다. 이 모든 과정을 통해 아브라함은 자신과 사라는 나뉠 수 없는 관계임을 알았을 것이고 자신의 안전을 지키시는 분은 하나님이시라는 것을 알았을 것이다. 이와 같이 믿음과 은혜는 언제나 함께 역사하여 열매를 맺는다. 아무리 믿기가 어려워도 은혜가 있으면 믿을 수 있다. 하나님은 아브라함이 두 번째로 실패할 때 믿을 수 있도록 은혜를 베푸셨다. 아브라함은 이제 하나님이 그의 아버지로서 모든 것을 돌보시고 지키시는 분임을 믿을 수 있게 된 것이다. 이것이 바로 은혜이다. 하나님은 우리에게 이러한 믿기 어려운 어떤 일을 남기시어 그것을 통하여 믿음조차도 하나님의 은혜일 뿐 우리의 공로나 업적이나 힘이 아님을 알게 하시며 하나님의 은혜가 없다면 모든 것이 실패요 수치일 뿐임을 알게 하신다.

만일 아브라함에게 그런 실수가 없었다면 그는 지금까지의 많은 역사와 승리와 업적이 자신의 믿음이 좋아서 이루어진 줄 알 것이다. 그러나 한 번도 아니고 두 번씩이나 같은 일로 실패하자 아브라함은 자신에게 믿음이 없다는 것을 알았을 것이고, 그때 그의 참담한 느낌은 이루 말할 수 없었을 것이다.

이제 그가 하나님을 의지하는 것이 달라졌다. 모든 것이 은혜와 긍휼이요 자신에게는 아무것도 없음을 안 것이다. 과거에는 믿는 일에도 자신의 성분이 많이 들어 있었다. 즉 자랑할 만한 믿음이 있었다는 말이다. 만일 그에게 이런 실패가 없었더라면 롯을 바라보면서 '네가 소돔에서 멸망하지 않고 구원받은 것은 내 믿음 때문이다' 했을 것이고 또 아들 이삭을 바라보면서도 '네가 태어난 것은 내 믿음으로 말미암은 것이다'라고 했을 것이다. 그러나 이제 그는 믿음에 있어서 하나님 앞에 두 손을 들고 겸손하게 "하나님, 모든 것이 당신의 은혜요 제가 아닙니다"라고 말할 수 있게 되었다. 이와 같이 믿음과 은혜가 함께 있을 때 하나님의 참된 역사가 있다. 하나님은 홀로 하나님이심을 인해 감사하고 찬양한다.

“아비멜렉이 그 아침에 일찌기 일어나…그 사람들이 심히 두려워하였더라”(8절). 아브라함은 그들이 하나님을 두려워하지 않을 것이라고 생각했지만 아브라함의 예상은 빗나갔다. 그들은 하나님께서 현몽하시고 말씀하신 것을 듣고 매우 두려워하였다. 불신하는 사람의 계산과 예상은 들어맞지 않는다. 하나님은 아무리 무지몽매한 인간이라도 두려워하게 만들 수 있으시다.

아브라함에 대한 두 종류의 평가

아비멜렉의 눈에 아브라함은 진실하지 않은 사람이었다. 즉 자기 아내를 누이라고 하여 자기를 죄에 빠뜨릴 뻔한 인물인 것이다. 그가 생각하는 아브라함은 자기 목숨을 구하기 위해 자기 아내를 남에게 내어준 용기 없는 인물이다. 아브라함은 자기의 믿음 없음으로 인해 하나님의 이름을 부끄럽게 한 것이 천추의 한이 되었을 것이다. ‘어쩌다 내가 이 지경까지 되었는가?’ 그는 아비멜렉 앞에서 구차하게 변명하였지만 아비멜렉은 그 말을 듣고 결코 수긍할 수 없었던 것 같다. 그가 아브라함을 후대한 것은 하나님의 역사하심으로 말미암은 것이지 그의 변명으로 말미암은 것이 아니다. 아비멜렉의 눈에 아브라함은 소심하고 용기가 부족하여 궁여지책으로 자기 아내를 누이라고 하여 위험에서 벗어나려고 했던 비겁한 인물로 보였을 것이다.

그러나 하나님은 아브라함을 어떻게 보시는가? 그분은 아브라함을 선지자라고 하셨다. 내가 만일 당시 아브라함이었다면 “하나님, 저는 선지자 될 자격이 없습니다. 저같이 소심하고 용기 없고 믿음이 없는 자가 어찌 하나님의 선지자로 여겨질 수 있겠습니까?”라고 말했을 것이다. 그러나 하나님은 아브라함을 귀히 여기셨다. 그분은 대적이 그분의 사람들을 해치거나 정죄하려 할 때마다 어느 때보다도 그들을 사랑스럽고 복스럽게 감싸주신다. 하나님은 야곱의 허물을 보지 않으시며 이스라엘의 패역을 보지 않으신다(민 23:21).

그분은 그분의 택하신 자들을 세상 사람들의 육신의 눈이 아닌 그리스도 안에서 보신다. 하나님의 택하신 자들은 그리스도 안에 있으므로 하나님은 그들을 보실 때 완전하게 보시며 거기서 흠과 티를 발견할 수 없다. 사탄은 더러운 옷을 입고 서 있는 여호수아에 대하여 '불에서 꺼낸 그슬린 나무가 아니냐'고 했지만 하나님은 그 더러운 옷을 벗기라 하시면서 '내가 네 죄과를 제하여 버렸으니 네게 아름다운 옷을 입히리라' 하시며 정한 관을 씌워 주셨다(슥 3:2-5).

아비멜렉은 하나님께 자기는 다만 아브라함 때문에 죄를 지을 뻔한 것이지 원래 그들은 의로운 백성이며 온전한 마음과 깨끗한 마음을 가졌다고 하였지만, 하나님은 아비멜렉에게 "네가 취한 이 여인을 인하여 네가 죽으리라"(20:3) 하셨고 또 "그는 선지자라 그가 너를 위하여 기도하리라"고 하셨다. 하나님께서는 아비멜렉 집의 닫혔던 태를 열기 위해서 아브라함의 기도를 필요로 하게 하셨다. 하나님은 그분의 백성들을 구속에 근거하여 보시므로 그들에게서 어떤 흠도 보지 않으시며 그리스도 안에서 보시므로 완전하고 사랑스럽고 복되고 존귀하게 보신다. 우리의 발을 반석 위에 두시고 원수의 목전에서 잔칫상을 베푸시는 하나님께 감사하고 찬양한다.

14-16절, 아비멜렉이 양과 소와 노비를 취하여 아브라함에게 주고 그 아내 사라도 그에게 돌려보내고 15 아브라함에게 이르되 내 땅이 네 앞에 있으니 너 보기에 좋은대로 거하라 하고 16 사라에게 이르되 내가 은 천 개를 네 오라비에게 주어서 그것으로 너와 함께한 여러 사람 앞에서 네 수치를 풀게 하였노니 네 일이 다 선히 해결되었느니라

아브라함은 그들이 하나님을 모르는 악한 자들이라고 생각하여 이런저런 거짓말로 상황을 모면하려 하였지만 막상 일이 일어나고 보니 그들은 그렇게 악한 것만은 아니라는 것을 알게 되었다. 그들은 최선을 다하여 아브라함과 사라에게 호의를 베풀고 수치에 대한 보상까지 하고자 하였다. 물론 이 일은 하나님의 개입하심으로 말미암은 것이지만 아브라함에게는 커다란 배움의 기회가 되었을 것이다.

"수치를 풀게 하라". 이는 원문에서 '눈을 가리우게 하라'이다(개역 성경 각주). 키토(Kitto)는 이에 대하여 아비멜렉이 사라에게 은 천 개를 주면서 "이는 네 얼굴을 가릴 눈가리개의 구입비이니 네 얼굴을 가려서 타인에게 유혹의 기회를 주지 말라."고 한 것으로 해석했다. 이는 곧 아브라함이 사라의 눈가리개가 되어야 한다는 뜻이다. 아내에게는 남편이라는 존재가 곧 눈가리개이다. 아내가 다른 사람들의 유혹에서 벗어나는 길은 자신의 남편을 눈가리개로 삼는 것이다. 이는 아비멜렉 나름대로의 교훈인데, 그는 이 구절에서도 사라에게 아브라함을 '네 오라비'라고 칭하면서 사라가 남편을 오라비라고 부른 것이 다른 사람에게 눈가리개를 열어주었음을 암시했다.

17-18절, 아브라함이 하나님께 기도하매 하나님이 아비멜렉과 그 아내와 여종을 치료하사 생산케 하셨으니 18 여호와께서 이왕에 아브라함의 아내 사라의 연고로 아비멜렉의 집 모든 태를 닫히셨음이더라

미리암은 모세가 잘못했다고 비방했지만 그로 인하여 그녀가 문둥병이 걸렸을 때 하나님은 모세로 하여금 기도하게 하사 미리암을 치료하셨다. 욥이 말할 수 없는 시험을 받아 괴로움에 처해 있을 때 세 친구들은 정죄가 섞인 많은 말로 욥을 가르치려 하였다. 그러나 하나님은 그들의 많은 말들에 대해 정당하다고 인정하지 않으셨다. 즉 그들은 욥을 위하여 많은 좋은 말을 한다고 하였지만 하나님 앞에 허물이 있게 되었다. 하나님께서는 그들의 언사가 우매한 것이라고 하셨다(욥 42:8). 그들은 자신들의 허물을 사함 받고 하나님과 다시 화목하기 위해 제물을 가지고 욥에게 가야 했다. 그리고 하나님은 욥이 그들을 위해 번제를 드릴 때 비로소 그들의 허물을 용서하시고 화목케 하셨다.

여기서도 하나님은 아비멜렉으로 하여금 자기가 한껏 낮게 본 아브라함을 통하지 않으면 치료받을 길이 없게 하셨다. 하나님은 때로 이와 같이 그분이 진정 사랑하시는 자가 누구인지를 사람들에게 나타내신다(계 3:9). 하나님은 교만한 자를 낮추시며 겸손한 자를 높이신다(눅 1:51-52). 하나님이 성도들에게 베푸시는 긍휼과 자비는 얼마나 놀라운 것인지! 다만 그분을 찬양할 수밖에 없다!

21 장

1절, 여호와께서 그 말씀대로 사라를 권고하셨고 여호와께서 그 말씀대로 사라에게 행하셨으므로

하나님께서는 사라로 하여금 이삭을 잉태케 하기 위해서 아브라함에게 중요한 공과를 가르치셨다. 그 공과는 무엇인가? 그것은 바로 믿음과 은혜는 나누일 수 없다는 것이다. 이삭은 약속의 자녀이며 자유하는 여자에게서 태어난 자이다(갈 4:22-28). 사라의 자유는 어디까지나 믿음의 사람인 아브라함에게서 나온 것이다. 우리는 20장에서 아브라함의 동일한 두 번째 실수를 보는데, 그것은 아브라함으로 대표되는 믿음과 사라로 대표되는 은혜의 관계가 견실하지 못한 데에서 나온 일이다. 만일 이것이 견고하지 않다면 약속의 자녀의 출생은 불가능하다. 사라가 얻은 자유는 절대적으로 믿음으로 말미암은 것이며, 율법은 사람에게 자유를 가져다 줄 수 없다.

믿음이란 사람 편에서 하나님의 말씀을 믿는 것이요 은혜란 하나님이 그분이 약속하신 말씀을 이루시는 것이다. 사람 편에서는 믿음이요 하나님 편에서는 은혜이다. 은혜란 무엇인가? 은혜는 간단히 말하면 나의 힘이나 노력이 아니라 그분의 역사하심이요 이루어주심이다. 즉 그분이 나의 모든 것이 되심이다. 나 아닌 그리스도, 이것이 은혜인 것이다. 아브라함이 하나님을 믿었다면 모든 일에서 염려하지 말고 그분이 모든 것을 다 해주실 것을 믿어야 한다. 그럴 때 과연 하나님이 이루어 주신다. 아브라함의 지혜는 결국 사라를 위기에 넘겼지만 하나님의 은혜는 아브라함의 안전과 사라의 구원 모두 그분의 간섭하심으로 이루셨다. 이것이 은혜인 것이다. 믿음과 은혜는 늘 함께 있어야 한다. 하나님은 이삭이 태어나기 전에 아브라함과 사라가 나누어질 수 없는 존재라는 것을 다시 한 번 분명히 해놓은 다음 이삭이 태어나게 하신 것이다.

우리가 율법의 속박에서 벗어난 것은 하나님께서 이루신 사실 면에서는 그리스도의 십자가의 죽으심으로 말미암은 것이요 우리 편에서는 믿음으로 말미암는다. 그러므로 아브라함의 믿음과 사라의 순종은 나누어질 수 없고 반드시 함께 하나로 나아가야 열매를 맺는다. 아브라함은 믿었지만 하나님이 역사하실 때까지 기다리지 못했다. 믿음을 성취하도록 역사하시는 것 또한 하나님이시요 이것이 은혜이다. 이것은 계집종인 하갈의 경우처럼 분리될 수 있는 것이 아니다. 하나님은 이 문제를 분명히 하신 후에 비로소 사라를 권고하시고 약속의 성취로 아들을 잉태케 하셨다. 하나님 편에서는 약속이요 사람 편에서는 믿음으로 하나님의 역사는 이루어진다. 이 일에 있어서 모든 것을 행하시는 분은 하나님이지 사람이 아니다. 온전히 하나님이 행하시기 때문에 그것이 은혜인 것이다. 이삭을 출생케 하는 일은 온전히 하나님이 행하셨다. 그분이 사라를 '권고하셨고' 그분이 사라에게 '행하셨다'. 반면에 이스마엘의 출생은 하나님이 하신 것이 아니라 사람이 한 일이었다. 모든 것을 하나님이 행하시는 것이 믿음과 은혜의 길이다.

2절, 사라가 잉태하고 하나님의 말씀하신 기한에 미쳐 늙은 아브라함에게 아들을 낳으니

히브리서 11장 11절에는 "사라 자신도 믿음으로 잉태하는 힘을 얻었다"고 기록되어 있다. 그러므로 우리는 아브라함만 믿음이 있었던 것이 아니라 사라 또한 잉태하기 위해서는 믿음이 필요했음을 볼 수 있다. 아브라함의 믿음만 있어서 되는 것이 아니다. 우리는 사라가 아브라함의 아내이므로 특별히 따로 믿음을 갖지 않아도 아브라함의 믿음만으로 역사할 수 있으리라고 생각하겠지만 그렇지 않다. 반드시 사라 자신의 믿음도 필요했다. 남편과 아내 관계라 하더라도 믿음의 문제는 개인적인 것이고 각자가 자신의 믿음을 가져야 한다. 1절과 2절에는 사라가 이삭을 낳는 일에 주인공으로 기록되어 있다. 하나님께서 사라를 권고하셨고 말씀대로 사라에게 행하셨으며 사라가 잉태하였다고 말한다. 그리고 히브리서는 이것이 사라 자신이 가진 믿음임을 강조했다.

여기서 우리는 아브라함같이 믿음에서 중요한 위치를 가진 사람이라 하더라도 그 아내의 믿음이 남편의 믿음에 적당히 덧붙여 계산되지 않고 따로 계산됨을 볼 수 있다. 남편에게는 남편의 믿음이 있고 아내에게는 아내의 믿음이 있는 것이다. 우리는 과거 순교자들 가운데서 더러 그의 곁에 훌륭한 믿음을 가진 아내가 있었던 것을 볼 수 있다. 우리 나라의 순교자 주기철 목사님의 경우도 그러했다. 주기철 목사님의 승리의 순교는 그 혼자의 믿음이라고만 볼 수 없을 정도로 아내의 조력이 컸다. 그들은 합력하여 위대한 순교자의 표상을 산출한 것이다.

여기서 '기한'이란 18장 14절에서 말씀하신 "기한이 이를 때에 내가 네게로 돌아오리니 사라에게 아들이 있으리라"는 그 기한이다. '기한에 미쳐'란 말은 신약의 '때가 차매'란 말과 맥을 같이 한다. 모든 것에 하나님은 기한을 갖고 계시다. 이와 같이 하나님은 그분이 약속하신 기한이 있으시면서도 20장에서 아브라함으로 그랄 왕 아비멜렉 앞에서 큰 실수를 저지르는 상황을 거치게 하셨다. 이 일이 지난 후 하나님은 그분의 약속을 지키기 위해 아브라함에게 오셨고 사라에게 역사하신 것이다. 20장 이후에야 아브라함과 사라의 위치는 분명하고 견고해졌다.

하나님께는 그분의 기한이 있으시다. 우리는 때때로 조급하여 기다리기 어려워하고 답답해하지만 하나님은 여전히 기다리신다. 아마도 우리에게는 뭔가 더 처리되어야 하고 배워야 할 것들이 남아 있을지 모른다. 그렇지만 한 가지 믿을 수 있는 것은 하나님께서 그분의 말씀과 약속을 지키신다는 것이다. 아직 그분의 약속하신 말씀이 이루어지지 않은 것은 아마도 기한이 이르지 않았기 때문일 것이다.

3-8절, 아브라함이 그 낳은 아들 곧 사라가 자기에게 낳은 아들을 이름하여 이삭이라 하였고 4 그 아들 이삭이 난 지 팔일만에 그가 하나님의 명대로 할례를 행하였더라 5 아브라함이 그 아들 이삭을 낳을 때에 백세라 6 사라가 가로되 하나님이 나로 웃게 하시니 듣

는 자가 다 나와 함께 웃으리로다…아브라함 노경에 내가 아들을 낳았도다 하니라 8 아이가 자라매 젖을 떼고 이삭의 젖을 떼는 날에 아브라함이 대연을 배설하였더라

아브라함은 하나님께서 그의 몸에서 후사가 날 것이며 그의 자손이 하늘의 별과 같이 많아질 것이라고 하셨을 때(12:7, 15:4-5) 그 약속이 그래도 아이를 출생할 힘이 있을 때, 당시로 말하면 칠팔십 세에는 이루어질 것이라고 예상하였을 것이다. 그는 백세나 되어 모든 기력이 끝나고 죽은 자같이 되었을 때 사라에게 아이가 생기리라고는 꿈에도 생각지 않았을 것이다. 그러나 하나님은 사람의 예상을 완전히 깨뜨리셨다. 여기에 사람의 믿음이 필요하고 기다림이 요구된다. 사람이 언제나 조급하다는 것을 알기만 해도 하나님이 하시는 일을 인내로 기다리는 일에 도움이 될 것이다.

웃음

이삭이란 히브리어로 웃음이라는 뜻이다. 이삭의 출생에 관하여 아브라함도 웃은 바가 있고(17:17,19) 사라도 웃은 바가 있으며(18:12), 그가 태어났을 때 사라는 그 일을 듣는 자들이 모두 그녀와 함께 웃을 것이라고 하였다. 태어나기 전에는 불신으로 인해 웃은 것이고 태어난 후에는 기쁨으로 웃은 것이다. 태어나기 전에 그들의 웃음은 아들을 낳는다면 좋겠지만 그것이 가능하겠느냐는 반신반의 웃음이지만 태어난 후의 웃음은 그야말로 누구도 예상치 못한 노년에 얻은 아들을 인하여 멋쩍기도 하고 신기하기도 하며 기쁘기도 한 웃음이다. 이삭은 이렇게 웃음 가운데 태어난 인물이니 그 이름을 이삭으로 지은 것이 합당하다. 소위 사람의 강한 믿음의 자랑이나, 사람의 힘이나 열심이 끝난 후, 아무런 것도 기대할 수 없게 되었을 때 하나님은 역사하셔서 사람으로 하여금 멋쩍게 하시는 분이 하나님이시다. 우리로 웃게 하시는 하나님을 찬양한다.

이삭을 낳은 의미

하나님이 아브라함을 택하사 믿음을 배우게 하시고 결국 그 열매로 이삭을 낳게 하신 것은 큰 의미가 있다. 이것은 우리 모두가 배워야 할 공과요 그리스도인이 마땅히 그렇게 살아야 할 본이다. 이는 무엇을 의미하는가? 하나님은 사람을 창조하실 때부터 사람이 하나님과 연합하여 하나님과 함께, 하나님으로 말미암아 사는 존재가 되기를 원하셨다. 그러나 사람은 타락하여 스스로 자신의 능력과 재간으로 사는 존재가 된 것이다. 그런 타락한 인간 가운데 하나님은 아브라함 한 사람을 선택하시고 부르시어 믿음의 조상이 되게 하셨다. 믿음으로 사는 것은 특별한 사람이 살아야 하는 것이 아니라 원래 사람에게 정하신 사람의 정상적인 삶인 것이다. 사람에게 있어서 하나님은 모든 일의 시작과 근원과 힘, 모든 것이 되셔야 한다.

결국 아브라함은 믿음을 배우고 또 배워서 하나님만을 의지하는 데까지 이끌렸다. 믿음을 배운다는 것은 단순히 자신을 하나도 신뢰하지 않고 하나님만을 온전히 신뢰하는 지경까지 나아가는 것이다. 아브라함은 100세나 되어 이삭을 낳았다. 이는 아브라함이 할 수 있는 것인가? 할 수 없는 것이다. 이는 기적과 다름이 없다. 오늘 우리가 말하는 기적이란 하나님에게 있어서는 일상인 것이다. 그분께는 어려운 것이나 불가능이 없기 때문이다. 그분이 하시면 모든 것이 기적인 것이다.

대한민국은 2002년 한일 월드컵 때 히딩크 감독에게 "당신의 능력을 보여주세요"라고 하며 기적을 염원했었고 우리는 4강에 오를 수 있었다. 이를 두고 다 기적이라고 했다. 그때 히딩크가 재능이 있었고 잘 했지만 그의 능력만은 아닐 것이다. 온 국민이 하나가 되어 응원했고 선수들도 잘 뛰었기에 된 것이다. 오늘 그리스도인에게는 믿음으로 모든 것이 가능하다는 것을 알아야 한다. 하나님께는 불가능한 것이 없다. 모든 것이 가능하다. 전능하신 하나님이시기 때문이다. 우리는 히딩크에게 말할 것이 아니라 하나님께 항상 외쳐야 한다. "하나님이여! 나의 삶 가운데 당신의 능력을 보여주세요!" 하나님은 그분의 선택받은 백성들이 그렇게 항상 하나님의 기적을 체험하며 살기를 원하신다.

이것은 사람들에게 하나님을 시험하라고 말하는 것이 아니라 정상적인 믿음을 가지라고 말하는 것이다. 주 예수님도 "믿는 자에게는 능치 못할 일이 없다"고 하셨다. 그분은 제자들에게 하나님을 믿으라고 하시며 누구든지 이 산이 들리어 바다에 던지우리라 하고 그 말하는 것이 이룰 줄 믿고 마음에 의심치 않으면 그대로 되리라고 하셨다(막 11:22-23).

그러기에 오늘날 성도들은 아브라함처럼 믿음을 가져야 한다. 아브라함이 이삭을 낳은 것은 그의 믿음의 결과인 것이다. 그가 100세에 아들을 낳았다는 것은 그가 믿음으로 없는 것을 있게 하시는 하나님을 믿은 결과인 것이다. 이 사람을 하나님은 후세의 믿는 이들의 본으로 세우신 것이다. 하나님은 아브람을 이끄시어 믿음을 배우게 하시고 이삭을 낳게 하시어 후에 믿는 우리의 귀감이 되게 하셨다. 하나님을 찬양하라! 이삭을 낳은 것만이 정상적인 믿음의 열매이다. 우리는 많은 이삭들을 낳는 삶을 살아야 한다. 순전하고 온전한 믿음은 우리로 불가능을 가능케 하며 죽은 자를 살리며 없는 것을 있는 것 같게 한다. 이를 인해 하나님을 찬미한다.

9절, 사라가 본즉 아브라함의 아들 애굽 여인 하갈의 소생이 이삭을 희롱하는지라

이삭을 핍박하는 이스마엘

이삭이 태어난 것은 매우 기쁜 일이지만 은혜의 역사와 새 생명의 역사가 있는 곳에는 반드시 갈등과 충돌이 있게 된다. 이것은 이천 년 교회 역사가 증명하는 바이다. 오늘날에도 어떤 죽어 있는 무리 가운데 새 생명의 신선한 역사가 있게 되면 기존의 사람들과 갈등이 일어나게 된다. 이 구절에 대하여 사도 바울은 갈라디아서에서 "그러나 그 때에 육체를 따라 난 자가 성령으로 따라 난 자를 핍박한 것 같이 이제도 그러하도다"(갈 4:29)라고 하였다. 당시 이스마엘은 단지 이삭을 희롱한 것만이 아니라 핍박하였다. 육체의 사람들은 성령의 역사나 성령의 사람들을 이해할 수 없거니와 동의하지도 않는다. 그것이 이상한 일이 아닌 것은 육신의 생각이 하나님과 원수가 되기 때문이요 하나님의 법에 굴복하지 않기 때문이다(롬

8:7). 육신에 속한 사람들은 하나님의 성령의 일을 받지 아니함은 물론이고 그들 눈에는 그것이 미련하게 보이며 성령의 일들을 전혀 깨닫지 못한다 (고전 2:14).

그러므로 육신에 속한 사람들은 성령의 역사가 있을 때 이해하지 못하는 것은 물론이고 더욱이 육신의 세력이 큰 경우에는 성령의 역사를 좌절시키려 하고 핍박하는 것은 당연한 일이다. 이스마엘은 사람의 힘으로 낳은 열매이고 이삭은 순전히 하나님의 역사의 열매이다. 비록 이삭이 어리고 약하며 놀림을 당한다 하더라도 그는 성령의 열매요 자유하는 자로부터 나왔다. 즉 이삭은 순수하게 하나님께서 역사하여 얻어진 결과이다.

여기서 우리는 육과 영은 그 근원이나 결과나 모든 것이 전연 다른 것임을 분명히 알 필요가 있다. 우리가 거듭난 것은 우리의 옛 생명 외에 거룩하고 영원한 생명을 하나님으로부터 새롭게 얻은 것을 의미한다. 맥킨토시는 이렇게 말했다. "거듭남은 옛 성품의 변화가 아니라 새 성품의 첨가이다. 즉 그리스도의 완성하신 사역에 기초하여, 그리고 하나님의 주권적인 의지와 섭리에 일치해서 성령의 역사에 의거한 둘째 아담의 성품 또는 생명의 주입인 것이다. 한 죄인이 주 예수님을 마음으로 믿고 그의 입으로 고백하는 순간 그는 새 생명의 소유자가 되는데, 그 생명은 그리스도이다. 그런 믿는 이는 하나님께로부터 났으며 하나님의 자녀이며 자유하는 여인의 아들이다."

영적인 사람이 되는 비결은 다른 것이 아니라 일거수일투족을 자기 안에 내주하시는 성령의 가르치심과 인도하심에 따르는 사람이다. 그는 모든 일의 근원과 시작에 성령을 의지하며 그 일의 과정과 방법과 추진력에 있어서도 성령을 의지하며 모든 일에 대한 이해와 인식도 성령으로 말미암는다. 그러나 육에 속한 사람은 그의 온 생활이 성령의 지배를 받는 대신 육신의 생각과 뜻으로 말미암는다. 여기 이스마엘은 육체를 따라 난 자로서 육체의 사람을 대표한다.

사도 바울은 갈라디아서에서 이 일을 인용하여 성도들을 가르치고 있다. 아브라함의 두 아들인 이스마엘과 이삭이 각각 다른 종류의 언약을 대표하는 하가와 사라에게서 나왔음을 말한다고 했다. 하가는 시내 산으로부터 종을 나은 자를, 사라는 위에 있는 예루살렘 곧 자유자를 나타낸다. 누구든지 율법 아래 있으면 시내 산으로부터 종을 낳은 자인 하가의 소생과 같이 종 노릇 하게 된다. 하나님의 역사에서 이스마엘은 쫓겨나야 한다. 하나님의 뜻과 경륜은 모두 약속의 자녀인 이삭에게서 이루어져야 한다. 쉽게 말해서 하나님의 역사는 사람을 통해서 이루어질지라도 사람의 힘과 노력은 철저히 배제되어야 하고 온전히 하나님만이 역사하신 결과여야 한다는 뜻이다. 사람이 뭔가를 했다는 여지가 전혀 없어야 한다. 모든 것을 하나님이 하셔야 하고 사람의 육체는 완전히 축출되어야 한다.

율법과 믿음

그러므로 우리는 여기서 율법의 위치를 볼 수 있다. 교회 안에 율법이 들어온다는 것은 하나님의 지위를 밀어내고 사람의 육체와 사람의 재간과 사람의 노력이 그 자리를 대신하는 것 외에 아무것도 아니다. 그리고 결과는 사람들로 율법 아래 종 노릇 하게 하는 것이다. 하나님의 약속과 믿음과 은혜는 사람을 자유케 하며, 종이 아닌 자녀가 되게 하여 유업을 상속받게 한다. 그러나 율법은 믿는이가 얻을 수 있는 특권을 다 빼앗아가고 종 노릇 하게 한다. 이 일에 있어서 하나님은 아브라함에게 그 여종과 그녀의 아들을 내어쫓으라고 하셨다. 종의 아들은 이삭과 함께 유업을 얻지 못한다고 하였다. 우리는 우리 가운데 가만히 율법주의가 들어오지는 않는지 깨어서 살펴야 한다.

당시 갈라디아 교회들에는 율법과 할례가 들어왔다. 이는 몇몇 거짓 형제들에 의한 것이었으며 유대주의자들에 의한 것이었다. 이로 인해 갈라디아 성도들은 성령으로 시작하였다가 육체로 마칠 위험에 처하게 되었다. 교회 안에 율법과 할례를 받아들인 것의 내재적인 의미는 무엇인가? 그것은 다름 아니라 하나님의 일에 있어서 사람이 뭔가 할 수 있다는 것이고 사람이 하나님의 말씀과 계명을 지킬 수 있다는 것이다. 물론 처음에는 선한 일들을 하고 하나님의 말씀을 지키는 문제로 시작하겠지만, 많은 일을 사람이 해야 하고 사람이 할 수 있다고 할 때 사람의 육체가 하나님의 역사에 요긴하다고 인정해 주는 것이 되며 인간의 육체에게 기회를 내어주는 것이 된다. 이로 말미암아 육체는 자연스럽게 하나님의 일에 발을 들여놓을 기회를 얻게 되고, 결과적으로는 육체가 활동하여 교회 안에 서로 물고 먹는 악한 상황이 발생하는 것이다. 이것이 갈라디아 교회에서 일어났던 일이다.

그에 반해 믿음의 말씀은 무엇인가? 십자가를 기초로 한 믿음의 말씀은 사람에게는 아무런 지위가 없다는 것이다. 사람은 아무것도 할 수 없고 해서도 안 된다. 우리 모두는 그리스도와 함께 십자가에 못 박혔으므로 아무것도 할 수 없을 뿐 아니라 할 수 있는 사람이 더 이상 존재하지도 않는다. 그 결과는 무엇인가? 교회 가운데 인간의 지위가 없고 사람이 행하는 것이 없으므로 모든 것을 성령께서 주장하시게 되고 결과적으로 성령의 아름다운 열매들이 맺히게 되는 것이다.

오늘 날도 그렇게 하나님을 위하려 하고 영적인 것을 추구하고 갈망하는 단체 안에 육체의 일이 심화되는 이유는 무엇일까? 깨어 주의하지 않는 사이에 많은 성경적인 실행과 일들이 율법적으로 변해버릴 수 있는 것이다. 믿음과 은혜가 아니면 어떤 것도 이삭을 산출하지 못하는 법이다. 교회의 세워짐도 물론 이삭이여야 하지 사람의 노력이나 재간이 들어가서는 안 된다.

율법주의의 위험

그런데 기묘한 것은 그러한 소위 옳다 하는 진리들은 시간이 지날수록 강한 관념과 확신이 되어 높고 단단한 벽을 만들어서 성도들의 자유를 빼앗아간다는 것이다. 그럼에도 일단 주입이 되면 그것이 너무 옳기 때문에 거기서 벗어나지 못하는 특징이 있다. 어쨌든 그러한 것들은 부드러운 고기 속에 감추인 단단한 뼈와 같다고 할 수 있다. 오늘날 그러한 율법성 있는 교리를 하나라도 붙들고 있지 않는 그리스도인 단체를 찾기란 매우 어렵다. 아주 좋고 순수해 보이는 그리스도인들조차도 뭔가 자신들만이 옳다 하여 '꽉 붙들고' '강하게 주장하고는' 그 무엇인가가 있다. 대부분 그런 것을 붙잡고 있는 사람들은 그로 인하여 힘을 얻고 자부심을 가지며 신앙의 의미도 갖는데, 그들은 그것이 곧 주님 자신이 아니라는 사실을 주의하지 않는 것 같다. 우리는 그리스도인들 사이에서 이러한 부드럽지 않고 뻣뻣한 줄기 같은 부분들이 속히 제해지기를 바란다. 왜냐하면 그런 것들이 결국 그리스도인들의 교제와 하나를 가로막으며 성도들의 자유를 앗아가며 사람의 육체를 그리스도의 몸 안으로 들여오는 길을 마련하기 때문이다.

사도 바울은 갈라디아 교회들 안으로 율법과 할례주의가 들어왔을 때 그것을 작은 일로 여기지 않았다. 그는 이에 대하여 매우 강한 어조로 갈라디아서를 썼다. "너희를 어지럽게 하는 자들이 스스로 베어버리기를 원하노라", "적은 누룩이 온 덩이에 퍼지느니라". 신약의 교회는 이런 일들을 작은 일로 여겨서는 안 된다. 교회 안에 육체가 들어오는 것은 육체를 방임해서만이 아니다. 간교한 마귀는 율법을 통해서도 사람의 육체에게 기회를 부여하여 교회 안에서 마땅히 차지하셔야 할 하나님의 지위를 찬탈한다. 어떤 단체든지 처음에는 성령으로 좋게 시작하였어도 육체로 돌아서는 일이 허다하므로 조심하지 않으면 마귀의 올무에 걸려들게 된다.

어떤 사람들은 자신들에게 다소 율법의 요소가 있을지라도 은혜의 성분도 많다는 것을 자랑하려 할 것이다. 갈라디아 교회 안에도 은혜의 요소가 전혀 없었던 것이 아니다. 다만 원래 가지고 있던 건강한 가르침에 율법의 요소가 몰래 들어와 더해진 것이다. 그래서 바울은 그것을 적은 누룩이라고 말한 것이다. 적은 누룩은 조심하지 않으면 전체에 퍼지게 된다. 온 덩이에 누룩이 퍼지면 그 떡은 결국 먹을 수 없게 된다.(이에 대하여는 레위기 강해 14장을 참고하라) 성도들은 왜 하나님을 위한 충성된 노력이 결국 많은 육체의 일들을 가져오고 물고 먹는 다툼으로 화하는가에 대해 의아해하지만, 그 원인은 다른 데 있지 않고 주로 그 가르침과 사역의 방향이 은혜와 믿음으로부터 벗어나 율법적인 것으로 돌아섰기 때문임을 이해해야 한다. 나는 사역하면서 사도 바울이 경계한 '다른 가르침들'은 오늘날도 많은 부분 율법주의임을 깨닫는다(딤전 1:3-8).

율법주의는 성도들을 참 믿음에서 떠나게 한다. 그것은 결국은 '하는 것'에 중점을 맞춘 신앙이다. 그것은 성도들로 일을 주어 '하게' 하는 식의 신앙인 것이다. 참된 신앙은 믿음의 말씀을 듣고 그 계시가 사람에게 임하여 말씀 자체가 사람을 바꾸고 회개케 하며 변화시키는 것이다. 오늘날 이런 계시에 속한 말씀은 듣기가 어렵다. 대부분 지식과 감동 위주의 가르침이다. 물론 참 진리도 지식적인 부분이 있고 계시적인 말씀에 감동이 없다는 것이 아니다. 그러나 내가 여기서 지적하고자 하는 지식이란 다만 무엇을 알게 하는 지식에 치우친 것을 말한다. 동산 가운데의 생명나무 옆에 있던 나무가 사실은 지식 나무였다. '생명이 없는 지식'인 것이다. 사람은 이것을 먹고 타락했다. 소위 '지식 설교'란 무엇인가? 다만 다른 사람들의 것을 읽고 배워서 전하며 남에게 들어서 전하는 것이다. 이는 전하는 자의 체험과 자신의 계시가 아닌 것이다. 머리에서 머리로 전수되는 것이다. 이런 것은 참으로 가볍고 사람들에게 생명을 주지 못하는 것들이다. 즉 고난과 순종을 통하지 않고도 얼마든지 얻어질 수 있고 말해질 수 있는 것들을 말한다. 이러한 지식주의와 감동주의도 그 근원을 따지고 보면 율법주의이다. 그렇게 여러 가지를 잘 알게 되면 자연히 행하게 될 것이라는 생각이다. 사람에게 많은 예화와 감동거리를 주면 성도들이 변할 것이라는 생각도 율법적인 것이다. 사람들로 하여금 뭔가를 결심하고 행하게 하는 것도 다 율법적인 것이다. 이런 식의 가르침은 성도들을 자유케 하지 못하며 영적으로 자라게 돕지도 못한다.

"아브라함이 두 아들이 있으니 하나는 계집 종에게서, 하나는 자유하는 여자에게서 났다 하였으나 계집 종에게서는 육체를 따라 났고 자유하는 여자에게서는 약속으로 말미암았느니라"(갈 4:22-23). 하나님은 약속을 주시고 그 약속을 그분 자신의 방법으로 이루신다. 이것이 말하자면 신약의 경륜이다. 하나님께서는 신약에서 이것을 그분의 역사를 이루시는 방법으로 정하셨다.

바울은 갈라디아서에서 두 언약(구약과 신약)에 대해 아브라함의 두 아들이 출생하는 과정으로 설명했다. 이스마엘은 어떻게 태어났는가? 그는 아브라함이 아직 힘이 있을 때 태어났다. 이스마엘은 하나님의 역사로 태어난 것이 아니라 아브라함의 힘으로 태어난 것이다. 즉 사람의 힘을 사용하여 하나님의 약속을 이루고자 한 것이다. 그러나 이삭은 어떠한가? 이삭은 아브라함의 나이가 100세나 되어 그의 힘이 다했을 때 하나님께서 약속하신 것을 하나님께서 이루심으로 태어난 아들이다. 이것이 약속이다. 바울은 우리가 이삭과 같이 약속의 자녀라고 말했다. 하나님은 그분이 모든 것을 다 행하기 원하신다. 그분은 그분이 우리에게 약속하신 것을 우리더러 이루라고 하시지 않는다. 그것은 하갈을 취해 아들을 얻으려는 것과 같다. 그래서 거기에 사람의 방법이 나오고 사람의 힘이 필요했던 것이다. 즉 사람이 하나님의 언약을 이뤄드리기 위해 뭔가를 한 것이다. 오늘날 많은 그리스도인들이 이상(vision)을 보기 위해서는 하나님의 도우심이 필요하지만 일단 이상을 분명하게 보았다면 그때부터는 그 이상을 실현하고 성취하기 위해 사람의 힘과 노력이 필요하다고 믿고 있다. 그들은 이런 일의 결과가 이스마엘인 것을 알지 못한다.

십자가란 무엇인가? 십자가는 인간에 대한 최종 판결이다. 즉 사람은 아무짝에도 쓸모없고 죽기에만 합당한 존재라는 말이다. 그래서 그리스도께서는 무익한 우리 인간을 이끌고 함께 십자가로 가셔서 못 박히신 것이다. 그리스도의 십자가는 인간은 더 이상 쓸모가 없고 하나님의 역사에서 전혀 지위가 없음을 표명한다. 우리는 어떤 존재인가? 그리스도와 함께 죽은 자들이다. 교회 안에는 한 점도 우리 자신의 지위나 힘이 있을 수 없다. 교회는 사람의 지위나 힘이나 재간이나 방법이 더 이상 발붙일 수 없는 곳이다. 그곳은 오직 그리스도뿐이요 성령의 역사뿐이다. 그러므로 성도들은 교회 안에서 모든 것을 기도로 그분께 의탁하고 그분께서 모든 것 되시어 모든 것을 행하시기를 구해야 한다.

우리는 결코 자신의 힘으로 사역을 수행하여 그리스도의 몸을 건축할 수 없다(고후 3:5). 우리에게는 기독교를 부흥시키고 정화시킬 힘이 없다. 기도 없이 행하고 믿음으로 행하지 않은 모든 일은 공허한 것이며 하나님의 역사와 반대되는 일이라는 것만 알면 된다. 사람이 일하는 곳에서 하나님은 그분의 손을 거두신다. 율법주의란(어떤 사람들은 자신들이 율법주의를 실행하면서도 율법주의라는 것을 모를 수도 있고 그런 율법주의를 가져오려는 악한 의도가 없을 수도 있다. 오늘날 카톨릭이 그러하다. 그들은 성경을 가르칠 때 바리새파나 율법주의자들의 오류를 지적해 낸다. 그것은 자신들이 그들과는 전혀 관계없는 자유인임을 굳게 믿는 것이다.) 사람의 육체가 아직도 유용하고 뭔가 할 수 있는 가능성이 있다고 주장하는 것이다. 그러므로 율법주의를 가져오는 사람들은 그리스도의 십자가를 무효화시키고 있는 것이다. 십자가는 사람이 아무것도 할 수 없으며 완전히 끝장났다는 것이지만, 율법주의는 아직도 사람이 끝나지 않았고 뭔가 할 수 있는 여지가 남아 있다고 하는 것이다. 이것이 바울이 율법주의가 스며들어 온 갈라디아 교회들에게 십자가를 강조한 이유이다. 빌립보서에서 바울은 그러한 율법주의자들에 대해 그리스도의 십자가의 원수로 행하는 자들이라고 말했다(빌 3:18). 하나님은 그분의 영광을 결코 다른 것에 돌리지 않으신다. 그분은 홀로 모든 것이 되고자 하신다.

믿음을 좇아 성령으로 역사함

다시 한 번 말하거니와 하나님은 그분의 모든 역사를 오직 성령으로 믿음을 좇아 행하도록 하는 대원칙을 세우셨다(갈 5:5). 믿음이란 사람이 하는 것이 아니라 하나님이 하시는 것이다. 아브라함은 백 세가 되어야 하고 자기 몸이 죽은 것 같은 때가 이르러야 한다. 그때 하나님께서 그분의 약속을 이루기 위해 사라를 찾아오셨고 이삭이 출생했다. 사람이 하는 것이 아니라 하나님께서 하시는 것이다. 나는 이것을 천 번 만 번 거듭해서 말하고 싶다. 성도들과 교회 가운데서 사람이 끝난 모습을 보는 것은 어떠한 기쁨인지! 교회는 믿음이 역사하는 곳이어야지 사람이 역사하는 곳이어서는 안 된다. 믿음을 좇아 성령으로 역사되는 곳이어야 한다. 그러기 위해서는 사람의 탁월한 재간이나 방법이나 적극적이고 참신한 의견들이 필요한 게 아니라 더 많은 믿음의 기도와 간구가 필요하다. 하나님으로 모든 것을 하시게 해야 한다. 만일 사람이 하는 것이라면 그것이 사람의 눈으로 볼 때에는 성공적인 것일지라도 실상은 실패이다. 오직 하나님만이 모든 것을 하시게 하고 또 그분이 모든 것을 하실 것을 믿고 감사함으로 기뻐하는 교회를 보는 것은 어떠한 축복인지! 사람이 할 수 없는 것이 교회이다.

사람이 다른 모든 일을 다 할 수 있을지라도 교회는 할 수 없다. 하나님께서는 이 위대한 문제를 사람의 어깨에 짐 지우지 않으셨다. 하나님은 그분 스스로 역사하시며 건축하신다. 물론 사람이 그분과 동역해야 하겠지만 이스마엘을 얻는 식이 아닌 이삭을 얻는 식의 동역이 필요하다. 혈과 육은 하나님의 나라를 유업으로 얻을 수 없기 때문이다(고전 15:50).

어떤 이들은 우리가 그리스도와 함께 죽었지만 바울이 여전히 "내가 육체 가운데 사는 것은"이라고 말한 것(옛 '나'가 죽고 새 '나'가 산 것임)과 빌립보서에서 바울이 "내가 모든 것을 할 수 있느니라"고 말한 것은 어찌된 것이냐고 물을 것이다. 그러나 부활 안에서 '내'가 사는 것이 있지만 그 전에 '내가 그리스도와 함께 십자가에 못 박힌 것'이 선행되며, 내가 할 수 있지만 그것은 '내게 능력 주시는 자 안에서'이다. 이는 우리가 성령을 따라 모든 것을 행할 때 육체가 정죄되는 것을 전제로 하는 것과 같다(롬 8:3-4). 그래야 육신을 좇지 않고 성령을 좇아 사는 삶이 가능하다. 철저히 자신의 옛 생명이 못 박히지 않고 장사되지 않았다면 거기에는 절대로 부활이 없다. 내 몸에 그리스도의 죽음의 인이 항상 있어야 한다. 우리는 우리 육체가 영원히 고개를 들지 못하게 해야 한다. 만일 어떤 사람이 십자가가 무엇인지 모르고 자신이 제쳐지는 것을 모르는 채 자신이 모든 것을 할 수 있다고 한다면, 그는 아직 믿음의 공과에 입문도 하지 않은 사람이다.

10절, 그가 아브라함에게 이르되 이 여종과 그 아들을 내어쫓으라 이 종의 아들은 내 아들 이삭과 함께 기업을 얻지 못하리라 하매

육체로 하나님을 위해 일한 결과는 유업이 없으며 하나님께 상을 얻지 못한다는 것이다. 유업은 오직 이삭만이 얻을 수 있다. 이삭은 종이 아니라 아들이기 때문이다. 주 예수께서는 우리로 아들의 명분을 얻어 후사가 될 수 있도록 율법 아래 있던 우리를 속량하셨다(갈4:5). 그러므로 이후로는 종이 아니요 아들이니 아들이면 하나님으로 말미암아 유업을 이을 자라고 하신 것이다(갈4:7). 종은 아들과 함께 유업을 얻지 못한다. 성도들이 자신을 율법 아래 두는 것은 아들의 위치에서 종의 위치로 전락시켜버리는 것이요 유업의 상을 얻지 못하는 위치로 떨어지게 하는 것이다. 율법 아래 자신을 두게 되면 결국 육체에 떨어지게 된다. 갈라디아서 5장의 말씀은 이것을 확증해준다. "육체의 일은 현저하니 곧 음행과 더러운 것과 호색과 우상 숭배와 술수와 원수를 맺는 것과 분쟁과 시기와 분냄과 당 짓는 것과 분리함과 이단과 투기와 술 취함과 방탕함과 또 그와 같은 것들이라 전에 너희에게 경계한 것 같이 경계하노니 이런 일을 하는 자들은 하나님의 나라를 유업으로 받지 못할 것이요"(갈 5:19-21).

그러므로 우리는 그 종을 내어 쫓으라는 말이 무슨 말인지 이해할 수 있다. '쫓아낸다'는 것에 대하여 다른 저자의 글을 인용해보겠다. "갈라디아서 5장 1절은 '그리스도께서 우리로 자유케 하려고 자유를 주셨으니 그러므로 굳세게 서서 다시는 종의 멍에를 메지 말라'고 하였다. 이 구절의 뜻은 주 예수님이 이미 우리를 해방하셨고 우리 안에 살아 계시기 때문에 우리가 얻은 생명은 자유케 하는 생명이며 또 우리는 자유케 된 자인 고로 다시 '무엇을 해서' 하나님을 기쁘시게 하려고 하지 말아야 한다는 것이다. 당신이 '무엇을 할 때' 당신은 이스마엘이 된다. 그 반면에 '무엇을 하지 않을 때' 당신은 자유 안에서 살게 된다. 우리는 그리스도인의 생활이 '무엇을 하느냐 하지 않느냐'에 달려 있지 않다는 것을 알아야 한다. 언제든지 당신이 '무엇을 해서' 하나님을 기쁘시게 하려 할 때마다 당신이 살아나게 되고 죄와 사망의 법도 임하게 된다. 이때 당신은 즉시 이스마엘의 위치에 떨어지고 종의 아들이 된다. 자유하는 여자의 아들이라면 그 안에 자연히 그렇게 행하는 생명이 있기 때문에 자기 힘으로 무엇을 할 필요가 없다. 우리는 다만 그리스도인일 뿐 그리스도인이 되려고 할 필요가 없다. 우리는 다만 하나님의 자녀일 뿐 자녀가 되려고 할 필요가 없다. 우리는 언제든지 우리가 '무엇을 하려고 계획할 때' 즉시 종의 멍에를 메게 되어 종의 자녀가 된다. 만일 우리가 이삭의 위치에서 산다면 그 생명은 자연히 우리 몸에서 표현될 것이다."(W. Nee)

여기서 한 가지 중요한 요점을 생각해보자. 하나님께서는 이삭을 위하여 육체로 난 자를 쫓아내라는 사라의 말을 인정하시고 그대로 하도록 아브라함에게 지시하셨다. 갈라디아서를 보면 바울은 지금도 육체로 난 자가 성령으로 난 자를 핍박한다고 하였는데, 그것은 당시 유대인들의 상황을 두고 한 말이다. 그렇다면 과연 성령으로 난 언약의 자녀인 우리가 아브라함 때처럼 육체로 난 자들을 내어쫓을 수 있는가? 우리는 육체를 내어쫓기는 고사하고 성령으로 난 자들이 육체를 사용하는 자들에 의해 내어쫓기는 경우를 많이 보았고 체험하였다. 하나님은 내어쫓으라고 하셨는데 오히려 내어쫓기니 어찌된 일인가? 갈라디아 교회들 안에 육체의 일꾼들이 들어왔을 때 바울은 그들이 스스로 베어버리기를 원한다고 말했다. 그리고 바울은 힘을 다하여 육체의 일을 쫓아내려고 했다. 그리고 적은 누룩이 온 덩이에 퍼지지 못하게 하라고 했다. 그러나 디모데 후서에 왔을 때 교회는 이미 큰 집이 되어버렸다. 그 가운데에는 잘못된 가르침과 하락의 분위기가 있었다. 그때 사도의 가르침은 거기서 분별되라는 것이다. 일단 누룩이 온 덩이에 퍼졌으면 그 떡덩이는 버려야 한다. 그리고 적더라도 보존되어 있는 부분을 지켜야 한다. 문둥병이 집에 약간 퍼져 있을 때에는 긁어내고 씻어내면 되지만 일단 문둥병이 온 집에 퍼지면 그 집은 헐어버려야 한다.

"기업을 얻지 못하리라". 이는 신약에서 육에 속한 그리스도인들에게 강한 경고로 주어졌다(고전 15:50, 갈 5:21). 누구든지 혈기를 이용하여 섬기는 자들은 하나님의 유업을 받을 수 없으며 오직 이삭과 같이 은혜의 사람들이 유업을 얻는다. 이스마엘이 태어나자 마자 쫓겨나지 않고 이삭이 젖을 뗀 후에야 쫓겨난 것은 의미가 있다(8절). 이삭이 없다면 이스마엘을 쫓아내지 못한다. 어떤 형제자매는 육에 속한 행위가 가득하다가 어느 날 혈기와 육체가 무엇인지를 알고 그 모든 육신적인 활동을 멈춘다. 그러나 그에게는 젖을 뗀 이삭이 없기 때문에 아무것도 하지 못하게 된다. 많은 그리스도인이 육체적인 힘과 혈기로 하나님을 섬기다가 육체적인 일을 멈출 때 그의 영적인 일도 없어져 버린다. 그러므로 가나안에 들어간 이스라엘 백성들이 너무 빨리 모든 지경을 다 정복하지 않은 것이다. 그들은 그들의 인수와 역량이 채워지는 만큼 가나안 땅을 차지해 나갔던 것이다. 그렇지 않으면 그 빈자리에 더 악한 짐승이 들어오기 때문이다.

11-14절, 아브라함이 그 아들을 위하여 그 일이 깊이 근심이 되었더니 12 하나님이 아브라함에게 이르시되 네 아이나 네 여종을 위하여 근심치 말고 사라가 네게 이른 말을 다 들으라 이삭에게서 나는 자라야 네 씨라 칭할 것임이니라 13 그러나 여종의 아들도 네 씨니 내가 그로 한 민족을 이루게 하리라 하신지라 14 아브라함이 아침에 일찍이 일어나…그 자식을 이끌고 가게 하매 하갈이 나가서 브엘세바 들에서 방황하더니

인간적인 동정이나 생각은 때로 하나님의 계시를 따르는 일에 방해가 된다. 하나님의 분명한 뜻이 선포되고 우리가 그것을 인식했다면 즉시 순종해야 한다. 하나님의 뜻은 사람의 동정이나 의견에 방해받지 않으신다. 하나님의 뜻은 영원히 변하지 않는다. 하나님의 일 가운데서 인간적인 동정 때문에 오랫동안 근심하는 것은 무익한 일이다. 보낼 자는 빨리 보내야 한다. 아브라함은 하나님의 말씀을 듣자 아침에 일찍 일어나 행동을 취했다.

또한 우리는 본래 율법주의적인 본성이 있고 그것이 인간 사회 속에서 통용되고 많은 사람들이 동조하는 바이므로 이를 쫓아내는 것은 대가의 지불이 필요하다. "이 여종과 그 아들을 내어쫓으라"는 명령은 지금도 지켜져야 할 중대한 명령이다. 갈라디아서 5장 1절 말씀은 "그리스도께서 우리로 자유케 하려고 자유를 주셨으니 그러므로 굳세게 서서 다시는 종의 멍에를 메지 말라"고 하였다. 자유를 쟁취하려면 굳게 서야 함이 필요하다고 말한다. 굳게 선다함은 힘이 든다는 것을 나타내는 말이다. 조심하지 않고 힘을 쓰지 않으면 어느새 그 자유를 빼앗기고 마는 것이다. 바울은 주님이 주신 자유를 엿보고 종으로 삼기 위해 어떤 거짓 형제들이 가만히 들어왔다고 하면서, 일시라도 그런 사람들의 가르침과 실행에 복종치 않았다고 고백했다(갈 2장). 아브라함이 그 아들로 인해서 근심한 것처럼 이런 율법주의를 배격하기 위해서는 투쟁이 있고 근심되는 일이 있게 된다. 그러나 이는 주님의 명령이다. 그 누가 주님이 우리에게 주신 자유를 억압할 수 있는가? 우리의 영적 생활이나 교회 생활에서 충만한 자유를 의식하지 못한다면 우리는 할 수 있는 대로 그 자유를 얻도록 주님을 의지하며 길을 찾아야 할 것이다.

15-19절, 가죽부대의 물이 다한지라 그 자식을 떨기나무 아래 두며 16 가로되 자식의 죽는 것을 참아 보지 못하겠다 하고 살 한 바탕쯤 가서 마주 앉아 바라보며 방성대곡하니 17 하나님이 그 아이의 소리를 들으시므로 하나님의 사자가 하늘에서부터 하갈을 불러 가라사대 하갈아 무슨 일이냐 두려워 말라 하나님이 저기 있는 아이의 소리를 들으셨나니 18 일어나 아이를 일으켜 네 손으로 붙들라 그로 큰 민족을 이루게 하리라 하시니라 19 하나님이 하갈의 눈을 밝히시매 샘물을 보고 가서 가죽부대에 물을 채워다가 그 아이에게 마시웠더라

하갈은 이스마엘과 함께 주인의 집을 떠나 브엘세바에서 방황하다가 마실 물이 다 떨어졌다. 그녀는 자신의 처지 때문에 방성대곡하던 중 하나님의 천사의 방문을 받는다. 14절부터 21절까지에 기록된 쫓겨난 하갈과 이스마엘에 관한 이야기에서 당신은 무엇을 배울 수 있다고 보는가? 겉으로 보기에는 배울 만한 영적 공과가 있는 것 같지 않다. 그러나 우리는 하나님의 말씀은 의미 없이 기록된 부분이 하나도 없다는 것을 반드시 알아야 한다.

가볍게 읽고 지나가도 좋을 듯한 이 부분에서 배울 공과가 있다면 바로 하나님은 넓고 크신 분이라는 것이다. 하나님은 그분이 기뻐하시는 바 선택하신 백성들만 돌보시는 것이 아니라 어떻게 보면 실수로 잘못 태어난 종까지도 돌보신다. 우리 인간적인 생각에 의하면 하갈이나 이스마엘이나 어차피 하나님의 기업을 물려받지 못할 사람들이고 하나님의 경륜적인 측면에서 아무 용도가 없는 사람들이니 멀리 쫓아내고 그들이 나가서 어떻게 되든 상관할 바 아니다. 그러나 하나님은 아브라함에게 "여종의 아들도 네 씨니 내가 그로 한 민족을 이루게 하리라"(13절)고 하셨다. 그리고 그들이 목말라 울부짖을 때 천사를 보내어 아이의 우는 소리를 들었노라고 위로해주셨다(17절). 우리의 관념으로는 잘 이해가 가지 않는다. 그러나 하나님은 다르시다. 그분은 넓고 크시다. 이 이야기 또한 얼마나 의미 있는 가르침인가! 진실로 하나님의 거룩하신 말씀은 생략해도 될 부분이 하나도 없다.

20절, 하나님이 그 아이와 함께 계시매 그가 장성하여 광야에 거하며 활 쏘는 자가 되었더니

더욱더 놀라운 말씀은 이 구절이다. 하나님께서는 그가 장성하기까지 그와 함께하셨다. 하나님은 이삭을 기뻐하셨을 뿐 아니라 종의 아들인 이스마엘도 친절하게 돌보아주셨다. 하나님의 자녀들인 우리가 오늘 진정으로 하나님이 어떤 분이심을 안다면 우리의 편협한 마음이 치료될 것이다. 오늘날 얼마나 많은 그리스도인들이 자신들만이 가장 훌륭한 족보를 가진 정통적인 하나님의 자손이라 하여 자신들과 조금이라도 다르고 족보가 분명치 않은 그리스도인들을 보면 원수처럼 대하는가! 나는 과거에 거듭남조차도 분명치 않고 영적인 냄새라고는 전혀 맡을 수 없는 어떤 그리스도인과 대화를 한 적이 있는데, 그는 자신이 미국을 여행하며 아는 사람이라곤 전혀 없는 나라에서 하나님께 기도하여 이곳저곳에서 예기치 않은 도우심을 받고 눈물을 많이 흘렸다고 간증하는 것을 들었다. 나는 그때 그의 간증을 들으면서 하나님은 그분을 진정으로 깊이 사랑하고 순수함을 지닌 자녀들의 기도는 들으시지만 그와 같이 하나님을 별로 경외하지도 않고 깊이 사랑하지도 않는 사람의 기도를 들으시고 형편을 돌보신다는 말이 잘 이해가 가지 않았다. 그때 나는 분명 매우 좁은 시야를 가지고 있었고 하나님의 관점과는 너무나 큰 차이가 있었음을 시인한다.

21절, 그가 바란 광야에 거할 때에 그 어미가 그를 위하여 애굽 땅 여인을 취하여 아내를 삼게 하였더라

성경은 이스마엘의 이야기를 완전히 제거하지 않는다. 사람의 생각으로는 하갈과 이스마엘이 아브라함의 집을 떠났다면 그들의 이야기는 이제 하나님의 역사에서 끝나야 한다. 바나바가 사역의 노정에 조카 마가를 데려가는 일로 바울과 크게 다툰 후 바울을 떠났을 때 그는 사도행전에 더 이상 나오지 않는다. 그렇다고 해서 그가 정말로 하나님 앞에서 끝난 사람인가? 하나님은 그가 신실한 사도인 바울을 떠났으므로 그 후에 그가 무엇을 하든지 관심하지 않고 더 이상 돌보지 않으시는가? 그러나 성경을 자세히 보면 그의 이름이 고린도 전서 9장과 골로새서 4장에 다시 나온다. 그 기록은 연대적으로 바울을 떠난 후이다. 어쨌든 성경은 이스마엘이 쫓겨난 이후에 어려웠던 과정과 그 어려움에서 어떻게 하나님의 도우심을 받았는가를 말하고 있으며, 어디에서 살고(광야) 그의 특기(활쏘기)가 무엇이며 바란 광야에서 어머니의 도움으로 결혼을 하게 되었다는 것까지 기술하고 있다. 이 기록은 우리에게 뭔가를 시사해주는 바가 있다.

22-26절, 때에 아비멜렉과 그 군대장관 비골이 아브라함에게 말하여 가로되 네가 무슨 일을 하든지 하나님이 너와 함께 계시도다 23 그런즉 너는 나와 내 아들과 내 손자에게 거짓되이 행치 않기를 이제 여기서 하나님을 가리켜 내게 맹세하라 내가 네게 후대한 대로 너도 나와 너의 머무는 이 땅에 행할 것이니라 24 아브라함이 가로되 내가 맹세하리라 하고 25 아비멜렉의 종들이 아브라함의 우물을 늑탈한 일에 대하여 아브라함이 아비멜렉을 책망하매 26 아비멜렉이 가로되 누가 그리하였는지 내가 알지 못하노라 너도 내게 고하지 아니하였고 나도 듣지 못하였더니 오늘이야 들었노라

신실한 믿는이들과 거래하는 사람들은 언제나 가까이에서 그들의 하는 일을 주시한다. 아비멜렉은 20장에서 사라를 취하려 하다가 하나님의 책망을 듣고 돌아선 뒤 아브라함의 일을 모든 면에서 관찰하고 있었다. 이 지점에 이르렀을 때 아비멜렉은 아브라함에 대하여 위협감을 느끼게 되었다. 아브라함은 이삭의 출생과 이스마엘의 축출 이후 많은 면에서 사람들이 인식할 정도로 하나님의 축복을 받았다. 이것은 하나님께서 사람이 어느 상태에 이를 때 비로소 많은 면에서 역사하신다는 것을 알게 한다. 하나님은 아브라함이 과거에 의지하여 살던 이스마엘을 내어보낼 때 아브라함을 축복하기 시작하셨다.

이 지점에 이르자 아비멜렉은 아브라함을 오히려 경계의 대상으로 보기 시작했다. 그 이유는 과거 사라의 일로 헤어진 후 계속 관찰해볼 때 아브라함이 하나님의 특별한 보호와 축복 아래 있었기 때문이다. 그래서 이제는 아비멜렉 자신과 그의 자손이 도리어 아브라함의 후손들에게 해를 당할까 염려하게 된 것이다. 따라서 아비멜렉은 오늘날로 말하면 아브라함에게 상호불가침 조약을 맺자고 왔다. 그 조약의 근거는 그가 과거에 아브라함을 후대했다는 것이다. 그때 아브라함은 아비멜렉의 종들이 아브라함의 우물을 늑탈한 것에 대하여 아비멜렉을 책망하였다. 여기서 전세는 완전히 역전되었다. 20장에서는 아브라함이 책망을 들었지만 지금은 아비멜렉이 아브라함에게 책망을 받고 있다. 하나님은 그분의 자녀가 온당한 위치에 있기만 하다면 부끄러움을 당치 않게 하신다. 뿐만 아니라 지난 날의 수치까지도 보상해 주신다. 하나님을 믿고 순종하는 자에게는 과거의 실패와 수치까지도 보상받을 수 있도록 복구해 주신다.

27-30절, 아브라함이 양과 소를 취하여 아비멜렉에게 주고 두 사람이 서로 언약을 세우니라 28 아브라함이 일곱 암양 새끼를 따로 놓으니 29 아비멜렉이 아브라함에게 이르되 이 일곱 암양 새끼를 따로 놓음은 어찜이뇨 30 아브라함이 가로되 너는 내 손에서 이 암양 새끼 일곱을 받아 내가 이 우물 판 증거를 삼으라 하고

아브라함은 별로 영적인 가치가 없는 맹세와 언약일지라도 물리치지 않았다. 그리고 기회를 잡아 이방인들과의 불필요한 분쟁을 끝내는 기회로 사용하였다. 그는 암양 일곱을 주고 그들에게 그 우물에 대한 소유권을 확정지었다. 그리고 아비멜렉은 군대장관 비골과 함께 블레셋 족속의 땅으로 돌아갔다. 이 구절들에서 볼 수 있는 것은 아브라함의 합당한 처신이다. 많은 과정을 거친 아브라함은 아비멜렉과 같은 껄끄러운 대상을 만나는 자리에서도 조금도 어색하지 않게 합당한 방식으로 처신하여 하나님께 영광을 돌렸다.

아비멜렉은 과거에 아브라함의 약점을 보았고 심지어 그것을 꾸짖기까지 한 사람이다. 아브라함이 영적으로 강건하지 않다면 이런 만남에서 자신감이 없이 쭈뼛쭈뼛하면서 과거에 사로잡혀 있었을 것이다. 하나님의 자녀들은 하나님을 대표해야 하고 어디서든지 당당해야 한다. 과거에는 비록 육체를 완전히 처리하지 못하여 아비멜렉 앞에서 죽임을 당할까봐 다소 위축된 모습을 보이고 궁색한 변명과 거짓말을 했지만, 그 모든 과정을 거치면서 아브라함은 자신을 처리했고 영성에 있어서 새로운 국면에 접어들었다. 이제 그는 과거의 모든 상황에서 벗어나 아비멜렉조차도 그를 두려워할 만한 대단한 존재가 되었다.

이때 아브라함의 처신은 전과 다르다. 아비멜렉이 불가침 조약을 맺자고 하자 흔쾌히 응해 주었고 그들이 잘못한 것(그의 종들이 우물을 늑탈한 것)에 대해서는 분명하게 짚고 넘어갔다. 그리고 아비멜렉이 “누가 그리하였는지 내가 알지 못하노라 너도 내게 고하지 아니하였고 나도 듣지 못하였더니 오늘이야 들었노라”고 궁색하게 변명하자 더 이상 추궁하지 않았다. ‘오늘이야 들었노라’는 대답은 약자의 궁색한 변명이다. 하나님은 육체를 온전히 처리한 아브라함을 사람들에게 존경받는 위치로 다시 세워주셨다.

하나님 앞에서 진보하는 데 가장 관건이 되는 것은 아브라함에게서 볼 수 있듯이 자신의 육체 및 그와 관련된 일들을 처리하는 것이다. 그런 후에야 많은 축복과 역사가 있게 된다. 당시 아비멜렉은 약자의 입장에서 왔고, 그 우물이 비록 아브라함의 우물이었지만(25절) 아브라함은 우물에 관련된 분쟁을 완전히 종식시키기 위하여 그 우물을 자신이 팠다는 것을 증거하는 표시로 아비멜렉에게 암양 일곱 마리를 주었다. 다시 말하지만 여기서 우리는 영적으로 성숙한 아브라함의 훌륭한 처신을 본다. 20장과 21장에서 우리는 육체를 처리하지 않음으로 하나님을 섬기고 따르는 일에서 어려움과 실패가 크다는 것과 육체를 처리한 후에야 비로소 하나님의 축복의 보상을 얻으며 하나님께 영광을 돌리고 승리한다는 것을 배울 수 있다.

31-34절, 두 사람이 거기서 서로 맹세하였으므로 그곳을 브엘세바라 이름하였더라… 33 아브라함은 브엘세바에 에셀나무를 심고 거기서 영생하시는 하나님 여호와의 이름을 불렀으며 34 그가 블레셋 족속의 땅에서 여러날을 지내었더라

이 우물은 결국 이삭을 위한 우물이 되었다(26장). 이 장에는 두 우물이 대조적으로 기록이 되었다. 19절의 우물은 이스마엘을 위한 우물이며 그는 바란 광야에서 자랐고 활 쏘는 자가 되었다. 한 우물을 먹은 자는 광야에 거하며 활 쏘는 자가 되어 생명을 죽이는 자가 되었지만 또 다른 한 우물을 마신 자는 경배자가 되었고 생명을 살리는 자가 되었다. 여기 브엘세바의 우물은 경배자의 우물이다. 이 우물은 암양(구속의 표)과 관련이 있으며 언약을 세우는 것과 에셀 나무를 심는 것이 있다. 모두가 하나님의 구속 역사와 관계된 것이다. 암양은 그리스도의 십자가에서 지불된 대가를 상징한다. 그러나 이스마엘이 자란 바란 광야에는 아무것도 없다. 다만 애굽이 가까운 관계로 애굽 여인을 만나게 되었다. 후에 이삭이 이르러 경배하였던 브엘세바는 구속의 예표들이 있는 우물로서 하나님의 참 경배자들을 생산한 우물이다. 아브라함이 심었던 에셀 나무는 비록 사막 지대에서 자라는 관목이긴 하지만 아틀(athl), 혹은 타르파(tarfa)라고 부르는 상록수의 일종이다.

당시 족장들 시대에 에셀 나무를 심는 것은 특별한 의미가 있었던 것 같다. 이 나무는 삭과(蒴果)의 일종인 먹을 수 있는 열매가 맺히며 그 잎사귀는 치료를 위해 사용된다. 이는 성경의 생명나무와 매우 비슷한 성질의 나무이다(계 22:2). 아브라함은 브엘세바에 이르러 이러한 상록수 나무를 심고 하나님을 경배했다. 이러한 아브라함의 모든 행동 가운데에는 어떤 뜻이 있었음에 분명하다. 그는 자신의 육체의 힘으로 이스마엘을 낳았고 결국 그를 떠나보내야만 했다. 그리고 그는 하나님이 약속하신 아들을 얻었다. 그는 이스마엘을 내보내면서 자신의 계획과 수고와 일이 하나님께 정죄되는 것임을 깨달았다. 그리고 그 아들은 바란 광야에 거하다가 애굽 여인을 만나 결혼하게 되었다. 이는 부르심을 받은 아브라함에게는 마음의 고통이 아닐 수 없었을 것이다. 이 지점에서 그는 브엘세바에 이르렀는데 거기서 그는 하나님만이 생명의 근원임을 느꼈을 것이고 그분만이 영생하시는 분임을 체험한 것이다. 그런 의미에서 아브라함은 그 우물을 사고 에셀 나무를 심고 하나님의 이름을 부른 것이다.

아브라함은 일찍이 하나님을 '지극히 높으신 하나님'(엘 엘욘)으로 부른 적이 있다(14:22). 할례의 언약 시에는 하나님을 '엘 샤다이'(모든 것을 충족해 주시는 하나님)라고 불렀다. 여기서 아브라함의 체험은 더 깊어져 하나님을 '영생하시는 하나님'(엘 올람)이라고 불렀는데, 이는 오는 세대에 이르도록 지속적으로 돌봐주시는 분으로 고백하는 이름이다(호크마 주석). 또한 '엘 올람'은 영원한 생명의 하나님을 의미한다(요 1:1). 에셀 나무와 엘 올람은 창세기 2장의 생명나무와 계시록 22장의 영원한 생명수 강물의 근원이신 보좌 위에 앉으신 분을 생각나게 한다. 이 모두가 생명의 근원이요 생명의 공급이신 하나님을 상징한다. 아브라함은 브엘세바에서 이와 같이 영생하시는 하나님을 누리고 체험하였다. 그가 이 블레셋 족속의 땅 브엘세바에서 여러 날 좋은 누림을 가졌던 것이 22장의 높은 헌신의 체험을 예비시켰던 것이다.

22 장

1-2절, 그 일 후에 하나님이 아브라함을 시험하시려고 그를 부르시되 아브라함아 하시니 그가 가로되 내가 여기 있나이다 2 여호와께서 가라사대 네 아들 네 사랑하는 독자 이삭을 데리고 모리아 땅으로 가서 내가 네게 지시하는 한 산 거기서 그를 번제로 드리라

가장 높은 단계의 시험

이 지점에서 하나님은 아브라함을 시험하고자 하신다. 이미 아브라함은 많은 환경을 거치는 동안 하나님 앞에서 그의 영적 상태를 나타낼 기회도 있었고 많은 실패도 있었지만 또한 그가 하나님 앞에서 버린 것도 많았다. 그 정도면 그가 하나님을 사랑하고 다른 것을 주의하지 않는다는 것을 알 수 있다. 그는 롯에게 보기에 좋은 땅을 양보하고 소돔 왕이 제시하는 노획물들을 거절했으며 의지하던 이스마엘과 하갈을 내보냈다.

우리가 보기에 아브라함의 신앙은 나무랄 데가 없다. 차라리 시험을 하시려면 롯을 시험해서 철저히 자신을 알도록 하셔야 할 것 같다. 그런데 하나님은 롯은 그냥 두신 채 그렇게도 순종하며 따라온 아브라함을 시험하기 원하신다. 롯은 하나님께서 시험할 필요를 느끼시지 않는다. 왜냐하면 그는 하나님과의 간격이 너무나 멀기 때문이다. 그러나 아브라함은 세상의 모든 것을 다 버리고 주님만 택한 사람이다. 그러한 사람이기 때문에 아브라함은 시험을 받을 자격이 있는 것이다.

여기서 우리는 하나님께서 아무나 시험하시지 않는다는 것을 알 수 있다. 아브라함은 갈대아 우르를 떠날 때 버려야 할 많은 것들을 가지고 떠났다. 그러므로 그는 여행하면서 아버지 데라를 잃어야 했고 롯도 떠나보내야 했다. 그는 한 가지 한 가지 버리면서 여행을 계속했다. 그는 자신을 안전하게 보호하려는 마음도 버려야 했는데, 그것은 두 번의 실패를 통해 처리되었다. 그는 또한 이스마엘이 자신에게서 태어난 아들일지라도 내보내야 했다. 아브라함은 하나씩 하나씩 벗어버렸다. 소돔의 재물이나 이스마엘이나 그 어떤 것도 아브라함의 마음을 빼앗지 못했다. 아브라함은 모든 것을 미련 없이 드릴 수 있었다. 그것은 아브라함이 영광의 하나님의 부르심을 받았으며 그 영광이 그를 사로잡았기 때문이다. 그러나 22장의 시험은 무엇인가? 그 시험은 아들 이삭을 번제로 드리라는 것이었다. 이것이야말로 아브라함에게는 가장 높은 단계의 믿음의 시험이었다.

아브라함에게 이삭은 과연 누구인가? 그는 독자요 가장 사랑하는 자였다. 아버지 하나님은 아브라함에게 이삭을 번제로 드리라고 하실 때 그분 또한 자신의 귀한 독생자를 인류를 위해 내어주는 일을 생각하셨을 것이다. 그러므로 하나님은 아브라함에게 '네 사랑하는 독자'라고 표현하신 것이다. 이삭은 아브라함 노년에 얻은 아들이므로 너무나 사랑스러웠다. 하나님은 아브라함이 그처럼 이삭을 사랑하고 있음을 잘 아셨다. 하나님은 마치 아브라함이 의지하고 사랑하는 것들을 하나씩 하나씩 가져가시는 것 같다.

뿐만 아니라 이삭은 하나님의 약속에 따른 자녀이다. 이스마엘은 그의 육체와 혈기의 자녀이지만 이삭은 약속의 자녀요 하나님의 뜻이 그에게 달려 있는 자이다. 하나님은 그를 통하여 그의 자손이 하늘의 별같이 많아지며 천하만민이 복을 받을 것이라고 하셨다. 이러한 하나님의 계획과 역사가 그를 통해 이루어져야 하는데 그를 제물로 드려야 한다니 당시 아브라함의 심정은 어떠했겠는가? 한 면으로는 노년에 얻은 아들이니 사랑스럽고 또 한 면으로는 하나님의 뜻을 이룰 아들이니 귀한 것이다.

이삭은 아브라함의 구상과 노력과 힘으로 얻은 아들이 아니라 완전히 하나님의 약속과 계획에 따라 얻은 아들이기에 그리스도인으로 말하자면 우리가 얻은 은사와 같고 성령과 동역하여 얻은 열매와 같다. 즉 하나님을 위한 것이요 하나님의 뜻과 역사를 위한 것이니 너무나 귀한 보배와도 같은 것이다. 아브라함의 영적 인식에 따른다면 이 땅의 다른 모든 것보다 귀한 존재가 이삭인 것이다. 다른 것은 사라져도 좋지만 이삭만큼은 존재하여 하나님을 기쁘시게 해야 하고 하나님의 뜻을 이루어야 한다. 그러므로 아브라함에게 이삭은 그의 인생의 의미요 하나님을 섬기는 의미이기도 했다.

그런데 어느 날 하나님께서 아브라함에게 그 이삭을 드리라고 하신 것이다. 이는 하나님께서 아브라함이 하나님으로부터 받은 은사보다 주신 분 자신을 더 귀하게 여기는가 그렇지 않은가를 시험하시려는 것이다. 주님을 사랑하는 믿는이들이 하나님으로부터 나오지 않은 것을 버리기는 쉬울 수 있지만 하나님으로부터 나온 것을 놓기는 어렵다. 그것은 하나님을 위한 것이므로 목숨보다 귀하다고 여기기 때문이다. 그러한 단계에 있는 사역자나 믿는이는 이삭과 같은 존재가 죽으면 하나님의 경륜이 이루어질 길이 없으므로(실제로 당시의 가장 중요한 하나님의 경륜과 언약의 성취는 이삭 한 사람으로 말미암았다) 있는 힘을 다하여 이삭을 붙잡는다. 그리고 추호도 그것이 잘못된 것이거나 분량에 있어서 미치지 못한 것임을 인정하지 않는다. 아브라함은 이삭이 있기 전에는 이스마엘을 붙잡고 이삭이 생기자 이삭을 붙잡았다. 전에 이스마엘을 낳고 붙잡은 것이 육체였고 이제 이삭을 붙잡는 것도 육체인 것이다.

하나님은 아브라함이 이삭을 그 자신의 손으로 붙잡고 있기를 원치 않으셨다. 하나님은 그것 또한 아브라함의 진보와 축복을 막는 요소임을 아셨다. 그러므로 하나님은 아브라함의 손에서 이삭을 분리해낼 필요를 느끼신 것이다. 사역자는 자신의 귀한 사역이나 사역하여 얻은 열매인 성도들과 교회를 자신의 손으로 끝까지 붙들고 놓지 않는다면 그 열매가 참되게 제물로 하나님께 드려지지 않을 수 있다는 것을 기억하고 두려워해야 한다. 많은 경우 우리도 하나님의 일들을 우리 육체의 힘으로 지켜보려고 하고 그것이 혈기든 육체든 어떤 방법으로든지 성취해보려고 한다. 하나님은 우리가 우리 자신의 힘으로 하나님의 일들을 붙잡지 않는 단계에 이르기를 원하신다.

사도 바울은 다니며 전파한 후 믿는 사람들이 생길 때 그들을 자신의 손으로 붙잡지 않고 주님의 손에 맡기고 떠나곤 하였다. 만일 사역자들이 자신들이 세운 교회들을 끝까지 붙잡고 놓지 않는다면 그 교회는 사람의 손에 있고 하나님의 손에 있지 않게 된다. 그럴 때 그러한 교회는 더 이상 주님의 교회라고 말할 수 없게 된다. 그러므로 이러한 시험을 거치는 것은 사역자 자신이나 교회에게나 모두 유익하다. 사역하는 사람들은 모두 이 한 가지 공과, 즉 하나님을 위한 일을 붙잡을 때 하나님을 놓칠 수 있다는 것을 배워야 한다.

하나님은 우리가 이삭을 잃어버리는 것을 애석해한다는 것을 아신다. 그러면서도 하나님은 우리가 과연 하나님을 진정으로 사랑하는가를 아시기 위해 또 우리가 진정으로 하나님 외의 것을 붙잡지 않도록 하기 위해 이러한 이삭을 우리에게서 데려가신다. 그러나 그것은 하나님께서 다시 부활 안에서 그것을 주시려 함이다. 그분이 다시 주실 때에는 수천수만의 축복과 더불어 주실 것이다.

그러나 우리는 하나님의 긍휼과 축복의 손을 보지 못하므로 이삭을 바치라 할 때 모든 것이 끝나는 것으로 여겨 드리기를 두려워한다. 하나님은 우리가 이삭을 잃을지라도 하나님을 잃지 않기를 원하신다. 그러나 우리는 이삭을 잃으면 하나님도 잃을 것이라고 생각한다. 그래서 하나님이 주신 것들을 잃어버리기 싫어하는 것이다. 그러나 실상은 우리 손에서 우리의 사랑스런 열매들이 떠나는 것이 하나님의 뜻일 수 있으며 그때 하나님은 더 큰 축복을 예비하고 계심을 기억하자. 하나님은 아브라함이 이삭을 낳는 일에도 아버지이시고 낳은 후에도 아버지이심을 알아야 했다. 이삭을 낳기 전에 하나님을 바라보아야 할 뿐 아니라 이삭을 낳은 후에도 여전히 하나님만을 바라볼 수 있어야만 진보한 신앙이다.

3-4절, 아브라함이 아침에 일찌기 일어나 나귀에 안장을 지우고 두 사환과 그 아들 이삭을 데리고 번제에 쓸 나무를 쪼개어 가지고 떠나 하나님의 자기에게 지시하시는 곳으로 가더니 4 제 삼일에 아브라함이 눈을 들어 그곳을 멀리 바라본지라

아브라함의 성숙의 표현

1. 하나님께서 그를 부르셨다. "아브라함아!" "내가 여기 있나이다." 이는 아브라함과 하나님의 친근한 교통의 관계를 보여 준다. 18장의 단계도 놀랍지만 거기서는 한참 동안 인사하고 요청하는 등의 시간과 절차가 있은 뒤 본론에 들어갔다. 그러나 여기서는 단번에 부르시고 단번에 말씀하신다. 사람과의 사이에서도 가장 가까운 사람들과는 서론이 많지 않다. 이름을 부르고 바로 할 말을 시작한다. 이는 매우 가까운 사람들의 대화법이다. 주 안에서 이러한 관계성의 교제가 얼마나 사모되는가! "아무개 형제여 교회의 지금 형편에서 이런 봉사가 필요한데... 이런 일 좀 해줄 수 있나요?" 등의 말을 하려면 서론이 복잡하고 설명이 길어야 한다. 그러나 하나님은 아브라함에게 한 마디 말씀으로 네 아들 독자를 드리라고 하셨다. 우리가 주님의 한 마디 말씀에 이렇게 즉각 순종할 수 있다면 얼마나 좋겠는가? 우리도 믿을 만한 형제나 자매에게는 설명을 길게 하지 않고 일을 부탁할 수 있고 명령할 수 있다. 이런 대화는 그 관계가 얼마나 친근한지를 알려주는 것이다.

2. "아브라함이 아침에 일찌기 일어나". 아브라함은 밤새 고민했다거나 며칠 고민했다는 흔적이 없다. 그렇게 어려운 일을 그는 아침 일찍 일어나 순종한다. "주의 계명을 지키기에 신속히 하고 지체치 아니하였나이다"(시 119:60).

3. 아브라함은 아무와도 의논하지 않고 한 가지 한 가지를 행동에 옮긴다. 이렇게 중대한 섬김과 일을 사라나 이웃과 의논했다면 큰 낭패를 보았을 것이다. 사라는 펄쩍 뛰면서 말리려 했을 것이고 일은 어렵게 돌아갔을 것이다. 혈육은 하나님의 일을 순종할 수 없다. 사도 바울은 다메섹에서 빛을 본 후 주님을 즉시 따를 때 혈육과 의논하지 않았다. "그러나 내 어머니의 태로부터 나를 택정하시고 은혜로 나를 부르신 이가 그 아들을 이방에 전하기 위하여 그를 내 속에 나타내시기를 기뻐하실 때에 내가 혈육과 의논하지 아니하고"(갈 1:15-16).

아브라함의 모든 경배의 과정에서 하나님 앞에서의 행동이 있을 뿐 사람 앞에서의 일이 없다. 하나님 앞에서 방해될 만한 일들은 사전에 정리해 놓는다. "사환에게 이르되…여기서 기다리라…번제할 어린 양은 하나님이 자기를 위하여 친히 준비하시리라". 주님을 절대 순종하는 사람들은 문제거리를 사전에 차단하고 따르는 데서 그 절대성이 나타난다. 어떤 사람들은 자기를 말리고 붙잡을 사람을 알면서도 데리고 일을 한다. 그것은 자기를 말려달라고 하는 것과 다름이 없다. 사환을 데리고 가서 주인의 이해할 수 없는 행동을 말리게 함으로써 할 수 없이 미루겠다고 하는 등의 행동은 다 순종치 않으려 하는 사람들이 핑계를 만드는 일이다.

5절, 이에 아브라함이 사환에게 이르되 너희는 나귀와 함께 여기서 기다리라 내가 아이와 함께 저기 가서 경배하고 너희에게로 돌아오리라 하고

여기서 우리는 경배의 진정한 본질을 대할 수 있는데, 이는 우리의 봉사나 일이 아니라 하나님 자신께 무릎을 꿇는 것이다. 하나님께서 우리를 구속하시고 부르신 목적은 경배자를 얻기 위함이다. 물론 하늘에는 수천수만의 경배하는 천사가 있지만 하나님은 그분의 구속함을 받고 은혜를 입은 성도들로부터 경배받기 원하신다. 장래 하나님은 모든 피조물로부터 경배를 받으실 날이 오겠지만 하나님은 교회가 먼저 하나님을 경배하는 일에 앞장서기 원하신다.

아브라함이 22장의 지점까지 이끌렸을 때 그는 하나님이 과연 어떠한 하나님이신가를 알게 되었다. 아무것도 아닌 인간에게 긍휼과 자비를 베푸시며 공의로 심판하시며 모든 것을 그분의 뜻대로 행하시는 전능하시고 놀라우신 하나님을 알 때 자연히 그분께 경배드리게 되는 것이다. 우리가 만일 하나님의 전능하심과 선하심을 알 수 없다면, 그분이 주신 것을 다 주님께 돌려드릴 수 없다면 진정한 경배를 드릴 수 없다. 하나님은 여기까지 아브라함을 이끄신 후 진정한 경배자 하나를 얻으신 것이다. 진정한 경배는 그분이 하나님이시요 우리는 그분의 피조물이라는 사실을 인정하는 데서 시작된다. 아브라함은 이 지점에서 비로소 모든 것이 하나님으로부터 말미암았음을 인정하면서 그분의 전능하심과 자비하심과 거룩하심과 그분의 모든 것을 엎드려 경배한 것이다. 아브라함은 이삭이 존재하든 존재하지 않든 그것이 하나님께 대한 그의 경배에 영향을 미치지 않는 단계에 이른 것이다.

또한 아브라함이 이삭을 제물로 드릴 수 있었던 것은 부활의 하나님을 믿었기 때문이다. 히브리서 11장 19절은 "저가 하나님이 능히 죽은 자 가운데서 다시 살리실 줄로 생각한지라 비유컨대 죽은 자 가운데서 도로 받은 것이니라"고 말한다. 아브라함이 이삭을 바칠 수 있었던 것은 그가 하나님을 죽은 자를 살리시는 분으로 믿었기 때문이다. 아브라함은 그가 생산할 수 없는 상황에서 하나님의 약속으로 이삭을 얻었다. 그는 이삭을 얻는 과정에서 하나님이 어떠한 분이신가를 알았다. 하나님은 아무것도 없는 것을 있게 하시는 분이시다. 그러므로 그가 이삭을 드린다 해도 하나님은 다시 살리실 수 있다는 것을 믿었던 것이다. 누구든지 없는 것을 있게 하시고 죽은 자를 다시 살리시는 하나님을 믿지 못한다면 하나님이 요구하시는 것을 제물로 드릴 수 없다.

야고보는 이에 대하여 산 믿음이라고 말했다. 그는 산 믿음은 행동을 가져온다고 했다. 없는 것을 있게 하고 죽은 자를 다시 살리시는 믿음을 가진 자만이 참되게 순종할 수 있다. 이것은 바로 하나님 자신을 믿는 믿음이다. 하나님이 우리를 인도하신다면 어떤 길도 선택하여 순종하며 갈 수 있는 이유는 우리가 없는 것을 있게 하는 하나님을 믿기 때문이다. 우리가 그분을 믿는다면 걱정할 일이 무엇인가?

6-10절, 아브라함이 이에 번제 나무를 취하여 그 아들 이삭에게
지우고 자기는 불과 칼을 손에 들고 두 사람이 동행하더니 7 이삭
이 그 아비 아브라함에게 말하여 가로되 내 아버지여 하니 그가 가
로되 내 아들아 내가 여기 있노라 이삭이 가로되 불과 나무는 있
거니와 번제할 어린 양은 어디 있나이까 8 아브라함이 가로되 아
들아 번제할 어린 양은 하나님이 자기를 위하여 친히 준비하시리
라 하고 두 사람이 함께 나아가서 9 하나님이 그에게 지시하신 곳

에 이른지라 이에 아브라함이 그 곳에 단을 쌓고 나무를 벌여 놓고 그 아들 이삭을 결박하여 단 나무 위에 놓고 10 손을 내밀어 칼을 잡고 그 아들을 잡으려 하더니

하나님의 백성 가운데서 이같이 엄숙하고 존엄하며 우리 하나님께 옷깃을 여미게 하는 장면이 또 있겠는가! 이 부분의 말씀은 읽을 때마다 우리의 육체로 하여금 두려워하고 떨게 하면서도 깊은 감동을 자아낸다. 나는 젊었을 때 아브라함이 이삭을 데리고 모리아 산으로 올라가면서 부자간에 나눈 대화를 해설한 어떤 글을 읽고 매우 감동했던 적이 있다. 그 글에서 저자는 모리아 산으로 올라가는 아버지와 아들의 대화가 성자 예수께서 십자가를 지고 골고다에 올라가시면서 성부와 나눈 대화로 연결시켰다. "내 아버지여!" 하고 아들 이삭이 아버지를 불렀다. 아브라함은 아들에게 다정하게 대답하였다. "내 아들아, 내가 여기 있노라." 그리고 아들은 또 물었다. "불과 나무는 있거니와 번제할 어린 양은 어디 있나이까?" 아버지는 또 대답했다. "아들아, 번제할 어린 양은 하나님이 자기를 위하여 친히 준비하시리라."나는 성자 예수께서도 골고다 언덕을 올라가시면서 성부 하나님과 이러한 대화를 나누셨을 것이라고 확신한다. 아들은 아버지를 향하여 물으셨을 것이다. "아버지여, 어디 계시나이까?" 아버지는 대답하셨을 것이다. "내 아들아, 내가 여기 있노라." 주님은 한 걸음 한 걸음 아버지와 교통하시면서 무거운 십자가를 운반하셨으리라 믿는다. 귀하신 주님께서는 더럽고 무가치하며 죽어 마땅한 죄인들인 우리를 위해 십자가를 지고 골고다를 향하여 한 걸음씩 나아가셨던 것이다.

하나님이 이삭에게 손을 대지 못하게 하심으로 아브라함은 이삭을 도로 받았지만 히브리서 기자는 그 사건을 죽은 자 가운데서 아들을 도로 받은 것이라고 말한다. 즉 아브라함이 이삭을 다시 받았을 때 그 이삭은 죽었다가 다시 살아난 아들이나 마찬가지라는 뜻이다. 원래 이삭은 아브라함이 붙잡고 있었지만 이제 부활한 이삭은 아브라함이 아니라 하나님이 붙들고 계신다. 하나님이 붙들고 계신 것은 사람이 붙들고 있는 것보다 안전하다.

모리아 이전에 아브라함이 이삭을 볼 때와 모리아 이후에 이삭을 대할 때 아브라함의 눈은 달라졌다. 아브라함은 이제 부활 안에서 아들 이삭을 보고 있는 것이다.

바울은 교회를 세우고 주님께 맡겼다. 어떤 사람들은 이 점에 대해 사도들은 일단 교회들을 세우면 더 이상 손을 대지 말고 떠나야 한다고 하고 어떤 사람들은 바울이 그들을 주님께 맡겼지만 여전히 가서 돌보았다고 하면서 사도들은 교회를 세운 후에 갈 수도 있고 계속해서 돌봄을 주며 가르칠 수 있다고 주장한다. 당신은 이 점을 어떻게 생각하는가? 놓고 떠나는 것이 옳은가, 아니면 계속적인 돌봄을 주는 것이 옳은가? 이 점에 관해 우리의 답변은 놓고 떠나는가 아니면 계속적인 돌봄을 주는가에 있지 않고 과연 그것이 '부활 안에 있는가'에 있다. 사역자의 붙잡고 돌보는 손이 아브라함의 모리아 이전처럼 부활 안에 있지 않은 사람의 손이라면 그것은 틀린 것이다. 그러면 사역자가 떠난 후에라도 여전히 다시 가서 그가 세운 교회들을 돌볼 수 있는가? 이삭처럼 부활 안에서라면 모든 것이 가능하다. 그러한 부활의 성분만이 하나님의 일에 해를 가져다주지 않는다.

행함으로 인한 칭의

"아아 허탄한 사람아 행함이 없는 믿음이 헛 것인줄 알고자 하느냐 우리 조상 아브라함이 그 아들 이삭을 제단에 드릴 때에 행함으로 의롭다 하심을 받은 것이 아니냐…이에 경에 이른바 아브라함이 하나님을 믿으니 이것을 의로 여기셨다는 말씀이 응하였고 그는 하나님의 벗이라 칭함을 받았나니 이로 보건대 사람이 행함으로 의롭다 하심을 받고 믿음으로만 아니니라"(약 2:20-25).

하나님은 성도들의 믿음의 실제적인 행위들로 말미암아 영광을 받으신다. 아브라함의 전체 역사 가운데서 모리아 산에서보다 하나님께서 영광을 받으신 적은 없다(맥킨토시). 아브라함의 모리아 산에서의 역사는 그의 믿음을 증명해 보인 하나의 위대한 사실이다. 하나님은 이와 같이 역사가 있고 증명이 있는 믿음을 원하신다. 머릿속의 지식이나 입으로 자랑하는 믿음은 공허한 것이고 그런 허탄한 믿음은 귀신들도 가지고 있다고 말한다. “귀신들도 믿고 떠느니라”(약 2:1-9).

여기 아브라함의 믿음은 전형적인 믿음이고 우리 모든 사람의 믿음이 바로 그와 같아야 한다. 하나님은 아브라함의 믿음을 알고 계셨지만 여기서 그의 행위로 증명해 보일 때에서야 “내가 이제야 네가 하나님을 경외하는 줄을 아노라”(12절)고 하셨다. 이는 하나님께서 우리의 믿음을 실제로 증명하고 드러내 보일 때 비로소 그것을 귀히 여기신다는 것으로 이해해야 한다. 하나님은 마치 믿는이들에게 “네가 믿음이 있다면 생활 가운데서 그 믿음의 실제를 증명해 보이거라.”고 말씀하시는 것 같다. 아무리 훌륭한 믿음의 선포라도 그 실제 행함이 따르지 않는다면 무슨 효력이 있겠는가? 그러한 믿음은 하나님 앞에서 의롭다 하심을 얻을 수 없는 믿음이다. 즉 헛된 믿음이라는 것을 말해주는 것이다.

우리는 우리의 믿음이 참되다는 것을 증명할 길이 있어야 한다. 그것은 바로 그 믿음으로 인한 행함이 따라 오는가를 보면 알 수 있다. 어떤 사람들은 성경의 지식을 통달한 것같이 말하고 믿음이 좋다고 하지만 실제 생활에 있어서는 그 지식이 하나도 적용이 되지 않고 작은 일 하나만 일어나도 믿음으로 굳게 서지 못하고 당황하는 것을 보게 된다. 이것은 그가 헛된 믿음의 소유자임을 증명하는 것이다. 성도들은 자신의 믿음을 점검할 수 있어야 한다. 영적 세계에 속임수가 많다는 말은 과거의 많은 주의 종들이 말한 진리이다. 오늘날 다만 머릿속으로만 알고 있는 성경에 관한 지식을 믿음으로 착각하고 있는 사람들이 얼마나 많은가! 그것은 지식이지 믿음이 아니다. 심지어 지식을 반대하고 생명을 말하는 지식도 지식에 속하는 경우를 본다. 생명에 속한 것들이 지식이 되어버렸다. 산 믿음은 야고보 사도의 말과 같이 행함으로 증명이 되어야 한다.

아브라함이 이삭을 제단에 올릴 수 있었던 것은 그에게 믿음이 있었기 때문이다. 그가 이삭을 제단에 올리어 칼을 든 것은 그에게 죽은 자를 다시 살리시는 하나님을 믿는 믿음이 있다는 표시였다. 하나님께서는 그러한 믿음의 증거를 보고 싶어하신다. 이에 대하여 바울과 야고보는 매우 좋은 조화와 보완을 이루고 있다. 어떤 사람은 바울의 믿음으로 인한 칭의를 중히 여기는 고로 야고보 서신을 업신여기는데, 이것은 안 될 말이다. 전자는 감추인 생명을 계시하는 반면 후자는 표현된 생명을 계시한다. 하나는 진리의 내적 원리를 제시하는 반면 다른 하나는 그 원리의 외적 발전을 보여 준다(맥킨토시). 하나님은 믿는이들이 다만 하나님을 마음속으로 잘 믿고 끝나기를 원치 않으시고 그 믿음의 실제와 행위를 밖으로 표현하는 삶을 살기 원하신다.

은혜와 행함 (엡2:1-10, 빌2:12-16)

우리는 근본적으로 죄와 허물로 죽은 자였었다(엡2:1). 죄인은 개선할 수 있는 것이지만 죽은 자는 개선이 불가하다. 죽은 사람에게 필요한 것은 살아나는 것이지 개선이 아니다. 성경 외에는 우리가 죽은 자라는 것을 말해주는 책이 없다. 그리스도인은 살아나서 생명을 가진 사람이다. 따라서 하나님의 유전자인 생명을 얻은 자는 아버지 하나님을 닮아갈 수 있다. 우리가 죄와 허물로 죽었을 때는 세상을 이길 힘이 없고 죄를 이길 힘이 없었다. 에베소서 2장 1절은 우리가 죄와 허물로 죽었었다고 말한다. 죄는 불결하고 더러운 것을 말하고 허물은 조금 넘어섰다는 것을 말한다.

주 예수님도 우리 모두가 죽은 자라고 말씀하신 적이 있다. "내가 너희에게 이르노니 죽은 자들이 하나님의 음성을 들을 때가 오나니 곧 이 때라 듣는 자는 살아나리라"(요5:24,25)고 한다. 죽은 자들이 하나님의 음성을 듣고 살아난다고 하였다. 요한복음 5장 24절은 죄인이 구원받는 것은 사망에서 생명으로 옮기는 것이라고 한다. 우리의 문제는 양면이다. 한 면으로는 죄인이고 또 한면으로는 죽은 자이다. 주 예수님이 이 땅에 계실 때 죄를 짓지 않으신 것은 그분 안에 하나님의 생명이 있기 때문이다. 생명이 있으면 죄를 이길 수 있다. 에베소서 2장 2절은 "그 때에 너희가 그 가운데서 행하여 이 세상 풍속을 좇고 공중의 권세 잡은 자를 따랐으니 곧 지금 불순종의 아들들 가운데서 역사하는 영이라" 1절은 죽음을 말하고 2절은 죽은 자의 행함이다. 우리는 이미 죽었으므로 생명과 능력이 없고 죄악의 흐름과 세류에 흘러 떠내려 갈 뿐이다. '그 가운데'란 허물과 죄 가운데를 의미한다. 세상의 종교는 사람들에게 수도를 좀하고 주문을 외고 기도를 하면 조금 더 나아질 것이라고 한다. 또 성경을 좀 더 읽고 뭔가 이름을 부르면 죄악을 이길 수 있다고 권한다. 그러나 죽은 자는 아무리 불러도 소용이 없다. 성경은 우리에게 세 가지 대적이 있음을 말한다. 첫째는 세상이고 둘째는 사탄이요 셋째는 육체이다.

'이 세상 풍속을 좇는다는 것'은 시대마다 유행이 있고 죄악의 흐름이 있다는 것을 말한다. 마귀는 공중의 권세잡은 자이다. 지금 불순종의 아들들 가운데서 역사하는 영이다. 3절은 "전에는 우리도 다 그 가운데서 우리 육체의 욕심을 따라 지내며 육체와 마음의 원하는 것을 하여 다른 이들과 같이 본질상 진노의 자녀이었더니"라고 한다. 1절은 너희, 2절도 너희라고 하다가 3절은 우리라고 했다. 바울은 에베소 성도들에게 자기도 포함시켜 말했다. 허물과 죄로 죽은 자의 생활은 세상을 사랑하고 마귀를 순종하며 육체의 욕심을 따라 지내는 것이다. "따라 지낸다"는 말은 '오고 간다'는 말이다. 결과적으로 우리는 다른 이들과 같이 본질상 진노의 자녀이었다.

4절은 "그러나 긍휼에 풍성하신 하나님이 우리를 사랑하신 그 큰 사랑을 인하여" 이 말씀에 의하면 하나님에게 구원의 길이 있다. 우리가 결심하고 죄를 범치 않으려고 하는 것이 아니다. 우리는 이길 수 없지만 그분이 시작하셔서 구원을 계획하신 것이다. 5절은 "허물로 죽은 우리를 그리스도와 함께 살리셨고(너희가 은혜로 구원을 얻은 것이라)"고 한다. 이것이 하나님이 우리를 사랑하신 큰 사랑이다. 이것은 순전히 하나님이 하신 것이고 우리가 한 것이 하나도 없다. 성경에서 구원이란 죄 사함만 주는 것이 아니라 죽은 자를 살린 것이라는 것을 알아야 한다. 그리스도는 십자가에 죽으셨다가 사흘 만에 살아나셨다. 그분의 채찍에 맞은 상처나 수족에 못 박히신 것이나 옆구리 창자국 등이 어찌 그렇게 빨리 나을 수 있는가? 부활 생명으로 말미암는다. 우리의 구원은 바로 이것이다. 하나님의 생명이 죽은 자에게 들어가서 그를 살아나게 하신다. 하나님이 그리스도 안에 생명을 두심으로 그분을 다시 살리셨듯이 우리 안에 생명을 주심으로 우리를 살리신다. 죄와 사망을 무엇으로 이기는가? 오직 생명이다. 생명의 성령의 법이 죄와 사망의 법에서 우리를 해방하신다.

에베소서 2장에서 하나님은 우리를 그리스도와 함께 살아나게 하셨고 함께 부활하게 하셨으며 하늘에 앉힌 바되게 하셨다. 우리는 이미 이 모든 것을 얻은 것이다. 여러분에게 시험이 닥칠 때, 세상이 유혹할 때 발버둥칠 필요가 없다. 그리고 말하면 된다. "너는 나를 만질 수 없다. 나는 이미 부활했고 승천했다"고 말할 수 있다. 바울은 사람들이 이 말씀을 읽을 때 오해하지 않도록 괄호를 했다. "너희가 은혜로 구원을 얻은 것이라" 살아나는 것이나 생명을 얻는 것이 하나님이 하신 것이고 은혜이기 때문에 이를 각주를 써서 말씀하신 것이다.

내가 살아나는 것이 아니라 하나님이 나를 살리신 것이고, 내가 일어나야 하는 것이 아니라 하나님이 나를 일으키셨고, 내가 하늘에 올라가야 하는 것이 아니라 하나님이 나를 하늘에 앉히신 것이다. 하나님이 모든 것을 다 이루신 것이다. 남은 것은 우리가 믿는 것이다. 은혜란 행위와는 아무 관계가 없는 것이다. 우리가 한 것이 아무 것도 없을 때 은혜가 성립되는 것이다(롬11:6). 그러나 심지어 믿는 것도 하나님의 도우심과 은혜를 주심으로 되어진다(고후4:13, 빌1:29). 여러분이 믿을 수 있었다면 그 믿음 또한 하나님이 주신 것임을 기억하기 바란다.

10절은 "우리는 그의 만드신 바라 그리스도 예수 안에서 선한 일을 위하여 지으심을 받은 자니 이 일은 하나님이 전에 예비하사 우리로 그 가운데서 행하게 하려 함이라"고 한다. 이 말씀에서 '만드신 바'란 뜻은 원문에서 '걸작'(masterpiece)이란 뜻이다. 걸작이란 말은 하나님이 하신 일 중에 가장 귀한 일을 말한다. 하나님이 역사하시고 창조하신 것 중에 이보다 귀한 것이 없다. 이는 하나님이 우리를 그리스도 안에서 살리시고 일으키시고 하늘에 앉게 하신 일이다. 우리가 선한 일을 위하여 '지으심을 받았다'는 말은 고린도 후서 5장 17절의 '새로운 피조물'과 같은 말이다.

여기서부터 우리는 조심스럽게 진리의 균형을 보아야 한다. 사람들은 우리가 은혜로 구원을 얻었으니 아무 것도 하지 않고 주님이 다 하시도록 그냥 두어야 한다고 말한다. 아무 것도 할 것 없이 낮잠만 자면 주님이 다

하신다고 하는 생각이다. 그러나 이 말씀은 그런 말씀이 아니다. 10절은 "그 가운데서 행하게 하려 함이라"고 한다. 2절은 죽었을 때 죽은 가운데서 행한 것이고 10절은 살았기 때문에 능히 할 수 있는 것을 말하는 것이다. 여러분은 이미 은혜를 얻었기에 반드시 가서 선한 일을 행해야 한다.

빌립보서 2장 12절은 우리에게 하라고 한다. 항상 복종하여 두렵고 떨림으로 구원을 이루라고 한다. 12절에는 우리더러 하라고 하시나 13절은 하나님이 우리 안에서 행하시는 분이라고 한다. 여기에 그리스도인의 행위의 비결이 적혀 있다. 우리는 구원을 이루어가는 생활을 해야 하는 것이다. 은혜를 받았지만 두려워하며 떨며 복종하는 태도가 없다면 구원을 이루어가는 생활을 할 수 없다. 구원은 세 단계가 있다(딤후1:9, 히7:25. 9:28). 과거에 이미 이루어진 구원이 있고 현재 이루어가는 구원이 있으며 장래 구원의 소망이 있는 것이다. 빌립보서 2장 14-15절은 우리가 현재 구원을 이루는 문제를 말해준다. 흠이 없다는 것은 남이 비난할 말이 없는 것이고 순전함은 단순하여 두 마음이 없는 것이며 어그러짐은 바로잡히지 않은 것이며 거스림은 연결을 잃는 것이다. 그리스도인은 하나님의 뜻 안에서 바로잡히지 않고 연결을 잃은 종류(세대는 종류라는 말이다)와 같지 않아야 하고 단순하고 흠이 없어 이 세상에서 빛들로 나타내어야 한다. 그분이 우리 속에서 역사하시기에 우리는 모든 것을 할 수 있는 것이다(골1:28-19, 빌4:13).

우리는 미워하지 않을 수 있고 사랑할 수 있다. 우리는 능히 하나님의 뜻과 명령에 순종할 수 있다. 우리 안에 그리스도께서 사시니 우리는 늘 기적같은 역사를 일으킬 수 있다(갈2:20). 영국의 팬턴이라는 사람은 이런 말을 했다. "하나님이 내 속에 계시기에 하나님이 하실 수 있는 모든 것을 나도 할 수 있다" 앤드류 머레이는 말했다. 하나님이 하실 수 있다는 것을 믿지 않는 사람은 아무 것도 할 수 없다. 아직은 실망하지 말라! 하나님은 여러분이 능히 할 수 있는 단계까지 역사하신다. 이 사실만을 믿으라! 어떤 신실한 주의 여종이 돌아가셨을 때 묘비에 이런 글이 있었다. "그녀는 자신이 할 수 없는 일을 했다" 아브라함의 늙은 종은 이삭을 위하여 신부를 취하러 갔다. 노중에 예비한 낙타나 모든 것은 다 주인이 예비한 것이다. 여리고 성에 가다가 강도 만난 사람을 사마리아 사람이 부축하였다. 자기의 짐승에 태운 것이다. 스스로 걸을 힘이 없기 때문이다. 보혜사 성령의 도우심도 이와 같다. 우리의 연약함을 돌보기 위해 보혜사가 보내어진 것이다(요14:18).

누가복음 17장 3-4절은 주님은 우리에게 조심하라고 하셨다. 형제가 죄를 범하면 경계하고 회개하면 용서를 해주라고 하였다. 하루 일곱 번이라도 네게 죄를 얻고 일곱 번 나아와 '내가 회개하노라'하면 용서하라고 하셨다. 나는 오늘 날 이렇게 관용이 있고 용서할 준비가 되어 있는 그리스도인을 별로 본 적이 없다. 유감스럽게도 오히려 많은 이들이 다른 사람들의 실패를 찾으려하고 용서할 수 있는 여유와 사랑을 갖지 못하고 있음을 본다. 따라서 죄를 범하고 순순히 용서를 구하는 사람들도 찾아보기 어려운 것을 본다. 제자들은 그렇게 일곱 번씩 용서한다는 것이 얼마나 어려운 일인가를 알고 있었다. 우리 인간은 이런 것을 할 역량이 근본적으로 없다. 어떤 사람들은 누가 잘못을 하고 와서 빌면 그것을 꼬투리로 잡아서 끝까지 자기에게 굴복시키려는 자료로 쓰려고 한다. 아니면 사람들에게 자신을 높이고 변명할 자료로 쓰려한다. 그러니 죄를 짓고 자복하려고 해도 부담이 된다는 말이다. 용서를 구하려는 자들도 보기 어렵고 용서하려고 준비된 자들도 보기 어렵다. 제자들은 이 말씀에 대하여 어렵다고 호소했다. 주 예수님께 "우리에게 믿음을 더해달라"고 하였다. 주님은 너희에게 겨자씨 한 알만한 믿음이 있다면 이 뽕 나무 뿌리가 뽑혀서 바다에 심기우라 하였을 것이요 그것이 너희에게 순종하였으리라"고 한다. 용서하는 것만이 믿음이 필요한 것이 아니다. 기도하는 것, 성경을 읽는 것, 세상을 사랑하지 않는 것, 하나님의 인도를 순종하는 것, 복음을 위해 사는 것, 원수의 공격을 대적하는 것 등 모두가 믿음이 필요하다. 뽕 나무 뿌리가 뽑혀서 바다에 심기우는 일은 사람이 할 수 없는 일이다. 기적인 것이다. 즉 하나님은 우리 그리스도인의 삶 속에 기적이 일어날 수 있다고 말씀하신다. 용서하지 못하던 사람이 용서할 수 있게 된다. 사랑할 수 없는 사람이 사랑하게 된다. 이것은 큰 노력이 아니라 한 마디 명령으로 되어진다고 말씀하신다. "뽕 나무 뿌리가 뽑혀서 바다에 던지우라!"이는 기도가 아니라 명령이다. 문제는 우리 속의 작은 믿음이다. 겨자 씨 만한 믿음만 있어도 이런 기적의 생활은 가능하다. 빌립보서는 왜 쓰여졌나? 4장에 보면 유오디아와 순두게의 일이 나온다. 복음을 위해 수고하는 좋은 자매들이지만 피차 의견이 있고 마음이 합하지 않았다. 바울 사도는 2장에서 나보다 남을 낫게 여기라고 했으며 그리스도 예수의 마음을 품으라고 가르쳤다. 그리고 그리스도의 자신을 비우시고 낮아지심의 본을 말해주었다. 그러나 바울은 그들이 더욱 이 말씀을 적용하고 따를 수 있도록 2장 14-18절의 말씀을 준 것이다. 어떻게 그렇게 같은 마음을 품고 같은 사랑을 가질 수 있는가? 그것은 그들 속에 역사하시는 하나님이 계시기에 또 그분이 소원을 두고 그들 속에 행하시는 분이기에 구원을 이루는 생활을 할 수 있다. 그들에게 원망과 시비가 여전히 있다면 그것은 구원을 이루는 생활도, 복종하며 두렵고 떠는 마음도 아니다.

빌립보서 2장 14절은 모든 일을 원망과 시비가 없이 하라고 한다. 시비가 없다는 말은 의심이 없다는 말이다. 원망이 없다는 것은 남을 믿을 수 있고 서로 사랑할 수 있다는 말이다. 13절은 우리 속에 무엇이든 할 수 있는 하나님의 생명이 있다는 것을 말하고 14절 15절은 우리 성도들에겐 피차가 완전한 화목과 빛이 되는 삶이 가능함을 말해준다. 16절은 그러한 삶을 입으로 간증해 내라는 말씀이다(생명의 말씀을 밝혀). 우리는 우리의 구원에 이르는 삶을 간증해 내야 한다. 우리의 친척이나 친구나 접촉하는 사람들에게 생명의 빛과 구원에 이르는 삶과 그 생명의 나타남을 간증해야 하는 것이다. 이것이 세상의 빛이 되는 삶이고 완전한 것이다. '그리스도의 날'이란 주님의 재림의 날이다. 우리 성도들의 최대의 목표는 그 날이다. 그 날에 공력이 나타나며 우리의 모든 것이 심판되어지는 것이다. 그 날 서로 자랑이 있도록 충성을 다하기 바란다.

"그곳에 단을 쌓고 나무를 벌여놓고 그 아들 이삭을 결박하여 단 나무 위에 놓고"(9절).

이 부분에 대한 해석 가운데 박윤선 박사의 주석이 매우 감명 깊다. 이삭은 자발적으로 아버지를 따라왔고 온유함으로 순종하였다. 그가 고요히 자기 자신을 바치기로 한 것이 주 예수님을 닮았다. 순종은 자발적인 순종이 있을 뿐 아니라 결박되어 실행되는 순종이 있다. 단순한 순종만이 아니라 결박된 순종이 있는 것이다. 이는 마치 수술을 자발적으로 원하지만 마취를 하는 것과 같다. 큰 수술은 다 마취를 요한다. 이삭은 자원하여 제물되기 원했지만 결박될 필요도 있었다. 우리는 자원하여 순종하기 원하지만 결박함을 통해서 본의 아니게 요동하는 것을 막으며 온전히 드려지도록 돕는다. 그의 주석에 기록된 한 부분을 옮겨 본다.

아브라함 카이퍼는 신(薪)신학자였는데 어떤 여성도의 권면을 듣고 건전한 진리로 돌아섰다. 열왕기 하 5장의 문둥병자였던 나아만이 엘리사에게 왔을 때 엘리사가 나와보지도 않고 시종을 통해 요단 강에 가서 일곱 번 씻으라고 말하자 노하여 돌아가려고 하다가 종들의 권면을 듣고 순종하여 치료를 받았다. 우리는 때로 연장자들이나 다른 성도들의 권면을 들어 하나님 말씀에 순종함으로 복을 얻는 경우가 많다는 것을 기억해야 한다. 우리는 이삭과 같이 하나님의 뜻에 순종하려 하지만 우리 육신이 약하여 편한 길로 가려고 하고 어려움을 피하려 하는 근성이 있다. 이 때문에 결박할 필요가 있는 것이다. 완고하여 하나님의 뜻에 순종할 의지가 없는 경우에는 길이 없다. 오직 이삭과 같이 자원하여 순종하고자 하는 자에게만 결박의 가능성과 필요성이 존재하게 된다. 물론 그것은 진리와 하나님의 뜻에 부합한 경우라야만 해가 없고 유익만 있다. 주 예수님이 십자가를 지실 때와 사도 바울이 사도행전 21장에서 예루살렘에 올라갈 때의 사건은 하나님의 뜻을 좇기 위해 스스로를 결박한 것같이 보인다.

11-13절, 여호와의 사자가 하늘에서부터 그를 불러 가라사대 아브라함아, 아브라함아 하시는지라 아브라함이 가로되 내가 여기 있나이다 하매 12 사자가 가라사대 그 아이에게 네 손을 대지 말라 아무 일도 그에게 하지 말라 네가 네 아들 네 독자라도 내게 아끼지 아니하였으니 내가 이제야 네가 하나님을 경외하는 줄을 아노

라 13 아브라함이 눈을 들어 살펴본즉 한 수양이 뒤에 있는데 뿔이 수풀에 걸렸는지라 아브라함이 가서 그 수양을 가져다가 아들을 대신하여 번제로 드렸더라

이삭의 제물됨과 하나님의 아들의 제물됨

복되신 하나님은 자신의 외아들을 이 땅에 보내셔서 그 고통을 다 당하게 하셨고 아버지는 그것을 보셨다. 여기서 하나님은 아브라함에게 그분 마음에 당하신 것과 동일한 아픔을 담아주셨다. 그분의 마음을 한 번 생각해보라고 하신 것 같다. 아브라함은 이삭을 데리고 삼일 길의 산을 오르면서 아버지의 마음을 생각해야 했다. 물론 그때는 십자가 이전의 세대이지만 그리스도의 십자가는 영원한 십자가이다.

내가 늘 가까이 교제하는 주의 종이 수년 전 전한 메시지에서 너무나 인상 깊었던 말씀이 있다. 그는 주님이 십자가에 돌아가실 때 온 땅에 어둠이 임한 것은 아버지가 차마 그 광경을 볼 수 없어 고개를 돌린 것이고, 땅이 진동하고 바위가 터지는 등의 일이 일어난 것은 아버지가 그때 하늘에서 마음이 아파하며 발을 동동 구르신 것이라고 했다.(Dr. Ben Song) 그러나 하나님을 찬양하리니 하나님은 자기 아들을 아끼지 아니하시고 우리 모든 사람을 위해 내어주신 것이다(롬 8:32). 실상 갈보리에서 그의 독생자를 주셨을 때는 아버지께서 아무 말도 없으셨던 것이다. 그러나 하나님은 마치 아브라함에게 그분의 마음을 한 번 느껴보기라도 하라는 듯 그의 아들을 드리도록 체험케 하셨던 것이다. 그분은 십자가에서 완전한 희생이 되셨고 그의 제물의 성취로 말미암아 우리는 영원한 생명과 평안을 얻게 되었다. 여호와께서 그로 상함을 받게 하시기를 원하사 질고를 당케 하셨던 것이다(사 53:10).

수풀에 뿔이 걸린 어린 양

팔레스타인 지방에 있는 수풀은 보통 잡목들의 가지가 뒤엉켜 있는 상태이므로 어린 수양 한 마리가 거기에 뿔이 걸려 옴짝달싹하지 못하고 있었다. 이 어린 양은 주 예수님을 상징한다. 주 예수님은 그분의 온유하신 인성 안에서 이 땅에 오셨을 때 모리아 산의 어린 수양처럼 수풀에 걸리셨다. 성경에서 뿔은 언제나 싸우는 능력을 상징하는데 주 예수님은 우리의 구속을 위해 기꺼이 사람들의 완고하고 악독한 인성에 묶이셨다. 아, 어떠한 은혜인가! 능력의 하나님의 아들이 그분의 능력을 감추신 채 기꺼이 그 뿔을 수풀에 걸리게 하시다니! 대제사장과 사두개인들과 바리새인들, 가룟 유다와 많은 유대인들이 주님의 뿔이 걸리도록 얽혀 있던 잡목들이요 수풀이었다. 주님은 열 두 영 더 되는 천사들을 보내어 예루살렘을 진멸하실 수 있는 능력이 있으신 분이었다(마 26:53). 그분이 자신을 그들에게 내어주지 않으셨다면 아무도 그분을 잡을 수 없다(요 10:18). 그분은 그러한 큰 능력의 뿔을 가지신 분이지만 우리를 죄에서 구하시기 위해 수풀과 잡목에 걸리셨다.

아브라함의 예언적인 말

5절에서 아브라함이 사환에게 한 말은 매우 예언적이다. 그는 "우리가 경배하고 너희에게로 돌아오리라"(We will worship and return to you)고 하였다. 아브라함은 여기에서 자기 혼자만 돌아온다고 하지 않고 '우리'가 돌아온다고 하였다. 그는 미리 이삭을 돌려받을 것을 알았는가? 아마도 전혀 예측할 수 없었을 것이다. 또한 7절에서 이삭이 아버지에게 "불과 나무는 있거니와 번제할 어린 양은 어디 있나이까?"하고 물었을 때 아브라함은 "하나님이 자기를 위하여 친히 준비하시리라"고 답하였다. 이 대답도 아브라함이 알고 한 것이 아니라 민망한 심정으로 아들에게 해줄 가장 합당한 답변을 찾다가 말한 것이었을 것이다. 그러나 하나님은 아브라함이 말한 것들이 그대로 이루어지게 하셨다. 그러므로 아브라함은 본의 아닌 예언을 하였고 그대로 이루어지는 은혜를 얻었다. 이 지점에 올 때 아브라함은 뭔가 하나님과 하나되고 일치된 말을 할 수 있었다.

14절, 아브라함이 그 땅 이름을 여호와이레라 하였으므로 오늘까지 사람들이 이르기를 여호와의 산에서 준비되리라 하더라

'여호와 이레'란 여호와의 산에서 준비되리라는 뜻이다. 여호와의 산에서 준비하신 것은 무엇인가? 하나님의 어린 양이다. 하나님이 우리를 위해 그분의 독생자를 보내주셨는데, 그 독생자 예수가 곧 우리를 위해 준비된 제물이시다. 하나님은 이러한 예표를 통해서 그분이 우리를 위해서 그 아들을 어떻게 준비하셨는가를 보여 주신다. 그분은 아담이 타락한 이래로 그분의 아들의 죽음을 준비해오셨다. 창세기, 출애굽기, 레위기, 민수기, 신명기에 나온 수많은 제물들의 희생은 그분의 아들의 제물 되심을 준비해오신 것으로 이해해야 한다. 어느 날 다윗 성에서 출생하신 예수는 하나님의 준비된 제물로 오신 것이다. 주님은 자신에 대하여 말씀하시기를 "하나님이 제사와 예물을 원치 아니하시고 오직 나를 위하여 한 몸을 예비하셨도다 전체로 번제함과 속죄제는 기뻐하지 아니하시나니 이에 내가 말하기를 하나님이여 보시옵소서 두루마리 책에 나를 가리켜 기록한 것과 같이 하나님의 뜻을 행하러 왔나이다"(히 10:5-7)라고 하셨다. 여기 '예비하셨도다'라는 말이 준비한다는 뜻이다.

다른 한편으로 하나님께서는 우리를 위해 가장 귀한 영적인 은혜와 축복을 예비하셨다. "하나님이 자기를 사랑하는 자들을 위하여 예비하신 모든 것은 눈으로 보지 못하고 귀로도 듣지 못하고 사람의 마음으로도 생각지 못하였다 함과 같으니라"(고전 2:9). 하나님은 우리가 보지 못하고 듣지 못하는 것들을 예비해놓으셨다. 우리는 이것을 성령을 통하여 알 수 있다. 하나님은 우리가 그분을 사랑하고 의지하는 한 우리가 얻을 영적인 축복과 은혜를 모두 예비해 놓으셨음을 인하여 하나님께 감사하고 찬미하자! 언제나 하나님은 그분의 자녀들의 장래와 얻을 은혜를 준비하시는 '여호와 이레' 하나님이시다.

15-18절, 여호와의 사자가 하늘에서부터 두번째 아브라함을 불러 16 가라사대 여호와께서 이르시기를 내가 나를 가리켜 맹세하

노니 네가 이같이 행하여 네 아들 네 독자를 아끼지 아니하였은즉
17 내가 네게 큰 복을 주고 네 씨로 크게 성하여 하늘의 별과 같
고 바닷가의 모래와 같게 하리니 네 씨가 그 대적의 문을 얻으리
라 18 또 네 씨로 말미암아 천하 만민이 복을 얻으리니 이는 네가
나의 말을 준행하였음이니라 하셨다 하니라

준비된 그릇

이 지점에 올 때 아브라함은 큰 복을 얻으며 천하 만민에게 복을 전해줄 수 있는 그릇으로 예비되었다. 하나님은 그분의 자녀들이 많은 사람의 축복의 통로가 되기를 원하신다. 복음을 전하는 자는 단지 사람들에게 복음을 전하는 자만이 아니라 하나님의 복음의 축복을 나누어주는 자이고 말씀의 사역자들은 말씀을 통하여 사람들을 축복하는 자들이다. 우리가 많은 사람을 축복하는 사람이 되려면 아브라함처럼 준비된 그릇이 되어야 한다. 하나님은 아브라함을 통하여 많은 사람을 축복하기 원하셨다. 그러한 축복의 그릇이 되기 위해서 아브라함은 지금까지의 수많은 과정을 통과해야 했다. 많은 방면에서 하나님은 아브라함이 원래 가지고 있던 것들의 무익함을 보여 주시고 그것들을 포기하고 내려놓도록 역사하셨다. 한 가지 한 가지 하나님의 다루심과 공과들을 배우면서—물론 많은 실패도 있었지만 실패를 통해서도 배울 수 있었다—하나님을 점점 더 알게 되었다. 그 많은 하나님의 이름들(엘 엘욘, 엘 올람, 엘 샤다이, 여호와 이레 등)이 그가 하나님을 체험적으로 점점 더 알게 되었음을 증명한다. 결국 아브라함은 자신에게 가장 의미 있고 가치 있으며 자신의 마음을 사로잡았던 이삭을 제단에 놓음으로 그 전체가 하나님께 드려진 바 되었다.

부활 안에서 섬길 줄 모른다면 아직 완전케 된 그릇이 아니다. 우리는 우리가 받은 사명이나 알고 있는 하나님의 뜻까지도 내려놓는 것을 배워야 한다. 부활한 것은 우리의 육체의 손으로 붙잡을 수 없는 것들이다. 우리는 하나님의 일과 직접 관계를 맺어서는 안되고 하나님 자신과 관계를 맺어야 한다. 부활 안에 있는 모든 것은 우리가 붙잡을 수 없는 것이라는 뜻이다. 우리는 우리의 모든 것이 하나님으로부터 나오는 것이 되게 해야 하고 하나님으로부터 나온 모든 것은 그분의 손에 두어야 한다. 하나님께서 이삭을 그에게 주었지만 이삭이 아브라함의 것이 아니라 하나님의 것인 줄 알 때 그의 그릇은 준비된 것이다.

아브라함은 하나님의 영원한 계획을 위하여 첫 번째로 부르심을 받은 사역자로서의 본이다. 그가 어떻게 준비되고 온전케 된 것을 보았다면 우리가 그렇게 되어야 한다. 사람들은 지식이나 은사가 있고 구변이 있으면 사역을 잘 할 것이라고 생각한다. 그리고 오늘날 실제로 그런 사람들이 유명하게 되어 번창하는 사역을 한다. 그러나 첫 번째 사역자인 아브라함은 그렇지 않았다. 그가 사역자로서 온전케 되어 많은 사람에게 축복의 그릇이 된 것은 거듭 거듭 그의 육체를 처리함에서 나왔다. 하나님은 아브라함에게 계속해서 그의 육체가 얼마나 하나님의 일에서 무익하고 가증한 것인가를 보여주셨다. 그의 모든 여정은 그의 육체가 드러나는 과정이었다. 그 모든 과정에서 하나님은 그의 육체를 철저히 심판하셨으며, 자신이 얼마나 연약한 자인지도 보게 하셨다. 그리고 마지막으로는 이삭을 하나님께 바치라고 한 것이다.

그제서야 아브라함은 준비된 그릇이 되어 많은 사람을 축복할 수 있게 되었다. 지금까지 하나님께서 아브라함을 가르치신 것들은 '아브라함'이라는 그의 이름으로 요약된다. 그의 원래 이름은 '아브람'으로서 '높여진 아비'라는 뜻이었지만 하나님은 그의 이름을 '많은 사람의 아비'를 뜻하는 '아브라함'으로 바꿔주셨다. 스스로 높여지고 홀로 높여진 사람 아브람은 많은 사람을 축복할 수 없다. 그는 이제 많은 과정을 거쳐 열국의 아비(많은 사람의 아비)가 되었다. 그가 많은 사람의 아비가 되기 위해서는 하나님께서 아버지이심을 배워야 했다. 하나님은 자녀인 우리를 위해 모든 것을 고려하시고 준비하시고 공급하시며 보호하시는 아버지시다. 아브라함은 하나님 손에서 다룸을 받으면서 진실로 하나님이 아버지이심을 깨닫게 되었다. 아브라함은 하나님을 아버지로 알았으므로 그 또한 아버지라는 이름으로 불리게 된 것이다. 우리가 만일 많은 사람들을 낳는 아버지가 되는 축복을 얻으려면 우리는 아브라함과 같이 하나님을 아버지로 알 수 있도록 긍휼을 구해야 한다. 하나님을 아버지로 알 때 우리는 많은 사람들의 아버지가 될 수 있다. 하나님을 아버지로 알기 위해서 아브라함에게는 오늘날까지의 수많은 과정과 체험이 필요했다. 우리가 하나님에 대하여 어떤 것을 배웠다면 우리는 바로 그런 그릇이 된다. 아브라함은 하나님이 아버지이심을 배움으로 열국의 아비가 된 것이다. 하나님께서는 그의 자녀가 하늘의 별과 같고 바다의 모래와 같을 것이라고 하셨으며 천하만민이 그의 씨로 말미암아 복을 얻을 것이라고 하셨다.

번성의 원리

오늘도 많은 사역하는 사람들은 더 많은 열매를 얻기 위해 손에 가진 몇 사람을 꼭 붙잡고 놓지 않는다. 그 붙잡은 손은 아브라함이 이스마엘을 붙잡았던 손이요 이삭을 붙잡은 손이다. 어느 날 하나님은 그 잡은 이삭을 내놓으라고 하실 것이다. 그럴 때 그렇게 근근히 몇 명을 데리고 있는 사역자는 이 하나밖에 없는 이삭을 드리면 나에게 무엇이 남느냐고 안타까워 할 것이다. 그리고 그 이삭을 전보다 더 강하게 잡으려 할 것이다. 그들은 그 이삭을 드려야 하나님이 번성의 축복을 주실 줄을 알지 못한다. 하나님이 죽은 자를 살리며 없는 것을 있게 하는 분인 줄을 모르는 것이다. 즉 하늘에 속한 계산을 못하므로 믿음이 없는 것이다. 하늘에 속한 계산은 한 알의 밀알이 땅에 떨어져 죽지 않으면 한 알 그대로 있고 죽으면 많은 밀알을 맺는다는 것이다. 동전 한 잎을 아까워하며 손에 쥐고 있으면 그냥 있고 그것으로 남을 도우면 많은 동전을 다시 얻을 수 있다. 결국 아브라함은 이삭을 제물로 드린 연후에 하나님으로부터 번성의 축복을 받게 되었다. 하나님은 맹세하며 그를 축복하셨다. 그렇게 천연적인 애정과 열심의 손으로 사람을 쥐고 있는 사역자는 하나님의 번성의 축복을 얻을 수 있는 사람이 아니다. 하나님은 사람에게 번성의 축복을 주기 원하신다. 그러나 사람 편에서 천연적인 생명이 죽음에 넘겨져야 그것이 가능하다. 이것은 많은 사역자들이 배워야 할 큰 공과이다.

20-24절, 이 일 후에 혹이 아브라함에게 고하여 이르기를 밀가가 그대의 동생 나홀에게 자녀를 낳았다 하였더라…브두엘은 리브가를 낳았고….

아브라함의 동생 나홀의 족보를 기록하는 이유는 24장에 나오는 이삭의 신부 리브가의 출생을 미리 알리기 위함이다. 하나님의 집의 일원이 되는 것은 매우 존귀하여 그들의 출생과 성장과 가족 배경까지 모두 하나님의 관심사가 된다. 당신이 교회의 일원이 되어 성도들과 생활하는 것을 작은 일로 여기지 말기 바란다. 이는 귀한 가문의 일원이 되는 것으로 당신의 출생과 성장 모든 것이 하나님의 눈에 존귀하게 된다(시 16:3).

아브라함에게서 받는 믿음의 교훈

우리의 믿음의 조상은 아브라함이다. 하나님이 할례자인 유대인이나 무할례자인 이방인이나 아브라함을 믿음의 조상으로 세우셨다. 아브라함이 어떻게 걸어갔으면 우리도 어떻게 걸어가야 하는 본이라는 말이다. 창세기 12장에서 아브라함은 하나님의 말씀을 좇아갔다고 말한다(4절). 그는 본토를 떠나라는 하나님의 말씀을 따라 갈대아 우르를 떠난 것이다. 아브라함의 일생은 그가 받은 말씀을 따른 것이다. 그러기에 그는 믿음의 길을 걸어간 것이다.

오늘 우리는 하나님의 말씀을 들었는가? 나름대로 성도들은 들은 말씀이 있을 것이다. 그 말씀은 우리가 순종해야 할 바로 그 길이 되는 것이다. 우리는 오늘 그리스도의 몸인 교회를 전하고 있다. 사도 바울이 받은 가장 큰 계시는 그리스도 안에서 모든 성도들이 한 몸이 이루어지는 것이다(엡 3장 참조). 우리는 그 말씀의 빛을 보고 그 말씀을 인하여 모든 것을 잃어버리고 길을 간다고 간증할 수 있다.

많은 사람들이 주님을 믿고 길을 간다 하지만 무엇이 그들을 인도하는가? 과연 받은 말씀을 인하여 그 말씀과 계시가 인생길이 통제되며 길을 걸어가는가 그렇지 않은가가 문제이다. 우리가 아는 그리스도가 얼마나 고

상한가에 따라서 우리는 인생에서 많은 것들을 잃어버릴 수 있고 배설물로 여길 수 있으며 그리스도만을 얻기 원할 것이다(빌 3장 참조).

믿음생활이란 한 마디로 우리가 하나님으로부터 받은 말씀과 그 본 계시로 인하여 가는 것이다. 의인은 믿음으로 인하여 사는 것이라는 것은 바로 이 말씀이다. 시편 119편 105절은 매우 우리의 마음을 찌르는 한 구절이 있다. "주의 말씀은 내 발에 등이요 내 길에 빛이니이다" 우리의 인생 길을 인도하는 것은 바로 주의 말씀이 되어야 한다는 것이다. 아브라함은 하나님의 말씀을 좇아갔다. 물론 그가 받은 말씀을 온전히 순종하게 되기까지는 시간이 필요했지만 그는 한 단계 한 단계 주님의 말씀을 좇고 순종하기 위해 많은 대가를 지불했다. 나는 여러분 독자들이 과연 아브라함의 믿음을 본받아 살아가는지 자문해보기를 권하겠다. 바울은 그가 본 하늘에서의 이상을 일생 거스르지 않았다고 간증했다(행 26:19).

오늘 날 많은 사람들은 하나님을 믿는다고 하지만 온전히 믿지 않는 것을 본다. 주 예수께서 이 땅에 계셨을 때도 많은 사람이 주님을 따랐지만 그들은 따르는 목적이 다른데 있었다. 주님은 당신을 따르는 무리를 향하여 "너희가 나를 따르는 목적은...떡을 먹고 배부른 까닭이라"고 하셨다(요 6:26). 예수께서 이 땅에 계실 때 많은 이들은 병을 고치러, 배를 채우기 위하여 주님을 밀며 따랐다. 오늘 날도 실제로 많은 이들이 믿고 따른다 하나 그 믿음은 아브라함과 같지 않다. 아브라함의 믿음은 우리에게 어떤 교훈을 주나? 그는 모든 것을 다 버리고 따르는 믿음의 본을 주었다. 하나님의 말씀이라면 가장 사랑하는 독자도 바쳐야 했다. 어떤 이들은 자신이 심각한 병에 걸렸다 할 때 먼저 회개하며 기도하고 주님께 나아가는 것보다 약을 구하기 위해 달리며 병원과 의사를 더 믿는다. 병원과 의사가 필요 없다는 것이 아니다. 주님을 믿는 우리에게 더욱 믿어야 할 존재가 누구냐 하는 것이다. 현대 물질문명과 과학, 의학, 철학이 발달하고 진보하다 보니 성도들조차 하나님 외에 다른 많은 것들을 의지하고 보이지 않는 바탕에 깔려 있다.

주님을 믿는다 하지만 하나님이 첫째가 아니라 둘째 셋째에다가 주님을 둔다. 물질을 은밀히 쌓아놓고 물질을 첫째의 자리에 두고 이미 마음속으로 든든히 생각하며, 하나님을 부속으로 믿는가 하면, 의사와 병원을 제 1로 믿고 하나님을 부수적으로 의사와 약의 치료에 더하여 조금 도와주시는 분으로 믿고 기도하기도 한다. 예수 그리스도만이 우리의 치료요, 능력이요, 생명이며, 길(방법)이요, 지혜요, 지식이요, 모든 것으로 믿는 자들은 과연 어디에 있는가? 믿는 가정에 아이가 속을 썩인다 하자! 그리스도인 부모들은 이 방법 저 방법을 찾고 상담학, 철학, 심리학자에게 달려간다. 그리고 도움을 받고자 한다. 물론 그들은 기도하지 않는게 아니다. 그러나 그들은 주님께 기도하는 기도보다 그것들을 더욱 신뢰하며 그 다음 기도는 부수물인 셈이다. 우리가 한 가지 알아야 할 것이 있다. 전폭적으로 믿는 것이 아니면 진정 주님을 믿는 것이 아니다. 하나님을 믿는 것은 대치물이 있어서도, 경쟁물이 있어서도 안되고 오직 그분만을 모든 것으로 믿는 믿음만이 참된 것이요, 아브라함이 믿는 믿음을 본받는 것이다. 아브라함이 믿은대로 길을 걸어가는 자들은 아브라함과 함께 복을 받는다(갈3:9). 진정 주님을 따르는 자들은 단순히 영생의 말씀을 인한 것이어야 한다(요6:68).

23 장

1-3절, 사라가 일백 이십 칠세를 살았으니 이것이 곧 사라의 향년 이라 2 사라가 가나안 땅 헤브론 곧 기럇아르바에서 죽으매 아브 라함이 들어가서 사라를 위하여 슬퍼하며 애통하다가 3 그 시체 앞에서 일어나 나가서 헷 족속에게 말하여 가로되

사라는 일백 이십 칠세까지 살고 아브라함보다 먼저 죽었다. 아브라함은 사라가 죽었을 때 그의 영성이 절정에 이르렀다. 내가 믿기로 그가 그렇게 길을 잘 갈 수 있었던 것은 사라의 역할이 훌륭했기 때문일 것이다. 베드로는 사라가 아브라함을 주라 칭하여 복종하였다고 기록한다(벧전 3:6). 사라는 아브라함을 존경함으로 순복하였다. 아브라함에게 실수가 없었던 것은 아니지만 사라는 아브라함을 끝까지 존중했다. 그것은 아브라함에게 하나님의 부르심과 인도가 있음을 알았기 때문이다. 당시 하나님의 역사에서 아브라함의 존재는 매우 중요했다. 하나님은 그 한 사람을 잘 인도하고 다루셔서 많은 민족의 축복이 되게 하시고 모든 믿는이들의 조상이 되게 하려 하셨다. 이 일은 작은 일이 아니다. 이 중대한 하나님의 역사에서 사라는 아브라함의 귀한 동반자였다. 하나님의 아브라함을 다루시고 가르치시는 역사가 끝난 시점에서 사라를 먼저 데려가셨다. 하나님은 사라로 하여금 아브라함이 얻은 생명의 은혜의 유업을 함께 얻도록 축복해주셨다(벧전 3:7).

아브라함 일생에 가장 귀한 반려자가 세상을 먼저 떠났다. 아브라함은 매우 슬퍼하며 애통했다. 영적인 사람일지라도 사랑하는 사람을 잃었을 때 슬퍼하지 않는 것이 아니다. 데살로니가 전서 4장에서 바울은 잠자는 자들에 대하여 믿지 않는 자와 같이 슬퍼하지 말라고 하였지 아무 슬픔도 없다고 말하지 않았다. 그래서 바울은 이 여러 말로 서로 위로하라고 한 것이다(살전 4:18). 전혀 슬픔이 없다면 위로할 필요도 없다. 그러나 주 안에서일지라도 사랑하는 사람의 죽음에 대해서는 슬퍼하고 애통해하는 것이 있게 마련이다.

물론 우리는 부활의 소망이 있으므로 이방인과 같이 그렇게 절망적인 슬픔을 갖는 게 아니지만 영적인 사람이라고 해서 아무 감정도 없고 슬픔도 느낄 수 없는 목석과 같은 존재는 아니라는 것을 알아야 하겠다. 이는 마치 공항에서 사랑하는 사람을 멀리 떠나보내는 것과 같은 슬픔이요, 이 땅에서 함께하지 못하는 아쉬움이요, 그동안 우리에게 준 사랑과 동정에 대한 고마움이요, 우리가 사랑과 동정을 충분히 주지 못함으로 인해 아쉬워하는 슬픔인 것이다. 그러하기에 슬픔과 애통의 눈물로 사랑하는 사람을 떠나보내는 것이 성도의 합당한 전송임을 기억해야 한다. 이는 매튜 헨리의 말과 같이 우리에게 슬픔과 애통을 주신 하나님의 섭리에 대한 순응이기도 하다.

그러나 아브라함이 이방인들과 달랐던 것은 슬퍼하고 애통하고 나서 얼마 안 되어 그 시신 앞에서 일어난 것이다. 그는 다른 사람들처럼 마냥 슬퍼하지만은 않았다. 믿음은 보다 높은 경지의 것을 생각하게 하여 다른 사람들과 행동에서 차이점을 가져온다. 믿음은 죽음 너머의 영역까지 볼 수 있는 눈을 준다. 그는 부활의 소망이 있었기 때문에 사라의 매장을 준비해야 한다는 것을 알았다. 아브라함은 가나안에 들어왔지만 하늘 본향을 그리워한 사람이다. 결코 그는 갈대아 우르를 본향으로 여기지 않았다(히 11:14-16). 히브리서 11장 15-16절에 의하면 그는 나온 본향을 생각한 것이 아니라 더 나은 하늘 본향을 찾아가고 있었다. 그러므로 당시 아브라함은 사라를 잃은 것에 대해 그가 돌아갈 본향을 향해 먼저 길을 떠난 것으로 이해하고 있었다. 그럼에도 아브라함이 나그네 삶에서 가장 귀한 동반자였던 사라를 잃은 것은 슬픔이었다. 그렇지만 부활의 소망을 가지고 있는 아브라함은 그 시신 앞에서 일어났고 곧 매장을 준비했다. 창세기 23장은 주로 사라의 죽음과 매장에 관한 일만 기록한다.

이 장을 읽을 때 거룩한 말씀인 성경에서 한 여인의 죽음과 매장을 한

장 전체를 할애하여 이토록 신중하게 기록한 것은 매우 인상적이다. 그것은 우리 믿음의 조상인 아브라함이 부활에 대하여 큰 소망을 가졌다는 것을 보여 주는 것에 그 의미가 있을 것이다. 그는 자신이 장막을 치고 사는 것은 그렇게 신중하게 취급하지 않았다. 그러나 매장에 관해서는 매우 신중했다. 그는 좋은 매장지를 사야 했고 아브라함 자신도 장래 거기에 묻힐 것을 생각했다. 그는 그곳에 사라와 함께 묻혀 장래 있게 될 부활의 때를 함께 기다릴 것을 기대했다. 그러므로 아브라함은 매장할 땅만큼은 자신의 소유지로 확정하고 싶었던 것이다.

4-6절, 나는 당신들 중에 나그네요 우거한 자니 청컨대 당신들 중에서 내게 매장지를 주어 소유를 삼아 나로서 내 죽은 자를 내어 장사하게 하시오 5 헷 족속이 아브라함에게 대답하여 가로되 6 내 주여 들으소서 당신은 우리 중 하나님의 방백이시니…당신의 죽은 자 장사함을 금할 자가 없으리이다

아브라함은 가나안 땅 원주민 중 한 부족인 헷 족속에게 자신이 나그네요 우거한 자라고 말했다. 그는 하나님께서 가나안 땅을 그와 그 자손의 기업으로 주셨다는 것을 잘 알고 있었으며(15:18-21), 그 땅에 들어와 지금까지 60여 년을 살았지만 아직도 그 땅을 정착지로 생각하지 않았다. 그는 헷 사람들에게 그 땅에서 자신이 나그네요 우거한 자라고 말했다. 이렇게 말할 때 그는 자신이 갈대아 우르에서 온 나그네라고 말한 것이 아니다. 그는 자신이 하늘 본향에서 온 자임을 알았고 이에 대해 말한 것이다. 물론 그 땅은 400년 후에 아브라함 자손들에 의해 점령될 것이다(15:13). 아브라함은 이것을 보고 있었다. 그러나 더욱 긴 안목으로 볼 때 그것도 영원한 약속의 성취는 아니었다. 장차 주 예수님이 강림하실 때 그 땅은 온전히 왕이신 그리스도께로 돌아갈 것이다. 아브라함은 이것을 바라보고 사모한 것이다. 헷 사람들은 아브라함의 말을 이해하지는 못했지만 매우 선하게 반응했다.

여기서 헷 사람들은 아브라함을 '내 주여'라고 불렀고 하나님의 방백(a

mighty prince or a great prince)으로 여겼다. 아브라함은 자신이 그들 중에 나그네요 우거하는 자라고 말했지만 그들은 아브라함을 지극히 높여서 '주'(主)로, '하나님의 방백'으로 칭했다. 하나님의 방백이라는 말은 히브리어로 '네시 엘로힘'인데, 직역하면 '하나님께서 인정하시는 왕자', 혹은 '하나님께서 임명하신 높은 자리에 있는 자'라는 뜻이다. 이것이 아브라함이 그 땅에 살면서 그들에게 끼친 인상이며, 이러한 인상은 그의 간증으로 말미암은 것이었다.

헷 사람들은 아브라함에게 자신들이 할 수 있는 최선의 말을 해주었다. 그들은 아브라함이 그의 죽은 자를 헷 사람의 묘실에 장사한다고 할 적에 헷 사람 중 어느 누구도 꺼리거나 거절하지 않을 것이라고 말했다. 그들은 아브라함이 사라를 장사할 곳이 마땅치 않아 그들에게 합당한 장지를 요청하는 줄로 생각한 것 같다. 그들 생각에는 사람이란 죽으면 끝나기 때문에 어디에 장사하든 큰 차이가 없었다. 당시 헷 사람들 중에는 좋은 매장터가 많이 있었던 것 같다. 죽은 사람의 장사에 대한 아브라함과 헷 사람의 인식의 차이는 실로 큰 것이었다. 부활의 소망으로 충만하였던 믿음의 사람 아브라함은 믿음의 식구들을 불신자들인 헷 사람들의 무덤 사이 아무 곳에나 매장하기 원치 않았다.

7-9절, 아브라함이 일어나 그 땅 거민 헷 족속을 향하여 몸을 굽히고…소할의 아들 에브론에게 구하여 9 그로 밭머리에 있는 막벨라 굴을 내게 주게 하되 준가를 받고 그 굴을 내게 주어서 당신들 중에 내 소유 매장지가 되게 하기를 원하노라

아브라함은 자신이 그들 눈에 위대하게 보였다 할지라도 그들에게 몸을 굽혔다. 이와 같이 그는 사람들을 대할 때에 예의바르고 겸손했다. 그는 결코 사람들 앞에 자신을 높이지 않았다. 누구든지 자기를 높이면 낮아지고 자기를 낮추는 자가 높아지는 법이다. 우리 그리스도인들은 자신을 하나님이 굉장히 크게 사용한다 할지라도 이와 같이 언제나 사람들 앞에 자신을 낮추기를 배워야 한다.

10-11절, 때에 에브론이 헷 족속 중에 앉았더니 그가 헷 족속 곧 성문에 들어온 모든 자의 듣는데 아브라함에게 대답하여 가로되 11 내 주여 그리 마시고 내 말을 들으소서 내가 그 밭을 당신께 드리고 그 속의 굴도 내가 당신께 드리되 내가 내 동족 앞에서 당신께 드리오니 당신의 죽은 자를 장사하소서

헷 사람들은 아브라함에게 더 할 나위 없는 친절을 베풀었다. 때로는 불신자들이 소위 그리스도인보다 더 점잖고 친절한 경우를 경험한다. 이는 그리스도인들에게 큰 부끄러움이다. 아브라함은 그의 호의를 감사했지만 그런 호의를 받아들이는 것보다는 할 수 있는 대로 보다 합당한 절차를 거쳐 매장지를 정하고자 했다.

12-13절, 아브라함이 이에 그 땅 백성을 대하여 몸을 굽히고 13 그 땅 백성의 듣는데 에브론에게 말하여 가로되 당신이 합당히 여기면 청컨대 내 말을 들으시오 내가 그 밭값을 당신에게 주리니 당신은 내게서 받으시오 내가 나의 죽은 자를 거기 장사하겠노라

아브라함은 에브론의 친절한 호의에 다시 한 번 몸을 굽혔다. 그럴지라도 아브라함은 밭값을 온전히 치르고자 했다. 이것이 아브라함의 적절한 처신이다. 그리스도인들은 외인을 대하여 단정히 행하라(살전 4:12)는 말씀과 하나님 앞에서만이 아니라 사람 앞에서도 선한 일에 조심하라(고후 8:21)는 말씀을 기억해야 한다. 우리는 사람들의 호의를 무조건 부주의하게 받아들여서는 안 된다. 물론 그때는 진정한 마음으로 말했겠지만 사람의 마음이란 언제나 변할 가능성이 있다. 지금은 그들이 아브라함에게 최선을 다하지만 언젠가는 변할 수도 있으며, 호의를 받아들이는 쪽에서는 늘 이것을 염두에 두고 행해야 실수나 장래 어려움이 없게 된다. 아브라함은 이럴 때 정확하게 값을 치르고 사두는 편이 훨씬 안전하다고 여겼을 것이다. 그렇지 않으면 이방인의 호의를 받고서 인간적인 끈으로 묶이게 되어 해로운 관계를 형성하게 될 것이다. 이유없는 호의를 잘못 받아들이면 나중에 큰 후회가 뒤따라온다. 특히 그리스도의 종들은 조심해야 한다. 이유없는 호의란 있을 수 없다. 다만 받기를 좋아하는 육체가 그 뒤에 있을 후환을 알지 못하도록 눈을 멀게 할 따름이다.

14-15절, 에브론이 아브라함에게 대답하여 가로되 15 내 주여 내게 들으소서 땅값은 은 사백 세겔이나 나와 당신 사이에 어찌 교계하리이까 당신의 죽은 자를 장사하소서

보라! 결국 헷 사람의 입에서 400세겔이라는 공식 가격이 나왔다. 그는 애초부터 전혀 돈 받을 마음이 없었던 것은 아니었을 것이다. 그가 받을 마음이 조금도 없다면 밭의 가격을 아예 말할 필요가 없었을 것이다. 밭 가격을 정함에 있어서 아브라함이 먼저 말한 것이 아니다. 이 또한 매우 합당한 것이다. 아브라함은 여기서 그들과 땅값을 가지고 구차하게 흥정하지 않았다. 당시에도 상업이 있었고 특히 헷 사람은 돈의 가치를 잘 아는 사람들이다. 헷 사람 에브론이 먼저 은 사백 세겔을 말했다는 것은 아브라함의 매장지를 사겠다는 제의를 받아들일 마음이 이미 있었음을 증명한다.

매장지의 대가를 받는 것은 당연한 일이다. 사실 그들은 아브라함이 매장지를 중요시하는 것만큼 그 땅의 가치를 크게 생각지 않았을 것이며, 따라서 그 매장지에 대하여 대가를 주겠다고 하는 것을 깊이 이해하지 못했을 수도 있다. 아브라함은 부활과 하늘 본향을 바라고 사는 사람인 고로 매장지를 부활과 하늘로 향하여 가는 문으로 여겨 중히 여긴 것이다. 그러나 헷 사람들은 다만 이 땅에서의 삶을 중시하는 사람들이다. 그러므로 아브라함이 정중하고 진실하게 말할 때 그들은 그것이 무엇을 의미하는지 잘 몰랐지만 받아들였다. 아브라함은 당시 통용되는 은으로 사백 세겔을 달아 주었다. 아브라함은 그들이 선하게 대한다 하여 조금이라도 돈을 감해서 주지 않았다. 오늘날에도 진실한 그리스도인이라면 이렇게 모범이 되는 행동을 해야 할 것이다.

17-20절, …이와 같이 그 밭과 그 속의 굴을 헷 족속이 아브라함

소유 매장지로 정하였더라

헷 사람들은 아브라함이 매장지를 결정하는 문제를 그들의 관념에 따라 매우 작은 일로 여겼겠지만 아브라함은 이 일을 매우 중요한 일로 여겼다. 이것은 아브라함이 장래 약속의 땅에 거하게 될 부활의 때를 기다리고 있었음을 강하게 시사한다.

아브라함이 간절하게 이곳을 매장지로 정하고자 했던 또 하나의 이유는 사라의 묘실이 장래 아브라함 자신이나 그 자손들이 함께 묻히게 될 곳임을 고려했기 때문일 것이다(25:9, 49:30-32, 50:13). 후에 아브라함과 이삭-리브가, 야곱-레아 모두 이곳에 장사된다.

또 한 가지 매장지를 이렇게 신중하게 결정하는 매우 중요한 이유는 아브라함이 하나님의 부르심으로 가나안 땅에 들어왔지만 그때까지는 그 땅을 소유하지 못하고 이곳저곳 떠돌아다니며 나그네로 존재하며 우거했는데, 그럼에도 그는 장차 하나님께서 이 땅을 그와 그의 자손들에게 영원한 기업으로 주실 것이라는 것을 대망하면서 그곳에 믿음으로 거했다는 것을 신앙의 본으로 남기고자 한 것이다. 아브라함은 그 부르심 받아 들어간 땅에 정착하지 않았고 밭이나 집터 하나도 사놓지 않았다. 이는 그 땅이 영원한 정착지나 소망의 곳이 아님을 증거한 것이다. 이에 대하여는 히브리서가 분명하게 말해놓고 있다. "믿음으로 저가 외방에 있는 것 같이 약속하신 땅에 우거하여… 장막에 거하였으니"(히11:9) 그러나 매장지만은 사놓았던 것이다. 이는 그가 부활의 소망만을 인정하고 바랐다는 증명이다.

결론적으로 아브라함은 하나님의 약속을 바라보는 믿음의 눈을 가지고 있었던 것이다. 그는 사백 년 후에 그의 자손들이 그들을 징치한 나라에서 나와서 이 땅을 소유할 것을 알고 있었지만 그의 눈은 거기에 머물지 않았다. 진정한 의미에서 유대인이 그 땅을 소유하는 것은 그리스도의 재림 때이다. 이에 대해서는 구약 성경 많은 곳에 예언되어 있다. 모든 성도들의 부활 시에 부활 안에서 그 땅은 영원히 아브라함의 자손에게로 돌아갈 것이다.

사라는 언제 그 땅을 기업으로 누리는가? 그 약속은 언제 그들에게 이루어지는가? 다윗 때인가 아니면 솔로몬의 때인가? 더 나아가 그리스도의 초림시인가? 그리스도의 초림으로도 그들이 대망하는 약속은 완전히 이루어지지 않는다. 그 땅이 온전히 그들의 기업이 되는 때는 그리스도의 재림 시이며, 그때 모든 나라 모든 족속이 다 그리스도께로 돌아가 복속될 것이며 이스라엘은 그 가운데서 가장 뛰어난 민족이 될 것이다(사 2:1-4, 14:1-2, 슥 14:16-21). 그 때 아브라함이나 이삭이나 야곱은 그 약속의 땅에서 부활하여 그들의 평생의 나그네 삶을 회상하며 누릴 것이다.

이것이 그들이 기다리는 바 메시아의 왕국이다. 그때 그리스도 예수는 재림하셔서 유대인의 진정한 왕이 되실 뿐 아니라 모든 민족을 다스리는 왕중 왕이 되실 것이다. 모든 민족 모든 족속이 다 그분의 통치 아래 있게 될 날은 바로 그때인데, 그날이 점점 우리 눈앞에 다가오고 있다. 모든 성도들은 왕이신 그리스도 예수를 마음껏 찬양하고 높여야 하리라.

주 하나님의 그리스도 왕중왕일세
다 엎드려 경배해 높이며 찬양해
주 왕국 무궁하며 주 보좌 견고해
주 다스림 공평해 그 영광 뛰어나

하나님 주를 세웠네 거룩한 시온서
만국을 기업으로 당신께 주었네
권위 다 맡기셨네 온전히 당신께
끝없이 영원토록 만국을 다스려

아직은 때가 안 차 흑암이 다스려도
주님께 충성하는 성도들 많다네바다
이편저편서 주 향해 노래해
그들의 왕인 주를 경배해 섬기네

예정된 그날 올 때 주 강림하시리
온 땅과 열국 모두 주님께 돌아가
위엄과 빛 가득한 왕 되어 다스려
각 민족 나라들이 주 찬양하리라

24 장

1-4절, 아브라함이 나이 많아 늙었고 여호와께서 그의 범사에 복을 주셨더라 2 아브라함이 자기 집 모든 소유를 맡은 늙은 종에게 이르되 청컨대 네 손을 내 환도뼈 밑에 넣으라 3 내가 너로 하늘의 하나님, 땅의 하나님이신 여호와를 가리켜 맹세하게 하노니 너는 나의 거하는 이 지방 가나안 족속의 딸 중에서 내 아들을 위하여 아내를 택하지 말고 4 내 고향 내 족속에게로 가서 내 아들 이삭을 위하여 아내를 택하라

24장의 내용은 아브라함이 사라를 잃고 자신도 나이가 많이 들었을 때 늙은 종(아마도 엘리에셀이었을 것이다)을 고향 메소보다미아로 보내 이삭의 아내를 구해오게 하는 이야기이다. 22장이 이삭이 번제로 드려지는 것, 즉 그리스도의 죽음을 예표하는 일(Type of the Death of Christ)을 말한다면, 24장은 그리스도의 신부를 얻는 것(Getting of the Bride of Christ)을 예표하는 일이라고 말할 수 있다. 그리스도는 그분의 신부를 얻기 위하여(교회를 사랑하시고 위하여) 자신을 주셨다(엡 5:25). 그러므로 우리는 그리스도께서 십자가에서 죽으신 일이 다만 죄인의 죄를 사하시기 위함만이 아니라 또한 교회를 사랑하심으로 얻으시기 위함이라는 것을 알아야 한다.

그렇다면 22장과 24장 사이에 있는 23장의 사라의 매장 사건은 어떤 의미가 있는가? 나는 이 부분의 문제를 해결하는 데 있어서 맥킨토시의 강해를 읽으며 깊은 감명을 받았음을 간증할 수 있다. 그는 23장에서의 사라의 죽음을 육신을 따라 난 이스라엘이 제거된 것으로 보았다. 사라가 여전히 살아 있었다면 이삭과 리브가가 새로운 부부 관계를 성립하는 데 있어서 뭔가 육신적인 방해물 역할을 했을 것이 분명하다. 이는 노년에 얻은 외아들을 귀히 여기는 모성으로 말미암는다. 이는 24장 마지막 절에 기록된 "이삭이 모친 상사 후에 위로를 얻었더라"는 말씀으로도 증명할 수 있다. 이삭은 분명 어머니를 매우 의지했다. 사라 또한 이삭을 지나치게 아끼며 사랑했을 것이다. 그런 상황에서는 이삭이 결혼을 했다 하더라도 이삭의 아내는 이삭의 온전한 사랑의 대상이 되기 어렵다. 그러므로 맥킨토시는 23장의 사라의 죽음을 하나님께서 한 새 사람을 얻으시기 위해 중간에 막힌 담을 허신 것으로 보았다.

이렇게 읽을 때 22장의 이삭의 제물로 드려짐은 그리스도의 배필을 얻으시기 위한 죽음을 예표하고, 23장의 사라의 죽음은 육신적인 이스라엘의 입장을 제거하는 사건이며, 24장에 와서는 그리스도의 배필인 교회, 한 새 사람을 얻는 사건을 기술한 것으로 볼 수 있다. 사라와 이삭의 관계를 생각할 때 어쨌든 거기에 육신적인 애정의 관계가 개입되지 않을 수 없기에 그녀의 죽음은 그러한 관련 요소를 단절한 것임에 틀림없다. 이스라엘이 하나님의 귀한 선민이지만 그들의 하나님과의 계약관계는 어느 정도 외면적이고 육신적이었다.

그러나 교회는 영적인 한 새 사람이며 유대인과 이방인이 그리스도 안에서 한 몸을 이루어 건축된다. 거기서 만일 유대인 고유의 육신적인 장점인 선민사상과 특별한 관념을 고집한다면 한 새 사람은 이루어질 수 없다. 그러므로 한 새 사람인 교회를 위해 육신적인 유대인 관계는 완전히 제거되어야 한다. 유대인의 특별한 관념도 제거되어야 한다. 유대인과 이방인의 중간에 막힌 담은 십자가로 이미 헐어졌다. 그리스도의 몸을 건축하기 위한 이 모든 기묘한 역사가 십자가에서 이미 성취되었다. 실로 신약의 교회는 매우 기이한 작품이다. 이는 육신적인 것이 아니라 순전히 영적인 작품으로서 그리스도 안의 한 몸인 것이다(롬 12:5). 이러한 특별한 계시는 만세 전부터 감추어져 있다가 바울에게 주어진 것으로, 그 이전 다른 세대에는 그리스도의 몸에 대한 이러한 계시가 주어지지 않았다(엡 3:5). 그러므로 성경적인 교회 건축은 사도 바울 이후 합당한 청사진이 되는 계시를 얻은 셈이다. 이 마지막 시대에 주님이 기뻐하시는 이러한 교회를 얻기 위하여 그리스도의 몸에 대한 계시가 더욱 투명하게 열릴 필요가 있다.

아브라함은 이삭의 신부를 얻기 위하여 늙은 종을 자기 고향과 친척에게로 보냈다. 오늘날에도 그리스도의 신부인 교회는 그분의 고향(하늘) 사람이어야 하고, 친척(같은 생명으로 거듭난) 가운데서 얻어지게 된다. 그러므로 아가서에서 그리스도를 예표하는 솔로몬 왕은 교회를 예표하는 술람미 여인을 종종 '나의 누이, 나의 신부'라고 일컫는다. 이는 교회의 최초의 예표인 아담과 하와에게서도 볼 수 있는 대목이다. 교회를 예표하는 하와는 어디서 나왔는가? 아담의 옆구리이다. 아담으로부터 나온 것이 아니면 그의 배필이 될 수 없었다. 당시 수많은 짐승들이 아담 앞에 지나갔지만 아담은 그들의 이름을 지었주었을 뿐 그들 중 아무도 아담의 배필이 될 수 없었다. 아담의 성분과 같은 본질을 가진 존재라야만이 아담의 배필이 될 수 있다.

이처럼 이삭과 리브가의 결혼 이야기는 그리스도와 교회의 탁월한 예표임을 시인한다. 우리는 구약 성경에서 이외에도 그리스도와 교회를 예표하는 많은 항목들을 대하게 되는데, 그 중 이삭과 리브가의 결혼 이야기보다 실제적인 것이 없음을 알 수 있다. 이 사건의 한 가지 한 가지 일에서 우리는 우주 가운데 가장 비밀스런 그리스도와 교회를 보게 되며 그로 인해 매혹되지 않을 수 없다.

5-6절, 종이 가로되 여자가 나를 좇아 이 땅으로 오고자 아니하거든 내가 주인의 아들을 주인의 나오신 땅으로 인도하여 돌아가리이까 6 아브라함이 그에게 이르되 삼가 내 아들을 그리로 데리고 돌아가지 말라

아브라함은 하나님의 약속을 믿고 바라보면서 가나안 땅에 우거한 사람이다(12:1). 그는 그의 늙은 종에게 그의 아들 이삭 또한 그 땅에 거해야 함을 말하고 있다. 이는 아브라함이 하나님의 말씀에 순종하는 것이 매우 철저했음을 보여준다. 그는 이삭이 결혼을 위해서 불가피할 경우에는 메소보다미아에 가서 사는 것도 가하다고 말하지 않았다. 이는 오늘날 많은 그리스도인들에게 주의와 경고가 되는 메시지가 되어야 한다. 우리는 결혼이 중요할지라도 이를 위해서 기본적인 하나님의 말씀을 어길 수 없음을 기억해야 한다. 사업이나 직장을 선택하는 것도 마찬가지이다. 본인이나 자녀의 교육을 위해서도 마찬가지이다. 이 모든 일에서 그리스도인들은 우리 속에 가지고 있는 믿음과 소망을 나타내는 방식으로, 주님과 교회를 중심 삼는 방식으로 선택하고 결정해야 한다.

7-9절, 하늘의 하나님 여호와께서 나를 내 아버지의 집과 내 본토에서 떠나게 하시고 내게 말씀하시며 내게 맹세하여 이르시기를 이 땅을 네 씨에게 주리라 하셨으니 그가 그 사자를 네 앞서 보내실찌라 네가 거기서 내 아들을 위하여 아내를 택할찌니라 8 만일 여자가 너를 좇아오고자 아니하면 나의 이 맹세가 너와 상관이 없나니 오직 내 아들을 데리고 그리로 가지 말찌니라 9 종이 이에 주인 아브라함의 환도뼈 아래 손을 넣고 이 일에 대하여 그에게 맹세하였더라

아브라함은 이삭의 결혼을 매우 중요시했지만 그 아들이 결혼을 위해 가나안 땅을 떠나지 않아야 한다는 것에 있어서는 매우 단호했다. 여자가 오지 않는 한이 있어도 이삭은 그곳으로 가서는 안 되었다. 아브라함은 이 일을 하나님의 말씀을 순종하는 위치에서 수행하였으므로(7절), 그는 주권적인 하나님의 예비하심을 믿을 수 있었다. 당신이 만일 범사를 주님의 말씀을 순종하는 가운데 행한다면 그분의 예비하심과 축복하심을 믿어도 좋다. 모든 것을 하나님과 함께하라! 그러면 주님이 도와주실 것이다. 7절과 8절을 읽으면 우리는 아브라함의 하나님 앞에 단호한 태도를 읽을 수 있다. 그는 아들의 결혼문제를 위해 일하고 있지만 그 문제가 그 땅에 머무는 일보다 더 중요하지 않았다. 여기서 우리는 일의 중요성의 정도에 따른 성도의 결정과 선택을 배울 수 있다. 무엇을 중심에 두고 움직이느냐가 문제이다.

또 아브라함을 통해서 그의 하나님의 돌보심과 주권을 믿는 믿음을 배울 수 있다. 그는 늙은 종에게 말씀에 따라 합당한 태도를 가지고 가면 천사를 네 앞서 보내리라고 하였다(7절). 여기서 우리는 우리가 하나님의 뜻을 따르기 위하여 합당한 영 안에서 그분을 순종하는 길 위에 있다면 주님이 사자를 개입하여서라도 도우신다는 것을 읽을 수 있다.

여기서 중요한 단어는 '맹세'이다. 이 또한 맥킨토시의 견해이다. 그는 이 장을 '맹세'와 '증거'와 '결과'라는 세 단어로 요약하여 설명하였다. 하나님께서 그리스도의 신부를 얻으시고자 하는 일은 우연이거나 우발적인 사건이 아니다. 교회를 얻고자 하시는 하나님의 역사는 영원 전부터 계신 하나님의 마음속에서 예정하시고 계획하신 일이다. 이를 위해 그리스도께서는 십자가에 달려 죽으시고 부활하시고 승천하신 것이다.

리브가는 메소보다미아에 살면서 아무것도 모르고 있었다. 그러나 그녀가 이삭의 신부로 예정된 것은 아브라함의 맹세에 기초를 두고 있다. 이와 같이 죄인인 우리가 아무것도 모르고 죄 가운데 살고 있을 때 하나님은 이미 하늘에서 맹세를 하시어 우리를 그분의 아들의 신부로 만들겠다고 결정하셨으니 이 어찌 감격스러운 일이 아니겠는가! "내 형질이 이루기 전에 주의 눈이 보셨으며 나를 위하여 정한 날이 하나도 되기 전에 주의 책에 다 기록이 되었나이다"(시 139:16). 하나님은 우리의 형질이 이루어지기도 전에 우리를 그분의 사랑하는 아들의 배필이 되도록 미리 정하셨고 주의 책에 기록해 놓으셨다. 그분은 창세 전에 우리를 택하시고 미리 정하신 것이다(엡 1:4, 롬 8:29-30).

하나님의 아들이 이 먼 땅에 오신 것은 그분의 신부를 얻으시기 위함이다. 그분이 십자가에 올라가 피 흘리고 죽으신 것은 그분의 신부 될 사람들의 죄값을 치루시기 위함이다. 그분의 모든 역사는 영원부터 아버지 하나님 마음속에 있는 갈망과 맹세로 말미암은 것이다. 아! 하나님은 그분의 아들의 배필을 원하셨다. 그리고 우리는 우상의 땅, 죄인들이 득실거리는 이방 땅에서 죄와 허물로 더럽혀져 있었다. 하나님의 영원 전의 놀라운 주권과 경륜과 맹세가 그리스도의 십자가의 역사를 가져왔고 성령의 구원하는 역사를 실시하고 있는 것이다. 그러므로 이 일에 있어서 중요한 시작은 하나님 아버지의 '맹세'인 것이다(3,7절).

본문에서 우리는 아브라함의 마음속에 이삭을 기쁘게 하고 그의 배필을 정해주고자 하는 강한 일념이 있음을 볼 수 있는데, 그것은 하나님께서 그분의 독생자 그리스도를 위하는 마음을 나타내 보여준다. 신약 성경 전체를 통해서 교회의 존재는 하나님의 아들의 영광과 만족을 위해서 필수적임을 볼 수 있다. 장래 그리스도는 교회를 통하여 온전한 영광을 얻으시도록 되어 있다. "여자는 남자의 영광이니라"(고전 11:7). 그러니 하나님의 경륜에서 교회의 존재는 얼마나 중대한가! "교회는 그의 몸이니 만물 안에서 만물을 충만케 하시는 자의 충만이니라"(엡 1:23). 충만이란 부족하지 않고 완전한 상태, 즉 있어야 할 내용물이 그 안에 모두 보완되고 추가되어 완성되고 충만된 상태를 의미한다. 그러므로 장래 모든 천사들과 정사들과 권세들은 하나님의 각종 지혜와 능력을 교회 안에서 보게 될 것이다(엡 3:9-10). 이런 관점에서 볼 때 교회는 하나님의 영원한 경륜의 목적이며 대상임을 부인할 수 없으며 하나님의 종들이 이를 위해 자신을 바쳐 섬기고자 하는 것은 당연한 일이다(골 1:24-25).

10절, 이에 종이 그 주인의 약대 중 열 필을 취하고 떠났는데 곧 그 주인의 모든 좋은 것을 가지고 떠나 메소보다미아로 가서 나홀의 성에 이르러

약대 열 필이란 가서 리브가를 실어올 운송 수단을 의미한다(10은 충분함을 의미함). 즉 하나님은 죄인인 우리가 회개하여 주님께 돌이키기만 하면 하나님 아버지께 나올 수 있도록 충분한 운송 수단을 확보하고 계신다. 우리가 그리스도의 신부가 되기 위해 나아갈 길이 아무리 멀고 험해도 하나님은 우리가 지치지 않고 끝까지 갈 수 있도록 충분한 약대를 준비하셨다.

그 주인의 모든 좋은 것을 가지고 간 이유는 무엇인가? 그것은 리브가에게 주인의 어떠함을 증거하여 리브가를 얻으려는 것이다. 그 먼 곳에서 리브가는 과연 무엇을 보고(당시에는 사진도 없었다) 이삭에게 가겠는가? 늙은 종은 그 주인의 좋은 것들을 가지고 갔을 뿐 아니라 증거하였다. "그가 가로되 나는 아브라함의 종이니이다 여호와께서 나의 주인에게 크게 복을 주어 창성케 하시되 우양과 은금과 노비와 약대와 나귀를 그에게 주셨고 나의 주인의 부인 사라가 노년에 나의 주인에게 아들을 낳으매 주인이 그 모든 소유를 그 아들에게 주었나이다"(34-36절). 결국 아브라함의 종의 증거는 아들 이삭에 대한 것이었으며, 그것은 곧 이삭이 아버지의 유일한 사랑의 대상으로서 아버지의 모든 것이 그 아들의 것이라는 사실이다.

오순절에 성령이 오신 것은 바로 아들 그리스도를 증거하시기 위함이다. "진리의 성령이 오실 때에 그가 나를 증거하실 것이요"(요 15:26). 그리스도의 정상적인 사역자들이나 전파자들은 다른 것을 전할 것이 아니라 오직 그리스도를 전파해야 한다. 왜냐하면 오직 성령의 역사와 일은 아들 한 분을 증거하는 것이기 때문이다. 믿는이들을 그리스도의 몸인 교회로 이루어지게 하는 일도 소위 훌륭한 교회의 명성과 단체를 선전함으로 되는 것이 아니라 오직 신랑이신 그리스도만을 증거함으로 되는 것이다. 사도행전에서 교회가 세워짐은 그리스도를 복음으로 전함으로 세워진 것이지 교회를 선전하거나 올바른 교회관을 설명해서 세워진 것이 아니다(행 5:42). 물론 교회의 거룩하고 아름다운 성도들의 본이 세상 사람들에게 칭찬을 받는 요소가 될 필요가 없다는 뜻은 아니다. 그렇지만 베드로나 바울이나 언제나 사도들은 예수 그리스도가 그들의 말씀 전파의 중심이요 주제였다. 그리스도의 측량할 수 없는 풍성을 이방에 전함으로 이방 세계에 교회가 세워졌다(엡 3:8).

성령님은 자신을 위해 말씀하거나 자의로 말씀하지 않으시는 위격이다. 요한복음 16장 14절에 의하면 "그가 내 영광을 나타내리니 내 것을 가지고 너희에게 알리겠음이니라"고 하였고, 13절 말씀은 "그가 자의로 말하지 않고 오직 듣는 것을 말하시며"라고 하셨다. 그러므로 성령님의 전적인 일은 그리스도의 영광을 나타내는 것이며 그리스도의 것을 증거하시는 것이다. 그러므로 누구든지 성령의 음성을 듣고 또 들을수록 그는 그리스도를 주목하게 될 것이다. 성령은 스스로를 나타내지 않으신다. 성령님은 성령 자신의 역사나 성령 자신을 바라보도록 사람들을 인도하지 않으신다. 성령님의 일은 오직 한 가지, 그리스도를 바라보고 그분을 사랑하도록 사람들을 인도하신다. 은사주의의 위험은 무엇인가? 성령의 은사 자체에 빠지게 하는 점이다. 성령을 말하며, 은사 운운하지만 그리스도 자신에게 인도되지 않는다는 점이다.

그러므로 말씀의 사역자들은 성령께서 영혼들을 하나님께로 인도하시는 것이 오직 하나님의 아들 그리스도의 모든 좋은 것들을 제시함으로써만 되어지기 원하신다는 한 가지 사실을 분명히 인식하지 않으면 안 된다. 사람들이 교회로 이끌려지는 것은 어떤 경로를 통해서인가? 성경에서 대표적인 것이 신약 마태복음 16장에 있는 베드로의 일이다. 베드로는 당시 어떻게 해서 교회의 기초인 반석을 발견했는가? 그것은 다름 아니라 하나님의 아들 그리스도에 관한 계시를 보았기 때문이다. 그가 계시로 눈이 열려 하나님의 아들 그리스도를 보았을 때 교회의 기초를 갖게 된 것이다. 이것은 비단 베드로뿐 아니라 그리스도의 몸에 이끌리는 모든 사람의 경로가 되어야 한다. 이것은 복음의 본질과도 관계가 있는데, 참 복음은 사람들로 하여금 그리스도와 인격적인 만남을 갖게 해주는 것이다. 이 계시는 다만 어떤 구원의 도리를 이해하고 깨우치는 문제가 아니라 인격이신 한 분 그리스도를 만나게 해주는 일이며 이것이 진정한 의미에서의 복음 전파이다.

또한 하나님의 교회에 들어오는 유일한 수단은 이것 외에 다른 길이 없음을 보는 것은 매우 중요한 일이다. 또 하나님의 종은 아브라함의 늙은 종처럼 진정한 이삭인 하나님의 아들 한 분을 소개해야 한다. 그분의 영광, 그분의 아름다우심, 섬세하심, 그분의 능력과 지혜, 영원하심과 전능하심, 그분의 측량할 수 없는 풍성, 그분의 인격과 위엄을 소개하는 것이다.

여기에 거짓 사도나 선지자를 분별할 수 있는 길도 있다. 갈수록 한 분 그리스도만을 소개하여 리브가로 하여금 저 먼 타국에 있는 아들 이삭에게 마음을 향하게 하여 결국 아비집을 떠나 온 마음으로 길을 가게 하듯이 믿는이로 그리스도를 향하여 가게 하는 자라면 그는 선하고 진실한 종이라고 할 수 있다. 그러나 갈수록 자신을 선전하고 자랑하여 사람들로 하여금 자신을 따르게 하거나 인간의 지성과 탁월한 논리와 지혜로 매혹시키고 사역자 자신의 탁월함을 제시함으로 사람의 지혜를 높이는 일을 한다면 그는 필경 바른 길에서 떠난 사역자일 것이다. 어떤 사역자가 지속적으로 사역한 결과 사역자 자신의 역량과 지혜와 고상한 인품을 사람들 속에 심어준다면 그것은 그릇된 일임에 틀림없다. 정당한 성령의 사역이란 사역할수록 사역자 자신은 보이지 않고(마 17:8), 그리스도 한 분이 더욱더 아름답고 사랑스러우며 귀한 분으로 드러나고 사람들 마음속에 그리스도 한 분이 각인되어 모든 자들이 그분을 향하여 달려가게 되는 결과를 낳을 것이다(아 1:3-4).

성령께서는 또한 사람들을 그리스도께 매혹되도록 하여 그분과 하나 되는 것의 놀라움과 축복과 영광을 보여 주신다. 결국 이삭의 모든 것은 리브가의 것이 된다. 리브가는 이삭에게 가서 이삭과 한 몸을 이룰 것이기 때문이다. 이와 같이 신약의 성도들이 교회가 된다는 것은 다만 부르심을 받은 자들이 되는 문제만이 아니라 '그분의 몸과 충만'이 되는 것이요(엡 1:23), '그분과 한 몸'이 되는 것이다(엡 5:31). 그분의 몸과 충만이 되는 것은 그분의 모든 것이 그 안에 다 있게 된다는 뜻이다. 이는 어떠한 비밀인가! 바울은 이에 대하여 "이 비밀이 크도다 내가 그리스도와 교회에 대하여 말하노라"고 하였다. 아담은 자신의 배필인 하와를 보고 "이는 내 뼈 중의 뼈요 살 중의 살이라"고 하였는데, 이것 또한 그리스도와 교회의 예표로서 한 머리와 한 몸이 합하여 한 새 사람이 이루어지는 우주 가운데 놀라운 비밀인 것이다(창 2:21-24 참조). 아브라함의 늙은 종이 주인의 모든 좋은 것들을 가지고 떠난 것은 바로 이 한 목적을 이루기 위해서였다. 결국은 교회가 그리스도의 모든 유업을 함께 상속하게 된다. 이는 참으로 놀라운 비밀이다!

12-27절, 그가 가로되 우리 주인 아브라함의 하나님 여호와여 원컨대 오늘날 나로 순적히 만나게 하사 나의 주인 아브라함에게 은혜를 베푸시옵소서 13 성중 사람의 딸들이 물 길러 나오겠사오니 내가 우물 곁에 섰다가 14 한 소녀에게 이르기를 청컨대 너는 물 항아리를 기울여 나로 마시게 하라 하리니 그의 대답이 마시라 내가 당신의 약대에게도 마시우리라 하면 그는 주께서 주의 종 이삭을 위하여 정하신 자라 이로 인하여 주께서 나의 주인에게 은혜

베푸심을 내가 알겠나이다 15 말을 마치지 못하여서 리브가가 물 항아리를 어깨에 메고 나오니…26 이에 그 사람이 머리를 숙여 여호와께 경배하고 27 가로되 나의 주인 아브라함의 하나님 여호와를 찬송하나이다 나의 주인에게 인자와 성실을 끊이지 아니하셨사오며 여호와께서 길에서 나를 인도하사 내 주인의 동생 집에 이르게 하셨나이다 하니라

아브라함의 늙은 종

아브라함의 종은 기도하는 사람이었다. 그는 그의 모든 일을 기도 안에서 행하는 사람이었다. 또한 모든 일을 다 주님의 뜻에 따라 마쳤을 때 경배할 줄 아는 사람이었다. "그 사람이 머리를 숙여 여호와께 경배하고". 물론 그는 아브라함에게서 이 모든 것을 배웠을 것이다. 여기서 우리가 한 가지 배워야 할 것은 그리스도인의 모든 일과 행함은 기도를 통해 수행되어야 한다는 것이다. 또한 그분의 행하심을 체험하며 경배드릴 줄 알아야 한다. 이것이 경건한 성도들이 행하여야 할 바이다.

또한 하나님의 종 된 사람들의 일은 오로지 주인이 맡기신 일만을 주의해야 한다는 것이다. 여기서 아브라함의 종은 아브라함이 시킨 일 외에는 아무것도 관계하지 않았다. 그가 위임받은 오직 한 가지 일, 그것은 이삭의 배필을 만나는 일이었다. 우리는 오늘날 무엇을 하든지 주님의 배필이 될 사람들을 얻기 위하여, 즉 복음 전할 대상을 찾기 위하여 아브라함의 종처럼 집중적으로 기도하고 노력하고 있는가? 그렇지 않다면 우리는 자신이 과히 충성스럽지 않음을 시인해야 한다.

그러나 한 가지, 오늘 우리는 아브라함의 종처럼 우연을 바라는 방식으로—물론 그는 하나님의 인도하심을 극도로 주의했다—어떤 일을 놓고 기도하지 말아야 한다. 잘못하면 미신적이 되고 일을 낭패하기 쉽다. 어떤 사람이 산에서 기도하고 내려오다가 버스에서 처음 만나는 여자가 자신의 아내이기를 기도했는데, 실제로 그는 그렇게 해서 한 여자를 쫓아가 결혼했다는 이야기를 들은 적이 있다. 지금 다행히 그 형제는 그 여자를 아내로 삼아 잘 살고 있다고 한다. 그렇다 하더라도 이러한 것은 신약 시대 그리스도인들의 일반적인 실행이 될 수 없음을 기억하기 바란다. 신약 시대 그리스도인들은 더 밝은 계시의 시대에 살고 있다. 그것은 마치 문명이 어두웠던 시대의 생활 양식과 오늘날의 생활 양식이 달라진 것과 같다. 영적인 삶과 수준도 시대에 따라 진보한 것이다.

그렇지만 여기의 종은 단순하고 성실한 영으로 기도했다. 진실하게 찾고 구하는 자에게는 여전히 하나님의 인도가 있다. 그리고 그렇게 성실하게 주의 뜻을 좇는 자에게 기도가 의미가 있다. 종은 주인의 맡겨진 일을 충실하게 수행하는 과정에서 성실하게 기도한 것이다. 그는 겸손하고 단순하게 기도했다. "우리 주인 아브라함의 하나님 여호와여 원컨대 오늘날 나로 순적히 만나게 하사 나의 주인 아브라함에게 은혜를 베푸시옵소서 성중 사람의 딸들이 물 길러 나오겠사오니 내가 우물 곁에 섰다가 한 소녀에게 이르기를 청컨대 너는 물 항아리를 기울여 나로 마시게 하라 하리니 그의 대답이 마시라 내가 당신의 약대에게도 마시우리라 하면 그는 주께서 주의 종 이삭을 위하여 정하신 자라 이로 인하여 주께서 나의 주인에게 은혜 베푸심을 내가 알겠나이다"(12-14절). 이런 기도가 매우 맹목적인 것 같을지라도 오늘날 사람들이 우연을 바라는 맹목적인 것과는 느낌이 다르다. 그것은 그가 주의 뜻을 순종하는 과정에 있기 때문이다. 그는 범사가 주의 주권과 섭리 아래 있다는 것을 믿었다.

아브라함은 그의 늙은 종에게 동생의 성인 나홀의 성으로 가라고는 하지 않았다. 다만 내 고향 내 족속이라고만 알려주었다. 그러나 종이 성실하게 주인의 뜻을 좇아 가다보니 놀랍게도 동생 나홀의 성에 이른 것이다. 그리고 또 우물에서 나홀의 손녀인 리브가를 만난 것이다. 우연히 된 일 같지만 우연이라는 것이 없고, 종이 기도해서 이루어진 것이라기보다도(물론 기도가 귀한 것이지만), 다 하나님의 정하신 주권 아래서 일어난 일로 보아야 할 것이다. 이 모든 일의 배후에는 하나님의 섭리하심이 있다.

우리는 해외에 20여 나라를 선교한 경험을 갖고 있다. 많은 나라를 다니면서 많은 체험을 했다. 너무나 우연 같지만 결코 우연일 수 없는 많은 역사가 있었다. 우리가 나폴리에 갔을 때 그날 그 시각 그 공원에 가지 않았더라면 그 사랑하는 성도들, 지금까지 10여 년을 신실하게 교제하며 동역하는 성도들을 만나지 못했을 것이다. 불가리아도 마찬가지이다. 어떤 사람들이 소개해준 이발소, 그곳에 오늘날의 사랑스런 성도들이 잠재해 있었던 것이다. 우리가 그때 그들을 만나지 못했다면 어땠을까. 아, 그것은 생각할 수 없는 일이다. 우리는 서로가 만나지 않을 수 없는 자들임을 깊이 느끼고 있다. 그후 우리는 그들과 더불어 주 안에서 얼마나 의미있는 역사들에 함께 했는지! 그것이 다 우연인 것 같고 기적적인 기도의 응답인 것 같지만 사실은 다 하나님의 주권에서 비롯된 것이다. 물론 그 근저에는 우리가 충실하게 주님의 움직임과 역사를 따르고자 한 것이 있으리라!

리브가

리브가는 첫째로 아리땁고 순결한 여자였다. 그녀는 "지금까지 남자가 가까이 하지 아니한 처녀"였다(16절). 주 안의 자매들은 결혼 전 절대 순결을 지켜야 함을 기억하기 바란다. 이 시대는 음란하고 패역한 시대이고 부정과 불법이 가득한 세태이다. 이런 시대에 하나님의 일꾼들은 젊은 학생 형제자매들을 잘 가르쳐 아름다운 인성을 지니도록 훈련하고 특히 자신의 몸을 지키도록 도와야 한다.

둘째로 리브가는 친절하고 부지런했다. 그녀는 아브라함의 종이 물을 마시기 원한다고 할 때 물을 지고 가다가 물 항아리를 손에 내려서 물을 마시게 하고 약대를 위하여서도 마시도록 했다. 그녀는 그 늙은 종에게 물을 마시도록 하고, 물을 다 마시는 것을 기다리면서 약대를 바라보았을 것이다. 그리고 그녀는 목마른 늙은 종에게 물을 마시도록 한 다음 짐승들을 위해서도 배려했다. '왜 사람만 목이 마르겠는가, 짐승도 목마르지 않겠나...' 이는 그녀의 친절하고 부지런하고 아름다운 성품을 말해준다. 대개의 여자들이 어떤 늙은 사람이 물을 좀 달라하면 그에게 물을 주는 것으로 자기의 할 일을 다했다고 믿고 자기 길을 가려할 것이다. 그러나 리브가는 달랐다. 열 마리의 약대에게 차례차례 물을 다 길어서 마시게 하였다. 당신은 친절(kindness)이 성령의 아홉 가지 열매 중의 하나임을 아는가?(갈 5:22) 성령 충만한 사람들의 삶은 일상생활 가운데 친절이 가득하다. 자매들은 부디 이런 여자가 이삭과 같은 사람의 아내가 될 수 있다는 것을 기억하기 바란다.

그리스도의 신부

리브가는 참 이삭인 그리스도의 신부였다. 신부인 교회가 가장 중요하게 여겨야 할 덕목은 순결임을 기억하기 바란다. 구약 성경에서도 하나님이 이스라엘에게 가장 원하셨던 것은 우상숭배와 음란의 일을 버리는 것이었다. 호세아서는 반역한 이스라엘을 간음한 부인으로 여기셨다. 주님만 사랑하고 그 외에 아무것도 사랑하지 않는 것이 신부의 가장 중요한 요건임을 기억하라! 하나님은 이미 "나 외에 다른 신을 네게 두지 말라"고 하셨다. 우리는 마음과 힘과 목숨을 다하여 주 하나님을 사랑해야 한다. 이것이 참된 의미에서의 순결이다. 계시록 14장은 첫 열매로 들림 받는 사람들이 어떤 사람들인지가 나온다. 그들은 여자로 더불어 더럽히지 않은 자라고 하였다. 여자든지 남자든지 그리스도인으로서 중요한 것은 순결이다. 나는 순결하지 않은 사람이 그날 그리스도와 더불어 혼인잔치를 누릴 것이라고 믿지 않는다. 에베소서 5장의 신부로서의 조건은 말씀으로 씻어 거룩하고 깨끗하게 된 것이며 티나 주름잡힌 것이나 흠이 없게 되는 것이다(엡5:26-27).

또한 신부의 두 번째 자격에서의 친절은 섬김에 있어서 가장 중요한 덕목이다. 친절(kindness)은 부지런함과 겸손과 온유함을 다 포함하는 것이다. 그리스도의 신부로서의 자격은 성도들과 교회를 친절로 섬기는 것이다. 바울은 이러한 사역자였다. 그의 자서전 격인 고린도 후서를 읽어보면 그의 마음의 섬세함과 성도들에 대한 다정다감함과 친절함을 알 수 있다. 데살로니가 성도들에게는 그가 유순하게 되어 유모와 같이 그들을 돌보았다고 말했다(살전 2:7). 여기서 유순함은 부드럽고 친절함을 의미한다.

28-49절, 소녀가 달려가서 이 일을 어미 집에 고하였더니 29 리브

가에게 오라비가 있어 이름은 라반이라 그가 우물로 달려가 그 사람에게 이르니 30 그가 그 누이의 고리와 그 손의 손목고리를 보고…33 그 앞에 식물을 베푸니 그 사람이 가로되 내가 내 일을 진술하기 전에는 먹지 아니하겠나이다 라반이 가로되 말하소서 34 그가 가로되 나는 아브라함의 종이니이다…49 이제 당신들이 인자와 진실로 나의 주인을 대접하려거든 내게 고하시고 그렇지 않을찌라도 내게 고하여 나로 좌우간 행하게 하소서

라반과 브두엘

이 부분의 말씀에서 우리는 라반의 성격을 엿볼 수 있으며(그는 그 누이의 고리와 그 손의 손목고리를 보았다) 또한 아브라함의 종의 충성됨을 볼 수 있다. 라반은 매우 실리적이고 물질적인 면에서 눈이 빠르게 움직이는 사람임을 알 수 있다. 그는 아브라함의 종을 보고 또 그가 자기 누이동생에게 준 선물을 보고 그를 환영하여 집에 들이고 후하게 대우했다. 그럼에도 우리는 라반과 부두엘의 하는 말과 행동에서 그들이 하나님을 경외하는 가정임을 알 수 있다. 하나님의 축복은 이런 가정에 임하는 것이다. 그들은 손님이 왔을 때 "여호와께 복을 받은 자여 들어오소서 어찌 밖에 섰나이까 내가 방과 약대의 처소를 예비하였나이다"(31절) 하면서 발 씻을 물을 준비해 주었다. 이는 당시 그들이 매우 경건한 가정의 분위기를 갖고 있었음을 말해준다.

엘리에셀

엘리에셀이 환영을 받고 또 그들이 음식을 베풀어놓았어도 그로 인해 마음이 느슨해지지 않고 주인의 명을 위해 "내 일을 진술하기 전에는 먹지 않겠나이다"라고 한 것은 모든 종 된 자들의 귀감이 된다. 오늘날 종이 주인의 보내심을 받았으면서도 막상 후한 대우를 받고 좋은 접대 분위기에 휩싸이다 보면 주인의 명은 까맣게 잊어버리게 되며 또 잊어버리지는 않았다 하더라도 말할 만한 적절한 기회를 찾으려고 머뭇거리다가 결국 당혹스런 상황에 봉착하는 경우는 허다하다. 몇 마디 말을 하더라도 그의 임무는 부수적인 것이 되어버리며 상대방에게 말을 한 것이나 하지 않은 것이나 차이가 없게 되어버리곤 한다. 그리고 주인에게 돌아와서도 얼버무리면서 엉뚱한 말로 둘러대어 상황을 모면하려 하는데, 이것이 불량한 종의 대표이다. 가장 좋은 것은 다른 일과 말을 하기 전에 주인의 시킨 일부터 말하고 보는 것이다. 그는 과연 충성된 것이 무엇인지를 알려주는 듯하다.

엘리에셀은 매우 경건하며 믿음으로 행하는 종이었다. 그의 행한 모든 일을 고할 때 그것은 모두가 하나님이 함께하신 것이며 섭리적으로 역사하신 것임을 나타내는 것이었다. 그가 리브가를 만나 이 집에 들어오기까지 하나님이 인도하신 것을 그들에게 하나하나 자세히 설명할 때 그 집 사람들은 모두 그의 행사가 하나님이 함께하신 귀한 역사라는 것을 인식하게 되었다. 이 모든 것은 아브라함의 종 엘리에셀의 성실하고 충성된 순종으로 말미암은 것이다.

50-60절, 라반과 브두엘이 대답하여 가로되 이 일이 여호와께로 말미암았으니 우리는 가부를 말할 수 없노라 51 리브가가 그대 앞에 있으니 데리고 가서 여호와의 명대로 그로 그대의 주인의 아들의 아내가 되게 하라 52 아브라함의 종이 그들의 말을 듣고 땅에 엎드리어 여호와께 절하고…아침에 일어나서 그가 가로되 나를 보내어 내 주인에게 돌아가게 하소서 55 리브가의 오라비와 그 어미가 가로되 소녀로 며칠을 적어도 열흘을 우리와 함께 있게 하라 그 후에 그가 갈 것이니라 …57 그들이 가로되 우리가 소녀를 불러 그에게 물으리라 하고 58 리브가를 불러 그에게 이르되 네가 이사람과 함께 가려느냐 그가 대답하되 가겠나이다…60 리브가에게 축복하여 가로되 우리 누이여 너는 천만인의 어미가 될찌어다 네 씨로 그 원수의 성문을 얻게 할찌어다

이 부분의 말씀에서 우리는 종 된 자의 충성을 다시 한 번 볼 수 있다.

그는 오직 주인의 명령과 기쁨만을 마음에 두었다. 그는 아침에 일어나자마자 가야겠다고 선언했다. 그의 마음속에는 오직 주인의 명령을 수행하는 것 외에는 다른 생각이 없었다. 밤에 잠잘 때에나 아침에 일어날 때에도 오직 주인의 명을 받들고 이행하는 것만을 마음에 둔 것이다.

주목할 만한 또 한 가지는 리브가의 반응이다. 엘리에셀의 봉사는 성공적이었다. 리브가는 열흘만 더 머물다 가라고 만류하는 가족들의 간곡한 요청을 뒤로 하였다. 물론 가족들은 이 결정을 당사자에게 맡겼다. 종은 당장 데려가기를 원하고 가족들은 최소한 열흘은 더 머물다가 떠나기를 원하는데 이런 상황에서 어떻게 하겠는가? 놀랍게도 리브가는 한 마디로 답했다. "가겠나이다". 이 대답은 엘리에셀의 마음을 매우 기쁘게 했다. 종의 마음을 기쁘게 한 것은 결국 주인의 마음을 기쁘게 한 것이다.

여기서 살펴볼 마지막 요점은 사역의 결과이다. 사역의 결과는 사람들로 하여금 그리스도를 향하여 길을 떠나게 하는 것이다. 충성된 사역자들의 일은 무엇인가? 그것은 꾸준히 그리고 모든 지혜로 사람들에게 그리스도의 어떠하심을 소개하고 말해주는 것이다. 그 결과는 무엇인가? 사람들로 그 유일한 신랑을 만나기 위해 길을 떠나겠다고 결심하게 하는 것이다. 리브가는 이삭을 보지도 못했다. 베드로는 그의 서신에서 "예수를 너희가 보지 못하였으나 사랑하는도다"(벧전 1:8)라고 말한다. 오늘날에도 성도들은 주님을 보지 못했지만 사랑한다. 이것이야말로 성령의 역사요 충성된 종들의 중매하는 사역의 결과이다(고후 11:2). 여기서 우리는 사역이 무엇인지를 본다. 아브라함으로 예표된 아버지는 아들(이삭)을 위해 신부를 예비해 주는 일을 하신다. 그 일을 중점적으로 하는 것은 종으로 예표된 성령이다. 오늘 이 땅에 성령이 보내어진 것은 죄인들에게 그리스도를 증거하여 그들이 용서받고 구원받아 그리스도께 이끌려지는 신부가 되게 하기 위한 것이다. 우리는 여기서 사역의 분명한 목표를 보아야 한다. 사역의 목표는 교회를 세우는 것이요, 사람들을 신랑이신 그리스도께 인도해주는 일이다(고후 11:2, 엡 4:11-12, 5:26-27).

만일 리브가가 종의 말을 듣고 좋게 여기며 이삭의 아내가 되겠다고 하면서도 여전히 브두엘의 집에서 라반의 양떼를 치며 마음으로만 이삭을 사모한다고 한다면 그가 과연 이삭의 신부가 될 사람인가? 하나님은 이런 그리스도인을 기뻐하시지 않는다. 그가 만일 진정으로 아들에 관한 복음을 듣고 그를 사랑하게 되었다면 그를 만나기 위해 길을 떠나야 한다. 그러므로 그리스도인은 실제로 일어나 길을 가는 사람이어야지 좋다고 말하면서 여전히 아비 집에 머물러 있는 사람들이 아니다. 시편 45편 10-11절은 "딸이여 듣고 생각하고 귀를 기울일찌어다 네 백성과 아비 집을 잊어버릴찌어다 그러하면 왕이 너의 아름다움을 사모하실찌라"고 말한다. 우리는 우리의 사역을 통하여 '길을 걸어가는' 그리스도인들을 산출하기 원한다. 그 길이 아무리 힘들고 멀더라도 한 분 그리스도를 향하여 멀고 험한 '길을 떠나는' 사람들이어야 한다.

여기서 그들이 리브가를 보내면서 한 축복은 놀랍다. "우리 누이여 너는 천만인의 어미가 될찌어다 네 씨로 그 원수의 성문을 얻게 할찌어다". 이는 참으로 성령으로 충만한 사람의 예언으로 간주될 수 있다. 결국 이러한 한 걸음 한 걸음의 움직임은 장래 그리스도의 태어나심을 위한 디딤돌이 되는 위대한 발자국들이 되었다.

61-67절, 리브가가 일어나 비자와 함께 약대를 타고 그 사람을 따
라가니 종이 리브가를 데리고 가니라 62 때에 이삭이 브엘 라해로
이에서 왔으니 그가 남방에 거하였었음이라 63 이삭이 저물 때에
들에 나가 묵상하다가 눈을 들어 보매 약대들이 오더라 64 리브
가가 눈을 들어 이삭을 바라보고 약대에서 내려 65 종에게 말하
되 들에서 배회하다가 우리에게로 마주 오는 자가 누구뇨 종이 가
로되 이는 내 주인이니이다 리브가가 면박을 취하여 스스로 가리
우더라 66 종이 그 행한 일을 다 이삭에게 고하매 67 이삭이 리브
가를 인도하여 모친 사라의 장막으로 들이고 그를 취하여 아내를
삼고 사랑하였으니 이삭이 모친 상사 후에 위로를 얻었더라

브엘 라해로이는 하갈이 도망하다가 여호와의 사자를 만났던 곳으로서 당시 아브라함과 이삭은 사라가 죽은 후에 헤브론을 떠나 남방으로 이주하였던 것 같다. 이로 보건대 아브라함과 이삭은 끊임없이 나그네로서 한 곳에 정착하지 않고 이동하는 삶을 살았다. 이삭은 모친이 죽은 후 들판에 나가 많은 시간을 기도하고 묵상하는 데 보냈던 것 같다. 리브가의 일행이 오고 있을 때 마침 이삭은 고요히 하나님 앞에서 묵상하고 있었다. 이것은 매우 아름다운 장면이다. 나는 젊은이들에게 이삭과 같은 결혼을 하도록 권면하곤 한다. 그는 오늘날 많은 젊은이들처럼 자신의 아내감을 찾아 동분서주하지 않았다. 그의 모든 필요는 하나님께서 미리 아시고 예비하시고 채워주셨다. 그는 다만 하나님 앞에서 기도와 묵상으로 시간을 보내고 있었을 뿐이다. 이것은 매우 아름다운 일이 아닐 수 없다.

리브가의 태도 또한 매우 아름답다. 어떤 신랑에게 어떤 신부가 주어지는 법이다. 리브가는 이삭을 보자 곧 면박을 취하여 스스로 가렸다. 면박이란 수건보다는 훨씬 큰 너울을 가리킨다. 리브가가 이렇게 자신을 너울로 가린 것은 신랑에 대한 신부의 겸양과 복종과 순결을 나타낸다. 이삭은 리브가를 인도하여 모친 사라의 장막에 들이고 그녀를 아내로 삼고 사랑하였다. 이는 그리스도와 교회의 거룩한 연합을 상징하는바 장래 교회는 거룩하고 흠 없이 되어 신랑인 그리스도께 인도될 것이다(엡 5:26-27).

25 장

1-4절, 아브라함이 후처를 취하였으니 그 이름은 그두라라 2 그가 시므란과 욕산과 므단과 미디안과 이스박과 수아를 낳았고 3 욕산과 스바와 드단을 낳았으며 드단의 자손은 앗수르 족속과 르두시 족속과 르움미 족속이며 4 미디안의 아들은 에바와 에벨과 하녹과 아비다와 엘다아니 다 그두라의 자손이었더라

이 부분은 성경학도들에게 큰 난제 중 하나이다. 그러나 성경을 자세히 읽지 않고 대충 읽는 사람들은 이 부분을 그냥 지나치고 만다. 성경을 자세히 연구하고 공부한다면 이 부분에서 당혹스러워할 것이다. 아브라함이 이삭을 낳을 때에도 백 세나 되어 죽은 자와 방불하다고 하였으며(히 11:12) 자기 몸의 죽은 것 같음을 알았다고 했었는데(롬 4:19), 지금은 시간이 더 흘러서 그의 나이는 137세였음에도 후처(그두라, 향기라는 뜻)를 통해 자녀를 여섯이나 더 낳았던 것이다.

이에 대하여 어거스틴(Augustine)은 아브라함이 이삭을 낳을 때에는 매우 노쇠했던 것이 사실이지만 이삭을 낳은 후 하나님의 은혜로 정력이 왕성하게 회복되었을 것이라고 말했으며 칼빈(Calvin)도 이 견해를 지지했다. 매튜 헨리도 동일한 해석을 가했다. 하나님의 약속에 의해 받은 정력이 그대로 남아 있었다. 이것은 하나님의 약속의 혜택이 자연적인 힘의 한계를 능가할 수 있다는 것을 잘 보여준 것이다.[9] 하나님이 주시지 않으면 몰라도 일단 주시면 쓰고도 남는 은혜를 주신다. 그러므로 그분의 은혜는 족한 은혜라고 부른다(고후 12:9). 2절과 3절에 기록된 후처의 자손들인 미디안 족속에 대해서는 이곳저곳에 조금씩 나와 있고(36:35, 37:28, 출 3:1,

9) 매튜 헨리 주석. p.104

18:1, 민 25:17), 욕산의 자손인 스바에 관해서는 욥기에 한두 번 나와 있으며(욥 1:15, 6:19), 드단에 대하여는 두로의 교역민으로 에스겔에 한 번 나와 있다(겔 25:13). 그 외에는 잘 알 수 없다.

아브라함은 이삭이 결혼하고서도 35년 동안 더 살았는데, 그 이후의 생활에 관해서는 이렇다 할 영적 체험이 기록되어 있지 않다. 다만 후처를 얻어 여섯 명의 아들을 더 낳았다는 것만 기록되어 있을 뿐인데, 이것은 그다지 영적인 결말로 보이지 않는다. 그렇다면 이삭을 제물로 바칠 정도의 높은 영성은 다 어디로 갔는가? 하나님으로부터 그처럼 많은 공과를 배우고 훈련을 거친 뛰어난 족장의 노년치고는 평범하다 못해 실망스러울 정도이다. 이것을 어떻게 이해해야 하겠는가? 첫째, 생명의 성장의 수준은 상대적이라는 것이다. 당시에 아브라함의 영성은 높은 것이었지만 그의 영성은 뒤에 오는 이삭과 야곱에 의해 보완되어야 했다. 아브라함과 이삭과 야곱은 따로 떨어진 세 사람이라기보다는 하나님 눈에 한 사람과 같다. 하나님은 아브라함에게서 아직 얻지 못한 영성의 부족을 이삭이나 야곱에게서 얻으려 하실 것이며 거기서도 부족한 부분이 있다면 요셉을 통하여 채우고자 하실 것이다. 결국 하나님은 아브라함과 이삭과 야곱의 하나님으로 불리우고자 하신다. 하나님은 그들을 거룩한 감람나무의 뿌리로 만들어 무성한 가지를 이룬 한 민족을 얻으려 하시며, 처음 익은 곡식가루를 거룩하게 하시어 온전히 거룩한 떡덩이를 얻으려 하신다(롬 11:16).

둘째, 구약 시대 사람의 영성은 신약의 성도들과 비교할 수 없다. 신약에 와서 빛은 태양과 같다. 구약 시대에는 별이 반짝이듯이 귀한 성도들이 있었지만 이제 그리스도의 오심과 그분의 죽음과 부활과 승천을 통하여 얻어진 귀한 열매들은 하나님의 최고의 걸작품들로 성장하여 가고 있다. 이는 그리스도의 신부요 몸이요 새 사람인 교회인데, 이 교회의 영광스러움과 아름다움은 온전히 창조자의 형상에까지 이르는 것이다(골 3:10).

사도 바울 같은 경우를 보면 그는 꺼지지 않는 불꽃처럼 처음 달릴 때부터 끝까지 같은 보조로 충성되었다. 그는 이러한 구약의 족장들처럼 여유롭게 살 시간을 갖지 않았다. 교회사적으로 매우 충성된 주의 종들의 발자취가 다 그러하다. 그들은 다 뜨겁게 타오르는 심지처럼 섬기다가 잠들었으며 더러는 순교했다. 그러나 구약의 시대의 족장들은 뭔가 예표적인 시대로서 여유로운 면이 있다. 그 때의 축복은 땅에 속한 면이 있었기 때문이다. 그러나 신약의 성도들의 소망은 전적으로 하늘에 속한 것이다(엡 1:3, 히 3:1). 결론적으로 하나님은 아브라함을 통하여 역사하실 것을 다 하시고 얻으실 것을 다 얻으셨으며, 이제 그분의 눈은 막 결혼하여 역사의 장면 안으로 들어선 이삭에게로 향하고 계신다. 위대한 족장 아브라함은 전면에서 사라지고 바야흐로 이삭의 시대가 도래한 것이다.

5-10절, 아브라함이 이삭에게 자기 모든 소유를 주었고 6 자기 서자들에게도 재물을 주어 자기 생전에 그들로 자기 아들 이삭을 떠나 동방 곧 동국으로 가게 하였더라 7 아브라함의 향년이 일백 칠십 오 세라 8 그가 수가 높고 나이 많아 기운이 진하여 죽어 자기 열조에게로 돌아가매…10 이것은 아브라함이 헷 족속에게서 산 밭이라 아브라함과 그 아내 사라가 거기 장사되니라

여기서 아브라함은 여전히 하나님의 약속을 가지고 있는 사람임을 볼 수 있다. 그는 많이 늙었지만 이런 면에서 결코 혼란되지 않았다. 재혼도 하였고 여러 아들들을 두게 되었지만 누가 유업을 이을 자인가에 대하여는 분명했다. 그는 자기의 참 아들 이삭에게 자기의 모든 소유를 물려주었다(5절). 그리고 서자들에게도 재물을 주어 아비로서의 책임을 다했으며 이삭의 후손과 혼선을 빚지 않도록 그들을 멀리 동쪽으로 보냈다. 그가 비록 나이가 많이 들고 후처를 두어 서자들도 낳았지만 하나님의 언약에 대하여는 끝까지 강한 신념을 갖고 있었음을 알 수 있다. 그는 끝까지 변치 않고 이삭만이 유일하게 하나님의 언약을 이어 나갈 자임을 알았던 것이다. 그는 자신의 책임 아래서 할 일을 다 한 후 일백 칠십 오 세에 자기 열조에게로 돌아갔다. 그는 가나안 땅에 들어와서 꼭 100년을 산 셈이다. 하나님은 그분의 택한 사람들의 날과 때를 정하신다. 백 년이란 숫자가 아브라함의 가나안에서의 삶이 정확하게 예정된 연수임을 깨닫게 한다. 아브라함만이 아니라 과거의 많은 믿음의 선진들의 햇수가 그렇게 정해진 경우가 많다.

8절의 아브라함의 죽음에 있어서 사용된 히브리어는 '포기했다' 또는 '만족한다'의 뜻이 들어있다. 그의 죽음은 그의 생명이 강제로 그에게서 떠나는 식의 죽음이 아니라 본인이 만족하여 그 생명을 포기한 것이다. 한글 번역으로는 수가 높고 기운이 진하여 죽었다고 말한다. 그는 충분히 이생에서의 삶이 만족했기 때문에 더 살고 싶은 마음이 없었던 것이다. 그는 충분히 살았으므로 더 좋은 곳을 동경하여 이생에서의 생명을 포기한 것이다. 열조에게 돌아갔다는 것은 죽음이란 이미 먼저 간 성도들과 함께 하기 위해 떠나는 것임을 의미한다.

아브라함은 재혼도 했지만 정실 부인인 사라와 함께 묻혔다. 아브라함의 신앙노정은 오직 사라와 함께 한 것이지 그두라는 아니었다. 모든 의미 있는 믿음의 길의 과정에서 사라는 아브라함의 동반자였다. 이들은 생명의 유업을 함께 얻을 자로 알아 서로 귀히 여기며 은혜를 얻으며 살았다(벧전 3:7). 살아있을 때 길을 함께 가며 서로 사랑하던 이들 부부는 죽어서도 함께 묻히기를 바랬다. 그들은 죽어서도 나뉘기를 원치 않았으며 함께 부활하기를 희망하는 표시로 함께 묻히기를 원했던 것이다.

11절, 아브라함이 죽은 후에 하나님이 그 아들 이삭에게 복을 주셨고 이삭은 브엘 라해로이 근처에 거하였더라

이 말씀에 따르면 이삭이 축복을 받은 것은 아브라함이 죽은 후이다. 이것은 하나님의 역사하심이 시대적이라는 것을 의미하기도 한다. 사울과 다윗의 경우나 엘리야나 엘리사의 경우를 보더라도 하나님께서 전임자를 사용하실 때에는 전적으로 그와 함께하신다. 그러다가 한 사람의 임무가 끝나면 다음 사람에게 새롭게 기름을 붓고 역사하시곤 한다. 또한 하나님의 축복은 대대로 이어진다. 하나님은 하나님을 순종하고 경외하는 사람에게 대하여 대대로 축복하신다. 사람은 자기 당대에 하나님의 축복을 다 받는 것이 아니다. 어쩌면 그 축복은 그가 죽은 후에 자손들이 받을 수도 있다(박윤선). 하나님은 그의 사랑하는 자들이 어디에 거주하는가도 매우 주의

하신다. 당시 이삭은 브엘 라해로이 근처에 거주하고 있었다. 하나님은 그의 사랑하시는 자로 인하여 그 땅을 매우 주목하고 계셨다. 하나님이 쓰신 사람 루터가 독일에서 나타났을 때 하나님은 독일에서 큰 역사를 하셨고, 영국 옥스퍼드에서 한 무리가 일어났을 때 하나님은 그들에게 전적으로 역사하셔서 역사를 일으키셨다.

12-18절, 사라의 여종 애굽인 하갈이 아브라함에게 낳은 아들 이스마엘의 후예는 이러하고… 17 이스마엘은 향년이 일백 삼십 칠 세에 기운이 진하여 죽어 자기 열조에게로 돌아갔고 18 그 자손들은 하윌라에서부터 앗수르로 통하는 애굽 앞 술까지 이르러 그 모든 형제의 맞은편에 거하였더라

이제 이스마엘의 족보가 기록되어 있는데 그는 열두 방백을 낳았다. 방백이라 함은 왕자들(princes)을 의미한다. 이스라엘에 왕이 세워진 것은 사사 시대를 지나 사울과 다윗 시대나 되어서이다. 그러나 이스마엘의 후손들은 얼마 안가서 왕들이 생겨난 것이다. 육의 사람들은 언제나 영의 사람들보다 빠른 조직력과 지도력과 용맹을 갖는다.

이스마엘은 137세까지 살았지만 그의 죽음에는 수를 다하였다는 기록이 없고 다만 기운이 진하여 죽었다고 기록하였다. 그는 오래 살았지만 완전히 만족하여 이생을 마친 것이 아니었다. 아직 세상을 떠나고 싶지 않았지만 기운이 진하니 돌아갈 수밖에 없었던 것이다. 이는 신실한 믿음의 사람인 아브라함의 죽음과 다른 뉘앙스를 풍긴다.

19-26절, 아브라함의 아들 이삭의 후예는 이러하니라…그 아내 리브가가 잉태하였더니 22 아이들이 그의 태 속에서 서로 싸우는지라 그가 가로되 이같으면 내가 어찌할고 하고 가서 여호와께 묻자온대… 25 먼저 나온 자는 붉고 전신이 갖옷 같아서 이름을 에서라 하였고 26 후에 나온 아우는 손으로 에서의 발꿈치를 잡았으므로 그 이름을 야곱이라 하였으며 리브가가 그들을 낳을 때에 이

삭이 육십세이었더라

이삭의 후예를 기록한다. 이삭은 40세에 결혼하였으나 20년간 자식이 없었다. 이삭은 리브가가 잉태할 수 있게 해달라고 기도했고 기도한 후에 잉태한 것이 쌍둥이였다. 잉태 시부터 쌍둥이들은 서로 싸웠다.

"두 국민이 네 태중에 있구나 두 민족이 네 복중에서부터 나누이리라"(23절). 이렇게 큰 분쟁도 원래는 작은 일에서부터 시작된다. 사실은 보이지 않는 사람의 뱃속에 분쟁의 씨앗이 숨겨져 있는 것이다. 교회든 사회든 인도하는 위치에 있는 사람들의 보이지 않는 마음속의 작은 분쟁의 씨앗과 차별적인 사랑이 큰 분열의 결과를 가져올 수 있으므로 중요한 위치에 있는 사람들의 정직하고 순수한 마음가짐은 전체를 위해 매우 중요하다. 리더가 좁은 마음으로 자기와 가까운 사람들만을 챙기거나 사람들을 이중적인 마음으로 대한다면 그 자체가 분열의 씨앗이고 곧 닥치게 될 비극의 전조이다.

앞으로 사역을 하려고 하는 젊은 사역자 후보생들에게 한 마디 하고자 한다. 교회를 섬길 때 절대로 마음속에서라도 편애를 해서는 안된다. 특별히 신임하고 애정을 쏟는 사람들이 있으면 교회는 분열적인 상황에 휩싸이게 된다. 가까이에 있는 사람들을 조심해야 한다. 가까이 있는 사람들은 언제나 최고 인도자의 신임을 받으려하기 때문이다. 사람은 누구든지 혈기를 지니고 있으며 사욕과 천연적인 애정을 떨치기 어렵다. 그러므로 조심해야 한다. 가까운 한 무리를 사랑하는 것이 큰 분열을 낳으며 많은 사람을 실족케 하는 원인이 된다. 특히 육신적인 관계를 주의해야 한다. 사역자의 육적인 자녀들은 더욱 순수하고 겸손하게 섬기도록 해야 하고, 부모된 사역자 역시 교회 중의 자녀에 대하여 객관적인 시각으로 대하고, 모든 성도와 공정하고 공의로운 대우와 관계를 해 나가도록 해야 한다.

27-34절, 그 아이들이 장성하매 에서는 익숙한 사냥군인고로 들사람이 되고 야곱은 종용한 사람인고로 장막에 거하니 28 이삭은 에서의 사냥한 고기를 좋아하므로 그를 사랑하고 리브가는 야곱

**을 사랑하였더라 29 야곱이 죽을 쑤었더니 에서가 들에서부터 돌
아와서 심히 곤비하여 30 야곱에게 이르되 내가 곤비하니 그 붉
은 것을 나로 먹게 하라 한지라 그러므로 에서의 별명은 에돔이더
라 31 야곱이 가로되 형의 장자의 명분을 오늘날 내게 팔라 32 에
서가 가로되 내가 죽게 되었으니 이 장자의 명분이 내게 무엇이 유
익하리요 33 야곱이 가로되 오늘 내게 맹세하라 에서가 맹세하고
장자의 명분을 야곱에게 판지라 34 야곱이 떡과 팥죽을 에서에게
주매 에서가 먹으며 마시고 일어나서 갔으니 에서가 장자의 명분
을 경홀히 여김이었더라**

에서는 전신이 붉고 갖옷 같아서 에서라 하였고 야곱은 발뒤꿈치를 잡고 나왔다 하여 야곱이라 하였다. 그들은 자라나서도 성격이 판이하였는데, 에서는 사냥을 좋아했고 야곱은 종용한 사람이어서 장막에 거하기를 좋아했다.

사람의 기질은 타고나는 법이다. 야곱의 기질은 종용하게 있기를 좋아하는 것이었다. 종용한 사람은 차분하여 깊이가 있을 수 있고 많은 것을 생각할 수 있다. 하나님의 사람들이 종용한 기질을 갖고 있어서 언제나 묵상하고 하나님과 교통할 수 있는 것은 매우 바람직한 일이다. 마리아는 늘 분주한 언니 마르다에 비해 종용한 편이어서 주님 발밑에서 사모함으로 말씀을 들었다. 주님은 그녀가 더 좋은 편을 택했다고 말씀하셨다. 그러나 야곱은 한 가지, 뱃속에서부터 앞서고자 하는 기질이 있었고 그래서 형과 싸웠다. 그것은 그의 기질이 강하다는 것을 증명한다. 그는 2등 하기를 싫어하고 남에게 지기 싫어하는 기질을 갖고 있었다. 이런 사람에게는 하나님의 다루심이 많게 된다. 그러나 하나님은 이렇게 기질이 특별한 야곱을 택하셨다.

야곱이 죽을 쑤었는데 밖에 나갔다가 들어온 에서가 야곱에게 그 붉은 죽을 요청했다. 그러자 야곱은 에서에게 장자의 명분을 팔라고 했다. 에서는 그에 응했고 그 붉은 죽 한 그릇에 장자의 명분을 팔아버렸다. "오늘 내

가 죽게 되었으니 이 장자의 명분이 내게 무엇이 유익하리요"(32절). 에서는 이렇게 간단하게 장자의 명분을 팔아버린 다음 야곱이 준 떡과 팥죽을 먹고 일어나서 갔다. 이에 대해 성경은 "그가 장자의 명분을 경홀히 여김이었더라"고 기록했다(34절). 신약 히브리서 12장 16절은 이 행동에 대하여 망령되이 행하였다고 표현했다. 이 행동이 겉으로는 굉장히 심각해보이지 않지만 하나님 앞에서는 굉장히 심각한 행동이다. 그로 장자가 되게 한 것은 하나님이시다. 그러나 그는 그 하나님의 주신 장자권의 축복과 유업을 아무 것도 아닌 것으로 여긴 것이다. 그리고 후에 에서는 야곱이 거짓말로 자신의 장자권을 탈취해 갔다고 말했다. 그러나 하나님의 눈으로 볼 때는 에서의 행동이 매우 잘못된 것이다.

아마 야곱은 종용히 앉아 있는 사람이기 때문에 리브가로부터 아브라함과 이삭으로 이어지는 축복의 상속권에 대해 들었을 것이다. 그는 그것이 장자에게 주어지는 몫이라는 것도 잘 알았을 것이다. 그는 자신의 집안 내력이 하나님 앞에서 매우 특별하며 큰 역사를 포함하고 있다는 것도 잘 알았을 것이다. 그러므로 리브가는 야곱이 이를 사모하도록 동기를 부여하는 데 결정적인 역할을 했을 것이다. 그리스도인 어머니들은 이와 같이 그리스도인 자녀들에게 어려서부터 믿는이들이 가진 소망에 대하여 잘 알려 주어야 한다. 그러나 야곱이 장자권을 사모한 것은 좋았지만 그것을 자신의 육체의 수단으로 취한 것은 옳지 않았다. 하나님이 그를 선택하셨으므로 그는 그것을 얻으려고 사람의 수단을 쓸 필요가 없었다.

그러면 에서는 어떠했는가? 그는 항상 바빴다. 오늘은 이 산으로, 내일은 저 산으로 사냥을 다니며 아버지에게 사냥한 고기를 갖다 드림으로 아버지를 기쁘게 하는 데 전념했다. 그러나 자신의 가장 중요한 신분에 대하여는 경홀히 여긴 것이다. 그는 한 그릇 식물을 인하여 장자의 명분을 팔아버렸다. 오늘날에도 음행과 더러운 일과 물질적인 유혹에 못 이겨 장자의 명분을 가볍게 팔아버리는 경우가 없지 않다. 히브리서 기자는 바로 이것을 경고하고 있다(히 12:16-17). 우리도 오늘 보이는 세계에서 매우 긴급하고 곤란한 일이 일어난다 하더라도 보이지 않는 세계의 더 중요하고 영원한 생명의 기업을 위하여 우리의 소망을 단단히 붙잡고 놓지 말아야 한다.

에서의 “내가 곤비하니”, “내가 죽게 되었으니”라는 표현은 모두 현재의 절박한 필요를 감지하는 사람들의 어조이다. 그런 사람들이 원하는 것은 현재의 절박한 필요를 채우는 것이다. 그들의 원하는 것이 눈앞에 놓여 있으면 그것은 매우 선명한 붉은 색으로 보이게 마련이다. 그러나 야곱은 보이지 않는 세계의 하나님이 주시는 축복을 원하는 사람이었다. 믿음으로 사는 자들이란 보이지 않는 세계를 보는 세계보다 더 진실하게 믿고 그것을 위해 투자하는 사람들이다. 보이지 않는 세계를 믿는 것은 오직 하나님의 말씀으로 말미암는다(히 11:3).

이스라엘 백성들은 왜 광야에서 다 멸절했는가? 그들은 장래에 누릴 좋은 땅을 바라는 것보다는 현재의 편리와 즐거움과 만족을 추구했다. 시편 기자는 “저희가 낙토를 멸시하며 그 말씀을 믿지 아니하고”(시 106:24)라고 한다. 저들의 눈에는 현세의 필요한 것들이 붉은 색으로 보였으며 낙토의 풍성함과 행복은 잿빛으로 희미하게 보였다. 그러므로 그들은 그리스도를 은 삼십으로 값싸게 팔아버린 것이다(슥 11:13).

그러나 모세는 달랐다. 그의 시야는 광야에서 이스라엘 백성들의 그것과 달랐던 것이다. 그는 그리스도를 위하여 받는 모든 능욕의 삶을 애굽의 모든 보화보다 더 큰 재물로 여겼다. 이는 그의 눈이 모든 사물을 믿음의 눈으로 바라볼 수 있었기에 많은 사람들과 달랐다는 것을 의미한다. 누구든지 현재의 것에 집착하면 할수록 장래의 것을 소홀히 할 것이다. “이 모든 것이 이렇게 풀어지리니 너희가 어떠한 사람이 되어야 마땅하뇨 거룩한 행실과 경건함으로 하나님의 날이 임하기를 바라보고 간절히 사모하라 그 날에 하늘이 불에 타서 풀어지고 체질이 뜨거운 불에 녹아지려니와 우리는 그의 약속대로 의의 거하는바 새 하늘과 새 땅을 바라보도다”(벧후 3:11-13).

많은 사람들이 순간적인 즐거움과 필요를 위해서 미래와 영원을 포기하려하니 얼마나 어리석은 것인가? 사도의 권면처럼 그렇게 바라볼 수 있는 시야를 얻게 되는 것은 성도가 현재와 미래를 모두 믿음의 눈으로 바라볼 때이다.

26 장

1-6절, 아브라함 때에 첫 흉년이 들었더니 그 땅에 또 흉년이 들매 이삭이 그랄로 가서 블레셋 왕 아비멜렉에게 이르렀더니 2 여호와께서 이삭에게 나타나 가라사대 애굽으로 내려가지말고 내가 네게 지시하는 땅에 거하라 3 이 땅에 유하면 내가 너와 함께 있어 네게 복을 주고 내가 이 모든 땅을 너와 네 자손에게 주리라…6 이삭이 그랄에 거하였더니

우리는 여기서 사람의 시험은 궁핍할 때 임한다는 것을 알 수 있다. 누구에게나 시험은 다 있는 법이다. 12장의 흉년 때에 아브라함은 애굽에 내려갔다. 그때 하나님은 아브라함에게 아무 말씀도 하지 않으셨다. 그러나 이번에 이삭에게는 하나님께서 애굽으로 내려가지 말고 가나안 땅에 거하라고 하셨다. 야곱에게는 애굽에 내려가라고 하셨다. 아브라함에게는 아무 말씀도 하지 않으셨고, 이삭에게는 내려가지 말라고 하셨으며 야곱에게는 내려가라고 하셨다. 이는 하나님의 균일하지 않으심을 보이는 것인가? 그렇지 않다. 하나님은 그 땅의 중요성을 여전히 중히 여기신다. 야곱이 내려간 것은 하나님의 경륜에 입각한 것이었다. 이삭에게 하나님이 내려가지 말라고 하신 것은 그에게 있어서 그 시험을 이기기 어려운 것이기 때문이었으며, 그는 다만 아버지로부터 얻은 것을 누리는 것을 예표하는 인물이기 때문이다. 하나님은 그 사람에게 알맞은 환경을 주신다. 그때 이삭은 20장에서 아브라함이 내려갔던 그랄로 갔다. 그랄은 가나안의 영토이지만 경계선에 위치한 곳이었다. 그곳은 아비멜렉이 통치하고 있었는데, 이 아비멜렉은 20장에서 아브라함이 만났던 아비멜렉이 아니다. 아비멜렉이란 애굽의 바로와 같이 그랄 땅의 왕을 통칭하는 이름이다.

이삭이 그랄에 거한 것은 하나님의 말씀을 순종한 것이었는가? 애굽에 가지 않았으므로 불순종한 것은 아니었지만 그 지경은 다른 세력권 내(블레셋 왕이 통치하고 있는)에 있는 매우 위험한 곳이었다. 그러나 양식이 핍절하여 이삭은 그랄로 간 것이다. 하나님께 불순종한 것은 아니지만 그렇다고 해서 하나님과 가까이 교제할 수 있는 가장 올바른 위치에 있었던 것은 아니었다. 그러한 이삭의 절반의 순종이 시험을 초래했다. 그가 그렇게 애매한 위치에 자신을 놓다보니 그만 낮은 데 떨어지고 만 것이다. 이 장에서 우리는 사람의 위치의 중요성을 본다. 그가 만일 아비멜렉에게 가지 않았더라면 그는 자신의 아내에 대하여 부인하며 거짓말할 필요성이 없었을 것이다. 베드로가 주님을 부인한 것도 대제사장의 집에 가서 불을 쬐고 있었기 때문이었다.

위치의 문제

우리는 어떻게 해서 영적으로 유리한 위치를 얻게 되는가? 절대적으로 순종하는 발걸음에 의해서이다. 어떤 사람들은 이삭이 그랄 왕에게 그렇게 거짓말을 하지 말아야 한다는 것에 중점을 두지만 그 이전에 이삭은 그곳에 가지 말아야 했다는 것은 덜 인식한다. 그가 그곳에 가지 않았더라면 그런 말을 할 유혹을 받지도 않았다. 베드로가 대제사장의 집 안에 들어가지 않았더라면 그런 딜레마에 빠지지 않아도 된다. 그러니 첫 번째 단추가 잘못 꿰어졌을 때 뒤이어 많은 문제가 오게 된다. 대가를 지불하여 절대적인 길을 걸어가야 강하고 바른 말을 할 수 있는 위치가 생겨나는 것이다. 당신이 만일 믿음이 약하고 생계가 걱정이 되어 절대적으로 분별된 길을 가지 못하고 타협하는 무리와 함께 연합한다면 조만간 당신의 입에서 절대적인 진리가 아닌 타협성이 있는 말들이 발설됨을 볼 것이다. 그리고 또 조만간 그 입에서 하지 말아야 할 것인지, 해야 할 것인지 고민이 되는 말을 해야만 하는 상황에 빠질 것이다. 이는 당시 아브라함이나 이삭이 체험한 것인데 오늘도 수많은 사람들이 같은 실수를 반복하고 있다.

7-10절, 그곳 사람들이 그 아내를 물으매 그가 말하기를 그는 나의 누이라 하였으니 리브가는 보기에 아리따우므로 그곳 백성이 리브가로 인하여 자기를 죽일까 하여 그는 나의 아내라 하기를 두려워함이었더라 … 10 아비멜렉이 가로되 네가 어찌 우리에게 이렇게 행하였느냐…

우리는 이 장에서 그리스도인이 서 있는 위치의 문제와 주 안에서 앞선 자들의 발걸음을 따르는 문제를 보아야 한다. 이삭은 아브라함의 모든 발걸음을 그대로 따를 필요는 없었다. 물론 믿음과 같은 귀한 것들은 배워야 하겠지만 흉년이 들었을 때 애굽에 내려가는 것은 그대로 따라 할 필요가 없었다. 사람이 앞선 사람들을 존경하다보면 배울 것만 배우는 것이 아니라 배울 필요가 없는 것까지 본받으려 하는 경향이 있다. 기근으로 인하여 애굽으로 내려간 체험은 아브라함으로 족한 것이고 이삭에 와서는 그럴 필요가 없었다. 이는 친히 하나님께서 가르쳐 주신 것이다.

아브라함이 두 번씩이나 한 실수를 이삭이 되풀이하고 있다. 이는 전시대의 실수를 후시대 사람들이 반복하고 있음을 암시한다. 우리는 오늘날 기독교 역사에서 피 눈물을 흘리며 겪고 배운 실패의 이야기들을 후시대 제자들이 반복하는 것을 볼 때 많은 느낌이 있다. 처음에는 신선하게 출발했던 부흥 운동이 제2대에 가서는 조직화되고 유지 보존 작업에 심혈을 기울이다가 신선함을 잃어버리고, 초기의 헌신과 고난의 좁은 길 대신 편안함과 안전과 지식과 교리만을 붙잡는 현상들은 거의 매번 되풀이된다. 우리는 아브라함과 이삭의 이야기를 읽으면서 어쩌면 아버지 때 두 번이나 실패한 것을 자식 때에 되풀이할 수 있느냐고 묻겠지만, 지금 교회들이 걷고 있는 발자취를 그때 일과 비교해볼 때 그리 놀랄 일이 못 된다. 이를 통해 인간이 빠지는 육체의 함정은 너무나 비슷하다는 것을 알 수 있다.

사람은 역사를 통하여 일종의 겸손을 배워야 한다. 왜 사람들은 역사를 존중하지 않는가? 그리고 같은 오류를 범하는가? 이는 부주의만이 아니라 사람의 내면에 일종의 교만이 들어 있기 때문이다. 그들은 그렇게 했지만 자신은 그렇게 안할 자신이 있다는 말일 것이다. 그러나 그것은 교만이 들어있는 생각이다. 나는 1800년대의 형제단 운동을 생각해본다. 그들은 그 이전 시대에 보지 못했던 엄청난 양의 계시를 밝혀냈다. 그로 인해 그들이 기독교에 공헌한 것이 컸다. 오늘날 알게 모르게 기독교 신앙에 그들이 기여한 부분은 말로 다 할 수가 없다. 이 나라의 기독교 초기 부흥도 그 뿌리를 거슬러 올라가다 보면 그들의 영향력과 무관하다고 할 수가 없다. 스펄전과 무디 등도 그들과 관련이 있으며 중국의 워치만 니의 부흥도 그들의 업적과 직접적인 관련이 있다고 말할 수 있다.

그러나 그들의 열매는 어떠한가? 그들이 말씀을 지키고 간절한 마음으로 전진하려고 한 여러 가지 업적에도 불구하고 오늘날에 이르러 유감스럽게도 그들에게서 보편적이지 못한 사고를 접하게 된다. 우리는 이를 역사를 통해 배웠다. 이삭은 과거 아브라함이 간 길에서 성공과 실패 두 가지에서 다 배워야 했다. 그러나 이삭은 성공에서는 배웠지만 실패에서는 배우지 않은 것 같다. 자신은 아브라함이 실패한 것을 실패하지 않을 자신이 있다고 생각한 것 같다. 성경에서 말한 몇 가지를 강하게 실행하다보면 바리새인과 같이 다른 그리스도인에 대한 멸시가 들어오고 자신들이 남들보다 낫다는 교만이 들어오게 됨을 주의해야 한다. 그러다보면 주님에 대한 사랑과 겸손, 보편적인 형제들에 대한 사랑 등의 주님 자신의 인성과 미덕은 어디론지 빠져나가고 몇 가지 강한 교리적 실행을 붙드는 것들만 남아 있게 됨을 주의해야 한다. 이는 후세에 커다란 경계가 되는 것이다.

그들이 많은 진리에서 기독교에 끼친 영향이 있고 주님이 그들의 업적과 수고를 존중하시며 기억하실지라도 그들의 교회관에 있어서는 보편적으로 인정되지 않았다. 그들의 교회관은 기독교의 어떤 단체들보다 더 성경적일지라도 역사를 통하여 흘러온 기독교의 형편을 존중하거나 고려한 것이 아니기에 그 모든 것이 보편적으로 받아들여지지 못했고 결국 그들은 하나의 분파(sect)로 남게 된 것이다. 전체 하나님의 백성들의 입장을 고려하지 않고 성경적이라고 해서 스스로 옳다하는 교회의 입장은 하나님이 인정하시지 않는 듯하다. 거기에 겸손과 긍휼과 자신을 신뢰하지 않음과 하나의 영이 부족하기 때문이 아닐까? 그러기에 저들은 분파가 될 수밖에 없고 보편을 잃게 되는 것이며 그 열매는 바람직하지 않았다는 것이다. 바람직하지 않다는 말은 신앙에 있어서 추상적이며 이중적이고 교만과 편협이 들어있다는 말이다. 많은 부분에서 신앙이 아이디얼(ideal)하여 현실 적용 가능하지 않으면 추상에 머물고 교리적이고 지식적인 것에 빠지고 만다. 그리고 이상과 현실의 괴리를 도저히 메꿀 길이 없다.

우리가 그러한 사람들에게 하고 싶은 말은 너무 쉽게 자신을 신뢰하지 말라는 말이다. 이삭은 그 아버지의 실패의 공과를 그렇게 깊이 인식하지 못했기에 그렇게 한 것이다. 즉 그는 어물쩍한 태도를 취했다. 아버지처럼 애굽으로 내려가지는 않았지만 그렇다고 가나안의 입장을 강하게 지키지도 않았던 것이다. 따라서 그랄 사람들은 아버지와 같은 방식으로 이삭을 시험하고 말았다. 실패한 것을 반복하지 않으려면 애매하거나 어물쩍한 태도를 버리고 분명한 입장을 취해서 돌아서야 한다. 많은 사람들이 전에 해보려다가 되지 않은 일을 다시 계획하고 시도하면서 어중간한 입장에서 밀고 나가는데 그 결과는 대부분 전보다도 못하다. 그 역사의 성공여부를 떠나서 이전의 편협하고 교만한 열매를 다시 맺게 된다는 말이다. 그들이 원래 지향한 것은 그것이 아니었지만 결과는 전과 동일한 것이다. 그러므로 후세의 성도들이 교회 역사를 통해서 배우는 일은 매우 중요한 일이다. 하지만 여전히 그 가운데 머물러 있는 사람들은 자신들의 입장이 옳고 성경적이라고 믿기에 결코 이런 말에 수긍하지 않으려 할 것이다. 그러나 그들이 많은 경우 자신의 정체성에 대하여 질문을 받을 때 이삭처럼 참된 말을 하기 어려운 것을 경험을 했을 것이다. 이것이 바로 위치의 문제가 아닌가? 위치가 바르다면 그런 어려움은 생기지 않는다. 다시 말하지만 위치는 순복의 결과이다. 순복하고 또 순복할 때 당신은 견고한 위치를 얻게 된다. 중도의 순종, 어물쩍한 순종이 당신으로 하여금 거짓을 말하게 하는 것이다. 베드로도 그렇게 어물쩍하게 충성하다가 거짓말과 더불어 주님을 부인하게 되었다.

이삭의 거짓말은 가만히 생각해볼 때 아브라함이 한 것보다 한 발 더 나아간 거짓말이다. 왜냐하면 리브가는 촌수로 쳤을 때 이삭의 사촌의 딸이니 조카인 셈이며 누이라고 할 수 없기 때문이다. 이는 아브라함이 사라를 누이라고 한 것보다 더 큰 거짓이다. 아버지는 그렇게 변명이라도 할 수 있었지만(이복 누이, 20:12), 그는 그렇게 말할 수도 없었던 것이다.

이것이 내가 말하는 위치의 문제인 것이다. 당당한 위치에 서있지 않으므로 말미암아 뭔가 위축되고 거짓을 말해야 하는 상태에 처하는 것이다. 베드로가 주 예수를 부인하는 지경에 이르게 된 것도 바로 그 때문이다. 베드로는 꺼림칙한 마음으로 그 대제사장의 뜰에 갈 필요가 없었다. 자신을 애매한 곳에 둘 때 결국 거짓말을 하게 되는 것이다.

성경에서 주님이나 바울이 당시의 막강한 유대교의 세력으로부터 말할 수없는 핍박을 당했지만 자신의 정체성을 슬슬 숨기면서 일한 흔적을 발견하지 못한다. 주님은 언제나 당당히 '하늘에서 하나님이 보내셔서 왔다', '아버지가 하시는 일을 내가 한다'고 담대히 말씀하시고 자신이 하나님의 아들이심을 숨기지 않았다. '나는 아버지 안에 있고 아버지는 내 안에 있다'고 하셨다. 이는 매우 담대한 말이다. 그분은 언제나 거리낌 없이 진리를 말씀하셨다.

거짓은 어떻게 변명할지라도 거짓이다. 여러 말을 할 필요가 없다. 다른 여러 제자들은 도망갔지만 베드로처럼 부인하지는 않았다. 이는 그들이 애매한 위치에 서있지 않았기 때문이다. 차라리 '나는 부족한 사람'이라고 말하라. 그것이 위선과 거짓을 말하는 것보다 낫다. 역사에서 배우지 않으려고 하는 자들은 이전의 사람들은 실패했어도 우리만은 그렇지 않다고 하지 말고 겸손한 마음으로 배우는 것이 옳다. 다른 사람들보다 자신들만이 성경적으로 옳게 간다고 상상하면서 속임수에 빠지지 말라. 도리어 우리는 선배들보다 훨씬 못한 사람이라고 시인해야 한다. 그럴 때 안전하며 그런 길을 다시 가지 않을 수 있을 것이다. 아브라함이 두 번이나 실패했음에도 자기는 실패하지 않을 것이라고 생각했다면, 그것은 이삭이 역사를 통해 배우지 않은 것이며 자신을 신뢰했기 때문임을 잊지 말기 바란다.

12-16절, 이삭이 그 땅에서 농사하여 그 해에 백배나 얻었고 여호

와께서 복을 주시므로 13 그 사람이 창대하고 왕성하여 마침내 거부가 되어 14 양과 소가 떼를 이루고 노복이 심히 많으므로 블레셋 사람이 그를 시기하여…16 아비멜렉이 이삭에게 이르되 네가 우리보다 강성한즉 우리를 떠나가라

하나님은 그분의 자녀가 올바른 위치에 있지 않다 하여 축복하시지 않는 것이 아니다. 그러나 그 축복의 질(質)이 문제가 된다. 하나님은 이삭이 블레셋 왕의 관할 내에 있었지만(그것이 곧 가나안을 떠난 것은 아니었다) 물질적으로 매우 축복하셨다. 물질적인 축복은 다소 외적인 것이다. 이것은 블레셋 사람들에게도 민감한 사안(事案)이었다.

당시의 이삭으로서는 영적인 상태가 거기까지 미쳤다. 그러므로 하나님은 그 상태에서 이삭을 축복하신 것이다. 그러나 그곳이 최고점은 아니고 바람직한 상태와 위치도 아니었다. 그랄에서는 하나님의 물질적인 축복이 있었고 그들과 다툼 가운데 있었지만, 그가 브엘세바로 올라갔을 때 그는 비로소 여호와 하나님의 말씀하심과 임재를 체험한다(23-24절).

블레셋 사람들은 육체 안에 있는 사람들을 상징한다. 그들은 이삭의 외적인 축복과 우물을 매우 관심했다. 그것은 오늘날 사역에서 사람 수나 물질적인 방면의 축복에 비할 수 있다. 이에 대하여 육적인 사람들은 매우 민감하게 반응한다. 그러나 하나님의 나라는 이런 것에 있지 않다. 결국 이삭이 얻은 외적인 축복은 블레셋 왕의 시기를 촉발했고, 이삭은 '우리를 떠나가라'는 추방 명령을 듣게 된다. 그랄 땅에서 이삭이 추구한 것은 양과 소가 아니었다. 그가 그렇게 거부가 된 것은 하나님의 축복으로 말미암은 것이지 그가 추구해서 된 것이 아니었다. 블레셋 사람들은 이삭의 내적인 세계는 알 길이 없으므로 다만 외적인 번영을 보고 시기했던 것이다.

17절, 이삭이 그곳을 떠나 그랄 골짜기에 장막을 치고 거기 우거하며

이삭은 아비멜렉에게 쫓겨나서 떠났지만 단번에 하나님이 기뻐하시는 지점까지 이르지는 못했다. 그럴지라도 그는 떠났고 다른 장소를 찾아야 했다. 어떤 그리스도인 단체 가운데에 독한 시기와 다툼이 있으면 그곳을 떠나야 한다. 그곳에서는 이삭처럼 외적으로 축복을 받을 수는 있을지라도 하나님이 임재하시고 말씀하시는 곳은 아니기 때문이다. 많은 경우 하나님은 시기와 다툼이 일어나게 하여 있지 말아야 할 장소를 떠나게 하신다. 이는 매우 기묘한 하나님의 인도이다. 당신도 이삭처럼 어느 지점에서 상당한 축복이 있었다 하더라도 그곳이 반드시 머물러야 할 곳이 아니라는 것을 알게 된다.

18-19절, 그 아비 아브라함 때에 팠던 우물들을 다시 팠으니 이는 아브라함 죽은 후에 블레셋 사람이 그 우물들을 메웠음이라…19 이삭의 종들이 골짜기에 파서 샘 근원을 얻었더니

그리스도인들은 과거 영적 선진들이 남겨놓은 유산들을 존중해야 한다. 이삭이 아브라함 때에 팠던 우물을 다시 판 것은 매우 의미가 있다. 비록 육적인 사람들에 의해서 귀한 유산들이 메워져 있을지라도 거기에는 아직도 유익을 얻을 만한 귀한 것들이 남아 있기 때문이다. 그렇다고 해서 과거의 우물만 다시 파고 그 물만 마시는 것은 옳지 않다. 이삭은 골짜기에 새롭게 우물을 파서 새로운 샘 근원을 얻었다(19절).

후세 사람들은 반드시 전 시대의 영적 인물들을 통하여 도움을 얻어야 하고 그 빛을 근거로 하여 더욱 전진할 수 있도록 은혜를 구해야 한다. 실패도 성공도 후세의 사람들에게는 다 배워야 할 자료가 된다.

20-22절, 그랄 목자들이 이삭의 목자와 다투어 가로되 이 물은 우리의 것이라 하매 이삭이 그 다툼을 인하여 그 우물 이름을 에섹이라 하였으며 21 또 다른 우물을 팠더니 그들이 또 다투는 고로 그 이름을 싯나라 하였으며 22 이삭이 거기서 옮겨 다른 우물을 팠더니 그들이 다투지 아니하였으므로 그 이름을 르호봇이라 하여 가로되 이제는 여호와께서 우리의 장소를 넓게 하셨으니 이 땅

에서 우리가 번성하리로다 하였더라

육적인 사람들은 자기들은 수고하지 아니하고 다른 사람들이 파놓은 우물을 탐내는 법이다. 당시로는 우물을 몇 개 소유했느냐가 성공의 표시였던 것 같다. 이삭은 교회 생활에 관한 한 수고하는 개척자였다. 그는 어디를 가든지 스스로 오늘날로 말하면 교회 생활의 누림을 의미하는 생수의 우물을 팠다. 그러나 블레셋 사람들은 이삭이 힘들여 파놓은 우물을 자기들 것이라고 하면서 다투었다. 아마도 그들은 그 지경이 당시 블레셋의 관할 하에 있는 영토임을 내세워 그렇게 주장하였던 것 같고, 이삭과 그의 종들은 자기들이 팠다는 것을 근거로 소유권을 주장하였던 것 같다.

이때 이삭의 행동은 무엇이었는가? 다투지 않고 다른 곳으로 가서 다시 우물을 팠다는 것이다. 그러다가 르호봇까지 이르렀을 때 블레셋 사람이 따라오지 않았는데 그곳의 특징은 넓은 것이다. 넓은 데 와서 일하니 싸울 필요가 없었던 것이다. 좁은 곳에서는 네 것 내 것 표시가 잘 나지만 넓은 곳에서는 남의 소유와 자신의 소유를 놓고 다툴 필요가 없다. 이 세상은 주의 일을 하며 복음을 전할 곳이 아직도 넓다. 사도 바울이 사역할 때도 많은 유대교도들이 따라다니며 그가 판 우물을 메우고 다녔다. 그러나 그는 한 군데 머물며 일하지 않고 넓은 범위를 다니며 일하고 또 일했다. 그렇게 계속 나아갔을 때 이제 대적 자들은 더 이상 따라올 수 없었을 것이다. 하나님이 그에게 넓은 범위와 번성의 축복을 주셨기 때문이다.

23-25절, 이삭이 거기서부터 브엘세바로 올라갔더니 24 그 밤에 여호와께서 그에게 나타나 가라사대 나는 네 아비 아브라함의 하나님이니 두려워 말라…25 이삭이 그곳에 단을 쌓아 여호와의 이름을 부르고 거기 장막을 쳤더니 그 종들이 거기서도 우물을 팠더라

브엘세바에서 단을 쌓음

이삭이 브엘세바로 올라간 것은 바른 위치로 간 것이다. 이는 자신의 기근을 해결하기 위해, 즉 자신의 문제를 해결하기 위해 올라간 것이 아니라 하나님을 향하여 올라간 것이다. 그가 블레셋 사람들과 다투고 또 다투면서 르호봇까지 오다 보니 결국은 하나님을 향하여 올라가게 되었다. 주님을 매우 사랑하는 사람이라 하더라도 제자리에 돌아오기까지는 많은 과정을 통과하게 되는데, 거기에는 다툼과 어려움과 헤어짐 등 많은 일들이 있고 수고가 있다. 그런 후에 결국은 하나님 자신께로 나아오게 되며, 그제서야 하나님의 음성을 듣고 단을 쌓으며 여호와의 이름을 부르게 된다.

26장은 그리스도인이 서 있는 위치의 중요성에 대해서 재삼 깨우쳐주고 있다. 이 사상은 이 장에 감추어져 있지만 매우 의미깊다. 이삭이 그랄에 있던 것도 하나의 위치의 문제이며 브엘세바에 간 것은 또 하나의 문제이다. 애굽에는 '내려가는 것'(go down, 2절)으로 표현했고, 브엘세바는 '올라가는 것'(go up, 23절)으로 표현했다. 그가 애굽에 내려간 것은 먹고 사는 양식 문제 때문이었다. 누구든지 양식 문제로 인하여 길을 결정하여 걸어간다면 그 길은 필경 내려가는 길이다. 여러 가지 이유와 변명을 늘어놓을 필요가 없다. 동기가 무엇인지 살펴보기 바란다.

그러다가 그는 중간 지대인 그랄에서 많은 것을 얻기도 했지만 또 잃기도 했다. 블레셋 사람들의 시기가 있었고 빼앗으려고 하는 방해가 있었다. 그때 그는 주님을 얻기 위해 모든 것을 양보하고 버렸으며 브엘세바로 올라갔다. 어떤 사람이 주님을 좇기 위해 버리고 또 버린다면 필경 하나님은 그를 브엘세바로 인도하실 것이다. 그곳에서 하나님은 그에게 나타나실 것이다.

당신은 그리스도인이나 교회가 합당한 위치를 갖는 것이 자동적으로 되는 것이 아님을 알아야 한다. 반드시 대가의 지불이 있어야 하는 것이다. 이삭은 우물을 파놓을 때마다 블레셋 사람들이 찾아와서 빼앗았지만 양보하고 또 양보해서 최종적으로 르호봇에 이르렀으며 결국에는 브엘세바까지 이르렀던 것이다. 브엘세바는 어떤 뜻이 있는가? 브엘세바는 아버지 아브라함이 암양 새끼 일곱을 주고 산 우물이다. 브엘세바는 일곱 우물이라는 뜻과 맹세의 우물이라는 뜻을 가지고 있다. 그곳은 사람들과의 대립과 투쟁이 맹세로 끝난 곳이다. 또한 아버지가 정당한 가격을 치르고 매입한 곳이다. 그러므로 안정되게 거하며 예배할 수 있다. 그곳에서 아버지 아브라함은 에셀 나무를 심고 여호와 엘오람(영생하시는 하나님)의 이름을 불렀다. 당시 족장들은 생명나무를 상징하는 에셀 나무를 심고 생명수를 상징하는 생명의 우물을 파고 그곳에서 하나님을 경배했던 것이다. 이는 매우 의미깊은 장소이다. 즉 이 지점은 그냥 얻어진 것이 아니요 대가를 지불하여 얻은 경배의 장소인 것이요 맹세로 얻어진 곳이다. 그러기에 이곳에 다툼이 없는 것이다.

그리스도인의 합당한 경배 장소는 다툼이 없는 평강의 장소이다. 예루살렘은 평강의 기초가 있는 성이다. 그러므로 그곳에 성전이 세워지기에 합당하다. 당시 브엘세바는 이삭에게 있어 하나님을 경배하기에 합당한 지점이었다. 그리스도인에게 있어서 가장 큰 축복은 무엇인가? 양떼와 소떼가 많아져서 거부가 되는 것인가? 이삭은 사실 그랄 땅에서 거부가 되었지만 그 위치는 그렇게 옳은 위치는 아니었다. 그곳에서도 하나님은 그에게 축복하시고 많은 것을 주셨다. 그러나 그곳은 하나님의 나타나심이나 단이 없었고 주의 이름을 부를 곳이 없었다.

이삭이 브엘세바에 올 때 비로소 하나님의 나타남을 얻은 것은 매우 의미심장하다. 그렇게 모든 것을 포기하고 하나님을 향하여 옮긴 발걸음이 하나님의 임재를 얻게 한 것이다. 이삭은 그곳에 단을 쌓고 주의 이름을 불렀다. 그곳은 아버지 아브라함이 에셀나무를 심고 영생하시는 하나님을 부른 곳이요 진정한 경배를 드린 곳이다. 실상 그곳에서 아브라함은 이삭을 제물로 드릴 정도까지 믿음이 성장했다. 후세의 성도들이 많은 경로를 거쳐 하나님의 임재를 얻었다고 자랑하지만 그곳은 실상 믿음의 선진들이 체험하여 얻은 경지임을 아는 것은 중요하다. 이는 우리를 겸손케 한다. 당신이 주 안에서 많은 일을 하고 많은 업적을 이루며 지식과 체험도 가지고 은사와 열매도 얻었다고 하더라도 그곳이 브엘세바가 아니라는 것을 알기 바란다. 주님은 어느 날 당신을 브엘세바로 인도하실 것이다. 그리고 그곳에서 당신은 하나님을 볼 수 있을 것이다.

그리스도인에게 가장 큰 축복은 무엇인가? 양떼와 소떼를 많이 얻는 것인가? 백 배의 수확을 얻는 것인가? 12절은 분명히 하나님이 그에게 복을 주었다고 말했다. 그런데 그런 복은 블레셋 사람들도 시기하는 것이었다. 교회가 커지고 따르는 사람이 많아지며 큰 역사가 있을 때 하나님을 모르는 사람들도 시기하게 된다. 생수의 우물물을 블레셋 사람들이 시기하여 서로 갖겠다고 다투었다. 우물물을 파는 것은 아름다운 교회 생활을 개척하는 것으로도 비유할 수 있다. 체험 있는 사람이라면 성도들의 좋은 누림과 교회의 좋은 상태조차도 많은 사람들에게는 다툼의 근거가 된다는 사실을 안다. 안타깝게도 이를 개척하고 만들어 내고자하는 바울과 같은 사람들은 적고 만들어진 그것을 인수하고자 하는 사람은 많기 때문이다. 따라서 다른 사람이 수고하고 피땀 흘려 있게 한 그것을 서로 취하고자 하는, 그리스도인들이 얻고 누리는 풍성과 즐거움을 획득하려는 투쟁이 있게 되는 것이다. 이에 대하여 이삭은 일일이 싸우지 않고 모두 양보하고 떠났다. 여기에 복된 성도의 전진하는 발걸음이 있다. "주께 힘을 얻고 그 마음에 시온의 대로가 있는 자는 복이 있나이다 저희는 힘을 얻고 더 얻어 나아가 시온에서 하나님 앞에 각기 나타나리이다"(시 84:5,7) 그리고 이삭은 브엘세바에 이른 것이다.

브엘세바에 이르러 이삭이 얻은 것은 무엇인가? 그는 하나님의 나타나심을 얻었다. 그는 가장 귀한 것을 얻은 것이다. 이것이 택한 백성들이 얻은 존귀와 영광이다. 하나님의 자녀들이여! 무엇이 가장 큰 축복인가? 하나님의 나타나심과 주님 자신께 경배를 드리는 것이다. 우리가 합당하게 단을 쌓고 주의 이름을 부를 수 있음이 쉬운 일이라고 생각하는가? 절대 그렇지 않다. 브엘세바까지 이르러야 그 위치를 얻을 수 있다.

과거 젊을 때 나는 이것이 그렇게 중요한 문제인지 인식하지 못했었다. 어디서든지 그저 하나님의 나타나심을 얻을 수 있고 단을 쌓고 주의 이름을 부르면 다 얻을 수 있고 되는 줄 알았다. 그러나 오랜 세월이 지난 후 그렇지 않음을 발견하였다. 주님은 신약에서 "사람이 나를 사랑하면 내 말을 지키리니 내 아버지께서 저를 사랑하실 것이요 우리가 저에게 와서 거처를 저와 함께 하리라"(요 14:23)고 하셨다. 사람이 주님을 진정으로 사랑하여 주님의 계명을 지켜나가는 생활을 해야 하나님의 거처가 될 수 있다. 시편에도 진실로 하나님을 경외하는 자에게 그분의 비밀을 보이신다고 하였다(시 25:14). 성도들이 진실로 주님의 나타나심을 얻을 수 있음은 어떠한 축복인지! 당신은 아직도 어디서든지 주님은 나타날 수 있고 어디서든지 단을 쌓고 주를 부를 수 있다고 믿는가? 이론상으로는 그럴 것 같지만 체험적으로는 그렇지 않다.

이삭은 브엘세바에 와서도 우물을 팠는데 이때 판 우물은 블레셋 사람들이 와서 다투며 간섭하거나 중지시키지 못하는 우물인 것이다. 그들은 이삭이 여호와의 임재를 누리는 것은 시기하지 못했다. 그들은 얻었지만 잃었고 이삭은 잃었지만 얻었다. 이삭이 자신이 파놓은 우물들을 잃지 않으려고 일일이 그들과 싸우며 경쟁했다면, 우물은 잃지 않았을지 몰라도 하나님의 나타나심은 잃었을 것이다. 이 지점에 이를 때 하나님은 이 땅에 속한 이해관계의 얽매임과 무익한 분요함에서 벗어나서 진정으로 하나님을 경배하는 무리의 합당한 간증을 얻으시는 것이다.

26-33절, 아비멜렉이 그 친구 아훗삿과 군대장관 비골로 더불어 그랄에서부터 이삭에게로 온지라 27 이삭이 그들에게 이르되 너희가 나를 미워하여 나로 너희를 떠나가게 하였거늘 어찌하여 내게 왔느냐 28 그들이 가로되 여호와께서 너와 함께 계심을 우리가 분명히 보았으므로 우리의 사이 곧 우리와 너의 사이에 맹세를 세워 너와 계약을 맺으리라…이제 너는 여호와께 복을 받은 자니라 30 이삭이 그들을 위하여 잔치를 베풀매 그들이 먹고 마시고…그들이 평안히 갔더라…33 그가 그 이름을 세바라 한지라 그러므로 그 성읍 이름이 오늘까지 브엘세바더라

이삭이 그들에게서 분리된 후, 아비멜렉은 몇 명을 대동하고 이삭을 찾아왔다. 그것은 아비멜렉이 이삭을 쫓아 보내고도 계속 이삭을 주시했다는 것을 가리킨다. 이삭은 분명 자신의 세력을 키워 다른 세력들과 힘겨루기를 하기 위해서나 싸움에 대비하기 위해서 양떼와 소떼와 노복들을 늘리지 않았다. 그것은 순전히 하나님의 축복이었다. 그러나 그를 주시하는 아비멜렉과 그의 장군들은 위협을 느낀 것이다.

지난 번에 아비멜렉이 그를 쫓아낸 것은 소떼와 양떼와 노복의 수효를 보고 시기가 났기 때문이지만 막상 그를 계속 주시해보니 이삭에게는 하나님이 함께하고 계셨다. 그러므로 이삭 편에서 본다면 그랄 땅에서 그들과 다투고 싸우며 자신의 정당함과 위치를 지키려고 하는 것은 무익하다. 왜냐하면 그들의 시기로 인해 야기된 다툼과 싸움 속에서는 그랄 사람들이 이삭의 참된 영성을 볼 수 없기 때문이다.

이삭은 결과적으로 그랄 땅을 잘 떠난 것이고 얼마 안 되어 그들이 이삭을 만나러 왔다. 하나님이 이삭을 축복하신 결과를 그랄 사람들도 알게 되었기 때문이다. 그러므로 그곳에서 싸우고 다투는 것보다 떠난 것이 훨씬 나은 것이다. 이삭이 계속해서 그랄에 있으면서 우물을 지키려 했다면 투쟁과 반목 외에는 아무것도 얻지 못했을 것이다. 슬픔만을 거두어들였을 것이며 주위 사람들에게 아무런 영향력을 끼치지 못했을 것이다.[10] 이삭이 그곳에 계속 머물렀다면 그랄 사람들은 이삭이 자기들의 영내에 있었기 때문에 많은 소유를 얻었다고 생각했을 것이다. 그리고 그 소유며 판 우물들을 시기하여 다툼이 그치지 않았을 것이다. 그런데 그들은 이삭이 브엘세바로 간 후에도 여전히 축복이 있음을 보고 이제는 하나님이 이삭과 함께하신다는 사실을 알게 되었던 것이다. 그러므로 그리스도인은 분쟁과 싸움을 피해야 하며 그런 곳에서 육체적인 사람들과 싸우며 물고 먹다가 피차 멸망할까 두려워해야 한다.

여기서 그들의 대화를 보면 아주 흥미롭다. 이삭이 "너희가 나를 미워하여 나로 너희를 떠나게 하였거늘 어찌하여 내게 왔느냐"(27절)라고 하자 그들은 이삭에게 "우리가 너를 범하지 않고 선한 일만 네게 행하여 너로 평안히 가게 하였음이라"(29절)고 했다. 즉 이삭은 그랄 사람들에게 "너희가 나를 미워하여 쫓아내었다"고 말하고 그랄 사람들은 이삭에게 "그 동안 우리가 당신을 잘 보살펴 주었는데 네가 떠나가겠다고 해서 평안히 보내준

10) 맥킨토시 모세오경. p.316

것이다"라고 하는 것이다. 이처럼 그 위치에 따라서 사람의 생각은 완전히 달라진다.

이삭은 그들에게 잔치를 베풀어주었다. 그들이 이삭을 미워하여 쫓아내었지만 다시 아쉬운 입장에서 찾아왔을 때 인색하게 대접하지 않고 너그럽게 잔치를 베풀고 환영해주었다. 언제든지 하나님을 순종하여 움직이는 사람들에게는 성령의 함께하심이 있으며, 따라서 그들에게는 사랑과 친절과 동정이 있는 것이다. 여기서 우리가 배울 수 있는 귀한 영적인 공과는 이것이다. 우리가 진정으로 대가를 지불하더라도 하나님과의 관계가 올바르게 움직이게 된다면 사람들에게도 유익을 줄 수 있게 되는 것이다. 이삭이 브엘세바에 올라가서 참된 경배자가 되었을 때 찾아온 사람들에게 참된 영적인 유익을 줄 수 있었던 것이다.

이삭은 무엇이든지 스스로 얻기 위해 분투하지 않았다. 자신이 판 우물로 인하여 분쟁이 생기면 자기 것이라고 주장하는 사람들에게 주고 그 자리를 떠났다. 그리고 다시 새로운 곳에 가서 우물을 팠다. 이삭은 따라다니며 괴롭히던 그들이 찾아왔을 때 여전히 그들이 원하는 대로 조약을 맺고 평화의 관계를 지켰다. 그때 이삭의 종들은 다시 우물을 파서 물을 얻었다고 이삭에게 고했다. 그는 분투하며 추구하지 않았어도 물을 얻었다. 그리스도인들은 반드시 알아야 한다. 합당치 않은 위치에 있거나 합당치 않은 사람들과의 관계를 청산하지 않고 선행과 하나님을 기쁘게 하는 길을 찾는 것은 통하지 않는다. 먼저 불법과 부정과 다툼과 죄와 연루된 일을 그쳐야 한다. 그럴 때 하나님은 우리에게 하나님의 임재를 주실 것이며 우리는 더욱 더 사람들에게 하나님의 자녀의 간증을 보일 수 있을 것이다.

불효가 되는 에서의 결혼

34-35절, 에서가 사십세에 헷 족속 브에리의 딸 유딧과 헷 족속 엘론의 딸 바스맛을 아내로 취하였더니 35 그들이 이삭과 리브가의 마음의 근심이 되었더라

에서는 사십 세에 헷 족속 브에리의 딸 유딧과 엘론의 딸 바스맛을 아내로 취하였다. 이것이 이삭과 리브가에게 근심이 되었다. 주 안에 있는 젊은이들의 결혼은 부모님의 기쁨과 동의로 이루어져야 한다. 에서는 가나안의 원주민인 헷 사람의 딸들을 아내로 취했다. 아브라함은 그들에게 "나는 당신들 중에 우거하는 나그네라"고 표현했다. 아브라함의 자손들은 분별되어야 하며 가나안의 원주민들과 결합해서는 안 되었다. 그러나 에서는 헷 족속 여자들 중에서 둘씩이나 취하여 아내로 삼았다. 이것이 이삭과 리브가에게 근심거리가 될 것은 자명한 일이다. 에서는 부모의 동의 없이 결혼한 것이 분명하다. 즉 음행으로 인해 결혼한 것이다. 부모는 이에 동의하지 않을 수도 없었을 것이다. 이것은 불효이다. 그래서 히브리서 기자는 에서에 대하여 망령된 자라고 할 뿐 아니라 음행하는 자(히 12:16)라고 했다. 젊은이들은 제발 이런 결혼을 하지 않기 바란다. 주 안에서 아름다운 결혼은 부모님들의 동의와 기뻐함 가운데 하는 결혼이다.

이삭의 특징

여기서 우리는 이삭의 특징을 보기로 하자. 아브라함과 이삭과 앞으로 보게 될 야곱은 각각 특징을 지니고 있다. 하나님은 자신이 아브라함과 이삭과 야곱의 하나님으로 불리기를 원하신다. 아브라함은 아버지에 해당하고 이삭은 아들에, 야곱은 성령에 해당한다.

하나님이 아브라함을 다루셔서 가르치신 중점적인 교훈은 하나님이 아버지시라는 것이다. 아브라함은 자신의 근원이 하나님이시며 자신의 모든 것을 돌보고 책임지시는 분이 하나님이시라는 것을 배웠다. 그러므로 그는 자신이 무엇을 하려고 할 것이 아니라 하나님의 공급하심과 책임지심을 믿어야 했다. 하나님은 그에게 약속하시고 아브라함은 그대로 믿으면 되었다. 하나님이 말씀하시면 그는 순종하면 되었다. 하나님께서는 죽은 자를 살리시며 없는 것을 있게 하시기 때문이다. 오직 하나님은 아브라함을 이끌어 이 한 가지 공과를 배우게 하심으로 자신이 아브라함의 하나님이심을 선포하신다.

아브라함의 하나님이라 함은 그분이 아브라함을 책임지시는 것처럼 우리 모든 사람을 책임지시는 아버지라는 것이다. 이 칭호는 하나님께서 믿는이 모두를 그렇게 이끌기 원하신다는 것을 암시한다. 하나님은 아브라함 한 사람에게 역사하신 것이 전체 교회에게 전달되기를 원하신다. 즉 아브라함이 하나님을 아버지로 알 뿐 아니라 모든 하나님의 자녀들이 하나님을 아버지로 알기를 원하시는 것이다. 이러한 믿음에 있어서 아브라함은 절정에 이르렀고 우리가 본받을 수 있는 표준에 도달했다. 그러나 그러한 표준에 도달하기란 쉬운 일이 아니다. 그러므로 우리는 또한 이삭의 하나님을 알 필요가 있다.

이삭은 아들이다. 아들은 아버지로부터 모든 것을 다 받는다. 노력하고 추구해서 얻는 것이 아니라 아버지의 것이 다 아들의 것이 되는 것이다(창 25:5, 요 17:10). 우리가 주 안에서 승리하는 것은 우리의 노력에 의한 것인가? 그렇지 않다. "항상 우리를 그리스도 안에서 이기게 하시고…그리스도를 아는 냄새를 나타내시는 하나님께 감사하노라"(고후 2:14). 승리는 하나님께서 주시는 것이다. 의로움과 거룩함을 얻는 것은 어떠한가? 그 또한 하나님께서 그리스도 안에서 다 이루셔서 우리에게 주신 것이다. "예수는 하나님께로서 나와서 우리에게 지혜와 의로움과 거룩함과 구속함이 되셨으니"(고전 1:30). 우리의 할 수 있음은 무엇으로 말미암는가? "내게 능력 주시는 자 안에서 내가 모든 것을 할 수 있느니라"(빌 4:13). 할 수 있음도 내게 능력 주시는 자가 있으므로 가능하다. 하나님은 우리 스스로 아브라함같이 되라고 요구하지 않으시고 우리가 그렇게 될 수 있도록 모든 필요한 것들을 다 주셨다. 이것이 이삭이 의미하는 바이다.

실상 이삭의 이야기는 매우 짧고 복잡하지 않다. 이삭은 새로운 일을 한 것이 별로 없다. 다만 아버지가 물려준 것을 풍족하게 누렸을 뿐이다. 그는 스스로 신부를 구하려고 애쓰지 않았으나 아버지가 구해 주었으며 또 재산도 상속받았고 어디를 가든 우물도 풍족하게 얻었다. 이 모든 것이 의미하는 바는 하나님은 아브라함의 하나님만이 아니라 이삭의 하나님도 되신다는 것이다. 이는 하나님께서 교회에게 아버지로서 근원이 되실 뿐 아니라 모든 것의 공급자가 되신다는 것을 의미한다.

성도들이 아브라함의 하나님을 알 때 육체의 노력으로 무언가를 얻으려고 노력할 필요 없이 근원이신 하나님을 바라보면 된다. 그럴 때 하나님의 보살피심과 책임지심을 믿을 수 있을 것이다. 또한 이삭의 하나님을 알 때 모든 일에서 순종하고 이길 수 있도록 충분한 공급과 유산을 이미 주신 것을 알 수 있다. 이삭의 특징은 아버지가 물려준 것을 누리는 것이다.

하나님은 아브라함을 통해서 믿는이들이 도달해야 할 높은 표준을 세우셨고, 이삭을 통해서 그 표준에 도달하기 위해 필요한 생명 능력을 이미 믿는이들에게 부여해 주신 사실을 알게 하신다. 이제 후에 우리는 야곱을 통해서 사람에게 필요한 성령의 다루심을 볼 것이다. 그러므로 오늘날 교회에는 아브라함의 하나님과 이삭의 하나님과 야곱의 하나님이 다 필요한 것이다.

이삭은 신약의 은혜를 예표함

우리가 아브라함의 믿음의 표준을 볼 때 너무나 놀랍고 높으며 보통 사람으로서는 도달할 수 없는 경지인 것을 느낀다. 또한 야곱에게 역사하신 성령의 역사를 대할 때 그가 하나님 앞에서의 받은 징계와 다루심이 간단한 것이 아님을 느낀다. 우리는 아브라함과 야곱을 보면서 우리 같은 연약한 사람들이 감히 이러한 길을 갈 수 있느냐고 묻게 된다. 독자 이삭을 모리아 산에서 바칠 수 있는 아브라함의 믿음은 너무나 높으며, 환도뼈가 부러지기까지 하나님의 다루심을 받고 이스라엘로 변화된 야곱을 볼 때 그 길을 가기가 쉽지 않다고 고백할 수밖에 없다.

그러나 아브라함과 야곱 사이에 이삭이 있음을 하나님께 감사하자! 이삭이 있기에 우리는 이 모든 일이 가능함을 보아야 한다. 이삭은 아무 일한 것이 없이 다만 모든 것을 다 얻은 아들이다. 그는 노력한 것 없이 아버지로부터 모든 유산을 물려받았다. 사도 바울은 에베소서에서 우리 믿는이들은 이미 하늘에 속한 모든 신령한 축복을 받은 자라고 말했다(엡 1:3). 많은 그리스도인들은 하나님으로부터 신령한 축복을 더 많이 받기 위해 기도하며 간구한다. 그러나 바울은 우리가 이미 모두 받았다고 말한다(who has blessed us with every spiritual blessing). 그러므로 만일 어떤 형제가 산에 올라가서 간절히 기도하면서 "하나님, 저에게 영적인 축복과 능력을 주십시오. 제가 이런저런 주님의 일을 하려니 너무나 능력이 부족합니다"라고 한다면 하나님은 아마도 오랜 동안 아무 대답도 없으실 것이다.

아무리 기도해도 전혀 능력을 얻지 못한 그 형제는 실망하면서 하나님이 다른 사람들에게는 능력을 많이 주셔서 큰일을 하게 하시는데 자기에게는 그 풍성한 축복과 능력을 주시지 않는다는 것으로 인해 매우 낙심할지도 모른다. 그러나 하나님은 기회가 있으시다면 그에게 이렇게 말씀해 주고자 하실 것이다. "나는 이미 너를 사랑함으로 너에게 모든 영적인 축복을 다 주었는데 무엇을 또 달라고 그토록 간구하느냐? 나는 이미 너에게 모든 것을 다 주었기 때문에 더 줄 것이 없구나." 아마도 그 형제는 자기가 받은 축복과 능력이 아직 충분하지 않다고 여기기 때문에 조금 더 간구해서 얻고자 할 것이다. 그러나 하나님은 이미 모든 축복을 주셨다고 말씀하신다.

그러므로 에베소서 1장에서 바울은 하나님께서 성도들에게 무엇을 더 주시도록 간구한 것이 아니라 그들의 눈이 열려서 믿는 우리에게 베푸신 지극히 큰 능력이 어떠한 것을 보게 해달라고 구한 것이다(19절). 필요한 것은 눈이 열리는 것이지 더 큰 능력을 구하는 것이 아니다. 그러므로 우리는 "주여, 제 눈을 열어주사 주님이 저에게 주신 모든 축복과 그 능력을 보게 하소서"라고 기도해야 한다.

이삭은 아브라함의 사랑하는 독자로 태어나서 모든 것을 다 받은 자가 되었다. 그가 잘한 것이 있다면 부요한 아버지인 아브라함에게서 태어난 것이다. 즉 족보가 좋은 것이다. 이와 같이 신약의 믿는이들인 우리는 누구나 할 것 없이 족보가 좋다. 우리는 만유의 주이신 하나님으로부터 태어난 하나님의 자녀이다. 아브라함이 독자인 이삭에게 모든 소유를 주듯이 하나님께서는 그분의 자녀인 우리에게 이미 신령한 복을 다 주셨다.

그리스도는 우리에게 그분의 모든 것을 주셨다. 그리스도는 우리에게 그분의 생명과 능력과 지혜와 의와 사랑과 거룩과 구속과 심지어 그분의 영광까지도 주셨다(고전 1:24, 30, 골 3:4, 요 17:22). 요한복음 15장의 포도나무의 비유는 우리에게 놀라운 사실을 보여준다. 주님은 "나는 포도나무요 너희는 가지니"(5절)라고 하셨다. 주님은 믿는 우리와 하나로 접붙여져 한 나무가 되셨다. 즉 포도나무이신 주님 안에 있는 모든 진액은 가지 속으로 그대로 흐르게 되어 있다. 만일 포도나무이신 주님 속에 사랑이 있다면 그 사랑이 가지 속으로 흐를 것이다. 그 속에 능력이 있다면 능력 또한 가지로 스며들 것이다. 의와 평강과 기쁨과 거룩과 지혜 모든 것이 그리스도 안에 있다면 이 모든 것들이 믿는이들 안으로 그대로 흘러 들어올 것이다.

이미 하나님은 우리에게 모든 것을 다 주셨는데 오늘날 많은 믿는이들은 마치 아무것도 받지 않은 자처럼 매일같이 구걸하듯이 이것저것을 달라고 간구한다. 물론 하나님께서 때때로 어린 성도들의 그런 기도도 들어주시겠지만 아마 많이 장성한 그리스도인이 그렇게 기도한다면 들어주시지 않을 것이다. 우리는 마땅히 하나님께 "이미 나에게 모든 것을 다 주신 것을 인해 감사합니다"라고 기도해야 한다. 이것이 바로 이삭의 원칙이다. 그는 다만 아브라함의 아들인 고로 아브라함에게 있는 모든 재산을 다 이어받았다. 오늘 우리가 아브라함과 같은 믿음의 경지에 이를 수 있는 것은 모두다 이미 얻은 풍성한 은혜로 말미암은 것이다. 오늘 우리가 야곱과 같이 많은 다룸을 받아 그리스도의 형상을 본받을 수 있는 것도 우리 안에 이미 들어와 있는 그리스도의 생명과 능력과 은혜로 말미암은 것이다.

창세기에서 이삭의 이야기는 매우 짧다. 짧아도 이삭의 이야기가 없으면 안 된다. 하나님은 아브라함과 이삭과 야곱의 하나님이시다. 아브라함과 야곱이 있어야 하지만 이삭 또한 반드시 있어야 한다. 이삭이 없이는 아무런 능력과 힘이 없다. 우리는 신약의 이삭으로서 다만 하나님께로서 태어나 부요한 재산을 상속받았다. 우리 안에 생명이 있고 능력이 있고 지혜가 있음을 하나님께 감사하자! 이로 말미암아 우리는 이러한 영광의 노정을 걸어갈 수 있고 이스라엘과 같이 거룩하시고 자비로우신 하나님의 아들의 형상을 본받을 수 있다. 이로 인해 하나님께 감사하고 찬미하자!

27 장

1-4절, 이삭이 나이 많아 눈이 어두워 잘 보지 못하더니 맏아들 에서를 불러 가로되 내 아들아 하매…내가 이제 늙어 어느 날 죽을는지 알지 못하노니…들에 가서 나를 위하여 사냥하여 4 나의 즐기는 별미를 만들어 내게로 가져다가 먹게 하여 나로 죽기 전에 내 마음껏 네게 축복하게 하라

이삭은 일백 팔십 세를 살았으므로 이 일 후에도 40년을 더 살았다. 그러나 그는 더 기운이 없어지기 전에 자녀를 축복하는 일을 하고자 했다. 여기서 이삭은 하나님께서 큰 자가 어린 자를 섬기리라고 하신 말씀을 잊은 것 같다. 그는 하나님의 정하심과 섭리에 정반대가 되는 일을 획책하고 있다. 하나님은 야곱을 택하셨고 사랑하셨으며 에서를 미워하셨다(롬 9:13).

당시 이삭은 축복하는 일에 있어서 하나님과 하나가 아니었다. 그는 지금 자신의 생각과 육체 안에서 행하고 있다. 그는 평소에 에서를 좋아했는데, 특히 에서가 사냥해온 고기를 좋아했다. 그런 습관이 결국 삶의 마지막 순간까지 따라온 결과 이제 이삭은 하나님의 뜻과 맞지 않은 일을 계획하고 있다. 그는 응당 이 일에 있어서 신중했어야 하고 하나님께 물어야 했다. 사람의 이성과 천연적인 관념 안에서 행하다가는 무엇이든지 하나님의 뜻에 상반된 결론에 이르게 된다.

5-23절, 이삭이 그 아들 에서에게 말할 때에 리브가가 들었더니… 6 리브가가 그 아들 야곱에게 일러 가로되 네 부친이 네 형 에서에게 말씀하시는 것을 내가 들으니…8 그런즉 내 아들아 내 말을

좋아 내가 네게 명하는 대로 염소떼에 가서…그 즐기시는 별미를 만들리니…능히 분별치 못하고 축복하였더라

여기서 리브가의 행동은 선한 것이 아니다. 하나님은 그분의 말씀을 인간의 꾀와 술책으로 이루도록 하지 않으신다. 여기서 우리는 사람이 하나님의 뜻을 이루기 위하여 속임수나 꾀를 쓸 필요가 없음을 알아야 한다. 믿는이는 마땅히 하나님의 때를 기다리면서 그분이 그분의 말씀을 이루실 것을 믿어야 한다. 성도들은 마땅히 하나님께 의지하여 하나님의 정하신 때를 기다리면서 하나님께서 자신의 목적을 성취하실 것을 믿어야 한다. 이렇게 할 때 시련도 있겠지만 결국은 하나님의 이루심을 얻을 것이며, 그 과정에서 교훈과 아름다운 체험도 가질 것이다. 우리가 어떤 일이든지 그분께 전적으로 의탁하고 의뢰하는 것은 하나님을 지극히 기쁘게 하는 일이다.

육이란 어떤 것인가? 하나님을 기다리지 않고 사람의 방법과 수단, 사람의 욕심으로 행하는 모든 것, 하나님께 묻지 않고 자신의 조급함으로 행하는 모든 것이 육인 것이다. 사람이 하나님 외에 모든 자원을 고갈시키면 견디지 못하는 상태에 이르게 될 것이다. 육이란 하나님께 대하여는 무지하며 대적이 되는 존재이므로 결국 육으로 행한 결과는 그 고통의 삯을 감당해야 한다. 결국 야곱은 자기의 교활한 꾀로 그렇게도 원했던 것을 얻었으나 그로 인해 수많은 고난을 당하면서 자신이 파쇄되는 길을 걷게 된다. 어리석고 단순한 이삭과는 판이하게 다른 길이 야곱에게 펼쳐진 것이다. 이 일이 있은 후 에서가 야곱을 죽이려 하자 이제 야곱은 도망가는 신세가 되었고, 외삼촌 라반의 집에서 20여 년 간을 품팔이하며 살아야 했다. 그 후에도 야곱에게 닥친 수많은 환경은 기회만 있으면 빼앗고 탈취하려는 야곱의 기질을 변화시켜 갔다.

그러므로 성도가 잘 자라려면 자신의 육체에 대한 끊임없는 빛을 보아야 한다. 자신의 육이 얼마나 악하고 패괴한 것을 알아야만이 그것을 벗어버릴 수 있고 앞으로 전진할 수 있다. 성도들이 당하는 많은 어려운 환경은 자신의 육체가 드러나기 위해 가장 좋은 도장이다. 우리가 어리석어서 혹은 잘못 선택하여서 길을 어렵게 들어선 것까지 하나님은 사용하셔서 우리의 깊은 속에 감춰어진 육체를 드러나게 하시고 처리해 나가신다. 광야의 이스라엘 백성들도 동일한 것이다. 그 40년의 세월은 그들의 모든 부패한 육이 드러나기 위한 것이었다. 드러나지 않는 육체는 처리받을 길이 없다.

리브가는 어떠한가? 리브가는 이 일 후에 그녀가 가장 사랑하는 아들 야곱을 다시 보지 못하고 세상을 떠나게 된다. 그녀는 그녀가 잘못 행한 결과를 고스란히 받는 입장에 처하게 되었다. 그녀는 하나님의 일을 그분 손에 완전히 맡기지 못하고 하나님의 말씀을 이루려고 자신의 꾀와 속임수를 썼던 것이다. 하나님은 사람이 스스로 하나님을 돕는 위치에 서는 것을 원치 않으시며 모사를 필요로 하지 않으신다. 하나님은 그분의 때를 기다리고 그분이 모든 것을 하시도록 의탁하는 자들을 기뻐하신다.

주 예수만이 언제나 하나님을 온전히 의탁하여 행하신 분이다. 그분은 "내가 그를 의지하리라"(히 2:13)고 하신 분이다. 그분은 무엇이든지 원수가 제안한 것은 철저히 배격하셨으며 완전하게 하나님께 의탁하여 하나님의 기뻐하심을 얻으셨다. 그분은 "내가 스스로 아무것도 하지 아니하고 오직 아버지께서 가르치신대로 이런 것을 말하는 줄도 알리라"고 하셨으며 "나를 보내신 이가 나와 함께 하시도다 내가 항상 그의 기뻐하시는 일을 행하므로 나를 혼자 두지 아니하셨느니라"고 말하실 수 있었다(요 8:28-29).

그분은 마귀가 배고플 때 찾아와서 돌을 떡덩이로 만들라고 했을 때 "기록되었으되 사람이 떡으로만 살 것이 아니요 하나님의 입으로 나오는 모든 말씀으로 살 것이라"고 대답하셨다(마 4:4). 성전 꼭대기에서 뛰어내리라는 사탄의 말에 "주 너의 하나님을 시험치 말라"고 하셨으며, 예루살렘에 올라가라는 동생들의 말도 듣지 않으셨다. 그분은 하나님의 명령 외에 다른 것을 순종하지 않으셨다. 또한 자기에게 경배하면 세상 나라를 취할 수 있다는 말에 "기록되었으되 주 너의 하나님을 경배하고 다만 그를 섬기라 하였느니라"고 하셨다(마 4:10). 그분은 세상 나라가 다 아들에게 주어질 것임을 아셨다. 그러나 주님은 그것을 하나님의 정하신 때에 그분의 정하신 방법으로 그분의 뜻을 따라 그렇게 해주실 것을 믿었기에 서둘지 않으셨고 그러한 사탄의 제안을 물리칠 수 있었다. 그분은 하나님이 떡을 주셨을 때만 떡을 드셨고, 하나님의 보내심을 받았을 때 성전에 가셨으며(요 7:8,10), 하나님이 주시는 그 때에 이르러 비로소 보좌에 오르셨다. "맏아들을 이끌어 세상에 다시 들어오게 하실 때에 하나님의 모든 천사가 저에게 경배할지어다"(히 1:6). "내가 네 원수로 네 발등상되게 하기까지 너는 내 우편에 앉으라"(시 110:1).

나 자신도 사역하면서 몇 번의 뼈아픈 실수가 있었는데 그것은 교회와 성도들의 문제를 사람의 생각과 지혜와 수단으로 처리하여 풀려고 한 것이다. 물론 그것은 커다란 실수였다. 그런데 일단 그런 실수를 하고 나서 회개를 하고 후회를 해도 그 열매는 오랜 시간 나를 어렵게 했다. 사람이 하나님의 때를 기다리며 하나님께서 그분의 일을 그분의 손으로 이루게 하시도록 기다리는 것을 배우는 것은 매우 중요한 일이다. 그런 실수를 거듭하면서도 배우지 못한다면 실로 유감스러운 일이 아닐 수 없다.

24-29절, 이삭이 가로되 네가 참 내 아들 에서냐 그가 대답하되 그러하나이다…내 아들의 향취는 여호와의 복 주신 밭의 향취로다 하나님은 하늘의 이슬과 땅의 기름짐이며 풍성한 곡식과 포도주로 네게 주시기를 원하노라 29 만민이 너를 섬기고 열국이 네게 굴복하리니 네가 형제들의 주가 되고 네 어미의 아들들이 네게 굴복하며 네게 저주하는 자는 저주를 받고 네게 축복하는 자는 복을 받기를 원하노라

여기서 분명 이삭은 천연적인 판단(하나님이 축복하기로 하신 자를 망각하고 무조건 장자를 축복함)과 기호(좋아하는 고기를 먹음)로 인해 축복하고자 했고 또 속임 당한 상황에 있었지만, 히브리서 기자는 이 광경에 대해 "믿음으로 이삭은 장차 오는 일에 대하여 야곱과 에서에게 축복하였으며"(11:20)라고 말함으로 매우 좋은 인상을 주고 있다. 우리는 이를 통해서 하나님의 주권적인 역사는 사람의 영성에도 제한받지 않으신다는 것을 보게 된다. 그 사람이 영적이든 영적이 아니든 일단 하나님이 사용하시고 축복하시는 자는 하나님이 그의 행하는 일을 보증하시고 그분 자신이 하신 일로 여기신다.

여기서 이삭은 여러 면에서 어둡지만 그의 축복하는 말씀은 대담하고 믿음으로 가득하다. 이것은 그가 하나님 앞에서 가지고 있는 믿음이요 권위이다. 이삭은 여기서 그가 가진 믿음과 권위를 담대하게 사용하고 있다. 이삭은 적어도 그가 축복하는 자가 어떠한 축복을 받을 것인지는 알고 있었다. 그리고 에서가 뒤늦게 들어왔을 때 더 이상 베풀어줄 축복이 없음도 분명히 알고 있었다. 이삭은 적어도 그러한 영적 인식과 계시를 갖고 있었던 것이다. 축복의 주된 내용은 아름다움과 풍부함을 얻는 것이며, 다스림의 권세를 얻고, 하나님이 중히 여김을 받으며, 하나님께서 눈동자같이 붙들고 있는 자라는 것이다. 하나님께서 붙들고 있는 자요 선택하신 자이므로 그를 저주하는 자는 저주를 받고 축복하는 자는 축복을 받게 된다. 그는 누구도 함부로 대할 수 없는 하나님이 주목하시고 쓰시는 사람이라는 것이다. "하나님은 하늘의 이슬과 땅의 기름짐이며 풍성한 곡식과 포도주로 네게 주시기를 원하노라 만민이 너를 섬기고 열국이 네게 굴복하리니 네가 형제들의 주가 되고 네 어미의 아들들이 네게 굴복하며 네게 저주하는 자는 저주를 받고 네게 축복하는 자는 복을 받기를 원하노라" 이것은 옛 야곱만이 아니라 오늘 날도 하나님의 택함을 받은 모든 성도들이 받을 복이다.

30-40절, 이삭이 야곱에게 축복하기를 마치매 야곱이 그 아비 이삭 앞에서 나가자 곧 그 형 에서가 사냥하여 돌아온지라…34 에서가 그 아비의 말을 듣고 방성대곡하며 아비에게 이르되 내 아버지여 내게 축복하소서 내게도 그리하소서…소리를 높여 우니 39 그 아비 이삭이 그에게 대답하여 가로되 너의 주소는 땅의 기름짐에서 뜨고 내리는 하늘 이슬에서 뜰 것이며 40 너는 칼을 믿고 생활하겠고 네 아우를 섬길 것이며 네가 매임을 벗을 때에는 그 멍에

를 네 목에서 떨쳐버리리라 하였더라

히브리서 11장 17절에 의하면 에서가 눈물을 흘리며 다시 축복을 구하되 버린 바가 되어 회개할 기회를 얻지 못하였다고 말한다. 그러므로 하나님은 이 상황이 비록 야곱의 교활함으로 이루어진 일이라 하더라도 이를 하나님의 섭리 가운데서 정해진 일로 인정하셨다. 결국 이삭은 자신으로 말미암지 않고 하나님의 주권으로 축복하게 된 것이다. 야곱은 이렇게 해서 축복을 받게 되었고 에서는 이렇게 해서 회개할 기회를 상실하였다. 이렇게 된 것은 에서로 본다면 망령되이 행하고 장자의 명분을 소홀히 여긴 결과였다. 그래서 하나님은 에서가 장자의 명분을 잃고 축복을 빼앗기는 것을 허락하신 것이다. 사람들은 이런 일에서 영적 원칙과 외적인 일의 옳고 그름이나 방법의 정당성 등을 따지겠지만 하나님은 그보다 그 사람의 중심에 있는 것이 무엇인가를 중히 여기신다.

결국 가장 중요한 사실은 에서가 한 그릇 식물을 인하여 장자의 명분을 소홀히 여겼다는 것이다. 한 번의 실수가 에서의 일생을 판가름하는 일이 되었다. 우리 또한 조심해야 한다. 성경에는 한 번의 실수나 죄악이 그의 모든 일생을 끝나게 하는 것을 많이 본다. 하나님의 종 모세는 므리바 물가에서 한 번 화를 낸 일이 그렇게 큰 결과를 가져올 것을 몰랐을 것이다. 오늘 날도 많은 그리스도인들이 주의하지 않고 어떤 일을 과감하게 저지르는 것을 보는데 이는 매우 두려운 일이다. 특히 권위를 거역하여 함부로 말하고 비방하는 것, 형제를 냉혹하리만치 냉정하게 비평하는 일 등은 매우 두려운 일로서 심판을 불러오는 일이다. 르우벤과 같이 음행에 떨어지는 것도 그러하다. 사람들은 그것이 아차하는 한 번의 실수라고 하겠지만 그 한 번이 그 사람을 대표하는 실수일 가능성이 있는 것이다.

이 장에서 하나님께서는 사람들의 어리석음과 교활함 등 인간적으로 보이는 역사 가운데서 그분의 주권을 행사하고 계시다는 것이 매우 인상적이다. 우리는 이를 통해서 배울 것이 많다. 우리는 어찌하든 우리의 중심이 옳아야 한다. 그러할 때 어떤 경우에도 해를 입지 않고 축복을 얻게 된다. 그러나 우리의 마음과 중심이 하나님 앞에 바르지 않다면 언제 어디서 무슨 일로 에서처럼 축복을 잃고 기회를 잃어 안타까운 상황에 처할는지 알 수 없다. 모든 일의 배후에는 하나님의 손이 있음을 보게 된다. 특히 주님을 사랑하는 자, 하나님이 택한 자들의 길은 하나님이 예비하시고 앞길을 인도하신다. 사람이 계획할지라도 그 길을 인도하시는 이는 하나님이시다.

에서에 관한 이삭의 예언에는 좋은 것이 없다. 땅의 기름짐도, 하늘의 이슬도 그에게 축복이 되지 않는다. 그것이 다른 사람들에게는 유익하고 축복이 되지만 에서에게는 관계가 없는 멀리 있는 일일 뿐이다. 에서의 후손들은 세일 산지에서 살았는데 그 땅은 메마르고 척박한 땅이었다. 또한 스스로 안식이 없고 보호가 없으므로 칼을 의지해 살아야 했다. 이러한 삶은 고된 삶이다. 언제 어디서 대적이 공격해올지 알 수 없으니 항상 곁에 칼이 있어야 한다. 또 생존해나가기 위해서도 칼로 짐승을 잡아야 했을 것이다. 그러므로 에서에게 칼은 두 방면에서 다 필요했다. 그의 삶은 칼에 의존되어 있었던 것이다.

오늘날 어떤 나라에서는 사람들이 자신의 집에 총기를 몇 정씩 비치해 두지 않으면 불안해한다. 그들이 과연 평강과 안식 가운데서 사는 사람들인가? 그렇지 않다. 그들은 언젠가 그들에게 닥칠지도 모르는 불행한 일들을 예견하면서 총기를 지니고 사는 것이다. 그것은 결국 그들이 하나님의 보호가 없는 사람들임을 나타낼 뿐이다. 하나님의 보호가 없으니 불안하고 그러니까 스스로 최선을 다하여 자신을 지키는 삶을 사는 것이다. 에서의 후손들은 이삭의 예언대로 후에 사납고 거칠게 되어 다른 족속을 약탈하며 살았다고 한다. 사람이 사납고 거칠게 되는 것은 결코 축복의 표시가 아님을 기억하기 바란다.

또한 에서는 메고 있던 멍에를 벗을 때 주님의 주권 안에서 주님의 인도와 은혜로 순순하게 벗는 것이 아니라 스스로 목에서 떨쳐버리는 방식으로 벗을 것이라고 했다. 이것이 바로 육체로 사는 사람의 전형인 것이다. 거기에는 하나님의 보호와 은혜를 떠났으니 육의 거친 방식으로 스스로 살게되는 것이디. 이 또한 거친 사람들이 축복되지 못한 상황으로 인한 압제에서 벗어나는 것을 묘사한다. 이는 에서가 매우 반역적이고 변덕스런 기질로 살아갈 것을 예언하는 말이다. 실지로 에돔은 유다 왕국에 복속되었을 때 자주 반역하여 스스로 멍에를 떨쳐버리려는 시도를 많이 하였다(대하 28:16-17).

41절, 그 아비가 야곱에게 축복한 그 축복을 에서가 야곱을 미워하여 심중에 이르기를 아버지를 곡할 때가 가까웠은즉 내가 내 아우 야곱을 죽이리라 하였더니

에서는 슬퍼하면서 회개한 것처럼 보였지만(34, 38절) 진정으로 회개한 것이 아니었다. 그는 도리어 강퍅해졌고 동생 야곱이 축복받을 것이 미워서 죽이려 하였다. 그리스도인은 자신보다 다른 사람이 더 축복받는 것을 보고 시기하거나 미워하면 안 된다. 도리어 바울은 동족이 구원받을 수 있고 축복받을 수만 있다면 자기는 저주를 받아 그리스도에게서 끊어질지라도 그것을 원한다고 하였다. 그리스도께서는 우리에게 축복의 잔을 주시기 위해 저주의 잔을 마시셨다. 사도들은 자신들이 징계를 받고 저주 아래 있는 자들 같을지라도 많은 사람들을 축복하고 부요케 하는 삶을 살았다(고후 4장).

42-46절, 맏 아들 에서의 이 말이 리브가에게 들리매…내 말을 좇아 일어나 하란으로 가서 내 오라버니 라반에게 피하여…

결국 이 일로 야곱은 도망하는 신세가 되었고 밧단 아람에 사는 외삼촌 라반에게 가게 되었다.

28 장

1-5절, 이삭이 야곱을 불러 그에게 축복하고 또 부탁하여 가로되 너는 가나안 사람의 딸들 중에서 아내를 취하지 말고 2 일어나 밧단아람으로 가서 너의 외조부 브두엘 집에 이르러 거기서 너의 외삼촌 라반의 딸 중에서 아내를 취하라 3… 전능하신 하나님이 네게 복을 주어 너로 생육하고 번성케하사 너로 여러 족속을 이루게 하시고 4 아브라함에게 허락하신 복을 네게 주시되 너와 너와 함께 네 자손에게 주사 너로 하나님이 아브라함에게 주신 땅 곧 너의 우거하는 땅을 유업으로 받게 하시기를 원하노라 5… 라반은 아람 사람 브두엘의 아들이요 야곱과 에서의 어미 리브가의 오라비더라

28장에서 이삭은 하나님의 주권과 정하심을 받아들였다. 그는 야곱이 술책을 써서 축복을 받은 것을 알았지만 그 모든 일의 배후에 하나님이 계신 것을 알고 야곱을 축복하여 밧단아람 외삼촌 집으로 보내기로 한다. 그리고 이삭은 그를 축복하는 기도를 정식으로 해준다. "전능하신 하나님이 네게 복을 주어 너로 생육하고 번성케 하사 너로 여러 족속을 이루게 하시고 아브라함에게 허락하신 복을 네게 주시되"

6-9절, 에서가 본즉 이삭이 야곱에게 축복하고 그를 밧단아람으로 보내어 거기서 아내를 취하게 하였고 또 그에게 축복하고 명하기를 너는 가나안 사람의 딸들 중에서 아내를 취하지 말라 하였고…에서가 또 본즉 가나안 사람의 딸들이 그 아비 이삭을 기쁘게 못하는지라 9 이에 에서가 이스마엘에게 가서 그 본처들 외에 아

브라함의 아들 이스마엘의 딸이요 느바욧의 누이인 마할랏을 아내로 취하였더라

에서는 결혼에 있어서 사십 세에 헷 족속의 브에리의 딸 유딧과 헷 족속 엘론의 딸 바스맛을 아내로 취하였다. 이는 이삭과 리브가의 마음에 근심이 되었다고 기록한다. 이로써 에서에게는 다만 야곱에게 속은 문제만이 아니라 치명적인 문제가 있었음을 알 수 있다. 그는 하나님의 권위자에게 기쁨을 주지 못한 것이다. 그렇게 하고도 그는 그 문제를 알지 못하였다가 28장 8절의 때에 와서 그것을 알았다고 기록한다. 이는 너무 늦은 것이다. 에서는 영적 생명에 있어서 너무 감이 늦은 그리스도인을 예표한다. 그리고 그 해결 방안 역시 매우 육신적이고 외적이다. 그는 결혼을 통해서 아버지 이삭의 마음에 들어보려고 한 나머지 결국 세 번째 아내를 취한 것이다. 이는 부르심을 받은 자손으로서 매우 바람직하지 못한 결혼이다. 한마디로 에서는 육체의 사람이다. 영적인 면에서 부모를 조금도 기쁘게 하지 못했다. 오늘날도 에서 같은 사람들은 자신들의 육적인 욕구대로 실행하므로 영적인 부모들의 마음을 괴롭게 하는 속성들을 지니고 있다.

10 야곱이 브엘세바에서 떠나 하란으로 향하여 가더니 11 한 곳에 이르러는 해가 진지라…한 돌을 취하여 베개하고 거기 누워 자더니 12 꿈에 본즉 사닥다리가 땅 위에 섰는데 그 꼭대기가 하늘에 닿았고 또 본즉 하나님의 사자가 그 위에서 오르락내리락하고

하나님의 택하심을 입은 야곱은 자신의 수단과 육체로 하나님의 축복을 탈취하고 도망가는 신세가 되었는데, 이때부터 그를 향한 하나님의 다루심이 시작된다. 하나님은 아브라함의 하나님이실 뿐 아니라 이삭의 하나님이시고 야곱의 하나님도 되신다. 야곱의 하나님은 성령의 변화시키시는 역사를 대표한다. 우리가 만일 하나님의 택하심을 입은 자라면 우리는 하나님이 아브라함의 하나님으로서 모든 것을 책임지시는 아버지 하나님이심을 믿어야 하고, 또 이삭의 하나님으로서 우리가 하나님의 뜻을 준행할 수 있도록 모든 필요를 채워 주시는 아들 하나님이심을 믿어야 하며, 야곱의 하나님으로서 우리의 천연적인 기질을 주님의 형상에 이르도록 변화시키시는 성령 하나님이심을 믿어야 한다.

하나님의 계시는 점진적이다. 야곱은 물론 하나님의 주권으로 축복을 받았지만 잘못을 저지른 것도 사실이며 그로 인해 그는 도망하게 되었으며 외로이 방황하는 처지가 되었다. 물론 지금까지 창세기에서는 많은 예표들을 통해 교회를 암시하고 있지만 아브라함이나 이삭이나 그 누구에게도 사람에게는 직접 교회의 어떠함을 계시하지 않으셨다. 그러나 야곱이 도망하는 서글프고 고달픈 운명에 처했을 때 하나님께서는 그분의 집인 교회—그분이 그 안에 살아 계시는—를 계시하시기에 가장 적절할 상황을 얻으셨다. 교회는 야곱과 같이 집을 떠나 외로이 방황하는 인생들이 기쁨을 얻고 안식할 수 있는 곳이다. 하나님은 야곱의 때에 와서야 비로소 그분의 집인 교회를 계시하기 시작하셨다. (물론 이것은 바울에게 계시하신 것 같은 신약의 교회의 비밀을 완전하게 다 계시하셨다는 의미는 아니다.) 하나님께서는 자신을 계시하시기에 가장 알맞은 때를 아신다. 검은 배경에서 흰 글씨가 잘 보이듯이 야곱이 이렇게 안식이 없고 방황하는 때가 하나님의 집인 교회를 계시하기에 가장 알맞은 때인 것이다. 사람이 잘 나가고 제법 물질도 풍부하고 여유있게 사는 자들은 교회와 상관없다. 교회(하나님의 집)는 온전히 자신을 하나님께 헌신하지 않은 자들에게서는 나타나지 않는다(롬 12:1-2). 야곱은 비로소 이 지점에 올 때 자신에 대한 애착이나 삶의 여유를 누릴 상태가 아니었다. 그저 외롭고 정처없는 상태였다. 이럴 때야 말로 교회가 열려지기에 가장 알맞은 기회인 것이다.

여기서 사닥다리는 무엇인가? 요한복음 1장 마지막 부분에 하나님의 사자들이 오르락내리락하는 것이 있는데, 그곳에는 창세기의 사닥다리 대신 인자가 계신다. 요한복음에는 천사들이 인자 위에 오르락내리락하는 것이 있고 창세기에는 하늘에 닿은 사닥다리로 하나님의 사자들이 오르락내리락하는 것이 있다. 그러므로 창세기에서 야곱이 본 사닥다리가 다름 아닌 그리스도라는 것을 알 수 있다. 이 땅에 오신 그리스도는 어떤 분이신가? 그분은 하늘과 땅을 연결시키는 사닥다리이시다. 이러한 사다리가 존재하는 곳이 하나님의 집인 교회이다.

에서와 야곱

우리는 에서와 야곱을 통해서 하나님의 주권과 사람의 상태를 분석해볼 필요가 있는데 야곱에게서는 두 가지를 볼 수 있다. 먼저는 하나님의 주권이다. 로마서 9장 11-13절은 "그 자식들이 아직 나지도 아니하고 무슨 선이나 악을 행하지 아니한 때에 택하심을 따라 되는 하나님의 뜻이 행위로 말미암지 않고 오직 부르시는 이에게로 말미암아 서게 하려 하사 리브가에게 이르시되 큰 자가 어린 자를 섬기리라 하셨나니 기록된바 내가 야곱은 사랑하고 에서는 미워하였다 하심과 같으니라"고 한다. 이는 분명 하나님의 주권을 의미한다. 하나님은 야곱이 어떤 착한 행실을 하기 전부터 그를 택하였고 사랑하였다. 이는 하나님의 택하심이요 그분의 절대주권이다. 우리는 이를 믿는다.

그러나 다른 한 면에서 우리는 야곱에게서 택함 받은 자의 어떤 면을 본다. 그는 장자의 명분을 귀하게 여겼다. 우리는 이 두 방면을 보지 않을 수 없다. 우리는 하나님의 주권을 알지 못한다. 그러나 하나님이 어떤 사람을 택하셨는가를 볼 수 있다. 에서는 여러 면에서 야곱보다 나은 점이 있는 것 같다. 인간적으로는 마음이 좋은 형 같다. 그러니 그는 야곱이 매우 간교한 놈이라고 아버지에게 고발할 수 있었고 이삭 또한 동감하였다. 그러나 하나님은 야곱을 선택하신 것이다. 우리는 야곱에게서 영적인 생명을 귀히 여긴 흔적을 발견한다. 우리는 어떤 사람이 진정 하나님의 선택된 자인지 모르지만 그가 진정 하나님의 생명을 사랑하는지 그렇지 않은지는 알 수 있다. 어떤 사람은 다른 그리스도인이 주님을 뜨겁게 사랑하거나 말거나 별로 느낌이 없다. 그러나 어떤 이는 누군가 주님을 뜨겁게 사랑하고 충성을 다할 때 그것을 보고 따르려 하며 배우려 하는 마음으로 가득하다. 이것이 무엇인가? 그리스도의 생명을 귀히 여김이다.

우리가 하나님의 선택된 자인지 아닌지 알지 못할지라도 이 표현은 알 수 있는 것이다. 당신은 그분의 생명을 이 세상의 어떤 것보다도 귀히 여기는가? 그렇다면 당신은 필경 하나님의 택하신 자라는 말이다. 우리는 오늘날도 많은 에서들을 본다. 그들은 교활하고 잘못이 많은 야곱들을 정죄하며 그들이 잘못된 자들이라고 확신하고 있다. 그러나 우리는 하나님이 사람의 외모를 보시지 않고 중심을 보시는 분임을 알고 있다. 에서들의 행동이 야곱보다 약점이 없어 보일지라도 로마서에 의하면 하나님은 에서를 미워하고 야곱을 사랑하시고 선택하셨다고 했다. 이에 대하여 피조물인 우리는 아무 할 말이 없다.

나는 10여 년 전 네팔에서의 일을 일생 잊을 수 없다. 그 어느 날 주님이 가장 강한 임재로 나를 찾아 오셨기 때문이다. 그때 나는 주님의 품 안에서 가장 큰 눈물을 흘렸다. 이후로 나는 그러한 체험을 왜 다시 주시지 않는가를 생각하며 당시 나의 여러모로 어설픈 상태를 기억해 내곤 했다. 왜 하나님은 그때보다 훨씬 변화되었을 것이고 체험도 많아진 지금 나타나시지 않고 부족함이 더 많은 그 때 나타나셨을까? 그때 주님은 나의 여러 부족한 부분들을 잘 알고 계셨을 텐데... 그러나 나는 오늘은 이해한다. 나를 사랑하시고 나에게 나타나신 주님은 나의 지난 날의 선한 행위로 말미암지 않고 그분의 거룩하신 선택하심에 따라 대하신 것을...

오늘도 겉으로는 약점이 없어보이지만 영적인 면에서는 갈망이 부족한 형제자매들이 있다. 그들은 다른 사람들이 영적으로 전진하는 것이나 주님을 뜨겁게 사랑하는 것에는 별로 관심이 없다. 그리고 다른 사람의 약점이 드러나면 여지없이 판단하곤 한다. 나는 원칙상 이런 사람들의 노선이 에서의 노선이라고 말하겠다. 그들은 영적인 세계에는 갈망이나 욕심이 없는 대신 세상적인 명예나 득실, 금전적인 면에서의 욕심에서는 절대 뒤로 물러서지 않는다. 이것은 매우 에서적인 것이라고 볼 수 있다. 야곱은 여러 면에서 약점이 드러나지만 기다리라! 야곱들은 그들 앞에 놓인 수많은 고난의 상황과 변화의 과정들을 거치면서 결국 정금같이 나올 것이다. 그리고 사람들은 그를 하나님의 왕자인 이스라엘이라고 부를 것이다.

13-19절, 또 본즉 여호와께서 그 위에 서서 가라사대 나는 여호와니 너의 조부 아브라함의 하나님이요 이삭의 하나님이라 너 누운

땅을 내가 너와 네 자손에게 주리니 14 네 자손이 땅의 티끌 같이
되어서 동서 남북에 편만할찌며 땅의 모든 족속이 너와 네 자손을
인하여 복을 얻으리라 15 내가 너와 함께 있어 네가 어디로 가든
지 너를 지키며 너를 이끌어 이 땅으로 돌아오게 할찌라 내가 네게
허락한 것을 다 이루기까지 너를 떠나지 아니하리라 하신지라 16
야곱이 잠이 깨어 가로되 여호와께서 과연 여기 계시거늘 내가 알
지 못하였도다 17 …두렵도다 이곳이여 다른 것이 아니라 이는 하
나님의 전이요 이는 하늘의 문이로다 하고 18 …아침에 일찌기 일
어나 베개하였던 돌을 가져 기둥으로 세우고 그 위에 기름을 붓고
19 그곳 이름을 벧엘이라 하였더라 이 성의 본 이름은 루스더라

교회는 사람들이 기획하고 노력하여 만든 작품이 아니다. 창세기 28장에 나타난 그림을 볼 때 교회는 결과물이다. 야곱이 교회를 이루기 위해 한 것은 아무 것도 없다. 그저 형 에서의 눈을 피하여 도망하는 과정에 있을 뿐이다. 그리고 루스라는 곳에서 피곤하여 누워자는데 하나님이 그의 꿈에 나타나신 것이다. 그리고 말씀하시며 축복하신다. 그것은 그분이 야곱을 택하셨기 때문이며 그분이 한번 택하시고 약속하신 것을 반드시 이루시는 분이기 때문이다.

우리는 야곱들이다. 나는 어릴 때부터 교회를 세워보아야겠다고 생각한 적이 없다. 그러나 어느 날 하늘에 속한 꿈을 꾸게 된 것이다. 그리고 그분의 축복을 받은 것이다. 많은 나라에 교회를 세울 수 있는 긍휼을 주신 것이다. 모든 것이 주님의 은혜요 긍휼이다.

벧엘이란 '하나님의 집' 바로 교회이다. 여러분은 교회란 어떤 곳이라고 생각하는가? 교회는 하나님이 살아 현존하시는 장소이다. 야곱이 피곤하여 돌베개를 하고 잠이 들었는데 그곳에 하나님이 나타나신 것이다. 그때 야곱은 외치기를, "여호와께서 과연 여기 계시거늘 내가 알지 못하였도다!" 라고 하였다. 하나님이 계신 곳이 바로 교회이다. 야곱은 지금까지 이렇게 하나님을 직접적으로 생생하게 체험한 적이 없었을 것이다. 주님을 매우 사랑하는 사람이라 할지라도 어떤 상황에 이르기 전에는 하나님을 생생하게 만나지 못하는 일이 허다하다.

우리가 어느 모임에 갔을 때 그곳이 참 교회라는 것을 어떻게 알 수 있는가? 교리가 성경적으로 옳기 때문인가? 여러 가지 교회같은 모습을 갖고 있기 때문인가? 그렇지 않다. 그곳에 하나님이 임재하시기 때문이다. 교회가 교회되기 위한 요건은 교회의 이름이 성경적이거나 서로를 형제라고 부르거나 가장 귀한 번역본 성경을 사용한다거나 건물을 웅장하게 짓는다고 되는 것도 아니며 심지어 교회 건물을 짓지 않고 빌려 쓰는 등 많은 헌신적이고 모범적인 활동이 있다고 되는 것이 아니라 하나님의 임재하심 그 자체이다. 그것이 가장 큰 확증이다.

하나님의 임재하심이 없다면 아무리 옳은 것도 좋은 것도 의미가 없다. 하나님의 임재하심이 있어야 교회이다. 그것은 단순한 하나님의 임재하심이 아니라 사닥다리로서 하늘과 땅을 연결하는 임재이다. 즉 교회적인 하나님의 임재는 성육신하신 그리스도의 현존으로서 그곳에는 하늘과 땅의 연결이 있는 것이다. 그곳의 말씀과 찬양과 기도와 교제 속에는 하늘의 것이 땅으로 내려오는 것이 있어야 하고 땅의 것이 하늘로 올라가는 성분이 있어야 한다. 또한 그리스도가 중심으로, 내용으로, 머리로서 존재하셔야 한다. 이는 다 성도들의 영 안에서 감지될 수 있는 것이다. 교회라고는 하는데 그리스도의 임재가 없는 곳, 그런 곳은 황폐한 곳이다.

야곱은 비록 형을 피해 도망가는 입장에 처했지만, 하나님이 보시기에는 그때가 그를 축복하기에 가장 좋은 기회였다. 사람들이 야곱과 같이 어떤 일에서 실패한 후에 도망가다가 주님을 만나는 예는 허다하다. 야곱의 귀한 점은 그가 비록 형과 아버지를 속여서 장자권을 탈취하고 축복도 탈취하였지만 그에게는 영적인 갈망이 있었다는 것이다. 그는 하늘에 속한 소망을 갖고 있었다. 그는 이 땅에 있는 그 어떤 것보다 하나님께 속한 것을 얻기 원했다. 영적인 축복은 사람이 길을 지나가다가 우연히 줍는 것같이 얻어지는 것이 아니다. 야곱은 어쨌든 하나님의 축복을 얻기 원했던 사람이다. 그는 장자가 아니면 하나님이 축복을 물려받지 못한다는 것을 알았다. 그래서 그것을 간절히 얻고자 한 나머지 그런 식의 수단을 써서 탈취한 것이다. 물론 그가 교활한 수단과 방법을 사용하여 그것을 얻으려 한 것은 잘못이지만 그의 중심은 하나님을 기쁘시게 했다.

반면에 에서는 어떠했는가? 에서는 외적으로 별로 잘못된 것이 없다. 부지런히 사냥하여 아버지가 좋아하시는 고기를 가져다 드렸다. 어떻게 말하면 효자였던 것이다. 그에 반해 야곱은 오늘날로 말하면 '마마보이'였다. 어머니 주위만 뱅뱅 도는 아들인 것이다. 어쨌든 어머니 리브가는 야곱만을 극히 편애했다. 야곱이 에서의 축복을 탈취한 후에 에서는 방성대곡하면서 "그의 이름을 야곱이라 함이 합당치 않습니다. 그가 나를 속인 것이 이번이 두 번째입니다. 전에는 나의 장자의 명분을 빼앗았고 이번에는 나의 복을 빼앗았습니다"라고 하였다. 이삭도 에서에게 "네 아우가 간교하게 네 복을 빼앗았도다"라고 했다. 그러나 하나님은 이렇게 타당한 에서의 말에 귀 기울이지 않으셨다. 에서는 겉으로 보기에 잘못한 것이 없는 것 같고 야곱은 모든 것을 다 잘못한 것 같다. 이삭도 어느 면에서 그것을 인정하였다. 그러나 하나님은 그러한 에서의 억울한 호소를 돌아보지 않으셨다. 이유가 무엇인가? 야곱은 비록 많은 면에서 잘못되었고 옳지 않은 방법으로 축복을 탈취하였지만 그의 갈망과 목표는 하나님께 있었다. 그는 영적인 일에 관심이 많았고 위로부터 오는 하나님의 축복을 얻기를 간절히 사모하였다. 다른 사람이 영적인 면에서 자기보다 앞설까봐 아주 노심초사하였다. 그러나 에서는 그 일에 무관심했다. 그는 자신의 장자의 명분의 귀함을 알지 못했던 것이다.

오늘날에도 이 땅에는 많은 에서들이 있다. 많은 에서들은 야곱들을 정죄하며 말할 것이다. "저들을 보라. 저자는 이것이 잘못되고 저것이 잘못되었다. 저 사람의 교활함을 보라! 저 거짓말을 하는 것 좀 보라! 저들의 말과 행동은 믿지 않는 사람만도 못하다." 물론 나는 믿는이들의 말과 행동이 좋지 않은 것에 대하여는 절대로 찬성하지 않는다. 그러나 그가 무엇을 위해서, 무엇 때문에 잘못했는가에 대해서는 생각해 보아야 할 점이 있다. 그것이 만일 세상과 육체를 버리지 못하여 지은 죄라면 우리 모두가 그것을 정죄할 것이다. 그러나 어떤 사람의 행위는 주님을 얻기 위한 것으로서 사람들 보기에 다소 잘못된 행위 같을지라도 조만간에 하나님께서는 그의 미숙한 부분을 변화시켜 주실 것이다. 에서가 이삭에게 야곱의 잘못을 호소할 때 하나님께서는 그것도 들으셨다. 그렇지만 하나님은 그에 대하여 염려하지 않으신다. 하나님께는 그러한 그의 약점을 치료할 길이 있으시다. 그러나 치료할 수 없고 고칠 수 없는 것은 하나님의 일에 대한 무관심이요 장자권을 소홀히하는 것이다. 이것이 가장 심각한 일이다.

"또 본즉 여호와께서 그 위에 서서 가라사대 나는 여호와니…네 자손이 땅의 티끌같이…편만할지며 땅의 모든 족속이 너와 네 자손을 인하여 복을 얻으리라"(13-14절). 하나님은 당시 완전히 천연적이며 조금도 변화의 흔적이 없는 야곱을 축복하셨다. 이때 야곱은 형 에서의 축복을 가로채어 도망하는 것 외에는 아무 진전이 없었다. 그러나 하나님은 그런 상태의 사람을 축복하신 것이다. 이것은 바로 하나님의 선택을 말해준다. 야곱이 아무리 강하고 교활하고 수단이 많을지라도 하나님께는 그를 변화시킬 수 있는 지혜와 능력이 있으시다는 것이다. 그분은 자신이 있으시다. 장래 야곱은 완전히 변화될 것이고 하나님은 그것을 미리 내다보시며 축복을 하신 것이다. 이 말씀으로 볼 때 야곱의 모든 정황과 움직임 배후에는 하나님이 계시다. 하나님의 택한 자들의 움직임을 함부로 판단해서는 안된다. 임의로 택한 것이겠으나 거기네는 하나님의 대단한 학습과 교육 현장이 기다리고 있다는 것이다. 야곱은 너무 위험하고 힘든 에서를 피하고자 했으나 에서보다 몇 배 더 다루기 어려운 라반이라는 존재를 만나게 된다. 그러므로 성도들은 주님의 인도를 순종할 따름이지 함께 하는 자들이 힘들게 한다해서 편안한 곳으로 자신이 선택하여 움직인다 할 때 몇 배 힘든 사람과 여건을 만나게 된다는 것을 이해하기 바란다. 그곳은 그렇게 뺀질거리는 인간의 기질을 변화시키는 가장 좋은 도장이 될 것이다.

교회는 인자이신 그리스도께서 사닥다리로 존재하시는 곳이요 하나님의 사자들이 그 위에서 오르락내리락하는 곳이다. 더 나아가 하나님의 사자들이 오르락내리락하는 것만이 아니라 하나님 자신이 말씀하심이 있는 곳이다. 하나님은 교회 안에서 그분 자신을 계시하시며 그분의 뜻을 나타내신다. 이 절에 있는 축복은 사실상 하나님이 아브라함과 이삭에게 주신 것과 동일한 축복이다. 야곱이 에서의 장자권을 탐낸 것은 바로 이것을 갈망했기 때문이다. 이삭이 그를 축복할 때에는 이 점에 있어서 모든 것을 포함하지는 않았다. 그러나 야곱이 벧엘에 이르렀을 때 하나님께서는 확정적으로 야곱의 장자권을 인정해 주셨다. 이 부분에서 야곱은 더 이상 한낱 도망자가 아니라 이 우주 가운데 가장 중요한 하나님의 경륜을 수행하는 도구가 되어가고 있었다. 하나님은 겉으로 보기에 매우 초라하며 맨땅에서 돌베개를 베고 자다가 이슬을 맞으며 일어난 한 사람을 그의 그릇으로 삼으신 것이다.

당신이 만일 하나님의 집(벧엘)인 참된 교회의 모임에 참여한다면 틀림없이 그곳에서 사닥다리를 볼 것이고 하나님의 축복을 얻을 것이다. 교회는 이와 같이 모든 방랑자들이 모여서 인자이신 그리스도와 함께 하늘을 누리는 곳이요 하나님의 축복을 맛보는 범위이다. 여기에는 하나님의 축복이 있을 뿐 아니라 약속이 있다.

"내가 너와 함께 있어 네가 어디로 가든지 너를 지키며 너를 이끌어 이 땅으로 돌아오게 할지라 내가 네게 허락한 것을 다 이루기까지 너를 떠나지 아니하리라 하신지라"(15절). 여기서 하나님은 그분의 마음에 합하고 그분이 기뻐하시는 하나의 그릇을 만나신 것이다. 이것이 바로 하나님의 선택하심이다. 하나님은 사람이 기도하고 바라고 원하는 대로 역사하고 이루시는 분이 아니다. 야곱은 어디로 가든지 자기를 지켜달라고 기도한 적도 없을 것이고 하나님께서 자신에게 허락한 것이 무엇인지, 그것들을 다 이루신다는 것은 과연 무슨 뜻인지도 잘 알지 못했을 것이다.

그러나 하나님은 그를 볼 때 계획과 경륜이 많으셨다. 하나님은 야곱을 바라보면서 어떻게 그에게 역사하실 것인지를 알고 계셨다. 이 장 이후에 야곱에게 일어나는 모든 일들과 환경들은 우연한 것들이 아니다. 하나님이 야곱에게 원하시는 것은 그가 하나님을 닮는 것이요 이스라엘로 변화되는 것이다. 모든 환경들을 통하여 하나님은 야곱에게서 그분이 원하시는 역사를 이루어가실 것이다. 이것은 순전히 하나님의 선택에 달려 있는 일이며, 다른 한 면에서 본다면 야곱이 하나님을 원하는 자이므로 하나님께서 자기 안에서 역사하시도록 기회를 드린 것이라고 말할 수도 있다.

"이는 하나님의 전이요 이는 하늘의 문이로다 하고 야곱이 아침에 일찌기 일어나 베개하였던 돌을 가져 기둥으로 세우고 그 위에 기름을 붓고 그곳 이름을 벧엘이라 하였더라"(17-19절). 야곱이 아침에 일찍 일어나서 그곳이 하나님이 계신 곳임을 알고 두려워하였다. 그는 그렇게도 하나님을 원하는 사람이었지만 막상 하나님을 대하자 두려워하였다. 이것은 모든 경건한 사람들의 공통적인 체험이기도 하다(출 20:18-19, 욥 42:5-6, 사 6:5, 눅 5:8, 계 1:17-18). 그리고서 그는 그곳을 하나님의 집이라고 하였고 하늘의 문이라고 하였다. 그가 하나님이 계신 곳을 하나님의 집이라고 한 것은 이해하기가 어렵지 않지만 하늘의 문이라고 한 것은 이해하기가 쉽지 않다. 아마도 당시 야곱은 체험상 하나님의 전 안에 있는 모든 풍성을 다 볼 수는 없었으리라고 생각할 수 있으며, 아마 그것이 그 답변일 것이다. 우리는 야곱의 때에는 다만 하늘의 문을 보았고, 그 후 이사야(사 6:1-5), 에스겔(겔 1:22-28), 다니엘(단 7:9-13), 그리고 신약에 들어와 특히 바울(고후 12:1-4), 요한에게(계 4:1-11, 5:1-14) 하늘의 모든 광경이 더욱 투명하게 열렸다고 믿는다.

돌 베게 기둥

야곱은 도망하다가 한 돌을 만나 베개를 베고 잤고 꿈을 꾸었다. 이는 방황하는 인생이 그리스도를 만나 꿈같은 세상을 만난 것을 예표한다. 그리스도는 하나의 돌이시다. 누구든지 그분을 만나면 꿈을 꾸게 된다. 성령을 받으면 꿈을 꾼다. 오늘도 우리는 이 말씀에서 꿈을 꾸고 있다. 이는 그리스도로 인한 안식과 기쁨과 새로운 세계의 열림을 뜻한다. 우리는 이러한 그리스도를 체험함에 있어서 야곱과 같은 것을 경험한다. 이제 야곱은 변화의 노정 안에 들어선 것이다.

그는 그 베개하였던 돌을 가져다 하나님의 전의 기둥으로 세웠다. 당신이 보고 체험하고 누린 그리스도는 다만 베고 자며 누리라는 것이 아니라 하나님의 전을 세우기 위해 사용되어야 한다. 나는 어느 날 밤에 집회가 끝나고 집에 들어와서 귀한 간증을 하는 딸에게 너는 그 간증을 집회에서 할 것을 그랬다고 말한 적이 있다. 그것은 아직 그녀가 누린 그리스도를 세우는 것을 몰랐기 때문이다. 나는 딸에게 앞으로 그런 좋은 계시나 누림이 있으면 혼자 갖지 말고 많은 사람들의 유익을 위해 나타내라고 권하였다. 이것이 그 돌을 세우는 것이다. 하나님이 한 사람에게 주신 은사나 계시나 체험들은 그리스도의 몸을 세우기 위해 주신 것이다(고전 12-14장). 야곱은 그 돌을 기둥으로 세우고 기름을 붓고 그곳의 이름을 벧엘이라고 하였다. 벧엘이란 하나님의 집이요 교회를 뜻한다. 교회는 많은 사람들이 누리고 체험한 그리스도를 세움으로, 또 그 위에 부어진 기름으로 건축되는 것이다. 기름은 성령을 예표한다. 주님은 성도들이 표현한 그들의 간증을 영화롭게 하시고 기름을 부으실 것이다.

20-22절, 야곱이 서원하여 가로되 하나님이 나와 함께 계시사 내가 가는 이 길에서 나를 지키시고 먹을 양식과 입을 옷을 주사 21 나로 평안히 아비 집으로 돌아가게 하시오면 여호와께서 나의 하나님이 되실 것이요 22 내가 기둥으로 세운 이 돌이 하나님의 전이 될 것이요 하나님께서 내게 주신 모든 것에서 십분 일을 내가 반드시 하나님께 드리겠나이다 하였더라

야곱의 이 기도는 서원의 형태인데, 실상 이때 야곱은 일생에서 가장 중요한 헌신하는 서원을 했다고 볼 수 있다. 그는 이전에 어디에서도 이와 같이 절박하고 간절한 기도를 드려본 적이 없었을 것이다. 하나님의 충성된 종들이라면 전적으로 길을 걸어가기 전에 이러한 진지하고 간절한 헌신의 기도를 한 번은 드렸을 것이다. 그러나 이 기도 내용은 그렇게 깊다거나 믿음이 좋다고 볼 수는 없다. 왜냐하면 야곱은 이때만 해도 주로 자신의 일에 사로잡혀 있어서 자신의 어려운 사정 외에는 그다지 생각나는 것이 없었기 때문이다. 실상 하나님을 깊이 아는 사람이라면 이렇게 기도하지 않는다. 야곱이 하나님께 함께 계셔 달라거나 이 길에서 나를 지켜 달라거나 먹을 양식과 입을 옷을 달라는 것 등은 하나님께서 조금 전에 이미 확증해 주셨기 때문에 다시 구할 필요가 없었다. 하나님은 이미 야곱에게 네가 어디를 가든지 지켜 줄 것이고 이 땅으로 다시 돌아오게 하실 것이라고 약속하셨으므로 그 말씀을 믿고 감사드리면 되었다. 그러나 너무나 자신에게 사로잡혀 있었던 야곱은 하나님의 그러한 말씀이 하나도 들어오지 않고 자신의 상황이 너무나 답답하게만 느껴졌던 것이다. 그러나 하나님은 이러한 야곱의 기도를 사랑스럽게 여기셨고 자세히 기록해 놓으셨다. 야곱은 하나님께서 자기를 아비 집으로 평안히 돌아가게 해주시면 이 돌이 하나님의 집이 될 것이고 자신의 소득에서 십일조를 드리겠다고 서원했다. 야곱은 당시 하나님을 거의 자기와 같은 수준으로 생각하고 기도한 것이다. 오늘날 어떤 사람들이 경제적으로 매우 급박할 때 하나님께 기도하여 자신의 사업과 경제사정을 돌보아주시면 교회를 위하여 이것저것을 하고 십일조도 반드시 드리겠다고 서원하는 것과 매우 비슷하다. 어쨌든 이때로부터 야곱의 변화를 위한 다루심의 과정이 시작된다. 십일조는 율법의 실행이므로 폐해져야 한다는 이론들이 있다. 야곱시대나 그 이전인 아브라함 시대에도 십일조의 실행이 있었다. 창세기 14장, 아브라함이 멜기세덱에게도 십일조를 바쳤다. 무슨 실행이든지 율법 시대의 것이니 폐해야 한다고 해서는 안된다. 이 때는 열조시대이고 은혜시대와 관련이 있는 시대이다. 이 시대의 믿음의 선배들은 십일조를 실행하였다. 주신 분에 대한 감사를 기억하는 행위인 것이다.

29~31장

29:1-11절, 야곱이 발행하여 동방 사람의 땅에 이르러…그가 라헬에게 입맞추고 소리내어 울며

야곱같이 강한 사람이 눈물을 흘린다는 것은 그만한 환경을 만났기 때문이다. 그는 도망하여 밧단 아람에 올 때까지 숱한 고생을 하였다. 이제 라헬을 만나자 자신의 처지와 그 동안의 고생이 그로 하여금 눈물을 흘리게 한 것이다. 그러나 이는 하나님의 작은 다루심의 시작일 뿐이다.

29:12-16절, …자기가 그의 아비의 생질이요 리브가의 아들됨을 고하였더니… 13 라반이 그 생질 야곱의 소식을 듣고 달려와서 그를 영접하여… 14 라반이 가로되 너는 참으로 나의 골육이로다 … 15 라반이 야곱에게 이르되 네가 비록 나의 생질이나 어찌 공으로 내 일만 하겠느냐 무엇이 네 보수겠느냐 16 라반이 두 딸이 있으니 형의 이름은 레아요 아우의 이름은 라헬이라

속이고 탈취하던 야곱이 만난 사람은 야곱 못지않은 기질의 소유자 라반이었다. 욕심이 많은 사람은 욕심이 많은 사람을 만나고 금전을 아끼고 사랑하는 사람은 또 그런 사람을 만나게 된다. 성격이 유별나서 사람들과 섞이지 못하는 사람도 똑같은 사람을 만나 어려움을 겪게 되는데, 이는 다 변화를 위한 하나님의 환경의 안배하심이다. 어떤 사람은 함께 있는 사람들이 기질상 너무 맞지 않고 사람을 지치고 힘들게 한다면서 헤어질 결심을 하고 다른 공동체를 찾는다. 그러나 후에 발견하는 것은 그 전의 사람들은 그래도 착했다는 것이다. 하나님은 그런 사람을 가르치기 위해 배나 힘든 기질의 사람을 예비하시고 기다리고 있게 된다.

라반은 처음 야곱을 만나 그의 지내온 이야기를 들었을 때 매우 반가워했다. "너는 참으로 나의 골육이로다." 그는 그와의 만남에서 뭔가 힘이 될 것 같은 좋은 느낌을 가진 것이 틀림없다. 그의 일에 매우 큰 도움이 될 것이라고 생각했을 것이다. 그러나 이후로 수많은 고통의 나날들이 기다리고 있으리라고는 꿈에도 생각지 못했다. 계획과 수완이 좋은 사람들은 다 이렇게 인재를 한 명 만나면 반가워하고 좋아한다. 그렇지만 그는 이내 계산적인 머리로 야곱을 대하게 된다. "네가 비록 나의 생질이나 어찌 공으로 내 일만 하겠느냐 무엇이 네 보수겠느냐?" 라반은 즉시 야곱의 보수 문제와 함께 자신의 사업에 참여시킬 계획을 수립한다. 라반은 확실하게 야곱을 다룰 수 있는 인물이다. 야곱은 에서를 피해 이곳에 왔지만 여기서 정말로 만나야 할 사람을 만나게 되었다. 옛말에 "피장봉호(避獐逢虎)"라고 했다. 노루를 피하니 범이 나왔다는 것이다.

29:17-20절, 레아는 안력이 부족하고 라헬은 곱고 아리따우니 18 야곱이 라헬을 연애하므로…외삼촌의 작은 딸 라헬을 위하여 외삼촌에게 칠 년을 봉사하리이다 … 20 …그를 연애하는 까닭에 칠 년을 수일 같이 여겼더라

야곱의 결혼은 이삭의 결혼과 완전히 다른 방식이다. 그는 아내를 얻는 것조차 자기 일의 보수라고 생각했다. 야곱의 사고방식도 완전히 상업적이어서 라반과 막상막하였다. 그런데 그러한 상업적인 머리가 그로 하여금 결혼을 위해 14년 간이나 일하게 만들었다. 결국 그는 아내 둘을 얻기 위해 외삼촌 집에서 품을 팔은 셈이다. 야곱은 또 한 여자만 끔찍이 사랑했다. 이것도 야곱의 기질에서 나온 것이다. 그는 무엇이든 자신의 타고난 생명의 성향에 따라 선택하고 원하고 추구하는 사람의 대표이다. 그는 그저 자기 눈에 아리땁게 보이는 라헬을 사랑한 것이다. 그리고 그녀와 결혼하려는 열망으로 가득했다. 한 여자를 사랑하여 7년을 하루같이 봉사했다는 것은 그가 그만큼 혈기가 넘치는 사람이라는 것을 증명한다. 그의 이 모든 됨됨이가 십자가의 역사를 필요로 한다.

29:21-23절, 야곱이 라반에게 이르되 내 기한이 찼으니 내 아내를 내게 주소서… 22 라반이 그곳 사람을 다 모아 잔치하고 23 저녁에 그 딸 레아를 야곱에게로 데려가매 야곱이 그에게로 들어가니라

야곱은 라헬을 위하여 7년을 일했건만 라반은 결혼 당일에 레아를 야곱에게 데려다 주었다. 라반은 처음에 야곱이 7년을 일하면 그가 사랑하는 라헬을 줄 마음을 가졌을 것이다. 그러나 7년이 다해갈 때 라반의 마음이 변했을 것이다. 라반은 야곱이 일단 라헬을 가지게 되면 계산하자고 일찍 나설까봐 염려했다. 따라서 라헬을 그에게 주는 것을 보류하지 않으면 안 되었다. 라반은 라헬을 아내로 맞이할 기대로 가득한 야곱에게 레아를 안겨주었다. 야곱은 자기와 함께한 여자가 당연히 라헬인 줄로 알고 아침에 일어났는데 황당한 일이 일어났다. 그 여자는 전혀 기대하지 않았던 레아였던 것이다. 이런! 이것이 어찌 된 일인가? 이것이 야곱이 첫 번째로 속은 일이다. 사람이 어떻게 행하면 자기도 반드시 그러한 방식으로 되돌려받는다. 야곱은 에서를 속이고 피하여 왔지만 이제 여기에 야곱을 가르칠 선생이 준비되어 있다.

라반은 야곱에게 할 말도 다 생각해 놓았다. "우리 지방은 형보다 아우를 먼저 주는 것이 풍습이 아니라"는 것이다. 야곱은 사랑하는 라헬을 위해 다시 7년을 계약하지 않으면 안 되었다. 이로써 아내가 둘이 되었고, 서로 아이를 많이 낳아 세력을 얻으려는 두 부인의 경쟁으로 인해 결국은 네 아내를 얻게 되었다. 이후 야곱은 시기와 욕심으로 가득한 여인들 네 명 사이에 끼어 복잡한 환경 가운데서 많은 자녀를 낳으며 변화의 과정을 겪는다. 야곱이 만일 한 여인의 행복하고 단순한 남편으로 살았더라면 그렇게 다양한 어려움과 곤란에 봉착하지 않았을 것이다. 그러나 야곱의 가정생활은 만만치가 않았다. 한 남자가 한 여인도 책임지고 만족케 하기가 어려운데 둘 더하기 둘, 넷이 되어버렸으니 얼마나 복잡하고 미묘한 상황에 처했겠는가?

이 부분의 말씀은 자녀를 낳은 문제를 집중적으로 기록했는데, 자녀를 낳은 것도 순조롭게 이루어진 게 아니다. 야곱은 자신의 원대로 아내를 취하여 자녀를 낳을 수 없었다. 투기와 다툼과 경쟁 속에서 야곱은 이리저리 떠밀려 다니며 자녀를 낳게 된다. 그의 상황은 한 가지도 쉬운 것이 없고 단순한 것이 없었다.

레아는 먼저 르우벤과 시므온과 레위와 유다를 낳았다. 라헬은 아이를 낳지 못하자 그 형을 투기하였다. 그리고 그녀의 종 빌하를 야곱에게 주었다. 빌하는 야곱에게서 단과 납달리를 낳았다. 납달리라는 뜻은 "내가 형과 크게 경쟁하여 이기었다"는 것이다. 두 아내는 경쟁적으로 자녀를 낳은 것이다. 여기서 레아는 조금 긴장을 하기 시작했다. 기선이 라헬에게로 돌아가는 듯하자 레아는 질세라 자기의 종 실바를 야곱에게 주었다. 실바는 야곱으로부터 갓과 아셀을 낳았다. 아셀은 "모든 딸들이 나를 기쁜 자라 하리로다"라는 뜻이다. 그것은 그 이전에는 큰 기쁨이 없었다는 뜻이다. 아셀을 얻은 후 비로소 기쁨을 찾았는데 그 기쁨은 경쟁에서 이긴 기쁨이다. 또 어느 날 레아는 합환채로 라헬에게서 야곱을 사기도 했다. 그것은 이전에 야곱이 오직 라헬하고만 지냈다는 말이 된다. 그러므로 그날 라헬은 언니에게 합환채를 받고 남편을 언니에게 넘긴 것이다. 그래서 낳은 것이 잇사갈이었고 또 그 다음 낳은 것이 스불론이었다. 그리고 딸을 낳았는데 그녀의 이름이 디나이다. 하나님은 그 후 라헬도 생각하셔서 그에게 아들을 주셨는데 그 이름이 요셉이고 베냐민이다. 이렇게 하나하나 낳은 아들들이 열두 족장을 이루게 된다.

29:26-30절, **라반이 가로되 형보다 아우를 먼저 주는 것은 우리**
지방에서 하지 아니하는 바이라 27 이를 위하여 칠일을 채우라 우
리가 그도 네게 주리니 네가 그를 위하여 또 칠년을 내게 봉사할
찌니라 28 야곱이 그대로 하여 그 칠일을 채우매 라반이 딸 라헬
도 그에게 아내로 주고 29 라반이 또 그 여종 빌하를 그 딸 라헬
에게 주어 시녀가 되게 하매 30 야곱이 또한 라헬에게로 들어갔

고 그가 레아보다 라헬을 더 사랑하고 다시 칠년을 라반에게 봉사하였더라

"칠일을 채우라 우리가 그도 네게 주리니 네가 그를 위하여 또 칠년을 내게 봉사할찌니라 야곱이 그대로 하여 그 칠일을 채우매" 7일이라고 하고 또 7년이라고 한다. 하루를 일년으로 계산하는 것이 성경적 계산법이다. 이것은 다니엘서의 70이레를 해석할 때와 같이 예언을 해석할 때 적용된다.

29:31-33절, 여호와께서 레아에게 총이 없음을 보시고 그의 태를 여셨으나 라헬은 무자하였더라 32 레아가 잉태하여 아들을 낳고 그 이름을 르우벤이라 하여 가로되 여호와께서 나의 괴로움을 권고하셨으니 이제는 내 남편이 나를 사랑하리로다 하였더라 33 그가 다시 잉태하여 아들을 낳고 가로되 여호와께서 나의 총이 없음을 들으셨으므로 내게 이도 주셨도다 하고 그 이름을 시므온이라 하였으며

자녀를 낳는 것은 하나님께 속한 일임이 분명하다. "여호와께서 레아에게 총이 없음을 보시고 그의 태를 여셨으나" "여호와께서 나의 총이 없음을 들으셨으므로 내게 이도 주셨도다"

30:25-28절, 라헬이 요셉을 낳은 때에 야곱이 라반에게 이르되 나를 보내어 내 고향 내 본토로 가게 하시되…라반이 그에게 이르되 네가 나를 사랑스럽게 여기거든 유하라 또 가로되 네 품삯을 정하라 내가 그것을 주리라

야곱은 요셉을 낳은 후에 고향으로 돌아가기를 원했다. 야곱은 라반과 함께하는 생활이 너무 힘들다고 느꼈고 이젠 그만 떠나서 자신의 집을 세우기를 원했다. 그러나 하나님이 정하신 변화의 과정은 아직 마무리되지 않았다. 라반이 그를 꼭 붙든 것이다. 그는 아직도 야곱이 그의 경제에 도움이 된다고 생각하고 있었기에 야곱을 놓아주려 하지 않았다. 결혼 문제와 자녀 문제로 인해 겪는 고통만으로는 야곱의 교육이 아직 끝나지 않았다. 이제는 재물과 품삯으로 인한 재리 분쟁의 공과가 남아 있었다. 이 또한 간단한 문제가 아니었다. 이 모든 상황을 통과하지 않는다면 야곱은 재물 문제에서 그가 과연 어떤 사람인지가 전혀 드러나지 않았을 것이다. 결혼과 자녀 생산 문제가 만만치 않았던 야곱은 이제 라반으로 더불어 재산과 품삯으로 인한 한판의 커다란 결전을 치를 것이 남아 있었다. 이 상황은 야곱의 육체가 완전히 드러나는 데 결정적으로 기여할 것이다.

30:31-34절, 라반이 가로되 내가 무엇으로 네게 주랴 야곱이 가로되…오늘 내가 외삼촌의 양떼로 두루 다니며 그 양 중에 아롱진 자와 점 있는 자와 검은 자를 가리어 내며…이같은 것이 나면 나의 삯이 되리이다 33 후일에 외삼촌께서 오셔서 내 품삯을 조사하실 때에 나의 의가 나의 표징이 되리이다 내게 혹시 염소 중 아롱지지 아니한 자나 점이 없는 자나 양 중 검지 아니한 자가 있거든 다 도적질한 것으로 인정하소서 34 라반이 가로되 내가 네 말대로 하리라 하고

야곱은 라반의 집에서 더 일하는 조건으로 품삯을 제시한다. 야곱과 라반은 매우 분명한 계산법으로 일에 대한 보수를 결정하였다. 이 일에서 야곱은 주도적인 입장을 취하였다. 라반은 하늘의 부르심도 없고 벧엘의 이상도 없으며 오직 이 땅의 재물만을 관심하는 사람이었는데, 여기 하늘의 부르심을 받은 한 사람의 뛰어난 홍정 능력에 압도되고 있다. 실상 야곱은 하나님의 장자의 축복을 받은 자로서 이 땅의 재물에 관심을 가질 필요가 없었다. 필요한 것은 무엇이든지 하나님께서 주시고 그는 받을 수 있는 위치에 있었다. 그러나 야곱은 집을 떠나서 방랑자가 되었다고 느꼈을 때부터 스스로 자신을 책임져야 한다는 생각으로 가득하게 되었다. 그래서 그는 28장에서 먹을 것과 입을 것에 관하여 하나님께 간구한 것이다. 결국 야곱은 매우 많은 재물을 보유하게 되었는데, 이는 하나님께서 축복으로 주셨다기보다는 자신의 재능과 수단으로 불린 성분이 많다. 이렇게 역량 있고 재간 있는 사람은 하나님의 다루심을 많이 받게 된다.

30:35-43절, …37 야곱이 버드나무와 살구나무와 신풍나무의 푸른 가지를 취하여…39 가지 앞에서 새끼를 배므로 얼룩얼룩한 것과 점이 있고 아롱진 것을 낳은지라…이러므로 약한 자는 라반의 것이 되고 실한 자는 야곱의 것이 된지라 43 이에 그 사람이 심히 풍부하여 양떼와 노비와 약대와 나귀가 많았더라

야곱이 라반에게 자기의 품삯에 대하여 결정한 뒤에 라반은 자기 것을 확실하게 구분하여 아들들 손에 맡기고 야곱과의 사이를 사흘 길이 뜨게 했다. 이것은 오늘날로 말하면 부동산을 확실하게 자기 이름으로 해놓는 것이라든지, 통장의 명의를 분명히 해놓는다든지 하는 일이다. 그리고 야곱은 라반의 남은 양들을 먹였다. 이때 야곱은 일단 라반의 양들을 자기 것으로 만드는 일에 최선의 기술력을 동원하였다. 그가 라반의 것들을 자기 것으로 만들기 위해서는 별 희한한 방법도 다 고안해 낼 수 있었다. 여기 버드나무와 살구나무와 신풍나무의 푸른 가지를 취하여 하는 방법은 당시 목자들 간에 알려진 비법인지는 모르겠지만 적어도 이는 야곱이 라반의 것을 자기 것으로 만들기 위해 골똘히 연구함으로 얻어진 방법이었을 것이다. 즉 야곱은 자기의 품삯으로 구분해 놓은 양떼로는 만족할 수 없었던 것이다. 그는 일단 자기 것을 챙겨놓고 남의 것을 넘보는 방식으로 일을 해나갔다. 여기에 라반보다 한술 더 뜨는 놀라운 사람이 있다. 그는 마음먹은 것이라면 어떤 수단 방법이든지 동원하여 성취하고야 마는 성격이었던 것이다. 그러나 그는 하나님의 택하신 사람이었다. 그의 기질이 이렇게 강하므로 하나님은 그를 철저히 다루셔야만 했다.

31:1-2절, 야곱이 들은즉 라반의 아들들의 말이 야곱이 우리 아버지의 소유를 다 빼앗고 우리 아버지의 소유로 인하여 이같이 거부가 되었다 하는지라 야곱이 라반의 안색을 본즉 자기에게 대하

여 전과 같지 아니하더라

육체의 사람들은 사람의 말이나 눈치에 민감하다. 야곱은 라반으로부터 나오는 말과 그의 안색에 민감하게 반응하고 있다. 라반의 아들들이 야곱이 자기들 아버지의 소유를 다 빼앗아 거부가 되었다고 말하는 것을 야곱이 듣게 되었고 라반의 안색을 볼 때 전과 같지 않았다. 즉 야곱은 떠날 때가 되었다고 생각한 것이다. 사람의 안색을 살펴서 진로를 결정하려고 하는 것도 야곱의 천연적인 지혜이다. 라반의 얼굴이 전과 같지 않다 해서 떠나야 한다는 것은 하나님의 지시와는 무관한 것이었다. 다만 자신이 그렇게 생각한 것이다. 오늘도 얼마나 많은 야곱들이 라반의 좀 변한 얼굴을 대하면서 떠날 결심을 하고 있는 줄 모른다. 그것이 진정 주님이 떠나라고 하시는 것인가? 아니다. 그런 얼굴을 대하기 싫기 때문이다. 그래서 많은 사람들이 그때가 바로 하나님이 떠나라고 하는 때라고 믿는다. 다른 사람의 좋지 않은 말을 듣고 안색을 너무 살피며 행하는 것이 육체의 또 하나의 특징이다. 그는 하나님의 선택한 자이니 떠날 때도 주님이 인도하실 것이다. 야곱은 자기 스스로 남의 얼굴을 살피면서 행할 필요가 없었다. 더 기다리면서 주님의 때를 맞이하면 주님은 더욱 편안하게 인도하셨을 것이다. 그러나 야곱은 더 이상 기다릴 것이 없다고 느꼈다. 물론 야곱이 본 라반의 변한 얼굴은 잘못 본 것은 아니었다. 맞게 본 것이다. 라반은 야곱이 더 이상 자신의 경제에 도움이 되지 않는다는 것을 느끼기 시작한 것이다. 이제 야곱은 스스로 떠날 준비를 철저히 하기 시작한다.

그는 먼저 부인들을 자기 양떼가 있는 들로 불러다가 그들을 설득했다. 이 모든 것이 육에 속한 자들의 특징이다. 야곱은 아직 히브리서 4장에 있는 안식이 무엇인지를 모르는 사람이다. 끝없이 꾀를 써야 하고 방법이 나와야 한다. 5절부터 13절까지에서 야곱이 두 아내에게 얼마나 감동적이고 설득력 있게 그들의 아버지를 떠나야 하는 이유를 말하고 있는가를 보게 된다. 그 말들은 일부는 사실이겠지만 일부는 사실이라고 믿기가 어렵다. 그러나 야곱은 자신의 말이 사실이든 아니든 그 목적이 분명했다. 그는 어찌하든 자신의 아내들을 설득하여 자기 고향에 가야 했다. 그는 과연 무엇이든지 하려고만 하면 할 수 없는 것이 없다. 그가 선택받은 자라는 것 외에는 세상 사람의 육과 다른 것이 조금도 없는 것 같다.

그가 아내들에게 말한 것 중에 라반이 점 있는 것이 네 삯이 되리라 하면 온 양떼의 낳은 것이 점 있는 것이요 얼룩무늬 있는 것이 네 삯이 되리라 하면 온 양떼의 낳은 것이 얼룩무늬가 있는 것이라고 했다. 그리고 야곱은 하나님께서 그대들의 아버지의 짐승을 이와 같이 빼앗아 내게 주셨다고 했다. 이것은 30장에서 야곱이 온갖 수단을 사용하여 새끼를 아롱지게 하고 점 있게 한 것과는 매우 다른 어법이다. 즉 그는 자신이 축재한 것은 하나님께서 허락해 주신 것이라고 말하는 것이다. 결국 이러한 설득력 있는 야곱의 진술에 두 아내는 완전히 설득되었다. 그리고 이렇게 말했다. "아버지가 우리를 팔고 우리의 돈을 다 먹었으니 아버지가 우리를 외인으로 여기는 것이 아닌가 하나님이 우리 아버지에게서 취하신 재물은 우리와 우리 자식의 것이니 이제 하나님이 당신에게 이르신 일을 다 준행하라". 그들은 역량 있는 야곱의 편에 서지 않을 수 없었다.

31:3절, 여호와께서 야곱에게 이르시되 네 조상의 땅 네 족속에게로 돌아가라 내가 너와 함께 있으리라 하신지라

여기서 내가 너와 함께 있으리라(I will be with you)라는 말씀은 28장 15절의 벧엘의 꿈 속에서 하나님이 야곱에게 주신 약속의 말씀과 동일하다. 먼저 야곱은 그의 조상들로부터 큰 축복의 상속자였다. 이 말씀은 하나님의 택하신 자에게 보증하는 실제적인 도움을 의미하는 말이다. 그러므로 택하심을 받은 우리는 무슨 일을 하든지 거기에 하나님의 함께 해주심이 있다. 당신이 어디서 배회하고 있다 하더라도 하나님은 당신과 함께 하신다고 하신 것이다. 주님은 그의 사랑하는 택한 자에게는 "내가 네 이름을 아노라 너는 내 것이다 내가 너와 항상 함께 할 것이다"라고 하신다. 친구가 항상 함께하기를 기뻐하시듯이 하나님은 자기를 낮추셔서 오늘도 우리와 함께하시기를 기뻐하신다. 그분은 자기가 택하시고 구속하신 성도들과 함께하시기를 기뻐하신다. 당신이 사람들에게 싫어 버림을 당하고 쫓겨난다 하더라도 그분은 여러분과 함께하실 것이다.

하나님이 함께하신다는 의미는 하나님의 임재만을 약속하는 말씀이 아니라 그분의 동정까지 약속하신 것이다. 이는 그분이 우리와 함께 느끼며 함께 어려움도 당하며 고통을 함께 느끼며 함께 그 일을 해주시겠다는 뜻이다. 그러니 여러분은 하나님과 함께한 일꾼들이다(고후 6:1). 그러므로 성도들이여! 여러분은 하나님과 함께하도록 힘써야 한다. 아모스 3장 3절은 "두 사람이 의합지 못하고야 어찌 동행하겠으며"라고 한다. 성도들은 언제나 주님과 함께함을 잊어서는 안 되며 성령께서 내주하심을 믿고 생활하는 가운데 성령의 참된 열매를 맺을 수 있어야 주님의 함께하심을 더욱 얻을 수 있다.

하나님은 택하신 자들의 영적인 상태가 어리고 부족한 것에 제한을 받지 않고 함께하신다. 그러나 한 가지, 순종하는 가운데 있어야 한다는 것이다. 야곱은 부족했고 영적인 면에서 어렸지만 그는 중요한 시점에서 꼭 하나님의 지시를 받아 움직였다. 물론 그가 도망하게 된 것은 하나님의 인도라기보다는 주권이라고 보아야 할 것이다. 그러나 그의 모든 움직임 속에는 하나님의 섭리가 들어있다고 보아야 하며 하나님을 향한 중심이 자리잡고 있었던 것이다. 이는 에서와 큰 차이를 발생시킨다. 어떤 이들은 야곱이 어떻게 해도 하나님이 그와 함께하신다는 생각을 가질 것이다. 언뜻 보기에는 그러하다. 그의 밖의 행동에는 잘하는 것이 없기에 사탄의 눈에는 고소거리가 가득하다. 그러나 하나님은 야곱의 허물을 보지 않으신다. 그리고 여전히 그를 도와주시며 함께 하신다. 그의 발걸음에 좋은 것이 보이지 않는 것 같으나 그는 장자의 명분을 귀히 여기다가 그렇게 된 것을 주의하기 바란다. 그는 에서와는 분명 달랐다. 그의 중심에는 언제나 하나님에 대한 사랑과 순종심이 있었다. 이것이 있었기에 하나님은 그와 함께하실 수 있었던 것이다. 이를 보고 아는 자는 복이 있을진저!

31:13절, 나는 벧엘 하나님이라 네가 거기서 기둥에 기름을 붓고 거기서 내게 서원하였으니 지금 일어나 이곳을 떠나서 네 출생지로 돌아가라 하셨느니라

하나님은 야곱이 밧단아람에서 계속 머물러 있기를 원치 않으셨다. 그분은 야곱을 약속의 땅 가나안으로 이끌려하셨다. 하나님은 이와 같이 그분의 택하신 자들을 한 지점에서 또 다른 지점으로 인도하신다. 나그네와 같이 항상 본향을 찾으며 움직이는 자들이 아니라면 믿음의 선진들의 발걸음이 아니다(히 11:13). 당시 야곱을 둘러싸고 있는 상황은 야곱이 더 이상 편안하게 그곳에 머물 수 없는 상태로 가고 있었다. 이는 분명 하나님의 주권 하에 일어난 일이며 하나님은 그를 이제 그만 약속의 땅으로 이끌고자 하셨다. 그리고 하나님은 그러한 환경이 일어나게 하셨다. 그러자 매우 교활한 기질의 야곱은 속에서 계략이 또 떠오르기 시작했다. 그 성질은 라반이나 야곱이나 막상막하인데 그것은 기질적인 면에서 어쩌면 리브가나 라반이나 야곱이나 비슷하다. 아마도 그들이 같은 핏줄이기 때문일 것이다.

야곱은 이제 떠나야 하는데 하나님은 그에게 벧엘의 하나님으로 나타나셔서 떠나라고 하셨다. 이는 야곱이 최초에 은혜를 받은 바로 그 하나님이라는 말씀이다. 그 하나님이 야곱이 벧엘에서 잠잘 때 나타나셨던 것이나 이후 20년이 지난 지금에 나타나신 것이나 다 그가 온전해진 때가 아니라는 것을 알아야 한다. 이는 당신이 지금 은혜 받기에 전혀 적합하지 않은데도 하나님은 은혜를 베푸신다는 뜻이다. 그전에도 그랬고 지금도 그러하다. 이것이 "나는 벧엘의 하나님이라"고 하신 뜻이다. 그분은 그때 야곱이 서원하며 기름을 붓고 하나님과 만난 일을 기억하고 계시다. 하나님은 성도들이 가장 사랑하는 마음으로 고백하고 서원하던 일을 기억하신다는 뜻이다. 당신은 그런 날이 있었는가? 주님을 사랑하는 마음으로 울며 서원하며 고백하던 날! 하나님은 당신이 그때 있던 곳을 벧엘로 여기시고 기억하시며 그곳으로 다시 돌아오도록 부르신다. 또한 그분이 벧엘의 하나님이라는 것은 그분이 그리스도의 몸인 교회의 하나님이심을 말씀하시는 것이다. 우리는 개인적인 그리스도인이 되는 것을 주의해야 한다. 반드시 몸 안에 거하며 여러 지체와 함께 한 몸을 건축하는 생활 안으로 전진해야 한다. 하나님은 한 사람의 개인의 기도보다 여러지체가 한 마음으로 기도하는 교회의 기도에 더욱 귀를 기울이신다.

4-13절은 야곱이 라헬과 레아를 들로 불러내어 그들을 설득한 말이다. 야곱은 두 아내에게 그들의 아버지인 라반이 자기에게 얼마나 나쁘게 했는지를 설명하였다. 그리고 어떻게 그 많은 재산이 자기 것이 되었는지를 설명했다. 그 내용은 야곱은 성실하게 일했다는 것이고 아버지는 나쁜 방법으로 자기를 부려먹고 돈을 주려하지 않았으며 하나님이 자기의 억울함을 보시고 갚아주신 것이라는 것이다. 이 말들에는 참된 말이 아닌 성분이 많다. 아직까지도 야곱은 자기의 계략과 재간이 넘치는 사람이다. 그는 어떤 일도 잘할 수 있는 구변을 갖고 있었다. 그의 교활함이 넘치게 보이는 부분이다. 결론은 13절로서 벧엘의 하나님이 자기에게 돌아가라고 했다는 것이다. 하나님을 경외하는 자들에게 하나님이 말씀하셨다고 하는 것은 결정적인 설득력을 얻는다.

14-16절은 야곱의 말에 대한 라헬과 레아의 동조적인 답변이다. 이들은 아버지에게서 분리되고 야곱과 하나되는 말을 쏟아내었다. 이는 야곱을 매우 기쁘게 하였음에 틀림없다. 이러한 어법들은 영적으로는 그렇게 합당한 것이 아니다. 영적인 것을 조금이라도 아는 사람들이라면 야곱같은 방식으로 교제하지 않을 것이며, 또 라헬과 레아의 방식으로 반응하지 않을 것이다. 이는 꼭 육에 속한 자들의 당을 짓는 방식을 연상하게 한다. 야곱은 그들의 육의 감정을 자극하여 더 가까운 남편을 동조하게 만들었으며, 아내들은 아버지에 대한 불만을 품고 야곱의 모든 방향을 찬성하는 방식인 것이다. 그러나 놀라운 것은 이토록 영적으로 부족한 방식의 처신에도 불구하고 하나님은 그들과 함께하셨다는 것이다.

31:20절, 야곱은 그 거취를 아람 사람 라반에게 고하지 않고 가만히 떠났더라

야곱이 떠난 방식도 영적인 방식은 아니었다. 그는 어떻게 일을 할 줄은 알았지만 하나님 앞에서 행하는 것은 잘 알지 못했다. 그는 기다리지 못했으며 진실하게 하나님 앞에서 행하는 것을 몰랐다. 오늘날도 조금만 십자가를 아는 사람이라면 어찌 20년 동안 동고동락을 같이 하던 사람을, 그것도 자기의 두 아내의 아비인 사람을 한마디 말도 없이 떠날 수 있단 말인가? 나는 어떤 성도가 이런 방식으로 교회나 어떤 공동체를 떠나는 것을 결코 찬성하지 않는다. 그러나 야곱은 목적의식이 분명한 사람이었고 그 과정을 그렇게 중시하지 않았다. 그는 고향으로 돌아가는 것만을 주의했다. 어떻게 해서라도 가면 되었다. 그러므로 오늘날 영적인 사람의 행하는 바처럼 하나님의 때를 기다리거나 서로 좋은 교제를 가진 연후에 기도하며 떠나기를 기대하지 않고 자기의 생각대로 행한 것이다.

야곱은 절대로 어리석은 사람이 아니었다. 그는 만일 떠나는 문제를 라반과 상의하면 어떤 일이 발생하리라는 것을 너무나 잘 알고 있었다. 라반은 결코 그 양떼와 딸들과 종들을 호락호락하게 내어주지 않았을 것이다. 아마 어떤 이유를 걸어서라도 내어주지 않으려 했을 것이다. 그리고 심한 다툼이 일어날 수도 있었을 것이다. 라반은 야곱의 재산을 어떻게 해서라도 다 내어주지 않으려는 작전을 구사할 능력이 있는 사람이다. 결국 가장 좋은 방법은 몰래 떠나는 것이었다. 그것이 라반으로 쉽게 포기시키는 방법이라는 것을 야곱은 누구보다도 더 잘 꿰뚫어 보고 있었다. 그는 긴 말이 필요 없이 도망가는 것이 상책이라고 믿었다. 이것이 육체의 지혜이다.

오늘 날도 수많은 야곱들이 같은 방식의 떠남을 실행하면서 자신이 매우 옳게 행하였음을 말하고 또 라반의 못된 점을 말하고 또 말한다. 또한 자신의 떠나는 방식이 그 외에는 방법이 없음을 확신하며 더 이상 좋은 길이 없다고 믿는다. 그러나 거기에 십자가는 어디에 있으며 성령의 인도는 어디에 있는가? 어린 양의 태도는 어디에 있으며 못박힘의 태도는 어디에 있단 말인가? 그저 인간적으로 일리가 있는 방법이요 나름대로 옳을 뿐이다. 결과적으로 그는 올 때도 도망자로 왔고 갈 때도 도망하는 모습으로 가게 되었다. 자신 곁에 있는 사람들의 소유를 많이 취하고 빼앗다 보니 사람들의 은혜와 축복 속에 떠날 수가 없었던 것이다. 그는 조금도 자기 것을 남에게 빼앗기거나 손해 볼 마음이 없었다. 그런 마음이 그로 하여금 이런 행동들을 낳게 한 것이다. 이것이 영에 속한 세계를 모르고 육체에 속한 사람들의 전반적인 실행이다.

31:30절, 이제 네가 네 아비 집을 사모하여 돌아가려는 것은 가하거니와 어찌 내 신을 도적질 하였느냐

라반은 그래도 하나님에 대하여 알고 있었던 사람이었다. 그러나 그는 진실하게 하나님을 신뢰한 사람이 아니라 자기 나름대로의 우상을 갖고 있었다. 그가 삼 일 길을 쫓아와서 야곱을 만났을 때 다른 것들은 회수할 수 없다고 판단하였고(그것은 야곱의 작전대로 맞아 떨어졌다), 오직 한 가지, 드라빔을 훔쳐간 것에 대해서만 강하게 추궁했다. 이것은 세상적인 믿는이라 할지라도 자기들이 의지하는 우상에 대해서는 대단한 애착심을 갖고 있다는 것을 증명해 준다. 물론 라반이 다른 것들을 가지고 다툴 수 없었던 것은 밤에 하나님이 라반에게 현몽하셔서 아무 말도 하지 못하게 하셨기 때문이다. 그러므로 라반과 야곱은 서로 언성을 높이며 대등한 정도의 대화를 주고받을 수 있게 되었다. 이는 하나님께서 야곱을 위하여 일하신 덕택이다. 야곱도 20년 세월을 보내면서 열심히 일을 하다 보니 이제 라반도 무시할 수 없는 재력(財力)과 가(家)를 이룬 것이다. 사람의 육도 꽤 많은 일의 성취를 한다.

그리고 야곱은 라반에게 자신의 공로에 대하여 일장 연설을 하게 되는데, 이 또한 매우 설득력 있다. 그는 실로 어떻게 말할 줄을 아는 사람이었다. 그는 라반이 드라빔을 찾지 못하자 그것에 대하여 자신의 결백을 주장하면서 그를 책망하고 기선을 제압하였다. 그 다음에는 자신이 어떻게 외삼촌의 집에서 수고하였는가를 간증하였다. 그는 외삼촌의 양떼의 어떤 것도 축내지 아니하였고 물려 찢긴 것이나 도적을 맞은 것은 자기가 보충하였으며 낮에는 더위를 무릅쓰고 밤에는 추위를 당하며 눈 붙일 겨를도 없이 지냈다고 말했다. 그리고 그는 외삼촌 집에 20년 간 있으면서 두 딸을 위해 14년, 양떼를 위하여 6년을 봉사하였는데 그간 외삼촌이 자기 품값을 열 번이나 변개했다고 상기시켜 주었다. 이렇게 달변으로 자신을 변명하며 나오는 야곱 앞에서 그 누가 변론할 수 있겠는가? 42절에서는 하나님께서 자기의 고난과 손의 수고를 감찰하셔서 어젯밤에 나타나 외삼촌을 책망하신 것이라고 결론을 지으면서 라반의 입을 막아 버렸다. 이는 하나님의 보호하심이요 함께하심이다. 비록 야곱이 충분히 자라지 않고 부족한 것이 많았지만 그러나 하나님은 그를 보호해주셨다. 우리가 생각할 때는 우리가 꼭 하나님의 뜻에 맞게만 행동할 때 하나님이 보호해주시리라고 생각하지만 야곱을 볼 때 그렇지 않다. 그것은 하나님의 택하심과 관련이 있다. 부족하고 어릴지라도 하나님은 그분의 택하심을 따라 그의 형편에 맞게 그를 도와주신다.

야곱이 이렇게 말할 때 라반은 아무 말도 할 수 없을 것 같지만, 그러나 그에게는 나름대로의 계산법과 시각이 있었다. 라반이 이렇게 보는 것은 전혀 근거가 없는 것이 아니다. 끌고 당기는 세상 사람들의 법정 소송에서는 조금이라도 자기와 관련이 있는 것은 다 자기의 소유로 주장하는 법이다. 라반은 바로 이런 사람의 대표이다. 또 라반이 이러한 관점을 갖고 있다는 것을 누구보다도 잘 알고 있던 사람이 야곱이었다. 그러므로 그가 떠날 때 사전에 라반과 대화하려 하지 않은 것이다. 이 두 사람은 정말 보통 사람들이 아니다. 철저히 육신에 속한 사람의 대표이다. 그러나 다른 한편 야곱이 처음에 올 때는 신세를 지러 온 형편이었지만 이제는 라반과 동등한 위치에서 말하는 것이 되었다. 이것도 하나님의 택하신 자에 대한 하나님의 축복과 배려의 역사로 볼 수 있다. 야곱은 라반이 다음과 같이 말하는 주장에 대하여 충분히 자신의 주장을 설명하고 있다. “라반이 야곱에게 대답하여 가로되 딸들은 내 딸이요 자식들은 내 자식이요 양떼는 나의 양떼요 네가 보는 것은 다 내 것이라”(31:43).

다음은 야곱의 주장이며 라반의 대답이고 결국 상호 언약과 비석을 세워 증거를 삼고 해결을 본다.

31:36-55 야곱이 노하여 라반을 책망할째 야곱이 라반에게 대척하여 가로되 나의 허물이 무엇이니이까 무슨 죄가 있기에 외삼촌께서 나를 불같이 급히 쫓나이까 31:37 외삼촌께서 내 물건을 다 뒤져 보셨으니 외삼촌의 가장집물 중에 무엇을 찾았나이까 여기 나의 형제와 외삼촌의 형제 앞에 그것을 두고 우리 두 사이에 판

단하게 하소서 31:38 내가 이 이십년에 외삼촌과 함께하였거니
와 외삼촌의 암양들이나 암염소들이 낙태하지 아니하였고 또 외
삼촌의 양떼의 수양을 내가 먹지 아니하였으며 31:39 물려 찢긴
것은 내가 외삼촌에게로 가져 가지 아니하고 스스로 그것을 보충
하였으며 낮에 도적을 맞았든지 밤에 도적을 맞았든지 내가 외삼
촌에게 물어 내었으며 31:40 내가 이와 같이 낮에는 더위를 무
릅쓰고 밤에는 추위를 당하며 눈붙일 겨를도 없이 지내었나이다
31:41 내가 외삼촌의 집에 거한 이 이십년에 외삼촌의 두 딸을 위
하여 십 사년, 외삼촌의 양떼를 위하여 육년을 외삼촌을 봉사하
였거니와 외삼촌께서 내 품값을 열번이나 변역하셨으니 31:42 우
리 아버지의 하나님, 아브라함의 하나님 곧 이삭의 경외하는 이가
나와 함께 계시지 아니하셨더면 외삼촌께서 이제 나를 공수로 돌
려 보내셨으리이다 마는 하나님이 나의 고난과 내 손의 수고를 감
찰하시고 어제밤에 외삼촌을 책망하셨나이다 31:43 라반이 야곱
에게 대답하여 가로되 딸들은 내 딸이요 자식들은 내 자식이요 양
떼는 나의 양떼요 네가 보는 것은 다 내 것이라 내가 오늘날 내 딸
들과 그 낳은 자식들에게 어찌할 수 있으랴 31:44 이제 오라 너
와 내가 언약을 세워 그것으로 너와 나 사이에 증거를 삼을 것이니
라 31:45 이에 야곱이 돌을 가져 기둥으로 세우고 31:46 또 그
형제들에게 돌을 모으라 하니 그들이 돌을 취하여 무더기를 이루
매 무리가 거기 무더기 곁에서 먹고 31:47 라반은 그것을 여갈사
하두다라 칭하였고 야곱은 그것을 갈르엣이라 칭하였으니 31:48
라반의 말에 오늘날 이 무더기가 너와 나 사이에 증거가 된다 하였
으므로 그 이름을 갈르엣이라 칭하였으며 31:49 또 미스바라 하
였으니 이는 그의 말에 우리 피차 떠나 있을 때에 여호와께서 너
와 나 사이에 감찰하옵소서 함이라 31:50 네가 내 딸을 박대하거
나 내 딸들 외에 다른 아내들을 취하면 사람은 우리와 함께할 자
가 없어도 보라 하나님이 너와 나 사이에 증거하시느니라 하였더라
31:51 라반이 또 야곱에게 이르되 내가 너와 나 사이에 둔 이 무

더기를 보라 또 이 기둥을 보라 31:52 이 무더기가 증거가 되고 이 기둥이 증거가 되나니 내가 이 무더기를 넘어 네게로 가서 해하지 않을 것이요 네가 이 무더기, 이 기둥을 넘어 내게로 와서 해하지 않을 것이라 31:53 아브라함의 하나님, 나홀의 하나님, 그들의 조상의 하나님은 우리 사이에 판단하옵소서 하매 야곱이 그 아비 이삭의 경외하는 이를 가리켜 맹세하고 31:54 야곱이 또 산에서 제사를 드리고 형제들을 불러 떡을 먹이니 그들이 떡을 먹고 산에서 경야하고 31:55 라반이 아침에 일찌기 일어나 손자들과 딸들에게 입맞추며 그들에게 축복하고 떠나 고향으로 돌아갔더라

"내가 이 이십년에 외삼촌과 함께하였거니와 외삼촌의 암양들이나 암염소들이 낙태하지 아니하였고 또 외삼촌의 양떼의 수양을 내가 먹지 아니하였으며 물려 찢긴 것은 내가 외삼촌에게로 가져 가지 아니하고 스스로 그것을 보충하였으며 낮에 도적을 맞았든지 밤에 도적을 맞았든지 내가 외삼촌에게 물어 내었으며 내가 이와 같이 낮에는 더위를 무릅쓰고 밤에는 추위를 당하며 눈붙일 겨를도 없이 지내었나이다 내가 외삼촌의 집에 거한 이 이십년에 외삼촌의 두 딸을 위하여 십 사년, 외삼촌의 양떼를 위하여 육년을 외삼촌을 봉사하였거니와 외삼촌께서 내 품값을 열번이나 변역하셨으니" 이상은 야곱의 편에서 생각한 말이다. "라반이 야곱에게 대답하여 가로되 딸들은 내 딸이요 자식들은 내 자식이요 양떼는 나의 양떼요 네가 보는 것은 다 내 것이라 내가 오늘날 내 딸들과 그 낳은 자식들에게 어찌할 수 있으랴" 이상은 라반의 쪽에서 생각한 것이다. 사람은 다 입장이 있고 입장에 따라 생각이 다르기 마련이다. 누구든지 자신의 입장에서만 옳다고 주장하고 우겨서는 안된다. 상대의 입장에서 보는 것을 들을 필요가 있다. 상대의 입장에서는 정반대의 말을 할 수도 있는데 그것도 일리가 없다고 해서는 안된다.

라반이 비록 야곱에게 그렇게 말했지만 그것을 주장하기 위한 것은 아니었다. 그도 빠른 사람인지라 일이 이미 그렇게 되어 가는 것을 알았다.

그래서 다만 거기서 언약을 세우자고 한 것이다. 거기에서 그들은 돌을 모아 무더기를 만들고 '미스바'라 하였다. 라반은 자기의 딸들을 박대하지 말라고 부탁했고 서로 이 무더기를 넘어 해하지 말자고 언약했다. 이 언약은 라반이 주도했다. 막상 헤어질 때에는 라반이 약자 편에 서게 되었던 것이다. 야곱은 라반과 함께한 20년 동안 많은 단련을 받았지만 결국 잃은 것보다는 얻은 것이 많은 채로 고향에 돌아가게 되었다. 누구든지 어린 영적 분량에서는 얻는 것이 많다. 그러나 성장한 사람들의 특징은 잃는 것이 많게 된다.

32 장

1-2절, 야곱이 그 길을 진행하더니 하나님의 사자들이 그를 만난지라 2 야곱이 그들을 볼 때에 이르기를 이는 하나님의 군대라 하고 그 땅 이름을 마하나임이라 하였더라

마하나임이란 '두 영(營)의 군대'라는 뜻이다. 하나님은 야곱에게 "네 조상의 땅, 네 족속에게로 돌아가라 내가 너와 함께 있으리라"(31:3)고 말씀하셨다. 하나님은 한 번 사람을 택하시고 사랑하시면 끝까지 사랑하신다. 하나님은 야곱이 라반과 헤어질 때에도 지켜주셨고 앞으로 닥칠 에서의 문제에 있어서도 그분이 지켜주실 것임을 넌지시 보여 주셨다. 그것은 두 영(營)의 군대의 모습인데, 이는 두 떼나 되는 하나님의 사자가 언제나 그와 함께 다니신다는 것을 보여 주신 것이다. 물론 이 지점에서 야곱은 영적으로 매우 약하였지만, 또 믿음에서는 온전치 못했지만 하나님은 여전히 그를 보호해주고 계셨다. 하나님은 순전히 택한 자들의 하나님이심을 본다. 이를 인하여 하나님께 감사하자! 그러나 야곱은 아직 믿음이 충분치 않은 상태였다. 하나님이 그에게 보여 주신 '마하나임의 이상'은 그에게 크게 효력을 발하지 못했다. 야곱은 에서를 만날 일을 생각하며 여전히 자신의 방법을 사용해야 했다. 그는 아직 완전히 하나님을 신뢰할 수 있는 상태가 되지 못했다. 그래서 야곱은 자기 앞서 사자들을 에서에게 보내기로 하였다. 이것은 나름대로 익힌 야곱다운 처신법이다. 그런데 그 사자들은 에서에게 가서 좋은 대화를 나누고 평안하고 격려가 되는 말을 가져온 것이 아니라 예상했던 대로 겁을 주는 보고를 가져왔다. 사람에게는 두려워하는 것이 임하는 법이다.

사자들은 에서가 400인을 거느리고 야곱을 만나러 온다고 하였다. 이때 야곱은 심히 두렵고 답답하여 양떼와 소떼와 약대를 두 떼로 나누고 한 떼를 치면 남은 한 떼는 피할 수 있도록 조치하였다. 여기서 '두 떼'라는 말은 앞에서 말한 '마하나임'과 동일한 히브리어이다. 야곱은 하나님이 보여주신 두 떼의 수호천사들을 의지한 것이 아니라 자신의 방식을 의뢰한 것이다. 양떼와 소떼를 두 떼로 나누었다. 앞의 마하나임은 하나님께서 보내신 강력한 두 군대이지만 뒤의 마하나임은 사람이 만든 아무 힘이 없는 두 떼였다. 33장 8절에서 야곱은 또 하나의 마하나임(떼)을 사용하여 에서의 마음을 돌리려고도 하였다. 야곱은 하늘에 있는 하나님의 마하나임을 의지한 것이 아니라 여전히 땅에 있는 마하나임을 의지한 것이다.

9-11절, 야곱이 또 가로되 나의 조부 아브라함의 하나님, 나의 아버지 이삭의 하나님 여호와여 주께서 전에 내게 명하시기를 네 고향, 네 족속에게로 돌아가라 내가 네게 은혜를 베풀리라 하셨나이다…11 내가 주께 간구하오니 내 형의 손에서 에서의 손에서 나를 건져 내시옵소서 내가 그를 두려워하옴은 그가 와서 나와 내 처자들을 칠까 겁냄이니이다

야곱은 한 면으로 자신의 방법으로 에서의 공격에 대비하고 다른 한 면으로는 하나님께 기도했다. 그는 아직 완전히 하나님께 맡기는 방식으로 기도할 수는 없었다. 한 면으로는 자신의 손으로 일을 붙잡아야 했고 여전히 불안하여 또 기도를 드려야 했다. 그의 기도는 나름대로 매우 진지하고 솔직한 기도였다. 그러면 그가 기도한 뒤에 하나님께서 보호해 주실 것을 완전히 믿었는가? 그는 기도를 잘 했지만 하나님께서 지켜주시지 않을 경우를 나름대로 대비해야 했다. 그래서 그는 에서를 위하여 예물을 택하여 암염소 200, 수염소 20, 암양 200, 수양 20, 젖나는 약대 30과 그 새끼, 그리고 암소 40, 황소 10, 암나귀 20, 그 새끼 10을 종들에게 맡긴 후 앞서 건너가게 하고 그 아홉 떼로 하여금 각 떼가 거리를 두게 하였다. 그리고 앞선 사람에게 부탁하기를 "에서가 너를 만나 묻기를 네가 뉘 사람이며 어디로 가느냐 네 앞엣 것은 뉘 것이냐 하거든 대답하기를 주의 종 야곱의 것이요 자기 주 에서에게로 보내는 예물이오며 야곱도 우리 뒤에 있나이다"라고 대답하라고 하였다. 그리고 둘째와 셋째와 각 떼를 따라가는 자들에게 다 이렇게 하도록 부탁하였다. 야곱은 이렇게 하면 앞에 보내는 예물로 형의 감정을 푼 후에 대면하게 되므로 만나기가 부드러울 것이라고 생각했다. 과연 야곱은 일을 계획하고 추진하는 데에 있어서 뛰어난 머리를 갖고 있었다. 이보다 더 방법이 좋을 수는 없다. 조금씩 조금씩 사람의 마음을 설득하자는 작전이었다. 누가 야곱만 하겠는가? 실상 그는 기도보다 그의 예물을 더 신뢰했을 것이다. 결국 그의 기도는 이러한 자신의 방법을 하나님께서 도와달라는 것이었다(13-20절).

22-24절, 밤에 일어나 두 아내와 두 여종과 열 한 아들을 인도하여 얍복 나루를 건널새…24 야곱은 홀로 남았더니 어떤 사람이 날이 새도록 야곱과 씨름하다가

야곱은 이 지점에서 인생 최대의 시련에 봉착한다. 그의 방법과 계획이 최대한으로 발휘되며 그의 육체가 있는 대로 다 드러나게 되었다. 가장 어렵고 불안하며 두려운 순간에 야곱은 홀로 있게 되었다. 지난 20여 년 동안 야곱은 홀로 있을 시간이 없었다. 항상 부인들과 자식들과 라반과 많은 일들을 해야 했다. 바쁘고 또 바빴다. 성과도 많았다. 그런 때에는 야곱이 자신이 어떤 사람인지 잘 알 수 없었다. 그저 일하기에만 분주했고 그 결과도 매우 좋았다. 그의 마음은 이 모든 산출물을 가지고 안전하게 아비 집으로 돌아가는 데 있었다. 이는 야곱의 일생일대의 큰 목표였다. 그런데 일은 그렇게 쉽게 이루어지지 않았다. 이제 절대 절명의 순간이 온 것이다. 많은 사람들이 이러한 순간에 브니엘을 체험한다. 어떤 형제는 결혼에 임하여 절대 절명의 순간을 만나 브니엘을 체험하고 어떤 사람은 사업, 어떤 사람은 지위의 상승이다. 이런 일들이 앞에 있을때 야곱과 같은 사람들은 마지막 결전을 하듯이 그 일을 놓고 목숨을 건다. 그것이 성공해야 인생이 성공하는 것이다. 야곱은 여기서 자신의 목숨은 물론이고 처자와 지금까지의 모든 결실이 무로 돌아갈 수도 있는 상황이라고 여기고 있었다. 에서가 400인을 거느리고 야곱을 치기 위해 달려오고 있다는 것이다.

야곱이 이렇게 혼자 남아 있을 때, 그는 일생토록 이렇게 불안하고 연약한 심정이 되어 본 적이 없었다. 하나님을 믿자니 믿을 수도 없고 여러 선물을 준비하여 많은 떼로 나누어 보냈지만 그것이 통할는지 확신할 수도 없었다. 더욱 어려운 것은 자신의 불안한 심정이었다. 사람이 이렇게 모든 것에서 떠나 혼자되지 않으면 그의 진정한 됨됨이를 확인할 길이 없다. 자신에 대하여 스스로 어떻게 생각하든, 다른 사람들이 그에 대하여 어떻게 생각하든 모두 정확하지 않다. 그러나 많은 것들이 떠나고 사람도 떠나고 친구도 떠나고 분주한 일도 사라지고 그야말로 모든 육신적인 생각과 상상과 계획과 감정에서 떠나 하나님과 홀로 있게 될 때 그 사람의 진상이 드러난다. 이렇게 사람이 모든 것에서 떠나 혼자되어 볼 수 있다면 자신에 대해 퍽 정확하게 알 수 있는 기회를 가질 것이다.

혼자 있게 됨이란 좋은 일이든 싫은 일이든 함께할 수 있는 사람이 없는 경우를 말한다. 그것은 주위에 있는 사람들의 수효에 있지 않다. 당시 야곱에게는 부인, 자식, 노비 등 많은 사람들이 곁에 있었지만 막상 그와 맞상대하여 이야기할 사람은 아무도 없었다. 밧단 아람에서 그의 생활의 활력소가 된 것은 라반이었다. 라반이 있기에 야곱은 경쟁심과 삶의 열의가 강하게 일어나 외로움이나 자신의 약함을 모르고 생활한 것이다. 그러나 이제는 그에게 어떤 대상도 없게 되었다. 그야말로 혼자인 것이다.

하나님은 어떤 사람의 참된 상황이 드러나도록 하기 위해서 때로 이렇게 혼자 있는 상황을 허락하신다. 육에 속한 사람은 맞상대가 있을 때 그 상대와 투쟁하고 경쟁하며 거래하기 위해서 혼자의 시간을 가질 수 없다. 그러나 이 모든 상황이 정리되었을 때 야곱은 진정으로 '홀로 남게' 되었다. 주님과의 진정한 만남은 홀로 남아 있을 때 이루어진다. 당신이 의뢰하는 사람이나 단체가 많고 경쟁하고 다투는 상대가 있다면 하나님을 대하기 위해 홀로이기가 어렵다. 그 모든 상황이 정리되었을 때 비로소 하나님은 혼자된 당신을 가르치시고 처리하시며 다루실 길이 있다. 그러므로 사람이 가장 안전한 신앙을 갖기 위해서는 하나님께 독립적인 신앙을 가져야 한다. 우리는 성도들과 많은 면에서 합심해야 하고 동역해야 하지만 신앙에 있어서는 하나님께 매우 개인적이고 독립적이 될 필요가 있다. 그 누구도 아닌 내 자신과 주님과의 일대일의 관계가 확립될 필요가 있다. 이것이 없이 그저 인본주의적인 신앙으로 단체적으로만 왔다 갔다 하는 것은 신앙에 있어서 전혀 안전하지 않은 것이다.

25절, 그 사람이 자기가 야곱을 이기지 못함을 보고 야곱의 환도뼈를 치매 야곱의 환도뼈가 그 사람과 씨름할 때에 위골되었더라

브니엘의 체험

이것은 하나님의 긍휼의 임하심이라고밖에 말할 수 없다. 24절과 25절에서 '사람'이라고 표현한 분은 바로 하나님이시다. 우리 하나님은 사람과 같으신 하나님이시다(창1:26). 나는 하나님이 우리들 사람과 같은 성정을 지니신 것으로 인해 찬양을 드리지 않을 수 없다. 그러한 하나님이기에 우리는 하나님을 친근하게 가까이 할 수 있다. 이 땅에 오셔서 갈릴리를 거니시던 분이 바로 나타난 하나님이셨다. 그분은 우리와 같은 인성을 지니셨던 분이셨다. 그러기에 베드로 요한 등은 그분을 친구처럼 가까이 할 수 있었다.

이 순간은 과연 누가 승자인지 결판을 내야 하는 상황이다. 그대로 계속 나아갈 수는 없는 상황이었다. 과연 야곱인가 아니면 하나님이신가? 과연 누가 위대한가? 과연 누가 승리자인가? 과연 누가 모든 일을 계획하고 진행하는 자인가? 이것을 결정해야 하는 순간이었다. 여기서 둘 중 하나는 반드시 손을 들어야 했다. 야곱에게는 일생에서 결정적인 날이 온 것이다. 여기서 하나님은 야곱을 이길 수 없다고 말씀하신다. 야곱은 그 기질이 얼마나 강한지 결코 포기하지 않았다. 그러나 그 밤에 하나님은 야곱의 환도뼈를 치셨다. 여기서 야곱은 하나님 앞에 완전히 무릎을 꿇게 된다. 과거에 그는 자신이 얼마나 무가치한 자이고 악한 자인지 알지 못했다. 그러나 그날 밤 그는 하나님의 치심을 받고 무너져 내렸다. 그때 야곱의 마음속에서 자아의 둑이 터지자 홍수처럼 빛이 들어왔다. 그리고 자신이 어떠한 자인지를 참으로 알게 되었다. 그는 자신이 참으로 무익하고 아무 것도 할 수 없으며 약한 자임을 안 것이다.

사람마다 환도뼈가 있다. 어떤 사람은 철저한 계획성과 준비성이다. 이것은 좋은 것이지만 그것이 바로 어떤 사람의 자아를 구성하고 있는 것이다. 그런 사람은 무엇을 하든지 철저히 계획하고 준비하며 자신의 그러한 습성과 치밀함을 자랑으로 여긴다. (누구든지 환도뼈의 부분은 그 사람이 자랑하는 장점 속에 감춰어 있다.) 또한 그것은 그에게 여러 면에서 성공과 명예를 가져다 주었다. 그러므로 그는 그러한 장점을 결코 나쁜 것으로 여긴 적이 없으며 고쳐야 할 것으로 여겨본 적도 없다. 이런 사람도 하나님의 긍휼이 있으면 어느 날 얍복 나루에 이르게 된다. 그리고 그러한 기질이 타격을 입게 된다.

또 어떤 사람은 남에게 어떻게 보이는가를 중시하는 사람이 있다. 매사에 다른 사람이 자기를 어떻게 보는가를 중시하면서 일을 결정하고 추진해 나간다. 그런 사람은 어떤 사람의 칭찬이나 비판의 말에 매우 예민하게 반응한다. 더 나아가 그것이 그의 기분을 좌우하며 삶을 좌우한다. 이러한 환도뼈도 어느 날 부러지게 됨을 기억하라.

어떤 사람은 자아를 지나치게 연민한다. 그는 자신을 너무 사랑한다. 그는 모든 일과 행함에서 자신을 중심 삼는다. 이렇게 저렇게 말하고 행하는 것의 동기는 자신을 위한 것이다. 아! 이것도 철퇴가 필요한 자아이다. 우리는 이러한 강한 환도뼈 부분을 날 때부터 가지고 있다. 하나님이 어느 날 이 부분을 만지시면 우리는 죽을 힘을 다해 그것을 붙들고 씨름하면서 놓지 않는다. 그러나 하나님은 결국 그 부분의 힘줄을 끊어버리신다. 우리는 마담 귀용 등 앞선 선진들의 체험을 통해 성령 충만의 체험이 있기 전에 먼저 자아의 이러한 부분이 완전히 잘려지고 포기되어야 함을 볼 수 있다.

26절, 그 사람이 가로되 날이 새려 하니 나로 가게 하라 야곱이 가로되 당신이 내게 축복하지 아니하면 가게 하지 아니하겠나이다

이때 야곱은 이미 환도뼈가 위골되어 다리를 절었고 과거와 같이 어떤 것도 힘 있게 할 수 없는 사람이 되었다. 즉 매우 약하게 되었고 또 자신이 약하다는 것을 알게 된 것이다. 그러나 그가 약할 때에 참된 영성이 나왔다. 약한 손으로 하나님을 붙잡은 것이다. 그의 손은 과거와 같이 강하지 못했다. 그렇지만 약해진 손으로 그는 하나님을 붙잡고 놓지 않았다. 아니 놓을 수가 없었다. 이제는 하나님의 축복과 도우심이 없이는 스스로 살아나갈 길이 없기 때문이었다. 당신은 야곱이 강하게 붙잡을 때에 믿음이 좋았다고 생각하는가, 아니면 지금 환도뼈가 위골되어 아무 힘이 없게 되어서 약하고 힘없는 손으로 하나님을 붙잡을 때에 믿음이 좋다고 생각하는가? 물론 후자이다. 하나님은 야곱을 이러한 지점으로 이끄셨고, 이것이 하나님의 크신 긍휼이다.

27-28절, 그 사람이 그에게 이르되 네 이름이 무엇이냐 그가 가로되 야곱이니이다 28 그 사람이 가로되 네 이름을 다시는 야곱이라 부를 것이 아니요 이스라엘이라 부를 것이니 이는 네가 하나님과 사람으로 더불어 겨루어 이기었음이니라

성경에서 어떤 사람이 한 번 크게 전환할 때 이름이 바뀌는 예가 있다. 시몬이 베드로로 바뀐 것은 그가 그리스도에 대한 계시를 보았을 때이다. 야곱은 '발뒤꿈치를 잡는 자'라는 뜻이고 과거의 그의 특징은 바로 야곱이라는 이름 자체였다. 그것이 그의 환도뼈였다. 야곱은 뱃속에 있을 때부터 다른 사람에게 지지 않으려 하고 어떻게 해서든지 이기고 올라서려는 기질이 있었다. 이 기질은 날이 갈수록 발전되었다. 이 기질의 최고도로 나타난 날이 얍복강 나루터에서였다. 야곱이 진정으로 하나님의 사람이 되기 위해서는 그러한 기질이 꺾이지 않으면 안 되었다. 왜냐하면 그의 섬김은 모두가 다 야곱의 타고난 기질에서 나온 것이기 때문이다. 하나님은 야곱을 원하시지 않고 하나님 자신을 원하신다. 그런데 야곱이 파쇄되지 않는 한 그의 섬김은 모두 야곱의 기질과 방식으로 말미암은 것이 되기 때문이다. 그러나 이 날 얍복강에서 야곱이라는 사람을 이루는 결정적인 부분이 무너져 내렸다. 그의 환도뼈가 부러진 것은 실상 야곱의 가장 큰 특징이 손상을 당한 것이다. 그러므로 그의 이름이 바뀌었다. 하나님은 그의 이름을 이스라엘로 바꿔 주셨는데, 이스라엘이란 '하나님의 왕자'라는 뜻이다. 또 하나님과 겨루어 이겼다는 뜻도 있다.

29-31절, 야곱이 청하여 가로되 당신의 이름을 고하소서 그 사람이 가로되 어찌 내 이름을 묻느냐 하고 거기서 야곱에게 축복한지라 30 그러므로 야곱이 그곳 이름을 브니엘이라 하였으니 그가 이르기를 내가 하나님과 대면하여 보았으나 내 생명이 보전되었다 함이더라 31 그가 브니엘을 지날 때에 해가 돋았고 그 환도뼈로 인하여 절었더라

야곱은 여기에서 자신의 육체를 보았고 자신의 어떠함도 알았지만 그것이 영적으로 무엇을 의미하는지 잘 알지 못했다. 즉 그는 자신의 환도뼈가 부러진 것을 알았고 과거 자기의 가장 큰 문제가 그것이었다는 것을 알았지만 그날 무슨 일이 일어났는지를 분명히 해석할 수는 없었다. 다만 그에게 영적으로 가장 큰 일이 발생했다는 것은 인식했을 것이다. 그래서 그는 하나님께 이름을 알려달라고 말했지만 하나님은 그에게 이름을 알려주지 않으셨다. 그리고 다만 야곱을 축복하셨다.

그리스도인의 일생에서 이러한 브니엘의 체험은 필수적인 체험이다. 누구든지 원래 야곱 그대로는 하나님을 섬길 수 없다. 어느 날 결정적인 타격을 받고 야곱의 특징을 이루는 부분이 끊어져야 한다. 그럴 때 비로소 그는 '야곱적'이 아닌 '영적'으로 하나님을 섬길 수 있게 된다. 물론 이날 야곱의 영적 생명이 다 해결된 것은 아니다. 이것은 하나의 시작일 뿐이요 입문(入門)에 불과하다. 그래서 이름이 바뀌었는데도 계속 야곱이라는 이름이 사용되는 것이다(35:10까지).

야곱이 결국 알게 된 것은 그날 만난 분이 하나님이시라는 것이다. 그는 하나님과 씨름하고도 살았다는 두려움을 갖게 되었다. 한국 속담에 '하룻강아지 범 무서운 줄 모른다'는 말이 있다. 야곱이 얍복강에서 처음 씨름을 시작할 때 그는 하룻강아지였다. 그는 상대가 누구인지 몰랐다. 그래서 자신이 이길 줄로 생각했던 것이다. 그는 지금까지 그렇게 씨름하면서 살아왔고 그렇게 해서 안 되는 일이 없었다. 그는 안간힘을 썼지만 결국 환도뼈가 위골되었다. 결정타를 맞고 환도뼈가 위골된 뒤, 야곱은 비로소 상대가 무서운 분이라는 것을 알고 자기가 죽을 수도 있었다는 것을 알았다. 이제야 야곱은 이분이 하나님이시며 자기가 죽을 수도 있는 상황에서 생명이 보전되었다는 것을 알았다. "내가 하나님과 대면하여 보았으나 내 생명이 보전되었다 함이더라".

이 사건으로 야곱은 자기의 가장 강한 부분이 파쇄되어 결코 전과 같을 수 없는 상태가 되었다. 이런 체험은 그리스도인 누구에게나 다 필수적인 체험이다. 우리는 이와 같이 파쇄된 사람을 대하기를 좋아한다. 그들이 여전히 수를 쓰고 화를 내며 싸울지라도 일단 부서진 사람은 한물이 간 사람이기 때문에 결코 전과 같을 수 없다. 그런 사람들이 화를 내거나 수를 쓰는 것은 두려운 것이 아니다.

그러나 파쇄되지 않은 사람이 화를 내거나 밀어붙이는 식으로 어떤 일들을 할 때에는 두렵다. 오죽하면 하나님께서 야곱에게 "네가 이겼다"고 하셨겠는가! 하나님은 야곱을 이길 수 없으셨다. 오늘날 많은 사람들의 천연적인 기질과 교만, 그들의 밀어붙이는 힘은 하나님도 이기실 수 없다. 결국 하나님은 사람의 환도뼈를 칠 수밖에 없으시다. 사람은 자신의 결정적인 부분이 처리될 때 비로소 참된 빛을 볼 수 있다. 많은 사람들이 성경을 읽어도 빛이 없다고 말한다. 그러나 하나님의 빛은 부족함이 없이 비추고 있고 한량이 없다. 그러나 사람의 그 단단한 부분이 막고 있는 것이다. 그 단단한 자아의 부분이 파쇄되어 그 벽이 무너질 때 빛이 홍수처럼 쏟아져 들어오는 것이다. 이때 믿는이들은 전에 결코 보지 못하던 빛을 보게 된다. 가장 뚜렷한 것은 과거에 자신이 잘 한다고 생각하며 밀어붙이던 일들, 두려움 모르고 함부로 행하던 죄악된 일들을 알게 되는 것이다. 그러므로 '브니엘'의 뜻은 '하나님의 얼굴'이며, 이때 비로소 야곱이 하나님의 얼굴을 대하고 자신의 악을 알게 되었다는 뜻이다.

일단 환도뼈가 부러진 사람의 특징은 절름발이가 된 것이다. 어떤 사람의 기질이 강해서 사람을 잘 다루고 일에 대한 의욕도 많으며 방법이 가득한데, 그가 만일 환도뼈가 부러지는 체험을 했다면 감히 쉽게 사람을 다루지 못하게 되고 방법을 사용하지 못하게 되며 일에 대한 의욕도 전과 같지 않게 된다. 전에는 사람들 앞에서 말하고 또 말해도 지치지 않았지만 이제는 말이 없어져 버렸다. 뭔가 전처럼 일을 추진하고 방법을 찾으려 할 때 속에 두려움이 있고 힘이 빠지는 것을 느낀다. 그 이유는 이미 환도뼈인 그 부분이 절단되었기 때문이다. 어떤 앞선 성도가 말한 것처럼 환도뼈가 부러진 사람은 마치 비스킷을 부러뜨렸다가 다시 맞추어 놓은 것처럼 겉으로는 멀쩡한 것 같지만 살짝 손만 대어도 힘없이 부서지는 것과 같다. 우리는 이렇게 결정적으로 하나님께 다루심받은 사람들 보기를 좋아한다.

나 역시 30대에 이런 야곱의 체험을 가져본 적이 있었다. 다음은 그때의 간증이다.

죄와 율법에서의 해방도 체험하고 믿음의 공과도 훈련했지만 나에게는 한 가지 고래 힘줄과 같이 지속적으로 나를 괴롭히는 것이 있었다. 그것은 바로 권위자들에게 대한 '순복'의 문제였다. 이는 진정으로 낮아지지 않고 겸손해지지 않으면 배울 수 없는 공과이다.

나는 위로 존경하는 형님이 있고 교회 안에도 나에게 도움을 준 앞에 있는 분들이 있었다. 그런데 성경공부도 나름대로 많이 하고 영적 서적도 많이 읽었다고 자부하는 나에게 그들은 때로 부족해 보였다. 많은 때 그들은 내가 가지고 있는 계시와 체험을 갖고 있지 않은 것 같아 보이고 또한 그들의 말하는 것이 온전치 않게 느껴졌다. 그러니 자연히 그들에 대한 존경심이 적어지고 그들이 생각하는 것이나 말하는 것이 부족해 보였다. 어떤 분은 그의 주장하는 것이나 가는 노선이 잘못된 것 같아 보이고 그의 동기가 의심스럽기까지 했다. 그러나 성경에 의하면 젊은 자들은 장로들에게 순복해야 하고 은혜를 모르는 자가 되어서는 안 된다. 그들 중에는 내가 사역하기까지 결정적으로 도와준 분들도 있었기에 나는 그들을 거역하거나 멸시해서는 안 된다는 것을 잘 알고 있었다. 그러나 자꾸만 마음속에서 그들에 대해 존경심 대신에 염려스럽고 안타까운 마음이 생겨났다. 그러다 어떤 때 그들이 나에게 무언가 권면하고 교정해주는 말을 하면 나의 내면에서 겸손히 받아들이기가 상당히 어려웠다. 나는 당시 매우 위험한 상태에 떨어지게 되었다.

그러나 영적인 원칙과 성경 진리를 아는 나는 교만과 거역의 마음을 갖지 않으려고 힘을 다했다. 자칫 내 입에서 비판하는 말이 나오려 하면 나는 매우 두려워하며 회개했다. 그리고서 주위의 사람들에게 어떤 경우라도 권위에 순복하는 것이 중요하다고 계속 가르쳤다. 그러나 그때 내 속에는 잔존하는 거역의 느낌이 있었고 나는 그것을 의지적으로 계속 눌렀다. 그때의 나의 내면의 갈등과 괴로움은 이루 표현할 길이 없다. 나는 지금도 당시 입을 크게 벌려 그들을 거역하지 않은 것을 얼마나 하나님께 감사드리는지 모른다. 그래도 나는 내 속이 그런고로 살짝살짝 거역적인 냄새를 풍길 수 밖에 없었다.

그러던 어느 날, 외국에 있을 때 나와 가까이 교제하는 이들과 방에서 이야기를 나누고 있었다. 그러다가 나는 어떤 이야기 끝에 나를 옛적부터 키워주고 인도해준 사랑하는 어떤 사역자 분에 대해 약간 옳지 않은 말을 몇 마디 하였다. 그때였다. 갑자기 하늘과 땅이 보이지 않는 것 같고 모든 시야가 막막하고 노랗게 변했다. 다메섹에서 사울이 엎드러지는 것이 이런 것인가 싶었다. 그때 하나님의 진노가 임하는 것 같았다. 천지가 어두워지고 나는 죽을 것만 같았다. 나는 동료들과 교제하다가 갑자기 무릎을 꿇었다. 그리고 무조건 하나님께 빌었다. "잘못했으니 용서해주십시오." 그리고 나는 동료들에게 나의 교만과 거역의 죄를 자복하면서, 회개하면서, 나를 위해 기도해달라고 말했다. 그런 다음 내가 불순종하고 마음속으로 거역했던 그 선교사 가정을 찾아가자고 했다. 나는 동료들에게 인도되어 그 나이 드신 선교사 댁에 갔다. 그때가 새벽 한두 시쯤 되었을 때이다. 그분은 우리에게 이 밤에 어떻게 왔느냐고 물었고, 나는 자초지종을 말하면서 무조건 용서해달라고 빌었다. "나의 과거의 무지함으로 범한 거역을 용서해주십시오." 그분은 내게 무슨 일이 일어나고 있는지를 아시는 것 같았다. 그리고 그분은 매우 기뻐하시면서 "아! 하나님이 한국에서 큰 일을 하시겠군요"라고 말씀하셨다. 그리고 그분도 역시 무릎을 꿇고 나를 위해 기도해 주셨다. 우리는 다 무릎을 꿇었다. 나의 눈에서 눈물이 한없이 흘러내렸다. 그분은 나에게 "이제 너는 하나의 일하는 도구가 변해서 생명을 전달하는 그릇이 될 수 있겠다"라고 말씀하셨다. 나는 그때는 그분의 하시는 말씀의 의미가 무엇인지 잘 몰랐다. 그분은 또 나에게 그렇게 두 손에 강하게 붙잡고 있는 것을 놓아야 영적으로 성장하는 것이라고 말씀하셨다.

사실 내가 그분에게 순종하지 못했던 이유는 내가 옳다 하는 것, 주님이 나에게 주신 사명이라는 것, 내가 보았다는 비젼과 관점을 꼭 붙잡고 있었기 때문이었다. 나는 그것을 그 무엇보다도 귀하게 여겼었고, 그분이 때때로 나의 그런 점들을 아무것도 아닌 것으로 여기는 것이 매우 못마땅했었다. 그것들은 내가 나름대로 수년간 눈물을 흘리며 아침마다 기도하면서 키워온 영성이요 하나님을 위한 소원들이었던 것이다. 나는 그것들을 생명처럼 아끼며 사랑했던 것이다. 그분에 대하여 내가 못마땅하고 좋지 않았던 것이 이것이다. 주님이 나에게 주신 그러한 소중한 것들을 별스럽지 않게 여기고 무시하거나 몰라주는 것이었다. 그리고 그분의 말을 들을 때마다 나는 그분이 나더러 자신이 생각하는 대로만 따라오라는 것 같아 보였다. 그러면서도 나는 착한 마음으로 나의 잘 되지 않는 자아를 복종시켜 보려고 하였고, 겸손히 그 순복의 세계 안으로 들어가려고 무진 애썼다. 하지만 그 순복이라는 관문은 내가 들어가기에는 너무나 좁고 내 몸뚱이는 너무 컸다.

그런데 그 밤에 하나님의 큰 치심과 다룸을 받고 나서는 그렇게 애써서 순종하려고 하던 노력이 끝이 났다. 나는 나의 그 큰 몸뚱이가 갑자기 손오공의 요술처럼 너무나 사이즈가 작아진 것을 느꼈다. 그리고 애쓸 것도 없이 내가 그렇게 원하던 순복이라는 관문을 통과해 자연스럽게 그 안에 들어와 앉아 있는 것을 발견했다. 나는 그 좁은 문을 거쳐 들어와 좁은 공간 안에 있는 것이 너무 편안하고 자연스럽다고 느끼게 되었다.

며칠간 내 눈에서는 눈물이 그치지 않고 흘렀다. 큰 둑이 하나 무너진 것 같았다. 그리고 영적으로 앞선 분들이 내 눈에 하나님같이 보였다. 그 이전에 쥐뿔도 모르면서 모든 것을 다 아는 것처럼 행세했던 것이 너무 창피스러웠다. 마치 하룻강아지가 범 무서운 줄 모르는 것같이 함부로 날뛰었던 것이다. 그러다가 어느 날 고압선 전류를 만진 사람같이 되어 버렸다. 나는 크게 놀랐다. 그리고 그 때 야곱의 얍복강의 체험을 이해하게 되었다. 야곱은 브니엘에서 환도뼈가 위골되었다. 그는 거기서 끝난 것이다. 그는 "내가 하나님과 대면하여 보았으나 내 생명이 보존되었다."고 말했다. 그 때 내가 눈물을 흘리면서 가장 많이 부르던 찬송시 하나를 소개한다.

총명해 적수 없었던 나는 에서와 이삭 지나와
지금 생사의 관문서 절망하나 자신을 붙잡네
손 놓고는 난 못 견디네 힘쓰고 계략 써야 해

내 진영에 들어온 그가 두려웠지만 나는 맞섰네
내 마지막이 올까봐 전신의 힘을 다했네
발버둥쳐 씨름했네 사지에 임한 자처럼

내 과거 체험 사용하여 한 나절 씨름했지만
그는 여전히 서 있네 내 힘 빠진 것 알고도
내게 보복 안 하셨네 그래도 나는 맞섰네

그 같은 적수 못 봤네 그 이름 알려줬지만
난 그를 알지 못했네 그에게 상 있음 알고
축복하길 강요했네 나에게 굴복하라고

날 이미 밝아 왔으나 승부를 내지 못했네
내 강요 인해 그가 날 축복하고 칭찬했네
내 새 이름 이스라엘 일어날 때 난 절었네

작은 빛 맘에 올 때에 난 비췸 받고 알았네
능력 있으면 왜 삐었나 이겼다면 왜 다리 저나

이는 그의 승리의 표 내 어리석음 경고해

그 순간 빛이 홍수처럼 날 채워 둑이 터졌네
끝없는 영광 보고서 내 자신 감추려 했네
내 큰 죄악 내 더러움 그제야 알게 되었네

하나님 이기려한 나 참으로 어리석었네
이제 내게 화 있으리 죽어서 마땅하리라
내 두 손이 주 하나님 못 움직이게 했다니

오 영광스런 하나님 놀라운 만군의 주여
나 이제 당신 알고서 그 어떠함을 알았네
크게 울며 통회하며 당신께 무릎 꿇었네

나 어찌 당신 뵙고서 당신과 대립하리요
내 수치 감출 구멍이 없는 것 너무 한이 돼
왜 난 진작 소멸되어 이 세상 떠나지 않았나

교만에 눈이 감긴 나 너무도 혼미했었네
주 이긴 것 생각하니 큰 두려움 날 붙잡았네
내 온 몸의 힘이 빠져 무너져 내릴 것 같네

내 일생 회고해보니 부패만 가득 차 있네
날 위해 주를 희생하니 내 뜻만 아는 자였네
하나님께 강요하여 축복만 얻으려 하였네

내 욕망 나의 주장을 하늘이 듣기 원했네
주께서 내게 양보해 내 뜻만 이루기 원해
조급한 자 다뤄오신 주께는 실패 없다네

난 사악하고 완악해 교만하고 사특한 잘세
부패와 미움 가득한 야곱인 날 주 아시니
주 긍휼만 바라보네 긍휼히 여기시기를

나 절뚝거릴 때마다 주님의 긍휼 기억해
난 이스라엘이지만 영원히 절름발일세
나의 저는 다리로서 주님만 의지하겠네

주여 나 항복합니다 당신이 이기셨습니다
주님과 겨뤄 이긴 나 내 실패 철저히 봤네
평생 떨며 두려우며 주님의 뜻을 행하리

우리는 그리스도를 주(主)로 섬기는 사람들이기 때문에 순복이 주인에 대한 첫 번째 태도요 기본 자격이라는 것을 알아야 한다. 우리는 사탄의 거역의 원칙으로 주님을 섬길 수 없다. 그러므로 나는 항상 성도들에게 순복을 배우는 것은 그리스도인의 여러 영적 공과 중의 하나가 아니라 가장 기본이 되는 기초와 같은 공과라고 말하는 것이다.

33 장

1-3절, 야곱이 눈을 들어 보니 에서가 사백 인을 거느리고 오는지 라 그 자식들을 나누어 레아와 라헬과 두 여종에게 맡기고 2 여종과 그 자식들은 앞에 두고 레아와 그 자식들은 다음에 두고 라헬과 요셉은 뒤에 두고 3 자기는 그들 앞에서 나아가되 몸을 일곱 번 땅에 굽히며 그 형 에서에게 가까이 하니

야곱은 32장에서 결정적인 전환을 하였지만 영적인 원칙에서 한 번 큰 전환이 있다고 해서 완전한 것이 아니라는 것을 이 장면에서 발견할 수 있다. 그는 에서가 사백 명을 거느리고 오는 것을 보고 앞에는 여종과 그 자식들을 두고 그 뒤에는 레아와 그 자식들을, 맨 뒤에는 라헬과 요셉을 두었다. 이것 또한 야곱의 방법이다. 브니엘에서 영적으로 큰 전환을 가진 것이 사실이지만 그러나 어떤 일이 생겼을 때 대처하는 방식은 좀처럼 빨리 바뀌지 않는다. 사람처럼 어려운 존재가 없다. 이렇게 가속을 앞뒤로 배열한 것은 혹 있을지 모르는 에서의 공격 시에 자기가 더 아끼고 사랑하는 라헬과 요셉은 될 수 있는 한 뒤에 두어 보호하려는 생각에서였다. 즉 그가 덜 귀하게 여기는 사람들부터 앞세운 것이다. 이것이 또 한 면의 야곱의 기질이다.

야곱은 그들 앞에서 나아가되 몸을 일곱 번 굽히며 에서에게 가까이 갔다. 겸손한 것은 좋지만 여기서 야곱은 다만 겸손한 게 아니라 비굴할 정도로 자신을 낮춘 것이다. 그 이유는 에서가 두려웠기 때문이다. 아직도 야곱은 그의 기질에서 완전히 벗어나지 못했다.

4-9절, 에서가 달려와서 그를 맞아서 안고 목을 어긋맞기고 그와

입맞추고 피차 우니라 5 에서가 눈을 들어 여인과 자식들을 보고 묻되 너와 함께 한 이들은 누구냐 야곱이 가로되 하나님이 주의 종에게 은혜로 주신 자식이니이다 6 때에 여종들이 그 자식으로 더불어 나아와 절하고 7 레아도 그 자식으로 더불어 나아와 절하고 그 후에 요셉이 라헬로 더불어 나아와 절하니 8 에서가 또 가로되 나의 만난 바 이 모든 떼는 무슨 까닭이냐 야곱이 가로되 내 주께 은혜를 입으려 함이니이다 9 에서가 가로되 내 동생아 내게 있는 것이 족하니 네 소유는 네게 두라

실상 야곱은 형 에서를 두려워할 필요도 없었고 에서에게 선물을 준비할 필요도 없었다. 이미 하나님은 에서의 마음을 부드럽게 하셨고 보복하려는 마음을 없애주셨다. 에서는 달려나가서 야곱의 목을 안고 입맞추고 피차 울었다. 야곱은 에서에게 자기의 자식들을 소개했다. "에서가 또 가로되 나의 만난 바 이 모든 떼는 무슨 까닭이냐 야곱이 가로되 내 주께 은혜를 입으려 함이니이다 에서가 가로되 내 동생아 내게 있는 것이 족하니 네 소유는 네게 두라" 형 에서의 마음을 누그러뜨리려고 한 야곱의 노력은 실상 필요가 없는 것이었다.

10-11절, 야곱이 가로되 그렇지 아니하니이다 형님께 은혜를 얻었사오면 청컨대 내 손에서 이 예물을 받으소서 내가 형님의 얼굴을 뵈온즉 하나님의 얼굴을 본 것 같사오며 형님도 나를 기뻐하심이니이다 11 하나님이 내게 은혜를 베푸셨고 나의 소유도 족하오니 청컨대 내가 형님께 드리는 예물을 받으소서 하고 그에게 강권하매 받으니라

야곱이 일행을 나눈 것이나 일곱 번 절하는 것 등은 필요치 않은 일이었고 그것은 그의 변치 않은 기질에서 나온 행동이었지만 10절에서 에서의 얼굴을 보니 하나님 얼굴을 본 것 같다고 말한 것은 거짓말이나 아첨하는 말이 아니다. 사람이 자기가 득죄한 사람을 만날 때 양심의 책망과 일깨움을 받으면 상대방의 얼굴이 하나님의 얼굴같이 두렵게 보여지는 법이다. 그는 에서의 편안하고 따뜻한 얼굴을 대할 때 그 얼굴이 하나님처럼 보였다. 그리고 야곱은 강권하여 에서로 하여금 선물을 받게 했다. 그러나 위기가 이렇게 순순히 극복이 되자 야곱은 그 모든 선물이 아깝지 않았다.

12-20절, 에서가 가로되 우리가 떠나가자 내가 너의 앞잡이가 되
리라 13 야곱이 그에게 이르되 내 주도 아시거니와 자식들은 유
약하고 내게 있는 양떼와 소가 새끼를 데렸은즉 하루만 과히 몰
면 모든 떼가 죽으리니 14 청컨대 내 주는 종보다 앞서 가소서 나
는 앞에 가는 짐승과 자식의 행보대로 천천히 인도하여 세일로 가
서 내 주께 나아가리이다 15 에서가 가로되 내가 내 종자 수인을
네게 머물리라 야곱이 가로되 어찌하여 그리 하리이까 나로 내 주
께 은혜를 얻게 하소서 하매 16 이 날에 에서는 세일로 회정하고
17 야곱은 숙곳에 이르러 자기를 위하여 집을 짓고 짐승을 위하여
우릿간을 지은 고로 그 땅 이름을 숙곳이라 부르더라 18 야곱이
밧단아람에서부터 평안히 가나안 땅 세겜 성에 이르러 성 앞에 그
장막을 치고 19 그 장막 친 밭을 세겜의 아비 하몰의 아들들의 손
에서 은 일백 개로 사고 20 거기 단을 쌓고 그 이름을 엘엘로헤이
스라엘이라 하였더라

에서는 매우 친절했다. 그는 앞장서서 야곱을 인도해 주고자 했다. 야곱이 겸손하게 그의 제의를 거절하자 에서는 몇몇 종자를 남겨두겠다고 했다. 그러나 야곱이 그것도 거절하자 세일로 돌아갔다.

야곱은 무사히 본토에 돌아올 수 있게 된 것만으로도 기뻐서 자신이 돌아가야 할 근본적인 위치를 잃어버리고 숙곳 땅에 머무르게 되었다. 그는 다만 무사하고 안전하게 돌아온 것을 크게 생각했을 뿐 과연 어느 곳에 머물러야 하는지에 대해서는 깊이 주의하지 않았다. 사람이 너무 힘들고 어려운 과정을 거치게 되면, 그리고 그 과정을 통과하는 데 온 힘을 소진하게 되면 정작 이르러야 할 목표에 대해서는 소홀히 하기가 매우 쉽다.

오늘날 어떤 사람들은 그리스도의 몸인 교회 건축을 매우 주의하고 지체들과의 좋은 교회 생활을 주의한 나머지 정작 이르러야 할 왕국과 주님의 재림 문제를 소홀히 하는 경우가 있다. 이 문제의 위험성은 역으로도 존재한다. 즉 주님을 만나는 문제를 치중하다가 현재의 그리스도인 생활과 교회 생활을 소홀히 하는 것이다. 우리 인간은 늘 망각하기 쉬운 존재임을 잊지 말아야 한다.

야곱은 숙곳에 이르러 자기를 위하여 집을 짓고 짐승을 위하여 우릿간을 지었다(17절). 숙곳은 아직 가나안 땅의 중심부가 아니다. 18절에서야 가나안 땅 세겜에 도착했다고 한다. 숙곳은 중도에 잠시 머물렀던 곳에 불과하다. 이곳은 요단 동쪽이었고 영적으로는 온전히 순종치 않는 자들이 머무는 지경이다. 그러나 야곱은 이곳에 이를 때 그곳에서 자기 집도 짓고 짐승을 위한 우릿간도 지었다. 목표에 이르지 않았는데도 야곱은 그곳에 많은 투자를 한 것이다. 야곱만이 아니라 성도들이 이렇게 하는 수가 많다. 어떤 성도들은 중도에서 인생의 가장 중요한 시기를 다 보내고 막상 목표에 이르렀을 때 보니 너무 나이가 들어버린 상태가 되어 버린다.

야곱이 숙곳에 머문 것은 오래 되지 않았다. 얼마 머물다보니 그곳은 자신이 오래 머물 곳이 아님을 발견했다. 어쩌면 처음에는 생각이 나지 않았던 가나안 땅에 대한 약속의 말씀이 떠올랐을 수도 있다. 처음에는 그저 돌아온 것에만 부풀어 그 정도에 머무는 것도 대단하다고 느꼈을지도 모른다. 그러나 그의 생활이 안정될 때쯤 마음속에 공허함이 몰려왔을 것이다. "나는 여기서 무엇을 하는가?" 이것은 내면에서의 주님의 부르심에 해당한다. 오늘날도 많은 이들이 이렇게 주님의 음성을 듣고 반응하는 것이다. 그러면 야곱은 왜 숙곳에 머물렀을까? 약속의 땅을 잊었을까? 나는 그렇지 않을 것이라고 믿는다. 그러나 그는 좀 두려웠을 수도 있다. 그는 어쩌면 에서가 있는 근방에는 가기를 두려워했을 수도 있다. 에서는 요단을 건넜을 것이고, 세일로 회정했다(returned)고 기록되어 있다. 야곱은 요단을 건너고 싶지 않았다. 그냥 편안하게 요단 동편에 자리를 잡고 싶었다.

그러던 어느 날 그는 요단을 건넜을 것이고 세겜에 이르렀을 것이다. 이것이 족장들의 믿음의 삶이었다(히 11:9). 그는 그 때 주님의 내적인 음성을 들었을 것이다. 이는 18절의 '평안히'(safely)라는 말로 알 수 있다. 야곱이 숙곳에서 속히 요단을 건너 가나안에 들어오지 못한 것은 안전하지 않을 것 같아서였지만 어느 정도 시간이 지났을 때 주님의 음성을 내적으로 들었을 것이다. 그는 세겜 성에 이르러 장막을 치고 그 장막 친 밭을 세겜의 아비 하몰의 아들들의 손에서 은 일백 개를 주고 샀다. 결국 그는 여기에 단을 쌓고 하나님의 이름을 '엘엘로헤 이스라엘', 즉 '하나님 곧 이스라엘의 하나님'이라고 불렀다. 그가 세겜에 이르러 단을 쌓고 하나님을 이스라엘의 하나님이라고 불렀지만 그는 아직도 목표에 이르지 못했다.

세겜이란 '어깨' 혹은 '능력'을 의미한다. 오늘날에도 많은 그리스도인들이 하나님의 집인 벧엘에 이르지 못하고 은사와 능력을 추구하는 세겜에 머무르는 경우가 허다하다. 하나님의 집에 이르지 않고도 능력과 은사를 얻는 사람이 많이 있다. 성령의 큰 능력과 은사가 있다해서 그것이 영적으로 목표에 이른 것이 아님을 알아야 한다. 능력도 하나님께 속한 것이고 은사도 그러한 것이지만 하나님은 성도들이 개인적으로 능력 있는 종이 되는 것보다 함께 건축되어 하나님의 집을 세우는 그리스도인이 되기 원하신다. 세겜에 이른 자들이 분명 하나님을 사랑하는 자들이고 하나님과 개인적으로 귀한 관계를 갖고 있지만 벧엘 곧 하나님의 집에 이르지는 못한 것이다. 그리스도인은 결코 개인적인 생활만을 가져서는 안 된다. 아무리 뛰어난 영성을 가졌다 하더라도 단체적인 교회 안에서 성도들과 함께 연결되어 생활해야 한다. 주님을 제법 사랑하고 여러 면에서 좋은 영성을 지녔어도 성도들과 함께 연결되고 상합하여 생활하는 몸의 생활이 없이는 진정한 영성은 기대할 수 없다. 사도 바울은 그리스도의 사랑의 길이와 넓이와 높이와 깊이의 어떠함은 개인이 체험할 수 있는 것이 아니라 '모든 성도와 함께'라고 하였다(엡3:18). 몸의 각 지체들은 받은 은사와 직분에 따라 분량대로 기능을 발휘하며, 피차 연락하고 상합하여 몸을 자라게 하며 사랑 안에서 건축되어야 한다(엡 4:16). 개인적으로 받은 놀라운 성령의 은사나 능력이 세겜이라고 한다면 단체의 몸으로 세워지는 것이 벧엘인 것이다.

야곱은 세겜에서 하나님께 경배하는 것을 알았고 하나님을 자기의 하나님 곧 이스라엘의 하나님으로 알았지만, 아직 하나님의 집(벧엘)의 중요성을 인식하지 못하고 있다. 그는 개인적으로 하나님을 소유하고 그분께 경배하고 찬미하는 것으로 족하게 여긴 것 같다. 야곱이 빛을 본 브니엘의 체험이 귀하고 세겜에서 하나님을 경배하는 것을 배웠지만 그 모든 발걸음의 목표지는 그리스도의 몸인 교회를 향한 것이다. 그것이 바로 벧엘이다. 벧엘에 이르는 발걸음에는 많은 대가의 지불이 필요한 것이다. 모든 것이 다 드려지지 않고는 교회가 세워질 수 없기 때문이다. 세겜은 자신의 안식과 누림을 위한 곳이지만 벧엘은 하나님의 거처요 하나님의 뜻이 이루어지는 곳이다.

34 장

1-29절, 레아가 야곱에게 낳은 딸 디나가 그 땅 여자를 보러 나
갔더니 2 히위 족속 중 하몰의 아들 그 땅 추장 세겜이 그를 보고
끌어들여 강간하여 욕되게 하고… 7 야곱의 아들들은 들에서 이
를 듣고 돌아와서 사람 사람이 근심하고 심히 노하였으니 이는 세
겜이 야곱의 딸을 강간하여 이스라엘에게 부끄러운 일 곧 행치 못
할 일을 행하였음이더라…야곱의 두 아들 디나의 오라비 시므온과
레위가 각기 칼을 가지고 가서 부지중에 성을 엄습하여 그 모든
남자를 죽이고… 27 야곱의 여러 아들이 그 시체 있는 성으로 가
서 노략하였으니… 29 그 모든 재물을 빼앗으며 그 자녀와 아내들
을 사로잡고 집 속의 물건을 다 노략한지라

우리는 이 구절을 통해서 하나님의 택하심을 입었으며 그분의 경륜을 이룰 그릇에게도 이런 큰 일이 일어나는 것을 볼 수 있다. 그는 하나님께서 그를 통해 한 민족을 얻으셔야 하며 그의 자손으로부터 예수 그리스도께서 태어나셔야 하는 그릇이었다. 그런데 하나님은 그의 가정에 이렇게 심각한 일이 터지는 것을 허락하셨다. 나는 야곱이 이 큰 사건을 겪으면서 "아, 나는 이제 아주 끝났구나"라고 탄식했으리라고 믿는다. 오늘날 하나님을 섬기는 어떤 가정에서 이런 일이 일어났다면 야곱이라는 이름의 사역자는 과연 어떻게 느낄 것인가? 외동딸이 강간을 당하고 두 아들은 가서 많은 사람들을 살륙했다. 이런 끔찍한 일이 어찌 하나님을 섬기는 가정에서 일어날 수 있단 말인가? 그는 하늘을 바라보며 '나는 다 끝났다'고 탄식했을 것이다.

야곱은 자신이 은 일백 개를 주고 산 땅에서 자기 딸이 강간을 당하는 수모를 겪게 되었다. 딸을 강간한 사람은 자기가 땅을 샀던 세겜, 곧 하몰의 아들인 추장이었다. 이 사건은 야곱을 크게 상심하게 했다. 왜냐하면 자신의 결정으로 머무른 땅에서 일어난 사건이었기 때문이다. 누구든지 자신의 방법과 길을 주장하다가 큰일을 당할 때 영적으로 가장 큰 타격을 입는다. 이것 또한 하나님이 야곱을 다루시는 한 가지 일이었다. 야곱을 더욱 두렵게 한 일은 두 아들 시므온과 레위가 하몰과 그 아들 세겜을 죽인 사건이었다. 그리고 성을 엄습하여 많은 남자들을 죽였다. 그리고 다른 아들들도 참여하여 시체가 늘어져 있는 성에 가서 그 성들을 마음껏 노략하였다. 보복을 곁들인 살인과 도적질이었다. 양과 소와 나귀도 가져오고 모든 재물도 빼앗아 왔으며 자녀들과 아내들도 사로잡고 집의 물건들도 다 가져왔다. 야곱은 이 일을 알고 매우 두려워했다.

이 일은 창세기 49장의 그의 말년 축복 시에 언급되고 있다. 그는 "내 혼아 그들의 모의에 상관하지 말지어다 내 영광아 그들의 집회에 참예하지 말지어다 그들이 그 분노대로 사람을 죽이고 그 혈기대로 소의 발목 힘줄을 끊었음이로다(49:6)"라고 말한다. 야곱은 늙어서 죽게 되었을 때 축복하면서 그들의 이때의 사고를 기억했다. 그만큼 이 일은 야곱에게 큰 상처로 남는 일이었다.

30절, 야곱이 시므온과 레위에게 이르되 너희가 내게 화를 끼쳐 나로 이 땅 사람 곧 가나안 족속과 브리스 족속에게 냄새를 내게 하였도다 나는 수가 적은즉 그들이 모여 나를 치고 나를 죽이리니 그리하면 나와 내 집이 멸망하리라

야곱은 아직도 두려움이 많았고 하나님께서 지켜주실 것을 믿지 못하고 있다. 이렇게 겁이 많은 것과 계획과 수단과 방법이 많은 것은 손의 양면과 같다. 야곱은 한 면으로는 계획과 방법이 가득한 사람이었고 다른 면으로는 겁이 많았다. 둘 다 하나님을 의지하지 않는 천연적인 사람의 특징이다. 그는 얍복강에서 자아에 결정적인 타격을 받았지만 아직도 그 겉 사람의 기질은 완전히 깨어지거나 사라지지 않았다.

35 장

1-3절, 하나님이 야곱에게 이르시되 일어나 벧엘로 올라가서 거기 거하며 네가 네 형 에서의 낯을 피하여 도망하던 때에 네게 나타났던 하나님께 거기서 단을 쌓으라 하신지라 2 야곱이 이에 자기 집 사람과 자기와 함께한 모든 자에게 이르되 너희 중의 이방 신상을 버리고 자신을 정결케 하고 의복을 바꾸라 3 우리가 일어나 벧엘로 올라가자 나의 환난 날에 내게 응답하시며 나의 가는 길에서 나와 함께하신 하나님께 내가 거기서 단을 쌓으려 하노라 하매

아브라함이 가나안 땅에 이르렀을 때에 거친 노정이 세겜에서 벧엘로, 벧엘에서 헤브론으로 향한 것이었듯이 야곱 또한 같은 노정을 걷게 된다. 영적인 면에서 모든 그리스도인들은 원칙상 같은 노정을 걷게 된다. 그러므로 우리는 서로의 길에서 권면과 격려와 위로를 줄 수 있는 것이다. 33장에서 야곱이 숙곳과 세겜에 머문 것은 자신의 결정에 의한 것으로, 그는 숙곳에 이르러 자기를 위하여 집을 짓고 짐승의 우릿간을 지어서 그 땅 이름을 숙곳이라 불렀다. 숙곳이란 막(幕)들을 의미한다. 그것은 야곱이 숙곳에 이르러 평안히 막을 치고 거하기 원했다는 것을 의미한다. 그때 그는 하나님과 성도들과 막으로 막혀 있는 듯한, 조용히 자기만을 위한 신앙생활을 하는 단계에 있었다. 그럼에도 여기서 야곱은 이전보다 하나님의 음성을 분명히 듣게 됨을 볼 수 있다. 이것이 그의 얍복강의 일 이후이다. 이때 야곱은 평이한 때에 분명한 뜻으로 하나님의 말씀을 듣게 되었다. 처음에 야곱은 꿈에서 들을 수 있었다. 그러나 이제는 제법 하나님의 음성을 듣고 바로 순종할 수 있는 지점에 이르렀다.

그는 주님의 음성을 듣고 그는 곧 세겜으로 이동했다. 성경에는 그가 주님의 음성을 듣고 옮겼다는 분명한 명시는 없으나 우리는 그가 숙곳에서 자기를 위해 집을 짓고 가축을 위해 우릿간까지 지었다가 아무 인도도 없이 세겜으로 움직였으리라고 믿지 않는다. 그는 틀림없이 그 땅에서 음성을 듣고 움직인 것이다. 흠정역은 세겜의 도시 살렘이라고 말한다. 세겜은 그래도 약속의 땅에 있으니 말씀에 따라 좀 더 진보한 것은 틀림없다. 그는 세겜에 와서 단을 쌓았고 하나님을 '엘엘로헤 이스라엘'(하나님 곧 이스라엘의 하나님)이라고 불렀다. 그가 하나님을 이스라엘의 하나님이라고 부른 것은 아마도 자신의 브니엘의 체험을 기념하기 위함일 것이다. 하나님께서는 브니엘에서 야곱의 이름을 이스라엘로 바꿔주셨다.

그가 비록 단을 쌓기도 하고 하나님을 부르기도 하였지만 그러나 그것은 어디까지나 자신의 개인주의적 영성을 위한 단계이다. 여전히 개인주의적인 신앙상태를 벗어나지 못한 모습의 그리스도인인 것이다. 이러한 벧엘에 이르지 못한 상태는 또한 오늘날 많은 그리스도인들의 상황이기도 하다. 많은 그리스도인들이 자신의 과거의 귀한 영적 체험에 붙잡혀 있으며 그것을 자랑하느라고 벧엘에 이르지 못함을 본다. 야곱이 그랬다. 야곱은 자신이 환도뼈가 부러진 날, 해가 돋은 날, 하나님을 만난 날을 잊을 수 없었으며 그 체험은 그로 하여금 지난 날의 영적인 경험에 빠지게 만들었다. 오늘날도 얼마나 많은 사람들이 과거의 체험을 붙잡고 앞으로 가려고 하지 않는지 모른다. 그 체험들이 귀한가, 귀하지 않은가? 매우 귀하다. 브니엘은 그의 이름이 야곱에서 이스라엘로 바뀐 결정적인 체험을 의미한다. 그러나 그러한 결정적인 하나님 앞에서의 체험조차도 벧엘로 올라가는 길을 좌절시키는 요소가 될 줄이야! 그러나 더욱 내면적인 이유는 다른 데 있다. 그것은 야곱이 세겜에서 단을 쌓고 하나님을 '엘엘로헤 이스라엘'이라고 부른 것은 주님을 경배하고 섬기면서도 전적으로 주님의 인도를 따르기보다는 자신의 안전과 평안을 먼저 해결해 놓고 그 가운데서 섬기고자 하는 것을 대표한다. 물론 그러한 사람들 가운데 하나님을 진정으로 사랑하는 사람들이 없는 것이 아니다. 영적 체험이 없는 것도 아니다. 여기서 야곱은 그곳에서 단을 쌓았을 뿐 아니라 하나님을 자신의 하나님(엘엘로헤 이스라엘)이라고 불렀다. 이것은 주님과 개인적이고 체험적인 관계를 갖고 있음을 증명한다.

그러나 34장의 일은 야곱에게 매우 처절한 상처를 안겨주었다. 결국 하나님은 야곱에게서 그 땅에서 평안하고 안전하게 살고자 하는 느낌을 제해버리셨다. 세겜 사람들은 언제 어디서 야곱과 그 가족들을 죽이기 위해 쳐들어올지 모를 판이었다. 어쨌든 야곱은 심한 불안감과 두려움에 처하게 되었다. 그래서 그 땅을 떠날 마음을 갖게 된 것이다. 하나님은 사람이 움직이려 하지 않는데 억지로 어느 곳으로 가라고 하시지 않는다. 이때 야곱은 새로운 주님의 인도를 받을 마음의 준비가 온전히 되어 있었다. 그러자 하나님은 야곱에게 일어나 벧엘로 올라가라고 명하셨으며, 벧엘에서 단을 쌓으라고 말씀하셨다. 이러한 체험은 야곱으로 하여금 하나님의 음성을 비교적 쉽게 들을 수 있게 했다.

세겜은 개인적인 영성을 발전시키는 것을 대표하지만 벧엘은 단체적인 그리스도의 몸의 생활을 대표한다. 하나님은 야곱에게 처음 그분 자신을 계시하신 곳에서 단을 쌓으라고 하셨다. 그곳이 바로 벧엘이다. 하나님은 영성이 좋은 한 개인의 하나님이 되기를 원하시지 않고 그보다 한 무리의 그리스도인들이 단체적인 몸으로 건축되어 서로서로 지체가 됨으로써 머리이신 주님을 경배하며 섬기며 순종하는 것을 보기 원하신다. 하나님을 모셔오려면 개인주의를 버리고 지체들과 건축되어 성도들과 하나되는 생활을 해야 한다.

하나님께서 야곱으로 브니엘을 거치게 하시고 숙곳에 이르고 세겜에 이르렀을 때 완전히 막다른 골목까지 인도하신 것은 벧엘로 이끄시기 위함이다. 그는 세겜에서 너무나 큰 대가를 치러야 했다. 그런 일련의 사건은 야곱에게 더 이상 자신의 선택과 자신의 필요를 위해 살지 말아야 한다는 깊은 느낌을 주었을 것이다. 그리스도인이 단체적인 몸의 생활 안으로 들어오려면 우상이나 세상이나 육체나 죄가 끝나야 할 뿐 아니라 개인의 영성과 개인의 깊은 체험까지도 끝나야 한다. 그럴 때만이 다른 지체들과 연결되고 상합하여 한 머리이신 그리스도를 순종하며 섬길 수 있게 된다. 그때 하나님은 야곱에게 "벧엘로 올라가서…거기서 단을 쌓으라"고 부르셨고 야곱은 즉각 순종할 수 있게 되었다.

2절에서 야곱은 자기 집 사람들과 및 함께한 모든 사람들에게 이방 신상을 버리고 자신을 정결케 하고 의복을 바꾸라고 하였다. "야곱이 이에 자기 집 사람과 자기와 함께한 모든 자에게 이르되 너희 중의 이방 신상을 버리고 자신을 정결케 하고 의복을 바꾸라" 이것은 그가 브니엘과 세겜의 영적인 체험을 거쳤지만 여전히 그들 가운데 이방 신상이 남아 있고 정결케 해야 할 많은 부분들이 남아 있다는 것을 보여준다. 야곱은 3절에서 벧엘로 올라가자고 했다. "우리가 일어나 벧엘로 올라가자 나의 환난 날에 내게 응답하시며 나의 가는 길에서 나와 함께하신 하나님께 내가 거기서 단을 쌓으려 하노라" 벧엘은 세겜보다 지형적으로 남쪽에 있지만 하나님은 야곱에게 내려가라고 하지 않고 올라가라고 하셨다. 이는 야곱이 세겜에 있는 것이 영적으로 낮은 곳에 머물러 있음을 말해준다. 성도들이 교만해지지는 말아야 하지만 영적으로 낮은 곳에 머무는 것은 하나님의 기뻐하심이 아니다.

1절은 하나님이 벧엘로 올라오라는 명령이 있고 3절은 야곱이 식구들에게 "우리가 일어나 벧엘로 올라가자…내가 거기서 단을 쌓으려 하노라"는 선포와 그에 따른 순종이 있다. 이것은 얼마나 아름다운 모습인지! 이렇게 벧엘로 올라가기 위해서는 대가를 지불하는 것이 있다. 그러므로 모든 사람이 벧엘로 올라갈 수 있는 것이 아니다. 세겜의 낭패한 상황을 당하고 매우 곤고하게 되어 그곳에 더 이상 머물 수 없게 되었을지라도 벧엘로 올라가는 것은 별개의 문제이다. 환경과 상황이 어렵게 되어 현재 상태를 싫어하며 머물러 있을 수 없게 되었을지라도 벧엘로 올라가기 위해서는 또다시 버려야 할 것이 있는 것이다.

우리는 세겜의 빛으로 우리 자신이 어디에 있는지 알 수 있다. 이제 벧엘의 빛이 필요하다. 하나님의 집에 올 때 비로소 우리는 우리 자신에게 이방 신상의 요소가 남아 있음을 발견하게 된다(시 73:17 참조). 우리가 개인적 영성을 지닌 많은 면으로 좋은 것 같은 그리스도인들을 대하게 되는데 나중에 발견하는 것은 아직도 그들에게서 이방 신상이나 버리지 않은 부정한 것들이 남아 있다는 것이다. 하나님의 집의 빛은 얼마나 투명하고 밝은지! 그러한 많은 합당치 않은 것들이 몸의 생활에 이끌릴 때에서야 해결되게 된다. 그러므로 몸의 생활 안에 오기까지 성도들은 바람직하고 온전한 영성은 기대할 수 없는 것이다.

4-7절, 그들이 자기 손에 있는 모든 이방 신상과 자기 귀에 있는 고리를 야곱에게 주는지라 야곱이 그것들을 세겜 근처 상수리나무 아래 묻고 5 그들이 발행하였으나 하나님이 그 사면 고을들로 크게 두려워하게 하신고로 야곱의 아들들을 추격하는 자가 없었더라 6 야곱과 그와 함께한 모든 사람이 가나안 땅 루스 곧 벧엘에 이르고 7 그가 거기서 단을 쌓고 그 곳을 엘벧엘이라 불렀으니 이는 그 형의 낯을 피할 때에 하나님이 그에게 거기서 나타나셨음이더라

그들은 벧엘에 이르기 위해서 그들이 지니고 있었던 모든 이방 신상과 치장들을 다 야곱에게 주었고 야곱은 그것들을 세겜 근처 상수리나무 아래에 묻었다. 그런 것들은 벧엘로 가지고 올라갈 수 없는 것들이다. 성별됨이 곧 능력이다. 그들이 이 모든 우상들을 버리고 정결케 한 후 길을 떠났을 때 그 사면 고을들이 크게 두려워하여 아무도 야곱을 추격하지 못했다. 진정으로 그리스도를 순종하여 나아가는 자들은 가장 용맹스런 자들이며 육체의 사람들은 그들을 보고 두려워 떤다. 우리는 어떤 사람들이 벧엘로 올라가는 사람들인가를 이러한 관점에서 점검해볼 수 있다. 벧엘로 올라가는 자들은 진정으로 대가를 지불하는 자들이며 그들의 길을 가는 것을 보고 육체의 사람들은 두려워 떤다. 어떤 길을 가기 위해 대가를 지불할 필요도 없고 아무나 편하게 갈 수 있으며 아무도 그 길 가기를 두려워하지 않는다면, 그 길은 필경 벧엘로 올라가는 길이 아니다.

여기서 우리는 하나님의 참된 교회 생활에 이르는 길이 간단한 것이 아니라는 것을 배우게 된다. 벧엘에 오르려면 많은 이방 신상들을 땅에 묻어야 한다. 이는 성별이다. 아무리 좋은 신자라 하더라도 벧엘로 올라가기 위해서는 버려야 할 것이 있다. 이렇게 버리고 벧엘에 가는 사람들을 보고 사람들은 두려워하는 것이다. 야곱이 숙곳에 있을 때 사람들은 그렇게 두려워하지 않았다. 그곳은 이방 사람들도 함께 할 수 있는 분위기였다. 그러나 벧엘은 그렇지 않다. 절대적인 분별과 헌신이 없으면 벧엘에 올라갈 수 없기 때문이다. 개인주의적 신앙의 문제는 무엇인가? 결국 몸의 건축에 이르지 못한 상태는 아직 자아를 위한 심리가 강하게 자리를 잡고 있는 것이다. 죄악을 처리하는 것이 첫째로 어려운 과제라면, 자아를 처리하는 것은 또 하나의 큰 관문이다. 이는 홍해에서 죄와 세상이 처리되지만 여전히 광야를 지나 요단에서 자아를 처리해야 하는 것이 남아 있음을 가리킨다. 개인주의가 끝나는 것이 진정한 죽음인 것이다. 거기에서 그 사람은 온전히 죽게 된다. 그리고 새로운 영역에 이르게 되는데 그것이 바로 벧엘이다. 벧엘에는 모든 지체들이 자신을 위해 사는 것이 하나도 없고 모든 지체가 다른 지체를 위해 살고 몸을 위해 자신을 드린다(롬 12:1).

결국 야곱과 그 일행은 하나님이 원하시는 벧엘에 이르렀다. 숙곳과 세겜은 자신이 선택하여 자신을 위해 장막을 친 곳이지만 벧엘은 하나님이 올라가라고 명하신 곳이다. 오늘 얼마나 많은 신자들이 교회를 단순히 자신이 정하여 생활하는 곳으로만 아는가! 결과는 숙곳에 머무는 것이다. 또한 조금 진보했다고 하나 아직은 세겜에 머문 것이다. 당신이 지금까지 여기저기 자신이 취향과 선택에 따라 옮겨다니며 교회생활을 했다면 기억하라! 당신은 아직 참다운 교회생활을 의미하는 벧엘에 이르지 못했다. 벧엘의 길은 주님이 명령하신다(벧엘로 올라가라). 누구든지 참다운 교회생활 안으로 들어가는데 하나님의 명령에 순종하지 않은 채 할 수는 없는 것이다. 거기에는 대가의 지불이 필요하며 순종이 필요하다. 야곱이 이전에는 자기의 선호나 필요에 따라 이곳저곳에 머물렀지만 하나님의 집인 벧엘 만큼은 그가 선택한 것이 아니라 하나님이 올라가라고 명한 곳이다. 야곱은 이를 순종했기에 벧엘로 올라간 것이다. 교회 생활을 위해 당신이 순종의 큰 결단을 한 것이 없다면 아직 벧엘에 이른 것이 아님을 기억하기 바란다.

나는 성도들에게 때때로 문과 길을 말한다(마 7:14). 그리스도인은 먼저 문에 들어서고 길을 간다. 생명에 이르는 좁은 문을 먼저 들어서고 그리고는 길이 좁고 협착한 길을 가는 것이다. 어떤 사람이 그리스도인으로서 진정 길을 가는 사람인가? 문에 들어서는 것이 그 시작이다. 오늘날 수많은 사람이 아직 문에 들어서지도 않았다. 즉 순복의 문에 들어서지 않은 것이다. 그들은 그저 문 밖에서 방황하고 있는 것이다. 어느 날 대가를 지불하며 진정한 순복을 할 때 그들은 문에 들어서게 된다. 하나님은 그러한 성도를 한 걸음씩 인도하시며 길을 가게 하신다. 길을 가는 사람이 아니면 참된 그리스도의 제자라고 할 수 없다. 머릿속으로만 알고 길을 가지 않는 사람을 어찌 제자라고 할 수 있는가? 적어도 벧엘에 이른 사람들은 이렇게 순복의 문에 들어선 사람들이어야 한다.

야곱은 그곳에 단을 쌓고 '엘벧엘'이라고 불렀다. 엘벧엘이란 '하나님 곧 벧엘의 하나님'이라는 뜻이다. 엘엘로헤 이스라엘이란 자신의 하나님이라는 뜻이다. 그러나 벧엘에 이른 성도는 더 이상 하나님이 자신만을 위한 하나님이 아니라 모든 지체를 위하고 몸을 위한 하나님으로 아는 것이다.

하나님은 숙곳이나 세겜의 하나님이 아니라 벧엘의 하나님이심을 기억해야 한다는 뜻이다. 하나님은 그곳(하나님의 집)에서 그분 자신을 나타내기를 기뻐하신다. 야곱이 환난 가운데서 처음으로 주님을 뵈었던 장소가 하나님의 집을 상징하는 벧엘이요, 많은 과정을 거쳐서 다시 이르게 된 지점도 하나님의 집인 벧엘이다. 처음 벧엘에서 본 것은 벧엘에 대한 이상이요 이제는 실제로 벧엘에 이른 것이다.

성도들은 한 단계 한 단계 영적으로 진보가 있어야 한다. 당신은 어쩌면 지금까지 개인적인 하나님만을 위주로 신앙생활을 했을 것이다. 그것은 사실 인수의 다소에 관계가 있는 것이 아니다. 인수가 많은 단체에 있어도 여전히 개별적인 신앙을 고집하는 경우가 허다하기 때문이다. 오히려 오늘날은 인수가 많은 무리 가운데 속해 있어야 개인주의적인 신앙이 지켜질 수 있다고 생각하는 경향이 있다. 또 한 면에서 성도의 신앙은 하나님과의 개인적인 부분이 있어야 하는 것도 사실이기 때문에 주님과 개인적인 관계성을 갖는 것도 매우 중요한 단계이다. 그러나 그 단계에 머무는 것은 하나님이 인도하시는 최종목표가 아니다. 하나님은 성도들을 개인주의에서 관계 속으로 이끌기 원하신다.

'엘벧엘'은 개인의 하나님이 아니라 '하나님의 집의 하나님'이라는 말이다.

여기서 야곱은 확실히 진보했다. 그의 조상들, 아벨이나 에녹이나 노아나 다 좋았지만 그들은 어디까지나 개인적으로 하나님과 친밀한 관계를 가졌다. 심지어 아브라함이나 이삭까지도 그러하다. 그러나 야곱에 이르렀을 때 그의 많은 다룸과 십자가의 체험은 그로 하여금 다른 사람들과 조화하여 함께 그분의 집을 건축하는 벧엘에 이르게 한 것이다. 그리고 그가 부른 하나님은 '하나님의 집의 하나님'이었던 것이다. 분명 엘벧엘의 예배는 엘엘로헤 이스라엘의 예배보다 높다. 다시 말하면 단독적인 개인의 하나님보다는 하나님의 집의 하나님으로서의 하나님에 대하여 말하는 것이 하나님에 대한 보다 고상한 사상을 주고 있는 것이다.[11] 아무리 인수가 많은 그리스도인이 모인다 하더라도 벽돌들이 흩어져 있는 것같이 모였다 헤어졌다 하는 형식의 교회 생활은 숙곳이나 세겜의 교회 생활에 불과하다. 하나님은 우리가 구원받을 때 하나하나의 산 돌들로 만드셨다(마 16:18, 벧전 2:5).

이러한 돌들이 흩어져 개개의 돌의 상태로 놓여져 있는 것은 아름답지 못한 것이고 그 벽돌들의 원래의 목표에 이르지 못한 것이다. 하나님이 우리를 구원하여 하나의 산돌로 만드신 것은 하나님의 신령한 집을 건축하기 위함이다(벧전 2:5, 엡 2:20-22). 그러므로 성도들은 다른 성도들과 생명으로 연결되고 연락하고 상합하여 하나님의 집으로 지어져가도록 자신을 드리지 않으면 안 된다. 이는 하나의 커다란 영적인 진보인 것이고 이렇게 다른 지체들과 건축된 속에서 성도들은 진정한 십자가의 체험과 영적인 성숙에 이를 수 있는 것이다. 여기서 비로소 성도들은 자신의 육체와 자아가 완전히 드러나는 것을 체험할 것이며 자아와 육체를 철저히 처리하게 되는 과정을 거칠 것이다. 단체적인 교회가 아니면 개인의 영성과 십자가를 지는 순종 등이 실제로 드러나지 않는다. 다른 지체들과 많은 부딪힘 속에서 자신의 깨어질 부분들이 드러나고 처리되는 것이다. 이는 과연 하나님의 목적에 이르는 길이요 따라서 하나님을 기쁘시게 하는 길이다.

그가 벧엘로 올라가야 하는 것은 환난 날에 나타나셨던 하나님께 단을 쌓기 위함이었다. 야곱이 가장 약하고 낮은 위치에 처했을 때는 바로 하란

11) 맥킨토시 모세오경. p.370

에서 밧단아람으로 가는 도중 벧엘에서 돌베개를 하고 잠을 잘 때였다. 하나님은 바로 그곳에서 야곱에게 하나님의 집의 이상을 보여 주시고 그분 자신을 나타내셨다. 야곱은 이제 다시 그곳으로 되돌아와야 했다. 사람이 가장 비천하고 연약하게 되었을 때 만난 하나님이 가장 참되다는 것을 알아야 한다. 그러므로 우리는 언제든지 그곳으로 돌아가서 그때 말씀해 주신 하나님을 다시 배워야 한다. 그 지점에서 듣는 것이 아니라면 많은 경우 우리는 하나님의 음성을 참되게 들을 수 없다. 생각해보라! 오늘날 왜 수많은 그리스도인들이 숙곳에 머물고 또 세겜에 머물며 벧엘로 올라가려 하지 않는가? 이는 그들이 가진 것이 너무 많기 때문이다. 벧엘은 야곱이 아무것도 없을 때 처했던 곳이요 하나님을 만난 곳이다. 그곳에 올라가는 사람들은 오늘날도 아무것도 없는 사람들이다. 사도는 당시 고린도 교회 성도들을 보면서 그렇게 말했다. "형제들아 너희를 부르심을 보라 육체를 따라 지혜 있는 자가 많지 아니하며 능한 자가 많지 아니하며 문벌 좋은 자가 많지 아니하도다 하나님께서 세상의 천한 것들과 멸시받는 것들과 없는 것들을 택하사 있는 것들을 폐하려 하시나니"(고전 1:26, 28). 하나님이 오늘 참된 교회 생활로 부르신 자들은 없는 자들이고 천한 자들이며 지혜도 없는 자들이며 능하지 않은 자들임을 감사하고 찬양한다. 오늘날 하나님의 집을 위해 모이는 자들은 세상에서 멸시받고 신분이 높지 않은 자들임을 주님께 감사하고 찬양한다. 이러한 자들에 의해서 주님은 그분의 거처를 얻으시고 영광을 받으신다.

8절, 리브가의 유모 드보라가 죽으매 그를 벧엘 아래 상수리나무 밑에 장사하고 그 나무 이름을 알론바굿이라 불렀더라

야곱의 어머니 리브가는 야곱과 20년이나 헤어져 있는 동안에 이미 돌아가셨을 것이다. 리브가는 아마 그의 유모 드보라를 아들에게 보내었고 리브가가 죽은 후에 야곱은 유모 드보라를 어머니처럼 모셨던 것 같다. 그래서 드보라는 야곱과 함께 있게 되었을 것이다. 어머니가 없는 야곱은 어려운 일이나 위험에 직면할 때마다 드보라에게 많은 조언을 구했을 것이라고 여겨진다. 그러므로 야곱은 어떤 면에서 그녀를 매우 의지하였다. 야곱이 매우 치밀하고 계획적이고 목적이 분명한 사람이지만 한 면으로 그에게는 매우 약한 구석이 있었는데, 그것은 바로 사람을 의지하는 것이었다. 그는 드보라가 죽었을 때 매우 슬퍼했다. 성경이 리브가의 죽음은 말하지 않았지만 리브가의 유모의 죽음에 관해서는 자세히 기록한 것은 야곱에게 그 사건이 큰 것이었음을 증명한다. 야곱은 드보라가 죽었을 때 크게 의지하던 힘을 잃어버렸다. 그리고 그녀를 벧엘 아래 상수리나무 밑에 장사하고서 그 나무 이름을 알론바굿이라 불렀다. 알론바굿이란 '통곡의 상수리나무'라는 뜻이다. 그것은 드보라가 죽었을 때 야곱은 어머니 리브가를 잃은 것 이상으로 통곡하며 슬퍼했음을 가리킨다. 다시 말하지만 그것은 야곱이 리브가의 유모 드보라를 매우 의지했음을 암시한다. 야곱에게 있어서 유모 드보라가 죽은 것은 사람을 의지하는 자아가 장사되었음을 의미한다. 하나님은 이렇게 야곱의 자아를 한 가지 한 가지 처리해 나갔다. 당신이 진정 야곱처럼 하나님의 택하신 자라면 이렇게 한 가지씩 처리하시는 그분의 손을 느낄 것이다.

9-15절, 야곱이 밧단아람에서 돌아오매 하나님이 다시 야곱에게 나타나사 그에게 복을 주시고 10 그에게 이르시되 네 이름이 야곱이다마는 네 이름을 다시는 야곱이라 부르지 않겠고 이스라엘이 네 이름이 되리라 하시고 그가 그의 이름을 이스라엘이라 부르시고 11 그에게 이르시되 나는 전능한 하나님이니라 생육하며 번성하라 국민과 많은 국민이 네게서 나고 왕들이 네 허리에서 나오리라 12 내가 아브라함과 이삭에게 준 땅을 네게 주고 내가 네 후손에게도 그 땅을 주리라 하시고 13 하나님이 그와 말씀하시던 곳에서 그를 떠나 올라가시는지라 14 야곱이 하나님이 자기와 말씀하시던 곳에 기둥 곧 돌 기둥을 세우고 그 위에 전제물을 붓고 또 그 위에 기름을 붓고 15 하나님이 자기와 말씀하시던 곳의 이름을 벧엘이라 불렀더라

야곱이 밧단아람에서 돌아온 뒤 하나님은 다시 그를 축복해 주셨다. 그가 하나님이 원하시는 위치에 이르렀을 때 하나님은 그에게 축복을 확인해 주신 것이다. 이 지점에서 하나님은 그의 이름을 이스라엘이라고 확정해 주셨다. 하나님은 분명 그의 이름이 야곱이지만 다시는 야곱이라 부르지 않고 이스라엘이라고 부르겠다고 하셨다. 그의 영적 상태가 그 이름에 상합하는 지점에 이른 것이다. 이 말씀에 의하면 사람에게 그의 타고난 성품이 있을지라도 완전히 변화될 수 있음을 보여준다. 하나님은 그가 더 이상 야곱이 아니라고 하지 않으셨다. 야곱은 야곱이지만 더 이상 야곱이라고 부르지 않겠다는 말씀이다. 하나님은 우리의 변화의 과정을 매우 주의해 보신다. 하나님은 한 지점에서 다른 지점으로 옮겨지며 한 사건에서 다른 사건으로 옮겨질 때 야곱의 변화를 주시하신 것이다. 밧단 아람에 있을 때의 야곱과 현재 가나안 땅(벧엘)으로 돌아온 야곱은 차이가 크다. 하나님은 우리의 옛 창조를 완전히 버리는 것이 아니라 옛 창조를 환골탈태(換骨奪胎)하여 새 창조로 바꾸시는 것이다. 그에게 야곱의 특성이 없다는 것이 아니다. 있지만 그것은 옛 야곱이 아니라 변화된 야곱이니 야곱이라고 부르지 않고 새 이름인 이스라엘이라고 부르시겠다는 뜻이다. 벧엘의 체험을 거치지 않고 명실상부한 이스라엘로의 변화는 기대할 수 없다. 진정한 변화는 교회 생활 안에 있음을 기억하기 바란다.

그 뒤에 하나님은 그분 자신이 전능한 하나님이라고 말씀하시며 야곱이 생육하고 번성하게 될 것을 약속해 주셨다. 이것은 언약인 것이다. 성도들이 언약으로 축복받는 곳이 어디인가? 하나님은 야곱이 어디 있든지 언약하시며 축복하시는 것이 아니라 어느 지점에 이르렀을 때 그렇게 하셨다. 이렇게 축복하신 자리가 벧엘이다. 하나님의 집의 위치는 이렇게 중요한 것이다. 그곳에서 하나님이 자신의 모든 비밀을 열어주신다.

이렇게 원래부터 수단이 많고 꾀가 많은 사람 야곱을 하나님은 변화시키셔서 그를 통해 수많은 자손들이 태어나는 도구로 삼으셨다. 이를 인하여 하나님을 찬미한다. 야곱은 그 자리에 다시 돌 기둥을 세우고 기름을 부었으며 그 장소를 다시 한 번 벧엘이라고 불렀다. 야곱이 한 장소에서 두 번이나 하나님의 집을 뜻하는 벧엘을 선포한 것은 매우 의미가 깊다.

오늘 많은 사람들이 어디가 교회냐고 논쟁하는데, 교회란 하나님의 집으로서 그곳에 주님이 거하시고 말씀하시고 따라서 자연스럽게 돌을 세우게 되고 기름을 붓게 되는 느낌들이 있을 때 속에서부터 그곳이 교회임을 확증할 수 있다.

28장에서는 하나님께서 야곱에게 꿈에 나타나셨지만 35장에서는 하나님께서 직접적인 임재로 나타나셨다. 그것은 그분이 말씀하시던 곳에서 그를 떠나 올라가셨다는 13절의 표현으로 알 수 있다. 나의 체험으로도 많은 성도들이 참된 교회 생활을 갖기 전에도 이런 저런 하나님을 체험하는 것이 있다는 것을 안다. 그것은 대부분 야곱이 꿈속에서 만난 것 같은 주님에 대한 이야기이다. 좀 추상적이고 가깝지가 않다. 그렇지만 그것도 사실이지 가상은 아니다. 그러니 성경은 야곱의 꿈 이야기를 리얼하게 기록하고 있는 것이다(28장). 그러나 20여 년의 체험을 통해서 야곱은 분명 진보했다. 28장에서는 그가 꿈속에서 하나님을 대하고서도 매우 두려워하였지만 35장에서는 하나님의 나타남을 얻었고 그는 두려움이 없이 그분과 매우 친밀했다. 참된 교회 생활에 올 때 성도들은 비로소 주님과의 직접적인 나타남과 교제를 얻는 것을 본다. 이는 어떠한 축복인지! "하나님이 자기와 말씀하시던 곳의 이름을 벧엘이라 불렀더라" 28장에 이미 벧엘이라고 한 지명이다. 교회는 이렇게 다시 또 다시 불려지는 곳이다. 언제나 귀하고 새롭기 때문이다.

16-22절, 그들이 벧엘에서 발행하여 에브랏에 이르기까지 얼마 길을 격한 곳에서 라헬이 임산하여 심히 신고하더니 17 그가 난산할 즈음에 산파가 그에게 이르되 두려워 말라 지금 그대가 또 득남하느니라 하매 18 그가 죽기에 임하여 그 혼이 떠나려 할 때에 아들의 이름은 베노니라 불렀으나 그 아비가 그를 베냐민이라 불렀더라 19 라헬이 죽으매 에브랏 곧 베들레헴 길에 장사되었고 20 야곱이 라헬의 묘에 비를 세웠더니 지금까지 라헬의 묘비라 일컫더라 21 이스라엘이 다시 발행하여 에델 망대를 지나 장막을 쳤더라 22 이스라엘이 그 땅에 유할 때에 르우벤이 가서 그 서모 빌하와

통간하매 이스라엘이 이를 들었더라 야곱의 아들은 열둘이라

그가 벧엘을 떠나 베들레헴 가까이 왔을 때에 라헬이 베냐민을 출산하였다. 그러나 실상은 난산이었다. 결국 라헬은 베냐민을 낳고 그곳에서 죽었다. 야곱은 짧은 기간 동안에 가장 사랑하는 두 사람을 잃었다. 드보라는 그가 가장 의지하는 여인이었고 라헬은 그가 가장 사랑하는 여인이었다. 하나님은 야곱을 다루기 위해서 이 모든 일을 행하신 것이다. 이제 야곱에게는 이 땅에 의지할 사람도 없고 사랑하는 사람도 없게 되었다. 라헬이 죽자 야곱은 라헬의 묘에 비를 세웠다. 그것은 그 일이 야곱에게 커다란 슬픔이었음을 나타낸다. 라헬은 베냐민을 출생하면서 그녀의 혼이 떠나려 할 때 그 아들을 '슬픔의 아들'을 의미하는 '베노니'라고 불렀으나 야곱은 즉시 '오른손의 아들'을 의미하는 '베냐민'이라고 불렀다. 라헬은 인간의 약함과 슬픔 속에서 그녀의 느낌을 따라 아들의 이름을 지었지만 야곱은 즉시 믿음의 눈으로 그 아들을 바라보았으므로 베냐민-오른손의 아들-이라고 바꿔 불렀다.

그는 라헬을 장사지낸 후 라헬의 묘에 비(pillar)를 세웠다. 야곱은 길르앗에서 한 번 기둥을 세우고(31:45), 벧엘에 이르러 기둥을 세웠으며(35:14), 라헬의 죽은 묘에 기둥을 세웠다(35:20). 이 세 가지 기둥은 다 뜻이 있다. 처음 길르앗에서 그가 세운 비는 하나님이 자기에게 지금까지 축복하시고 지켜주신 것에 대한 기념이었다. 길르앗은 야곱이 밧단아람에서 많은 재물을 가지고 오다가 삼촌 라반의 추격을 받고 담판을 벌린 곳이다. 그곳에서 야곱은 하나님의 보호하심으로 모든 재산과 가족을 지키면서 라반과 헤어질 수 있게 되었다. 이는 그의 인생에 큰 전기가 되는 일이다. 하나님은 라반의 꿈에 개입하셔서 그를 지켜주셨다. 두 번째로 기둥을 세운 곳은 벧엘인데 이는 그가 참된 교회 생활 안으로 이끌려진 것에 대한 놀라운 기념이었다. 세 번째 라헬의 묘에 세운 기둥은 무엇을 뜻하는 것일까? 그곳은 야곱의 자아가 끝난 곳이기에 기념이 될 만하다.

그가 가장 사랑하는 라헬이 죽은 것이다. 지금까지 그가 달려온 길에서 라헬처럼 그의 일에 영향을 미친 사람은 없다. 라헬은 그가 20년 동안 라

반의 집에서 일한 동력이었다. 그녀가 있기에 그는 20년을 하루같이 일할 수 있었다. 그러나 이제 그의 소망과 사랑의 대상인 라헬이 죽었고, 그럴 때 이제 그에게는 이 세상에서 일하고 살아갈 아무런 이유가 없어진 것이다. 그리스도의 다시 오심 외에는 그에게 아무런 소망과 기대가 없게 되었다. 그가 지금부터 돈 벌고 일하는 것은 라헬과 관계된 것이 아니라 주님의 다시 오심과 관계가 있게 된 것이다. 그렇게 되도록 모든 것이 끝난 사건이 라헬의 죽음이었고, 그곳에다 야곱은 기둥을 세웠던 것이다. 거기서 야곱의 인생 가운데 모든 것이 끝나고 새로운 이정표가 세워진 것이다. 이제부터 그의 미래에는 오직 그리스도의 다시 오심 외에는 기다릴 것이 없게 된 것이다. 라헬의 무덤은 그리스도께서 태어나신 베들레헴으로 가는 길 위에 있다. 우리는 벧엘 자체도 목적이 아님을 알아야 한다. 목적은 그리스도의 신부가 되어 신랑에게 이끌리는 것이다. 벧엘에 오르는 일도 쉽지 않고 벧엘의 생활도 간단하지 않다. 야곱은 벧엘에서 가장 의뢰하던 유모 드보라를 잃고 가장 사랑하는 라헬을 잃은 것이다. 교회 생활은 다른 것이 아니라 그리스도 외의 것들을 내려놓는 것이다.

성도가 벧엘로 이끌려진 것은 감사하고 기뻐할 일이지만 거기서 만족해서는 안 되고 반드시 라헬의 묘비를 세우는 데로 이끌리게 된다. 거기서 자신의 모든 기대가 걸려있는 마지막 한 가지가 끝나야 한다. 그럴 때만이 진실하게 주님의 다시 오심을 기다릴 수 있는 사람이 된다. 이런 날은 우리의 인생 가운데 하나의 큰 기념이 되는 날이요 큰 사건이 아닐 수 없다. 교회 생활은 궁극적으로 다른 것을 위한 것이 아니라 주님의 다시 오심을 기다리는 생활임을 인하여 감사하고 찬양한다. 그러나 당신이 벧엘로 이끌리지 않는다면 이렇게 대단한 대가의 지불은 가능하지 않을 것이다. 벧엘의 임재와 성도들의 함께함은 당신이 가장 사랑하는 것을 다 잃도록 만들어 줄 것이다. 이를 인해 하나님을 찬양하라! 결국 하나님은 당신에게서 모든 것을 제하여 가시고 주님 한 분만 기다리도록 만드신다. 이것이 되지 않는다면 당신이 벧엘에 머물 아무 의미가 없는 것이다.

22절에서는 또 하나의 사건이 일어나는데, 그것은 야곱의 장자 르우벤이 서모 빌하와 통간한 것이다. 여기에서 성경은 다만 "이스라엘이 이를 들었더라"고 기록한다. 아마도 이 일을 기록하신 성령님은 당시 야곱의 다룸받는 태도가 하나님 앞에 순종적이고 고요한 것임을 인정함으로 그 이름을 이스라엘이라고 기록한 것 같다. 즉 야곱은 당시 맏아들의 형편없는 죄악에 대하여 초월하고 분별된 사람임을 나타낸 것이다. 여기서는 야곱이 어떤 큰 반응이나 혼란된 표현이 없다. 물론 괴로웠겠지만 모든 사건을 하나님 앞에서 받는 훈련이 된 것이다. 따라서 다만 '이스라엘이 이를 들었더라'고만 기록되어 있다.

야곱의 이러한 성숙한 표현은 그가 벧엘에 이른 것과 관계가 있다고 본다. 그가 세겜에 있을 때 그는 그렇게 영적으로 깊지 않았다. 그러나 그가 벧엘에 이르렀을 때 그는 분명히 달라져 있었다. 나는 체험적으로 진정한 교회 생활이 사람의 인격을 바꾸는 것을 수없이 보았다. 그곳은 십자가가 있는 곳이기에 그러하다. 야곱이 비록 브니엘에서 명목상으로 그 이름이 이스라엘로 바뀌었지만 그때는 예언적인 성분이 있다고 보아야 한다. 그가 그곳에서 결정적인 타격을 받고 변화의 기점이 된 것이 사실일지라도 그가 진정으로 그 변화된 이름의 실제를 갖기 위해서는 수많은 과정을 더 거쳐야 했다. 지금 이 지점에 왔을 때 그는 진정 변했다. 그가 이런 변화를 갖게 된 것은 그가 벧엘에 도달한 것과 관계가 있다. 나는 수많은 성도들이 참된 교회 생활 안에서 진정한 생명과 인격에서의 변화를 갖는 것을 보았다. 그들 스스로도 자신들이 변한 모습에 놀라워했다. 성도들의 참된 생명의 변화는 환경을 받아들이는데서 잘 나타난다. 변화되지 않은 상태에서 야곱이 이런 참담한 환경을 당했다고 가정해보라! 얼마나 펄펄 뛰며 난리를 부렸을까? 그러나 야곱은 분명 변한 반응을 보였다. 이때 성령은 그의 변한 인격을 감안하여 그의 이름을 이스라엘이라고 기록했으리라! 이것이 야곱의 새 이름이며, 우리는 장래 주님과 함께 있게 될 때 새 이름을 얻게 될 것인데 이는 이 땅에서의 우리의 변화와 관련이 있을 것이다(계 2:17).

23-29절, 레아의 소생은 야곱의 장자 르우벤과 그 다음 시므온과 레위와 유다와 잇사갈과 스불론이요 24 라헬의 소생은 요셉과 베

냐민이며 25 라헬의 여종 빌하의 소생은 단과 납달리요 26 레아
의 여종 실바의 소생은 갓과 아셀이니 이들은 야곱의 아들들이요
밧단아람에서 그에게 낳은 자더라 27 야곱이 기럇아르바의 마므
레로 가서 그 아비 이삭에게 이르렀으니 기럇아르바는 곧 아브라함
과 이삭의 우거하던 헤브론이더라 28 이삭의 나이 일백팔십 세라
29 이삭이 나이 많고 늙어 기운이 진하매 죽어 자기 열조에게로
돌아가니 그 아들 에서와 야곱이 그를 장사하였더라

23절부터 29절까지는 주로 세 가지 일을 기록하고 있다. 첫째는 야곱의 열두 아들들을 다 정리하여 기록한 것이고, 둘째는 야곱이 아브라함과 이삭이 우거하였던 헤브론에 이른 것이며, 셋째는 이삭이 일백 팔십 세를 살고 죽은 것이다. 결국 이삭은 야곱과 에서에게 유언한 뒤에도 40년을 더 산 셈이다. 이삭의 장례는 야곱과 에서가 함께 경건하게 치렀다. 야곱은 여러 환경을 거치면서 열두 아들을 낳았는데, 결국 그들이 이스라엘 열두 지파를 구성하는 족장들이 되었다. 이 모든 일에 위대하신 섭리자요 주권자이신 하나님을 인하여 경배와 찬양을 드리지 않을 수 없다. "곧 아브라함과 이삭의 우거하던 헤브론이더라" 야곱은 할아버지 아브라함과 아버지 이삭의 노정을 그대로 걷게 된 것을 본다. 세겜, 벧엘, 헤브론이다. 이는 모든 믿는 이들이 공통적인 노정을 걷게 됨을 말해준다. 존 번연의 천로역정을 생각나게 한다.

36 장

1-8절, 에서 곧 에돔의 대략이 이러하니라…그 동생 야곱을 떠나 타처로 갔으니 7 두 사람의 소유가 풍부하여 함께 거할 수 없음이러라 그들의 우거한 땅이 그들의 가축으로 인하여 그들을 용납할 수 없었더라 8 이에 에서 곧 에돔이 세일 산에 거하니라

이 부분은 에서의 아내들에 대해 기록하고 그가 세일 산에 거하게 된 과정을 말하고 있다. 그는 에돔이라고 불리웠는데(1절), 이는 붉은 죽으로 장자의 명분을 팔 때 이루어진 어리석은 계약에 대한 기억을 상기시키는 이름이다. 그의 아내는 셋이었고 아들은 다섯이었다. 에서의 자손이 세일 산에 거하게 된 것은 하나님의 약속에 따른 것이다. 하나님은 오랜 후에 이 사실을 인정해 주셨다. "내가 이 세일 산을 에서에게 주었노라"(신 2:5, 수 24:4).

9-19절, 세일 산에 거한 에돔 족속의 조상 에서의 대략이 이러하고…에서 곧 에돔의 자손으로서 족장 된 자들이 이러하였더라

9절부터 19절까지는 에서의 아들들의 이름과 이들의 대를 이은 족장들을 말해주고 있다. 그들은 군대의 지휘관이었고 많은 군인을 거느린 두목이었을 것이다. 이렇게 하나님의 선민에 속하지 않은 사람들이 오히려 하나님의 선민보다 먼저 유명하게 되고 지위를 차지한다. 하나님은 야곱이 번성할 것을 약속하셨지만 에서가 먼저 부요하게 되었다. 야곱에게 하신 약속은 늦게 이루어졌지만 그 효과는 영원한 가치가 있는 것이다. 에돔 족속들은 세상 가운데서 귀족들로 발전하였지만 이스라엘 족속은 하나님 앞에서 왕과 제사장들이 되었다. 그러나 성경은 그들의 기록을 자세히 전하지 않고 평범한 생활을 한 야곱 족속들의 이야기를 자세히 전한다. 하나님은 사람에게 있어서 생명의 성장과 변화, 영적인 체험을 중시하는 반면 다른 것은 그리 관심있게 기록하지 않으셨다. 이는 하나님의 눈에는 세상 사람들의 얻은 지위나 부가 그들을 판단하는 척도가 아니라 그들이 하나님의 존귀한 자녀로서 그분을 알아가며 체험하는 사실이 그 척도임을 의미하는 것이다.

20-30절, 그 땅의 원거인 호리 족속 세일의 자손은 로단과 소발과 시브온과 아나와…시브온의 자녀는 아야와 아나며 이 아나는 그 아비 시브온의 나귀를 칠 때에 광야에서 온천을 발견하였고 아나의 자녀는 디손과 오홀리바마니 오홀리바마는 아나의 딸이며…세일 땅에 있는 호리 족속으로 말미암아 나온 족장들이었더라

이 부분은 호리 족속의 족장들을 말한다. 호리 족속이란 세일 땅의 원래 거주민을 말한다. 결국 에돔 족속은 이러한 저주받은 호리 족속과 같은 땅에 거하면서 악한 족속들과 연합함으로 타락하게 되었다. 하나님의 자녀의 위치를 떠난 에돔 자손은 결국 저주 받은 가나안 원 족속들과 하나 되어 하나님의 백성들과 점점 멀어지게 되었다. 에서가 자기의 장자권을 팔고 경홀히 여긴 결과가 처음에는 작은 일로 나타났지만 과연 그것이 작은 일인가를 보라! 결코 작은 일이 아니다. 하나님의 진리 한 가지를 소홀히 여기고 길에서 벗어난 결과는 나중에 이렇게 수습할 수 없는 형편으로 나아가게 되는 것이다. 에서의 한 발의 벗어남이 결과적으로 완전히 저주받은 가나안 부족과 연합하는 결과를 가져온 것을 보라! 이는 에서의 일생에서 작은 한 가지 사건이었지만 그것은 그의 일생의 전반을 결정짓는 요소가 된 것이다. 특히 젊은이들은 이 점을 매우 중요시해서 믿음의 길에서 매우 주의하지 않으면 안될 때가 있다는 것을 명심해야 한다.

이 구절에서 시브온의 자녀 둘 중 아나에 대하여 약간의 설명이 나온다 (24절). 시브온의 자녀는 둘이었는데 먼저가 '아야'이고 다음이 '아나'이었는데 둘째는 착해서 힘들고 어려운 일을 맡았던 것같다. 그것은 나귀를 치는 일이었다. 그런데 나귀를 치다가 광야에서 온천을 발견하였다. 그 일은 아버지 시브온에게 상당한 인상을 주었던 것같고 그 결과 아나는 그 형 아야보다 앞서게 되었다. 아나는 족장이 되었지만 아야는 그렇지 못했다. 궂은 일이라도 꾸준히 하는 것이 명색만 가지고 빈둥거리는 것보다 낫다. 이것이 성경에서 온천이 발견된 시초이다. 이런 세상적인 일은 하나님의 백성들에게서가 아니라 하나님의 택하신 자들의 외곽에서 발견된다는 것이 흥미롭다. 에돔의 자손들에게는 하나님과의 관련되어서 기념이 될 만한 이야기는 하나도 없고 이런 온천수(hot springs)의 발견이 하나의 커다란 이슈로 기록되어 있다. 이것이 호리 족속의 업적이라면 유일한 업적인 것이다. 그들은 영적인 면에서는 어떤 성과도 거둔 것이 없고 기록될 만한 것도 없다.

31-43절, 이스라엘 자손을 다스리는 왕이 있기 전에 에돔 땅을 다스리는 왕이 이러하니라…에돔 족속의 조상은 에서더라

여기서는 에돔의 왕과 족장들을 말한다. 31절은 "이스라엘 자손을 다스리는 왕이 있기 전에 에돔 땅을 다스리는 왕이 이러하니라"고 했다. 야곱 집에서 왕이 나오기 전에 에서의 혈통에서 먼저 왕이 나타났다. 이 시기는 모세 이전일 것이다. 모세 이전에 벌써 에돔 자손에게는 있었던 것이다. 언제나 진실이 있기 전에 먼저 거짓이 우세한 법이다. 이스라엘 사람들은 애굽에서 종노릇하고 있는 동안 에돔의 왕들은 화려한 생활을 하고 있었으며 큰 권세를 누리고 있었다.

이는 이스라엘에게 하나의 큰 시험이 될 수도 있었다. 그러나 알아야 할 것은 쉽게 익은 열매는 쉽게 떨어진다는 점이다. 하나님의 사람들은 무엇이 성취되는 것이 없다 하더라도 다만 하나님과 함께 하는 것으로 인하여 만족해야 한다. 이 땅에서 우리는 나그네 된 자이고 그 날에 우리는 주와 함께 왕 노릇하게 된다. 육에 속한 사람은 무엇이든지 속전속결하려고 한다. 우리 주 예수님이 이 땅에 오셨을 때 유대 땅을 다스리던 헤롯 왕은 에돔 사람이었다. 에서의 자손이 족장이 되고 왕이 되어 권세를 누리고 있을 때 오히려 이스라엘은 애굽에서 노예 생활을 하면서 혹독한 시련을 통과하고 있었다. 우리 주 예수님이 낮고 낮은 노예의 형체로 오셔서 인생길을 걸어가고 계실 때 에돔 사람이 왕이 되어 이 땅을 다스리고 있었던 것이다. 그러나 주님은 이 세상의 고난의 길을 한 걸음 한 걸음 걸으시고 통과하시어 십자가에까지 나아가시고, 죽고 부활하사 하늘에 높이 오르시어 주와 그리스도가 되시고 임금과 구주가 되시었다.

에돔 사람은 육체를 상징하는데, 언제나 육체에 속한 사람은 쉽게 지위에 오르고 왕 노릇 한다. 그것은 사울의 경우에서도 마찬가지였다. 사울은 왕이 되기 위해 많은 시련과 대가를 지불하지 않았다. 그러나 다윗은 왕위에 오르기 전에 먼저 수많은 세월 동안 혹독한 단련 아래 있어야 했다. 기나긴 세월 동안 십자가의 단련을 거쳐서 왕위에 오르는 것이 그리스도인이 가야 할 길이다. 주님을 섬기고자 하는 종들의 유혹도 많은 경우 여기에 있다. 속히 유명해지고, 교회의 세가 급격히 커지고 소위 부흥하고자 하는 마음이다.

오랜 수고와 대가지불은 하지 않고 손쉽게 열매만 따먹으려는 소위 악한 사역자들이 얼마나 많은지! 더욱 악한 것은 남이 수고해놓은 것을 침도 바르지 않고 삼켜버리려는 것도 있다. 어렵고 힘든 시간을 보내는 것은 원치 않고 마술같은 희한한 은사나 산뜻한 교리와 지식으로 사람들을 취득하는 기술을 익히는 것이다. 우리나라에는 이렇게 손쉽게 남이 수고한 결실을 따먹으려는 이단들이 많다. 그렇게 일한 결과 단체가 커지고 인수가 많아질지 몰라도 그 결과는 하나님 앞에 공허하고 비참한 것이다. 43절은 세일 산이 에돔 자손의 거처(habitation)라고 말한다. 그러나 하나님의 자녀들에게는 이 땅에 거처가 없으며 모든 소망이 하늘에 있다. 에돔의 족보를 기록한 것은 하나님의 자녀들의 삶과 선명한 대조를 이루는 면에서 의미가 있다.

37 장

1-11절, 야곱이 가나안 땅 곧 그 아비의 우거하던 땅에 거하였으
니 2 야곱의 약전이 이러하니라 요셉이 십칠 세의 소년으로서 그
형제와 함께 양을 칠 때에 그 아비의 첩 빌하와 실바의 아들들로
더불어 함께하였더니 그가 그들의 과실을 아비에게 고하더라 3 요
셉은 노년에 얻은 아들이므로 이스라엘이 여러 아들보다 그를 깊
이 사랑하여 위하여 채색 옷을 지었더니 4 그 형들이 아비가 형제
들보다 그를 사랑함을 보고 그를 미워하여 그에게 언사가 불평하
였더라 5 요셉이 꿈을 꾸고 자기 형들에게 고하매 그들이 그를 더
욱 미워하였더라 6 요셉이 그들에게 이르되 청컨대 나의 꾼 꿈을
들으시오 7 우리가 밭에서 곡식을 묶더니 내 단은 일어서고 당신
들의 단은 내 단을 둘러서서 절하더이다 8 그 형들이 그에게 이르
되 네가 참으로 우리의 왕이 되겠느냐 참으로 우리를 다스리게 되
겠느냐 하고 그 꿈과 그 말을 인하여 그를 더욱 미워하더니 9 요
셉이 다시 꿈을 꾸고 그 형들에게 고하여 가로되 내가 또 꿈을 꾼
즉 해와 달과 열한 별이 내게 절하더이다 하니라 10 그가 그 꿈으
로 부형에게 고하매 아비가 그를 꾸짖고 그에게 이르되 너의 꾼
꿈이 무엇이냐 나와 네 모와 네 형제들이 참으로 가서 땅에 엎드
려 네게 절하겠느냐 11 그 형들은 시기하되 그 아비는 그 말을 마
음에 두었더라

요셉은 그리스도를 가장 잘 예표하는 사람이다. 아버지가 가장 사랑하는 아들이라는 면에서도 그리스도의 예표요, 형제들에게 미움을 받는 면에서도 그리스도의 예표이며, 꿈을 꾸었다는 것, 즉 하늘의 진리를 증거하였다는 것도 예표이다. 요셉은 형들에게 꿈을 이야기함으로 더욱 미움을 받았다. 그리스도는 진리를 말함으로 사람들에게 미움을 받아 죽임을 당하셨다.

아버지가 여러 아들 가운데 한 아들에게만 예쁜 옷을 해준 자체가 사고의 원인이 되었다. 교회에서나 가정에서나 아비 같은 존재는 자기의 천연적인 애정을 다스려 자녀들에게 편애한다는 느낌을 주지 말아야 한다. 그러나 말년의 야곱은 여러 면에서 좋았지만 가장 사랑하는 아내에게서 낳은 요셉에 대한 천연적인 사랑은 각별하였다. 이것이 그에게 마지막의 다루심이 된 것이다. 야곱이 진정으로 변화되기 위해서는 이 마지막의 강을 건너야 했다.

12-17절, 그 형들이 세겜에 가서 아비의 양떼를 칠 때에 13 이스
라엘이 요셉에게 이르되 네 형들이 세겜에서 양을 치지 아니하느
냐 너를 그들에게로 보내리라 요셉이 아비에게 대답하되 내가 그
리하겠나이다 14 이스라엘이 그에게 이르되 가서 네 형들과 양떼
가 다 잘 있는 여부를 보고 돌아와 내게 고하라 하고 그를 헤브론
골짜기에서 보내매 이에 세겜으로 가니라 15 어떤 사람이 그를 만
난즉 그가 들에서 방황하는지라 그 사람이 그에게 물어 가로되 네
가 무엇을 찾느냐 16 그가 가로되 내가 나의 형들을 찾으오니 청
컨대 그들의 양 치는 곳을 내게 가르치소서 17 그 사람이 가로되
그들이 여기서 떠났느니라 내가 그들의 말을 들으니 도단으로 가
자 하더라 요셉이 그 형들의 뒤를 따라가서 도단에서 그들을 만나
니라

이 부분에서 우리는 야곱이 이스라엘로 불리웠다는 것과 그가 물론 요셉을 편애했지만 동시에 사랑하는 아들 요셉만이 아니라 다른 아들들도 자상하게 돌보려는 마음을 갖고 있었음을 읽을 수 있다. 야곱은 그동안 많이 변화되어서 성품이 곱게 되었다. 그는 많은 아들들을 돌보기 위해 요셉을 그들에게 보낸 것이다.

18-24절, 요셉이 그들에게 가까이 오기 전에 그들이 요셉을 멀리 서 보고 죽이기를 꾀하여 19 서로 이르되 꿈꾸는 자가 오는도다 20 자, 그를 죽여 한 구덩이에 던지고 우리가 말하기를 악한 짐승이 그를 잡아먹었다 하자 그 꿈이 어떻게 되는 것을 우리가 볼 것이니라 하는지라 21 르우벤이 듣고 요셉을 그들의 손에서 구원하려 하여 가로되 우리가 그 생명은 상하지 말자 22 르우벤이 또 그들에게 이르되 피를 흘리지 말라 그를 광야 그 구덩이에 던지고 손을 그에게 대지 말라 하니 이는 그가 요셉을 그들의 손에서 구원하여 그 아비에게로 돌리려 함이었더라 23 요셉이 형들에게 이르매 그 형들이 요셉의 옷 곧 그 입은 채색 옷을 벗기고 24 그를 잡아 구덩이에 던지니 그 구덩이는 빈 것이라 그 속에 물이 없었더라

요셉은 아버지의 부탁을 받고 선한 마음으로 형들을 찾아갔지만 형들은 요셉을 보고 죽이기를 꾀했다. 그들은 요셉을 꿈꾸는 자라고 불렀다. 그들은 요셉이 아버지의 사랑을 받고 특별한 계시를 갖고 있으며 또 하나님의 손이 그와 함께 있어 그에게 역사하실 것임을 의식하고 있었던 것 같다. 그러므로 그들은 요셉을 시기하여 죽이려고 채색 옷을 벗기고 그를 구덩이에 던졌다. 그때 르우벤은 요셉을 구하려 하였지만 그렇게 하기에는 힘이 부족했다. 즉 르우벤도 형제들 전체의 대세를 꺾을 수는 없다고 판단했던 것이다. 이처럼 많은 그리스도인들이 그들이 속해 있는 단체 가운데서 오류가 행해지는 것을 알면서도 그들과 함께하기가 어렵게 될까봐 감히 오류를 지적하지 못하고 적당하게 타협한다.

25-28절, 그들이 앉아 음식을 먹다가 눈을 들어 본즉 한 떼 이스마엘 족속이 길르앗에서 오는데 그 약대들에 향품과 유향과 몰약을 싣고 애굽으로 내려가는지라 26 유다가 자기 형제에게 이르되 우리가 우리 동생을 죽이고 그의 피를 은익한들 무엇이 유익할까 27 자, 그를 이스마엘 사람에게 팔고 우리 손을 그에게 대지 말자 그는 우리의 동생이요 우리의 골육이니라 하매 형제들이 청종하였

더라 28 때에 미디안 사람 상고들이 지나는지라 그들이 요셉을 구덩이에서 끌어올리고 은 이십 개에 그를 이스마엘 사람들에게 팔매 그 상고들이 요셉을 데리고 애굽으로 갔더라

이 구절에는 요셉에 대해 유다의 행한 일이 나온다. 유다는 때마침 지나가는 이스마엘 족속에게 요셉을 팔자고 제안하였다. 결국 그들은 유다의 말을 듣고 미디안 상고들에게 은 이십을 받고 요셉을 팔았다. 요셉은 형제들에 의해 돈을 받고 팔린 점에서도 그리스도를 예표한다.

29-36절, 르우벤이 돌아와서 구덩이에 이르러 본즉 거기 요셉이 없는지라 옷을 찢고 30 아우들에게로 와서 가로되 아이가 없도다 나는 나는 어디로 갈까 31 그들이 요셉의 옷을 취하고 수염소를 죽여 그 옷을 피에 적시고 32 그 채색 옷을 보내어 그 아비에게로 가져다가 이르기를 우리가 이것을 얻었으니 아버지의 아들의 옷인가 아닌가 보소서 하매 33 아비가 그것을 알아보고 가로되 내 아들의 옷이라 악한 짐승이 그를 먹었도다 요셉이 정녕 찢겼도다 하고 34 자기 옷을 찢고 굵은 베로 허리를 묶고 오래도록 그 아들을 위하여 애통하니 35 그 모든 자녀가 위로하되 그가 그 위로를 받지 아니하여 가로되 내가 슬퍼하며 음부에 내려 아들에게로 가리라 하고 그 아비가 그를 위하여 울었더라 36 미디안 사람이 애굽에서 바로의 신하 시위대장 보디발에게 요셉을 팔았더라

요셉이 팔리는 일이 진행되는 동안 르우벤은 거기에 불참했다. 그는 어딘가를 갔다가 돌아와서 요셉을 구덩이에서 건져내려 하였다. 그러나 이미 요셉은 팔리고 없었다. 형들은 요셉의 옷을 취하여 수염소를 죽여 그것을 피에 적시고 그 채색옷을 그 아비에게로 가져다가 이것이 요셉의 옷이 아닌가 보라고 말했다. 형제들은 한 면으로 요셉을 시기하고 또 한 면으로는 그를 팔았으며, 결국 아버지에게는 거짓말을 했다. 야곱은 극도로 슬퍼하면서 옷을 찢고 굵은 베로 허리를 동이고 오래도록 아들을 위하여 애통해

하였다. 하나님은 야곱을 성숙케 하려고 이토록 철저하게 다루셨다.

하나님은 야곱에게서 가장 사랑하는 것들을 하나씩하나씩 가져가셨다. 요셉은 형들에 의해 구덩이에서 미디안 상고들에게로, 미디안 상고들에게서 바로의 신하 시위대장 보디발에게로 계속 넘어가게 되었다. 야곱은 그 마음에 가장 사랑하는 아들을 잃는 고통을 당하게 되었다. 라헬이 죽은 후 야곱의 마음은 요셉에게 있었던 것이다. 사람의 마음이 이렇게 하나님 아닌 것에 붙어있는 한 생명의 성숙에 이르지 못한다. 그는 요셉을 잃는 고통을 당했지만 하나님은 다른 한편으로 요셉을 훈련시켜 애굽에 먼저 보내는 경륜을 기획하고 계셨다.

38 장

1-11절, 그 후에 유다가 자기 형제에게서 내려가서 아둘람 사람
히라에게로 나아가니라 2 유다가 거기서 가나안 사람 수아라 하
는 자의 딸을 보고 그를 취하여 동침하니 3 그가 잉태하여 아들을
낳으매 유다가 그 이름을 엘이라 하니라 4 그가 다시 잉태하여 아
들을 낳고 그 이름을 오난이라 하고 5 그가 또 다시 아들을 낳고
그 이름을 셀라라 하니라 그가 셀라를 낳을 때에 유다는 거십에
있었더라 6 유다가 장자 엘을 위하여 아내를 취하니 그 이름은 다
말이더라 7 유다의 장자 엘이 여호와 목전에 악하므로 여호와께서
그를 죽이신지라 8 유다가 오난에게 이르되 네 형수에게로 들어가
서 남편의 아우의 본분을 행하여 네 형을 위하여 씨가 있게 하라
9 오난이 그 씨가 자기 것이 되지 않을줄 알므로 형수에게 들어갔
을 때에 형에게 아들을 얻게 아니하려고 땅에 설정하매 10 그 일
이 여호와 목전에 악하므로 여호와께서 그도 죽이시니 11 유다가
그 며느리 다말에게 이르되 수절하고 네 아비 집에 있어서 내 아
들 셀라가 장성하기를 기다리라 하니 셀라도 그 형들같이 죽을까
염려함이라 다말이 가서 그 아비 집에 있으니라

38장은 야곱의 아들들 중 특별히 유다에 대하여 말한다. 야곱의 약전에 대하여(37:2) 성경은 주로 요셉에 대하여 말하고 다른 아들들은 많이 말하지 않는다. 그러나 유독 유다에 대하여는 38장 전체를 할애하는데, 이는 유다가 그리스도의 조상이기 때문이다. 즉 성경은 그리스도의 조상인 유다가 어떻게 그의 자손을 이어가게 되었는지를 설명할 필요가 있었다. 마태복음 1장 3절은 "유다는 다말에게서 베레스와 세라를 낳고"라고 말하는

데, 이 일에 대한 자세한 설명은 창세기 38장에 있다. 이 말씀을 통하여 알 수 있는 것은 그리스도의 조상인 유다의 계보가 그리 깨끗하지 않았다는 것이다. 그리스도께서는 이와 같이 죄인 된 사람들을 통하여 태어나셨다.

1절과 2절에 유다의 문제점이 나타나 있는데, 첫째로 유다의 문제는 형제들에게서 떨어져 나간 것이다(Judah departed from his brothers). 우리는 여기에서 형제들로부터 분리되어 혼자 행동하는 것의 위험성을 볼 수 있다. 성도들은 하나님이 맺어준 형제들과의 교제를 끊는 것을 위험한 일로 여겨야 한다. 그렇게 주 안의 참된 성도들과의 교제권에서 멀어지는 자체가 처음에는 위험해보이지 않지만 나중에 가면 그 간격이 커진다. 그리고 생명의 연결에서 멀리 떠나게 된다. 나는 체험적으로 형제들과의 교제를 단절하는 것이 얼마나 위험한 것인가를 알고 있다. 이는 그의 영적인 길을 바꿔놓는 계기가 되기 때문에 조심하고 또 조심해야 한다. 그것이 어떤 이유에서든 마찬가지이다. 영적인 세계에서 소위 옳다는 것, 틀렸다는 것은 매우 주관적이기가 쉽고 생명과 거리가 먼 경우가 많다. 자신이 옳고 성령을 따른다고 하면서 교제하던 형제들과 분리되어 스스로의 길을 가는 것은 깊게 살펴보았을 때 육체의 길로 드러난다. 물론 분리되어야 할 경우도 있다(고후 6:17, 딤후 2:19-22). 그런 경우라 하더라도 형제들과 분별되는 일에 있어서는 매우 큰 주의를 기울여야 하고 주님의 인도를 면밀히 따라야 한다. 어쨌든 유다는 형제들에게서 떨어져 아둘람 사람 히라와 사귀었다. 주 안의 참된 형제들과 떨어지면 세상 사람 내지는 육적인 사람들과 사귀게 되어 있다. 어떤 사람과 사귀면 여러모로 그 사람의 영향을 받게 된다. 결과적으로 유다의 잘못은 가나안 사람 수아라 하는 자의 딸을 보고 그녀와 결혼한 것이었다. 그러나 하나님은 주권적으로 가나안 여자의 후손을 통해 그리스도를 출생하지 않으셨다.

수아라 하는 자의 딸은 유다에게 엘과 오난과 셀라를 낳아주었는데, 그의 자녀들은 대체로 좋지 않았다. 7절은 유다의 장자 엘이 여호와 목전에 악하였다고 말한다. 그러므로 하나님께서는 그를 죽이셨다. 유다는 둘째 아들 오난에게 형수를 취하여 아우의 본분을 행하라고 말했으나 오난은 형으로 아들을 얻게 하지 않으려고 땅에 설정했다. 따라서 그도 죽임당했다. 당시 유다의 며느리의 이름은 다말이었는데, 그녀는 유다의 말대로 수절하면서 친정 아버지 집에 거하였지만 유다는 셋째 아들 셀라도 죽을까 염려하여 다말에게 주지 않았다.

> **12-30절, 얼마 후에 유다의 아내 수아의 딸이 죽은지라…14 그가 그 과부의 의복을 벗고 면박으로 얼굴을 가리고 몸을 휩싸고 딤나 길 곁 에나임 문에 앉으니 이는 셀라가 장성함을 보았어도 자기를 그의 아내로 주지 않음을 인함이라 15 그가 얼굴을 가리웠으므로 유다가 그를 보고 창녀로 여겨…18 유다가 가로되 무슨 약조물을 네게 주랴 그가 가로되 당신의 도장과 그 끈과 당신의 손에 있는 지팡이로 하라 유다가 그것들을 그에게 주고 그에게로 들어갔더니 그가 유다로 말미암아 잉태하였더라…24 석 달쯤 후에 혹이 유다에게 고하여 가로되 네 며느리 다말이 행음하였고 그 행음함을 인하여 잉태하였느니라 유다가 가로되 그를 끌어내어 불사르라 25 여인이 끌려나갈 때에 보내어 시부에게 이르되 이 물건 임자로 말미암아 잉태하였나이다 청건대 보소서 이 도장과 그 끈과 지팡이가 뉘 것이니이까 한지라 26 유다가 그것들을 알아보고 가로되 그는 나보다 옳도다 내가 그를 내 아들 셀라에게 주지 아니하였음이로다 하고 다시는 그를 가까이 하지 아니하였더라…산파가 가로되 네가 어찌하여 터치고 나오느냐 한 고로 그 이름을 베레스라 불렀고 30 그 형제 곧 손에 홍사 있는 자가 뒤에 나오니 그 이름을 세라라 불렀더라**

얼마 후에 유다의 아내 수아의 딸이 죽었다. 그때 유다는 다시 아둘람 사람 히라라는 친구와 함께 딤나라는 곳으로 올라갔다. 여기서 유다는 다시 한 번 좋지 않은 친구와 연합하여 죄에 빠지게 된다. 모든 죄는 눈으로부터 시작된다. 특히 남성은 그러하다. 그러므로 남자는 보는 것을 조심해야 한다. 반면 여성은 접촉을 조심해야 한다. 이것은 남성과 여성의 죄에 빠지기 쉬운 루트이다. 유다는 그녀를 보았다고 말한다(15절). 성도들은 부질없는 것을 보는 데서 자신을 분별해야 죄에 빠지지 않는다. 그래야 눈을 통해 마음으로 죄가 오염되는 것을 막을 수 있다.

다말은 시부인 유다가 양털을 깎으려고 딤나에 올라갔다는 말을 듣고 창녀로 변장한다. 그녀는 시아버지에게서 도장과 끈과 지팡이를 증거물로 받아놓았다. 유다는 약속한 염소를 보내고 그 증거물들을 찾으려 하였으나 찾지 못했다. 아무도 보지 못한 죄라 하더라도 악행은 언젠가 밝혀져 당신을 부끄럽게 하고 당황하게 만든다는 것을 기억해야 한다. 결국은 유다는 근친상간을 통하여 쌍둥이 아들을 낳게 되는데, 그들이 바로 베레스와 세라이다. 그리고 하나님은 베레스를 통하여 그리스도를 낳을 대를 잇게 하셨다. 그렇다면 모세는 창세기를 기록하면서 이미 그때 유다 족보의 중요성을 알았다는 말이 아닌가! 우리는 이 한 장만 보더라도 성경이 예사롭지 않은 책임을 이해할 수 있다. 성경은 그 기록자들이 성령의 감동으로 기록한 것이기에(딤후 3:16) 그리스도의 출생 1500여 년 전에 모세는 이미 유다 지파를 통해서 그리스도가 출생할 것을 알고 이를 중히 여겨 기록한 것임에 틀림없다.

39 장

**1-6절, 요셉이 이끌려 애굽에 내려가매 바로의 신하 시위대장 애
굽 사람 보디발이 그를 그리로 데려간 이스마엘 사람의 손에서 그
를 사니라 2 여호와께서 요셉과 함께하시므로 그가 형통한 자가
되어 그 주인 애굽 사람의 집에 있으니 3 그 주인이 여호와께서 그
와 함께하심을 보며 또 여호와께서 그의 범사에 형통케 하심을 보
았더라 4 요셉이 그 주인에게 은혜를 입어 섬기매 그가 요셉으로
가정 총무를 삼고 자기 소유를 다 그 손에 위임하니 5 그가 요셉
에게 자기 집과 그 모든 소유물을 주관하게 한 때부터 여호와께
서 요셉을 위하여 그 애굽 사람의 집에 복을 내리시므로 여호와의
복이 그의 집과 밭에 있는 모든 소유에 미친지라 6 주인이 그 소
유를 다 요셉의 손에 위임하고 자기 식료 외에는 간섭하지 아니하
였더라 요셉은 용모가 준수하고 아담하였더라**

애굽으로 팔려간 요셉은 바로의 시위 대장 보디발의 종이 되었다. 하나님께서는 요셉과 함께하셨다. 우리는 특별히 하나님이 함께하시는 자가 있음을 볼 필요가 있다. 하나님이 함께하시는 자는 모든 일을 하나님이 간섭하시고 축복하시며 주권을 행사하신다. 하나님은 장래 요셉을 크게 사용하실 계획이 있으셨다. 사람들은 근시안적이므로 당장의 불행만을 보고 근심하고 낙심한다. 그러므로 어떻게 그렇게 형제들에게 배척되고 버림받았으며 또한 그렇게 싼 값에 팔릴 수가 있었느냐고 원망할 것이다. 그러나 멀리 볼 때 요셉의 팔려감은 바로의 왕궁에서 일할 수 있도록 모든 공적인 일들을 배우는 기회와 또 그의 탁월한 재능이 나타날 수 있는 주권적인 기회로 이어진 것이다. 하나님이 사람을 쓰시고자 할 때는 언제나 그로 하

여금 에 걸맞는 합당한 자격을 구비하도록 하신다. 또한 요셉은 매사에 근면하고 정직하였다. 매사에 성실하고 신중하며 충성된 것이 성공의 비결인 것도 잊지 말자!

7-12절, 그 후에 그 주인의 처가 요셉에게 눈짓하다가 동침하기
를 청하니 8 요셉이 거절하며 자기 주인의 처에게 이르되 나의 주
인이 가중 제반 소유를 간섭지 아니하고 다 내 손에 위임하였으니
9 이 집에는 나보다 큰 이가 없으며 주인이 아무 것도 내게 금하
지 아니하였어도 금한 것은 당신뿐이니 당신은 자기 아내임이라 그
런즉 내가 어찌 이 큰 악을 행하여 하나님께 득죄하리이까 10 여
인이 날마다 요셉에게 청하였으나 요셉이 듣지 아니하여 동침하
지 아니할 뿐더러 함께 있지도 아니하니라 11 그러할 때에 요셉이
시무하러 그 집에 들어갔더니 그 집 사람은 하나도 거기 없었더라
12 그 여인이 그 옷을 잡고 가로되 나와 동침하자 요셉이 자기 옷
을 그 손에 버리고 도망하여 나가매

르우벤이나 유다에 비해 요셉은 깨끗한 사람이었다. 그는 보디발 부인의 유혹을 물리쳤다. 음행의 죄를 범하지 않는 비결은 피하는 것이다. 신약에서 사도들은 음행을 피하라고 가르쳤다(고전 6:18, 살전 4:3). 음행은 결코 싸워서 이기는 문제가 아니라 피해야 할 것임을 기억하기 바란다. 우상숭배의 일도 마찬가지이다. 이런 심각한 죄들은 그 분위기나 상황을 아예 만들지 말고 그런 상황을 접하면 즉각 피하는 것이 가장 좋다. 지혜와 은혜를 갖고 있는 자들은 사람들에게 많은 것을 빼앗길 수 있지만 결코 빼앗기지 않는 그 무엇을 갖고 있다(M.H). 요셉은 형들에게서 채색 옷을 빼앗겼고, 아버지를 빼앗겼으며 가족의 일원으로서의 권리를 빼앗겼지만 그의 도덕성과 분별성을 빼앗기지 않았다. 우리가 가족이나 친구들로부터 떼어놓임을 당할 수 있을지라도 그 누구도 자비로운 하나님의 임재는 빼앗아 갈 수 없다. 그는 모든 것을 잃어버리고 아버지 집을 떠나왔지만 "여호와께서 그와 함께 계셨고"의 축복은 어디서나 그와 함께 하고 있었다.

13-18절, 그가 요셉이 그 옷을 자기 손에 버려 두고 도망하여 나감을 보고 14 집 사람들을 불러서 그들에게 이르되 보라 주인이 히브리 사람을 우리에게 데려다가 우리를 희롱하게 하도다 그가 나를 겁간코자 내게로 들어오기로 내가 크게 소리질렀더니 15 그가 나의 소리질러 부름을 듣고 그 옷을 내게 버려두고 도망하여 나갔느니라 하고 16 그 옷을 곁에 두고 자기 주인이 집으로 돌아 오기를 기다려 17 이 말로 그에게 고하여 가로되 당신이 우리에게 데려온 히브리 종이 나를 희롱코자 내게로 들어왔기로 18 내가 소리질러 불렀더니 그가 그 옷을 내게 버려두고 도망하여 나갔나이다

남자든지 여자든지 외모가 준수한 사람은 이성으로부터의 유혹의 빌미가 있음을 알고 조심해야 한다. 자신의 외모를 가꾸는 일이나 자만심을 금하고 자신에게 관심을 갖는 사람들에게 매우 조심해야 한다. 요셉의 여 주인은 자기 남편으로 그녀의 눈가리개를 삼아야 했다(20:16). 그녀는 죄에 대하여 과감하고 부끄러움이 전혀 없었다. 성도들은 이 세상에 이토록 악한 양심이 있다는 사실을 알 필요가 있다. 자신이 잘못을 하고도 도리어 타인을 비방하고 보복하고 죄를 뒤집어 씌우는 일도 얼마든지 있다는 것이다. 그녀는 매우 설득력 있게 이야기했기에 듣는 사람들은 다 그렇게 믿을 수밖에 없었다. 아마도 그녀는 요셉이 착하고 진실된 사람인지라 그녀가 그렇게 왜곡시켜 말해도 진실을 말하지 못할 사람이라는 것까지 알고 있었을 것이다. 과연 그녀의 각본은 자기 남편의 분을 불러일으키기에 족한 것이었다.

19-23절, 주인이 그 아내가 자기에게 고하기를 당신의 종이 내게 이같이 행하였다 하는 말을 듣고 심히 노한지라 20 이에 요셉의 주인이 그를 잡아 옥에 넣으니 그 옥은 왕의 죄수를 가두는 곳이었더라 요셉이 옥에 갇혔으나 21 여호와께서 요셉과 함께하시고 그에게 인자를 더하사 전옥에게 은혜를 받게 하시매 22 전옥이 옥중 죄수를 다 요셉의 손에 맡기므로 그 제반 사무를 요셉이 처

리하고 23 전옥은 그의 손에 맡긴 것을 무엇이든지 돌아보지 아니하였으니 이는 여호와께서 요셉과 함께하심이라 여호와께서 그의 범사에 형통케 하셨더라

보디발이란 남편은 무조건 아내의 말을 듣고 크게 분노를 발하며 요셉을 옥에 가두었지만 하나님은 옥에 갇힌 요셉과 함께하셨다. 그리고 전옥에게 은혜를 입게 하셨다. 우리는 이 말씀을 통해 많은 사람들이 육체에 속하여 거짓된 말로 흥분하고 오해하며 의로운 사람들을 핍박한다는 것을 볼 수 있다. 그녀가 요셉의 옷을 가지고 있었고 요셉이 그곳에서 도망하여 나간 것도 사실이기 때문에 말만 조금 바꾸면 완벽한 각본이 되는 것이다. 요셉만 입을 다문다면 진실은 밝혀질 수 없다. 그러나 만약 요셉이 사실대로 말하면 주인의 처가 어렵게 되고 또 주인이 그녀를 버릴 것이기 때문에 요셉은 차라리 자신이 오해를 받고 감옥에 갈지언정 다른 사람이 불행해지는 것을 원치 않았을 것이다. 축복받는 사람의 마음 씀씀이는 다 이렇다.

40 장

이 장에서는 바로의 두 신하가 요셉이 갇혀 있는 감옥에 투옥된 사건을 말한다. 그들은 각자 꿈을 꾸었는데 요셉이 그것을 해몽해 주었고 그 꿈은 요셉이 해몽한 대로 이루어졌다. 즉 한 사람은 전직을 회복하고 한 사람은 죽임을 당한 것이다. 요셉은 그의 해몽대로 복직될 술 맡은 관원장에게 자신의 무죄를 호소했다. 그러나 그는 복직된 후 요셉을 기억지 않고 잊어버렸다. 사람이 고통스러울 때에는 마음이 낮아져서 고통에 처한 사람들의 심정을 이해하고 동정하지만 평안하게 되면 쉽게 그 상황을 잊어버린다. 오직 주님만이 우리의 모든 고통을 돌아보시고 동정하시며 우리의 간구를 잊지 않으신다.

여기서 꿈에 대해서 생각해보자. 그리스도인은 꿈을 신뢰할 수 있는가? 신명기 13장 3절에서 하나님은 이스라엘 백성들에게 꿈꾸는 자의 말을 청종하지 말라고 말씀하셨다. 신약에서 하나님이 사도들에게 비몽사몽간에 무언가 말씀하신 적이 있긴 하다. 그러나 많은 경우 꿈은 믿을만하지 못하다. 마틴 루터는 종교 개혁을 시작할 때부터 하나님께 꿈이나 환상이나 천사 보기를 구하지 않고 다만 성경을 바로 깨닫게 해주시기를 구했다고 고백했다. 하나님의 말씀이 중요하다. 하나님은 그분의 말씀으로 성도들을 인도하신다. 특별한 경우 하나님께서 꿈을 통하여 말씀하시는 경우가 있다 하더라도 그것은 매우 이례적인 일이다. 따라서 매일 꿈을 의지하며 사는 성도가 있다면 그는 영적 질병에 걸린 것이므로 치료를 받아야 한다.

요셉은 선지자였다. 구약이나 신약의 선지자의 예언이란 장래 일을 점치듯이 말하는 것으로 오해하는 사람들이 있다. 요셉이 얻은 것은 하나의 장래의 일에 대한 예언이라기보다 하나의 영감을 얻은 것이요, 하나님이 하실 일을 믿음으로 말한 것뿐이다. 즉 요셉의 꿈은 하나의 비전이요 영감으로 보아야 한다. 오늘 날 점치듯 하는 예언들이 있고 신접한 자 같은 일을 하는 자들이 있는데 이것은 커다란 범죄이고 율법에서 가장 큰 죄악으로 다룬다. 성도들은 이런 종류의 죄악과 술수에 감염되지 말도록 주의해야 한다.

요셉이 바로의 신하들의 얼굴에 근심 빛이 있는 것을 보고 "당신들이 오늘 어찌하여 근심 빛이 있나이까?(7절)"라고 물은 것에서 우리는 요셉이 사람들에게 관심을 두고 배려하는 사람이었음을 알 수 있다. 우리는 요셉의 이러한 태도를 배워야 한다. 또한 그는 기회를 잡아 사람들에게 하나님을 알리려 했다. 그는 꿈을 해석함에 있어서 "해석은 하나님께 있지 아니하니이까"라고 답했다(8절). 이는 요셉이 사람들에게 하나님을 알리려는 열심을 가졌음을 보여주는 부분이다. 이러한 사려깊은 성격과 열심이 그에게 매우 좋은 기회를 마련해 주었다고 할 수 있다.

요셉의 또 한 가지 장점은 그에게 다른 사람을 비난하는 것이 없다는 것이다. 그는 모든 환경을 하나님 앞에서 받기를 배웠다. 그는 보디발의 종이 되어 고생을 할 때에나 오해를 받아서 감옥에 갇혔을 때에도 자기를 팔아 넘긴 형들을 비난하지 않았다. 또한 자기의 청원을 잊어버린 술 맡은 관원장도 원망하지 않았다. 이 면에서도 요셉은 주님을 닮았다. 주님은 십자가에 달려 계시는 동안에도 자신을 비방하고 못 박는 사람들을 향하여 '저들의 죄를 용서해 달라'고 기도하셨다. 그는 일이 잘못된 것에서 다른 사람만 탓하는 사람, 다른 사람을 원망하는 사람과는 너무나 다른 유형의 사람이다. 요셉은 이런 면에서 성도들에게 귀감이 된다.

41 장

요셉은 죄 없이 감옥에 갇혀서 2년을 보내게 되었다. 이것은 사도행전에서 바울이 벨릭스 치하에서 의미 없이 2년이나 구류당한 것과 매우 유사하다. 하나님께서 그분의 종들을 사용하기 위해 온전케 하시는 과정에 있어서 때로는 그 진전 속도가 매우 느리다는 것을 기억해야 한다. 하나님이 아브라함을 축복하시고 약속을 이루시는 것도 마찬가지였다. 이는 그로 하여금 믿음으로 오래 참음을 훈련시키기 위함이다. 주님을 따르며 주님을 섬기는 종들은 주님의 약속과 그분의 축복이 그렇게 빠르게 이루어지지 않는다는 것을 알 필요가 있다. 그러니 무엇이든지 일찍 되기를 바라는 사람들은 영적인 길을 아직 모르는 사람들이다. 하나님은 분명히 기도와 간구를 이루어주시되 그것이 빨리되어지지 않을 수가 있다. 시간이 더디더라도 하나님은 반드시 그분의 원하심을 성취하신다. 우리는 이를 요셉에게서 배울 필요가 있다. 하나님을 섬기는 사람들은 하나님의 능하신 손 아래서 오랜 시간 겸손하게 기다리는 것을 배워야 한다. 하나님은 때가 되면 그를 높이신다(벧전 5:6). 이제 41장에서는 바로가 꿈을 꾸는데, 애굽의 모든 술객과 박사들은 그 꿈을 해몽하지 못한다. 그때에서야 술 맡은 관원은 비로소 요셉을 기억해내었고, 요셉은 마침내 바로 앞에 서게 된다.

12-14절, 그곳에 시위대장의 종된 히브리 소년이 우리와 함께 있기로 우리가 그에게 고하매 그가 우리의 꿈을 풀되 그 꿈대로 각인에게 해석하더니 13 그 해석한대로 되어 나는 복직하고 그는 매여 달렸나이다 14 이에 바로가 보내어 요셉을 부르매 그들이 급히 그를 옥에서 넌지라 요셉이 곧 수염을 깎고 그 옷을 갈아입고 바로에게 들어오니

여기서 우리는 모든 일에 하나님의 주권을 보게 된다. 늦은 것 같지만 이 때가 요셉의 때인 것이다. 때를 모르는 사람은 하나님을 잘 섬길 수가 없다.

바로의 꿈은 두 가지였는데, 요셉은 바로 앞에서도 자신을 감추고 하나님만을 나타내었다. "요셉이 바로에게 고하되 바로의 꿈은 하나이라 하나님이 그 하실 일을 바로에게 보이심이니이다"(25절). 그 꿈의 내용은 7년 간의 풍년을 예표하는 일곱 좋은 암소와 일곱 좋은 이삭이고 7년 간의 흉년을 예표하는 파리하고 흉한 일곱 소와 동풍에 말라 속이 빈 일곱 이삭이었다. 요셉은 바로가 두 꿈을 겹쳐 꾼 것은 하나님이 이 일을 정하셨기 때문이라고 해석해 주었다. 더 나아가 요셉은 단지 꿈을 해석해줄 뿐 아니라 그 대책까지도 말해주었다. 결과적으로 바로는 요셉을 신뢰하게 되었고 요셉으로 하여금 애굽의 온 땅을 다스리는 총리가 되게 하였다. 이때 요셉의 나이는 30세였다.

요셉의 예언대로 애굽 온 땅에는 일곱 해 풍년이 왔고 이어서 일곱 해 흉년이 왔다. 일곱 해 풍년 동안 양식을 비축해 둔 요셉은 일곱 해 기근이 들기 시작했을 때 분별 있고 주의 깊게 적당량의 곡식을 공급함으로써 곡물의 가격을 적절하게 조절했다. 바로는 요셉의 이름을 사브낫바네아라고 고쳐주고 보디베라의 딸 아스낫을 그에게 주어 아내를 삼게 하였다. 사브낫바네아는 '생명의 풍성함'을 의미한다. 이제 요셉은 많은 고난을 통하여 풍성한 생명을 소유한 사람이 된 것이다.

그는 두 아들을 낳았는데, 맏아들 므낫세라는 이름은 '잊어버린다'는 뜻으로서 자신의 모든 고난과 아비의 온 집의 일을 잊어버리게 하셨다는 의미이다. 이 이름을 통하여 우리는 요셉이 므낫세를 낳기까지 10여 년 동안 아버지 집을 그리워하며 과거의 쓰라린 고난의 과정들을 잊지 못했었음을 알 수 있다. 우리는 여기서 요셉의 깊고 섬세한 인간미를 볼 수 있다. 그는 형들로부터 버림을 받았으며 그로 말미암아 수많은 고난을 받았지만 그들을 사모하며 잊지 못했던 것이다. 차자 에브라임은 그 뜻이 '풍성함'인데, 둘째 아들을 낳았을 때에는 요셉이 하나님께서 그에게 풍성한 자비를 허락하셨음을 인해 깊이 감사드렸음을 나타낸다. 하나님은 그의 걸어온 모든 발자욱을 기억하시고 마침내 그에게 풍성한 은혜를 허락하셨다.

42 장

어려움이 있고 부족함이 있을 때 관망만 하는 것은 어리석은 일이요 무책임한 일이다. 오랜 시간 토론이나 연구만 하고 있는 것도 해결책이 되지 못한다. 가장 중요한 것은 해결 방안을 생각하여 행동에 옮기는 것이다. 야곱은 그들에게 빨리 애굽으로 가보라고 했다. "때에 야곱이 애굽에 곡식이 있음을 보고 아들들에게 이르되 너희는 어찌하여 서로 관망만 하느냐" (1절). 이로써 야곱처럼 전 가족을 책임지는 사람의 생각은 보조자들과는 다름을 알 수 있다. 당시 기근은 애굽에만 있었던 것이 아니라 온 세상에 임하였고 가나안에 있는 야곱의 가족들에게도 임했다. 온 땅의 양식은 오직 애굽의 요셉에게만 풍족하게 있었다. 애굽에 양식이 풍족하다는 소문은 온 땅에 퍼졌고, 급기야 가나안에 있는 야곱에게까지 알려지게 되었다. 결국 요셉의 꿈대로 요셉의 형들은 요셉 앞에 와서 엎드려 절했다(37:5-9). 이들은 완전히 배고프고 먹을 것이 없는 빈 볏짚단이 되어 풍성한 알곡 볏단인 요셉에게 절을 하게 된 것이다. 그는 20년간 애굽에 있었고 7년 이상 애굽의 총리로 있었지만 아버지를 찾기 위해 아무것도 하지 않았다. 그는 틀림없이 주님의 인도를 따라서 그렇게 했을 것이다.

매사에는 때가 있는 법이다. 지금이 바로 하나님이 그 형들을 만나게 한 때이다. 요셉은 자기 앞에 엎드려 절하는 형들을 알아보았지만 모르는 체하며 엄하게 대했다. 요셉은 그들에게 몇 가지를 물으면서 의혹을 제기했다. 요셉은 형들에게 어디서 왔느냐고 물었으며, 그들이 가나안에서 왔다고 대답하자 "너희는 정탐들이다. 이 나라의 틈을 엿보려고 왔다"고 몰아세웠다. 요셉이 이렇게 엄하게 한 것은 그들이 자기에게 범한 죄에 대해 보복하려는 것이 아니라 하나님 앞에서 그들이 회개할 기회를 주려는 지혜롭고 분별 있는 행동이었다.

그런 다음 요셉은 그들이 진술한 대로 아버지와 함께 있는 말째 아우를 데려오라 하고서 3일간 그들을 가두어 두었다. 그때서야 그들은 자신들의 죄를 회상하면서 뉘우쳤다. "우리가 아우의 일로 인하여 범죄하였도다. 그가 우리에게 애걸할 때에 그 마음의 괴로움을 보고도 듣지 아니하였으므로 이 괴로움이 우리에게 임하도다"(21절). 요셉은 통역자가 없어도 그들의 말을 들을 수 있었기에 그들의 말을 들을 때 그들을 떠나가서 울고 다시 돌아와서 시므온을 결박하라고 했다.

그들은 요셉에게 가장 큰 경의를 표하는 태도로 말하였다. 과거에 그들은 요셉에 대하여 매우 무시하는 말투로 "네가 참으로 우리의 왕이 되겠느냐", "보라 꿈꾸는 자가 오는도다"라고 했었다. 그러나 지금 그들은 참으로 요셉에 대하여 경의를 표하는 말투로 말하고 있다. "내 주여 아니니이다", "우리는… 한 사람의 아들들이라 말째 아들은 오늘 아버지와 함께 있고 또 하나는 없어졌나이다".

사람이 회개하는 것에는 먼저 생각과 태도의 변화가 와야 한다. 그들은 과거에 요셉을 동생이지만 너무 무시하고 미움을 갖고 대했다. 그러나 지금 그들은 비록 동생이지만 합당한 예우를 갖추며 대하게 되었다. 회개란 이처럼 자신들이 잘못한 바로 그 점을 알고 돌이키는 것이다. 이러한 상황이 일어나지 않았다면 그들은 결코 요셉을 판 것에 대하여 돌이킬 마음이 생겨나지 않았을 것이다. 요셉은 여기서 형들에게 형제 한 명의 중요성을 일깨우며 가르치고 있다. 요셉의 열 명의 형들은 요셉 하나가 없어도 열 명이 있으니 부족함이 없다고 생각했다. 오히려 열 명의 형들은 유독 아버지의 사랑을 받는 요셉이 없어짐으로 더욱더 가정의 화목이 이루어질 수 있으리라고 생각했을 것이다. 말하자면 그들은 하나의 작은 형제보다는 전체적인 하나를 중요시한 것이다. 요셉은 그들에게 경쟁과 시기의 대상이었으므로 그가 없는 것이 오히려 전체를 위하여 도움이 된다고 생각했다.

그러나 여기서 요셉이 그의 형들에게 가르치고자 한 것은 한 명의 작은 형제의 중요성이다. 요셉이 말하고자 한 것은 이런 것이 아닐까? "형님들은 이제 배워야 합니다. 하나님의 백성 가운데서 한 사람이 얼마나 중요합니까? 소자 하나를 소홀히 하는 것이 얼마나 큰 죄입니까? 이제 베냐민을 데려오십시오. 그리고 한 사람(시므온)을 결박해 이곳에 둘 터이니 이제 한 지체가 얼마나 중요한지 피부로 느껴보십시오." 그들 열 명은 가나안에서 아버지와 함께 있을 때 요셉을 거의 잊어버렸다. 그들은 자신들이 요셉을 팔아놓고도 "하나는 없어졌나이다"라고 말했다. 요셉이 어느 날 "자기 발로 집을 나갔다"고 말한 것이다. 그들은 자신들이 요셉에게 행한 엄청난 죄악으로 인한 슬픔과 아픔을 알지 못했다. 그것은 단순히 아우에 대한 시기로 인한 것이었다. 그러나 요셉은 어떠했는가? 그는 외지에서 10여년 동안 살면서도 아버지 집과 형제들과 함께 있었던 귀한 시간들을 잊어본 적이 없다. 요셉은 커다란 시련과 고난의 시간들을 보냈었다. 그것은 그가 첫 아들의 이름을 과거의 시름을 잊어버린다는 뜻으로 '므낫세'라고 지은 것에서도 알 수가 있다. 그는 보디발의 집에서 종 노릇 할 때나 감옥에서 2년 이상 외롭게 갇혀 있을 때나 한 번도 아버지와 그의 형제들을 잊은 적이 없었다. 그러나 형들에게는 그러한 외로움이 없었다. 그들은 자신들이 요셉에게 무엇을 잘못했는지도 기억하지 못했다. 요셉은 지금 바로 이 점을 교육시키고 있는 것이다.

요셉은 그들이 곡식을 나귀에 싣고 떠나자 그냥 가게 두었다. 그러나 객점에서 나귀에게 먹이를 주려고 자루를 풀어보니까 자신들이 지불한 돈이 자루 아구에 그대로 있는 것이었다. 그들은 너무 두려워 가나안에 돌아와서 야곱에게 요셉의 일을 자세히 말했다. 그리고 말째 아우 베냐민을 데려가지 않으면 다시는 양식을 얻을 수 없을 것이라고 말했다. 이 말을 들은 야곱의 대답을 보라! 야곱은 매우 슬펐다. 하나님은 야곱을 성숙케 하기 위하여 한 단계 한 단계 어려움에 봉착하게 하셨다. 이 사건은 실제로 시므온과 베냐민을 잃어버리는 일은 아니었지만 당시 야곱에게는 그렇게 느껴졌다.

하나님은 그의 택한 자를 변화시키기 위해 이러한 상황을 허락하신다. 실상은 야곱에게 좋은 일들이 진행되고 있었다. 그러나 당시 야곱은 아들들을 하나하나 잃어버리는 아픔을 체험해야 했다. 야곱의 말을 들어보자. "너희가 나로 나의 자식들을 잃게 하도다. 요셉도 없어졌고 시므온도 없어졌거늘 베냐민을 또 빼앗아 가고자 하니 이는 다 나를 해롭게 함이로다"(36절). 이 지점에서 야곱은 아직 베냐민을 마음에서 내려놓지 못하고 있다. "내 아들은 너희와 함께 내려가지 못하리니 그의 형은 죽고 그만 남았음이라 만일 너희 행하는 길에서 재난이 그 몸에 미치면 너희가 나의 흰 머리로 슬피 음부로 내려가게 함이 되리라"(38절). 야곱은 너무나 비통해했고 결코 베냐민을 포기하지 못했다. 사람이 하나님을 온전히 얻고 의지하려면 마지막 기대와 의지까지도 다 포기해야만 한다. 야곱은 모든 것을 다 잃어버리는 단계를 걷고 있는 것이다.

43 장

하나님은 가나안 땅에 기근이 더욱 심하게 되는 것을 허락하셨다. 하나님은 그분의 뜻대로 모든 것을 주관하시는 분이시다. 야곱은 지난 번에 가져온 곡식이 다 떨어지자 아들들에게 다시 가서 양식을 사오라고 말했다. 그때 유다가 나섰다. 유다는 어쨌든 근친상간을 통하여 자녀를 낳은 잘못을 저지른 사람이 되었지만 요셉에 관한 일에 있어서는 의로움을 나타냈다. 유다는 형제들이 요셉을 죽이고자 할 때 이스마엘 사람들에게 팔지언정 그에게 손을 대지 말자고 했다. 그는 "요셉이 우리의 동생이요 골육이 아니냐"고 말했다. 유다가 거기서 그렇게 하지 않았더라면 요셉은 생명이 위태로웠을 것이다. 이 시점에서도 유다는 앞장서서 베냐민을 데리고 가야 양식을 살 수 있다고 말하면서 그가 베냐민의 몸을 담보하겠다고 아버지에게 약조한다.

이 시점에서 야곱은 변화되고 성숙한 면모를 우리에게 보여 준다. 물론 그는 자녀들에게 왜 애굽 총리에게 아우가 있다고 말하여 나를 해롭게 하였느냐고 했지만 곧 이어서 이렇게 말했다. "그러할찐대 이렇게 하라 너희는 이 땅의 아름다운 소산을 그릇에 담아 가지고 내려가서 그 사람에게 예물을 삼을지니 곧 유향 조금과 꿀 조금과 향품과 몰약과 비자와 파단행이니라 너희 손에 돈을 배나 가지고 너희 자루 아구에 도로 넣여 온 그 돈을 다시 가지고 가라 혹 차착이 있었을까 두렵도다 네 아우도 데리고 떠나 다시 그 사람에게로 가라…내가 자식을 잃게 되면 잃으리로다"(11-14절). 이러한 어조는 분명 과거 발뒤꿈치를 잡는 자 야곱의 어조가 아니다. 이것은 많은 환경을 통하여 부서진 표가 있는 한 사람의 말이다. 과거에 그는 결코 잃어버리려 하지 않았다. 그러나 이제 야곱에게서 하나하나 떠나갔고 그는 어떤 것도 붙잡으려 하지 않는 상태에 이르렀다. 이처럼 변화되고 성숙한 사람은 온유하고 양보하는 성품을 나타낸다. 잡는 손이 기꺼이 내려놓는 손이 된 것이다. 놓는 것이 성숙의 표시이다.

18절, 그 사람들이 요셉의 집으로 인도되매 두려워하여 이르되 전일 우리 자루에 넣여 있던 돈의 일로 우리가 끌려드도다 이는 우리를 억류하고 달려들어 우리를 잡아 노예를 삼고 우리의 나귀를 빼앗으려 함이로다 하고

사람은 자신들이 어떠한 사람들이면 다른 사람들도 그럴 것이라고 생각한다. 도둑이나 사기꾼들은 항상 다른 사람들이 자기를 사기치지 않나 의심한다. 요셉의 형들은 요셉을 팔았던 사람들이다. 그러니 요셉이 자신의 집으로 자기들을 인도하여 들이매 그들은 자신들을 노예로 삼고 나귀를 빼앗으려 한다고 상상한 것이다.

야곱의 아들들은 요셉에게 이르러 돈을 다시 가져왔고 양식 살 다른 돈도 가지고 왔다고 말했다. 그들은 요셉 앞에 섰을 때 매우 두려워하였다. 이때 요셉은 형제들을 다 그의 집으로 인도해 들이고 물을 주어 발을 씻게 했다. 요셉이 그들보다 나중에 집으로 들어오자 형제들은 요셉에게 예물을 드리면서 땅에 엎드려 절했다. 요셉은 그들에게 안심하라고 하면서 너희 돈은 내가 이미 받았다고 말했다. 그리고 아버지의 안부를 물었다. "너희 아버지, 너희가 말하던 그 노인이 안녕하시냐? 지금까지 생존하셨느냐?"(27절) 그들은 아버지가 평안하시고 지금까지 생존하셨다고 하면서 머리 숙여 절하였다. 요셉은 눈을 들어 자신의 어머니의 아들, 곧 친동생 베냐민을 보고 말했다. "너희가 내게 말하던 너희 작은 동생이 이냐? 소자여, 하나님이 네게 은혜 베푸시기를 원하노라"(29절).

요셉은 아우를 인하여 마음이 타는 듯해서 들어가서 울고 나왔다. 그는 그의 감정을 철저히 억제했다. 요셉이 그렇게 자신의 감정을 억제한 것은 형제들을 교육시키기 위함이었다. 요셉은 식탁에서 형제들을 장유의 차서대로 앉혔다. 형제들은 이를 매우 이상히 여겼다. 요셉이 이렇게 한 것은 그들에게 서서히 자신을 나타내기 위함이었으리라. 요셉은 베냐민에게 다른 사람들보다 먹을 것을 오 배나 더 주었다. 이 모든 것은 그들로 하여금 요셉에 대하여 생각할 기회를 주기 위함이었다. 그들은 마땅히 형제 하나가 얼마나 귀중한 존재인가를 배워야 했다.

우리 주님은 마태복음 18장에서 비유로 말씀하시기를, "만일 어떤 사람이 양 일백 마리가 있는데 그 중에 하나가 길을 잃었으면 그 아흔 아홉 마리를 산에 두고 가서 길 잃은 양을 찾지 않겠느냐"(12절)고 하셨다. 주님은 이어서 "진실로 너희에게 이르노니 만일 찾으면 길을 잃지 아니한 아흔 아홉 마리보다 이것을 더 기뻐하리라"고 말씀하셨다(13절). 이것은 우리 주님이 많은 사람들보다도 잃어버린 한 마리 양 같은 소자를 주의하신다는 것을 보여 준다. 야곱의 아들들은 요셉 하나가 없어진 것에 대하여 심각하게 생각하지 않았다. 그들은 대다수의 사람들이 함께 잘 지내면 그것으로 족하다고 생각했다. 그러나 하나님의 마음은 잃어버린 소자 하나를 중히 여기신다. 요셉은 여기서 자기의 형제들의 부족함을 잘 알고 있었다. 그는 자신의 감정을 최대로 억제하면서 그들이 한 형제를 소홀히 하고 멸시한 것이 얼마나 큰 죄인가를 가르치고 있다.

우리는 또한 이 장면을 통해서 주 예수님의 재림에 대하여도 추측해 볼 수 있다. 그분은 그분의 오심에 대하여 조금씩 자신을 알리시는 방법으로 다시 오실 것이다. 그분은 이 땅에서 그의 동족에게, 친구에게 버림을 당하고 팔리셨다. 그분은 작은 한 형제, 소자의 위치에 서셔서 사람들의 버림을 받으셨던 것이다. 그분은 지금도 고아와 과부, 외로운 자, 없는 자, 사람들에게 쉽게 버림받는 자들의 편에 서계신 분이다. 그분은 장래 다시 오실 때 영광의 주로 오실 것이다. 그러나 밝히 알리시는 방법이 아니라 알 수 있는 사람만이 알 수 있는 방식으로 알리실 것이며, 여러 가지 심판과 징조로 그것을 알릴 것이다.

44 장

요셉은 다시 한 번 그들에게 곡식을 주고 그들 자루에 돈을 도로 넣었으며 베냐민의 자루 아구에는 은잔을 넣었다. 그리고 아침에 그들을 보내었다. 요셉은 성급하게 자기를 나타내지 않았다. 그는 형제들을 철저히 시험했다. 그들이 얼마만큼 길을 간 뒤에 요셉은 청지기를 보내어 그들을 다시 붙잡아왔다. 요셉이 그들에게 자신의 점치는 은잔을 도적질해 갔다고 말하자 형제들은 절대 그런 일이 없다고 답변했다. 그러나 결국 은잔은 베냐민의 자루에서 발견되었고, 이제 유다가 나섰다. 여기서 유다의 발언은 매우 감동적이다.

**18-34절, 내 주여 청컨대 종으로 내 주의 귀에 한 말씀을 고하게
하소서 주의 종에게 노하지 마옵소서 주는 바로와 같으심이니이다
19 이전에 내 주께서 종들에게 물으시되 너희는 아비가 있느냐 아
우가 있느냐 하시기에 20 우리가 내 주께 고하되 우리에게 아비가
있으니 노인이요 또 그 노년에 얻은 아들 소년이 있으니 그의 형은
죽고 그 어미의 끼친 것은 그뿐이므로 그 아비가 그를 사랑하나
이다 하였더니 21 주께서 또 종들에게 이르시되 그를 내게로 데리
고 내려와서 나로 그를 목도하게 하라 하시기로 22 우리가 내 주
께 말씀하기를 그 아이는 아비를 떠나지 못할찌니 떠나면 아비가
죽겠나이다 23 주께서 또 주의 종들에게 말씀하시되 너희 말째 아
우가 너희와 함께 내려오지 아니하면 너희가 다시 내 얼굴을 보지
못하리라 하시기로 24 우리가 주의 종 우리 아비에게로 도로 올라
가서 내 주의 말씀을 그에게 고하였나이다 25 그 후에 우리 아비
가 다시 가서 곡물을 조금 사오라 하시기로 26 우리가 이르되 우**

리가 내려갈 수 없나이다 우리 말째 아우가 함께하면 내려가려니와 말째 아우가 우리와 함께함이 아니면 그 사람의 얼굴을 볼 수 없음이니이다 27 주의 종 우리 아비가 우리에게 이르되 너희도 알거니와 내 아내가 내게 두 아들을 낳았으나 28 하나는 내게서 나간 고로 내가 말하기를 정녕 찢겨 죽었다 하고 내가 지금까지 그를 보지 못하거늘 29 너희가 이도 내게서 취하여 가려한즉 만일 재해가 그 몸에 미치면 나의 흰머리로 슬피 음부로 내려가게 하리라 하니 30 아비의 생명과 아이의 생명이 서로 결탁되었거늘 이제 내가 주의 종 우리 아비에게 돌아갈 때에 아이가 우리와 함께하지 아니하면 31 아비가 아이의 없음을 보고 죽으리니 이같이 되면 종들이 주의 종 우리 아비의 흰머리로 슬피 음부로 내려가게 함이니이다 32 주의 종이 내 아비에게 아이를 담보하기를 내가 이를 아버지께로 데리고 돌아오지 아니하면 영영히 아버지께 죄를 지리이다 하였사오니 …

여기서 우리는 유다의 기다란 진술에서 유다의 장점을 엿볼 수 있다. 첫째는 그가 아버지를 매우 사랑한다는 것이요, 둘째는 자신이 아버지를 위해서 동생 대신 담보가 되겠다고 나선 것이다. 나는 이런 말을 르우벤이 해야 한다고 믿는다. 장자는 마땅히 이런 때에 형제들을 대표하는 말을 해야 했다. 그는 어디에 갔는가? 장자 대신 유다가 이 일에 있어서 앞장섰다. 그의 말은 요셉의 마음을 감동시키기에 충분했다. 그는 결코 자신을 위하여 말하지 않고 아버지와 동생을 위해서만 말했다. 나는 이러한 종류의 말을 오늘날 성도들 가운데서도 듣고 싶다. 이러한 말이 성도들 간의 참된 교제이다. 유다가 후에 뛰어난 지파가 된 것에는 이러한 이유가 있을 것이다.

45 장

이 지점에서 요셉은 비로소 형제들에게 자신을 알린다. 그는 더 이상 정(情)을 억제하지 못하여 소리를 질렀다. 그는 시종 드는 모든 사람들에게 큰 소리로 물러가라고 했다. 모든 사람을 다 내어보낸 뒤에 그는 방성대곡하였다. 그의 울음소리는 애굽 사람들에게 들렸고 바로의 궁중에까지 들렸다. 요셉이 방성대곡한 이 눈물은 매우 절제된 눈물이었다.

요셉은 그 형들에게 자신이 요셉이라고 말했다. 여기서 요셉의 말을 들어보자. "내게로 가까이 오소서…나는 당신들의 아우 요셉이니 당신들이 애굽에 판 자라 당신들이 나를 이곳에 팔았으므로 근심하지 마소서 한탄하지 마소서 하나님이 생명을 구원하시려고 나를 당신들 앞서 보내셨나이다…하나님이 큰 구원으로 당신들의 생명을 보존하고 당신들의 후손을 세상에 두시려고 나를 당신들 앞서 보내셨나니 그런즉 나를 이리로 보낸 자는 당신들이 아니요 하나님이시라…당신들은 나의 애굽에서의 영화와 당신들이 본 모든 것을 다 내 아버지께 고하고 속히 모시고 내려오소서"(4-13절). 말을 마치고 그는 베냐민의 목을 안고 울었다.

요셉과 그리스도

여기서 나는 요셉이 예수 그리스도를 가장 닮은 예표의 사람임을 지적하고자 한다. 창세기에서 성령은 요셉이 17세부터 가장 귀한 인성을 가진 사람으로 묘사하고 있다. 그는 분명 야곱의 한 면이다. 창세기 37장 2절은 "야곱의 약전이 이러하니라"고 해놓고 요셉의 이야기를 하고 있다. 우리는 요셉이 그렇게 어릴 때부터 순수하고 아름다운 마음을 가질 수 있다는 것이 야곱의 변화된 한 면을 그려주는 것이라고 믿는다. 그러므로 요셉은 야곱의 약전에 포함되는 인물이다. 온전히 변화된, 생명이 풍성한 사람의 통치는 야곱이 아니라 요셉에게서 볼 수 있는데, 이는 하나님 아버지와 주 예수 그리스도가 하나인 것과 같다.

또한 요셉은 형제들에게 버림받았지만 그들에 대한 미움이 조금도 없었다. 모든 것을 하나님이 그렇게 하신 것이라고 말했다. 그는 "하나님이 생명을 구원하시려고 나를 당신들 앞서 보내셨나이다"라고 하였다. 이것이 만백성을 구하려고 오신 그리스도의 영과 같은 것이다. 요셉은 자기의 정을 억제하면서 그들에게 형제의 소중함과 아버지 야곱의 아픈 마음을 알도록 가르쳤다. 이는 그가 온전히 다룸받아 다듬어진 인성을 소유하였음을 느끼게 한다. 요셉은 아버지가 자녀들을 얼마나 사랑하는지를 그의 형제들이 알도록 가르치고자 하는 마음을 갖고 있다. 이는 주 예수께서 그의 택한 백성들에 대해 하실 일과 그분의 절제된 마음을 보여준다.

주 예수는 그분의 사랑하는 자들이 있으며 형제들이 있다. 이들이 곧 이스라엘이요 교회이다. 그분은 그분의 사랑하는 형제들에게 배척받고 십자가에 죽임을 당하셨다. 그분이 그렇게 된 것은 죄악된 형제들에게 아버지를 알게 하고 그 영혼들을 구하기 위한 아버지의 조처였다. 그분이 그 형제들을 더 사랑하는 것이다. 과연 누가 더 사랑했는가? 요셉인가? 그 형들인가? 그 형들은 다만 미안하고 겸연쩍어서 자신들이 판 동생을 인하여 어쩔 줄을 모르고 있었다. 그러나 요셉은 자신의 정을 억제하면서 울 곳을 찾아 다녔다. 이는 우리의 사랑하는 주 예수의 마음을 그린 것이라고 볼 수 있다. 결국 그분은 그분 자신을 나타내실 것이다. "내가 너희들이 못 박아 죽인 나사렛 예수다." 스가랴서에 의하면 그때 온 이스라엘이 통곡을 한다고 했다. "그 찌른 바 그를 바라보고 그를 위하여 애통하기를 독자를 위하여 애통하듯이 하며 장자를 위하여 통곡하듯 하리로다 그날에 예루살렘에 큰 애통이 있으리니 므깃도 골짜기 하다드림몬에 있던 애통과 같을 것이라"(슥 12:10-11).

그때 선지자는 이런 일이 있을 것이라고 예언한다. 형제들이 물을 것이다. "당신의 두 팔 사이의 상처는 어찜이냐". 그들은 주 예수의 손과 발과 옆구리의 상처를 볼 것이고 물을 것이다. 왜 당신의 손에는 상처가 있는 것인가? 그 때 주 예수는 대답할 것이라고 한다. "이는 나의 친구의 집에서 받은 상처라". 그는 형제들에 의해 상처 받은 손을 갖고 계시다. 그리고 이제 곧 그분 자신을 온 이스라엘에게 나타내실 것이다. 누구의 울음소리가 더 클 것인가? 나는 그분의 울음소리가 더 클 것이라고 믿는다. 스가랴 선지자나 계시록의 요한은 이스라엘의 열두지파가 크게 통곡할 것을 기록했지만 그리스도의 통곡은 기록하지 않았다. 계시록 1장에서 모든 족속이 애곡한다고 한 것은 실제로 열 두 지파(all the tribes)를 의미한다(계 1:7). 그때 형제들을 만나는 그리스도의 마음과 눈물은 어디에도 없지만, 그러나 나는 감히 이 요셉의 통곡과 눈물이 그분의 어떠함을 암시하는 것이라고 생각한다. 그분은 죄와 무지로 사랑하는 자들에게 버림을 받고 죽임을 당하셨지만 그들에 대한 미움이 조금도 없이 그들에 대한 구원과 사랑만을 갖고 있으시다. 그러니 다시 오실 때 주님은 그 사랑하는 자들을 위하여 그동안 억제하셨던 눈물을 흘리실 것이다.

나는 몽골 교회를 위하여 크게 운 적이 있다. 그 때가 1994년 쯤 된다. 우리는 그 나라에서 교회를 90년부터 개척을 했지만 92년부터 병으로 누운 나는 치료될 때까지 이후 2년 동안 그들을 보지 못했다. 주님의 긍휼로 94년 그들을 다시 방문하게 되었을 때 나는 그들 앞에서 하염없는 눈물을 흘렸다. 나는 그 아팠던 2년 동안 사랑하는 몽골 성도들을 그리워하며 하루도 잊은 적이 없었고 내 몸의 상태를 살피며 언제나 갈 수 있을까 생각하며 기다렸다. 우리 부족한 자들이 이러할진대 우리를 위한 주님의 사랑과 연민은 어떠할 것인지를 생각해보기 바란다.

사람들은 그리스도께서 다시 오실 것을 생각할 때 심판자로서 오실 것을 알고 있다. 또 그분은 그분의 사랑하는 자들에게 상 주실 것이고 그렇지 않은 자들에게 벌을 주실 것도 알고 있다. 그러므로 많은 이들이 그분이 다시 오실 것을 두려움으로 기대하고 있다. 그러나 우리는 그분의 마음을 요셉을 통해서 짐작해볼 수 있다. 당신은 모든 성경이 그리스도에 대한 것이라고 믿지 않는가? 우리는 성경의 모든 기록을 통해서 그리스로의 어떠하심을 생각해볼 수 있다. 그분은 다시 나타나실 때 그분의 사랑하는 자들을 위하여 타는 듯한 마음으로 나타나실 것이다. 심지어 그분은 지금도 하늘에서 그분의 사랑하는 자들을 위하여 불타는 사랑으로 돌보고 계신 하나님의 아들이시다. 당신은 이러한 그리스도를 사랑하지 않겠는가? 우리는 마땅히 이러한 주님을 사랑해야 되지 않겠는가? 이렇게 기도하기 바란다. "오, 주여 우리가 당신을 알수록 우리는 당신을 사랑하지 않을 수 없습니다. 우리는 이 땅에서 주님의 아픈 마음과 사랑의 마음을 더 알기 원합니다." 나는 이러한 말씀이 여러분들에게 여러분의 사랑하는 그리스도에 대한 인식을 새롭게 할 수 있기를 기대한다. 당신은 이토록 여러분을 사랑하는 그리스도를 갖고 있다는 생각을 해 본적이 있는가? 나는 우리가 요셉을 통해서 팔리고 배척당하고 죽임당하신 그리스도의 심정을 매우 많이 이해하고 감상할 수 있다고 생각한다.

그분은 다시 오시기 전에 야곱에게 보낸 수레처럼 성령을 우리에게 보내셨다. 이는 그분이 하늘에서 높여졌음을 증명하고 있는 것이다. 야곱은 요셉이 보낸 수레를 보고서야 그를 보러가고자 했다. 그는 아들들이 요셉에 대해서 하는 여러 말들을 인하여는 믿지 않더니 "자기를 태우려고 보낸 수레를 보고야 기운이 소생하였다"(27절)고 말한다. 우리 또한 높여지신 그리스도로부터 성령을 보내주셨으니 힘을 내어 존귀케 되신 그분을 보러 갈 수 있는 용기를 얻는다.

요셉의 형들이 왔다는 소문이 바로의 궁에 들리고 바로와 그 신복들은 그 소식을 듣고 매우 기뻐했다. 바로는 요셉을 위하여 그 형들이 풍성한 양식을 싣고 돌아갈 수 있도록 호의를 베풀었다. 바로는 곡식과 더불어 아비를 데려올 수레를 보내고 많은 기구들을 함께 보냈다. 그리고 요셉은 형들을 보내면서 노중에서 다투지 말라고 했다. 형들은 가나안 땅에 돌아와서 아버지 야곱에게 요셉의 소식을 전했으나 야곱은 그들의 말을 믿지 않고 기색하였다가(마음이 마비되었다가) 요셉이 자기를 위하여 보낸 수레를 보고서는 기운이 소생하였다(영이 소생했다). 그리고 비로소 입을 열어 이렇게 말했다. "내 아들 요셉이 지금까지 살았으니 내가 죽기 전에 가서 그를 보리라"(28절). 죽임을 당하시고 부활 승천하신 그리스도는 요셉이 높여진 것처럼 하늘에 오르사 주와 그리스도가 되셨다. 오늘 하나님의 자녀들인 우리는 부활하시고 승천하시고 하늘에서 영광을 받으신 그리스도를 중심으로 하여 모이고 있는 것이다.

에서인가 야곱인가?

나는 이 지점에서 여러분에게 당신이 택함 받은 야곱의 일생을 살고 있는지 하나님이 버리신 에서의 일생을 사는지를 점검해보라고 권하고자 한다. 36장은 에서의 대략을 기록하고 있다. 에서는 이 세상에 소망을 두고 성공을 위해 사는 자를 대표한다. 에서는 그 소유가 풍부하여져서 동생 야곱을 떠나 타처로 갔다고 기록한다(36:6). 그는 부유해지자 더 잘 살 수 있는 곳으로 이사하였다. 그리고 그 자손들은 야곱의 자손보다 이 세상에서 매우 잘 되었다. 36장 15절부터 19절까지는 에서의 자손들의 족장들(chiefs)의 이야기를 말하고 있다. 그러다가 부지런한 한 자손, 아나는 온천을 발견하였다. 당시에 그 희한한 것을 발견한 것은 지금으로도 노다지를 캔 것과 다름이 없다. 그리고 이스라엘 백성보다 훨씬 먼저 왕들이 나타나서 에돔 땅을 다스리게 되었다. 이는 이 땅에서 매우 잘나가는 케이스인 셈이다.

그 대신에 이스라엘은 이제 애굽으로 가게 되고 400년이나 종살이를 하게 된다. 그리고 모세의 40년과 여호수아 시대의 가나안 전쟁, 다음은 100여년의 사사 시대, 그리고 사무엘과 사울이 나타나고 그 다음에야 다윗이 나타나는 것이다. 당신은 에서를 부러워하는가? 에서에 대하여 성경은 그를 미워하였다고 말하며 오직 하나님은 야곱을 택하였고 사랑하신다고 말씀하셨다. 여기서 야곱과 요셉은 한 사람 안에서 발견될 수 있을진대 당신은 에서의 종류에 속한 자인가? 야곱의 노선에 있는 자인가? 에서는 자신의 가정과 자신의 생애에 축복되고 부유한 일생을 사는 것이지만 야곱과 요셉은 간단하지가 않다. 우리는 여기서 하나님의 택한 백성의 노선에 있는 자들이 어떠한 특징을 갖고 이 세상에서 사는가의 그림을 볼 수 있어서 좋다.

에서의 이야기는 36장에 간단히 기록이 되었다. 오늘날 신문지상에는 에서의 가정의 성공 이야기는 대서특필 되겠지만 야곱 같은 고생 이야기는 별로 다루어지지 않을 것이다. 사람들은 야곱의 이야기에 대해서는 대단한 흥미를 갖지 않을 것이다. 반면에 에서의 이야기는 매우 흥미로운 것들이다. 온천의 발견, 왕들의 취임, 퇴임, 지자체 장들의(족장들) 당선 등의 이야기이기 때문이다(36:31-43). 그런 것이 바로 세상에서 알아주고 관심을 갖는 이야기요 기자들이 취재하려고 몰려드는 뉴스 거리들이다.

그러나 야곱에게는 도망하다가 돌을 베고 잤다든지, 꿈을 꾸었다든지, 또 일어나서 돌을 세우고 돌 위에 기름을 부은 일이나 결혼을 위해서 14년 동안 일을 한 것과 같은 하찮아 보이는 일들 밖에는 없다. 또 라헬이 아이를 낳다가 죽은 이야기, 유모가 죽은 이야기, 어디서 단을 쌓고 기도했다는 이야기 등, 사람들이 과히 관심을 보일만한 사건들이 아니다. 그러나 하나님께는 이것이 진귀한 이야기 거리이다. 확실히 성경에서 하나님은 사람이 하나님을 알아가며 체험하고 하나님의 형상을 닮아가는 일을 중점 삼으신다. 당신이 이렇게 야곱과 같은 일생을 사는 사람이라면 당신의 일생은 사람들에게는 특별한 것이 없겠지만 하나님께는 매우 의미있고 가치있는 삶인 것이다. 당신의 일생이 매우 어렵고 힘들더라도 당신이 요셉과 같은 인생을 사는 자라면 당신은 많은 사람에게 축복의 사람이 될 것이다. 하나님은 왜 아브라함과 이삭과 야곱과 요셉을 이렇게 인도하시는가? 왜 이들을 택하셨는가? 이는 결국 많은 사람들을 살리고 축복하기 위함인 것이다. 나는 여러분이 진정한 야곱이며 또한 요셉이기를 바란다. 아멘.

46 장

**1-7절, 이스라엘이 모든 소유를 이끌고 발행하여 브엘세바에 이르
러 그 아비 이삭의 하나님께 희생을 드리니 2 밤에 하나님이 이상
중에 이스라엘에게 나타나시고 불러 가라사대 야곱아 야곱아 하
시는지라 야곱이 가로되 내가 여기 있나이다 하매 3 하나님이 가
라사대 나는 하나님이라 네 아비의 하나님이니 애굽으로 내려가기
를 두려워 말라 내가 거기서 너로 큰 민족을 이루게 하리라 4 내
가 너와 함께 애굽으로 내려가겠고 정녕 너를 인도하여 다시 올라
올 것이며 요셉이 그 손으로 네 눈을 감기리라 하셨더라 5 야곱이
브엘세바에서 발행할째 이스라엘의 아들들이 바로의 태우려고 보
낸 수레에 자기들의 아비 야곱과 자기들의 처자들을 태웠고 6 그
생축과 가나안 땅에서 얻은 재물을 이끌었으며 야곱과 그 자손들
이 다 함께 애굽으로 갔더라 7 이와 같이 야곱이 그 아들들과 손
자들과 딸들과 손녀들 곧 그 모든 자손을 데리고 애굽으로 갔더라**

야곱은 아들 요셉이 살아 있어서 애굽에서 총리가 되었다는 말을 들었을 때 처음에는 기색하였으나 요셉이 자기를 태우려고 보낸 수레를 보고서는 그 영이 소생되었다. 그리고 그는 요셉을 보러 가고 싶은 마음이 생겨났다. "내 아들 요셉이 지금까지 살았으니 내가 죽기 전에 가서 그를 보리라" (45:28).

만일 이전에 야곱에게 이러한 상황이 있었다면 즉시 아들들에게 애굽에 가서 요셉을 보자고 말했을 것이다. 그러나 이 지점에 이르러서 야곱은 성숙했다. 하나님의 자녀의 성숙의 표시는 무엇인가? 그것은 밖의 상황이나 피상적인 의욕에 따라 움직이지 않는 것이다. 그는 일단 모든 소유를 이끌

고 브엘세바로 갔다. 그리고 그곳에서 하나님께 희생을 드렸다. 그가 브엘세바에 간 이유는 하나님의 뜻을 알기 위해서였다. 하나님은 그 아비 이삭에게 흉년 때에 애굽에 내려가지 말라고 말씀하신 적이 있다(26:2). 야곱은 그의 사랑하는 아들 요셉이 살아 있다는 소식을 듣고 너무나 보고 싶은 마음이 있었지만 과연 요셉의 말대로 애굽에 내려가는 것이 합당한지에 대해서는 확신이 없었다. 그는 이제 어떤 일을 하는 데 있어서 자신의 원함대로 결정하고 행하기를 두려워하는 단계에 이르렀다. 잃었던 아들을 찾아 보는 일에서도 그러했다. 그러므로 그는 아버지 이삭이 상당 기간 동안 머물면서 제단을 쌓고 여호와의 이름을 불렀던 브엘세바에 이르러 희생을 드린 것이다. 거기서 야곱은 하나님의 인도를 받고자 했다.

하나님은 때에 따라, 혹은 시대에 따라 그분의 인도를 달리 하시는 경우가 있다. 이삭 때에는 애굽에 내려가지 말고 가나안 땅에 머무르라고 하셨는데 야곱 말년에 와서 하나님은 그분의 인도를 바꾸셨다. 그러므로 우리는 하나님의 인도를 받을 때 매우 주의해야 한다. 하나님은 어떤 한 가지 일에 대하여 고정된 방식으로 인도하지 않으신다. 하나님이 아브라함을 갈대아 우르에서 불러내신 것은 그와 그의 자손에게 가나안 땅을 기업으로 주어 그곳에서 살게 하기 위함이었다. 그러므로 하나님은 아브라함에게 가나안 땅의 중요성을 가르치고 또 가르치셨다. 그런데 야곱 말년에 와서는 하나님께서 야곱이 애굽으로 내려가서 사는 것을 허락하셨다. 이것 또한 하나님의 주권적인 인도라고 볼 수 있다. 그렇다고 해서 하나님이 아브라함과 그 자손에게 주리라고 약속하신 가나안 땅을 포기하신 것이 아니다. 하나님의 약속의 성취는 틀림없지만 종종 그 속도는 느리게 진행된다(매튜 헨리). 하나님이 아브라함에게 약속을 주시어 그로 큰 민족을 이루게 하시겠다고 말씀하신 것이 지금 야곱의 말년까지 215년이 지났다. 그런데 200여 년이 지나도록 하나님의 약속의 성취는 그다지 많이 이루어지지 않았다. 그 숫자가 70명밖에 되지 않은 것이다. 그런데 하나님께서 이스라엘 백성을 애굽 땅으로 이끄셔서 400여 년을 머물게 하신 후에 다시 나올 때에는 그 인수가 거의 200만이 되었다.

하나님은 브엘세바에서 야곱에게 나타나시어 애굽으로 내려가기를 두려워 말라고 하셨다. 여기서 야곱이 두려워한 것은 미지의 땅에서 전개될 생활에 대한 불안감보다는 애굽에 내려가는 것이 과연 하나님의 뜻을 거스르는 것은 아닌가 하는 불확실함 때문이었다. 이것은 야곱이 젊었을 때에는 그에게 없었던 것이다. 그러나 세월이 흐르고 많은 환경을 거치면서 야곱 안에 새로운 성령의 조성이 생겨났다. 이것이 바로 성숙한 사람이 일을 대할 때의 느낌이다. 그때 하나님은 야곱에게 "애굽으로 내려가기를 두려워 말라 내가 거기서 너로 큰 민족을 이루게 하리라"고 하셨으며 "내가 너와 함께 애굽으로 내려가겠고 정녕 너를 인도하여 다시 올라올 것이며"라고 약속해 주셨다(3-4절). 그제서야 야곱은 브엘세바에서 발행하여 가나안 땅에서 얻은 모든 재물과 생축과 처자를 데리고 애굽으로 떠났다.

8절부터 27절까지의 내용은 애굽에 내려간 70명의 명단이다. 사도행전 7장 14절에는 애굽에 내려간 사람이 일흔 다섯이라고 기록되어 있다. 즉 다섯 명의 차이가 난다. 다섯 명의 차이에 대하여는 여러 가지 설이 있지만 분명하지는 않다. 그 중 고대 유대인들은 인수를 말할 때 약수로 말하는 수가 있었다는 견해가 있다. 어쩌면 사도행전 7장 14절의 75명이 본래의 수효였는데 창세기 46장 27절에서는 그것을 약수로 70명이라고 했을 수도 있다. 그러나 이 해석도 그렇게 믿을 만하지는 않다. 사도행전 7장 14절에서는 야곱과 그 온 친족이라고 했는데, 어쩌면 사도행전에 있는 75명 가운데에는 몇몇 친족이 더 포함되어 있을 수도 있다. 이렇게 해석하는 것도 가하지만 분명하다고 말할 수는 없다.

28-34절, 야곱이 유다를 요셉에게 미리 보내어 자기를 고센으로 인도하게 하고 다 고센 땅에 이르니 29 요셉이 수레를 갖추고 고센으로 올라가서 아비 이스라엘을 맞으며 그에게 보이고 그 목을 어긋맞겨 안고 얼마 동안 울매 30 이스라엘이 요셉에게 이르되 네가 지금까지 살아 있고 내가 네 얼굴을 보았으니 지금 죽어도 가하도다 31 요셉이 그 형들과 아비의 권속에게 이르되 내가 올라가서 바로에게 고하여 이르기를 가나안 땅에 있던 내 형들과 내 아비의 권속이 내게로 왔는데 32 그들은 목자라 목축으로 업을 삼으

므로 그 양과 소와 모든 소유를 이끌고 왔나이다 하리니 33 바로가 당신들을 불러서 너희의 업이 무엇이냐 묻거든 34 당신들은 고하기를 주의 종들은 어렸을 때부터 지금까지 목축하는 자이온데 우리와 우리 선조가 다 그러하니이다 하소서 애굽 사람은 다 목축을 가증히 여기나니 당신들이 고센 땅에 거하게 되리이다

야곱은 요셉을 만나기 위하여 유다를 미리 요셉에게 보낸다. 그리고 자기는 고센 땅으로 갔다. 요셉은 수레를 갖추고 고센에 올라가서 아비 이스라엘을 영접했다. 그리고 야곱과 요셉은 목을 안고 한동안 울었다. 야곱은 요셉에게 말하기를 "네가 지금까지 살아 있고 내가 네 얼굴을 보았으니 지금 죽어도 가하도다"라고 했다.

31절부터 34절까지는 그들이 고센 땅에 살게 된 이유를 말한다. 그들이 고센 땅에 정착한 이유는 한두 가지가 있었을 것이다. 표면적인 이유는 애굽 사람들이 목축하는 사람들을 가증히 여기며 멸시하기 때문이었다. 그러므로 애굽 사람들에게 경멸당하지 않고 살 수 있도록 그들에게서 멀리 떨어진 곳을 택한 것이다. 그러나 또 한 면으로 이 고센 땅에 거주하게 된 것은 야곱의 선택이었는데(28절), 이는 고센 땅이 가나안에서 멀지 않기 때문이었다. 야곱은 온 가족을 이끌고 애굽 중심부 안으로 깊숙이 들어가려 하지 않았다. 그것은 그가 하나님의 약속을 생각했으며 언젠가 거기서 나올 것을 염두에 두었기 때문이다. 또한 애굽 사람들과 혼합되는 것을 경계했기 때문이었을 것이다. 또 야곱과 그의 가족들은 요셉이 애굽의 총리로 있었지만 그들이 애굽에 거하기 위해 그들의 직업을 바꾸려 하지 않았다.

이것은 오늘날 많은 사람들에게 교훈을 주는 대목이다. 더욱이 목축업은 애굽 사람들이 가증히 여기는 직업이었음에도 불구하고 그들은 그 직업을 유지하였다. 당시에 그들은 요셉에게 요청하기만 하면 어떤 좋은 직업이라도 얻을 수 있었을 것이다. 그러나 그들은 그렇게 하지 않았다. 그것은 목축업이 하나님께서 정하신 바 땅에서 이동하며 사는 나그네의 삶에서 가장 적합한 직업이었기 때문이다. 이 모든 것이 하나님의 백성들의 성별을 위한 것과 믿음에서 나온 행위들이다.

야곱의 생애(창 25:19-46:34)

47 장

요셉은 바로에게 자신의 아비와 형들이 고센 땅에 있다고 보고하고서 형들 중에서 다섯을 택하여 바로에게 보였다. 요셉은 모든 일에 용의주도한 사람이었다. 그는 형들 모두를 궁으로 데려오지 않았다. 당시 애굽 사람들은 다섯이라는 수를 좋아했다. 그는 바로에게 가족들을 어떻게 소개시키는 것이 좋을 것인지를 생각했다. 그리고서 다섯이라는 수를 생각해낸 것이다. 바로는 요셉의 형들에게 생업을 물었다. 그들은 목자라고 대답하고 간단히 애굽에 들어온 이유를 말하면서 고센 땅에 거하게 해달라고 청원했다. 바로는 요셉에게 좋은 곳에 거하게 하라고 하면서 고센 땅에 거하도록 허락해 주었다. 그런 다음 요셉은 아비 야곱을 인도하여 바로 앞에 서게 했는데, 이때 야곱은 바로를 축복했다. 여기서도 우리는 야곱의 성숙을 볼 수 있다. 성숙한 자가 아니면 사람들을 축복하는 자가 될 수 없다.

여기서 잠시 야곱의 상황을 생각해보자. 당시 바로는 애굽의 모든 정권을 잡고 있는 왕이었고 야곱은 생계를 위해 그 나라에서 땅 한 켠을 얻어 살러 들어온 사람이었다. 당연히 바로는 야곱과 그의 가족에게 있어서 두렵고 강력한 존재였다. 그가 이들의 모든 공급과 생활과 장래를 쥐고 있는 것이다. 그러나 야곱은 그런 사람을 만났을 때 절대로 위축되지 않았다. 젊을 때 야곱은 어떠했는가? 이러한 상황이라면 그는 자신의 모든 약점을 드러내며 비굴할 정도로 자기를 낮추었을 것이다. 그것은 자신의 장래의 삶의 모든 것이 바로와 관련되어 있었기 때문이다. 그러나 이 지점에서 야곱은 매우 달라져 있었다. 그는 바로를 만났을 때 가서 축복하였다.

오늘날 많은 그리스도인들이 부유한 사람들과 권력자들 앞에서 감히 이러한 자세를 취하지 못하고 굴복한다. 또한 질병에 걸리면 의사들 앞에서 굴복한다. 감히 그들을 축복하거나 몇 마디 말로 복음을 전할 수 없다. 이것은 성숙하지 않은 표시이다. 그러나 야곱을 보라! 그는 자아와 세상과 물욕을 초월한 사람이 되었다. 우리는 여기서 한 사람의 성숙을 본다. 그는 바로 앞에서 아쉬운 입장에 서거나 뭔가 혜택을 얻기 위해 비굴하게 행동하지 않았다. 그 대단한 권력과 힘 앞에서 약해지지도 않았다. 그는 하나님을 따라 거룩함과 진리로 성숙하여 있었다. 그는 다만 바로 앞에 서서 그를 축복했다. 바로가 물었다. "네 연세가 얼마뇨?" 이때 야곱의 대답이 매우 특이하다. "내 나그네 길의 세월이 일백 삼십 년이니이다 나의 연세가 얼마 못되니 우리 조상의 나그네 길의 세월에 미치지 못하나 험악한 세월을 보내었나이다(9절)." 그는 자신의 체험에 근거하여 바로에게 복음을 전한 것이다. 그는 왕일지라도 기회를 잡아 하나님을 알리기 원했다. 물론 그는 여기서 하나님에 대하여는 한 마디도 하지 않았지만 그의 축복과 대답은 자신이 믿는 자임을 나타낸 것이다. 그는 자신이 이 땅에서 다만 나그네라고 말했다. 그가 나그네라는 것은 하늘에 본향이 있다는 것을 나타내는 것이다. 또한 그가 험악한 세월을 보냈다는 것은 하나님께로부터 많은 단련과 징계를 받아 여기까지 이르렀음을 말한 것이다. 그가 바로를 축복할 수 있고 오늘날처럼 분량이 있게 된 것은 하나님의 통치와 다루심 아래서 배웠기 때문이라는 뜻이다. 그렇게 야곱은 바로를 축복하고 그 앞에서 나왔다. 그는 세상에서는 바로보다 낮은 위치에 있지만 영적인 면에서는 바로가 자기보다 높지 않다는 것을 안 것이다. 이것이 야곱이 가졌던 영적 인식이다. 그는 하나님이 자기에게 주신 위치를 잃지 않았다.

그리스도인은 하나님이 자신에게 주신 신분이 있음을 알아야 한다. 특히 사역자는 하나님이 주신 위치가 있다는 것을 알아야 한다. 그가 만일 사람들 앞에 자신의 위치를 잃는다면 그의 사역의 생명은 끝나는 것이다. 많은 경우 사탄은 사역자들의 은사를 빼앗는 것보다도 그의 위치를 잃게 만들어 무용하게 한다. 많은 이들이 이것을 알지 못하여 자신의 위치를 함부로 팔아버린다. 성숙하고 견고한 성도는 하나님이 자기에게 주신 위치를 알고 그 위치에 굳게 서는 것이 무엇인지를 아는 사람이다.

바로는 결국 야곱과 그의 자녀들에게 고센 땅을 주었고 애굽의 좋은 땅

라암세스를 기업으로 주었다. 요셉은 그 아비와 형들을 식구에 따라 식물을 공급함으로 공궤하였다. 이 땅에서 가장 보람되고 가치 있는 일이 있다면 부모나 형제들을 공궤하며 사는 것이다. 이는 얼마나 가치 있는 삶인지! 자신만 혼자 잘 먹고 잘 살다 죽는다면 그 인생은 얼마나 가치 없고 불쌍한 인생인가? 요셉은 풍성한 생명을 얻었기에 그 형제들이나 가족을 부양하고도 남았다. 나 역시 언젠가 어려운 내 동생과 가족들을 돌볼 수 있는 은혜를 주시라고 주님께 기도한 적이 있다. 나는 지금도 내 육신의 형제들을 조금 돌보는 것을 하나님이 나에게 주신 은혜로 여기고 있다. 그리고 좀 더 돌볼 수 있기를 주님의 이름으로 원하고 있다.

13-26절, 기근이 더욱 심하여 사방에 식물이 없고… 26 요셉이 애굽 토지법을 세우매 그 오분 일이 바로에게 상납되나 제사장의 토지는 바로의 소유가 되지 아니하여 오늘까지 이르니라

애굽 땅에는 기근이 계속되었다. 그들은 점점 양식이 없어지고 쇠약하게 되었으며 거의 죽을 지경이 되었다(11-19절). 애굽 사람들도 곡식을 사서 먹어야 했기 때문에 모든 돈이 바로의 궁으로 거둬들여졌다. 돈이 진하자 그들은 짐승을 가져왔다. 그래서 요셉은 말과 양과 소떼와 나귀를 받고 식물을 주었다. 그래서 한 해 동안은 사람들이 짐승을 주고 식물을 사다 먹을 수 있었다. 그런데 한 해가 지나자 애굽 사람들이 와서 그들은 돈도 떨어지고 짐승도 없고 이제 남은 것은 자신들의 몸과 전지뿐이라고 했다. 그러므로 요셉은 애굽 전지를 다 사서 바로에게 돌리고 백성들의 양식을 공급해 주었다. 결과적으로 애굽 온 땅이 바로의 소유가 되었다. 그리고 요셉은 애굽의 토지법을 세워서 그들로 하여금 그 땅을 경작하게 하고 오분의 일을 바로에게 상납하게 만들었다. 요셉은 자기를 위해서는 아무것도 하지 않고 모든 일을 바로와 그 나라를 위해서만 행했다. 결과적으로 애굽은 크게 부강해졌다. 당시에 요셉은 모든 땅을 다 사들였지만 제사장의 전지만은 사지 않았는데, 이는 제사장들은 사람들로부터 존경을 받았기 때문이다. 아마 당시 제사장들은 요셉의 지도를 받았을 것이다. 즉 하나님은 한 사람 요셉을 통하여 애굽 곳곳에 하나님을 섬기는 사람들을 일으키신 것이다.

27-31절, 이스라엘 족속이 애굽 고센 땅에 거하며 거기서 산업을 얻고 생육하며 번성하였더라 28 야곱이 애굽 땅에 십칠 년을 거하였으니 그의 수가 일백 사십 칠 세라 29 이스라엘의 죽을 기한이 가까우매 그가 그 아들 요셉을 불러 그에게 이르되 이제 내가 네게 은혜를 입었거든 청하노니 네 손을 내 환도뼈 아래 넣어서 나를 인애와 성심으로 대접하여 애굽에 장사하지 않기를 맹세하고 30 내가 조상들과 함께 눕거든 너는 나를 애굽에서 메어다가 선영에 장사하라 요셉이 가로되 내가 아버지의 말씀대로 행하리이다 31 야곱이 또 가로되 내게 맹세하라 맹세하니 이스라엘이 침상 머리에서 경배하니라

야곱은 요셉에게 왔지만 자신을 위하여는 아무것도 구하지 않았다. 다만 "내가 조상들과 함께 눕거든 너는 나를 애굽에서 매어다가 선영에 장사하라"고 당부했을 뿐이다. 야곱은 애굽에 있을 때 자신의 생계를 주의하지 않았다. 그는 아무것도 주의하지 않고 죽은 후에 장사되는 문제만을 중요시했다. 왜냐하면 이것은 하나님의 약속과 관계된 것이기 때문이다. 여기에서 우리는 야곱이 진실로 변화된 사람임을 볼 수 있다. 그는 애굽에 왔을 때 별로 말이 없었다. 많은 면에서 은퇴한 사람 같았다. 그는 주인공처럼 앞으로 나오지 않고 언제나 뒤에 있었다. 이것 또한 성숙한 사람의 표시이다.

오늘날도 우리는 주위의 젊은 형제들에게서 많은 할 수 있음과 나서려 하는 움직임을 본다. 그것이 젊음의 표시리라! 그러나 한편 그것은 생명에 있어서 어린 표시이다. 야곱이 그러했다. 그는 젊은 때 기회를 잃지 않고 모든 기회를 자신의 발전을 위해 뛰었다. 그러나 이제 그는 다른 사람이 다 지나간 자리에서 조용히 묵상할 수 있다. 과거에 그는 다른 사람이 옆에서 뛰는 소리만 들어도 불안해서 자리에 앉아 있을 수 없었다. 그러나 지금 그는 죽음을 조용히 받아들이고 있었다. 그가 만일 젊을 때라면 그는 그렇게 쉽게 죽음을 받아들이지 못했을 것이다. 그는 '요셉을 어서 불러오라! 애굽의 명의를 불러와봐라! 나는 좀 더 호강을 하며 살아봐야겠다. 내가 이렇게 늙어서 자식을 보았는데 이렇게 가야하다니, 이것은 아니다! 아들들아 뭐하느냐, 애비가 그냥 죽게 보고 있느냐, 빨리 가서 좋은 약 좀 구해오고 의사를 불러오라! 요셉은 무엇하고 있더냐!'라고 했을지도 모른다.

그러나 여기서 그는 성숙한 생명을 나타냈다. 그는 그가 축복해야 할 자가 누군지를 알고 있었으며 그가 이제 가야 할 시점을 알고 있었다. 그리고 조용히 죽음을 받아들이며 감사하고 있었다. 그는 죽음의 시점에서 다른 것을 관심하지 않고 오직 자신의 장사만을 관심했다. 그는 요셉에게 자신의 시신을 애굽이 아니라 가나안에 장사할 것을 맹세하게 한다. 임종의 순간에 야곱은 보다 큰 민족이 이루어질 것과 하나님의 약속의 성취만을 유념했다, 그가 비록 하나님의 허락하심 아래서 애굽에 들어왔지만 그의 마음은 약속의 땅에 있었다는 것을 증명한다. 그들은 히브리서의 말씀처럼 "이 사람들은 다 믿음을 따라 죽었으며 약속을 받지 못하였으되 그것들을 멀리서 보고 환영하였다"(히 11:13). 이들이 믿음으로 하나님만을 향하여 살았다는 것은 우리에게 큰 격려와 본이 되어준다. 31절에서는 이스라엘이 침상 머리에서 경배하였다고 말한다. 침상 머리는 다른 성경에서 지팡이 머리(히 11:21)로 번역되어 있다. 이는 그가 다리를 절게 된 후로 지팡이를 짚고 다녔음을 의미한다. 그는 하나님께서 자기 인생을 인도하신 것에 대하여 감사하고 경배드린 것이다. 이와 같이 이 땅을 떠나는 자들은 일생 성실하게 섬기며 따르도록 인도하신 하나님께 경배하며 감사를 드리는 마음으로 떠나야 한다.

48 장

48장은 야곱이 병듦으로 요셉이 두 아들 므낫세와 에브라임을 데리고 아버지를 방문하는 것으로 시작된다. "혹이 야곱에게 고하되 네 아들 요셉이 네게 왔다 하매 이스라엘이 힘을 내어 침상에 앉아"(2절). 병들어서 누워 있을 때에는 야곱이지만 침상에 일어나 앉을 때에는 이스라엘이었다. 한 절에 두 이름이 교차된다. 병들어 누워있는 모습에서 우리는 야곱의 모습을 대하나 마지막 무언가 말하기 위해 일어날 때 우리는 그에게서 하나님이 그에게 역사한 흔적이 있는 사람을 대하게 된다. 그는 요셉이 오자마자 하나님에 대하여 말했다. 그에게 남은 것은 하나님 한 분 뿐이었다. 그는 이제 마지막이 되었으므로 힘을 다해 자녀에게 하나님의 약속을 확인시켜 주고 있다. 이제 야곱에게 있는 것은 오직 하나님뿐이다. 그는 요셉에게 애굽에서 영화를 누리고 있지만 그것은 참된 것이 아니요 가나안 땅이 하나님께서 주신 기업임을 상기시켜 주는 것이다. 그러므로 "가나안 땅 루스에서 전능한 하나님이 내게 나타나 복을 허락하여 내게 이르시되 내가 너로 생육하고 번성하게 하여 네게서 많은 백성이 나게 하고 내가 이 땅을 네 후손에게 주어 영원한 기업이 되게 하리라 하셨느니라"(3-4절)고 한 것이다. 그에게 남은 것은 하나님과 하나님의 약속, 그 기업뿐이었다. 우리도 인생의 마지막에 남는 것은 오직 하나님뿐이다. 그는 죽기 전에 그가 처음 주님을 만났다고 말할 만한 루스(벧엘)에서의 일을 말한다. 그는 147세를 살았어도 그때 처음 주님을 만난 것을 회상한 것이다. 이는 매우 의미 있는 일이다. 그는 많은 곳을 다니고 많은 체험을 했어도 그때 주님을 만난 일과 주님으로부터 들은 약속의 말씀을 잊지 않고 마음에 새기고 있었다.

그 다음 야곱은 요셉이 애굽에서 낳은 두 아들 에브라임과 므낫세를 자신의 것이라고 주장한다. 이는 야곱이 요셉을 두 배의 분깃으로 축복하기 위함이요(대상 5:1-2), 그들이 이방 땅에서 애굽 여인을 통해 출생했지만 거룩한 자손임을 확증하기 위함이었다. 결국 르우벤은 간음을 행함으로 장자권을 상실하였으며, 그의 장자권은 순결하고 성실한 요셉에게 돌아갔다. 계시록 7장에서도 르우벤은 장자이지만 유다에게 첫 번째를 내어주어야 했다. 이는 틀림없이 그의 음행과 관계된다. 참으로 사람의 끓는 욕정으로 말미암은 실패는 자신의 장자권의 축복을 잃게 하는 것이다. 에서는 이를 소홀히 함으로 야곱에게 장자권을 빼앗겼다. 우리가 인생 가운데 그리스도인으로서의 신분과 영적 생명을 가장 소중하고 귀히 여겨야 함은 아무리 강조해도 지나치지 않는다. 야곱은 풍성한 영적 생명의 깊이를 가진 자로서 어떤 자가 그의 축복의 분깃에서 제외될 것인지, 어떤 자가 그 분깃을 대치하여 얻을 것인지를 알고 있었다. 이는 참으로 두렵고도 엄숙한 경고이다. 결국 야곱이 기억하고 감사하며 믿음을 잃지 않은 것은 그들의 백성이 생육하고 번성할 것이라는 것과 그 땅을 영원한 기업으로 주신다는 말씀 때문이다(4절). 5절의 말씀은 에브라임과 므낫세가 각각의 독립된 지파를 형성하리라는 말씀이다. 이것이 "그 산업은 그 형의 명의하에서 함께 하리라"는 뜻이다.

또한 야곱은 죽음의 목전에서 자신의 참된 아내로 여기는 라헬을 기억한다. 요셉은 참 아내인 라헬에게서 낳은 참 아들이므로 장자권을 그에게 주었다고 볼 수 있다. 7절에서 그는 '내게 관하여' 이라고 운을 뗀 후에 라헬의 죽음을 말하는데, 그는 라헬을 에브랏 길에 장사하였다고 말한다. 라헬의 일은 야곱에게 있어서 자신의 일이었다. 그에게 있어서 참된 아내인 라헬은 자신의 반쪽이었다. 그러므로 '내게 관하여는'이라고 한 것이다. 그녀의 죽음은 야곱에게 있어서 가장 슬프고 고통스런 체험이었다는 것을 암시한다. 야곱은 끝까지 성실하게 자기가 원래 사랑했고 아내로 취하려 했던 라헬을 기억했다. 이것은 그의 신실한 인품을 보여주는 구절이라고 할 수 있다. 사람은 처음부터 사랑하여 아내로 삼은 사람을 끝까지 버리지 말고 사랑해야 한다.

8절부터 20절까지는 야곱이 에브라임과 므낫세를 축복하는 장면이다.

요셉은 야곱이 자기 아들들을 축복하려 할 때 우수로는 에브라임 머리에, 좌수로는 므낫세의 머리에 얹어 축복하려는 것을 보고 손을 들어서 아비의 우수를 에브라임 머리에서 므낫세의 머리로 옮기고자 했다. 그때에 야곱은 요셉에게 "나도 안다. 내 아들아, 나도 안다"(19절)라고 말했다. 그러면서 축복하기를 "하나님이 너로 에브라임 같고 므낫세 같게 하시리라"(20절) 하면서 에브라임을 므낫세보다 앞세웠다. 영적으로 장성한 자의 특징은 '아는데' 있다. 아직 마땅히 알 것을 모른다는 것은 아직 영적인 세계에 대하여 문외한임을 나타낸다.

이에 대해서는 신약에 두 세 구절에 근거가 있다. 히브리서 5장 14절은 "단단한 식물은 장성한 자의 것이니 저희는 지각을 사용함으로 연단을 받아 선악을 분변하는 자들이니라"고 한다. 장성한 자들은 지각을 사용할 줄 알고 선악을 분별한다. 또한 고린도 전서 2장 15절은 "신령한 자는 모든 것을 판단한다"고 하였다. 요한 일서 2장 14절은 아비들은 태초부터 계신 이를 아는 자들이라고 한다. 아는 것이 자란 표시이다. 어릴수록 어떻게 해야 할 줄 몰라서 어떤 환경에서도 쩔쩔매며 갈 바를 잘 분별하지 못하며 교훈의 풍조에나 잘못된 가르침에도 잘 속아 넘어간다(엡 4:14). 장성한 그리스도인이 되고 영적인 분별력을 갖기 위해서는 무엇보다 대가를 지불해야 함을 잊지 말아야 한다. 지식이 많다고 해서 분별력을 얻는 것은 아니다. 순종함과 대가지불이 따라야 분별력이 생기는 것이다. 우리는 특히 남을 섬길 수 있어야 분별력을 얻을 수 있다. 자신만을 위하고 자신의 영성만을 주의하는 자신의 한계에서 사는 사람은 결코 분별력의 풍성함을 가질 수 없다. 체험이 없이는 분별력을 깊이 가질 수 없다. 많은 일을 겪어보려면 주님을 순종하며 많은 사람을 섬겨보아야 한다. 그럴 때 수많은 실패와 체험을 통해 마땅히 알 것을 알게 된다. 야곱은 이 지점에 왔을 때 영적 생명이 최상에 이르렀다. 그러므로 모든 상황을 분명히 볼 수 있었다.

그는 손자들을 축복하기에 앞서 요셉을 축복하였는데, 그 내용은 15절과 16절에 있다. "그가 요셉을 위하여 축복하여 가로되 내 조부 아브라함과 아버지 이삭의 섬기던 하나님, 나의 남으로부터 지금까지 나를 기르신 하나님, 나를 모든 환난에서 건지신 사자께서 이 아이에게 복을 주시오며 이들로 내 이름과 내 조부 아브라함과 아버지 이삭의 이름으로 칭하게 하시오며 이들로 세상에서 번식되게 하시기를 원하나이다". 여기에서 인상적인 부분은 15절의 "나의 남으로부터 지금까지 나를 기르신 하나님"이다. 인생을 다 살고 난 후 야곱은 하나님께서 자신의 출생시부터 지금까지 그를 길러주셨다고 회상한다. 이렇게 살 수 있는 인생은 얼마나 복된 인생인가! 또한 16절에서는 "나를 모든 환난에서 건지신 사자"라고 표현한다. 이는 여호와의 사자를 가리키며 이 역시 그리스도를 뜻할 것이다. 야곱은 인생을 다 산 후 귀한 간증을 남겼다. 인생의 크고 작은 모든 일 가운데 하나님이 그의 보호자였다는 것이며 그리스도가 그의 인도자였다는 사실이다. 이와 같이 야곱 마음속에 최종적으로 남은 것은 한 분 하나님이셨다.

그는 요셉을 축복하면서 요셉의 손자들도 아브라함과 이삭과 자기의 이름으로 칭하게 되기를 기도했다. 그리고 이 땅에서 번식되기를 원한다고 했다. 가장 큰 축복은 번성케 되는 것이다. 독자여! 당신이 가장 축복을 받은 증거는 당신의 후손이 번성케 되는 것이라는 것을 아는가? 하나님은 사람이 창조된 후 사람이 이 땅 위에서 생육하고 번성하라는 축복을 주셨다. 자녀가 하나도 없이 죽는 것은 축복이 아니라는 말이다. 이는 특히 영적으로 그러하다. 우리는 영적으로 많은 후손을 두기 원한다. 우리는 우리를 통해 수많은 사람이 그리스도께 인도되기 원해야 한다.

21절과 22절은 자신이 죽더라도 하나님의 약속은 반드시 이루어질 것임을 확신하면서 후대들이 조상의 땅으로 돌아가게 될 것을 말한다. 야곱은 그가 죽은 후 그의 자손들이 많아질 것을 확신했다. 영적 세계에서도 그러하다. 어떤 이가 살아생전에 많은 열매를 맺지 못하지만 사후에 많은 영향력을 끼치는 수가 있다. 야곱은 그가 죽은 후 그의 열 두 아들이 큰 민족을 이루게 될 것을 내다보고 있었다. 그리고 하나님의 큰 축복을 받을 것을 알고 있었다. 요셉의 두 아들 에브라임과 므낫세는 각각 한 분깃을 받음으로 요셉은 다른 형제들보다 기업을 더 받게 될 것을 말한다.

"내 칼과 활로 아모리 족속의 손에서 빼앗은 것이니라"(22절)는 구절은 야곱이 가나안 땅을 얻기 위하여 친히 아모리 족속과 싸웠다는 뜻이 아니라 후손들이 가나안 땅을 점령하기 위하여 장래 칼과 활로 싸울 것을 예언한 것으로서 후손들이 할 일을 자신의 일로 여긴 것이다. 이는 야곱이 그만큼 하나님의 약속을 확실하게 믿었다는 뜻이다. 먼 장래 여호수아 시대에 가나안 땅에서 있게 될 전투와 승리를 현재의 것으로 여기고 있는 것이다. 이것이 야곱의 성숙한 믿음이다.

49 장

1-2절, 야곱이 그 아들들을 불러 이르되 너희는 모이라 너희의 후일에 당할 일을 내가 너희에게 이르리라 2 너희는 모여 들으라 야곱의 아들들아 너희 아비 이스라엘에게 들을찌어다

생명이 풍성한 자의 특징은 뭔가 그의 내적인 인식을 어린 사람들에게 말하는 것이다. "너희는 모여 들으라", "들을지어다"는 이런 어조이다. 창세기 49장은 야곱의 예언을 말한다. 우리는 야곱의 예언을 읽으면서 몇 가지를 느낄 수 있다. 첫째는 야곱이 할아버지 아브라함과 아버지 이삭보다 더 영적으로 전진했다는 사실이다. 만일 그리스도인들이 신실하다면 전시대 사람들보다 영적으로 진보할 수 있다. 야곱은 이삭이 보지 못하는 것을 볼 수 있었다. 이삭은 나이 먹어서 눈이 어두워져 에서를 축복할 것을 야곱을 축복했다. 그러나 야곱은 에브라임과 므낫세를 축복할 때 육신의 눈은 어두웠을지라도 내면의 눈은 투명했다. 그는 자신이 무엇을 하고 있는지를 알았고 자기 앞에 있는 일이 무엇인지도 알았다. 이것은 야곱 때에 와서 이삭 때보다 영성이 진보했음을 시사한다. 후의 사람들은 전시대보다 더욱 볼 수 있어야 한다. 하나님의 사역은 이와 같이 한 발씩 앞을 향해 전진해야 한다. 과거에 영적인 인물이 나타나 매우 귀한 진리들을 해방하고 말씀을 드러냈다고 해서 그것이 다가 아님을 알아야 한다. 후의 사람들은 그것보다 더 볼 수 있는 것이다. 언제나 '나중 영광이 이전보다 더 한 것'이다. 그들의 수고가 있기에 그 어깨위에서 더 많이 볼 수 있는 것이다. 어떤 사람이 훌륭한 선배들의 어깨 위에 설 수 있다면 그보다 훨씬 더 멀리 잘 볼 수 있는 위치를 얻는 것이다.

49장에 기록된 야곱의 예언은 그의 조상들이 할 수 없는 일이었다. 야곱은 조상들보다 더 깊이 하나님 안으로 들어갔다. 그는 하나님의 마음을 알았으며 하나님의 사상 안에서 무언가를 볼 수 있었다. 또한 야곱이 아들들에게 한 예언들은 모두 다 좋은 것들은 아니었다. 어떤 부분에서는 자녀들의 과거의 죄를 드러내었다. 야곱은 이러한 말을 할 때 영광스러운 느낌이 없었을 것이다. 너무 수치스러워서 말하기 어려웠을 것이다. 그러나 야곱은 자녀들의 앞으로 될 일에 대하여 사실대로 말했다. 장래를 말하기 위해서는 과거를 말하지 않을 수 없다. 그 사람의 과거는 미래의 어떠함을 결정짓는 요소가 된다. 그가 과거에 어떤 삶을 살았다면 장래 어떠한 열매를 거두게 된다. 그래서 야곱은 자녀들의 장래를 예언할 때 그들의 지난날의 잘못을 언급한 것이다. 또한 자녀들의 죄와 허물은 자신의 어떠함과도 관계가 있다. 자녀들은 실상 부모의 거울이기 때문이다. 그러므로 야곱이 자녀들의 실패의 역사를 언급할 때 자신의 부끄러움을 언급한 것으로 보아야 한다. 그는 이러한 말을 하기가 쉽지 않았겠지만 이 지점에 와서 그는 하나님 안에 있었기 때문에 모든 일들을 인간적인 눈으로 보지 않고 하나님의 눈으로 보고 말할 수 있었던 것이다.

르우벤에 대하여

3-4절, 르우벤아 너는 내 장자요 나의 능력이요 나의 기력의 시작이라 위광이 초등하고 권능이 탁월하도다마는 4 물의 끓음 같았은즉 너는 탁월치 못하리니 네가 아비의 침상에 올라 더럽혔음이로다 그가 내 침상에 올랐었도다

르우벤은 야곱의 장자임에도 아비의 침상에 올라 간음을 행함으로 장자권을 잃었다. 우리는 성경에서 장자권을 잃은 사람들을 보게 되는데, 첫째는 에서요 그 다음은 르우벤이다. 에서는 장자권을 경홀히 여김으로 팥죽한 그릇에 장자권을 팔아 버렸고, 르우벤은 정욕을 이기지 못하여 간음을 행함으로 장자권을 잃어버렸다. 우리는 이 두 가지를 통하여 경고를 받아야 한다. 야곱은 르우벤이 물의 끓음 같았다고 말한다. '물의 끓음 같다'는 말을 흠정역에서는 '안정되지 않은'(unstable)으로 번역했고 새 표준역에서는 '통제할 수 없는'(uncontrolled)으로 번역했다. 즉 르우벤은 육신의 정욕의 면에서 안정되지 못하고 통제할 수 없는 사람이었다는 말이다. 야곱은 르우벤에 대하여 "내 장자요 나의 능력이요 나의 기력의 시작"이라고 말했으며 "위광이 초등하고 권능이 탁월하다"고 말했다. 즉 그는 야곱의 장자로서 탁월함을 많이 가지고 있었다는 말이다. 그러나 그는 안정되지 않고 통제할 수 없는 육체를 갖고 있었으므로 장자권을 잃어버렸다.

장자권은 주로 세 가지 축복으로 이루어지는데, 첫째는 두 배의 기업을 물려받는 것이요 둘째는 왕권이요 셋째는 제사장 직분이다. 정상이라면 이 모두가 장자가 얻는 특권이었다. 그러나 르우벤은 아비의 침상을 더럽힘으로 이 모든 축복을 상실함으로 왕권은 유다에게로, 제사장 직분은 레위에게로, 두 배의 땅의 기업은 요셉에게로 돌아갔다.

신명기 33장 6절의 모세의 축복을 보면 르우벤에 대하여 "르우벤은 살고 죽지 아니하고 그 인수가 적지 않기를 원하도다"라고 말했다. 이는 르우벤의 죄가 매우 심각한 것임을 다시 한 번 상기시킨다. 즉 르우벤이 아비의 침상을 더럽힌 것은 죽어 마땅한 죄라는 뜻이다. 그러므로 모세는 르우벤에 대하여 살고 죽지 않기를 원한다고 하였다. 또한 그의 간음의 죄는 후손의 수효가 줄어들 위험 요소를 내포하고 있었다. 즉 간음의 죄가 그의 후손을 감소시킬 수 있다는 말이다. 후손의 감소는 축복의 감소임을 잊어서는 안 된다. 그러므로 모세는 르우벤의 후손이 그 죄로 인하여 인수가 감소되지 않기를 원한다고 말한 것이다. 죽음과 인수의 감소, 이는 가장 심각한 일이다. 르우벤은 정욕을 이기지 못함으로 이 큰 위험에 처하게 된 것이다.

시므온과 레위에 대하여

5-7절, 시므온과 레위는 형제요 그들의 칼은 잔해하는 기계로다
6 내 혼아 그들의 모의에 상관하지 말찌어다 내 영광아 그들의 집
회에 참예하지 말찌어다 그들이 그 분노대로 사람을 죽이고 그 혈

기대로 소의 발목 힘줄을 끊었음이로다 7 그 노염이 혹독하니 저주를 받을 것이요 분기가 맹렬하니 저주를 받을 것이라 내가 그들을 야곱 중에서 나누며 이스라엘 중에서 흩으리로다

야곱은 시므온과 레위가 형제라고 말했다. 이들은 야곱의 첫 번째 아내인 레아의 두 번째, 세 번째 아들인데 이 둘은 유난히 친밀했던 것 같다. 그들 위로는 르우벤이 있고 아래로는 유다가 있었다. 그런데 이 둘은 중간에서 서로 마음이 잘 맞았던 것이다. 즉 이들의 하나는 천연적인 육체 안에서의 하나였다. 이러한 하나가 쉽게 문제를 일으킨다. 그래서 야곱은 시므온과 레위는 형제라고 말했으며 그들의 칼은 잔해하는 기계라고 했다. 야곱이 이들을 생각할 때 맨 먼저 생각나는 것이 잔해하는 칼이었다. 그들은 디나가 세겜에서 더럽힘을 당했을 때 장시간 함께 앉아서 모의했다. 무엇을 모의했는가? 세겜 사람들을 어떻게 하면 효과적으로 다 죽일 수 있는가, 어떻게 하면 이 원수를 갚을 수 있는가 하는 것이었다. 그들은 그 노염이 혹독하고 분기가 맹렬하였다. 야곱은 시므온과 레위를 말할 때 그들이 세겜 사람들을 죽인 그 일을 생각해 내었다.

우리는 야곱의 예언을 통해서 사람이 일생을 살면서 많은 일이 있지만 그 중에 가장 유별나고 큰 사건이 그를 대표한다는 것을 주목할 필요가 있다. 르우벤에게는 그 아비의 침상에 올라간 사건이고 시므온과 레위에게는 디나의 강간 사건 때 세겜 사람들을 죽인 것이다. 르우벤은 요셉의 일에서 뭔가 조금 잘한 것도 있지만 그런 일들은 다 덮여지고 그 큰 한 가지 사건이 그를 대표한 것이다. 이것은 우리의 커다란 경계거리이다. 야곱은 이 일을 말하면서 "내 혼아 그들의 모의에 상관하지 말찌어다 내 영광아 그들의 집회에 참예하지 말찌어다"라고 말했다. 이전 같으면 그는 그들의 모의에 참여하여 공격을 서로 논의하며 훈수하며 그러면서도 두근거리는 심령을 추스르며 아들들의 싸움을 부추겼을 것이다. 한편으로는 세겜 사람들이 자기를 공격해 와서 죽을까봐 두려워하는 생각이 컸을 것이다. 과거에 야곱이 주의한 것은 사람들과의 이해관계와 득실이요 그 사건이 자신에게 미치는 영향이었다. 그러나 지금 야곱은 영적으로 매우 성숙해 있다. 그는 시므온과 레위 일을 말하면서 그 일의 본질을 하나님 앞에서 본 것이다. 즉 그것은 죄요 하나님을 기쁘시게 할 수 없는 광포한 행위라는 것이다. 그러므로 자신은 그러한 일에 참여할 수 없다고 했다. 여기서 야곱이 주의하는 것은 자신의 이해관계가 아니라 하나님의 기뻐하심이요 열납하심이다. 즉 그는 하나님과의 관계를 주의하게 된 것이다.

7절에서 야곱은 "내가 그들을 야곱 중에서 나누며 이스라엘 중에서 흩으리로다"고 하였다. 우리는 여기서 하나님이 사람들의 분열을 허락하시는 이유가 그들의 강한 분노와 육적인 열심에 있다는 것을 알 수 있다. 하나님은 이런 일이 있을 때 사람들이 흩어지는 것을 허락하신다. 이 일에 있어서 시므온과 레위는 각각 결과가 달랐다. 시므온은 세겜 사건 이후 여전히 그 악을 그치지 않았다. 그는 요셉을 죽이거나 팔자고 했을 때에도 아마 가장 주도적인 사람이었을 것이다. 그 이유는 첫째, 그의 성격이 잔인하고(cruel) 분노가 혹독하다는 것이다. 둘째는 요셉이 형제들이 곡식을 사러 왔을 때 시므온을 잡아 결박했다는 것이다(42:24). 요셉이 형들을 교육하기 위해서 한 가지 한 가지 용의주도하게 행했다면 시므온에게 행한 것 또한 의미 있는 일임에 틀림없다. 어쨌든 신명기 33장의 모세의 축복에서 시므온은 빠졌다. 모세의 축복에서 시므온이 빠졌다는 것은 작은 일이 아니다. 또한 시므온은 유다 백성 중에서 흩어짐을 당하였다(수 19:1,9). 유다 자손의 분깃이 너무 많음으로 시므온 자손은 유다의 기업 중에서 얻게 되었다. 즉 시므온 자손의 기업은 유다 자손의 기업 중에서 취한 것이다.

그러나 레위의 경우는 야곱의 저주가 축복으로 변했다. 그것은 레위가 계속적으로 강퍅하거나 거역적이지 않았기 때문이다. 레위는 그의 강한 기질을 부활 안에서 하나님을 위해 사용했다. 레위는 출애굽기 32장에서 이스라엘 백성이 금송아지를 섬길 때 모세와 하나님 편에 서서 각각 허리에 칼을 차고 그 형제와 친구와 이웃을 도륙했다. 레위는 이스라엘 전체가 부패했을 때 강하게 하나님 편에 선 것이다. 그러므로 그들은 제사장 직분을 얻었다. 그들은 이스라엘 가운데 흩어지게 되었는데 그들의 흩어짐은 이스라엘 백성들에게 축복이 되었다. 가나안에 들어가서 이스라엘 백성들이 기업을 얻을 때 레위는 요단 동편에 셋, 요단 서편에 셋의 도피성을 두게 되었다. 결국 이들은 가나안 땅에 흩어져 살게 되었지만, 이들의 흩어짐은 이스라엘 백성의 축복과 구원을 위한 것이 되었다. 어떤 경우는 저주가 축복이 되었고 어떤 경우는 축복이 저주가 된 것이다. 사람이 자신의 악을 돌이키기만 할 수 있다면 저주는 얼마든지 축복으로 변할 수 있다는 교훈이 여기에 있다.

유다에 대해서

8-12절, 유다야 너는 네 형제의 찬송이 될찌라 네 손이 네 원수의 목을 잡을 것이요 네 아비의 아들들이 네 앞에 절하리로다 9 유다는 사자 새끼로다 내 아들아 너는 움킨 것을 찢고 올라갔도다 그의 엎드리고 웅크림이 수사자 같고 암사자 같으니 누가 그를 범할 수 있으랴 10 홀이 유다를 떠나지 아니하며 치리자의 지팡이가 그 발 사이에서 떠나지 아니하시기를 실로가 오시기까지 미치리니 그에게 모든 백성이 복종하리로다 11 그의 나귀를 포도나무에 매며 그 암나귀 새끼를 아름다운 포도나무에 맬 것이며 또 그 옷을 포도주에 빨며 그 복장을 포도즙에 빨리로다 12 그 눈은 포도주로 인하여 붉겠고 그 이는 우유로 인하여 희리로다

야곱은 그의 넷째 아들인 유다에게 이를 때 비로소 형들과는 대조적으로 풍성하고 영광스러운 축복의 말을 한다. 유다는 그 이름 자체가 찬양이라는 뜻을 갖고 있다(29:35). 그는 형제들이 요셉을 죽이려고 할 때 파는 것이 낫다고 제안함으로써 그 위기를 넘겼으며(37:26) 자신을 베냐민의 담보물로 제공하려고 하기도 했다. 또 총리 요셉 앞에서 감명 깊고 설득력 있는 답변을 했다(44:16-34). 이러한 모든 행동들이 형제들의 찬송을 받을만한 일들이었다. 그의 성격은 위기나 어려움을 당했을 때 두려워하여 뒤로 물러서지 않고 앞으로 나서서 그 일을 해결하고자 하는 적극적인 것이었다. 어쩌면 이러한 성격이 그가 축복받는 근거가 되었을 것이다.

창세기의 기자 모세는 유다에 올 때 그리스도를 생각했음에 틀림없다.

즉 그리스도가 유다 지파에서 출생할 것을 생각한 것이다. 그러므로 유다에 대한 예언을 기록할 때 야곱이 유다에 대해서 말하는지 그리스도에 대해서 말하는지 분변하기가 어렵다. "네 손이 네 원수의 목을 잡을 것이요 네 아비의 아들들이 네 앞에 절하리로다". 이는 모두가 그리스도께 적용할 때 어울리는 말들이다. 즉 야곱은 유다에 관해 예언할 때 유다만 보고 예언했다기보다는 장래 유다 지파를 통하여 태어날 그리스도를 보고 예언한 것이다. 이 구절은 또 요셉의 꿈과도 비슷한데, 요셉에게 다른 형제들이 절하는 것은 그리스도를 상징하는 것이기 때문에 유다에 대한 예언과 상충되지 않는다. 즉 요셉은 이런 방면에서, 유다는 저런 방면에서 그리스도를 대표하는 것이다.

9절에서는 유다를 사자 새끼라고 말했으며, "너는 움킨 것을 찢고 올라갔도다 그의 엎드리고 웅크림이 수사자 같고 암사자 같으니 누가 그를 범할 수 있으랴"고 말한다. 이 말씀 또한 그리스도에 대한 것이다. 이는 십자가에서 원수를 이기고 승천하신 그리스도를 예표한다(엡 4:8). 승천하신 그리스도는 어떤 모습을 지니고 계시는가? 엎드리고 웅크린 수사자 같고 또 암사자와 같으시다. 수사자는 그리스도께서 대적을 향하여 싸우시는 용맹스러운 면을 말하고 암사자는 자기 새끼들을 보호하기 위해 모든 것을 하는 능한 힘을 가지신 그리스도를 말한다. 우리는 이처럼 유다에 대한 야곱의 예언을 통해서 승천하신 그리스도의 모습을 볼 수 있다. 그분은 사단의 역사를 멸하시는 면에서 수사자와 같으시고 자신의 사람들을 보호하시는 면에서 암사자와 같으시다. 그분은 수사자와 암사자가 엎드리고 웅크린 모양으로 보좌에 계신다. 야곱은 "누가 그를 범할 수 있으랴!"고 말했다. 그는 마치 승천하신 그리스도를 바라보는 것처럼 말했다.

"홀이 유다를 떠나지 아니하며 치리자의 지팡이가 그 발 사이에서 떠나지 아니하시기를 실로가 오시기까지 미치리니 그에게 모든 백성이 복종하리로다"(10절). 이 말씀도 모두 그리스도를 향한 것이다. 홀은 왕권을 상징하는데, 고대에 왕은 공중 집회 때 자신의 권위를 나타내기 위해 항상 홀을 휴대하였다. 우리는 다윗을 포함한 이스라엘의 많은 왕들이 야곱의 넷째 아들 유다 지파에서 나왔다는 것을 안다. 야곱의 예언대로 많은 왕들,

치리자의 지팡이가 그 발 사이에서 떠나지 않았다. ‘실로’는 화평을 가져오는 자인데, 곧 그리스도를 예표한다. 즉 야곱은 이스라엘의 수많은 왕권이 유다에게서 나올 것이며 결과적으로 그 계통으로부터 그리스도가 출생하실 것임을 바라다보았다. 치리자의 지팡이는 실로가 올 때까지 계속된다는 말이다. 이것은 실로가 올 때 그 모든 치리자의 지팡이가 끝날 것임을 말한다. 그리고 그에게 모든 백성이 복종하리라고 했다. 이는 실로가 올 때 모든 백성이 그에게 복종할 것이라는 말이다. 이는 그리스도의 재림을 염두에 둔 것인데 야곱의 예언은 이스라엘의 시작부터 그리스도의 재림까지 긴 기간을 포함한다.

“그의 나귀를 포도나무에 매며 그 암나귀 새끼를 아름다운 포도나무에 맬 것이며 또 그 옷을 포도주에 빨며 그 복장을 포도즙에 빨리로다”(11절). 나귀를 포도나무에 매고 암나귀 새끼를 아름다운 포도나무에 맸다는 것은 평화 시대를 상징한다. 즉 그리스도께서 왕국을 이루실 때 참된 평화가 올 것임을 암시한다. 나귀는 노동하는 동물이다. 인도에 가면 자주 나귀를 보게 되는데, 나귀를 볼 때마다 뭔가 수고하고 있다는 인상을 받게 된다. 나귀는 불쌍할 정도로 등에 짐을 지고 왔다갔다 한다. 그런데 이러한 나귀를 포도나무에 맨다는 것은 나귀가 휴식하고 있음을 의미한다. 더 이상 할 일이 없다는 말이다. 나귀가 매여 있는 나무 또한 말뚝이나 열매 없는 어떤 나무가 아니라 열매가 아름답고 풍성한 포도나무이다. 이것은 상당히 시적이고 은유적인 표현이기 때문에 이해하기가 쉽지 않다. ‘그 옷을 포도주에 빨고 그 복장을 포도즙에 빤다’는 것은 무엇을 뜻하는가? 어쨌든 포도주와 포도즙은 마시고 누리기 위해 있는 것인데 그것으로 옷과 복장을 빤다는 것은 그만큼 먹고 마실 수 있는 음료가 풍성하다는 것이다. 우리가 이것을 오늘날의 교회 생활에 적용한다면, 교회 안에 그리스도의 생명이 풍성할 때 성도들은 더 이상 노동하기 위하여 무거운 짐을 지고 있는 나귀의 모습이 아니라 포도나무에 매여 안식하고 있는 나귀의 모습이며, 그들의 옷과 복장은 성령으로 충만된 삶의 표현으로서 생명의 포도주에 흠뻑 적셔져 있다고 할 수 있다.

“그 눈은 포도주로 인하여 붉겠고 그 이는 우유로 인하여 희리로다”(12

절). 이 역시 성도들의 풍성한 공급으로 인한 생명의 표현이라고 할 수 있다. 결국 그리스도의 치리는 모든 성도들로 하여금 포도주에 흠뻑 적셔지게 하여 그 눈이 붉게 되고 그 이는 우유로 인하여 희게 된다는 말이다. 이가 희다는 것은 웃음을 밝게 띤 얼굴들이며 그 얼굴들이 빛나는 것을 뜻한다. 그리스도의 무한한 공급은 그들의 얼굴을 매우 빛나게 만들었다. 여기에서 포도주나 우유는 다 가나안 땅의 풍성을 언급하는 표현들이다. 사람이 강하고 생명력으로 충만할 때 가장 표시 나는 부분이 사람의 눈이다. 결국 유다의 축복은 그리스도 자신으로 말미암은 축복이요 생명과 은혜의 축복임을 인해 하나님께 감사하고 찬미한다.

스불론에 대해서

13절, 스불론은 해변에 거하리니 그곳은 배 매는 해변이라 그 지경이 시돈까지리로다

스불론에 대한 예언에서 우리는 복음이 암시되었음을 알 수 있다. 물론 스불론 지파가 지중해와 갈릴리 바다 사이에 거함으로 이 예언이 이루어졌는데(수 19:10-16), 이 구절에 나오는 배와 해변은 무역과 관계있는 용어들이다. 영적인 의미로는 복음이 이 해변으로부터 출발될 것임을 암시한다. 주님은 이 땅에 오셨을 때 스불론 땅과 요단 강 해변 길과 이방의 갈릴리부터 복음을 전파하기 시작하셨다(마 4:15). 유다 지파가 그리스도의 부활과 승천에 관련된다면 스불론 지파는 그리스도의 복음과 관련된다. 신명기 33장 18절의 모세의 축복에는 "스불론이여 너는 나감을 기뻐하라"고 말한다. 이 역시 복음을 의미하는 말이다. 갈릴리 사람들이 결국 복음을 듣고 온 땅에 나가기 시작했다. 그럼으로써 이들이 시돈을 얻으리라고 했다. 시돈은 이방 땅인데 스불론의 지경이 시돈까지일 것이라고 한 것은 복음으로 말미암아 이방 세계가 그리스도께 얻어질 것임을 암시한다.

잇사갈에 대해서

14-15절, 잇사갈은 양의 우리 사이에 꿇어앉은 건장한 나귀로다 15 그는 쉴 곳을 보고 좋게 여기며 토지를 보고 아름답게 여기고 어깨를 내려 짐을 메고 압제 아래서 섬기리로다

잇사갈에 올 때 우리는 교회 생활을 볼 수 있다. 스불론은 배 매는 해변에 거하는 지파로서 나가는 지파이지만 잇사갈은 한 곳에 거하면서 섬기는 지파이다. 이것은 무엇을 암시하는가? 이것은 교회 생활을 암시한다. 쉴 곳을 보고 좋게 여기며 토지를 보고 아름답게 여긴다는 것은 자신이 처한 교회 생활을 즐겁게 여긴다는 말이다. 그는 건장한 나귀로서 어깨를 내려 짐을 메고 압제 아래서 섬긴다고 하였다.

흠정역 성경은 '압제 아래서'라는 말이 공세(公稅)로 인한 노예(a servant unto tribute)를 가리킨다고 번역했다. 이것은 잇사갈이 하나님께 마땅히 바쳐야 할 공세를 드리는 노예로서 섬긴다는 뜻이 있다. 잇사갈이 왜 무거운 짐을 메고 공세를 바치는 노예가 되어 섬기게 되었는가? 그것은 그가 쉴 곳을 보고 좋게 여기며 토지를 보고 아름답게 여겼기 때문이리라. 교회란 첫째 쉬고 안식할 수 있는 곳이어야 하고 둘째로는 식물을 심었을 때 잘 자랄 수 있는 좋은 땅이어야 한다. 잇사갈은 교회를 볼 때 이 두 가지를 다 느낀 것이다. 그러므로 그는 무거운 짐을 메고 공세를 바치듯이 섬기고자 한 것이다. 이는 사도 바울의 경우와도 같다. 그는 고린도 전서 9장에서 복음 전하는 일을 부득불 할 일이라고 했으며 임의로 아니한다 할지라도 자신은 직분을 맡았다고 말했다. 그는 자신을 하나님께 공세를 바쳐야 할 노예로 여긴 것이다.

단에 대해서

16-18절, 단은 이스라엘의 한 지파같이 그 백성을 심판하리로다 17 단은 길의 뱀이요 첩경의 독사리로다 말굽을 물어서 그 탄 자를 뒤로 떨어지게 하리로다 18 여호와여 나는 주의 구원을 기다리나이다

단은 라헬의 시녀 빌하의 소생이다. 그렇지만 야곱은 시녀의 아들이라도 다른 아들들에 비해 조금도 부족함이 없는 동등한 지위를 부여하기 위해 단에 대해서는 특별히 "이스라엘의 한 지파같이"라는 말을 집어넣었다. 단 지파 중에서는 삼손이 나와서 이스라엘을 다스린 적이 있었다. 그러므로 단이 그 백성을 심판하리라고 예언한 것이다.

"단은 길의 뱀이요 첩경의 독사리로다". 이는 단이 장래 거역의 죄를 범할 것을 예언하는 말이다. 사사기 17장과 18장에는 단의 성 안에 우상이 있음을 보여 준다. 또한 여로보암 때에 사람들이 단에다 또 다른 경배의 중심지를 세웠다(왕상 12:29). 이와 같이 단은 때때로 이스라엘 거역의 사건 때 연루된 지파이다. 야곱은 단에 대하여 예언하면서 그가 독사가 되어 달리는 말굽을 물어 그 탄 자를 뒤로 떨어지게 하는 것을 보고서 "여호와여 나는 주의 구원을 기다리나이다"라고 하였다. 참으로 야곱은 이 시점에서 하나님의 성령으로 조성된 사람이었다.

그는 장래 거역의 일을 대할 때 그 일에서 자신을 분별시키기 원했다. 자신은 그러한 일을 두려워한다는 뜻이며 여호와의 구원을 앙망하겠다는 말이다.

단은 역대 상 2장부터 9장까지의 열두 지파의 족보에서 제외되어 있다. 또한 계시록 7장에서 이스라엘 자손의 인 맞은 지파를 기록할 때 역시 빠져 있다. 이는 필경 단 지파가 반복적으로 우상 숭배와 거역에 관련되었기 때문일 것이다. 단 지파는 적그리스도가 이스라엘과 마지막 전쟁을 일으킬 때 적그리스도와 내통할 것임에 틀림없다. 이는 단이 길의 뱀이요, 첩경의 독사라고 표현한 것에서 알 수 있다. 단은 말굽을 물어서 그 탄자를 뒤로 넘어지게 할 것이다. 단은 이스라엘이 가장 궁급하며 다 싸우기 위해 말을 탈 때 말굽을 물어서 뒤로 넘어지게 하는 일을 할 것이다.

그러므로 계시록 7장에서 대환난 시에 주님의 보호를 받기 위해 인침을 받는 12지파 14만 4천에서 단 지파만큼은 빠져있는 것이다. 야곱은 이를 예지 속에서 바라보면서 예언하면서 "여호와여, 나는 주의 구원을 기다리나이다"라고 외쳤다. 그것이 비록 장래 일일지라도 야곱은 자신이 그런 사악한 일에서 구별되기 원했다.

갓에 대해서

19절, 갓은 군대의 박격을 받으나 도리어 그 뒤를 추격하리로다

갓이라는 이름은 '큰 떼'를 의미하며 그 지파의 성격은 싸움을 좋아하는 것으로 예견된다(매튜 헨리). 신명기 33장 20절은 "갓을 광대케 하시는 자에게 찬송을 부를찌어다"라고 말한다. 창세기와 신명기의 축복에서 갓은 모두 승리자다. 갓은 원수의 뒤를 추격하여 승리하는 자이며 따라서 광대하게 될 것이다. 그들은 요단 동편에 살면서 동방 족속으로부터 여러 차례 침략을 받았지만 항상 성공적으로 격퇴시킴으로써 이 예언을 성취했다(대상 5:18, 12:8-15). 우리는 단에게서 실패를 보지만 갓에게서는 승리를 본다. 갓에 대하여 신명기 33장 20-21절은 "갓을 광대케 하시는 자에게 찬송을 부를찌어다 갓이 암사자 같이 엎드리고 팔과 정수리를 찢는도다 그가 자기를 위하여 먼저 기업을 택하였으니 곧 법 세운 자의 분깃으로 예비된 것이로다 그가 백성의 두령들과 함께 와서 여호와의 공의와 이스라엘과 세운 법도를 행하도다"라고 한다. 원수와 싸워서 이기는 자에게만 광대한 영토가 주어지며 찬송이 있게 된다. 갓은 또한 암사자같이 엎드리며 팔과 정수리를 찢는다고 했는데, 이는 갓의 용맹성을 가리키는 말이다. 갓은 영적으로 용맹한 나머지 원수를 대항하여 싸워 이기고 먼저 기업을 택하였다. 그는 먼저 요단 동편에서 기업을 택하였을지라도 형제들과 함께 요단을 건너가서 싸움으로 공의를 행하고 법도를 지켰다. 성령께서는 갓의 이 모든 일들을 미리 내다보고 계신다.

아셀에 대해서

20절, 아셀에게서 나는 식물은 기름진 것이라 그가 왕의 진수를 공궤하리로다

아셀 지파가 장차 차지할 땅은 기름지고 소산이 풍부한 땅이다. 그 땅에서 나는 식물은 왕의 진수를 공궤할 만한 것이다. 갓에게서 우리는 승리를 보며 아셀에게서 우리는 풍성한 식물의 누림을 본다. 영적 전쟁에서 승리한 자들만이 영적으로 왕의 진수를 누릴 수 있다. 우리는 이미 창세기에서 이기는 자들의 먹는 음식을 본다.

납달리에 대해서

21절, 납달리는 놓인 암사슴이라 아름다운 소리를 발하는도다

납달리가 놓인 암사슴이라고 한 것은 부활하신 그리스도를 암시하는 표현이다. 그분은 부활 안에 계시므로 어떤 것에도 매이지 않는 놓인 암사슴이시다. 이것 역시 복음을 암시하는 표현인데, 그리스도의 복음은 부활하신 그리스도의 전파이다. 여기서 아름다운 소리를 발한다는 것은 분명 복음 전파를 의미한다(롬 10:15).

요셉에 대해서

22-26절, 요셉은 무성한 가지 곧 샘 곁의 무성한 가지라 그 가지가 담을 넘었도다 23 활 쏘는 자가 그를 학대하며 그를 쏘며 그를 군박하였으나 24 요셉의 활이 도리어 견강하며 그의 팔이 힘이 있으니 야곱의 전능자의 손을 힘입음이라…25 네 아비의 하나님께로 말미암나니 그가 너를 도우실 것이요 전능자로 말미암나니…26 네 아비의 축복이 내 부여조의 축복보다 나아서 영원한 산이 한없음같이 이 축복이 요셉의 머리로 돌아오며 그 형제 중 뛰어난 자의 정수리로 돌아오리로다"

요셉에 관한 예언에서는 복음의 증가와 확장을 묘사한다. 구약의 야곱의 예언에서부터 복음이 언급되며 복음이 그 중심이 된다는 것은 참으로 인상적이다. 우리는 복음을 접어두고 하나님을 알 수 없다. 우리 하나님은 다른 것이 아니라 복음의 하나님이시다. 그 가지가 담을 넘었다는 것은 복음이 많은 제한들을 뚫고 확장될 것임을 암시한다. 그러므로 우리는 야곱의 예언이 그리스도와 그의 복음에 중심이 맞추어져 있음을 볼 수 있다. 23절에서는 활 쏘는 자가 그를 학대한다고 하였는데 이것은 복음에는 반드시 반대가 따를 것임을 암시하는 말이다. 또 학대할 뿐 아니라 쏘며 군박한다고 하였다. 그러나 요셉의 활이 도리어 견강하며 그의 팔이 힘이 있는데, 이는 야곱의 전능자의 손을 힘입었기 때문이라고 하였다. 이는 다 복음에 관련된 말들이다. 복음의 능력은 모든 반대를 이기고 온 세계로 퍼져나갈 것임을 예언한 것이다. "그로부터 이스라엘의 반석인 목자가 나도다"라는 말은 매우 이해하기 어려운 부분인데, 이는 결국 복음을 통해서 이스라엘을 다스릴 그리스도께서 다시 오시는 것을 가리킨다고 해석할 수 있다. 25절과 26절은 요셉에게 돌아갈 축복을 말한다.

요셉의 축복은 신명기 33장 13-17절에 좀 더 기록되어 있다. 태의 복은 아이를 낳는 것을 가리키고 젖먹이는 복은 양육을 가리킨다. 또 위로 하늘의 복과 아래로 원천의 복은 요셉의 복음 전파를 위하여 하늘과 땅의 모든 것이 합력하여 역사할 것임을 가리킨다(마 28:18).

"네 아비의 축복이…한 없음 같이"(26절). 이는 요셉에게 미칠 축복이 아브라함이나 이삭이 얻은 것보다 훨씬 풍성할 것임을 예언하는 말인데, 첫째로 그러한 축복은 산이 영원하여 변함없는 것처럼 영원히 변치 않고 요셉의 머리로 돌아온다고 하였다. 이 구절에서 '그 형제 중 뛰어난 자'라는 말은 원문에서 '나지르'로서 구별된 자라는 뜻이다. 그러므로 흠정역에서는 '구별된 자'로 번역했다. 어떤 사람은 그가 그 형제 중 '나실인'이라는 뜻이라고 했다. 곧 요셉의 후손들은 형제들 중에서 구별되며 뛰어날 것임을 말한 것이다.

어쨌든 우리는 요셉에 대한 예언이 복음 전파와 확장을 말한 것으로 보며, 복음을 전하는 자들이 가장 축복이 많고 그 축복이 복음 전하는 자의 머리로 돌아오며 형제들 중 가장 뛰어난 자가 된다는 것으로 볼 수 있다.

베냐민에 대해서

27절, 베냐민은 물어 뜯는 이리라 아침에는 빼앗은 것을 먹고 저녁에는 움킨 것을 나누리로다

베냐민에 관한 예언을 보려면 신명기에 있는 그에 대한 축복과 함께 보아야 한다. “여호와의 사랑을 입은 자는 그 곁에 안전히 거하리로다 여호와께서 그를 날이 맞도록 보호하시고 그로 자기 어깨 사이에 처하게 하시리로다”(신 33:12). 우리가 베냐민에 관한 두 예언을 합해 본다면, 한 면으로 베냐민은 싸워서 이기는 용맹스러운 성품이 있고 또 한 면으로는 안전하게 거하는 특성이 있다. 누구든지 원수를 물어뜯고 아침에는 빼앗은 것을 먹고 저녁에는 움킨 것을 나누는 강한 사람이 아니라면 여호와 옆에 안전하게 거할 수 없다.

주님은 베냐민으로 하여금 자기의 어깨 사이에 거하게 하실 것이라고 말씀하셨다. 어깨란 사람에게서 가장 힘이 있는 부분이다. 베냐민이 만일 하나님의 어깨 사이에 거할 수 있다면 그는 가장 안전할 것이다. 나는 개인적으로 베냐민 지파에서 가장 잘 싸우는 용사 하나를 들라면 다소 사람 사울을 들겠다(빌 3:5). 바울은 참으로 물어뜯는 이리같이 복음을 전했으며 아침에는 먹이를 삼키고 밤에는 약탈물을 나누는 방식으로 복음을 전했다. 그는 진정 여호와의 사랑을 입은 자로서 그 곁에 안전히 거한 자였다. 구약에도 베냐민 지파 가운데 훌륭한 사람들이 몇몇 있다. 두 번째 사사였던 에훗이 베냐민 지파였고 첫 번째 이스라엘 왕인 사울도 이 지파 출신이었으며 에스더와 모르드개도 이 지파 사람들이었다. 물론 우리는 이 예언을 무엇보다도 그리스도께 적용해야 한다. 즉 그리스도 자신이 물어뜯는 이리이시며 아침에는 빼앗은 것을 먹고 저녁에는 움킨 것을 나누는 복음의 주(主)이시다.

28절, 이들은 이스라엘의 십이 지파라 이와 같이 그 아비가 그들에게 말하고 그들에게 축복하였으되 곧 그들 각인의 분량대로 축복하였더라

야곱의 예언은 결국 축복이었다. 그의 축복 가운데 중심 되는 요소는 그리스도와 복음과 교회 생활이었다. 당신이 만일 그리스도를 가졌고(거듭남) 합당한 교회 생활을 가졌다면 축복을 받은 자이다. 거기에 복음을 통한 번성이 있다면 그야말로 인생에서의 최대의 축복을 받은 것이다. 야곱이 그의 아들들에게 축복할 때 그들 각인의 분량대로 축복하였다는 것을 아는 것은 매우 중요하다. 야곱은 그의 아들들을 축복할 때 그들의 모든 과거 행적을 근거로 삼았다. 결국 각인의 삶이 그들의 축복을 결정짓는 요인이었다고 말할 수 있다. 그러니 우리의 일생의 삶 또한 매우 중요하니 범사를 자세히 주의하여 죄를 범하지 않고 주를 기쁘게 하는 삶을 살아야 한다. 또한 야곱의 예언 가운데에는 르우벤, 시므온, 레위 등에 관한 말에 그리 축복처럼 보이지 않는 내용이 들어 있지만, 어느 때든지 하나님의 말씀하심과 섭리는 설령 우리를 꾸짖으시는 것이라 할지라도 하나님의 약속에 관련된 한 축복으로 여겨야 한다. 왜냐하면 하나님께서 그분의 자녀에 대하여 하시는 일은 다 축복과 사랑으로 가득하기 때문이다. 믿는 우리에게 저주는 없다. 이미 그리스도께서 우리를 위한 저주의 잔을 마시고 축복의 잔을 주셨다.

야곱의 죽음

29절부터 33절까지는 야곱의 죽음에 대하여 말한다. 야곱은 아들들에게 자기를 장사할 것을 명하는데, 자신을 애굽 땅에 묻지 말고 가나안 땅 아브라함이 에브론에게서 은을 주고 산 막벨라 밭에 매장해 달라고 부탁한다. 그 굴에는 아브라함과 사라, 이삭과 리브가가 장사되었으며 야곱의 첫째 부인 레아도 그곳에 장사되었다. 야곱은 결국 147세로 기운이 진하여 열조에게 돌아갔는데, 그가 애굽에 머문 햇수는 도합 17년이었다(47:28). 야곱은 자녀들에게 자신의 매장지에 대하여 당부함으로써 자신이 얼마나 그 나라에 소망을 두고 있는지를 가르쳤다. 그는 비록 하나님이 허락하셔서 애굽에 머물렀지만 그곳에서 언젠가 떠날 것을 염두에 두었기에 애굽의 중심부로 들어가기를 거절하고(그가 원하면 들어갈 수도 있었다) 변방 고센 땅에 머물러 언젠가 하나님이 명하실 때 돌아갈 것을 기대했다. 그리고 죽을 때에는 그의 시체를 선영에 장사하기를 명한 것이다.

야곱은 앉아서 열 두 아들들을 축복하고 누워서 그 발을 침대에 모으고 기운이 진하여 죽었다. 야곱은 비록 험한 인생을 살았지만 죽음만큼은 순조롭고 평안했다.

그는 비록 라헬을 가장 사랑했지만 라헬은 에브랏에 매장되고 조상들이 누워 있는 가나안 땅의 묘실에는 첫째 부인 레아와 함께 매장되었다. 이것은 하나님의 주권에 속한 것이라고 할 수 있다. 즉 야곱은 자신이 원하는 대로 자신의 인생을 산 것이 아니라 하나님의 주권에 의해 살았다는 것이 증명된 셈이다. 이것은 그가 하나님의 택한 자임을 강하게 증명하는 한 가지 일이다. 자신의 계획이나 궁리대로 인생을 사는 것이 아니라 하나님의 정하심과 인도하심대로 사는 삶은 얼마나 감사한 일인지! 우리도 그렇게 되도록 기도하자. 우리는 야곱처럼 하나님의 택한 자들임을 하나님께 감사하고 찬양하자(엡 1:4).

50 장

1절부터 14절까지는 야곱의 장례에 대해서 기록한다. 40일 동안 향 재료를 넣었고 애굽 사람들은 70일 동안 그를 위하여 곡하였다. 요셉은 야곱의 유언대로 그 아비를 가나안 땅에 장사하기 위해 바로의 궁에 요청하였고 바로는 쾌히 승낙했다. 많은 병거와 기병이 요셉을 따라 올라갔고 요단 건너 편 아닷 타작마당에서 칠 일 간 크게 호곡하였다. 가나안 사람들이 아닷의 애통을 보고 '애굽 사람의 큰 애통'이라 하였으므로 그 땅 이름을 '아벨미스라임'이라 하였다. 요셉은 아비 야곱을 그의 유언대로 막벨라 밭 굴에 장사하였다.

15절부터 20절까지에는 야곱이 죽은 뒤에 요셉의 형제들이 요셉에게 용서를 구하며 엎드리는 장면이 나온다. 그들은 요셉에게 아버지가 돌아가시기 전에 형들이 요셉에게 악을 행했을지라도 그 죄와 허물을 용서해 주라고 하셨다고 말하면서 종들의 죄를 용서해 달라고 간청했다. 그러면서 그들은 요셉 앞에 엎드려 "우리는 당신의 종이니이다"라고 말했다. 요셉은 형들이 아버지의 말을 이르면서 용서해 달라고 구할 때 그 말을 듣고 울었다. 그리고 자기 앞에 엎드린 형들에게 이렇게 말했다. "두려워 마소서. 내가 하나님을 대신하리이까? 당신들은 나를 해하려 하였으나 하나님은 그것을 선으로 바꾸사 오늘과 같이 만민의 생명을 구원하게 하시려 하셨나니 당신들은 두려워 마소서. 내가 당신들과 당신들의 자녀를 기르리이다"(21-21절). 그리고 그들을 간곡한 말로 위로하였다. 여기 요셉의 대답은 매우 감동적이다. 요셉은 형들로 인해 심한 고생을 했다. 그러나 결국 애굽의 총리 자리에까지 오르게 되었고 흉년의 때에 많은 사람들을 공급할 수 있게 되었다. 그는 이 모든 일을 하나님이 하신 것이라고 말했다.

우리는 여기에서 하나님의 축복 아래 있는 한 사람을 본다. 이는 신약에서 이기는 자의 대표적인 예이다. 이기는 자들은 다른 사람의 미움과 핍박을 당하나 그것이 도리어 다른 사람을 더욱 많이 축복할 수 있는 자본이 되게 하는 사람들이다. 이기는 자는 다른 믿는이들보다 더 많은 고통과 환경들을 통과함으로써 많은 사람들을 공급할 수 있는 위치에 있는 사람들이다. 이기는 자의 영은 다른 사람들보다 높다. 여기에서 요셉의 형들은 아비가 죽자 자신들의 안전을 염려했지만 요셉은 자신을 위한 것이 하나도 없고 도리어 자신을 통해서 다른 사람들을 돕고 공급할 수 있음을 감사했다. 이기는 자들의 마음에는 다른 형제들을 돕고자 하는 영만 가득하다. 요셉은 지난 날의 모든 고난과 고통스러운 세월이 하나님 앞에 감사할 뿐이었다. 그는 하나님의 백성들을 섬길 수 있도록 자기를 이끌어오신 하나님의 손으로 인해 경배를 드릴 수 있었다. 그에게는 형들에게서 받은 미움과 시기와 상처로 인한 원망이나 보복 심리가 없었다. 그는 하나님의 백성들이 가장 큰 어려움에 처했을 때 그들을 공급할 수 있음을 인하여 하나님께 무한히 감사드렸다. 여기서 요셉은 오히려 형들의 마음을 안심시키고 편안하게 해주기 위해 간곡한 말로 그들을 위로했다.

22절부터 26절까지는 요셉에 관한 에필로그이다. 요셉의 향년은 일백 십 세였으며 에브라임 자손 삼 대를 보았고 므낫세의 아들 마길의 아들들도 요셉의 슬하에서 양육되었다. 오늘날로 말하면 손자, 증손자까지 보는 다복한 말년을 지내면서 많은 가족들을 부양했던 것이다. 요셉보다 오래 산 형들도 있었다. 그래서 요셉은 형제들에게 자기가 죽으면 하나님께서 아브라함과 이삭과 야곱에게 약속하신 땅에 묻어달라고 요청했다. 요셉은 자손들에게 맹세시키기를 "내 해골을 메고 가나안 땅으로 올라가라"고 했다. 이는 모두가 믿음의 행동들이다. 이는 얼마나 감동적인지 모른다. 그는 애굽의 총리였으나 자기의 무덤을 애굽에 두기를 원치 않았다. 그는 약속의 자손이요 하나님의 택한 자였으며 그 신분을 끝까지 지키는 방식으로 행하였다. 히브리서에서 바울은 요셉에 대하여 임종시에 이스라엘 자손들의 떠날 것을 말하고 또 자기 해골을 위하여 명했다고 말한다(히 11:22). 결국 창세기는 "요셉이 애굽에서 입관되었더라"로 끝난다. 창세기는 입관으로 끝나고 출애굽기는 애굽에서 나와 구속받는 소망스런 이야기로 시작된다.

맺음말

창세기 강해를 마치면서

1. 창세기는 천지의 창조로부터 시작된다. 창세기가 없다면 우리는 우주의 기원이나 사람의 창조를 알 수 없을 뿐 아니라 하나님의 영원한 목적과 계획을 알 수 없으며 사람에 대한 하나님의 뜻을 알 수 없다. 또한 사탄의 기원을 추적해 볼 수도 없다. 창세기를 잘 공부할 때 믿음에 있어서 가장 확실한 기반을 얻을 수 있다. 나는 독자들이 이 말씀을 정성스럽게 읽었다면 믿음이 크게 강화되었으리라고 믿는다.

하나님은 우주 만물 가운데 사람을 가장 존귀한 존재로 지으셨으며 이들을 통해 만물을 정복하고 다스리며 유일하신 아들과 함께 만유를 기업으로 얻을 수 있는 존재로 지으셨다는 것을 알 수 있을 것이다. 창세기를 통해서 우리는 하나님이 지으신 만물 중에 창조주 하나님의 친 자녀가 되고 그분의 영원한 배필이 되며 그분의 영원한 거처가 되는 존재로 사람을 지으신 것을 알고 경배 드리지 않을 수 없다. 하나님은 천사들이 거역했을 때 구속하려 하지 않으셨다. 그러나 사람에 관해서는 창조된 직후 동산에서 잃어버린 다음 즉시 찾기 시작하셨다. “아담아 네가 어디 있느냐?” 하나님은 사람에 대하여는 무관심하실 수 없으셨다(누가복음 15장은 그분이 기어코 사람이 되어 잃어버린 사람을 찾으러 오신 것을 말한다).

하나님은 사람이 타락하여 그 죄악이 극도에 달했을 때 물로 심판하셨지만 다시 노아와 더불어 언약을 맺으시며 사람을 축복하셨다. 그리고 타락된 인류 가운데 아브라함 한 사람을 불러내시어 믿음의 조상이 되게 하셨다. 믿음으로 그분과 다시 연합할 수 있도록 길을 여신 것이다. 잃어버린 사람을 찾아 부르시어 그분을 알게 하고 그분의 사람이 되게 하고 그분을 사랑하고 섬기는 사람이 되게 하는 복음이 창세기에 다 들어있다. 아브라함은 하나님을 믿음에 있어서, 이삭은 그리스도의 은혜를 받은 자로서, 야곱은 성령의 변화를 받은 사람에 있어서 본으로 세워진 인물들이다. 야곱의 일생이 왜 그렇게 어려웠나? 야곱은 우리 성도들의 대표이다. 그의 기질은 매우 강하고 꾀가 많았으며 모든 면에 빈틈없는 전략가였다. 그러니 그가 하나님을 의지하기란 쉬웠을 리가 없다. 야곱이 자아에서 벗어나 성숙에 이르기 위해서는 일생이 필요했다. 그 일생의 많은 환난 가운데 그의 자아가 다 드러나고 처리되었다. "책망을 받는 모든 것이 빛으로 나타나나니 나타나지는 것마다 빛이니라"(엡 5:13)고 하였다. 우리의 자아중심적인 생명이 철저히 심판되어지지 않고는 야곱같이 성숙한 생명을 얻을 수 없다. 요셉은 야곱의 풍성한 생명의 결과를 보여준다. 즉 야곱과 요셉은 하나로 연결되어 있었다(창 37:2). 그는 자신을 위해 살지 않고 애굽과 여러 나라의 기근의 상황을 돕기 위해 수고했다. 그는 자기를 판 형들의 일생도 책임을 져주었다. 풍성한 생명을 얻은 사람은 자신을 위해 사는 것이 아니라 주님과 교회와 남을 위해 사는 사람이다.

창세기에는 이후 모든 성경의 씨앗이 다 들어있다. 믿음의 노선도, 육체의 행위의 문제도, 은혜의 문제도 다 들어있다. 우리는 창세기의 족장들의 이야기를 통해서 하나님이 사람에게 하시는 역사를 보게 된다. 그분의 마음속에는 사람밖에 없는 것 같다. 그분은 지으시고 택하신 사람을 얻기 위해 그분의 마음에 있는 모든 것을 다 하시는 하나님이시다. 심판하시는 것이 그것이요(심판도 그분의 비길 데 없는 하나의 커다란 사랑의 나타남이다), 언약하시는 것이 그것이요, 은혜를 베푸시는 것이 그것이다. 아브라함과 이삭과 야곱, 요셉의 이야기는 한 마디로 하나님은 얼마나 사람을 사랑하시고 관심하시는가에 대한 말씀이다. 심지어 아브라함은 하나님의 벗이라고 칭함을 받는 지경에 이르렀다. 이는 하나님이 그분의 지으신 사람과 어떤 관계를 원하시는지에 대한 대표적인 정점이다. 하나님은 사람을 지극히 사랑하신다. 또한 지으신 사람을 지극히 원하신다. 하나님은 당신을 친구로, 아내로, 사랑의 대상으로 원하신다. 나는 독자들이 창세기를 다 읽고 이것을 느끼며 감동받기 바란다. 그분은 지금 당신을 원하시며 당신을 부르시며 당신과 함께 나아가기를 원하신다.

창세기 1장에는 창조의 하나님이 계신다. 창세기의 시작에서 우리는 하나님이 창조하신 사람을 보는데, 아담에게는 하나님의 형상이 있었지만 그 속에 하나님의 성분이 많지 않았다. 다만 흙이었다. 그러나 야곱까지 이를 때 하나님의 역사는 그분이 창조하신 사람 속에 그분 자신을 깊이 역사하여 그분과 생명과 성품에서 하나 된 사람을 얻으시는 것을 볼 수 있다. 후반부의 야곱을 통해서 우리는 그의 속에 초기의 야곱 안에서 볼 수 없었던 기묘한 성품을 보게 되는데, 그것이 바로 사람 안에 역사되신 하나님이다. 이것을 신약적으로 표현한다면 '성령의 조성'이라고 할 수 있다. 보석 같은 어떤 성분들이 생겨난 것이다. 이를 통해 우리는 하나님의 목적이 창조된 사람 안에 그분 자신을 역사하시어 그분과 동일한 생명과 성품과 인격과 뜻을 가진 사람을 얻으시는 것임을 알 수 있다. 그의 이름이 바로 이스라엘이다. 이스라엘은 바로 하나님의 신부이며 배필이다(호 2:19, 사 54:5). 우리는 야곱을 통해서 하나님이 역사하신 사람의 영적인 성숙을 보며 요셉을 통해서 통치를 본다. 그러므로 하나님이 사람을 창조하심은 이 두 가지 목적을 위한 것이다. 첫째는 그분의 형상을 나타내는 것이요 다음은 이 땅을 정복하고 다스리는 것이다. 하나님으로 충만된 사람은 하나님의 형상을 나타내며 이 땅을 정복하고 다스리는 놀라운 존재인 것이다. 이 목적을 위하여 하나님은 사람을 지으셨으며 창세기를 통해서 이러한 하나님의 목적의 성취를 은은하게나마 보게 되는 것이다.

실상 교회는 하나님의 참 이스라엘인데(갈 6:16) 하나님은 다만 개인적인 야곱을 얻기 원하시는 것이 아니라 아브라함과 이삭과 야곱을 얻으신 뒤에 열두 지파를 통하여 단체적인 이스라엘을 얻기 원하신다. 그러므로 하나님의 뜻은 오늘날에도 동일하다고 할 수 있다. 그것은 곧 하나님의 형상을 닮은 단체적인 하나님의 백성을 얻으시는 것이다. 이것이 바로 이 시대의 교회요 그리스도의 충만인 몸이요(엡1:23) 하나님의 영원한 뜻이다. 우리는 이것을 창세기에서 씨앗으로 또한 그림으로 볼 수 있다. 하나님은 교회를 통해 그분 자신을 나타내시고 그분의 통치권을 행사하신다. 하나님께서 이 마지막 시대에 하나님의 성품과 형상을 온전히 닮은 참 이스라엘이요 단체적인 새 사람인 그리스도의 몸을 얻으시기를 간절히 원한다.

이 시대에도 진정한 교회를 얻으려면 아브라함, 이삭, 야곱처럼 진정으로 그분의 인도를 따르며 모든 사람의 본이 되는 길을 개척하는 삶을 살아야 한다. 사도 바울과 누가, 요한, 디모데 등과 같이 말이다. 그들에 의해 신약 교회의 기초가 놓여진 것이다. 오늘 날도 그러한 신실한 종들의 일으켜짐은 너무나 요긴하다. 하나님이 이러한 사람들을 일으키시기를 간절히 염원하고 기도한다.

2. 아브라함과 이삭과 야곱의 하나님

출애굽기 3장에서 하나님은 자신의 이름을 아브라함의 하나님, 이삭의 하나님, 야곱의 하나님이라고 하셨다. 이는 그분이 선택한 백성을 그렇게 대하실 것을 약속하시는 이름이다. 우리가 창세기를 읽으면서 아브라함이 하나님을 믿을 수 있었던 것은 그분의 긍휼일 뿐임을 느낄 수 있다. 그분이 긍휼히 여기지 않으셨다면 갈대아 우르의 우상의 땅에 사는 사람이 어떻게 하나님의 부르심을 받아 그 땅을 떠나서 가나안에 들어올 수 있었겠는가? 그리고 그분이 말씀해주시지 않았다면 어떻게 그분의 말씀을 믿을 수 있었겠는가? 나는 누구든지 아브라함에게 하신 것처럼 해주시면 믿을 수 있을 거라고 생각한다. 아브라함, 이삭, 야곱 다 그렇다. 그들이 그렇게 될 수 있었던 것은 그들 때문이 아니라 하나님 자신으로 인한 것이다. 바울 또한 나의 나된 것을 하나님의 은혜로 된 것이라고 했다(고전15:10). 우리는 모든 것이 하나님께 달려 있음을 알고 경배해야 한다.

로마서에서 바울은 이에 대하여 분명하게 기록했다. “이뿐 아니라 또한 리브가가 우리 조상 이삭 한 사람으로 말미암아 잉태하였는데 그 자식들이 아직 나지도 아니하고 무슨 선이나 악을 행하지 아니한 때에 택하심을 따라 되는 하나님의 뜻이 행위로 말미암지 않고 오직 부르시는 이에게로 말미암아 서게 하려 하사 리브가에게 이르시되 큰 자가 어린 자를 섬기리라 하셨나니 기록된바 내가 야곱은 사랑하고 에서는 미워하였다 하심과 같으니라 그런즉 우리가 무슨 말 하리요 하나님께 불의가 있느뇨 그럴수 없느니라 모세에게 이르시되 내가 긍휼히 여길 자를 긍휼히 여기고 불쌍히 여길 자를 불쌍히 여기리라 하셨으니 그런즉 원하는 자로 말미암음도 아니요 달음박질하는 자로 말미암음도 아니요 오직 긍휼히 여기시는 하나님으로 말미암음이니라"(롬9:10-16)

하나님이 여러분을 불러주셨다면 그분을 신뢰하면 된다. 그분은 아브라함과 이삭과 야곱을 인도하시고 역사하시며 축복하신 것처럼 여러분을 그렇게 역사하실 것이다. 결국 여러분을 아브라함처럼 하나님을 믿도록 도와주시고 이삭처럼 모든 그리스도의 은혜와 유업을 얻게 하시며, 야곱처럼 이스라엘로 변화시켜주시고, 성령의 역사를 통해 성숙하게 역사해주실 분은 하나님이시다. 창세기는 겉으로 보기에 아브라함과 이삭과 야곱의 이야기이지만 실제적으로는 그들을 인도하시고 역사하신 하나님의 이야기인 것이다. 즉 하나님 자신의 계시인 것이다. 우리는 창세기를 통해서 천지를 창조하신 하나님이 어떻게 사람을 사랑하시고, 과연 그분의 목적에 따라 신실하게 역사하시는 분임을 알게 된다. 나는 독자 여러분이 이 창세기 강해를 통해 창조주 하나님이 과연 어떠한 분인지에 대하여 더욱 깊이 인식하는 계기가 될 수 있기를 기도한다.

창세기 강해

초판 발행 | 2004년 1월 1일
2판 1쇄 | 2007년 7월 20일
3판 1쇄 | 2013년 1월 1일

저자 | **유동근**

발행처 | 벧엘서원.IMC
발행인 | 유병헌
신고번호 | 제 387-2012-000037 호

420-867 | 경기도 부천시 원미구 부일로 123 그린프라자 III 2F
영업부 : TEL 032)322-3095　FAX 0303-3440-3452
편집부 : TEL 032) 326-3096
홈페이지 : www.bethelbook.co.kr
E-mail : bethelbook@bethelbook.co.kr

값 30,000원

ISBN 987-89-92014-26-7　94230
ISBN 987-89-92014-01-4　94230 (세트)